MEYERS
GROSSES
TASCHEN
LEXIKON

Band 18

MEYERS GROSSES TASCHEN LEXIKON

in 24 Bänden

Herausgegeben und bearbeitet
von Meyers Lexikonredaktion
3., aktualisierte Auflage

Band 18:
Pur – Rt

B.I.-Taschenbuchverlag
Mannheim/Wien/Zürich

Chefredaktion:
Werner Digel und Gerhard Kwiatkowski

Redaktionelle Leitung der 3. Auflage:
Dr. Gerd Grill M.A.

Redaktion:
Eberhard Anger M.A., Dipl.-Geogr. Ellen Astor,
Dipl.-Math. Hermann Engesser, Reinhard Fresow, Ines Groh,
Bernd Hartmann, Jutta Hassemer-Jersch, Waltrud Heinemann,
Heinrich Kordecki M.A., Ellen Kromphardt, Wolf Kugler,
Klaus M. Lange, Dipl.-Biol. Franziska Liebisch, Mathias Münter,
Dr. Rudolf Ohlig, Heike Pfersdorff M.A., Ingo Platz,
Joachim Pöhls, Dr. Erika Retzlaff,
Hans-Peter Scherer, Ulrike Schollmeier, Elmar Schreck,
Kurt Dieter Solf, Klaus Thome, Jutta Wedemeyer, Dr. Hans Wißmann,
Dr. Hans-Werner Wittenberg

CIP-Titelaufnahme der Deutschen Bibliothek
Meyers Großes Taschenlexikon: in 24 Bänden/hrsg. u. bearb.
von Meyers Lexikonred. [Chefred.: Werner Digel
u. Gerhard Kwiatkowski].
Mannheim; Wien; Zürich: BI-Taschenbuch-Verl.
Früher im Bibliograph. Inst., Mannheim, Wien, Zürich.
ISBN 3-411-11003-1 kart. in Kassette
ISBN 3-411-02900-5 (2., neu bearb. Aufl.)
ISBN 3-411-02100-4 (Aktualisierte Neuausg.)
ISBN 3-411-01920-4 (Ausg. 1981)
NE: Digel, Werner [Red.]
Bd. 18. Pur – Rt. – 3., aktualisierte Aufl. – 1990
ISBN 3-411-11183-6

Als Warenzeichen geschützte Namen
sind durch das Zeichen Ⓦ kenntlich gemacht
Etwaiges Fehlen dieses Zeichens bietet keine Gewähr dafür,
daß es sich um einen nicht geschützten Namen handelt,
der von jedermann benutzt werden darf

Das Wort MEYER ist für
Bücher aller Art für den Verlag
Bibliographisches Institut & F.A. Brockhaus AG
als Warenzeichen geschützt

Lizenzausgabe mit Genehmigung
von Meyers Lexikonverlag, Mannheim

Alle Rechte vorbehalten
Nachdruck, auch auszugsweise, verboten
© Bibliographisches Institut & F.A. Brockhaus AG, Mannheim 1990
Druck: Klambt-Druck GmbH, Speyer
Einband: Wilhelm Röck GmbH, Weinsberg
Printed in Germany
Gesamtwerk: ISBN 3-411-11003-1
Band 18: ISBN 3-411-11183-6

Pur

Pur̲a̲nas [Sanskrit „alte (Erzählung)"], religiöse Texte des Hinduismus, eingeteilt in die 18 „großen P." und in die weit größere Gruppe der „sekundären P.". Die über Jh. gewachsenen und teilweise bis in die Gegenwart fortgeführten P. stammen etwa aus der Mitte des 1. Jt. n. Chr. Den Indern gelten die anonym überlieferten P. als Werke des myth. Sehers ↑ Wjasa. - Der Inhalt wird nach fünf Merkmalen definiert: Schöpfung, Neuschöpfung nach der period. Vernichtung der Welt, Genealogie der Götter, Manuzeiträume, Genealogie der Könige. Alle P. sind in Versen gehalten und werden bestimmten Sekten zugeordnet.

Pu̲rbach, Georg von, ↑ Peuerbach, Georg von.

Purcell [engl. pəːsl], Edward Mills, * Taylorville (Ill.) 30. Aug. 1912, amerikan. Physiker. - Prof. an der Harvard University; entwickelte unabhängig von F. Bloch die Methode der magnet. Kernresonanzabsorption zur Präzisionsbestimmung magnet. Kernmomente und wandte das Verfahren u. a. auf die Untersuchung molekularer Strukturen und der chem. Bindung an; Nobelpreis für Physik 1952 (zus. mit F. Bloch).

P., Henry, * London (?) im Sommer oder Herbst 1659, † ebd. 21. Nov. 1695, engl. Komponist. - Wurde 1677 Hofkomponist, 1679 Organist an Westminster Abbey, 1682 einer der Organisten der Chapel Royal in London. P. gilt als der bedeutendste engl. Komponist der 2. Hälfte des 17. Jh. Sein Stil ist durch meisterhafte kontrapunkt. Stimmführung, kühne Harmonik und vorbildl. Textbehandlung charakterisiert. Er komponierte die Opern und „Semioperas" (d. h. mit gesprochenem Dialog) „Dido and Aeneas" (1689), „Dioclesian" (1690), „King Arthur" (1691), „The fairy queen" (1692), „The Indian queen" (1695?), „The tempest" (1695?), Schauspielmusiken, Kantaten, Oden und „Welcome songs", Catches und Lieder, Kirchenmusik, Kammermusik und Klavierwerke.

Purcell Mountains [engl. ˈpəːsl ˈmaʊntɪnz] ↑ Columbia Mountains.

Pu̲rdy, James [engl. ˈpəːdɪ], * Ohio 17. Juli 1923, amerikan. Schriftsteller. - Schildert in seinen Romanen Alltagserlebnisse, aus denen innere Konflikte entstehen, u. a. „Der Neffe" (1960), „Die Preisgabe" (1967), „On Glory's Course" (1983).

Pür̲e̲e [frz., zu lat. purare „reinigen"], zu Mus zerquetschte Speise z. B. aus gekochten Kartoffeln, Gemüsen.

Pu̲rexprozeß [Kw. aus engl.: **Plu**nium-**U**ranium **re**fining by **ex**traction], Verfahren zur Wiederaufbereitung von Kernbrennstoffen, bei dem man die ausgebrannten Brennstoffe in Salpetersäure löst und anschließend Plutonium und Uran (in Form vier- und sechswertiger Salze) mit Tri-n-butylphosphat extrahiert.

Purga̲ntia (Purganzien, Purgativa) [lat.], ↑ Abführmittel mittlerer Stärke.

Purgato̲rium [lat.], svw. ↑ Fegefeuer.

purgi̲e̲ren [lat.], „abführen", Abführmittel zur Behebung einer Stuhlverstopfung, zur Stuhlregulierung oder zur Darmentleerung (z. B. vor diagnost. Maßnahmen) anwenden.

Purgi̲e̲rkreuzdorn [lat./dt.] ↑ Kreuzdorn.

Puri, hinduist. Wallfahrtsort im ind. Bundesstaat Orissa, am Golf von Bengalen, 101 100 E. Kultzentren des Gottes Wischnu. Die Hauptidole, Wischnu als Dschagannatha („Herr der Welt"), seine Schwester Subhadra und sein Bruder Balarama werden nach der jährl. Erneuerung der Bemalung in feierl. Prozession durch die Stadt geführt. Der Große Tempel besteht aus vier aneinandergereihten Bauten des 12.-15. Jh., 120 Tempel bilden den äußeren Bezirk.

Purim [hebr. „Lose, Losfest"], jüd. Fest, das am 14. Adar (Febr./März) gefeiert wird. Gegenstand des Festes ist die im bibl. Buch Esther beschriebene Errettung der pers. Juden vor dem Anschlag Hamans. P. ist heute ein Volks- und Freudenfest.

Purimspiele, (private) Theateraufführungen anläßl. des jüd. Festes Purim. Seit dem 16. Jh. sind derartige Aufführungen burlesker [meist einaktiger] Stücke in jidd. Sprache unter den Juden in Deutschland und Polen verbreitet.

Puri̲nbasen [lat./griech.], in der Natur weitverbreitete Substanzen, denen das aus einem Pyrimidin- und einem Imidazolring aufgebaute (in der Natur nicht vorkommende) Purin zugrunde liegt. Wichtige Vertreter sind die Nukleinsäurebasen Adenin und Guanin, die Harnsäure sowie die Alkaloide Koffein, Theobromin und Theophyllin.

Puri̲smus [zu lat. purus „rein"], Bez. für Bestrebungen, eine Nationalsprache „rein" zu

Puritaner

erhalten, d. h. insbes. Fremdwörter zu bekämpfen. P. ist oft Gegenbewegung gegen mod. Überfremdungen einer Sprache, z. B. in der Antike der Attizismus, die purist. Bestrebungen seit dem 16. Jh. in Italien, Frankr., den Niederlanden und auch in Deutschland, wo bes. die Sprachgesellschaften die Vermengung der Sprache mit fremden Wörtern bekämpften. - ↑ auch Deutscher Sprachverein.

◆ im 19. Jh. in der *Denkmalpflege* das Bestreben, Bauwerke um der Stilreinheit willen von stilist. späteren Zutaten zu befreien (z. B. Beseitigung der Barockaltäre im Bamberger Dom, 1828 ff.).

◆ in der *modernen Kunst* eine von Le Corbusier und A. Ozenfant durch das Manifest „Après le cubisme" (1918) begr. künstler. Richtung, die eine klare und strenge Malerei mit einfachen geometr. Formen forderte. Beeinflußte wesentl. die Architekturauffassung Le Corbusiers.

Puritaner [lat.-engl.], nicht eindeutige, zunächst polem. gebrauchte Bez. für Vertreter einer Reformbewegung (**Puritanismus**) in England seit etwa 1570, die die Reinigung der Kirche von England von katholisierenden Elementen in Verfassung, Kultus und Lehre betrieben. Strenger Biblizismus, eine Gewissenstheologie und die konsequente Sonntagsheiligung beeinflußten das engl. Geistesleben bis in die Gegenwart. Die P. brachten eine ausgedehnte Erbauungs- und Predigtliteratur hervor. Sie wurden jedoch 1604 durch die Ablehnung ihrer *Millenary Petition* enttäuscht, wandten sich der polit. Opposition zu oder emigrierten in großer Zahl nach N-Amerika. Mit dem Sieg O. Cromwells zur Herrschaft gelangt, beseitigten die P. das „Common Prayer Book" und das Bischofsamt, vertrieben anglikan. Pfarrer, entfernten die Orgeln aus den Kirchen u. a. Nach der Restauration der Stuarts wurden die P. ihrerseits rigoros aus dem öffentl. Leben zurückgedrängt (bis zur Toleranzakte von 1689).

Puritanische Revolution (engl. Great rebellion), Bez. für den in 3 Phasen verlaufenen engl. Bürgerkrieg. Die Verhaftung von 5 Parlamentariern löste den *1. Bürgerkrieg* (1642-46) aus zw. den aus Hochadel, anglikan. und kath. Bev.schichten stammenden Kavalieren und den (v. a. aus der stark puritan. durchsetzten Mittelschicht sich rekrutierenden) Rundköpfen. Nach anfängl. Erfolgen der Kavaliere konnte O. Cromwell mit seinem reorganisierten Parlamentsheer den König 1645 und 1646 besiegen. Dadurch verlagerte sich die Macht auf die militär. Führung. Die radikalen ↑ Independenten vertrieben im *2. Bürgerkrieg* (1648/49) die gemäßigten Presbyterianer aus dem Parlament, veranlaßten Prozeß und Hinrichtung Karls I. (30. Jan. 1649) und verhafteten die Anführer der demokrat. Ideen vertretenden ↑ Levellers. Cromwell wurde Lordprotektor der engl. Republik. Im *3. Bürgerkrieg* (1651/52) versuchte der spätere Karl II. vergebl., mit schott. Hilfe das engl. Königtum wiederherzustellen.

◫ *Schröder, H.-C.: Die Revolutionen Englands im 17. Jh.* Ffm. 1986.

Puritanismus, die religiöse Reformbewegung der ↑ Puritaner; wurde mit seiner Ablehnung der episkopalen Kirchenverfassung zur Grundlage des ↑ Kongregationalismus.

Purkinje, Johannes Evangelista Ritter von (tschech. Jan E. Purkyně), * Libochovice bei Litoměřice 17. Dez. 1787, † Prag 28. Juli 1869, tschech. Physiologe. - Prof. in Breslau und in Prag. Arbeiten zur Physiologie des Sehens (u. a. Entdeckung des Purkinje-Phänomens). P. gilt als einer der Begründer der wiss. Histologie bzw. mikroskop. Anatomie. 1825 beobachtete er als erster das Keimbläschen im tier. Ei und 1834 die Flimmerbewegung auf den Schleimhäuten. Er differenzierte 1837 die Struktur der Nervenfasern und Ganglienzellen des Gehirns und beschrieb 1845 die nach ihm benannten Fasern des Herzens. 1839 gebrauchte er erstmals den Begriff „Protoplasma".

Purkinje-Fasern (Purkinje-Fäden) [nach J. E. Ritter von Purkinje], spezielle Muskelfasern des Reizleitungssystems des Herzens (↑ Herzautomatismus) am distalen Teil des His-Bündels, v. a. im Anschluß an dessen Aufspaltung in einen rechten und linken Schenkel. Die P.-F. unterscheiden sich von normalen Herzmuskelfasern durch bes. Dicke, Fibrillenarmut, Sarkoplasma- und Glykogenreichtum.

Purkinje-Phänomen, erstmals 1825 von J. E. Ritter von Purkinje beschriebene physiol. Erscheinung: Zwei verschieden gefärbte Flächen, die bei Tageslicht gleich hell erscheinen, werden unter den Bedingungen des Dämmerungssehens als unterschiedl. hell wahrgenommen. Das P.-P. beruht auf der unterschiedl. Spektralempfindlichkeit der Stäbchen und der Zapfen der Netzhaut.

Purpleheart [engl. ˈpɔːplhɑːt], svw. ↑ Purpurholz.

Purpur [griech.-lat.], aus der Hypobranchialdrüse der Purpurschnecken gewonnenes, violettes Farbstoffgemisch (Hauptbestandteil ist 6,6'-Dibromindigo), das im Altertum zum Färben von Stoffen verwendet wurde. Da pro Schnecke nur eine sehr geringe Farbstoffmenge gewonnen werden kann (für 1,2 g P. benötigt man 10 000 Purpurschnecken), war P. der kostbarste Farbstoff.

◆ (P.farbe) in der *Farblehre* Bez. für jede Farbe mit einem blauroten bis rotblauen Farbton, der durch additive Farbmischung des kurzwelligen (blauvioletten) und des langwelligen (roten) Endes des sichtbaren Spektralbereiches erzeugt wird, selbst aber im Spektrum nicht vorkommt. Ein auch als Magenta bezeichnetes P. ist eine der drei Grundfarben für den Dreifarbendruck.

Purpura [griech.-lat.], svw. ↑Blutflekkenkrankheit.

Purpurbakterien, Bez. für phototrophe, mit den ↑Chlorobakterien verwandte, gramnegative und begeißelte Bakterien aus den Fam. Schwefelfreie P. und Schwefelpurpurbakterien.

Purpurglöckchen (Heuchera), Gatt. der Steinbrechgewächse mit rd. 50 Arten in N-Amerika (mit Mexiko); die bekannteste Art ist **Heuchera sanguinea** (P. im engeren Sinn), 30–40 cm hohe Pflanze mit runden, dunkelgefleckten Blättern und roten, in Rispen stehenden Blüten; z. T. wertvolle Gartenstauden.

Purpurholz (Purpleheart, Violettholz, Amarantholz), Holz mehrerer Baumarten der zu den Hülsenfrüchtlern zählenden Gatt. *Peltogyne* im Amazonasgebiet; harzhaltig, meist geradfaserig, dunkelrotbraun bis blauviolett getönt, mit heller Streifung; sehr dauerhaft, hart und zäh.

Purpurhühner (Porphyrio), Gatt. prächtig blauer und violetter, teilweise grünl. schillernder Rallen mit fünf Arten, v. a. an schilf- und röhrichtreichen Teichrändern der altweltl. Tropen und Subtropen; durch hohen, roten Schnabel, rote, hornige Stirnplatte und rote Füße gekennzeichnete Vögel, die im allg. nicht schwimmen, sondern im Schilf und Röhricht umherstreifen und sich vorwiegend von Wasserpflanzen ernähren.

Purpurin [griech.-lat.] (1,2,4-Trihydroxyanthrachinon), wie das Alizarin ein in der Färberröte vorkommender Krappfarbstoff. P. löst sich in Wasser und Alkalien mit karminroter Farbe.

Purpurknabenkraut ↑Knabenkraut.

Purpurlicht, eine Dämmerungserscheinung; das erste P. erscheint am deutlichsten bei einem Sonnenstand von 4° unter dem Horizont, das zweite P. als letzte Lichterscheinung der abendl. Dämmerung.

Purpurprunkwinde (Ipomoea purpurea), einjähriges Windengewächs im trop. Amerika; Schlingpflanze mit herzförmigen, weichhaarigen Blättern und großen, glockigtrichterförmigen, purpurroten Blüten. Die vielen Gartenformen haben weiße, rosafarbene und dunkelblaue, z. T. auch gefüllte Blüten.

Purpurreiher (Ardea purpurea), etwa 80 cm hoher Reiher, v. a. in Sümpfen, an schilf- und buschreichen Süßgewässern und in Galeriewäldern Afrikas und S-Eurasiens (in Europa noch am Neusiedler See, in der ČSSR und im Donaudelta); Rücken dunkelgrau, mit verlängerten, kastanienbraunen Deckfedern, Hals (mit Ausnahme schwarzer Längsstreifen) und Brust kastanienbraun. Der in kleinen Kolonien brütende P. baut seine Horste auf Büschen; Teilzieher.

Purpurschnecken (Leistenschnecken, Stachelschnecken, Muricidae), Fam. meerbewohnender Schnecken (Unterklasse Vorderkiemer) mit starkwandigen, oft auffällig skulpturierten und bestachelten Gehäusen. Eine im Mantelraum liegende Drüse bildet ein zunächst farbloses Sekret, das sich im Sonnenlicht leuchtend rot bis purpurviolett verfärbt und früher den ↑Purpur zur Tuchfärbung lieferte.

Purpurseerose (Erdbeerrose, Gemeine Seerose, Pferdeaktinie, Actinia equina), in der Gezeitenzone des Atlantiks, des Mittelmeers und der Nordsee stark verbreitete ↑Seerose (Hohltier); bis etwa 5 cm hoch, rot bis grün oder braun; verträgt zeitweises Trockenliegen bei Ebbe.

Purpurweide ↑Weide.

Purpurwinde, svw. ↑Trichterwinde.

Purrmann, Hans, * Speyer 10. April 1880, † Basel 17. April 1966, dt. Maler. - 1908–11 arbeitete P. eng mit H. Matisse zusammen; lebte seit 1944 in Montagnola. Seine fauvist. beeinflußte Malerei (südl. Landschaften und Vegetation, Porträts, darunter Selbstbildnisse) zeichnet eine starkfarbige Palette aus.

Purus, Rio [brasilian. 'rriu pu'rus], rechter Nebenfluß des Amazonas, entspringt in der Montaña, mündet 160 km wsw. von Manaus, etwa 3 200 km lang.

Pus [lat.], svw. ↑Eiter.

Pusan, Stadt in Süd-Korea, an der Koreastraße, 3,495 Mill. E. Kath. Bischofssitz; 2 Univ. (gegr. 1946 und 1947), Hochschule der Handelsmarine, Fischereihochschule. Handelszentrum, führender Hafen des Landes. Fischerei; wichtiger Ind.standort, Fährverkehr mit Schimonoseki (Japan); ⌂. - Im 10. Jh. als regionale Verwaltungsstadt erwähnt; im 15. Jh. Errichtung eines Militärstützpunkts; seit Anfang des 17. Jh. liefen die offiziellen jap.-korean. Beziehungen über P.; 1876 ganz den Japanern geöffnet, wurde nach der Annexion 1910 stark jap. geprägt; 1950–53 Reg.sitz der Republik Korea und wichtigster Nachschubhafen der UN-Truppen.

Puschkin, Alexander Sergejewitsch, * Moskau 6. Juni 1799, † Petersburg 10. Febr. 1837, russ. Dichter. - Ab 1817 im Staatsdienst; wegen satir. und polit. Gedichte („Die Freiheit", 1817; „Das Dorf", 1819) nach S-Rußland versetzt; 1824–26 auf das elterl. Gut bei Pleskau verbannt; danach v. a. in Moskau und Petersburg; stand unter der persönl. Zensur des Zaren; starb an den Folgen einer Verletzung im Duell. P. gilt als eigtl. Begründer der neueren russ. Literatursprache (Verbindung kirchenslaw.-schriftsprachl. Wortgutes mit volkstüml. Elementen, einfache Syntax), zugleich als bedeutender und vielseitiger russ. Dichter, dessen Lyrik, Dramatik und Prosa für die russ. Literatur wegweisend wurden. Sein lyr. Schaffen stellt einen Höhepunkt in der russ. Dichtung dar. Der Versroman „Eugen Onegin" (1. vollständige Fassung 1833) hat eine aufgeregt-romant. Handlung mit der vielfältige Abschweifungen und Reflexionen verbunden sind. Von seinen dramat. Werken ist die histor. Tragödie „Boris Godunow" (1831), mit der P. die Gatt. der „chronicle plays" seines Vorbildes Shakespeare in Rußland einführen wollte, von bes. Bedeutung. Von großer Wirkung waren „Die Hauptmannstochter" (1836) als erster bed. russ. Prosaroman und die romant. Novelle „Pique Dame" (1834).

Puschkin, sowjet. Stadt 30 km ssw. des Stadtzentrums von Leningrad, RSFSR, 89 000 E. Landw. Hochschule; Puschkin-Museum; Straßenbaumaschinen-, Elektrogeräte-, Spielwarenfabrik; Ausflugsort. - Ehem. Sommerresidenz der Zaren; das Katharinenpalais (1717–23) wurde 1743–48 und 1752–57 (von B. F. Rastrelli) erweitert und umgebaut. Das 1755 eingebaute Bernsteinzimmer, ein Geschenk Friedrich Wilhelms I. von Preußen an Peter I., ist gegen Kriegsende verschwunden; schwere Kriegszerstörungen wurden beseitigt. Um das Katharinenpalais erstreckt sich der Alte Garten mit bed. Bauten. Außerdem klassizist. Alexanderpalais Fjodorowski Gorodok („kleine Stadt von Fjodor"), 1914–17 im altruss. Stil mit Kreml, Kathedrale und Palästen (heute landw. Hochschule).

Puschkinia (Puschkinie) [nach dem russ. Wissenschaftler A. A. Graf Mussin-Puschkin, 18. Jh.], Gatt. der Liliengewächse mit nur zwei Arten in W-Asien; bis 15 cm hohe Zwiebelpflanzen mit porzellanblauen oder weißen Blüten in Trauben und lanzenförmigen Blättern; winterharte, sich durch Selbstaussaat verbreitende Gartenpflanzen.

Puschkinsche Plejade ↑ Plejade.

Puschlav (italien. Val di Poschiavo), Talschaft im schweizer. Kt. Graubünden, erstreckt sich vom Berninapaß etwa 25 km nach S, mündet bei Campocologno ins Veltlin.

Puschmann, Adam Zacharias, * Görlitz 1532, † Breslau 4. April 1600 (?), dt. Meistersinger. - Bed. v. a. als Theoretiker und systemat. Sammler des Meistersangs. Sein „Grünntlicher Bericht des dt. Meister Gesanges" (gedruckt 1571, 1584 und 1596) wurde zum Elementarbuch der späteren Meistersinger.

Pushball [engl. 'puʃbɔːl], vorwiegend in den USA gespieltes Ballspiel zweier Mannschaften (zu je 10–25 Spielern), bei dem ein großer luftgefüllter Ball (Durchmesser 1,8 m) über die gegner. Mallinie bzw. in das Tor gebracht werden muß; wird auch zu Pferd bzw. im Wasser gespielt.

Pußta (ungar. Puszta) [eigtl. „kahl, verlassen"], Bez. für die ehem. weiten, baumlosen, durch Weidewirtschaft (typ.: Ziehbrunnen) genutzten steppenartigen Gebiete im Großen und Kleinen Ungar. Tiefland. Durch umfangreiche Meliorationsarbeiten, v. a. nach 1945, bis auf geringe Reste in Kultur genommen.

Pustel [lat.] (Pustula, Eiterblase), etwa linsengroße Erhebung der Oberhaut, die Eiter enthält; entsteht zumeist an der Mündung eines Haarfollikels und zählt zu den primären Hautefloreszenzen.

Pustelschwein (Sus verrucosus), etwa 90–160 cm langes Schwein mit zahlr. Unterarten, v. a. in offenen Landschaften der Philippinen, Javas und Celebes'; Fell mehr oder minder dicht und lang; Färbung häufig schwarzbraun mit gelbbraunen Partien; an jeder Kopfseite drei große, beborstete Höcker.

Pustertal ↑ Drau.

Pustula ↑ Pustel.

Puszcza Białowieska [poln. 'puʃtʃa bjau̯o'vjɛska], Waldgebiet am Oberlauf des Narew, beiderseits der Grenze zw. Polen und der UdSSR; 50,7 km² großer Nationalpark mit Wisent- und Wildpferdreservat; Natur- und Waldmuseum.

putativ [lat.], vermeintlich; auf Grund irriger Einschätzung eines Sachverhalts eine nicht zutreffende Rechtslage annehmen.

Putativnotstand ↑ Notstand.

Pute, das ♀ der Truthühner.

Puteoli ↑ Pozzuoli.

Puter, das ♂ der Truthühner.

Putman, Willem [niederl. 'pɪtmɑn], * Waregem 7. Juni 1900, † Brügge 3. Sept. 1954, fläm. Schriftsteller. - Begann mit vielgespielten [expressionist.] Bühnenstücken, trat 1945 unter dem Pseud. Jean du Parc v. a. mit Intrigenromanen hervor, z. B. „Christine Lafontaine" (1947).

Putna, Ort in NO-Rumänien, an der Moldau. - Eines der bed. Moldauklöster (1466 gestiftet von Stephan d. Gr.); sog. Schatzturm (1481) sowie Kirche u. a. Gebäude aus dem 17. bis 19. Jh.; Klostermuseum.

Putrament, Jerzy, * Minsk 14. Nov. 1910, † Warschau 23. Juni 1986, poln. Schriftsteller. - Schrieb Lyrik und Essays sowie Romane und Erzählungen bes. über polit. und histor. Ereignisse aus der poln. Vorkriegs- und Kriegszeit, u. a. „Wirklichkeit" (R., 1947), „September" (R., 1951), „Der Keiler" (R., 1964), „Akropolis" (R., 1975).

Putrescin [lat.] (1,4-Diaminobutan), bei der Zersetzung von Eiweißstoffen entstehendes, auch in Ribosomen und Bakterien nachgewiesenes, biogenes Amin. - ↑ auch Amine (Tabelle).

Putsch [schweizer. „Stoß"], Bez. für einen mit staatsstreichähnl. Technik durchgeführten Umsturz bzw. Umsturzversuch zur Übernahme der Staatsgewalt; i. d. R. von kleineren subalternen Gruppen [von Militärs] durchgeführt, in der Gegs. zu den Initiatoren eines Staatsstreichs [noch] nicht Teilhaber der Staatsgewalt sind.

Putten [zu lat.-italien. putto „kleiner Knabe"], Bez. in der europ. Kunst vom 15. bis 19. Jh. beliebte kleine, nackte, oft geflügelte Knaben in Malerei und Plastik. Nach dem Vorbild antiker ↑ Eroten und in Anlehnung an die got. Kinderengel entstanden sie in der

italien. Kunst im dekorativen Bereich; bes. häufig in Kirchenausstattungen des Rokoko.
Puttgarden, Fährhafen an der Vogelfluglinie auf Fehmarn.
Puttkamer, pomerell. Adelsgeschlecht slaw. Ursprungs (erste urkundl. Erwähnung 1257), das später den preuß. Freiherrentitel erlangte. Bed. Vertreter:
P., Alberta von, geb. Weise, * Groß-Glogau 5. Mai 1849, † Baden-Baden 19. April 1923, Dichterin. - Verfaßte vornehml. histor. Dramen und dem Geschmack der Zeit entsprechende Gedichte und histor. Balladen; zahlr. Übersetzungen aus der frz. Literatur.
P., Robert von, * Frankfurt/Oder 5. Mai 1828, † Karzin (bei Stolp) 15. März 1900, preuß. konservativer Politiker. - 1860-66 Landrat, 1871 Reg.präs., 1875 Bezirkspräs. in Metz, 1877 und 1891-99 Oberpräs.; 1879-81 preuß. Kultusmin. (Abbau des Kulturkampfes, Rechtschreibreform), 1881-88 Innenmin. (straffe Durchführung des Sozialistengesetzes) und Vizepräs. des preuß. Staatsministeriums; mehrfach MdR und zeitweilig Mgl. des preuß. Abg.hauses.

Putten von Johann Joseph Christian am Altar Johannes des Täufers (um 1765) in der Abteikirche von Ottobeuren

Putumayo, Verw.-Geb. in S-Kolumbien, 24 885 km^2, 69 900 E (1985), Hauptstadt Mocoa. Erstreckt sich von den Anden bis in den Randbereich des Amazonasbeckens, überwiegend dicht bewaldet, von Indianern besiedelt. Nur kleine Geb. sind landw. erschlossen; Erdölvorkommen.
Putumayo, Río (im Unterlauf *Rio Içá*), linker Nebenfluß des Amazonas, entspringt in den Anden S-Kolumbiens, bildet die kolumbian.-peruan. Grenze, mündet in Brasilien bei Santo Antônio do Içá, 1 600 km lang.
Putz, aus Sand, Wasser und Bindemitteln bestehende Mörtelschicht (↑ Mörtel), z. T. mit Kunststoffzusätzen, die als Unterlage für Tapeten bzw. Anstriche dient oder die Wände gegen Witterungseinflüsse schützt und ihnen ein ansprechendes Äußeres verleiht. Innen-P., sofern er nicht als Rauh-P. besondere dekorative Wirkung erzielen soll, ist meist ein sehr feinkörniger Gips-P., der mit Putzkellen aufgetragen oder mit Hilfe von Pumpen aufgespritzt wird; er wird meist sehr fein geglättet oder sogar geschliffen. Beim Außen-P. wird durch verschiedene Oberflächenbehandlung unterschiedl. Aussehen bewirkt, z. B. der *Schlämm-* oder *Pinsel-P.*, der, nur dünn aufgetragen, die Umrisse der Mauersteine noch sichtbar läßt, der *Kellen-P.*, bei dem ein dünner Mörtel ledigl. mit der Kelle aufgeworfen wird, der *Spritz-P. (Besenspritz-, Besenwurf-P.)*, der in kleinen Mengen mit dem Besen oder einem bes. Spritzputzgerät aufgebracht wird, der *Kratz-P.*, bei dem die Oberfläche nach dem Verstreichen mit einer kammähnl. Vorrichtung aufgerauht wird (bei *mehrfarbigem Kratz-P.*, sog. *Sgraffito*, wird dadurch eine darunterliegende andersfarbige Schicht z. T. sichtbar) u. a.

Putzerfische (Putzer), Bez. für kleine Fische, die Haut, Kiemen und Mundhöhle v. a. größerer Raubfische (die durch bestimmte Verhaltensweisen die P. zum „Putzen" auffordern) von Parasiten u. a. Fremdkörpern säubern. Die P. sind meist langgestreckt und auffallend längsgestreift. Häufig sind es Lippfischarten.
Puucstil [span. pu'uk; benannt nach einer Hügelkette im SW des mex. Staates Yucatán], regionaler Architekturstil der Maya während der klass. Zeit (600-1000). Kennzeichen: Steinmosaikfriese der Außenwände.
Puvis de Chavannes, Pierre [frz. pyvisdəʃa'van], * Lyon 14. Dez. 1824, † Paris 24. Okt. 1898, frz. Maler. - Entscheidenden Einfluß hatten Delacroix, T. Chassériau und eine Italienreise (1847). Seine symbolist. Kunst, meist Wandbilder (auf Leinwand), behandelt motholog., allegor., religiöse Themen und erzielt durch Farb- und Lichtwirkung eine entmaterialisierte, märchenhafte Stimmung. U. a. Genoveva-Zyklus im Pariser Panthéon (1876/77 und 1897/98).
Puy, Le [frz. lə'pɥi], frz. Stadt im Zentralmassiv, 630 m ü. d. M., 24 100 E. Verwaltungssitz des Dep. Haute-Loire; kath. Bischofssitz; maschinelle Herstellung von Spitzen; Wirkwaren-, Leder-, metallverarbeitende, Bekleidungs- und Nahrungsmittelind.; Wallfahrtsort. - Geht auf das röm. **Anicium** zurück; Bischofssitz seit dem 6. Jh. - Auf zwei die Stadt überragenden Felsen die frühroman. Kirche Saint-Michel d'Aiguilhe (11. Jh.) und eine Marienstatue (19. Jh.); roman. Kathedrale (12. Jh.) mit schwarzer Madonna.
Puya [span.], Gatt. der Ananasgewächse mit über 100 Arten in S-Amerika; meist stammbildende ↑ Xerophyten mit scharf zugespitzten, dornig gezähnten Blättern und in Trauben, Ähren oder Köpfchen angeordneten Blüten.
Puy de Dôme [frz. pɥid'do:m], Trachyt-

Puy-de-Dôme

stock im Zentralmassiv, Frankr., 1 464 m hoch; meteorolog. Station; Sendeturm. Reste eines galloröm. Tempels.

Puy-de-Dôme [frz. pɥid'do:m], Dep. in Frankreich.

Puy de Sancy [frz. pɥidsã'si] ↑ Dore, Mont.

Puzo, Mario [engl. 'pu:zoʊ], * New York 15. Okt. 1920, amerikan. Schriftsteller italien. Abstammung. - Verf. spannender Unterhaltungsromane wie „Mamma Lucia" (1964), „Der Pate" (1969), „Narren sterben" (1977), „Der Sizilianer" (1984).

Puzzle ['pazəl, engl.], Geduldsspiel, z. B. Zusammenleg-, Verschieb-, Kombinationsspiel, v. a. das Zusammensetzen eines Bildes aus vielen kleinen Einzelteilen.

Puzzolan [nach dem Fundort Pozzuoli], Trachyttuff aus Italien, der als hydraul. Bindemittel für Zement verwendet wird; i. w. S. auch Bez. für ebenso gebrauchte Bindemittel aus Flugaschen, Hochofenschlacken, Ton.

PVC, Abk. für: ↑ Polyvinylchlorid.

p, V-Diagramm (Arbeitsdiagramm), graph. Darstellung des Zusammenhangs zw. dem Volumen V und dem Druck p eines thermodynam. Systems, insbes. bei einem Gas. Jeder stetigen Zustandsänderung des betrachteten Systems infolge in ihm ablaufender thermodynam. Prozesse entspricht ein Kurvenzug im p,V-$D.$; die bei einer Zustandsänderung zw. zwei Kurvenpunkten (1,2) geleistete sog. *Ausdehnungsarbeit* $A = \int p dV$ ist gleich der Fläche unterhalb der Kurve der Zustandsänderung bis hin zur Abszisse. Die sog. *techn. Arbeit* $A_t = -\int V dp$ einer strömenden Stoffmenge ist gleich der links von der Kurve liegenden Fläche bis hin zur Ordinate.

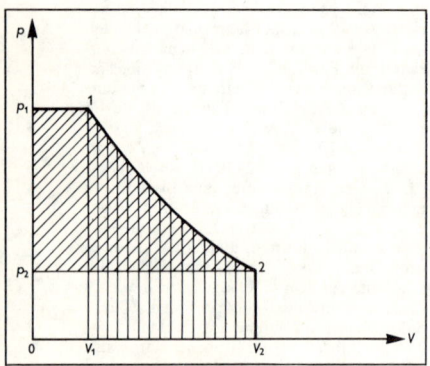

p, V-Diagramm

Pydna, antike Stadt in Makedonien, an der W-Küste des Thermaischen Golfs; Hafen von Pieria. - Bei P. wurde 168 v. Chr. Perseus durch Rom im 3. Makedonischen Krieg besiegt.

Pyelitis [griech.], svw. Nierenbeckenentzündung (↑ Nierenerkrankungen).

Pyelonephritis [griech.] ↑ Nierenerkrankungen.

Pygma [griech.], Bez. für den Faustkampf bei den antiken Festspielen; Hand und Unterarm der Kämpfer waren dabei fest mit langen schmalen Lederriemen umwickelt.

Pygmäen [zu griech. pygmaîos „eine Faust lang, zwergenhaft"], kleinwüchsige (mittlere Größe der Männer 1,50 m) Bev.gruppen in den Regenwäldern Äquatorialafrikas; Wildbeuter ohne Dauersiedlungen. Die Beute ist Eigentum der Sippe, die zus. in Kuppelhütten aus Ruten und großen Blättern lebt, die nahe dem jeweiligen Jagd- und Sammelrevier errichtet werden. Mit den benachbarten Bantu besteht eine gewisse Lebensgemeinschaft, heute aber oft eine sklavereiähnl. Abhängigkeit. Die P. sprechen heute meist die Sprache des jeweiligen Nachbarstammes; die urspr. P.sprache ist unbekannt.

Pygmalion, Gestalt der griech. Mythologie. Ein Bildhauer, der sich aus Abneigung gegen das weibl. Geschlecht Ehelosigkeit geschworen hat, jedoch in Liebe zu einer von ihm gefertigten idealisierten Frauenstatue aus Elfenbein entbrennt. Auf sein Flehen hin haucht Aphrodite dem Bildnis Leben ein, worauf sich P. mit ihm vermählt. - Die von Ovid erzählte Geschichte blieb bis ins 20. Jh. ein beliebtes Thema in Literatur und Musik (z. B. G. B. Shaw).

Pygmide [griech.], Bez. für Angehörige zwergwüchsiger Menschenrassen (Männer unter 150 cm, Frauen unter 140 cm), z. B. Pygmäen, Buschmänner, Andamaner.

Pyhäjärvi, 260 km² großer See in SO-Finnland, durch den die Grenze zw. Finnland und der UdSSR verläuft.

Pyjama [py'dʒa:ma; Hindi-engl.], Schlafanzug; urspr. leichtes ind. Kleidungsstück, das im 19. Jh. nach Europa gelangte.

Pykniker [griech.] ↑ Körperbautypen.

Pyknometer [griech.], geeichtes Glasgefäß (z. B. 50 ml bei 20 °C) zur Dichtebestimmung von Flüssigkeit. Masse der Flüssigkeitsfüllung dividiert durch das Volumen des P. ergibt die Dichte.

Pylades, Freund des ↑ Orestes.

Pylon [griech.], turmartiger Bau auf rechteckigem Grundriß mit schräg zulaufenden Wänden; paarweise am Eingang ägypt. Tempel.

◆ turm- oder portalartiger Teil von Hänge- oder Schrägseilbrücken, der die Seile an den höchsten Punkten trägt.

◆ bei *Flugzeugen* Bez. für einen an der Tragfläche oder am Rumpf angebrachten verkleideten Träger zur Befestigung einer Triebwerksgondel oder einer Außenlast (z. B. Zusatztank, Raketen u. a.).

Pylorospasmus [griech.], krampfhafter Verschluß des Magenpförtners (↑ Pylorus).

Pyramide

Pylorus [griech.] (Pförtner, Magenpförtner), mit einem Ringmuskel (Musculus sphincter pylori) als *Magenschließmuskel* versehene Verengung des Darmlumens am Übergang des Magens in den Dünndarm (Zwölffingerdarm) der Wirbeltiere (einschließl. Mensch) zur Regulation des Speisebreidurchgangs. Der P. öffnet sich nur unter gewissen Bedingungen (z. B. muß im Anfangsteil des Zwölffingerdarms alkal. Milieu herrschen, während der Speisebrei im P.anteil des Magens sauer sein muß) zur portionsweisen Abgabe des Mageninhalts.

Pylorusstenose, Verengung des Magenpförtners († Pylorus), unter Umständen bis zu dessen Verschluß; meist im Gefolge eines durch die Einwirkung von Magensaft entstandenen Geschwürs der Umgebung.

Pylos, bei Homer genannter Ort mit dem Palast des Nestor; vermutl. die 1952–65 freigelegte Palastanlage auf der Höhe Epano Englianos bei Kiparissia (an der W-Küste der Peloponnes).

Pym [engl. pɪm], Francis Leslie, *Abergavenny (Monmouthshire) 13. Febr. 1923, brit. konservativer Politiker. - Seit 1961 Mgl. des Unterhauses; 1973/74 Staatsmin. für Nordirland, Mai 1979 bis Jan. 1981 Verteidigungsmin.; April 1982–Juni 1983 Außenmin.

P., John, *Brymore House bei Bridgwater (Somerset) 1582 oder 1583, †London 8. Dez. 1643, engl. Staatsmann. - Seit 1621 Mgl. des Unterhauses und ab 1640 Führer der puritan. Opposition im Langen Parlament; erreichte 1643 für die Parlamentspartei ein Bündnis mit den Schotten.

Pynchon, Thomas [engl. ˈpɪntʃən], *Glen Cove (N. Y.) 8. Mai 1937, amerikan. Schriftsteller. - Verf. von Kurzgeschichten und absurder Romane, z. B. „Die Versteigerung von No 49" (1966), „Die Enden der Parabel" (1973).

pyr..., Pyr... † pyro..., Pyro...

Pyramide [ägypt.-griech.], ein geometr. Körper, der von einem ebenen Vieleck (*n*-Eck) als Grundfläche und von *n* in einem Punkt (der Spitze *S* der P.) zusammenstoßenden Dreiecken (den Seitenflächen der P.) begrenzt wird. Ist *G* der Flächeninhalt der Grundfläche und *h* die Höhe der P. (d. h. der Abstand der Spitze von der Grundfläche), so beträgt das P.volumen: $V = \frac{1}{3}\, G \cdot h$. Die P. ist *regelmäßig (gerade)*, wenn die Grundfläche ein regelmäßiges Vieleck ist und die Spitze senkrecht über dem Mittelpunkt der Grundfläche liegt; andernfalls spricht man von einer *unregelmäßigen* oder *schiefen Pyramide.* - Schneidet man eine P. mit einer zu ihrer Grundfläche parallelen Ebene, so bezeichnet man den zw. der Schnitt- und Grundfläche liegenden Teil der P. als *P.stumpf,* den restl. Teil der P. als *Ergänzungspyramide.* Ist *G* der Flächeninhalt der Grundfläche, G_s der der Schnittfläche und ist h_s der Abstand der Schnittfläche von der Grundfläche, so beträgt der Rauminhalt des P.stumpfes

$$V = \tfrac{1}{3}\, h_s \left(G + \sqrt{G \cdot G_s} + G_s \right).$$

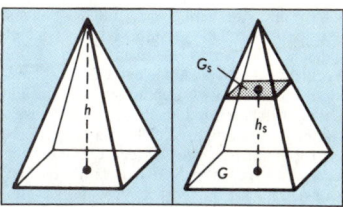

Regelmäßige Pyramide (links) und Pyramidenstumpf

◆ Grab- und Tempelformen verschiedener Kulturen. In **Ägypten** Königsgrab in der geometr. Form einer P., im Neuen Reich (1551–1070) auch kleinere, nichtkönigl. Grabbauten (Theben). Die älteste P., der sechsstufige Grabbau des Djoser bei Sakkara, hat rechteckigen, alle späteren P. haben quadrat. Grundriß. Aus dem Alten Reich (2620–2100) sind über 20 Haupt-P. aus Stein (viele mit Neben-P.) erhalten, aus dem Mittleren Reich (2040–1650) mehrere kleinere aus Ziegeln (in der Wüste zw. Kairo und dem Becken von Al Faijum). Die größte ägypt. P. ist die † Cheopspyramide. - Zu den P. gehören ein Tempel zum Empfang des Leichenzugs per Schiff und ein Totentempel bei der P. selbst. Beim Bau wurden lange Rampen aus Stein-

Pyramide. Plan der Pyramidengruppe bei Gise

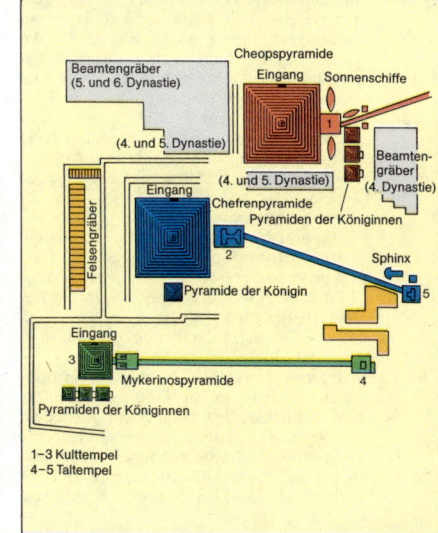

1–3 Kulttempel
4–5 Taltempel

Pyramidenbahn

schutt mit Holzgerüst verwendet. Zunächst wurde der außen gestufte Kern errichtet, danach wurden von oben nach unten Verkleidungsblöcke aufgelegt. Die Grabkammern im Inneren wurden ausgemalt oder mit Reliefs versehen und reich mit Gerät ausgestattet. Die Könige von Napata und Meroe übernahmen für ihre Gräber die P.form. Tempel-P. finden sich in der kambodschan. Kunst und v. a. im voreurop. Amerika. Bes. häufig waren sie in **Mittelamerika**. Die meist gestuften P. aus Erde und Bruchstein waren mit Steinplatten, Lehmmörtel, Stuckschichten u. a. verkleidet. Die größte P. der Erde steht in ↑Cholula de Rivadabia. In **Südamerika** waren P. fast ganz auf den Küstenbereich Perus beschränkt, abgesehen von der Frühzeit sind sie aus luftgetrockneten Lehmziegeln erbaut. Die ältesten, in Río Seco (Dep. Lima), werden 2500–1800 datiert. In **Nordamerika** könnten sich die P. aus Grabhügeln entwickelt haben (Adenakultur, Hopewellkultur). Auch Einflüsse aus Mexiko sind denkbar. Die stufenlosen P. kamen im SO und im Mississippibereich während der Tempelhügelperioden (700–1550) vor. Sie wurden aus Erde errichtet, manchmal mit Lehmmörtel verkleidet. - Abb. Bd. 1, S. 147 und Bd. 4, S. 260 f.

⌑ *Stadelmann, R.: Die ägypt. Pyramiden. Vom Ziegelbau zum Weltwunder. Mainz 1985.* - *Schüssler, K.: Die ägypt. Pyramiden. Baugesch. u. Bed. Köln 1983.* - *Moffett, R. K.: Wunder u. Rätsel der Pyramiden. Neuaufl. Mchn. 1981.*

Pyramidenbahn (Tractus corticospinalis), wichtigste der motor. Nervenbahnen, deren erstes (zentrales) Neuron von Arealen der Großhirnrinde jeder Hemisphäre über die innere Kapsel durch die Großhirnschenkel bis zur ↑Brücke (Pons) und der Pyramide bzw. zum verlängerten Mark verläuft. Dort (an der Grenze zum Rückenmark) kreuzt der größte Teil der Neuriten zur Gegenseite (**Pyramiden[bahn]kreuzung**) und läuft weiter im seitl. Rückenmark abwärts (als paarige **Pyramidenseitenstrangbahn**). Ein kleiner Teil bleibt im Vorderstrang des Rückenmarks und kreuzt erst kurz vor der Synapse zur motor. **Vorderhornzelle**, der Umschaltstelle für beide Teile der Pyramidenbahn.

Pyramidendach ↑Dach.
Pyramidenkreuzung ↑Pyramidenbahn.
Pyramidenpappel ↑Pappel.
Pyramidenzeichen (Pyramidenbahnzeichen), krankhafte Veränderungen des Reflexverhaltens bei Erkrankungen der P. Ausfallserscheinungen der Pyramidenbahn (u. a. ↑Babinski-Reflex).

Pyramidenzellen, für die Großhirnrinde charakterist., multipolare, pyramidenförmige Ganglienzellen mit je einem großen, an der Spitze des Zellkörpers entspringenden, zur Gehirnoberfläche reichenden Hauptdendriten und kleineren, vom unteren Teil des Zelleibs ausgehenden Nebendendriten. Der Neurit entspringt stets von der Grundfläche der Zelle und ist markwärts orientiert.

Pyramidon ⓦ [Kw.], Handelsname für ein analget., antipyret. und antirheumat. wirksames Arzneimittel; besteht aus **Amidopyrin** (Aminophenazon, 4-Dimethylamino-1-phenyl-2,3-dimethylpyrazolon); wegen gesundheitl. Risiken nicht mehr im Handel.

Pyramus und Thisbe, ein babylon. Liebespaar in Ovids „Metamorphosen". Da die Eltern eine Verbindung der beiden ablehnen, fliehen diese heiml. und finden den Tod; u. a. von Shakespeare in seinem Drama „Ein Sommernachtstraum" (1600) parodiert.

Pyrane [griech.], sechsgliedrige heterocycl. Verbindungen mit einem Sauerstoffatom im Ring. Nach Lage der Doppelbindungen unterscheidet man α-P. und γ-P. (nur das γ-P. ist in freiem Zustand bekannt). Die Ketoderivate (*Pyrone*) sind Grundkörper zahlr. Naturstoffe (Flavone, Kumarin). Chem. Strukturformeln:

α-Pyran γ-Pyran α-Pyron γ-Pyron

Pyranometer [griech.], Geräte zur Messung der Sonnen- und der diffusen Himmelsstrahlung durch Bestimmung der Temperaturdifferenz zw. schwarzen Lamellen von unterschiedl. Wärmekapazität, Wärmeableitung u. a. (*Schwarzflächen-P.*) oder Lamellen unterschiedl. Absorptionsvermögens (*P. nach A. J. Ångström*).

Pyranosen [griech.] ↑Monosaccharide.
Pyrargyrit [griech.] (Antimonsilberblende, dunkles Rotgültig[erz], Rotgüldig[erz]), rhomboedr., hemimorphes, glänzendes bis mattes, dunkelrotes bis schwarzes Mineral der chem. Zusammensetzung Ag_3SbS_3; Mohshärte 2,5 bis 3,0, Dichte 5,85 g/cm^3; weit verbreitetes und wichtiges Silbererz.

Pyrazin [griech.] (1,4-Diazin), sechsgliedrige heterocycl. Verbindung mit zwei Stickstoffatomen im Ring; eine farblose kristalline Substanz, die in zahlr. chem. Verbindungen vorkommt. P. geht beim Hydrieren in ↑Piperazin über. Chem. Strukturformeln von P. und Piperazin:

Pyrazin   Piperazin

Pyrazol [griech.] (1,2-Diazol), $C_3H_4N_2$; heterocycl. Verbindung mit zwei Stickstoffatomen in 1,2-Stellung im Ring. Pyridinähnl. riechende, farblose kristalline Substanz. Hydrierungsprodukte sind das **Pyrazolin** (*Dihydro-P.*) mit drei Isomeren und das vollständig hydrierte **Pyrazolidin** (*Tetrahydro-P.*). Vom Pyrazolin leiten sich die **Pyrazolone** ab, die in mit Aryl- oder Alkylgruppen substituierter Form als Analgetika und Kupplungskomponenten für Azofarbstoffe verwendet werden. Chem. Strukturformeln:

Pyrazol   2-Pyrazolin   Pyrazolidin

5-Pyrazolon

Pyrenäen, Gebirge in SW-Europa (Frankr., Spanien, Andorra), erstreckt sich als geschlossener Hochgebirgszug über 430 km Länge vom Golf von Biskaya im W bis zum Golfe du Lion im O; entlang dem Hauptkamm verläuft seit 1659 die Grenze zw. Frankr. und Spanien. Von den hohen *Zentral-P.* (Maladeta mit dem Pico de Aneto, 3 404 m) setzen sich die niedrigeren und besser durchgängigen *West-* und *Ost-P.* durch zwei Paßfurchen ab: im W Somport (1 632 m ü. d. M.), im O Col de Puymorens (1 915 m). Die Hauptdurchgangspforten liegen an den niedrigen Enden des Gebirgszuges, im W bei Hendaye/Irún, im O bei Cerbère/Port-Bou sowie im Col du Perthus (271 m ü. d. M.). In den West-P. leben auf beiden Seiten Basken, in den Ost-P. Katalanen. Die P. liegen im Bereich des immerfeuchten Klimas W-Europas; es geht am S-Fuß des Gebirges in das sommertrockene Mittelmeerklima über. Oberhalb der Waldgrenze (2 400–2 500 m ü. d. M.) Zwergsträucher und alpine Matten. Die Schneegrenze liegt bei 3 100 m. Auf beiden Gebirgsseiten wird die Wasserkraft zur Energiegewinnung genutzt; Fremdenverkehr (Thermalbäder, Wintersport, Nationalparks).

Pyrenäenfriede, der zw. Frankr. und Spanien am 7. Nov. 1659 geschlossene Friede, der den seit 1635 geführten Krieg beendete und die durch den Frieden von ↑ Cateau-Cambrésis (1559) geschaffene Situation grundlegend revidierte. Spanien trat die Gft. Roussillon und Cerdaña nördl. der Pyrenäen, Teile des Artois, des Hennegaus, von Flandern und Luxemburg ab und verzichtete auf die Gebiete, die Frankr. im Westfäl. Frieden von Österreich erhalten hatte. Der P. beendete die span.-habsburg. Vormachtstellung in Europa.

Pyrenäenhalbinsel ↑ Iberische Halbinsel.

Pyrenäenhund, aus Spanien und Frankr. stammende Rasse großer (65–80 cm schulterhoher), schwerer Hütehunde; Kopf mit zieml. langem Fang, kleinen, dreieckigen Hängeohren und Halskragen; Rute lang und üppig behaart; Fellhaare mittellang und weich, meist weiß, selten mit dachsfarbenen oder wolfsgrauen Flecken; Wach- und Begleithunde.

Pyrimidin

pyrenäische Faltung ↑ Faltungsphasen (Übersicht).

Pyrénées [frz. pire'ne], frz. für Pyrenäen.

Pyrénées-Atlantiques [frz. pirenezatlã'tik], Dep. in Frankreich.

Pyrénées-Orientales [frz. pirenezɔrjã-'tal], Dep. in Frankreich.

Pyrenomyzeten [griech.] (Pyrenomycetales, Kernpilze), Ordnungsgruppe der Schlauchpilze. Sie sind teils Pflanzenparasiten, teils Saprophyten v. a. auf Holz und Mist. Zu den P. zählen die drei Ordnungen Sphaeriales, Clavicipitales und Laboulbeniales.

Pyrethrum [griech.], veraltete Gattungsbez. (heute Chrysanthemum) für einige Arten der Wucherblume, aus denen das gleichnamige Insektizid Pyrethrum gewonnen wird.

Pyrethrum [griech.], durch Extraktion oder Pulverisieren der getrockneten Blüten versch. Wucherblumenarten gewonnenes, aus mehreren Wirkstoffen zusammengesetztes Insektizid, das als Fraß- und Berührungsgift wirkt. P. ist für den Menschen u. a. Warmblüter kaum schädl.; es wird als Sprüh- und Stäubemittel im Pflanzen- und Vorratsschutz verwendet. - ↑ auch Allethrin.

Pyrexie [griech.], svw. ↑ Fieber.

Pyrheliometer [py:r-he...; griech.], Gerät zur Messung der Energie der direkten Sonnenstrahlung bzw. der ↑ Solarkonstanten. Das wichtigste P. ist das *Kompensations-P.;* es besitzt zwei geschwärzte, dünne Manganinbleche als Strahlungsempfänger. Nur ein Streifen wird jeweils der Sonnenstrahlung ausgesetzt und erwärmt sich; der zweite, beschattete Streifen wird durch einen elektr. Strom auf die Temperatur des bestrahlten Meßstreifens gebracht. Die Energie der Sonnenstrahlung ist dann gleich der dem beschatteten Streifen zugeführten elektr. Energie.

Pyridin [griech.], sechsgliedrige heterocycl. Verbindung mit einem Stickstoffatom im Ring. Farblose, giftige, unangenehm riechende, bas. reagierende Flüssigkeit. P. und seine Alkylhomologen (sog. *P.basen*) werden durch Destillation aus Steinkohlenteer gewonnen oder synthet. hergestellt. Sie dienen zur Herstellung von Arznei- und Schädlingsbekämpfungsmitteln, P. auch als Vergällungsmittel für Alkohol verwendet. Das Ringsystem des P. liegt einigen Naturstoffen, z. B. dem NAD und NADP sowie dem Vitamin B_6, zugrunde. Chem. Strukturformel:

Pyridoxin [griech.], Sammelbez. für die natürl. vorkommenden Pyridinderivate mit Vitamin-B_6-Aktivität.

Pyrimidin [griech.] (1,3-Diazin), sechsgliedrige heterocycl. Verbindung mit zwei Stickstoffatomen in 1,3-Stellung im Ring. Farblose, charakterist. riechende, kristalline Substanz. Physiolog. wichtige P.derivate sind

13

Pyrit

die Nukleinsäurebasen Cytosin, Uracil und Thymin. Chem. Strukturformel:

Pyrit [griech.] (Eisenkies, Schwefelkies), metall. glänzendes, meist hellgelbes bis messingfarbenes, oft gelblichbraun oder bunt angelaufenes Mineral. Mohshärte 6,0 bis 6,5, Dichte 5,0 bis 5,2 g/cm³. P. findet sich in größerer Menge auf Erzgängen der magmat. Abfolge, in Kontaktverdrängungslagerstätten sowie in metamorphen und sedimentären Kieslagern; er dient v. a. als Ausgangsmaterial zur Gewinnung von Schwefel und Schwefelverbindungen. Der beim Abrösten verbleibende Rückstand (Abbrand) ist ein wichtiger Rohstoff für die Metallgewinnung; er besteht v. a. aus Eisenoxid und enthält häufig Kupfer, Nickel, Kobalt u. a. Begleitmetalle. P. wurde schon von den Inka in Peru (sog. *Inkastein*) und den Azteken in Mexiko als Schmuckstein verwendet; auch heute noch wird P. [z. T. geschliffen] für Schmuck verwendet.

Pyrmont, Bad ↑ Bad Pyrmont.

pyro..., Pyro..., pyr..., Pyr... [griech.], Bestimmungswort von Zusammensetzungen mit der Bed. „Feuer, Hitze, Fieber". - In der Chemie verwendet zur Bez. von chem. Verbindungen, die durch Erhitzen gewonnen werden und dabei z. B. chem. gebundenes Wasser oder Kohlendioxid ganz oder teilweise verloren haben.

Pyrochlor, oktaedr., gelblichgrünes oder rötlich- bis dunkelbraunes, durchscheinendes bis durchsichtiges, glänzendes Mineral, dessen Komponenten (Nb, Ti, Ta, U) in stark wechselnden Mengen vorliegen; Mohshärte 5 bis 5,5, Dichte 4,03 bis 4,36 g/cm³; techn. wichtig zur Gewinnung von Niob, Tantal und Uran.

Pyrochroidae [griech.], svw. ↑ Feuerkäfer.

Pyrogallol [griech./lat./arab.] (1,2,3-Trihydroxybenzol), dreiwertiges Phenol; farblose, kristalline Substanz, die u. a. als photograph. Entwickler verwendet wird.

Pyrogene (Fieberstoffe), Stoffe von Mikroorganismen, die in Dosen von weniger als 1 µg je kg Körpergewicht Fieber auslösen. Dazu gehören v. a. die Lipidanteile der Zellwandlipopolysaccharide pathogener und apathogener gramnegativer Bakterien, die Endotoxine, seltener Bestandteile grampositiver Bakterien, gewisser Viren, eventuell auch von Pilzen. Pyrogenpräparate dienen der therapeut. Auslösung von Fieber.

Pyrolusit [griech.] (Graumanganerz, Weichmanganerz), tetragonales, schwarzes, bläul. metall. glänzendes, meist in dichten kristallinen erdigen Massen auftretendes Mineral; Mohshärte etwa 2, z.T. bei Kristallen 5 bis 6; Dichte 4,7 bis 5 g/cm³; neben ↑ Psilomelan wichtigstes Manganerz; findet sich v. a. in der Oxidationszone von Manganerzlagerstätten.

Pyrolyse, die therm. Zersetzung chem. Verbindungen.

Pyromanie (Pyropathie), krankhafter Trieb, Brände zu legen und sich beim Anblick des Feuers (insbes. sexuell) zu erregen.

Pyromantie [griech.] ↑ Mantik.

Pyrometallurgie (Schmelzflußmetallurgie), Teilgebiet der Metallurgie, das die Gewinnung und Raffination von Metallen durch Sintern, Rösten, Schmelzen, carbotherm. oder metallotherm. Reduktion umfaßt.

Pyrometer (Strahlungsthermometer), Gerät zur Messung der [Oberflächen]temperatur [im allg.] glühender Stoffe, entweder mit Hilfe der von ihnen ausgesandten Strahlung durch Helligkeitsvergleich mit einer Vergleichsstrahlungsquelle (*opt. P., Strahlungs-P.*) oder durch Ausnutzung thermoelektr. Erscheinungen (*thermoelektr. P.*, z. B. Widerstandsthermometer, Thermoelemente). Die Temperatur heißer Gase mißt man mit Hilfe eines sog. **Gaspyrometers**, indem sie (vorbeiströmend) auf ein heizbares Thermoelement einwirken läßt; die Temperaturgleichheit von Thermoelement und Gas äußert sich in der Unabhängigkeit des Meßwertes von der Strömungsgeschwindigkeit des Gases.

Pyrophore [zu griech. pyróphoros „feuertragend"], allg. Bez. für Stoffe, die sich an der Luft bei gewöhnl. Temperatur selbst entzünden (z. B. weißer Phosphor, feinstverteilte Metalle).

Pyrophorus [griech.], svw. ↑ Leuchtschnellkäfer.

Pyrophosphorsäure ↑ Phosphorsäuren.

Pyrophyllit, monoklines, in tafligen Kristallen zu strahligen Aggregaten verwachsenes, perlmuttglänzendes, sich leicht anfühlendes, weißes, gelbliches oder grünliches Mineral, chem. $Al_2[(OH)_2|Si_4O_{10}]$; Mohshärte 1,5; Dichte 2,66 bis 2,90 g/cm³.

Pythagoreischer Lehrsatz

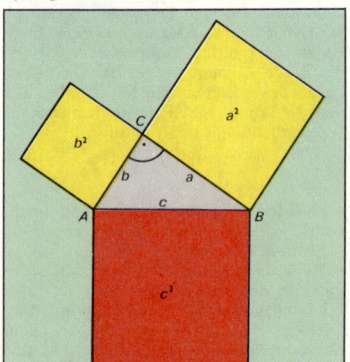

Pyrophyten [griech.], Pflanzenarten, die durch verschiedene Baumerkmale (z. B. günstige, geschützte Lage der Erneuerungsknospen, dicke Borke, tiefreichendes Wurzelsystem) gegen Brände weitgehend resistent sind und daher in brandgefährdeten Trockengebieten (Savanne, Heide, Buschwald) die Vegetation bestimmen.

Pyrotechnik (Feuerwerkstechnik), Sammelbez. für die Herstellung und prakt. Anwendung von sprengstoffhaltigen Erzeugnissen, die als ↑ Feuerwerkskörper für Vergnügungszwecke oder als Leucht-, Nebel-, Rauch- oder Signalmunition im techn. oder auch militär. Bereich gebraucht werden. Der Umgang mit pyrotechn. Produkten ist in der BR Deutschland im Bundesgesetz über explosionsgefährl. Stoffe (Sprengstoffgesetz) vom 13.9.1976 sowie in zahlr. Landesgesetzen geregelt.

Pyroxene [griech.], svw. ↑ Augite.

Pyrrha, Gemahlin des ↑ Deukalion.

Pyrrhocoridae [griech.], svw. ↑ Feuerwanzen.

Pyrrhon von Elis, * in Elis um 360, † um 270, griech. Philosoph. - Begr. um 300 in Athen die Schule der sog. pyrrhon. (oder älteren) Skepsis. Ausgehend von der Annahme, daß prakt. Urteile und Wertungen nur auf Konvention (Sitte und Gesetz) beruhen und nicht zu begründen sind, bestreitet P. auch die Begründbarkeit theoret. Aussagen. Daraus resultiert theoret. die ↑ Epoche, prakt. die ↑ Ataraxie.

Pyrrhus, *319, ✕ in Argos 272, König der Molosser und Hegemon von Epirus (306–302, 297–272). - 306 als König der Molosser eingesetzt; 287–284 gewann er die Herrschaft über Makedonien, Thessalien und Illyrien, verlor sie aber im Kampf mit Lysimachos 284; 280 setzte er, von Tarent gegen Rom um Hilfe ersucht, nach Italien über, schlug die Römer 280 bei Herakleia (Lukanien) und 279 bei Ausculum (= Ascoli Satriano) unter hohen eigenen Verlusten (**Pyrrhussieg**) und kämpfte 278–276 auf Sizilien mit den Griechen gegen Karthago; 275 von den Römern bei Benevent geschlagen, kehrte nach Epirus zurück und eroberte 274 Makedonien.

Pyrrol [griech./lat.], fünfgliedrige heterocycl. Verbindung, die ein Stickstoffatom im Ring enthält; chloroformähnl. riechende, stark lichtbrechende Flüssigkeit, deren Ringsystem Bestandteil vieler biochem. wichtiger Verbindungen (Porphyrine, Gallenfarbstoffe, einige Alkaloide) ist. Hydrierungsprodukte sind das *Pyrrolin* und das *Pyrrolidin*, eine aminartig riechende Flüssigkeit. Chem. Strukturformeln:

Pyrrol   3-Pyrrolin   Pyrrolidin

Pyrus [lat.], svw. ↑ Birnbaum.

Pyruvate [griech./lat.], Salze und Ester der ↑ Brenztraubensäure; die Ester spielen bei Stoffwechselvorgängen eine wichtige Rolle (Atmung, Gärung, Glykolyse).

Pythagoras von Samos, * Samos um 570, † Metapont (?) um 480, griech. Philosoph. - Gründete in Kroton (Unteritalien) die religiös-polit. Lebensgemeinschaft der ↑ Pythagoreer. - P. galt seinen Schülern als der vollkommene Weise und soll schon zu Lebzeiten göttl. Verehrung (als Inkarnation Apollons) genossen haben. Doch ist nur wenig von dem, was Spätere ihm zuschreiben, als authent. erwiesen. Der sog. *Satz des P.* (↑ pythagoreischer Lehrsatz), den Euklid P. zuschreibt, beruht auf Erkenntnissen der vorgriech. Mathematik.

Pythagoreer, Anhänger der Philosophie des ↑ Pythagoras; i. e. S. Mgl. der von diesem gegründeten, religiös-polit. Gemeinschaft in Kroton. Mitte des 5.Jh. v. Chr. wurden die der Aristokratie nahestehenden P. aus Unteritalien mit Ausnahme von Tarent vertrieben. Bald nach 350 v. Chr. gab es in Unteritalien keinen Bund der P. mehr. - Die strengen Vorschriften des P.bundes beruhen auf der Annahme, daß das Ziel des Menschen im Nachvollzug der göttl. [Welt]ordnung bestehe, daß sie mathemat. Natur sei und daß man sie nur erkennen könne, wenn man der Trägheit des Körpers durch asket. Übungen entgegenwirke und die Seele durch Reinigungsübungen zur Aufnahme der Weisheit befähige. - Nur schwer läßt sich die Lehre der P. einzelnen Personen mit Sicherheit zuordnen. Da das Wissen Grundlage des polit. Handelns war, wurde es geheimgehalten. Ihre Lehre, daß Harmonien auf Zahlenverhältnissen u. ä. beruhen, führte zu der Annahme, daß das Wesen aller Dinge in der Zahl bestehe, und somit zu Spekulationen über die „Wesenszahl" der Lebewesen (**Pythagoreismus**). - In der Astronomie sind die Theorien, mit denen die P. die Phänomene deuteten und der Erde ihre Vorrangstellung in der Mitte der Welt nahmen, der Beginn einer erst später in ihrer Tragweite erkannten revolutionären Entwicklung der Astronomie. - In der Musiktheorie führte die Entdeckung einfacher Proportionen in den wichtigsten konsonanten Intervallen (Oktave 2:1, Quinte 3:2, Quarte 4:3) zur mathemat. Berechnung des Tonsystems (z. B. Ganzton 9:8, Terz 81:64, kleiner Halbton 256:243 [↑Komma]).
   Waerden, B. L. van der: Die P. Mchn. u. Zürich 1979. - *Philip, J. A.:* Pythagoras and the early Pythagoreanism. Toronto 1966.

pythagoreischer Lehrsatz (Satz des Pythagoras) [nach Pythagoras von Samos], grundlegender Lehrsatz der Geometrie: Im rechtwinkligen Dreieck ist die Summe der Quadrate über den Katheten (Kathetenquadrate) gleich dem Quadrat über der Hypote-

pythagoreisches Komma

nuse (Hypotenusenquadrat). Sind a und b die Längen der beiden Katheten, und ist c die Länge der Hypotenuse, so gilt: $a^2 + b^2 = c^2$. Als *trigonometr. pythagoreischen L.* bezeichnet man die Beziehung $\sin^2 \alpha + \cos^2 \alpha = 1$.

pythagoreisches Komma [nach Pythagoras von Samos] ↑ Komma.

Pytheas, griech. Seefahrer und Geograph der 2. Hälfte des 4. Jh. v. Chr. aus Massalia (= Marseille). - Die Ergebnisse und Beobachtungen seiner Forschungsreise (um 325 v. Chr.) von Gadir (= Cádiz) nach Britannien, vielleicht zu Inseln nördl. davon und zur Elbmündung (Gleichsetzung von Elbe und Don); Kenntnis der Bernsteingebiete) wurden in dem nur fragmentar. erhaltenen Werk niedergelegt.

Pythia ↑ Python.

Pythische Spiele (Pythien), zu Ehren Apollons am Fuße des Parnaß bei Delphi veranstaltete mus. und sportl. Wettkämpfe.

Python, in der griech. Mythologie ein erdgeborener Drache, der das Orakel seiner Mutter Gäa in Delphi behütet und von Apollon getötet wird. Nach ihm heißt die Apollonpriesterin am delph. Orakel **Pythia,** führt der Gott den Beinamen „Pythios" und werden die zu seinen Ehren veranstalteten Spiele in Delphi Pythische Spiele genannt.

Pythonschlangen (Pythoninae), rein altweltl. Unterfam. bis etwa 10 m langer Riesenschlangen in Afrika und S-Asien bis N-Australien; überwiegend dämmerungs- und nachtaktive Tiere, die sich v. a. von Säugetieren und Vögeln ernähren, die sie durch Umschlingen erdrosseln. Die ♀♀ legen Eier, um die sie sich mehrmals herumringeln, um sie zu „bebrüten". Dabei erhöhen die P. ihre Körpertemperatur um 3–4 °C über die Umgebungstemperatur; im Inneren der Schlingen können sogar um 7 °C höhere Temperaturen auftreten. - Zu den P. gehören u. a. **Rautenpython** (Rautenschlange, Morelia argus), bis etwa 3,75 m lang, in Australien und Neuguinea; Färbung braun bis blauschwarz, mit auffallenden gelben (auch zu Bändern vereinigten), rautenförmigen Flecken; Boden- und Baumbewohner, und die **Pythons** (Gatt. Python), u. a. mit: **Felsenpython** (Felsenschlange, Hieroglyphenschlange, Python sebae), bis etwa 6,5 m lange Riesenschlange mit weiter Verbreitung im gesamten trop. Afrika; Oberseite hell- bis graubraun mit sehr variabler, dunkelbrauner, oft schwärzl. geränderter Zeichnung, die ein wellenförmiges Muster bildet, aber auch in hieroglyphenähnl. Zeichen zerfallen kann; auf dem großen, abgeflachten Kopf ein großer, dunkelbrauner, dreieckiger Fleck; **Netzschlange** (Netzpython, Gitterschlange, Python reticulatus), mit maximal etwa 10 m Länge eine der größten Riesenschlangen, v. a. in Regenwäldern SO-Asiens (einschl. Sundainseln und Philippinen); relativ schlankes, kontrastreich gefärbtes Reptil mit schwarzbrauner Netzzeichnung und weißl. Seitenflekken auf graubraunem Grund; **Tigerpython** (Tigerschlange, Python molurus), bis 7 m lang, in Vorder- und Hinterindien; braun mit großen, rötlich- bis dunkelbraunen Flecken. Ausgewachsene Tigerpythons töten und verschlingen Beutetiere bis zur Größe eines Leoparden.

Pyxis [griech.] ([Schiffs]kompaß) ↑ Sternbilder (Übersicht).

Pyxis [griech.], zylindr. liturg. Gefäß zur Aufbewahrung der Hostien; seit dem 16. Jh. als Ziborium bezeichnet.

p-Zustand ↑ p-Elektron.

Q, der 17. Buchstabe des dt. Alphabets (im lat. der 16.), im Griech. ↑ Koppa, im Nordwestsemit. (Phönik.) φ (Qōph); das semit. Zeichen hat den Zahlenwert 100, das griech. 90. Q bezeichnet im Semit., Griech. (vor folgendem [o; u]) und Altlatein. (ebenso) den stimmlosen velaren Verschlußlaut [k]; im klass. Latein begegnet nur noch die Schreibung QV = [kw], nach deren Vorbild in vielen europ. Sprachen *qu* für [kv, kw, kų] steht.

♦ (Münzbuchstabe) ↑ Münzstätten.

Q (Q), Formelzeichen:
♦ für die elektr. Ladung (Elektrizitätsmenge).
♦ für die Lichtmenge.
♦ für die Wärme[energie]menge.

q, Kurzzeichen für: ↑ Quadrat...

Qantas [engl. ˈkwɒntæs], Kurzwort für die austral. Luftverkehrsgesellschaft „The Queensland and Northern Territory Aerial Services Ltd." (↑ Luftverkehrsgesellschaften [Übersicht]).

Quadrat

Q. b. A., Abk. für: Qualitätsweine bestimmter Anbaugebiete (↑ auch Wein).

Q-Fieber, andere Bez. für ↑ Balkangrippe.

Qiryat Gat [hebr. kir'jat], Stadt in S-Israel, 125 m ü. d. M., 23 000 E. Zentraler Ort des Lakhish; Textil-, Bekleidungsind., Baumwollentkörnung, Zuckerfabrik, Herstellung von Landmaschinen, elektr. und elektron. Geräten, Fertighäusern und Chemikalien; Q. G. liegt an der Bahnlinie nach Beer Sheva. - Gegr. 1956 als planmäßige Siedlung im Zuge der landw. Erschließung des **Lakhish** als dessen städt. Zentrum.

Qiryat Shemona [hebr. kir'jat ʃə-'məna], Stadt im äußersten N von Israel, 15 500 E. Zentraler Ort der Hulaebene; Freilichtmuseum; Textil-, Bekleidungsind., Kraftfutterfabrik, Geflügelschlächterei, Packhaus für Obst, Metallverarbeitung, Herstellung von Keramikwaren. - Gegr. 1950 als städt. Zentrum der Hulaebene an deren NW-Rand.

Q-Technik, Bez. für eine bes. in der Persönlichkeitsforschung übl. Technik der Faktorenanalyse zur Ermittlung von Ähnlichkeiten zw. Versuchspersonen, die mit derselben Testserie untersucht wurden; die ermittelten Testdaten jeder Versuchsperson werden hierbei mit den Testdaten jeder anderen korreliert. Dadurch spiegelt die Matrix der Korrelationen nicht (wie übl.) die Ähnlichkeiten von Testergebnissen wider, sondern die von Versuchspersonen, von denen die einander ähnlichsten als „Typus" oder als „Gruppe" erscheinen.

qua [lat.], mittels, durch, auf dem Weg über; gemäß, entsprechend; als.

Quaddel [niederdt.] (Urtika, Urtica), durch den Kontakt mit Brennesseln oder durch Insektenstich hervorgerufenes, bes. auch für die Nesselsucht charakterist., umschriebenes Hautödem in Form linsengroßer, oft beetartig zusammenfließender, juckender Hauterhebungen.

Quaden (lat. Quadi), german. Volksstamm, der 58 v. Chr. am unteren und mittleren Main siedelte und von den Römern zu den Sweben gerechnet wurde. Nach 58 v. Chr. ließen sich die Qu. in Mähren nieder, wo das Qu.reich des Vannius (19–50) entstand, das um 25 n. Chr. mit dem Markomannenreich in Böhmen verschmolz. 357/358 und 374/375 wurden die Qu. von den Römern besiegt; ein Teil zog zu Beginn des 5. Jh. mit den Vandalen nach Spanien ab und gründete in Galicien ein kurzlebiges Reich.

Quader [zu lat. quadrus „viereckig"] (Rechtflach, Rechtkant), vierseitiges gerades ↑ Prisma, dessen sechs Begrenzungsflächen paarweise kongruente Rechtecke sind. Sind a, b und c die drei Kanten des Qu., so haben alle Raumdiagonalen die Länge $d = \sqrt{a^2+b^2+c^2}$; das Volumen des Qu. beträgt $V = abc$, die Oberfläche $Q = 2(ab+ac+bc)$. Sind alle Kanten des Qu. gleich lang ($a=b=c$), so spricht man von einem Würfel.

Quadflieg, Will, * Oberhausen 15. Sept. 1914, dt. Schauspieler und Regisseur. - Seit 1947 Ensemblemitglied am Hamburger Schauspielhaus und gleichzeitig seit 1949 am Zürcher Schauspielhaus (Fernando in „Stella", Faust in „Faust I", Mephisto in „Faust II"); internat. Gastspiele; seit 1938 („Der Maulkorb"; Regie: E. Engel) zahlr. Filmrollen, bes. bekannt geworden als Faust („Faust", 1960; Regie: G. Gründgens).

Will Quadflieg (1979)

Quadragesima [lat. quadragesima (dies) „vierzigster (Tag)"], in der lat. Liturgie die am Aschermittwoch beginnende 40tägige Vorbereitungszeit vor Ostern, im dt. Sprachgebiet meist als Fastenzeit, in der kath. Liturgiereform als österl. Bußzeit bezeichnet.

Quadragesimo anno [lat. „im 40. Jahr" (d. h. nach der Enzyklika „Rerum novarum")] ↑ Sozialenzykliken.

Quadrangel [lat.], svw. Viereck.

Quadrant [zu lat. quadrans „der vierte Teil"], der vierte Teil des Kreisumfangs oder der Kreisfläche, der von zwei aufeinander senkrecht stehenden Radien begrenzt wird; auch der zw. zwei Halbachsen eines kartes. Koordinatensystems liegende Teil der Ebene.
♦ ein histor. astronom. Instrument, bestehend aus einem schwenkbaren Stab mit Visiereinrichtung, mit dem das Gestirn anvisiert wurde; die den Höhenwinkel des Gestirns liefernde Neigung des Stabes wurde an einem festen, mit einer Gradteilung versehenen Viertelkreis abgelesen.

Quadrat [lat.], ein ebenes Viereck mit gleich langen Seiten und gleich großen Winkeln (jeweils 90°). Ist a die Seitenlänge, so beträgt der Flächeninhalt $A = a^2$, der Umfang $U = 4a$. Die Diagonalen des Qu. sind gleich lang ($d = a\cdot\sqrt{2}$), stehen senkrecht aufeinander und halbieren einander.
♦ svw. zweite Potenz, ↑ Quadratzahl.

Quadrat... [lat.], Bestimmungswort von Zusammensetzungen mit der Bed. „zweite Potenz"; als Vorsatz vor Längeneinheiten (die

Quadraten

dadurch zu Flächeneinheiten werden) wurde früher in Deutschland das Kurzzeichen q in den Zusammensetzungen qkm, qm usw. (Quadratkilometer, -meter) verwendet, heute ist die Schreibweise km^2, m^2 usw. verbindlich.

Quadraten [lat.], nichtdruckende Bleiklötzchen (Blindmaterial) zum Füllen freier Räume beim Schriftsatz.

Quadratfuß ↑Fuß.

quadratische Gleichung, eine Gleichung zweiten Grades, d. h. eine Gleichung, in der die Unbekannte in zweiter Potenz enthalten ist. Die Normalform einer qu. G. lautet $x^2 + px + q = 0$; dabei nennt man x^2 das quadrat. Glied. Ist $p = 0$, so spricht man von einer *rein qu. G.*, ist $p \neq 0$, von einer *gemischt qu. Gleichung*. Jede qu. G. hat zwei Lösungen:

$$x_{1,2} = -\frac{p}{2} \pm \sqrt{\frac{p^2}{4} - q}\ .$$

quadratischer Schematismus, svw. ↑gebundenes System.

Quadratmeile, alte dt. Flächeneinheit; eine Fläche von 1 ↑Meile Länge und 1 Meile Breite.

Quadratmeter (Meterquadrat), Einheitenzeichen m^2 (früher qm), SI-Einheit der Fläche. 1 m^2 ist gleich der Fläche eines Quadrats von der Seitenlänge 1 m.
1 m^2 = 100 dm^2 = 10 000 cm^2 = 1 000 000 mm^2,
100 m^2 = 1 a (Ar),
10 000 m^2 = 1 ha (Hektar),
1 000 000 m^2 = 1 km^2.

Quadratnotation ↑Choralnotation.

Quadratrix [lat.], Bez. für jede zur geometr. ↑Quadratur des Kreises oder anderer Figuren verwendete Hilfskurve.

Quadratur [lat.], (Geviertschein) eine Konstellation, in der, von der Erde aus gesehen, die Elongation (der Längenunterschied) zw. Sonne und Gestirn 90° beträgt.
◆ die Bestimmung des Flächeninhalts einer von gegebenen Kurven[stücken] begrenzten ebenen Figur [durch Berechnung eines Integrals].
◆ (Qu. des Kreises, Kreis-Qu.) die (wegen der Transzendenz von π [Pi] nicht lösbare) Aufgabe, zu einem gegebenen Kreis mit Zirkel und Lineal ein flächengleiches Quadrat zu konstruieren; übertragen für: eine unlösbare Aufgabe.

Quadraturmalerei, eine Architekturmalerei, die auf die illusionist. Öffnung und Erweiterung des Innenraums oder der Architekturszenerie zielt; u. a. in der pompejan. Wandmalerei, der Renaissance- und Barockmalerei sowie in der Bühnenmalerei.

Quadratwurzel ↑Wurzel.

Quadratzahl, die zweite Potenz einer [natürl.] Zahl, z. B. 1 (= 1^2), 4 (= 2^2), 9 (= 3^2), 16 (= 4^2).

quadrieren [lat.], eine Zahl in die zweite Potenz erheben, ihre Quadratzahl bilden, z. B. 12^2 = 144.

Quadriga [lat.], Viergespann; offener Streit-, Renn- oder Triumphwagen der Antike mit vier nebeneinandergespannten Pferden. - Künstler. Darstellungen in der Antike und seit der Renaissance (u. a. Qu. auf dem Brandenburger Tor, 1794).

Quadriga. Triumph des Maiorianus (dreischichtiger Sardonyx; um 458–461 n. Chr.). Paris, Bibliothèque Nationale, Cabinet des Médailles

Quadrille [ka'drıljə, frz., zu span. cuadrilla, eigtl. „Gruppe von 4 Reitern" (von lat. quadrus „viereckig")], Ende des 18. Jh. in Paris aufgekommene und v. a. während der Napoleon. Ära beliebte Abart des ↑Contredanse. Die Qu. wird von je vier Paaren im Karree getanzt (fünf, später sechs Touren).

Quadrillé [kadri'je:; frz.], fein kariertes Seiden- oder Chemiefasergewebe.

Quadrillion [frz.], die vierte Potenz der Million, d. h. 1 000 000^4 = (10^6)^4 = 10^{24} (eine Eins mit 24 Nullen).

Quadrireme [lat.], antikes Kriegsschiff mit vier Reihen von Ruderern.

Quadrivium [lat. „Ort, an dem 4 Wege zusammentreffen, Kreuzweg"] ↑Artes liberales.

Quadrophonie [lat./griech.] (Vierkanalstereophonie), Verfahren der ↑Stereophonie, das neben den übl. beiden Kanälen zur Wiedergabe der Rechts-Links-Information zwei weitere für die Rauminformation aufweist, deren Lautsprecher hinter dem Hörer plaziert sind. Werden zweikanalstereophon aufgenommene und übertragene Signale bei der Wiedergabe lediglich in vier Signale aufgespalten, so spricht man von *Pseudo-Qu.,* werden die Signale für die rückwärtigen Lautsprecher mit Hilfe sog. Matrixschaltungen aus zweikanalstereophon übertragenen Signalen gebildet, von *Quasiquadrophonie.*

Quadros, Jânio da Silva [brasilian. 'kцa-

Qualität

drus], *Campo Grande 25. Jan. 1917, brasilian. Politiker. - 1955–59 Gouverneur des Bundesstaates São Paulo; Jan.–Dez. (Rücktritt) 1961 Präs.; 1964 Entzug der polit. Rechte für 10 Jahre unter der Militärreg.; 1968 unter Arrest gestellt und nach Corumba (nahe der bolivian. Grenze) verbannt.

Quadrupelallianz [lat.], Bündnis von 4 Mächten v. a. zur Aufrechterhaltung eines Machtgleichgewichts. Bed. v. a.: 1. **Quadrupelallianz von London** (2. Aug. 1718) zw. Großbrit., Frankr. und dem Kaiser zur Abwehr der expansiven span. Italienpolitik, die den Frieden von Utrecht umzustürzen drohte; die Niederlande traten nicht, wie erwartet, bei. 2. **Quadrupelallianz von Warschau** (8. Jan. 1745) zw. Österreich, Sachsen, Großbrit. und den Niederlanden mit dem Ziel, im Östr. Erbfolgekrieg Schlesien zurückzugewinnen. 3. **Quadrupelallianz von Chaumont** (1. März 1814) zw. Österreich, Rußland, Preußen und Großbrit. zur Fortführung der Befreiungskriege und Reduzierung Frankr. auf die Grenzen von 1792 (20. Nov. 1815 erneuert). 4. **Quadrupelallianz von London** (15. Juli 1840) zw. Großbrit., Rußland, Preußen und Österreich zum Schutze des Osman. Reiches.

Quadrupelfuge [lat.], Fuge mit vier Themen, die nacheinander, z. T. auch miteinander in den einzelnen Stimmen durchgeführt werden und am Schluß als Steigerung zusammen erklingen.

Quadrupelkonzert [lat.] ↑ Quartett.

Quaestio [ˈkvɛːstio; lat.], [Streit]frage; in der Scholastik die Disputationstechnik zur Austragung von Streitfragen, nach der die Thesen nach den Regeln der Dialektik von dem Fragenden als „Angreifer" (Opponens) argumentativ in Frage zu stellen, von dem „Antwortenden" (Respondens) zu verteidigen ist.

Quagga [afrikan.] (Equus quagga), ausgerottete, zu Beginn des 19. Jh. noch in großen Herden im westl. S-Afrika verbreitete Zebraart (das letzte freilebende Tier wurde 1878 abgeschossen, das letzte Zooexemplar starb 1883); sehr ähnl. dem Steppenzebra, nur Kopf und Hals mit deutl. schwarz-weißer Streifenzeichnung, am Vorderrumpf noch undeutl. erkennbar; übriger Körper einheitl. braun, Extremitäten sowie Bauchseite sowie der Schwanz weißl.; Schulterhöhe etwa 135 cm, Länge rd. 270 cm.

Quaglio [italien. ˈkuaʎʎo], bed. Künstlerfam., die aus Laino bei Como stammt; seit dem Ende des 18. Jh. in München ansässig; v. a. als Theatermaler und Bühnenbildner tätig, aber auch als Theaterarchitekten, Architektur- und Genremaler. Bes. bekannt:
Qu., Angelo II, *München 13.–Dez. 1829, † ebd. 5. Jan. 1890. - Schuf Bühnenbilder für die Uraufführungen zu Richard Wagners Opern „Lohengrin", „Tristan und Isolde" und „Tannhäuser".

Qu., Simon, *München 23. Okt. 1795, † ebd. 8. März 1878. - Berühmt sein romant. Bühnenbild für Mozarts „Zauberflöte" (1718) am Münchner Hoftheater, dessen Oberleitung er 1828 übernahm. Verwandte als erster in Deutschland seit 1839 neben gemalten auch gebaute Dekorationen.

Quai d'Orsay [frz. kedɔrˈsɛ], Straße am südl. Seineufer in Paris (zw. Place de la Résistance und Pont de la Concorde); auch Bez. für das hier gelegene frz. Außenministerium.

Quakenbrück, Stadt an der Hase, Nds., 40 m ü. d. M., 9700 E. Verwaltungssitz der Samtgemeinde Artland; Herstellung von Fahrrädern, Rasenmähern, Campingmöbeln, Matratzen u. a. - Im Anschluß an ein 1235 gegr. Kollegiatstift planmäßig und fast kreisförmig angelegt; seit dem 14. Jh. osnabrück. Stadtrecht. - Ehem. Stiftskirche (um 1300, W-Turm und Chorschluß um 1470).

Quäker (Quakers) [engl., eigtl. „Zitterer"], urspr. Spottname, später Selbstbez. für Anhänger einer myst.-spiritualist., antikirchl. Bewegung, die in England in der Mitte des 17. Jh. entstanden ist und durch G. Fox begr. wurde. Im Mittelpunkt steht die Vorstellung vom „inneren Licht", das durch Christus alle Menschen erleuchtet, sie zur Wahrheit, Wiedergeburt und zum Heil führt. Seit um 1665 trägt die Bewegung den Namen „Society of friends" (Gesellschaft der Freunde). Wegen der Ablehnung der Staatskirche und radikaler moral. Postulate (Verweigerung des Eids, Ablehnung des Kriegsdienstes) wurden die Qu. verfolgt und zur Emigration gezwungen. Bed. Beiträge zum Kampf gegen Sklaverei, zur Förderung der Weltfriedens, von Mäßigungs- und Enthaltsamkeitsbewegungen, der Schulbildung sowie der Frauenrechte. Die Qu. sind heute weltweit verbreitet.

Quäkerhut, runder Filzhut mit flachem Kopf und leicht gebogener Krempe; geht auf die Quäker zurück.

Qualifikation (Qualifizierung) [mittellat.-frz.], allg. svw. Befähigung, Eignung; Befähigungsnachweis.

♦ die nach Maßstäben bestimmter Leistungsanforderungen definierten Kenntnisse und theoret. und prakt. Fertigkeiten und Fähigkeiten eines Menschen oder einer Gesamtheit von Personen, insbes. auf berufl. Befähigungen bezogen.

♦ Teilnahmeberechtigung für sportl. Wettbewerbe auf Grund vorhergegangener sportl. Erfolge [bei Ausscheidungskämpfen].

qualifizierte Mehrheit [lat./dt.] ↑ Mehrheit.

Qualität [lat.], allg. svw. Beschaffenheit; Güte, Wert. - Seit Aristoteles eine Kategorie, die in die Aussagen über zumeist sinnl. wahrnehmbare, „wesentl." Eigenschaften von Gegenständen fallen; ontolog. das System der Eigenschaften, die ein Ding zu dem machen, was es ist, und es von anderen Dingen unter-

19

scheiden. Den Qu. der Urteile ordnet Kant „Realität", „Negation" und „Limitation" als transzendentale Qu. zu. Auf Hegels objektivist. Wendung der Bestimmungen Kants geht das „Gesetz vom Umschlagen von Qu. in Quantität" zurück, das im dialekt. Materialismus als universelles Struktur-, Veränderungs- und Entwicklungsgesetz angesehen wird.

◆ in der *Phonetik* die (im Unterschied zur ↑Quantität schwieriger meßbare) Klangfarbe eines Lautes, unterschiedl. z. B. bei offenen und geschlossenen Vokalen.

qualitative Analyse [lat./griech.] ↑chemische Analyse.

Qualitätsweine ↑Wein.

Quallen [niederdt.] (Medusen), glocken- bis schirmförmige, freischwimmende Geschlechtstiere fast aller Hydrozoen (↑Hydromedusen) und Scyphozoa (↑Skyphomedusen); meist in Generationswechsel mit einer ungeschlechtl. Polypengeneration, die die Qu. hervorbringt. Zw. der konvexen Außenwand (*Exumbrella*) und der konkaven Innenwand (*Subumbrella*) des Schirms (*Umbrella*) liegt eine zellarme bis zellfreie, gallertige, außerordentl. wasserhaltige Stützlamelle; diese ist bes. bei Hydromedusen von *Radiärkanälen* (Radialkanälen) durchzogen, die mit dem klöppelartig nach unten hängenden Magenstiel (*Manubrium*) in Verbindung stehen, an dessen Ende sich die Mundöffnung befindet. - Die Berührung einiger Qu., v. a. Nessel-Qu. mit einem Nesselapparat, erzeugt Hautjucken und -brennen. Später kommt es zur Hautrötung und u. U. zu Quaddelbildung. Die in der Nordsee vorkommende Gelbe Haarqualle (Cyanea capillata) ruft unangenehme Verbrennungen hervor, ebenso die ↑Leuchtqualle. Eine austral. Würfelquallenart soll schwere Brandwunden und Todesfälle verursachen.

Qualtinger, Helmut, * Wien 8. Okt. 1928, † Wien 29. Sept. 1986, östr. Schriftsteller, Kabarettist und Schauspieler. - Darsteller und Autor des „Herrn Karl", einer Satire auf den typischen Durchschnittsösterreicher; Bühnenrollen in Horvath- und Nestroy-Stücken und in seinem eigenen Stück (Mitautor C. Merz) „Die Hinrichtung" (1965) sowie Rollen u. a. in den Filmen „Der Kulterer" (1974), „Grandison" (1979); veröffentlichte u. a. „Schwarze Wiener Messe" (1973), „Das letzte Lokal" (1978), „Die rot-weiß-rote Rasse" (1979).

Helmut Qualtinger

Quandt-Gruppe, Familiengemeinschaft zur Verwaltung von Ind.beteiligungen; gegr. durch den dt. Industriellen Günter Quandt (* 1881, † 1954). Beteiligungen an mehreren Großunternehmen (z. B. Bayer. Motorenwerke AG).

Quant, Mary [engl. kwɔnt], * London 11. Febr. 1934, brit. Modedesignerin. - Hatte in den 60er Jahren mit an Kinderkleider erinnernden Entwürfen (darunter der Minirock) weltweiten Erfolg.

Quant [zu lat. quantum „so groß wie"], allg. Bez. für den kleinsten Wert einer physikal. Größe, wenn diese Größe nur als ganz- oder halbzahliges Vielfaches dieser kleinsten Einheit auftreten kann. So beträgt z. B. in einer elektromagnet. Welle der Frequenz v die kleinste Energiemenge $W = h \cdot v$ (h Plancksches Wirkungsquantum). Die gesamte Energie einer solchen Welle kann nur ein ganzzah-

Quallen. Längsschnitt (a) und Ansicht von unten (b)

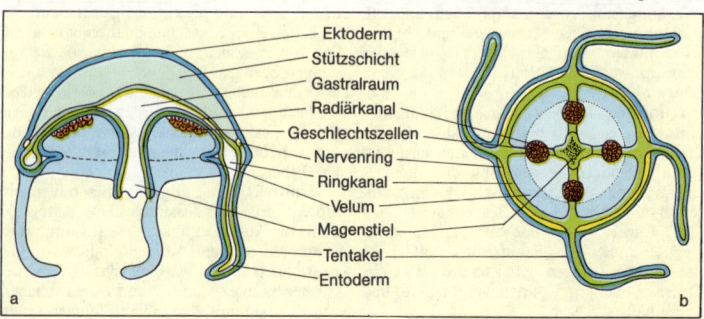

Quantenfeldtheorie

liges Vielfaches dieses sog. *Energiequants* $h\cdot\upsilon$ sein und sich bei Emission oder Absorption auch nur um ganzzahlige Vielfache dieses Energiequants ändern. Durch den Begriff des Qu. wird v. a. der Teilchencharakter einer elektromagnet. Welle zum Ausdruck gebracht (in diesem Sinn oft synonym mit dem Begriff Teilchen benutzt). Neben den Energie-Qu. sind v. a. die *Drehimpuls-Qu.* bedeutungsvoll, da im mikrophysikal. Bereich die Drehimpulskomponenten nur halb- oder ganzzahlige Vielfache von $\hbar = h/2\pi$ sein können.

Quantenäquivalentgesetz ([Stark-]-Einsteinsches Äquivalentgesetz), eine von A. Einstein formulierte, von J. Stark auf photochem. Prozesse angewandte Gesetzmäßigkeit, nach der ein Photon bei seiner Absorption durch ein mikrophysikal. System an diesem genau einen Elementarprozeß verursacht, also bei photoelektr. Erscheinungen genau ein Photoelektron freisetzt, bei photochem. Wirksamkeit einen photochem. Primärprozeß hervorruft. Das Qu. ist das grundlegende Gesetz aller photoelektr. Erscheinungen sowie der Photochemie (es wird dort auch als *photochem. Äquivalentgesetz* bezeichnet).

Quantenausbeute, allg. das Verhältnis der bei einer Vielzahl gleichartiger Elementarprozesse im zeitl. Mittel entstehenden Teilchen (bzw. Quanten) zur Zahl der sie auslösenden Quanten; i. e. S. das Verhältnis der Zahl der beim Photoeffekt erzeugten Photoelektronen bzw. der bei einem photochem. Prozeß umgesetzten Moleküle zur Zahl der absorbierten Photonen *(photoelektr.* bzw. *photochem. Quantenausbeute).*

Quantenbahnen ↑Atommodell.

Quantenbedingungen, urspr. die im Bohr-Sommerfeldschen ↑Atommodell zur Aussonderung der Quantenbahnen der Elektronen eines Atoms aus der Vielzahl der mögl. Bahnen eingeführten Zusatzbedingungen. In der modernen Quantentheorie versteht man unter Qu. die Forderungen, denen bestimmte, zur Beschreibung eines mikrophysikal. Systems verwendete mathemat. Operatoren genügen müssen.

Quantenbiologie, Arbeitsrichtung der Biologie bzw. Biophysik, die sich mit der Einwirkung von Quanten auf die lebenden Zellen eines Organismus und den im Bereich der Atome und Moleküle auftretenden energet. Prozessen und Veränderungen befaßt.

Quantenchemie (quantentheoretische Chemie), ein Hauptforschungsgebiet der modernen theoret. Chemie, in dem Methoden der Quantenmechanik auf chem. Problemstellungen angewendet werden. Mit Hilfe der Schrödinger-Gleichung werden Energiezustände von Elektronen und ihre statist. Verteilung (Elektronendichte) in Atomen und Molekülen entweder absolut (ab initio-Rechnungen) oder mit Näherungsverfahren (halbempir. Verfahren) berechnet. Daraus lassen sich chem. und physikal. Eigenschaften von Atomen und Molekülen wie Farbigkeit, Stabilität und Reaktivität, neuerdings der zeitl. Ablauf chem. Reaktionen und insbes. Art und Stärke chem. Bindungen bestimmen.

Geschichte: Die Auswirkungen der Quantenphysik auf chem. Probleme behandelten als erste W. Kossel (1916) und G. N. Lewis (1919). Seit 1927 wurde von W. Heitler, F. London und J. C. Slater die *AO-Methode* (Atomorbitalmethode), von L. Pauling (seit 1933) die *VB-Methode* (Valenzstrukturmethode, engl. valence bond theory) zur Beschreibung der homöopolaren Bindung entwickelt. Gleichzeitig entstand aus den Arbeiten von F. Hund und R. S. Mulliken (1927) die *MO-Methode* (Molekülorbitalmethode), bei der von mehrzentr. Einelektron-Wellenfunktionen ausgegangen wird, die eine über den gesamten Molekülbereich sich verteilende Elektronendichte besitzen. Bei der *LCAO-Methode* (engl. linear combination of atomic orbitals) werden diese Molekülorbitale durch Linearkombination von Atomorbitalen gebildet, wobei sich „bindende" oder „antibindende" (lockernde) Zustände ergeben. Das 1931 von E. Hückel entwickelte halbempir. *Hückel-Verfahren* oder *HMO-Modell* stellt eine Vereinfachung der LCAO-Methode dar und ist heute (mit seinen Erweiterungen) die in der organ. Chemie am weitesten verbreitete Methode.

📖 *Hanna, M. W.: Quantenmechanik in der Chemie.* Dt. Übers. Darmst. 1976. - *Ladik, J.:* Qu. Dt. Übers. Stg. 1973. - *Zülicke, L., u.a.:* Qu. Bln. 1973 ff. Auf 5 Bde. berechnet. - *Preuß, H.: Qu. f. Chemiker.* Weinheim ²1972.

Quantenelektrodynamik ↑Quantenfeldtheorie.

Quantenelektronik, Teilgebiet der [angewandten] Physik, das sich mit den physikal. Grundlagen und den techn. Anwendungen des ↑Lasers und ↑Masers (z. B. in der Nachrichtentechnik) befaßt.

Quantenfeldtheorie (Quantentheorie der Wellenfelder), die auf vorgegebene, im allg. gekoppelte und daher sich gegenseitig beeinflussende Felder angewandte Quantentheorie; sie stellt eine Verallgemeinerung von klass. Feldtheorie und Quantenmechanik dar, wobei durch die in ihr vorgenommene Quantisierung der Felder gleichzeitig eine Vereinigung bzw. Äquivalenz des Wellen- oder Feldbildes mit dem Teilchenbild erreicht wird (↑ Welle-Teilchen-Dualismus). Insbes. beschreibt sie die Qu. eines Materiewellenfeldes, das an beliebige andere Felder angekoppelt ist, die Bewegung und das Verhalten von wechselwirkenden Elementarteilchen, die als Feldquanten des Materiewellenfeldes auftreten. Wichtiges Beispiel einer Qu. ist die **Quantenelektrodynamik,** die sich mit der Kopplung von Materiewellenfeldern an elektromagnet. Felder befaßt und die Bewegung und das Verhalten geladener Elementarteilchen in den

Quantenlogik

von ihnen selbst hervorgerufenen sowie in äußeren elektromagnetischen Feldern beschreibt.

Quantenlogik, Bez. für eine Logik, die die Verschiedenartigkeit quantenmechan. Aussagen gegenüber den Aussagemöglichkeiten der klass. Logik berücksichtigt.

Quantenmechanik, die durch Quantisierung der klass., nichtrelativist. Punktmechanik entstehende Theorie der mikrophysikal. Erscheinungen; sie ermöglicht v. a. die Beschreibung des Verhaltens und der beobachtbaren Eigenschaften mikrophysikal. Teilchensysteme mit konstanter Teilchenzahl sowie der in diesen nichtrelativist. ablaufenden Vorgänge *(nichtrelativist. Qu.)*, wobei sie sowohl die Teilchen- als auch die Welleneigenschaften mikrophysikal. Teilchen erfaßt und ein erster Schritt zu einer widerspruchsfreien Vereinigung von Wellen- und Teilchenbild ist. Die Qu. liefert u. a. eine Erklärung des Schalenaufbaus der Elektronenhülle der Atome, der Molekülstruktur und der chem. Bindung sowie der physikal. Eigenschaften der Festkörper. Dabei ergeben sich alle physikal. wichtigen Größen (Observablen) im Rahmen von Wahrscheinlichkeitsaussagen als sog. quantenmechan. *Erwartungs-* oder *Mittelwerte*. Die nichtrelativist. Qu. ist heute ein ebenso abgerundetes, widerspruchsfreies und in sich geschlossenes Gebiet wie die klass. Newtonsche Mechanik, in die sie im Grenzfall großer Quantenzahlen oder Massen übergeht. Die Ausdehnung der Qu. auf relativist. ablaufende Vorgänge *(relativist. Qu.)* gelingt nur für einzelne Teilchen.

📖 *Greiner, W., u. a.: Theoret. Physik. Bd. 4 u. 5: Qu. Ffm.* $^{1-2}$*1979. - Eder, G.: Qu. Mhm. u. a.* $^{1-2}$*1978–80. 3 Bde. - Landau, L. D./Lifschitz, E. M.: Lehrb. der Theoret. Physik. Bd. 3: Qu. Dt. Übers. Bln.* ^{6}*1978.*

quantenmechanische Wellenfunktion, svw. ↑Psifunktion.

Quantenoptik, Teil der Optik, der im Ggs. zur Wellenoptik sämtliche opt. Erscheinungen umfaßt, beschreibt und erklärt, zu deren Verständnis und Deutung die Annahme der Existenz von Photonen als Quanten des elektromagnet. Strahlungsfeldes erforderl. ist. Hierzu gehören neben der Emission und Absorption von elektromagnet. Strahlung in Form von Photonen durch mikrophysikal. Systeme v. a. der ↑Photoeffekt und der ↑Compton-Effekt sowie alle in ↑Lasern stattfindenden Vorgänge.

Quantensprung, der Übergang eines mikrophysikal. Systems aus einem stationären Zustand in einen anderen. Bei einem Qu. wird Energie unstetig, d. h. portionsweise (quantenhaft) emittiert bzw. absorbiert. Die Energie kann als kinet. Energie, als Photon oder durch Absorption bzw. Emission anderer Teilchen aufgenommen bzw. abgegeben werden. Der Qu. kann spontan (ohne äußere Einflüsse) erfolgen, wenn das System z. B. aus einem angeregten (höheren) Energieniveau in ein tieferes übergeht, er kann aber auch durch äußere Einwirkungen erzwungen werden.

Quantenstatistik, die auf der Grundlage der Quantentheorie entwickelte statist. Theorie zur Beschreibung thermodynam. Vielteilchensysteme und ihrer Eigenschaften. Wegen der Nichtunterscheidbarkeit der Teilchen gilt anstelle der klass. [Boltzmann-]Statistik die Bose-Einstein-Statistik bzw. (bei gleichzeitiger Berücksichtigung des Pauli-Prinzips) die Fermi-Dirac-Statistik. Die Qu. beschreibt u. a. korrekt die ↑Gasentartung, die Temperaturabhängigkeiten der spezif. Wärme und anderer Festkörpergrößen sowie die Abweichungen vom Äquipartitionstheorem bei tiefen Temperaturen.

Quantentheorie, die allg. Theorie der mikrophysikal. Erscheinungen und Objekte; sie berücksichtigt und erklärt im Unterschied zu den Theorien der klass. Physik die diskrete, quantenhafte Natur mikrophysikal. Größen und den infolge Bestehens von Unschärferelationen prinzipiell nicht mehr zu vernachlässigenden Einfluß der Meßgeräte auf den Ausgang einer Messung an einem mikrophysikal. System sowie den experimentell gesicherten ↑Welle-Teilchen-Dualismus. Ursache sowohl der Quantenhaftigkeit mikrophysikal. Geschehens als auch der Gültigkeit von Unschärferelationen für die gleichzeitige Messung komplementärer physikal. Größen ist im wesentl. die Existenz des ↑Planckschen Wirkungsquantums h; im Grenzfall $h \to 0$ müssen daher aus der Qu. die Gesetzmäßigkeiten der klass. Physik folgen, also z. B. aus der ↑Quantenmechanik die klass. Newtonsche Mechanik. Die Qu. bedient sich zur Beschreibung physikal. Größen besonderer mathemat. Hilfsmittel, der sog. Operatoren.

Geschichte: Den Anstoß zur Entwicklung der Qu. gab im Jahre 1900 M. Planck durch seine Annahme, daß ein schwarzer Strahler, der eine elektromagnet. Welle der Frequenz v emittiert, nur ganz bestimmte, diskrete Energiewerte abgeben kann, die ganzzahlige Vielfache der Einheit hv (h Plancksches Wirkungsquantum) sind. 1905 zog A. Einstein die Plancksche Annahme kleinster Energiequanten zur Erklärung des Photoeffekts heran und erweiterte sie zur Lichtquantenvorstellung, die dann 1923 durch den Compton-Effekt endgültig bestätigt wurde. Die Quantenhaftigkeit der Wechselwirkung zw. Elektronen und Atomen wurde 1913 durch den Franck-Hertz-Versuch aufgezeigt. Den nächsten wesentl. Schritt tat 1913 N. Bohr mit der Aufstellung seiner Quantenbedingungen und seiner Frequenzbedingung (↑Atommodell). Die Aufstellung des Pauli-Prinzips gab 1925 die physikal. Begründung für das Periodensystem der chem. Elemente. Im selben Jahr schuf W. Heisenberg in Gemeinschaft mit M. Born und

Quantisierung

P. Jordan eine Form der Qu., in der die Vertauschungsrelationen physikal. Größen eine zentrale Bedeutung haben. 1926 entwickelte E. Schrödinger durch Aufstellung der nach ihm ben. Gleichung eine zweite Form der Qu., die auf der 1924 von L. de Broglie entwikkelten Vorstellung der Materiewellen basierte. Die wahrscheinlichkeitstheoret. Interpretation ihrer mit Hilfe von ↑Psifunktionen formulierten Aussagen wurde noch 1926 von Born gegeben. Wenig später wurde erkannt, daß Heisenbergs Quantenmechanik (die sog. Matrizenmechanik) und Schrödingers Wellenmechanik nur zwei verschiedene Formulierungen der gleichen quantenmechan. Gesetzlichkeiten sind. 1927 stellte Heisenberg seine Unschärferelation auf, die endgültig den Verzicht auf anschaul. Beschreibung der mikrophysikal. Vorgänge besiegelte. Die Untersuchung der Elektrodynamik und anderer Feldtheorien (ab 1929) führte zur Quantisierung der Wellenfelder und damit zu verschiedenen Quantenfeldtheorien.

📖 *Baumann, K./Sexl, R. U.: Die Deutungen der Qu. Wsb.² 1986. - Gasiorowicz, S.: Quantenphysik. Mchn.³ 1985. - Theis, W. R.: Grundzüge der Qu. Stg. 1985. - Fick, E.: Einf. in die Grundll. der Qu. Wsb.⁵ 1984. - Hund, F.: Gesch. der Qu. Mhm. u. a.³ 1984. - Mittelstaedt, P.: Philosoph. Probleme der modernen Physik. Mhm. u. a.⁶ 1981.*

Quantenzahlen, ganze oder auch halbganze Zahlen, durch die sich die stationären Zustände (Quantenzustände) mikrophysikal. Systeme bzw. diese selbst charakterisieren lassen. Sie ergeben sich entweder rechner. aus Eigenwertproblemen der Quantentheorie, oder sie sind nur empir. ermittelte [halb]ganze Zahlen, die den Spin, Isospin und andere innere Eigenschaften der Elementarteilchen kennzeichnen und bislang infolge Fehlens einer abgeschlossenen Theorie der Elementarteilchen noch nicht theoret. hergeleitet und begründet werden konnten. Die wichtigste Quantenzahl ist die *Hauptquantenzahl n*. Sie gibt im Schalenmodell die Nummer der Schale an (vom Kern aus gezählt), in der sich das Elektron befindet. Die Schale mit der Hauptquantenzahl $n = 1$ heißt *K-Schale,* die mit $n = 2$ *L-Schale* usw. Die *Nebenquantenzahl l* hängt zusammen mit dem Bahndrehimpuls der in der n-ten Schale umlaufenden Elektronen; sie kann insgesamt n verschiedene Werte annehmen: $l = 0, 1, 2, 3, \ldots, (n-1)$. Man hat folgende Bez. eingeführt: ein Elektron bzw. eine Elektronenbahn heißt s-, p-, d-, f-Elektron bzw. -*Zustand,* wenn $l = 0, 1, 2, 3$ ist. Die höheren Neben-Qu. werden dann nach dem Alphabet bezeichnet, für $l = 4, 5$ usw. also g, h usw. In einer Schale mit der Hauptquantenzahl $n = 3$ ist Platz für Elektronen mit Bahndrehimpulsquantenzahl $l = 0, 1, 2$. Diese Elektronen heißen 3s-, 3p-, 3d-Elektronen. Die *magnet. Quantenzahl m* hängt mit dem magnet. Moment des umlaufenden Elektrons zusammen. Sie kann insgesamt $2l + 1$ verschiedene Werte annehmen: $m = -l, -(l-1), \ldots, -1, 0, +1, \ldots + (l-1), +l$. Die *Spinquantenzahl s* hängt mit dem Eigendrehimpuls der Elektronen zusammen; sie kann nur die Werte $s = +\,^1/_2$ oder $s = -\,^1/_2$ annehmen. Beispiele für weitere Qu. sind die in Einheiten der Elementarladung angegebene *elektr. Ladung,* die *Baryonenzahl,* die *Strangeness* und die *Leptonenzahl.* Letztere nimmt für Leptonen (Elektron, Myon, Neutrino) den Wert +1, für die Antiteilchen der Leptonen den Wert −1 und für Hadronen und Photonen den Wert 0 an.

Quantifikation [lat.], die Verwandlung einer ↑Aussage durch Verwendung von ↑Quantoren, die in der Aussageform frei vorkommende Variablen binden.

Quantisierung [lat.], in der *Nachrichtentechnik* die Unterteilung des Amplitudenbereichs eines kontinuierl. verlaufenden Signals in eine endl. Anzahl kleiner Teilbereiche, von denen jeder durch einen bestimmten „quantisierten" Wert dargestellt wird. Die Qu. ist die Grundlage der Pulsmodulation.
♦ in der *Physik* der Übergang von der klass. (d. h. mit kontinuierl. veränderl. physikal. Größen erfolgenden) Beschreibung eines physikal. Systems zur quantentheoret. Beschreibung durch Aufstellung von Vertauschungsrelationen für die dann [bei Produktbildung]

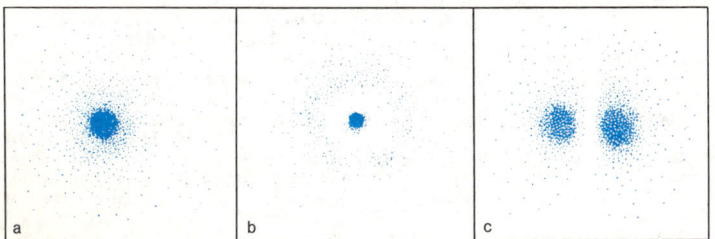

Quantenmechanik. Schalenaufbau einer Elektronenhülle eines Atoms mit einem 1s-Elektron (a), einem 2s-Elektron (b) und einem 2p-Elektron (c)

Quantität

im allg. als nicht vertauschbar anzusehenden physikal. Größen; diese werden durch Operatoren dargestellt, die auf eine das System beschreibende ↑Psifunktion bzw. einen Zustandsvektor in einem Hilbert-Raum einwirken. Während die Qu. punktmechan. Größen zur Quantenmechanik führt, ist die analog durchgeführte Qu. klass. Feldgrößen die Grundlage jeder Quantenfeldtheorie.

Quantität [lat.], seit Aristoteles allg. svw. Menge, Masse, Anzahl, Umfang, Größe. - Kategorie, unter die alle Aussagen über die „Größe" von Gegenständen, deren Eigenschaften und Zustände fallen; ontolog. die allg. „Eigenschaft" von Dingen, nach der sie selbst und ihre bes. Beschaffenheiten einer zahlenmäßigen, zumeist auf Vergleich mit einer Einheit basierenden Erfassung zugängl. sind. Die Kategorie der Qu. wird in enger Verbindung mit der der ↑Qualität gesehen.
♦ (Dauer, Lautdauer, Länge) in der *Phonetik* die meßbare Zeitdauer, die der Einzellaute, Lautgruppen, Silben u. a. gesprochen werden.
♦ in der *Metrik* Bez. für die Silbenlänge.

quantitativ [lat.], nach Quantität, mengenmäßig.

quantitative Analyse ↑chemische Analyse.

Quantitätstheorie, ↑Geldtheorie, die einen Kausalzusammenhang zw. Geldmenge und Preisniveau behauptet.

Quantité négligeable [frz. kɑ̃titenegliʒabl], nicht zu berücksichtigende Größe, Belanglosigkeit.

quantitierendes Versprinzip [lat.], eine Versstruktur, die durch unterschiedl. Silbenquantität (lang-kurz) konstituiert wird; grundlegend für die klass. griech. und röm. (lat.) Metrik.

Quantor [lat.], eine ↑logische Partikel, die dazu dient, durch Bindung von Variablen, d. h. durch Festlegung des Bereichs der Gegenstände, deren Namen an die Stelle der Variablen in einer Aussageform treten dürfen, Aussageformen in Aussagen zu überführen. Qu. sind der *Kein-Qu.* („für kein", symbolisiert: ↓), der *All-Qu.* oder auch *Generalisator* („für alle", symbolisiert: ∧) oder der häufig auch Existenz-Qu. gen. *Manch-Qu.* oder auch *Partikularisator* („für manche" oder „es gibt", symbolisiert: ∨). In einer sog. *bedingter Qu.* ergibt sich dadurch, daß der Variabilitätsbereich eines Qu. durch eine weitere Aussageform eingeschränkt wird.

Quantorenlogik (Prädikatenlogik), Bez. für die formale Logik der nicht nur mit Junktoren, sondern auch mit Quantoren zusammengesetzten Aussagen. Werden in den Aussagen die Eigenschafts- und Beziehungsbegriffe (Prädikatoren) ausschließl. schemat. verwendet, spricht man von Qu. erster Stufe; deren Vollständigkeit wurde 1930 von K. Gödel bewiesen.

Quantum [lat. „wie viel, so groß wie"], Menge, Anzahl, Anteil, [bestimmtes] Maß.

Quantz, Johann Joachim, *Scheden (Landkr. Göttingen) 30. Jan. 1697, † Potsdam 12. Juli 1773, dt. Komponist. - Oboist, später Flötist der königl. Kapelle in Dresden und Warschau; ab 1728 Flötenlehrer, ab 1741 Kammermusiker und Hofkomponist König Friedrichs II. in Potsdam. Qu. schrieb etwa 300 Flötenkonzerte und 200 Kammermusikwerke, die dem ↑galanten Stil zuzurechnen sind, daneben den für die Kenntnis der Musikpraxis und -ästhetik des 18. Jh. bed. „Versuch einer Anweisung, die Flöte traversiere zu spielen" (1752).

Quappe [niederdt.], svw. ↑Aalquappe.

Quarantäne [ka...; lat.-frz., eigtl. „Zeitraum von vierzig Tagen" (nach der vierzigtägigen Hafensperre, mit der man früher Schiffe belegte, die seuchenverdächtige Personen an Bord hatten)], befristete Isolierung von Personen (auch von Haustieren), die verdächtig sind, an bestimmten Infektionskrankheiten erkrankt oder Überträger dieser Krankheiten zu sein (z. B. weil sie aus Epidemiegebieten einreisen).

Quarenghi, Giacomo [italien. kuaˈrengi], * bei Bergamo 20. oder 21. Sept. 1744, † Petersburg 2. März 1817, russ. Baumeister italien. Herkunft. - Seit 1779 in Rußland tätig, Hauptvertreter der frühklassizist. Baukunst in der Nachfolge Palladios, u. a. Theater der Eremitage (1783-87), Akad. der Wiss. (1783-89) in Petersburg.

Quark [slaw.], aus Milch durch Säuerung (*Sauermilch-Qu.*) oder Labfällung (*Lab-Qu.*) und Abtrennen der Molke gewonnenes Produkt, das v. a. aus geronnenem, weiß ausgeflocktem [noch stark wasserhaltigem] ↑Kasein (Parakasein) besteht; es hat je nach Zusammensetzung der Ausgangsmilch wechselnde Zusammensetzung: aus Magermilch erhaltener Qu. (**Magerquark**) enthält z. B. etwa 17,2 % Eiweiß, 0,6 % Fett, 1,8 % Kohlenhydrate (Rest v. a. Wasser), ein aus Vollmilch unter Sahnezusatz erzeugter Qu. 14 % Eiweiß, 14 % Fett und 4 % Kohlenhydrate. Qu. kommt in mehreren Fettgehaltsstufen (bezogen auf den Fettgehalt der Trockenmasse) in den Handel. Er ist ein leicht verdaul. Nahrungsmittel mit mildem, schwach säuerl. Geschmack; auch Ausgangsmaterial für die Herstellung von ↑Käse.

Quarks [engl. kwɔːks; nach dem Namen schemenhafter Wesen in dem Roman ‚Finnegan's Wake' von J. Joyce] (Quarkteilchen), in der Elementarteilchenphysik Bez. für mehrere hypothet. Teilchen mit dem Spin $1/2$ (in Einheiten $\hbar = h/2\pi$; Plancksches Wirkungsquantum), dem Isospin $I = 1/2$ bzw. 0, der Strangeness $S = 0$ bzw. -1, mit einer Baryonenzahl $B = 1/3$ und einer elektr. Ladung $Q = 2/3 e$ bzw. $-1/3 e$ (*e* Elementarladung) und umgekehrten Vorzeichen dieser Größen bei den zugehörigen Antiteilchen. Nach moder-

Quarz

nen Vorstellungen der Elementarteilchentheorie setzen sich die Mesonen und Baryonen aus zwei bzw. drei Qu. und ihren Antiteilchen zusammen. Obwohl die experimentelle Suche nach Qu. bisher erfolglos war, scheint ihre Existenz innerhalb von Nukleonen u. a. durch Elektronenstreuexperimente gesichert zu sein.

Quart [lat.], im *Fechtsport* Klingenhaltung bei allen Waffen: Arm abgewinkelt vor dem Bauch, der Handrücken zeigt nach unten, Klinge steigend.

Quarta [zu lat. quarta (classis) „vierte (Klasse)"], früher Bez. für die 3. Klasse eines Gymnasiums (7. Klasse).

Quartal [mittellat.], Vierteljahr.

Quartalsaufen, svw. ↑ Dipsomanie.

Quartana [lat.] ↑ Malaria.

Quartär [lat.], die jüngste Formation der Erdneuzeit (↑ Geologie, Formationstabelle).

quartäre Verbindungen [lat./dt.], chem. Verbindungen, bei denen vier an ein Zentralatom (Kohlenstoff, Stickstoff usw.) gebundene Wasserstoffatome durch organ. Reste ersetzt sind.

Quarte (Quart) [lat.], das ↑ Intervall, das ein Ton mit einem 4 diaton. Stufen entfernt gelegenen Ton bildet (z. B. c-f). Die Qu. kann als reines, vermindertes (c-fes) oder übermäßiges Intervall (c-fis, der ↑ Tritonus) auftreten. In der Antike und im MA wurde sie als vollkommene Konsonanz angesehen, sie bildete als Rahmenintervall des ↑ Tetrachords einen grundlegenden Bestandteil der Tonordnung. In der Harmonie- und Kontrapunktlehre gilt sie als konsonant, wenn sie durch Unterquint und Terz gestützt ist, als dissonant in der Auflösungsfortschreitung zur Terz. **Quartenakkorde,** d. h. aus Qu. anstelle von Terzen aufgebaute Akkorde, kommen gelegentl. schon im 9. Jh. vor, finden aber v. a. beim Übergang zur Neuen Musik Verwendung.

Quarter [engl. ˈkwɔːtə; zu lat. quartarius „das Viertel"], Volumeneinheit in Großbrit.: 1 qu. = 64 gallons = 290,95 dm³.

Quarterboot [lat.-engl./dt.], auf dem ↑ Quarterdeck mitgeführtes Beiboot.

Quarterdeck [lat.-engl./dt.], leicht erhöhtes (bis 1,5 m), hinteres Schiffsdeck.

Quartermeister [lat.-engl./dt.; urspr. Bez. für den Unteroffizier, der für ein Viertel der Mannschaft zuständig war] (Quartermaster), Vollmatrose, der als Rudergänger und im Brückendienst eingesetzt wird.

Quartett [lat.-italien.], Komposition für vier Instrumental- oder Vokalstimmen, auch Bez. für das diese Komposition ausführende Ensemble. Wegen seiner harmon. Vollstimmigkeit und der Deutlichkeit seiner Faktur war das Qu. seit dem 15. Jh. eine im vokalen und instrumentalen Bereich bevorzugte Besetzung (z. T. chorisch). Während das **Streichquartett** und das **Bläserquartett** in der Instrumentengatt. festgelegt sind, zeigen alle anderen Bez. (z. B. Klavier-, Flöten-, Oboen-Qu.) eine gemischte Besetzung an. Ein Konzert mit vier Soloinstrumenten und Orchester wird als **Quadrupelkonzert** bezeichnet.

♦ Unterhaltungsspiel mit Karten, bei dem eine Serie von 4 aufeinanderfolgenden Karten gleicher Spielfarbe oder von 4 gleichnamigen in der Hand eines Spielers sein muß.

♦ jede der beiden vierzeiligen Strophen des Sonetts.

Quartier [frz., zu lat. quartarius „das Viertel"], [Truppen]unterkunft, Nachtlager, Wohnung; v. a. schweizer. und östr.: Stadtviertel (Wohnquartier).

Quartier Latin [frz. kartjelaˈtɛ̃ „latein. Viertel"], Universitätsviertel von Paris, am linken Ufer der Seine.

Quartil [lat.], Streuungsmaß der Statistik; bei Einteilung einer Reihe von Erhebungsdaten in vier gleich stark besetzte Gruppen derjenige Wert, der die Grenze zw. den einzelnen Gruppen bildet.

Quartodezimaner (Quartadezimaner) [lat.] ↑ Osterfeststreit.

Quartole [lat.-italien.], eine Folge von vier Noten, die für drei Noten gleicher Gestalt bei gleicher Zeitdauer eintreten, angezeigt durch eine Klammer und die Zahl 4.

Quarton, Enguerrand [frz. karˈtɔ̃] (Charonton), * in der Diözese Laon im 1410 oder um 1415, † wohl Avignon 1466 (?), frz. Maler. - Vor 1440 in der Provence nachweisbar, seit 1447 in Avignon; schuf die Hauptwerke spätgot. frz. Malerei: „Marienkrönung" (1453; Villeneuve-lès-Avignon, Musée Municipal), sog. „Pietà von Avignon" (zw. 1454 und 1456; Paris, Louvre) sowie den sog. Requin-Altar (um 1447–50, Avignon, Musée Calvet).

Quartsextakkord, aus der Generalbaßlehre (dort mit $^6_4$ gekennzeichnet) übernommene Bez. für einen Akkord, der außer dem tiefsten Ton dessen Quarte und Sexte enthält; er wird in der Harmonielehre als zweite ↑ Umkehrung eines Dreiklangs (z. B. aus c-e-g wird g-c′-e′) erklärt.

Quartz, gemäß der engl. und frz. Schreibweise v. a. in der modernen Uhrentechnik verwendete Schreibweise für ↑ Quarz.

Quarz [Herkunft unbekannt], die bei Temperaturen unterhalb 870 °C stabile Form des kristallisierten Siliciumdioxids, SiO_2 (wasserfreie Kieselsäure); Dichte 2,65 g/cm³, Mohshärte 7. Man unterscheidet zwei Modifikationen: α-Qu. (*Nieder-* oder *Tief-Qu.*; trigonal-trapezoedr.), die bei Temperaturen bis 573 °C beständig ist (häufig einfach als Qu. bezeichnet), und die bei Temperaturen oberhalb 573 °C stabilen β-Qu. (*Hoch-Qu.*; hexagonal-trapezoedr.). Bei Temperaturen über 870 °C geht Qu. in **Tridymit** (2,32 g/cm³), bei 1 470 °C in **Cristobalit** (2,2 g/cm³) über; Schmelzpunkt bei 1 710 °C. Da die Rückumwandlung bei niedrigen Temperaturen sehr langsam verläuft, gibt die jeweils auftre-

Quarzfasern

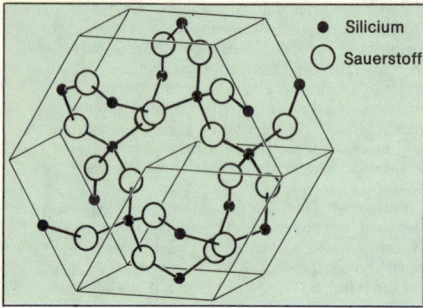

Quarz. Kristallgitter

tende Kristallform Aufschluß über die früheren Temperaturverhältnisse am Fundort (*„geolog. Thermometer"*). Das Kristallgitter wird von Tetraedern gebildet, bei denen ein Si^{4+}-Ion immer von vier O^{2-}-Ionen umgeben ist. Qu. ist nach den Feldspäten das am weitesten verbreitete gesteinsbildende Mineral, das in magmat. Gesteinen (z. B. Granit, Porphyr), metamorphen Gesteinen (Gneis, Glimmerschiefer) und Sedimentgesteinen (Sandstein) vorkommt. - Qu. wird in der Technik sehr vielseitig verwendet; insbes. bildet *Qu.sand* einen wichtigen Rohstoff für die Glas- und Keramikindustrie. Qu.kristalle dienen wegen ihrer opt. und elektr. Eigenschaften als Bauelemente in der Optik, Elektronik und Nachrichtentechnik. - Viele Varietäten des Qu. werden als Schmucksteine verwendet, so z. B. der häufig wasserklare *Bergkristall*, ferner gefärbte Abarten wie *Amethyst, Aventurin, Milchquarz, Prasem, Rosenquarz* und *Rauchquarz* bzw. die bes. dunkle Varietät *Morion*.

Quarzfasern, aus Quarz hergestellte Mineralfasern, die Glasfasern an therm., chem. und physikal. Beständigkeit noch übertreffen; Verwendung z. B. als Isoliermaterial.

Quarzglas (Kieselglas), aus geschmolzenem Quarz (meist Bergkristall) hergestelltes Sonderglas zur Herstellung von opt. Geräten, Laboratoriumsglaswaren und flammfestem Haushaltsgerät. Qu. ist säurefest, unempfindl. gegen plötzl. Temperaturänderungen und durchlässig für UV-Strahlen.

Quarzgut (Kieselgut), aus gereinigtem Quarzsand durch Sintern hergestelltes, milchig durchscheinendes bis weißes, gegen Säuren sehr resistentes keram. Material, das zur Herstellung von chem. Laboratoriumsgeräten verwendet wird.

Quarzit, dichtes, feinkörniges Gestein hoher Härte mit kieseligem Bindemittel, entstanden aus Sandstein durch Verkieselung oder Metamorphose.

Quarzlampe, eine ↑Quecksilberdampflampe, die speziell zur Abgabe von Ultraviolettstrahlung konstruiert ist (Lampenhülle aus Quarzglas, das die Ultraviolettstrahlung prakt. ohne Schwächung nach außen gelangen läßt). Qu. werden u. a. für chem. Untersuchungen und als Bestrahlungslampen für medizin. Zwecke verwendet.

Quarzporphyr, dem Granit entsprechendes, jungpaläozoisches, rötl., manchmal auch grünl. bis graues Ergußgestein, meist mit deutlicher porphyr. Struktur.

Quarzsand ↑Quarz.

Quarzuhr. Rechts: Explosionszeichnung von quarzgesteuerten Armbanduhren, links mit Flüssigkristallanzeige (LCD) und rechts mit Uhrzeiger (Analoganzeige)

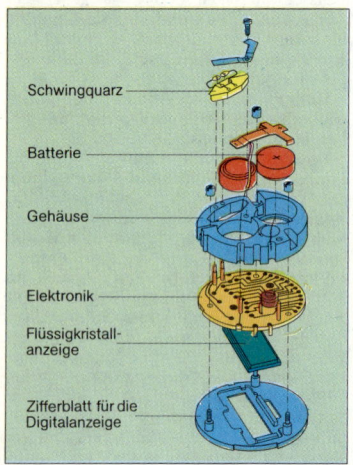

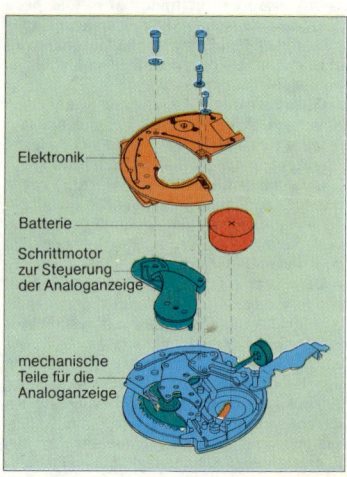

Quarzschaltung, in der Hoch- und Niederfrequenztechnik eine Schaltung, in der die Resonanzfrequenz mit Hilfe eines Schwingquarzes sehr genau und stabil eingehalten wird. Sie wird z. B. in Quarzuhren angewendet.

Quarzuhr, Präzisionsuhr, deren Frequenznormal durch die elast. Schwingungen eines piezoelektr. erregten Quarzkristalls (Schwingquarz) gegeben wird. Die Frequenz der Quarzschwingungen wird stufenweise herabgesetzt und zur Steuerung eines mit einem Uhrzeiger verbundenen Synchronmotors bzw. zur Digitalanzeige benutzt. - Die erste brauchbare Qu. wurde 1933/34 von den dt. Physikern A. Scheibe und U. Adelsberger entwickelt.

Quasar [Kw.] (**quas**istellare Radioquelle), opt. nur in relativ wenigen Fällen beobachtbares kosm. Objekt, das extrem starke Radiofrequenzstahlung aussendet. Die Qu. zeigen eine starke Rotverschiebung der in ihren Spektren feststellbaren Spektrallinien. Deutet man diese mit dem Doppler-Effekt als Folge sehr großer Fluchtgeschwindigkeiten, so handelt es sich um Sternsysteme oder heiße Gaswolken am Rande der beobachtbaren Welt (Entfernungen von 1,4 bis 10 Mrd. Lichtjahren), deren maximale Ausdehnung einige Lichtjahre beträgt. Bei Richtigkeit dieser kosmolog. Deutung übertrifft ihre Leuchtkraft die von großen Galaxien um etwa das Hundertfache. Bei Deutung der Rotverschiebung durch Explosion einer Galaxie oder als relativist. Gravitationseffekt von kollabierenden Sternen extrem hoher Massendichte würden die Qu. relativ nahe kosm. Objekte geringer Ausdehnung sein (lokale Hypothese). Neuere Forschungen lassen eine starke Ähnlichkeit der Qu. mit hellen Kernen von selbst nicht beobachtbaren Galaxien erkennen.

quasi [lat.], gleichsam, als ob.

quasikristalline Flüssigkeiten, Flüssigkeiten, die in kleinen Bereichen einen kristallinen, d. h. geordneten Aufbau zeigen. Als qu. F. bzw. als unterkühlte Flüssigkeiten hoher Viskosität werden häufig die Gläser angesehen.

Quasimodo, Salvatore, * Syrakus 20. Aug. 1901, † Neapel 14. Juni 1968, italien. Lyriker. - Neben G. Ungaretti und E. Montale bedeutendster moderner italien. Lyriker [des Hermetismus]; näherte sich seit den frühen 1940er Jahren zunehmend den realen Gegebenheiten der Gegenwart und den Problemen des Menschen, bes. in „Tag um Tag" (1947), „Das Leben ist kein Traum" (1949). Nobelpreis 1959.

Quasimodogeniti [lat. „wie neugeborene Kinder"] † Weißer Sonntag.

Quasineutralität, in der Physik Bez. für die Eigenschaft eines aus [neutralen und] jeweils gleich vielen entgegengesetzt geladenen Teilchen bestehenden Systems (z. B. eines Plasmas), nach außen hin elektr. neutral zu wirken; die sich im Inneren infolge lokaler Schwankungen der Ladungsträgerdichten lokal ausbildenden elektr. Felder (sog. *Mikrofelder*) kompensieren sich auf größere Entfernungen in ihrer Wirkung.

quasioptisch, sich gemäß den Gesetzen der Strahlenoptik verhaltend, sich geradlinig ausbreitend (v. a. von Ultrakurzwellen gesagt).

quasiperiodisch, sich nur sehr wenig von einem period. Vorgang bzw. einer period. Größe unterscheidend.

quasistationär, in der Strömungslehre und v. a. in der Elektrodynamik svw. zeitl. langsam veränderlich.

quasistatisch, in der Thermodynamik svw. sehr langsam verlaufend; gesagt von Prozessen in einem thermodynam. System, bei denen das System sich zu jedem Zeitpunkt [fast] im Gleichgewicht befindet.

Quasiteilchen, in der Physik Bez. für gewisse, sich wie Teilchen verhaltende Anregungsformen in Vielteilchensystemen, z. B. die Phononen in Festkörpern und Flüssigkeiten.

Quassia [nach dem surinam. Medizinmann Graman Quassi, 18. Jh.], Gatt. der Bittereschengewächse mit rd. 35 Arten in S-Amerika und W-Afrika; Sträucher oder Bäume mit schraubig angeordneten Blättern und kleinen, meist in Rispen stehenden Blüten. Der **Amerikan. Quassiaholzbaum** (Qu. amara) ist ein kleiner, etwa 3 m hoher Baum mit geflügelten Blattstielen und einzel., großen, roten Blüten. Aus dem hellgelben, bitter schmeckenden Holz (**Surinam-Bitterholz**) werden Extrakte hergestellt, die früher als Magenmittel und Insektizid (**Fliegenholz**) benutzt wurden; heute noch bei der Herstellung von Wermutwein und Spirituosen verwendet.

Quast, breiter Pinsel, Anstreichbürste.

Quastenflosser (Krossopterygier, Crossopterygii), seit dem Devon bekannte, mit Ausnahme der Art Latimeria chalumnae († Latimeria) ausgestorbene Ordnung bis 1,8 m langer Knochenfische mit zahlr. Arten in Süß- und Meeresgewässern; stimmen im Zahnbau und in der Anordnung der Schädelknochen mit den ersten Amphibien überein. Man unterscheidet zwei Unterordnungen: die (mit echten Choanen und Lungen ausgestatteten) *Rhipidistier* (Rhipidistia), aus denen sich die † Vierfüßer entwickelt haben, und die † Hohlstachler.

Quastenstachler (Atherurus), Gatt. der Stachelschweine mit vier sehr ähnl. Arten im trop. Afrika und Asien (auch auf Sumatra); Körperlänge etwa 40–50 cm; Schwanz etwa 15–25 cm mit langer Stachelquaste am Ende; übriger Körper mit dichtem, relativ kurzem Stachelkleid, lange Stacheln längs der Rückenmitte; Waldbewohner.

Quästor (lat. quaestor), röm. Magistrat; zunächst Untersuchungsrichter mit Strafge-

Quästur

richtsbarkeit in Mordfällen, dann von den Konsuln als Gehilfen ernannte, ab 447 v. Chr. gewählte Jahresbeamte. Anfängl. gab es 2, ab 421 mit dem Zutritt der Plebejer zur Quästur 4 Qu.; wegen zunehmender Verwaltungsaufgaben wurde die Zahl 81/80 auf 20 erhöht. Die Quästur war in der Republik das niedrigste Amt und konnte nach dem 30., in der Kaiserzeit nach dem 25. Lebensjahr bekleidet werden. Seit Sulla gelangten die Qu. nach Ablauf des Amtsjahres automat. in den Senat.

Quästur [lat.], Dienststelle einer Hochschule, die die Studiengebühren festsetzt und erhebt.

Quatember [zu lat. quattuor tempora „vier Zeiten"], in der kath. Kirche Bet- und Danktage „für die Früchte der Erde und für das menschl. Schaffen", deren Anzahl und Termine von den Bischofskonferenzen bestimmt werden; seit dem 3. Jh. bezeugt; bisweilen Zins- und Gerichtstermine.

quaternäre Verbindungen [lat./dt.], chem. Verbindungen, die sich aus vier verschiedenen Elementen zusammensetzen, z. B. Dolomit, $CaMg(CO_3)_2$; analog werden aus vier Komponenten bestehende Legierungen als *quarternäre Legierungen* bezeichnet.

Quaternionen [mittellat.] (hyperkomplexe Zahlen), Bez. für die Elemente $x = ae + bj + ck + dl$ (mit $a, b, c, d \in R$) *eines vierdimensionalen Vektorraums Q* über dem Körper *R* der reellen Zahlen, in dem für die Basiselemente e, j, k, l (e Einselement) eine Multiplikation durch folgende Tafel erklärt wird:

	e	j	k	l
e	e	j	k	l
j	j	$-e$	l	$-k$
k	k	$-l$	$-e$	j
l	l	k	$-j$	$-e$

Quatrefages de Bréau, Jean Louis Armand de [frz. katrəfaʒdəbre'o], * Berhezène bei Valleraugue (Gard) 10. Febr. 1810, † Paris 12. Jan. 1892, frz. Anthropologe. - Prof. in Toulouse und Paris; bed. ethnolog., rassekundl., kraniolog. und phylogenet. Beiträge (u. a. „L'espèce humaine", 1877; „Histoire générale des races humaines", 1886–89).

Quattrocento [kvatro'tʃɛnto; italien.], (kunstgeschichtl.) Bez. für das 15. Jh., die Zeit der Frührenaissance in Italien.

Quauhtemoc (Cuauthémoc) [span. kya̯ux'tɛmɔk; aztek. „herabstoßender Adler"], * Tenochtitlán 1495, † bei Izancanac (Campeche) 28. Febr. 1525, letzter (11.) Herrscher der Azteken (seit 1520). - Maßgebl. an der Vertreibung der Spanier aus Tenochtitlán beteiligt; organisierte den letzten Widerstand der Azteken gegen die Spanier, mußte aber am 13. Aug. 1521 in Tenochtitlán kapitulieren; wegen angebl. Verschwörung von H. Cortés erhängt; Nationalheld der Mexikaner.

Quayle, James Danforth [engl. kweɪl], * Indianapolis 4. Febr. 1947, amerikan. Politiker (Republikaner). Jurist; 1976–80 Abg. des Repräsentantenhauses; seit 1980 im Senat als Vertreter Indianas; seit Jan. 1989 Vizepräs. der USA.

Quebec [kve'bɛk, engl. kwɪ'bɛk] (frz. Québec [frz. ke'bɛk]), Hauptstadt der kanad. Prov. Qu., am Sankt-Lorenz-Strom und Saint Charles River, 166 000 E. Sitz eines kath. Erzbischofs und eines anglikan. Bischofs; Univ. (gegr. 1852); Seminar der Jesuiten (gegr. 1663), astronom. Observatorium, Museen. Neben der Verwaltung sind Ind. und Fremdenverkehr von Bed.; außerdem militär. Hauptquartier. Endpunkt mehrerer Bahnlinien, ein für Hochseeschiffe zugängl. Hafen mit großen Getreidesilos, ✈. - Gegr. 1608 an der Stelle des 1535 von J. Cartier besuchten Indianerdorfes *Stadacona*; 1629–32 engl. besetzt; bis zur Eroberung durch brit. Truppen 1759 polit., wirtsch. und kulturelles Zentrum der frz. Kolonie Neufrankr.; behielt auch unter brit. Herrschaft bis 1867 seine Hauptstadtfunktion; seitdem Hauptstadt der Prov. Qu. und geistiges sowie kulturelles Zentrum der Frankokanadier. - Qu. ist im Stil der frz. Städte des 18. Jh. erbaut. In der auf einem Felsplateau liegenden Oberstadt befinden sich u. a. die vollständig erhaltene Zitadelle (19. Jh.) und das Hotel Château Frontenac (19. Jh.), in der Unterstadt die Kirche Notre-Dame-des-Victoires (1688 und 1765).

Qu., ostkanad. Prov. 1 540 680 km², 6,55 Mill. E (1984), Hauptstadt Quebec.
Landesnatur: Qu. hat Anteil an drei Landschaftsräumen: Kanad. Schild, Sankt-Lorenz-Tiefland, Appalachen. Über 90 % der Gesamtfläche liegen im Bereich des Kanad. Schildes. Das Sankt-Lorenz-Tiefland bildet einen relativ schmalen Streifen beiderseits des Sankt-Lorenz-Stroms. Zum Appalachensystem gehören das südl. des Tieflands gelegene Gebiet (Eastern Townships) sowie die Gaspé Peninsula; höchste Erhebung ist hier der Mount Jacques Cartier mit 1 268 m ü. d. M. - Es bestehen Unterschiede vom maritimen Klima im O zum etwas kontinentaleren im W sowie von N nach S. Die Winter sind kalt und schneereich; der N liegt im Bereich des Dauerfrostbodens. Die Sommer sind im Tiefland heiß und feucht. - In Süd-Qu. besteht die natürl. Vegetation aus Laubwäldern. Nach N zu folgt Mischwald, dem sich Nadelwald anschließt, auf den die offene Tundra folgt. - Biber, Elche, Karibus, Wapitis, Virginiahirsche, Wölfe und Schwarzbären sind weit verbreitet. Flüsse und Seen sind fischreich. Im hohen N kommen an den Küsten Labradors auch Eisbären vor.
Bevölkerung, Wirtschaft, Verkehr: Die Bev. konzentriert sich im SO des Landes, Labrador ist sehr dünn besiedelt. Bedingt durch

Quecksilber

die histor. Entwicklung sind rd. 80% der Bev. Frankokanadier, 11% Anglokanadier. Die urspr. Bev., Indianer und Eskimo, bilden Minderheiten. Amtssprachen: Französisch und Englisch. Auf Grund frz. Abkunft bekennen sich rd. 88% der Bev. zur kath. Kirche. Neben Colleges verfügt Qu. über 7 Univ., davon sind 3 englisch- und 4 französischsprachig. Landw. kann nur im Tiefland, am Unterlauf des Sagunay River und im Clay Belt an der Grenze zu Ontario betrieben werden. Angebaut werden u. a. Futterpflanzen, Hafer, Mais, Gerste, Kartoffeln sowie Tabak, Gemüse und Zuckerrüben; außerdem intensive Milchwirtschaft und Gewinnung von Ahornzucker und -sirup. Holzeinschlag und holzverarbeitende Ind. haben große Bedeutung. Der Bergbau auf reiche Kupfer-, Eisen-, Gold-, Zink- und Titanerze sowie der Asbestabbau sind wichtige Wirtschaftsfaktoren. Obwohl Qu. bereits $1/3$ der gesamten elektr. Energie Kanadas erzeugt, ist die Nutzung der Wasserkraft noch ausbaufähig. Eine Stauseekette mit mehreren Kraftwerken ist am Fort George River (La Grande Rivière) in Bau; geplant ist eine Leistung von 12 000 MW. An Ind. findet sich neben der älteren Textil-, Leder- und Tabakind. v. a. Nahrungs- und Genußmittelind., Zellstoff- und Papierind., metallschaffende und -verarbeitende Werke sowie Erdölraffinerien und chem. Industrie. Das Schienennetz ist über 7 200 km, das Straßennetz rd. 92 000 km lang, doch konzentrieren sich Straße und Bahn auf den SO, abgesehen von Erztransportbahnen in Labrador. Der Sankt-Lorenz-Strom ist ein bed. Wasserweg, wichtigster Hafen, auch für Seeschiffe, ist Montreal. Qu. verfügt über 73 ⚓.
Geschichte: Kam 1763 mit Neufrankr. an Großbrit., das sich dieser neuen Kolonie durch die Quebec Act (1774) zu versichern suchte, das den Frankokanadiern das Mitspracherecht bei der Reg. durch einen aus ernannten Mgl. bestehenden Rat und die offizielle Anerkennung der röm.-kath. Bekenntnisses gewährte; durch die Constitutional Act (1791) in die Prov. Oberkanada und Unterkanada aufgeteilt. Nach einer Rebellion der Frankokanadier 1837 gewährte die brit. Reg. eine Legislative und eine dem Parlament verantwortl. Reg., wobei jedoch Ober- und Unterkanada zur Prov. Kanada zusammengelegt wurden. 1867 wurde die Prov. Qu. des Dominions Kanada neu geschaffen; ihre Grenzen wurden 1896, 1912 und 1927 geändert. In den 1930er Jahren begann sich der frankokanad. Nationalismus polit. zu organisieren. Großen Aufschwung nahm die separatist. Bewegung seit den 1960er Jahren; Splittergruppen griffen zu terrorist. Mitteln. Die Parti Québécois, die 1976 die absolute Mehrheit im Prov.parlament errang, strebt die Schaffung eines unabhängigen Staates Qu. in Wirtschaftsgemeinschaft mit Kanada an.

Quebracho [ke'bratʃo; span., eigtl. „Axtbrecher"], 1. das rotbraune bis blutrote Holz des *Quebrachobaums* (Schinopsis quebrachocolorado in Z- und S-Amerika); dauerhaft, sehr hart, schwer bearbeitbar; Verwendung für schwere Holzkonstruktionen. Das dunkelrote Kernholz liefert † Tannin; 2. das weniger schwere, leichter bearbeitbare und hellere Holz des Hundsgiftgewächses Aspidosperma quebracho-blanco in Argentinien und Chile. ♦ (Quebrachorinde) die Stammrinde des Hundsgiftgewächses Aspidosperma quebracho-blanco sowie des Quebrachobaums; sie liefert Gerbstoffe und Alkaloide, die für techn. Zwecke (früher auch für Heilzwecke) verwendet werden.

Quechua [span. 'ketʃu̯a], indian. Volk in den Anden, bildete die staatstragende Bev. des Inkareiches. Heute stellen die Qu. noch den überwiegenden Teil der indian. Bev. Perus; sie sind kulturell weitgehend angeglichen und leben meist als Landarbeiter, Hirten, Kleinbauern und Fabrikarbeiter.

Quechua [span. 'ketʃu̯a] (Quichua, Khechua, Keshua), einstige Verwaltungssprache des Inkareichs; als Missionssprache in nachkolumbian. Zeit noch über die Grenzen des Inkareichs verbreitet, jedoch 1780 von den Spaniern verboten. Heute sprechen etwa 3 Mill. Indianer in Peru sowie in Teilen von Bolivien, NW-Argentinien, Ecuador und S-Kolumbien neben Spanisch Dialekte des Qu.; es ist seit 1975 in Peru als Amtssprache dem Span. gleichgestellt und Pflichtfach in allen Schulen.

Quecke (Agropyron), Gatt. der Süßgräser mit rd. 100 Arten auf der nördl. Halbkugel und im südl. S-Amerika; Pflanzen mit rundem, an den Knoten verdicktem Stengel, zweizeiligen Blättern und unscheinbaren zwittrigen Blüten, die dicht gedrängt in mehrblütigen Ährchen mit zwei ausgebildeten Hüllspelzen stehen. - Bekannte einheim. Arten sind u. a. **Binsenquecke** (Agropyron junceum), ein 30–60 cm hohes Dünengras an der Nord- und (seltener) Ostsee, sowie die **Gemeine Quecke** (Agropyron repens), ein 20–150 cm hohes, grünes oder blaubereiftes Süßgras in Europa, N-Asien und N-Amerika; lästiges Unkraut durch die oft meterlangen unterird. Ausläufer.

Quecksilber [zu althochdt. quecsilbar, einer Lehnübers. von mittellat. argentum vivum „lebendiges Silber"], chem. Symbol Hg (von lat. Hydrargyrum); metall. Element aus der II. Nebengruppe des Periodensystems der chem. Elemente, Ordnungszahl 80, mittlere Atommasse 200,59, Dichte 13,546 g/cm^3 (bei 20 °C), Schmelzpunkt − 38,87 °C, Siedepunkt 356,58 °C. Das silberglänzende Qu. ist das einzige bei Zimmertemperatur flüssige Metall. Es wird von verdünnten Säuren (außer Salpetersäure) nicht angegriffen, von konzentrierten oxidierenden Säuren jedoch gelöst.

29

Quecksilberbarometer

Qu. bildet leicht Legierungen, die Amalgame. In seinen Verbindungen tritt es meist zweiwertig auf. Das Metall besitzt schon bei Zimmertemperatur einen merkl. Dampfdruck und muß sorgfältig verschlossen aufbewahrt werden, da Qu.dampf sehr gesundheitsschädl. ist. Mit einem Anteil von $4 \cdot 10^{-5}$ Gewicht-% an der Erdkruste gehört Qu. zu den seltenen Elementen; in der Häufigkeit der chem. Elemente steht es an 63. Stelle. Qu. kommt in der Natur gediegen und v. a. im Qu.mineral Zinnober HgS vor, aus dem es durch Einwirken von Sauerstoff gemäß: $HgS + O_2 \rightarrow Hg + SO_2$ gewonnen wird. Qu. dient als Thermometerfüllung, wegen seiner großen Legierungsfähigkeit als Extraktionsmittel für Edelmetalle, als Sperrflüssigkeit in Manometern und Blutdruckmeßgeräten sowie als Katalysator. Organ. Qu.verbindungen sind z. B. das als Saatbeizmittel verwendete *Äthylquecksilberchlorid* C_2H_5HgCl und das als Fungizid verwendete *Phenylquecksilberacetat* $C_6H_5HgOOCCH_3$. Einige organ. Qu.verbindungen sind außerordentl. giftig (z. B. wird die ↑Minamata-Krankheit auf Dimethylquecksilber zurückgeführt). - **Geschichte:** Der älteste Qu.fund stammt aus einem ägypt. Grab des 15. Jh. v. Chr. Eine wichtige Rolle spielte das Qu. in der Alchimie, wo es teils zu den Metallen, teils zu den „Geistern" (d. h. zu den flüchtigen Stoffen) gezählt wurde. Im MA war Qu. ein Heilmittel gegen zahlr. Krankheiten, später wurden Qu. und einige Qu.verbindungen (v. a. Sublimat) wegen ihrer antibiot. Wirkung v. a. zur Behandlung der Syphilis verwendet.

Quecksilberbarometer, Barometer, bei denen der Luftdruck durch die Länge einer (auf 0 °C und Normalschwere reduzierten) Quecksilbersäule gemessen wird, deren auf die Flächeneinheit bezogenes Gewicht dem Luftdruck das Gleichgewicht hält. Eine Quecksilbersäule von 760 mm Länge (durchschnittl. Höhe der Quecksilbersäule im Meeresniveau) übt einen Druck von 1 013,25 Hektopascal (hPa) aus.

Quecksilberchloride, die Chlorverbindungen des Quecksilbers. Quecksilber(I)-chlorid *(Kalomel)*, Hg_2Cl_2, ist eine weiße, kristalline, auch natürl. vorkommende Substanz, die v. a. zur Herstellung von Kalomelelektroden verwendet wird. Quecksilber(II)-chlorid *(Sublimat)*, $HgCl_2$ ist eine weiße, kristalline Substanz, deren wäßrige Lösung schon in geringen Konzentrationen bakterizid und fungizid wirkt und früher als Desinfektions- und Saatbeizmittel verwendet wurde.

Quecksilberdampflampe (Quecksilberlampe), eine ↑Gasentladungslampe, bei der das Leuchten von Quecksilberdampf in einer Gasentladung ausgenutzt wird. *Quecksilberniederdrucklampen* strahlen v. a. Ultraviolettstahlung aus und werden z. B. als UV-Strahler in der Medizin eingesetzt. *Quecksilberhochdrucklampen* werden v. a. zur Beleuchtung von Straßen, Plätzen u. ä. verwendet. *Quecksilberhöchstdrucklampen* arbeiten mit einem sehr kurzen, äußerst hellen Lichtbogen; sie werden v. a. für spezielle Beleuchtungszwecke (z. B. in Wolkenhöhen-Meßscheinwerfern u. ä.) eingesetzt.

Quecksilberoxide, die Sauerstoffverbindungen des Quecksilbers; das Quecksilber(II)-oxid, HgO, kommt in einer gelben und roten Form vor, die sich nur durch die Korngröße unterscheiden. Die gelbe Form (geringere Korngröße) dient v. a. zur Herstellung von Quecksilbersalzen, die rote Form wird als algizider Wirkstoff z. B. Schiffsanstrichen zugesetzt.

Quecksilberpumpen, Sammelbez. für alle mit Quecksilber[dampf] arbeitenden Vakuumpumpen. Bei der nach Art der Kolbenpumpe arbeitenden *Geißlerschen Quecksilberluftpumpe* wird ein Torricellisches Vakuum durch abwechselndes Heben u. Senken eines bewegl., mit Quecksilber gefüllten Glasgefäßes erzeugt. Bei der *rotierenden Quecksilber-[luft]pumpe* (Gaede-Pumpe) dreht sich ein mit drei Schaufeln versehenes Schaufelrad in einem bis über die Hälfte mit Quecksilber gefüllten zylindr. Gefäß; dadurch wird Luft abgesaugt.

Quecksilberschalter, elektr. Schalter aus einer mit flüssigem Quecksilber gefüllten Glasröhre, in die zwei Kontakte eingeschmolzen sind; bei einer bestimmten Neigung der Röhre stellt das Quecksilber eine leitende Verbindung zw. diesen Kontakten her; verwendet z. B. in Boilern, Kaffeemaschinen.

Quecksilbersulfide, die Schwefelverbindungen des Quecksilbers. Das wichtigste ist das *Quecksilber(II)-sulfid*, HgS, das beim Erwärmen von Quecksilber mit Schwefel oder durch Umsetzen von Quecksilbersalzlösungen mit Schwefelwasserstoff in Form einer schwarzen, tetraedr. kristallisierenden Substanz erhalten wird. Die rote, trigonal kristallisierende Modifikation *(Zinnober)* kommt in der Natur vor.

Quecksilberthermometer ↑Thermometer.

Quecksilbervergiftung (Merkurialismus), durch die Aufnahme von metall. Quecksilber oder von Quecksilberverbindungen in den Körper hervorgerufene Krankheitserscheinungen. Eine *akute Qu.* kann unmittelbar nach der Einnahme von Sublimat bzw. durch Einatmen von Quecksilberdämpfen oder organ. Quecksilberverbindungen auftreten. Ihre Symptome sind: Verätzungen, Übelkeit, Erbrechen, Leibschmerzen, Durchfälle, akutes Nierenversagen. - Bei der *subakuten Qu.* sind die Erscheinungen weniger heftig; zusätzl. Symptome: Mundschleimhautentzündung, Speichelfluß und dunkler Quecksilbersaum am Zahnfleisch. - Bei der *chron. Qu.*

stehen die Vergiftungserscheinungen des Nervensystems im Vordergrund: Unruhe, nervöse Reizbarkeit, Gedächtnis- und Konzentrationsstörungen, Schlaflosigkeit u. a. Die chron. Qu. ist als melde- und entschädigungspflichtige Berufskrankheit anerkannt.

qu. e. d. (q. e. d.), Abk. für: ↑**quod erat demonstrandum**.

Quedlinburg [...dlın...], Krst. an der Bode, Bez. Halle, DDR, 125 m ü. d. M., 29400 E. Landwirtsch. Institute; Klopstockmuseum; Meßgerätebau und Saatzuchtbetriebe. - 922 erstmals erwähnt; entstand in Anlehnung an eine bis in die Stauferzeit bed. Pfalz. Die Mutter Ottos I., Mathilde (* 890, † 968), gründete 936/937 hier ein Kanonissenstift, das mit bed. Privilegien ausgestattet wurde und deren Äbtissinnen lange in enger Verbindung zum Königtum standen. Verleihung des Markt-, Münz- und Zollrechts 994, später weiterer für die Entwicklung zur Stadt wichtiger Rechte. 1539 wurde Qu. ein ev. „freies weltl. Stift". - Auf dem Schloßberg roman. Stiftskirche Sankt Servatius (nach 1070–1129), in der Krypta die Gräber von König Heinrich I. und Königin Mathilde. Ma. Stadtbild, bed. u. a. Rathaus (17. Jh.) mit Roland (1427), spätgot. Marktkirche Sankt Benedikti (15. Jh.), Bürgerhäuser aus Renaissance und Barock. Außerhalb der Altstadt die roman. Klosterkirche Sankt Wiperti (im wesentl. 11./12. Jh.).

Qu., Landkr. im Bez. Halle, DDR.

Queen [engl. 'kwi:n „Königin"], 1970 entstandene brit. Rockmusikgruppe, die seit Mitte der 1970er Jahre zunächst mit einer an der Musik von Rockbands der 1960er Jahre orientierten, dann mit einer Art sinfon. Rockmusik und mit den erotisierenden Bühnenshows ihres Sängers und Pianisten F. Mercury (eigtl. F. Bulsara, * 1946) erfolgreich ist.

Queen-Anne-Stil ['kwi:n 'æn; engl.], nach der Königin Anna ben. klassizist. engl. Kunststil (1700–20), bes. schwere Möbel und Silbergeschirr (Queen-Anne-Silber) in schlichten Formen, vielfach mit reliefiertem Wappen.

Queen Charlotte Islands [engl. 'kwi:n 'ʃɑːlət 'aıləndz], kanad. Inselgruppe im Pazifik, besteht aus zwei großen (**Graham Island, Moresby Island** im S) und etwa 150 kleinen Inseln, zus. 9 596 km².

Queen Charlotte Sound [engl. 'kwi:n 'ʃɑːlət 'saʊnd] ↑ Georgia, Strait of.

Queen Charlotte Strait [engl. 'kwi:n 'ʃɑːlət 'streıt] ↑ Georgia, Strait of.

Queen Elizabeth Islands [engl. 'kwi:n ı'lızəbəθ 'aıləndz], die nördlichste Inselgruppe des Kanad.-Arkt. Archipels.

Queen Elizabeth Style [engl. 'kwi:n ı'lızəbəθ 'staıl] ↑ elisabethanischer Stil.

Queensberry, John Sholto Douglas, Marquess of [engl. 'kwi:nzbəri], * 20. Juli 1844, † London 31. Jan. 1900, schott. Adliger. - Begründer des modernen Boxsports.

Stellte 1890 die nach ihm ben., in ihren Grundzügen noch heute gültigen Regeln *(Qu. rules)* auf.

Queensland [engl. 'kwi:nzlənd], austral. Bundesland, umfaßt den NO des Kontinents einschl. der Inseln im Carpentariagolf und in der Torresstraße, 1 727 552 km², 2,3 Mill. E (1981), Hauptstadt Brisbane. Im O von Qu. erstrecken sich die Ostaustral. Kordilleren, die vielfach nur Mittelgebirgscharakter haben. Der Abfall zur schmalen Küstenebene ist steil, die Abdachung zum Landesinneren dagegen allmählich. Der westl. Qu. umfaßt die Ebenen des Großen Artes. Beckens im S und des Carpentariabeckens im N. Im N herrscht trop., im S subtrop. Klima. Entsprechend der Niederschlagsverteilung herrschen im überwiegenden Teil von Qu. Grasfluren mit Eukalyptus- und Akaziengehölzen vor. An der O-Küste sind trop. Regenwälder verbreitet. 85 % der Bev. leben in den Küstenstädten. Rd. 56 % der Gesamtfläche von Qu. werden weidewirtsch. genutzt (Fleischrind-, Wollschafhaltung). Angebaut werden in der Küstenebene Zuckerrohr, daneben Feldfutter, Gemüse, Getreide, Tabak, Baumwolle, Ananas, Bananen u. a. An Bodenschätzen werden Steinkohle, Kupfer-, Blei- und Zinkerze sowie Bauxit abgebaut. Die Ind. verarbeitet landw. Erzeugnisse (v. a. Fleisch- und Zuckerproduktion) und die geförderten Erze; ferner chem., Holz-, Textilind., Maschinen- und Fahrzeugbau. - Die Küste wurde 1770 von J. Cook entdeckt; 1824–39 bestand eine brit. Strafkolonie; erhielt 1859 (nach Abtrennung von Neusüdwales) Selbstverwaltung; ab 1901 Teil des Austral. Bundes.

Queenslandfieber [engl. 'kwi:nzlənd], svw. Q-Fieber (↑ Balkangrippe).

Queffélec, Henri [frz. kɛfe'lɛk], * Brest 29. Jan. 1910, frz. Schriftsteller. - Seine Romane, deren Schauplatz vorwiegend die Bretagne, stellen christl. Leben in einer glaubenslosen Gesellschaft dar; u. a. „Männer im Nebel" (1960), „Die Fischer von Fécamp" (1963), „À quoi rêvent les navires?" (1983).

Queirós, José Maria Eça de [portugies. kɐj'rɔʃ] ↑ Eça de Queirós, José Maria.

Quelimane (Kilimane), Hafenstadt in Zentralmoçambique, 20 km landeinwärts am Rio dos Bons Sinais, 5 m ü. d. M., 184 000 E. Distr.hauptstadt, kath. Bischofssitz; Verarbeitung landw. Produkte, Herstellung von Fertigbauteilen. Eisenbahn ins nördl. Hinterland, ✈. - Schon im 10. Jh. bed. Handelsplatz; 1761 Stadt (erneut 1942); im 18./19. Jh. Sklavenhandelsplatz.

Quellbewölkung ↑ Wolken.

Quelle, i. w. S. Stelle, an der flüssige oder gasförmige Stoffe an die Erdoberfläche gelangen; i. e. S. nur der natürl. Austritt von Grundwasser (auch am Grund von Flüssen, Seen und Meeren). Eine Qu. bildet sich meist dort, wo die grundwasserführende Schicht die Erd-

Quelle

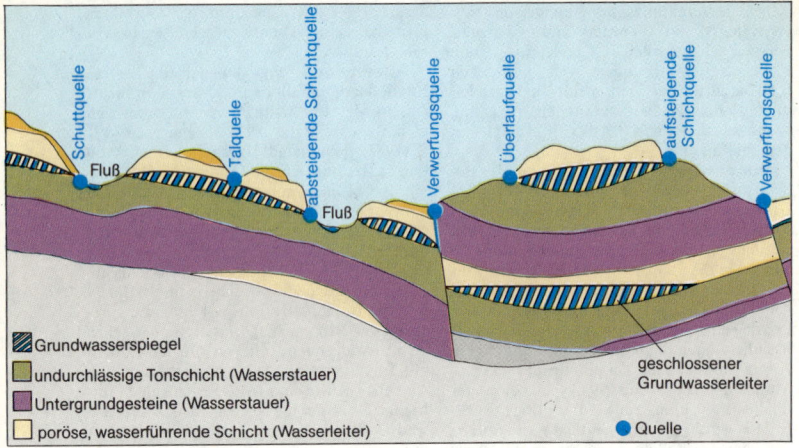

- Grundwasserspiegel
- undurchlässige Tonschicht (Wasserstauer)
- Untergrundgesteine (Wasserstauer)
- poröse, wasserführende Schicht (Wasserleiter)
- geschlossener Grundwasserleiter
- Quelle

Quellentypen

oberfläche schneidet oder wo die geolog.-tekton. Verhältnisse Grundwasser stauen und zum Austritt zwingen. Je nach der Art dieser Wasseraustritte hat eine Qu. unterschiedl. Bez. wie **Schichtquelle, Überlaufquelle, Verwerfungsquelle** usw. Wird die wasserführende Schicht auf größerer Länge geschnitten, so daß mehrere Qu. nebeneinander austreten, spricht man von einem **Quellhorizont.** Je nach der Dauer des Wasseraustritts im Laufe des Jahres unterscheidet man zw. perennierenden (permanenten) Qu., die ständig, period. Qu., die jahreszeitl. und episod. Qu., die nur gelegentl. fließen, wie z. B. die Hungerquellen. Außerdem gibt es intermittierende Qu., die zw. springbrunnenartigen Wasserausstößen kürzere oder längere Ruhepausen ohne Wasserschüttung haben (z. B. die Geysire). Eine bes. Art ist die Karst-Qu., z. T. mit Seebildung. Bei Temperaturen zw. 20 und 50 °C spricht man von **Thermen,** bei über 50 °C von *heißen Quellen.* - ↑ auch Heilquelle, ↑ Mineralquelle.

◆ allg. (übertragen) für Ursprung, Herkunft; Belegstelle, schriftl. Dokument u. a.; Zeugnis (Überrest) aus der Vergangenheit. - **Geschichtswissenschaft:** „Histor. Material", das Aufschluß über die Vergangenheit ermöglicht. Die *Qu.kunde* unterscheidet Gegenstände (z. B. Bauwerke, Gräber, Münzen), Tatsachen (z. B. Recht, Sprache, Zeitrechnung) und Texte. Ur- und Frühgeschichte sind meist auf die Gruppe der Gegenstände angewiesen, Alte, Mittelalterl. und Neuere Geschichte greifen auf Tatsachen und v. a. Texte zurück. Die *schriftl.* Qu. werden seit J. G. Droysen und E. Bernheim gegliedert in: 1. erzählende Qu., die zum Zweck der Überlieferung angefertigt wurden (z. B. Chroniken, Annalen, Geschichtsepen), 2. dokumentar. Qu., die unmittelbar aus dem polit. und wirtsch. sowie aus dem privaten und publizist. Bereich überliefert sind (z. B. Urkunden, Akten, Zeitungen). Für die Neueste Geschichte besitzen überdies nichtschriftl. Überreste wie Ton- und Bilddokumente erhebl. Qu.wert. Andere Einteilungskriterien sind die Nähe zum berichteten Ereignis (Primär-Qu., Sekundär-Qu.) oder die Zugehörigkeit zu Sachgebieten (Rechts-Qu., Wirtschafts-Qu.). Mit Hilfe der histor. Hilfswiss. werden die Qu. durch die **Quellenkritik** gesichtet und ausgewertet. Dabei wird einmal der Qu.text histor.-philolog. untersucht, indem Abkürzungen aufgelöst und Überlieferungsverhältnisse berücksichtigt werden sowie die Interpunktion eingefügt wird; in der **Quellenedition** wird die Qu. dann herausgegeben.

Quellkuppe des Drachenfels und Stoßkuppe der Wolkenburg im Siebengebirge

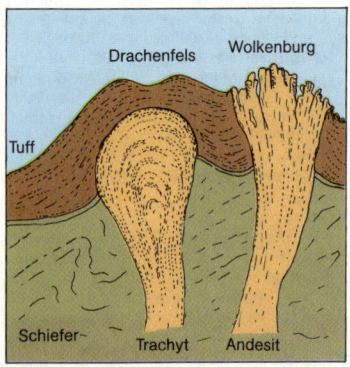

◆ in der *Literaturwissenschaft* allg. die stoffl. Basis eines Werkes, aus der ein Autor die Kenntnis eines bestimmten Geschehnisablaufs, von Figuren- und Motivkonstellationen schöpft, die er dann meist nach eigenen Vorstellungen verwertet; häufig als historisierendes Stilmittel verwendet.
◆ in der *Physik* Singularität in einem ↑ Feld, Ausgangsort von Feldlinien, deren relative Dichte ein Maß für die Ergiebigkeit der Qu. *(sog. Quellstärke)* ist. Die räuml. Verteilung der Qu. wird im allg. durch eine orts- und zeitabhängige Funktion, die *Quelldichte*, beschrieben (z. B. Ladungs- und Stromdichten im Falle elektromagnet. Felder).

Quelle Gustav Schickedanz KG, dt. Versandhandelsunternehmen; gegr. 1927; Sitz: Fürth.

Quellenedition ↑ Quelle (Geschichtswissenschaft).

Quellenkrebse (Thermosbaenacea), Ordnung der Höheren Krebse mit sechs etwa 3–4 mm großen Arten in Extrembiotopen (warme Quellen, Höhlen, brackiges Küstengrundwasser, Salzseen); Körper walzenförmig bis schlank langgestreckt, Augen rückgebildet.

Quellenkritik ↑ Quelle (Geschichtswiss.).

Quellenkult, eine der ältesten Erscheinungen der Religionsgeschichte; beruht generell auf der lebensspendenden und -erhaltenden sowie reinigenden Kraft des Wassers; potenziert erscheint diese Macht in den Heilquellen. Ferner gelten Quellen als Wohnsitze von Gottheiten und Geistern (z. B. Nymphen und Nixen).

Quellentheorie ↑ Einkommen.

Queller (Glasschmalz, Salicornia), Gatt. der Gänsefußgewächse mit rd. 30 weltweit verbreiteten, dort bestandbildenden Arten an Meeresküsten und auf Salzböden im Binnenland. Die bekannteste Art ist der **Gemeine Queller** (Qu. i. e. S., Salicornia europaea), eine ein- oder zweijährige, wenig bewurzelte, glasig-fleischige Salzpflanze, deren Stengel 10–40 cm hoch werden und einfach oder kandelaberartig verzweigt sind; Blätter zu Schüppchen reduziert. Blüten unscheinbar (Windbestäubung); Pflanzenasche ist reich an Soda (früher in der Glasbläserei und zur Seifenherstellung verwendet).

Quellerwiesen (Quellerrasen, Quellerwatt), aus Reinbeständen salztoleranter, sukkulenter Quellerarten (↑ Queller) gebildete Vegetationszone im Ebbe-Flut-Wechselbereich geschützter Sandküsten außertrop. Gebiete; bes. verbreitet in N-Amerika, in den Lagunengebiet S-Frankr. und in NW-Europa (Nordseeküste). Qu. fördern die Schlickablagerung und damit die Landneubildung.

Quellhorizont ↑ Quelle.

Quellinus [niederl. kwɛˈliːnʏs], eigtl. Quellien, Familienname fläm. Künstler des 17. Jh.; bed.:

Qu., Artus, d. Ä., ≈ Antwerpen 30. Aug. 1609, † ebd. 23. Aug. 1668, Bildhauer. - In Rom Studium der Werke von F. Duquesnoy und G. L. Bernini, Hauptmeister des fläm. Barock; leitete u. a. 1650–64 die plast. Ausstattung des ehem. Amsterdamer Rathauses (heute königl. Schloß). Häufig Mitarbeit seines Neffen Artus Qu. d. J. (* 1625, † 1700).

Quellkraut (Montia), Gatt. der Portulakgewächse mit rd. 50 Arten, vorwiegend in Amerika, einige Arten weltweit verbreitet. Einheimisch an Bächen, Gräben und auf feuchten Äckern ist u. a. das **Bachquellkraut** (Montia fontana), eine 10–30 cm hohe Pflanze mit spatelförmigen, gelbgrünen Blättern und unscheinbaren weißen Blüten.

Quellkuppe, durch eine einmalige Eruption entstandene vulkan. Kuppe aus zähflüssiger Lava, die unter einer Tuffbedeckung aufgestaut wurde.

Quellmoor, bei flächenhaftem Austritt kalkhaltiger Wässer unterhalb von Hanglehnen oder auf terrassenförmigen Vorsprüngen gewellter oder gebirgiger Areale entstandenes Moor.

Quellmoos, volkstüml. Bez. für ↑ Brunnenmoose.
◆ (Philonotis) Gatt. der Laubmoose mit rd. 170 weltweit verbreiteten Arten; die bekannteste Art ist *Philonotis fontana*, ein Charaktermoos auf kalkarmen bis kalkfreien Wiesenmooren.

Quellung, reversible Volumenzunahme eines Körpers bzw. einer Substanz durch Wasseraufnahme, wobei um die Moleküle oder Ionen mehr oder weniger umfangreiche Hydrathüllen gebildet werden. Meist bleibt der Zusammenhalt des Stoffes gewahrt (begrenzte Qu.), die quellende Substanz kann aber auch in eine Lösung oder Suspension übergehen (unbegrenzte Qu.). Die Qu. spielt bei allen Organismen eine große Rolle, da zur Aufrechterhaltung der Lebensprozesse das Protoplasma der Zellen einen bestimmten Qu.grad besitzen muß.

Quellungsdruck, der von einer quellenden Substanz (↑ Quellung) in einem geschlossenen Gefäß auf die Wände ausgeübte Druck.

Quellwolken ↑ Wolken.

Quemada, La [span. la ke'maða], große Ruinenstätte im mexikan. Staat Zacatecas, in der Sierra Madre Occidental, 50 km sw. von Zacatecas; befestigte Großsiedlung mit Steinbauten, noch wenig untersucht; zur Blütezeit zw. 850 und 1300, Hauptblütezeit um 1000.

Quemoy [engl. kɪˈmɔɪ], zu Taiwan gehörende Insel in der Formosastraße, vor dem chin. Festland bei Amoy vorgelagert, 138 km², Militärstützpunkt.

Quempas (Quempassingen), Singbrauch zur Zeit der Frühmette am ersten Weihnachtstag, bes. nach dem Beginn des lat. Weihnachtshymnus: *„Quem pastores laudavere"* („Den die Hirten lobeten sehre").

Quenchen ['kvɛntʃən; engl.], das Abstoppen einer chem. Reaktion durch rasches Abkühlen.

Quendel [griech.-lat.], svw. Feldthymian (↑ Thymian).

Queneau, Raymond [frz. kə'no], * Le Havre 21. Febr. 1903, † Paris 25. Okt. 1976, frz. Schriftsteller. - 1924–29 Anhänger des Surrealismus; nahm die Sprache als zentralen Gegenstand seiner Dichtung und suchte sie in spieler. Versuchen zu erneuern, z. B. „Stilübungen" (1947), 99 Versionen einer nichtssagenden Begebenheit. Auch sein übriges Werk (Gedichte, Romane, Novellen, Essays) ist weitgehend beherrscht vom literar. Wort- und Doppelspiel, von humorvoller oder iron.-grotesker Überspielung der existentiellen Sinnlosigkeit und Leere. 1951 Mgl. der Académie Goncourt. - *Weitere Werke:* Der Hundszahn (R., 1933), Mein Freund Pierrot (R., 1942), Sonntag des Lebens (R., 1952), Zazie in der Metro (R., 1959), Intimes Tagebuch der Sally Mara/Man ist immer gut zu den Frauen (R. in 2 Teilen, 1962), Die blauen Blumen (R., 1966).

Quental, Antero Tarquínio de [portugies. ken'tal], * Ponta Delgada (Azoren) 18. April 1842, † ebd. 11. Sept. 1891 (Selbstmord), portugies. Schriftsteller. - Gehört mit seinen philosoph., polit. und sozialkrit. Gedichten zu den geistigen Führern Portugals im 19. Jahrhundert.

Quentchen (Quint, Quintlein) [zu lat. quintus „der fünfte"], altes dt. Handelsgewicht unterschiedl. Größe; entsprach urspr. wohl $1/5$ Solidus, später meist $1/4$ ↑ Lot.

Que Que (Kwekwe), Stadt in Simbabwe, südl. von Salisbury, 48 000 E. Zentrum der Schwerindustrie.

Quercia, Iacopo della [italien. 'ku̯ertʃa], italien. Bildhauer, ↑ Iacopo della Quercia.

Quercus [lat.] ↑ Eiche.

Quercy [frz. kɛr'si], histor. Gebiet in Frankr., im östl. Aquitan. Becken, unmittelbar am W-Rand des Zentralmassivs, Hauptort Cahors. - Die fränk. Gft. Qu. entstand im 8. Jh., kam im 9. Jh. unter die Oberherrschaft der Grafen von Toulouse; im Hundertjährigen Krieg zw. engl. und frz. König umstritten, gehörte seit dem 15. Jh. zur frz. Krondomäne.

Querdehnung ↑ Dehnung.

Querdifferenz ↑ Quersumme.

Querdünen ↑ Dünen.

Querele (Mrz. Querelen) [lat.], Klage, Streit[erei].

Querelle des Anciens et des Modernes [frz. kərɛldezãsjɛedemɔ'dɛrn „Streit der Alten und der Modernen"], literar. Fehde in Frankr. am Ende des 17. Jh., bei der sich die Verfechter der absoluten Mustergültigkeit der antiken Autoren (N. Boileau-Despréaux, J. de La Fontaine, J. Racine) und die vom Rationalismus eines Descartes bestimmten Verteidiger der Überlegenheit der modernen, d. h. bes. der zeitgenöss. „klass." Dichtung des 17. Jh. (C. Perrault, B. de Fontenelle), gegenüberstanden. Es setzte sich die Auffassung durch, daß die Literatur der Zeit Ludwigs XIV. der Antike ebenbürtig sei. Der Streit lebte erneut auf zw. A. Dacier und A. Houdar de La Motte, wobei dieser als Vertreter der „Modernen" Beifall fand (Sieg des Rationalismus über den Dogmatismus).

Querétaro [span. ke'retaro], Hauptstadt des mex. Staates Qu., im zentralen Hochland, 1 865 m ü. d. M., 293 600 E. Kath. Bischofssitz; Univ. (gegr. 1775), Museum, Theater. Zentrum eines Bergbau- und Agrargebiets. - Schon in vorazték. Zeit von den Otomí bewohnt; in der 2. Hälfte des 15. Jh. von den Azteken unterworfen; 1531 von bekehrten Indianern für die Spanier erobert; erhielt 1655 Stadtrecht (Ciudad); in Qu. wurde 1867 Kaiser Maximilian erschossen. - Bed. Bauten der Kolonialzeit, u. a. Palacio de Gobierno (18. Jh.), ehem. Augustinerkloster (1731–45) mit Kreuzgang und Kirche; Aquädukt (18. Jh.; 8 km lang, 74 Bögen).

Qu., Staat in Z-Mexiko, 11 449 km², 802 000 E (1982), Hauptstadt Querétaro. Erstreckt sich vom zentralen Hochland nach NO in die bis über 3 000 m hohe Sierra Madre Oriental und deren Abfall zur Golfküstenebene. Die Landw. ist durch Bewässerungsmaßnahmen intensiviert worden; Bergbau auf Quecksilber. - Von Otomí und Chichimeken bewohnt; 1531 von den Spaniern erobert; 1824 Staat.

Querfeldeinlauf (Crosslauf), Disziplin der Leichtathletik; Langstreckenlauf durch das Gelände mit dessen natürl. Hindernissen (1912–28 olymp. Disziplin).

Querfeldeinrennen (Cyclo-Cross) ↑ Radsport.

Querfeldgenerator, ↑ Gleichstrommaschine mit einem Bürstensatz unter den Hauptpolen zum Spannungsabgriff und einem zweiten, kurzgeschlossenen Bürstensatz zw. den Hauptpolen. Der Qu. erzeugt einen von der Drehzahl (elektr. Zugbeleuchtung) bzw. der Belastung (Schweißmaschine) wenig abhängigen Strom.

Querflöte (italien. flauto traverso; frz. flûte traversière), 1. i. w. S. jede quer zur Körperachse gehaltene ↑ Flöte, im Unterschied zur Lang- oder Längsflöte. - 2. i. e. S. ist Qu. die im 17. Jh. aus der Querpfeife entwickelte Flöte des Orchesters. Die Röhre ist dreiteilig; zum Kopfstück mit dem Mundloch treten Mittel- und Fußstück, die die Klappen tragen. Die Wandung des Kopfstücks verläuft parabol., die übrige Röhre ist zylindrisch. Die Bewegungen der Klappen bzw. Hebel werden z. T. durch Längsachsen vermittelt. Am meisten gebräuchlich ist die Qu. in C (Umfang c^1 bis d^4; als *große Flöte* bezeichnet). Die kleinste Qu. ist die ↑ Pikkoloflöte. Ferner gibt es die *Altflöte* in G und die *Baßflöte* in C.

Querfurt, Krst. in der Querfurter Börde, Bez. Halle, DDR, 165–195 m ü. d. M., 8300 E. Museum; Kalk- u. Holzind., Kraftfuttermischwerk. - Entstand vor 979 bei einer Burg; Stadtrecht vermutl. vor 1198. - Schloß, gegliedert in Vor-, Haupt- und Oberburg mit Ringmauer; im Schloßhof roman. Schloßkapelle (12. Jh., barocke Ausstattung); spätgot. Pfarrkirche Sankt Lamberti (15. Jh.).
Qu., Landkr. im Bez. Halle, DDR.
Querfurter Börde, altbesiedelte Landschaft im sö. Harzvorland, zw. Saale und unterer Unstrut.
quergestreifte Muskeln ↑Muskeln.
Querholz, (Hirnholz) Bez. für das Holz an der Hirnfläche (senkrecht zur Faser verlaufende Schnittfläche) von Schnittholz.
◆ Bez. für die bei der Stapelung von Schnittholz und Rundholz zur besseren Durchlüftung des Holzes zwischengelegten Hölzer.
Querlage, bei rd. 1 % aller Geburten auftretende regelwidrige ↑Kindslage, bei der die Längsachse der Frucht quer zur Längsachse der Gebärmutter steht. Die Qu. ist „geburtsunfähig" und für Mutter und Kind lebensgefährlich; daher ist künstl. Hilfe (Wendung in Längslage oder Schnittentbindung) erforderlich.
Querlenkerachse ↑Fahrwerk.
Querpfeife, kleine, eng und kon. (bis zum 19. Jh. zylindr.) gebohrte Form der Querflöte mit sechs Grifflöchern. Das hoch und scharf klingende Instrument wird in der Militärmusik und bei Spielmannszügen gespielt und meist von der Trommel begleitet. Die Qu. (auch *Schweizerpfeife* genannt) ist schon im hohen MA nachgewiesen.
Querruder (Verwindungsklappen), bewegl. Klappen an den hinteren Kanten der Tragflächen eines Flugzeugs zur Steuerung um die Längsachse (gegensinniger Ausschlag) sowie zum Steigen und Sinken (gleichsinniger Ausschlag).
Querschiff, der Raum einer Kirche, der quer vor dem Langhaus liegt, wodurch sich ↑Vierung und Vierungsturm herausbilden.
Querschläger, Geschosse, deren Flugrichtung nicht mit der Geschoßlängsachse übereinstimmen; insbes. Bez. für Geschosse, die an einem Gegenstand abprallen und [sich überschlagend] in unberechenbarer Richtung weiterfliegen.
Querschnitt, im ebener Schnitt senkrecht zur Längs- oder Drehachse eines Körpers; auch Bez. für die zeichner. Darstellung der Schnittfläche.
Querschnittslähmung (Querschnittssyndrom), durch umschriebene Schädigung des Rückenmarksquerschnitts *(Querschnittsläsion)* verursachte Krankheitserscheinungen in Form sensibler, motor. und vegetativer Lähmungen. Als Ursachen kommen u. a. in Betracht: Verletzungen (v. a. Brüche und Verrenkungen) der Wirbelsäule, Tumoren, Entzündungen und Systemerkrankungen des Rückenmarks (multiple Sklerose, ↑Syringomyelie). Je nach dem Ausmaß der Schädigung unterscheidet man: 1. die *totale* Qu. mit vollständiger Leitungsunterbrechung und vollständiger motor. und sensibler Lähmung in den unterhalb der Schädigungsstelle gelegenen Körperpartien sowie mit vegetativen Störungen im Bereich von Blase, Enddarm und Genitalien; 2. die *subtotale* oder *partielle* Qu. mit nur teilweiser Leitungsunterbrechung und unvollständigen Ausfallerscheinungen; 3. halbseitige Querschnittsunterbrechungen des Rückenmarks *(Halbseitenläsion)*. - Bei den motor. Funktionsstörungen handelt es sich anfangs um schlaffe *(spinaler Schock)*, später um spast. Lähmungen. Die Höhe der Läsionsstelle spielt eine bes. Rolle v. a. bei Halsmarkschäden (Atemlähmung bei Beteiligung der oberen Halssegmente). - Behandlungsmaßnahmen bei Qu. sind u. a.: Lagerung mit Überstreckung der Wirbelsäule, sorgfältige Pflege mit wiederholter Umlagerung und Kontrolle der Haut gegen Wundliegen, Vermeidung von Infektionen der Harnwege, Krankengymnastik, Elektro- und Beschäftigungstherapie.
Querstand, in der Harmonielehre Bez. für die chromat. Veränderung eines Tones in zwei verschiedenen Stimmen bei zwei aufeinanderfolgenden Akkorden oder für das entsprechende Auftreten des ↑Tritonus. Der im strengen Satz verbotene Qu. ist in der freitonalen oder atonalen Musik des 20. Jh. bedeutungslos.
Quersumme, die aus den einzelnen Ziffern einer natürl. Zahl gebildete Summe; die Qu. von 375 604 ist 3 + 7 + 5 + 6 + 0 + 4 = 25. Als *alternierende* Qu. oder *Querdifferenz* bezeichnet man die Summe, die sich ergibt, wenn man die Ziffern einer vorgegebenen natürl. Zahl, mit der letzten Stelle beginnend, abwechselnd addiert bzw. subtrahiert; die alternierende Qu. von 34 925 ist 5 − 2 + 9 − 4 + 3 = 11.
Quertal ↑Tal.
Quertrieb, die bei der Überlagerung einer Parallelströmung mit einer Zirkulationsströmung auftretende, quer zur urspr. Strömungsrichtung wirkende Kraft, z. B. beim ↑Magnus-Effekt.
Querulant [lat.], Mensch mit übermäßig stark ausgeprägtem Rechtsempfinden. Gegen tatsächl. oder vermeintl. öffentlich-rechtl., polit., religiöse u. a. Ungerechtigkeiten setzt er sich starrsinnig und selbstaufopfernd ein, wobei Anlaß und Verhalten in keinem vernünftigen Verhältnis stehen. Qu. werden z. T. den Psychopathen zugerechnet. Häufig findet sich beim Qu. eine mitunter weit zurückliegende tatsächl. erlittene Ungerechtigkeit.
Querwellen, svw. ↑Transversalwellen.
Querzahnmolche (Ambystomatidae),

Fam. der Schwanzlurche mit über 30 etwa 8–30 cm langen Arten in N- und M-Amerika; Körper kräftig, mit ausgeprägter seitl. Ringelung, kleinen Augen am breiten Kopf und am Mundhöhlendach in Querreihen angeordneten Zähnen.

Quese [niederdt.], svw. ↑Drehwurm.

Quesenbandwurm (Multiceps multiceps), etwa 60–100 cm langer Bandwurm, der im erwachsenen Zustand im Darm verschiedener Raubtiere (bes. Hund) schmarotzt. Zwischenwirte sind v. a. das Hausschaf, daneben auch Rinder und Nagetiere, in deren Gehirn sich die Finne zu einer bis hühnereigroßen Blase entwickeln kann (↑Drehwurm), an deren Innenwand sich zahlr. Köpfe bilden (ungeschlechtl. Fortpflanzung). Die befallenen Zwischenwirte führen wegen des durch die Finne bewirkten Drucks Zwangsbewegungen aus (↑Drehkrankheit).

Quesnay, François [frz. kɛ'nɛ], * Méré bei Versailles 4. Juni 1694, † Versailles 16. Dez. 1774, frz. Arzt und Nationalökonom. - Ab 1752 Leibarzt Ludwigs XV.; sammelte seit 1757/58 die Mgl. der sog. physiokrat. Schule (↑Physiokraten) um sich, als deren Begründer er gilt. Sein bedeutendstes Werk ist das „Tableau économique" (1758), das die erste Gesamtdarstellung eines volkswirtschaftl. Kreislaufs enthält. Diese Verwendung des urspr. rein medizin. Begriffs des Kreislaufs durch Qu. zeugt nicht nur von der Ansicht, daß der wirtschaftl. Kreislauf eine harmon. und natürl. Selbstregulierung darstelle, sondern auch von seiner Zielsetzung, eine Universalwiss. auf der Grundlage ökonom. Gesetze aufzubauen.

Quesnel, Pasquier [frz. kɛ'nɛl], latinisiert Paschasius, * Paris 14. Juli 1634, † Amsterdam 2. Dez. 1719, frz. kath. Theologe. - 1676 wegen seines jansenist. Gnaden- und Freiheitsbegriffes angegriffen; 1704 verhaftet. Auf jesuit. Drängen wurden 1713 durch Klemens XI. in der Bulle „Unigenitus" 101 Sätze von ihm endgültig verdammt. Ein Großteil des Klerus, die Sorbonne und das Parlament verweigerten die Annahme der Bulle, man appellierte an ein Konzil; erst um 1730 beruhigte sich die Lage.

Quételet, Adolphe [frz. ke'tlɛ], * Gent 22. Febr. 1796, † Brüssel 17. Febr. 1874, belg. Sozialwissenschaftler, Mathematiker und Astronom. - Prof. in Gent und Brüssel; ab 1841 Präs. der statist. Zentralkommission für Belgien; übertrug Methoden der Statistik und Wahrscheinlichkeitsrechnung auf die Sozialwiss. und wurde damit Begründer der Sozialstatistik.

Quetschung (Kontusion, Contusio), Verletzung durch Gewalteinwirkung mit einem stumpfen Gegenstand.

Quetta ['kwɛta], Hauptstadt der pakistan. Prov. Belutschistan, 1 800 m ü. d. M., 285 000 E. Univ. (gegr. 1970), geophysikal. Inst.; Garnison; Handelszentrum an der Eisenbahnlinie und Straße nach Afghanistan und Iran; Sommerfrische. - Ende des 19. Jh. Bed. als Befestigung und Armeestation der brit. Truppen; 1935 durch Erdbeben fast völlig zerstört; 1947–55 und seit 1970 Hauptstadt der Prov. Belutschistan.

Quetzal [kɛ...; aztek.] (Quesal, Pharomachrus mocinno), etwa 40 cm (♀ 35 cm) langer, im ♂ Geschlecht oberseits glänzend smaragdgrüner, unterseits scharlachroter, vorwiegend früchtefressender Vogel (Fam. Trogons) in feuchten Bergwäldern S-Mexikos bis Panamas; mit vier fast 1 m langen, bandartig nach hinten fallenden Deckfedern des Schwanzes. - Der Qu. wurde in den alten Kulturen der Mayas und Azteken verehrt. Er ist noch heute der Wappenvogel von Guatemala.

Quetzalcoatl [span. kɛtsal'koatl; aztek. „(grüne) Federschlange"], religiös bedeutendste Gestalt des vorkolumb. Mexiko, ein in aztek. Zeit vergöttlichter Herrscher des Toltekenreiches, der im 10. Jh. in Tollan (= Tula de Allende) residierte. Er wirkte als religiöser Verkünder, vollzog einen von Menschenopfern freien, humanen Kult und verließ nach Auseinandersetzungen mit den Protagonisten des Menschenopfers sein Land zu Schiff. Weissagungen über seine dereinstige Rückkehr führten zu dem tragen. Mißverständnis der Azteken, in Cortés anfängl. den wiederkehrenden Qu. zu erblicken. Galt als Erfinder des Schreibens, des Kalenders u. a. kultureller Güter.

Queue [kø:; lat.-frz., eigtl. „Schwanz"], Billardstock (↑Billard).

Queuille, Henri [frz. kœj], * Neuvic-d'Ussel (Corrèze) 31. März 1884, † Paris 15. Juni 1970, frz. radikalsozialist. Politiker. - 1914–35 und 1946–58 Abg.; 1935–40 Senator; 1924–40 fast ständig Min. (Landw., Gesundheit, Post, öffentl. Arbeiten); 1943 Anschluß an de Gaulle; 1948–54 häufig Min. (Staatsmin., öffentl. Arbeiten. Finanzen, Inneres, stellv. Min.präs.); 1948–51 mehrfach Min.präsident.

Quevedo y Villegas, Francisco Gómez de [span. keˈβeðo i βiˈʎeɣas], ≈ Madrid 26. Sept. 1580, † Villanueva de los Infantes 8. Sept. 1645, span. Dichter. - Adliger Herkunft; einer der bedeutendsten Dichter des Siglo de oro; Hauptvertreter des Conceptismo. Sein vielseitiges Werk umfaßt religiös-asket., polit., literarkrit. [gegen die Gongoristen], satir. und pikareske Bücher, u. a. „Der abenteuerl. Buscon" (1626), „Quevedos wunderl. Träume" (1627).

Quezaltenango [span. kesalteˈnaŋgo], Dep.hauptstadt in SW-Guatemala, 2 333 m ü. d. M., 65 700 E. Kath. Bischofssitz, Akad. für Quichésprache und -kultur; Museum; Textilind., Kfz.montage, Nahrungsmittel- u. a. Ind. - 1524 gegr., 1828 Hauptstadt des Estado de Los Altos, eines Teilstaats der Zen-

Quinckesches Rohr

tralamerikan. Föderation; 1902 durch Erdbeben und Ausbruch des Vulkans Santa María stark zerstört.

Quezon City [span. ke'θɔn, engl. 'sɪtɪ], Stadt auf Luzon, Philippinen, im nö. Vorortbereich von Manila, 1,2 Mill. E. Univ. (gegr. 1908); Sitz der nat. Atombehörde; Konsumgüterindustrie.

Quezón y Molina, Manuel Luis [span. ke'θon i mo'lina], * Baler (Prov. Quezon) 19. Aug. 1878, † Saranac Lake (N. Y.) 1. Aug. 1944, philippin. Politiker. - Erreichte 1916 das amerikan. Versprechen der Unabhängigkeit; 1916–35 Senatspräs., wurde 1935 erster Präs.; floh 1941 vor der jap. Invasion; bildete 1942 eine Exilreg. in den USA.

Quibdó [span. kiβ'ðo], Hauptstadt des Dep. Chocó in W-Kolumbien, am Río Atrato, 43 m ü. d. M., 47 900 E. Zentrum der Platin- und Goldgewinnung und der Waldwirtschaft. - Gegr. 1654.

Quiche [frz. kiʃ], warm gegessene Specktorte aus Mürbe- oder Blätterteig. Als *Qu. Lorraine* mit dünnen Räucherspeck- und Käsescheiben belegt; mit gewürzter Eiermilch übergossen.

Quiché [span. ki'tʃe], Stamm der Maya im westl. Hochland von Guatemala; bekannt durch ihr hl. Buch † „Popol Vuh".

Quickborn, 1909 bzw. 1913 in Schlesien gegr. kath. Jugendbund; veranstaltet seit 1919 seine Treffen auf der Burg Rothenfels am Main; bed. Einfluß R. Guardinis; der Qu. wurde ein Zentrum der liturg. Bewegung; 1939 aufgelöst, 1946 wiedergegr., 1966 Aufspaltung in den *Bund christl. Jugendgruppen* und den *Qu.-Arbeitskreis.*

Quickstep ['kvɪkstɛp; engl.], internat. Standardtanz; schnelle Art des † Foxtrott.

Quicumque [lat. „wer auch immer"] (Athanasianisches Glaubensbekenntnis, Athanasianum), nach seinem Anfangswort ben., fälschl. dem Patriarchen Athanasios zugeschriebenes christl. Glaubensbekenntnis, das im 13. Jh. dem Apostel. Glaubensbekenntnis und dem Nizänum gleichgestellt und auch von den Kirchen der Reformation übernommen wurde.

Quidde, Ludwig, * Bremen 23. März 1858, † Genf 5. März 1941, dt. Historiker und Politiker. - Die Veröffentlichung der Schrift „Caligula" (1894), einer histor. verkleideten Kritik an Kaiser Wilhelm II., beendete seine Karriere als Historiker; 1907–18 MdL in Bayern für die Dt. Volkspartei (2. Kammer), 1919/20 Mgl. der Nationalversammlung (DDP); 1930 Mitbegr. der Vereinigung unabhängiger Demokraten (später Radikal.-demokrat. Partei); ab 1894 Mgl., 1914–29 Präs. der Dt. Friedensgesellschaft, 1921–29 Vors. des Dt. Friedenskartells; erhielt 1927 mit F. Buisson den Friedensnobelpreis; emigrierte 1933 in die Schweiz.

Quietismus [kvi-e...; zu lat. quietus „ruhig, zurückgezogen"], allg. eine philosoph. und/oder religiös begr. Haltung totaler, tatenloser Passivität, die Wollen und eigeninitiatives Handeln negiert; i. e. S. Bez. einer myst. Strömung des Katholizismus v. a. des 17. Jh., die eine verinnerlichte stark individuell geprägte Frömmigkeit mit passiver Grundhaltung anstrebt.

quieto [kvi...; italien.], musikal. Vortragsbez.: ruhig.

Quillajarinde [indian./dt.] (Panamarinde, Seifenrinde), Bez. für die von der im westl. S-Amerika verbreiteten Seifenbaumart Quillaja saponaria gewonnenen gelblichweißen Stammrindenstücke, die etwa 5% Saponine enthalten und Extrakte ergeben, die als milde Waschmittel, Bestandteile von Fleckenwasser und als schaumbildende Zusätze in Haarwässern und Zahnpasten und als Expektorans bei Atemwegserkrankungen verwendet werden.

Quimbaya [span. kim'baja], Sammelname für archäolog. Kulturen im Geb. des mittleren Río Cauca (zw. 200 v. Chr. und 1550 n. Chr.); einfache, zwei- und dreifarbig negativ verzierte Keramik; bed. Goldschmiedekunst, wohl fälschl. den Quimbaya, einem um 1650 ausgestorbenen Indianerstamm, zugeschrieben. - Abb. S. 38.

Quimper [frz. kɛ̃'pɛːr], frz. Hafenstadt in der Bretagne, 56 900 E. Verwaltungssitz des Dep. Finistère; kath. Bischofssitz; Museen, Fahrradfabrik, Textil-, keram., Holz- und Nahrungsmittelind., Handelshafen. - Wurde im 4. Jh. Sitz eines Bischofs; später Hauptstadt der Gft. Cornouaille; 1066 Eingliederung in die Bretagne. - Got. Kathedrale (13.–15. Jh.); roman. Kirche Notre-Dame-de-Locmaria (11. Jahrhundert).

Quinarius [lat.], 1. um 210/200 geprägte röm. Silbermünze im Wert von 5, später 8 As = $\frac{1}{2}$ Denar, um 100 v. Chr. erneuert, bis ins 3. Jh. n. Chr. ausgemünzt; 2. der halbe Aureus, seit 45 v. Chr. = $12\frac{1}{2}$ Denare, bis zur Einführung des Solidus nachweisbar.

Quinault, Philippe [frz. ki'no], * Paris 3. Juni 1635, † ebd. 26. Nov. 1688, frz. Dramatiker. - Schrieb Komödien („Gefallsüchtige Mutter", 1665), Tragikomödien und Tragödien („Astrate", 1665) mit verwickelter Handlung, gefühlvollen Charakteren und verfeinerter Sprache; gilt als Vorläufer von J. Racine; verfaßte Opernlibretti für J.-B. Lully; 1670 Mgl. der Académie française.

Quincey, Thomas De [engl. də'kwɪnsɪ] † De Quincey, Thomas.

Quincke, Georg Hermann, * Frankfurt/Oder 19. Nov. 1834, † Heidelberg 13. Jan. 1924, dt. Physiker. - Prof. in Berlin, Würzburg und seit 1875 in Heidelberg; Forschungsarbeiten u. a. über Oberflächenspannung und Kapillarität sowie über Akustik; erfand 1866 das † Quinckesche Rohr.

Quinckesches Rohr ([Quinckesches]

Quindío

Quimbaya. Helm aus dem Gebiet des Río Cauca (400–700). Berlin-Dahlem

Interferenzrohr [nach G. H. Quincke], Gerät zur interferometr. Bestimmung der Wellenlänge von Schallwellen durch Aufteilung des Schalls auf zwei Wege unterschiedl., meßbar veränderl. Länge und anschließende Überlagerung.

Quindío [span. kin'dio], Dep. in Z-Kolumbien, 1 845 km^2, 375 800 E (1985), Hauptstadt Armenia. Qu. liegt auf der W-Abdachung der Zentralkordillere; Hauptwirtschaftsprodukt ist Kaffee. - 1966 aus dem Dep. Caldas ausgegliedert.

Quine, Willard Van Orman [engl. kwaɪn], * Akron (Ohio) 25. Juni 1908, amerikan. Logiker und Philosoph. - Seit 1948 Prof. an der Harvard University; führt den von C. S. Peirce begr. Pragmatismus weiter und trug zu dessen Verschmelzung mit der analyt. Philosophie bei; in der Sprachphilosophie wegweisende Anstöße zur Vermittlung von moderner Linguistik und Logik. - *Werke:* Grundzüge der Logik (1950), Mengenlehre und ihre Logik (1963), Philosophie der Logik (1970).

Quinn, Anthony [engl. kwɪn], * Chihuahua 21. April 1916, amerikan. Schauspieler. - Held in zahlr. Western und Abenteuerfilmen, z. B. in „Der Ritt zum Ox-Bow" (1943), „Viva Zapata" (1952). In Europa v. a. bekannt durch „La Strada" (1954), „Alexis Sorbas" (1964), „Matsoukas der Grieche" (1969), „Der große Grieche" (1978), „Regina" (1982).

Quinquagesima [lat. „der fünfzigste (Tag)"] ↑Estomihi.

Quinque viae [lat.] ↑Gottesbeweis.

Quinquillion, svw. ↑Quintillion.

Quint [lat.], Klingenhaltung im Fechtsport: Armhaltung bei den Stoßwaffen leicht gebeugt vor der Brust, Klinge fallend, Handrücken nach unten, beim Säbelfechten leicht gebeugt nach oben, Klinge horizontal über dem Kopf, der Handrücken zeigt nach hinten.

Quinta [zu lat. quinta (classis) „fünfte (Klasse)"], früher Bez. für die 2. Klasse im Gymnasium (6. Klasse).

Quintade [mittellat.], engmensuriertes, zylindr. gedecktes Register der Orgel zu Sechzehn-, Acht- und Vierfuß; im Klang tritt die Duodezime hervor.

Quintana, Manuel José [span. kin'tana], * Madrid 11. April 1772, † ebd. 11. März 1857, span. Dichter. - Unter Ferdinand VII. wegen seiner liberalen Haltung 1814–20 in Haft; 1855 von Königin Isabella II. zum Dichter gekrönt. Besingt in seinen neuklass. Gedichten Freiheit und Fortschritt.

Quintana Roo [span. kin'tana 'rrɔɔ], mex. Staat im O der Halbinsel Yucatán, 50 212 km^2, 256 000 E (1982), Hauptstadt Chetumal. Trop. Regenwald bedeckt den größten Teil des Landes. Der Küste sind zahlr. Inseln und Korallenriffe vorgelagert. Anbau von Mais, Zuckerrohr, Erdnüssen, Orangen und Henequénagaven; Fremdenverkehr auf einigen Inseln. - Gehörte im N zum Raum der Hochkultur der Maya (u. a. ↑Tulum), von den Spaniern kaum durchdrungen; bis 1902 Teil des Staates Yucatán; dann selbständiges Territorium (seit 1917 Territorio Federal, 1932–35 und seit 1974 Staat).

Quinte (Quint) [lat.], das ↑Intervall, das ein Ton mit einem 5 diaton. Stufen entfernt gelegenen Ton bildet (z. B. c-g). Die Qu. kann als reines, vermindertes (c-ges, der ↑Tritonus) oder übermäßiges Intervall (c-gis) auftreten. Sie gilt im Abendland seit der Antike als vollkommene ↑Konsonanz. In der kadenzorientierten tonalen Musik des 15.–19. Jh. hat sie als Quintfortschreitung des Basses (Dominante–Tonika) wie als Rahmenintervall des ↑Dreiklangs grundlegende Bedeutung. Im ↑Quintenzirkel ist sie konstituierendes Intervall des temperierten Tonsystems.

Quintenzirkel, die in einem Kreis darstellbare Anordnung sämtl. Dur- und Molltonarten des temperierten Tonsystems, deren Grundtöne jeweils eine Quinte voneinander entfernt liegen, wenn man sie fortschreitend nach zunehmenden Vorzeichen ordnet. Der Qu. schließt sich dort, wo zwei Tonarten durch enharmon. Verwechslung (↑Enharmonik) als klangl. gleich erscheinen (z. B. Ges-Dur und Fis-Dur).

Quintero, Joaquín Álvarez ↑Álvarez Quintero.

Qu., Serafín Álvarez ↑Álvarez Quintero.

Quintessenz [zu mittellat. quinta essentia, eigtl. „das fünfte Seiende"], bei Aristoteles der Äther als fünfte, allerfeinste Substanz und alles durchdringendes Element; in übertragenen Sinn das Wesen einer Sache oder Untersuchung (auch der Hauptgedanke oder -inhalt oder das Endergebnis); bei den Alchimisten die Einheit bzw. Vereinigung der Gegensätze; früher zuweilen Bez. für den Alkohol.

Quintett [lat.-italien.], Komposition für

fünf Instrumental- oder Vokalstimmen, auch Bez. für das diese Komposition ausführende Ensemble. Gegenüber dem Streichquartett ist das **Streichquintett** durch eine Viola, ein Violoncello oder seltener durch einen Kontrabaß erweitert. Im **Bläserquintett** tritt zu den Holzblasinstrumenten des Bläserquartetts das Horn. Gemischte Besetzung zeigen u. a. das Klarinetten-Qu. und das Klavierquintett.

Quintilian (Marcus Fabius Quintilianus), * Calagurris (= Calahorra) um 35, † Rom um 100, röm. Lehrer der Beredsamkeit. - Wichtigster Repräsentant des röm. Klassizismus; sein Hauptwerk, die „Institutio oratoria" (Lehrgang der Beredsamkeit, 12 Bücher), diente vom 16. bis zum 18. Jh. als Grundlage des Rhetorikunterrichts.

Quintillion (Quinquillion) [lat.], die fünfte Potenz der Million, d. h. $1\,000\,000^5 = (10^6)^5 = 10^{30}$ (eine Eins mit 30 Nullen).

Quintole [lat.-italien.], eine Folge von fünf Noten, die für drei, vier oder sechs Noten gleicher Gestalt bei gleicher Zeitdauer eintreten; angezeigt durch eine Klammer und die Zahl 5.

Quintus (Quintin, Quintinus), männl. Vorname lat. Ursprungs, eigtl. „der Fünfte".

Quiproquo [lat. „(irgend)wer für (irgend)wen"], Verwechslung einer Person mit einer anderen.

Quipu [ˈkɪpu; indian.] ↑ Knotenschrift.

Quiriguá [span. kiriˈɣŭa], Ruinenstadt der Maya in O-Guatemala, nö. von Los Amates; Skulpturen (zw. 692/810 datiert) zeigen starke stilist. Abhängigkeit von Copán; seit 1974 umfangreichere Ausgrabungen.

Quirinal (lat. Collis Quirinalis), einer der 7 Hügel Roms mit dem Tempel des altröm. Gottes Quirinus, den Thermen Diokletians und Konstantins I., d. Gr. Der **Palazzo del Quirinale** (1574 ff.) war vom 16.–18. Jh. Sommerresidenz der Päpste, 1870–1946 königl. Palast, heute Sitz des italien. Staatspräs.; Qu. wird übertragen auch für italien. Reg. gebraucht.

Quirinus, röm. Kriegsgott. Bildete mit Jupiter und Mars eine altröm. Götterdreiheit, die später durch die kapitolin. Trias Jupiter–Juno–Minerva verdrängt wurde. Ein Tempel des später mit dem vergöttlichten Romulus identifizierten Gottes stand auf dem nach ihm ben. Quirinal.

Quiriten (lat. quirites), im antiken Rom älteste in den Volksversammlungen ge-

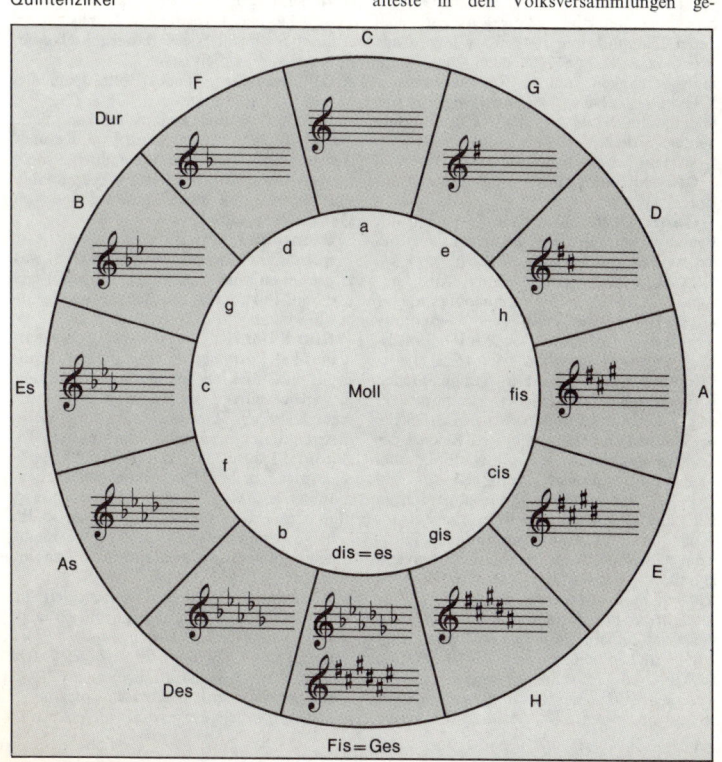

Quintenzirkel

Quirl

brauchte Bez. für die röm. Bürger.
Quirl, bei Pflanzen Bez. für eine Gruppe von mehr als zwei seitl. Gliedern, die auf gleicher Höhe der Sproßachse oder eines Seitensprosses entspringen; selten für Blatt- und Blütenwirtel (↑ Wirtel) verwendet.
◆ urspr. aus Wirteln von Nadelbäumen hergestelltes einfaches Küchengerät, mit dem mehrere Zutaten miteinander vermischt werden; heute auch mit elektr. Antrieb *(Elektroquirl).*
Quiroga, Horacio [span. kiˈroɣa], * Salto 31. Dez. 1878, † Buenos Aires 19. Febr. 1937 (Selbstmord), uruguay. Schriftsteller. - Schrieb symbolist. Gedichte sowie psycholog. Romane und Erzählungen, in denen oft die Urwälder Argentiniens Schauplatz sind; u. a. „Der Aufruhr der Schlangen" (En., 1921).
Quisling (Qvisling), Vidkun Abraham Lauritz [norweg. ˈkvisliŋ], * Fyresdal (Telemark) 18. Juli 1887, † Oslo 24. Okt. 1945 (hingerichtet), norweg. Offizier und Politiker. - Mgl. der norweg. Botschaft in Moskau 1927/28; widmete sich nach seiner Rückkehr aus der UdSSR nach Norwegen 1930 antibolschewist. Publizistik; 1931/32 Verteidigungsmin.; gründete 1933 die faschist. Partei „Nasjonal Samling"; schlug Hitler Ende 1939 die präventive Besetzung Norwegens vor, nach deren Durchführung 1940 für wenige Tage Min.präs.; 1942–45 Chef einer „nat. Reg." in Abhängigkeit vom dt. Reichskommissar J. Terboven; 1945 verhaftet und wegen Hoch- und Landesverrats zum Tod verurteilt. Sein Name wurde zeitweise als Synonym für Kollaborateur gebraucht.
Quisquilien [...li-ən; lat.], Belanglosigkeiten.
Quito [ˈkiːto, span. ˈkito], Hauptstadt Ecuadors und der Prov. Pichincha, am Fuß des Vulkans Pichincha, 2850 m ü. d. M., 1,1 Mill. E. Kath. Erzbischofssitz, Univ. (entstanden 1769 durch Vereinigung älterer kirchl. Univ.), kath. Univ. (gegr. 1946), Polytechnikum, Militärakad., Inst. für innneramerikan. Angelegenheiten u. a. wiss. Inst., Observatorium; mehrere Museen, Nationalarchiv, Nationalbibliothek, Theater. Hauptind.zentrum des Landes, internat. ✈. - An der Stelle der Hauptstadt des ehem. indian. Reiches der Cara 1534 gegr. (älteste Hauptstadt Südamerikas) und **San Francisco de Quito** gen.; seit 1663 Sitz einer Audiencia; gewann rasch an Bed. u. a. durch das Textilgewerbe der Indianer, im 17./18. Jh. auch als kulturelles Zentrum (2 Univ.); seit der Unabhängigkeit Hauptstadt Ecuadors. - Zahlr. Kirchen und Klöster, u. a. Kathedrale (16. Jh.; 1757 zerstört, in alter Form wiederaufgebaut) mit Pieta des indian. Bildhauers Manuel Chili (um 1770); Kirchen La Compañía (Baubeginn 1605 bis um 1750), San Francisco (auf der Ruine eines Inkapalastes) mit Fassade in Spätrenaissanceformen; Kloster San Francisco (Kreuzgang 1573–81) und San Agustín (zweigeschossiger Kreuzgang um 1640).
Quitte [griech.-lat.] (Echte Qu., Cydonia oblonga, Cydonia vulgaris), einzige Art der Rosengewächsgatt. *Cydonia* aus Vorderasien; bis 8 m hoher Baum mit eiförmigen, ganzrandigen, unterseits filzig behaarten Blättern und einzelnen, rötlichweißen Blüten. In S- und M-Europa werden die Varietäten *Birnenquitte* (Cydonia oblonga var. piriformis) und *Apfelquitte* (Cydonia oblonga var. maliformis), mit birnen- bzw. apfelförmigen Früchten, kultiviert. Das Fruchtfleisch der Qu. ist hart, sehr aromat., roh aber nicht genießbar. Die Früchte (Kernobst) werden zu Marmelade oder Saft verarbeitet. Die Samen enthalten über 20 % Schleimstoffe, die sich isolieren lassen und zur Herstellung von Husten-, Magen- und Darmmitteln, von Appreturmitteln und kosmet. Emulsionen verwendet werden. Bed. hat die Qu. auch als Veredlungsunterlage für kleine Birnensorten.
quittieren [frz. (↑ Quittung)], 1. den Empfang einer Leistung bescheinigen; 2. auf etwas reagieren, etwas mit etwas beantworten, vergelten; 3. eine [beamtete] Tätigkeit aufgeben.
Quittung [letztl. zu lat. quietus „frei von Verpflichtungen"], schriftl. Empfangsbestätigung, die der befriedigte Gläubiger dem Schuldner ausstellt; sie ist Beweismittel dafür, daß geleistet worden ist.
Quixote, Don [dɔn kiˈxoːte, span. dɔŋ kiˈxote] ↑ Don Quijote.
Quiz [kvɪs, engl. kwɪz; amerikan., eigtl. „Jux, Ulk, schrulliger Kauz"], Frage-und-Antwort-Spiel, das nach bestimmten Regeln (Antworten in vorgeschriebener Zeit) abläuft, v. a. bei Hörfunk und Fernsehen, und von **Quizmastern** geleitet wird.
Qumran ↑ Kumran.
quod erat demonstrandum [lat. „was zu beweisen war"], Abk. q. e. d. oder qu. e. d., auf Euklid zurückgehender Schlußsatz bei Beweisen.
Quodlibet [lat. „was beliebt"], scherzhafte musikal. Form bes. der Vokalmusik, gebildet 1. durch das Zusammenfügen und damit den gleichzeitigen Vortrag von zwei oder mehr textierten [Lied]melodien oder Melodieteilen unter Beachtung kontrapunkt. Regeln oder 2. durch die Reihung solcher Melodien mit urspr. nicht zusammengehörenden, mitunter gegensätzl. und in der Verbindung humorist. Texten. Die v. a. im 16. bis 18. Jh. beliebte Form wurde im 17. und 18. Jh. vereinzelt auch in die Instrumentalmusik übernommen.
◆ Kartenspiel (Stich- und Anlegespiel) für 3 bis 5 Spieler mit 32 Karten und einer Menge Jetons; 2 verschiedene Durchgänge.
Quoirez, Françoise [frz. kwaˈrɛːz], frz. Schriftstellerin, ↑ Sagan, Françoise.
Quokka [austral.] (Kurzschwanzkänguruh, Setonix brachyurus), früher in W-Austra-

lien weit verbreitetes Känguruh, heute dort und auf einigen vorgelagerten Inseln nur noch in Restpopulationen; Länge etwa 50–60 cm, Schwanz 25–35 cm lang; Fell kurzhaarig und borstig, graubraun; Ohren kurz.

Quorum [lat. „deren" (nach dem Anfangswort von Entscheidungen des röm. Rechts)], die zur Beschlußfähigkeit von Gremien eines Vereins, eines Verbandes, einer jurist. Person, einer Körperschaft oder eines gesetzgebenden Organs nach Statut, Satzung oder Gesetz erforderl. Anzahl anwesender Mitglieder.

Quotaverfahren [mittellat./dt.] ↑Stichprobe.

Quote [mittellat.], Anteil, der bei Aufteilung eines Ganzen auf den einzelnen oder eine Einheit entfällt. Qu. bedeutet: 1. in der Statistik eine Beziehungszahl, z. B. die Erwerbsquote; 2. bei Kartellen (Qu.kartell, Kontingentierungskartell) die Menge an Produkten, die in einem bestimmten Zeitraum produziert bzw. abgesetzt werden darf; 3. im Konkursverfahren Konkursquote (↑Konkurs).

Quotient [zu lat. quotiens „wievielmal" (eine Zahl durch eine andere teilbar ist)], das Ergebnis einer Division, auch Bez. für einen Ausdruck der Form $a:b$ bzw. a/b („unausgerechneter Quotient").

Quotientenregel, Regel für das Differenzieren von Quotienten zweier Funktionen $u(x)$ und $v(x)$:

$$\left(\frac{u(x)}{v(x)}\right)' = \frac{v(x) \cdot u'(x) - u(x) \cdot v'(x)}{[v(x)]^2}.$$

Qvisling [norweg. ˈkvisliŋ] ↑Quisling.

Qwaqwa (früher Basotho-Qwaqwa), Heimatland der Süd-Sotho im äußersten SO des Oranjefreistaats, 482 km², 158 600 E; de jure sind 1,36 Mill. Süd-Sotho Bürger von Q.; Verwaltungssitz Phuthaditjhaba bei Witsieshoek. Überwiegend Weideland, daneben Anbau v. a. von Mais und Hirse.

Politische Verhältnisse: Basotho-Qwaqwa erhielt am 1. Juni 1972 als Bantuheimatland eine Gesetzgebende Versammlung, Ratsvors. des Exekutivrates: Häuptling Wessels Mota.

R

R, der 18. Buchstabe des dt. Alphabets (im Lat. der 17.), im Griech. Ρ (Rho; Ρ, Ρ, R), im Nordwestsemit. (Phönik.) ◁ (Rēsch). Das semit. Zeichen hat den Zahlenwert 200, das griech. then um 100; R bezeichnet den Laut [r] (mit verschiedener Artikulation, z. B. „Zungenspitzen-R", „Zäpfchen-R").
◆ (Münzbuchstabe) ↑ Münzstätte.

R, Abk.:
◆ für ↑ Récit, ↑ Ripieno, ↑ Responsorium.
◆ für lat. **R**omanus, **R**ufus, **r**egnum („Reich") u. a.
◆ für **R**egistered as trademark; amerikan. und weitgehend internat. Bez. für „eingetragenes Warenzeichen".

R, Kurzzeichen:
◆ (R) (Formelzeichen) für die ↑ Gaskonstante.
◆ (R) (Formelzeichen) für die ↑ Rydberg-Konstante.
◆ für das Hinweiswort Reaumur bei Temperaturangaben (↑ Reaumur-Skala).
◆ für das Hinweiswort Rankine bei Temperaturangaben (↑ Rankine-Skala).
◆ (chem. Formelzeichen) für einen (meist organ.) Rest.

r, Formelzeichen für Radius (↑ Halbmesser) und für Radiusvektor (↑ Ortsvektor).

Ra, ägypt. Sonnengott, ↑ Re.

Ra, chem. Symbol für ↑ Radium.

Raab, Julius, * Sankt Pölten 29. Nov. 1891, † Wien 8. Jan. 1964, östr. Politiker. - Febr./März 1938 Bundesmin. für Handel und Verkehr; nach Anschluß Österreichs an das Dt. Reich (1938) in einer Straßenbaufirma tätig; 1945 Mitbegr. der ÖVP, schuf 1945 in deren Rahmen den Östr. Wirtschaftsbund (Vors. bis 1963), 1952–60 Bundesparteiobmann; April–Dez. 1945 Staatssekretär für öffentl. Bauten in der Provisor. Staatsreg.; 1945–61 Mgl. des Nationalrats; 1953–61 Bundeskanzler einer Reg. der großen Koalition, die wesentl. die wirtsch. Entwicklung Österreichs und den Ausbau der Sozialverfassung förderte; erreichte 1955 die sowjet. Zustimmung zum Abschluß des Östr. Staatsvertrags und damit die Beendigung des Besatzungsregimes.

Raab, ungar. Stadt, ↑ Győr.

R., rechter Nebenfluß der Donau, Hauptfluß des Kleinen Ungar. Tieflandes, entspringt im Steir. Randgebirge (Österreich), mündet bei

Győr in die Kleine Donau, etwa 300 km lang.

Raabe, Wilhelm, Pseud. Jakob Corvinus, *Eschershausen 8. Sept. 1831, †Braunschweig 15. Nov. 1910, dt. Schriftsteller. - Urspr. Buchhändler; lebte ab 1870 in Braunschweig; zählt neben Fontane zu den bed. Vertretern des dt. Realismus und Vorläufern der Moderne. Neben Gegenwartsromanen mit realist. Darstellung der Gesellschaft, insbes. „Die Chronik der Sperlingsgasse" (1857), „Der Hungerpastor" (1864), „Abu Telfan" (1868), „Der Schüdderump" (1870), stehen histor. Werke und novellist. Romane („Unseres Herrgotts Kanzlei", 1862; „Die schwarze Galeere", 1861; „Die Gänse von Bützow", 1866). Seine Vorliebe galt den von der Gesellschaft unterdrückten und deformierten Charakteren in absonderl. Situationen. Kom. Verfremdung kritisiert Spießertum, Bildungsphilister und Kleinstaaterei. Im Spätwerk neigt R. zu humorvoller Verklärung der Resignation seiner Figuren und zu humanist. Kritik, u. a. in den Romanen „Der Stopfkuchen"(1891) und „Die Akten des Vogelsangs" (1895).

Rab (italien. Arbe), jugoslaw. Insel in N-Dalmatien, 93,6 km², bis 408 m hoch, Hauptort R. an der SW-Küste (1 800 E; roman. Dom [11./12. Jh.], Fürstenpalast in venezian. Gotik [13. Jh.], Loggia [kleine Gerichtshalle, 16. Jh.], z. T. erhaltene Stadtummauerung); Fremdenverkehr.

Rabab (Rebab) [pers.-arab.], Bez. für verschiedene arab., im islam. Bereich verbreitete Streichinstrumente; seit dem 10. Jh. belegt als Instrument ohne Bünde, mit ein bis zwei einfachen oder doppelchörigen Saiten in Quart- oder Quintstimmung. Die R. hat einen birnen-, kreis- oder trapezförmigen Schallkörper aus Holz mit Pergamentdecke und Stachel. Von der R. stammt wahrscheinl. das europ. ↑Rebec ab.

Rabanus Maurus ↑Hrabanus Maurus.

Rabat, Hauptstadt Marokkos, an der Mündung des Oued Bou-Regreg in den Atlantik, gegenüber der am rechten Flußufer gelegenen Stadt Salé (mit dem es die Präfektur R.-Salé bildet), 518 600 E. Verwaltungssitz der Prov. R., kath. Erzbischofssitz; Univ. (gegr. 1957), Bergbaufachschule, Akad. für arab. Sprache, Museen, botan. Garten; Textil-, Leder- und Nahrungsmittelind.; internat. ✈. - Als **Ribat Al Fath** im 12. Jh. gegr., im 17. Jh. mit Salé selbständige Korsarenrepublik; seit 1912 Hauptstadt Marokkos und seitdem zur modernen Stadt ausgebaut. - Die Altstadt wird im S von der sog. Andalusiermauer (17. Jh.) begrenzt, im W von einem Teil der Almohadenmauer (12. Jh.), deren 5 Türme erhalten sind. Bed. das Minarett (12. Jh.; quadrat. Grundriß) der unvollendeten Hasanmoschee (heute verfallen). - Abb. S. 44.

Rabatt [italien., zu lat. battuere „schlagen"], Preisnachlaß, der meist in Prozenten des Preises ausgedrückt wird. Das R.gesetz läßt folgende R.arten zu: 1. *Barzahlungs-R.* (Skonto) bis zu 3% des Rechnungsbetrages, wenn die Gegenleistung unverzügl. erbracht wird; 2. *Mengen-R.*, sofern dieser handelsübl. ist; 3. *Sonder-R.* für berufl. und gewerbl. Vertreter, Großabnehmer und Werksangehörige; 4. *Treue-R.* bei Markenwaren.

Rabatte [niederl.], im Gartenbau ein meist langes und schmales Zierpflanzenbeet (**Langbeet**) für Gehölze, Stauden und Sommerblumen längs von Wegen und Rasenflächen sowie von Mauern, Spalierwänden u. a.

Rabaul, Hafenstadt im NO der Insel Neubritannien, Papua-Neuguinea, 15 000 E. Verwaltungssitz des Distr. East New Britain; wirtsch. Mittelpunkt des Bismarckarchipels.

Rabbi [hebr. (↑Rabbiner)], urspr. im Judentum Anrede für verehrte Lehrer und Gelehrte.

Rabbiner [zu hebr. rabbi „mein Lehrer"], Titel der jüd. [Schrift]gelehrten und religiösen Funktionsträger. - Vom 1./2. Jh. an war der R. der Gelehrte, der nach Studien im Lehrhaus und nach erfolgter Ordination die jüd. religionsgesetzl. Lehre vertrat und weiterführte. Die Gelehrten dieser frühen Epoche werden **Rabbinen** genannt. Später wurde der R. zur geistl. Autorität einer jüd. Gemeinde, die er auch oft nach außen vertrat. Vom MA an wurden die R. von Gemeinden angestellt und besoldet. Seit der Zeit der Aufklärung änderten sich die Funktionen des R.: Neben die Überwachung des Religionsgesetzes trat verstärkt die Seelsorge. R. besuchten nun R.seminare und Univ.; ihre Stellung war mit der von christl. Geistlichen zu vergleichen. Bed. Ausbildungsstätten gibt es heute in den USA, Großbrit., Frankr. und Israel. Dort ist die rechtl. Stellung des R. und seines Amtes durch die Errichtung von zwei Oberrabinaten, die die oberste religiöse Autorität bilden, und durch die Ausübung des Personen- bzw. Ehe- und Scheidungsrechts durch lokale Rabbinatsgerichte verschieden von der anderer Länder. In der BR Deutschland gibt es seit 1952 eine R.konferenz, in der sich die amtierenden R. zusammengeschlossen haben.

rabbinische Literatur, die Literatur des rabbin. oder talmud. Judentums aus der Zeit um Christi Geburt bis zum 7. Jh. n. Chr. Die r. L. ist Traditionsliteratur (urspr. mündl. überliefert, erst relativ spät aufgezeichnet). Die erste für das Judentum verbindl. und bald auch schriftl. fixierte Sammlung des Traditionsstoffes wurde die ↑Mischna, deren spätere Interpretation ihren Niederschlag im ↑Talmud fand. Ein weiterer Zweig der Traditionsbildung ist der ↑Midrasch.

Rabe ↑Sternbilder (Übersicht).

Rabe, svw. ↑Kolkrabe (↑auch Raben).

Rabel, Ernst, *Wien 28. Jan. 1874, †Zürich 7. Sept. 1955, östr. Jurist. - Prof. u. a. in Leipzig, Göttingen, München und Berlin (ab 1926); Mgl. des Ständigen Internat. Gerichtshofs in Den Haag 1925–27; nach Emigration 1937 an der Univ. in Ann Arbor (USA) ab 1940, Gastprof. in Tübingen in den 50er Jahren. Mit seinen Arbeiten schuf R. die Grundlagen der modernen rechtsvergleichenden Forschungsarbeit. - *Werke:* Grundzüge des röm. Privatrechts (1915), The conflict of laws, a comparative study (1945–58).

Rabelais, François [frz. ra'blɛ], * La Devinière bei Chinon (Indre-et Loire) um 1494 (1483?, 1490?), † Paris 9. April 1553, frz. Dichter. - Sohn eines wohlhabenden Advokaten; Franziskaner; seit 1524 Benediktiner; 1527 Weltgeistlicher; 1532 Arzt in Lyon; 1547 Stadtarzt von Metz; 1551 Kanonikus von Meudon. Grundhaltung seines 5bändigen Romanzyklus „Gargantua und Pantagruel" sind Ablehnung der Scholastik, des Dogmatismus, Verteidigung der geistigen Freiheit, der Freude am Diesseits, des Glaubens an die Güte der menschl. Natur und der Würde des Menschen. Das 1. Buch (1532) ist mit der Geschichte des Riesen Pantagruel, seiner Geburt, Erziehung und Kriegstaten, eine allumfassende Zeitsatire, in die das gesamte Gedankengut der frz. Frührenaissance einfließt; das 2. Buch (1534; Beschreibung der humanist. Erziehung Gargantuas) enthält zugleich eine Verspottung der klösterl. Erziehung und der Sorbonne; 3. und 4. Buch (1546 bzw. 1552) lösen sich zunehmend in Episoden auf. Zeitgenöss. Vorstellungen von Astrologie, Medizin, Philosophie u. a. werden in scharfen Satiren angegriffen. Die Autorschaft des postum erschienenen 5. Buches (1562, endgültige Ausgabe 1564) ist umstritten (vermutl. stammen nur Teile von Rabelais).
📖 *Hausmann, F. R.: R. Stg. 1979.* - *Mettra, C.: R. secret. Paris 1973.* - *R. Hg. v. A. Buck. Darmst. 1973.*

Rabemananjara, Jacques [frz. rabemanaŋʒa'ra], * Maroantsetra 23. Juli 1913, madegass. Politiker und Schriftsteller. - Nach dem Aufstand 1947 zum Tode, dann zu lebenslängl. Haft verurteilt; 1956 amnestiert; seit 1960 mehrere Min.posten; schrieb in frz. Sprache Gedichte (dt. Auswahl 1960 u. d. T. „Insel mit Flammensilben"), Theaterstücke und polit. Essays.

Raben [zu althochdt. hraban, eigtl. „Krächzer"], große, kräftige, meist schwarze, klotzschnäbelige †Rabenvögel mit nur wenigen Arten aus den Gatt. Corvus, Rhinocorax und Corvultur in Eurasien, Afrika und N-Amerika. In Europa kommt nur der †Kolkrabe vor.

Rabenalt, Arthur Maria, * Wien 25. Juni 1905, dt. Regisseur und Drehbuchautor östr. Herkunft. - 1947–49 Intendant des Metropol-Theaters in Berlin; drehte Unterhaltungsfilme wie „Johannisfeuer" (1939), „Der Zigeunerbaron" (1954), „Hilfe, mich liebt eine Jungfrau" (1969). Ein Südseefilm ist „Caribia" (1978).

Rabenbein (Korakoid, Os coracoideum), Knochenelement im Schultergürtel der Wirbeltiere; Ersatzknochen, der schon bei den fossilen Reptilien des Perms das Prokorakoid zu verdrängen beginnt.

Rabengeier †Geier.

Rabenkrähe (Corvus corone corone), etwa 45 cm lange Unterart schwarzer Aaskrähen in Wäldern und offenen, von Bäumen durchsetzten Landschaften W- und M-Europas (bis etwa zur Elbe) und O-Asiens (ab Jenissei); Schnabel kräftig, schwarz und (im Unterschied zur Saatkrähe) stets befiedert. - Die R. ernährt sich vorwiegend von Kleintieren (bes. Insekten, Würmer), Jungvögeln, Eiern, Abfall und Aas.

Rabenschlacht, in 1140 Strophen im letzten Drittel des 13. Jh. in Tirol abgefaßtes mittelhochdt. Heldenlied eines anonymen Autors; gehört in den Stoffkreis der Erzählungen um †Dietrich von Bern.

Rabenvögel (Krähenvögel, Corvidae), mit Ausnahme der Polargebiete und Neuseelands weltweit verbreitete Fam. drossel- bis kolkrabengroßer Singvögel mit rd. 100 allesfressenden Arten. Zu den R. gehören u. a. Häher, Elster, Dohle, Krähen, Raben.

Rabi, Isidor Isaac [engl. 'rɛɪbɪ], * Rymanów bei Sanok 29. Juli 1898, amerikan. Physiker poln. Herkunft. - Prof. in New York; 1952–56 Vors. des Komitees der wiss. Berater des amerikan. Präsidenten; arbeitete bes. über die magnet. Eigenschaften der Atomkerne. Mit Hilfe der von O. Stern entwickelten, von ihm abgeänderten Molekularstrahlmethode gelang R. 1933/34 die Messung des Kernspins u. a. beim Natrium und die Bestimmung magnet. Kernmomente; er bildete dieses Verfahren 1938 zur †Atomstrahlresonanzmethode aus und erhielt hierfür 1944 den Nobelpreis für Physik. - † 11. Jan. 1988.

rabiat [zu lat. rabies „Wut"], rücksichtslos, roh, grob; wütend.

Rabies [lat.], svw. †Tollwut.

Rabi-Methode [engl. 'rɛɪbɪ; nach I. I. Rabi], svw. †Atomstrahlresonanzmethode.

Rabin, Oskar Jakowlewitsch, * Moskau 1928, sowjet. Maler. - Trat als Wortführer und Ausstellungsorganisator für „nonkonformist." Künstler (bes. seit 1974) hervor; malt v. a. expressive Stadtansichten.

R., Yitzhak, * Jerusalem 1. März 1922, israel. General und Politiker (Mapai). - Trat 1940 der jüd. Selbstschutzorganisation Palmach bei, deren stellv. Befehlshaber er 1947 wurde; 1960–64 stellv. Generalstabschef; 1964–68 Generalstabschef; 1968–73 Botschafter in den USA; März–Juni 1974 Arbeitsmin.; 1974–77 Min.präs. und Führer der Mapai, seit 1984 Verteidigungsminister.

Rabinal Achí [span. rraβi'nal a'tʃi], einzige erhaltene dramat. Dichtung der Maya aus vorspan. Zeit. Im 19. Jh. in Rabinal (Guatemala) nach mündl. Überlieferung aufge-

Rabindranath Tagore

Rabat. Minarett der Hasanmoschee (12. Jh.)

zeichnet und 1862 erstmals veröffentlicht.

Rabindranath Tagore ↑Tagore, Rabindranath.

Rabulistik [lat.], Wortverdreherei, Haarspalterei.

Rabuzin, Ivan, * Ključ bei Novi Marof (Kroatien) 27. Febr. 1919, jugoslaw. naiver Maler. - Malt poet. Landschaften und kosm. Räume mit stilisierten Bäumen, Blumen, Wolken.

Race [engl. rɛɪs], [Pferde]rennen, Wettlauf.

Racemate (Razemate) [zu lat. racemus „Traube"], äquimolare Gemische der opt. Antipoden (Stereoisomeren) einer chem. Verbindung. R. sind opt. inaktiv, da sich die Drehwinkel der opt. Antipoden aufheben. Bei techn. Synthesen opt. aktiver Verbindungen entstehen immer R. *(racemische Gemische).* R. weisen einen anderen Schmelzpunkt und andere Kristallformen auf als die reinen Antipoden. Sie werden durch Vorsetzen der Buchstaben D und L vor den Verbindungsnamen gekennzeichnet.

Rachab ↑Rahab.

Rache, archaische, dem modernen Rechtsempfinden nicht mehr entsprechende Extremform der Vergeltung für nach subjektivem Empfinden vermeintl. oder tatsächl. erlittenes Unrecht; die R. lehnt die Inanspruchnahme gesetzl. geregelter Mittel zur Wiedergutmachung i. d. R. ab. - Obwohl R. dem modernen sittl. Bewußtsein zuwiderläuft, ist sie als Handlungsmotivation im privaten und sozialen Bereich durchaus noch anzutreffen.

Rachel (Rahel), aus der Bibel übernommener weibl. Vorname hebr. Ursprungs, eigtl. „Mutter".

Rachel, Gestalt des A. T., ↑Rahel.

Rachel [frz. ra'ʃɛl], eigtl. Elisabeth R. Félix, * Mumpf (Kanton Aargau) 28. Febr. 1821, † Le Cannet (Alpes-Maritimes) 3. Jan. 1858, frz. Schauspielerin. - Mgl. und Teilhaberin der Comédie-Française; auf Tourneen in Europa und Amerika als größte frz. Tragödin des 19. Jh. gefeiert. Bes. erfolgreich in Dramen von Corneille und Racine („Phädra", 1843).

Rachel, Berg im Hinteren Bayer. Wald, sö. von Zwiesel, 1 452 m hoch; am S-Hang in 1 071 m Höhe der 14 m tiefe **Rachelsee.**

Rachen, svw. ↑Pharynx; i. e. S. (als **Fauces**) dessen bei Säugetieren und Mensch erweiterter Anfangsteil hinter der zw. Gaumensegel und Zungenwurzel ausgebildeten Schlundenge.

◆ v. a. bei größeren Raubtieren Bez. für die gesamte bezahnte Mundhöhle.

Rachenblütler (Braunwurzgewächse, Scrophulariaceae), Fam. Zweikeimblättriger Pflanzen mit rd. 3 000 weltweit verbreiteten Arten in etwa 200 Gatt.; meist Kräuter oder Stauden, auch Sträucher und Lianen, bisweilen Saprophyten oder Halbparasiten mit wechsel- oder gegenständigen Blättern und meist dorsiventralen, oft zweilippigen, manchmal auch gespornten Blüten in Blütenständen; der oberständige Fruchtknoten bildet Kapselfrüchte. Bekannte Gatt. sind Ehrenpreis, Fingerhut, Gnadenkraut, Braunwurz, Klappertopf, Königskerze und Löwenmaul.

Rachendiphtherie ↑Diphtherie.

Rachenlehre ↑Lehre.

Rachenmandel (Rachentonsille, Pharynxtonsille, Tonsilla pharyngea), am Dach des Nasenrachenraums gelegenes unpaares Organ des lymphat. Rachenrings mit zerklüfteter Oberfläche; enthält zahlr. Lymphozyten. Die R. kann bei Kindern abnorm vergrößert sein und so die Nasenatmung beeinträchtigen, auch kann sie zu einer Infektionsquelle für Mittelohr und Nasenhöhle werden, obwohl sie sonst ein Abwehrorgan für Infektionskeime darstellt. In der Pubertät wird die R. weitgehend rückgebildet.

Rachenpolypen, gutartige gestielte Tumoren, meist vom oberen Pharynxbereich ausgehend. Bei chron. Behinderung der Nasenatmung wird eine ↑Adenotomie vorgenommen.

Rachenreflex, svw. ↑Würgereflex.

Rachenspiegelung (Pharyngoskopie), Spiegeluntersuchung des Rachens, entweder mit Hilfe eines Stirnreflektors und eines mit abgewinkeltem Haltegriff versehenen kleinen Rundspiegels oder durch ein schmales Endoskop, das durch die Mundhöhle oder die Nase eingeführt wird.

Rachitis [zu griech. rháchis „Rücken, Rückgrat"] (engl. Krankheit), durch Vitamin-D-Mangel (u. a. infolge unzureichender Sonnenbestrahlung bzw. Ultraviolettexposition) bedingte Störung des Calcium- und Phos-

phatstoffwechsels mit typ. Skelettveränderungen, bes. beim Säugling und Kleinkind. Unmittelbare Folge des Vitamin-D-Mangels ist eine Störung der Calciumresorption im Darm; die Abnahme des Serumcalciums hat dann eine kompensator. Überfunktion der Nebenschilddrüse mit vermehrter Phosphatausscheidung durch die Nieren, Senkung des Serumphosphatspiegels, Störung der Kalkeinlagerung in die wuchernden Wachstumszonen des Knochens und daher eine krankhaft erhöhte Verformbarkeit des Skeletts zur Folge. Die ersten Anzeichen der R. sind oft schon nach dem zweiten Lebensmonat festzustellen; die Hauptmanifestation liegt im 3.–6. Monat. Zu den *Symptomen* der R. gehören: Unruhe, Muskelhypotonie, „Froschbauch", Kopfschweiß, Haarausfall am Hinterkopf, krankhafte Weichheit des knöchernen Schädels mit verzögertem Fontanellenschluß *(Kraniotabes)*, verspäteter Zahndurchbruch, Erweiterung der unteren Brustkorböffnung *(Glockenthorax)*, „Hühnerbrust" und Auftreibung der Knorpel-Knochen-Grenze der einzelnen Rippen *(rachit. Rosenkranz)*, Beckenverformung, X- und O-Beine. Komplikationen einer R. sind Neigung zu entzündl. Erkrankungen des Atmungstrakts, Durchfälle und Tetanie. Zur R.prophylaxe dienen während des ersten Lebensjahrs tägl. wiederholte niedrige Gaben von Vitamin D$_3$ oder im Abstand von 8 Wochen wiederholte größere Einzelgaben des Vitamins *(Stoßprophylaxe)*, zur R.therapie sehr hohe Dosen von Vitamin D.
📖 *Swoboda, W.: Das Skelett des Kindes. Entwicklung, Fehlbildungen u. Erkrankungen.* Stg ²1969. - *Swoboda, W.: Die genuine Vitamin-D-resistente R.* Wien 1956.

Rachmaninow, Sergei Wassiljewitsch, * Gut Onega bei Nowgorod 1. April 1873, † Beverly Hills bei Los Angeles 28. März 1943, russ.-amerikan. Komponist, Pianist und Dirigent. - Wirkte zunächst in Moskau; ließ sich 1918 in den USA nieder; einer der gefeiertsten Pianisten seiner Zeit. Von seinen Kompositionen wurden sein 2. Klavierkonzert c-Moll op. 18 (1901) und das Klavier-Prélude cis-Moll op. 3,2 (1892) äußerst populär. Komponierte auch Opern, Orchesterwerke, Klavier- und Kammermusik, Chorwerke und Lieder.

Rachmanowa, Alja (Alexandra), verh. Alexandra Galina von Hoyer, * Ufa 27. Juni 1898, russ. Schriftstellerin. - 1926 Emigration nach Österreich, 1945 in die Schweiz. Schrieb Erlebnisberichte, gesammelt veröffentlicht u. d. T. „Meine russ. Tagebücher" (1960), und biograph. Romane über L. Tolstoi und Tschaikowski.

Racibórz [poln. ra'tɕibuʃ] ↑Ratibor.

Racine, Jean [frz. ra'sin], * La Ferté-Milon bei Soissons, ≈ 22. Dez. 1639, † Paris 21. April 1699, frz. Dramatiker. - Zus. mit P. Corneille Schöpfer der klass. frz. Tragödie. Mit 3 Jahren Vollwaise; jansenist. Erziehung in Port-Royal; 1663 Einführung bei Hofe, Freundschaft mit N. Boileau-Despréaux. Die Zusammenarbeit mit Molière, der 1664 Racines erstes Stück „Die feindl. Brüder" und 1666 „Alexander der Große" aufführte, endete mit einem Zerwürfnis. Charakterist. für seine bedeutendsten Dramen ist die maßvolle Sprache, die Einteilung in 5 Akte (mit Ausnahme von „Esther", 1689) und die Verwendung des Alexandriners. Während Corneille stets den held. Willensmenschen im Kampf zw. Pflicht und äußerem oder inneren Zwang darstellt, behandelt R. den Widerstreit der Gefühle im Inneren der dargestellten Personen. Hauptthema ist die Liebe; Frauen spielen bei R. die entscheidende Rolle und stehen als Heldinnen im Mittelpunkt, v. a. in „Andromache" (1668), „Berenice" (1671), „Iphigenie" (1675), „Phädra" (1677). Nicht durch den Triumph des Willens sollte Bewunderung erregt werden, sondern durch die Darstellung des Leids, das die Leidenschaft dem Menschen bringt. 1673 wurde R. Mgl. der Académie française, 1677 wurde er zum Hofhistoriographen ernannt.
📖 *Giraudoux, J.-P.: J.-B. R.* Paris 1982. - *Bachès, J.-L.: R.* Paris 1981. - *R.* Hg. v. W. Theile. Darmst. 1977. - *Zons-Giesa, M.: R.: Dramat. Didaktik u. das Ende der Tragödie.* Mchn. 1977. - *Theile, W.: R.* Darmst. 1974.

Racing team ['reɪsɪŋ 'tiːm], engl. Bez. für Renngemeinschaft.

Rack, feste oder fierbare Halterung der Rah am Mast eines Schiffes.

Rackelhuhn ↑Rackelwild.

Rackelkrähe, fruchtbarer Mischling aus Nebelkrähe und Rabenkrähe.

Rackelwild, wm. Bez. für das **Rackelhuhn**, einen Bastard zw. Auerhahn und Birkhuhn oder Birkhahn und Auerhuhn.

Racken (Raken, Coraciidae), Fam. etwa taubengroßer, bunt gefiederter Vögel (Ordnung Rackenvögel) mit rd. 15 Arten, v. a. in lichten Wäldern und Savannen Afrikas und des gemäßigten und südl. Eurasien; Füße kurz, Schnabel häherartig. Zu den R. gehören u. a. ↑Blauracke und **Kurol** (Leptosomus discolor), fast krähengroß, auf Madagaskar und auf den Komoren, mit dunkelgrüner Oberseite und grauer Unterseite.

Rackenvögel (Coraciiformes), seit dem Eozän bekannte, heute mit fast 2 000 Arten v. a. in den Tropen und Subtropen verbreitete Ordnung (mit Schwanz) etwa 10–100 cm langer, meist leuchtend bunt gefärbter Vögel. Die R. ernähren sich vorwiegend von Insekten und anderen Kleintieren. Sie sind Höhlenbrüter. - Zu den R. gehören v. a. Racken, Eisvögel, Bienenfresser, Hopfe und Nashornvögel.

Racket ['rɛkət, ra'kɛt; engl.; über frz. raquette zu arab. rah „Handfläche"], svw. Tennisschläger.

Rackett (Rankett, Wurstfagott), Holz-

Raclette

Rackett (niederländisch; um 1700). Berlin, Musikinstrumentenmuseum

blasinstrument des 16.–18. Jh. mit doppeltem Rohrblatt, bestehend aus einem büchsenartigen Holz- oder Elfenbeinzylinder, der längs mit sechs bis zehn Kanälen, die miteinander verbunden sind sowie außen mit vielen Tonlöchern (davon elf Grifflöcher) durchbohrt ist. Angeblasen wird das R. über einen trichterförmigen Aufsatz (Pirouette) oder über ein gewundenes Anblasröhrchen, dem das Rohrblatt aufgesteckt ist.

Raclette [frz. rɑˈklɛt, zu racler „abkratzen"], warmes Gericht aus geschmolzenem Käse, Pellkartoffeln, Perlzwiebeln und Salzgurken (Walliser Spezialität).

Racquetball [engl. ˈrækɪt], Rückschlagspiel für 2, 3 oder 4 Spieler in der Halle. Nach ähnl. Spielregeln wie im Squash wird ein Hartgummiball in geschlossenem Raum an die Wand gespielt.

rad, Einheitenzeichen:
♦ für die Winkeleinheit ↑ Radiant.
♦ für die Einheit der Strahlungsdosis ↑ Rad.

Rad, Gerhard von, * Nürnberg 21. Okt. 1901, † Heidelberg 31. Okt. 1971, dt. ev. Theologe. - Prof. für A. T.; beschrieb die kult. Begehungen als Ursprung der alttestamentl. Traditionen. „Theologie des A. T." (2 Bde.).

Rad [zu althochdt. rad, urspr. „das Rollende"], Maschinenelement zur Kraft- bzw. Drehmomentübertragung, insbes. zur rollenden Fortbewegung, ferner zur Richtungsänderung von Seilen, Ketten u. a.; besteht gewöhnl. aus der *Nabe* (die die Verbindung zur Achse, Welle oder einem Zapfen herstellt), dem kreisförmigen *R.kranz* und der beide Teile verbindenden *R.scheibe* (beim *Scheiben-R.*), deren Funktion auch davon Speichen *(Speichen-R.)* übernommen werden kann. - *Räder für Pkws* sind meist als Scheibenräder ausgebildet. Die schüsselförmige R.scheibe aus Stahlblech ist zur Verbesserung der Bremsenkühlung und zur Gewichtsersparnis gewöhnl. mit Löchern oder Schlitzen versehen *(Lochscheiben-R., Schlitzscheiben-R.);* für Sportwagen werden auch Leichtmetallgußräder verwendet. Schwere Nutzfahrzeuge werden bevorzugt mit *Stahlguß-Speichenrädern* ausgerüstet, bei denen der gegossene Speichenkörper („R.stern") mit der Nabe eine Einheit bildet. Für Motorräder, Mopeds u. a., vereinzelt auch für Sportwagen und Luxuslimousinen, werden *Drahtspeichenräder* verwendet. - ↑ auch Fahrwerk, ↑ Felge, ↑ Reifen.

Geschichte: Die älteste Darstellung eines R. findet sich auf Flachreliefs von Ur in Mesopotamien (etwa 2 600 v. Chr.). Es handelt sich um eine aus drei Brettern zusammengesetzte Holzscheibe. In Europa sind *Scheibenräder* durch Funde aus der Jungsteinzeit belegt.

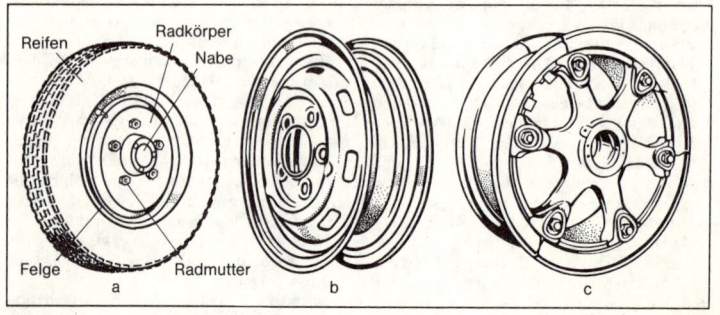

Rad. a Aufbau eines Scheibenrades;
b Lochscheibenrad;
c Stahlguß-Speichenrad

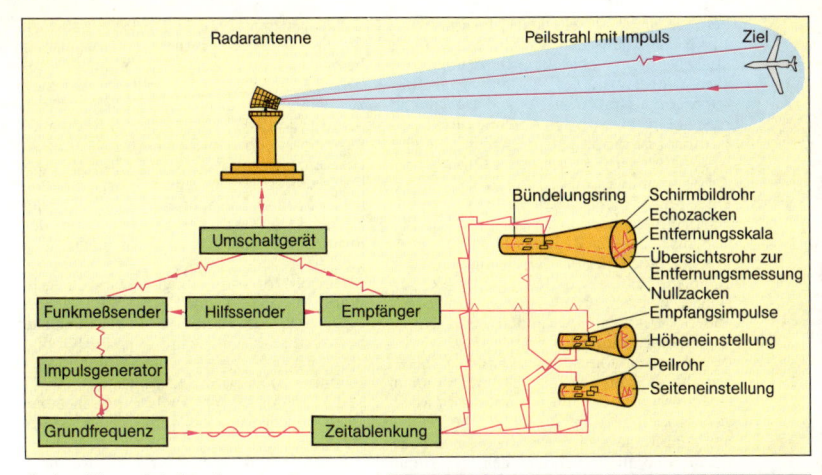

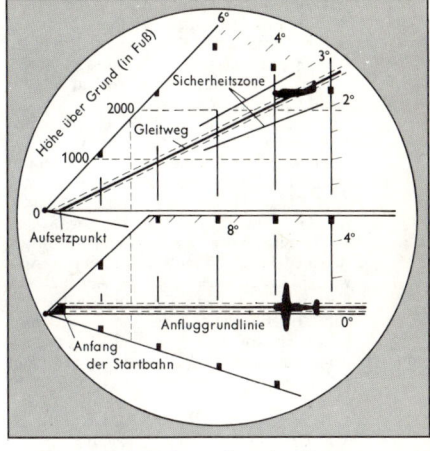

Radar

Radar. Oben: Arbeitsschema;
rechts: Schirmbild eines
Präzisionsanflugradargeräts

Speichenräder erscheinen erstmals an Tonmodellen aus Mesopotamien um 2000 v. Chr. Sie finden sich ab 1600 an ägypt. Streitwagen. In den folgenden Jh. verbreiteten sich Räder mit vier, sechs und auch acht Speichen über Europa und Kleinasien.
In der *Religionsgeschichte* ist das R. als Symbol seit frühesten Zeiten nachweisbar: Sinnbild für die Sonnenscheibe oder für den Wagen, der die Sonne am Himmel entlang zieht. Im alten Indien war das R. Symbol des erwarteten Weltherrschers; im Buddhismus erscheint es sowohl als „R. des Lebens" als auch als „R. der Lehre".

⚏ *Pine, T./Levine, J.: Hebel, Rolle, Keil u. R. Freib.³1975. - Treue, W.: Achse, R. u. Wagen. Mchn. 1965.*

◆ (Radschlagen) im *Turnen* Bez. für einen Überschlag seitwärts auf dem Boden oder Schwebebalken; auch für Übungsteile beim Pferdsprung und am Barren.

Rad, Abk. für engl.: **r**adiation **a**bsorbed **d**osis [engl. rɛɪdɪˈeɪʃən əbˈsɔːbd ˈdoʊsɪs], Einheitenzeichen rd oder rad, gesetzl. nicht mehr zulässige Einheit der absorbierten Strahlungsdosis (↑Dosis) von Röntgen- oder Korpuskularstrahlen; der 100. Teil der SI-Einheit 1 J/kg = 1 Gy (Gray).

RAD, Abk. für: **R**eichs**a**rbeits**d**ienst (↑Arbeitsdienst).

Radar [raˈdaːr, ˈraːdar; Abk. für engl.: **ra**dio **d**etecting **a**nd **r**anging, eigtl. „Funkermittlung und -entfernungsmessung"], mit elektromagnet. Wellen (meist im cm- oder dm-Bereich) arbeitendes Verfahren zur Ortung von Flugzeugen, Schiffen u. a.; es wird jedoch ebenso als Navigationshilfe, als Hilfsmittel der Meteorologie (z. B. zur Ortung weit entfernter Gewitter), der Astronomie (z. B. zur Oberflächenforschung von Planeten), zur Geschwindigkeitsmessung (Verkehrs-R.) u. a. angewandt. Prinzip: Von einer Antenne mit parabol. Reflektor (R.antenne) werden richtstrahlerartig scharf gebündelte elektromagnet. Wellen in Form kurzer Impulse in den Raum abgestrahlt (z. B. 1200mal in der Sekunde ein Impuls von 1/1 000 000 Sekunde Dauer). Treffen diese Impulse auf ein Hindernis, so werden sie - je nach Art des Materials - mehr oder weniger stark reflektiert und in den Impulspausen von derselben Antenne wieder empfangen. Die Echoimpulse werden nun nach entsprechender Verstärkung auf dem Bildschirm einer Braunschen Röhre *(R.schirm)* sichtbar gemacht. Hier läßt sich

Radball

bei geeigneter [Helligkeits]steuerung des Elektronenstrahls das reflektierende Objekt als heller Punkt oder Bereich sichtbar machen, wobei z. B. der Abstand vom Bildschirmmittelpunkt dem Abstand des reflektierenden Objekts von der Antenne direkt proportional ist. Nach entsprechender Eichung ist so neben der Erkennung des Objekts auch die Bestimmung seines Abstands von der Antenne möglich. Durch zweimaliges, kurz aufeinanderfolgendes Vermessen des Ziels läßt sich aus der in der Zwischenzeit veränderten Position auch dessen Geschwindigkeit bestimmen. Zur exakten Geschwindigkeitsmessung, z. B. beim *Verkehrs-R.*, werden jedoch andere Verfahren angewandt, die den Doppler-Effekt ausnutzen *(Doppler-R.)*. - Wird die Antenne mit konstanter Geschwindigkeit gedreht, so läßt sich der gesamte Raum in einem bestimmten Umkreis abtasten *(Rundsicht-R.)*. Bei entsprechender Darstellung auf dem Radarschirm entsteht so ein anschaul. Bild aller reflektierenden Objekte im Umkreis der Antenne. Durch bes. elektron. Schaltungen kann man erreichen, daß nur sich bewegende Objekte dargestellt werden (sog. *Festzielunterdrückung*). Diese Darstellungsart ist z. B. in der Luftfahrt üblich; sie liefert dem Fluglotsen ein übersichtl. Bild der jeweiligen Verkehrslage im überwachten Luftraum, wobei ledigl. die Flugzeuge als helle Punkte oder Striche auf dem Bildschirm erscheinen. Sind die georteten Flugzeuge mit sog. *Transpondern* (Antwortgeräten) ausgerüstet, so läßt sich mit Hilfe der sog. *Sekundär-R.* durch einen von der R.antenne ausgestrahlten [Frage]impuls ein codierter Antwortimpuls auslösen, der eine Angabe über die Flughöhe des betreffenden Flugzeugs enthält. Mit Hilfe der sog. *synthet. R.darstellung* kann diese Angabe auf einem „Etikett" neben dem Echobild des Flugzeugs auf dem R.schirm für den Fluglotsen sichtbar gemacht werden.

📖 *Baur, E.:* Einf. in die R.technik. Stg. 1985. - *Käs, G.:* R.technik. Sindelfingen 1981. - *Bekker, C.:* Auge durch Nacht u. Nebel. Die R.story. Herford 1980. - R. in der Schiffahrtspraxis. Hg. v. Der Dt. Gesellschaft für Ortung u. Navigation e. V. Hamb. 1980. - *Wilkes, K.:* Drahtlos orten, peilen, sprechen. Bielefeld 1980. - *Honold, P.:* Sekundär-R. Mchn. 1971.

Radball ↑ Radsport.

Radbaum (Trochodendron aralioides), einzige rezente Art der *Radbaumgewächse* (Trochodendraceae), verbreitet von Japan bis Taiwan; immergrüner, bis 20 m hoher Baum mit aromat. riechender Rinde, lederartigen Blättern und leuchtend grünen Zwitterblüten in endständigen Trauben.

Radbruch, Gustav, * Lübeck 21. Nov. 1878, † Heidelberg 23. Nov. 1949, dt. Jurist und Politiker. - Prof. in Heidelberg, Königsberg (Pr) und Kiel; MdR 1920–24 (SPD); Reichsjustizmin. 1921/22 und 1923; publizist. um die stetige Erneuerung des Sozialismus bemüht; 1933 als erster dt. Prof. amtsenthoben, wandte sich wiss. und literar. Arbeiten zu; 1945–48 erneut Prof. in Heidelberg; Mgl. der SPD ab 1948. Vertrat in seiner Rechtsphilosophie als oberste Rechtswerte: Rechtssicherheit, Gerechtigkeit, soziale Zweckmäßigkeit, nahm später eine christl. geprägte naturrechtl. Position ein. Schrieb u. a. „Einführung in die Rechtswiss. (1910), „Grundzüge der Rechtsphilosophie" (1914), „Der innere Weg (hg. 1951).

Radcliffe, Ann [engl. 'rædklɪf], geb. Ward, * London 9. Juli 1764, † ebd. 7. Febr. 1823, engl. Schriftstellerin. - Bedeutendste Vertreterin des engl. Schauerromans (Gothic novel) neben H. Walpole; in „Udolpho's Geheimnisse" (1794) und „Die Italienerin" (1797) ist die Technik der log. Analyse des scheinbar Übersinnlichen und Unfaßbaren bes. ausgeprägt.

Radcliffe-Brown, Alfred Reginald [engl. 'rædklɪf'braʊn], * Birmingham 17. Jan. 1881,† London 24. Okt. 1955, brit. Ethnologe. - Nach Feldforschungen auf den Andamanen und in Australien Prof. in Kapstadt, Sydney, Chicago, Oxford und Alexandria. Bemühte sich zu universal gültigen Gesetzen zu gelangen, die dem gesellschaftl. Leben zugrunde liegen; Wegbereiter des Strukturalismus.

Raddampfer ↑ Dampfschiff.

Raddatz, Fritz J., eigtl. Fritz-Joachim R., * Berlin 3. Sept. 1931, dt. Publizist. - Bis 1958 Verlagslektor in Berlin (Ost); danach in der BR Deutschland; 1977–85 Feuilletonchef der „Zeit"; veröffentlichte Biographien, u. a. über Tucholsky (1961), Marx (1975), Heine (1977). Schrieb und drehte auch biograph. und literaturkrit. Fernsehspiele; auch Essays („Revolte und Melancholie", 1979, „Kuhauge", 1984).

Rade (Agrostemma), Gatt. der Nelkengewächse mit nur wenigen Arten in M-Europa; Pflanzen mit großen, purpurroten einzelnen Blüten und Kapselfrüchten; bekannteste Art ist die **Kornrade** (Agrostemma githago), ein 30–100 cm hohes Getreideunkraut mit 3–5 cm großen, fast radförmigen, langgestielten purpurfarbenen Blüten.

Radebeul, Stadt in der Lößnitz, Bez. Dresden, DDR, 130 m ü. d. M., 34 200 E. Inst. für Lehrerbildung; Indianermuseum (ehem. Karl-May-Museum), Weinbaumuseum; pharmazeut. Ind., Bau von Druckmaschinen, Spezialwaagen, Elektroarmaturen, Energieanlagen u. a.; Wein-, Sektkellereien. - 1349 erstmals erwähnt; entstand aus 9 früher selbständigen Gemeinden; Stadtrecht 1923. - Adels- und Weinberghäuser aus dem 17. Jh.

radebrechen [urspr. „auf dem Hinrichtungsrad die Glieder brechen", übertragen: „quälen"], [eine Fremdsprache] stümperhaft sprechen.

Radecki, Sigismund von [ra'dɛtski],

48

Pseud. Homunculus, *Riga 19. Nov. 1891, † Gladbeck 13. März 1970, dt. Schriftsteller. - Von K. Kraus beeinflußter Meister der literar. Kleinform. Seine Essays, u. a. „Die Welt in der Tasche" (1939), „Das Schwarze sind die Buchstaben" (1957), „Im Gegenteil" (1966), und witzig-verspielten Feuilletons sind liebenswürdig-pointiert, hintergründig, oft zeit- und kulturkritisch.

Radek, Karl, eigtl. K. Sobelsohn, *Lemberg 1885, † in einem sowjet. Gefängnis 1939 (?), sowjet. Politiker. - Lernte 1904 in der Schweiz Lenin und die bolschewist. Führer kennen; kam 1907 nach Deutschland, als Journalist für die SPD tätig; wurde 1917 Mitarbeiter des ZK der Bolschewiki in Petrograd; Ende 1918 nach Deutschland entsandt, Vertreter der KPR auf dem Gründungsparteitag der KPD; im Febr. 1919 in Berlin verhaftet, im März zum Mgl. des ZK der KPR gewählt, kehrte im Jan. 1920 nach Rußland zurück; Mgl. des Präsidiums des Exekutivkomitees der Komintern, bis 1923 für die Anleitung der KPD verantwortl.; als Trotzkist 1924 seiner Positionen enthoben, wurde Direktor der Sun-Yat-sen-Univ. in Moskau; 1927 aus der KPdSU ausgeschlossen; 1929 wieder aufgenommen, journalist. tätig; 1936 verhaftet und im Jan. 1937 zu 10 Jahren Gefängnis verurteilt.

Radekrankheit (Gicht), durch das Weizenälchen hervorgerufene Krankheit von Saatweizen, Dinkel, Emmer und Roggen; im Jugendstadium Wellung, Kräuselung und Verdrehung der Blätter; später werden die Blütenanlagen in kleine, harte Gallen umgewandelt, die dem Samen der Kornrade ähneln *(Radekörner)*.

Rädelsführer [urspr. „Anführer einer Landsknechtsabteilung" (Rädlein: kreisförmige Formation einer Schar von Landsknechten)], Bez. für denjenigen, der (als „Anstifter") eine führende Rolle in einer (rechtswidrig handelnden) Gruppe von Personen einnimmt. Im StGB ist die Eigenschaft als R. strafbegründendes (z. B. Fortführen einer für verfassungswidrig erklärten Partei oder einer verbotenen Vereinigung [§§ 84, 85 StGB]) oder strafverschärfendes (Beteiligung an einer kriminellen oder terrorist. Vereinigung [§§ 129, 129a StGB], Meuterei [§ 27 WehrstrafG]) Tatbestandsmerkmal.

Radenthein, östr. Marktgem. nö. des Millstätter Sees, Kärnten, 763 m ü. d. M., 7100 E. Nw. des Orts der größte Magnesitabbau der Erde (Tage- und Grubenbau). - 1177 erstmals erwähnt.

Rädern, Vollstreckungsart der Todesstrafe, v. a. bei Mord und Raub (im 19. Jh. aufgegeben); die Glieder wurden mit einem Rad zerschlagen, der Körper in die Speichen des Rades „geflochten".

Räderscheidt, Anton, *Köln 11. Okt. 1892, † ebd. 8. März 1973, dt. Maler. - Vertreter der Neuen Sachlichkeit (konzentrierte Großstadtbilder); in der Spätzeit v. a. Bildnisse.

Rädertiere (Rotatoria), Klasse der Schlauchwürmer mit rd. 1 500 etwa 0,05-3 mm (meist 0,1-1 mm) langen, v. a. im Süßwasser lebenden Arten; wegen der leichten Verfrachtbarkeit ihrer sehr resistenten Dauerstadien oft weltweit verbreitet. Der Körper der festsitzenden R. ist meist wurmförmig, der der freischwimmenden häufig sackförmig. Ihre Nahrung wird dem kompliziert gebauten Kaumagen meist strudelnd mit Hilfe eines *Räderorgans* (mit bandförmig in einem Bogen angeordneten Wimpern; dient auch zur Fortbewegung) im Bereich der Mundöffnung zugeführt. Die Form der Fortpflanzung ist weitgehend von Umweltbedingungen und der Populationsdichte abhängig; ↑Heterogonie ist vorherrschend. Die ♂♂ sind kurzlebig, bes. klein und weitgehend rückgebildet (keine Nahrungsaufnahme); bei einigen Arten fehlen sie (nur Jungfernzeugung). R. stellen v. a. während der warmen Jahreszeit einen hohen Anteil des Süßwasserplanktons. - Abb. S. 50.

Radetzky, Joseph Wenzel Graf [...ki], eigtl. J. W. Graf R. von Radetz, *Trebnitz (= Třebenice, Nordböhm. Gebiet) 2. Nov. 1766, † Mailand 5. Jan. 1858, östr. Feldmarschall (seit 1836). - Zeichnete sich in den Koalitionskriegen aus und hatte durch den von ihm entworfenen Feldzugsplan von 1813 maßgebl. Anteil am Sieg in der Völkerschlacht bei Leipzig; ab 1831 Kommandeur der östr. Truppen in Lombardo-Venetien; sicherte durch seine Siege bei Custoza und Novara über Karl Albrecht von Sardinien die östr. Herrschaft in Oberitalien; 1850-57 Generalgouverneur von Lombardo-Venetien.

Radevormwald, Stadt an der Wupper, NRW, 220-421 m ü. d. M., 22 700 E. Jugendakad. der Ev. Kirche im Rheinland, Sportschule, Textil-, Metall-, opt. und Elektroind. - Entstand zw. 850 und 1000 als Rodungsort; im 13. Jh. Stadtrecht; nach Stadtbrand 1802 neu aufgebaut.

Radewin, mittellat. Dichter, ↑Rahewin.

Radgelenk, svw. Drehgelenk (↑Gelenk).

Radhakrishnan, Sir (1931-47, Titel abgelegt) Sarvepalli, *Tiruttani (Tamil Nadu) 5. Sept. 1888, † Madras 17. April 1975, ind. Philosoph und Politiker. - Prof. für Philosophie in Kalkutta, an der Benaras Hindu University und 1936-52 in Oxford. Religion und Ethik in Oxford. 1949-52 Botschafter in der UdSSR; 1962-67 Staatspräsident Indiens; erhielt 1961 den Friedenspreis des Dt. Buchhandels. - In zahlr. Arbeiten zur ind. Philosophie und Religion vermittelte er das religiöse und intellektuelle Erbe Indiens durch Vergleich mit den von ihm als nur scheinbar anders gesehenen westl. Anschauungen. - *Werke:* Ind. Philosophie (1923-27), Weltanschauung der Hindu (1926), Die Gemeinschaft des Geistes

radial

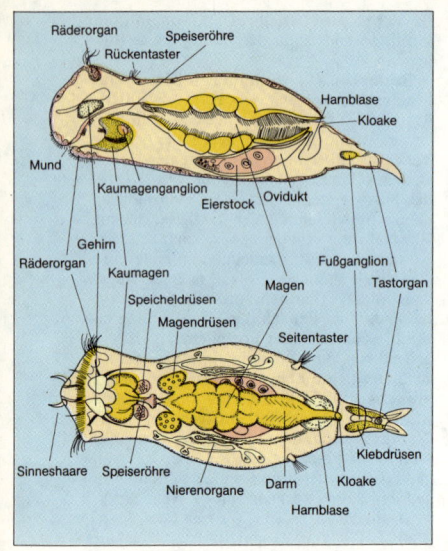

Rädertiere.
Sagittalschnitt (oben)
und Dorsalansicht

(1939), Religion und Gesellschaft (1947), Wiss. und Weisheit. Westl. und östl. Denken (1955).

radial [lat.], den Radius betreffend, in Radiusrichtung verlaufend; strahlenförmig, von einem Mittelpunkt ausgehend, auf ihn hinzielend; auf den Radiusvektor bezogen.

Radialdampfturbine ↑ Dampfturbine.

Radialgeschwindigkeit, die in der Sichtlinie eines Beobachters liegende Geschwindigkeitskomponente der Raumbewegung eines Gestirns; sie kann mit Hilfe des opt. Doppler-Effekts bestimmt werden. 60% aller Sterne zeigen R. mit Beträgen bis 20 km/s; Sternsysteme zeigen eine von ihrer Entfernung abhängige R. vom Beobachter fort (↑ Hubble-Effekt).

Radiallager (Querlager), Maschinenteil zum Tragen sich drehender Wellen, bei dem die Aufnahme von Lagerkräften in vorwiegend radialer, d. h. senkrecht zur Wellenrichtung liegender Richtung erfolgt. - Ggs. Axiallager.

Radialreifen ↑ Reifen.

radial-symmetrisch (radiär-symmetrisch, monaxon), strahlig gebaut; gesagt von der Körpergrundform mancher Lebewesen, bei der außer einer bestimmten Hauptachse (Längsachse des Körpers) mehrere senkrecht zu dieser gestellte, untereinander gleiche Nebenachsen (**Radien**), auf denen dann die meisten Körperorgane angeordnet liegen, zu unterscheiden sind. Jede Ebene durch die Hauptachse und einen der Radien teilt den Körper stets in symmetr. Hälften.

Radiant [zu lat. radiare „strahlen"], Einheitenzeichen rad, SI-Einheit des ebenen Winkels. 1 Radiant ist gleich dem Winkel, der als Zentriwinkel eines Kreises vom Halbmesser 1 m aus dem Kreis einen Bogen der Länge 1 m ausschneidet.

radiär-symmetrisch ↑ radial-symmetrisch.

Radiästhesie [lat./griech.], wiss. umstrittene Fähigkeit von Personen, mit Hilfe von Pendeln oder Wünschelruten sog. Erdstrahlen wahrzunehmen und so z. B. Wasser- und Metallvorkommen aufzuspüren.

Radiata [lat.], svw. ↑ Hohltiere.

Radiation [lat.], an Hand von Fossilfunden feststellbare „Entwicklungsexplosion", die während eines relativ kurzen geolog. Zeitabschnitts aus einer Stammform zahlr. neue Formen entstehen läßt; Ursache für die heutige Formenfülle unter den Säugetieren.

Radiator [lat.] ↑ Heizkörper.

Radić, Stjepan [serbokroat. ˌraːditɕ], * Trebarjevo Desno (bei Rijeka) 11. Juli 1871, † Zagreb 8. Aug. 1928, kroat. Politiker. - Trat mit seiner 1904 gegr. kroat. Bauernpartei für eine weitgehende Föderalisierung der Habsburgermonarchie ein; bekämpfte im neuen jugoslaw. Staat den großserb. Nationalismus und forderte die Autonomie für Kroatien; 1925/26 Unterrichtsmin.; bei einem Attentat tödl. verletzt.

Radicchio [raˈdikio]; italien., zu lat. radix „Wurzel"] ↑ Wegwarte.

Radien [lat.], svw. ↑ Flossenstrahlen.

Radierung [zu lat. radere „kratzen, schaben"], graph. Technik: eine Metallplatte (Kupfer, Eisen u. a.) wird mit einem säurebeständigen Ätzgrund (Wachs, Harz, Asphalt) überzogen und mit einer Räucherkerze eingerußt. In den Ätzgrund wird mit der Radiernadel die Zeichnung eingeritzt, die Ritzlinien legen das Material frei. Im Säurebad (verdünnte Salpetersäure, Eisenchlorid) frißt sich die Säure nur an den freigelegten Stellen in das Metall ein. Nach Entfernung des Ätzgrundes werden Abzüge nach dem Tiefdruckverfahren hergestellt (ebenfalls „R." gen.). Die R. erlaubt, anders als der ↑ Kupferstich, „malerische" Effekte. - ↑ auch Kaltnadelarbeit.

Radieschen [lat.-roman., zu lat. radix „Wurzel"] ↑ Rettich.

Radiguet, Raymond [frz. radiˈgɛ], * Saint-Maur-des-Fossés bei Paris 18. Juni 1903, † Paris 12. Dez. 1923, frz. Schriftsteller. - Schrieb zwei bed., autobiograph. beeinflußte psycholog. Romane („Den Teufel im Leib", 1923; „Der Ball des Comte d'Orgel", hg. 1924), in denen er seine Ansichten zu Problemen und Erscheinungsformen der Liebe darstellte.

radikal [lat.-frz.; eigtl. „an die Wurzel (lat. radix) gehend"], 1. vollständig, gründl. und

ohne Rücksichtnahme; rücksichtslos; 2. einen Radikalismus vertretend.
Radikal [lat.-frz.], in den *semit. Sprachen* ein Konsonant, der (meist zus. mit anderen Konsonanten) die Wortwurzel bildet; die Bed. eines Wortes haftet jeweils an dieser Konsonantengruppe (nicht an den Vokalen).
◆ in der *Chemie* Bez. für ein elektr. geladenes (R.ion) oder neutrales Atom bzw. eine organ. oder anorgan. Atomgruppe, die mindestens ein ungepaartes, zu kovalenter Bindung fähiges Elektron besitzt. R. treten bei der photochem. oder therm. Spaltung von Molekülen auf und sind auf Grund ihrer Reaktionsfähigkeit meist sehr kurzlebig (langlebige R. sind meist durch Mesomerie stabilisiert). R. spielen z. B. als Initiatoren von Kettenreaktionen eine Rolle. Da sie infolge ihrer ungepaarten Elektronen ein magnet. Moment besitzen, können sie durch Elektronenspinresonanz nachgewiesen werden.
Radikalenerlaß, gebräuchl. Bez. für den ↑ Extremistenbeschluß.
Radikalismus [lat.], Bez. für Theorien oder polit.-soziale Bewegungen, die bestehende Verhältnisse grundsätzl. (von der Wurzel [lat. radix] her) verändern wollen; auf Bewegungen angewandt, die radikal nur in ihren Zielen sind (theoret. R.), auf solche, die radikale Mittel zur Erreichung ihrer Ziele einsetzen (prakt. R.); häufig zur Diffamierung polit. Gegner benutzt. Seit der Aufklärung und der Frz. Revolution war der bürgerl. R. das konsequente Eintreten für demokrat. Ideen und Gruppen gegen Absolutismus und Aristokratie. Die Arbeiterbewegung und ihre theoret. Ausprägung, der Marxismus, verdrängten im letzten Drittel des 19. Jh. die bürgerl. Demokraten zur Mitte und galten nun als radikal. Ende des 19. Jh. entwickelte sich ein Rechtsradikalismus mit einer gegen die Prinzipien der Aufklärung und der Frz. Revolution gerichteten antidemokrat. Zielsetzung. In dieser Traditionslinie standen die faschist. Bewegungen im 20. Jh. als extrem rechtsradikale Positionen. Mit dem Marxismus-Leninismus bildete sich eine neue radikale Bewegung zur Umwälzung sozialer Verhältnisse, die jedoch, zur Macht gelangt, konservative Züge annahm. Von der kommunist. Orthodoxie wird auch R. als „pseudorevolutionäre" linke „Abweichung" angesehen.
Problemat. ist die Abgrenzung zw. den beiden Begriffen R. und **Extremismus,** da sie in der polit. Alltagssprache oft synonym gebraucht werden. Während „radikal" v. a. auf Intensität und Konsequenz einer polit. Position bezogen wird, ist als Bezugsgröße von „extrem" eine vorgegebene polit. Bandbreite (von links über Mitte bis rechts) gemeint, wobei der Extremismus eine über die Bandbreitengrenzen hinausgehende Position vertritt. - In der polit. Diskussion in der BR Deutschland werden Personen, Gruppen und Organisationen als

Radierung. Rembrandt,
Der blinde Tobias (um 1648)

extremist. bezeichnet, denen verfassungsfeindl. Bestrebungen im Kampf gegen die „freiheitl. demokrat. Grundordnung" der BR Deutschland nachgesagt werden.
📖 *Extremismus im demokrat. Rechtsstaat. Hg. v. M. Funke.* Düss. 1978. - *Bock, H. M.: Gesch. des linken R. in Deutschland.* Ffm. 1976. - *Klingemann, H. D./Pappi, F. U.: Polit. R.* Mchn. 1972.
Radikaloperation, vollständige operative Beseitigung eines kranken Organs oder eines Krankheitsherds (oft mit Einbeziehung gesunden Gewebes).
Radikalrekombination, Reaktion zweier Radikale zu einem valenzmäßig gesättigten Molekül; kann z. B. bei der Radikalkettenpolymerisation zum Kettenabbruch führen.
Radikalsozialismus, frz. polit. Bewegung, die auf die Jakobiner zurückgeht und die „Radikalen" (Republikaner) des Julikönigtums, im 19. Jh. z. B. von A. A. Ledru-Rollin und L. Gambetta verkörpert; die Programmatik des R. wird seit Ende des 19. Jh. charakterisiert durch Trennung von Staat und Kirche, weltl. Schule, Verteidigung des Privateigentums, Ablehnung des Klassenkampfes und der Gewalt in allen Formen, Aufrechterhaltung von Gesetz und Ordnung als Bedingung und Aufgabe der Demokratie. In der 1901 gegr. Parti Républicain Radical et Radical-Socialiste (heutiger Name: **Parti Radical-Socialiste**) gingen u. a. die 1881 entstandene Gruppe Gauche Radicale (1895

Radikand

Gauche Progressiste) und die 1892 um G. B. Clemenceau formierte Groupe Républicain Radical-Socialiste auf. Nachdem der R. die Politik des Appeasement mitgetragen und anfängl. das Vichy-Regime unterstützt hatte, schlossen sich führende Vertreter im 2. Weltkrieg de Gaulle an; 1947–59 gehörten trotz wiederholter Absplitterungen Vertreter des R. jeder frz. Reg. an.

Radikand [lat.], die Zahl, deren ↑ Wurzel berechnet werden soll, d. h., die unter dem Wurzelzeichen steht.

Radikation [lat.] (Bewurzelung), die Entwicklung und Ausbildung der Pflanzenwurzeln. Je nach Bau des pflanzl. Embryos unterscheidet man **Allorhizie** (bei Samenpflanzen ist die Primärwurzel [Hauptwurzel] alleiniger Träger des späteren Wurzelsystems) und **Homorrhizie** (Ausbildung von [sproßbürtigen] Wurzeln an der Sproßachse einer Pflanze [z. B. bei Farnen]).

Radio [Kw. aus engl.-amerikan. radiotelegraphy „Übermittlung von Nachrichten durch Ausstrahlung elektromagnet. Wellen"], Bez. 1. für Rundfunk- bzw. Hörfunkempfänger, 2. für Rundfunk- bzw. Hörfunk.

radio..., Radio... [zu lat. radius „Strahl"], Bestimmungswort von Zusammensetzungen mit den Bedeutungen „Strahl, Strahlung, Funk, Rundfunk".

radioaktiv, Radioaktivität aufweisend, mit der Radioaktivität zusammenhängend.

radioaktiver Abfall (Atommüll), bei der Uranerzaufbereitung, der Brennelementherstellung, beim Betrieb von Kernreaktoren, Wiederaufarbeitungsanlagen für Kernbrennstoffe, in nuklearmedizin. Abteilungen sowie in Forschungslabors anfallende Rückstände, die auf Grund ihrer Radioaktivität bes. Probleme bezügl. ihrer Beseitigung bzw. sicheren Lagerung aufwerfen. Schwach- bzw. mittelaktive Abfallstoffe, die meist in Form radioaktiver Abwässer anfallen, werden gewöhnl. durch Eindampfen konzentriert und in Form von Schlamm, mit Bitumen oder Zement versetzt, in Fässer eingegossen. Da ihre Radioaktivität meist relativ rasch abklingt, genügt es, sie für mehrere Jahrzehnte sicher zu lagern. In der BR Deutschland erfolgt die Lagerung dieser Abfallstoffe gegenwärtig im ehemaligen Salzbergwerk Asse II, das als Versuchslager dient. Die Lagerung hoch radioaktiver Abfälle (z. T. mit Halbwertszeiten von über 1000 Jahren) muß so erfolgen, daß sie über Jahrhunderte von der Biosphäre ferngehalten werden und keine Gefährdung künftiger Generationen befürchtet werden muß. Als beste Lösung hierfür wird allgemein die „Endlage-

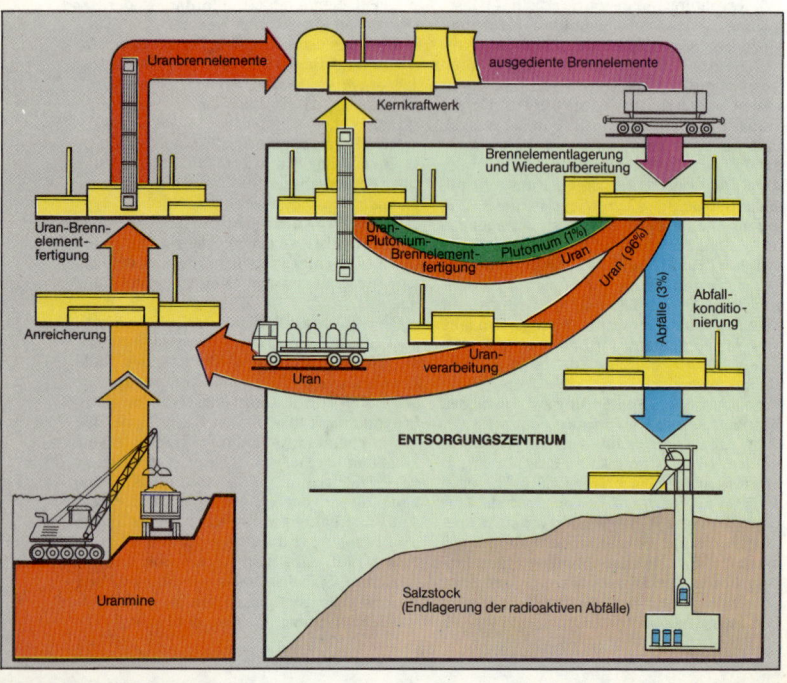

Radioaktiver Abfall.
Fließbilddarstellung der Entsorgung von Kernkraftwerken mit Endlagerung der radioaktiven Abfälle in einem Salzstock

Radioaktivität

rung" in Steinsalzschichten des tiefen geolog. Untergrundes, sog. Salzstöcken, angesehen, die nachweislich einige Millionen Jahre lang keinen Kontakt mit dem Grundwasser hatten. Die in Tanks zwischengelagerten Abfälle müssen zunächst in eine lagerfähige Form überführt („konditioniert") werden. Das bevorzugte Verfahren hierfür ist die Verglasung, bei der die aufbereiteten Abfallkonzentrate in eine Glasmasse eingegossen werden, die wiederum von einer Hülle aus rostfreiem Stahl umschlossen wird. Auf diese Weise soll gewährleistet sein, daß selbst beim Eindringen von Wasser in das Endlager eine Kontaminierung des Grundwassers vermieden wird.

Hofmann, H.: Rechtsfragen der atomaren Entsorgung. Stg. 1981. - Baumgärtner, F.: Chemie der Nuklearen Entsorgung. Tl. 2. Mchn. 1978. - Atommüll oder Der Abschied von einem teuren Traum. Hg. v. der Arbeitsgruppe „Wiederaufarbeitung", Univ. Bremen. Rbk. 1977.

Radioaktivität, der spontane, d. h. ohne äußere Beeinflussung erfolgende Zerfall *(Kernzerfall, radioaktiver Zerfall)* instabiler Atomkerne gewisser Nuklide (Radionuklide) bzw. gewisser Isotope (Radioisotope) bestimmter chem. Elemente. Bei dieser Art von ↑Kernreaktionen wandeln sich die Kerne eines radioaktiven Nuklids A (Mutternuklid) in die eines anderen Nuklids B (Tochternuklid) um, indem sie einen Teil ihrer Kernmasse in Form energiereicher Alphateilchen (↑Alphazerfall) bzw. Betateilchen (↑Betazerfall) emittieren. Das Tochternuklid gehört einem anderen chem. Element an als das Mutternuklid. Beim Alphazerfall steht es im Periodensystem der chem. Elemente zwei Stellen links, beim Betazerfall eine Stelle links oder rechts vom Mutternuklid. Je nachdem, ob die radioaktiven Nuklide bzw. Isotope in der Natur vorkommen oder künstl. durch Kernreaktionen erzeugt werden, unterscheidet man *natürl.* und *künstl. Radioaktivität.* Die natürl. R. tritt bei allen Elementen mit Ordnungszahlen größer als 80 auf. Die Radionuklide (Radioisotope) dieser Elemente haben größtenteils kurze Halbwertszeiten und würden heute - etwa 6 Mrd. Jahre nach der Entstehung der Nuklide - nicht mehr nachweisbar sein, wenn sie nicht nacheinander durch Alpha- oder Betazerfall immer wieder neu aus dem Zerfall der langlebigen Uranisotope ^{238}U und ^{235}U sowie des Thoriumisotops ^{232}Th hervorgehen würden (↑Zerfallsreihen). - Außer den Elementen der Zerfallsreihen sind auch einige leichtere Elemente natürl. radioaktiv, von denen einige neben dem Uran zur radioaktiven ↑Altersbestimmung von Gesteinen und Mineralen herangezogen werden. Ebenso kann der Zerfall der durch Wechselwirkung der Hö-

Radioteleskop. Synthesisteleskope der Radiosternwarte Westerbork (Niederlande)

henstrahlung mit der Atmosphäre und mit Meteoriten erzeugten kurzlebigen Nuklide zur natürl. R. gerechnet werden. Eine bes. Art natürl. Kernumwandlung ist die bei sehr schweren Kernen beobachtete spontane Spaltung in zwei mittelschwere Nuklide. - Durch Kernreaktionen mit Neutronen lassen sich in Kernreaktoren prakt. von jedem chem. Element ein oder mehrere künstl. Radioisotope herstellen. Sie werden u. a. bei der Indikatormethode, der Aktivierungsanalyse und zur Strahlentherapie verwendet.
Die Wirkung radioaktiver Strahlung auf biolog. Objekte, die stark von der Intensität und Reichweite abhängt, zeigt sich z. B. in einer Herabsetzung der Keimungsfähigkeit von Samen und in Entwicklungshemmungen und Mißbildungen bei Mensch und Tier, sobald die Strahlungsdosis einen gewissen Wert überschreitet. In geringen Dosen hingegen kann das Wachstum angeregt werden. Gewebe sind um so empfindlicher, je jünger ihre Zellen und je größer deren Teilungsgeschwindigkeit ist. Daher werden v. a. Keimdrüsen und blutbildende Organe bei zu hoher Strahlungsdosis geschädigt, aber auch schnellwachsende Geschwulstbildungen (Krebse, Sarkome).
Die R. wurde erstmals 1896 von A. H. Becquerel an Uranmineralen beobachtet, die künstl. R. entdeckten 1934 F. und I. Joliot-Curie.
📖 *Weish, P./Gruber, E.: R. u. Umwelt.* Stg. ³*1986. - Keller, C.: Die Gesch. der R.* Stg. *1982. - Herforth, L., u. a.: Praktikum der R. u. der Radiochemie.* Basel u. a. *1981.*

Radioastronomie, Teilgebiet der Astronomie, das mit Hilfe von ↑ Radioteleskopen die von Gestirnen und anderen kosm. Objekten sowie aus dem interstellaren Raum kommende Radiofrequenzstrahlung untersucht. Der Wellenlängenbereich dieser Strahlung ist auf der Erde nach der kurzwelligen Seite begrenzt durch die Absorption in der Atmosphäre, auf der langwelligen Seite durch Reflexion an der Ionosphäre (Frequenzbereich etwa 300 GHz bis 6 MHz). - Die R. geht zurück auf die Entdeckung der Radiofrequenzstrahlung der Milchstraße durch K. G. Jansky 1932. Im 2. Weltkrieg wurde mit Radargeräten die Radiostrahlung der Sonne entdeckt, 1951 die 21-cm-Spektrallinie des interstellaren Wasserstoffs, mit deren Hilfe Bewegungen der interstellaren Materie und damit der Bau des Milchstraßensystems erforscht werden konnte. Große wiss. Bed. hatten ferner die Entdeckungen der Radiogalaxien und Quasare, der Pulsare und der OH-Regionen (vermutl. Zentren von im Entstehen begriffenen Sternen) sowie der ↑ kosmischen Hintergrundstrahlung.

Radio Bremen ↑ Rundfunkanstalten (Übersicht).

Radioburst [engl. 'reɪdɪoʊˌbɜːst], svw. ↑ Burst.

Radiocarbonmethode, svw. C-14-Methode (↑ Altersbestimmung).

Radiochemie, Teilgebiet der physikal. Chemie, das sich mit den Eigenschaften, der Herstellung und Anwendung von Radionukliden beschäftigt. Prakt. Anwendung findet die R. in der analyt. Chemie, Biochemie und Medizin zur Aufklärung von Synthese- bzw. Stoffwechselwegen durch radioaktiv markierte Verbindungen. - ↑ auch Indikatormethode.

Radioelemente, chem. Elemente, die nur radioaktive Isotope haben; R. sind neben Technetium und Promethium alle Elemente mit Ordnungszahlen von 84 an aufwärts.

Radiofrequenzspektroskopie, die Bestimmung der elektr. und magnet. Momente von Atomkernen mit Hilfe der ↑ Atomstrahlresonanzmethode.

Radiofrequenzstrahlung, Bez. für die in der ↑ Radioastronomie untersuchte elektromagnet. Kurz-, Ultrakurz- und Mikrowellenstrahlung kosm. Objekte (↑ Radioquellen).

Radiogalaxie, Sternsystem, das in bes. starkem Maße Radiofrequenzstrahlung aussendet, die die therm. Strahlung (im Ultraviolett, Sichtbaren und Infrarot) seiner sämtl. Sterne sowie die therm. Abstrahlung normaler Sternsysteme (Galaxien) meist um mehrere Größenordnungen übersteigt.

radiogen, durch radioaktiven Zerfall entstanden.

Radiographie, das Durchstrahlen und Photographieren von Organismen (v. a. von menschl. Körperteilen) und - bei der zerstörungsfreien Werkstoffprüfung - von Werkstoff[stück]en (z. B. beim Prüfen von Gußeisen auf Risse, von Schweißnähten auf Blasen) mit Hilfe von Röntgenstrahlen (sog. *Röntgenographie*) oder Gammastrahlen (sog. *Gammagraphie*) sowie - bei der sog. *Autoradiographie* - der Nachweis radioaktiver Indikatoren (Leitisotope) in lebenden Organismen und anorgan. Materialproben.

Radioimmunoassay [...əseɪ; engl. assay = Versuch, Prüfung], die quantitative Bestimmung von Hormonen mit radioaktiv markierten Hormonen über deren Antikörper bzw. die Antigen-Antikörper-Reaktion.

Radioisotope, die natürl. oder künstl. radioaktiven Isotope eines chem. Elements. R. sind Radionuklide gleicher Kernladungszahl aber unterschiedl. Massenzahl.

Radioisotopendiagnostik (Isotopendiagnostik), Einschleusung von radioaktiv markierten Substanzen (Radioisotope) in den Kreislauf oder den Stoffwechsel, deren Verhalten (z. B. Einbau in bestimmte Organe) durch szintigraph. Aktivitätsmessung oder mit dem Geigerzähler ermittelt und diagnost. ausgewertet wird.

Radioisotopentherapie, Verfahren der Strahlenheilkunde, bei dem ionisierende Strahlung, die von radioaktiven Substanzen ausgeht, durch deren Applikation und Anreicherung in erkrankten Organen unmittelbar an den Krankheitsherd herangebracht wird.

Radiojodtest, Prüfung der Schilddrüsenfunktion durch Untersuchung des zeitl. Durchsatzes und des Grades der Anreicherung von *Radiojod* (meist das radioaktive Jodisotop J 131, das in die Schilddrüsenhormone eingebaut wird) nach oraler Einnahme.

Radiokompaß ↑ Funknavigation.

Radiolarien [lat.], svw. ↑ Strahlentierchen.

Radiolarienschlamm, rote, tonige Tiefseeablagerung im Bereich unter 4 000 m, reich an Kieselskeletten der Strahlentierchen.

Radiolarit [lat.], meist rotes oder braunes aus Skeletten von Strahlentierchen aufgebautes Gestein.

Radiologie, die Wiss. bzw. Lehre von den ionisierenden Strahlen - insbes. von den Röntgenstrahlen und den Strahlen radioaktiver Stoffe - und ihrer Anwendung in Medizin, Biologie, Landw. und Technik. Unter **medizin. Radiologie** wird die Wiss. aller Wechselbeziehungen zw. ionisierender Strahlung und dem menschl. Organismus verstanden; sie befaßt sich auf der Grundlage der Strahlenphysik und der radiolog. Technik sowohl mit den Strahlenwirkungen, d. h. mit der Strahlenbiologie und ihren Anwendungen in der Nuklearmedizin, im Strahlenschutz und in der Strahlentherapie, als auch mit diagnost. Methoden wie der Röntgendiagnostik und der Radioisotopendiagnostik.

radiologische Kastration ↑ Kastration.

Radio Luxemburg, Hörfunkprogramme (Auslandsdienst) der privaten, durch Werbeeinnahmen finanzierten luxemburg. Rundfunkgesellschaft Compagnie Luxembourgeoise de Télédiffusion (CLT; Radio-Télé-Luxembourg; gegr. 1930; Sitz Luxemburg).

Radiometer, Gerät zur Strahlungsmessung (v. a. von Wärmestrahlung), bestehend aus einem kleinen, in einem nahezu luftleeren Glaskolben an einem Quarzfaden leicht drehbar aufgehängten Stäbchen, an dessen einem Ende ein einseitig geschwärztes Metall- oder Glimmerplättchen und am anderen Ende ein Balanciergewicht befestigt ist. Der ↑ Radiometereffekt bewirkt so lange ein Zurückweichen der geschwärzten Seite des Metallflügels vor der Strahlung, bis sich ein Gleichgewicht mit der rücktreibenden Torsionskraft des Aufhängefadens einstellt. Der mit Hilfe eines Drehspiegels feststellbare Ablenkwinkel dient als Maß für die einfallende Strahlungsintensität.

Radiometereffekt, eine 1825 von A. J. Fresnel aufgefundene physikal. Erscheinung: Bei Bestrahlung eines einseitig geschwärzten [Metall]plättchens erwärmt sich die geschwärzte Seite stärker als die ungeschwärzte und erteilt den auftreffenden und dort reflektierten Gasmolekülen im Mittel einen größeren Impuls, als es auf der anderen Seite der Fall ist. Es resultiert also eine Rückstoßkraft, durch die das Plättchen in Richtung der ungeschwärzten Seite weggetrieben wird.

Radiometrie [lat./griech.], svw. [Wärme]strahlungsmessung, z. B. mit dem ↑ Radiometer.

◆ Messung der radioaktiven Strahlung mit Hilfe von Zählrohren, Szintillationszählern u. a.

Radionuklid, Bez. für ein künstl. oder natürl. radioaktives Nuklid, dessen Atomkerne nicht nur gleiche Kernladungs- und Massenzahl haben, sondern sich auch im gleichen Energiezustand befinden und daher stets in der gleichen Weise radioaktiv zerfallen (↑ Radioaktivität).

Radionuklidbatterie, svw. ↑ Isotopenbatterie.

Radioquellen, eng umgrenzte Stellen an der Himmelssphäre, die sich durch relativ starke Radiofrequenzstrahlung aus der allgemeinen Untergrundstrahlung herausheben. Mit der Erforschung der R. befaßt sich die ↑ Radioastronomie.

Radiosonde (Aerosonde, Funksonde), Meßgerät der Aerologie, das an einem großen, mit Wasserstoff gefüllten Ballon in die höheren Luftschichten (z. T. über 45 km hoch) aufgelassen wird und die Meßergebnisse auf dem Funkwege an eine Bodenstation übermittelt. Die normalen R. messen Druck, Temperatur und relative Feuchtigkeit der Luft.

Radiostrahlung, svw. ↑ Radiofrequenzstrahlung.

Radioteleskop, in der Radioastronomie verwendetes Gerät zum Empfang der von Gestirnen bzw. aus dem Kosmos kommenden Radiofrequenzstrahlung. **Einzelteleskope** arbeiten mit einem Parabolspiegel aus Blech oder Metallstäben. Im Brennpunkt des Spiegels wird die Radiofrequenzstrahlung von einem Dipol oder einer Hornantenne aufgenommen. Meist ist dieser Instrumententyp so montiert, daß er frei schwenkbar auf alle Punkte des Himmels gerichtet werden kann. Das z. Z. größte frei schwenkbare R. steht südöstl. von Bad Münstereifel (Reflektordurchmesser 100 m). - **Arrays oder Synthesisteleskope** sind Anlagen, die aus kreuz-, T- oder Y-förmig angeordneten mittelgroßen Einzelteleskopen bestehen. Sie stellen eine Fortentwicklung des **Radiointerferometers** dar, bei dem ursprüngl. nur zwei Einzelantennen zusammenwirkten. Die Arrays bieten die Möglichkeit, nach dem Verfahren der ↑ Aperturesynthese ein höheres Auflösungsvermögen zu erreichen. Als **Langstreckeninterferometer** bezeichnet man ein System aus zwei großen, Tausende von Kilometern voneinander entfernten Einzelteleskopen, die unabhängig voneinander, aber zu exakt gleichen (mit Atomuhren kontrollierten) Zeiten dasselbe Objekt beobachten; die empfangenen Daten werden zu einem späteren Zeitpunkt mit Hilfe eines Computers ausgewertet. - Abb. S. 53.

Radiotelevisione Italiana, Abk. RAI, italien. staatl. Rundfunkgesellschaft (auf Aktienbasis, mehrheitl. in staatl. Besitz); strahlt Hörfunk- und Fernsehprogramme aus und wird durch Gebühren und Werbeeinnahmen finanziert. Seit 1975 werden auch von Privatpersonen und Gruppen unterschiedl. sozialer und polit. Orientierung lokale Hörfunk- und Fernsehprogramme gesendet.

Radiotoxizität, Maß für die Schädlichkeit eines in den menschl. Organismus gelangten Radionuklids infolge seiner Strahlenwirkung; abhängig von der Art und der Energie der radioaktiven Strahlen, von der Halbwertszeit des Radionuklids sowie seiner Verteilung im Organismus und seinem chem. Verhalten. Bes. gefährl. sind die Alphateilchen emittierenden Radionuklide mit großer Halbwertszeit, wie Pu 239, Ra 226, Ac 227 und Po 210, sowie der Betastrahler Sr 90 als langlebige Muttersubstanz des Y 90 mit seiner energiereichen Betastrahlung.

Radischtschew, Alexander Nikolajewitsch, * Moskau 31. Aug. 1749, † Petersburg 24. Sept. 1802 (Selbstmord), russ. Dichter. - Auf Grund des kulturkrit. Hauptwerks „Reise von Petersburg nach Moskau" (1790, vollständig 1905), das den russ. Absolutismus scharf angriff, verhaftet und zum Tode verurteilt (jedoch zur Deportation begnadigt); 1797 entlassen; scheiterte als Verfassungsreformer.

Radium [lat. (zu ↑Radius)], chem. Symbol Ra; radioaktives metall. Element aus der II. Hauptgruppe des Periodensystems der chem. Elemente, Ordnungszahl 88, Dichte etwa 6 g/cm³, Schmelzpunkt 700 °C, Siedepunkt 1140 °C. Von den durchweg radioaktiven Isotopen sind Ra 226 bis Ra 230 (mit Ausnahme von Ra 218) bekannt; Ra 226 hat mit 1622 Jahren die längste Halbwertszeit. Das weiß glänzende Metall tritt in seinen Verbindungen zweiwertig auf; sie zeigen auf Grund der Radioaktivität ein schon bei Tageslicht sichtbares Leuchten. In der Natur kommt R. als Zerfallsprodukt des Urans in Uranmineralen sowie in bestimmten Quellwässern vor. In der Erdkruste ist R. zu $9{,}5 \cdot 10^{-11}$ Gew.-% enthalten und gehört zu den seltensten Elementen. R. wurde früher für Bestrahlungen in der Krebstherapie sowie zur Herstellung von Leuchtstoffen für Leuchtzifferblätter verwendet. Es wurde 1898 von M. (unterstützt von P.) Curie im Uranmineral Pechblende entdeckt.

Radiumemanation ↑Radon.

Radius [lat. „Stab, Speiche, Strahl"] ↑Halbmesser.

♦ svw. ↑Speiche.

Radiusvektor, svw. ↑Ortsvektor.

Radix [lat. „Wurzel"], in der *Anatomie* und *Morphologie:* Ursprungsstelle, Wurzel eines Nervs, Organs, Körperteils; z. B. *R. dentis* (Zahnwurzel), *R. pili* (Haarwurzel).

♦ in der *Botanik* und *Pharmazie* svw. Pflanzenwurzel.

radizieren [lat.], die ↑Wurzel einer Zahl ermitteln.

Radkarten, ma. Weltkarten, auf denen die Erde als runde Scheibe dargestellt ist, die vom Weltmeer umgeben und in Form eines T-förmigen Kreuzes in drei Erdteile gegliedert ist.

Radkurve, svw. ↑Zykloide.

Radleier, svw. ↑Drehleier.

Radmelde (Kochia), Gatt. der Gänsefußgewächse mit rd. 80 Arten in Australien, Eurasien, Afrika und im westl. N-Amerika; kleine Sträucher oder Kräuter mit kleinen, schmalen, seidenhaarigen Blättern und unscheinbaren Blüten. Eine bekannte Art ist das in M-Europa als Zierstrauch kultivierte **Besenkraut** (Besenradmelde, Kochia scoparia), das in SO-Europa und Asien getrocknet zu Besen verarbeitet wird.

Radnetzspinnen (Kreuzspinnen, Araneidae), nahezu weltweit verbreitete Fam. der Spinnen mit über 2 500 kleinen bis mittelgroßen Arten, die meist sehr regelmäßig gebaute radförmige Netze anlegen. Eine bekannte Gatt. ist *Araneus* mit über 25 einheim., meist auffallend gezeichneten Arten; bekannt v.a.: **Kreuzspinne** (Gartenspinne, Araneus diadematus), bis 17 (♀) bzw. 11 (♂) mm lang, Färbung variabel, Hinterleib meist mit weißer, kreuzförmiger Zeichnung, sitzt in Ruhe kopfabwärts im etwa 30 cm großen Netz; gefangene Insekten werden erst eingesponnen, dann getötet; Eiablage im Herbst, Jungtiere schlüpfen im Mai; Biß für den Menschen ungefährlich. **Wespenspinne** (Zebraspinne, Tigerspinne, Argiope bruennichi), bis etwa 20 mm lang, in M- und S-Europa weit verbreitet, mit auffallend gelbschwarzer, wespenartiger Querbänderung auf der Oberseite.

Radok, Alfred, * Moldauthein (= Týn nad Vltavou, ČSSR) 14. Dez. 1914, † Wien 23. April 1976, tschech. Regisseur und Dramatiker. - Seit 1945 Opern- und Schauspielregisseur in Prag; entwickelte 1958 mit J. Svoboda die Prager „Laterna magica"; emigrierte 1965; zuletzt Leiter des Göteborger Volkstheaters.

Radolf (Radulf), alter männl. Vorname (ahd. rat „Ratgeber, Ratschlag" und ahd. wolf „Wolf").

Radolfzell am Bodensee, Stadt am NW-Ufer des Untersees (westl. Bodensee), 24 300 E. Vogelwarte im Schloß Möggingen; Pumpen-, Metall- und Wäschefabrik, Nahrungs- und Genußmittelind.; auch Kneippkurort (auf der Halbinsel *Mettnau*). - Entwickelte sich aus einer Fischersiedlung und einer Mönchszelle aus dem 9. Jh.; 1100 Markt-, 1267 Stadtrecht; 1415–55 Reichsstadt. - Spätgot. kath. Stadtpfarrkirche (15. Jh.), im Innern

barockisiert; Reste der ma. Stadtbefestigung (Tortürme z. T. aus dem 15. Jahrhundert).
Radom, poln. Stadt im nördl. Vorland des Kielcer Berglandes, 170 m ü. d. M., 201 000 E. Hauptstadt des Verw.-Geb. R.; TH; Theater. Maschinenbau, metallverarbeitende, Elektro- u. a. Ind., größte poln. Zigarettenfabrik. - 1155 erstmals erwähnt, im 14. Jh. Magdeburger Stadtrecht; ab 1795 östr.; seit 1815 häufiger Herrschaftswechsel; ab 1945 erneut poln. - Die auf dem **Reichstag von Radom** (1505) festgeschriebene Ausschließlichkeit staatspolit. Rechte für den Adel blieb bis 1791 erhalten. - Got. Pfarrkirche Sankt Johannes der Täufer (um 1360; 1909 neugot. rekonstruiert).

Radom [Kw. aus engl. radar dome „Radarkuppel"], für elektromagnet. Wellen durchlässige Kunststoffverkleidung einer [Radar]antennenanlage, z. B. am Bug von Flugzeugen (*Radarbug, Radarnase*).

Radon ['raːdɔn, ra'doːn; lat. (zu ↑ Radius)], chem. Symbol Rn; gasförmiges, radioaktives Element aus der VIII. Hauptgruppe des Periodensystems der chem. Elemente, Ordnungszahl 86, Dichte 9,7 g/l (bei 0 °C), Schmelzpunkt − 71 °C, Siedepunkt − 61,8 °C. An Isotopen, die alle radioaktiv sind, sind heute (mit Ausnahme des Isotops Rn 214) Rn 200 bis Rn 224 bekannt; das Isotop Rn 222 hat mit 3,824 Tagen die längste Halbwertszeit. Die Isotope Rn 219 (*Actiniumemanation, Actinon*), Rn 220 (*Thoriumemanation, Thoron*) und Rn 222 (*Radiumemanation*) sind Produkte des radioaktiven Zerfalls von Actinium, Thorium und Uran. R. ist wie alle Edelgase reaktionsträge, jedoch sind Fluor- und Sauerstoffverbindungen hergestellt worden. R. steht in der Häufigkeit der chem. Elemente an 88. Stelle und gehört zu den seltensten Elementen. Die Gewinnung erfolgt durch Abpumpen aus radioaktiven, R. bildenden Elementen. Verwendung findet es in der Strahlentherapie. R. wurde um 1900 von E. Rutherford und F. Soddy entdeckt und Radiumemanation genannt. 1931 wurde der Name R. eingeführt.

Radowitz, Joseph Maria von, * Blankenburg/Harz 6. Febr. 1797, † Berlin 25. Dez. 1853, preuß. General (seit 1845) und Politiker. - Seit 1823 in preuß. Diensten; 1836 Militärbevollmächtigter beim Dt. Bund, dessen Reform er zus. mit Österreich erstrebte; betrieb 1850 zur Überwindung der Revolution von 1848 mit dem Dreikönigsbündnis schließl. eine kleindt. Union unter preuß. Führung, scheiterte aber am Widerstand Österreichs und Rußlands.

Radpolo ↑ Radsport.

Radrennen ↑ Radsport.

Radscha [Sanskrit „König"], bis zur Unabhängigkeit Indiens Titel ind. Fürsten und Titel von Fürsten im Malaiischen Archipel.

Radschasthani, zur westl. Gruppe der neuindoar. Sprachen († indische Sprachen) gehörende Sprache v. a. im ind. Bundesstaat Rajasthan mit etwa 15 Mill. Sprechern. Das noch wenig erforschte R., das sich ab dem 16. Jh. vom Gudscharati abspaltete, besitzt eine alte, vorwiegend aus mündl. tradierten Heldenliedern bestehende Literatur.

Radschatarangini (Rajatarangini; Sanskrit „Strom der Könige"), 1148 vollendetes Gedicht in knapp 8 000 Versen über die Geschichte von Kaschmir; wichtiges Quellenwerk aus der Geschichtsschreibung armen hinduist. Indien; bis ins 16. Jh. fortgesetzt.

Radsport, zusammenfassende Bez. für die in 4 große Sparten aufgeteilten sportl. Disziplinen, die wettkampfmäßig auf Fahrrädern im Freien, in der Halle oder im Saal ausgetragen werden. Der R. wird von Berufs- und Amateurfahrern betrieben.
Straßenrennsport: *Einerfahren:* Rennen auf offener Straße über meist 120–150 km. *Etappenfahrten* führen über verschiedene Einzelabschnitte und über mehrere Tage mit etappenweiser Wertung. *Zeitfahren:* Straßenrennen mit Einzelstart gegen die Uhr. *Bergrennen:* Zeitfahren auf bergigen Straßen. *Kriterium:* Rundstreckenrennen über eine vorher festgelegte Rundenzahl. *Querfeldeinrennen (Cyclo-Cross):* meist in unwegsamem Gelände und in den Wintermonaten stattfindende härteste Disziplin des Radsports (ein mind. 2 km langer Rundkurs muß mehrmals durchfahren bzw. durchlaufen werden, aber bis zu zwei Dritteln befahrbar sein). *Mannschaftsrennen:* Zeitfahren über meist 100 km. Von einer aus 4 Fahrern bestehenden Mannschaft müssen 3 Fahrer geschlossen das Ziel erreichen, wobei die Zeit des 3. Fahrers gewertet wird.
Disziplinen beim **Bahnrennsport,** der auf 250 m langen Pisten in überdachten Hallen (Winterbahnen) und im Freien auf meist 333 m langen, mit Holz- oder Zementbelag versehenen Sommerbahnen stattfindet, sind: *Sprint (Fliegerrennen),* wobei 2 Fahrer gemeinsam an der Startlinie über die Distanz von 1 000 m starten; die Geschwindigkeit der letzten 200 m wird gestoppt; *Verfolgungsrennen:* Einzel- oder Vierer-Mannschaftswettbewerb (bei Amateuren über 4 000 m, bei Berufsfahrern über 5 000 m, bei Damen über 3 000 m). *Zeitfahren:* Wettbewerb über eine Distanz von meistens 1 000 m für Einzelfahrer gegen die Uhr. *Tandemrennen:* Wettbewerb auf einem zweisitzigen Rad. *Steherrennen:* Einzelwettbewerb über 10–100 km oder eine Stunde hinter Schrittmachermaschinen.
Kunst- und Gruppenfahren: Turner.-akrobat. Radfahren auf Spezialrädern in folgenden Disziplinen: Einer-, Zweier-, Vierer- und Sechserkunstfahren, sowie Vierer- und Sechsergruppenfahren. Nach einer Wertungstabelle sind innerhalb eines sechsminütigen Programms eine bestimmte Anzahl von Übungen zu absolvieren.

Beim **Radball** unterscheidet man: *Hallenradball* (Mannschaften zu je 2 Spielern) das auf einem von etwa 30 cm hohen Holzbanden umgebenen 11 × 14 m großen Spielfeld gespielt wird. Der Ball (16–18 cm Durchmesser) darf nur mit dem Vorder- oder Hinterrad gespielt werden. Bodenkontakt des Fahrers, Körper- und Handspiel sind verboten (ausgenommen für das Tor verteidigende Spieler im Strafraum). Spieldauer: 2 × 7 Minuten; beim *Rasenradball* (Mannschaften zu je 6 Spielern) ist das Spielfeld bis zu 40 × 60 m groß; Gespielt wird mit einem Lederball (Durchmesser etwa 20 cm). Spieldauer 2 × 20 Minuten.

Radpolo ist ein Frauenmannschaftsspiel in der Halle zu je 2 Fahrerinnen mit Torwertung: Spielfeld 12 × 15 m. Gespielt wird mit einem 1 m langen Polostock aus Holz und einem kleinen Holzball mit Filzüberzug. Spielablauf wie beim Radball; Spieldauer 2 × 5 Minuten.

Radstadt, östr. Stadt im Tal der Enns, Bundesland Salzburg, 856 m ü. d. M., 4 000 E. Fremdenverkehr. - Zw. 1270 und 1286 angelegt und befestigt, 1289 Salzburger Stadtrecht. - Roman.-got. Stadtpfarrkirche mit spätgot. Chor (1411 ff.), Tandalierschloß (1569 aus einem Bauernhof hervorgegangen); Stadtmauer mit Türmen (16. Jahrhundert).

Radstädter Tauern, Teil der Niederen Tauern, Österreich, im Weißeck 2 712 m hoch. - ↑ auch Alpenpässe (Übersicht).

Radstand (Achsstand), bei einem Fahrzeug (oder Radgestell) der Abstand zw. den (äußersten) Achsen.

Radtintling ↑Tintling.

Radula [lat.], mit (bis rd. 75 000) Zähnchen in Längs- und Querreihen besetzte Chitinmembran auf einem muskulösen, beweglichen, durch einen starren Bindegewebskörper im Inneren versteiften Längswulst (*R.polster*) des Bodens der Mundhöhle bei vielen Weichtieren (bes. den Schnecken). Mit Hilfe dieses *Zungenapparats*, der nach Art eines Schaufelbaggers oder zusätzl. noch wie ein Greifbagger arbeitet, wird die Nahrung abgeschabt, abgerissen oder als Ganzes eingeschlungen und zum Schlund befördert. Die R. wächst ständig aus einem engen Blindsack des Pharynx (*R.tasche*) nach.

Radványi, Netty [ungar. 'rɔdvaːnji], dt. Schriftstellerin, ↑Seghers, Anna.

Radziwiłł [poln. ra'dziviu̯] (eingedeutscht Radziwill ['ratsivɪl]), poln. Magnatengeschlecht urspr. lit. Herkunft, dessen Mgl. bis 1945 bed. polit. und militär. Funktionen innehatten. Der Stammvater Mikołaj I. (* 1366, † 1446) ließ sich 1386 mit Jagello taufen und wurde Woiwode von Wilna. 1547 wurde das Geschlecht zu Reichsfürsten erhoben. Die seit dem 17. Jh. mehrfach mit dem Hause Hohenzollern verschwägerten R. spielten im 19. Jh. in der Prov. Posen, im preuß.-dt. Militärdienst und als Mgl. des preuß. Herrenhauses und des Dt. Reichstags eine wichtige polit. Rolle. Bed. Vertreter:

R., Fürst Karol Stanisław, * Nieśwież 1734, † ebd. 22. Nov. 1790, Woiwode von Wilna (seit 1762). - Entschiedener Gegner des Reformkönigs Stanislaus II. August Poniatowski, den er als Führer der Konföderation von Radom (1767) und Führungs-Mgl. der Konföderation von Bar (1768) bekämpfte.

R., Fürst Mikołaj (Nikolaus), gen. der Schwarze, * Nieśwież 4. Jan. 1515, † Wilna 29. Mai 1565, Großmarschall und Großkanzler von Litauen. - Erreichte in Verhandlungen 1561 den Anschluß Livlands an Polen/Litauen; 1547 Erhebung der Gesamtfam. in den Reichsfürstenstand; ließ 1563 in Brest-Litowsk die aus der Urschrift ins Polnische übersetzte sog. Radziwillsche oder Brester Bibel (Biblia święta) drucken.

Radziwill, Franz, * Strohhausen (heute zu Stadland, Landkr. Wesermarsch) 6. Febr. 1895, † Wilhelmshaven 16. Aug. 1983, dt. Maler und Graphiker. - Bed. Vertreter der Neuen Sachlichkeit; im Spätwerk landschaftl.-kosm. Visionen.

Raeber, Kuno ['rɛːbər], * Klingnau (Aargau) 20. Mai 1922, schweizer. Schriftsteller. - Schreibt durch klar gegliederte Sprache gekennzeichnete Lyrik und experimentelle Prosa, u. a. „Alexius unter der Treppe oder Geständnisse vor einer Katze" (R., 1973), „Das Ei" (R., 1981).

Raeder, Erich [rɛːdər], * Wandsbek (= Hamburg) 24. April 1876, † Kiel 6. Nov. 1960, dt. Großadmiral (seit 1939). - Im 1. Weltkrieg Kreuzerkommandant, 1928–35 als Admiral Chef der Marineleitung, 1935–43 Oberbefehlshaber der Kriegsmarine; nach 1933 maßgebl. am Aufbau der dt. Flotte beteiligt; regte u. a. im Okt. 1939 die Invasion Norwegens an; wegen Gegensätzen zu Hitler 1943 verabschiedet; 1946 im Nürnberger Hauptkriegsverbrecherprozeß zu lebenslängl. Haft verurteilt, 1955 entlassen.

RAF, Abk. für: **R**ote-**A**rmee-**F**raktion (↑Terrorismus, ↑Baader-Meinhof-Prozesse).

RAF [engl. 'ɑːreɪ'ɛf], Abk. für engl.: ↑**R**oyal **A**ir **F**orce.

Raffael (Raphael), eigtl. Raffaello Santi (Sanzio), * Urbino vermutl. 6. April 1483, † Rom 6. April 1520, italien. Maler und Baumeister. - Zunächst Schüler seines Vaters, gegen 1500 einige Jahre in der Werkstatt P. Peruginos in Perugia, seit 1504 vorwiegend in Florenz; 1508 durch Papst Julius II. nach Rom berufen. Von Leo X. wurde er 1515 zum Bauleiter der Peterskirche und zum Konservator der antiken Denkmäler ernannt. - Dem Einfluß Peruginos ist beim jungen R. die Verbindung von empfindsam beseelten Figuren mit einer zarten und stimmungsvollen Hintergrundslandschaft zuzuschreiben, u. a. „Madonna Conestabile" (Leningrad, Eremitage). Dem Vorbild Donatellos ver-

Raffinement

dankt R. einen gesteigerten Sinn für Körperlichkeit („Madonna Terranuova", um 1505; Berlin-Dahlem), Leonardo die Erfahrung weicher, das harte Kolorit vereinheitlichender Halbschatten („Madonna del Granduca", um 1505; Florenz, Palazzo Pitti) und Fra Bartolomeo die Kenntnis einer großzügig-übersichtl. Figurenanordnung (Dreifaltigkeitsfresko, 1505; Perugia, San Severo). Den Endpunkt dieser Auseinandersetzung mit der Florentiner Renaissancekunst bezeichnet die „Madonna Colonna" (um 1508; Berlin-Dahlem) und die Grablegung von 1507 (Rom, Galleria Borghese). 1508–17 war R. in Rom mit der Ausmalung der sog. Stanzen im vatikan. Palast beschäftigt. Die Stanza della Segnatura (1509–11) mit der „Disputa" und der „Schule von Athen" und die Stanza d'Eliodoro (1512–14) führte R. weitgehend eigenhändig aus. Ab 1515 schuf R. die Kartons für eine zehn Darstellungen aus dem Leben der Apostel Petrus und Paulus umfassende Teppichserie für die Sixtin. Kapelle des Vatikans. Für den röm. Bankier Agostino Chigi entstanden bed. Fresken in Santa Maria della Pace (1514) und in dessen Villa Farnesina, 1512 der „Triumph der Galatea", 1518 die Deckenfresken der Loggia. Höhepunkte der Renaissancemalerei sind auch seine Madonnenbilder wie die „Madonna Alba" (um 1511; Washington, National Gallery of Art), die „Madonna di Foligno" (um 1512; Rom, Vatikan. Sammlungen), die „Sixtin. Madonna" (um 1513; Dresden, Gemäldegalerie) und die „Madonna della Sedia" (um 1513/14; Florenz, Palazzo Pitti). In den Porträts der letzten Jahrzehnts gelangte R. durch psycholog. Verfeinerung und formale Ausgewogenheit zu damals unbekannter Höhe: „Papst Julius II." (1511, Florenz, Uffizien), „Baldassare Castiglione" (um 1515; Paris, Louvre), „Papst Leo X. mit den Kardinälen Luigi Rosso und Giulio Medici" (1517/18; Florenz, Uffizien).
Die ideale Vorstellung der Hochrenaissance von menschl. Würde, monumentaler Form und ausgewogener Komposition hat kein anderer Künstler in seinen Werken zu derart vollendeter Klassizität geführt wie R.; unvollendet hinterließ er seine „Verklärung Christi" (Rom, Vatikan. Sammlungen); 1523 vollendete Giulio Romano die untere Bildhälfte, ein letzter Höhepunkt klass. Kunst in seinem Werk, während in anderen Spätwerken, deren Ausführung er seiner glänzenden Werkstatt überließ, Beunruhigung eindringt, die klass. Ordnung zerfällt, die Komposition kompliziert wird (der „Borgo-Brand" für die Stanza dell'Incendio im Vatikan, 1514–17; das Dekorationssystem der Loggien des Vatikans, 1518–19). - Als Architekt war R. v. a. entwerfend tätig, ausgeführt wurde die Chigi-Kapelle in Santa Maria del Popolo (1512–16) und die Villa Madama (1516ff., abgeändert), beide Rom. - Abb. auch Bd. 10, S. 352.

Raffael, Disputa (Ausschnitt; 1509–11). Fresko in der Stanza della Segnatura im Vatikan

Schweikhard, G., u. a.: R. in seiner Zeit. Nürnberg 1985. - *Vecchi, P. L. de: R. Herrsching 1983.*

Raffinade [frz.], Bez. für ein bes. sorgfältig gereinigtes Produkt, insbes. für fein gemahlenen, gereinigten Zucker.

Raffination [frz.], allg. die Veredelung von Rohstoffen, z. B. das Entfernen von Verunreinigungen und störenden Begleitstoffen aus Metallen, Nahrungsmitteln usw. Bei der *Metall-R.* werden Metalle durch Elektrolyse oder pyrometallurg. Verfahren von unerwünschten Begleitstoffen befreit. In der Lebensmitteltechnik spielt v. a. das Reinigen von Speisefetten und Zucker eine Rolle. Bei der *Fett-R.* werden unlösl. Verunreinigungen durch Filtrieren und Zentrifugieren, lösl. Begleitstoffe (freie Fettsäuren, Farbstoffe, Oxidations- und Spaltprodukte) durch Behandlung mit Alkalien entfernt. Bei der *Zucker-R.* löst man den durch das ↑Affinierverfahren vorgereinigten Zucker in heißem Wasser zu einem Dicksaft mit 60–70 % Zuckergehalt; nach dem Reinigen des Dicksafts durch Aktivkohle und Eindampfen im Vakuum erhält man raffinierten Zucker (Raffinade). Auch Bez. für die fraktionelle Destillation von Erdöl.

Raffinement [rafinˈmã:; rafinəˈmã:; frz.], 1. durch [intellektuelle] Geschicklichkeit erreichte höchste Feinheit; 2. verführer. Durchtriebenheit, Schlauheit.

Raffinerie

Raffinerie [frz.], Bez. für meist größere chem.-techn. Anlagen, in denen Rohstoffe gereinigt oder veredelt werden. - ↑ auch Raffination.

Raffineriegase, Bez. für die v. a. aus niedrigsiedenden Kohlenwasserstoffen bestehenden Gasgemische, die bei der Destillation, beim Kracken oder Reformieren von Erdöl anfallen.

Raffinesse [frz.], 1. bes. künstler., techn. u. a. Vollkommenheit; 2. Durchtriebenheit, Schlauheit; **raffiniert**, verfeinert; durchtrieben.

Raffinose [frz.], u. a. in Zuckerrüben (nicht im Zuckerrohr) enthaltenes, nicht süß schmeckendes Trisaccharid aus Galaktose, Glucose und Fructose.

Rafflesiengewächse [nach dem brit. Kolonialbeamten Sir T. S. Raffles, *1781, †1826] (Schmarotzerblumen, Rafflesiaceae), trop. bis subtrop. zweikeimblättrige Pflanzenfam. mit über 50 Arten in neun Gatt.; extrem angepaßte, fleischige Parasiten auf Holzpflanzen; Sproß sehr kurz, mit Schuppenblättern, ohne Chlorophyll und Wurzeln. Die eingeschlechtigen Blüten sitzen direkt der Wirtspflanze auf. Bekannt ist die ↑ Riesenrafflesie.

Raga [Sanskrit], Melodiemodell in der ↑ indischen Musik; urspr. Bez. für die Stimmungsqualität von Haupttönen bestimmter Melodietypen; die Gefühlsqualität der einzelnen Töne war durch ihre Verwendung bei der Rezitation poet. Texte im Theater geprägt. Etwa zw. dem 9. und 13. Jh. verlagerte sich das Hauptaugenmerk auf die Melodiegestalt im ganzen. Seitdem ist der R., dem arab. Maqam vergleichbar, charakterisiert durch die Auswahl bestimmter Leittöne aus dem Vorrat der Materialleitern sowie durch Zentralton, rhythm. und melod. Formeln. Jedem R. ist ein Gefühlsinhalt (Trauer, Freude usw.) zugeordnet, weiter Tages- und Jahreszeiten sowie Göttergestalten des Hinduismus. Der Musiker stellt zuerst improvisierend die wesentl. Merkmale eines R. in unbegleitetem Spiel vor (Alapa). Diesem folgt, gesungen oder gespielt, in festem rhythm. Schema (Tala), das mehrsätzige eigentliche Stück.

Ragaz, Leonhard, *Tamins (Kt. Graubünden) 28. Juli 1868, †Zürich 6. Dez. 1945, schweizer. ev. Theologe. - 1906 Mitbegr. und Führer der religiös-sozialen Bewegung; 1908-21 Prof. für systemat. Theologie in Zürich; widmete sich danach ausschließl. der Bildungsarbeit in den Arbeitervierteln; seit 1913 Mgl. der Sozialdemokrat. Partei; entwickelte ein Verständnis des Reiches Gottes, das im Aufbau einer demokrat. genossenschaftl. Gesellschaftsordnung Zeichen seines Kommens erblickt; nach 1918 führend in der internat. Friedensbewegung. - *Werke:* Sinn und Werden der religiös-sozialen Bewegung (1926), Von Christus zu Marx - von Marx zu Christus (1929).

Ragaz, Bad ↑ Bad Ragaz.

Rage [ˈraːʒə; frz., zu lat. rabies „Wut"], aufgeregtes Verhalten, das Wut und Empörung ausdrückt.

Ragewin, mittellat. Dichter, ↑ Rahewin.

Raglan [ˈraglan, ˈrɛglɛn; engl., nach dem (einarmigen) brit. Feldmarschall F. J. H. Somerset, Baron Raglan, *1788, †1855], vor 1900 aufgekommener Mantel mit Ärmeln und Schulterteil in einem Stück; auch Bez. für die Schnittform.

Ragnarök [altnord. „Götterschicksal"], Bez. des german. Mythos vom Weltende, der am geschlossensten in der ↑ „Völuspá" enthalten ist; durch Vermengung mit altnord. „Ragnarøkkr"(Götterverfinsterung)auch als „Götterdämmerung" aufgefaßt.

Ragout [raˈguː; frz., zu altfrz. ragoûter „den Gaumen reizen"], warmes Gericht aus gewürfeltem und geschmortem Fleisch, Geflügel, Fisch oder Wild. **Ragoût fin** besteht aus kleinen Kalb- oder Geflügelfleischwürfeln, meist Füllung für Pasteten.

Ragtime [engl. ˈrægtaɪm; engl.-amerikan. „zerrissener Takt"], ein im letzten Drittel des 19. Jh. in Mittel-W der USA entstandener afroamerikan. Klaviermusikstil, der seinen Namen seiner bes. Synkopierungs- und Phrasierungsweise verdankt. Der R. gilt als einer der Vorläufer des ↑ Jazz.

Ragusa, (früher) italien. Name von ↑ Dubrovnik.

R., italien. Stadt in S-Sizilien, 502 m ü. d. M., 67 200 E. Hauptstadt der Prov. R.; kath. Bischofssitz; archäolog. Museum, Asphaltgewinnung, Erdölförderung; Erdölraffinerie. - Barocke Kathedrale (18. Jahrhundert).

Ragwurz (Ophrys), Orchideengatt. mit rd. 20 Arten in M-Europa und in Vorderasien; bes. auf Kalkböden wachsende Erdorchideen, deren Stengel und Blütentraube aufrecht wachsen. Bei einigen einheim. Arten ähnelt die Lippe der bunten Blüten bestimmten Insekten. Bekannte Arten sind **Fliegenragwurz** (Fliegenorchis, Ophrys insectifera, bis 30 cm hoch, Lippen der Blüten rotbraun mit bläul. glänzendem Fleck am Grund) und **Hummelragwurz** (Ophrys fuciflora, bis 50 cm hoch, Blüten hummelähnl., Lippe braun, samtig behaart mit bläul. oder grüngelber Zeichnung, Blütenhüllblätter weiß bis rosa).

Rah (Raa), querschiffs waagerecht am Mast eines Schiffes beweglich angebrachtes Rundholz oder Stahlrohr zum Tragen der Rahsegel.

Rahab (Rachab), Gestalt des A. T.; kanaanäische Prostituierte in Jericho, die der Kundschafter Josuas warnte und versteckte und deswegen bei der Zerstörung Jerichos verschont blieb; Matth. 1, 5 im Stammbaum Jesu erwähnt.

Rahel, weibl. Vorname, ↑ Rachel.

Rahel [ˈraːɛl] (Rachel), Gestalt des A. T., Frau Jakobs. Nach 1. Mos. 29 mußte Jakob sieben Jahre bei ihrem Vater Laban um sie dienen, erhielt jedoch zunächst ihre ältere Schwester Lea zur Frau.

Rahewin (Radewin, Ragewin), * in oder bei Freising Anfang des 12. Jh., † Freising zw. 1170 und 1177, mittellatein. Geschichtsschreiber und Dichter. - Geistlicher; Sekretär bei Otto von Freising, dessen „Gesta Friderici imperatoris" er 1158–60 fortsetzte; schrieb auch theolog. Gedichte und eine kirchenpolit. Streitschrift.

Rahm (Sahne), der sich beim Stehenlassen von Milch an deren Oberfläche sammelnde fettreiche Anteil der Milch, der heute durch Zentrifugieren gewonnen wird. R. besteht aus 28–35 % Milchfett, 3,5 % Eiweiß, 4,5 % Milchzucker und 0,5 % Mineralsalzen; der Rest ist Wasser. R. wird zur Gewinnung von Käse, Schlagsahne, Kaffeesahne und Butter verwendet; durch Milchsäuregärung entsteht *Sauer-R. (saure Sahne).*

Rahman, Mujib ['rɑːmɑn, rɑːˈmɑːn] (arab.: Mudschib Ar Rahman [muˈdʒiːp araxˈmaːn]; Mujib-ur-Rahman), * Faridpur 22. März 1922, † Dacca 15. Aug. 1975 (ermordet), pakistan.-bangal. Politiker. - Wurde 1953 Generalsekretär, 1966 Präs. der Awami-Liga; 1956/57 pakistan. Handelsmin.; wegen seines Eintretens für die Autonomie O-Pakistans mehrfach im Gefängnis; nach der Unabhängigkeitserklärung O-Pakistans im März 1971 verhaftet, nach W-Pakistan gebracht und zum Tode verurteilt, im Jan. 1972 freigelassen; Premiermin. von Bangladesch; ab Jan. 1975 als Staatsoberhaupt und Reg.chef mit diktator. Vollmachten ausgestattet; beim Militärputsch 1975 mit seiner Familie ermordet.

Rahmen, 1. Einfassung, schützende, haltgebende Umrandung (z. B. Bilder-R., Fenster-R.), im übertragenen Sinne auch svw. Umgebung, Hintergrund, Zusammenhang; 2. tragendes oder stützendes gerüstartiges Bauteil, z. B. von Kraftfahrzeugen.

Rahmenantenne (Ringantenne, Loopantenne), eine Antenne, die aus einer oder mehreren in der gleichen Ebene liegenden Windungen besteht; meist drehbar aufgestellt und zum Richtfunkempfang bzw. zur Funkpeilung verwendet (Empfangsmaximum in Richtung der Ebene der Windung[en]).

Rahmenerzählung, Erzählform, bei der eine umschließende ep. Einheit eine fiktive Erzählsituation darstellt, die zum Anlaß einer oder mehrerer in diesem Rahmen eingebetteter Binnenerzählungen wird. Man unterscheidet die *gerahmte Einzelerzählung,* deren Rahmen oft als fingierte Quelle (Chronik, Tagebuch, Brief u. a.) Authentizität vortäuschen soll, und die *zykl. R.,* in der mehrere themat. mehr oder weniger zusammengehörende Einzelerzählungen zu einer geschlossenen Einheit zusammengefaßt sind.

Rahmengesetz (Mantelgesetz), ein Gesetz, das bei der Regelung eines bestimmten Gegenstandes auf Detailregelungen verzichtet, die anderen Rechtsetzungsorganen vorbehalten bleiben.

Rahmenrichtlinien, nach den Vorschlägen des Deutschen Bildungsrates seit Anfang der 1970er Jahre anstelle der bisherigen Lehrpläne (bzw. Bildungspläne, Richtlinien, Lehrplanrichtlinien) eingeführte Vorgaben. Sie stecken den Rahmen für die einzelnen Schulen bzw. Lehrer ab, innerhalb dessen diese entscheiden, in welcher Weise und mit welchen Unterrichtsgegenständen die in den R. vorgegebenen Lernziele erreicht werden sollen.

Rahmensucher, photograph. Sucher, der aus einem Diopter (meist eine Lochblende) und einem Maskenrahmen besteht.

Rahmentarifvertrag, svw. Manteltarifvertrag († Tarifvertrag).

Rahmkäse, Frischkäse mit 50–60 % Fett i. Tr. († auch Käse).

Rahner, Hugo, * Pfullendorf 3. Mai 1900, † München 21. Dez. 1968, dt. kath. Theologe und Jesuit. - Bruder von Karl R.; Prof. für alte Kirchengeschichte, Patrologie und Dogmengeschichte in Innsbruck, 1938–45 im Schweizer Exil; gilt als bed. Vertreter eines christl. Humanismus. - *Werke:* Griech. Mythen in christl. Deutung (1945), Symbole der Kirche. Die Ekklesiologie der Väter (1964), Abendland (1966).

R., Karl, * Freiburg im Breisgau 5. März 1904, † Innsbruck 30. März 1984, dt. kath. Theologe u. Jesuit. - Bruder v. Hugo R.; Prof. in Innsbruck, München und Münster; ab 1960 an der Vorbereitung des 2. Vatikan. Konzils beteiligt, 1963 wurde er von Papst Johannes XXIII. als Mitarbeiter von Kardinal König zum Konzilstheologen ernannt. 1969 Mgl. der Internat. Theologenkommission, die er 1973 wieder verließ. In seinem umfangreichen wiss. Werk unternimmt R. den Versuch, die traditionelle kath. Dogmatik auf der Grundlage der neuzeitl. Anthropologie und eines modernen Existenzverständnisses krit. zu rezipieren. - *Werke:* Hörer des Wortes (1941), Schriften zur Theologie (16 Bände, 1954–1984), Krit. Wort (1970), Wagnis des Glaubens (1974), Grundkurs des Glaubens (1976), Toleranz in der Kirche. Freiheit und Manipulation in Gesellschaft und Kirche - Rückblick auf das Konzil (1977), Praxis des Glaubens (1982).

Rahsegel, viereckiges, meist trapezförmiges Segel, das an der Rah angeschlagen ist und normalerweise quer zum Schiff steht.

Rai [pers. rej], südl. Nachbarstadt von Teheran, Iran, 103 000 E. Ziegeleien, Teppichwäscherei; schiit. Wallfahrtsort. - Vorgängersiedlung von Teheran (antik **Rhagai,** altiran. **Raga**); im A. T. (Tob. 1,14) als Wohnort von Juden gen.; Frühlingsresidenz der parth. Könige; wurde in sassanid. Zeit Bischofssitz; um 1200 wegen ihrer Fayencen berühmt, 1221 von den Mongolen zerstört. - Moschee (19. Jahrhundert).

RAI [italien. 'ra:i], Abk. für: ↑ **R**adio**t**elevisione **I**taliana.

Raiffeisen, Friedrich Wilhelm ['raɪfˌaɪzən], * Hamm (Sieg) 30. März 1818, † Neuwied 11. März 1888, dt. Sozialreformer. - Gründete nach dem „Hungerjahr" 1847 ländl. Hilfsvereine zunächst rein karitativen Charakters, die sich zu Kassenvereinen mit Selbsthilfecharakter entwickelten († Raiffeisengenossenschaften). Im Ggs. zu ↑ Schulze-Delitzsch wollte R. die Selbsthilfe durch Staatshilfe ergänzt wissen.

Raiffeisengenossenschaften ['raɪfˌaɪzən], landw. Kreditgenossenschaften, die auf die von F. W. Raiffeisen gegr. bäuerl. Selbsthilfeorganisationen zurückgehen, die sich 1877 zum „Anwaltschaftsverband sämtl. Genossenschaften" zusammenschlossen. Spitzenverband ist heute der Dt. Genossenschafts- und Raiffeisenverband (DGRV).

Raigras [engl./dt.] ↑ Lolch.

Raimar, männl. Vorname, ↑ Reimar.

Raimondi, Marcantonio, gen. Markanton, * Bologna um 1480 (?), † ebd. um 1530, Kupferstecher. - Gilt als Begründer des Reproduktionsstichs, insbes. auf Raffael spezialisiert; seine Reproduktionen überliefern auch verlorene Zeichnungen, Zwischenstadien und Entwürfe Raffaels.

R., Gianni, * Bologna 17. April 1923, italien. Sänger (Tenor). - Singt außer an italien. Bühnen v. a. in Wien, Berlin und New York bes. in Rollen des italien. Fachs.

R., Ruggero, * Bologna 3. Okt. 1941, italien. Sänger (Baß). - Nach Engagements an den Opernbühnen in Venedig und Mailand trat er 1970 erstmals in New York auf; zu seinen Rollen gehören Don Giovanni, Boris Godunow sowie Rollen des italien. Fachs.

Raimund (Reimund), alter dt. männl. Vorname (zu althochdt. Raginmund von german. ragina- „Rat" und althochdt. munt „Schutz").

Raimund von Peñafort, hl., * Schloß Peñafort bei Barcelona zw. 1175 und 1180, † Barcelona 6. Jan. 1275, span. Dominikaner. - Einflußreicher Kanonist, Lehrer in Bologna, Barcelona und Rom; Mitbegr. der ↑ Mercedarier, 1238–40 Ordensgeneral der Dominikaner, Organisator der Juden- und Islammission. - Fest: 7. Januar.

Raimund, Ferdinand, eigtl. F. Raimann, * Wien 1. Juni 1790, † Pottenstein (Niederöstr.) 5. Sept. 1836 (Selbstmord), östr. Dramatiker. - Seit 1808 Schauspieler bei Wandertruppen in Preßburg und Ödenburg, dann in Wien am Theater in der Josefstadt und ab 1817 am Theater in der Leopoldstadt (1828–30 als Direktor). Ab 1823 auch Bühnendichter, wurde zum Vorläufer und zeitweiligen Rivalen J. N. Nestroys. Verbindet in seinen Werken Volkstheater, Wiener Zauberstück, Lokalposse, Stegreifspiel, Gesangsstück, Tragödienparodie und bürgerl. Schauspiel. Die Stücke, u. a. „Der Alpenkönig und der Menschenfeind" (1828), „Der Verschwender" (1834), zeigen im romant. Realismus mit den Mitteln von Humor und Melancholie psycholog. Einsichten und einen eth.-erzieher. Gehalt, der nach den biedermeierl. Tugenden Treue, Redlichkeit und Maßhalten ausgerichtet ist.

Raimundus Lullus ↑ Lullus, Raimundus.

Rainald, männl. Vorname, ↑ Reinold.

Rainald (Reinald) **von Dassel,** * um 1120, † vor Rom 14. Aug. 1167, Erzbischof von Köln (seit 1159). - 1156–59 Reichskanzler Kaiser Friedrichs I. und dessen einflußreichster Berater; 1158–80 Reichslegat in Italien; befürwortete die Unterwerfung Reichsitaliens und später Papst Alexanders III. Seine Auffassung von einem gottunmittelbaren Kaisertum (Sacrum Imperium) dokumentierte er mit der Initiierung der Heiligsprechung Karls d. Gr. (29. Dez. 1165 in Aachen).

Rainaldi, Carlo, * Rom 4. Mai 1611, † ebd. 8. Febr. 1691, italien. Baumeister. - Einflußreicher Vertreter des röm. Hochbarock; u. a. baute er die Kirche Santa Maria in Campitelli (1662–67) und schuf die Anlage der Piazza del Popolo mit den beiden Zwillingskuppelkirchen Santa Maria de' Miracoli und Santa Maria di Monte Santo (1661 bzw. 1662 ff.; von Bernini u. a. vollendet); auch Grabmäler, Altäre und Bühnendekorationen.

Raine, Kathleen [engl. reɪn], verh. Madge, * London 14. Juni 1908, engl. Lyrikerin. - Verf. meist kurzer, bes. von W. Blake und den Metaphysical poets beeinflußter lyr. Gedichte mit religiöser Problematik.

Rainer (Reiner), alter dt. männl. Vorname (zu althochdt. Raginhari von german. ragina „Rat" und althochdt. heri „Heer").

Rainer, Arnulf, * Baden bei Wien 8. Dez. 1929, östr. Maler. - Wurde bekannt mit Überdeckungen eigener bzw. fremder Bilder (1951 erste „Zuzeichnung"), dann entstanden bei Aktionen Übermalungen des eigenen Körpers und von Selbstporträts (Photos); zahlr. theoret. Äußerungen.

R., Roland, * Klagenfurt 1. Mai 1910, östr. Architekt. - Erwarb sich durch den Bau der Stadthallen in Wien (1958), Bremen (1964) und der Friedrich-Ebert-Halle in Ludwigshafen (1965) einen internat. Ruf.

Rainey, Ma [engl. 'reɪnɪ], eigtl. Gertrude Malissa Nix Pridgett R., * Columbus (Ga.) 26. April 1886, † ebd. 21. Dez. 1939, amerikan. Bluessängerin. - Trat in Minstrel shows und mit Schallplattenaufnahmen hervor; wurde in den 20er Jahren als „Mother of the Blues" bekannt.

Rainfarn (Wurmkraut, Chrysanthemum vulgare), bis über 1 m hoher einheim. Korbblütler in Auwäldern, Hecken und an Wegrändern; mit farnähnl. Blättern und goldgelben, halbkugeligen Köpfchen ohne Zungenblüten. Die Blüten enthalten ather. Öl (Verwendung als Wurm- und Magenmittel).

Rainier [frz. rɛˈnje], frz. Form von ↑Rainer.

Rainier III. [frz. rɛˈnje], *Monaco 31. Mai 1923, Fürst von Monaco (seit 1949). - Bestieg offiziell 1950 den Thron; seit 1956 ∞ mit ↑Gracia Patricia († 1982).

Rainier, Mount [engl. ˈmaʊnt rəˈnɪə, ˈmaʊnt rɛɪˈnɪə], mit 4392 m höchster Berg der Cascade Range, sö. von Seattle, USA; stark vergletscherter Vulkankegel.

Rainis, Jānis, eigtl. J. Pliekšāns, *Tadenava bei Dünaburg 11. Sept. 1865, †Riga 12. Sept. 1929, lett. Dichter. - Gilt als Klassiker der lett. Literatur; schrieb philosoph. Lyrik sowie Dramen nach Stoffen aus der Bibel, der lett. Geschichte und Sage.

Rainkohl (Lapsana communis), bis etwa 1 m hoher Korbblütler mit zahlr. gelben Köpfchen in lockeren Rispen und leierförmigen, buchtig gezähnten Blättern; auf Äckern, Schutt und an Wegrändern.

Rainwater, James [engl. ˈreɪnwɔːtə], *Council (Idaho) 9. Dez. 1917, †New York 30. Mai 1986, amerikan. Physiker. - Prof. in New York; erklärte 1950 die bei bestimmten Atomkernen beobachtete große Abweichung von der Kugelgestalt als Beeinflussung der ↑abgeschlossenen Schalen befindl. Nukleonen durch die außerhalb davon befindl. sog. Leuchtnukleonen. Für diese Arbeit erhielt er 1975 zusammen mit A. Bohr und B. Mottelson den Nobelpreis für Physik.

Rainweide, svw. ↑Liguster.

Raipur [ˈraɪpʊə], Stadt im ind. Bundesstaat Madhya Pradesh, auf dem nö. Dekhan, 304 m ü. d. M., 339 000 E. Univ. (gegr. 1963); archäolog. Museum; wirtsch. Zentrum im oberen Mahanadibecken. - Ruinen eines Forts (1460); Dudhadharitempel (1775).

Raiser, Ludwig, *Stuttgart 27. Okt. 1904, †Tübingen 13. Juni 1980, dt. Jurist. - Prof. in Straßburg, Göttingen und Tübingen; 1961–65 Vorsitzender des Wissenschaftsrates; seit 1950 Mgl. der Synode der EKD; bestimmte maßgebl. verschiedene Denkschriften der EKD (u. a. zur Vertriebenenfrage, zum Frieden); Präses der Synode der EKD 1970–73.

Raison [rɛˈzõː; frz.], svw. ↑Räson.

Raisting, Gem. 8 km nnw. von Weilheim i. OB., Bay., 1500 E. Erdefunkstelle der Dt. Bundespost für den interkontinentalen Fernmeldeverkehr.

Rajasthan [ˈraːdʒəstaːn], Bundesstaat in NW-Indien, 342 214 km², 34,3 Mill. E (1981), Hauptstadt Jaipur. In seinem sö. Teil wird R. von der Aravalli Range durchzogen, der im SO ein plateauartiges Bergland vorgelagert ist. Den größeren NW-Teil nimmt die Wüstensteppe Thar ein; hier v. a. Weidewirtschaft, sonst Bewässerungsfeldbau; angebaut werden Hirse, Mais, Weizen, Gerste, Hülsenfrüchte, Zuckerrohr, Baumwolle und Ölsaaten; wichtigste Bodenschätze sind Glimmer, Gips, Salz und Kalkstein. Das verarbeitende Gewerbe umfaßt Textil-, Zucker-, Glas-, Zement-, chem. Ind. und Maschinenbau. Bei Kota ist ein Kernkraftwerk in Betrieb. Verkehrsmäßig ist R. durch die Eisenbahnlinien und Hauptstraßen von Bombay nach Delhi und von Ajmer nach Indore erschlossen; ⚒ in Jaipur und Jodhpur. - 1948 als Staatenunion aus 10 Fürstenstaaten geschaffen, 1949 kamen weitere 4 Fürstenstaaten hinzu.

Rajatarangini ↑Radschatarangini.

Rajewsky, Boris [...ki], *Tschigirin (Ukraine) 19. Juli 1893, †Frankfurt am Main 22. Nov. 1974, dt. Biophysiker ukrain. Herkunft. - Errichtete 1937 das Kaiser Wilhelm-Institut (heute Max-Planck-Institut) für Biophysik in Frankfurt am Main und leitete es bis 1966; arbeitete v. a. über Radiologie und Strahlenbiologie („Strahlendosis und Strahlenwirkung", 1954; mit K. Aurand u. a.) und über biophysikal. Elementarprozesse (Treffertheorie) sowie über die Anwendung von Hochfrequenz und Ultraschall in der Biophysik und über die physikal. Grundlagen der Medizin.

Rajiformes [lat.], svw. ↑Rochen.

Rakel [frz.], meist messerartig (*R.messer*) ausgebildete Vorrichtung zum Abstreifen einer Flüssigkeit oder zum Glattstreichen pastenartiger Schichten, z. B. am Druckzylinder von Tiefdruckmaschinen.

Raken, svw. ↑Racken.

Raketen [zu italien. rochetta, eigtl. „kleiner Spinnrocken"], Bez. für Flugkörper (auch Antriebsvorrichtungen, z. B. für Hochgeschwindigkeitsflugzeuge), die ihren Vortrieb durch den Rückstoß (Schub) eines Antriebsstrahls erhalten; sie führen alle zur Erzeugung der Vortriebsenergie bzw. des Schubs erforderl. Mittel mit sich, können sich daher unabhängig von der Atmosphäre bewegen und sind so bes. für Zwecke der Raumfahrt geeignet. R. bestehen im wesentl. aus der *R.struktur* (*R.zelle*, *R.körper*) als der eigtl. Tragekonstruktion, dem aus Brennkammer und Strahlaustrittsdüse bestehenden *R.triebwerk*, den meist in die R.struktur integrierten Treibstoffbehältern und dem Treibstoffördersystem sowie aus der Instrumentenausrüstung mit elektron. Geräten für Überwachung, Regelung usw. Die zu transportierende Nutzlast wird vielfach als selbständiges System konstruiert.

Raketentriebwerke: Nach der Funktionsweise des Triebwerks werden die R. im allg. in solche mit chemotherm., elektr. und nuklearem Antrieb bzw. Triebwerk eingeteilt. Die konventionellen chemotherm. (d. h. die chem. Reaktionswärme eines verbrennenden Treibstoffs ausnutzenden) Triebwerke sind am weitesten verbreitet, elektr. und nukleare Raumflugtriebwerke befinden sich in der Entwicklung. In den *chemotherm. R.triebwerken* wird

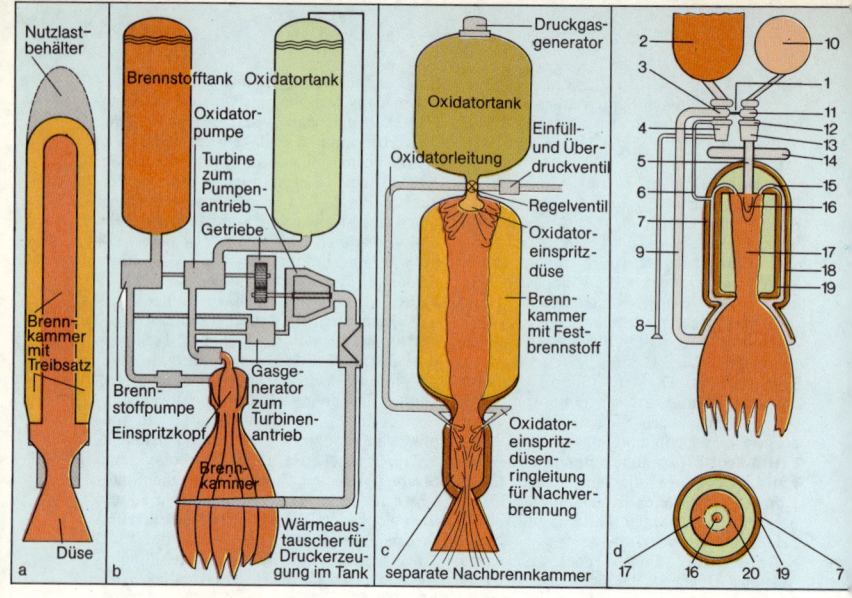

Chemothermische Raketentriebwerke. Modernes Feststoff-Großraketentriebwerk (Innenbrenner; a); Schema eines Flüssigkeitsraketenantriebs mit Turbopumpenförderung (b); Schema eines Hybridraketenantriebs mit Nacheinspritzung des Oxidators in eine separate Sekundärbrennkammer (c).
Nukleares Raketentriebwerk: Schema eines Gaskernreaktortriebwerks (d).
1 Pumpenkupplung, 2 Arbeitsmediumtank, 3 Arbeitsmediumpumpe, 4 Gasturbine, 5 Reaktorkopf, 6 Zapfgasleitung zur Turbine, 7 Druckmantel der Brennkammer, 8 Turbinenabgasleitung, 9 Zuleitung zum Regenerativkühlsystem, 10 Nukleargastank, 11 Nukleargaspumpe, 12 Vorerhitzung, 13 Dosierventil, 14 Strahlungsschutz, 15 Arbeitsmediumeingabe, 16 nukleare Gasreaktion, 17 Plasmaflamme, 18 Regenerativkühlung, 19 Reflektormantel, 20 Wasserstoffgas-Trennschicht

Raketen. Elektrische Raketentriebwerke: Schema eines elektrothermischen (e), eines elektrodynamischen (f) und eines elektrostatischen oder Ionentriebwerks (g), daneben halbschematische Darstellung eines Ionentriebwerks (h)

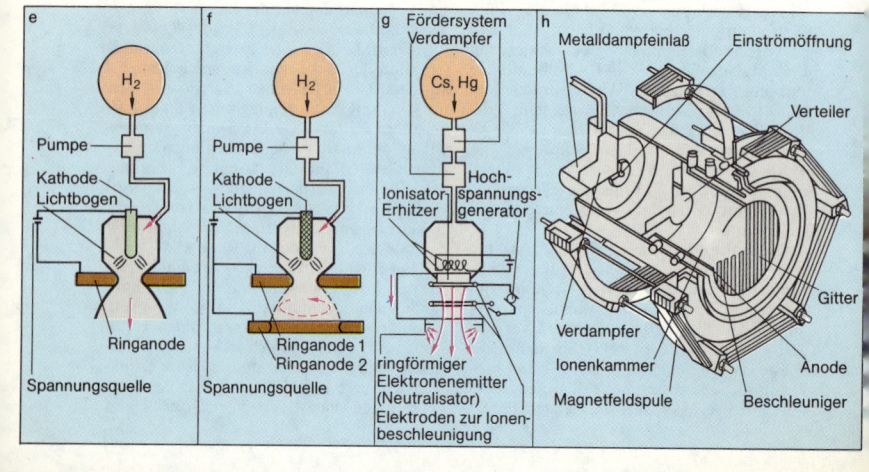

Raketen. Oben: dreistufige Trägerrakete mit dem Raumfahrzeug „Sojus 10" (UdSSR) auf der Startrampe kurz vor dem Start; unten links: dreistufige Trägerrakete „Saturn V" mit „Apollo X" (USA) in Kap Canaveral; unten rechts: dreistufige Trägerrakete „Ariane" (ESA) beim Start in Kourou (Französisch-Guayana); rechts außen: Schnittzeichnung der „Ariane"

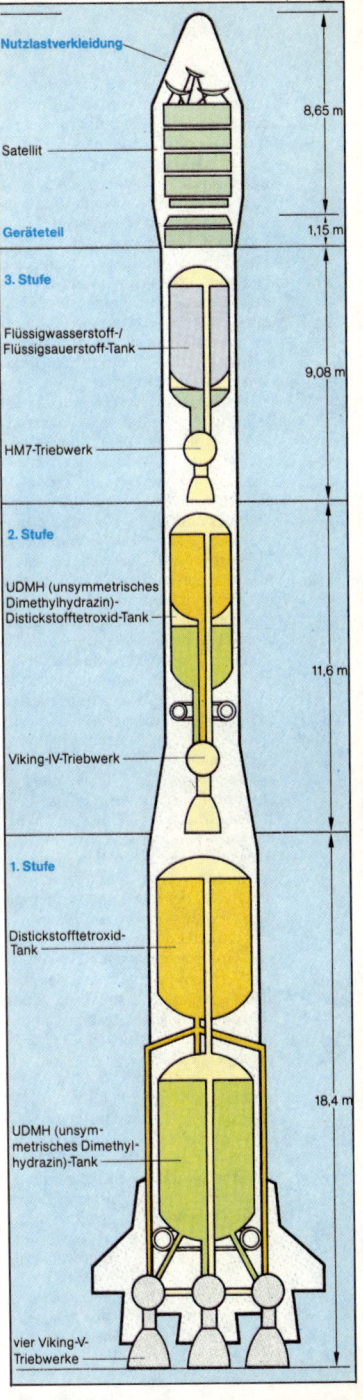

Nutzlastverkleidung — 8,65 m
Satellit
Geräteteil — 1,15 m
3. Stufe
Flüssigwasserstoff-/Flüssigsauerstoff-Tank — 9,08 m
HM7-Triebwerk
2. Stufe
UDMH (unsymmetrisches Dimethylhydrazin)-Distickstofftetroxid-Tank — 11,6 m
Viking-IV-Triebwerk
1. Stufe
Distickstofftetroxid-Tank
UDMH (unsymmetrisches Dimethylhydrazin)-Tank — 18,4 m
vier Viking-V-Triebwerke

Raketen

die bei der chem. Umsetzung der ↑Raketentreibstoffe freiwerdende Energie mit Hilfe einer an die Brennkammer des Triebwerks anschließenden Düse in gerichtete Strömungsenergie der Reaktionsprodukte umgewandelt, wodurch ein zur Strömungsrichtung der entweichenden Gase entgegengesetzter Vortrieb der Rakete entsteht. Die Funktion der R.triebwerke ergibt sich nach dem Prinzip „actio = reactio", dem dritten Newtonschen Axiom: Vom R.triebwerk werden Masseteilchen entgegen der Flugrichtung mit großer Geschwindigkeit abgestoßen („actio"), wodurch sich entgegengesetzt, in Flugrichtung, eine gleich große Reaktionskraft („reactio") ergibt.
Entsprechend der verwendeten Treibstoffsysteme unterscheiden sich die R.triebwerke der z. Z. wichtigsten chemotherm. Gruppe im konstruktiven Aufbau der Antriebssysteme wie auch im Tank- und Fördersystem. *Feststofftriebwerke* verwenden meist in der Brennkammer enthaltene Treibstoffe in fester oder pastöser Form; Fördersysteme fallen fort. *Hybridtriebwerke* verwenden feste Brennstoffe und in getrenntem Tank mitgeführte, durch ein Fördersystem eingespritzte flüssige Oxidatoren (Fest-flüssig-Antrieb, Hybridantrieb). *Flüssigkeitstriebwerke* verwenden in getrennten Tanks in der Raketenzelle gelagerte, mittels eines Fördersystems der Brennkammer zugeführte Brennstoffe und Oxidatoren in dem erforderl. Mischungsverhältnis (Flüssigkeitsantrieb). Je nach Art des Triebwerks spricht man von *Feststoff-*, *Hybrid-* oder *Flüssigkeitsraketen*. Die *Verbrennung* der Treibstoffe ergibt Temperaturen von 2 000 bis 4 500 K und Drücke bis 200 bar. Die Wärmeenergie der Verbrennungsgase wird durch eine Laval- oder Glockendüse in Bewegungsenergie umgewandelt. Die Ausströmgeschwindigkeit hängt von der Verbrennungstemperatur und dem Expansionsverhältnis zw. Düsenhals- und Düsenendquerschnitt ab. Dieses Verhältnis wird so bemessen, daß am Düsenende die Verbrennungsgase auf den Umgebungsdruck expandiert sind; da dieser jedoch höhenabhängig ist, ergeben sich konstruktive Schwierigkeiten für optimale Düsenwirkungsgrade. Zur Zeit werden Ausströmgeschwindigkeiten zw. 2 000 und 4 500 m/s und daraus resultierend Schübe zw. Werten unter 10 N (1 kp) bis zu mehreren 10 000 kN (1 000 Mp) erreicht.

Raketenaufbau, Steuer- und Hilfseinrichtungen: Zur Schubsteigerung werden R.triebwerke (insbes. für hohe Startbeschleunigung) parallel oder gebündelt angeordnet und gleichzeitig gezündet (Lateral- bzw. Bündelrakete). Zur Erhöhung der Endgeschwindigkeit werden einzelne aus *Einstufen-R.*, die zu einem R.system bestehen, *Mehrstufen-R.* eingesetzt (insbes. bei Träger-R. der Raumfahrt), bei denen jede Stufe eine selbständige Einheit darstellt. Die letzte Stufe bringt die Nutzlast (z. B. Satelliten) auf die erforderl. Höhe und Geschwindigkeit. Da jede Stufe nach Verbrauch ihrer Treibstoffe eine ihr eigene Endgeschwindigkeit erreicht, die für die nachfolgende Stufe bereits die Startgeschwindigkeit ist, addieren sich die Endgeschwindigkeiten. - Zur Verminderung des aerodynam. Widerstandes erhalten von der Erde startende R. eine aerodynam. günstige Form, die für ausschließl. im freien Weltraum einzusetzende R. jedoch überflüssig ist. Die *Steuerung* der R. innerhalb der Atmosphäre kann durch aerodynam. Ruder erfolgen. Im außeratmosphär. Raum muß sie durch Ablenken der ausströmenden Verbrennungsgase mit Hilfe eines Strahlruders, durch einseitige Beeinflussung der Gasströmung (z. B. durch Gaszusatz), durch Schwenken des R.triebwerkes u. ä. erfolgen. Für die Lageregelung werden meist sog. Lageregelungstriebwerke verwendet. Hier werden neben chemotherm. bereits auch elektr. Raumflugtriebwerke angewendet. Da sich R. nach Abschalten der Haupttriebwerke oder Verbrauch der Treibstoffe nach ballist. bzw. himmelsmechan. Gesetzen bewegen, werden zur Bahnkorrektur Hilfstriebwerke benötigt. Als *Starthilfstriebwerke* kommen neben Feststofftriebwerken auch Heißwasser-R. in Betracht. Bei diesem Antriebssystem wird Wasser überhitzt (500–600 K) und ein Dampfdruck vor mehr als 100 bar erzeugt, der zur Schuberzeugung durch eine Expansionsdüse abströmt.

Anwendungen: R. werden heute (von der Verwendung riesiger Mengen kleiner Papp-R. für Feuerwerkszwecke abgesehen) v.a. im militär. Bereich, als Träger-R. für die Raumfahrt sowie als Forschungs-R. eingesetzt. *Militär. R.* werden in unterschiedlichster Größe mit Gefechtsköpfen aller Art (sowohl konventionell als auch atomar) sowie zur Zieldarstellung, als Aufklärungsgeräte u. a. verwendet. Nach Abschuß- und Zielort unterscheidet man u. a. Luft-Luft-R. (von Flugzeugen gegen Flugzeuge eingesetzt), Boden-Luft-R. (vom Erdboden aus gegen Flugzeuge), Luft-Boden-R. usw., nach dem Einsatzzweck U-Jagd-R., Panzerabwehr-R., Flugabwehr-R. usw., nach der Reichweite Kurzstrecken-R. (Abk. SRBM; für engl. short range ballistic missile; Reichweite bis etwa 100 km), takt. und takt.-operative R. (T[B]M; tactical [ballistic] missiles; Reichweite rd. 250 km bzw. rd. 1 000 km), Mittelstrecken-R. (MRBM; medium range ballistic missiles; über 2 000 km bzw. [IRBM; intermediate range ballistic missiles] über 4 000 km), Transkontinental-R. (TCBM; transcontinental ballistic missiles; über 8 000 km) und Interkontinental-R. (ICBM; intercontinental ballistic missiles; 9 000 km und mehr). Während Groß-R. im wesentl. ballist. R. sind, d. h. nach der Ausrichtung beim Start ihr Ziel auf einer ballist. Flugbahn erreichen, sind die für Panzer-, Flugabwehr und unmittelbaren Einsatz auf dem Gefechtsfeld bestimmten R. vielfach mit hochleistungsfähigen Lenk- oder automat. Zielsucheinrichtungen ausgerüstet (Radar, Laser, Infrarot, u. a.). *Träger-R.* der Raumfahrt sind (wie die militär. R. großer Reichweite) Mehrstufen-R., die 48,70 m hohe amerikan. „Titan IIIE/Centaur" (Startmasse über 620 t) z. B. eine Vierstufen-R., die 47,39 m hohe europ. „Ariane" (Startmasse über 200 t) eine Dreistufenrakete. *Forschungs-R.* mit Startmassen von 50 kg bis zu mehreren Tonnen werden heute v. a. zur Erforschung der hohen Atmosphärenschichten eingesetzt, in denen der Einsatz von Satelliten nicht möglich ist.

Geschichte: R. wurden wahrscheinl. erstmals im 12. Jh. von den Chinesen als Feuerwerkskörper, im 13. Jh. auch zu militär. Zwecken (Verschießen von Brandsätzen) verwendet. Über die Araber wurden R. im 13. Jh. auch in Europa bekannt und hier gelegentl. als Kriegs-R., im 17. Jh. v. a. zu Feuerwerkszwecken verwendet. 1808 konstruierte der brit. General W. Congreve eine nach ihm ben. Pulverrakete (Reichweite ca. 2 000 m), die auch zum militär. Einsatz kam. In den folgenden Jahrzehnten stellten zahlr. Armeen bes. R.truppen auf, die aber mit der waffentechn. Verbesserung der Artillerie ihre Bed. verloren und um 1870 abgeschafft wurden. Von Bed. blieb der Einsatz von R. in der Feuerwerkerei, in Seenotfällen (Rettungsrakete ab 1816) und im Walfang (ab 1821). Um 1900 wuchs wieder das Interesse an R., speziell an der theoret. und experimentellen R.forschung. - Zu den Pionieren gehören bes. N. I. Kibaltschitsch, K. E. Ziolkowski, R. H. Goddard, R. Esnault-Pelterie, H. Oberth, M. Valier, J. Winkler und E. Sänger. Nach Vorversuchen zu Beginn der 1930er Jahre (u. a. durch R. Nebel und H. Walter) konnten W. von Braun und W. Dornberger die Flüssigkeitsrakete A 4 entwickeln, die ab Sept. 1944 als V 2 mit einer Sprengladung von 980 kg gegen Ziele in Großbrit. eingesetzt wurde. Nach dem 2. Weltkrieg wurde die R.entwicklung für militär. Zwecke und für die Raumfahrt v. a. in den USA und in der UdSSR vorangetrieben.

📖 *Gunston, B.: Die illustrierte Enzykl. der R. u. Lenkwaffen. Dt. Übers. Köln 1981. - Braun, W. v./Ordway, F. J.: R. Vom Feuerpfeil zum Raumtransporter. Dt. Übers. Mchn. 1980. - Stache, P.: Raumfahrtträgerraketen. Bln. ²1975. - Linckens, P. H.: R.physik im Unterricht. Köln 1974. - Köhler, H. W.: Feststoffraketenantriebe. Essen 1972. 2 Bde. - Schmucker, R.: Hybridraketenantriebe. Mchn. 1972. - Staritz, R. F.: Einf. in die Technik der Flugkörper (R.technik). Bln. 1966.*

Raketenflugzeug, von einem oder mehreren Raketentriebwerken angetriebenes Flugzeug. Erste Versuche, den Raketenantrieb für Flugzeuge nutzbar zu machen, erfolgten Ende der 1920er Jahre, v. a. durch M. Valier. Das erste „echte" R. war die Heinkel He 176 (Erstflug 1939). 1941 entstand der Prototyp des ab 1943 in Serie gebauten Raketenabfangjägers Messerschmitt Me 163 B; er erreichte erstmals eine Geschwindigkeit von über 1 000 km/h. Weitere wichtige Schritte in der Entwicklung von R. waren v. a. die Bell X-1, mit der erstmals das Durchbrechen der Schallmauer gelang (1946), die Bell X-2, die 1956 dreifache Schallgeschwindigkeit erreichte, und die North American X-15, die in über 100 km Höhe vordrang und fast achtfache Schallgeschwindigkeit erreichte.

Raketentreibstoffe, aus Brennstoffen und Oxidationsmitteln bestehende Reaktionssysteme, die bei ihrer Umsetzung große Mengen an gasförmigen Produkten und Wärme freisetzen. Bei den sog. *Einstoffsystemen* oder *Monergolen* (z. B. Äthylenoxid, Wasserstoffperoxid) sind Brennstoff und Oxidationsmittel ident.; da sich ihr Zerfall schwer steuern läßt, werden sie nur in geringem Maß verwendet. Wichtig sind die aus zwei oder mehr Treibstoffkomponenten bestehenden *Diergole, Triergole* usw. (allg. Bez.: *Multiergole*). Diese in der Rakete getrennt gelagerten und in den Brennkammern der Triebwerke zusammengebrachten Treibstoffe werden je nach Aggregatzustand ihrer Komponenten in *Flüssig-Flüssig-R.* (z. B. Wasserstoff, Hydrazin, Kerosin und Borwasserstoffe als Brennstoffe, Sauerstoff, Wasserstoffperoxid, Salpetersäure und Fluor als Oxidationsmittel), *Fest-Flüssig-R.* (sog. *Lithergole* oder *Hybridtreibstoffe,* z. B. die festen Brennstoffe Aktivkohle, Kunststoffe, die flüssigen Oxidationsmittel Sauerstoff, Fluor und Wasserstoffperoxid) sowie *Feststoff-R.* (z. B. Nitrozellulose und Nitroglycerin, Metallpulver und Perchlorate oder Nitrate), die ohne Einwirkung von Sauerstoff oder anderen Oxidationsmitteln miteinander reagieren, eingeteilt. Weiter unterscheidet man selbstentzündl. *Hypergole* und *Ahypergole,* die erst nach Energiezufuhr, d. h. nach Zündung miteinander reagieren.

Raketentriebwerke ↑Raketen.

Raketenwerfer, Abschußgestell für militär. Raketen (Kaliber bis etwa 300 mm), meist als Mehrfachwerfer für bis zu 40 (ungelenkte) Raketen in Salve ausgeführt.

Raki [arab.-türk.], Anisbranntwein (meist 45 Vol.-%) auf der Basis von Rosinen, Feigen oder Datteln (Türkei, Balkanländer; in Griechenland Ouzo genannt).

Rakka, Stadt in N-Syrien, am Euphrat, 87 100 E; Hauptstadt des Verw.-Geb. R., Handelszentrum eines Baumwollanbaugeb. - In der Antike griech. **Nikephorion,** röm. **Callinicos;** die von den Abbasiden im 8. Jh. angelegte Neustadt Ar Rafika wurde im 13. Jh. zerstört (Ruinen mehrerer Paläste u. a. Denkmäler).

Rákosi, Mátyás [ungar. 'raːkoʃi], * Ada 9. März 1892, † Gorki 5. Febr. 1971, ungar.

Raku

Politiker. - Leitete ab 1924 in Ungarn den Wiederaufbau der KP; 1925 zu 8 ½ Jahren, 1935 zu lebenslängl. Haft verurteilt, 1940 in die Sowjetunion entlassen; ab 1945 Generalsekretär der ungar. KP; stellv. Min.präs. 1945–52; vertrat 1952/53 als Min.präs. den radikalen stalinist. Kurs; 1956 als Generalsekretär abgesetzt, ging in die Sowjetunion; 1962 aus der Partei ausgeschlossen.

Raku [jap.], in Kioto v. a. im 16. und 17. Jh. hergestellte Teekeramik mit weichem Scherben, meist handgeformt und mit geflossener Glasur in Rot (Aka-R.) oder Schwarz (Kuro-Raku).

Raleigh (Ralegh), Sir (seit 1585) Walter [engl. 'rɑːlɪ, 'raːlɪ, 'rælɪ], * Hayes Barton (Devonshire) um 1554, † London 29. Okt. 1618 (hingerichtet), engl. Seefahrer, Entdecker und Schriftsteller. - Günstling Elisabeths I; durch seine zahlr. Raub- und Entdeckungsfahrten nach Übersee ein Vorkämpfer der engl. Seeherrschaft gegen Spanien. Sein früher Versuch (1584–89), engl. Kolonisten in Virginia (= North Carolina) anzusiedeln, schlug fehl. Unternahm mehrere Fahrten nach Spanisch-Amerika (1595 nach Guayana) auf der Suche nach dem sagenhaften Eldorado. 1600 Gouverneur der Kanalinsel Jersey. Unter Jakob I. wegen Hochverrats ab 1603 im Tower; verfaßte eine bis ins 1. Jh. v. Chr. reichende Weltgeschichte („History of the world", 1614). 1616 freigelassen; nach einer weiteren Fahrt nach Guayana im Interesse der prospan. Politik Jakobs I. hingerichtet.

Raleigh [engl. 'rɔːlɪ], Hauptstadt des Bundesstaates North Carolina, USA, auf dem Piedmont Plateau, 110 m ü. d. M., 148 300 E. Sitz eines kath. und eines anglikan. Bischofs; Univ. (gegr. 1865), Colleges, Museen, Handelszentrum eines Tabakbaugeb., elektron. und Textilind. - Entstand 1792 als Hauptstadt von North Carolina; 1793 City. - State Capitol (1833–40).

Ralf (Ralph), im 19. Jh. aus dem Engl. übernommener männl. Vorname (zu altisländ. Raðulfr oder althochdt. Radulf [↑Radolf]).

Ralikgruppe ↑ Marshallinseln.

rall., Abk. für: ↑ **rall**entando.

Rallen [frz.] (Rallidae), seit der oberen Kreide nachweisbare, heute mit Ausnahme der Polargebiete weltweit verbreitete Fam. sperlings- bis hühnergroßer Vögel, deren mehr als 100 Arten vorwiegend Sümpfe und pflanzenreiche Süßgewässer besiedeln; vielfach nächtl. lebende, ungern auffliegende Tiere mit schlankem Körper, kurzen, breiten Flügeln und meist kurzem Schwanz. Die z. T. sehr langen Zehen befähigen die R. zum Laufen auf Schwimmblättern. Zu den R. gehören u. a. Bläßhuhn, Teichhuhn, Purpurhühner, Wasserralle, Wachtelkönig und Sumpfhühner.

rallentando (allentando) [italien.], Abk. rall., rallent., musikal. Vortragsbez.: langsamer werdend.

Ralliement [frz. rali'mã: „Annäherung"], die von Papst Leo XIII. den frz. Katholiken empfohlene Politik der Annäherung an die Republik mit dem Verzicht auf Wiederherstellung der Monarchie und der Anerkennung der Notwendigkeit sozialer Reformen; scheiterte an der Uneinigkeit und z. T. antirepublikan. Gesinnung der frz. Katholiken.

Rallis, Jeorjios, * Athen 26. Dez. 1918, griech. Politiker. - 1950–58, 1961–67 und seit 1974 Parlaments-Abg.; Min. beim Amt des Min.präs. 1954–56, erneut 1967 und 1974–77; 1956–58 Min. für öffentl. Arbeiten und Kommunikation, 1961–63 Innenmin., 1967 Min. für öffentl. Ordnung; 1967/68 zeitweise unter Hausarrest, in Haft und im Exil; seit 1974 Mgl. der Partei „Neue Demokratie"; 1977/78 Min. für Koordination und Planung; 1978–80 Außenmin.; 1980–81 Min.präsident.

Rallye ['rali, 'rɛli; engl.-frz., zu frz. rallier „wieder (ver)sammeln"], früher als *Sternfahrt* mit Kfz. bezeichnet; besteht v. a. aus Sonderprüfungsabschnitten mit sog. Verbindungsstrecken. Die Sonderprüfungen (Wertungsprüfungen) werden auf abgesperrtem, schwierigem Gelände auf Bestzeit oder Sollzeit durchfahren; für die Verbindungsstrecken, bei denen die Straßenverkehrsordnung gilt, ist die Fahrzeit vorgeschrieben. Der R.sport wird ausschließl. mit serienmäßigen Pkws betrieben. Bekannte R. sind u. a. die R. Monte Carlo, die Safari-R., die R. Akropolis, die R. der 1 000 Seen und die RAC-Rallye.

RAM [engl. ræm; Abk. für engl. **r**andom **a**ccess **m**emory „Speicher mit wahlweisem Zugriff"] (Direktzugriffsspeicher), ein Datenspeicher (Schreib-Lese-Speicher), bei dem jede Speicherzelle einzeln adressierbar und inhaltl. veränderbar ist.

Rama (Ramatschandra), siebte Inkarnation (↑Awatara) Wischnus, dessen Taten im ↑„Ramajana" erzählt werden. Seit Beginn des 11. Jh. kult. Verehrung, v. a. im N Indiens, wobei R. zum Namen für den höchsten Gott wird.

Rama IX. (Bhumibol Adulyadej), * Cambridge (Mass.) 5. Dez. 1927, König von Thailand (seit 1946). - Heiratete 1950 Prinzessin Sirikit (* 1932), im gleichen Jahr offiziell gekrönt, nachdem vorher ein Regentschaftsrat die Geschäfte geführt hatte; auch Komponist und Jazzmusiker.

Ramadan [arab.], der 9. Monat des islam. Mondjahres, der Fastenmonat, in dem dem Muslim vom Morgengrauen bis zum Sonnenuntergang jeder leibl. Genuß, wie Essen, Trinken, Rauchen, untersagt ist. Zur Nachtzeit finden vielfach Festlichkeiten und religiöse Andachten statt. Die Fastenzeit wird mit dem Fest des kleinen ↑Bairam beendet.

Ramadi, Ar, Stadt im westl. Z-Irak, am Euphrat, 79 500 E; Hauptstadt des Verw.-

Geb. Anbar; Handelszentrum eines Geb. mit Bewässerungsfeldbau; Zollstation.

Ramadier, Paul [frz. rama'dje], * La Rochelle 17. Mai 1888, † Rodez 14. Okt. 1961, frz. Politiker. - Seit 1928 sozialist. Abg., ab 1933 für die Union Socialiste et Républicaine; 1938 Arbeitsmin.; schloß sich 1944 der Résistance an; 1944/45 Ernährungs-, 1946/47 Justizmin.; Min.präs. Jan.–Nov. 1947; Juli–Sept. 1948 Staats-, danach bis Okt. 1949 Verteidigungsmin.; 1956/57 Finanzminister.

Ramajana, ind. Epos. Neben dem ↑„Mahabharata" ist das in 7 Büchern und 24 000 Versen verfaßte R. das 2. große Sanskritepos der Inder. Als Autor gilt der myth. Weise Walmiki, der mit dem R. das erste Kunstgedicht schuf. Den Inhalt des R. bildet das Leben des Rama. Das heute vorliegende R. entwickelte sich über mehrere Jh.; die ältesten Teile stammen aus dem 4./3. Jh. v. Chr.

Ramakrishna [...'krɪʃna], eigtl. Gadadhara Chatterji, * Kamarpukur (Bengalen) 18. oder 20. Febr. 1834 oder 1836, † Kalkutta 16. Aug. 1886, hinduist. Reformer. - Priester der Kali († Durga). Nachdem er zu der Erkenntnis gelangt war, die Einheit mit dem Brahman erreicht zu haben, verbreitete er mündl. eine der Philosophie des Wedanta nahestehende Lehre, die sich auch an die Ethik der „Bhagawadgita" anlehnt.

Ramakrishna-Mission [...'krɪʃna], von † Vivekananda 1897 begr. Reformbewegung des Hinduismus, die auf dem Wirken des ↑ Ramakrishna aufbaut. Während in Indien neben einer Erneuerung des Hinduismus der Dienst am Mitmenschen im Vordergrund steht, bemüht sich die R.-M. in den USA und in Europa um die Verbreitung einer dem Westen angepaßten Form des ↑ Wedanta.

Ramalho Eanes, António dos Santos [portugies. rrɐ'maʎu 'jɐnıʃ], * Alcains bei Castelo Branco 25. Jan. 1935, portugies. General und Politiker. - Diente in den meisten portugies. Kolonien, u. a. 1969–71 unter Spinola in Portugies.-Guinea; 1974/75 Direktor des portugies. Fernsehens; schlug im Nov. 1975 als Stabschef den Putsch linksextremer Truppenverbände nieder und wurde zum General befördert; 1976–86 Präsident.

Raman, Sir (seit 1929) Chandrasekhara Venkata, * Trichinopoli (= Tiruchirapalli) 7. Nov. 1888, † Bangalore 21. Nov. 1970, ind. Physiker. - Ab 1917 Prof. in Kalkutta und Bangalore; Arbeiten zur Streuung von Licht und Röntgenstrahlen († Raman-Effekt) und zur Schwingungstheorie von Saiten und Saiteninstrumenten; Nobelpreis für Physik 1930.

Raman-Effekt (Smekal-Raman-Effekt), von A. Smekal 1923 vorhergesagte und 1928 von C. V. Raman (gleichzeitig von den russ. Physikern G. S. Landsberg und L. I. Mandelschtam) nachgewiesene physikal. Erscheinung: Bei der Streuung monochromat. (einfarbigen) Lichts in einem durchsichtigen Medium werden neben der eingestrahlten Spektrallinie zusätzl. auftretende Spektrallinien *(Raman-Linien)* beobachtet, die durch inelast. Streuung *(Raman-Streuung)* an den Molekülen der durchsichtigen Substanz entstehen und für diese charakterist. sind.

Ramanudscha, * 1050, † 1137, ind. Philosoph. - Prägte entscheidend das philosoph. System des ↑ Wedanta, indem er in seiner Auslegung der „Upanischaden" dem monist. Urprinzip der Welt einen Monotheismus entgegenstellte.

Ramanujan, Srinivasa [rɑː'mɑːnʊdʒən] (Sriniwasa Ramanudschan), * Erode 22. Dez. 1887, † Kumbakonam 26. April 1920, ind. Mathematiker. - Autodidakt; wurde als erster Inder Fellow of the Royal Society und Fellow of Trinity College; bemerkenswerte Untersuchungen zur analyt. Zahlentheorie.

Ramat Gan, Stadt im östl. Vorortbereich von Tel Aviv-Jaffa, Israel, 117 100 E. Univ. (seit 1955); Diamantenbörse; Stadion, Zoo, Amphitheater; Ind.betriebe. - Gegr. 1921 als Gartenstadt zur Entlastung von Tel Aviv.

Ramazzini, Bernardino, * Carpi bei Modena 5. Nov. 1633, † Padua 5. Nov. 1714, italien. Mediziner. - Prof. in Modena und in Padua; gilt mit seiner Schrift „Abhandlung von den Krankheiten der Künstler und Handwerker" (1700) als Begründer der Arbeitsmedizin.

Rambert, Dame (seit 1962) Marie [engl. 'ræmbət], eigtl. Miriam Ramberg, * Warschau 20. Febr. 1888, † London 12. Juni 1982, brit. Tänzerin und Tanzpädagogin poln. Herkunft. - Arbeitete ab 1912 bei Diaghilews „Ballets Russes"; trat ab 1926 mit eigener Ballettkompanie (ab 1935 „Ballet R.") hervor; förderte entscheidend das brit. Ballett.

Rambla [arab.-span.], Bez. für ausgetrocknete Flußbetten in Spanien; dienen auch als Verkehrswege; danach auch Bez. für breite Straßen in Städten, bes. in Katalonien.

Rambouillet, Catherine de Vivonne, Marquise de [frz. rãbu'jɛ], * Rom 1588, Paris 27. (?) (2.?) Dez. 1665, frz. Adlige. - Eine der berühmtesten Frauen des 17. Jh.; seit 1610 Mittelpunkt eines von ihr gegr. Salons.

Rambouillet [frz. rãbu'jɛ], frz. Stadt 45 km sw. von Paris, Dep. Yvelines, 21 400 E. Im Waldgebiet des Forêt de R. gelegen; Ferien- und Erholungszentrum des Pariser Großraums. - Gehörte zur merowing. Krondomäne; wurde 1612 Mark-Gft., 1783 von König Ludwig XVI. für die frz. Krone erworben. - Das Schloß (Umbauten im 15. und v. a. 18. Jh.) ist Sommersitz der frz. Staatspräsidenten.

Rameau, Jean-Philippe [frz. ra'mo], * Dijon 24. oder 25. Sept. 1683, † Paris 12. Sept. 1764, frz. Komponist und Musiktheoretiker. - Zunächst als Organist und Komponist bed. Cembalomusik („Pièces de clavecin", 1706; 1724, um 1728; 1747) geschätzt, wurde er zum

Ramek

Ramesseum. Osirispfeiler an der Südwestwand des zweiten Tempelhofes (zwischen 1290 und 1224)

wichtigsten Vertreter der klass. frz. Oper und des Balletts. Die gegenüber Lully stärkeren Ausdrucksmittel, die individuelle Darstellung von Charakteren und Situationen sowie die bed. Rolle des Orchesters charakterisieren seine Tragédies lyriques (u. a. „Hippolyte et Aricie", 1733; „Castor et Pollux", 1737; „Dardanus", 1739 und 1744), die Opéras-ballets (u. a. „Les Indes galantes", 1735; „Les fêtes d'Hébé", 1739) und die Pastorales héroiques (u. a. „Daphnis et Eglé", 1753). Daneben komponierte er Kantaten und Motetten.

Ramek, Rudolf, *Teschen 12. April 1881, †Salzburg 24. Juni 1941, östr. Jurist und Politiker (Christlichsoziale Partei). - 1919–34 im Nationalrat; 1919/20 Staatssekretär für Justiz, 1921 Innenmin., 1924–26 Bundeskanzler und zugleich Innen-, 1926 auch Außenmin.; 1930–33 Vizepräs. des Nationalrats; sanktionierte als Präs. des folgenden Rumpfparlaments 1934 formell das Ende von Demokratie und Parlamentarismus der ersten östr. Republik.

Ramesses ↑Ramses.

Ramesseum, Totentempel Ramses' II. in Theben-West, etwa die Hälfte erhalten, insbes. Magazine; u. a. Funde von 23 Papyri aus dem Mittleren Reich (London, Brit. Museum).

Ramessiden, ägypt. Könige namens ↑Ramses; i. w. S. alle Könige der 19. und 20. Dynastie.

Ramie [malai.] (Ramiefaser), aus Arten der Gatt. ↑Boehmeria gewonnene Bastfaser mit bes. guter mechan. Festigkeit und hoher Beständigkeit gegenüber Fäulnisbakterien. - ↑Fasern (Übersicht).

Ramin, Günther, *Karlsruhe 15. Okt. 1898, †Leipzig 27. Febr. 1956, dt. Organist, Chorleiter und Komponist. - Ab 1918 Organist an der Leipziger Thomaskirche, 1933–38 und 1945–51 Leiter des Gewandhauschores, ab 1940 Thomaskantor; weltweit geschätzter Bach-Interpret.

Ramla, Stadt in Israel, unmittelbar sw. an Lod anschließend, 38 700 E. Verwaltungssitz des Zentraldistr. sowie des Bez. R.; Pendlerwohngemeinde von Tel Aviv-Jaffa. - 711 von Arabern als Prov.hauptstadt gegr. - Wahrzeichen der Stadt ist der Weiße Turm, urspr. ein Minarett einer nur noch in Resten vorhandenen Moschee (erbaut 716), Kreuzfahrerkirche (12. Jh.; im 13. Jh. zur Moschee umgewandelt).

Ramler, Karl Wilhelm, *Kolberg 25. Febr. 1725, †Berlin 11. April 1798, dt. Dichter. - Ab 1748 Prof. für Logik an der Kadettenanstalt in Berlin, ab 1790 Leiter des Nationaltheaters in Berlin; Lyriker der Aufklärung; strenger Metriker, dessen antikisierende Oden für viele Zeitgenossen formal verbindl. Vorbild waren; verfaßte auch Fabeln und Kantaten, Werke über Mythologie und Ästhetik; Hg. von Anthologien.

Ramme, Vorrichtung zum Einschlagen von Pfählen, Spund[wand]bohlen u. ä., auch zum Feststampfen von Pflastersteinen u. a.; ein Schlaggewicht (Rammbär) wird von Hand (*Hand-R.*), durch Dampfdruck (*Dampf-R.*), Druckluft (*Druckluft-R.*) oder mit Hilfe eines Dieselmotors (*Diesel-R.*) angehoben und fällt frei auf den einzutreibenden Pfahl. Bei der *Vibrations-R.* erzeugt ein bes. Vibrator mit Hilfe von Unwuchten mechan. Schwingungen, die auf den Rammbär übertragen werden.

Rammelsberg, Karl Friedrich, *Berlin 1. April 1813, †Groß-Lichterfelde (= Berlin) 29. Dez. 1899, dt. Chemiker und Mineraloge. - Prof. in Berlin; bekannt durch Mineralanalysen und Forschungen zum Isomorphismus.

Rammelsberg, Berg am nw. Harzrand, südl. von Goslar, 636 m hoch; bed. Blei-Zink-Kupfer-Lagerstätte, Bergbau urkundl. belegt seit 968.

Rammelzeit ↑Brunst.

Rammler, das ♂ bei Kaninchen und Hase.

Ramón [span. rra'mɔn], span. Form des männl. Vornamens Raimund.

Ramonda [nach dem frz. Botaniker L. Baron Ramond de Carbonnières, *1753, †1827], Gatt. der Gesneriengewächse mit nur drei Arten in den Pyrenäen und auf dem Balkan; niedrige Stauden mit weich-runzeligen Blattrosetten und violetten, hell purpurfarbenen oder weißen Blüten auf blattlosem Schaft; Kleinstauden für Steingärten und Trockenmauern.

Ramón Lull [span. rra'mɔn 'lul] ↑Lullus, Raimundus.

Ramón y Cajal, Santiago [span. rra'mon i ka'xal], *Petilla de Aragón (Navarra) 1.

Mai 1852, † Madrid 17. Okt. 1934, span. Histologe. - Prof. in Zaragoza, Valencia, Barcelona und Madrid; übernahm und verbesserte die histolog. Färbemethoden von C. ↑Golgi und wandte sie erfolgreich bei der Erforschung der Feinstruktur des [Zentral]nervensystems an. Dabei gelang ihm 1889 die erste präzise Darstellung der nervalen Bahnen in der grauen Substanz des Gehirns und Rückenmarks. Auf gleiche Weise konnte er den funktionellen Aufbau der Netzhaut im Auge klären. Als Ergebnis seiner morpholog. Arbeiten entwickelte R. y C. die Neuronenlehre. 1906 erhielt er (gemeinsam mit Golgi) den Nobelpreis für Physiologie oder Medizin.

Ramos, Graciliano [brasilian. 'rrɐmuʃ], * Quebrângulo (Alagoas) 27. Okt. 1892, † Rio de Janeiro 20. März 1953, brasilian. Schriftsteller. - Kommunist; vertrat den psycholog. vertieften Regionalismus des NO, gilt als einer der bedeutendsten Romanciers des Landes („São Bernardo", 1934).

Rampal, Jean-Pierre [frz. rã'pal], * Marseille 7. Jan. 1922, frz. Flötist. - 1955–64 Soloflötist an der Pariser Grand Opéra, 1968 Prof. am Pariser Conservatoire; unternimmt seit 1946 weltweite Konzerttourneen.

Rampe [frz.], schiefe Ebene zur Überwindung von Höhenunterschieden; Auffahrt (z. B. Brücken-R.); Verladebühne *(Laderampe)*.
♦ im Theater vordere Begrenzung des Bühnenbodens.

Rams, Dieter, * Wiesbaden 20. Mai 1932, dt. Designer. - Setzte sich 1957 mit seinem purist. Phonogerät der Braun AG (kühles, weißes Gehäuse mit transparenter Kunststoffhaube) durch und bestimmt seitdem maßgebl. die Entwicklung des funktionalen Industriedesigns; bes. auch Möbelentwürfe.

Ramsar-Konvention [pers. ram'sær; nach dem Ort Ramsar in Iran], internat. Übereinkommen zum Schutz von Feuchtgebieten von internat. Bedeutung, insbes. als Lebensraum für Wat- und Wasservögel. Das von 18 Staaten (mit Sekretariat bei der Internat. Union für Naturschutz in Morges [Schweiz]) paraphierte Abkommen trat im Dez. 1975 in Kraft. Die BR Deutschland ist Mgl. seit 1976; sie hat vorerst zwanzig Gebiete zur Aufnahme in die Liste der Gewässer und Feuchtgebiete benannt (u. a. Steinhuder Meer, Dümmer, Starnberger See, Ammersee, Chiemsee).

Ramsau ['ramzaʊ, ram'zaʊ], Hochfläche über dem oberen Ennstal am S-Fuß des Dachsteins, Österreich, 1 000–1 200 m ü. d. M.; Fremdenverkehr. - Roman. Pfarrkirche im Ort R. am Dachstein (2 200 E) mit Fresken des 12. und 15. Jahrhunderts.

Ramsauer, Carl Wilhelm, * Osternburg (= Oldenburg [Oldenburg]) 6. Febr. 1879, † Berlin 24. Dez. 1955, dt. Physiker. - Prof. in Heidelberg, Danzig und Berlin; 1928–45 Direktor des Berliner AEG-Forschungsinst.; Arbeiten v. a. zur Physik der Gasentladungen.

Ramsay, Sir (seit 1902) William [engl. 'ræmzɪ], * Glasgow 2. Okt. 1852, † High Wycombe (Buckinghamshire) 23. Juli 1916, brit. Chemiker. - Prof. in Bristol und London; entdeckte 1894 (zus. mit Lord Rayleigh) das Edelgas Argon und 1898 (mit W. M. Travers) Krypton, Neon und Xenon. 1895 isolierte er das Helium; 1904 Nobelpreis für Chemie.

Ramsch [zu frz. ramasser „zusammenraffen"], Variante beim Skat.

Ramses (Ramesses), Name 11 ägypt. Könige der 19. und 20. Dyn. († auch ägyptische Geschichte); bed. v. a.:
R. II., † 1224 v. Chr., König (seit 1290). - Sohn Sethos' I.; einer der bedeutendsten Pharaonen, versuchte zu Beginn seiner Reg., die Hethiter aus N-Syrien zu verdrängen, mußte sich aber nach der Schlacht bei Kadesch (1285) zurückziehen und schloß 1270 einen Friedensvertrag mit den Hethitern. Bed. Bauten u. a. in Karnak, Abu Simbel († auch Ramesseum, ↑ Ramsesstadt); das Land erlebte unter ihm eine wirtsch. Blüte.
R. III., † etwa 1155 v. Chr. (ermordet), König (seit etwa 1186). - 2. König der 20. Dyn.; schlug die von N angreifenden Seevölker in schweren Abwehrschlachten; u. a. dadurch verarmte das Land; es kam zu Teuerung, Korruption und Streiks.

Ramsesstadt (im A. T. Ramses), von Ramses II. erbaute Residenz der Pharaonen der 19. und 20. Dyn.; bei Kantir im Nildelta; nur geringe Spuren erhalten.

Ramsey [engl. 'ræmzɪ], Arthur Michael, seit 1974 Baron of Canterbury in the County of Kent, * Cambridge 14. Nov. 1904, engl. anglikan. Theologe. - 1961–74 Erzbischof von Canterbury; wirkte v. a. für die Wiedervereinigung der getrennten Kirchen und nahm wiederholt zu aktuellen polit. Problemen Stellung (Verurteilung der Apartheid und des amerikan. Engagements in Vietnam, Befürwortung der Reform von Gesetzen, u. a. über Homosexualität und Todesstrafe). - † 23. April 1988.
R., Norman Foster, * Washington (D. C.) 27. Aug. 1915, amerikan. Physiker. - Prof. an der Columbia University und an der Harvard University. Sein Hauptarbeitsgebiet ist die Erforschung der elektr. und magnet. Eigenschaften der Atomkerne, insbes. die Bestimmung der Kernmomente mit Hilfe von Atom- und Molekularstrahlmethoden; im 2. Weltkrieg maßgebl. an der Entwicklung von Radarsystemen und der amerikan. Atombombe beteiligt. Erhielt 1989 für die Vervollkommnung der Atomstrahl-Resonanzmethode den Nobelpreis für Physik (zus. mit W. Paul und H. G. Dehmelt).

Ramsgate [engl. 'ræmzgɪt], engl. Stadt 25 km nö. von Dover, Gft. Kent, 39 600 E. Seebad; zw. R. und Calais verkehren Luftkissenfahrzeuge. - Bei R. wurde 1891 eine Körperbestattung aus der mittleren Bronzezeit (15./14. Jh.) mit Beigaben geborgen. - Das Fischerdorf R. kam Ende des 15. Jh. als Teil von Sandwich zu den Cinque Ports und entwickelte sich zum Seehafen. Das 1856 entstandene Benediktinerkloster wurde 1896 Abtei, die erste neu gegr. in Großbrit. seit der Reformation.

Ramskopf, in der Tierzüchtung auftretende Kopfform mit konvexer Stirn- und Nasenwölbung. - Ggs. ↑Hechtkopf.

Ramstein-Miesenbach, Gem. 4 km nördl. von Landstuhl, Rhld.-Pf., 7700 E. Amerikan. Luftwaffenstützpunkt.

Ramtil [Hindi] (Gingellikraut, Guizotia abyssinica), im trop. Afrika und in Indien angebaute Korbblütlerart; bis 2 m hohe, einjährige, gelbblühende Pflanze, deren Samen (**Negersamen**) ein Öl liefern, das in den Anbaugebieten als Speiseöl, in Europa als Brenn- und Schmieröl bzw. zur Seifenherstellung verwendet wird.

Ramu, Fluß im O-Teil der Insel Neuguinea, entspringt im östl. Bismarckgebirge, mündet in die Bismarcksee, rd. 640 km lang.

Ramus, Petrus, eigtl. Pierre de la Ramée, * Cuts (Oise) 1515, † Paris 26. Aug. 1572, frz. Humanist und Philosoph. - Zunächst Vertreter eines christl. orientierten Humanismus, dann immer stärkere Hinwendung zum Kalvinismus. R. mußte wegen seiner kalvinist. Überzeugungen mehrfach Frankr. verlassen; in der Bartholomäusnacht ermordet. - Ausgehend von der sokrat.-platon. Dialektik lehnte er die aristotel. Logik ab, da sie das „natürl. Denken" nur behindere; orientierte die Logik an der Rhetorik, da beider Ausgangspunkt und ihr Zusammenhang die Frage sei. - Die zentralen theolog. Themen waren für R. die Unsterblichkeit der Einzelseele, die Vorsehung Gottes und eine pragmat. Ethik, die auf das Prinzip „gut leben" gerichtet war. Bed. Einfluß auf den Kalvinismus.

Ramus (Mrz. Rami) [lat.], in der Anatomie: Ast, Zweig eines Nervs, einer Arterie, Vene; astartiger Teil eines Knochens.

Ramuz, Charles Ferdinand [frz. ra'my, ra'my:z], * Cully 24. Sept. 1878, † Pully bei Lausanne 23. Mai 1947, schweizer. Schriftsteller. - Bauernsohn; bedeutendster Vertreter der schweizer. Literatur in frz. Sprache; begründete eine bäuerl. Heimatdichtung (in z. T. mundartl. Sprachstil), die in großangelegten Romanen den symbolhaften Charakter des Ggs. zw. Mensch und Natur veranschaulicht und menschl. Urprobleme im Rahmen großartiger Naturbeschreibungen darstellt, u. a. „Die große Grauen in den Bergen" (1926) und „Der Bergsturz" (1934). Bekannt geworden ist auch der von Strawinski vertonte Text „Die Geschichte vom Soldaten" (Uraufführung 1918).

Ran, nordgerman. Meeresgöttin, gebiert ihrem Gatten Ägir neun Töchter, die als Personifikationen der Meereswogen gelten.

Rana [lat.], Gatt. der ↑Frösche mit über 20 Arten.

Ranafjord [norweg. 'ra:nafju:r] (Rana), Fjord in N-Norwegen, etwa 70 km lang.

Ranales [lat.], svw. ↑Vielfrüchtler.

Rance [frz. rã:s], Fluß in der Bretagne, entspringt in den Landes du Menez, mündet sw. von Saint-Malo in den Golf von Saint-Malo, 100 km lang; an der Mündung Gezeitenkraftwerk.

Rancé, Armand-Jean le Bouthillier de [frz. rã'se], * Paris 9. Jan. 1626, † Soligny-la-Trappe (Orne) 27. Okt. 1700, frz. Ordensstifter. - Begründete 1664 im Zisterzienserkloster La Trappe (Normandie) die Kongregation der ↑Trappisten, die 1705 vom Papst bestätigt wurde; griff in die Streitigkeiten um Fénelon und den Jansenismus ein.

Ranch [rɛntʃ; engl., zu span. rancho „Hütte"], in den USA und in Kanada Bez. für einen landw. Großbetrieb, der überwiegend auf Viehzucht ausgerichtet ist.

Randblüten, am Rande des Blütenkörbchens der Korbblütler stehende Einzelblüten mit häufig von den übrigen Blüten abweichender Gestalt und Färbung; z. B. als stark vergrößerte Röhrenblüten (bei der Flockenblume) oder vielfach als vergrößerte, lang ausgezogene Zungenblüten die anders gefärbten, radiärrohrenförmigen Scheibenblüten umgebend, wobei das Köpfchen eine einzelne Blüte vortäuschen kann (z. B. Gänseblümchen, Aster, Sonnenblume). R. sind häufig steril oder nur ♀.

Rand Corporation [engl. 'rænd kɔ:pə'reɪʃən], Forschungsgesellschaft in den USA, Sitz Santa Monica (Calif.), gegr. 1948. Die R. C. beschäftigt rd. 600 Wissenschaftler, die Beratungs-, Planungs- und Prognoseaufträge auf fast allen Wissenschaftsgebieten ausführen.

Rändeln, spanloses Aufrauhverfahren, bei dem durch Andrücken eines *Rändels* (gehärtete, an ihrem Umfang eine feine Zahnung aufweisende Stahlrolle) gegen einen glatten Rundkörper im Muster (Zahneindrücke) auf der Mantelfläche des Werkstückes erzielt wird. - In der *Münztechnik* das Anbringen von Schrift, Verzierung oder Riffelung auf dem Rand einer Münze.

Randen, sw. Ausläufer der Schwäb. Alb, (BR Deutschland und Schweiz), bis 924 m hoch. - ↑auch Schaffhausen (Kanton).

Randers [dän. 'ranərs], dän. Stadt in O-Jütland, 61 700 E. Museen, Theater; Garnison; Maschinenbau, Textil- und Nahrungsmittelind., graph. Gewerbe; Hafen. - 1086 erstmals erwähnt, seit 1302 Stadtrecht. - Got. Mortenskirche mit Rokokoorgel.

Randfazies [...tsi-es; dt./lat.], Bez. für die Sonderausbildung in den Randzonen von Tiefengesteinskörpern.

Randgruppe (marginale Gruppe), Bez.

Rangordnung

für eine Gruppe, die auf Grund bestimmter, den allg. anerkannten Normen und Wertvorstellungen widersprechender Merkmale eine soziale Diskriminierung erfährt, die sich z. B. in teilweiser sozialer Isolierung bzw. erzwungener Distanz zur übrigen Gesellschaft und daraus folgender Beeinträchtigung von Lebens- und Sozialchancen zeigt; für moderne Ind.gesellschaften typ. R. sind z. B. Obdachlose, ausländ. Arbeitnehmer.

Randmeer, Bez. für ein den Kontinenten randl. angelagertes Nebenmeer, z. B. Nordsee.

Randmoräne ↑ Gletscher.

Randpersönlichkeit (Randseiter; engl. marginal man), Bez. für eine Person, deren soziale Position an der Grenze zw. 2 Klassen, Schichten oder sozialen Rollenfeldern angesiedelt ist, die in Konkurrenz oder im Konflikt stehen. Die R. befindet sich deshalb im Orientierungszwiespalt, im Loyalitätskonflikt oder in Identitätsschwierigkeiten, die oft zu starker psych. Belastung führen.

Randseen, svw. ↑ Vorlandseen.

Randstad Holland, aus 94 niederl. Städten und Gem. bestehende, ringförmige, nach O offene Agglomeration in den niederl. Prov. Nordholland, Südholland und Utrecht, zw. Nordseekanalzone und S-Küste des IJsselmeers im N, Brielsche Meer, Alter Maas und Merwede im S; wirtsch. Schwerpunkt der Niederlande, in dem etwa $1/3$ der Gesamtbev. lebt; O-W-Erstreckung rd. 70 km, N-S-Erstreckung 60 km. Die R. H. gliedert sich in einen N- und einen S-Flügel, die ein überwiegend agrar. Kerngebiet umschließen. - Abb. S. 74.

Randstörung (Randtief), meteorolog. Bez. für eine oft nur schwach ausgeprägte Vertiefung des Luftdrucks, durch eine Ausbuchtung der Linien gleichen Luftdrucks (Isobaren) am Rande einer meist absterbenden Zyklone (↑ Tiefdruckgebiet) erkennbar. Die R. kann im weiteren Verlauf der Entwicklung wieder absterben, sich jedoch auch sehr plötzl. in ein selbständiges Tief umbilden.

Randtropen, polwärtige Randgeb. der Tropen mit spätsommerl. Regenzeit und langer winterl. Trockenzeit; Übergangsgebiet zum subtrop. Trockengürtel.

Randwanzen (Lederwanzen, Coreidae), 2 000 Arten umfassende Fam. weltweit verbreiteter, bis 3 cm langer, meist trop. Landwanzen; mit seitl. überstehendem, nicht von den Vorderflügeln bedecktem, etwas aufwärts gebogenem Hinterleibsrand; durch vorherrschende gelb- bis schwarzbraune Farbtöne und durch die Struktur der Körperdecke oft von lederartigem Aussehen.

Randwertproblem (Randwertaufgabe), in der Theorie der Differentialgleichungen die Aufgabe, Lösungen einer gegebenen Differentialgleichung zu finden, die am Rand eines Gebietes (Grundgebiet) vorgeschriebene Werte *(Randwerte)* annehmen.

Rang [frz.], die Position einer Person oder einer Gruppe innerhalb der Hierarchie eines sozialen Systems. Dabei bestimmt sich der soziale R. nach in der jeweiligen Epoche relevanten gesellschaftl. Merkmalen. In modernen Ind.gesellschaften sind wichtige Merkmale eines R. insbes. Einkommen, Vermögen, Entscheidungsgewalt, Bildungs- und Berufsqualifikation sowie das allg. gesellschaftl. Ansehen (↑ auch Prestige).

◆ *militär.:* frühere Bez. für Dienstgrad.

◆ die Position eines beschränkten dingl. Rechts an einem Grundstück im Verhältnis zu den übrigen beschränkten dingl. Rechten an diesem Grundstück; insbes. in der ↑ Zwangsversteigerung entscheidend.

◆ im Theater von oberen Stockwerken aus erreichbare Sitzplatzgruppen, die den Zuschauerraum umgeben.

Rangabzeichen, frühere Bez. für Dienstgradabzeichen (↑ Dienstgrad).

Rangaku [jap. „Hollandschule"; bis etwa 1800 „Bangaku" „Barbarenwissen"], Bez. für das im 17./18. Jh. durch die Niederländer vermittelte Studium der westl. [Natur]wiss. (bes. Medizin) und Waffentechniken in Japan.

Rangau ['raːŋgau̯], histor. Landschaft in Mittelfranken, östl. des Steigerwalds und der Frankenhöhe.

Ranger [engl. 'reɪndʒə], 1. im amerikan. militär. Sprachgebrauch Bez. für bes. ausgebildete Soldaten, die in kleinen Gruppen Überraschungsangriffe auf feindl. Territorium machen; 2. Bez. für Angehörige der Polizeitruppe in einigen Bundesstaaten (z. B. Texas-R.) der USA; 3. Bez. für die uniformierten Wächter in den Nationalparks der USA.

Ranger [engl. 'reɪndʒə], Name einer Serie unbemannter amerikan. Raumflugkörper. Nach anfängl. Fehlstarts und Mißerfolgen lieferte R. 7 (Start 1964) von dem Aufschlagen auf dem Mond erste Detailaufnahmen. Mit R. 9 (Start 1965) fand das R.-Programm seinen Abschluß. Es folgten die Raumflugkörper vom Typ ↑ Surveyor.

rangieren [rãˈʒiːrən; frz.], einzelne Eisenbahnfahrzeuge oder -fahrzeuggruppen im Gleissystem über Weichen verschieben, um sie zu Zügen zusammenzustellen (oder Züge aufzulösen), an Laderampen zu befördern u. a.

Rangiroa, größtes Atoll der ↑ Tuamotuinseln.

Rangkrone ↑ Wappenkunde, ↑ auch Krone.

Rangliste, die Einstufung von Sportlern nach ihren Leistungen; wird entweder vom Verband vorgenommen (z. B. Boxen) oder in *R. turnieren* ausgespielt (z. B. Tennis, Tischtennis).

Rangordnung, die soziale Hierarchie bei Tieren (und Menschen) durch Regelung der auf die einzelnen Angehörigen einer Gruppe entfallenden Rechte und Pflichten. Die **biogene Rangordnung** (bei niederen Tieren) beruht

Rangström

auf einer Vorprogrammierung im ↑Instinkt, die **soziogene Rangordnung** auf einem individuellen Kennen der Gruppenmitglieder. Die an der Spitze der Gruppen stehenden Tiere (meist starke und erfahrene Exemplare) genießen gewisse Vorrechte (z. B. beim Paarungsverhalten oder an der Futterstelle bzw. Tränke), können aber auch bestimmte Pflichten innehaben (z. B. Anführerrolle und Wächterfunktion). Das ranghöchste Tier wird Alphatier, das rangniedrigste Omegatier genannt. Die in der Ranghöhe anderen Gruppen-Mgl. überlegenen Tiere bezeichnet man als dominant. – R.verhältnisse kommen bes. bei sozial lebenden Tieren vor und tragen v. a. zur Stabilisierung der sozialen Beziehungen bei, haben aber auch andere Auswirkungen (z. B. im eugen. Sinn beim Paarungsvorrecht des Alphatiers). Besteht innerhalb von Gruppen eine R., dann bleiben Streitigkeiten im wesentl. auf die Begründung bzw. Änderung der R. selbst (z. B. während der Eingliederung heranwachsender Jungtiere) beschränkt.

Rangström, Ture, * Stockholm 30. Nov. 1884, † ebd. 11. Mai 1947, schwed. Komponist. – Komponierte in einem betont nationalromant. Stil drei Opern, vier Sinfonien, sinfon. Dichtungen, Kammer-, Klaviermusik und Chorwerke; v. a. bed. durch seine Lieder.

Rangun, Hauptstadt von Birma, am O-Rand des Irawadideltas, 2,46 Mill. E. Sitz eines anglikan. Bischofs und eines kath. Erzbischofs; Univ. (gegr. 1920), Hochschulen für Kunst und für Musik und Drama; buddhist. u. a. Forschungsinst.; Nationalbibliothek; Museen; Zoo. Im Raum von R. ist der größte Teil der birman. Ind. konzentriert. Der Hafen ist der bedeutendste des Landes; Verbindung mit dem Irawadidelta besteht über den Twantekanal; internat. ✈. – 1753 als Yangon („Ende des Krieges") gegr.; entwickelte sich nach der Zerstörung Syriams (gegenüber von R. gelegen) rasch zu einem prosperierenden Seehafen; im 1. brit.-birman. Krieg (1824–26) von den Briten erobert und wieder freigegeben; 1850 durch Feuer zerstört. Hauptstadt des von den Briten besetzten Birma; 1942 jap. besetzt, 1945 von den Briten zurückerobert; nach der Unabhängigkeit seit 1947 Hauptstadt Birmas. – Wallfahrtsziel und zugleich höchstes buddhist. Heiligtum Birmas ist die von der Basis bis zur Spitze mit Gold überzogene 112 m hohe Shwe-Dagon-Pagode (jetziger Bau von 1564; nach Erdbeben [1930] wiederhergestellt).

Ranidae [lat.]↑Frösche.

rank, Bez. für die Eigenschaft eines Schiffes mit relativ hoch gelegenem Schwerpunkt, sich bei Winddruck und Seegang leicht seitl. überzulegen.

Rank, Otto, * Wien 22. April 1884, † New York 31. Okt. 1939, östr. Psychoanalytiker. – Einer der ersten Anhänger S. Freuds und Förderer der psychoanalyt. Entwicklung. Sein Hauptwerk „Das Trauma der Geburt" (1924) führte jedoch weitgehend zum Bruch mit Freud; ging 1936 in die USA, wo er v. a. in Philadelphia lehrte. Seine Werke hatten großen Einfluß auf die Neopsychoanalyse. 1912–24 Hg. der Zeitschrift „Imago" und der „Internat. Zeitschrift für Psychoanalyse".

Rank [engl. ræŋk]↑Rankine-Skala.

Ranke, Johannes, * Thurnau bei Kulmbach 23. Aug. 1836, † München 26. Juli 1916, dt. Anthropologe. – Neffe von Leopold von R.; Prof. in München; Arbeiten bes. über Schädelformen; schrieb u. a. das Lehrbuch „Der Mensch" (2 Bde., 1886/87).

R., Leopold von (seit 1865), * Wiehe (Bez. Halle) 21. Dez. 1795, † Berlin 23. Mai 1886, dt. Historiker. – 1818–25 Gymnasiallehrer in Frankfurt/Oder, wo die „Geschichte der roman. und german. Völker von 1494–1535" (Bd. 1, 1824) entstand. Ab 1825 Prof. in Berlin, 1841 Historiograph des preuß. Staates, 1858 der 1. Vors. der Histor. Kommission bei der Bayer. Akad. der Wiss.; beendete seine akadem. Laufbahn 1871, arbeitete aber bis zu seinem Tode an seiner „Weltgeschichte" (9 Tle. in 16 Bden., 1881–88) und an der Herausgabe seiner „Sämtl. Werke" (54 Bde., 1867–90). Zu seinen bekanntesten Schriften zählen „Die röm. Päpste..." (3 Bde., 1834–36), „Dt. Geschichte im Zeitalter der Reformation" (6 Bde., 1839–47), „Neun Bücher preuß. Geschichte" (3 Bde., 1847/48, Neuauflage u. d. T. „Zwölf Bücher preuß. Geschichte", 5 Bde., 1874), „Frz. Geschichte, vornehml. im 16. und 17. Jh." (5 Bde., 1852–61) und „Engl. Geschichte, vornehml. im 16. und 17. Jh." (7 Bde., 1859–68). – R. brachte die method. Grundsätze der Quellenforschung und -kritik im akadem. Lehrbetrieb zu allg. Geltung (↑auch historische Methode), auch über Deutschland hinaus (Einfluß auf USA, Groß-

Randstad Holland

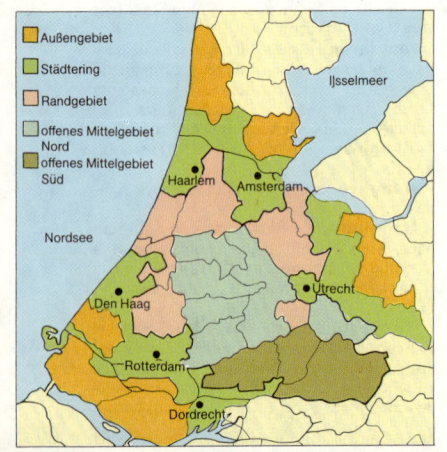

- Außengebiet
- Städtering
- Randgebiet
- offenes Mittelgebiet Nord
- offenes Mittelgebiet Süd

brit.). Neben dem Individualitätsprinzip, das R. auf die polit. Welt (Staaten, Völker) anwandte (Eigenwert jeder Epoche: „Jede Epoche ist unmittelbar zu Gott"), gilt der Objektivitätsanspruch als der eigenste Zug seines Geschichtsdenkens. Der Historiker hat nicht die Vergangenheit zu richten oder die Gegenwart zu belehren; er soll „blos zeigen, wie es eigentl. gewesen". - Die dt. Geschichtswiss. blieb bis Mitte 20. Jh. dem von R. geprägten Historismus stark verpflichtet.

📖 *Berding, H.: L. v. R. In: Dt. Historiker. Hg. v. H.-U. Wehler. Bd. 1. Gött. 1971. - Hinrichs, C.: R. u. die Geschichtstheologie der Goethezeit. Gött. u. a. 1954. - Mommsen, W.: Stein, R., Bismarck. Ein Beitrag zur polit. u. sozialen Bewegung des 19. Jh. Mchn. 1954.*

Ranke-Graves, Robert von [engl. 'ræŋk 'grɛɪvz] ↑ Graves, Robert.

Ranken, fadenförmige, meist verlängerte, verzweigte oder unverzweigte Klammerorgane verschiedener höherer Pflanzen. R. dienen der Befestigung der Sproßsysteme an fremden Stützen. Je nach ihrer Herkunft an den verschiedenen Organen unterscheidet man: **Sproßranken,** wobei Haupt- (Weinrebe) oder Seitensprosse (Passionsblume) der R. bilden; **Blattranken,** bei denen ganze Blätter zu R. reduziert sind (Rhachis-R. beim Kürbis) oder Teile davon (Blattstiel-R. bei der Kapuzinerkresse); **Wurzelranken** bei trop. Lianen (Vanille).

Rankenfüßer (Cirripedia), Unterklasse der Krebstiere mit über 800 kleinen bis 80 cm langen, fast ausnahmslos meerbewohnenden, meist zwittrigen Arten; festsitzend oder parasit., nur die Larven freischwimmend; Körper von der typ. Krebstiergestalt stark abweichend, wenig gegliedert, stark verkürzt, häufig mit Panzer aus Kalkschildern; Brustbeine zu rankenartigen Fangarmen umgestaltet, mit denen die Nahrung herbeigestrudelt wird.

Rankenpflanzen (Fadenranker) ↑ Lianen.

Ranker, flachgründiger Bodentyp mit AC-Profil.

Rankine, William John Macquorn [engl. 'ræŋkɪn], * Edinburgh 5. Juli 1820, † Glasgow 24. Dez. 1872, brit. Ingenieur und Physiker. - Nach Tätigkeit im Eisenbahnbau ab 1855 Prof. für Ingenieurbau und Mechanik in Glasgow. R. ist einer der Begründer der Thermodynamik und der Theorie der Wärmekraftmaschinen. 1854 führte er die später mit der ↑ Entropie identifizierte thermodyn. Funktion ein und begründete 1855 die „Energetik" als Lehre von den Gesetzmäßigkeiten der Energie und deren Umwandlungen.

Rankine-Skala [engl. 'ræŋkɪn; nach W. J. M. Rankine], in Großbrit. und in den USA verwendete Temperaturskala, bei der der absolute Nullpunkt zu 0 °R[ank] (0 Grad Rankine) und der Tripelpunkt des Wassers zu 491,682 °R[ank] festgesetzt ist. Der Abstand zw. dem Gefrierpunkt (Eispunkt) und dem Siedepunkt (Dampfpunkt) des Wassers ist in 180 gleiche Teile unterteilt. Der Temperaturdifferenz 1 °R entsprechen ⁵/₉ K (↑ Kelvin). Die R.-S. steht zur ↑ Fahrenheit-Skala im gleichen Verhältnis, wie die Kelvin-Skala zur Celsius-Skala.

Ranković, Aleksandar [serbokroat. 'ra:ŋkovitɕ], * Draževac bei Obrenovac (Engeres Serbien) 28. Nov. 1909, † Dubrovnik 19. Aug. 1983, jugoslaw. Politiker. - Seit 1928 Mgl. der KP, seit 1940 des Politbüros; 1946-53 Innenmin.; 1958-60 Sekretär, 1960-63 Generalsekretär der Partei; seit 1963 Vizepräs. und potentieller Nachfolger Titos; 1966 abgesetzt und aus der KP ausgestoßen.

Rankûne [frz., zu lat. rancor „ranziger Geschmack"], Groll, heiml. Feindschaft; Rachsucht.

Ransom, John Crowe [engl. 'rænsəm], * Pulaski (Tenn.) 30. April 1888, † Gambier (Ohio) 3. Juli 1974, amerikan. Lyriker und Kritiker. - Ab 1937 Prof. am Kenyon College (Ohio); Mitbegr. und führender Mitarbeiter der für den New criticism bedeutsamen Zeitschrift „The Fugitive" (1922-55).

Rantekombola, mit 3 455 m höchste Erhebung von Celebes.

Rantzau, holstein. Adelsgeschlecht; 1226 erstmals als Rantzow erwähnt, verbreitete sich in mehreren Linien im dt., dän. und niederl. Raum; sie wurden in den dän. Lehnsgrafenstand und 1650 in den Reichsgrafenstand erhoben. Bed. Vertreter:

R., Graf Henrik (Heinrich von), * Burg Stein-

Rangun. Shwe-Dagon-Pagode (1564)

Ranula

burg (Landkr. Steinburg) 11. März 1526, † Breitenburg 31. Dez. 1598, dän. Staatsmann. - 1556–98 dän. Statthalter im königl.-dän. Teil von Schleswig-Holstein; vertrat geschickt auch die Interessen der Hzgt. und der schleswig-holstein. Ritterschaft. R. ließ prächtige Renaissanceherrensitze erbauen, war aber auch humanist. Gelehrter (u. a. lat. Geschichte des „Dithmarscher Krieges" von 1559).

Ranula [lat.], svw. ↑ Froschgeschwulst.

Ranunculaceae [lat.], svw. ↑ Hahnenfußgewächse.

Ranunculus [lat.], svw. ↑ Hahnenfuß.

Ranunkel [lat.] ↑ Hahnenfuß.

Ranz des vaches [frz. rãde'vaʃ], frz. Bez. für ↑ Kuhreigen.

Ranzenkrebse (Peracarida), Überordnung der Höheren Krebse mit über 8 000 kleinen bis mittelgroßen Arten im Meer, Süßwasser und auf dem Land; Entwicklung ohne Larvenstadium; bekannteste Ordnungen: ↑ Asseln und ↑ Flohkrebse.

Ranzigkeit, durch enzymat. oder chem. Reaktionen in Speisefetten und -ölen auftretende Veränderungen, die zur Verschlechterung des Geschmacks und der ernährungsphysiolog. Qualität führen. R. wird durch (durch Schwermetallspuren geförderte) Oxidation der Fette mit Luftsauerstoff zu Fettperoxiden hervorgerufen, die zu unangenehm riechenden Aldehyden gespalten und zu Mono- und Dicarbonsäuren weiteroxidiert werden. Mikroorganismen können auch enzymat. die Bildung parfümartig riechender Ketone bewirken. Durch kühle Lagerung der Fette und durch Zugabe von Antioxidanzien kann R. gehemmt werden.

Ranzzeit (Rollzeit) ↑ Brunst.

Raoul de Houdenc [frz. rauldəu'dɛ̃:k] (R. de Houdan), * zw. 1170 und 1180, † um 1230, altfrz. Dichter. - Hervorragender altfrz. Artusdichter nach Chrétien de Troyes; schrieb Romane und allegor. Gedichte.

Rapacki, Adam [poln. ra'patski], * Lemberg 24. Dez. 1909, † Warschau 10. Okt. 1970, poln. Politiker. - 1939–45 in dt. Kriegsgefangenschaft; trat 1945 der Poln. Sozialist. Partei (PPS) bei, maßgebl. an deren Vereinigung mit der kommunist. Poln. Arbeiter-Partei (PPR) zur Poln. Vereinigten Arbeiter-Partei (PZPR) 1948 beteiligt; 1948–68 Mgl. des ZK; 1948–54 und 1956–68 Mgl. des Politbüros. 1949/50 Schiffbau-, 1950–56 Hochschulmin.; legte als Außenmin. (1956–68) 1957 vor der UN-Vollversammlung den **Rapacki-Plan** vor, der einen Verbot der Herstellung und Stationierung von Atomwaffen und ihrer Träger in Polen, der ČSSR und in beiden Teilen Deutschlands vorsah, von westl. Seite aber abgelehnt wurde, da durch ihn das militär. Gleichgewicht in Europa zugunsten der in konventioneller Rüstung überlegenen Staaten des Warschauer Pakts angebl. verschoben worden wäre.

Rapallo, italien. Seebad an der Riviera di Levante, 2 m ü. d. M., 29 400 E. - In vorröm. Zeit besiedelt; im 6. Jh. n. Chr. befestigt; 641 durch die Langobarden zerstört; im 12. Jh. freie Kommune. - Der am 12. Nov. 1920 in R. abgeschlossene Vertrag zw. Italien und Jugoslawien regelte die durch den 1. Weltkrieg und durch die Gründung des Kgr. Jugoslawien entstandenen Grenzfragen. - Im April 1922 war R. Tagungsort führender Mgl. der dt. und der sowjet. Delegation zu der Weltwirtschaftskonferenz in Genua (10. April–19. Mai 1922), auf der es zu keiner Einigung kam. Die dt.-sowjet. Unterhandlungen führten zum **Rapallovertrag** vom 16. April 1922 zw. der RSFSR und dem Dt. Reich, durch Zusatzabkommen im Nov. 1922 auf die anderen Sowjetrepubliken ausgedehnt. Der Vertrag normalisierte die beiderseitigen diplomat. und konsular. Beziehungen, legte den Verzicht beider Mächte auf Ersatz ihrer Kriegskosten und -schäden fest und sicherte für die künftigen Handels- und Wirtschaftsbeziehungen sowie für die Rechtsstellung der Staatsangehörigen beider Parteien die Meistbegünstigung; er sollte einer drohenden dt. Isolierung auf der Weltwirtschaftskonferenz in Genua entgegenwirken und im Sinne traditioneller preuß.-dt. Außenpolitik der revisionist. Diplomatie des Reichs einen größeren Spielraum verschaffen, ohne eine einseitige Orientierung nach O vorzunehmen, und bildete die Grundlage des Berliner Vertrags von 1926 und der dt. Politik gegenüber der Sowjetunion bis 1933.

📖 *Fritsch-Bournazel, R.: R. - ein frz. Trauma. Dt. Übers. Köln 1976. - Linke, H. G.: Dt.-sowjet. Beziehungen bis R. Köln 1970.*

Rapfen (Schied, Oderlachs, Rappe, Mülpe, Aspius aspius), bis etwa 60 cm (im Osten bis über 80 cm) langer, schlanker Karpfenfisch in M- und O-Europa; Oberseite schwärzl. olivgrün, Körperseiten silbrig; lebt erwachsen räuberisch; ist in O-Europa bed. Speisefisch.

Raphael [...faɛl], aus der Bibel übernommener männl. Vorname hebr. Ursprungs, eigtl. „Gott heilt".

Raphael [...faɛl], Name eines der höchsten Engel. Seine Funktion bestand im Heilen von Krankheiten; gilt in der kath. Kirche als Erzengel.

Raphanus [griech.] ↑ Rettich.

Raphiabast (Raffiabast) [Malagassi/dt.], Bez. für die aus den Fiederblättern der Raphiapalme erhaltenen Bastfaserbündel, die v. a. als Bindematerial im Garten- und Weinbau sowie als Flechtmaterial verwendet werden.

Raphiapalme [Malagassi/lat.] (Bastpalme, Raphiabastpalme, Raphia), trop. Palmengatt. mit rd. 40 Arten; baumförmige Fiederpalmen mit kurzen, dicken Stämmen und bis über 15 m langen Blättern.

Raphidenbündel [griech./dt.], in den

Vakuolen pflanzl. Zellen zu Bündeln zusammenliegende, schwerlösl. Kristallnadeln (**Raphiden**) aus Calciumoxalat; Stoffwechselendprodukte.

rapid (rapide) [lat.-frz.], sehr schnell, stürmisch; **Rapidität**, (erschreckende) Schnelligkeit.

Rapid City [engl. 'ræpɪd 'sɪtɪ], Stadt im westl. South Dakota, USA, 46 300 E. Kath. Bischofssitz; Bergakad.; Indianermuseum. - Gegr. 1876; 1878 Town, seit 1882 City.

rapid iron [engl. 'ræpɪd 'aɪən; eigtl. „schnelles Bügeleisen"] ↑ Pflegeleichtausrüstung.

Rapidsystem ⓦ, vereinfachtes Filmladesystem für Kleinbildkameras, bei dem der Film sich selbsttätig in die Auffangkassette einfädelt und das Rückspulen entfällt.

Rapoport (Rappaport), Salomo Jehuda Löw, * Lemberg 1. Juni 1790, † Prag 16. Okt. 1867, jüd. Gelehrter. - Gehörte dem Kreis der osteurop. Aufklärer an und gilt neben L. ↑ Zunz als einer der Begründer der Wiss. des Judentums; untersuchte erstmals mit histor.-krit. Methoden das rabbin. Schrifttum.

Rappbodetalsperre ↑ Stauseen (Übersicht).

Rappe, Pferd mit schwarzem Haarkleid (auch mit weißen Abzeichen); einzige Varietät ist der im Sommer tiefschwarze *Sommer-R.*, dessen Fell sich im Winter schwarzbraun aufhellt.

Rappen, Bez. unsicherer Herkunft für bestimmte Pfennige (seit dem 14. Jh.) in Oberelsaß, in S-Baden; in der Schweiz hielt sich der Name bis heute, seit 1799 Bez. des Centime, 1 R. (Abk. Rp.) = 0,01 Schweizer Franken.

Rappen, Stengelanteil des Fruchtstands der Weinrebe.

Rappenau, Bad ↑ Bad Rappenau.

Rapperswil, schweizer. Bez.hauptort am SO-Ufer des Zürichsees, Kt. Sankt Gallen, 408 m ü. d. M., 8 000 E. Technikum; Museum des Schweizer. Burgenvereins, Seeaquarium; Maschinenbau, Kunststoff-, Textil-, Nahrungsmittelind. - Entstand um die von den Grafen von R. um 1200 errichtete Burg; im 13. Jh. befestigt; kam 1354 an die Habsburger. 1415 Reichsstadt; schloß sich 1460 der Eidgenossenschaft an und wurde den Schirmorten Uri, Schwyz, Unterwalden und Glarus unterstellt; 1803 dem Kt. Sankt Gallen eingegliedert. - Auf einem Hügel das Schloß (v. a. 14. Jh.) und die spätgot. Pfarrkirche (1491–96); umgestaltet).

Rapport [frz., eigtl. „das Wiederbringen"], [dienstl.] Meldung, [regelmäßiger] Bericht.

◆ svw. Bindungsrapport (↑ Bindungslehre).

◆ fortlaufende Wiederholung eines Motivs bzw. Musters (auf Geweben, Tapeten usw.); für die islam. Kunst ist der „unendl. R." in der Ornamentik charakteristisch.

Ras Al Ain

Rappresentazione sacra (Sacra rappresentazione) [italien. „geistl. Darstellung"], das geistl., nichtliturg. Spiel in italien. Sprache des 15. und 16. Jh. Die prunkvolle Schaustellung mit weltl. Einschüben wurde v. a. in Florenz gepflegt; als Musik verwendete man den Gesang von Kanzonen und Lauden.

Raps [niederdt.] (Colza, Reps, Kohlsaat, Kohlraps, Brassica napus var. napus), 60–120 cm hoher Kreuzblütler mit gelben Blüten und blaugrünen Blättern; in Kultur einjährig als **Sommerraps** (f. annua) oder als **Winterraps** (f. biennis) ausgesät, wobei letzterer in Deutschland wegen des höheren Samenertrags bevorzugt angebaut wird. Der R. ist neben dem Rübsen die wichtigste einheim. Ölpflanze. Die heutigen Hauptanbaugebiete liegen in China und Indien. - Die Samen des R. enthalten etwa 40% Öl (**Rapsöl, Rüböl**), das durch Pressen und Extraktion gewonnen und als Speiseöl sowie zu techn. Zwecken verwendet wird. Der als Rückstand anfallende **Rapskuchen** ist ein wichtiges, eiweißreiches Futtermittel.

Rapserdfloh ↑ Flohkäfer.

Rapsglanzkäfer, Bez. für mehrere Arten in der holarkt. Region verbreitete, 1,5–2,5 mm langer, metall. bläulichgrün schimmernder Glanzkäfer, die bes. an Raps und Rübsen schädl. werden.

Rapskuchen ↑ Raps.

Rapsöl ↑ Raps.

Rapsrüßler (Kohlschotenrüßler, Ceutorrhynchus assimilis), in Europa verbreiteter (nach N-Amerika eingeschleppter), etwa 3 mm langer, dicht mit grauen Haarschuppen besetzter Rüsselkäfer; Schädling an Raps (großer Ernteausfall).

Raptatores [lat.], svw. ↑ Raubvögel.

Raptus [lat. „das Fortreißen"], plötzlich einsetzende, heftige psych. Störung, unvermittelt eintretender Erregungszustand.

Rapunzel [mittellat.], svw. Gemeiner Feldsalat (↑ Feldsalat).

◆ svw. ↑ Teufelskralle.

◆ (Gelbe R.) svw. Gemeine Nachtkerze (↑ Nachtkerze).

Rarität [lat.], Seltenheit, Kostbarkeit; seltenes Stück; **Rarum** (Mrz. **Rara**), seltenes Exemplar (meist von Büchern gesagt).

Raron, Hauptort des Kr. Westl. R., Bez. R., im schweizer. Kt. Wallis, am Ausgang des Bietschtales ins Rhonetal, 640 m ü. d. M., 1 300 E. Häuser des 16. und 17. Jh. Über der Stadt Burgturm (z. T. 12. Jh.) und spätgot. Kirche (1508/09). Auf dem Friedhof das Grab von R. M. Rilke.

Rarotonga [engl. rærə'tɒŋgə], größte der Cookinseln mit deren Hauptstadt Avarua; gebirgige Vulkaninsel (bis 701 m ü. d. M.), von Korallenriffen umgeben.

Ras, arab. svw. Kap.

Ras Al Ain, Oasenort in Syrien, an der türk. Grenze, 6 000 E.

Ras Al Chafdschi

Ras Al Chafdschi [al'xafdʒi], Erdölexporthafen im NO von Saudi-Arabien mit Erdölraffinerie.

Ras Al Chaima [al'xaıma] ↑ Vereinigte Arabische Emirate.

Ras Algethi [arab. „Kopf des Niederknienden"], der Stern α im Sternbild Hercules.

Ras Alhague [al'haːguɛ; arab. „Kopf des Schlangenträgers"], der Stern α im Sternbild Ophiuchus (Schlangenträger).

Rasanz [lat.-frz.], der flache Verlauf der Flugbahn eines Geschosses.
◆ umgangssprachl. rasende Schnelligkeit, Großartigkeit.

Ras At Tannura, Stadt auf einer Halbinsel im Pers. Golf, Saudi-Arabien. Bed. Erdölexporthafen mit Erdölraffinerie.

Raschi, eigtl. Salomo Ben Isaak, * Troyes 1040, † ebd. 30. Juli 1105, jüd. Gelehrter. - Gründete 1065 in Troyes eine höhere Talmudschule. Seine Kommentare zur hebr. Bibel stellen eine knappe Zusammenfassung der palästinens.-italien.-aschkenas. Tradition der jüd. Schriftauslegung dar. Sein Pentateuchkommentar ist die älteste bekannte hebr. Inkunabel (gedruck◆ 1475). Sein Kommentar zum babylon. Talmud wurde zum Kommentar schlechthin. Die Kommentare des R. werden meist in den rabbin. Bibelausgaben und in den gängigen Ausgaben des Talmuds mitabgedruckt. Sie sind v. a. in der wohl fälschl. nach R. ben. *R.schrift* geschrieben (↑ hebräische Schrift).

Raschig-Ringe [nach dem dt. Chemiker und Industriellen F. Raschig, * 1863, † 1928], in der *chem. Technik* Bez. für spezielle Füllkörper in Form kurzer Rohrstücke, teilweise mit Zwischenwand, zur Erhöhung der inneren Oberfläche in Destillationskolonnen.

Raschig-Verfahren, mehrere, von dem dt. Chemiker und Industriellen F. Raschig (* 1863, † 1928) bzw. in dessen Firma Dr. F. Raschig GmbH entwickelte chem.-techn. Verfahren v. a. zur Herstellung von Phenol aus Benzol und von Hydrazin aus Ammoniak.

Rascht [pers. ræʃt], iran. Stadt im kasp. Küstentiefland, 259 600 E. Hauptstadt des Verw.-Geb. Gilan; deutsch-iranische Univ. (seit 1977); Textilind., Seidenraupenzucht, Herstellung von Elektrogeräten, Glühbirnen und Leuchtstoffröhren u. a.

Rasen, in der *Biologie* Bez. für gleichförmigen, dichten, niedrigen, flächendeckenden Bewuchs, z. B. von Bakterien, Algen, Pilzen, Moosen, Hufeisenwürmern u. a. Kleinlebewesen.
◆ in der *Vegetationskunde* Bez. für v. a. aus Gräsern gebildete Pflanzengesellschaften, z. B. Trocken- und Magerrasen auf flachgründigen, trockenen, meist künstl. entwaldeten Felshängen, alpine R.gesellschaften über der Baumgrenze.
◆ in der *Landschaftsgärtnerei* Bez. für künstl. zusammengestellte Grasdecken für Zier- und Nutzzwecke in Parks, Anlagen, Gärten, auf Sport- und Spielplätzen. Die häufigsten R.gräser sind je nach Verwendung ausgewählten Mischungen: Weidelgras, Wiesenschwingel, Wiesenrispengras und Straußgras.

Rasenameise (Tetramorium caespitum), in Europa überall häufig vorkommende, braune bis grauschwarze Art der Knotenameisen; Arbeiterinnen 2,5–3,5 mm, Geschlechtstiere 6–8 mm lang. Sie baut ihre Nester unterird. an Waldrändern, in Steppenödgebieten (unter Steinen) und in Grasgelände.

Raseneisenerz (Sumpferz, Wiesenerz), bei der Mischung von eisenhaltigem Grundwasser mit sauerstoffreichem Wasser in Seen, Bächen oder sumpfigen Wiesen ausgeschiedenes, amorphes, fast schwarzes Eisenerz; wurde früher vielfach abgebaut.

Rasenkraftsport, Dreikampf; besteht aus Hammer- und Gewichtwerfen sowie Steinstoßen. Punktwertung: Ausgangsbasis sind 1 000 Punkte für 10 m im Steinstoßen, 20 m im Gewicht- und 40 m im Hammerwerfen.

Rasenmäher, von Hand oder durch einen Elektro-, Zweitakt- oder Viertaktmotor angetriebenes Gerät zum Mähen des Rasens. Beim *Hand-R.* wird die Drehbewegung der Räder des geschobenen Geräts gewöhnl. auf eine (um eine horizontale Achse rotierende) Messerwalze übertragen. *Motor-R.* sind meistens mit einem in einer sog. Messerglocke um eine senkrechte Achse rotierenden Messersystem (Propellermesser) ausgerüstet. Zum leichteren Fortbewegen (normalerweise auf Rädern montierten) R. wurden *Luftkissen-R.* konstruiert, die auf einem Luftkissen über dem Rasen schweben. Für größere Rasenflächen werden *Aufsitzmäher* oder *Rasentraktoren* (Kleinsttraktoren mit Sitz und Motorantrieb) verwendet.

Ras Gharib ['gaːrıp], ägypt. Ort am Golf von Sues; Zentrum der Erdölförderung an der W-Küste des Golfes.

Rasgrad, bulgar. Stadt beiderseits des Beli Lom, 200 m ü. d. M., 51 800 E. Hauptort des Verw.-Geb. R.; Stadtmuseum; landw. Forschungsstation; Mittelpunkt eines Agrargeb. - In unmittelbarer Nähe die röm. Festungsanlage **Abritus** (**Abrittus**; 1.–6. Jh. n. Chr.; von den Awaren zerstört), die wie von der zugehörigen Stadt (seit dem 2. Jh. n. Chr.) noch Reste erhalten sind. Seit dem 14. Jh. als R. belegt. - Moschee (1614).

Rasin, Stepan Timofejewitsch, gen. Stenka R., * um 1630, † Moskau 16. Juni 1671 (hingerichtet), Donkosak. - Organisierte 1667 gegen russ. Übergriffe auf die Kosakenfreiheiten den Aufstand der Kosaken an der Wolga und am Kasp. Meer. Im Okt. 1670 mit seinem Heer bei Simbirsk (= Uljanowsk) geschlagen, 1671 gefangen und ausgeliefert.

Rask, Rasmus, * Brændekilde (Fünen) 22.

Nov. 1787, † Kopenhagen 14. Nov. 1832, dän. Sprachwissenschaftler. - Prof. in Kopenhagen; neben F. Bopp einer der Begründer der vergleichenden indogerman. Sprachwiss. durch den Nachweis regelmäßiger Lautentsprechungen in den altnord. Sprachen.

Raskolniki [russ.], Bez. der Anhänger des bis heute fortbestehenden „raskol" (russ. „Spaltung") in der russ.-orth. Kirche im 17. Jh. Die R. bekämpften die Reformen des Patriarchen Nikon und wurden deshalb vom Landeskonzil 1666/67 als Ketzer verurteilt, aus der Kirche ausgeschlossen und mit aller Schärfe verfolgt. Der Wortführer der R. (auch **Altgläubige** oder **Altritualisten** genannt), der Protopope ↑Awwakum, wurde 1682 verbrannt. Mit einer an Fanatismus grenzenden religiösen Begeisterung wollten die R. die alte russ. Frömmigkeit und Lebensart verteidigen. Das Landeskonzil 1971 hob den Kirchenbann über die R. auf.

Rasmus, männl. Vorname, Kurzform von Erasmus.

Rasmussen, Halfdan, * Kopenhagen 29. Jan. 1915, dän. Lyriker. - Arbeitersohn; 1940–45 in der dän. Widerstandsbewegung; der Krieg ist Thema seiner Lyrik bis etwa 1950; dann humorvolle Nonsensdichtung („Hokus Pokus", dt. Auswahl 1973).

R., Knud, * Jakobshavn (Grönland) 7. Juni 1879, † Kopenhagen 21. Dez. 1933, dän. Forschungsreisender. - Überwinterte 1902–04 als Teilnehmer einer Grönland-Expedition bei den Polareskimo; 1906–08 zu ethnograph. Studien in NW-Grönland; gründete 1910 die Station Thule als Ausgangspunkt für 7 weitere Expeditionen in die Arktis bis zur Beringstaße (1912–33), auf denen er sämtl. Eskimostämme aufsuchte und ihre kulturellen Gemeinsamkeiten erforschte.

Räson (Raison) [rɛˈzõː; frz. zu lat. ratio „Berechnung, Denken"], Vernunft, Einsicht; **räsonieren,** sich (wortreich) über etwas auslassen; nörgeln; **Räsoneur,** Klugredner, Nörgler; **Räsonnement,** (vernünftige) Überlegung.

Rasp, Fritz, * Bayreuth 13. Mai 1891, † Gräfelfing 30. Nov. 1976, dt. Schauspieler. - Zahlr. Bühnenengagements. Bekannt v. a. als Darsteller dunkler, zerbrochener oder gefährdeter Existenzen, v. a. in „Metropolis" (1927), „Die Liebe der Jeanne Ney" (1927), „Die Dreigroschenoper" (1931), „Emil und die Detektive" (1931), „Paracelsus" (1943), „Lina Braake" (1975), „Dorothea Merz" (1976).

R., Renate, eigtl. R. R.-Budzinski, * Berlin 3. Jan. 1935, dt. Schriftstellerin. - Tochter von Fritz R.; schreibt Lyrik und Prosa; ihre Texte sind oft von analyt. Kälte und provokativschockierend, u. a. „Ein ungeratener Sohn" (R., 1967), „Chinchilla. Leitfaden zur prakt. Ausübung" (Satire, 1973), „Junges Deutschland" (Ged., 1978), „Zick Zack" (R., 1979).

Raspe, Heinrich, Landgraf von Thüringen, ↑Heinrich Raspe (Hl. Röm. Reich).

Raspel, einer Feile ähnliches, jedoch mit einzeln stehenden Zähnen versehenes Handwerkszeug zur groben Bearbeitung von Holz.

Rasputin, Grigori Jefimowitsch, eigtl. G. J. Nowych, * Pokrowskoje bei Tjumen 1864 oder 1865, † Petrograd 30. Dez. 1916, russ. Mönch. - Lebte seit 1907 am Zarenhof, wo er auf Grund seiner angebl. Fähigkeit, die Hämophilie des Thronfolgers heilen zu können, über die für Mystizismen empfängl. Zarin übermächtigen Einfluß auf Nikolaus II. und die russ. Politik gewann; als Ursache des drohenden russ. Zusammenbruchs angesehen und ermordet.

Grigori Jefimowitsch Rasputin (um 1910)

R., Walentin Grigorjewitsch, * Ust-Uda (Gebiet Irkutsk) 15. März 1937, russ.-sowjet. Schriftsteller. - Hauptthemen seiner Romane sind das russ. Dorf und seine Menschen („Die letzte Frist", 1970) und die psycholog. Problematik zw. Mann und Frau („In den Wäldern der Zuflucht", 1974; „Abschied von Matjora", 1976). Schrieb auch „Der Brand" (En., 1985).

Ras Schamra, Ruinenstätte der altoriental. Stadt ↑Ugarit.

Rasse [italien.-frz.], in der *Biologie* svw. Unterart.

◆ in der *Züchtungsforschung* nicht immer eindeutig gefaßter Begriff als Bez. für Formengruppen mit kennzeichnenden, gleichen Merkmalen. Die Übergänge zw. einzelnen R. sind meist fließend und daher nicht scharf zu ziehen; sie werden insbes. durch R.mischung verwischt, da Angehörige verschiedener R. ein und derselben Art unbegrenzt untereinander fortpflanzungsfähig sind. Deshalb wird die R. zur Erhaltung ihrer (erwünschten) Merkmale in sexueller Isolation gehalten; hinzu kommen laufende Kontrollen, wie z. B. Saatgutkontrolle, Zuchtwahl gemäß Körordnung und Herdbuch (↑auch Tierzucht).

◆ in der *Anthropologie* ↑Menschenrassen.

Rassel, (Klapper) Hornringe am Schwanzende von Klapperschlangen.

Rasselgeräusch

◆ durch Schütteln zum Klingen gebrachtes Idiophon in Gefäß- (z. B. Maracas), Reihen- (z. B. Schellenbaum) oder Rahmenform (z. B. Sistrum). Als kult. Geräte seit frühester Zeit bekannt, werden R. auch als Musikinstrumente und Kinderspielzeug verwendet.

Rasselgeräusch, Abk. RG, bei bestimmten Krankheiten über den Lungen auskultator. hörbares Geräusch, das durch zähes *(trockenes R.)* oder dünnflüssiges Sekret *(feuchtes R.)*, das von der Atemluft bewegt wird, zustande kommt.

Rassemblement Démocratique Africain [frz. rasãblǝˈmã demɔkraˈtik afriˈkɛ̃ „Afrikan. Demokrat. Sammlungsbewegung"], Abk. RDA, 1946 gegr. Parteiföderation (erster Präs. F. Houphouët-Boigny) in Frz.-Westafrika und Frz.-Äquatorialafrika; dort während der Entkolonisation stärkste polit. Organisation; nach 1958 in regionale Landesparteien aufgesplittert.

Rassemblement du Peuple Français [frz. rasãblǝˈmã dyˈpœplǝ frãˈsɛ „Sammlungsbewegung des frz. Volkes"], Abk. RPF, 1947 von de Gaulle gegr. antikommunist. Sammlungsbewegung; stellte nach den Parlamentswahlen 1951 die stärkste Fraktion; urspr. gegen das Parteiensystem gerichtet, wurde dann aber selbst Partei; 1952 Abspaltung einer Fraktion von 32 Abg.; 1953 distanzierte sich de Gaulle vom RPF, dessen Abg. die Union Républicaine d'Action Sociale, später die Gruppe Républicains Sociaux bildeten; diese gingen 1958/59 in der gaullist. Union pour la Nouvelle République und in der Union Démocratique du Travail auf.

Rassemblement pour la République [frz. rasãblǝˈmã purlarepyˈblik „Sammlungsbewegung für die Republik"], 1976 gegr. gaullist. Nachfolgeorganisation der ↑Union des Démocrates pour la République.

Rassenfrage (Rassenkonflikt), Gesamtheit aller Spannungen, Konflikte und Kämpfe zw. ethn./rass. unterschiedenen Gruppen, sowohl innerhalb eines gemeinsamen staatl. Rahmens als auch in der Form zwischenstaatl. Auseinandersetzungen. Rassenkonflikte treten auf, wenn bestimmte ethn./rass. Gruppen benachteiligt und/oder verfolgt werden. Dieses Verhalten wird v. a. seit dem 19. Jh. mit pseudowiss. Theorien über die Ungleichheit der Menschenrassen ideolog. abgesichert (↑Rassismus). Der Rassenbegriff solcher Theorien ist jedoch meist unpräzis; sog. Rassenkonflikte sind deshalb oft nicht auf gesellschaftl. Differenzierung nach Rassen, sondern nach Sprache, Kultur, Zugehörigkeit zu einer Religions- oder Weltanschauungsgemeinschaft sowie nach Zugehörigkeit zu einer sozialen Gruppe, Schicht oder Klasse und auf daraus resultierende Vorurteile u. Interessengegensätze zurückzuführen.

Wichtigste Ursachen für die weltweit zu beobachtenden Rassenkonflikte waren der Kolonialismus und die mit ihm verbundene Unterwerfung unterentwickelter Völker, sie traten v. a. dort auf, wo die Überlegenheit einer Kolonialmacht durch ein System staatl. und sozialer Repression rechtl. verankert *(Rassengesetze)* und ideolog. gerechtfertigt wurde und wo im nachkolonialen Auflösungsprozeß *(Entkolonisation)* die Forderung bisher benachteiligter Gruppen nach Gleichberechtigung auf Widerstand traf. Von den europ. Kolonialreichen des 19. Jh. in Afrika ist noch Südafrika verblieben, das eine Politik der jurist. abgesicherten *Rassentrennung* zw. schwarzer und weißer Bev. verfolgt (↑Apartheid), sowie Namibia, das bis März 1990 unter der Kontrolle Südafrikas stand und dem die Prinzipien der südafrikan. Rassenpolitik aufgezwungen waren; nur noch in Südafrika wird das Prinzip der Gleichheit aller Bürger unabhängig von ihrer ethn. oder rass. Zugehörigkeit abgelehnt. Die im Dez. 1979 in London ausgehandelten Vereinbarungen der Bürgerkriegsparteien in [Simbabwe]-Rhodesien führten nach den Wahlen vom März 1980 dort zu einer endgültigen Lösung. Die Rassenkonflikte in den ehem. portugies. Kolonien, v. a. Angola, Moçambique und Guinea-Bissau, führten mittelbar zum Zusammenbruch des portugies. Kolonialreiches.

Als späte Folge der früheren Kolonialpolitik ist die R. in Großbrit. zu einem innenpolit. Problem geworden; dort waren in den 1950er Jahren Arbeitskräfte aus den Commonwealthländern angeworben worden; außerdem mußten nach der Unabhängigkeit Kenias (1963) viele enteignete Asiaten und 1972 aus Uganda ausgewiesene Asiaten mit brit. Pässen aufgenommen werden. Die *Immigration Act* von 1968, die die Einwanderung aus dem Commonwealth drast. einschränkte, wurde von den betroffenen Farbigen als ein Zugeständnis der brit. Reg. an eine rassist. eingestellte und sich auch in den 1970er Jahren immer militanter darstellende Minderheit angesehen, die die Erhaltung eines „weißen Großbrit." fordert. - Die Unterprivilegierung von Arabern in Israel und in den von Israel besetzten Gebieten wird z. T. ebenfalls als ungelöste R. angesehen, was die Vollversammlung der UN im Nov. 1975 zum Anlaß nahm, den Zionismus als Rassismus zu verurteilen.

Nachdem ehem. kolonialisierte Völker in Afrika und Asien unabhängig geworden waren, schlugen die Rassenkonflikte, ideolog. unterstützt durch einen *Gegenrassismus* (↑Rassismus), meist um und wandten sich gegen verbliebene rass. Minderheiten. - Auf **Tribalismus** (Beherrschung der Politik durch Stammesegoismus) zurückzuführende Konflikte entstanden v. a. in Schwarzafrika.

Während die europ. Kolonisation in Süd- und Mittelamerika seit dem Ende der span. Herrschaft im Verlauf des 19. Jh. i. d. R. einer

Rassismus

Synthese der ethn. Gruppen gewichen ist, ist die R. in Nordamerika, insbes. in den USA, wo sich v. a. *Indianer* als die Urbev. und *Afroamerikaner* (die Nachfahren der aus Afrika stammenden schwarzen Sklaven) diskriminiert fühlen, ein aktuelles Problem. Bereits im 17. Jh. wurde der weiße Rassismus, vermischt mit religiösen Motiven, zur ideolog. Rechtfertigung für die schrittweise Eroberung des nordamerikan. Kontinents und die Vernichtung seiner Bev., der Indianer, bzw. die Verdrängung der wenigen Überlebenden in Indianerreservate, herangezogen (↑ auch Indianer). Die seit Beginn des 17. Jh. als Sklaven nach Nordamerika verschleppten Schwarzen haben wiederholt Widerstand gegen ihre Unterdrückung durch eine weiße Mehrheit geleistet. Doch erst nach dem Sezessionskrieg wurden die schwarzen Sklaven befreit, wobei sie zuerst durch *Bürgerrechtsgesetze* (z. B. Wahlrecht für Schwarze durch die Reconstruction Act 1867) gestärkt, dann aber auf Grund der Reaktion des wiedererstarkten Südens durch Rassengesetze (die sog. *Black codes*, die die Rechtsfähigkeit der Schwarzen stark einschränkten, sowie die sog. *Jim-Crow-Gesetzgebung*, die die Rassentrennung gesetzl. verankerte) an voller Gleichberechtigung gehindert wurden. Bes. der rassist. Geheimbund *Ku-Klux-Klan* versuchte eine Rassenintegration mit Hilfe von Lynchmorden zu verhindern. Die vom Obersten Gerichtshof 1896 geprägte Formel „separate but equal" („getrennt, aber gleich") leistete der Rassentrennung (*Segregation*) zw. Schwarzen und Weißen in den USA in allen Lebensbereichen weiteren Vorschub. Seit dem 1. Weltkrieg zogen wegen der bedrückenden Lebensbedingungen im Südstaaten immer mehr Afroamerikaner in die Ind.städte des N, wo sie Ghettos bildeten, die latente Unruheherde darstellen (u. a. 1943, 1965, 1967 blutige Ghettounruhen). Die zu Beginn des 20. Jh. entstandene, zunächst nur gewaltlos operierende *Bürgerrechtsbewegung* erreichte, daß mit Hilfe von Gesetzen und Verfassungsänderungen zw. 1964 und 1966 die Rassentrennung im öffentl. Leben verboten wurde. Die Ermordung M. L. Kings durch weiße rassist. Kräfte 1968 hatte ein Erstarken der radikaleren afroamerikan. Bewegung zur Folge (↑ Black Power); die Segregation ist aber de facto bis heute aufrechterhalten worden.

Ⓛ Hohmann, J. S.: *Gesch. der Zigeunerverfolgung in Deutschland*. Ffm. *1985*. - Marable, M.: *Race, Reform u. Rebellion*. Hamb. *1984*. - Mamozai, M.: *Herrenmenschen. Frauen im dt. Kolonialismus*. Rbk. *1982*. - *I had a dream. Doktor Martin Luther King*. 15. 1. 1929–4. 4. 1968. Hg. v. H. Schultz. Freib. *1978*. - Fanon, F.: *Die Verdammten dieser Erde*. Dt. Übers. ⁸*1978*. - Bitterli, U.: *Die "Wilden" u. die "Zivilisierten"*. Mchn. *1976*. - Moens, G.: *Equality for freedom*. Wien *1976*. - Braun, M.: *Das schwarze Johannesburg: Afrikaner im Getto*. Ffm. *1973*.

Rassengesetze, Bez. für die Gesetze, die die Diskriminierung von Angehörigen bestimmter ethn. oder rass. Gruppen institutionalisieren; am bekanntesten die ↑ Judengesetze, v. a. in der NS-Zeit die ↑ Nürnberger Gesetze. - ↑ auch Apartheid, ↑ Rassenfrage.

Rassenhaß ↑ Volksverhetzung.

Rassenkreis, in der *biolog. Systematik* svw. ↑ Formenkreis.
♦ in der *Anthropologie* svw. Groß- oder Hauptrasse (↑ Menschenrassen).

Rassenkunde, Forschungsbereich der biolog. Anthropologie, der sich v. a. mit der Entstehung, (geograph.) Verbreitung und Variabilität, Charakterisierung bzw. Typisierung und Klassifizierung der ↑ Menschenrassen befaßt.

Rassenschande ↑ Nürnberger Gesetze.

Rassenstandard (Rassestandard), internat. anerkannte verbindl. Rassenbeschreibung einer bestimmten Rasse, v. a. nichtlandw. Haustiere (Liebhaberrasse), z. B. von Haushunden, Hauskaninchen und Haustauben.

Rasse- und Siedlungshauptamt ↑ Schutzstaffel.

Rassismus (Rassenideologie), Gesamtheit der Theorien und polit. Lehren, die nach Maßgabe einer anthropolog. Klassifizierung der menschl. Erdbev. in Menschenrassen Zusammenhänge zw. Körpertypen und Kulturentwicklung behaupten und dabei versuchen, kulturelle Fähigkeiten und Entwicklungslinien der menschl. Geschichte nicht auf polit. und soziale, sondern auf biolog. Ursachen zurückzuführen; i. e. S. alle Lehren, die aus solchen Zusammenhängen eine Über- bzw. Unterlegenheit einer menschl. Rasse gegenüber einer anderen behaupten, um die Herrschaft über Menschen, Volksgruppen und Völker anderer Herkunft mit dem Hinweis auf deren angebl. naturgegebene sittl. oder intellektuelle Unterlegenheit zu rechtfertigen sowie mit Hilfe dieser Ideologie Massen für objektiv andere (z. B. polit. oder wirtsch.) Interessen zu mobilisieren. Der R. liefert daher *innenpolit.* die Begründung für Diskriminierung, Unterprivilegierung oder Unterdrückung ethn. Gruppen (oft Minderheiten), die als Vertreter anderer Rassen bezeichnet werden; er kann gleichzeitig der Ablenkung polit. und sozialer Unzufriedenheit dienen.

Außenpolit. wird der R. zur Rechtfertigung von Imperialismus und Kolonialismus herangezogen. In Umkehrung und Weiterentwicklung kolonialer Rassenpolitik haben viele Völker Schwarzafrikas und Asiens, aber auch ethn. Minderheiten (z. B. Farbige in den USA) einen neuen, sich gegen die (ehem.) Kolonialherren oder die ethn. Mehrheiten richtenden R. entwickelt (*Gegenrassismus*).

Ideengeschichte: Nachdem Unterdrückung und Ausbeutung anderer Völker als naturgegebene Zustände betrachtet worden waren,

Rastatt

bedurften mit dem Aufkommen und der späteren Durchsetzung der Ideale der bürgerl. Aufklärung - Freiheit, Gleichheit und Brüderlichkeit - seit dem 17./18. Jh. Sklaverei und Kolonialismus neuer, als wiss. bezeichneter Rechtfertigungsideologien, die die Überlegenheit europ. Rassen über den Rest der Weltbev. beweisen sollten. Verbreitung erreichte der R. v. a. im 19. Jh., als die Theorien C. R. Darwins eine Flut rassist. Literatur auslösten, die die Vorstellungen Darwins von der natürl. Zuchtwahl, vom Überleben des Tüchtigsten im „Kampf ums Dasein" und von der damit biolog. bestimmten Evolution übernahm und bruchlos auf das Verhältnis der Menschenrassen übertrug, um ethn. Gruppen nach ihrer kulturellen Entwicklung zu unterscheiden. J. A. Graf von Gobineau entwickelte die Lehre von der Ungleichheit innerhalb der weißen Rasse, als deren Kern sich die „arische Rasse" († Arier) allein rein erhalten habe. Ähnl. Rassenlehren entstanden im 19. Jh. auch in den USA, um die Ausrottung der Indianer, die Versklavung der Schwarzen sowie die soziale Diskriminierung oriental. und südeurop. Einwanderergruppen zu legitimieren. Im Nationalsozialismus wurden rassist. Ideen polit. zu realisieren versucht. In der nach der Wertigkeit der einzelnen Menschenrassen von Rassentheoretikern aufgestellten Rangordnung standen die „Arier" auf dem höchsten, die Juden auf dem untersten Rang, die nach Auffassung der Nationalsozialisten als die „minderwertigste" fremde (obwohl biolog. keine eigenständige) Rasse aus dem „Volkskörper" entfernt und schließl. gänzl. ausgerottet werden sollten († auch Antisemitismus, † Judengesetze, † Judenverfolgungen).
V. a. mit dem Vordringen sozialwiss. Milieutheorien, die bewiesen, daß Mgl. gänzl. verschiedener Rassen unter gleichen kulturellen Sozialisationsbedingungen ähnl. Persönlichkeitsstrukturen entwickeln und daß Menschen völlig verschiedener Kulturen sich aus Mgl. derselben Rasse rekrutieren können, ist dem R. ein großer Teil seiner theoret. Basis entzogen worden.
📖 *Poliakov, L., u. a.: Über den R. Bln. 1984. - Rassen u. Minderheiten. Hg. v. H. Seidler u. A. Soritsch. Wien 1983.*

Rastafari, afro-amerikan. Erlösungsbewegung, in den 30er Jahren auf Jamaika aus den Lehren von M. Garvey (* 1887, † 1940) entstanden; benannt nach dem früheren äthiop. Kaiser Haile Selassi (vor der Krönung Ras Tafari, „Prinz Tafari"), von den Anhängern (**Rastafarier**) in der Hoffnung auf Rückkehr in ein „erlöstes Afrika" als wiedererstandener Christus verehrt. Ausdruck ist die Musik des † Reggae.

Rastatt, Krst. an der Murg, Bad.-Württ., 120 m ü. d. M., 37 400 E. Wehrgeschichtl. Museum, Museum für die Freiheitsbewegung in der dt. Geschichte; Elektro-, Kfz.-, opt., Kunststoff- u. a. Ind., Druckereien, Verlage. **Geschichte:** 1085 erstmals erwähnt; seit 1404 Marktflecken. Markgraf Ludwig Wilhelm I. von Baden ließ R. ab 1697 zur Festung ausbauen und ein Schloß errichten; ab 1700 Stadt, 1705–71 Residenz der Markgrafen von Baden; 1841–69 zur Bundesfestung des Dt. Bundes ausgebaut. Schleifung der Festungsanlagen ab 1888. Der **Friede von Rastatt** vom 6. März 1714 beendete auf der Grundlage des Utrechter Friedens von 1713 den Span. Erbfolgekrieg zw. Frankr. und Kaiser Karl VI.; Philipp V. wurde als span. König anerkannt; die span. Nebenländer (span. Niederlande, Mailand, Neapel, Mantua, Sardinien) fielen an das Haus Österreich, Frankr. erhielt Landau, während Freiburg im Breisgau, Kehl und Alt-Breisach am Rhein wieder ans Reich fielen. Auf dem **Friedenskongreß von Rastatt** (9. Dez. 1797–23. April 1799) bewilligte das Hl. Röm. Reich die Abtretung des linken Rheinufers an Frankr. Durch den Ausbruch des 2. Koalitionskrieges wurde der Kongreß abgebrochen. Ursachen und Anlaß der Ermordung von 2 frz. Vertretern (**Rastatter Gesandtenmord**) sind ungeklärt.
Bauten: Barock geprägter Stadtkern; barockes ehem. markgräfl. Schloß (1697–1707; Innendekoration Rokoko um 1740–50) mit Schloßkirche; Stadtkirche Sankt Alexander (18. Jh.), Barockrathaus (später umgestaltet); Parkschlößchen Pagodenburg (1722). Im Stadtteil Niederbühl das Lustschloß Favorite (1710–12).
R., Landkr. in Bad.-Württ.

Rastenburg (poln. Kętrzyn), Stadt auf dem Preuß. Höhenrücken, Polen▾, 100 m ü. d. M., 26 000 E. Elektro- und Bekleidungs-

Raster in verschiedenen Strukturen.
1 feiner Punktraster, 2 grober Punktraster, 3 feiner Linienraster,
4 verlaufender Linienraster

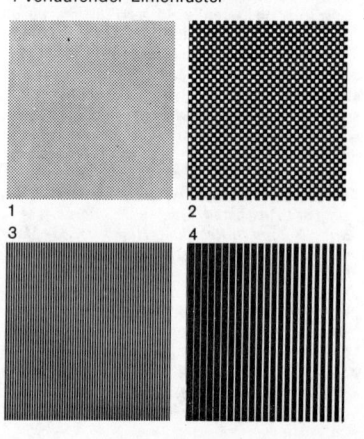

ind., Möbelfabrik, Nahrungsmittelind. - Entstand bei der gleichnamigen, 1329 vom Dt. Orden erbauten Burg, erhielt 1357 Culmer Recht. Nahe R. befand sich im 2. Weltkrieg das Führerhauptquartier ↑Wolfsschanze. - Von der Deutschordensburg sind nur noch Ruinen erhalten.

Raster [lat. „Hacke, Karst"], allg. ein System von [sich kreuzenden] Linien bzw. das dadurch gebildete System schmaler Streifen oder kleiner Flächen (Rasterpunkte). In der *graph. Technik* Bez. für ein Linien-, Streifen- oder Punktsystem auf einer Glasplatte oder einer Folie zur Zerlegung von Halbtonbildern (z. B. Photographien) in einzelne R.punkte. Zur Rasterung von Halbtonbildern wird v. a. der *Kreuz-R.* aus zwei Spiegelglasscheiben verwendet, in die jeweils ein Liniensystem von 20 bis 120 parallelen Linien je cm eingraviert *(Glasgravur-R.)* oder eingeätzt ist, wobei die Vertiefungen mit lichtundurchlässiger Farbe ausgefüllt sind; beide Scheiben werden so übereinandergekittet, daß ein System sich kreuzender Streifen entsteht. Andere Formen sind u. a. der Linien-R. und der Wellen[linien]raster. Von solchen R. werden mit Hilfe der **Rasterphotographie** gerasterte Negative oder Diapositive zur Herstellung von Druckformen mit Halbtonvorlagen gewonnen, wobei die Tonwerte des Halbtonbildes in einzelne Bildelemente (Rasterpunkte) zerlegt werden. Die Bildpunkte haben je nach dem Ausmaß der Belichtung, d.h. der Deckung der Vorlage, unterschiedl. Größe und ermöglichen damit die Wiedergabe des Halbtoncharakters mit drucktechn. Mitteln.

◆ in der *Fernsehtechnik* Bez. für ein Muster von Abtastlinien, das zur Zerlegung oder Zusammensetzung eines Bildes dient - ↑auch Fernsehen (Grundprinzip).

Rasterfahndung, v. a. im Zusammenhang mit der Terroristenfahndung bekanntgewordene Fahndungsmethode (des Bundeskriminalamtes), bei der mit Hilfe der EDV ein größerer Personenkreis (z. B. alle Kunden eines Elektrizitätswerkes) auf das Vorliegen einer Kombination bestimmter Merkmale (z. B. Zahlungsweise, Verbrauchsschwankungen) untersucht wird, die für einen Verdacht begründend gehalten werden. Gegen die R. wurden erhebl. datenschutzrechtl. Bedenken laut.

Rastertunnelmikroskop, von G. Binnig und H. Rohrer entwickeltes Mikroskop, das zur Abbildung der Oberfläche eines Objekts den ↑Tunneleffekt ausnutzt (Tunnelstrom zw. der Objektoberfläche und einem in 0,1 nm Abstand darüber geführten Abtastkopf). Vergrößerung rd. 10 000 000fach.

Rastral [lat.], Gerät zum Ziehen von [Noten]linien.

Rastrelli, Bartolomeo Francesco Graf, * Paris (?) um 1700, † Petersburg 1771, russ. Baumeister italien. Abkunft. - Vertreter eines durch Aufnahme auch von Elementen der russ. Tradition spezif. „russ. Rokoko". - *Werke:* Smolny-Kathedrale (1748–54) und sog. Vierter Winterpalast (1754–63) in Petersburg, Andreaskathedrale in Kiew (1747–52); Schloß in Zarskoje Selo (= Puschkin; 1752–57); Stadtplanung von Petersburg.

Rasur [frz.-niederl.; zu lat. radere „schaben"], das Entfernen von Körper-, bes. Barthaaren mit einem *Rasiermesser* mit Hohlschliff (v. a. bei Friseuren), mit einem *Rasierapparat*, dessen auswechselbare ein- oder zweischneidige Klinge von hautschützenden Kammzacken überdeckt ist, oder mit einem Elektrorasierer. Elektrorasierapparate (Netz-, Batterie- oder Akkubetrieb) zählen zu den Trockenrasierern. Sie unterscheiden sich v. a. in den Schersystemen. Nach der Ausbildung der Scherblätter unterscheidet man *Kamm-* und *Siebscherköpfe,* ferner lineare Scherköpfe (hin- und herschwingendes Untermesser, sog. Klingenblock; Schwingankerantrieb) und zentr. Scherköpfe (rotierendes Messer; Antrieb: Elektromotor). - Rasiermesser in Form von Feuersteinklingen wurden wohl schon in der Jungsteinzeit verwendet, aus der Bronzezeit sind sowohl ein- als auch zweischneidige Geräte nachzuweisen. In der frühen Hallstattzeit wurden die Bronzemesser von eisernen Klingen abgelöst, die sich in der La-Tène-Zeit zu halbmondförmigen Typen mit seitl. Ringgriff entwickelten. Rasiermesser sind erstmals in der „Ilias" bezeugt; das Klappmesser ist eine Erfindung der Römer. - Abb. S. 84.

Rat, 1. Amtstitel von Beamten des höheren

Bartolomeo Francesco Graf Rastrelli, Andreaskathedrale in Kiew (1747–52)

Dienstes (z. B. Regierungs-R.) oder Ehrentitel (z. B. Hof-R.); 2. Bez. für ein Gesetzgebungs- oder Verwaltungsgremium (z. B. Bundes-R.), für ein Fachgremium (z. B. Bildungs-R.) und für ein Gremium zur Vertretung bestimmter Interessen (z. B. Betriebs-R.) wie auch für ein Mgl. dieser Gremien.

Im *ev. Kirchenrecht*: 1. Leitungs- und Verwaltungsorgan der EKD, das die EKD auch nach außen vertritt; 2. R. der Landeskirche (Landeskirchen-R., Kirchen-R.): Bez. für das ständige kirchenleitende Kollegialorgan einiger Landeskirchen. - Im *kath. Kirchenrecht* jedes kollegiale Gremium zur Beratung der verschiedenen Amtsträger. Durch das 2. Vatikan. Konzil wurden neue Räte eingeführt und damit die synodalen Strukturen in der Kirchenverfassung verstärkt.

Ratae Coritanorum ↑ Leicester.
Ratakgruppe ↑ Marshallinseln.
Ratan [malai.], svw. ↑ Peddigrohr.
Rat der Fünfhundert, 1. Bez. für die Bule in Athen seit Kleisthenes; 2. (frz. Conseil des Cinq-Cent) nach der frz. Direktorialverfassung von 1795 neben dem *Rat der Alten* (Conseil des Anciens) diejenige Kammer, der Gesetzesinitiative und Mitentscheidung bei der Besetzung des Direktoriums zustanden.
Rat der Großen Vier (Große Vier [1919/20]), aus dem Obersten Rat der Alliierten und Assoziierten Mächte hervorgegangenes engeres Führungsgremium auf der Pariser Friedenskonferenz 1919 als deren oberste Autorität und letzte Instanz für alle strittigen Fragen; bestand aus den Reg.chefs der USA, Großbrit., Frankr. und Italiens.
Rat der Volksbeauftragten, provisor. dt. Reg. 1918/19; am 10. Nov. 1918 von der Vollversammlung der Berliner Arbeiter-und-Soldaten-Räte bestätigte Koalition aus SPD und USPD unter Vorsitz von F. Ebert und H. Haase (die USPD-Politiker verließen am 29. Dez. den R. d. V., es rückten SPD-Politiker nach); übergab nach der Wahl zur Nat.versammlung vom 19. Jan. 1919 die Macht an diese (10. Febr. 1919).

Rat der Volkskommissare (russ. Sowjet Narodnych Komissarow [Abk. Sownarkom]), 1917–46 Name des höchsten Exekutivorgans Sowjetrußlands bzw. der Sowjetunion; seit 1946 Ministerrat.

Ratdolt, Erhard, *Augsburg 1447 (?), †ebd. zw. 9. Nov. 1527 und 23. Jan. 1528, dt. Buchdrucker und Verleger. - 1476–86 in Venedig, ab 1486 in Augsburg; berühmt seine venezian. Holzschnittinitialen (über 30 Reihen).

Rate [italien., zu mittellat. rata (pars) „berechneter (Anteil)"], relativer Anteil, Teilbetrag, z. B. der regelmäßig wiederkehrende Teilzahlungsbetrag im Abzahlungsgeschäft.

Rätedemokratie (Rätesystem), Konzept einer polit. und/oder wirtsch. direkten Demokratie, in der zuvor unterprivilegierte soziale Schichten (Arbeiter, Soldaten u. a) in der Organisationsform von Räten die Macht übernehmen. Das Konzept der R. steht im Ggs. zu Formen der repräsentativen Demokratie, insbes. zum Parlamentarismus, und zum kapitalist. Wirtschaftssystem. - Aus den unterschiedlichsten Modellen einer R., von denen keine konsequent und für einen längeren Zeitraum verwirklicht werden konnte, kann man folgende *Grundvorstellungen* ableiten: Auf unterster Ebene werden in den Vollversammlungen der Basiseinheiten (Betriebs-, Wohn- und Verwaltungseinheiten) *Beauftragte* direkt und öffentl. gewählt, die durch ein *imperatives Mandat* (↑ Mandat) bei allen sachl. und personellen Entscheidungen an die Weisungen ihrer Wähler gebunden sind; sie unterliegen einer dauernden Kontrolle durch ihre

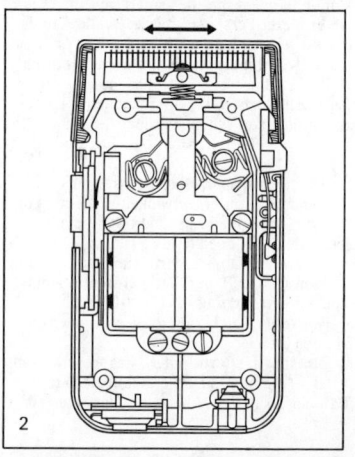

Rasur. Elektrorasierapparate mit zentrischen Scherköpfen (1) und linearem Scherkopf (2)

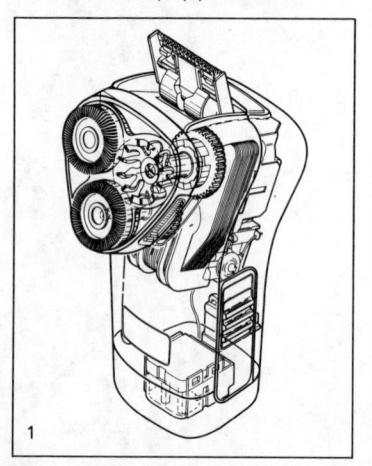

Wählerschaft, sind ihr jederzeit verantwortl. und jederzeit von ihr abwählbar. Diese Beauftragten bilden (i. d. R. auf Gemeindeebene) einen Rat, der öffentl. tagt, alle Entscheidungsbefugnisse sowie gesetzgebende, ausführende und rechtsprechende Gewalt besitzt. Die Räte der Basiseinheiten wählen ihrerseits Vertreter zu einem Rat auf höherer Ebene, i. d. R. Kreis-, Bezirks-, Landesräte, bis zum Zentralrat in einem Staat *(indirekte Wahl)*. Die polit. Theorie der R. geht auf P. J. Proudhon, v. a. aber auf Marx und Engels sowie später auf Lenin und Trotzki zurück, die mit Hilfe der R. eine uneingeschränkte Volksherrschaft als Selbstbestimmung der Massen erreichen wollten. Während der russ. Revolutionen 1905 und 1917 sowie der dt. Revolution 1918/19 bildeten sich nach diesem Prinzip ↑Arbeiter- und Soldatenräte. Ansätze einer *wirtsch. R.* finden sich heute in der Arbeiterselbstverwaltung Jugoslawiens (↑Jugoslawien [Politisches System]).

📖 *Dähn, H.: Rätedemokrat. Modelle. Meisenheim 1975. - Kevenhörster, P.: Das R. als Instrument zur Kontrolle polit. u. wirtsch. Macht. Opladen 1974. - Gottschalch, W.: Parlamentarismus u. R. Bln. 1968.*

Ratenkauf, Bez. für ein ↑Abzahlungsgeschäft.

Ratenzahlung, Erfüllung einer Schuld in Teilbeträgen (Raten), v. a. angewandt bei ↑Abzahlungsgeschäften.

Räter ↑Rätien.

Rätesystem, svw. ↑Rätedemokratie.

Rat für Formgebung, Abk. RfF, 1951 gegr. „Stiftung für Förderung der Formgestaltung", Sitz Darmstadt; präsentiert Erzeugnisse der dt. Ind. und des Handwerks, um den Standard des dt. Industriedesigns zu heben.

Rat für gegenseitige Wirtschaftshilfe ↑COMECON.

Ratgeb, Jörg, * Schwäbisch Gmünd um 1480, † Pforzheim 1526, dt. Maler. – Beeinflußt von Baldung und Grünewald sowie von der oberitalien. Malerei (Mantegna); entwickelte einen expressiven, bewegten spätgot. Stil. V. a. in Stuttgart, in Frankfurt am Main (Wandgemälde im Karmeliterkloster, 1514–17) und Herrenberg (Herrenberger Altar, 1518/19; Stuttgart, Staatsgalerie) tätig. 1525 Mgl. des Rats von Stuttgart, kämpfte 1526 im Bauernkrieg auf seiten der Bauern, wurde gefangengenommen und hingerichtet. Auch in seiner Kunst wird seine Einstellung in der Art der realist. Darstellung verschiedener Szenen deutlich. - Abb. S. 86.

Rathaus, Gemeindehaus, traditionell ein repräsentatives Gebäude am oder auf dem Marktplatz, urspr. Sitz des Bürgermeisters, des Stadtrats und des Stadtgerichts, meist mit Festsaal.

Geschichte: Im alten Griechenland waren fast quadrat. Sitzungssäle (Priene, Milet), im Röm. Reich längl.-rechteckige Saalbauten mit ansteigenden Rängen verbreitet. In Italien entstand im 12. Jh. der zweigeschossige R.bau mit offener Erdgeschoßhalle (Markt- oder Gerichtshalle) und Saal im Obergeschoß, häufig mit Turm (Siena, 1288 ff.; Florenz, 1298 ff.). Im ma. Deutschland entstanden fast ausschließl. Saalbauten; das älteste erhaltene dt. R. ist das von Gelnhausen (um 1190, spätere Zutaten weitgehend entfernt). Häufig entstanden mit der Zeit Gruppenbauten. Zu den bedeutendsten R. zählen das R. von Münster (um 1335 ff.), das R. von Lübeck (1298 ff., letzter Anbau 1570/71), das R. von Stralsund (15. Jh.), auch Fachwerkbauten wie das R. von Michelstadt (1448) oder Alsfeld (1512–16). Bes. repräsentativ, oft dreigeschossig und mit Türmen, wurde in den Niederlanden gebaut (Löwen, 1448 ff.). Neue, am Palast orientierte Formen wurden in der Renaissance- und Barockzeit entwickelt (R. in Augsburg von E. Holl, 1615–20). In der 2. Hälfte des 19. Jh. entstanden historisierende große Bauten, meist um Innenhöfe (Berlin, Wien, München), im 20. Jh. neben zahlr. kastenförmigen Verwaltungsbauten auch einige neue architekton. Lösungen, z. B. in Stockholm (R. Östberg, 1909–23), Hilversum (W. M. Dudok, 1928–31), Säynätsalo/Finnland (A. Aalto, 1949–52), Tokio (K. Tange, 1952–57) oder Bensberg (G. Böhm, 1965–67).

Rathausparteien ↑Parteien.

Rathenau, Walther, * Berlin 29. Sept. 1867, † ebd. 24. Juni 1922 (ermordet), dt. Industrieller und Politiker. - 1893–99 Direktor der Elektrochem. Werke GmbH in Bitterfeld, 1902–07 Geschäftsinhaber der Berliner Handelsgesellschaft; trat 1899 in den Vorstand der AEG ein, wurde 1915 deren Aufsichtsratsvors.; trat nach 1918 der DDP bei; als wirtschaftspolit. Sachverständiger von der Reichsreg. bei den Konferenzen in Versailles 1919, in Spa 1920 und zur Vorbereitung der Londoner Konferenz 1921 herangezogen; gehörte 1919 dem Vorläufigen Reichswirtschaftsrat, 1918/19 und 1920 beiden Sozialisierungskommissionen an; Wiederaufbaumin. Mai–Okt. 1921; übte maßgebl. Einfluß auf die Außenpolitik auch des 2. Kabinetts Wirth aus, für das er als inoffizieller Sonderbotschafter Ende 1921 in London war und auf der Konferenz von Cannes (Jan. 1922) ein Teilmoratorium für die dt. Reparationen erreichte; ab 1. Febr. 1922 Außenmin., schloß den Rapallovertrag; am 24. Juni 1922 durch 2 antisemit.-rechtsradikale ehem. Offiziere der Organisation Consul ermordet. - Als sozial- und kulturphilosoph. Schriftsteller einer der meistgelesenen Autoren seiner Zeit (hegte die Utopie einer Zukunftsgesellschaft jenseits von Sozialismus und Kapitalismus).

Rathenow [...no], Krst. am O-Rand der unteren Havelniederung, Bez. Potsdam, DDR, 26 m ü. d. M., 31 500 E. Opt. Werk,

Jörg Ratgeb, Abendmahl.
Innenseite des linken Außenflügels
des „Herrenberger Altars" (1518/19).
Stuttgart, Staatsgalerie

Reißverschlußfabrik, elektrotechn. u. a. Ind. - 1284 in der Nähe einer Burg entstandene Marktsiedlung; 1288 Stadtrecht. - Roman., spätgot. erneuerte Stadtkirche (13. u. 15. Jh.).
R., Landkr. im Bez. Potsdam, DDR.

Rathgeber, Valentin, * Oberelsbach (Landkr. Rhön-Grabfeld) 3. April 1682, † Kloster Banz 2. Juni 1750, dt. Komponist. - Benediktiner im Kloster Banz; v.a. bed. durch seine Sammlung 1–4stimmiger Gesellschaftslieder „Ohren-vergnügendes und Gemüthergötzendes Tafel-Confect" (3 Teile 1733–37; 4. Teil von J. C. Seyfert, 1746).

Rati, als Gemahlin des ind. Liebesgottes ↑Kama weibl. Personifikation der Sexualität.

Ratibor (poln. Racibórz), Krst. an der oberen Oder, Polen▼, 190 m ü. d. M., 56 000 E. Elektroind. und Metallverarbeitung, Zucker-, Zigarren-, Papier- und Seifenfabrik. - Um 1100 erstmals, 1177 als Sitz eines Zweigs der schles. Piasten erwähnt; 1217 als dt. Stadt neu gegr.; 1288–1532 Hauptstadt des 1281 gebildeten schles. Teil-Hzgt. Ratibor, kam 1532 mit diesem an die Habsburger, 1742 an Preußen; im 2. Weltkrieg stark zerstört. - Renaissancehäuser am Marktplatz (mit einer Mariensäule von 1727). Dominikanerkirche Sankt Jacobi (1258 erbaut, wiederaufgebaut); got. Kapelle (wiederaufgebaut) der ehem. Burg.

Rätien (lat. Raetia), im Altertum das von den *Rätern,* einem Volk unsicherer Herkunft, bewohnte Gebiet; die Räter sprachen eine offenbar nicht indogerman. Sprache, die durch über 60 Inschriften bezeugt ist *(Rätisch).* R. reichte vom Alpennordrand bis zu den oberitalien. Seen und etwa vom Sankt Gotthard im W bis zum Brenner im O; wurde 15 v. Chr. röm.; durch Einbeziehung der kelt. Vindeliker bis zur Donau ausgedehnt; urspr. röm. Militärbezirk, unter Tiberius (oder Claudius) prokurator. Prov. **Raetia et Vindelicia** (Hauptstadt Augusta Vindelicum [= Augsburg]). Die Grenzverschiebung in das nördl. Donauvorland führte etwa 83 n. Chr. zum Bau des rät. Limes, unter Antoninus Pius vollendet. Von Diokletian in 2 Prov. (**Raetia prima, Raetia secunda**) geteilt, die im 5. Jh. im W von den Alemannen, im O von den Bajuwaren unter Zurückdrängung der christianisierten rätoroman. Bev. in die Alpentäler besetzt wurden.

Ratifikation [lat.], die bei gewissen völkerrechtl. Verträgen zu ihrer Wirksamkeit notwendige Bestätigung durch das Staatsoberhaupt nach vorheriger Zustimmung der gesetzgebenden Körperschaften. Vor der R. sind Verträge grundsätzl. nicht verbindlich.

Rätikon, westlichster Teil der Nördl. Kalkalpen (Österreich, Schweiz, Liechtenstein), in der Schesaplana 2 965 m hoch.

Ratingen, Stadt nö. an Düsseldorf anschließend, NRW, 60 m ü. d. M., 88 400 E. U. a. metallverarbeitende, Elektro-, keram., Baustoffind. - Seit des 1. Hälfte des 9. Jh. belegt; 1276 Stadtrecht. - Pfarrkirche (bis um 1300 zur got. Hallenkirche ausgebaut); Reste der Stadtbefestigung (13. und 15. Jh.); ehem. Wasserburg „Haus zum Haus" (14. und 16. Jh.); Stadttheater und Stadthalle (1976).

Ratio [lat.], ↑Vernunft; i. e. S. der diskursive ↑Verstand.

Ratio legis [lat.], der Grundgedanke eines Gesetzes, der bei dessen Auslegung maßgebl. ist.

Ration [lat.-frz.], zugeteiltes Maß, Anteil; [tägl.] Verpflegungssatz.

rational [lat.], verstandesmäßig bzw. vernünftig; die Ratio betreffend.

rationale Architektur, zu Beginn der 1960er Jahre von A. Rossi begr. Richtung der Architektur, die die Beziehung zw. Stadtform und Gebäudetypologie zur Grundlage der Planung erhebt. Rossi führt alle architekton. Formen auf elementare Typen zurück, die sich aus der Stadtentwicklung ableiten lassen. Vertreter: J. P. Kleinhues, O. M. Ungers, R. und L. Krier.

rationale Funktion, eine ↑ Funktion, die als Quotient zweier Polynome darstellbar ist.

rationale Operationen, Bez. für die vier Grundrechenarten Addition, Subtraktion, Multiplikation und Division.

rationale Zahl (Bruch), eine Zahl, die sich als Quotient zweier ganzer Zahlen m und n darstellen läßt, d. h. in der Form m/n mit $n \neq 0$. Jede r. Z. kann als endliche oder unendliche period. Dezimalzahl geschrieben werden, z. B. ist $3/4 = 0{,}75$ und $-5/6 = -0{,}833...$ Umgekehrt kann auch jede endliche oder period. unendl. Dezimalzahl als Bruch geschrieben werden und ist daher eine rationale Zahl. Die r. Z. bilden einen ↑ Körper.

Rationalisierung [zu frz. rationaliser „vernünftig denken" (von lat. ratio „Verstand")], zweckmäßige („rationale") Gestaltung von Arbeitsabläufen mit dem Ziel der Optimierung des Verhältnisses zw. Aufwand und Erfolg, insbes. durch Einsparung von menschl. Arbeitskraft. R. kann erfolgen durch organisator. Maßnahmen (z. B. Verbesserung der Koordination zw. verschiedenen voneinander abhängigen Teilprozessen), mittels *Wertanalyse*, bei der die Auswahl und Gestaltung der zu fertigenden Erzeugnisse Gegenstand der R. sind, und v. a. durch *Mechanisierung*, d. h. Ersetzen menschl. Arbeit durch (billigere) Maschinenarbeit, bis hin zur ↑ Automatisierung. - Während die allg. Notwendigkeit von R. zum Erhalt der wirtsch. Leistungsfähigkeit und als Voraussetzung für eine Erhöhung des Lebensniveaus im wesentl. unbestritten ist, waren ihre Folgen und Begleiterscheinungen für die Arbeitnehmer häufig Gegenstand von Kontroversen zw. den Tarifvertragsparteien. Insbes. die Entwicklung neuer Techniken, die ganze Berufsgruppen überflüssig zu machen geeignet sind, förderte in den 1970er Jahren das Bestreben von Gewerkschaften nach entsprechenden Schutzbestimmungen wie z. B. dem Rasterrahmentarif im Bereich der Druckindustrie.

◆ im *tiefenpsycholog.* Sprachgebrauch die verstandesmäßige (moral., religiöse, ideolog. usw.) Erklärung bzw. Rechtfertigung einer Tätigkeit, eines Gefühls oder Gedankens, deren tatsächl. Motive nicht bewußt sind oder - bei negativer Bewertung der Motive - nicht eingestanden werden. - ↑ auch Abwehrmechanismen.

Rationalisierungskartell ↑ Kartellrecht.

Rationalisierungskuratorium der deutschen Wirtschaft (RKW) e. V., Kurzbez. RKW, Verein zur Steigerung der Leistungsfähigkeit der dt. Wirtschaft durch Information, Weiterbildung und Beratung; 1921 als „Reichskuratorium für Wirtschaftlichkeit in Industrie und Handwerk" (RKW) gegründet. Zum RKW gehörten verschiedene - z. T. schon vorher gegründete - Ausschüsse, nicht jedoch der „Reichsausschuß für Arbeitszeitermittlung (REFA)", der heutige „Verband für Arbeitsstudien - REFA e. V." († REFA). Nach dem 2. Weltkrieg kam es zunächst zu verschiedenen Neugründungen, bis 1950 der Zusammenschluß durch Neugründung unter dem heutigen Namen erfolgte.

Rationalismus [lat.], method. an der Theorienbildung der Mathematik und der rationalen Mechanik orientierte erkenntnistheoret. Position, die im Ggs. zum ↑ Empirismus die Existenz nichtempir. Bedingungen der Erklärung bzw. der Erkenntnis und damit die Möglichkeit a priori begründeter synthet. Sätze behauptet. Der *metaphys.* R. geht von einer method. nicht weiter reflektierten Identität von Vernunft (Denken) und Wirklichkeit (Sein) aus. Der *erkenntnistheoret.* R. sucht den Primat eines nichtempir. Wissens mit der Annahme sog. angeborener ↑ Ideen (Begriffe) zu begründen. Der *method.* R. stützt die Rede von nichtempir. Bedingungen der Erkenntnis auf begriffl. Konstruktionen. Die Kontroverse zw. R. und Empirismus bestimmt weitgehend die Entstehung der neuzeitl. Philosophie in ihrer Orientierung an den exakten Wiss. - Als Begründer des klass. R. gilt Descartes. Der Übergang von einem erkenntnistheoret. R. zu einem method. R. erfolgt - vorbereitet durch die von Leibniz getroffene Unterscheidung zw. Vernunft- und Tatsachenwahrheiten - in Kants Analyse synthet. Urteile a priori. Der sog. R. der Aufklärung stützt sich sowohl auf den kartesian. R. als auch auf das den klass. Empirismus organisierende Programm einer rational geplanten Empirie. R. und Empirismus erweisen sich von daher als erkenntnistheoret. Varianten der Einsicht in den Zusammenhang von Vernunft und Erfahrung sowie des Primats der wiss. Vernunft gegenüber traditionellen, auch theolog. Orientierungen.

📖 Kondylis, P.: *Die Aufklärung im Rahmen des neuzeitl. R. Stg. 1981.*

Rationalität [lat.], die Vernunftmäßigkeit einer Sache (z. B. eines Programms); in der Psychologie Begriff zur Kennzeichnung eines in bezug auf eine gegebene Situation „stimmigen", angemessenen, sinnvollen Verhaltens, das auf Einsicht gegründet ist.

Rationierung [lat.-frz.], svw. ↑ Bewirtschaftung.

Rätisch ↑ Rätien.

Rätische Alpen, Bez. für die schweizer. Ostalpen, durch das Engadin in Rät. Süd- und Nordalpen geteilt.

rätischer Limes ↑ Limes.

Ratke, Wolfgang, latinisiert Ratich[ius], * Wilster (Kreis Steinburg) 18. Okt. 1571, † Erfurt 27. April 1635, dt. Pädagoge. - Legte 1612 den im Frankfurt am Main versammelten dt. Reichsständen ein „Memorial" über die Errichtung einer einheitl. deutschsprachigen

Schule, in der mit einer „natürl. Methode" unterrichtet werden sollte, vor.

Ratmanor ↑Diomede Islands.

Rätoromanen, rätoroman. Mundarten sprechende Bev.gruppe im Alpenraum; die Bündner R. im schweizer. Kanton Graubünden, die Ladiner in Südtirol und die Friauler (Friulani oder Furlani) in Friaul=Julisch-Venetien.

Rätoromanisch, Bez. für einen zw. dem Italien. und dem Frz. stehenden Sprachtyp, vertreten durch eine Reihe von Mundarten, deren typolog. Zusammengehörigkeit erst im 19. Jh. erkannt und nachgewiesen wurde. Diese Mundarten zerfallen in drei räuml. getrennte Gruppen (Graubünden, Südtirol, Friaul) mit untereinander schwer verständl. Unterdialekten. Die Bez. „rätisch", „rätisch-romanisch" ist in Graubünden aufgekommen; der Ausdruck wurde im 19. Jh. von Tirolern auf das Dolomitenladin. (Zentralladin.) übertragen, danach auch auf das Friaulische. In der italien. Forschung hat sich der Begriff „Ladino", in der dt. „Rätoroman." durchgesetzt, doch spricht man auch in dt. Veröffentlichungen von West- (Graubünden), Zentral- (Südtirol) und Ostladinisch (Friaul).

Das *Westladin.* (etwa 50 000 Sprecher) reicht von den Quellen des Vorderrheins (Tavetsch) bis an die Grenze zum Vintschgau (Münstertal); es zerfällt in 4 Hauptgruppen: Oberländisch, Oberhalbsteinisch (Mittelbündnisch), Oberengadinisch, Unterengadinisch. Das *Zentralladin.* (etwa 15 000 Sprecher) wird in den Talschaften um die Sellagruppe gesprochen (Gadertal, Grödnertal, Fassatal; Orte: Enneberg und Ampezzo). Das *Ostladin.* (Friaul.; etwa 450 000 Sprecher) bildet ein zusammenhängendes Gebiet von den Karn. Alpen bis Pordenone und Gorizia; es reichte früher bis Triest und Istrien. Der Rückgang des R. in der Schweiz konnte auch durch die Erklärung zur 4. Landessprache (nicht Amtssprache) im Jahr 1938 nicht aufgehalten werden. - Neben Bewahrungstendenzen in lautl. Hinsicht gibt es in den rätoroman. Mundarten zahlr. Eigenheiten in Flexion, Wortbildung und Wortschatz, die sich nicht nur aus der Bewahrung gemeinoberitalien. Erscheinungen erklären, sondern auch eigenständige Neuerungen sind.

📖 *Linder, P.: Grammat. Untersuchungen zur Charakteristik des R. Tüb. 1985.*

rätoromanische Literatur, das älteste und umfangreichste Schrifttum weist das **Westladin.** auf. Die *oberengadin.* Schriftsprache schuf J. Bifrun (*1506, †um 1572) mit seiner Übers. des N. T. (1560), die *unterengadin.* D. Chiampel durch seine Psalmenübersetzung (1562), die *oberländ.* S. Gabriel durch ein Erbauungsbuch (1611). Seit dem 19. Jh. v. a. Heimatdichtung. Im **Zentralladin.** fanden die Mundarten der einzelnen Talschaften erst im 19. Jh. Verwendung in religiösen Schriften, Gelegenheitsgedichten, Bauernschwänken, Almanachen. Das **Ostladin.** (Friaul.) wurde zw. 1336 und 1500 als Geschäftssprache verwendet, dann durch das Venezian. und Italien. verdrängt. Seit dem 17. Jh. Nachahmung der Kunstdichtung in den Mundarten Italiens, ab dem 19. Jh. eigenständige Mundartdichtung, v. a. durch P. Zorut.

Ratsche, Zahnkranz mit ein- und ausklinkbarer Sperrvorrichtung, z. B. zum Feststellen der Handbremse von Kraftwagen.
♦ (Knarre) Geräuschinstrument, bei dem an einer Achse, die zugleich als Handgriff dient, ein bewegl. Rahmen mit Zunge und ein feststehendes Zahnrad angebracht sind; beim Schwenken schlägt die Zunge gegen die Radzähne. Verwendet zur Vogelabwehr, bei Silvester-, Fastnachts- und Karwochenbräuchen, gelegentl. im Sinfonieorchester.

Rätsel, Denkaufgabe, meist bildhaft-konkrete Umschreibung eines Gegenstands, eines Vorgangs, einer Person u. a., die es zu erraten gilt. Die Art der Verschlüsselung, meist mittels Entpersönlichung oder Personifikation, myth. Überhöhung, Metaphern, gemeinsamer semant. Merkmale, mehrdeutiger Aussagen oder irreführender sprachl. Bezugspunkte, steht in bestimmter Beziehung zur Lösung, die oft durch bewußte Irreführung noch erschwert wird. Es ist zu unterscheiden zw. *nicht lösbaren* R. (Wissens- oder Weisheitsfragen religiösen oder philosoph. Inhalts, Deutungen, Prophezeiungen und Scheinfragen, deren Beantwortung nur dem Eingeweihten möglich ist) und *lösbaren* R. (der eher spieler.-unterhaltsamen Form der „Verrätselung"), die mit Verstand und Witz gelöst werden können. Die R.formen reichen von der einfachen Prosafrage bis zur mehrzeiligen Strophe. In Erzählungen eingekleidet sind *Rechen-R.* und *Zahlen-R.* oder auf Logik abziehende *Denksportaufgaben.* Mit opt. Mitteln arbeitet das *Bilderrätsel,* in Kombination mit Buchstaben das *Rebus.* Auf die Unterhaltung einzelner zielen schriftl. auszuführende *Silben-* oder *Kreuzworträtsel.* Hörfunk und Fernsehen organisieren öffentl. Fragespiele in Form des *Quiz.*

Ratsiraka, Didier, * Vatomandry 4. Nov. 1936, madagass. Offizier und Politiker. - 1970-72 Militärattaché in Paris, 1972-75 Außenmin.; seit Juni 1975 Präs. des Obersten Revolutionsrates, Staatspräs. seit Dez. 1975.

Ratsmusiker ↑Stadtpfeifer.

Ratspensionär, durch Vereinigung der Ämter des Landesadvokaten (Ständesyndikus) und des Präs. der Provinzialstaaten 1489 in Holland, 1578 in Seeland entstandene Institution. - Der R. von Holland stand als Leiter seiner Delegation bei den Generalstaaten 1584-1795 an der Spitze der Beamtenschaft und bestimmte zeitweilig Außenpolitik und Finanzverwaltung der Niederlande.

Rattan [malai.], svw. ↑Peddigrohr.

Rattenfänger von Hameln

Rattanpalme (Daemonorops), mit den Rotangpalmen nahe verwandte Palmengatt. mit rd. 80 Arten im trop. Asien; schlanke, aufrechte oder kletternde Palmen mit gefiederten Blättern.

Rattazzi, Urbano, * Alessandria 20. Juni 1808, † Frosinone 4. Juni 1873, italien. Politiker. - Jurist; 1848/49 sard. Abg. und Min.; als Führer der Mitte-Links-Gruppe im Parlament 1852–60 bedeutendster Mitarbeiter (und Gegenspieler) Cavours; 1862 und 1867 italien. Min.präs.; scheiterte am gewaltsamen Vorgehen Garibaldis in der Röm. Frage.

Ratten, (Rattus) Gatt. der Echtmäuse mit zahlr. urspr. ost- und südostasiat. Arten; Körperlänge etwa 10–30 cm, Schwanz meist länger. Viele R.arten sind äußerst anpassungsfähig und extrem wenig spezialisiert, daher sind einige Arten heute weltweit verbreitet. R. besiedeln Lebensräume jeglicher Art. Verschiedene R.arten sind gefürchtete Vorratsschädlinge und Überträger von Krankheiten (z. B. Pest). Die meisten R. sind ausgeprägte Allesfresser. Einheim. Arten sind die Hausratte und die Wanderratte. Die **Hausratte** (Dachratte, Rattus rattus) hat eine Körperlänge von 16–23 cm; Schwanz stets über körperlang, Kopf zieml. schmal mit relativ großen Ohren; Färbung grauschwarz bis braungrau, mit wenig aufgehellter bis weißer Unterseite; in kühleren Zonen meist eng an menschl. Siedlungen gebunden (oft auch auf Schiffen: *Schiffsratte*). - Von den zahlr. systemat. teilweise umstrittenen Unterarten sind am bekanntesten: *Siedlungshausratte* (Rattus rattus rattus): in M-Europa sehr stark an Gebäude gebunden; grauschwarz mit etwas hellerer Bauchseite; *Fruchtratte* (Rattus rattus frugivorus): braungrau mit weißer Unterseite, in Gebäuden und freilebend; *Alexandriner Hausratte* (Rattus rattus alexandrinus): braungrau mit grauer Unterseite. Die fast rein dämmerungs- und nachtaktive Hausratte lebt gesellig. Sie gräbt kaum, andererseits klettert und springt sie sehr gut. Sie bewohnt die oberen Gebäudeteile (bes. Speicher). - Die **Wanderratte** (Rattus norvegicus) hat eine Körperlänge von etwa 22–30 cm, Schwanz 18–22 cm, Ohren kurz; Färbung meist dunkelgraubraun mit weißlichgrauer Unterseite, auch dunkel schieferfarben bis fast schwarz mit braungrauer Unterseite; vorwiegend an und in menschl. Siedlungen (auch in Gebäuden), aber auch völlig freilebend (v. a. an Gewässern, Gräben, Mülldeponien u. ä.); gesellig, vorwiegend dämmerungs- und nachtaktiver Allesfresser (auch räuber. und zuweilen kannibal.), der sehr gut schwimmen und springen kann.

Die aus hygien. (Seuchengefahr) und wirtsch. Gründen (Vernichtung von Vorräten) notwendige Rattenbekämpfung erfolgt durch chem. Mittel, mechan. mit Hilfe von Fallen (Ködergifte), im Freiland auch durch Einsatz von Räucherpatronen.

♦ Bez. für zahlr. Vertreter aus verschiedenen Säugetierfam., v. a. der Nagetiere, die nicht zur Gatt. Rattus gehören: u. a. Biber-, Bisam-, Hamster-, Taschen-, Beutel-, Reisratten.

Rattenberg, östr. Stadt im Unterinntal, Tirol, 590 E. Hohlglasveredelung; Fremdenverkehr. Burgspiele. - Im 12. Jh. im Schutz einer Burg entstanden; seit 1393 Stadtrecht. - Von der Burg sind nur Bergfried, Palas und Ringmauer erhalten; spätgot. Pfarrkirche, im Innern barockisiert; Servitenkloster mit barockisierter Klosterkirche; spätgot. Spitalkirche (geweiht 1506) mit bemaltem Gewölbe (um 1700); Innstadthäuser (15. und 16. Jh.).

Rattenbißkrankheit (Rattenfieber, Sodoku), akute, fieberhafte Infektionskrankheit (Erreger: Spirillum minus), die v. a. in Ostasien vorkommt und durch Rattenbiß auf den Menschen übertragen wird. Die Krankheit verläuft in Fieberanfällen von 24–28 Stunden Dauer mit Kopf- und Gliederschmerzen, die während 4–5 Wochen, in schweren Fällen auch einige Monate lang, alle drei bis zehn Tage wiederkehren.

Rattenfänger von Hameln, ma. Sagengestalt; nach der Überlieferung (erstmals in einer Lüneburger Handschrift um 1430–50) soll der R. v. H., ein Pfeifer, Hameln von der Rattenplage befreit haben. Um den vereinbarten Lohn betrogen, rächte er sich, indem er, wie vorher die Ratten, 130 Kinder aus der Stadt lockte und entführte.

Wanderratte

Hausratte

Rattenflöhe

Rattenflöhe, Bez. für verschiedene (bes. trop. verbreitete) blutsaugende Floharten, die als Überträger der Pest und des Fleckfiebers bekannt sind; unter ihnen v. a. der **Ind. Rattenfloh** (*Pestfloh,* Xenopsylla cheopis), in den Tropen und Subtropen verbreitet, 1,5–2,5 mm groß, und der **Europ. Rattenfloh** (Nosopsyllus fasciatus), weltweit verbreitet, 1,5–2,5 mm lang, saugt hauptsächl. an Haus- und Wanderratten.
Rattengift ↑ Schädlingsbekämpfungsmittel.
Rattenkänguruhs (Känguruhratten, Potoroinae), Unterfam. etwa rattenförmiger, kaninchengroßer Känguruhs mit acht Arten in Australien und Tasmanien; am bekanntesten die **Kaninchenkänguruhs** (Potoruhs, Potorous; überwiegend nachtaktiv; laufen zeitweise auf vier Beinen).
Rattenkönig, Ratten, die mit den Schwänzen, auch den Hinterbeinen, aneinanderhängen; ein solches Gebilde entsteht durch längeres sehr enges Beieinanderliegen der Rattenjungen im Nest, wobei die Schwanzhaare durch Schmutz und Exkremente fest miteinander verkleben.
Rattenschlangen, (Rattennattern, Asiat. R., Ptyas) Gatt. etwa 2,5 m langer, schlanker, sehr flinker, ungiftiger Nattern in S- und O-Asien. Bekannt ist v. a. die **Ind. Rattenschlange** (Dhaman, Ptyas mucosus), verbreitet von Afghanistan bis S-China und Java; überwiegend braun mit schwarzer Zeichnung; wird manchmal von Schlangenbeschwörern als „Kobra" vorgeführt.
◆ (Zaocys) Gatt. schlanker, sehr flinker, ungiftiger, oft leuchtend bunt gezeichneter Nattern in SO- und O-Asien, darunter die bis 3,7 m lange **Gekielte Rattennatter** (Zaocys carinatus), die größte ungiftige Natter überhaupt.
Rattigan, Sir (seit 1971) Terence [engl. 'rætɪgən], * London 10. Juni 1911, † Hamilton (Bermudainseln) 30. Nov. 1977, engl. Dramatiker. - Verf. von bühnengerechten, witzigen Gesellschaftskomödien sowie von ernsten Stücken über Zeitprobleme, z. B. „Der Fall Winslow" (1946); auch Filmdrehbücher.
Rattus [nlat.] ↑ Ratten.
Ratz, Erwin, * Graz 22. Dez. 1898, † Wien 12. Dez. 1973, östr. Musikforscher. - Von seinen Schriften ist die „Einführung in die musikal. Formenlehre" (1951) grundlegend.
Ratz, volkstüml. Bez. für den Waldiltis († Iltisse).
Ratzeburg, Krst. am und im **Ratzeburger See** (14 km^2), Schl.-H., 16 m ü. d. M., 12 700 E. Verwaltungssitz des Landkr. Hzgt. Lauenburg; Ruderakad. des Dt. Ruderverbandes; Barlach-Gedenkstätte, A.-Paul-Weber-Haus; Luftkurort; Garnison. - Entstand um 1062 im Schutz der gleichnamigen Burg; wurde etwa gleichzeitig Bischofssitz (Fürstbistum R. um 1060–1066, 1154 wiedererrichtet; fiel 1648, säkularisiert, als Ft. R. an Mecklenburg). 1261 Stadtrecht; 1616 Residenz der Herzöge von Sachsen-Lauenburg. - Roman. Dom (bis um 1220); Bauten des Domhofes sind das Steintor (um 1250) und das ehem. barocke Herrenhaus (18. Jh.).
Ratzeputz, starker Branntwein mit Auszügen aus Kalmus- und Ingwerwurzeln sowie Lorbeerblättern (etwa 50 Vol.-% Alkohol).
Ratzinger, Joseph, * Marktl (Landkr. Altötting) 16. April 1927, dt. kath. Theologe und Kardinal (seit 1977). - Prof. für Dogmatik in Freising, Bonn, Münster, Tübingen und seit 1969 in Regensburg; einflußreicher Berater von Kardinal J. Frings auf dem 2. Vatikan. Konzil; 1977–82 Erzbischof von München und Freising, seitdem Präfekt der Glaubenskongregation der röm. Kurie. - *Werke:* Die sakramentale Begründung christl. Existenz (1966), Einführung in das Christentum (1968), Das neue Volk Gottes (1969), Dogma und Verkündigung (1973), Theolog. Prinzipienlehre (1982), Politik u. Erlösung (1986).
Rau, Heinrich, * Feuerbach (= Stuttgart) 2. April 1899, † Berlin 23. März 1961, dt. Politiker. - Ab 1917 Mgl. der SPD, 1919 der KPD; 1920–32 führend im ZK der KPD; 1928–33 MdL in Preußen; 1933–35 inhaftiert, Emigration in die UdSSR; Teilnahme am Span. Bürgerkrieg 1937–39, in Frankr. 1939–42 interniert, dann bis 1945 im KZ; 1948/49 Vors. der Dt. Wirtschaftskommission; ab 1949 Mgl. des Parteivorstands bzw. des ZK der SED, ab 1950 des Politbüros; 1949–61 mehrfach Min. und stellv. Ministerpräsident.
R., Johannes, * Wuppertal 16. Jan. 1931, dt. Politiker. - Verlagsbuchhändler; 1952 Mitbegr. der Gesamtdt. Volkspartei; 1958 Beitritt zur SPD; 1969/70 Oberbürgermeister von Wuppertal; seit 1958 MdL in NRW, dort 1970–78 Min. für Wiss. und Forschung, seit 1977 Landesvors. der SPD, seit Sept. 1978 Min.präs.; seit 1968 Mgl. des Bundesvorstands der SPD, seit April 1982 stellv. Parteivors.; SPD-Spitzenkandidat bei der Bundestagswahl im Jan. 1987.
Raub, ein ↑ Diebstahl, bei dem die Wegnahme unter Anwendung von Gewalt gegen eine Person oder unter Drohung mit einer gegenwärtigen Gefahr für Leib oder Leben erfolgt. Der R. wird in minder schweren Fällen mit Freiheitsstrafe nicht unter 6 Monaten, sonst nicht unter 1 Jahr bestraft. Sind Gewaltanwendung oder Drohung nicht Mittel zur Wegnahme, gibt das Opfer unter dem Eindruck der Gewalt oder der Drohung die Sache vielmehr freiwillig heraus, so kommt räuber. Erpressung in Betracht. Ein **schwerer Raub,** der mit Freiheitsstrafe nicht unter 5 Jahren bedroht ist, liegt vor, wenn der Täter bzw. ein Teilnehmer eine verwendungsfähige Schußwaffe bei sich oder in Anwendungsabsicht eine Waffe oder sonst ein Werkzeug bei sich führt oder einen anderen in die konkrete Gefahr des Todes oder einer gefährl. Körperverlet-

Raubwürger

zung bringt sowie wenn mehrere (mindestens zwei), die sich zur fortgesetzten Begehung von R. oder Diebstahl verbunden haben, bei einem R. zusammenwirken (**Bandenraub**).

Raubameisen, Bez. für Ameisen, die aus den Nestern anderer Ameisenarten Larven und Puppen rauben und die daraus schlüpfenden Tiere für sich als sog. Hilfsameisen arbeiten lassen. Bekannteste einheim. Arten sind die **Blutrote Raubameise** (Raptiformica sanguinea) und die gänzl. auf ihre „Sklaven" angewiesenen ↑Amazonenameisen.

Raubbeutler (Dasyuridae), Fam. maus- bis hundegroßer Beuteltiere (Körperlänge etwa 5–110 cm) mit knapp 50 Arten in der austral. Region; mit kurzen bis mittellangen Beinen; Gebiß raubtierartig, Ernährungsweise räuberisch. Zu den R. gehören Beutelmäuse, Beutelmarder und der Beutelwolf.

Raubdruck, widerrechtl. ↑Nachdruck.

Räuber, svw. ↑Episiten.

Räuber-Beute-Verhältnis (Episitie, Episitismus), die Beziehung zw. Räuber (↑Episiten) und Beutetier in einem bestimmten Biotop, wobei es, v. a. wenn es sich beim Räuber um einen Nahrungsspezialisten handelt, in bezug auf die Populationsdichte der beiden Kontrahenten zu einer Schwankung um einen bestimmten Mittelwert, d. h. zu einer Art Gleichgewichtszustand kommt.

räuberische Erpressung, die durch Gewalt gegen eine Person oder durch Drohung mit einer gegenwärtigen Gefahr für Leib oder Leben vorgenommene ↑Erpressung, bei der die räuber. Mittel zur Einwirkung auf die Verfügungsfreiheit des Opfers eingesetzt werden. Der Täter einer r. E. wird gleich einem Räuber bestraft.

Räubersynode von Ephesus ↑Ephesus, Konzil von.

Raubfische, Bez. für Fische, die Jagd auf andere Fische machen und sich v. a. von diesen ernähren; z. B. Hecht, Raubwels, Kabeljau und viele Haifischarten.

Raubfliegen (Habichtsfliegen, Jagdfliegen, Asilidae), weltweit verbreitete, rd. 5000 (6 bis 30 mm lange) oft stark behaarte Arten umfassende Fliegenfam. (Gruppe Spaltschlüpfer); machen Jagd auf vorbeifliegende kleinere Insekten, die sie später aussaugen. Die Larven leben räuber. oder saprophag in verrottetem Material. Am bekanntesten sind Mordfliegen und Wolfsfliegen.

Raubkäfer, svw. ↑Kurzflügler.

Raubmöwen (Stercorariidae), Fam. bis etwa 60 cm langer, kräftiger, vorwiegend braun gefärbter Möwenvögel mit vier Arten in hohen Breiten der N- und S-Halbkugel; einzeln oder in kleinen Kolonien brütende Vögel mit hakig gekrümmtem Oberschnabel, die fischfangenden Vögeln die Beute abjagen, Vogelnester plündern und auch Aas fressen. Zu den R. gehören v. a. **Skua** (Stercorarius skua; 60 cm lang, hell- bis dunkelbraun) und **Schmarotzerraubmöwe** (Stercorarius parasiticus; 50 cm lang, oberseits dunkelbraun und unterseits weiß oder einfarbig dunkel).

Raubritter ↑Ritter.

Raubseeschwalbe ↑Seeschwalben.

Raubspinnen (Jagdspinnen, Pisauridae), Fam. der Spinnen mit rd. 400 Arten, davon zwei einheimisch; weben keine Netze; ♀♀ tragen ihren großen, runden Eikokon zw. den Mundwerkzeugen mit umher; bekannt v. a. die **Listspinne** (Dolomedes fimbriatus), rotbraun, 12–18 mm Körperlänge, in Au- und Bruchwäldern und an der Oberfläche von pflanzenreichen Gewässern (taucht bei Gefahr unter).

Raubtiere (Karnivoren, Carnivora), seit dem Paläozän bekannte, heute mit rund 250 Arten fast weltweit verbreitete Ordnung etwa 0,2–6,5 m langer Säugetiere; in allen Lebensräumen lebende, tag- und nachtaktive Tiere, deren Gebiß durch stark entwickelte Eckzähne und meist scharfe Reißzähne (Backenzähne) gekennzeichnet ist und bei der Mehrzahl der R. (vorwiegend Fleischfresser) dem Töten und Aufreißen größerer Säugetiere dient. Daneben gibt es Allesfresser (z. B. Braunbär), überwiegende bis fakultative Aasfresser (z. B. Schakale, Hyänen) und Pflanzenfresser (z. B. Bambusbär, Wickelbär). Die Sinnesorgane der R. sind hoch entwickelt, bes. der Geruchs- und Gehörsinn. - R. halten keinen echten Winterschlaf, wohl aber eine Winterruhe (z. B. Bären). Üblicherweise versteht man unter R. die **Landraubtiere** (Fissipedia), bei denen man acht Fam. unterscheidet: Hundeartige, Bären, Kleinbären, Bambusbären, Marder, Schleichkatzen, Hyänen und Katzen. Die Robben werden als **Wasserraubtiere** (Pinnipedia) von den R. meist als selbständige Ordnung abgetrennt.

Raubvögel (Raptatores), fachsprachl. nicht mehr verwendete zusammenfassende Bez. für Greifvögel und Eulen.

Raubwanzen (Schreitwanzen, Reduviidae), mit über 3000 Arten weit verbreitete Fam. mittelgroßer bis großer ↑Landwanzen; leben räuber. von Insekten, z. T. auch blutsaugend an Säugetieren und am Menschen, in den Tropen u. U. als Krankheitsüberträger. Unter den einheim. Arten ist am bekanntesten die **Staubwanze** (Kotwanze, Große R., Reduvius personatus); bis 18 mm lang, dunkelbraun bis schwarz; kann sehr schmerzhaft stechen; lebt in Gebäuden; Larven durch Beschichtung mit Staubteilchen kaum erkennbar.

Raubwild, wm. Bez. für alle jagdbaren Tiere, die dem *Nutzwild* (für den menschl. Genuß geeignetes Wild) nachstehen, z. B. Rotfuchs, Iltis, Wiesel.

Raubwürger (Grauwürger, Lanius excubitor), bis knapp 25 cm langer, mit Ausnahme des schwarzen Augenstreifs, der schwarzen Flügel und des ebenso gefärbten Schwanzes oberseits grauer, unterseits weißl. Singvogel

Rauch

der Fam. Würger; v. a. an Waldrändern und in Feldgehölzen N-Afrikas, großer Teile Eurasiens und weiter Gebiete N-Amerikas; macht im Rüttelflug (nach Turmfalkenart) Jagd auf Mäuse, Kleinvögel, kleine Reptilien u. a.; Nest aus Dornzweigen, bes. in Dornbüschen; vorwiegend Standvogel.

Rauch, Christian Daniel, * Arolsen 2. Jan. 1777, † Dresden 3. Dez. 1857, dt. Bildhauer. - Studien u. a. bei G. Schadow (1802); während seines 1. Italienaufenthaltes 1805–11 unter dem Einfluß von A. Canova und B. Thorvaldsen. Nach Schadow Hauptvertreter des Berliner Klassizismus, schuf in Marmor und Bronze Porträtbüsten, Denkmäler (Reiterdenkmal Friedrichs d. Gr., 1839–51, heute in der Straße „Unter den Linden") und Grabmäler.

R., Hans Georg, * Berlin 21. Juni 1939, dt. satir. Zeichner. - In seinen Arbeiten rückt R. mittels Perspektive, Auf- oder Untersicht seinen meist polit. Gegenstand in Distanz, um die Absurdität der Zustände zu entblößen.

Rauch, ein bei der Verbrennung von festen, flüssigen und gasförmigen Brennstoffen entstehendes Gemisch (Aerosol) aus gasförmigen Substanzen (*Rauchgasen*, z. B. Kohlendioxid, Wasserdampf, Schwefeldioxid und Schwefeltrioxid, bei unvollständiger Verbrennung auch Kohlenmonoxid, Methan und Wasserstoff) sowie feinst verteilten festen Substanzen (z. B. Ruß und Ascheteilchen). Gasförmige Schadstoffe werden bei techn. Verbrennungsanlagen durch Auswaschen mit geeigneten Absorptionsmitteln, feste Substanzen durch Filteranlagen entfernt.

Rauche, svw. ↑ Rauchheit.

Rauchen, das aktive (auch passive „Mitrauchen") Aufnehmen vom Tabakrauch in die Atmungsorgane (einschl. Mundhöhle).

Obwohl die gesundheitsschädl. Folgen des Tabakrauchens durch statist. Untersuchungen erwiesen sind, steigt der Tabakkonsum an. Die Ursache hierfür liegt in der süchtigen Gewohnheitsbildung, die das R. hervorruft. Die gesundheitsschädigenden Folgen des R. beruhen nur z. T. auf Wirkungen des Alkaloids Nikotin über das vegetative Nervensystem; vielmehr werden beim Abbrennvorgang des Tabaks eine große Anzahl krebserzeugender u. a. tox. wirkender Stoffe freigesetzt, z. B. aliphat. und aromat. Kohlenwasserstoffe, niedere Alkohole (z. B. Methanol), Kohlenmonoxid, Ammoniak, Stickoxide, Blausäure sowie Spuren von Chrom und Arsen, die mit fortschreitendem Abbrand des Tabaks in steigender Konzentration inhaliert werden. Unterschieden werden Nikotinwirkungen und nikotinunabhängige Wirkungen.

Nikotinwirkungen: Raucher erkranken etwa doppelt so häufig und in wesentl. jüngerem Lebensalter als Nichtraucher an Herzkranzgefäßleiden. Je nach dem durchschnittl. tägl. Zigarettenkonsum ist der tödl. Ausgang des Herzinfarkts bei Rauchern häufiger als bei Nichtrauchern. Die Ursache ist noch nicht eindeutig geklärt. Nikotin, das an sich die Herzkranzgefäße erweitert, steigert die Herzfrequenz und erhöht den Blutdruck; es führt damit zu einer vermehrten Arbeitsbelastung des Herzens, die mit erhöhtem Sauerstoffbedarf einhergeht. Nikotin führt ferner über die Ausschüttung von Adrenalin aus dem Nebennierenmark zu einer Erhöhung des Cholesterinspiegels im Blut, was als Risikofaktor für arteriosklerot. Gefäßveränderungen angesehen wird. Gefäßverschlußerkrankungen der unteren Extremitäten werden durch Nikotin verschlechtert (v. a. ↑ Raucherbein). - Nikotin steigert ferner die Magensaftsekretion und die Magen-Darm-Motorik („Verdauungszigarette"). Durch Hemmung des muskulären Verschlusses am Magenausgang tritt vermehrt saurer Mageninhalt in den Zwölffingerdarm über. Auch kann alkal. Inhalt des Zwölffinger-

Rauchen. Jährliche Todesfälle von Nichtrauchern und Rauchern nach Altersgruppen

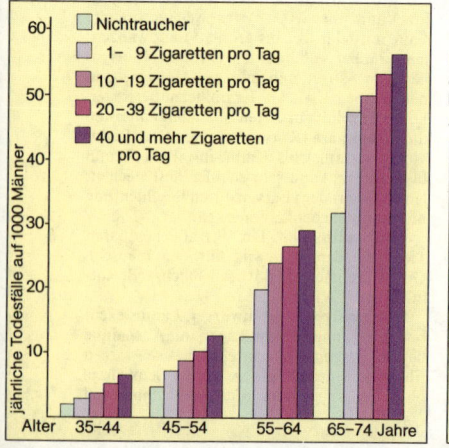

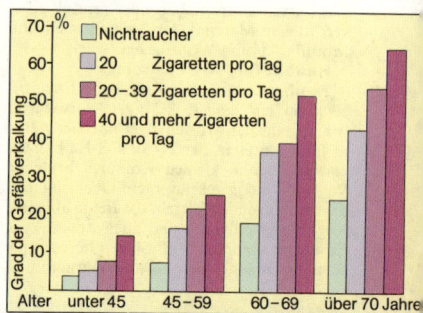

Rauchen. Prozentualer Anteil an Verkalkung der Herzkranzgefäße bei Nichtrauchern und Rauchern nach Altersgruppen

darms in den Magen zurückfließen. Damit wird die Entstehung von Schleimhautgeschwüren im Bereich des Magens und des Zwölffingerdarms begünstigt oder ausgelöst. - Kinder von rauchenden Schwangeren sind bei der Geburt im Durchschnitt 250 g leichter und dadurch auch krankheitsanfälliger. Außerdem kommt es bei Raucherinnen etwa doppelt so häufig wie bei Nichtraucherinnen zu Frühgeburten durch Steigerung der Kontraktionsbereitschaft der Gebärmutter.

Nikotinunabhängige Wirkungen: Der eingesogene Tabakrauch streicht durch Mundhöhle, Nasen-Rachen-Raum, Kehlkopf und die Bronchien mit ihren feinsten Verzweigungen bis zu den Lungenalveolen. Dabei kondensieren die im Rauch enthaltenen Abbrandprodukte und schlagen sich größtenteils als Teer auf der Schleimhaut der Luftwege nieder. Die Folgen sind häufig wiederkehrende und schließl. chron. werdende Entzündungen im Bereich von Rachen, Kehlkopf und Bronchien („Raucherbronchitis"). Außerdem vermindert sich die Effektivität des Selbstreinigungsmechanismus der Atemwege, wodurch örtl. Infektionen begünstigt werden. - Inhalierende Raucher erkranken etwa 11 mal so häufig an Lungenkrebs wie Nichtraucher. Bei Männern steht der Lungenkrebs zahlenmäßig an der Spitze aller Krebserkrankungen. Aber auch insbes. Krebsbefall der Mundhöhle und des Kehlkopfs sind bei Rauchern 4- bis 5mal häufiger als bei Nichtrauchern. Bisher ist es noch nicht gelungen, einen bestimmten Stoff oder eine Stoffgruppe des Tabakrauchs eindeutig als krebserzeugende Schadstoffe zu identifizieren.

Nach der Tabak-VO muß seit dem 1. Nov. 1980 in allen Werbeanzeigen und auf allen Plakaten der Warnhinweis „Der Bundesgesundheitsminister: R. gefährdet ihre Gesundheit" angebracht werden (seit 1. Okt. 1981 auch auf allen Zigarettenpackungen). Außerdem ist der Nikotin- und Kondensatgehalt anzugeben.

Schär, M.: Nicht mehr rauchen. Fakten, Argumente, Hilfen. Wuppertal u. Bern ² 1984. - Feser, H., u.a.: Zigaretten-R., eine Dokumentation. Ulm ¹³ 1983. - Dunhill, A.: Die edle Kunst des R. Dt. Übers. Mchn. 1979. - Röper, B.: Rauchmotivation Jugendlicher. Gött. 1978. - Burch, P. R.: R. u. Krebs. Dt. Übers. Düss. 1977.

rauchende Schwefelsäure, svw. ↑Oleum.

Raucherbein, arteriosklerot. Gefäßveränderungen mit Durchblutungsstörung und Arterienverschluß im Bereich der Beine, verursacht v. a. durch Fettstoffwechselstörungen, Diabetes mellitus, Bluthochdruck und Nikotinmißbrauch. ↑auch Arteriosklerose.

Raucherbronchitis ↑Bronchitis.

Räuchern ↑Konservierung.

◆ chem. Beizverfahren für Holz durch Einwirken von Ammoniakdämpfen; ergibt dunkle Farbtöne.

Rauchfang, Bez. für den trichterförmig sich nach oben verjüngenden Bauteil über Herden mit offener Feuerung, der den Rauch zum Schornstein überleitet (früher häufig zum Räuchern benutzt); auch svw. Schornstein.

Rauchfaß, ein an Ketten hängendes Metallgefäß für liturg. Räucherungen (↑Inzens).

Rauchgasentschwefelung ↑Entschwefelung.

Rauchheit (Rauche, Rauhheit) [zu mittelhochdt. rūch „rauh; behaart"], Qualitätsmerkmal von Pelzwaren (Pelz): Die R. betrifft die physikal. Eigenschaft der verschiedenen Haartypen und deren Zusammenwirken. Gute R. vermittelt ein Gefühl wie weiche Seide. I. e. S. ist ein Pelzwerk mit dichtem Unterhaar „rauch", im Ggs. zum „flachen" oder „leichten" Pelzwerk mit wenig Unterhaar.

Rauchkanal, Strömungskanal für Demonstrationszwecke, der zur Sichtbarmachung der Stromlinien mit einer Einrichtung versehen ist, mit der durch kleine Düsen in Strömungsrichtung zunächst parallele Rauchfäden erzeugt werden können, die dann an der Umströmung des Versuchskörpers teilnehmen und die Stromlinien sichtbar machen.

Rauchmelder ↑Alarmanlagen.

Rauchmiller (Rauchmüller), Matthias, * Radolfzell 11. Jan. 1645, † Wien 15. Febr. 1686, dt. Bildhauer, Maler und Baumeister. - Ein hochbarockes Gesamtkunstwerk aus Architektur, Plastik und Malerei (Deckenfresken) ist seine Piastengruft in Liegnitz (1677/78, Johanneskirche [ehem. Franziskanerkirche]). 1681 schuf er das Modell für die Nepomukstatue auf der Karlsbrücke in Prag.

Rauchquarz, braune oder rauchgraue Varietät des ↑Quarzes; Verfärbung durch Fremdstoffe oder infolge von Bestrahlung.

Rauchschwalbe ↑Schwalben.

Rauchtopas, falsche Bez. für ↑Rauchquarz.

Rauchverbot, das Verbot des Tabakgenusses; nach dem Jugendschutzgesetz für Kinder und Jugendliche unter 16 Jahren in der Öffentlichkeit. Ein allg. R. gilt auch in Wäldern, Mooren und Heiden und in gefährl. Nähe solcher Gebiete (Entfernung unter 100 m) vom 1. März bis zum 31. Okt. sowie z. T. in öffentl. Verkehrsmitteln, Warenhäusern und Garagen.

Rauchvergiftung, durch die Einatmung von Rauchgasen bedingte Vergiftung. Die Erscheinungen der R. sind im wesentl. die der ↑Kohlenmonoxidvergiftung.

Rauchware, svw. Rauchwerk (↑Pelz).

Räude, durch viele Arten hautschmarotzender Krätzmilben hervorgerufene, mit heftigem Juckreiz verbundene Hauterkrankung bes. der Haustiere; Knötchen- und Bläschen-

Räudemilben

bildung, Schorfkrusten und stellenweiser Haarausfall. Die R. der Schafe *(Dermatocoptes-R.)* und die R. der Pferde *(Sarcoptes-* und *Psoroptes-R.)* sind meldepflichtig. Wichtigste Bekämpfungsmittel gegen R. sind Kontaktinsektizide († Schädlingsbekämpfungsmittel). – Die oft eitrig verlaufende *Ohr-R.* (v. a. bei Hunden, Katzen und Kaninchen) wird durch Ohrmilben hervorgerufen und ist wie die meisten R.erkrankungen bei rechtzeitiger Behandlung heilbar.

Räudemilben, svw. † Krätzmilben.

Raufhandel (Beteiligung an einer Schlägerei), Gefährdungsdelikt (§ 227 StGB), nach dem mit Freiheitsstrafe bis zu 3 Jahren oder mit Geldstrafe bestraft wird, wer sich schuldhaft an einer Schlägerei oder an einem von mehreren getätigten Angriff beteiligt, in deren Verlauf der Tod eines Menschen oder eine schwere Körperverletzung verursacht werden, ohne daß es insoweit auf ein Verschulden des Täters ankommt.

Rauhbank, svw. Langhobel († Hobel).

Rauhblattaster, svw. Neuenglische Aster († Aster).

Rauhblattgewächse (Boretschgewächse, Borretschgewächse, Boraginaceae), weltweit verbreitete Familie zweikeimblättriger Pflanzen mit rd. 2000 Arten in rd. 100 Gatt.; Bäume, Sträucher oder Kräuter mit schraubig angeordneten, ungeteilten, stark borstig behaarten Blättern und in wickeligen Blütenständen stehenden Blüten. Bekannte Gatt. sind Beinwell, Lungenkraut, Natternkopf.

Rauhblättriger Almrausch, svw. † Behaarte Alpenrose.

Rauhe Gänsekresse † Gänsekresse.

Rauheis, aus nässendem Nebel entstehender kompakter Eisüberzug auf Bäumen, Sträuchern u. a.; bildet sich auch an Flugzeugen beim Flug durch unterkühlte Wolken. – † auch Rauhfrost.

Rauhes Haus, Name der von J. H. Wichern 1833 in Hamburg-Horn gegr. Anstalt zur Betreuung gefährdeter männl. Jugendlicher; angeschlossen waren die *Diakonenanstalt des Rauhen Hauses* und der 1844 gegr. Verlag *Agentur des Rauhen Hauses.*

Rauhfasertapete † Tapete.

Rauhfrost, aus [unterkühltem] Nebel v. a. bei Wind entstehende Eisbildung an Bäumen, Sträuchern u. a., gewöhnl. in Form faseriger, weißer Zapfen oder „Fahnen", die dem Winde entgegenwachsen.

Rauhfußbussard (Buteo lagopus), bis etwa 60 cm langer Bussard v. a. in Tundren und Gebirgen N-Eurasiens und des nördl. N-Amerika; unterscheidet sich vom Mäusebussard durch helleren, dunkel längsgestreiften Kopf und Hals, bis auf die Zehen befiederte Läufe und breite, schwarze Endbinde am weißl. Schwanz; Nest auf Bäumen oder Klippen; Zugvogel, der bis in die gemäßigten Regionen zieht.

Rauhfußhühner (Tetraoinae), Unterfam. bis fast 90 cm langer Hühnervögel (Fam. † Fasanenartige) mit rd. 20 Arten in Wäldern und Steppen N-Amerikas sowie des nördl. und gemäßigten Eurasiens; vorwiegend Insekten und Pflanzenteile fressende, schlecht fliegende Bodenvögel mit kräftigem, kurzem Schnabel und voll befiederten Läufen. – Zu den R. gehören u. a. † Auerhuhn, † Birkhuhn, **Haselhuhn** (Tetrastes bonasia, rd. 35 cm groß, lebt in N-Asien und Europa; Gefieder rostbraun bis grau, dunkel und weißl. gezeichnet, ♂ mit kleiner Kopfhaube), † Schneehühner und † Präriehuhn.

rauhfüßig, befiederte Beine aufweisend; von manchen Vögeln (z. B. Rauhfußbussard, Rauhfußhühner) gesagt.

Rauhfußkauz (Aegolius funereus), etwa 25 cm langer Kauz († Eulenvögel).

Rauhgewicht † Münzfuß.

Rauhhaar (Wirrhaar), Bez. für eine mehr oder weniger abstehende, drahtartig harte, rauhe Behaarung bei Tieren.

Rauhhaardackel † Dackel.

Rauhhaarfoxterrier † Foxterrier.

Rauhhai (Walhai, Rhincodon typus), bis über 15 m langer, in großen Rudeln lebender Haifisch in allen (überwiegend trop.) Meeren; bräunl. mit weißer Fleckung, an den Körperseiten zwei bis drei Längsleiste; Maul endständig, groß, mit dichtstehenden, kleinen Zähnen; harmloser Planktonfresser.

Rauhheit, svw. † Rauchheit.

Rauhnächte (Rauchnächte), in Süddeutschland und Österreich v. a. Bez. für die in Volksglauben und -brauch bes. bedeutsame Zeit zw. Thomastag (21. Dez.) und Dreikönigstag (6. Jan.).

Rauhreif (Anraum), aus [unterkühltem] Nebel bzw. Wasserdampf bei Windstille oder geringen Windgeschwindigkeiten entstehende lockere, kristalline, weiße Eisablagerung an Bäumen, Sträuchern u. a. Bei der Bildung von R. sind wahrscheinl. Sublimation und das Gefrieren kleiner Nebeltröpfchen beteiligt. – † auch Rauhfrost.

Rauke [zu lat. eruca „Senfkohl"] (Sisymbrium), Gatt. der Kreuzblütler mit rd. 80 Arten auf der Nordhalbkugel und in S-Amerika; eine bekannte Art ist die † Besenrauke.

Raum, in der *Mathematik* Bez. für jede mit einer bestimmten † Struktur versehene Menge X von Elementen, die gleichzeitig eine Abstraktion bzw. Verallgemeinerung des gewöhnl. Anschauungs-R. darstellt. Dem Anschauungs-R. am nächsten kommt der *dreidimensionale euklid. Raum R^3:* Er ist definiert als die Menge der Tripel (x, y, z) reeller Zahlen († Koordinaten), die den „Punkten" des Anschauungs-R. zugeordnet sind und sie beschreiben, zusammen mit einer Definition des Abstandes jeweils zweier Punkte. Ausgehend vom R^3 gelangt man zum *n-dimensionalen euklid. Raum R^n,* wenn man als Menge X

die Menge aller n-tupel $(x_1, x_2, ..., x_n)$ reeller Zahlen zugrunde legt und jedes n-tupel mit einem Punkt P des R. identifiziert; auch hier bezeichnet man die $x_1, x_2, ..., x_n$ als Koordinaten des Punktes P (die *Dimension* eines solchen R. ist gleich der Anzahl der zur Beschreibung eines beliebigen Punktes notwendigen Koordinaten). Analog zur Abstandsmessung im R^3 definiert man den Abstand zweier Punkte P und P' (Koordinaten $x_1, x_2, ..., x_n$ und $x'_1, x'_2, ..., x'_n$) im R^n durch

$$d(P,P') = \sqrt{\sum_{k=1}^{n} (x_k - x'_k)^2}.$$

In jedem R^n kann man nun eine weitere Struktur einführen, indem man durch

$$(x_1, x_2, \ldots, x_n) + (y_1, y_2, \ldots, y_n) = (x_1 + y_1, x_2 + y_2, \ldots, x_n + y_n)$$

im R^n eine Addition bzw. durch

$$\lambda \cdot (x_1, x_2, \ldots, x_n) = (\lambda x_1, \lambda x_2, \ldots, \lambda x_n)$$

eine Multiplikation mit reellen Zahlen λ erklärt. Diesen R^n bezeichnet man dann als *[n-dimensionalen] Vektor-R. (linearen R.)* V^n über dem Körper **R** der reellen Zahlen; seine Elemente nennt man Vektoren. Ist in einem Vektor-R. V ein inneres Produkt († Skalarprodukt) definiert, das jedem geordneten Paar (x, y) von Vektoren $x, y \in V$ einen Wert aus **R** in bestimmter Weise zuordnet, so wird V als *euklid. Vektor-R.* bezeichnet. Aus der Grundmenge X eine n-tupel gelangt man zum *n-dimensionalen [reellen] affinen Raum* $A^n(\mathbf{R})$, indem man die Produktmenge $X \times X$ folgendermaßen auf einem n-dimensionalen Vektor-R. V^n abbildet:
a) Jedem Punktepaar (P, Q) wird eindeutig ein Vektor $\overrightarrow{PQ} \in V^n$ zugeordnet, wobei zu jedem Punkt P und jedem Vektor $a \in V^n$ genau ein Punkt Q mit $\overrightarrow{PQ} = a$ existiert.
b) Für jedes Punktetripel (P, Q, R) gilt: $\overrightarrow{PQ} + \overrightarrow{QR} = \overrightarrow{PR}$.
Mit Hilfe einer † Basis von Einheitsvektoren des V^n lassen sich dann für jeden Punkt des A^n eindeutig n-tupel $(x_1, ..., x_n)$ von reellen Zahlen als die auf einen festen Punkt bezogenen Koordinaten bezügl. dieser Basis einführen († auch metrischer Raum).
◆ grundlegender Begriff der *Physik*, der sich v. a. in der Ausdehnung und dem Nebeneinanderbestehen materieller Dinge, in ihrer Lage zueinander und ihren Abständen voneinander manifestiert und dem vorausgesetzt wird, daß er sich mit Maßstäben, Lichtstrahlen u. a. ausmessen läßt. Die Bewegung von materiellen Körpern oder Teilchen geht im R. vor sich und ist mit Ortsveränderung in ihm verbunden. Die sich in der Aufeinanderfolge und Dauer der materiellen Prozesse und Bewegungsabläufe manifestierende Zeit erscheint dabei als ordnender [und monoton zunehmender] Parameter. Der reale [physikal.] R. unserer Anschauung ist dreidimensional, d. h., durch jeden R.punkt lassen sich genau drei senkrecht zueinander verlaufende Koordinatenachsen legen. In der Relativitätstheorie werden R. und Zeit vereinigt zu einem vierdimensionalen R., der sog. *Raum-Zeit-Welt.*
◆ in der *philosoph. Tradition* werden nichtempir. R.theorien v. a. im Rahmen von kosmolog. Systembildungen entwickelt. In der R.theorie des Atomismus wird der R. als unendl. und leer bestimmt, wobei das Leere als Ermöglichungsgrund für die Bewegung der Körper bzw. Atome gilt, während zuvor das Leere (d. h. das nicht mit Materie Erfüllte) das Nicht-Seiende ist. Die philosoph. R.theorien des MA sind orientiert an der aristotel. Vorstellung des R. als des die Körper Begrenzenden; der R. könne daher nicht leer sein. Während Thomas von Aquin von einem engen Zusammenhang zw. R. und Materie ausgeht, identifiziert Descartes R. (= Ausdehnung) mit Materie. - Ansätze zu einer im eigtl. Sinne wiss. Theorie des R. finden sich v. a. bei Leibniz, der den bisher herrschenden Begriff des absoluten R. durch den eines relationalen R. abgelöst wissen will. Erkenntnistheoret. bestimmt Kant den R. als eine der aprior. Bedingungen jeder Erfahrung.

Raumakustik, Teilgebiet der (physikal.) Akustik, das sich mit der Ausbreitung des Schalls in geschlossenen Räumen befaßt; untersucht werden die Bedingungen für gute Hörbarkeit und Verständlichkeit von Musik und Sprache, die im wesentl. von einer geeigneten Stärke und Dauer des Nachhalls abhängen; der Nachhall kann u. a. durch die geometr. Form des Raumes sowie durch Auskleidung der Wände mit schallschluckenden Stoffen weitgehend beeinflußt werden.

Raumanzug, hermet. abgeschlossener Astronautenanzug zum Schutz gegen das Weltraummilieu; weitgehend strahlungs- und temperaturisoliert, gegen mechan. Beschädigungen relativ unempfindl. und mit einem Lebenserhaltungssystem ausgerüstet. R. bestehen aus mehreren flexiblen Kunststoffschichten mit luftgefüllten Zwischenräumen. Die äußere Schicht, der Helm und die Handschuhe sind mit einer strahlungsabweisenden Reflexionsschicht versehen. Die hermet. schließende Sichtscheibe ist mit Filtern ausgestattet, die intensive Sonnenstrahlung weitgehend absorbieren. Mit Hilfe des Lebenserhaltungssystems wird im Anzug ein ird. Bedingungen entsprechendes Klima bei 0,25 bis 0,4 bar Innendruck aufrechterhalten. Innendruck und Energieversorgung werden durch die Klimaanlage der Raumkabine oder einen unabhängigen Versorgungstornister sichergestellt.

Raumdiagonale, die Verbindungslinie zweier Ecken eines † Polyeders, die nicht in derselben Begrenzungsfläche liegen.

Raumer, Friedrich von, * Wörlitz (bei Dessau) 14. Mai 1781, † Berlin 14. Juni

1873, dt. Historiker. - Prof. der Staatswiss. (und Geschichte) in Breslau (1811–19) und Berlin (1819–59). Sein romant. Hauptwerk, die „Geschichte der Hohenstaufen und ihrer Zeit" (6 Bde., 1824), beeinflußte die umfangreiche Hohenstaufenliteratur des 19. Jh. und erreichte ein breites Publikum. 1848/49 Mgl. der Frankfurter Nat.versammlung.

Raumfähre (Space shuttle), svw. ↑Raumtransporter.

Raumfahrt (Welt-R., Astronautik, Kosmonautik), Bez. für den Gesamtkomplex wiss. und techn. Bestrebungen zur Ausweitung des menschl. Tätigkeitsbereiches in den Weltraum. Die R. wird in die Bereiche Weltraumforschung und R.technik untergliedert, die prakt. R.ausübung wird als Raumflug bezeichnet. Unter R.*forschung* wird die Gesamtheit aller Forschungen und techn. Entwicklungen zur Verwirklichung des Raumfluges verstanden. Sie ist als Teilbereich der Weltraumforschung Grundlage der R.technik. Für die Durchführung von R.aufgaben sind drei Hauptsysteme erforderl.: Trägersysteme zum Transport bemannter oder unbemannter Nutzlasten auf die erforderl., aufgabenabhängige Einsatzhöhe und -geschwindigkeit (↑Raketen, ↑Raumtransporter); Nutzlasten mit aufgabenabhängiger Ausrüstung und Instrumentierung, Bordenergiesystem, Steuer- und Stabilisierungssystemen, gegebenenfalls autonomem Raumflugtriebwerkssystem und z. T. Wiedereintrittsausrüstung; Bodenanlagen für Entwicklung, Bereitstellung, Start, Flugüberwachung und Landung. Nach Einsatzreichweiten werden unterschieden: erdnahe, lunare, [inter]planetare und die hypothet. [inter]galakt. und [inter]stellare R. (↑Satellit, ↑Raumstation, ↑Raumsonden). Die Unterscheidung nach unbemannter und bemannter R. kennzeichnet die unmittelbare menschl. Beteiligung (Astronauten, Kosmonauten) an Raumflügen und die damit verbundene konstruktive Auslegung der Raumflugsysteme (z. B. mit Lebenserhaltungssystemen in Raumkabinen bzw. Raumstationen). Eine weitere Unterteilung ist die in eine zivile und eine militär. Raumfahrt. Obwohl nach einem Abkommen über die friedl. Nutzung des Weltraums die Stationierung von Waffen in einer Erdumlaufbahn unzulässig ist, arbeiten offenbar beide Großmächte an der Entwicklung sog. Killer-Satelliten (Antisatelliten), die feindl. Satelliten gegebenenfalls unschädl. machen können. Große Bed. erlangten darüber hinaus die militär. Aufklärungssatelliten.

Geschichte: Die ersten techn.-wiss. begründeten Überlegungen zum Vorstoß in das Weltall begannen in den letzten Jahrzehnten des 19. Jh. v. a. in Rußland und Deutschland (N. I. Kibaltschitsch [* 1853, † 1881]; K. E. Ziolkowski; H. Ganswindt [* 1856, † 1934]). Im Mittelpunkt des Interesses stand das Antriebssystem. Man erkannte, daß nur das Rückstoßprinzip für R.unternehmen in Betracht komme und konzentrierte die Bemühungen zunächst auf die Entwicklung geeigneter ↑Raketen. Daneben traten zunehmend Überlegungen über mögl. ↑Raumflugbahnen. Die fortschreitende Entwicklung der Raketentechnik wurde während des 2. Weltkriegs v. a. in Deutschland vorangetrieben (R. Nebel, W. von Braun, H. Oberth, J. Winkler, W. Dornberger u. a.). Sie verlagerte sich nach dem Krieg im wesentl. auf die USA und die Sowjetunion. Nachdem bis 1957 Raketen v. a. zur Erforschung der oberen Schichten der Atmosphäre eingesetzt worden waren, wurde mit dem Start des sowjet. Satelliten „Sputnik 1" am 4. Okt. 1957 der erste Schritt in den Weltraum vollzogen. Der erste amerikan. Erdsatellit „Explorer 1" folgte am 1. Febr. 1958 (↑auch Satellit). Mit dem Start von Raumsonden begann bald darauf die Erforschung der weiteren Erdumgebung. Am 12. April 1961 gelang mit dem sowjet. Raumflugkörper „Wostok 1" der erste bemannte Raumflug (↑auch Bemannte Raumflüge [Übersicht] S. 99ff.). Nachdem durch Mondsonden die Oberflächenbeschaffenheit des Mondes erkundet war, landete am 20. Juli 1969 im Rahmen des ↑Apollo-Programms das erste bemannte Raumfahrzeug auf dem Mond. Parallel zur Erforschung des Weltraums verlief die zunehmende Nutzbarmachung der R. für kommerzielle und militär. Zwecke. So beförderte die erste europ. dreistufige Trägerrakete „Ariane" bei ihrem 3. und 4. Probeflug im Juni und Dez. 1981 u. a. einen Wetter- und einen Nachrichtensatelliten in eine Erdumlaufbahn. Neue Möglichkeiten erschloß die Entwicklung des ↑Raumtransporters.

📖 *Weltenzyklop. der R. Mchn. 1986. - Hahn, H. M./Furrer, R., u. a.: D1 - Unser Weg ins All. Braunschweig 1985. - Puttkamer, J. v.: Der zweite Tag der neuen Welt. Die R. auf dem Weg ins 3. Jt. Ffm. 1985. - Puttkamer, J. v.: Der erste Tag der neuen Welt. Vom Abenteuer der R. zur Zukunft im All. Mchn.; Ffm. 1983. - Stanek, B.: R.lex. Ostfildern 1983. - Mielke, H.: R. Bln.* [6] *1980. - Ruppe, H. O.: Die grenzenlose Dimension R. Düss. 1980–82. 2 Bde. - Büdeler, W.: Gesch. der R. Künzelsau 1979. - Köhler, H. W.: 100 × R. Mhm. u. a. 1977.*

Raumfahrtmedizin, Teilgebiet der ↑Luftfahrtmedizin, das sich mit den medizin. Anforderungen und Auswirkungen der Weltraumfahrt beschäftigt und bes. die physiolog. Einflüsse der Beschleunigung und Schwerelosigkeit auf den Organismus, die Strahlenbelastung und dergleichen untersucht.

Raumfahrttriebwerke ↑Raumflugtriebwerke.

Raumflug (Weltraumflug), die Bewegung jedes künstl. Körpers im Weltraum, wobei die Bahn dauernd oder vorübergehend über die untere Erdatmosphäre (bis 180 km Höhe) hinausreicht und die Geschwindigkeit die Or-

Raumflugtriebwerke

bitalgeschwindigkeit (erste kosm. Geschwindigkeit; ↑Raumflugbahnen) erreicht oder überschreitet. Bleibt der Körper im Bereich des Kräftegleichgewichts zwischen ird. Schwerkraft und Zentrifugalkraft, so wird er als künstl. Erdsatellit (↑Satellit) bezeichnet; wird die wirksam werdende Schwerkraft bei Erreichung der Entweichgeschwindigkeit (zweite kosm. Geschwindigkeit) überwunden, so daß ein interplanetarer Flug ermöglicht wird, werden die unbemannten R.systeme allg. als ↑Raumsonden bezeichnet. Die übergeordnete Bez. *R.körper* umfaßt alle Geräte, die für den R. eingesetzt werden. Speziell für die Durchführung bemannter [längerer] Raumflüge konzipierte R.körper werden meist unter der Bez. *Raumfahrzeug* zusammengefaßt (z. B. ↑Raumtransporter).

Raumflugbahnen, für interplanetare Raumflugunternehmen geeignete Flugbahnen von Raumflugkörpern. Für die Startphase wird die sog. Synergiekurve gewählt: ein vertikal verlaufender Anfangsteil, ein im allg. aus Ellipsenteilen zusammengesetzter Übergangsteil und ein horizontaler Endteil in der vorgesehenen Höhe. Hat dort ein Raumflugkörper eine bestimmte Geschwindigkeit V_B (rechtwinklig zur Verbindungslinie zum Erdmittelpunkt), so werden bei relativ kleinen V_B-Werten Ellipsenstücke beschrieben, die zur Erdoberfläche zurückführen (**ballist. Flugbahn**); wenn V_B so groß wird, daß zw. der durch V_B bewirkten Zentrifugalkraft und der Erdanziehung Gleichgewicht eintritt (**erste kosm. Geschwindigkeit, Orbitalgeschwindigkeit**), fällt der Körper gewissermaßen ständig um die Erde herum, die Ellipse hat sich zum Kreis einer *Erdumlaufbahn* geweitet. Bei weiterer Steigerung von V_B ergeben sich wiederum Ellipsenbahnen zunehmender Streckung, bis schließl. die ↑Entweichgeschwindigkeit, die **zweite kosm. Geschwindigkeit** erreicht wird und der Raumflugkörper auf einer parabol. Bahn das Schwerefeld der Erde verläßt. - Den Übergang von einer inneren Kreisbahn (Orbit) in eine konzentr. äußere Kreisbahn erreicht man auf einer sog. **Hohmann-Bahn (Hohmann-Transfer),** einer ellipt. Bahn, die zur Ausgangs- und Endbahn tangential verläuft. Dazu ist ein sog. Doppelimpulsmanöver erforderlich: ein erster Impuls (kurze Triebwerkzündung) erhöht die Tangentialgeschwindigkeit in der Ausgangsbahn um einen Betrag ΔV_1, der Raumflugkörper bewegt sich daraufhin im freien Flug (**Freiflugbahn**) auf einer ellipt. Bahn, deren erdfernster Punkt auf der Zielbahn liegt. Dort ist ein zweiter Impuls nötig (tangentiale Geschwindigkeitskomponente ΔV_2), der zur Anpassung an die gewünschte kreisförmige Endbahn dient. Da nur zwei kurzzeitige Triebwerkzündungen nötig sind, ist der Treibstoffverbrauch gering; nachteilig ist jedoch die relativ lange Flugzeit. Andere Übergangsbahnen mit kürzeren Flugzeiten sind zwar möglich, erfordern jedoch einen erhebl. höheren Treibstoffaufwand. Da bei den interplanetaren Flügen der durch die Nutzlastkapazität der Trägerrakete ohnehin begrenzte Treibstoffvorrat eines Raumflugkörpers auch noch für Lageregelung, Bremsmanöver u. a. ausreichen muß, kommen heute prakt. nur Hohmann-Bahnen in Frage. Nicht realisiert wurde bisher auch die Möglichkeit, während des Übergangs ständig einen geringen Schub wirken zu lassen. Die kreisförmige Anfangsbahn „entartet" dann zu einer zur Zielbahn führenden Spirale. - Einen Sondertyp der R. erhält man durch die sog. **Fly-by-** oder **Swing-by-Technik:** Ein Raumflugkörper erhält bei einem Vorbeiflug an einem Planeten je nach Masse, nach der Stärke des Schwerefeldes und der Eigenbewegung des Planeten eine zusätzl. Beschleunigung.

Raumflugtriebwerke, zum Antrieb von Raumfahrzeugen vorgesehene Triebwerke, bei denen die zur Schuberzeugung erforderl. hohe Ausströmgeschwindigkeit des Arbeitsmediums (Gas, Dampf, Plasma) im Ggs. zu den z. Z. verwendeten Raketentriebwerken (↑Raketen) auf elektr. Wege oder mit Hilfe von Kernenergie erreicht werden soll. Bei den *elektr. R.* wird die z. B. mit Hilfe von Isotopenbatterien oder Solarzellen gewonnene elektr. Energie zur Erzeugung der kinet. Energie des Arbeitsmediums genutzt. Dies erfolgt in *elektrotherm. R.* (**Lichtbogentriebwerke**) durch starkes Aufheizen eines Arbeitsgases in einem Lichtbogen, das dann in konventionellen Schubdüsen (wie bei Raketen) entspannt wird. In *elektrostat. R.* (**Ionentriebwerke**) wird z. B. Caesium- oder Quecksilberdampf vollständig ionisiert, die erzeugten Ionen werden dann in speziellen Linearbeschleunigern auf hohe Geschwindigkeiten beschleunigt. *Elektromagnet. R.* (**Plasma-, MHD-Triebwerke**) nutzen die in einem Plasma hoher Temperatur durch Wechselwirkung von elektr. Strömen und Magnetfeldern entstehenden Kräfte zur Beschleunigung des Plasmas aus. Die Plasmaerzeugung selbst erfolgt durch Lichtbögen, Gas-

Elektrothermisches Raumflugtriebwerk (Lichtbogentriebwerk) in schematischer Darstellung

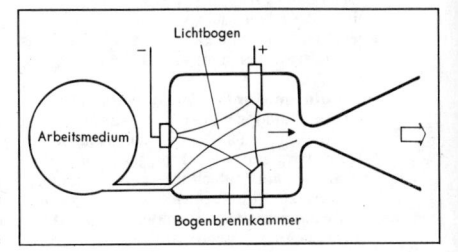

Raumgitter

entladungen oder mit Hilfe von Hochfrequenzgeneratoren. - In *nuklearen R.* soll zur Aufheizung des Arbeitsmediums die durch Kernspaltung freiwerdende Energie verwendet werden, auch die gesteuerte Explosion kleiner, atombombenähnl. Ladungen zur Erzeugung des Schubs wird erwogen. In **Isotopentriebwerken** versucht man, die Aufheizung des Arbeitsmediums mit Hilfe von Radionukliden zu erreichen. - Der Ausnutzung des Impulses von Photonen in hochintensiven, gebündelten [Laser]lichtstrahlen oder Röntgenstrahlen mit Hilfe sog. **Photonentriebwerke** scheinen unlösbare Probleme entgegenzustehen.

Raumgitter ↑ Kristallographie.

Rauminhalt, swv. ↑ Volumen.

Raumklima, Bez. für die klimat. Verhältnisse (Zusammenwirken von Lufttemperatur, Luftfeuchtigkeit, Luftströmung, Oberflächentemperatur der Wände u. a.) in geschlossenen Räumen; beeinflußt u. a. von Witterung, Heizungs- und Klimaanlagen.

Raumkrankheit, Bez. für Gleichgewichtsstörungen, die bei einigen Raumfahrern v. a. in den ersten drei Tagen eines Raumfluges auftreten. Ursache: Durch die Schwerelosigkeit wird der Bogengangapparat des Innenohrs gestört.

Raumkurve, Schnittlinie zweier Flächen im [dreidimensionalen] Raum, i. e. S. eine nicht in einer Ebene liegende Kurve.

Raumladung, eine räuml. verteilte, durch sehr viele bewegl. Ladungsträger überwiegend eines Ladungsvorzeichens gebildete elektr. Ladung, z. B. die Elektronenwolke zwischen Glühkathode und Gitter in einer Elektronenröhre.

räumliches Sehen (plastisches Sehen), dreidimensionale visuelle Wahrnehmung von Objekten auf Grund des ↑ binokularen Sehens, das unterstützt bzw. auf größere Entfernungen substituiert wird durch die Wahrnehmung der Verteilung von Licht und Schatten, der perspektiv. Verkürzung und der ↑ Farbenperspektive.

Räummaschine, Werkzeugmaschine, die mit Hilfe einer Räumnadel, die an der zu bearbeitenden Oberfläche entlanggeführt wird, an Werkstücken ebene, zylindr. oder beliebige Flächen (z. B. Profile) herstellen kann. Die *Räumnadel* besitzt Zähne, deren Schneiden so zur Längsachse angeordnet sind, daß jeder nachfolgende Zahn beim *Räumen* etwas tiefer (etwa 0,01 mm) in das Werkstück eindringt.

Raummeter (Ster), Zeichen rm oder Rm, im amtl. und geschäftl. Verkehr gesetzlich nicht mehr zulässige Volumeneinheit für Holz; 1 rm entspricht 1 m³ gestapeltes Holz (Stämme mit Schichtungszwischenräumen, im Ggs. zum Festmeter).

Raumordnung (Raumplanung), Bez. für die zusammenfassende, übergeordnete, ordnende Planung, die über das Gebiet der kleinsten Verwaltungseinheit hinausgeht. Die R. vollzieht sich in der BR Deutschland im örtl. Bereich als gemeindl. Bauleitplanung, im überörtl. Bereich auf den Ebenen der Regionalplanung, der Landesplanung und der Bundesplanung, wobei der Bund gemäß seinem Recht, Rahmenvorschriften für die R. zu geben, ein R.gesetz erlassen hat, das als Aufgaben und Ziele der R. festlegt, das Bundesgebiet in seiner allg. räuml. Struktur einer Entwicklung zuzuführen, die der freien Entfaltung der Persönlichkeit in der Gemeinschaft am besten dient, wobei die natürl. Gegebenheiten sowie die wirtsch., sozialen und kulturellen Erfordernisse zu beachten sind. Zu den Grundzügen der R., die für die Verwaltungen des Bundes und die Landesplanung in den Ländern unmittelbar gelten, gehört es, für alle Gebiete, auch für Verdichtungsgebiete und zurückgebliebene Gebiete, eine räuml. Struktur mit gesunden Lebens- und Arbeitsbedingungen sowie ausgewogenen wirtsch., sozialen und kulturellen Verhältnissen anzustreben. Ein besonderes Schwergewicht der R. liegt auf der ↑ Landesplanung und insbes. im ökolog. Bereich. Die Landschaft ist zu schützen und zu pflegen.

Raumschwelle, in der Sinnesphysiologie kleinster räuml. oder zeitl. Abstand zw. zwei Reizwahrnehmungen, bei dem diese noch als getrennt wahrgenommen werden (z. B. bestimmt durch den Abstand der Schmerzpunkte in der Haut).

Raumsonden, mit Hilfe von Mehrstufenraketen auf eine die Erde verlassende Bahn gebrachte unbemannte Raumflugkörper für wiss. Messungen im Weltraum. Zu den R. rechnet man die zur Erforschung des Mondes gestarteten *Mondsonden* sowie die R. (i. e. S.) zur Erforschung des interplanetaren Raums (*interplanetare R.*), der Planeten (z. B. *Marssonden, Venussonden*) und der Sonne (*Sonnensonden*).

Raumspiegelung (Paritätstransformation), eine Koordinatentransformation, durch die der Ortsraum am Nullpunkt des Koordinatensystems gespiegelt wird, d. h., alle drei Raumkoordinaten ändern ihr Vorzeichen. Gleichzeitig mit den Koordinaten transformieren sich bei einer R. auch die physikal. Größen; z. B. ändern der Impuls eines Teilchens und die elektr. Feldstärke ihr Vorzeichen, nicht aber der Drehimpuls und Spin eines Teilchens und die magnet. Feldstärke. Bei Invarianz gegenüber R. ist der Zustand eines physikal. Systems, der aus einem anderen Zustand durch R. hervorgeht, wieder ein physikal. realisierbarer Zustand. In diesem sind alle Zustandsgrößen durch die transformierten Zustandgrößen ersetzt. Es zeigte sich, daß von allen bisher bekannten Naturgesetzen nur diejenigen der schwachen Wechselwirkungen nicht invariant gegenüber R. sind.

BEMANNTE RAUMFLÜGE
(Stand Mai 1987)

Name	Start	Astronauten; Dauer des Raumflugs (1 d = 1 Tag = 24 h; E = Erdumrundungen); Bemerkungen
Wostok 1	12. 4. 1961	J. A. Gagarin; erster bemannter Raumflug, 1 h 48 min (1 E); Apogäum 327 km
Mercury 3	5. 5. 1961	A. B. Shepard; ballist. Raumflug von 15 min Dauer, 184 km Höhe
Mercury 4	21. 7. 1961	V. I. Grissom; ballist. Raumflug von 16 min Dauer, 190 km Höhe
Wostok 2	6. 8. 1961	G. S. Titow; 1 d 1 h 18 min (17 E); Apogäum 244 km
Mercury 6	20. 2. 1962	J. H. Glenn; 4 h 55 min (3 E); Apogäum 257 km
Mercury 7	24. 5. 1962	M. S. Carpenter; 4 h 56 min (3 E); Apogäum 254 km
Wostok 3	11. 8. 1962	A. G. Nikolajew; 3 d 22 h 25 min (64 E); Gruppenflug mit Wostok 4
Wostok 4	12. 8. 1962	P. R. Popowitsch; 2 d 22 h 59 min (48 E); Gruppenflug mit Wostok 3
Mercury 8	3. 10. 1962	W. M. Schirra; 9 h 13 min (6 E); Apogäum 285 km
Mercury 9	15. 5. 1963	L. G. Cooper; 1 d 10 h 20 min (22 E); Apogäum 267 km
Wostok 5	14. 6. 1963	W. F. Bykowski; 4 d 23 h 6 min (81 E); Gruppenflug mit Wostok 6
Wostok 6	16. 6. 1963	W. W. Tereschkowa; 2 d 22 h 50 min (48 E); Gruppenflug mit Wostok 5, erste Frau im Weltraum
Woschod 1	12. 10. 1964	W. M. Komarow, K. P. Feoktistow, B. B. Jegorow; 1 d 17 min (16 E); erstes Raumfahrzeug für drei Mann Besatzung
Woschod 2	18. 3. 1965	A. A. Leonow, P. I. Beljajew; 1 d 2 h 2 min (18 E); Leonow hält sich als erster Mensch 10 min im freien Weltraum auf
Gemini 3	23. 3. 1965	V. I. Grissom, J. W. Young; 4 h 53 min (3 E); Apogäum 229 km
Gemini 4	3. 6. 1965	J. A. McDivitt, E. H. White; 4 d 1 h 56 min (62 E); White hält sich 20 min im freien Weltraum auf
Gemini 5	21. 8. 1965	L. G. Cooper, Ch. Conrad; 7 d 22 h 55 min (120 E)
Gemini 7	4. 12. 1965	F. Borman, J. A. Lovell; 13 d 18 h 35 min (206 E)
Gemini 6	15. 12. 1965	W. M. Schirra, Th. P. Stafford; 1 d 1 h 51 min (16 E); Rendezvousmanöver mit Gemini 7, Annäherung auf etwa 30 cm
Gemini 8	16. 3. 1966	N. A. Armstrong, D. R. Scott; 10 h 42 min (6,5 E); Kopplungsmanöver mit Agena-Zielsatellit; vorzeitige Landung
Gemini 9	3. 6. 1966	Th. P. Stafford, E. A. Cernan; 3 d 21 min (44 E); Rendezvous mit ATDA-Satellit; Cernan 125 min im freien Weltraum
Gemini 10	18. 7. 1966	J. W. Young, M. Collins; 2 d 22 h 47 min (43 E); mehrere Bahnänderungen
Gemini 11	12. 9. 1966	Ch. Conrad, R. F. Gordon; 2 d 23 h 17 min (44 E); Kopplungsmanöver mit Zielsatellit; Gordon 44 min im freien Weltraum; Bahnänderung bis in Apogäumshöhe von 1370 km
Gemini 12	11. 11. 1966	J. A. Lovell, E. E. Aldrin; 3 d 22 h 35 min (59 E); Aldrin bei drei Ausstiegsmanövern 5 h 30 min im freien Weltraum
Sojus 1	23. 4. 1967	W. M. Komarow; 1 d 2 h 40 min (17 E); Komarow verunglückt durch Versagen des Landefallschirms bei der Rückkehr tödlich
Apollo 7	11. 10. 1968	W. M. Schirra, D. F. Eisele, R. W. Cunningham; 10 d 20 h 9 min (163 E)
Sojus 3	26. 10. 1968	G. T. Beregowoi; 3 d 22 h 51 min (60 E); Rendezvous mit Sojus 2 (unbemannt)
Apollo 8	21. 12. 1968	F. Borman, J. A. Lovell, W. A. Anders; 6 d 3 h; erster bemannter Raumflug in Mondnähe, 10 Mondumrundungen
Sojus 4	14. 1. 1969	W. A. Schatalow; 2 d 23 h 14 min (45 E); Kopplungsmanöver mit Sojus 5
Sojus 5	15. 1. 1969	B. W. Wolynow, A. S. Jelissejew, W. N. Chrunow; 3 d 46 min (46 E); Kopplungsmanöver und Umstieg auf Sojus 4
Apollo 9	3. 3. 1969	J. A. McDivitt, D. R. Scott, R. L. Schweikart; 10 d 1 h (151 E); Erprobung der Mondlandefähre auf einer Erdumlaufbahn
Apollo 10	18. 5. 1969	Th. P. Stafford, E. A. Cernan, J. W. Young; 8 d 3 min; Mondflug (31 Mondumrundungen, 62 h), Annäherung auf 15 186 m
Apollo 11	16. 7. 1969	N. A. Armstrong, E. E. Aldrin, M. Collins; 8 d 3 h 19 min; erste Mondlandung eines bemannten Raumfahrzeugs: Mondlandefähre „Eagle" setzt am 20. 7. mit Armstrong und Aldrin im Mare Tranquillitatis auf, Armstrong betritt am 21. 7. 3.56 MEZ den Mond; Rückstart nach 21 h 36 min mit 27 kg Gesteinsproben
Sojus 6	11. 10. 1969	G. S. Schonin, W. N. Kubassow; 4 d 22 h 42 min (79 E); Schweißversuche, Rendezvousmanöver mit Sojus 7 und 8
Sojus 7	12. 10. 1969	A. W. Filiptschenko, W. N. Wolkow, W. W. Gorbatko; 4 d 22 h 41 min (80 E)
Sojus 8	13. 10. 1969	W. A. Schatalow, A. S. Jelissejew; 4 d 22 h 41 min (80 E)
Apollo 12	14. 11. 1969	Ch. Conrad, R. F. Gordon, A. L. Bean; Mondflug, 10 d 4 h 36 min; Conrad und Bean landen mit Mondlandefähre „Intrepid" am 19. 11. im Gebiet des Oceanus Procellarum, 31,5 h Mondaufenthalt
Apollo 13	11. 4. 1970	J. A. Lovell, F. W. Haise, J. L. Swigert; Mondflug, 5 d 22 h 52 min; Mondlandung mit Landefähre „Aquarius" wegen Explosion im Geräteteil abgesetzt
Sojus 9	1. 6. 1970	A. G. Nikolajew, W. I. Sewastjanow; 17 d 16 h 59 min (287 E)
Apollo 14	31. 1. 1971	A. B. Shepard, St. A. Roosa, E. D. Mitchell; Mondflug, 9 d 2 min; Landung von Shepard und Mitchell im Gebiet des Fra-Mauro-Kraters am 5. 2., Mondaufenthalt 33 h 21 min
Sojus 10	22. 4. 1971	W. A. Schatalow, A. S. Jelissejew, N. N. Rukawischnikow; 2 d (32 E); Kopplung mit Raumstation Saljut 1 (gestartet 19. 4.)
Sojus 11	6. 6. 1971	G. T. Dobrowolski, W. N. Wolkow, W. I. Pazajew; 23 d 17 h 40 min (360 E); Kopplung mit Saljut 1 (dort 22 Tage Aufenthalt); die Kosmonauten verunglücken bei der Landung durch Druckabfall in der Kabine tödlich
Apollo 15	26. 7. 1971	D. R. Scott, A. M. Worden, J. B. Irwin; Mondflug, 12 d 7 h 12 min; Landung von Scott und Irwin im Gebiet der Hadley-Rille am 30. 7.; erste Exkursionen mit Mondauto; Mondaufenthalt rund 67 h
Apollo 16	16. 4. 1972	Ch. M. Duke, Th. K. Mattingly, J. W. Young; Mondflug, 11 d 1 h 51 min; Landung von Young und Duke im Gebiet des Kraters Descartes am 21. 4.; Exkursionen mit dem Mondauto, Mondaufenthalt rund 71 h
Apollo 17	7. 12. 1972	E. A. Cernan, R. E. Evans, H. H. Schmitt; Mondflug, 12 d 13 h 51 min; Landung von Cernan und Schmitt im Taurusgebirge am 11. 12.; Mondaufenthalt rund 74 h

Bemannte Raumflüge (Forts.)

Name	Start	Astronauten; Dauer des Raumflugs (1 d = 1 Tag = 24 h; E = Erdumrundungen); Bemerkungen
Skylab 2	25. 2.1973	Ch. Conrad, J. P. Kerwin, P. J. Weitz; erster bemannter Flug zur Raumstation *Skylab* (gestartet 14.5.); 28 d 49 min (400 E)
Skylab 3	28. 7.1973	A. L. Bean, J. R. Lousma, O. K. Garriott; 59 d 11 h 9 min (858 E); 59 Tage an Bord von Skylab
Sojus 12	27. 9.1973	W. G. Lasarew, O. G. Makarow; 1 d 22 h 19 min (29 E)
Skylab 4	16.11.1973	G. P. Carr, E. G. Gibson, W. R. Pogue; 84 d 1 h 17 min (1 214 E); 84 Tage an Bord von Skylab
Sojus 13	18.12.1973	P. I. Klimuk, W. W. Lebedew; 7 d 22 h 55 min (128 E)
Sojus 14	3. 7.1974	P. R. Popowitsch, J. Artjuchin; 15 d 17 h 30 min (252 E); Kopplung und Aufenthalt in der Raumstation *Saljut 3* (gestartet 25.6.)
Sojus 15	26. 8.1974	G. Sarafanow, L. Djomin; 2 d 12 min (32 E); Kopplungsmanöver an Saljut 3 mißlingt; Nachtlandung
Sojus 16	2.12.1974	A. W. Filiptschenko, N. N. Rukawischnikow; 6 d 24 min (96 E); Kopplung an Saljut 3
Sojus 17	11. 1.1975	A. Gubarew, G. Gretschko; 29 d 14 h 40 min (467 E); Kopplung an die Raumstation *Saljut 4* (gestartet 26. 12. 1974)
Sojus 18	24. 5.1975	P. I. Klimuk, W. I. Sewastjanow; 62 d 23 h 20 min (993 E); Kopplung an Saljut 4
Apollo-Sojus	15. 7.1975	Th. P. Stafford, D. K. Slayton, V. D. Brand (amerikan.) und A. A. Leonow, W. N. Kubassow (sojwet.); 17. 7. Kopplung beider Raumfahrzeuge, gemeinsame Durchführung von Forschungsprogrammen und gegenseitiger Besuch; Sojus 19 landet am 21.7. nach 5 d 22 h 31 min, Apollo am 24.7. nach 9 d 1 h 28 min
Sojus 21	6. 7.1976	B. W. Wolynow, W. Scholobow; 49 d 6 h 24 min (789 E); Kopplung an die Raumstation *Saljut 5* (gestartet 22.6.)
Sojus 22	15. 9.1976	W. F. Bykowski, W. A. Axjonow; 7 d 21 h 54 min (127 E)
Sojus 23	14.10.1976	W. Sudow, W. Roschdestwenski; 2 d 6 min (32 E); Kopplung an Saljut 5 mißlingt
Sojus 24	7. 2.1977	W. W. Gorbatko, J. Glaskow; 17 d 16 h 8 min (286 E); Kopplung an Saljut 5
Sojus 25	9.10.1977	W. W. Kowaljonok, W. Rjumin; 2 d 46 min (33 E); Kopplung an die Raumstation *Saljut 6* (Start 29.9.) mißlingt
Sojus 26	10.12.1977	J. W. Romanenko, G. Gretschko; 96 d 10 h (1 522 E); Kopplung an Saljut 6; während ihres Aufenthalts in Saljut 6 legen Sojus 27 und 28 sowie der Versorgungstransporter Progress 1 (Start 20. 1. 1978) an; Rückkehr mit Sojus 27
Sojus 27	10. 1. 1978	W. Dschanibekow, O. G. Makarow; 5 d 22 h 59 min (96 E); Kopplung an Saljut 6; Rückkehr mit Sojus 26
Sojus 28	2. 3. 1978	A. Gubarew, V. Remek (ČSSR); 7 d 22 h 17 min (127 E); Kopplung an Saljut 6
Sojus 29	15. 6. 1978	W. Kowaljonok, A. Iwantschenkow; 139 d 14 h 48 min (2 203 E); Kopplung an Saljut 6; während ihres Aufenthaltes in Saljut 6 legen Sojus 30 und 31 sowie die Versorgungstransporter Progress 2 (Start 7.7.), 3 (Start 7.8.) und 4 (Start 4. 10.) an; Rückkehr mit Sojus 31
Sojus 30	27. 6. 1978	P. I. Klimuk, M. Hermaszewski (Polen); 7 d 22 h 4 min (127 E); Kopplung an Saljut 6
Sojus 31	26. 8. 1978	W. F. Bykowski, S. Jähn (DDR); 7 d 20 h 49 min (126 E); Kopplung an Saljut 6; Rückkehr mit Sojus 29
Sojus 32	26. 2. 1979	W. Ljachow, W. Rjumin; 175 Tage (rund 2 800 E); während ihres Aufenthalts in Saljut 6 koppeln die Versorgungstransporter Progress 5 (Start 12.3.) und 6 (13.5.) sowie das unbemannte Raumfahrzeug *Sojus 34* (Start 6.6.) an, mit dem sie zurückkehren
Sojus 33	10. 4. 1979	N. Rukawischnikow, G. Iwanow (Bulgarien); 1 d 23 h 1 min (37 E); Kopplung an Saljut 6 mißlingt
Sojus 35	9. 4. 1980	L. Popow, W. Rjumin; 184 d 20 h; Kopplung an Saljut 6; während ihres Aufenthalts koppeln Sojus 36, T-2, 37 und 38 sowie die Versorgungstransporter Progress 9, 10 und 11 an; Rückkehr mit Sojus 37
Sojus 36	26. 5. 1980	W. N. Kubassow, B. Farkas (Ungarn); 7 d 20 h; Kopplung an Saljut 6
Sojus T-2	5. 6. 1980	J. W. Malyschew, W. A. Axjonow; 3 d 21 h; Kopplung an Saljut 6
Sojus 37	23. 7. 1980	W. W. Gorbatko, Pham Tuan (Vietnam); 7 d 20 h; Kopplung an Saljut 6; Rückkehr mit Sojus 36
Sojus 38	18. 9.1980	J. W. Romanenko, A. T. Mendez (Kuba); 7 d 20 h; Kopplung an Saljut 6
Sojus T-3	27. 11. 1980	L. Kisim, G. Strekalow, O. G. Makarow; 12 d 19 h; Kopplung an Saljut 6
Sojus T-4	12. 3. 1981	W. Kowaljonok, W. Sawinych; 75 Tage; Kopplung an Saljut 6; während ihres Aufenthalts koppeln Sojus 39 und 40 an
Sojus 39	22. 3. 1981	W. Dschanibekow, J. Gurragcha (Mongol. VR); 7 d 20 h 43 min; Kopplung an Saljut 6
Columbia (1.) STS-1	12. 4. 1981	J. W. Young, R. L. Crippen; 2 d 6 h 22 min (36 E); erster Testflug eines wiederverwendbaren Raumtransporters *(Space-shuttle)*
Sojus 40	14. 5. 1981	L. Popow, D. Prunariu (Rumänien); 7 Tage; Kopplung an Saljut 6
Columbia (2.) STS-2	12.11. 1981	J. Engle, R. Truly; 2 d 16 h 13 min; zweiter Testflug des Raumtransporters Columbia, wegen Ausfalls einer Brennstoffzelle um 3 Tage verkürzt
Columbia (3.) STS-3	22. 3. 1982	J. Lousma, G. Fullerton; 8 d 4 min (139 E); dritter Testflug des Raumtransporters Columbia; länger als ursprünglich geplant
Sojus T-5	13. 5. 1982	A. Beresowoi, W. W. Lebedew; 211 Tage; Rückkehr am 10. 12. 1982 mit Sojus T-7; Kopplung an die Raumstation *Saljut 7* (Start 20.4.); während ihres Aufenthalts koppeln den Versorgungstransporter Progress 13 u. die Raumfahrzeuge Sojus T-6 und Sojus T-7 an
Sojus T-6	24. 6. 1982	W. Dschanibekow, A. Iwantschenkow, J.-L. Chrétien (Frankreich); 8 Tage; Kopplung an Saljut 7
Columbia (4.) STS-4	27. 6. 1982	Th. K. Mattingly, H. W. Hartsfield; 7 d 1 h 10 min (113 E); vierter und letzter Testflug des Raumtransporters Columbia
Sojus T-7	19. 8. 1982	L. Popow, S. J. Sawizkaja, A. Serebrow; 7 Tage; Kopplung an Saljut 7; Rückkehr mit Sojus T-5
Columbia (5.) STS-5	11.11. 1982	V. D. Brand, R. Overmyer und (als Wissenschaftler) J. Allen, W. Lenoir; 5 d 2 h 14 min; erster kommerzieller Flug; zwei Nachrichtensatelliten in Umlaufbahn gebracht
Challenger (1.) STS-6	4. 4. 1983	P. Weitz, K. Bobko und (als Wissenschaftler) D. Peterson, St. Musgrave; 5 d 24 min (80 E); Absetzen eines Raumfahrt-Relaissatelliten, Ausstieg und fast vierstündiger Aufenthalt von Musgrave und Peterson im freien Weltraum

Bemannte Raumflüge (Forts.)

Name	Start	Astronauten; Dauer des Raumflugs (1 d = 1 Tag = 24 h; E = Erdumrundungen); Bemerkungen
Sojus T-8	20. 4.1983	W. Titow, G. Strekalow, A. Serebrow; 2d 20min; Kopplung an Saljut 7 mißlingt
Challenger (2.) STS-7	18. 6.1983	R. L. Crippen, F. Hauck, Sally K. Ride (die erste Amerikanerin, die an einem Raumflug teilnahm), J. Fabian, N. Thagard; 6d 2h 30min; Absetzen zweier Nachrichtensatelliten, Absetzen und Wiedereinfangen eines Forschungssatelliten (SPAS-01)
Sojus T-9	27. 6.1983	W. Ljachow, A. Alexandrow; 150 Tage; Kopplung an Saljut 7 (seit dem 10. März mit dem Versorgungssatelliten Kosmos 1443 verbunden, der im August von der Erde zurückkehrte); zweimaliger Ausstieg beider Kosmonauten (insgesamt 5h 45min im freien Weltraum); während ihres Aufenthalts in der Raumstation koppeln die Versorgungstransporter Progress 17 und 18 an
Challenger (3.) STS-8	31. 8.1983	R. Truly, D. Brandenstein, G. Bluford, G. Gardner, W. Thornton; 6d 1h 8min; erstmals Start und Landung eines Raumtransporters während der Nacht; Absetzen eines Nachrichtensatelliten
Columbia (6.) STS-9	28.11.1983	J. W. Young, B. Shaw, O. Garriott, R. Parker, B. Lichtenberg, U. Merbold (BR Deutschland); 10d 7h 47min (165 E); erste Erprobung des von der ESA entwickelten Spacelab, Durchführung von rund 70 Experimenten
Challenger (4.) STS-10	3. 2.1984	V. D. Brand, R. Gibson, B. McNair, B. McCandless, R. Stewart; 7d 23h 44min (127 E); Absetzen zweier Nachrichtensatelliten, Erprobung eines neuen Astronauten-Manövriergeräts (MMU) im freien Weltraum durch McCandless und Stewart
Sojus T-10	8. 2.1984	L. Kisim, W. Solowjow, O. Atkow; Kopplung an Saljut 7; 238 Tage; während ihres Aufenthalts in der Raumstation koppelten die Versorgungstransporter Progress 19 bis 22 und die Raumfahrzeuge Sojus T-11 und Sojus T-12 an
Sojus T-11	3. 4.1984	J. Malyschew, G. Strekalow, R. Sharma (Indien); 8 d; Kopplung an Saljut 7; Rückkehr mit Sojus T-10
Challenger (5.) STS-11	6. 4.1984	R. L. Crippen, F. R. Scobee, T. Hart, G. Nelson, J. van Hoften; 7d 23h 39min (127 E); erste erfolgreiche Reparatur eines ausgefallenen Satelliten in der Erdumlaufbahn
Sojus T-12	17. 7.1984	W. Dschanibekow, S. Sawizkaja, I. Wolk; 12 Tage; Kopplung an Saljut 7, dort Zusammentreffen und gemeinsame Experimente mit der Besatzung von Sojus T-10; W. Dschanibekow und S. Sawizkaja 3 Std. 35 Minuten im freien Weltraum
Discovery (1.) STS-41 D	30. 8.1984	H. Hartsfield, M. Coats, J. A. Resnik, S. Hawley, R. Mullane, C.D. Walker; 6 Tage; erfolgreiche Freisetzung der Satelliten Syncom IV, Telstar 3-C und SBS-D
Challenger (6.) STS-41 G	5.10.1984	B. Crippen, M. McBride, K. Sullivan und S. Ride (zwei Astronautinnen), D. Leestma, M. Garneau (Kanada), P. Scully-Power; 8 Tage; erfolgreiche Freisetzung des Earth Radiation Budget Satellite; Erdoberflächenphotographie und -forschung
Discovery (2.) STS-51 A	8.11.1984	R. Hauck, C. D. Walker, A. Fisher, D. Gardner, J. Allen; 8 Tage; erfolgreiche Freisetzung der Satelliten Telesat-H und Syncom IV-2, Bergung der Satelliten Weststar-6 und Palapa B-2 mit Rücktransport zur Erde
Discovery (3.) STS-51 C	24. 1.1985	T. K. Mattingly, L. J. Shriver, E. S. Onizuka, J. F. Buchli, G. E. Payton; 3 Tage; erste Space-Shuttle-Mission des US-Verteidigungsministeriums
Discovery (4.) STS-51 D	12. 4.1985	K. J. Bobko, D. E. Williams, M. R. Seddon, J. A. Hoffman, S. D. Griggs, C. D. Walker, E. J. Garn (US-Senator); 7 Tage (Flug um 2 Tage verlängert, da versucht wurde, den funktionsunfähigen Satelliten Syncom IV-3 mit provisorischen Werkzeugen zu reparieren); Freisetzung der Satelliten Telesat I und Syncom IV-3
Challenger (7.) STS-51 B	29. 4.1985	R. F. Overmeyer, F. D. Gregory, D. L. Lind, N. E. Thagard, W. E. Thornton, L. van den Berg, T.G. Wang; 7 Tage; Nutzlast war Spacelab-3
Sojus T-13	6. 6.1985	W. Dschanibekow und W. Sawinych; am 8.6.1985 an die Raumstation Saljut 7 angekoppelt und die z. T. ausgefallene Station erfolgreich reaktiviert (mehrmaliger Aufenthalt im freien Weltraum); während ihres Aufenthalts in der Raumstation koppelte der unbemannte Versorgungstransporter Progress 24 an
Discovery (5.) STS-51 G	17. 6.1985	D.C. Brandenstein, J.O. Creighton, J. M. Fabian, S. R. Nagel, S. W. Lucid, P. Baudry (Frankreich), Sultan S. A. Al-Saud (Saudi-Arabien); 7 Tage; erfolgreiche Freisetzung der Satelliten Morelos-A (Mexiko), Arabsat-A (Saudi-Arabien), Telstar 3-D
Challenger (8.) STS-51 F	29. 7.1985	C. G. Fullerton, R. D. Bridges, F. S. Musgrave, A. W. England, K. G. Henize, L. W. Acton, J.-D. Bartoe; 8 Tage; Nutzlast war Spacelab-2
Discovery (6.) STS-51 I	27. 8.1985	J. H. Engle, R. O. Covey, J. D. van Hoften, J. M. Lounge, W. F. Fisher; 7 Tage; Reparatur von Syncom-3, Freisetzen der Satelliten Aussat-1 (Australien), ASC-1 und Syncom-4
Sojus T-14	17. 9.1985	W. Wasjutin, G. Gretschko und A. Wolkow; Kopplung an den Komplex Saljut 7/Sojus T-13. Am 26.9. Rückkehr Dschanibekows und Gretschkos mit Sojus T-13, die drei restlichen Kosmonauten landeten vorzeitig am 20.11. mit Sojus T-14
Atlantis (1) STS-51 Y	3.10.1985	K. J. Bobko, R. J. Grabe, R. L. Stewart, D. C. Hilmers, W. A. Pailes; 4 Tage; Mission des US-Verteidigungsministeriums, geheime Nutzlast
Challenger (9.) STS-61 A	30.10.1985	H. W. Hartsfield, S. R. Nagel, J. F. Buchli, B. J. Dunbar, G. S. Bluford, R. Furrer (BR Deutschland), E. Messerschmid (BR Deutschland), W. Ockels (Niederlande); 7 Tage; erste deutsche *Spacelab*-Mission D-1
Atlantis (2) STS-61 B	26.11.1985	B. H. Shaw, B. D. O'Connor, M. L. Cleave, S. C. Spring, J. L. Ross, R. N. Vela (Mexiko), C. D. Walker; 7 Tage; Freisetzen der 3 Nachrichtensatelliten Morelos-B (Mexiko), Aussat-2 (Australien) und Satcom K-2; Außenbordaktivitäten, u. a. Montage eines 15 m langen Gittermastes unter Schwerelosigkeit
Columbia (7.) STS-61 C	12. 1.1986	R. L. Gibson, C. F. Bolden, G. D. Nelson, S. A. Hawley, F. R. Chang-Diaz, R. J. Cenker, B. Nelson (US-Abgeordneter); 6 Tage; Freisetzen des Satelliten Satcom K-1
Challenger (10.) STS-51 L	28. 1.1986	25. Shuttle-Flug und 10. Einsatz der Raumfähre Challenger; F. R. Scobee, M. J. Smith, J. A. Resnik, E. S. Onizuka, R. E. McNair, G. B. Jarvis, C. McAuliffe. 73 Sekunden nach dem Start Explosion, bei der alle 7 Astronauten den Tod fanden und der Raumtransporter einschl. der Nutzlast (2 Satelliten, 1 Weltraumteleskop) total zerstört wurden; führte zum einstweiligen Stopp weiterer Shuttleflüge
Sojus T-15	13. 3.1986	L. Kisim und W. Solowjew; 125 Tage; Kopplung an die am 19.2.1986 gestartete Raumstation *Mir*, auch vorübergehender Aufenthalt in Saljut 7
Sojus TM-2	5. 2.1987	J. Romanenko und A. Lawejkin; Kopplung an den Raumschiffkomplex Mir/Progress-27

Raumstation

Raumstation (Weltraumstation, Orbitalstation), mit mehreren Astronauten bemanntes Raumflugsystem, das als komplette Einheit oder in einzelnen Baugruppen in eine Umlaufbahn um die Erde transportiert [und dort montiert] wird. R. bieten den Besatzungen langfristige Raumaufenthaltsmöglichkeiten, können als *Raumbasen* und *-werften* der Einsatzvorbereitung weiterer Raumfahrtunternehmen dienen sowie neuartige medizin.-therapeut. Methoden, aber auch unter ird. Gravitationsbedingungen unrealisierbare industrielle Fertigungsverfahren u. a. ermöglichen.

Raumtransporter (Raumfähre, Space shuttle), Trägersystem für den Transport einer Nutzlast von der Erdoberfläche auf eine Satellitenbahn [und umgekehrt], das - im Ggs. zu den bisher verwendeten Trägerraketen - wiederverwendbar zur Erde zurückgeführt werden kann. Der R. besteht aus der einem Flugzeug ähnelnden, rückkehrfähigen Umlaufeinheit („Orbiter", R. im engeren Sinne); einem großen Außentank für Flüssigwasserstoff und -sauerstoff sowie zwei zusätzl. bergungsfähigen Feststoffraketen. Am 12. April 1981 fand der 1. Erprobungsstart der R. „Columbia" statt (bisher insgesamt 7 Raumflüge), am 4. April 1983 folgte die R. „Challenger" (9 Raumflüge; beim 10. Start explodiert), am 30. Aug. 1984 die R. „Discovery" (bisher 6 Raumflüge), am 3. Sept. 1985 die R. „Atlantis" (2 Raumflüge). Nach der Explosion der R. „Challenger am 28. Jan. 1986 wurde das Programm der R.flüge gestoppt. - Abb. S. 104.

Räumungsklage, vom Vermieter von Wohnraum zu erhebende Klage gegen den Mieter, wenn der Mieter einer Kündigung nach der Sozialklausel (↑ Miete) widersprochen hat. Dringt der Vermieter mit der R. durch, so kann das Gericht von Amts wegen oder auf Antrag des Mieters eine angemessene *Räumungsfrist* von bis zu einem Jahr festlegen.

Räumungsverkauf, Verkauf von Warenvorräten oder einzelnen Warengattungen zu verbilligten Preisen auf Grund bes. Umstände (z. B. Umbau des Ladenlokals); nicht zulässig, nur um das Lager zu räumen.

Raumwelle, die von einem Funksender ausgestrahlte und (im Ggs. zur ↑ Bodenwelle) im Raum ausbreitende elektromagnet. Welle; sie wird an der Ionosphäre unter Umständen mehrmals reflektiert bzw. entlanggeleitet und besitzt daher im allg. eine größere Reichweite als die Bodenwellen. Kurzwellen können wegen ihrer geringen Schwächung u. U. mehrmals die Erde umlaufen.

Raum-Zeit-Welt ↑ Minkowski-Raum.

Raung [indones. raʊŋ], Vulkan auf Java, ↑ Idjengebirge.

Raupen (Erucae), die polypoden, oft (z. B. bei den Bärenspinnern) mit Haaren (↑ auch Brennhaare) oder Borsten versehenen, z. T. bes. bunten Larven der Schmetterlinge; besitzen kauende Mundwerkzeuge, zu Spinndrüsen umgewandelte Labialdrüsen und gewöhnl. drei kurze, unvollständig gegliederte, einklauige Beinpaare an den Brustsegmenten, je ein Stummelbeinpaar am 3.–6. Hinterleibssegment (bei den Afterraupen ist nur das erste beinlos) und ein Paar Nachschieber am 10. Segment. Die Zahl der Abdominalfüße kann verrringert sein. Verschiedene R. (z. B. die des Goldafters) leben gesellig, z. T. in R.*nestern* aus zusammengesponnenen Blättern, in denen sie auch überwintern können. Die R. ernähren sich meist von pflanzl. Substanz, manche sind Parasiten.

Raupenfahrzeug, svw. ↑ Gleiskettenfahrzeug.

Raupenfliegen (Tachiniden, Tachinidae), weltweit verbreitete Fliegenfam. (Gruppe Deckelschlüpfer) mit über 5000 (einheim. rd. 500) meist mittelgroßen Arten. Die Larven leben entoparasit. in Raupen und anderen Entwicklungsstadien von Insekten (dadurch Forstnützlinge).

Raupenschlepper ↑ Schlepper.

Rausch, Albert Heinrich, dt. Schriftsteller, ↑ Benrath, Henry.

Rausch, übersteigerter Gefühlszustand auf Grund erregender Erlebnisse (auch Reizeinflüsse wie rhythm. Musik; ↑ auch Ekstase) oder durch bestimmte chem. Stoffe (Alkohol, Äther, Chloräthyl, Psychedelika und spezif. Rauschgifte) erzeugter Vergiftungszustand, der je nach dem verwendeten R.mittel in der Art seiner emotionalen Auswirkung unterschiedl. verlaufen kann. So lösen etwa Alkohol und R.gifte mitunter eine gehobene Stimmung das Gefühl des Wohlbefindens aus, denen nach Abklingen der R.mittelwirkung Niedergeschlagenheit und das Gefühl der Unlust folgen, die ihrerseits wieder das Verlangen nach R.mitteln wecken.

Rauschabstand (Signalrauschabstand), der dekad. Logarithmus des Verhältnisses von Ausgangs- oder Nutzspannung eines Geräts bzw. Signals zur Rauschspannung.

Rauschbeere (Moorbeere, Trunkelbeere, Vaccinium uliginosum), Heidekrautgewächs im nördl. Europa, in Asien und N-Amerika; auf Hochmooren, im Gebirge auch auf trockenen Böden; sommergrüne, bis fast 1 m hoher Strauch mit 1–3 cm langen, eiförmigen Blättern und schwarzblauen, süßl. schmeckenden Beeren die, in größeren Mengen genossen, Schwindelgefühl und Lähmungserscheinungen hervorrufen können.

Rauschen, urspr. nur der durch statist. Schwankungen des Luftdruckes hervorgerufene Schalleindruck mit breitem, undifferenziertem Frequenzspektrum; heute Bez. für alle statist. Störungen der Signale in informationsverarbeitenden elektron. Anlagen, die durch die jeweiligen Bauelemente bzw. Übertragungsgeräte hervorgerufen werden. Das R. begrenzt die Größe übertragbarer Signale nach unten: Zu kleine Signale gehen in den statist. Schwankungen unter. Das sog. *therm. R. (Temperatur-R.)* in Leitern und Widerständen entsteht infolge der unregelmäßigen therm. Bewegung der Elektronen im Leitermaterial, die gelegentl. für viele Elektronen eine künstl. Richtung hat. Dadurch entsteht eine sich schnell und in statist. Weise ändernde kleine Wechselspannung in Form kurzdauernder Spannungsspitzen. Die sich im zeitl. Mittel ergebende effektive *Rauschspannung* ist um so größer, je größer die absolute Temperatur und der Widerstand des Leiters sowie die Bandbreite des Empfängers sind. Neben diesem auch als *Widerstands-R.* bezeichneten therm. R. tritt in stromdurchflossenen Leitern sowie in belasteten Kontakten infolge von Inhomogenitäten im Material bzw. der Kontaktierung ein sog. *Strom-R.* auf. Neben dem therm. R. tritt beim Stromfluß das sog. *Generations-Rekombinations-R.* auf, das auf der Neuerzeugung von Ladungsträgern (Elektron-Loch-Paaren), auf der Rekombination von Elektronen und Defektelektronen (Löchern) mit Akzeptoren, Donatoren und miteinander sowie auf Grenzschichtüberschreitungen durch Ladungsträger beruht; zusätzl. tritt in Halbleitern noch das sog. *Modulations-* oder *Flicker-R. (1/f-Rauschen)* auf; dieses beruht wohl im wesentl. auf Oberflächenvorgängen infolge von Diffusion und Umladung von Fremdatomen.

Rauschenberg, Robert [engl. 'raʊʃənbəːg], * Port Arthur (Tex.) 22. Okt. 1925, amerikan. Maler und Graphiker. - Von der Auffassung der amerikan. abstrakten Expressionisten beeinflußt, bezieht R. jedoch schon in seine frühen Gemälde Materialien, v. a. Photographien, Drucke, Zeitungsausschnitte, auch Objekte mit ein („combine paintings"). Zum Wegbereiter bzw. Mitbegründer der Pop-art wurde R. insbes. durch seine Thematik, die großstädt. amerikan. Zivilisation, v. a. ihre Idole (von John F. Kennedy über Rugbyspieler zum Auto).

Rauschenberg, hess. Stadt im Burgwald, 261 m ü. d. M., 4 200 E. - 1219 erstmals erwähnt, seit 1268 Stadt; Residenz, später Witwensitz der Grafen von Ziegenhain. - Reste der Burg (13. Jh.) und der Stadtmauer mit 2 Toren; Pfarrkirche (1453 erneuert), Fachwerkrathaus (1557/58).

Rauscher, svw. ↑Federweißer.

Rauschfaktor, svw. ↑Rauschzahl.

Rauschfilter, Tiefpaß (↑Filter), der das Rauschen bei der Wiedergabe alter Schallplatten vermindert, allerdings auf Kosten der Brillanz.

Rauschgelb [zu italien. rosso „rot"], svw. ↑Auripigment.

Rauschgenerator (Geräuschgenerator), elektron. Gerät, das in einem mehr oder weniger breiten Frequenzband gleichverteilte und zeitl. konstante Leistung abgibt. R. werden v. a. zu Meßzwecken, aber auch in der elektron. Musik verwendet.

Rauschgifte (Rauschmittel, Rauschdrogen), natürl. (z. B. Haschisch, Kokain, Opium), halbsynthet. (z. B. Alkohol, Heroin) oder künstl. hergestellte (z. B. Weckamine, Barbiturate) ↑Drogen, die durch eine jeweils typ. Kombination von erregenden u. dämpfenden Wirkungen auf das Zentralnervensystem zu einer Veränderung des Bewußtseinszustands führen. Teilaspekte der Rauschgiftwirkung sind Enthemmung, Verschiebung der affektiven Gleichgewichtslage, Unterdrückung von Schmerzen und Unlustgefühlen, Erzeugung einer Euphorie (bes. bei Opiaten), Halluzinationen (bes. bei Halluzinogenen wie ↑LSD). Alle R. führen zu einer psych. ↑Drogenabhängigkeit.

Geschichte: Einige R. sind als solche schon sehr lange bekannt, z. B. Haschisch und seit prähistor. Zeit verschiedene alkohol. Getränke. Reiner Alkohol wird seit dem späten MA, Opium seit der Antike, Auszüge oder Abkochungen von einigen Nachtschattengewächsen werden seit dem MA als R. verwendet. Aus indian. Kulturen der Neuen Welt wurde der Gebrauch von Kokain, Tabak, Psilocybin und Meskalin übernommen. Seit dem Beginn des 19. Jh. kennt man natürl. Opiate, seit etwa 1930 synthet. Opiate sowie Weckamine und seit 1943 LSD. Der Gebrauch der R. beschränkt sich in den älteren Kulturen auf religiöse Rituale. Erst als seit etwa 1800 eine medizin. und kurz darauf eine säkularisierte Anwendungsweise der R. um sich griff, erkannte man allmähl. die gesundheitl. Gefahren (↑auch Sucht), die vom Gebrauch der R. ausgehen. Die meisten R. unterstehen dem ↑Betäubungsmittelgesetz.

📖 *Allg. u. spezielle Pharmakologie u. Toxikologie, Hg. v. W. Forth u. a. Mch. u. a. ⁵1987. - Harfst, G.: Die Drogensprache. Ffm. 1986. - Schmidbauer, W./Vom Scheidt, J.: Hdb. der Rauschdrogen. Mchn. ⁶1981.*

Rauschgold (Flittergold, Knittergold, Lahngold), Bez. für dünne Folien (10 bis 15 μm), die durch Hämmern aus gewalztem Messingblech hergestellt und für Dekorationszwecke verwendet werden.

Rauschmittel, svw. ↑Rauschgifte.

Rauschning, Hermann, * Thorn 7. Aug. 1887, † Portland (Oreg.) 8. Febr. 1982, dt. Politiker. - Trat 1926 der Danziger NSDAP bei, wurde 1933 Präs. des Danziger Senats; legte im Konflikt mit Gauleiter A. Forster 1934 sein Amt nieder, emigrierte 1936 in die Schweiz, schrieb vielbeachtete, krit. Bücher über den NS (u. a. „Die Revolution des Nihilismus", 1938); seit 1948 Farmer in den USA.

Rauschpfeife [zu mittelhochdt. rusche „Binse, Schilfrohr"], 1. im MA Bez. für ↑Rohrblattinstrumente; 2. im 16. und 17. Jh. ein kräftig klingendes Blasinstrument mit doppeltem Rohrblatt unter einer Windkapsel und

Rauschzahl

meist zylindr. Röhre; 3. (Rauschquinte) in der Orgel eine gemischte Stimme in Quinten und Oktaven mit mittelweiter Mensur.

Rauschzahl (Rauschfaktor), das Verhältnis der Rauschleistung am Ausgang eines Vierpols (z. B. Verstärkers) zu jener Rauschleistung, die bei rauschfreiem Vierpol dort vorhanden wäre.

Rauschzeit ↑ Brunst.

Raute [lat.], (Ruta) Gatt. der Rautengewächse mit rd. 60 Arten, v. a. im Mittelmeergebiet; Kräuter oder Halbsträucher mit meist zusammengesetzte Öldrüsen enthaltenden Blättern und gelben oder grünl. Blüten. Die bekannteste Art ist die **Weinraute** (Gartenraute, Ruta graveolens), bis 50 cm hoch, aromat. duftend, bläulich-grüne Blätter und gelbe Blüten; Heil- und Gewürzpflanze.

◆ Bez. für verschiedene nicht mit den Rautengewächsen verwandte Pflanzen, z. B. Goldraute (↑ Goldrute).

Raumtransporter. Orbiter „Enterprise". Oben mit großem Tank und zwei externen Feststofftriebwerken in Kap Canaveral; unten: Landung nach einem Probeflug

Raute, svw. ↑ Rhombus.

Rautengewächse (Weinrautengewächse, Rutaceae), Fam. zweikeimblättriger Pflanzen mit rd. 1600 Arten in 150 Gatt. in allen wärmeren Gebieten der Erde, v. a. jedoch in S-Afrika und Australien; Bäume oder Sträucher, selten Kräuter, mit schraubig angeordneten, durch Öldrüsen durchscheinend punktiert erscheinenden Blättern und unterschiedl. gestalteten, meist regelmäßigen Blüten; bekannte Gatt.: ↑ Raute und ↑ Zitruspflanzen.

Rautenschmelzschupper, svw. ↑ Knochenhechte.

Rauvolfia (Rauwolfia) [nach dem dt. Botaniker L. Rauwolf, * 1540 (?), † 1596], weltweit verbreitete, nur in Australien fehlende Gatt. der Hundsgiftgewächse mit rd. 90 Arten. Die bekannteste Art ist die in Indien heim. *R. serpentina*, ein kleiner, rötl. blühender Strauch, dessen Wurzeln Rauwolfiaalkaloide enthalten. Heute wird diese Art zunehmend durch *R. vomitaria*, einen Baum mit höherem Alkaloidgehalt, verdrängt.

Ravaisson-Mollien, Jean Gaspard Félix [frz. ravɛsõmɔ'ljɛ̃], * Namur 25. Okt. 1813, † Paris 18. Mai 1900, frz. Philosoph. - Prof. in Rennes; entwickelte gegen den Positivismus einen dynam., voluntarist. Spiritualismus. Vorläufer H. Bergsons; bed. Einfluß auf die Entwicklung der kath. Philosophie.

Ravel, Maurice [frz. ra'vɛl], * Ciboure (Pyrénées-Atlantiques) 7. März 1875, † Paris 28. Dez. 1937, frz. Komponist. - Gilt als der bedeutendste frz. Komponist der Generation nach C. Debussy. Frühe Einflüsse kamen von G. Fauré und N. A. Rimski-Korsakow, dann von E. Satie und Debussy; Anregungen gewann er auch aus der Musik der Barockzeit. In seinen vielfach impressionist. Klangbildern wechseln Wärme und Emotion mit Klanghärte und Nüchternheit des Ausdrucks; kennzeichnend sind die Ausgefeiltheit der Struktur und das Raffinement der Instrumentierung. Zu seinen Kompositionen zählen das musikal. Lustspiel "L'heure espagnole" (1911), die Ballettoper "L'enfant et les sortilèges" (1925), die Ballette "Daphnis und Chloe" (1912) und "Boléro" (1929), Orchesterwerke, u. a. "Rhapsodie espagnole" (1908), 2 Klavierkonzerte, Kammermusik, u. a. Sonate für Violine und Violoncello (1922), Klaviermusik, u. a. Sonatine (1905), "Miroirs" (1905), "Gaspard de la nuit" (1908), "Ma mère l'oye" (1910), "Valses nobles et sentimentales" (1911), "Le tombeau de Couperin" (1917) und Vokalwerke.

Ravenala [Malagassi], Gatt. der Bananengewächse mit der einzigen Art **Baum der Reisenden** (Ravenala madagascariensis), 3–6 m hoch, mit fächerartig ausgebreiteten Blättern und weißen Blüten; in Madagaskar.

Ravẹnna, italien. Stadt in der östl. Emilia-Romagna, 3 m ü. d. M., 136 600 E. Hauptstadt der Prov. R.; kath. Erzbischofssitz; Kunstakad., Museen. Petrochem. Ind., Erdölraffine-

rie, Zement-, Nahrungs- und Genußmittelind., Fremdenverkehr. Hafen (Kanalverbindung zum Meer). An der Küste das Seebad Marina di Ravenna.
Geschichte: Geht auf eine umbr. oder venet. Gründung zurück; wurde wohl 49 v. Chr. röm. Munizipium; Augustus ließ in der Nähe einen Kriegshafen anlegen (R. lag damals - nahezu uneinnehmbar - im Meer); eines der ältesten Bistümer Italiens (1. Bischof vielleicht um 200); 395 von Kaiser Honorius zur Hauptstadt des Weström. Reichs gemacht; nach dessen Untergang (476) residierten in R. Odoaker, später Theoderich d. Gr. und seine Nachfolger; seit 540 byzantin., in der Folge Sitz des Exarchen; 751 von den Langobarden erobert; kam 754 an den Papst, die tatsächl. Herrschaft übten die von den Kaisern unterstützten Bischöfe aus; 1509-1797 und 1815-60 beim Kirchenstaat (1797-1815 frz.).
Bauten: Nach Rom hat R. die bedeutendsten Kunstwerke der ersten christl. Jahrhunderte aufzuweisen, v. a. die byzantin. beeinflußte Kirche San Vitale (geweiht 547) mit bed. Mosaiken. Zum Dom (1734 ff.) gehört das achtekkige Baptisterium der Orthodoxen (451-460), dessen Kuppelinneres völlig mit Mosaiken bedeckt ist. Sant' Apollinare Nuovo (um 500) hat Mosaiken aus der Zeit Theoderichs mit spätantiken Einflüssen sowie aus dem 9. Jh. Die außerhalb der Stadt liegende Kirche Sant' Apollinare in Classe wurde 549 geweiht; die Mosaiken stammen aus dem 6. und 7. Jh. Das sog. Mausoleum der Galla Placidia (um 450 vollendet) hat die vermutl. ältesten Mosaiken Ravennas. Grabmale Theoderichs d. Gr. (zu seinen Lebzeiten erbaut) und Dantes (1780). - Abb. Bd. 4, S. 172.
📖 *Paolucci, A.: R. Dt. Übers. Königstein/Ts.* ⁶*1986.* - *Cetto, A. M.: Mosaiken v. R. Dt. Übers. Stg. 1979.* - *Deichmann, F. W.: R., Hauptstadt des spätantiken Abendlandes. Wsb. 1968-76. 3 Bde.*

Ravensberg, ehem. Gft. in Westfalen. Die Grafen von Kalvelage, 1082 erstmals sicher bezeugt, setzten sich um 1100 in der „ruwen borg" nw. von Halle (Westf.) fest; behaupteten sich in der Opposition gegen die sal. Kaiser und bauten im 12.-14. Jh. ihre Herrschaft um Bielefeld, Halle (Westf.) und Herford aus; starben 1346 aus; die Gft. fiel an Jülich, 1614 an Brandenburg.

Ravensbrück, Ortsteil von Fürstenberg/Havel, Landkr. Gransee, DDR (6 000 E). In R. errichteten die Nationalsozialisten 1939 ein KZ für Frauen; bis 1945 wurden rd. 132 000 Frauen und Kinder eingeliefert, von denen etwa 96 000 den Tod fanden.

Ravensburg, Krst. im südl. Oberschwaben, Bad.-Württ., 431 m ü.d.M., 42 800 E. Fachhochschule für Maschinenbau und Physikal. Technik; Maschinenbau, Textil-, elektrotechn. und feinmechan. Ind., Pinselherstellung, Keksfabrik, Verlage; Fremdenverkehr. - 1122 erstmals genannt; entstand bei einer um 1000 erwähnten Burg; erhielt 1251 Stadtrecht; 1276 Reichsstadt; erlangte 1380-1530 Bed. durch die Gründung der Großen Ravensburger Handelsgesellschaft. - Kath. spätgot. Liebfrauenkirche (14. Jh., im 19. Jh. verändert); kath. spätgot. Pfarrkirche Sankt Jodok (14. Jh.); ev. spätgot. Stadtpfarrkirche (14./15. Jh.; Kirche des ehem. Karmelitenklosters); ehem. Spital mit spätgot. Kapelle (geweiht 1498). Spätgot. Rathaus (1876 neugot. umgestaltet). Patrizierhäuser, u. a. das Schmaleggsche Vogthaus (um 1480; heute Städt. Museum). Waaghaus (1498, ehem. Kaufhaus) mit dem Blaserturm (1553-56). Im Ortsteil **Weißenau** ehem. Prämonstratenserabtei mit barocker Stiftskirche (1717-24). Reste der ma. Stadtbefestigung. **R.,** Landkr. in Baden-Württemberg.

Ravensburger Handelsgesellschaft (Große R. H.), bedeutendste oberdt. Handelsgesellschaft vor den Fuggern (etwa 1380-1530) mit Sitz in Ravensburg; in ihrer Blütezeit gehörten ihr 60-70 Gesellen als vollberechtigte Gesellschafter an. Die R. H. hatte Zweigniederlassungen in weiten Teilen Europas und exportierte v. a. Textilien und Metallwaren; importiert wurde v. a. Safran.

Ravenstein, August, * Frankfurt am Main 4. Dez. 1809, † ebd. 30. Juli 1881, dt. Kartograph. - Gründete 1830 in Frankfurt am Main die *R. Geograph. Verlagsanstalt und Druckerei* (heute R. Verlag GmbH), in der Pläne und Karten erscheinen.

Ravenstein, Stadt im Bauland, Bad.-Württ., 2600 E. - Der Ortsteil **Ballenberg** wurde 1212 urkundl. erwähnt, Stadtrecht 1306. R. wurde 1971 gebildet; seit 1974 Stadt.

Ravenswood, John [engl. 'reɪvnzwʊd], Pseud. des niederl. Schriftstellers J. J. ↑Slauerhoff.

Ravi, einer der fünf Pandschabflüsse, entspringt im Pandschabhimalaja (Indien), bildet nach Überwindung der Siwalikketten auf rd. 100 km die ind.-pakistan. Grenze, mündet 50 km oberhalb von Multan (Pakistan) in den Chenab, rd. 770 km lang.

Ravioli [italien., eigtl. „kleine Rüben" (zu lat. *rapa* „Rübe")], kleine Nudelteigtaschen mit einer Füllung aus Fleischfarce oder Gemüse, meist in Tomatensoße.

Rawalpindi, pakistan. Stadt auf dem Potwar Plateau, an Islamabad angrenzend, 928 000 E. Sitz militär. Behörden und eines kath. Bischofs; polytechn. College; archäolog. Museum, Heeresmuseum, Kunstgalerie. Lokomotivbau, metallverarbeitende, Nahrungsmittel-, chem., Seiden- und Sportartikelind., Erdölraffinerie. - Nach Wiederaufbau der im 14. Jh. zerstörten Vorgängersiedlung R. gen.; 1849 von den Briten annektiert, bis zum Ende der brit. Herrschaft in Indien wichtigster Militärstützpunkt an der NW-Grenze Brit.-Indiens; 1959-65 Hauptstadt Pakistans. - Rd.

30 km entfernt ausgegrabene Reste der gräkoind. Stadt **Taxila** (kulturelles Zentrum des Industales 7. Jh. v. Chr.–5. Jh. n. Chr.).

Rawinsonde (Rawindsonde) [Kw. aus **Ra**dar-**Wind**-Sonde], ballongetragene Radiosonde, die außer zur Messung und Fernübertragung von Druck, Temperatur und Feuchte der Luft durch Anwendung der Radartechnik auch zur Bestimmung des Höhenwindes dient. Die Radiosonde trägt einen Reflektor, an dem ein vom Boden kommender Radarimpuls zurückgestrahlt wird; auf diese Weise können Höhenwinkel, Seitenwinkel und Schrägentfernung des Ballons gemessen werden. Der zeitl. Verlauf dieser drei Meßgrößen gestattet die Berechnung des Höhenwindes in den vom Ballon durchflogenen Luftschichten.

Rawlinson, Sir (seit 1855) Henry Creswicke [engl. 'rɔːlɪnsn], *Chadlington (Oxfordshire) 11. April 1810, † London 5. März 1895, brit. Assyriologe. - Kolonialoffizier und Diplomat; begann 1835 mit Keilschriftstudien, brachte die Entzifferung der altpers. Keilschrift zum Abschluß; durch Entzifferung der akkad. Keilschrift einer der Begründer der Assyriologie.

Rax, Gebirgsstock in den Steir.-Niederöstr. Kalkalpen, Österreich; in der Heukuppe 2 007 m hoch.

Raxlandschaft [nach der Rax], Bez. für hoch über dem jüngeren Kerbtalrelief des Alpenkörpers liegende Reste alter Verebnungsflächen.

Ray [engl. rɛɪ], engl. männl. Vorname, Kurzform von Raymond († Raimund).

Ray [engl. rɛɪ], Man, *Philadelphia 27. Aug. 1890, † Paris 18. Nov. 1976, amerikan. Objektkünstler, Photograph und Maler. - Gründete 1917 gemeinsam mit M. Duchamp die New Yorker Dadaistengruppe; lebte 1921–40 und ab 1951 in Paris. Ein sehr bekanntes Objekt ist sein Bügeleisen mit Reißnägeln. Früher Vertreter der experimentellen Photographie. Auch avantgardist. Filme: „Le retour à la raison" (1923), „Emak Bakia" (1927), „L'étoile de mer" (1928), „Les mystères du château de Dé" (1929), „Dreams that money can buy" (1944–47; mit H. Richter, Max Ernst u. a.).

R., Nicholas, eigtl. Raymond N. Kienzle, *La Crosse 7. Aug. 1911, † New York 16. Juni 1979, amerikan. Filmregisseur. - Themen seiner frühen Filme sind Gewalttätigkeiten und Generationskonflikt, u. a. in „Vor verschlossenen Türen" (1949), „Johnny Guitar" (1954), „... denn sie wissen nicht, was sie tun" (1955). - *Weitere Filme:* 55 Tage in Peking (1962), We can't go home again (1973).

R., Satyajit, *Kalkutta 2. Mai 1921, ind. Filmregisseur. - Die weltbekannte Apu-Trilogie „Auf der Straße" (1955), „Der Unbesiegbare" (1956), „Apus Welt" (1959) berichtet über die sich auflösenden traditionellen Strukturen im modernen Indien. Die Veränderung der ind. Gesellschaft und ihre Auswirkungen auf den einzelnen ist auch Thema der Filme „Charulata" (1965), „Ferner Donner" (1973), „Der Vermittler" (1975), „Die Schachspieler" (1978), „Ghare-Baire" (1984).

Rayleigh, John William Strutt, Baron (seit 1873) [engl. 'rɛɪlɪ], *Langford bei Maldon (Essex) 12. Nov. 1842, † Witham (Essex) 30. Juni 1919, brit. Physiker. - Prof. in Cambridge und London; ab 1873 Mgl. der Royal Society, 1905–08 auch deren Präsident. Bed. experimentelle und theoret. Arbeiten auf fast allen Gebieten der klass. Physik, insbes. über Schwingungs- und Wellenlehre, Akustik, Wärmestrahlung und Lichtstreuung sowie über Eigenwertprobleme der mathemat. Physik. 1894 entdeckte R. in Zusammenarbeit mit W. Ramsey das Edelgas Argon; Nobelpreis für Physik 1904.

Rayleigh-Streuung [engl. 'rɛɪlɪ; nach J. W. Strutt, Baron Rayleigh] (Luftstreuung), Streuung von Licht an kugelförmigen dielektr. Teilchen (insbes. Luftmolekülen), deren Radius r sehr klein gegen die Wellenlänge λ des Lichtes ist. Die Streuanteile für Vorwärts- und Rückwärtsstreuung sind dabei gleich groß, im Ggs. zur ↑ Mie-Streuung, bei der Vorwärtsstreuung überwiegt. Die R.-S. bewirkt die Blaufärbung des Himmels und

Man Ray, Geschenk (1921–23).
Privatbesitz

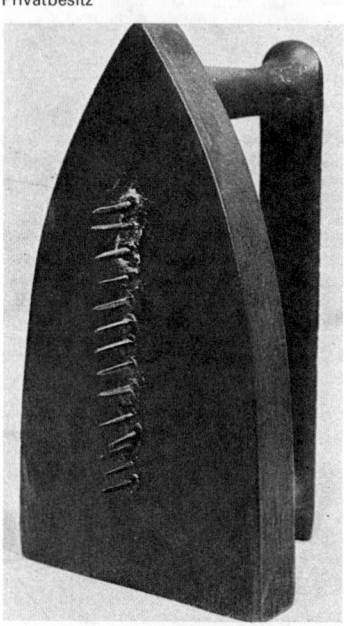

die Rotfärbung des direkten Sonnenlichts bei Sonnenauf- und Sonnenuntergängen.

Rayleigh-Wellen [engl. 'rɛɪlɪ; nach J. W. Strutt, Baron Rayleigh], an der spannungsfreien Oberfläche elast. Medien (z. B. der Erdoberfläche) auftretende Oberflächenwellen, die sich aus senkrecht zur Oberfläche schwingenden Scherungswellen und tangential schwingenden Kompressionswellen zusammensetzen. Die R.-W. spielen z. B. in der Hauptphase eines Erdbebens (als L-Wellen) eine wichtige Rolle.

Raymond [engl. 'reɪmənd, frz. rɛ'mõ], engl. und frz. Form des männl. Vornamens Raimund.

Raymond, Fred ['raɪmɔnt], eigtl. Raimund Friedrich Vesely, * Wien 20. April 1900, † Überlingen 10. Jan. 1954, östr. Operettenkomponist. - Hatte 1925 mit dem Lied „Ich hab mein Herz in Heidelberg verloren" ersten Erfolg; neben vielgesungenen Tanzliedern („In einer kleinen Konditorei") Operetten (u. a. „Maske in Blau", 1937) sowie Filmmusiken.

Raynal, Paul [frz. rɛ'nal], * Narbonne 25. Juli 1885, † Paris 18. Aug. 1971, frz. Dramatiker. - Schrieb in Anlehnung an das frz. klassizist. Drama v. a. Antikriegsstücke wie „Das Grabmal des unbekannten Soldaten" (1924), „Das Menschenmaterial" (1935).

Raynaud-Krankheit [frz. rɛ'no; nach dem frz. Mediziner M. Raynaud, * 1834, † 1881], zu den Vasoneurosen zählende, bei Frauen wesentl. häufiger als bei Männern vorkommende Krankheit mit anfallsweisen Gefäßkrämpfen der Fingerarterien, bes. bei Kältereiz; Symptome: zuerst Blässe, dann Blaufärbung und schließl. reaktive Rötung der Finger mit Mißempfindungen und Schmerzen.

Rayon [rɛ'jõ; frz., eigtl. „Honigwabe"], östr. und schweizer., sonst veraltet für: Bezirk, [Dienst]bereich.
♦ unterster Verwaltungsbezirk in der UdSSR.

Rayon [engl. 'reɪən], svw. ↑ Reyon.

Rayonismus [rɛjo'nɪsmʊs; zu frz. rayon „Strahl"], moderne Kunstrichtung (1909), die „ein Gefühl, das man als die vierte Dimension" bezeichnen könnte, wiedergeben und reine Energie darstellen möchte, die M. Larionoff und N. S. Gontscharowa in Anlehnung an Orphismus und Futurismus als farbige Lichtstrahlen wiedergaben.

Rayski, Louis Ferdinand von, * Pegau 23. Okt. 1806, † Dresden 23. Okt. 1890, dt. Maler. - Zunächst Offizier; schuf über 400 psycholog. sicher erfaßte, z. T. lebensgroße Porträts von hoher maler. Qualität; auch realist. Landschaften, Tier- und Jagdbilder. R. ist einer der Wegbereiter des dt. Impressionismus.

Razak, Tun Abdul, * Pekan (Pahang) 11. März 1922, † London 14. Jan. 1976, malays. Politiker. - 1959-70 Verteidigungsmin. und stellv. Premiermin., 1970-76 Premiermin. und Außenminister.

Ražnići [serbokroat. ‚raʒnjitɕi], jugoslaw. Gericht; Spieße mit Kalb- und Schweinefleisch und Zwiebeln.

Razzia [arab.-frz.], großangelegte [überraschende] Fahndung der Polizei.

Rb, chem. Symbol für ↑ Rubidium.

RCDS, Abk. für: ↑ Ring Christlich-Demokratischer Studenten.

RDA [frz. ɛrde'a], Abk. für: ↑ Rassemblement Démocratique Africain.

Re (Ra), altägypt. Name für die Sonne und ihren Gott. Er wurde v. a. als Mann mit der Sonnenscheibe auf dem Haupt dargestellt. Wichtigster Verehrungsort war Heliopolis. Sein Kultsymbol ist der Obelisk. Spätestens seit der fünften Dynastie wird Re als Schöpfer und Erhalter allen Lebens verehrt. Während der Tagesfahrt am Himmel nimmt er verschiedene Namen und Gestalten an: Chepre am Morgen, Re am Mittag, Atum am Abend. Sollen bei anderen Göttern deren Schöpfereigenschaften hervorgehoben werden, so wird ihrem Namen ein „Re" beigefügt (z. B. Amun-Re). - Abb. Bd. 1, S. 150.

Re, chem. Symbol für ↑ Rhenium.
♦ (Re) physikal. Zeichen für ↑ Reynolds-Zahl.
♦ mathemat. Zeichen für den Realteil einer ↑ komplexen Zahl.
♦ die zweite der Solmisationssilben (↑ Solmisation); in den roman. Sprachen Bez. für den Ton D.

Ré [frz. re], Insel vor der W-Küste Frankr., 85 km², Hauptort Saint-Martin-de-Ré; Austernzucht. - Gehörte im MA zu Aquitanien, 1154-1242 unter engl. Herrschaft.

re..., Re... [lat.], Vorsilbe mit der Bed. „zurück, wieder".

Read, Sir (seit 1953) Herbert Edward [engl. riːd], * Kirkbymoorside (North Yorkshire) 4. Dez. 1893, † Malton (North Yorkshire) 12. Juni 1968, engl. Schriftsteller, Kunsthistoriker und Kritiker. - Prof. für Kunstgeschichte in Edinburgh, Liverpool und London. Seine Lyrik verbindet Sachlichkeit der Formulierung mit stilist. Eleganz; auch Essays

Reader ['riːdər; engl.], [Lese]buch mit Auszügen aus [wiss.] Literatur und verbindendem Text.

Reader's Digest [engl. 'riːdəz 'daɪdʒɛst „Auswahl für den Leser"], 1922 gegr. amerikan. Monatszeitschrift mit Nachdrucken aus Zeitschriften und Büchern, seit den 1930er Jahren auch mit Originalbeiträgen; 30 Ausgaben in 13 Sprachen; seit 1948 dt. Ausgabe (*„Das Beste aus Reader's Digest"*).

Reading, Rufus Daniel Isaacs, Marquess of (seit 1926) [engl. 'rɛdɪŋ], * London 10. Okt. 1860, † ebd. 30. Dez. 1935, brit. Politiker. - Liberales Unterhaus-Mgl. 1904-13, Attorney General 1910-13, Lordoberrichter 1913-21; Vizekönig von Indien 1921-26; Außenmin. Aug.-Nov. 1931.

Reading [engl. 'rɛdɪŋ], engl. Stadt am Zusammenfluß von Kennet und Themse, 45 m ü. d. M., 123 700 E. Verwaltungssitz der Gft. Berkshire; Univ. (seit 1926); Museen; Handels- und Ind.stadt. - Im 9.Jh. erstmals gen.; 1121 Gründung eines Benediktinerklosters (1539 aufgehoben), das als königl. Begräbnisstätte diente; erhielt zw. 1253 und 1639 Stadt-, 1562 Marktrecht. - Pfarrkirche Saint Mary, mit den Resten der alten Benediktinerabtei (1551 erneuert).

Ready-made [engl. 'rɛdɪmɛɪd „gebrauchsfertig"], Alltagsobjekt, das als solches (erstmals 1913 durch M. Duchamp) im Kunst- und Ausstellungskontext präsentiert wird und so aus seiner normalen Bedeutungssphäre in eine neue versetzt wird.

Reafferenzprinzip, in der Sinnesphysiologie ein Regelprinzip zur Kontrolle und Rückmeldung eines Reizerfolges an das Zentralnervensystem. Von der für eine Bewegungsfolge von einem übergeordneten nervösen Zentrum ausgehenden Erregung (Efferenz) wird in bestimmten untergeordneten Zentren eine sog. Efferenzkopie hergestellt, die in Wechselwirkung mit der vom Erfolgsorgan (Effektor) kommenden, afferenten Rückmeldung (Reafferenz) über den Bewegungserfolg tritt. Damit können Bewegungsabfolgen, die von anderen übergeordneten Zentren oder von außen beeinflußt werden, kontrolliert und geregelt werden.

Reagan, Ronald Wilson [engl. 'reɪgən], * Tampico (Ill.) 6. Febr. 1911, 40. Präs. der USA (seit 1981). - Film- und Fernsehschauspieler; erst Demokrat, dann Republikaner (rechter Flügel); 1967–75 Gouverneur von Kalifornien; nach erfolgloser Präsidentschaftskandidatur 1976 im Nov. 1980 mit 51 % der Stimmen gegen Carter zum Präs. gewählt. R. wurde am 30. März 1981 bei einem Attentat durch einen Lungenschuß verletzt. 1984 wiedergewählt; Ende der Amtszeit: Jan. 1989.

Reagenz (Reagens) [lat.], ein Stoff, der chem. Reaktionen (Fällungen, Zersetzungen, Farbreaktionen) bewirkt und zum Nachweis von Elementen oder Verbindungen dient.

Reagenzglas (Probierglas), einseitig geschlossenes Glasröhrchen (meist 160 mm lang und 16 mm im Durchmesser) für chem. Untersuchungen. Das Glas muß therm. und gegen Chemikalien beständig sein.

reagieren [lat.], 1. auf etwas ansprechen; 2. eine chem. Reaktion eingehen.

Reaktanz [lat.] (Blindwiderstand) ↑ Wechselstrom.

Reaktion [lat.], in der *Physiologie* und *Psychologie* Bez. für eine Änderung des Organismuszustands (z. B. des Muskeltonus, Kreislaufs; auch auf endokrine Veränderungen bezogen) oder des (individuellen oder kollektiven) Verhaltens, jeweils in Abhängigkeit bzw. als Funktion äußerer und/oder innerer Reize.

♦ (bedingte R.) svw. ↑ bedingter Reflex.

♦ (R.kraft) nach dem 3. Newtonschen Axiom (actio = reactio) bei jeder Kraft, die ein Körper *A* auf einen Körper *B* ausübt, auftretende gleich große, aber entgegengesetzt gerichtete „Gegenkraft" (Gegenwirkung), die *B* auf *A* ausübt.

♦ (chem. R.) die Umwandlung chem. Verbindungen oder Elemente *(Ausgangsstoffe)* in andere Verbindungen oder Elemente *(R.produkte)*, wobei sich der R.ablauf meist in Form einer Gleichung *(R.gleichung)* darstellen läßt. Die Umwandlung erfolgt meist erst nach Einwirkung einer bestimmten Energiemenge *(Aktivierungsenergie;* meist Wärme, selten Licht) und unter Wärmeverbrauch *(endotherme R.)* oder Freiwerden von Wärme *(exotherme R.)*. Diese Wärmemenge wird (bezogen auf ein Mol) als **Reaktionswärme** oder **Reaktionsenthalpie** (Formelzeichen ΔH) bezeichnet und bei endothermen R. mit positivem Vorzeichen, bei exothermen R. mit negativem Vorzeichen auf der rechten Seite der R.gleichung angeführt. In Lösungen und Gasgemischen stattfindende R. werden als *homogene R.*, an Grenzflächen von festen, flüssigen oder gasförmigen Stoffen ablaufende R. als *heterogene R.* bezeichnet. Weiter werden die v. a. in der anorgan. Chemie auftretenden rasch und vollständig zw. Ionen in Lösung ablaufende *Ionen-R.* (z. B. Fällungs-R., Farbumschläge) und langsam, nur bis zu einem Gleichgewichtszustand zw. den Ausgangsstoffen und den Endprodukten verlaufende *Zeit-R.* zw. neutralen Molekülen mit kovalenten Bindungen, die v. a. in der organ. Chemie auftreten, unterschieden. - ↑ Kettenreaktion.

♦ im *polit.-sozialen Bereich* Bez. für den Versuch, überholte gesellschaftl. Verhältnisse gegen (reformer. oder revolutionäre) Änderungsabsichten zu verteidigen; auch zur Kennzeichnung der Gesamtheit der Anhänger solcher Bestrebungen. In der dt. Geschichte wird die Zeit vom Scheitern der Revolution von 1848/49 bis zum Beginn der Neuen Ära in Preußen 1858 als **Reaktionszeit** bezeichnet.

reaktionär [lat.-frz.], abwertend gebraucht für: [polit.] nicht fortschrittlich.

Reaktionsgrundierung (Reaktionsprimer), Grundierungsmittel für Metalloberflächen aus zwei Komponenten, einem Vinylpolymerisat mit Zinkchromatzusatz und Alkohol als Lösungsmittel sowie Phosphorsäure mit Wasser und Alkohol. Die Komponenten werden kurz vor dem Auftragen gemischt; die Phosphorsäure härtet den Lackfilm und wirkt als Rostschutz.

Reaktionskinetik (chem. Kinetik), Teilgebiet der physikal. Chemie, das den Einfluß von Druck, Temperatur, Konzentration der Reaktionsteilnehmer, Milieubedingungen (Lösungsmittel, pH-Wert) und Katalysatoren auf den zeitlichen Ablauf *(Reaktionsgeschwindigkeit)* einer chem. Reaktion hin untersucht.

Die Geschwindigkeit v der allg. Reaktion A + B → C + D ist durch die Änderung der Konzentration c der Ausgangsstoffe bzw. Produkte in der Zeit t gegeben:

$$v = -\frac{dc_A}{dt} = -\frac{dc_B}{dt} = \frac{dc_C}{dt} = \frac{dc_D}{dt}.$$

Da sich aus dieser Gleichung kein funktioneller Zusammenhang zw. Reaktionsgeschwindigkeit und Konzentration ableiten läßt, muß dieser als *Zeitgesetz* oder *Geschwindigkeitsgleichung* bezeichnete Zusammenhang für jede Reaktion empir. ermittelt werden. Für die angeführte Reaktion lautet er:

$$-\frac{dc_A}{dt} = K \cdot c_A^{n_A} \cdot c_B^{n_B}.$$

Die Summe der Exponenten n_A und n_B ist die sog. *Reaktionsordnung*. Eine weitere Aufgabe der R. ist die Aufklärung des ↑ Reaktionsmechanismus, d. h. die Bestimmung von Teilschritten (Elementarreaktionen) einer Reaktion, wobei die *Molekularität* die Anzahl der an einer Elementarreaktion beteiligten Moleküle angibt. Die Kenntnis der Reaktionsgeschwindigkeit und des Ablaufs einer Reaktion mit ihren Elementarreaktionen gestatten bei chem.-techn. Prozessen, die günstigsten Reaktionsbedingungen auszuwählen, um die größtmögl. Ausbeute zu erhalten.

Reaktionsmechanismus, zusammenfassende Bez. für alle molekularen Vorgänge im Verlauf einer chem. Reaktion, d. h. für die Teilschritte *(Elementarreaktionen)* einer Reaktion, die durch den Bau der an der Reaktion beteiligten Moleküle bzw. Molekülgruppen (z. B. durch Mesomerie, Hyperkonjugation, sterische Hinderung) bedingt sind. Reaktionsmechanismen spielen v. a. in der organ. Chemie eine große Rolle, da organ.-chem. Reaktionen meist über mehrere Zwischenstufen verlaufen. Diese Teilreaktionen werden in polare (ion.) und radikal. Prozesse unterteilt, je nachdem ob ein Bindungselektronenpaar unsymmetr. oder symmetr. gebildet bzw. gespalten wird $(A-B \rightleftharpoons A^+ + B^-$ bzw. $A-B \rightleftharpoons A \cdot + \cdot B)$. Bei den polaren Reaktionen unterscheidet man *nukleophile Reaktionen* (mit nukleophilem Reaktionspartner, d. h. positiv geladenen Substanzen oder neutralen Substanzen mit einer sog. Elektronenlücke, z. B. Borfluorid oder Aluminiumchlorid) und *elektrophile Reaktionen* (mit negativ geladenem Reaktionspartner oder solchem mit freiem Elektronenpaar). Man spricht demnach von radikal., nukleophilen oder elektrophilen Substitutions-, Additions-, Umlagerungs- und Eliminierungsreaktionen, die mit Buchstaben und Ziffern gekennzeichnet werden, z. B. S_N1-Reaktion (nukleophile, nur eine kovalente Bindung verändernde Substitution), S_E-Reaktion (elektrophile Substitution) usw.

Reaktionsnorm (Reaktionsbreite, Modifikationsbreite), die genet. festgelegten bzw. durch die spezif. Reaktionsbereitschaft begrenzten Möglichkeiten für einen Entwicklungsvorgang bzw. das Verhalten; nur innerhalb dieser von der R. gesetzten Grenzen können Umwelteinflüsse wirksam werden und das Geschehen bestimmen.

Reaktionsprinzip ↑ Newtonsche Axiome.

Reaktionsturbine ↑ Dampfturbine.

Reaktionsversuche, Bez. für schon früh in der experimentellen Psychologie (meist mit Hilfe von Apparaturen) durchgeführte Experimente zur Erforschung der Zusammenhänge zw. Reiz und Reaktion. R. werden auch psychodiagnost. etwa zur Messung der Reaktionszeit (z. B. bei Berufseignungsuntersuchungen) angewendet.

Reaktionswärme ↑ Reaktion.

Reaktionsweg ↑ Anhalteweg.

Reaktionszeit, die zw. Reiz und Reaktion verstreichende Zeitspanne *(Latenz)*. Einfache Reaktionen (z. B. Tastendruck auf Lichtreiz) haben eine R. von 0,15 bis 0,3 Sekunden.

reaktiv, 1. rückwirkend; insbes. von psych. Verhalten gesagt, das unmittelbar durch Umweltreize veranlaßt ist; 2. Gegenwirkung ausübend oder erstrebend; 3. chem. reaktionsfähig.

Reaktivfarbstoffe ↑ Farbstoffe.

reaktivieren, 1. wieder in Tätigkeit setzen, in Gebrauch nehmen; wieder anstellen, in Dienst nehmen; 2. chem. wieder umsetzungsfähig machen.

Reaktivierung, in der Medizin: 1. die Wiederherstellung der normalen Funktionsfähigkeit eines Körperteils (z. B. eines gebrochenen und ruhiggestellten [inaktivierten] Beines); 2. das Wiederaufflackern eines Krankheitsprozesses (z. B. einer Tuberkulose).

Reaktivität [lat.], in der Reaktorphysik ein Maß für die Abweichung des Kernreaktors von krit. Zustand († kritisch).

Reaktor [lat.-engl.-amerikan.], 1. (Reaktionsapparat) ein Gefäß oder Behälter, in dem eine chem. Reaktion abläuft; 2. svw. ↑ Kernreaktor.

Reaktorgifte, Substanzen mit großem Neutronenquerschnitt, die beim Betrieb eines Kernreaktors entstehen und die Kernreaktion zum Abbruch bringen; R. führen zum vorzeitigen Auswechseln nicht vollständig abgebrannter Brennstäbe.

real [mittellat., zu lat. res „Sache, Ding"], wirklich, tatsächlich; sachlich, dinglich.

Real (Mrz. Reales [span.] bzw. Reis [portugies.]; in arab. auch dt. Mrz. Realen), seit dem 14. Jh. in Spanien und Portugal ausgeprägter Groschen, später auch in den Kolonialgebieten beider Länder; Silber- bzw. Kupfermünze. In Spanien heute noch volkstüml. Bez. für 25 Céntimos.

Real, Cordillera [span. kɔrðiˈjera rreˈal], Gebirge in Bolivien, höchster Teil der

Ostkordillere, am O-Rand des Altiplano, im Illimani 6882 m hoch.

Realakte (Tathandlungen), Rechtshandlungen, die lediglich auf einen äußeren Erfolg gerichtet sind, an die das Gesetz jedoch bestimmte Rechtsfolgen knüpft (z. B. ↑Fund, Besitzaufgabe). Auf R. sind die Vorschriften über Willenserklärungen nicht anwendbar.

Realdefinition (Sachdefinition) ↑Definition.

Realeinkommen, einzel- und gesamtwirtsch. Einkommen unter dem Aspekt seiner Kaufkraft. Das R. errechnet man aus dem in Währungseinheiten angegebenen ↑Nominaleinkommen, das durch einen für die gewünschten Güter repräsentativen Preisindex dividiert wird.

Realenzyklopädie, Enzyklopädie in lexikal. Form.

Realfaktoren ↑Scheler, Max.

Realgar [arab.-frz.] (Rauschrot, Rotglas), monoklin-prismat., rotes oder orangefarbenes, glänzendes, durchscheinendes Mineral, chem. As_4S_4. Mohshärte 1,5–2; Dichte 3,4–3,6 g/cm^3; Abbau z. T. zur Arsengewinnung.

Realgymnasium, in Österreich neusprachl. Form der höheren Schule. - Das R. wurde 1882 zuerst in Preußen eingeführt, 1900 dem humanist. Gymnasium und der Oberrealschule gleichgestellt, 1938–45 abgeschafft; 1955 bundeseinheitl. in neusprachl. Gymnasium umbenannt.

Realien [mittellat., zu lat. res „Sache, Ding"], wirkl. Dinge, Tatsachen; im älteren Sprachgebrauch im Unterschied zu den sog. ↑Humaniora die Wirklichkeitswiss. (z. B. Naturwiss.); Sachkenntnisse.

Realienstreit ↑Universalienstreit.

Realignment [engl. 'riːə'laɪnmənt], Schlagwort für die umfassende Neuordnung der Wechselkurse wichtiger Währungen.

realisieren [mittellat.-frz.], 1. verwirklichen; 2. klar erkennen, einsehen; 3. (wirtsch.:) in Geld umsetzen, umwandeln.

Realismus, allg. sprachl. Begriff für eine bestimmte direkte, bes. enge Beziehung des Bewußtseins, des denkenden bzw. unterscheidenden Subjekts und der von ihm unabhängigen, sich aus Gegenständen, Handlungen und Ereignissen konstituierenden Wirklichkeit (Realität; Außenwelt), die grundsätzl. durch Wahrnehmung als in zureichender Weise erfahrbar sein soll. - In der *Philosophie* ist die Lehre, daß das begriffl. Allg. (die Universalien) unabhängig vom menschl. Unterscheiden entweder getrennt von den konkreten Einzeldingen (Platonismus) oder in diesen *(gemäßigter R.)* existiere und als solches durch Abstraktion erkannt werden könne. Im MA wurde der R. anläßl. des ↑Universalienstreits v. a. von Wilhelm von Champeaux, Anselm von Canterbury und Thomas von Aquin gegen den Nominalismus vertreten. Eine Vermittlungsposition nahm der Konzeptualismus des W. von Ockham ein. Moderne Formen des R. beziehen sich meist auf die unabhängige Existenz mathemat. und log. Gegenstände (Zahlen, Mengen, Proportionen: *Begriffs-R.*). Für den *naiven R.* besteht die Außenwelt so, wie wir sie wahrnehmen, unsere Vorstellungen sind also genaue Kopien der Gegenstände der Außenwelt. Dagegen ist nach Auffassung des **kritischen Realismus** über die genaue Entsprechung von Gegenständen und Vorstellungen nichts auszumachen, da die Gegenstände immer nur über ihre vorstellungsmäßigen Abbilder gegeben sind. Erkenntnis schließt danach eine Leistung („Zutat") des erkennenden Subjekts ein. Die bewußte Wende zum krit. R. vollzog der [Halb]kantianismus. In der Gegenwart wird der R. v. a. vom (dialekt.) Materialismus und vom Neuthomismus vertreten.

In der *Literatur* wird R. als Stilmerkmal charakterisiert und als Periodenbegriff gebraucht. Definiert wird das **Stilmerkmal** R. als Konkretes, Faktisches, als eine an der Wirklichkeit orientierte Mitteilung. Anfänge sind die Tragödien des Euripides, die Komödien des Aristophanes, die spätröm. Dichtungen des Petronius; der spätma. R. der Schwänke steht in bewußtem Ggs. zur idealisierenden höf. Dichtung. Als realist. gilt v. a. die ep. Literatur des 17. Jh., die detailgetreue Schilderungen des Alltagslebens der mittleren und niederen Stände enthält (J. J. C. Grimmelshausen, J. Beer, C. Reuter). Im 18. Jh. beschrieben H. Fielding und S. Richardson „Innerlichkeitsrealität". Schiller erörterte die Weltanschauungen den R. und Idealismus in bezug auf die Literatur („Über naive und sentimental. Dichtung", 1795/96) und verwendete R. bereits als stilist. Begriff. In Abgrenzung zum bürgerl. R. des 19. Jh. entwickelten sich im 20. Jh. der krit. R. (A. Döblin, L. Feuchtwanger, E. Hemingway, H. Mann) und der ↑sozialistische Realismus.

Als **Periodenbegriff** bezeichnet R. für nahezu alle europ. Literaturen die Zeit zw. 1830 und 1880. Von Einfluß auf die engl. (C. Dickens, G. Eliot) und die russ. (F. Dostojewski, L. Tolstoi) Literatur war der frz. R., geprägt von einer sozialkrit., desillusionist. antibürgerl. Haltung (Flaubert, Stendhal, Balzac). Bestimmend für die Festlegung des Stil- und Epochenbegriffs R. wurden die Aufsätze von J. Champfleury („Le réalisme", 1857). In Deutschland wurde der literar. R. erst nach der Revolution von 1848 zur wichtigen [und theoret. diskutierten] Stilrichtung. Die Literatur des dt.-sprachigen R. zeigt die Tendenz zu einer distanzierend-humorvollen bis resignativen Erzählweise. Dieser *poet. R.* verklärt oder verfremdet die Realität (J. Gotthelf, G. Keller, A. Stifter, T. Storm, W. Raabe). Im Ggs. dazu steht der *bürgerl. R.,* dem v. a. die Romane T. Fontanes und T. Manns zugerechnet werden. - Zum sog. *symbol. R.* gehören insbes. die Werke der amerikan. Literatur des 19. Jh. (H. Melville, N. Hawthorne). Als stilgeschichtl. Begriff hat sich R. in der *bildenden Kunst* nicht durchsetzen können, da schon in Mannigfaltigkeit und Mehrdeutigkeit seiner Anwendung die weltanschaul. Abhängigkeit offenkundig blieb. So bezeichnet R. in der bildenden Kunst allg. eine (krit., antizipative oder auch agitator.) geistige Einstellung zur Wirklichkeit, die sich gegen ungeprüfte ästhet. Normativität wie gegen idealist. Kunstauffassung richtet. Realist. Kunst stellt in krit. Zeitgenossenschaft die vorgefundene alltägl. Realität mit Hilfe durchaus verschiedener formaler Mittel dar. R. in diesem Sinne gab es schon vor G. Courbets programmat. Ausstellung „Le réalisme" (1855), so in der spät-ma. Kunst bei H. Bosch, Grünewald, J. Ratgeb oder später bei Breughel d. Ä., Caravaggio, J. Callot, W. Hogarth, Goya, T. Géricault. Erst im 19. Jh. trat er als materialist. Antithese zu Romantik und Idealismus auf und diente auch unmittelbar sozialen Intentionen (H. Daumier, Courbet, W. Leibl; russ. Realisten), die im 20. Jh. sich zu sozialer Anklage präzisierten (H. Zille, K. Kollwitz, M. Beckmann, O. Dix, G. Grosz) oder zu direkt polit. Aussagen (Picasso, J. Genovés, R. Guttuso; J. Heartfield). Zu neuesten Erscheinungen des R. ↑ Neuer Realismus. Normativität der Heroisierung des Alltags führt die meisten Werke des sog. ↑ sozialistischen Realismus in antirealist., symbolist. Idealismus. - Für die Stilrichtung in der realist. bildenden Kunst, die durch Objektivität und Naturtreue bes. auf das illusionist. Abbild der Wahrnehmungswelt zielt, hat sich der Begriff **Naturalismus** eingebürgert. Naturalismus bis zur Augentäuschung findet sich schon in der griech. Kunst des 5. Jh. v. Chr. (Zeuxis). Seit dem ausgehenden MA belegen naturalist. Züge die schrittweise Entdeckung der Abbildungswürdigkeit der Wahrnehmungswelt, die schließl. in der Malerei des niederl. bürgerl. Realismus des 17. Jh. das Bildganze bestimmt. Die antiidealist. Stoßrichtung des Naturalismus wird bes. augenfällig in der dt. Malerei des späten 19.Jh. (W. Uhde, M. Liebermann), in der Wahrheit in Naturnähe aufgeht.

📖 *Lotz, H. J.: Die Genese des R. in der frz. Literarästhetik. Hdbg. 1984. - Müller, Udo: R. Begriff u. Epoche. Freib. 1982. - Kleinstück, J.: Die Erfindung der Realität. Studien zur Gesch. u. Kritik des R. Stg. 1980. - Fuller, G.: R.theorie. Dt. Übers. Bonn 1977. - Carnap, R.: Scheinprobleme in der Philosophie. Ffm. 1976. - Preisendanz, W.: Wege des R. Zur Poetik u. Erzählkunst im 19.Jh. Mchn. 1976. - Baumgart, F.: Idealismus u. R. 1830 bis 1880. Köln 1975. - R.theorien in Lit., Malerei, Musik u. Politik. Hg. v. R. Grimm u. J. Hermand. Stg. 1975. - Sager, P.: Neue Formen des R. Kunst zw. Illusion u. Wirklichkeit. Köln 1973.*

realistisch [mittellat.-frz.], wirklichkeitsgetreu, lebensnah; sachl.-nüchtern; zum Realismus gehörend.

Realität [mittellat.-frz.], gemeinsprachl. die Welt der Gegenstände, Zustände und Ereignisse, die auch durch Handlungen von Menschen hergestellt bzw. konstituiert werden können; also das unabhängig von Wünschen und Vorstellungen Bestehende bzw. Wirkliche.

Realitätsleugnung (Skotomisation), psychoanalyt. Bez. für einen Abwehrmechanismus des Ich gegenüber der Realität, bei dem das Ich bestimmte (meist bedeutsame) Tatbestände oder Vorgänge, die es nicht wahrhaben will, ignoriert.

Realitätsprinzip, psychoanalyt. Bez. für die im Individuum erst allmähl. sich entwikkelnde Fähigkeit, Triebansprüche (↑ Lustprinzip) auf ihre Verwirklichbarkeit in der Realität zu prüfen und - je nach Ausgang der Prüfung - ihre Befriedigung ins Werk zu setzen, aufzuschieben oder ganz zu unterdrücken. Nach S. Freud sind Lustprinzip und R. die beiden Prinzipien, die das psych. Geschehen beherrschen.

realiter [mittellat.], in Wirklichkeit.

Realkonkurrenz (Handlungsmehrheit, Tatmehrheit), gleichzeitige Verurteilung wegen mehrerer Gesetzesverletzungen, die im Ggs. zur ↑ Idealkonkurrenz († Konkurrenz von Straftaten) durch mehrere rechtl. selbständige Handlungen des Täters begangen wurden. Um eine einfache Addition der verschiedenen Strafen zu vermeiden, wird nach dem ↑ Asperationsprinzip aus den Einzelstrafen eine Gesamtstrafe gebildet.

Reallast, Belastung eines Grundstückes in der Weise, daß an den Berechtigten wiederkehrende Leistungen aus dem Grundstück zu entrichten sind.

Realleibeigenschaft ↑ Leibeigenschaft.

Reallexikon (Sachwörterbuch), Lexikon, das die Sachbegriffe einer Wiss. oder eines Wiss.gebietes enthält.

Reallohn, im Ggs. zum Nominallohn der an seiner Kaufkraft gemessene ↑ Lohn.

Realpolitik, in der konservativen Gegenströmung des 1850er Jahre zur (gescheiterten) „Ideenpolitik" der Frankfurter Nat.versammlung 1848/49 geprägter (bis heute verwendeter) Begriff zur Kennzeichnung einer Politik, die vom Möglichen ausgeht, auf abstrakte Programme und Wertpostulate verzichtet und auf der Grundlage der eigenen und unter Berücksichtigung fremder Interessen auf Pragmatismus eingestellt ist, dabei aber auch bloßem Erfolgsdenken verfallen kann; Leitbegriff der Reichsgründungsepoche und der späten Bismarckzeit.

Realpräsenz, in der Religionsgeschichte allg. die als wirkl. gedachte Gegenwart von numinosen Kräften oder von Numina. In der Theologie der christl. Kirchen insbes. die wirkl. Gegenwart Christi beim ↑ Abendmahl.

Realschule

Realschule, in der BR Deutschland seit 1964 (Hamburger Abkommen) einheitl. Bez. für eine weiterführende allgemeinbildende Schule, die mit der 10. Klasse abschließt. Die R. ist 6- oder 4klassig und schließt an die, je nach Land, 4- oder 6jährige Grundschule bzw. Orientierungsstufe an. An Hauptschulen gibt es z. T. Aufbauzüge (R. in Aufbauform), die spätestens an die 7. Klasse anschließen, also mindestens 3klassig sind. Die R. ist laut Rahmenplan prakt.-techn. fundiert, sie bietet vor dem Eintritt in eine Berufsausbildung eine in sich abgeschlossene Schulbildung allgemeinbildenden Charakters. Ihr Abschluß (sog. mittlere Reife) ist vielfach Voraussetzung einer Lehre (Ausbildung) und ist Befähigungsnachweis für den Besuch der Fachoberschule (die Versetzung von Klasse 10 nach Klasse 11 des Gymnasiums wird als gleichwertig anerkannt). Die Vorläuferschule der heutigen R. hieß 1872–1964 „Mittelschule".

Realteil ↑ komplexe Zahl.

Realteilung, Bez. für die gleichmäßige Aufteilung des bäuerl. Grundbesitzes unter den Erben; die R. führte bes. in SW-Deutschland zur Zersplitterung des bäuerl. Besitzes. - ↑ auch Anerbenrecht.

Realunion, eine Staatenverbindung, die im Ggs. zur ↑ Personalunion verfassungsrechtl. durch das gemeinsame monarch. Staatsoberhaupt und durch gemeinsame staatl. Institutionen dauerhaft, wenn auch zw. staatsrechtl. selbständigen Staaten begründet ist (so Schweden/Norwegen 1814–1905).

Realwert, der „wirkl. Wert" einer Münze, gemessen am Marktwert der in ihr enthaltenen Menge Edelmetall. Übereinstimmung von Nenn- und Kurswert mit dem R.: **Realwertprinzip.**

Reanimation [lat.], Wiederbelebung, Ingangbringen erloschener Lebensfunktionen durch künstl. Beatmung, Herzmassage usw.

Reate, antiker Name von ↑ Rieti.

Réaumur, René Antoine Ferchault de [frz. reo'my:r], * La Rochelle 28. Febr. 1683, † Schloß Bermondière bei Saint-Julien-du-Terroux (Mayenne) 18. Okt. 1757, frz. Naturwissenschaftler. - Mgl. der Académie des sciences in Paris; vielseitiger Forscher. Am bekanntesten wurde seine 1730 entwickelte Thermometerskala (↑ Reaumur-Skala). - R. hatte wesentl. Anteil an den Vorarbeiten zur Enzyklopädie „Description des arts et métiers" (121 Teilbde., 1761–89).

Reaumur-Skala ['rɛ:omy:r], von R. A. Ferchault de Réaumur eingeführte Temperaturskala, bei der der Abstand zw. dem Schmelzpunkt (0 °R [0 Grad Reaumur]) und dem Siedepunkt (80 °R) des Wassers in 80 gleiche Teile unterteilt ist. Der Temperaturdifferenz 1 °C entspricht $^4/_5$ °R, d. h. 1 °R = $^5/_4$ °C; heute nicht mehr in Gebrauch.

Rebe, Kurzbez. für ↑ Weinrebe.

Rebec [rə'bɛk; arab.-frz.] (Rubeba), kleines Streichinstrument mit Schallkörper in Form eines Bootes, der sich ohne Absatz zum Wirbelkasten hin verjüngt. Kam etwa im 11. Jh. nach Europa (↑ Rabab) und wird im 13. Jh. als Instrument mit zwei im Quintabstand gestimmten Saiten beschrieben. Im 16./17. Jh. v. a. Tanzinstrument der Spielleute.

Rebekka, aus der Bibel übernommener weibl. Vorname (Bed. nicht geklärt).

Rebekka, Gestalt des A. T., Schwester Labans, Gattin Isaaks, Mutter Esaus und Jakobs.

Rebell [frz., zu lat. rebellis, eigtl. „den Krieg erneuernd"], Aufrührer, Aufständischer; jemand, er sich auflehnt, widersetzt; **Rebellion,** Aufruhr, Aufstand, Widerstand.

Rebendolde (Wasserfenchel, Oenanthe), Gatt. der Doldengewächse mit rd. 30 fast weltweit verbreiteten Arten; zweijährige oder ausdauernde Stauden mit zwittrigen, weinartig riechenden Blüten. Eine bekannte Art ist der in stehenden und seichten Gewässern Europas und Asiens verbreitete **Wasserfenchel** (Oenanthe aquatica) mit bis 1,5 m hohem, dickem Stengel, gefiederten Luftblättern und haarfein geschlitzten Wasserblättern.

Rebengewächse, svw. ↑ Weinrebengewächse.

Rebenmehltau, (Echter R., Äscher) durch den Mehltaupilz Uncinula necator hervorgerufene Krankheit der Weinrebe: Blätter (beidseitig), Triebe und Blütenstände tragen einen flauschigen, weißlichgrauen Belag. Die Blätter vertrocknen und fallen ab. Die Beeren verdorren und bleiben hart. Bekämpfung mit Schwefelmitteln.

♦ (Falscher R.) durch den Falschen Mehltaupilz Plasmopara viticola hervorgerufene gefährlichste Krankheit der Weinrebe: Die Blätter zeigen oberseits gelbgrünl. Flecke („Ölflecke") und unterseits einen weißen Pilzrasen. Die Beeren bräunen sich und schrumpfen lederartig ein. Vorzeitiger Blattfall führt zu geringen Ernten. Übergreifen der Infektion auf die Blütenstände führt zum Totalverlust der Beerenernte. - Bekämpfung mit Kupfermitteln.

Rebenschildlaus ↑ Napfschildläuse.

Rebenstecher (Zigarrenwickler, Byctiscus betulae), in Europa verbreiteter, etwa 8 mm langer Afterrüsselkäfer mit blauem oder grünem Metallglanz; frißt an Knospen und Blättern von Weinreben und verschiedenen Laubgehölzen.

Rebhuhn [zu althochdt. rephuon „rotbraunes, scheckiges Huhn"] ↑ Feldhühner.

Reblaus (Viteus vitifolii), bis etwa 1,4 mm große, gelbe bis bräunl., sehr schädl. werdende Blattlaus (Fam. Zwergläuse), die, aus N-Amerika kommend, heute in allen Weinbaugebieten der Erde verbreitet ist. In wärmeren Gebieten zeigt die R. Generationswechsel zw. oberird. und unterird. lebenden Generationen: Die sog. *Wurzelläuse (Radicicolae)* erzeugen im Spätherbst durch Jungfernzeugung geflügelte ♀♀ *(Sexuparae;* Ausbreitungsformen), aus deren Eiern ♂♂ und ♀♀ *(Sexuales)* hervorgehen. Aus den befruchteten, am oberird. Holz abgelegten, überwinternden Eiern schlüpft im Frühjahr die *Fundatrixgeneration (Maigallenlaus).* Durch Saugen an den Blättern verursacht sie, wie auch ihre Nachkommen *(Gallicolae),* erbsengroße Gallen *(Maigallen* bei der Maigallenlaus). Nach Abwandern im Herbst an die Wurzeln entstehen dort (durch die Wurzelläuse) die *Wurzelgallen,* bohnenförmige, kleine *Nodositäten* an den jungen Wurzeln, knotige *Tuberositäten* an älteren Wurzeln. Die befallenen Pflanzen gehen dadurch zugrunde. Wurzelläuse können sich auch ausschließl. durch Jungfernzeugung vermehren. In Deutschland sind (mit Ausnahme der wärmeren südwestl. Gebiete) nur Wurzelläuse verbreitet. - R.befall ist meldepflichtig. Die Bekämpfung ist durch das R.gesetz verfügt. - Abb. Bd. 8, S. 86.

Rebmann, Kurt, *Heilbronn 30. Mai 1924, dt. Jurist. - Wurde 1959 Leiter der Abteilung Öffentl. Recht im baden-württemberg. Justizministerium, ab 1965 Stellvertreter des Min.; seit 1977 Generalbundesanwalt beim Bundesgerichtshof in Karlsruhe.

Rebner, Adolf, *Wien 21. Nov. 1876, †Baden-Baden 19. Juni 1967, östr. Violinist. - Bekannt als Primgeiger des R.-Quartetts, dem vorübergehend P. Hindemith als Bratschist angehörte.

Rebreanu, Liviu, *Tîrlişua (Verw.-Geb. Bistriţa-Năsăud) 27. Nov. 1885, †Valea Mare (Verw.-Geb. Argeş) 1. Sept. 1944 (Selbstmord), rumän. Schriftsteller. - Direktor des Nationaltheaters in Bukarest; 1939 Mgl. der Rumän. Akademie. Gilt als Mitschöpfer und bedeutendster Vetreter des psycholog.-realist. rumän. Romans (mit vorwiegend bäuerl. Thematik) in der 1. Hälfte des 20. Jh. („Mitgift", 1920; „Der Aufstand", 1932).

Rebsorten, die Sorten der Edelrebe († Weinrebe).

Rebus [frz., zu lat. rebus „durch Sachen"], Bez. für Figuren- oder Bilderrätsel († Rätsel).

Recall [engl. rɪˈkɔːl, ˈriːkɔːl; engl.-amerikan. „Rückruf"], in einigen Staaten der USA verankertes Recht einer durch Gesetz oder Satzung näher qualifizierten Mehrheit von Wählern zur Abberufung gewählter Repräsentanten oder Amtsinhaber; steht nach herrschender Meinung im Widerspruch zu den Grundprinzipien repräsentativ-parlamentar. Systeme.

Récamier, Jeanne Françoise Julie Adélaïde [frz. reka'mje], geb. Bernhard, *Lyon 4. Dez. 1777, †Paris 11. Mai 1849, frz. Schriftstellerin. - Ihr literar.-polit. Salon war zeitweise Treffpunkt der Gegner Bonapartes, nach ihrer Rückkehr aus der Verbannung (1811-14) Treffpunkt der Anhänger der Restauration; befreundet u. a. mit Chateaubriand.

Receiver [engl. rɪˈsiːvə „Empfänger", zu lat. recipere „aufnehmen"], Funkempfänger, bei dem Empfangsteil (Tuner) und Verstärker in einem Gehäuse untergebracht sind.

Rechaud [reˈʃoː; frz.], Bez. für eine [mit Kerze, Spiritusbrenner oder elektr.] beheizte Vorrichtung, auf der Getränke oder Speisen warmgehalten werden; heute vielfach (v. a. in der Gastronomie) durch vorheizbare Wärmespeicherplatten ersetzt.

Rechen, (Harke) kammartiges Gerät (mit Stiel) zum Zusammenziehen von Gras, Laub, Heu u. a. sowie zum oberflächl. Lockern des Bodens.
♦ gitterähnl. Vorrichtung am Einlauf von Klär- und Wasserkraftanlagen zum Zurückhalten großer Feststoffe, zum Auffangen von Treibgut u. a.

Rechenanlage, eine [größere] programmgesteuerte Datenverarbeitungsanlage, mit deren Hilfe beliebige numer. Berechnungen aus allen wiss., techn. und kommerziellen Bereichen mit großer Geschwindigkeit ausgeführt werden können, sofern diese einen bestimmten, durch die Speicherkapazität festgelegten Umfang nicht überschreiten († Datenverarbeitung).

Rechenbrett †Abakus.

Rechenmaschinen, in den letzten Jahren zunehmend von elektron. Tisch- und †Taschenrechnern verdrängte Rechengeräte, die die vier Grundrechenarten (Vierspeziesmaschinen) oder nur Addition und Subtraktion (Additions-, Addiermaschinen) ausführen. Nach der Art des Antriebs unterscheidet man

Rechenmaschinen. Staffelwalzenmaschine von Gottfried Wilhelm Leibniz (gebaut 1693). Hannover, Niedersächsische Landesbibliothek

Hand- und elektr. R. (mit Elektromotor), nach der Art der Getriebeelemente, mit denen die in die Tastatur eingegebenen Zahlen die entsprechende Schaltung der Mechanik bewirken, Proportionalhebelmaschinen (mit Zahnstangen), Sprossenradmaschinen (Zahnräder mit versenkbaren Zähnen) und Staffelwalzenmaschinen (Walzen mit achsenparallelen Rippen unterschiedl. Länge).
Geschichte: Der Tübinger Prof. W. Schickard entwarf 1623/24 die erste mechan. Rechenmaschine für Addition und Subtraktion. Die älteste erhaltene Rechenmaschine stammt von B. Pascal, der sie 1640–45 entwickelte. Sie inspirierte G. W. Leibniz zu eigenen Entwürfen (ab 1671), die mit verschiebbarem Schlitten und Staffelwalze arbeiteten, so daß auch Multiplikationen und Divisionen damit ausgeführt werden konnten. Der italien. Marquese G. Poleni erfand um 1709 das Sprossenrad; dieses Element benutzte A. Braun für seine Dosenrechenmaschine (1727). C. Babbage plante 1832 eine mechan. Rechenmaschine mit Lochbandsteuerung; seine Idee setzte sich jedoch erst ab 1890 mit dem Siegeszug der Lochkarte durch.

Rechenpfennig (süddt. Raitpfennig, engl. counter, frz. jeton, span. contador, niederl. legpenning, lat. calculus), münzähnl. Gepräge als Hilfsmittel zum Rechnen auf dem Rechenbrett (Abakus), teils für Behörden, teils für Privatfirmen hergestellt (seit dem 15. Jh. bes. in Nürnberg), auch als Spielgeld benutzt.

Rechenschieber (Rechenstab), stabförmiges Rechengerät zum Multiplizieren, Dividieren, Potenzieren und Radizieren, bei dem die Gesetze des logarithm. Rechnens († Logarithmus) mechan. realisiert werden: Der Multiplikation entspricht die Addition der Logarithmen, d. h. die Addition entsprechender Längen logarithm. unterteilter Skalen, der Division die Subtraktion der Logarithmen. Die Rechnung wird ohne Rücksicht auf Stellenzahl bzw. Exponenten durchgeführt. Die Stellung des Kommas muß im Kopf überschlagen werden. - **Geschichte:** Die Idee des Logarithmus wurde schon bald nach ihrer Entwicklung (J. Bürgi, J. Napier) für mechan. Rechenhilfsmittel verwendet. Um 1620 benutzte E. Gunter eine logarithm. Skala, bei der mit Hilfe eines Zirkels Multiplikationen und Divisionen leicht auszuführen waren. Die heutige Form des R. mit Körper und Zunge stammt von S. Partridge (um 1662). Weite Verbreitung fand der R. erst im 19. Jahrhundert.

Rechenwerk, der Teil einer programmgesteuerten Rechenanlage, der die programmierbaren arithmet. Operationen (Addition, Multiplikation usw.), log. Verknüpfungen (Konjunktion, Disjunktion u. a.) und Verschiebeoperationen ausführt. Die Steuerung des R. erfolgt über die sog. Operationssteuerung durch das Leitwerk.

Rechenzentrum, mit großen Rechenanlagen ausgerüstete Einrichtung zur Durchführung von umfangreichen Berechnungen, die im kaufmänn., techn. und wiss. Bereich anfallen. Von entsprechend ausgebildetem Personal werden die an das R. herangetragenen Aufgaben analysiert und durch Programmierung für die rechner. Behandlung vorbereitet, sodann die vorzunehmenden Rechnungen mit einer Rechenanlage des R. ausgeführt. Der Auftraggeber erhält dann die Ergebnisse in Form von Daten, Tabellen, Kurvenverläufen u. ä. - Rechenzentren sind entweder jurist. selbständige Einrichtungen oder Abteilungen innerhalb von Unternehmen u. a.

Recherche [reˈʃɛrʃə, rə...; ...ˈʃɛrʃ; frz.], Nachforschung, Ermittlung; **recherchieren,** ermitteln, untersuchen, nachforschen.

Rechnen, das Anwenden der vier *Grundrechenoperationen* Addition, Subtraktion, Multiplikation und Division sowie der *höheren Rechenoperationen* Potenzieren, Radizieren und Logarithmieren im Bereich der reellen Zahlen, wobei die Grundgesetze Arithmetik (Kommutativ-, Assoziativ- und Distributivgesetze) als Rechenregeln berücksichtigt werden. Im Unterschied zum sog. *Buchstaben-R.,* dem R. mit „unbestimmten", durch Buchstaben dargestellten Zahlen (Variablen), wird das R. mit „bestimmten" Zahlen (z. B. das Ausrechnen von Formeln durch Einsetzen von Zahlenwerten) als *numer. R.* bezeichnet. I. w. S. wird zuweilen auch das Anwenden von mathemat. Operationen aus dem Bereich der höheren Mathematik als R. bezeichnet; man spricht z. B. von Differential-, Integral-, Vektor- und Matrizenrechnung.

Rechner, allg. svw. elektron. Rechen- oder Datenverarbeitungsanlage, Computer († Datenverarbeitung). Die zunehmende Miniaturisierung elektron. Schaltungen ermöglichte in den letzten Jahren neben den bisher verwendeten Großrechnern auch Klein- und Kleinstrechner (Minicomputer) zu bauen, die z. B. als Prozeß-R. zur automat. Steuerung, Regelung, Überwachung und Optimierung techn. Prozesse, als Tisch-R. zur Bewältigung der in Wirtschaft und Verwaltung anfallenden [Rechen]probleme und v. a. als handl. † Taschenrechner weite Verbreitung fanden.

Rechnung, im Geschäftsverkehr die Aufstellung über eine Geldforderung aus einem Kauf- oder Dienstvertrag.

Rechnungsabgrenzung, zeitl. Abgrenzung von Einnahmen und Ausgaben, die einen über den Bilanzstichtag hinausgehenden Zeitraum betreffen; werden in der Bilanz gesondert ausgewiesen. *Transitor. R.posten* sind Aufwendungen und Erträge, die das neue Rechnungsjahr betreffen, aber im alten gezahlt bzw. eingenommen wurden, *antizipative R.posten* sind Aufwendungen und Erträge, die das alte Rechnungsjahr betreffen, aber erst im neuen gezahlt werden bzw. eingehen.

Rechnungseinheit, im Geldwesen eines Landes die Größe, auf der sein Rechnungssystem basiert. Im überregionalen und internat. Verkehr (Post und Handel) die gemeinsame Verrechnungsgröße über den beteiligten Einzelwährungen, z. B. in den EG die European Currency Unit (ECU; ↑ Europäisches Währungssystem).

Rechnungshof, unabhängige, mit der Rechnungsprüfung hinsichtl. Wirtschaftlichkeit und Ordnungsmäßigkeit der Haushalts- und Wirtschaftsführung der gesamten Verwaltung betraute Behörde im Range einer obersten Bundes- bzw. Landesbehörde.

Rechnungsmünze ↑ Münzen.

Rechnungsprüfung, im *öffentl. Recht* Bez. für die Überwachung der Haushalts- und Wirtschaftsführung einer mittelverwaltenden Stelle durch ein Kontrollorgan bzw. der Regierungen durch die gesetzgebenden Körperschaften mit Unterstützung durch die Rechnungshöfe.

Recht, Bez. für eine Ordnung menschl. Zusammenlebens, die dieses so regelt, daß Konflikte weitgehend vermieden werden *(objektives R.),* aber auch für aus diesem objektiven R. resultierende Ansprüche von einzelnen *(subjektives R.).*
Das R. besteht zwar heute durchweg als Gesamtheit von (schriftlich niedergelegten) Gesetzen und Verordnungen sowie aus der sich darauf beziehenden R.sprechung, ist aber zunächst an das Bestehen von Gesetzen usw. in diesem Sinne nicht gebunden. Auch historisch begegnet R. zuerst in seiner allgemeineren Bed. als ein System von Verhaltensnormen für das Leben in einer sozialen Gemeinschaft. Insoweit unterschied sich R. nicht von anderen Normen, die Sitten und Gebräuche regeln. Als kennzeichnend für die das R. konstituierenden im Unterschied zu diesen anderen Verhaltensnormen wird in erster Linie das Bestehen eines organisierten und institutionalisierten Verfahrens, ihre Einhaltung zu erzwingen bzw. ihre Nichteinhaltung mit bestimmten Sanktionen zu belegen, angesehen. Die histor. Herausbildung eines solchen Erzwingungsverfahrens, durch das R. sich erst als ein spezif. Normensystem gegenüber anderen Verhaltensnormen ausdifferenziert, ist freilich keineswegs überall abgeschlossen, etwa im Völkerrecht.
Die Durchsetzbarkeit des R. setzt allerdings nicht nur das Bestehen einer organisierten Macht, um seine Einhaltung zu erzwingen, voraus, sondern auch, daß das R. den gesellschaftl. Gegebenheiten, den Interessen und sozialen Machtpositionen entspricht; ein Auseinanderklaffen von R. und gesellschaftl. Gegebenheiten kann dazu führen, daß formell noch gültiges R. nicht mehr angewandt wird. Die Bed. von Gewohnheiten und übl. Verhaltensweisen für das, was als R. gilt, findet weiter ihren Niederschlag in verschiedenen R.bereichen, z. B. als Verkehrssitten und Handelsbräuche (Usancen) im Handelsrecht.
Damit R. seiner Bestimmung gemäß als möglichst konfliktfreie Ordnung menschl. Zusammenlebens wirken kann, bedarf es der Eindeutigkeit der rechtl. Regelungen. Übersichtlichkeit, Klarheit und Verläßlichkeit der Verhaltensrichtlinien sind Voraussetzungen für *R.sicherheit.* Dabei steht jede konkrete Ausgestaltung des R. vor dem Dilemma, einerseits auf alle denkbaren Einzelfälle eindeutig anwendbar sein zu sollen, ohne jedoch andererseits jeden Einzelfall direkt regeln zu können. In diesem Dilemma pflegt die R.praxis den Mittelweg zu wählen, Ermessens- und Beurteilungsspielräume bei der Anwendung des R. offen zu lassen, oder z. B. auch allg. Mißbrauchsverbote für die Inanspruchnahme subjektiven R. und Härteklauseln aufzustellen.
Mit dem Grund und den Erscheinungsformen des R. befaßt sich die *R.wissenschaft.* Das Schwergewicht rechtswiss. Arbeit liegt bei der Rechtsdogmatik (Lehre vom geltenden Recht), die die Normen des geltenden Rechts, insbes. des ↑ öffentlichen Rechts, ↑ Privatrechts, ↑ Kirchenrechts und ↑ Völkerrechts fortlaufend zu interpretieren, in ihren Grundsätzen und systemat. Zusammenhängen darzustellen und auf ihre jurist. Konsequenzen zu untersuchen hat. Zur R.wiss. gehören als Grundlagenwissenschaften die ↑ Rechtsgeschichte, die R.vergleichung, die ↑ Rechtssoziologie und die ↑ Rechtsphilosophie. In der R.philosophie bestehen unterschiedl. Auffassungen über die Art des Zusammenhangs zw. R. und gesellschaftl. Gegebenheiten. So sieht z. B. die Interessenjurisprudenz die Interessen als Anstoß nicht nur für Änderung, sondern überhaupt für die Schaffung von R.normen an. Die marxist. R.theorie engt das Zusammenhang weiter darauf ein, daß letzten Endes die ökonom. Verhältnisse das bestimmende Moment für die jeweilige R.ordnung seien.
Da bei divergierenden Interessen die Frage entsteht, welche Interessen in welchem Umfang berücksichtigt werden sollen, kann R. nicht als bloßes Produkt von Interessen- und Machtverhältnissen begriffen werden. Die Frage, nach welchem Kriterium hier eine bestimmte Wahl als „richtig" anzusehen sei, ist letzten Endes die Frage, was als „Gerechtigkeit" anzusehen ist. Dies ist Gegenstand der Rechtsphilosophie.

📖 *Zippelius, R.:* Jurist. Methodenlehre. Mchn. ⁴*1985.* - *Krawietz, W.:* Recht als Regelsystem. *Wsb. 1984.* - *Engisch, K.:* Einf. in das jurist. Denken. *Stg.* ⁸*1983.* - *Larenz, K.:* Methodenlehre der R.wiss. *Bln. u. a.* ⁵*1983.* - Argumentation u. Hermeneutik in der Jurisprudenz. Hg. v. *W. Krawietz u. a. Bln. 1979.* - *Zippelius, R.:* Einf. in das R. Mchn. ²*1978.* - *Kriele, M.:* Theorie der R.gewinnung. *Bln.* ²*1976.*

Recht auf Arbeit, der Anspruch eines

Rechte und Pflichten ...

RECHTE UND PFLICHTEN NACH ALTERSSTUFEN

das ungeborene Leben	Recht auf Leben nach der Nidation (Art. 1 Abs. 2 u. 2 Abs. 2 GG), strafrechtl. geschützt durch § 218 StGB
Geburtsvollendung	Beginn der Rechts- und damit Parteifähigkeit

ab Vollendung des Lebensjahres:

6.	Schulpflichtbeginn (geregelt in den Landesschulgesetzen)
7.	a) beschränkte ↑ Geschäftsfähigkeit §§ 106 ff. BGB b) beschränkte ↑ Deliktsfähigkeit nach bürgerl. Recht im Bereich der unerlaubten Handlungen § 828 Abs. 2 BGB
10. bzw. 12.	Recht auf Anhörung bzw. Zustimmungserfordernis zum Bekenntniswechsel – Gesetz über die religiöse Kindererziehung
14.	a) religiöses Selbstbestimmungsrecht b) bedingte strafrechtl. Verantwortlichkeit §§ 1, 3 Jugendgerichtsgesetz
15.	Antrags- und Leistungsempfangsrecht für Sozialleistungen § 36 Sozialgesetzbuch I
16.	a) beschränkte Testierfähigkeit §§ 2229 Abs. 1, 2247 Abs. 4 BGB b) beschränkte Ehefähigkeit § 1 Abs. 2 EheG c) Beginn der Eidesfähigkeit §§ 393, 455 ZPO; § 60 StPO d) Pflicht zum Besitz eines Personalausweises § 1 PersonalausweisG e) Recht zum Erwerb der Fahrerlaubnis Klasse 4 und 5 – § 7 StraßenverkehrszulassungsO
18.	Volljährigkeit a) volle Geschäfts-, Testier-, Ehe- und Deliktsfähigkeit nach bürgerl. Recht b) strafrechtl. Verantwortlichkeit als Heranwachsender – §§ 1, 105, 106 JugendgerichtsG c) aktives und passives Wahlrecht (letzteres in manchen Bundesländern erst ab dem 21. Lebensjahr) zum Bundestag und den Länderparlamenten sowie zum Betriebsrat d) Recht zum Erwerb der Fahrerlaubnis Klasse 1 b und 3 e) Wehrpflichtbeginn für Männer
20.	Recht zum Erwerb der Fahrerlaubnis Klasse 1
21.	a) strafrechtl. Verantwortlichkeit als Erwachsener b) Recht zum Erwerb der Fahrerlaubnis Klasse 2
25.	Adoptionsrecht
40.	Wählbarkeit zum Bundespräsidenten – Art. 54 GG
45.	Ende der Wehrpflicht für Mannschaften
60.	a) Ende der Wehrpflicht für Offiziere und Unteroffiziere b) Rentenansprüche für Frauen nach der Reichsversicherungsordnung
61.	Rentenansprüche für Schwerbehinderte
65.	a) Altersgrenze für Beamte und Richter (Eintritt in den Ruhestand schon ab dem 63. Lebensjahr mögl.) b) Rentenansprüche für Männer (schon ab dem 63. Lebensjahr mögl.) nach § 1248 Reichsversicherungsordnung c) Steuervergünstigungen (Altersfreibetrag – zum Teil schon nach Vollendung des 49., 60. und 64. Lebensjahres)
68.	Altersgrenze für Richter an oberen Bundesgerichten

Arbeitsfähigen und Arbeitswilligen, eine zumindest das Existenzminimum sichernde Arbeit (vom Staat) zugewiesen zu bekommen. Da ein solches Recht in einer Marktwirtschaft kaum realisierbar ist, handelt es sich bei der Verankerung dieses Rechts in einigen Länderverfassungen nicht um einen einklagbaren Anspruch für den einzelnen Bürger, sondern um eine programmat. Aufforderung an den Staat, eine auf Vollbeschäftigung zielende Wirtschaftspolitik zu betreiben.

Rechte, aus der nach 1814 übl. Sitzordnung (in Blickrichtung des Präs.) der frz. Deputiertenkammer übernommene Bez. für die antirevolutionären „Ordnungsparteien", die im wesentl. auf die Bewahrung der polit.-sozialen Verhältnisse hinwirken.

Rechteck (Orthogon), ein rechtwinkliges ↑ Parallelogramm. Der Umfang eines R. mit den Seiten[längen] a und b ist $U = 2(a+b)$, der Flächeninhalt $F = a \cdot b$. Die Diagonalen sind gleich lang ($d = \sqrt{a^2 + b^2}$) und halbieren einander.

rechter Winkel (Rechter), Formelzeichen R oder ⌐ oder ⌙, ein Winkel, dessen Schenkel aufeinander senkrecht stehen; die Größe eines rechten W. beträgt 90° oder 100 gon, im ↑ Bogenmaß $\pi/2$ [rad].

rechtfertigender Notstand ↑ Notstand.

Rechtfertigung, häufig synonym mit ↑ Begründung gebrauchter philosoph. Begriff. I. e. S. Begründung von prakt. Orientierungen, insbes. Zwecksetzungen und Handlungsregeln.

◆ Begriff der *christl. Theologie*, mit der der Vorgang reflektiert wird, daß das durch die Sünde gestörte Verhältnis zw. Mensch und Gott in einen als „heil" geglaubten Zustand überführt wird. - Der in den *ev. Kirchen* zentrale Begriff R. geht wesentl. auf Luthers Neuinterpretation von Röm. 1, 17 zurück: Die „Gerechtigkeit Gottes", die Luther in zeitgenöss. Auslegung nur als die des Gerichts (forens.), als „formale" und „aktive" Gerechtigkeit kennengelernt hatte, erschließt sich ihm in einer qualitativ neuen Weise: „Gottes Gerechtigkeit" wird dem Menschen als Gabe zugeeignet. Die R. des Menschen hat sich im Christusgeschehen als Gnadenakt Gottes ereignet und wirkt durch seine Verkündigung als Frei- und Gerechtsprechung des Menschen, der allein durch die glaubende Annahme der Verkündigung („sola fide") in das rechte Verhältnis zu Gott gesetzt wird: Die wahre Gerechtigkeit des Menschen besteht also allein darin, daß der Mensch der „Gerechtigkeit" Gottes über sich im Glauben recht gibt. Nicht der Mensch kommt durch Frömmigkeit und gute Werke (d. h. durch Erfüllung des Gesetzes) zu Gott, sondern Gott ist in Christus ein für allemal zum Menschen gekommen (Evangelium), um ihn in seiner Sündhaftigkeit anzunehmen und aus freier Gnade zu rechtfertigen. Die Gerechterklärung ist die Gerechtmachung, die zu „guten Werken" erst befähigt. - Das darin liegende spannungsvolle Verhältnis zw. *R. u. Heiligung* ist in der Theologiegeschichte Anlaß zu Systematisierungen geworden: Melanchthon formt eine das Heilswerk Christi forens. verobjektivierende R.lehre, in der Satisfaktion und Imputation (Zuspruch des Gerechtseins durch Gott), R. und Heiligung begriffl. auseinandertreten. - In der *kath. Theologie* wird das von den reformator. Theologen formulierte Geschehen zw. Sünde und Gnade in z. T. krit. Rezeption der Gnadenlehre des Augustinus theolog. entfaltet mit einem aus der Kontinuität der Tradition begr. Schwerpunkt der Reflexion über den Zusammenhang von Gnade und guten Werken.

 Meyer, Harding: R. durch Glauben. Ffm. 1985. - *Pesch, O. H./Peters, A.:* Einf. in die Lehre v. Gnade u. R. Darmst. 1981. - *Härle, W./ Herms, E.:* R. Gött. 1980. - *Müller, Gerhard:* Die R.lehre. Gütersloh 1977. - *Pfnür, V.:* Einig in der R.lehre? Wsb. 1970.

Rechtfertigungsgrund, Umstand, der die Rechtswidrigkeit eines rechterhebl. Handelns ausschließt. Das Vorliegen eines R. hindert die Annahme einer strafbaren Handlung. So ist der ärztl. Eingriff tatbestandsmäßig eine Körperverletzung, die jedoch i. d. R. durch die Einwilligung des Patienen gerechtfertigt ist.

Rechtfertigungsideologie, zum Zweck der Aufrechterhaltung von Herrschaft und der Rechtfertigung der mit ihr verbundenen Verhaltensweisen als wiss. Theorie ausgegebene Behauptung.

rechtläufig, die Bewegung eines Himmelskörpers in seiner Bahn im Sonnensystem ist r., wenn sie, vom Nordpol der Ekliptik gesehen, entgegen dem Uhrzeigersinn erfolgt, d. h. an der Sphäre von West nach Ost. Die entgegengesetzte Bewegungsrichtung wird als **rückläufig** bezeichnet.

rechtliches Gehör, in Art. 103 GG und den entsprechenden Bestimmungen der Landesverfassungen garantierter Anspruch eines jeden, der von dem Verfahren eines Gerichts unmittelbar betroffen wird, mit seinen tatsächl. und rechtl. Ausführungen und Beweisanträgen angehört zu werden, ehe eine seine Rechte verletzende Entscheidung ergeht.

Rechtlosigkeit, die vollständige oder teilweise Unfähigkeit, Träger von Rechten zu sein. Im röm. und alten dt. Recht galten Unfreie als absolut rechtlos; seit fränk. Zeit bedeutete R. nicht mehr den vollständigen Ausschluß aus dem allg. Rechtsschutz, sondern nur einen mehr oder weniger großen Mangel an Rechten (z. B. Eidesunfähigkeit, keine Übernahme öffentl. Ämter, Ausschluß vom Erbe).

Rechtsanwalt, ein Jurist, der auf Grund seiner Zulassung durch die jeweilige Landes-

Rechtsanwaltsgehilfe

justizverwaltung zur Wahrnehmung fremder Interessen als unabhängiges und freiberufl. (nicht gewerbl. tätiges) Organ der Rechtspflege berufen ist. Auf Grund seiner Zulassung, die einen Antrag des Bewerbers und die Befähigung zum Richteramt voraussetzt, ist der R. nach Eintragung in eine bei jedem Gericht zu führende Liste der R. berechtigt, in allen Rechtsangelegenheiten als Verteidiger, Beistand oder Bevollmächtigter aufzutreten. Die Zulassung zur Rechtsanwaltschaft erfolgt bei einem bestimmten Gericht der ordentl. Gerichtsbarkeit, an dessen Sitz der R. seine Kanzlei und in dessen Oberlandesgerichtsbezirk er seinen Wohnsitz (*Kanzlei-* und *Residenzpflicht*) errichten muß. Sie darf nur aus bestimmten, in der die Rechte und Pflichten der R. regelnden Bundesrechtsanwaltsordnung genannten Gründen versagt werden. Grundsätzlich ist der R. zur Berufsausübung vor jedem Gericht innerhalb der BR Deutschland befugt, es sei denn es handelt sich um Zivilsachen mit †Anwaltszwang. Im allg. wird der R. auf Grund eines mit dem Mandanten abgeschlossenen Dienstvertrages (*Mandat*) tätig, jedoch kann eine Verpflichtung zur rechtl. Interessenvertretung auch durch gerichtl. Beiordnung entstehen (z. B. Pflichtverteidigung). Das Honorar der R. richtet sich grundsätzl. nach der Bundesrechtsanwaltsgebührenordnung (BRAGO).
In *Österreich* gilt im wesentl. dem dt. Recht Entsprechendes mit dem Unterschied, daß sich das Vertretungsrecht auf alle Gerichte und Behörden Österreichs erstreckt.
In der *Schweiz* setzt die Ausübung der Advokatur i. d. R. ein Anwaltspatent voraus. Die den R. (auch Advokat oder Fürsprecher) betreffenden Vorschriften sind auf kantonaler Ebene geregelt mit der Folge, daß in den einzelnen Kantonen sehr unterschiedl. Regelungen über die Rechte und Pflichten der R. bestehen.

Rechtsanwaltsgehilfe (Anwaltsgehilfe), Beruf mit zweieinhalbjähriger Ausbildung, oft gekoppelt mit der Ausbildung zum Patentanwaltsgehilfen.

Rechtsanwaltskammer (Anwaltskammer), als Standesvertretung der Rechtsanwälte eine Körperschaft des öffentl. Rechts. Sie wird durch Rechtsanwälte gebildet, die in einem Oberlandesgerichtsbezirk oder beim Bundesgerichtshof zugelassen sind. Die R. hat die ihr durch Gesetz zugewiesenen Aufgaben zu erfüllen. Ferner überwacht und fördert sie insbes. das standesgemäße Verhalten ihrer Mitglieder. Das aus Mitgliedern der Kammer gebildete Ehrengericht verhängt gegen Rechtsanwälte, die sich eine Pflichtverletzung zuschulden kommen lassen, ehrengerichtl. Maßnahmen (Warnung, Verweis, Geldbuße oder Ausschluß aus der Rechtsanwaltschaft).

Rechtsauslage †Auslage.

Rechtsbehelfe, alle Mittel, die es ermöglichen, eine Entscheidung der Verwaltungsbehörden oder Gerichte anzufechten.

Rechtsbeistand, Berufsbez. für eine Person, der auf Grund § 1 RechtsberatungsG vom zuständigen Amts- oder Landgerichtspräsidenten die Erlaubnis erteilt wurde, ohne Rechtsanwalt zu sein, fremde Rechtsangelegenheiten geschäftsmäßig zu besorgen.

Rechtsberatung, die zur geschäftsmäßigen Besorgung fremder Rechtsangelegenheiten gehörende Beratung. Hierfür sind in erster Linie die Rechtsanwälte, Notare, Patentanwälte, Rentenberater, Zwangs- und Konkursverwalter u. ä. sowie Genossenschaften und Verbände (für eigene Mitglieder) berufen.

Rechtsbeschwerde, der Revision nachgebildetes Rechtsmittel gegen verfahrensbeendende Beschlüsse. Die R. findet u. a. statt in Patent- und Kartellsachen sowie im Bußgeldverfahren und im arbeitsgerichtl. Beschlußverfahren.

Rechtsbeugung, die vorsätzl. falsche Anwendung des Rechts zugunsten oder zum Nachteil einer Partei in einer Rechtssache. R. ist ein †Amtsdelikt und wird mit Freiheitsstrafe von einem Jahr bis zu fünf Jahren bestraft.

Rechtsblindheit, auf fehlendem Unrechtsbewußtsein beruhender Irrtum einer Person über die rechtl. Bed., insbes. über die Strafbarkeit ihres Handelns.

Rechtsbücher, im dt. MA private Sammlungen des geltenden Rechts, die später das Ansehen von Gesetzen erlangten (z. B. Frankenspiegel, Schwabenspiegel, Sachsenspiegel).

Rechtschreibung (Orthographie), die Normierung, die Festlegung der Schreibung einer Sprache, die verbindl. Regeln. Die R. engt die verschiedenen Möglichkeiten der Schreibung ein; sie zielt darauf ab, einen möglichst übereinstimmenden Schreibgebrauch in einer Gemeinschaft herbeizuführen und damit die schriftl. Verständigung zu erleichtern.
Geschichte der dt. Rechtschreibung: Im MA gab es für das Deutsche keine geregelte Schreibung. Wichtige Impulse zu einer Normierung der R. gingen im 17. Jh. von J. G. Schottel („Ausführl. Arbeit von der Teutschen Haubt Sprache", 1663) aus, der trotz vielfacher etymolog. Verknüpfungen die Schreibung nach der Aussprache regelte. H. Freyer stellte in seiner „Anweisung zur Teutschen Orthographie" (1722) für die Schreibung die vier Grundprinzipien „Aussprache, Ableitung, Analogie, allg. Schreibgebrauch" auf und sprach sich für eine Regelung der Großschreibung nach grammat. Grundsätzen aus. Seine „Anweisung", die sog. „Hallesche Rechtschreibung", trug entscheidend zur Systematisierung der Schreibung bei und wurde im schul. Bereich geradezu maßgebend. Auf Gottsched („Grundlegung einer Dt. Sprach-

Rechtsgeschäft

kunst", 1748) und Freyer aufbauend, ging J. C. Adelung in der 2. Hälfte des 18. Jh. daran, eine einheitl. orthograph. Norm für das Dt. nach dem Grundsatz „Schreibe, wie du sprichst!" durchzusetzen („Versuch eines vollständigen grammat.-krit. Wörterbuchs der hochdt. Mundart ..." (1774–86). J. Grimm verneinte die Eigenständigkeit der neuhochdt. Schriftsprache gegenüber dem Mittelhochdt. und wollte außer der Wiedereinführung der Kleinschreibung die überlieferten Schreibformen nach etymolog. Gesichtspunkten ändern. Am konsequentesten wurden diese Anschauungen Grimms von K. Weinhold vertreten; er stellte dem phonet. Prinzip „Schreibe, wie du sprichst!" das histor. „Schreibe, wie es die geschichtl. Fortentwicklung des Neuhochdt. verlangt!" *(etymolog. Schreibung)* entgegen.

Bis in die zweite Hälfte des 19. Jh. hinein war die R. in Deutschland ohne eine übergreifende behördl. Regelung gewachsen, anders als etwa im zentralist. Frankreich, wo bereits im 17. Jh. die Académie française die Sprache zu reglementieren begann. Der entscheidende Anstoß, die Orthographie einheitl. und verbindl. zu regeln, ging 1871 von der Reichsgründung aus. 1875 berief der preuß. Kultusminister A. Falk eine Konferenz zur „Herstellung größerer Einigung in der dt. R." nach Berlin ein. Die Beschlüsse dieser Konferenz wurden jedoch von den Reg. der Länder als zu weitgehend abgelehnt. Nach diesem Mißerfolg ging K. Duden daran, sein „Orthograph. Wörterbuch" zu schreiben; er beschränkte sich im wesentl. darauf, die Regeln für die preuß. Schulorthographie auf den Wortschatz anzuwenden. Innerhalb eines Jahrzehnts führte Dudens „Vollständiges orthograph. Wörterbuch der dt. Sprache" (1880) die Einheitsrechtschreibung in Deutschland herbei; 1892 beschloß auch der Schweizer Bundesrat, daß die künftige Schweizer Orthographie die von Duden festgelegte sein solle. Nach Durchsetzung einer einheitl. orthograph. Norm für das Dt. zu Beginn des 20. Jh. setzten Bestrebungen ein, die R. zu reformieren. Die wichtigsten Reformprogramme sind in jüngerer Zeit die „Vorschläge des Vorausschusses zur Bearbeitung der Frage der R. bei der dt. Verwaltung für Volksbildung" (1946), die „Empfehlungen zur Erneuerung der dt. R." (1954 [Stuttgarter Empfehlungen]), die „Empfehlungen des Arbeitskreises für Rechtschreiberegelung" (1958 [Wiesbadener Empfehlungen]), und das „Gutachten zu einer Reform der R." (1975). Am heftigsten umstritten ist dabei die Frage der Groß- oder Kleinschreibung, an der bisher auch alle neueren Reformvorstöße gescheitert sind. Im allg. besteht heute darüber Einmütigkeit, daß eine Reform der R. nur auf einem ausgewogenen Kompromiß beruhen kann, um nicht das vertraute Schriftbild allzu sehr anzutasten, daß den Bedürfnissen sowohl der Schreiber- als auch der Lesergruppe Rechnung getragen werden muß und daß gesellschaftl. Faktoren, wie Schwierigkeiten bei der Umstellung, Auswirkungen im Bildungswesen, wirtsch. Auswirkungen, Verhältnis zur Tradition berücksichtigt werden müssen. Für eine Reform der dt. R. kommen nach dem neuesten Stand folgende Punkte in Betracht: 1. Vereinfachung der Silbentrennung, 2. Vereinfachung der Zeichensetzung, 3. Beseitigung von Ungereimtheiten und Inkonsequenzen, 4. Regelung der ß/ss-Frage, 5. Vereinfachung der Schreibung von Fremdwörtern, 6. Neuregelung der Zusammen- und Getrenntschreibung, 7. Neuregelung der Groß- und Kleinschreibung. Oberster Grundsatz dabei ist, daß die Einheitsschreibung im dt. Sprachraum nicht gefährdet werden darf und daß eine Reform nur von allen deutschsprachigen Ländern gemeinsam durchzuführen ist.

📖 *Der Duden in 10 Bdn. Bd. 1.: R. der dt. Sprache u. der Fremdwörter.* Hg. v. der Dudenred. Mhm. u. a. [19]1986. - Piirainen, I. T.: *Hdb. der dt. R.* Bochum 1981. - *Die Regeln der dt. R.* Bearb. v. W. Mentrup. Mhm. [2]1981. - *Zur Reform der dt. Orthographie.* Hg. v. W. Mentrup, E. Pacolt u. L. Wiesmann. Hdbg. 1979. - *Die dt. rechtschreibung u. ihre reform 1722–1974.* Hg. v. B. Garbe. Tüb. 1978.

Rechtseindeutigkeit ↑ Eindeutigkeit.

Rechtsextremismus ↑ Neofaschismus.

Rechtsfähigkeit, die einer (natürl. oder jurist.) Person von der Rechtsordnung zuerkannte Fähigkeit, Träger von Rechten und Pflichten zu sein. Im geltenden Recht beginnt die R. des Menschen nach § 1 BGB mit der Vollendung der Geburt. Für bestimmte Einzelfälle (Erbschaft, Unterhalt u. a.) fingiert das BGB das bereits gezeugte, aber noch nicht geborene Kind als rechtsfähig; die R. des Menschen endet mit dem Tod bzw. das Ende wird für den in der Todeserklärung festgelegten Zeitpunkt vermutet. Jurist. Personen des Privatrechts erlangen die R. durch staatl. Verleihung bzw. Genehmigung oder durch Eintragung in ein Register.

Rechtsfrüchte ↑ Früchte (Recht).

Rechtsgebiet, Bez. für den Geltungsbereich einer bestimmten Rechtsordnung; das R. ist nicht immer ident. mit dem Staatsgebiet.

Rechtsgeschäft, die vom Rechtsfolgewillen umfaßte, nach außen gerichtete Willensbestätigung, die einen angestrebten Rechtserfolg herbeiführen soll. Wesentlicher, aber nicht notwendigerweise einziger Bestandteil des R. ist die ↑ Willenserklärung. Weitere Voraussetzungen für das Zustandekommen eines R. können z. B. die Schriftform oder die Zustimmung des gesetzl. Vertreters sein. Man unterscheidet *einseitige* R. (z. B. Mahnung) von *zweiseitigen* (z. B. Vertrag) und den *mehraktigen* R. (z. B. Vereinsgründung). Es gibt *empfangsbedürftige* R. (z. B.

Rechtsgeschichte

Kündigung) und *nichtempfangsbedürftige* R. (z. B. Ausschlagung einer Erbschaft). Das R., das i. d. R. auf einem Rechtsgrund (causa, z. B. Kaufvertrag) beruht, kann in seiner Wirksamkeit vom rechtl. Fortbestand der causa abhängig *(kausales R.)* oder losgelöst von irgendeinem Rechtsgrund sein *(abstraktes R.;* z. B. Eigenumsübertragung, Schuldanerkenntnis, Erlaßvertrag, ↑ Erlaß), mit der Folge, daß ein kausales R. mit Wegfall des Rechtsgrundes unwirksam wird, das abstrakte R. jedoch im Interesse der Rechtssicherheit und Rechtsklarheit des Rechtsverkehrs solange wirksam bleibt, bis eine Rückabwicklung i. d. R. nach den Vorschriften der ungerechtfertigten Bereicherung erfolgt ist.

Rechtsgeschichte, Wiss.disziplin zw. Rechts- und Geschichtswiss., deren Gegenstand das Recht der Vergangenheit ist. Die R. versucht in 3 Sparten (germanist., romanist. und kanonist.) aufzuhellen, unter welchen polit., wirtsch. und sozialen Bedingungen sich Rechtssätze bilden und entwickeln konnten und hilft so, das geltende Recht zu erklären und weiterzuentwickeln. - Als eigenständige Wiss. hat sich die R. erst im beginnenden 19. Jh. entwickelt (↑ historische Schule) und zunächst die Edition von Rechtsquellen vorangetrieben sowie Interpretationen des geschichtl. Rechts geliefert. Heute beschäftigt sich die R. method. eigenständig mit Vergleich und Auslegung von Tatsachen.

Rechtsgut, das durch die Rechtsordnung geschützte Gut oder Interesse (z. B. körperl. Unversehrtheit, Eigentum), dessen Verletzung Sanktionen nach sich zieht.

Rechtshändigkeit, erbl. bedingte Bevorzugung der rechten Hand (eigtl. der gesamten rechten Körperhälfte, d. h. auch insbes. des rechten Fußes). Bei Rechtshändern ist das motor. Sprachzentrum speziell auf der linken Gehirnseite ausgebildet. - ↑ auch Linkshändigkeit.

Rechtshängigkeit, Befaßtsein des Gerichts mit einer Streitsache durch Klageerhebung oder vergleichbare Maßnahmen. Im Wege der Einrede geltend gemachte Ansprüche werden nicht rechtshängig. Während der R. ist ein anderweitiger Rechtsstreit über die gleiche Sache unzulässig. Die R. endet in der Regel mit der formellen Rechtskraft der gerichtl. Entscheidung.

rechtshemmende Einwendung ↑ Einwendung.

Rechtshilfe, die Vornahme einer einzelnen Amtshandlung in einem anhängigen Verfahren durch ein dahin unbeteiligtes Gericht zwecks Unterstützung und auf Ersuchen eines anderen Gerichts oder einer Verwaltungsbehörde (Gerichtshilfe). Leistet eine Verwaltungsbehörde Beistand, liegt ↑ Amtshilfe (Verwaltungshilfe) vor. Die Pflicht zur R. im Inland folgt aus Art. 35 GG. Im Verkehr mit dem Ausland wird i. d. R. auf Grund der zahlr. von der BR Deutschland geschlossenen zwei- oder mehrseitigen internat. R.abkommen R. geleistet, z. B. in Zivilsachen (hinsichtl. Zustellung, Anerkennung und Vollstrecken von Kostenentscheidungen), Unterhaltssachen (bezügl. der Unterhaltsansprüche von Kindern) und in Strafsachen (insbes. hinsichtl. der Auslieferung von Straftätern). Das Ersuchen um R. erfolgt i. d. R. auf diplomat. Wege, der unmittelbare Weg von Gericht zu Gericht ist nur beschränkt zulässig.

rechtshindernde Einwendung ↑ Einwendung.

Rechtsinsuffizienz ↑ Herzkrankheiten.

Rechtskraft, Bez. für die grundsätzl. Endgültigkeit gerichtl. Entscheidungen (lat. res indicata). Es ist zw. formeller und materieller R. zu unterscheiden. Die *formelle R.* äußert sich in der Unanfechtbarkeit gerichtl. Entscheidung, d. h., daß gegen eine Entscheidung Rechtsmittel nicht mögl. bzw. nicht mehr mögl. sind, wie es z. B. bei letztinstanzl. Urteilen oder Beschlüssen, bei Verzicht auf Rechtsmittel bzw. Versäumung der Rechtsmittelfristen der Fall ist. Die formelle R. ist Voraussetzung für die *materielle R.* Diese bedeutet im Zivil- und Verwaltungsprozeß sowie im Verwaltungsverfahren, daß der Inhalt einer gerichtl. Entscheidung für das Gericht und die Prozeßbeteiligten (Parteien) und deren Rechtsnachfolger verbindl. ist, die Gerichte also in einem späteren Prozeß über denselben Streitgegenstand an die rechtskräftig festgestellte Rechtsfolge gebunden sind und nicht neu bzw. anders entscheiden dürfen. Im Strafverfahren hat die durch Art. 103 Abs. 2 GG verfassungsrechtl. abgesicherte materielle R. die Wirkung, daß eine einmal dem Gericht zur Entscheidung unterbreitete Tat (ein und dieselbe geschichtl. Vorgang) kein zweites Mal Gegenstand eines Strafverfahrens sein darf, wenn erstmals eine Sachentscheidung getroffen wurde (sog. Strafklageverbrauch). In bes. Ausnahmefällen ist die Beseitigung der R. z. B. durch Wiedereinsetzung in den vorigen Stand, durch Abänderungsklage und durch Antrag auf Wiederaufnahme des Verfahrens gegeben. In *Österreich* und in der *Schweiz* gilt dem deutschen Recht Entsprechendes.

Rechtskreis, im ma. dt. Recht das nur für ein bestimmtes Rechtsverhältnis maßgebl. Sonderrecht, das darüber hinaus die Geltung des sonst allg. verbindl. Rechts (Landrecht) nicht beeinträchtigte. Die wichtigsten R. waren Stadt-, Lehns-, Dienst- und Hofrecht; man konnte mehreren R. angehören.

Rechts-links-Shunt [engl. ʃʌnt], Herzfehler, bei dem über eine Querverbindung *(Shunt)* venöses Blut dem arteriellen beigemischt wird.

Rechtsmängel ↑ Mängelhaftung.

Rechtsmißbrauch, die Ausübung eines an sich bestehenden Rechts, die nur den

Rechtsphilosophie

Zweck haben kann, einen anderen zu schädigen und deshalb unberechtigt ist.

Rechtsmittel, den Prozeßbeteiligten zustehende Möglichkeit, eine ihnen nachteilige und noch nicht rechtskräftige gerichtl. Entscheidung anzufechten und durch ein höheres Gericht nachprüfen zu lassen. In den Prozeßordnungen vorgesehene und als solche bezeichnete R. sind die ↑ Berufung, die ↑ Revision sowie die ↑ Beschwerde in ihren verschiedenen Erscheinungsformen.

Rechtsmittelbelehrung, die amtl. Belehrung des durch eine Entscheidung einer Behörde oder eines Gerichts Betroffenen über Form, Frist und Ort für die Einlegung eines ↑ Rechtsmittels.

Rechtsnachfolge, Eintritt einer Person in ein bestehendes Rechtsverhältnis anstelle des Rechtsvorgängers. Erfolgt der Eintritt in ein bestimmtes einzelnes Rechtsverhältnis, spricht man von *Einzel-R.* **(Singularsukzession),** bei einer Gesamtheit von Rechtsverhältnissen von *Gesamt-R.* **(Universalsukzession).** - Im *Staatsrecht und Völkerrecht* ist die R. (als **Staatensukzession)** Bez. für die Nachfolge eines Staates in der Gebietsherrschaft, d. h., ein Staat übernimmt die Rechtsposition, die vorher ein anderer Staat innehatte.

Rechtspflege, Bez. für die Gesamtheit der der rechtsprechenden Gewalt zugewiesenen Tätigkeiten, die unmittelbar der Verwirklichung der Rechte und des Rechts dienen.

Rechtspfleger, Beamter des gehobenen Dienstes, dem vielfältige Aufgaben der Rechtspflege übertragen worden sind. Der R. ist i. d. R. zuständig für die Aufgaben der freiwilligen Gerichtsbarkeit (z. B. Nachlaßsachen, Vormundschaftssachen) sowie in Grundbuch-, Register- und in Vollstrekkungssachen. Ferner ist er in der streitigen Gerichtsbarkeit und in der Justizverwaltung tätig. Die Rechtsstellung des R. ist im R.gesetz näher geregelt. Danach hat der R. die gleichen Prüfungs- und Entscheidungsbefugnisse wie der Richter. Gegen seine Entscheidungen ist grundsätzl. das Rechtsmittel der ↑ Erinnerung an den Richter zulässig. Voraussetzung für die Tätigkeit als R. ist die Hochschulreife, die Ableistung eines Vorbereitungsdienstes von 3 Jahren (Studium an einer Fachhochschule) und das Bestehen der R.prüfung.

Rechtsphilosophie, Teilbereich der allg. Philosophie, der method.-systemat. allgemeinste Grundlagen[sätze] des Rechts und der Rechtswiss. erforscht, d. h. sich unter Zugrundelegung der Fragestellung nach der Richtigkeit bzw. der Gerechtigkeit des Rechts mit Sinn und Zweck sowie Herkunft, Wesen und Geltung des Rechts befaßt. Hauptproblemstellung der R. sind: 1. die Frage nach der Begründung des fakt. geltenden (positiven) Rechts, welches beansprucht, Handlungsanleitung für jeden Menschen zu sein, d. h. die Frage, worauf der Geltungsanspruch des Rechts beruht, ob jedem beliebigen Inhalt Rechtsgeltung durch den Gesetzgeber verschafft werden kann, oder ob dem durch die Idee des Rechts, durch das ↑ Naturrecht oder das ↑ Sittengesetz Grenzen gesetzt sind; 2. die Frage nach der Ursache für die Wirksamkeit, die Seinsweise des positiven Rechts, welches, solange es anerkannt und befolgt wird, das Verhalten des Menschen und damit die gesellschaftl. (soziale) Struktur beeinflußt bzw. ob und wie das positive Recht selbst von der jeweils gegebenen Kultur einer Gesellschaft, ihren sozialen Institutionen beeinflußt wird, also eine Geschichtlichkeit von Rechtsentstehung und Rechtsgeltung besteht; 3. die Frage nach der Gerechtigkeit des Rechts, inwieweit es als eigene Wirklichkeitsform sinnbezogene Werte beinhaltet und welche dieser Werte im Recht bestimmend hervortreten; 4. die Frage nach der Gleichheit im Recht, denn da die Menschen zwar vor dem Gesetz, nicht aber faktisch gleich sind, muß die objektive Rechtsanwendung hinsichtl. des einzelnen notwendig ungleich sein, was für die R. eine Auseinandersetzung mit der Kriminalpsychologie bedeutet, eine Forschungsrichtung, die sich mit der Psyche des Täters, Zeugen, Verteidigers und Richters beschäftigt; 5. die Frage nach dem Zweck des Rechts, ob es ledigl. als Ordnungsfaktor die menschl. Gesellschaft gewähren bzw. fördern soll, sowie die Frage nach der Verantwortlichkeit der in einer durch Recht geordneten Gesellschaft lebenden Menschen für das eigene Handeln, ob etwa auch der einzelne in einer gegebenen Rechtsordnung als frei handelndes Subjekt agieren kann. - Bis zum Beginn des 19. Jh. ist die Geschichte der abendländ. R. eng verknüpft mit der Naturrechtslehre. Nach dem Zusammenbruch des theokrat. Naturrechts tritt an die Stelle des inhaltl. ungebundene normsetzende Wille des Staates als einzige Rechtsquelle. Die Eliminierung Gottes führt das voluntarist. Naturrecht in den ↑ Rechtspositivismus, das rationalist. Naturrecht in ein abstraktes Vernunftrecht. Während die Materialisten R. als Rechtssoziologie betreiben, trennt Kant mit der Unterscheidung von ↑ Legalität und ↑ Moralität das Recht von der Ethik. Aus der materialen Rechtsethik verlagert er den Schwerpunkt der R. in die formelle Moralität. Demgegenüber rückt Hegel die materialeth. Probleme in den Mittelpunkt. Ähnlich wie Hegel betrachtete die ↑ historische Schule (Rechtsschule) den Staat als Verkörperung des Volksgeistes, betont jedoch im Ggs. zu Hegel das Gewohnheitsrecht. Die histor. Rechtsschule leitet R. in Rechtspositivismus über, wobei R. zur Rechtstheorie wird, als deren Gegenstand ledigl. die Erarbeitung der log. Voraussetzungen des positiven Rechts bestimmt wird. Auch der histor. Materialismus, der das Recht zunächst als ein relativ abhängiges Überbau-

Rechtspositivismus

phänomen ökonom. Verhältnisse betrachtet hat, war von einer rechtspositivist. Betrachtungsweise nicht weit entfernt. Als Reaktion auf die Erfahrung des gesetzl. Unrechts während des NS und in der Erkenntnis, daß der Rechtspositivismus die Probleme nicht bewältigen konnte, ist nach 1945 insbes. aus der Tradition kath. Moraltheologie erneut versucht worden, eine R. auf naturrechtl. Basis zu konstruieren.

📖 *Coing, H.:* Grundzüge der R. Bln. ⁴1985. - Einf. in die R. u. Rechtstheorie der Gegenwart. Hg. v. *A. Kaufmann* u. *W. Hassemer.* Hdbg. ⁴1985. - *Schramm, T.:* Einf. in die R. Köln ²1982. - *Zippelius, R.:* R. Ein Studienbuch. Mchn. 1982. - *Gans, E.:* Naturrecht u. Universalrechtsgesch. Stg. 1981. - Begründungen des Rechts. Bd. 1. Hg. v. *U. Nembach.* Gött. 1979. - *Larenz, A.:* Richtiges Recht. Grundzüge einer Rechtsethik. Mchn. 1979. - *Rode, K.:* Einf. in die Gesch. der europ. R. Düss. 1974. - *Radbruch, G.:* R. Hg. v. *E. Wolf* u. *H.-P. Schneider.* Stg. ⁸1973. - *Wolf, E.:* Griech. Rechtsdenken. Ffm. 1950–70. 4 Bde.

Rechtspositivismus, Bez. für die rechtswiss. Grundlagenforschung der das 19. Jh. beherrschenden histor. Rechtsschule (↑historische Schule), die im Anschluß an die empirist. Wissenschaftstheorie den Standpunkt vertritt, das vom Staat gesetzte positive Recht sei jenseits des Nachweises verfassungsmäßigen Zustandekommens einer Begründung weder fähig noch bedürftig.

Rechtsprechung (Judikative, Jurisdiktion, rechtsprechende Gewalt), die im Rahmen der Gerichtsbarkeit gemäß Art. 92 GG den Richtern zur Wahrung der Rechtsordnung und zur Gewährung des Rechtsschutzes anvertraute Entscheidung (Erledigung) konkreter Rechtsfragen (z. B. in Rechtsstreitigkeiten, Normenkontrollverfahren, bei Verfassungsbeschwerden und in Strafverfahren), die in Anwendung geltender Rechtssätze zu treffen ist und die die verbindl. Feststellung beinhaltet, was im Einzelfall rechtens ist (↑Rechtskraft). Die R. ist nach dem Grundsatz der Gewaltentrennung (Art. 20 Abs. 2 GG) neben der Gesetzgebung (Legislative) u. der Verwaltung (Exekutive) der 3. Teilbereich der Staatsgewalt (Judikative). Von der Legislative, die rechtsetzend tätig wird, und der Exekutive, die das Recht als Maßstab für eigenes Handeln anwendet, unterscheidet sich die R. dadurch, daß sie auf einen ihr zur Entscheidung unterbreiteten Sachverhalt bzw. auf ein (streitiges) Rechtsverhältnis gesetztes Recht anwendet, ohne selbst an dem zu beurteilenden Rechtsverhältnis beteiligt zu sein. Dabei spricht man von **ständiger Rechtsprechung,** wenn ein Gericht in einer bestimmten Rechtsfrage wiederholt und über einen längeren Zeitraum hinweg inhaltl. gleiche Entscheidungen trifft. Angesichts einer ständig steigenden Zahl von mit Generalklauseln versehenen Gesetzen gewinnt die (ständige) R. hinsichtl. der vom ↑Rechtsstaat geforderten Rechtssicherheit und des damit verbundenen Rechtsfriedens, zunehmend an Bedeutung. Die R. wird in der BR Deutschland durch das ↑Bundesverfassungsgericht, durch die nach Maßgabe des Grundgesetzes errichteten ↑Bundesgerichte und durch die Gerichte der Bundesländer ausgeübt.

Rechtsschulen, 1. Stätten, an denen Unterricht in geistl. oder weltl. Recht erteilt wurde. Bed. R. waren im Altertum Berytos (= Beirut) und Konstantinopel, im MA Pavia (11. Jh.; Bearbeitung des langobard. Rechts) und Bologna (11.–14. Jh.; Rezeption des röm. Rechts). 2. Gruppen von Rechtsgelehrten, die - oft im Anschluß an einen bed. Juristen - der gleichen Rechtsanschauung sind und bei der Bearbeitung und Weiterbildung des Rechts gleichen Grundsätzen und Methoden folgen: z. B. im MA die R. der Glossatoren (12./13. Jh.; ↑Glosse) und der Kommentatoren; in Deutschland z. B. die ↑historische Schule, die ↑Germanisten und Romanisten und die Tübinger Schule der Interessenjurisprudenz (↑Begriffsjurisprudenz).

Rechtsschutzversicherung, Gewährung von Versicherungsschutz für bestimmte Fälle, in denen zur Wahrung rechtl. Interessen Kosten erwachsen (Kostenversicherung). Insbes. handelt es sich dabei um Prozeßführungskosten bei der Rechtsverfolgung von Schadenersatzansprüchen gegen Dritte auf Grund gesetzl. Haftpflichtbestimmungen privatrechtl. Inhalts oder bei der Rechtsverteidigung in einem strafrechtl. Verfahren wegen fahrlässiger Verletzung von Strafvorschriften.

Rechtssicherheit, der Schutz des Vertrauens des einzelnen Staatsbürgers in eine durch Rechtsordnung und Rechtspflege garantierte Rechtmäßigkeit der äußeren Erscheinung der ihn umgebenden und ihm begegnenden Verhältnisse und Dinge.

Rechtssoziologie, Teilbereich der Soziologie, der die Entstehung des Rechts aus

Rechtsstaat. Die wichtigsten Prinzipien (schematisch)

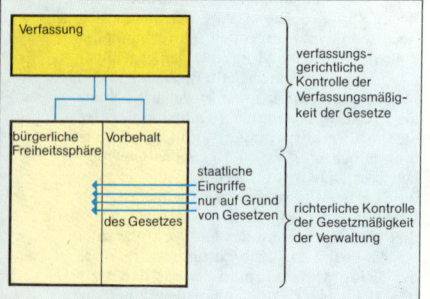

Rechtssymbole

den gesellschaftl. Strukturen und Prozessen sowie die gestaltende Wirkung des Rechts auf die Gesellschaft untersucht. In Abgrenzung von einer ledigl. dogmat. orientierten Rechtswissenschaft ist die R. bes. am Verhältnis von Normativität (Rechtsnormen) und Faktizität des Rechts (Rechtswirklichkeit) interessiert. Da für die R. die Rechtsnormen (positives Recht) nur einen kleinen Ausschnitt aus dem gesamten normativ gesteuerten Ordnungs- und Sanktionsmechanismus der Gesellschaft darstellen, interessiert sie bes. das Verhältnis des positiven Rechts zu den kulturellen und sozialen Leitbildern, Wertvorstellungen, Idealen und Ordnungssymbolen, die - ebenso wie die Gesetze - häufig als Niederschlag objektiver (z. B. ökonom.) Interessen betrachtet werden. In Anbetracht von Herrschaftskonflikten in pluralist. demokrat. Gesellschaften erforscht die R. die bestimmenden gesellschaftl. Einflüsse auf den Justiz-, Verwaltungs- und parlamentar. Apparat.

Rechtsstaat, Bez. für einen Staat, dessen Staatstätigkeit einerseits auf die Verwirklichung von Recht ausgerichtet sowie andererseits durch die Rechtsordnung begrenzt ist und in dem die Rechtsstellung des einzelnen durch garantierte Rechte (z. B. Grundrechte) gesichert ist. *Formell* bedeutet R. die Bindung der Staatsgewalt an Recht und Gesetz sowie die Überprüfbarkeit staatl. Maßnahmen durch unabhängige Gerichte. *Materiell* bedeutet R. die Verpflichtung der Staatsgewalt auf die Rechtsidee der Gerechtigkeit, was als Prinzip im sozialen R. (Sozialstaat) seine bes. Ausprägung findet. Der Begriff R. findet sich erst um die Wende vom 18. zum 19. Jh., doch ist der Sache nach der R.gedanke schon bei Platon und Aristoteles sowie später im MA (Rechtsbewahrstaat) ausgeprägt. In Deutschland wurde der R.begriff zu Beginn des 19. Jh. in Zusammenhang mit der Entstehung des liberalen Bürgertums als Gegenbegriff zum absolutist. ↑Polizeistaat entwickelt. Der bürgerl. (liberale) R. impliziert als Forderung an den Staat die Einhaltung des **Rechtsstaatsprinzips.** Dieses setzt eine geschriebene Verfassung voraus und beinhaltet das auch im GG der BR Deutschland verankerte Prinzip, daß die gesamte Staatsgewalt an das vom Volk oder seinen Vertretern gesetzte Recht gebunden ist. Seine wichtigsten Ausprägungen sind: 1. die ↑Gewaltentrennung; 2. der Vorrang der Verfassung, über deren Einhaltung die Verfassungsgerichtsbarkeit gegenüber Verwaltung und Gesetzgebung wacht; 3. der ↑Vorrang und ↑Vorbehalt des Gesetzes; 4. die Rechtssicherheit, die das Postulat gesetzl. Bestimmtheit beinhaltet, damit staatl. Handeln für den einzelnen berechenbar wird, was im Strafrecht seine Ausprägung im grundsätzl. Verbot der Rückwirkung von Gesetzesänderungen findet; 5. der gerichtl. Rechtsschutz, verbunden mit dem Grundsatz des rechtl. Gehörs gegenüber staatl. Eingriffsakten durch unabhängige, gesetzl. festgelegte Richter.

In der BR Deutschland sind die individuellen Abwehrrechte (Grundrechte) und insbes. die Rechtsweggarantien als Reaktion zu dem auf ↑Legalität reduzierten R. des NS-Regime in einem Maße erweitert worden, daß heute gelegentl. von einem „Rechtswegestaat" statt R. gesprochen wird.

📖 *Kunig, P.: Das Rechtsstaatsprinzip. Tüb. 1986. - Karpen, U.: Die geschichtl. Entwicklung des liberalen R. Mainz 1984. - Löw, K.: R., Demokratie, Sozialstaat. Hamb. [4]1980. - Der bürgerl. R. Hg. v. M. Tohidipur. Ffm. 1978.*

Rechtsstaatsgefährdung, Bez. für diejenigen Staatsschutzdelikte, die einen gewaltlosen Umsturz zum Ziel haben, z. B. Fortführung einer für verfassungswidrig erklärten Partei.

Rechtsstaatsprinzip ↑Rechtsstaat.

Rechtssubjekt, die Person, an die sich eine Rechtsnorm wendet.

Rechtssymbole, Gegenstände oder

RECHTSSYMBOLE

Symbol	Aussage
Erde	Besitzeinweisung
Brot	Hausgemeinschaft
Gerichtsstab	Gewalt des Gerichtsherrn
gebrochener Stab	Todesurteil
langes Haar (der Merowinger)	Herrschaftsgewalt
Hut, Hand, Handschuh	Gewaltzeichen
Fahne, Zepter	Herrschaftszeichen
Speer, Hl. Lanze	Zeichen rechtmäßiger Herrschaft
Handschlag	Inkraftsetzen eines einmaligen Rechtsaktes (z. B. beim Viehkauf)
Hinwerfen des Handschuhs	die Fehde erklären
Einlegen der gefalteten Hände des Grundholden in die des Grundherrn	sich in den Schutz des Grundherrn begeben und Übernahme bestimmter Dienstpflichten durch den Grundholden
Umhüllen mit dem Mantel	Annahme an Kindes Statt (sog. Mantelkinder)
Aufstecken eines Strohwisches auf einem Grundstück	Beschlagnahme des Grundstücks
Ringwechsel	unauflösl. Verbindung der Eheleute

Handlungen, die abstrakte Rechtsvorgänge oder -ansprüche veranschaulichen und durch mag. Kräfte sichern sollen; in Europa v. a. im 8.–12. Jh. bedeutsam, mit dem Aufkommen geschriebenen Rechts verloren die R. ihre Bedeutung.

Rechtssystem ↑ Dreibein.

Rechtsträger, Bez. für alle rechtsfähigen jurist. und natürl. Personen als Träger von Rechten und Pflichten.

rechts und links, auf Grund des Vorherrschens von Rechtshändigkeit ist bei den indogerman. Völkern die Bed. der linken und rechten Seite uneinheitl.: Rechts ist gut und links böse; so auch in der Bibel, die rechts als die bessere Seite ansieht (Segenszeichen mit der rechten Hand); im Volksglauben ist die linke Seite der Magie zugeordnet.

Rechtsverordnung, jede Anordnung an eine unbestimmte Zahl von Personen zur Regelung einer unbestimmten Zahl von Fällen, die auf Grund gesetzl. Ermächtigung von der Bundes- oder einer Landesreg., einem Minister oder einer Verwaltungsbehörde getroffen wird und zu deren Ausführung auf Bundes- oder Landesebene *Durchführungsvorschriften* erlassen werden. R. dürfen nur auf Grund einer Ermächtigung in einem förml. Gesetz erlassen werden, das Inhalt, Zweck und Ausmaß der Ermächtigung bestimmt.

Rechtsweg, im jurist. Sprachgebrauch Bez. für die Möglichkeit, bei einem Gericht Rechtsschutz zu erlangen. In der BR Deutschland bestehen neben dem ordentl. R. den Gerichten der Zivil- und Strafgerichtsbarkeit R. zu den Verwaltungs-, Finanz-, Arbeits-, Sozial-, Patent-, Disziplinar-, Dienst- und Berufsgerichten. Wird jemand durch die öffentl. Gewalt in seinen Rechten verletzt, steht ihm gemäß Art. 19 Abs. 4 GG der R. offen *(R.garantie)*.

Rechtswidrigkeit, Bez. für jede gegen eine Rechtsnorm verstoßende Handlung oder Unterlassung.

Rechtswissenschaft ↑ Recht.

Rechtszug, in sich geschlossener Abschnitt des Prozesses vor einem oder mehreren Gerichten derselben Ordnung (auch als ↑ Instanz bezeichnet).

rechtvernichtende Einwendung ↑ Einwendung.

rechtweisende Peilung, Bestimmung der Richtung eines angepeilten Gegenstandes gegenüber *rechtweisend Nord,* der Richtung des geograph. Nordpols.

Recife [brasilian. rre'sifi], Hauptstadt des brasilian. Bundesstaates Pernambuco, an der Mündung des Rio Capiberibe in den Atlantik, 1,18 Mill. E. Kath. Erzbischofssitz (gemeinsam mit Olinda); 2 Univ. (gegr. 1946 bzw. 1951), landw. Hochschule, Akad. der Geisteswiss., sozialwiss. und ozeanograph. Inst., Museen, Theater; Hafen; Textil-, Nahrungsmittel- u. a. Ind. - Entwickelte sich in unmittelbarer Nähe Olindas und als dessen Umschlagplatz im 16. Jh.; 1629-54 (Rückeroberung durch die Portugiesen) Mittelpunkt der niederl. Kolonien in NO-Brasilien. - Barocke Kirchen, u. a. Capela Dourada (17. und 18. Jh.), São Pedro dos Clérigos (18. Jh.).

recipe [lat.; „nimm!"], Abk. Rp., Rec., Hinweis auf ärztl., zahnärztl. oder tierärztl. Rezepten (als Anweisung an den Apotheker).

Récit [frz. re'si; zu lat. recitare „laut vortragen"], Abk. R, in der frz. Musik des 16./17. Jh. ein instrumentalbegleiteter Sologesang, bei dem im Ggs. zum ↑ Air die Musik der Sprachdeklamation untergeordnet war, später allg. für Sologesang und auch für solist. Instrumentalvortrag sowie für das Soloklavier in der frz. Orgel.

Reck [niederdt.], Turngerät; eine auf 2 Ständersäulen gelagerte, 2,40 m lange, federnde [verstellbare] Stange aus poliertem Stahl (28 mm Durchmesser).

Recke, Elisabeth (Elisa) von der, geb. Reichsgräfin von Medem, * Schloß Schönburg (Kurland) 1. Juni 1756, † Dresden 13. April 1833, dt. Schriftstellerin. - War an der Entlarvung Cagliostros beteiligt; befreundet mit J. K. Lavater und J. H. Jung-Stilling; schrieb autobiograph. Werke, Reisebücher sowie empfindsame geistl. Lyrik.

Recken (Strecken), in der *Metallbearbeitung* Bez. für die Querschnittsverkleinerung bei gleichzeitiger Längung von Werkstücken durch Schmieden oder Walzen.
◆ in der *Kunststoffverarbeitung* Bez. für das Strecken von aus thermoplast. Kunststoffen hergestellten Folien, Bändern und Drähten, das während oder nach dem Erstarren der Kunststoffe aus dem plast. Zustand in bes. Reckmaschinen vorgenommen wird.

Recklinghausen, Krst. im nördl. Ruhrgebiet, NRW, 76 m ü. d. M., 66 km², 117 800 E. Sitz von Bundes- und Landesbehörden, Bergamt; Verwaltungs- und Wirtschaftsakademie; Museen, Kunsthalle, Voksssternwarte mit Planetarium; Veranstaltungsort der Ruhrfestspiele der Stadt R. und des DGB; Tiergarten. Der Steinkohlenbergbau ist rückläufig; metallverarbeitende, Textil-, Bau-, chem. Ind., Handels-, Einkaufs- und Kongreßstadt; Hafen am Rhein-Herne-Kanal. - Entwickelte sich aus einem auf die Karolingerzeit zurückgehenden Königshof; 1236 volle Stadtrechte; im MA stark befestigt. - Spätroman. kath. Propsteikirche mit spätgot. Ostbau (nach 1247 und 1519-23; wiederhergestellt); Festspielhaus (1965); Reste der Stadtbefestigung (14. Jh.), Engelsburg (frühes 18. Jh.).

R., Kreis in NRW.

Recklinghausen-Syndrom [nach dem dt. Pathologen F. von Recklinghausen, * 1833, † 1910] ↑ Knochenkrankheiten.
◆ (Neurofibromatosis generalisata) erbl. Krankheit, die insbes. durch die Ausbildung

zahlr. über den ganzen Körper verteilter Neurofibrome, Hautpigmentstörungen und umschriebene Veränderungen im Zentralnervensystem charakterisiert ist.

Reck-Malleczewen, Friedrich [maləˈtʃeːvən], * Gut Malleczewen (Ostpreußen) 11. Aug. 1884, † KZ Dachau 17. Febr. 1945, dt. Schriftsteller. - Offizier, dann Arzt; 1944 verhaftet; „Bockelson" (1937) ist eine als histor. Studie über die Täufer getarnte massenpsycholog. Analyse des NS.

Reclam, Anton Philipp, * Leipzig 28. Juni 1807, † ebd. 5. Jan. 1895, dt. Verleger. - Begründete 1828 in Leipzig den Verlag *Philipp R.jun.*(Name seit 1837). *R.Universal-Bibliothek* (seit 1839) ist eine Sammlung billiger Einzel-

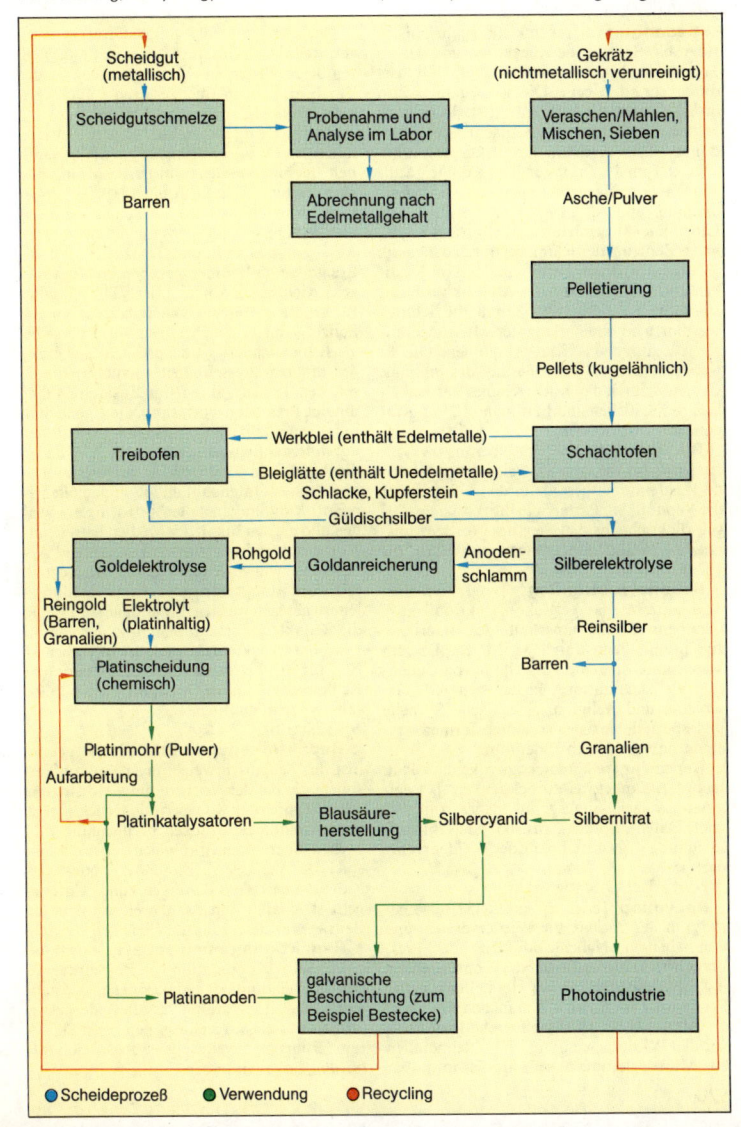

Recycling. Wertekreislauf des Edelmetalls (Scheideprozeß, Verwendung, Recycling)

ausgaben von Werken der Weltliteratur, dann auch von wiss. Werken, Handbüchern, Gesetzesausgaben, Operntexten u. a. 1950 wurde der Leipziger Betrieb unter Treuhandverwaltung der DDR-Behörden gestellt, nachdem 1947 der *R.-Verlag GmbH* in Stuttgart gegr. worden war (seit 1958 *Philipp R. jun.*).

Recon [Kw.], Einheit der genet. ↑Rekombination. Ein R. ist die kleinste Menge genet. Materials, die durch einen Rekombinationsprozeß ausgetauscht werden kann.

Reconquista [rekɔŋˈkista; span.], historiograph. Bez. für die Rückeroberung der ab 711 von den Mauren besetzten Iber. Halbinsel durch christl. Heere. Die R. begann schon im 8. Jh. von den gebirgigen christl. Rückzugsgebieten Asturiens aus (Schlacht von Covadonga, 722), erreichte ihre eigtl. Dynamik aber erst im 11. Jh. unter den Königen Sancho III. von Navarra (⚭ 1000–1035), Ferdinand I. und Alfons VI. von Kastilien und León. Die R. erfolgte in 3 Stoßrichtungen: in das Zentrum der Halbinsel durch die kastil. Könige, u. a. durch Ferdinand III. von Kastilien und León, entlang der Atlantikküste mit Abschluß im Jahre 1297 durch die Könige von Portugal und entlang der Mittelmeerküste v. a. durch das Kgr. Aragonien. Die R. wurde 1492 mit der Eroberung des andalus. Granada durch das Kath. Königspaar Isabella I. von Kastilien und Ferdinand II. von Aragonien abgeschlossen.

Reconstruction [engl. ˈriːkənsˈtrʌkʃən; lat.], Bez. für die dem Sezessionskrieg folgende Wiederaufbauperiode in den USA, in der die Republikan. Partei, v. a. ihr radikaler Flügel, rücksichtslos den Sieg des Nordens ausnutzte (militär. Besetzung des Südens bis 1877).

Reconstructionism [engl. ˈriːkənsˈtrʌkʃənɪzəm; lat.] (Rekonstruktionismus), Glaubensrichtung innerhalb des amerikan. Judentums, begr. durch M. M. Kaplan. Im Mittelpunkt steht die Vorstellung vom Judentum als „Zivilisation", in der sich jüd. Geschichte und Religion, eine eigene Sprache und spezielle soziale Verhaltensformen vereinigt haben. – ↑auch Judentum.

Recorder [reˈkɔrdər, engl. rɪˈkɔːdə; zu lat. recordari „an etwas zurückdenken"], Registrier-, Aufzeichnungsgerät, insbes. zur magnet. Daten-, Sprach-, Musik- oder Bildaufzeichnung (↑Kassettenrecorder, ↑Videorecorder).

recte [lat.], richtig, recht.

Recycling [engl. riːˈsaɪklɪŋ], (Rezyklierung) in der *Technik* die Wiederverwendung von Abfällen, Nebenprodukten oder [verbrauchten] Endprodukten der Konsumgüterind. als Rohstoffe für die Herstellung neuer Produkte. Das R. ist auf manchen Gebieten als Methode der Rohstoffbeschaffung (u. a. bei der Wiedergewinnung von Edelmetallen aus Münzlegierungen) sehr alt, gewinnt aber im Zuge der Verknappung von Rohstoffen und unter den Aspekten des Umweltschutzes und der Energieverknappung auf zahlr. weiteren Gebieten der chem.-techn. Produktion und der Energiegewinnung zunehmend an Bedeutung. - Abb. S. 125.

♦ in der *Währungspolitik* das Wiedereinschleusen der stark gestiegenen Erlöse erdölexportierender Staaten in die Wirtschaft der erdölimportierenden Staaten, um deren Zahlungsbilanzdefizite zu verringern.

Redakteur [redakˈtøːr; lat.-frz.] (schweizer. Redaktor), Bez. für: 1. den fest angestellten Journalisten in Massenmedien, 2. den Textbearbeiter in Buchverlagen (↑auch Lektor); meist Mgl. einer Redaktion.

Redaktion [frz., zu lat. redigere „zurückführen, in Ordnung bringen"], 1. die Gesamtheit der angestellten journalist. Mitarbeiter einer Zeitung, Zeitschrift, einer Hörfunk- oder Fernsehhauptabteilung (auch eines Verlages), die die vom jeweiligen Medium verbreiteten Aussagen beschafft und bearbeitet und die Ereignisse im Rahmen gegebener (z. T. verleger.) Richtlinien kommentiert. Die Gesamt-R., i. d. R. mit einem Chefredakteur an der Spitze, ist meist in mehrere Ressorts (oft selbst als R. bezeichnet) gegliedert. Zur Sicherung der inneren Pressefreiheit versuchen die R. seit den 1960er Jahren (im Zusammenhang mit der Pressekonzentration), die eigene Stellung innerhalb der Medienorganisationen durch **Redaktionsstatute** festzulegen, in denen die Rechte von Verlag und R. bei Presseverlagen, auch zw. Intendant und R. in den öffentl.-rechtl. Rundfunkanstalten jurist. fixiert werden und die den Inhalt der Medien betreffende Kompetenzabgrenzung, Ernennung und Abberufung von Chefredakteuren, Ressortleitern bzw. Hauptabteilungs- und Abteilungsleitern geregelt werden; als Organe sind i. d. R. die Redakteursversammlung und von ihr gewählte Redakteursausschuß vorgesehen. 2. Bez. für die Tätigkeit eines Redakteurs (das Redigieren); 3. für die Gesamtheit der Arbeitsräume der Redaktion.

♦ ↑Textkritik.

Redaktionsgeheimnis (Pressegeheimnis), das Zeugnisverweigerungsrecht von Personen, die bei der Vorbereitung, Herstellung oder Verbreitung von period. Druckwerken oder Rundfunksendungen berufsmäßig mitwirken (oder mitgewirkt haben), über die Person des Verfassers, Einsenders oder Gewährsmannes von Beiträgen und Unterlagen) strafbaren Inhalts, soweit es sich um Beiträge für den redaktionellen Teil handelt.

Redaktionsgemeinschaft, Form redaktioneller Kooperation von Zeitungsverlagen zur Senkung der redaktionellen Kosten; eine Zentralredaktion gestaltet den sog. ↑Mantel für die angeschlossenen meist kleineren Zeitungen, die eine eigene Redaktion nur für den Lokalteil haben.

Redaktionsgeschichte, Bez. des Prozesses, durch den [insbes. bibl.] Texte in einen größeren Textzusammenhang integriert werden; auch Bez. für die literarhistor. Erforschung dieses Prozesses. Die redaktionsgeschichtl. Forschung fragt nach den Absichten und Zielen der Sammler und Bearbeiter (**Redaktoren**) von Texten.

Redaktionsschluß, Bez. für den Zeitpunkt des Abschlusses redaktioneller Tätigkeit für eine Ausgabe von Druckmedien; in der Tagespresse wichtig für Auswahl, Gestaltung und Plazierung von Nachrichten, kann sich auf die Aktualität auswirken.

Redaktionsstatut ↑ Redaktion.

Redaktor [lat.] ↑ Redakteur, ↑ Redaktionsgeschichte.

Redarier ↑ Liutizen.

Red Deer [engl. 'dɪə], kanad. Stadt am Red Deer River, 52 600 E. College; Handelszentrum im Erdöl- und -gasgebiet des südl. Alberta.

Redding, Otis [engl. 'rɛdɪŋ], * Dawson (Ga.) 9. Sept. 1940, † bei Madison (Wis.) 10. Dez. 1967 (Flugzeugabsturz), amerikan. Soulmusiker (Gitarre, Klavier, Orgel, Schlagzeug, Gesang). - Hatte seinen ersten großen Erfolg erst kurz vor seinem Tod, als er zum weltbesten Pop-Sänger deklariert wurde; sein Schallplattenalbum „Dictionary of Soul" gilt als bestes Beispiel moderner Soulmusik.

Reddy, Neelam Sanjiva ['rɛdɪ], * in Andhra Pradesh 19. Mai 1913, ind. Politiker. - 1947 Mgl. der Verfassunggebenden Versammlung; Chefmin. von Andhra Pradesh 1956–59 und 1962–64; 1964/65 Min. für Stahl und Bergbau, 1966/67 für Verkehr und Tourismus; 1967–69 Sprecher des Unterhauses; 1977–82 ind. Staatspräsident.

Rede, zum mündl. Vortrag bestimmter didakt., je nach Situation und Zweck meist stilist. ausgearbeiteter Gebrauchstext. Im Ggs. zum wiss. Vortrag versucht die R. nicht nur durch Argumente, sondern auch durch gedankl. und stilist. Manipulation zu überzeugen. Im gesellschaftl. und polit. Bereich von großer Bed. sind: polit. R., Gerichts-R., Preis-R. oder Laudatio, Fest-, Grab- und Gedenk-R., Kanzel-R. oder Predigt.

◆ (Reimrede) mittelhochdt. Bez. für kürzere lehrhafte Reimpaardichtungen; unterschieden werden Minne-R., geistl. R., didakt. R., polit. Rede, Ehrenrede.

◆ in der *Sprachwissenschaft:* 1. die Wiedergabeform einer Aussage bzw. Äußerung, und zwar als ↑ direkte Rede, ↑ indirekte Rede, auktoriale R. (die unmittelbare Wendung eines fiktiven Erzählers an den Leser), ↑ erlebte Rede; 2. Übersetzung von frz. Parole zur Bez. des konkreten Sprechakts im Ggs. zum abstrakten Sprachsystem (↑ Langue); 3. jeder mündl. bzw. mündl. und schriftl. Text überhaupt; 4. die höchste Einheit oder Ebene der Sprache, der Groß- oder Makrokontext mit Subjekt-Prädikat-Einheit, Äußerungseinheit, Satzfolge, Antworteinheit, Redewechsel, themat. Einheit, Folge von Redewechseln und Themen.

Redefreiheit, zur ↑ Meinungsfreiheit gehörender Bestandteil der Grundrechte.

Redekunst ↑ Rhetorik.

Redemptoristen (lat. Congregatio Sanctissimi Redemptoris [Abk. CSSR]), kath. Priestergemeinschaft, 1732 von Alfons Maria von Liguori gegr.; Zielsetzung: Seelsorge, Volks- und Heidenmission. Die R. sind heute internat. verbreitet und auf allen Gebieten der Seelsorge tätig (1986 rd. 6 500 Mgl.). - Der ebenfalls von Alfons Maria von Liguori bereits 1731 gegr. Orden der **Redemptoristinnen** hat eine rein beschaul. Zielsetzung (37 Klöster mit etwa 650 Mitgliedern).

Redensart (sprichwörtliche Redensart), verbaler, bildhafter Ausdruck, der, im Unterschied zum Sprichwort, erst in einen Satz eingebaut werden muß; z. B. wird aus der Wortfolge „jemandem die Daumen drücken" erst in Sätzen wie „Ich drücke dir die Daumen, damit du gewinnst" eine eigtl. R.; andererseits sind die einzelnen Wörter der R. zu formelhaften Wendungen erstarrt, deren Bed. sich so weit von der urspr. Bed. der Einzelwörter entfernt hat, daß deren urspr. Bed. nicht mehr erfaßt wird; somit nimmt die R. eine Mittelstellung zw. Redewendung und Sprichwort ein.

Rederijkers [niederl. 're:dərɛjkərs; volksetymolog. Umbildung zu frz. Rhétoriqueurs], in städt. Vereinen (**Rederijkerskamers**) organisierte Dichter und Literaturliebhaber im niederl. Sprachraum im 15. und 16. Jh., vereinzelt auch noch später.

Redewendung, Aneinanderfügung von Wörtern, die, ohne an sich eine geschlossene Aussage zu ergeben, durch häufigen Gebrauch zur formelhaften Wendung erstarrt ist. Dabei sind, im Unterschied zur Redensart, dem Sprecher/Hörer sowohl die urspr. als auch die übertragene Bed. bewußt, so z. B. bei der R. „den Kopf schütteln" die Bedeutungen *etwas verneinen* und *sich über etwas wundern*.

Redford, Robert [engl. 'rɛdfəd], * Santa Monica (Calif.) 18. Aug. 1937, amerikan. Schauspieler. - Debütierte 1959 am Broadway; wurde durch subtile Charakterdarstellungen - in Filmen wie „Dieses Mädchen ist für alle" (1966), „Zwei Banditen" (1969), „Der Clou" (1973), „Der große Gatsby" (1974), „Die 3 Tage des Condor" (1975), „Der elektr. Reiter" (1979), „Jenseits von Afrika" (1985) - zu einem der bekanntesten Hollywoodstars.

Redgrave [engl. 'rɛdgrɛɪv], Sir (seit 1959) Michael [engl. 'rɛdgrɛɪv], * Bristol 20. März 1908, † Denham (Buckinghamshire) 21. März 1985, brit. Schauspieler. - Seit 1936 am Old Vic Theatre; gilt als einer der führenden Shakespearedarsteller; auch Filmrollen. „Traum ohne Ende" (1945), „Die Unschuldigen mit den schmutzigen Händen" (1961),

„Die Einsamkeit des Langstreckenläufers" (1962).
R., Vanessa, * London 30. Jan. 1937, brit. Filmschauspielerin. - Tochter von Sir Michael R.; Wandlungsfähigkeit und sensibler Spielstil zeigten sich bes. in den Filmen „Protest" (1966), „Blow up" (1967), „Die Möwe" (1969), „Maria Stuart, Königin von Schottland" (1973), „Das Geheimnis der Agatha Christie" (1979), „Spiel um Zeit - Das Mädchenorchester in Auschwitz" (Fernsehfilm, 1980), „Wetherby" (1985).

Redi, Francesco, * Arezzo 18. Febr. 1626, † Pisa 1. März 1698, italien. Gelehrter und Dichter. - Arzt; entdeckte beim Leberegel die † Redien; war als bed. Philologe an der Abfassung des Wörterbuchs der Accademia della Crusca beteiligt.

Redie [nach F. Redi], aus einer † Sporozyste hervorgehendes Larvenstadium der Saugwürmer; lebt in einem Zwischenwirt und erzeugt die † Zerkarien.

Reding, Josef, * Castrop-Rauxel 20. März 1929, dt. Schriftsteller. - Seine realist. Erzählungen wenden sich gegen Rassenhaß und stellen gesellschaftl. Außenseiter dar, u. a. „Nennt mich nicht Nigger" (1957), „Zw. den Schranken" (1967), „Die Anstandsprobe" (1973), „Schonzeit für Pappkameraden" (1977), „Kein Platz in kostbaren Krippen. Neue Weihnachtsgeschichten" (1979).

Redingote [rɛdɛ̃'gɔt, rə...; frz.; zu engl. riding coat „Reitrock"], durchgehend geschnittener, nach unten leicht ausgestellter Damenmantel mit schlanken Ärmeln und Revers, der etwa bis zur Taille geknöpft wird.

Rediskont, Weiterverkauf von diskontierten Wechseln durch eine Geschäftsbank an die Notenbank.

Redistribution (Umverteilung), Korrektur der [marktwirtsch.] Einkommensverteilung, z. T. auch der Vermögensverteilung mit Hilfe finanzwirtsch. Maßnahmen.

Redman, Don[ald Matthew] [engl. 'rɛdmən], * Piedmont (Va.) 29. Juli 1900, † New York 30. Nov. 1964, amerikan. Jazzmusiker (Arrangeur, Orchesterleiter, Saxophonist). - In den 30er und 40er Jahren arrangierte R. für zahlr. Swing-Orchester, darunter J. Dorsey und „Count" Basie; gilt als der erste bed. Arrangeur des Jazz.

Rednitz [...dnɪts], Fluß in Oberfranken, Bay., entsteht aus **Fränkischer Rezat** und **Schwäbischer Rezat** auf der Frankenhöhe, vereinigt sich in Fürth mit der Pegnitz zur **Regnitz,** die bei Bamberg in den Main mündet (bis hier 168 km lang).

Redol, António Alves [portugies. rrə'ðɔl], * Vila Franca de Xira bei Lissabon 29. Dez. 1911, portugies. Schriftsteller. - Verf. realist. und sozialkrit. Romane („Der Mann mit den sieben Namen", 1958); auch Dramen, Lyrik.

Redon, Odilon [frz. rə'dɔ̃], eigtl. Bertrand-Jean R., * Bordeaux 22. April 1840, † Paris 6. Juli 1916, frz. Maler und Graphiker. - Sein Werk zeigt in den 1880er Jahren deutl. symbolist. Tendenzen, v. a. in der Graphik (11 Lithographienfolgen 1879-98). Sein visionäres Spätwerk konzentriert sich auf traumhaft-symbol. Themen in fast stumpfem Kolorit.

Redonda [engl. rɪ'dɔndə] ↑ Antigua (Staat).

Redoute [re'du:tə; frz.; zu italien. ridotto, eigtl. „Zufluchtsort" (von lat. reductus „entlegen")]. 1. Befestigung, allseitig geschlossene Schanze; 2. (östr.) Maskenball; 3. Saal für festl. Veranstaltungen.

Redoxpotential [Kw. aus **Red**uktion und **Ox**idation], i. w. S. das Normalpotential eines Redoxsystems (Redoxpaars) gegenüber einer Wasserstoffelektrode, i. e. S. die Normalpotentiale in Lösung befindl. Redoxpaare. Ordnet man die R. nach steigendem Wert an, erhält man eine der ↑ Spannungsreihe entsprechende Reihenfolge. Je negativer das Potential eines Redoxpaars ist, desto stärker wirkt die reduzierte Form des Redoxpaars reduzierend; je positiver das Potential ist, desto stärker oxidierend wirkt die oxidierte Form des Redoxpaars. Das R. eines reduzierend wirkenden Systems wird daher auch *Oxidationspotential,* das eines reduzierend wirkenden Systems *Reduktionspotential* genannt.

Redoxprozeß [Kw. aus **Red**uktion und **Ox**idation], Verfahren zur Wiederaufbereitung von Kernbrennstoffen, wobei sechswertiges Uran und sechswertiges Plutonium mit Hexon (Methylisobutylketon) aus salpetersaurer Lösung extrahiert werden; dreiwertiges Plutonium und die Spaltprodukte bleiben zurück.

Redoxreaktion (Reduktions-Oxidations-Reaktion), die stets gekoppelt auftretenden Vorgänge von Oxidation und Reduktion durch Elektronenabgabe (Oxidation) des sog. Reduktionsmittels und Elektronenaufnahme (Reduktion) des sog. Oxidationsmittels gemäß:

$$\text{Red} \underset{\text{Reduktion}}{\overset{\text{Oxidation}}{\rightleftarrows}} \text{Ox} + n\,e^-.$$

Da bei chem. Reaktionen keine freien Elektronen auftreten, ist die Oxidation eines Redoxsystems stets von der Reduktion eines anderen Redoxsystems begleitet, z. B.:

$$\begin{array}{ll} Pb^{2+} \rightarrow Pb^{4+} + 2\,e^- & \text{Oxidation} \\ 2\,Fe^{3+} + 2\,e^- \rightarrow 2\,Fe^{2+} & \text{Reduktion} \\ \hline Pb^{2+} + 2\,Fe^{3+} \rightarrow Pb^{4+} + 2\,Fe^{2+} & \text{Redoxprozeß} \end{array}$$

Welche Oxidations- und Reduktionsprozesse ablaufen, hängt vom Oxidations- bzw. Reduktionsvermögen der Systeme ab, das quantitativ durch das ↑ Redoxpotential erfaßt wird.

Red Power [engl. 'pauə „rote Gewalt"], Bez. für die Protestbewegung der ↑ Indianer in Nordamerika, die sich gegen Überfremdung, Bevormundung und Unterdrückung durch die weißen Amerikaner wendet und für die Bewahrung und Erneuerung der traditionellen kulturellen Werte und Lebensvorstellungen der Indianer einsetzt sowie dafür, ihnen mehr polit. Rechte, vielfach auch polit. Autonomie zuzugestehen.

Red River [engl. 'rɪvə], rechter Nebenfluß des Mississippi, USA, entsteht im Llano Estacado (Texas), mündet 70 km nördl. von Baton Rouge mit einem Arm in den Mississippi, ein zweiter Arm fließt direkt dem Golf von Mexiko zu; 1 966 km lang.

Red Sea Hills [engl. 'siː 'hɪlz], schmales Randgebirge im NO der Republik Sudan, parallel zur Küste des Roten Meeres, bis 2 259 m hoch; Abbau von Eisenerz.

Redslob, Edwin [...loːp], * Weimar 22. Sept. 1884, † Berlin 24. Jan. 1973, dt. Kunsthistoriker. - 1920–33 als „Reichskunstwart" einflußreich; 1948 Mitbegr. der Freien Univ. Berlin, ebd. Prof. für Kunst- und Kulturgeschichte (Forschungen v. a. zu Berlin).

Reductio ad absurdum [lat. „Zurückführung auf Unmögliches"], in der Argumentation das Verfahren der Begründung einer Aussage durch den Nachweis der Unmöglichkeit ihres Gegenteils.

Réduit national [frz. reduinasjoˈnal], nach der beschußfesten Verteidigungsanlage im Kern einer Festung (Reduit) ben. größeres Befestigungssystem, v. a. das nach der Konzeption von H. Guisan im 2. Weltkrieg zur Sicherung des Sankt Gotthard mit Befehlszentrale in Andermatt errichtete R. n., das der Schweiz nach Verlust der Alpenvorlandes bei einem dt. Angriff die Fortführung des Widerstands erlauben sollte.

Reduktasen [lat.] (Hydrogenasen), Enzyme, die molekularen Wasserstoff zu atomarem Wasserstoff aktivieren.

Reduktaseprobe, bakteriolog. Prüfmethode zur Untersuchung von Milch auf ihren Keimgehalt.

Reduktion [lat.], allg. svw. Zurückführung, Verringerung, Herabsetzung.

◆ in der *Chemie* der der ↑Oxidation entgegengerichtete Vorgang, bei dem ein chem. Element oder eine Verbindung Elektronen aufnimmt, die von einer anderen Substanz (dem *Reduktionsmittel*, das damit oxidiert wird) abgegeben werden. Als R. wird auch die Abgabe von Sauerstoff und die Aufnahme von Wasserstoff bezeichnet.

◆ (Reduzierung) die Umrechnung von Meßwerten auf die entsprechenden Werte im Normzustand.

◆ in der *Genetik* die Verringerung der Chromosomenzahl auf die Hälfte im Verlauf der Meiose.

◆ in der *Stammesgeschichte* die Rückbildung von Organen zu bedeutungslosen rudimentären Organen; z. B. beim Menschen die R. der Schwanzwirbel und der Muskeln der Ohrmuschel.

◆ (Indianer-R.) im 16. Jh. in Lateinamerika (v. a. Paraguay) von Jesuiten begr. geschlossene Siedlung, in der missionierte Indianer mit begrenzter Selbstverwaltung und wirtsch. Autarkie „zur Kirche und zur Zivilisation zurückgeführt" werden sollten.

Reduktionismus [lat.], wissenschaftstheoret. Auffassung, der zufolge in den Theorien empir. Wiss. rein theoret. Ausdrücke (ohne direkten Bezug auf Beobachtung oder Messung) prinzipiell entbehrl. sind; nicht mit sinnvollem Ergebnis durchführbar.

Reduktionsmittel ↑Reduktion.

Reduktions-Oxidations-Reaktion, svw. ↑Redoxreaktion.

Reduktionspotential ↑Redoxpotential.

Reduktionsteilung, svw. ↑Meiose.

Reduktone [lat.], ungesättigte Verbindungen mit je einer Hydroxylgruppe an den beiden mit einer Doppelbindung verbundenen Kohlenstoffatomen. Diese Form (Endiolform) liegt häufig in einem tautomeren Gleichgewicht (↑Tautomerie) mit der Ketolform vor. R. sind starke Reduktionsmittel; ein bekanntes R. ist die Ascorbinsäure.

$$R-C=C-R' \rightleftharpoons R-\underset{OH}{\underset{|}{C}}-\overset{O}{\overset{\|}{C}}-R'$$
$$\underset{OH\ OH}{}\qquad\qquad$$

Endiolform   Ketolform

Redundanz [zu lat. redundantia „Überfülle"], in einer *Nachricht* überflüssige Zeichen (Elemente), die keine zusätzl. Information liefern, sondern nur die beabsichtigte Grundinformation stützen (so ist in der Nachricht „Es ist null Uhr morgens" *morgens* redundant, weil *null Uhr* bereits eindeutig ist). Die gesprochene Sprache benutzt zur stärkeren Absicherung ihrer Nachrichten mehr Redundanzen als etwa die Formel- oder Codesprache, so daß das Überführen von Codetext in Klartext (Decodieren) eine Vermehrung der R. bedeutet. - In der *Zuverlässigkeitstheorie* ist R. Bez. für den Teil des Material- oder Betriebsaufwands für ein techn. System, der [primär] für ein ordnungsmäßiges Funktionieren nicht erforderl. („überflüssig") ist. Erhöht er auch die Zuverlässigkeit nicht, so spricht man von *leerer R.*, andernfalls von *nützl. R.* (z. B. zur Verringerung der Ausfallsrate bzw. zur Erhöhung der Sicherheit, wie etwa beim Zweikreisbremssystem in Kfz. u. a.).

Reduplikation [lat.], Bez. für die vollständige (Iteration) oder teilweise Doppelung einer Wurzel, eines Wortes oder Wortteiles als Mittel der Wort- oder Formenbildung; bes. häufig sind die reduplizierten Lallwörter der Kindersprache (Mama, Papa, Popo usw.). Der Ausdrucksverstärkung dient die *Intensiv-R.* (lat. quisquis [„jeder"] zu quis [„irgendeiner"]). Als *gebrochene R.* bezeichnet man diejenige, bei der an einer bestimmten Stelle eine lautl. Reduktion eintrat, z. B. lat. ste-ti (ich stand") aus (erschlossen) ste-st-. Im Griech.

Reduzenten

zeigen vokal. anlautende Verbalwurzeln z. T. die sog. *attische R.*, z. B. ĕg-agon, Aorist von ágō („ich führe").

Reduzenten [lat.] (Destruenten) ↑ Nahrungskette.

reduzieren [lat.], [auf das Wesentliche] zurückführen; verringern, herabsetzen.

reduzierter Bruch, ein Bruch, bei dem Zähler und Nenner teilerfremd sind.

reduzierter Text, Bez. für experimentelle, heute v. a. konkrete Poesie. Ein r. T. ist im Extremfall auf syntakt. freie Wortfolgen, auf ein Wort, eine Buchstabenfolge, einzelne Buchstaben verkürzt, oft verbunden mit einer gleichzeitigen visuellen Aufbereitung (z. B. K. Schwitters „elementar"-Gedichte).

Redwood [engl. 'rɛdwʊd] (amerikan. Rotholz), das rote Holz der Küstensequoia; wird v. a. für Verkleidungen und Täfelungen verwendet.

Ree! (Rhe!) [zu niederdt. rêde „fertig"], Kommando zum Ruderlegen und Wenden eines Segelschiffes.

Reed [engl. ri:d], Sir (seit 1952) Carol, * London 30. Dez. 1906, † ebd. 26. April 1976, brit. Filmregisseur. - Zählte in den 1940er Jahren zu den eigenwilligsten und besten brit. Filmgestaltern, v. a. mit den Filmen „Ausgestoßen" (1947), „Kleines Herz in Not" (1948), „Der dritte Mann" (1949).

R., John, * Portland (Oregon) 20. Okt. 1887, † Moskau 17. Okt. 1920, amerikan. Publizist. - Begründer der realist. Kunstreportage, bes. mit dem parteil. Bericht „Zehn Tage, die die Welt erschütterten" (1919) über die Oktoberrevolution; 1919 Mitbegr. der Kommunist. Arbeiterpartei Amerikas.

Reede [niederdt.], Ankerplatz vor einem Hafen.

Reeder, Eigentümer eines ihm zum Erwerb durch die Seefahrt dienenden Schiffes.

Reederei, Gesellschaftsform des Seerechts: Vereinigung mehrerer Personen (Mitreeder), die ein ihnen nach Bruchteilen gehörendes Schiff auf gemeinschaftl. Rechnung verwendet.

Reeducation [engl. 'ri:ɛdjʊ'keɪʃən „Umerziehung"], Bez. für die Maßnahmen, mit denen die Siegermächte nach dem Zusammenbruch des NS versuchten, in Deutschland v. a. im Bildungsbereich die Grundlagen für die Entwicklung zu einer demokrat. Gesellschaft zu schaffen, deren Wirkungen aber begrenzt blieben. Die einzigen gemeinsamen Maßnahmen der Alliierten waren die Grundsätze für die Demokratisierung der Erziehung und der Erwachsenenbildung in Deutschland (1947) und das Berliner Schulreformgesetz (1948).

Reed-Relais ['ri:d rə'lɛ:], ein Relais, bei dem die magnet. Kontaktfedern in ein mit einem Schutzgas (z. B. Stickstoff) gefüllten Röhrchen eingeschmolzen sind.

reell [mittellat.-frz.], wirklich, tatsächlich [vorhanden]; den Erwartungen entsprechend, erfolgversprechend; ehrlich; angemessen, anwandfrei.

reelles Bild ↑ Abbildung.

reelle Zahlen, Sammelbez. für alle Zahlen, die man durch ganze Zahlen oder durch Dezimalzahlen mit endlich oder unendlich vielen Stellen (period. oder nichtperiod.) darstellen kann.

Reemtsma-Gruppe, dt. Unternehmensgruppe der Nahrungs- und Genußmittelind.; gegr. 1910; Sitz Hamburg.

Reep [niederdt.], Schiffstau von abgepaßter Länge. Die *Reepschnur* ist ein v. a. von Bergsteigern verwendetes kernmantel- oder spiralgeflochtenes Seil zur Herstellung u. a. von Sitzschlingen und Steigleitern.

Reeperbahn, (seemänn.) Seilerbahn; danach Vergnügungsstraße im Hamburger Stadtteil Sankt Pauli.

Rees, Merlyn [engl. ri:s], * Cilfynydd (Mid Glamorgan) 18. Dez. 1920, brit. Politiker (Labour Party). - Seit 1963 Mgl. des Unterhauses; 1970–74 Sprecher der Opposition für Nordirlandfragen; 1974–76 Nordirland-, 1976–79 Innenminister.

Rees, Stadt im Niederrhein. Tiefland, NRW, 19 m ü. d. M., 17 600 E. Tabak- und Pfeifenfabrik, Drahtwaren- u. a. Ind. - Entstand im 11. Jh.; um 1100 bed. Handelsplatz; 1228 Stadtrecht. - Kath. klassizist. Pfarrkirche (1956–63 wiederhergestellt); ev. Kirche (1623/24); Reste der Stadtbefestigung (13. Jh.)

Reese, Gustave [engl. ri:s], * New York 29. Nov. 1899, † Berkeley (Calif.) 7. Sept. 1977, amerikan. Musikforscher. - Lehrt seit 1927 an der New York University; Verf. der Handbücher „Music in the middle ages" (1940) und „Music in the Renaissance" (1954).

Reet, niederdt. Bez. für einige u. a. als Dachbedeckung (Reetdach) verwendete Riedgräser.

REF [russ. rjɛf], Abk. für russ.: Rewoljuzionny front iskusstwa („Revolutionäre Front der Kunst"), nach dem Ende des LEF 1929 von W. W. Majakowski organisierte Schriftstellervereinigung.

REFA [Kw. aus Reichsausschuß für Arbeitszeitermittlung], Kurzbez. für den Verband für Arbeitsstudien - REFA - e. V., gemeinnützige Vereinigung von Rationalisierungsfachleuten und Unternehmen, Sitz Darmstadt; größte Vereinigung dieser Art in der Welt; 1924 in Berlin vom Gesamtverband Dt. Metallindustrielle und der Arbeitsgemeinschaft Dt. Betriebsingenieure (ADB) im Verein Deutscher Ingenieure (VDI) gegründet mit dem Ziel, Daten und Verfahren für leistungsbezogene Lohnbemessung auf der Grundlage von Zeitstudien zu ermitteln.

REFA-Lehre, zusammenfassende Bez. für die vom REFA-Verband (↑ REFA) entwickelten Verfahren und Grundsätze auf dem Gebiet des Arbeitsstudiums. Die Arbeitsvor-

Reflex

gänge werden mit Hilfe von Arbeitsstudien und Zeitaufnahmen untersucht, um im Rahmen des ökonom. Prinzips zu einer adäquaten, leistungsbezogenen Entlohnungsform zu kommen (*REFA-System*).

Refektorium [mittellat., zu lat. refectorius „erquickend"], Speisesaal in Klöstern.

Referat [zu lat. referat „er (sie) möge berichten"], 1. mündl. vorgetragene, sorgfältig ausgearbeitete Abhandlung über ein bestimmtes Thema; 2. Abteilung einer Behörde.

Referee [engl. refə'ri:] (Abk. Ref.), engl. Bez. für Schiedsrichter, im Boxen für den Ringrichter.

Referendar [zu mittellat. referendarius „der (aus den Akten) Bericht Erstattende"], Dienstbez. für Beamtenanwärter der Laufbahnen des höheren Dienstes während der prakt. Ausbildung im Vorbereitungsdienst. Die R. sind Beamte auf Widerruf; ihr Beamtenverhältnis endet mit Ablegung der Laufbahnprüfung. Sie erhalten sog. Anwärterbezüge.

Referendum [lat. „zu Beurteilendes"] ↑Volksabstimmung.

Referent [lat.], Berichterstatter; Sachbearbeiter.

Referenz [frz., zu lat. referre „berichten"], allg. svw. Empfehlung; Beziehung. - In der *Linguistik* die Beziehung zw. sprachl. Ausdrücken und den außersprachl. Dingen, Vorgängen, Eigenschaften, den *Referenten*. R.träger sind die sprachl. Zeichen und Zeichenkombinationen. Die R. sprachl. Einheiten ist nicht immer eindeutig abgegrenzt und fest, homonyme und polyseme Zeichen (d. h. solche mit mehreren Bed.) haben mehrfache Referenz.

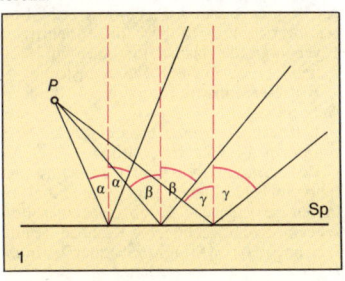

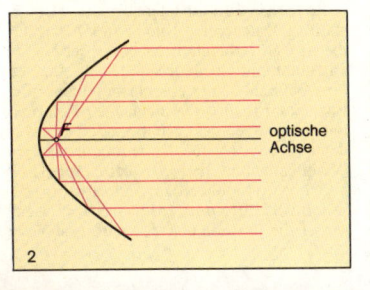

reffen [niederl.], die Segelfläche verkleinern (meistens bei zunehmender Windstärke); erfolgt beim sog. *Bindereff* durch Zusammenschnüren (von Teilen) des Segels mit *Reffbändseln*, beim *Patenttreff* durch Aufwickeln um den drehbaren Großbaum.

Refinanzierung, Aufnahme fremder Mittel durch den Kreditgeber, um damit selbst Kredite zu gewähren.

reflektieren [lat.], 1. zurückstrahlen, spiegeln; 2. nachdenken; 3. etwas erhalten wollen, an etwas interessiert sein.

Reflektometer [lat./griech.], Gerät zur Bestimmung des Brechungsindex aus dem Grenzwinkel der Totalreflexion.

◆ elektr. Meßanordnung zur Bestimmung von Amplitude und Phase der hin- und rücklaufenden Welle in einer Hochfrequenz-Energieleitung.

Reflektor [lat.], eine Vorrichtung zur unstetigen Richtungsänderung (Zurückwerfen in eine bestimmte Richtung) sowie meist auch zur Bündelung von Strahlen (insbes. von Lichtstrahlen, kurzen Radiowellen, Schallwellen) im gleichen Medium. Die häufigste Form eines R. ist die eines Paraboloids (sog. **Parabolreflektor,** z. B. ein Parabolspiegel für Lichtstrahlen, eine Parabolantenne für elektr. Wellen).

◆ (Neutronen-R.) zw. Spaltzone und Wärmeschild eines Kernreaktors angeordnete Umhüllung (z. B. aus Beryllium, Graphit), die die Neutronen in die Spaltzone reflektieren, d. h. ihren Ausfluß möglichst klein halten soll.

Reflektoskop [lat./griech.], mit Ultraschall arbeitendes Gerät zur Werkstoffprüfung.

Reflex [frz., zu lat. reflexus „das Zurückbeugen"], der von einem spiegelnden Körper zurückgeworfene Widerschein.

◆ die über das Zentralnervensystem ablaufen-

Reflexion am ebenen Spiegel Sp (1; Einfalls- und Reflexionswinkel aller von P ausgehenden Strahlen sind jeweils gleich), am Parabolspiegel (2) mit der Lichtquelle im Brennpunkt F und am sphärischen Hohlspiegel (3) mit der Lichtquelle in einem Punkt der Brennebene (O optischer Mittelpunkt, M Krümmungsmittelpunkt)

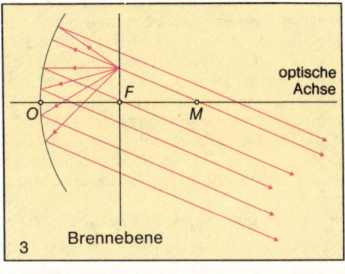

Reflexion

de, unwillkürl.-automat. Antwort des Organismus auf einen äußeren oder inneren ↑Reiz. Der Weg, den die Erregung beim Ablauf eines R. von der Einwirkungsstelle eines Reizes (dem Rezeptor) bis zum Erfolgsorgan (Effektor) unter vorgegebene Bahnen im Zentralnervensystem zurücklegt, ist der **Reflexbogen**. Im einfachsten Fall (z. B. beim ↑Patellarsehnenreflex) besteht er aus dem Rezeptor, dem zuführenden Nerv, einer Schaltstelle im Zentrum, dem abführenden Nerv und dem Erfolgsorgan. Die R. befähigen den Organismus zur raschen und sicheren Einstellung auf Veränderungen der Umweltbedingungen sowie zum wohlkoordinierten Zusammenspiel aller Körperteile, mit dem Vorteil einer Entlastung der bewußten (höheren) Funktionen des Zentralnervensystems durch das sich auf vergleichsweise niederem Niveau abspielende unbewußt-automat. Reflexgeschehen.
Bei ↑Eigenreflexen (z. B. Patellarsehnen-R., Achillessehnen-R.) liegen Rezeptoren und Effektoren im gleichen, bei *Fremdreflexen* (z. B. Bauchdecken-R., Hornhaut-R.) in verschiedenen Erfolgsorganen. - Neben den *angeborenen R.* (Automatismen) gibt es *erworbene R.*, die entweder erst mit zunehmender Reifung des Zentralnervensystems auftreten oder erlernt werden müssen (↑bedingter Reflex). Im Ggs. zu letzteren setzen alle anderen R. keinen Lernvorgang voraus, ihre R. bögen sind „angeboren" *(unbedingte R.).* - Während die physiolog. R. normale Leistungen des Zentralnervensystems sind, treten die *patholog. R.* nur nach Schädigung bestimmter zentralnervöser Bahnen auf (z. B. nach Unterbrechung der Pyramidenbahn).

Reflexion [frz., zu lat. reflexio „das Zurückbeugen"], unstetige Änderung der Ausbreitungsrichtung einer Welle (elektromagnet. Welle, Schallwelle) beim Auftreffen auf eine Grenzfläche zw. zwei verschiedenen Ausbreitungsmedien in der Art, daß die Welle in das urspr. Medium zurückläuft; auch die entsprechende Änderung der Bewegungsrichtung von Teilchen und starren bzw. elast. Körpern beim Aufprall auf eine [starre] Wand wird als R. bezeichnet. Je nach der Oberflächenbeschaffenheit der Trennfläche beider Medien bzw. der reflektierenden Wand erfolgt die R. entweder diffus oder regelmäßig (spiegelnd). Sind die Rauhigkeiten der Grenzfläche von der Größenordnung der Wellenlänge, so wird eine gerichtete auffallende Strahlung in viele Richtungen zerstreut zurückgestrahlt *(diffuse R.* oder *Remission).* Sind die Rauhigkeiten klein gegen die Wellenlänge, so erfolgt eine *regelmäßige, gerichtete R.* (Spiegelung), die das sog. *R.gesetz* befolgt: Einfallswinkel α und *Reflexionswinkel* α' sind gleich groß, und einfallender Strahl, reflektierter Strahl und Einfallslot liegen in einer Ebene. - Abb. S. 131.

◆ im *philosoph.* Sprachgebrauch das Nachdenken über Bedingungen, Möglichkeiten und Grenzen des Denkens.

Reflexionsprisma, prismenförmiger Glaskörper zur Umlenkung eines Lichtstrahls, zur Parallelversetzung oder zur Bildumkehr durch einfache oder mehrfache Knickung der Strahlen im Inneren des Prismas infolge Totalreflexion oder Reflexion an einer Spiegelschicht. Je nach Wirkung unterscheidet man *Umlenkprismen* zur Umlenkung der Abbildungsrichtung, *Umkehrprismen* zur teilweisen oder vollständigen Bilddrehung (z. B. des seitenverkehrten oder kopfstehenden Bildes in opt. Geräten) sowie Prismen zur Parallelversetzung zw. ein- und austretenden Strahl (z. B. bei zweiäugigen Beobachtungsgeräten zur Anpassung des Okularabstandes an den Augenabstand).

Reflexionsvermögen, das Verhältnis der an einer Fläche reflektierten Strahlungsleistung (Lichtintensität) zur einfallenden.

Reflexionswinkel ↑Reflexion.

reflexiv [lat.] (rückbezüglich), Eigenschaft eines Verbs, dessen Handlung sich auf das Subjekt zurückbezieht; beim *echten r. Verb* ist das Pronomen Teil des Prädikats (ich *schäme mich*); ein Verb, das ein Reflexivpronomen als Ergänzung haben kann (er hat *sich getötet*) wird als *unechtes r. Verb* bezeichnet.

Reflexivpronomen (Reflexivum, rückbezügliches Fürwort) ↑Pronomen.

Reflexologie [lat./griech.], die Lehre von den unbedingten (stammesgeschichtl. erworbenen) und den (als Reflex-Dressur-Verschränkung zu verstehenden) bedingten Reflexen.

◆ (Reflexpsychologie, Psycho-R.) die von W. M. Bechterew und I. P. Pawlow begr. Forschungsrichtung der mechanist. orientierten Psychologie, die das tier. (und menschl.) Verhalten als Folge von ↑Reflexen ansieht.

Reflexzonenmassage, svw. ↑Bindegewebsmassage.

Reform [lat.-frz.], Umgestaltung, Neuordnung (↑auch Reformpolitik).

Reformatio in peius [lat. „Umwandlung zum Schlechteren"], im Rechtsmittelverfahren die Änderung der angefochtenen Entscheidung zum Nachteil des Rechtsmittelführers; im Zivil- und Strafprozeß unter bestimmten Voraussetzungen verboten.

Reformation [zu lat. reformatio „Umgestaltung, Erneuerung"], im Spät-MA Bez. für die vielfach verlangte Erneuerung der Kirche an Haupt und Gliedern, seit dem 17. Jh. Bez. für die durch Luther ausgelöste religiöse Bewegung im 16. Jh. - Der **Beginn der Reformation** ist zwar eindeutig mit Luther gegeben, doch ist eine genaue Datierung umstritten (Veröffentlichung der 95 Ablaßthesen 1517, Durchbruch Luthers zur reformator. Erkenntnis 1513/15 oder 1518). Noch schwieriger ist die Bestimmung des **zeitl. Endes der**

Reformation als histor. Erscheinung (Tod Luthers 1546; Spaltung des dt. Protestantismus durch das Augsburger Interim 1546/47; Augsburger Religionsfriede 1555 u. a.). Im Selbstverständnis der aus der R. hervorgegangenen Kirchen ist R. nicht eine in sich geschlossene Bewegung des 16. Jh., sondern ein Wesensmerkmal der Kirche selbst und dauert somit ständig an. - Dennoch hat auch die R., wie jedes histor. Ereignis, ihre **Vorgeschichte**: das übersteigerte Streben der Kirche des Hoch- und Spät-MA nach polit. Weltherrschaft, ihr polit. Scheitern und die nachfolgende totale Abhängigkeit vom frz. Königtum (Avignonisches Exil), die weitgehende Befangenheit des Renaissancepapsttums in weltl. (künstler.) Interessen und die dadurch notwendige Finanzpolitik (Ablaßhandel) sowie v. a. das aus all dem resultierende Unbehagen der Gläubigen an der offiziellen Kirche. - Dieses Unbehagen und das Anliegen der unzähligen Frommen, die auf ihr religiöses Fragen von dieser Kirche keine oder keine ausreichende Antwort bekamen, traf Luther mit seiner Botschaft der Rechtfertigung aus dem Glauben, mit seiner Auslegung des Evangeliums; so fielen Unzählte ihm und der R. zu, die trotz allen Widerstands der Kirche, des Kaisers und der kath. Stände sich bald über ganz Deutschland ausbreitete. Luther war urspr. weit von der Absicht der Gründung einer neuen Kirche entfernt, er war vielmehr fest davon überzeugt, daß sein Handeln, das der Reinigung der Kirche von Mißbräuchen und Irrtümern galt, die volle Billigung der offiziellen kirchl. Instanzen finden würde. Erst als er von diesen immer wieder zurückgewiesen wurde und erfahren mußte, daß die Kirche (v. a. die röm. Kurie) die Irrlehren und Mißbräuche, die er angriff, für rechte Lehre und rechten Brauch hielt, wurde er Schritt für Schritt weitergedrängt, bis ihm schließl. die Institution des Papsttums als Antichrist erschien, der mit seiner angemaßten Herrschaft über die Seelen die Zerstörung der Kirche Christi bedeutet. - Die rasche Ausbreitung der **Reformation in Deutschland** ist aber nicht ausschließl. Luther zu verdanken, sondern neben ihm zahlr. Reformatoren, die die R. entweder in ganz Deutschland oder in einzelnen Provinzen bzw. Städten durchzuführen geholfen haben: P. Melanchthon, J. Bugenhagen, J. Jonas, N. von Amsdorf, J. Brenz, M. Bucer, A. Osiander, W. Capito, C. Hedio. J. Heß und zahllose andere. Die R. in Deutschland ist nicht von oben nach unten, sondern von unten nach oben durchgesetzt worden. Gewiß spielten dabei auch polit. Faktoren eine Rolle. In den ersten Anfängen der R. konnte die Kurie nicht die gewohnten Mittel gegen die „Ketzerei" gebrauchen, weil sie Rücksicht auf den sächs. Kurfürsten Friedrich den Weisen nehmen mußte, der ihr Kandidat für die Kaiserwahl war. Als dann 1519 Karl V. gewählt wurde, wurde er an der Ausrottung der R. immer wieder durch die polit. Lage gehindert, obwohl er es am Willen dazu nicht hat fehlen lassen: die in vier Kriegen ausgetragene Auseinandersetzung mit Frankr. um die Vorherrschaft in Europa (bis 1544), dann der Angriff der Osmanen, zu deren Abwehr er die Unterstützung der ev. Stände brauchte. Diese nahmen dafür die Freiheit zur Durchführung der R. in Anspruch, so u. a. auf dem 1. Reichstag zu Speyer 1526, der das Signal zum Ausbau der ev. Landeskirchen gab, die im Streben des Territorialfürstentums und der niederen Stände nach Eigenständigkeit eine wesentl. Stärkung erfuhren. - Schon früh hat die **Reformation außerhalb Deutschlands** Fuß gefaßt, in den Niederlanden, in Frankr., Italien, Spanien, v. a. aber in Skandinavien, wo das luth. Bekenntnis zur Staatsreligion wurde. Ungleich wichtiger aber war die Ausbildung der R. in der Schweiz, weil sie sich unabhängig von der dt. R. vollzog. Zwingli konnte auf dem Boden der schweizer. Landespolitik und des Humanismus in beinahe generalstabsmäßiger Planung das neue Kirchentum in Zürich durchsetzen. Nach Zwinglis Tod 1531 nahm Calvin 1536 sein Werk in Genf neu auf, wobei er eine viel engere Durchdringung von weltl. und geistl. Bereich erzielte, als Luther je beabsichtigte. Hier gewann die R. ihre militante Form, die sie im O Europas bald der luth. R. überlegen sein ließ, die ihre Kraft in Lehrstreitigkeiten verbrauchte. - Die **Auswirkungen der Reformation** reichen weit: Die R. schuf nicht nur die Voraussetzung für die prot. Kirchen, sondern auch für die innere Selbstbesinnung der kath. Kirche, die mit dem Konzil von Trient (1545–63) begann und bis zum 2. Vatikan. Konzil und dessen Nachwirkungen reicht. Mit der R. ist zum ersten Mal die Einheit und Uniformität ma. Glaubens und Denkens zur Pluralität hin durchbrochen, und zwar unter reichsrechtl. Anerkennung. Selbst das säkularist. Denken der Modernen nimmt aus der R. seinen Anfang und seine Voraussetzungen. - Karte S. 134.

📖 Zeeden, E. W.: Konfessionsbildung. Studien zur R., Gegen-R. und kath. R. Stg. 1985. - Bekker, Winfried: R. u. Revolution. Münster ²1983. - Aland, K.: Die R. M. Luthers. Gütersloh 1982. - Lortz, J.: Die R. in Deutschland. Neuausg. Freib. 1982. - Lutz, H.: R. u. Gegen-R. Mchn. 1982. - Wohlfeil, K.: Einf. in die Gesch. der dt. R. Mchn. 1982. - Hubatsch, W.: Frühe Neuzeit u. R. in Deutschland. Bln. 1981. - Iserloh, E.: Gesch. u. Theologie der R. im Grundr. Paderborn 1980.

Reformationsfest, ev. Fest zum Gedächtnis der Reformation; seit 1667 setzte sich nach dem kursächs. Vorbild der 31. Okt. (Veröffentlichung der Thesen Luthers) durch.

Reformatio Sigismundi, Titel einer 1439 von einem unbekannten Verf. fertiggestellten, weitverbreiteten Flugschrift, die sich

Reformator

DIE AUSBREITUNG DER REFORMATION UM 1570

- Gebiete mit überwiegendem bzw. ausschließlich lutherischem Bevölkerungsanteil
- Gebiete mit überwiegendem bzw. ausschließlich katholischem Bevölkerungsanteil
- Reformierte (Calvinisten und Zwinglianer)
- Hussiten
- Geistliche Fürstentümer

als Reformprogramm Kaiser Sigismunds ausgab. Die R. S. nennt als Hauptübel der Zeit die Vermischung des weltl. und des geistl. Standes, fordert den Verzicht der Kirche auf alle weltl. Zwangs- und Befehlsgewalt und wendet sich gegen den wirtsch. Egoismus des weltl. Standes und die bäuerl. Leibeigenschaft; Reformen soll das Bürgertum durchführen.

Reformator [lat. „Umgestalter"], in der Religionsgeschichte Bez. für einen Typus religiöser Autorität, der sich auf Grund eigener Erfahrung des Numinosen gegen die herrschende religiöse Praxis seiner Zeit auflehnt, seine Verkündigung aber nicht als neue Botschaft auffaßt, sondern als Wiederherstellung einer verlorengegangenen Tradition.

Reformbewegung, Sammelbez. für Bestrebungen, die auf der Grundlage der †Haskala bes. im dt. Judentum entstanden mit dem Ziel, die jüd. Religion als Konfession im Sinne der zeitgenöss. Entwicklungen umzugestalten, v. a. durch Abschaffung von Gebetstexten, in denen messian. Erwartungen und die Hoffnung auf Heimkehr ins Land der Väter zum Ausdruck kamen. Ihr bedeutendster Sprecher im 19. Jh. war A. Geiger.

Reform Bill [engl. rɪˈfɔːm ˈbɪl], Kurzbez. für mehrere brit. Wahlrechtsreformgesetze des 19. Jh. 1. **„Bürgerl. Reform"** 1832: Brachte den städt. bürgerl. Mittelschichten ein polit. Mitwirkungsrecht, das ihrer wirtsch. Bed. Rechnung trug und das traditionelle Übergewicht der grundbesitzenden Aristokratie einschränkte. 2. **Reform 1867**: Dehnte das Wahlrecht auf die städt. Arbeiter und Handwerker aus. 3. **Reform 1884**: Ausdehnung des Wahlrechts auf Landarbeiter und Bergleute. 4. **Reform 1885**: Neueinteilung der Wahlbez. zugunsten der bevölkerungsstarken Ind.bezirke.

Reformbindung (Austauschbindung), in der *Textiltechnik* eine Bindung, die bei der Herstellung von Geweben mit Ober- und Unterkette (Doppeltuch) angewandt wird; von den Kettfäden befindet sich nur ein kleiner Teil auf der Geweboberseite, der größere Teil auf der Gewebeunterseite. Da die Kettfäden austauschend als Ober- und Unterkettfäden arbeiten, wird ein sehr geschlossenes Warenbild erzielt.

Reformhaus †Reformkost.

Reformhinduismus, Sammelbez. für Erneuerungsbewegungen innerhalb des Hinduismus, die seit dem frühen 19. Jh. in Auseinandersetzung mit der westl. Kultur, bes. mit dem Christentum, in Indien entstanden. Ziel ist neben einer Rückbesinnung auf die eigtl. Werte des Hinduismus und einer Reinigung dieser Religion von „Entartungen", wie Kinderheirat oder Witwenverbrennung, häufig auch eine Sozialreform, wie der Abbau der Kastengegensätze. - Die wichtigsten Repräsentanten des R. sind die Bewegungen des

† Brahmasamadsch und des † Arjasamadsch sowie die † Ramakrishna-Mission. Auch im Ringen um die Unabhängigkeit Indiens spielte der R. eine bed. Rolle, v. a. im polit. Denken von M. K. Gandhi.

Reformieren [lat.], Sammelbez. für mehrere chem.-techn. Verfahren, mit denen bei der Verarbeitung von † Erdöl aus paraffin. oder naphthen. Schwerbenzinen aromatenreiche Kohlenwasserstoffgemische (**Reformate**) gewonnen werden, die sich als klopffeste Motorentreibstoffe eignen.

Reformierte, Anhänger der Kirchen oder Glaubensgemeinschaften, die auf die Reformation Zwinglis oder Calvins zurückgehen.

reformierte Kirche, die Konfessionsgemeinschaft, deren *Entstehung* v. a. auf die oberdt. und schweizer. Reformatoren und ihren theolog. und organisator. Einfluß zurückzuführen ist. Hatte noch über die Mitte des 16. Jh. hinaus „reformiert" die gesamtreformator. Bed. „aus dem Evangelium erneuert" gehabt, so ließ das Scheitern der innerprot. Einigungsbestrebungen und schließl. das exklusive Selbstverständnis der luth. Kirchen in der Konkordienformel „reformiert" zu einer Konfessionsbez. werden. - Die *räuml. Ausdehnung* des ref. Typs der Reformation vollzog sich in einer westl. und einer östl. Bewegung an M-Europa vorbei: Mittel- und Niederrhein, Hessen, Ostfriesland, England, Frankr., die Niederlande, Schottland; Vorarlberg, Ungarn, Böhmen-Mähren, Polen, Litauen. Der erste Durchbruch wird *zeitl.* und *räuml.* markiert durch das Entstehen von † Bekenntnisschriften, die ab etwa 1530 in den einzelnen Ländern für Lehre und Gemeindeordnung maßgebl. wurden. V. a. der † Heidelberger Katechismus gewann überregionale und übernat. Bedeutung. Allg. reichskirchenrechtl. Anerkennung fand die r. K. erst im Westfäl. Frieden 1648. - In ihrer *äußeren Lebensform* zeichnet sich die r. K. durch Schlichtheit des Gottesdienstraumes unter strenger Einhaltung des Bilderverbots ebenso aus wie durch ihre Verkündigungsliturgie, die auf die Predigt als die Mitte des Gottesdienstes zuführt. Die genau dem bibl. Wortlaut entsprechende ref. Form des Vaterunsers hat sich heute in der Ökumene durchgesetzt. - Die *Theologie* der r. K. übernimmt das vierfache „Allein" der luth. Reformation (allein die Schrift, allein die Gnade, allein der Glaube, Christus allein), betont jedoch stärker den Erwählungsgedanken (Prädestination). Die Kirche umfaßt die Erwählten aller Zeiten, Völker und Sprachen. Zum Wesen der Kirche gehört notwendig die Kirchenordnung. Das bevorzugte Ordnungsmodell ist das paulin.-presbyteriale der gegliederten Gemeindeleitung, die in Zusammenarbeit der vier Leitungsdienste: Pastoren, theolog. Lehrer, Älteste, Diakone, geschieht. Die regionalen und nat. Kirchen werden durch Synoden geleitet, die parität. aus Theologen und Ältesten bzw. Diakonen zusammengesetzt sind (dieses synodale Prinzip hat sich im 20. Jh. auch in den meisten unierten und luth. Kirchen durchgesetzt). - Das *Verhältnis der Kirche zum Staat* wird bestimmt durch die geistl. Rechtshoheit der Gemeinde, die gottgewollte Loyalität der Christen und die Appellation an die Pflichten der Reg. im Bereich des Dekalogs. - Die Zahl der Reformierten in Deutschland beträgt rd. 2,5 Mill.
📖 *Bekenntnisschriften u. Kirchenordnungen der nach Gottes Wort reformierten Kirchen. Hg. v. W. Niesel. Zürich 1985. - Die reformierten Kirchen. Hg. v. K. Halaski. Stg. 1977. - Reformierter Weltbund. Handbuch der Mitgliedskirchen. Genf 1974.*

reformierte Oberstufe † Gymnasium.

Reformierter Bund, 1884 in Marburg als „R. B. für Deutschland" gegr. Vereinigung zur Wahrung der urspr. Anliegen der Reformation Zwinglis und Calvins; schloß sich 1934 der Bekennenden Kirche an; seit dem 2. Weltkrieg als „R. B." Zusammenschluß ref. Kirchen innerhalb der EKD mit der Rechtsreform des eingetragenen Vereins.

Reformierter Weltbund (engl. seit 1970: World Alliance of Reformed Churches), Bund der ref. Kirchen, ältester konfessioneller Weltbund, 1875 in London gegründet. Die Präambel der Verfassung von 1875 sieht vor, daß das konfessionelle Prinzip nicht überbetont werden soll und die Beziehungen zu anderen Kirchen durch den R. W. nicht beeinträchtigt werden. Die Zusammenarbeit der Kirchen in der Mission und die Hilfe für Minderheitskirchen stand im Vordergrund der Arbeit. Die *Generalversammlung* als das oberste Organ wählt das *Exekutivkomitee,* das aus sechs Präsidenten, sechs Vizepräsidenten und 16 weiteren Mgl. besteht; Sitz (seit 1949) Genf. Dem R. W. gehören 149 Kirchen mit rd. 50 Mill. Menschen an.

Reformismus [lat.], Bez. für die Richtung in der Arbeiterbewegung, die den Sozialismus nicht auf dem Wege von Revolution und Diktatur des Proletariats, sondern ausschließl. mittels Reformpolitik erreichen will (vertreten durch die Sozialdemokratie); vom Marxismus-Leninismus im abwertenden Sinne als „Erscheinungsform bürgerl. Ideologie und Politik in der Arbeiterbewegung" und als „kleinbürgerl. opportunist. Strömung" bezeichnet. - † auch Revisionismus.

Reformjudentum, durch die Reformbewegung bestimmte religiöse Gruppierung des Judentums, die v. a. in den USA zur Entfaltung gekommen ist und den eigtl. Offenbarungsgehalt in den religiös-eth. Aussagen der Bibel sah. Im 1875 gegr. *Hebrew Union College - Jewish Institute of Religion* (Cincinnati) hat sich das amerikan. R. eine Ausbildungsstätte für Rabbiner geschaffen, die heute als Hochschule weltweit anerkannt ist.

Reformkleid, um 1900 im Rahmen allg.

lebensreformer. Vorstellungen von naturgemäßer Lebensweise propagiertes nicht oder kaum tailliertes Kleid (Hänger), das das Korsett erübrigte. Das R. setzte sich nur zögernd durch, beeinflußte aber die weitere mod. Entwicklung.

Reformkommunismus, als Opposition gegen den Stalinismus nach dem 2. Weltkrieg entstandene Richtung innerhalb des ↑Kommunismus; lehnt den diktator.-bürokrat. Kommunismus sowjet. Prägung ab und fordert die Berücksichtigung nat. Besonderheiten.

Reformkost, spezielle, auf M. Bircher-Benner, W. Kollath u. a. basierende Ernährungsweise durch biolog. vollwertige Kost (Vollwerternährung), d. h. durch naturbelassene und richtig kombinierte Nahrungsmittel. Industriell be- und verarbeitete Nahrungsmittel haben oft die ernährungsphysiolog. bedeutsamen Substanzen ganz oder teilweise verloren (z. B. Konserven gegenüber Frischkost, Weißbrot gegenüber Vollkornbrot, Vollkornbrot gegenüber eingeweichtem Getreide) sowie den ebenfalls wichtigen Anteil an Ballaststoffen. Reformwaren wurden urspr. nur in Reformhäusern angeboten. Heute gibt es auch Reformgaststätten

Reformpädagogik, bis heute wirksame pädagog. Neuorientierung im ersten Drittel des 20. Jh. (↑Pädagogik).

Reformpolitik, Bez. für jedes polit. Konzept, das bestehende polit. und gesellschaftl. Verhältnisse evolutionär verändern will. Dabei sehen die Träger **systemimmanenter Reformen** die bestehenden polit. und gesellschaftl. Ordnungsstrukturen als gegeben, insgesamt sinnvoll und - zumindest größtenteils - als erhaltenswert an. In diesem Rahmen ist *konservative (technokrat., pragmat.) R.* darauf gerichtet, polit. Fehlentwicklungen zu korrigieren oder rückgängig zu machen oder die polit. Strukturen den eingetretenen Veränderungen im technolog. wirtsch. oder gesellschaftl.-kulturellen Bereich anzupassen, weil sonst der bisherige polit. Ordnungsapparat allmähl. funktionsunfähig würde (Beispiele: die brit. Wahlrechtsreformen im 19. Jh. und die Bismarcksche Sozialgesetzgebung). *Emanzipator. R.* erhebt den Anspruch, bestehende Machtverhältnisse im Interesse benachteiligter Bev.gruppen zu verändern und Abhängigkeiten zu beseitigen, um eine optimale Befriedigung der Bedürfnisse dieser Gruppen zu gewährleisten (Beispiel: die von der sozialliberalen Koalition in der BR Deutschland seit 1969 angegangene, teils gescheiterte „Politik der inneren Reformen").

Nach reformist. Auffassung bedarf es zur Brechung der Macht des Kapitals sowohl Reformen, die innerhalb des kapitalist. Wirtschaftssystems die gesamtgesellschaftl. Kräfteverhältnisse zu Lasten des Kapitals verschieben, als auch **systemüberwindender Reformen,** die die Macht des Kapitals nachhaltig einschränken (z. B. Enteignung der Grundstoffind., der Banken; Beispiele: die am gewaltsamen Widerstand der Gegner 1973 gescheiterte Politik S. Allende Gossens).

Nach Lenin haben Reformen im Kapitalismus einen ambivalenten Charakter: Sie können sowohl die Angehörigen der Arbeiterklasse zu Sozialpartnern machen, die an umwälzenden Veränderungen (↑Revolution) nicht mehr interessiert sind, als auch die Existenzbedingungen der Arbeiter so verbessern, daß sie in die Lage versetzt werden, Klassenbewußtsein im Hinblick auf eine mögl. Revolution zu entwickeln. Deshalb gehört R. auch zur Strategie des Marxismus-Leninismus.

📖 *Russ-Mohl, S.: Reformkonjunkturen u. polit. Krisenmanagement. Opladen 1981. - Lison, R.: Reform als Strategie. Die Entstehung des Reformismus in der dt. Gewerkschaftsbewegung. Hamb. 1978.*

Reformverein ↑Deutscher Reformverein.

Refrain [rəˈfrɛ̃ː; frz., zu lat. refringere „brechend zurückwerfen"] (Kehrreim), in stroph. Dichtung regelmäßig wiederkehrende Laut- oder Wortgruppe; der Umfang reicht von einem Wort bis zu mehreren Versen und zur ganzen Strophe. Der R. steht meist am Strophenende, begegnet aber auch als Anfangs- und Binnenrefrain. Er ist in Volks-, Tanz- und Kinderliedern verbreitet (Einfallen des Chores nach dem Vorsänger) und findet sich seit der Antike auch in der Kunstlyrik sowie in Schlager und Chanson.

Refraktärzeit [lat./dt.] (Refraktärphase, Erholungsphase), Bez. für diejenige Zeitspanne nach einem gesetzten Reiz, in der eine erneute Reizung ohne Reizerfolg (Reaktion) bleibt.

Refraktion [lat.], allg. svw. ↑Brechung. I. e. S. die Krümmung (Brechung) der Lichtstrahlen in der Atmosphäre *(atmosphär. R.* oder *Strahlenbrechung),* deren Ursache die vorwiegend in vertikaler Richtung sich ändernde Luftdichte ist, deren Änderung eine entsprechende Änderung des Brechungsindex der Luft zur Folge hat. Handelt es sich um Lichtstrahlen von Gestirnen, so spricht man von *astronom. R. (sphär. R.);* sie wächst mit dem Abstand des Gestirns vom Zenit und erreicht den größten Wert, wenn das Gestirn am Horizont steht *(Horizont[al]refraktion).*
◆ (relative R.) Quotient aus der Molekular-R. (Mol-R.) eines lichtdurchlässigen Stoffes und seinem Molekulargewicht. Die Mol-R. ist eine charakterist. opt. Größe, die von der Brechzahl, Molekulargewicht und Dichte abhängt. Sie gestattet Aussagen über Konstitution und Reinheit von Verbindungen.

Refraktionsfehler (Refraktionsanomalien), svw. ↑Brechungsfehler.

Refraktometer [lat./griech.], (Brechzahlmesser) opt. Instrument zur Bestimmung des Brechungsindex fester oder flüssiger Stoffe. Dabei wird gewöhnl. die zw. den Brechungsindizes n_1 und n_2 zweier aneinanderstoßender Stoffe und dem meßbaren Grenzwinkel α_G der Totalreflexion bestehende Beziehung sin $\alpha_G = n_2/n_1$ ausgenutzt (z. B. beim ↑Abbe-Refraktometer und beim Pulfrich-Refraktometer).

◆ in der Augenheilkunde verwendetes Meßgerät zur Bestimmung der Fernpunktslage des Auges und zur Scheitelbrechwertmessung von Brillengläsern.

Refraktor [lat.], Bez. für alle in der Astromomie verwendeten [Keplerschen] Fernrohre, bei denen das Objektiv (im Ggs. zum Reflektor oder Spiegelteleskop) aus einer oder mehreren Sammellinsen besteht (Linsenfernrohr). Wegen des techn. begrenzten Objektivdurchmessers, auftretender Farbfehler u. a. wurde der R. weitgehend vom Spiegelteleskop verdrängt. Für spezielle Zwecke hat er jedoch nach wie vor seine Bedeutung behalten; z. B. der *Coudé-R.* (bes. zur Sonnenbeobachtung).

Refugialgebiete [lat./dt.] (Rückzugsgebiete), größere oder kleinere (*Kleinrefugien*, z. B. Moor) geograph. Gebiete, die durch begünstigte Lage (z. B. klimat. während des Pleistozäns; *Glazialrefugien*) oder durch Abgeschlossenheit (z. B. durch Meere wie Australien oder die Galapagosinseln) zu einer natürl. Überlebensregion für Tier- und Pflanzenarten wurden. Von Glazialrefugien aus konnte eine Wiederbesiedlung eisfrei gewordener Gebiete erfolgen.

Refugium [lat.], Zufluchtsort.

Reg [hamit.], in der westl. Sahara Bez. für Geröll- oder Kieswüstenebenen.

reg., Abk. für: ↑**registered**.

Regal, mit Fächern versehenes Gestell für Bücher, Waren u. a.

◆ kleine Orgel, die im Ggs. zum ↑Positiv nur Pfeifen mit aufschlagenden Zungen enthält. Das R. besteht aus einem schmalen, mit einer Klaviatur versehenen Kasten, der die Windlade und die Pfeifen enthält. An der Hinterseite befinden sich zwei Keilbälge, die von einer zweiten Person bestätigt werden. Seit dem 11./12. Jh. nachweisbar, starb es im 18. Jh. aus. Eine bes. Form hatte das **Bibelregal**, das zusammengeklappt werden konnte. In der Orgel heißt R. ein kurzbechriges Zungenregister.

Regalien [mittellat., zu lat. regalis „dem König zukommend"], im ausgehenden 11. Jh. geprägte Bez. für die vom König stammenden Rechte (Hoheitsrechte). Die R.definition des Ronkal. Reichstags (1158) umfaßte die Verfügung über die hohen Ämter, über das Reichsgut, Herrschaftsrechte und finanziell nutzbare Rechte (z. B. Marktgerechtsame, Zölle, Steuern). Die R. konnten vom König zur Nutzung vergeben werden; das galt v. a. für die im späteren MA „niederen" R., die - im Unterschied zu den „höheren" R. - zur wirtsch. Nutzung verliehen wurden. Der Inhaber der R. hatte aber auch die mit ihrer Verleihung sich ergebenden Pflichten wahrzunehmen (z. B. bezog das Münzrecht die Sorge um vollwertige Münze ein, Wegezölle die Instandhaltung von Straßen). In Deutschland konnte das erstarkende Fürstentum immer mehr R. an sich ziehen und für den Ausbau seiner Landeshoheit einsetzen. Die Zahl der R. wuchs seit dem 12. Jh. kontinuierl. an; so wurde im 17. und 18. Jh. die gesamte (staatl.) Wirtschaftstätigkeit als in einzelne R. unterteilt gesehen (**Regalismus**). Im 19. Jh. wurde die Regalität eingeschränkt bzw. in andere Rechtsfiguren überführt (z. B. Münzhoheit, Zollhoheit); nur die „niederen" (wirtsch. nutzbaren) R. wurden

Regal (deutsch; 16. Jh.). Brüssel, Musée Instrumental du Conservatoire de Musique

Astronomische Refraktion

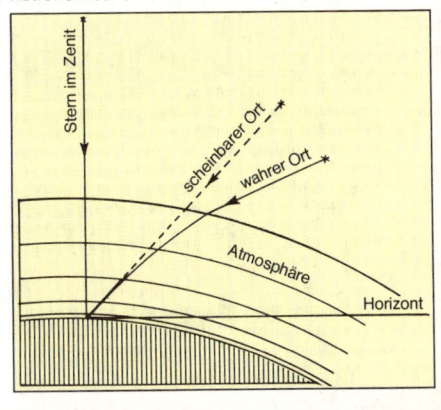

als dem Staat ausschließl. zustehende Erwerbsrechte genutzt (z. B. Post-, Branntweinregal).

Regatta [italien.], im *Wassersport* Wettfahrt für Segel-, Ruder- und Motorboote sowie Kanus, die auf einer speziell markierten Strecke ausgetragen wird. Die Bez. wurde erstmals für Wettfahrten von Gondolieren in Venedig gebraucht. Die erste Segel-R. fand 1661 in England statt, die erste dt. Segel-R. 1850 in Hamburg.

◆ blau-weiß oder schwarz-weiß gestreifter Stoff aus Baumwolle oder Zellwolle.

Regel [lat.], allg. svw. Norm, Vorschrift, Richtschnur.

◆ in den *christl. Kirchen* die Grundordnung, zu deren Einhaltung sich die Mgl. religiöser Gemeinschaften verpflichten.

◆ *wissenschaftstheoretisch* in der Kalkültheorie die Vorschriften zur Herstellung von Figuren aus Grundfiguren.

◆ svw. ↑ Menstruation.

Regelation [lat.] ↑ Gletscher.

Regelblutung (Regel), svw. ↑ Menstruation.

Regeldetri [von lat. regula de tribus (numeris) „Regel von den drei Zahlen"], svw. ↑ Dreisatzrechnung.

Regelfläche (geradlinige Fläche), eine Fläche, deren sämtl. Punkte jeweils eine Umgebung besitzen, in der eine durch diesen Punkt gelegte Gerade in der Fläche verläuft. Zu den R. gehören z. B. die Ebenen, die Kegel[flächen], die Zylinder[flächen] und das hyperbol. Paraboloid.

Regelkreis ↑ Regelung.

regelmäßige Körper, svw. ↑ platonische Körper.

Regelstäbe, Stäbe aus einem Neutronen absorbierenden Material (z. B. Cadmium, Bor, Hafnium), die zur Steuerung *(Steuerstäbe)* und Sicherung *(Sicherheitsstäbe)* des Kernreaktors mehr oder weniger weit in seinen Reaktorkern hineingeschoben werden.

Regelstudienzeit, nach dem Hochschulrahmengesetz von 1976 die Studienzeit, die für den einzelnen Studiengang bis zum ersten berufsqualifizierenden Abschluß angesetzt ist. Sie soll 4 Jahre nur in bes. begründeten Fällen überschreiten, Studiengänge mit dreijähriger Regelstudienzeit sind einzurichten. Die R. ist in den jeweiligen Prüfungs- und Studienordnungen festzulegen.

Regelung [lat.], Vorgang in einem abgegrenzten System, bei dem eine oder mehrere physikal., [verfahrens]techn. oder andere Größen, die *Regelgrößen x*, fortlaufend von einer Meßeinrichtung erfaßt und durch Vergleich ihrer jeweiligen Istwerte mit Sollwerten bestimmter vorgegebener *Führungsgrößen w* auf diese Werte gebracht (im Sinne einer Angleichung) und dann auf ihnen gehalten werden. Der hierzu nötige Wirkungsablauf vollzieht sich im Ggs. zur ↑ Steuerung in einem geschlossenen, als **Regelkreis** bezeichneten Wirkungskreis, der im allg. eingeteilt wird in die *Regelstrecke* mit den zu beeinflussenden Teilen des Systems und der Regelgröße x als Ausgangsgröße, die *Stelleinrichtung (Stellglied)* zur unmittelbaren Beeinflussung der Regelstrecke gemäß der an ihrem Eingang einwirkenden sog. *Stellgröße y* und die *Regeleinrichtung* als Gesamtheit der Systemglieder zur Beeinflussung der Regelstrecke über die Stelleinrichtung (ihre Ausgangsgröße ist die Stellgröße), wozu in techn. Anlagen insbes. der ↑ Regler, aber auch die Meßeinrichtung samt Meßgrößenumformer, der Sollwertgeber (mit der Führungsgröße w am Eingang) und ein die *Regelabweichung* $e = w - x$ feststellendes Vergleichsglied gehören. Man unterscheidet die *selbsttätige* oder *automat.* R. als die eigentl. R., bei der alle Vorgänge im Regelkreis selbsttätig ausgeführt werden, und die *nichtselbsttätige R. (Hand-R.)*, bei der die Aufgabe mindestens eines Regelkreisgliedes vom Menschen übernommen wird. - Regelgrößen können z. B. Temperaturen, Drücke, Konzentrationen, Drehzahlen in techn. Anlagen sein, aber auch z. B. der Blutdruck und die Herzschlagfrequenz im menschl. Organismus. Die R. als Verfahren *(R.technik)* löst eine oder beide der folgenden Aufgaben: 1. Ausregelung störender äußerer Einflüsse *(Störgrößen z)*, die an der Regelstrecke oder auch an der Regeleinrichtung angreifen; 2. *Folge-R.* der Regelgröße bei zeitl. Änderung der Führungsgröße. Dazu muß die Regelgröße gemessen und mit dem vorgeschriebenen Sollwert verglichen werden, sodann muß im Falle einer Abweichung geeignet eingegriffen werden, um die Abweichung zu beheben. - Abb. auch Bd. 12, S. 297.

 Isermann, R.: Digitale Regelsysteme. Bln. u. a. ²1986. 2 Bde. - *Reuter, M.: Regelungstechnik f. Ingenieure*. Wsb. ⁵1986. - *Böttle, P., u. a.: Elektr. Meß- u. Regeltechnik*. Würzburg ⁵1985. - *Merz, L./Jaschek, H.: Grundkurs der Regelungstechnik*. Mchn. ⁸1985. - *Föllinger, D.: Regelungstechnik*. Hdbg. ⁴1984. - *Ebel, T.: Regelungstechnik*. Hdbg. ⁴1984. - *Mann, H./Schiffelgen, H.: Einf. in die Regelungstechnik*. Mchn. ⁴1984. - *Karg, E.: Regelungstechnik*. Würzburg ⁵1982. - *Fröhr, F., u. a.: Einf. in die elektron. Regelungstechnik*. Erlangen ⁵1981. - *Leonhard, W.: Einf. in die Regelungstechnik*. Wsb. 1981.

Regen, Krst. im Bayer. Wald, Bay., 520-750 m ü. d. M., 11 000 E. Herstellung von opt. Gläsern und Miederwaren, Holzind., Fremdenverkehr. - Im 11. Jh. entstanden; vor 1270 Markt; seit 1932 Stadt. - Roman.-spätgot. Pfarrkirche; Burgruine Weißenstein (13. Jh.; seit 1742 Ruine).

R., Landkr. in Bayern.

R., linker Nebenfluß der Donau, entsteht bei Kötzting aus dem Schwarzen und dem Weißen R., mündet bei Regensburg; 165 km lang (mit Schwarzem Regen).

Regen, Niederschlag in flüssiger Form, der dadurch entsteht, daß kleine, schwebende Wolkentröpfchen durch verschiedene Prozesse zu größeren Tropfen anwachsen, die von der Luftströmung nicht mehr getragen werden, ausfallen und den Erdboden erreichen. Nach der Tropfengröße können verschiedene Arten des R. unterschieden werden. Beim gewöhnl. großtropfigen R., auch als *Land-R.* bezeichnet, haben die Tropfen einen Durchmesser von mindestens 0,5 mm und fallen mit einer Geschwindigkeit von mehr als 3 m/s zu Boden. Er bildet sich v. a. im Grenzgebiet zw. warmen und kalten Luftmassen und dauert meist einige Stunden, mitunter länger als einen Tag an. Beim *Sprüh-R. (Staub-R.),* auch als *Nieseln* bezeichnet, beträgt der Tropfendurchmesser weniger als 0,5 mm, die Fallgeschwindigkeit der Tropfen weniger als 3 m/s; er fällt meist aus Nebel oder Hochnebel aus. *R.schauer* bestehen aus großen R.tropfen; sie fallen aus hochreichenden Quellwolken und beginnen meist ebenso plötzlich, wie sie wieder aufhören. Beim *Wolkenbruch,* einem meist kurzen, außerordentl. starken R.schauer, treten Tropfengrößen von über 8 mm auf. Als *Schwefel-R.* und *Blut-R.* werden durch Staub, Pollen (Blütenstaub) und Kleinlebewesen verfärbte Niederschläge bezeichnet. *Eis-R.* ist ein R. aus Eiskörnchen (kleiner als ↑ Hagel), der sich gelegentl. bildet, wenn R.-tropfen aus einer warmen Luftschicht in eine kältere fallen und dabei gefrieren. *Unterkühlter R.* besteht aus kleinen Wassertröpfchen, die trotz Temperatur unter dem Gefrierpunkt noch flüssig sind, bei Berührung des Bodens jedoch gefrieren und zur Bildung von Glatteis führen. - ↑ auch saurer Regen.

Regenanlage (Regneranlage), Feuerlöschanlage mit offenen Sprühdüsen (im Gegensatz zu Sprinkleranlagen), die bei Feuerausbruch alle zugleich [von Hand] geöffnet werden.

Regenbogen (Regenboge), Barthel, mittelhochdt. Sangspruchdichter des 13./14. Jh. - Die Meistersingertradition zählte ihn zu den 12 alten Meistern; Konkurrent Heinrichs von Meißen; 1302 in Tirol nachgewiesen.

Regenbogen, bei Vorhandensein von schwebenden Wassertröpfchen (Regenwolken, Regenstreifen) in der Atmosphäre auftretende Lichterscheinung in Form eines in den Farben des ↑ Spektrums leuchtenden Kreisbogens. Der R. erscheint für den Betrachter stets auf der Sonne abgewandten Seite des Himmelsgewölbes. Der Mittelpunkt des Kreises, von dem der R. ein Teil ist, liegt auf der durch die Sonne und das Auge des Beobachters bestimmten Geraden. Er ist der sogenannte *Gegenpunkt der Sonne* bezügl. dem Beobachterauge. Aus diesem Grunde ist der R. bei hochstehender Sonne nur flach gewölbt, bei tiefstehender Sonne dagegen hoch gewölbt. Seine höchste Wölbung in Form eines Halbkreises erreicht er genau bei Sonnenuntergang bzw. Sonnenaufgang. Neben dem sog. *Haupt-R.,* dessen Radius einem Sehwinkel von 42,5° entspricht, zeigt sich gelegentl. noch ein *Neben-R.,* dessen Radius einem Sehwinkel von 51° entspricht. Während die Farbenfolge des Haupt-R. von Rot (außen) über Orange, Gelb, Grün und Blau nach Violett (innen) verläuft, besitzt der Neben-R. eine genau entgegengesetzte Farbenanordnung. R. entstehen durch die Brechung des Sonnenlichts an der Grenzfläche zw. Luft und den in der Luft schwebenden Wassertröpfchen, Reflexion an der Innenfläche der Tropfen und Interferenz der gebrochenen und der reflektierten Lichtstrahlen. R. können außer bei Regen auch unter ähnl. Bedingungen andernorts beobachtet werden, so z. B. im Sprühwasser von Springbrunnen oder Wasserfällen oder im Spritzwasser eines Schiffsbugs auf See. Selten treten auch nachts R. auf, die durch das Licht des Mondes verursacht werden *(Mondregenbogen).* - Mit der Theorie der R.entstehung befaßten sich v. a. R. Descartes, Th. Young und Sir G. B. Airy. - Abb. S. 140.

Regenbogenfisch (Großer R., Melanotaenia nigrans), bis 10 cm langer Knochenfisch (Fam. Ährenfische) in stehenden und fließenden Süßgewässern O- und S-Australiens; Rücken gelbl. bis olivgrün, Körperseiten stark irisierend; ♀ blasser gefärbt; Warmwasseraquarienfisch.

Regenbogenforelle ↑ Forellen.

Regenbogenhaut (Iris) ↑ Auge.

Regenbogenhautentzündung (Iritis), akut oder chron. verlaufende Entzündung der Regenbogenhaut des Auges. Häufige Ursachen sind Allgemeininfektionen wie Tuberkulose, Syphilis oder Toxoplasmose, örtl. Mitreaktionen bei rheumat. Erkrankungen oder Herdinfektionen. Symptome sind Kammerwassertrübungen, vermehrte Gefäßzeichnung der Regenbogenhaut und enge Pupillen. Der Erkrankte leidet unter Augenschmerzen, Lichtscheu, vermehrtem Tränenfluß und verschwommenem Sehen. Meist ist eine Ruhigstellung der Regenbogenhaut durch Mydriatika (Atropin oder Skopolamin) erforderlich.

Regenbogenpresse, Bez. (nach der bunten Aufmachung) für den Zeitschriftentyp der unterhaltenden Wochenblätter, nach dem in den 1950/60er Jahren vorherrschenden Thema auch *Soraya-Presse* gen.; gekennzeichnet durch Fehlen aktueller polit. Beiträge, Pflege moderner trivialer Märchenwelt und Illusion.

Regenbogenschüsselchen (Muschelstatere), volkstüml., zur Zeit des Humanismus entstandene Bez. („cupellae iridis") für gewölbte ostkelt. Goldmünzen des 1.Jh. v. Chr.; man glaubte, sie fänden sich nach Gewittern da, wo ein Regenbogen entsteht.

Regenbremsen (Chrysozona), artenrei-

Régence

che Gatt. zieml. großer Fliegen (Fam. Bremsen); Flügel mit weiß. Flecken oder Bändern. In M-Europa kommt als einzige Art die **Blinde Fliege** (Gewitterfliege, Regenbremse i. e. S., Chrysozona pluvialis) vor: bis 11 mm lang, aschgrau, mit hell marmorierten Flügeln und großen, purpurfarbenen Augen.

Régence [re'ʒã:s; frz.], Stilphase der frz. Kunst während der Regentschaft Philipps II., Herzog von Orléans, in Frankr.; die ornamentale Würde des ↑Louis-quatorze wich einer unprätentiösen Formenwelt, die um Übergänge bemüht war (flache Pilaster, Rundungen, Ineinandergreifen von Decken- und Wanddekoration). Bed. Vertreter: R. de ↑Cotte, der Dekorateur N. Pineau (* 1684, † 1754), der Ebenist und Möbelkünstler C. Cressent (* 1685, † 1768) sowie G. M. ↑Oppenordt.

Regency Act [engl. 'riːdʒənsɪ 'ækt], Gesetz zur Regelung der engl. Thronfolge von 1705, das eine Regentschaft für die Zeit zw. dem Tod der Königin Anna und der Thronbesteigung Georgs I. vorsah. Inhaber öffentl. Stellen wurden von der Aufnahme ins Unterhaus ausgeschlossen; mit den „alten" Ämtern (v. a. Min.posten) war die Unterhausmitgliedschaft jedoch vereinbar, was Min.verantwortlichkeit gegenüber dem Parlament und parlamentar. Reg.weise ermöglichte.

Regener, Erich, * Schleusenau bei Bromberg 12. Nov. 1881, † Stuttgart 27. Febr. 1955, dt. Physiker. - Prof. in Berlin und Stuttgart, Direktor des Max-Planck-Instituts für Physik der Stratosphäre in Weißenau bei Ravensburg; Arbeiten zur Radioaktivität und Elektronenstrahlphysik, später bes. über die Höhenstrahlung sowie zur Physik der Stratosphäre.

Regenerat [lat.], i. w. S. chem.-techn. Produkt, das durch Wiederaufbereitung gebrauchter Materialien gewonnen wird; i. e. S. ein Rohstoff bei der Gummiherstellung, der z. B. aus Altreifen durch Erwärmen und Einwirken von Sauerstoff sowie bestimmten organ. Verbindungen (Regeneriermitteln) gewonnen wird.

Regeneration [lat.], allg. svw. Wiederauffrischung, Erneuerung.

◆ in der *Biologie* Ersatz verlorengegangener oder beschädigter Organe oder Organteile; findet sich bes. häufig bei Pflanzen und niederen Tieren und setzt nicht differenzierte Zellen voraus.

◆ in der *Technik* die Wiederherstellung bestimmter physikal. oder chem. Eigenschaften eines Stoffs oder Körpers; die Rückgewinnung nutzbarer chem. Stoffe aus verbrauchten oder verschmutzten Materialien.

◆ in der *Geologie* eine durch Absenkung in größere Tiefen bewirkte Rücküberführung versteifter Erdkrustenteile in einen bewegl., wieder faltbaren Zustand.

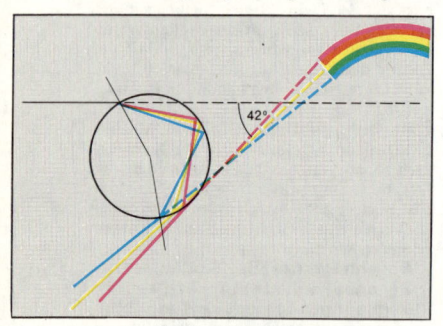

Regenbogen, Entstehung des Hauptregenbogens durch einmalige innere Reflexion am Regentropfen

Regensburg mit dem Dom

◆ in der *Geschichte der Schweiz* die Periode der unter dem Eindruck der frz. Julirevolution einsetzenden liberalen Erneuerungsbewegung (1830–48) mit dem Ziel eines auf Volkssouveränität und Rechtsgleichheit beruhenden Verfassungsstaates.

Regenerativverfahren [lat./dt.], Verfahren der Wärmerückgewinnung, bei dem die bei einem Wärmeprozeß anfallende Abwärme gespeichert und anschließend an die für den Wärmeprozeß benötigten Frischprodukte abgegeben wird. So werden z. B. bei einer *Regenerativfeuerung* die noch erhebl. Wärmemengen enthaltenden Abgase durch Kammern *(Regeneratoren)* geleitet, die mit Steinen so ausgemauert sind, daß bei großer Oberfläche zur Wärmeaufnahme genügend freie Durchtrittsquerschnitte für die durchgeleiteten Gase vorhanden sind. Anschließend eingeleitete Luft oder Brenngas wird dann vorgewärmt. Das abwechselnde Einleiten von Abgas oder Frischluft bzw. Frischgas kann automat. erfolgen.

Regenerator [lat.] ↑ Regenerativverfahren.

regenerieren [lat.], svw. auffrischen, erneuern; wiedergewinnen; (sich) neu bilden; (sich) erholen.

Regenfeldbau, Feldbau, bei dem die Nutzpflanzen ihren Wasserbedarf unmittelbar aus den Niederschlägen decken können.

Regenkuckucke (Coccyzinae), Unterfam. 20–45 cm langer, scheuer Kuckucke mit acht Arten, v. a. in den USA, in M- und S-Amerika; ziehen ihre Jungen meist selbst groß; u. a. der 33 cm lange **Gelbschnabelkuckuck** (Coccyzus americanus), braun mit weißl. Unterseite und langem, schwarz und weiß gezeichneten Schwanz; Schnabel gelb mit dunkler Oberschnabelkante.

Regenmesser ↑ Niederschlagsmesser.

Regenpfeifer (Charadriidae), nahezu weltweit verbreitete Fam. lerchen- bis taubengroßer Watvögel mit fast 70 Arten auf sumpfigen Wiesen, Hochmooren und an sandigen Ufern; kräftige, schnell fliegende, im Flug häufig melod. pfeifende, kontrastreich gefärbte Vögel mit zieml. großen Augen und kurzem Schnabel. Zu den R. gehören u. a. ↑ Kiebitz, ↑ Steinwälzer und die meist kleineren, vielfach auf dem Boden rennenden **Echten R.** (Charadriinae; mit 40 Arten). Bekannt sind: **Flußregenpfeifer** (Charadrius dubius), etwa 15 cm groß, mit hellbrauner Oberseite, weißer Unterseite und schwarzem Brustband, Beine gelb. **Goldregenpfeifer** (Pluvialis apricaria), etwa 28 cm groß, oberseits braun, goldgelb gefleckt. **Mornellregenpfeifer** (Eudromias morinellus), etwa drosselgroß, mit (beim ♂) dunkelbrauner Oberseite, graubrauner Brust, rostrotem Bauch, weißer Kehle und weißem Überaugen- und Bruststreif; ♀ intensiver gefärbt.

Regenpfeiferartige, svw. ↑ Watvögel.

Regens [lat.], Vorsteher, Leiter [bes. eines Priesterseminars].

◆ in der *Sprachwiss.* ↑ Rektion.

Regensberg, schweizer. Stadt im Kt. Zürich, 15 km nw. von Zürich, 520 E. - Entstanden aus einer um 1245 gegr. Burg der Herren von R. - Das vollständig erhaltene spätma. Stadtbild steht unter Denkmalschutz.

Regensburg, Stadt an der Mündung von Regen und Naab in die Donau, Bay., 333 m ü. d. M., 125 600 E. Verwaltungssitz des Reg.-Bez. Oberpfalz und des Landkr. R.; kath. Bischofssitz; Univ., (gegr. 1962), Fachhochschule; Museen; Stadttheater. Metall-, Textil-, Leder- Nahrungsmittel- u. a. Ind.; Zementwerk; Fremdenverkehr; Hafen, Endpunkt der Donauschiffahrt.

Geschichte: Südl. einer Keltensiedlung *(Radasbona)* wurde im heutigen Stadtteil Kumpfmühl im 1. Jh. n. Chr. ein Kohortenkastell errichtet; nördl. davon 179 unter Mark Aurel das Legionskastell **Castra Regina** vollendet (neben dem sich eine große Zivilsiedlung bildete), unter Diokletian Festung (Reste von Mauern und Toren erhalten; um 400 unzerstört aufgegeben), 535 errichteten die Agilolfinger eine Pfalz in R., 788 von Karl d. Gr. zur Königspfalz erhoben; Mitte 9. Jh.–Anfang 10. Jh. bevorzugte Königsresidenz im Ostfränk. Reich, dann wieder Residenz der bayr. Stammesherzöge; 1245 Reichsstadt; trat 1286 dem Rhein., 1381 dem Schwäb. Städtebund bei. 1486–92 vorübergehend bayer.; schloß sich 1542 der Reformation an. Ab 1663 tagte in R. der Immerwährende Reichstag; 1804 Vereinigung von Reichsstadt, Hochstift sowie Klöstern und Reichsstiften zum Ft. R.; kam 1810 an Bayern.

Bauten: Außer dem ↑ Regensburger Dom sind bed. u. a. die roman. ehem. Klosterkirche Sankt Emmeram (z. T. 8., v. a. 12. Jh.) mit barocker Innenausstattung und Grabplastik, die roman. Kirche Sankt Jakob (um 1150–1200) mit dem „Schottenportal" (um 1180), die got. ehem. Dominikanerkirche (um 1240–1300), die ehem. karoling. Pfalzkapelle (9., 11. und 12. Jh.) mit spätgot. Chor und Rokokoausstattung, die Donaubrücke (1135–46), das got. Alte Rathaus (14. und 15. Jh.) mit Reichssaal, das barocke Neue Rathaus (1660–1720), zahlr. Patrizierhäuser mit Geschlechtertürmen (13. und 14. Jh.).

R., Landkr. in Bayern.

R., Bistum, vermutl. schon in der Römerzeit Bischofssitz; von Bonifatius 739 neu organisiert; der erste Bischof Gaubald (Gawibald) war zugleich Abt von Sankt Emmeram; von dort aus wurde Böhmen missioniert; mit der Errichtung des Bistums Prag 973 wurde Böhmen von R. abgetrennt. Seit 1805 Erzbistum, fiel R. 1810 an Bayern; seit 1821 Suffragan von München und Freising. - ↑ auch katholische Kirche (Übersicht).

Regensburger Dom, dem hl. Petrus geweihter Dom in Regensburg; dreischiffige Basilika. Vom ersten Bau ist der roman. Eselsturm erhalten; got. Neubau um 1250; nach 1273 Planänderung (Anregungen frz. Kathedralgotik); Langhaus und Südturm 14. Jh., Nordturm und Westfassade 1400 ff.; 1411–1514 wirkte die Baumeisterfamilie Roritzer am R. D. (Parlerstil); 1834 ff. unter F. von Gärtner Restaurierung einschließl. neugot. Zufügungen. - Bed. Bauskulpturen (v. a. an der Westfassade), im Innern u. a. Maria und Verkündigungsengel des Erminoldmeisters (um 1280).

Regensburger Kurfürstentag ↑ Dreißigjähriger Krieg.

Regent [zu lat. regere „lenken, herrschen"], 1. fürstl. Staatsoberhaupt; 2. verfassungsmäßiger Vertreter des Monarchen.

Regentenstück, Sonderform des niederl. Gruppenbildes; stellt den Vorstand von karitativen Einrichtungen (Waisen-, Altenhäuser) bzw. einer Gilde dar. Bed. Beispiele: die „Staalmeesters" von Rembrandt (1662; Amsterdam, Rijksmuseum) und „Die Regentinnen des Altmännerhauses in Haarlem" von F. Hals (1664; Haarlem, Frans Hals Museum).

Regentschaft, stellvertretende Herrschaftsausübung für einen Monarchen, falls dieser minderjährig, regierungsunfähig oder außer Landes ist.

Regenwald, immergrüner Wald in ganzjährig feuchten Gebieten der Tropen (trop. R.), der Subtropen (subtrop. R.) und der frostfreien Außertropen (temperierter R.). Der **trop. Tieflandregenwald** ist sehr artenreich, meist mit drei (selten fünf) Baumstockwerken: das oberste besteht aus 50–60 m hohen Baumriesen, die mittlere aus 30–40 m hohen Bäumen, deren Kronen ein geschlossenes Kronendach bilden, das untere erreicht 15 m Höhe (z. T. Jungwuchs); eine Krautschicht fehlt weitgehend. Der **trop. Gebirgsregenwald** in 1000–2000 m Höhe ist die höher gelegene Entsprechung des Tiefland-R., etwas artenärmer, mit nur zwei Stockwerken, bis 30 m hohen Bäumen und hohem Anteil (über 50 % der Blütenpflanzen) an Sträuchern und Kräutern sowie vielen Epiphyten (v. a. Orchideen). Der **subtrop. Regenwald** ähnelt physiognom. dem trop. Tiefland-R., weist aber wenig Lianen und Epiphyten auf; Baumfarne sind häufiger, auch Koniferen (z. B. Kopalfichte) treten auf. Der **temperierte Regenwald** wird nur von wenigen Arten gebildet (Scheinbuchen); Baumfarne als Strauchstockwerk; manchmal, nach weitgehender Vernichtung durch Waldbrände, mit der alle 200 bis 300 Jahre zu rechnen ist, wird er von Eukalypten überragt; er tritt v. a. in S-Chile und am südlichsten O-Fuß der Anden sowie in S-Victoria (Australien), auf Tasmanien und Neuseeland auf.

Regenwürmer, zusammenfassende Bez. für einige Fam. bodenbewohnender, zwittriger Ringelwürmer (Ordnung Wenigborster), darunter v. a. die trop. und subtrop. *Megascolecidae* (mit dem bis 3 m langen austral. **Riesenregenwurm**, Megascolides australis) und die mit rd. 160 Arten weltweit verbreiteten *Lumbricidae* (davon mehr als 30 Arten einheimisch); Länge etwa 2–30 cm; vorwiegend in feuchten Böden, unter Laub oder im Moder. R. graben bis 2 m (ausnahmsweise 10 m) tiefe Gänge in den Boden. Die Begattung der R. erfolgt wechselseitig, indem sie ihr Clitellum (↑ Gürtelwürmer) aneinanderlegen. Die Ablage der Eikokons erfolgt ebenso wie die Begattung in den Gangsystemen. - R. ernähren sich von sich zersetzendem organ. Material, wozu sie abgestorbene Blätter in ihre Gänge ziehen; unverdauliche Erde wird in Kottürmchen an der Röhrenmündung abgesetzt. Kälte- und Trockenperioden überstehen die R. eingerollt in einem Ruhestadium am unteren Röhrenende. Bei längerem Regen verlassen sie oft wegen Erstickungsgefahr ihre Gänge und verenden durch Lichteinwirkung an der Oberfläche. - R. sind als Humusbildner sowie für die Durchmischung, Lockerung und Lüftung des Bodens von großer Bedeutung. - In Deutschland kommt neben dem **Mistwurm** (Eisenia foetida, 6–13 cm lang, mit purpurfarbener, roter oder brauner Querbinde auf jedem Segment) bes. der bis 30 cm lange **Gemeine Regenwurm** (Tauwurm, Lumbricus terrestris) vor: schmutzig rot, unterseits heller; bevorzugt lehmige Böden.

Regenzeiten, durch starke Regenfälle gekennzeichnete Jahreszeiten. Die Tropenzone hat 2 R., die den Sonnenhöchstständen folgen *(Zenitalregen, Äquatorialregen)*. Mit Annäherung an die Wendekreise vereinigen sich die beiden R. zu einer einzigen. In den Monsungebieten wird die Regenzeit von dem vom Meer her wehenden ↑ Monsun bestimmt. Das Mittelmeerklima hat Winterregenzeit.

Regenwürmer. Querschnitt

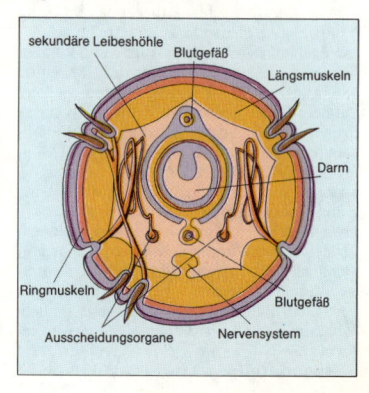

Reger, Erik, eigtl. Hermann Dannenberger, * Bendorf 8. Sept. 1893, † Wien 10. Mai 1954, dt. Schriftsteller und Journalist. - Ging 1933 in die Schweiz, 1936 wieder nach Deutschland; 1945 Hg. der Berliner Zeitung „Der Tagesspiegel"; schrieb krit. Romane, v. a. über die dt. Großindustrie und deren polit. Vertreter, z. B. „Union der festen Hand" (1931; 1933 verboten).

R., Max, * Brand (Landkr. Tirschenreuth) 19. März 1873, † Leipzig 11. Mai 1916, dt. Komponist. - Schüler u. a. von H. Riemann, befreundet mit F. Busoni, ab 1907 Kompositionslehrer am Leipziger Konservatorium, daneben 1911–14 Leiter der Meininger Hofkapelle. R., der als Lehrer großen Einfluß gewann, knüpfte in seinem Schaffen an J. Brahms an und gelangte zu einer Synthese moderner, von R. Wagner herkommender Harmonik mit den Formen des Spätbarock und der Klassik (Fuge, Sonate, Variation) und an J. S. Bach geschulter Kontrapunktik. *Werke: Orchesterwerke:* Sinfonietta op. 90 (1904–05), Serenade op. 95 (1905/06), Variationen und Fuge über ein Thema von Hiller op. 100 (1907), Konzert im alten Stil op. 123 (1912), Romant. Suite op. 125 (1912), Vier Tondichtungen nach A. Böcklin op. 128 (1913), Variationen und Fuge über ein Thema von Mozart op. 132 (1914); Violinkonzert op. 101 (1908), Klavierkonzert op. 114 (1910). - *Kammermusik.* - *Klaviermusik:* Variationen und Fuge über ein Thema J. S. Bach op. 81 (1904), von Beethoven op. 86 (1904); Träume am Kamin op. 143 (1915). - *Orgelmusik:* über 70 Choralvorspiele; Choralfantasien, u. a. über „Ein' feste Burg ist unser Gott" und „Wie schön leucht't uns der Morgenstern"; Fantasie und Fuge über B-A-C-H op. 46 (1900). - *Vokalwerke mit Orchester:* Der 100. Psalm op. 106 (1908/09) sowie *A-capella-Chöre* und mehr als 250 *Klavierlieder.*

Regesten [lat.], verkürzte Zusammenfassungen des Rechtsinhalts und Verzeichnisse von Urkunden unter Angabe von Ausstellungsdatum, -ort, Inhalt, Überlieferungsverhältnissen, Druckort, häufig erweitert durch Einschaltung von Angaben aus anderen Quellen (historiograph. R.), wodurch die chronolog. Einordnung der Urkunden in einen umfassenderen Rahmen erreicht und das Itinerar vervollständigt wird; entstanden v. a. als Vorarbeiten zu den „Monumenta Germaniae historica".

Reggae [engl. 'rɛgɛj], urspr. volkstüml. Musik in Jamaika, seit etwa 1973 Modeströmung in der Rockmusik. Prägend waren v. a. Rhythm and Blues und Soul; charakterist. ist die Hervorhebung unbetonter Taktteile. Die Texte enthalten meist scharfen sozialen Protest, oft mit einer Beschwörung der afrikan. Heimat verbunden. Ihren Namen erhielt die Musik 1968 nach der Aufnahme „Do the reggay" der Gruppe „Toots and the Maytals".

Reggio di Calabria [italien. 'reddʒo di ka'la:brja], italien. Hafenstadt in Kalabrien, an der Straße von Messina, 15 m ü. d. M., 178 200 E. Hauptstadt der Prov. R. di C.; kath. Erzbischofssitz; Hochschule für Architektur, Kunstschule; archäolog. Museum. Nahrungsmittel-, metallverarbeitende, Baustoff-, Papier-, Strickwaren- u. a. Ind.; Eisenbahnfähre nach Messina. - Um 720 v. Chr. gründeten Chalkidier und Messenier die Kolonie **Rhegion,** 387 zerstört, 358 neu aufgebaut, 270 von Rom erobert **(Regium),** 89 v. Chr. Munizipium; wurde im 6. Jh. Bischofssitz, im 11. Jh. Erzbischofssitz; kam 1060 an die Normannen; nach fast völliger Zerstörung durch Erdbeben 1908 auf Schachbrettgrundriß wieder aufgebaut. - Reste der griech. Stadtmauer (5. Jh. v. Chr.) und röm. Thermen; Dom (nach 1908 auf barocken Fundamenten wiederaufgebaut).

Reggio nell'Emilia [italien. 'reddʒo], italien. Stadt in der Emilia-Romagna, 58 m ü. d. M., 130 200 E. Hauptstadt der gleichnamigen Prov.; kath. Bischofssitz; Museen; Metall-, Holz-, Textil- u. a. Ind. - Anfang des 2. Jh. v. Chr. von den Römern gegr. **(Regium Lepidi);** erlangte im 12. Jh. kommunale Selbständigkeit; kam 1860 an Piemont. - Dom im 13. Jh. fast vollständig erneuert; barocke Kirchen und Paläste.

Regie [re'ʒi:; frz., zu lat. regere „herrschen"], Bez. für die Leitung einer Inszenierung in Schauspiel, Oper, Film, Fernsehen und Hörspiel. Zur Aufgabe eines **Regisseurs** gehören neben der inszenator. Werkdeutung die Rollenarbeit mit den Schauspielern (Sängern), die Festlegung des Bühnenbildes, der Kostüme und Requisiten (gemeinsam mit dem Bühnenbildner), der Einsatz der Technik (Beleuchtung, Bühnenmechanik, akust. Vorgänge), Zusammenarbeit mit Dirigent und Chorleiter im Musiktheater, Szenen-R. und Ensemblespiel über sämtl. Probenstufen bis zur Premiere, Überwachung der Aufführung während der Saison. Im Mittelpunkt jeder R. steht die Werkvorstellung des Regisseurs. Seine Möglichkeiten erstrecken sich von der schlichten Wiedergabe der Spielvorlage des Autors bis zur eigenen phantasievollen Neuinterpretation eines Werkes auf der Bühne *(R.theater).*

Neben der Rollenbesetzung, Wahl der Drehorte, Zusammenstellung des Teams und Ausarbeitung der Regieanweisungen des Drehbuchs ist der **Filmregisseur** v. a. für die Dreharbeiten verantwortl.: Darstellerführung, Festlegung der Kameraeinstellungen und -bewegungen; vielfach ist er auch am Schnitt des Films beteiligt.

Regiebetrieb [re'ʒi:], haushaltsrechtl. und organisator. verselbständigte Verwaltungsstelle der öffentl. Hand mit [erwerbs-]wirtsch. Ausrichtung.

Regierung [zu lat. regere „lenken, herr-

Regierungsbezirk

schen"], Staatsorgan, das die richtunggebenden und leitenden Funktionen in einem polit. System ausübt; seit der Entwicklung des modernen Verfassungsstaates und der verfassungsrechtl. Verankerung der Gewaltentrennung die Spitze der Exekutive in einem Staat. Aufgaben: Leitung und Überwachung des Vollzugs der bestehenden Gesetze, polit. Gestaltung der inneren und äußeren Verhältnisse eines Staates. Die Regeln, nach denen eine R. bestellt wird, und ihre Befugnisse sind abhängig vom jeweiligen polit. System. Die Bez. der R. ist in den verschiedenen Staaten unterschiedl.: Bundes-R. (z. B. BR Deutschland, Österreich), Min.rat (z. B. UdSSR, DDR), Bundesrat (Schweiz) sowie (wie bei den Ländern der BR Deutschland) Landes-R., Staats-R., Senat. Je nach den verfassungsrechtl. Bestimmungen unterscheidet man heute zw. Einparteien-R. und Koalitions-R. (von mehreren Parteien getragen), Einmann-R. (z. B. der Präs. der USA) und R.kollegium, das aus dem R.chef und dessen Min. besteht. In einigen Ländern der BR Deutschland wird auch die höhere Verwaltungsbehörde als R. bezeichnet.

Regierungsbezirk, staatl. Verwaltungsbez. der Mittelstufe in dt. Bundesländern, bestehend aus Stadt- und Landkreisen.

Regierungspräsident, höchster Verwaltungsbeamter eines Regierungsbezirks.

Regierungsrat, 1. in der *BR Deutschland* Amtsbez. für Verwaltungsbeamte des höheren Dienstes; 2. in den meisten *Schweizer Kantonen* Bez. des i. d. R. auf 4 Jahre unmittelbar vom Volk gewählten, aus 5 bis 9 Mitgliedern (die ebenfalls den Titel R. führen) bestehenden obersten kollegialen Regierungsorgans (Conseil d'État, Consiglio di Stato).

Regime [re'ʒi:m(ə); frz., zu lat. regimen „Lenkung, Leitung"], Herrschaft, [totalitäre] Regierung[sform]; **Regimekritiker,** Bez. für Personen, die in einem totalitären Staat an den bestehenden Verhältnissen öffentl. Kritik üben.

Regiment [lat.], Herrschaft, Regierung; Leitung.
♦ *militär.:* seit dem Ende des 17. Jh. der von einem Obersten als R.kommandeur geführte Truppenteil einer Waffengattung. In der Bundeswehr ein Verband, in dem mehrere Bataillone einer Truppengattung unter der Führung eines Obersten zusammengefaßt sind (bei den fliegenden Einsatzverbänden der Luftwaffe und bei der Marine entsprechend auch Geschwader).

Regina (Regine), weibl. Vorname lat. Ursprungs, eigtl. „Königin".

Regina [engl. rɪ'dʒaɪnə], Hauptstadt der kanad. Prov. Saskatchewan, am Wascana Creek, 175 200 E. Kath. Erzbischofssitz; Univ. (gegr. 1974); Museum, Kunstgalerie; Erdölraffinerien, Herstellung von Stahlrohren, Zement, Chemikalien, Kfz.- und Landmaschinenmontage; internat. ⚐. - Gegr. 1882 als Verwaltungssitz der Northwest Territories; seit 1905 Hauptstadt der Prov. Saskatchewan.

Regiomontanus, eigtl. Johannes Müller, * Königsberg i. Bay. 6. Juni 1436, † Rom im Juli 1476, dt. Astronom und Mathematiker. - Bedeutendster Mathematiker und Astronom des 15. Jh.; begann mit 11 Jahren in Leipzig seine mathemat. und astronom. Studien, 1450–61 in Wien; 1461 ging er nach Italien, wo er u. a. seine Dreieckslehre verfaßte; 1467–71 in Ungarn, danach siedelte er nach Nürnberg über, wo er nach Gründung einer Druckerei wiss. Werke veröffentlichte und seine astronom. Beobachtungen fortsetzte; ab 1475 arbeitete er in Rom an einer Kalenderreform mit. - R. behandelte zahlentheoret. Probleme, berechnete Sinus- und Tangenstafeln und schuf mit seiner auf arab. Quellen beruhenden Dreieckslehre den Ausgangspunkt für die moderne Trigonometrie. Die von R. berechneten und publizierten Ephemeriden ermöglichten die Ortsbestimmung auf See und damit die damaligen Entdeckungsfahrten.

Region [lat.], allg. svw. Gegend, Bereich. - In der *BR Deutschland* im Sinne der Raumordnung und Landesplanung Teilraum eines Bundeslandes, in *Frankr.* Bez. für ein Geb., das, ohne eine Verwaltungsebene zu bilden, zum Zwecke der wirtsch. Entwicklung mehrere Dep. umfaßt, in *Italien* Bez. für ein neben der Prov. bestehendes Verw.geb. mit eigener Verfassung.

Regionalforschung (Raumforschung), interdisziplinäre Forschungsrichtung zur Beschreibung und Entwicklungsanalyse der natürl., demograph., ökonom., sozialen und polit. Strukturen größerer Regionen.

Regionalismus [lat.], Bez. für das Bewußtsein von der bes. Eigenart der Bewohner einer bestimmten Region und für alle Bestrebungen, diese Eigenart zu wahren bzw. eine bestimmte Region innerhalb eines übergreifenden polit. Verbandes kulturell, wirtsch., sozial und polit. zu fördern. Entwickelt sich in zentralist. regierten Staaten bes. an der Peripherie.
♦ (Regionalliteratur) frz. literar. Bewegung seit der Mitte des 19. Jh., deren Vertreter, gegen den frz. Zentralismus gewendet, die Eigenständigkeit der Provinzen betonten und v. a. das Bauerntum als nat. und religiöse Kraftquelle hervorhoben. Vertreter der *provenzal.* R. sind v. a. F. Mistral, T. Monnier, J. Giono, des *breton.* R. A. Brizeux (* 1803, † 1858), A. Le Braz (* 1859, † 1926), C. Le Goffic (* 1863, † 1932). Ähnl. Bestrebungen finden sich nach 1870 auch in *Italien*, bes. bei G. Verga und G. Deledda, in *Spanien* (z. T. parallel mit separatist. Bestrebungen) in Galicien, im Baskenland und Katalonien.
♦ in den USA in Kunst und Literatur wiederholt auftretende Hinwendung zu den Beson-

Registriergeräte

derheiten der verschiedenen Kulturlandschaften, ihrer Geschichte, Sitten, Bräuche, Lebensstile und Natur. Seit den 1830er Jahren folgen eine Reihe Maler und Schriftsteller der amerikan. Expansion nach Westen (↑ Western art). Nach dem Bürgerkrieg entstand eine v. a. literar. Bewegung, die sog. „local colour school" (M. E. Freeman, S. O. Jewett, G. W. Cable, J. C. Harris); H. James beschrieb die 1870er und 80er Jahre der verschiedensten Regionen in „The American scene" (1907). I. e. S. bezeichnet R. eine Bewegung der 1920er und 30er Jahre im S der USA. In der Rückbesinnung auf die Traditionen der agrar. Südstaaten sah der Schriftsteller und Kulturkritiker A. Tate (* 1899) ein Bollwerk gegen die alleszerstörende industrielle Zivilisation des N. In Wendung gegen kosmopolit. Tendenzen schilderte in den 1930er Jahren eine Reihe von Malern z. T. mit nat. Pathos die Siedlertraditionen vergangener Zeiten (H. Benton, G. Wood, J. S. Curry).

Regionalliga, seit der Spielzeit 1963/64 bestehende Spielklasse im Dt. Fußballbund, eingeteilt in Nord, West, Süd, Südwest und Berlin; wurde 1974 durch die 2. (zweigeteilte) Bundesliga ersetzt.

Regionalmetamorphose ↑ Metamorphose (Gesteinsmetamorphose).

Regionalplanung, Festlegung der anzustrebenden räuml. Ordnung und Entwicklung einer Region als Ziele der Raumordnung und Landesplanung.

Regionalstadt, Verstädterungsgeb., in dem die öffentl. Einrichtungen sowie Ind.- und Gewerbegeb. auf die einzelnen, die sog. Kernstadt umgebenden Siedlungen, die auch ländl. Geb. umfassen, aufgeteilt sind.

Regionalverband, Zusammenschluß von Gem., Landkr. und weiteren Institutionen aus einer Region mit der Aufgabe, über den Regionalplan und dessen Änderungen zu beschließen.

Registan, Sandwüste in S-Afghanistan, etwa 30 000 km².

Register [mittellat.], amtl. geführtes Verzeichnis rechtserhebl. Umstände von öffentl. Interesse. R. werden u. a. von Amtsgerichten als R.gerichten, von den Kartellbehörden, vom Patentamt und von Standesbeamten geführt.

♦ (Registratur, Briefbuch) Sammelband von Abschriften, die in einer Kanzlei von den ausgehenden Geschäftsschriftstücken (Urkunden, Briefe) angefertigt wurden.

♦ alphabet. Zusammenstellung von Personennamen, Ortsnamen, Sachbegriffen (Personen-R., Ortsnamen-R., Sach-R.) bei Sachliteratur, meist als Anhang.

♦ bei der menschl. Stimme die durch Brust- oder Kopfresonanz beim Singen der tieferen bzw. höheren Töne entstehende Färbung der menschl. Singstimme (Kopf-, Brust-, Pfeif-R.). Abrupter Wechsel vom Brust-R. ins Kopf-R. erfolgt beim Jodeln. - Auch umgrenzte Tonlagen von Instrumenten mit Tönen ähnl. Klangfarbe nennt man R. (z. B. ↑Clarino).

♦ bei Tasteninstrumenten die Gruppen *(Chöre)* von Klangerzeugern gleicher oder ähnl. Klangfarbe und unterschiedl. Tonhöhe. Für jede Taste der Klaviatur ist innerhalb eines R. ein Klangerzeuger (bei *Mixtur-R.* sind es mehrere) vorhanden. Besitzt z. B. ein Cembalo einen Klaviaturumfang von $4^1/_2$ Oktaven (= 54 Tasten) und vier R., so sind im Instrument 4 Sätze von je 54 Saiten, insgesamt also 216 Saiten, vorhanden. Der Klangcharakter eines R. ist durch seine Mensur, die Tonlage durch die Schwingungszahl seines tiefsten Tones festgelegt. Die aus dem Orgelbau stammende Bez. der Tonlagen durch Angabe der Pfeifenlängen der jeweils tiefsten Töne in Fuß (1 Fuß [Zeichen ′] = 30 cm) wurde auch für andere Instrumente übernommen. Die normale Tonlage hat das 8′-R.; 16′- und 4′-R. klingen eine Oktave tiefer bzw. höher als normal. - R. heißen bei besaiteten Tasteninstrumenten auch jene Vorrichtungen, die eine Änderung der Klangfarbe und Lautstärke eines Saitenchores hervorrufen (z. B. Lautenzug, Fagottzug).

♦ in Datenverarbeitungsanlagen, [Taschen]-rechnern u. ä. eine Baueinheit, die Daten vorübergehend speichert.

registered [engl. ′rɛdʒɪstəd], Abk. reg., in ein Register eingetragen, patentiert, gesetzlich geschützt.

Registertonne, Abk. RT, ein in der Handelsschiffahrt gebrauchtes Raummaß zur Bestimmung der Schiffsgröße. 1 RT = 100 Kubikfuß = 2,8316 m³; entstanden aus der Zahl der zu stauenden Tonnen (Fässer) in der Hanse-Zeit. In **Bruttoregistertonnen** (BRT) wird der gesamte feste abgeschlossene Schiffsraum, in **Nettoregistertonnen** (NRT) der Raum für Ladung und Passagiere angegeben. - ↑auch Bruttoraumzahl.

Registratur [mittellat.], Aufbewahrungsstelle für Akten und Karteien. Das in der R. aufzubewahrende Schriftgut (z. B. amtl. Akten, Geschäftspapiere, wiss. Unterlagen) wird nach einem Aktenplan abgelegt; es kann alphabet., numer., alphanumer., nach Sachgebieten, Ort und Zeit geordnet werden.

Registriergeräte, Sammelbez. für alle Geräte, die zur (meist automat.) Aufzeichnung von Daten unterschiedlichster Art, insbes. von Meßdaten dienen (häufig als ...graphen bezeichnet, z. B. Barograph, Hygrograph). Bei *analogen R.* werden die vom Meßwerk gelieferten Meßdaten durch den Meßwertübertrager mit Hilfe des eigtl. Registrierwerks (z. B. eine langsam rotierende Meßtrommel, auf der die Schreibvorrichtung gleitet) meist kontinuierl. in Form einer Kurve oder Punktfolge aufgezeichnet. Bei *digitalen R.* wird das Registrierwerk nur in diskreten Stufen oder Abständen in Betrieb gesetzt. Es liefert dann

Registrierkasse

die ziffernmäßige (digitale) Darstellung der Meßwerte.

Registrierkasse (Kontrollkasse), mit einer Tastatur, einem oder mehreren Addierwerken, einer Anzeigevorrichtung für die entsprechenden Beträge und einer Vorrichtung zur Registrierung (Ausdrucken auf einen Kontrollstreifen) sowie zur Ausgabe eines Quittungsbons versehenes Gerät mit einer Schublade zur Aufnahme von Banknoten und Münzen. Moderne R. arbeiten vielfach mit elektron. Bauelementen, die die mechan. Teile ersetzen (z. B. elektron. Kleinrechner, elektron. Tagesspeicher u. ä.), in [großen] Kaufhäusern u. ä. sind sie häufig an eine zentrale EDV-Anlage angeschlossen.

Registrieruhr ↑ Arbeitszeitregistriergerät.

Reglement [reglə'mã:; lat.-frz.], [Dienst-]vorschrift, Geschäftsordnung.

Regler, Gustav, * Merzig 25. Mai 1898, † Delhi 18. Jan. 1963, dt. Schriftsteller. - 1933 als Staatsfeind ausgebürgert; nahm als Mgl. der internat. Brigaden am Span. Bürgerkrieg teil und verarbeitete die Erlebnisse in dem Roman „Das große Beispiel" (hg. 1976; zuerst in engl. Übers. 1940). Bed. auch der Bauernkriegsroman „Die Saat" (1936) sowie „Das Ohr des Malchus" (Autobiogr., 1958).

Regler [lat.], Steuerteil eines Regelungssystems. In ihm findet der Vergleich zw. Regel- und Führungsgröße statt (↑ Regelung) sowie die Bildung eines Stellsignals, mit dem die Regelstrecke beeinflußt wird. Wesentl. für den R. ist seine Charakteristik (Kennlinie). Hierbei unterscheidet man drei Hauptgruppen: lineare, nichtlineare und Abtastregler. Bei **linearen Reglern** ist der Zusammenhang zw. Regelabweichung e und Stellgröße y linear d. h. y ist proportional zu e. Die Klasse der **nichtlinearen Regler** wird durch eine nicht-lineare Kennlinie charakterisiert. Der *Zweipunkt-R.* bildet z. B. aus der Regelabweichung ein Stellsignal, das nur zwei Zustände annehmen kann, z. B. eingeschaltet oder nicht. Dazu gehören z. B. der *Bimetall-R.*, der die Temperatur durch Ein- bzw. Ausschalten eines Heizaggregats regelt, und der *Kontakt-R.* an der Lichtmaschine von Kraftfahrzeugen, der die von ihr abgegebene Spannung durch (unterschiedl. schnelles) Zu- oder Abschalten eines Widerstands unabhängig von der Belastung und der Drehzahl der Lichtmaschine konstant hält. Eine weitere Klasse sind die **Abtastregler,** die v. a. als *Fallbügel-R.* gebaut werden. Bei ihnen wird die stetige Regelgröße period. abgetastet, das entsprechende Stellsignal gebildet und bis zum nächsten Abtastzeitpunkt konstantgehalten. Zu dieser Klasse gehören auch die in komplizierteren Regelkreisen eingesetzten Digitalrechner (Prozeßrechner).

◆ ↑ Regelung.

◆ in der *Chemie* Bez. für Substanzen, die bei der radikal. Polymerisation eine Kettenabbruchreaktion bewirken, z. B. organ. Schwefelverbindungen, Dodecylmercaptan, Aldehyde und Chlorkohlenwasserstoffe.

Regnard, Jean-François [frz. rɛ'ɲa:r], * Paris 7. Febr. 1655, † Schloß Grillon bei Dourdan (Essonne) 4. Sept. 1709, frz. Dramatiker. - Einer der hervorragendsten Lustspieldichter seiner Zeit; schrieb bes. Sitten- und Charakterkomödien wie „Die Erbschleicher" (1708).

Regnart (Regnard), Jacob [frz. rɛ'ɲa:r], * Douai um 1540, † Prag 16. Okt. 1599, fläm. Komponist und Liederdichter. - 1585–96 Kapellmeister am Hof Ferdinands II. in Innsbruck; danach in Prag, ab 1598 Vizekapellmeister. Neben Messen, lat. Motetten, dt. geistl. Liedern, italien. Kanzonen waren v. a. seine drei- bis fünfstimmigen dt. Lieder weit verbreitet.

Regnier, Charles [frz. rɛ'ɲe], * Freiburg (Schweiz) 22. Juli 1915, dt. Schauspieler. - Spielte u. a. in München, Zürich, Hamburg und Wien; zahlr. Film- und Fernsehrollen, auch eigene Inszenierungen und Übers. v. a. moderner Literatur.

Régnier [frz. re'ɲe], frz. Form des männl. Vornamens Rainer.

Régnier [frz. re'ɲe], Henri de, Pseud. Hugues Vignix, * Honfleur (Calvados) 28. Dez. 1864, † Paris 23. Mai 1936, frz. Dichter. - Seit 1911 Mgl. der Académie française; einer der bedeutendsten Vertreter des frz. Symbolismus.

R., Mathurin, * Chartres 21. Dez. 1573, † Rouen 22. Okt. 1613, frz. Dichter. - 1609 Kanoniker in Chartres; berühmt durch scharfe Satiren gegen Mängel der Zeit nach dem Vorbild des Horaz.

R., Paule, * Fontainebleau 19. Juni 1890, † Paris 6. Dez. 1950 (Selbstmord), frz. Schriftstellerin. - Behandelt in ihren Romanen (u. a.

Regler. Schema eines Fallbügelreglers.
V Motorventil, S Schalter, B Bügel,
x Regelgröße, y Stellgröße

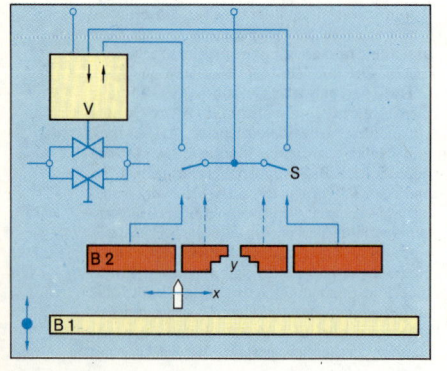

Rehabilitation

„Die Netze im Meer", 1948) religiöse Probleme, schildert überzeugend persönl. erfahrene Enttäuschung, Verzweiflung und Einsamkeit.

Regnitz, linker Nebenfluß des Mains, ↑ Rednitz.

Regnum [lat.], Regierung[szeit], Herrschaft; Reich; auch svw. Tierreich.

Regolamento Internazionale Carrozze [italien. kar'rɔttse] (Internat. Personen- und Gepäckwagenverband), Abk. RIC, 1921 gegr. Eisenbahnverband mit 22 europ. Mgl. mit dem Ziel, eine Regulierung im gegenseitigen Einsatz von Personen-, Post- und Gepäckwagen im grenzüberschreitenden Eisenbahnverkehr zu gewährleisten; entsprechendes gilt für den Internat. Güterwagenverband (**Regolamento Internazionale Veicoli,** Abk. RIV).

Regreß [lat.] (Rückgriff), Inanspruchnahme eines Dritten durch einen Schadenersatzpflichtigen, wenn dieser geleistet hat.

Regression [lat.], in der *Geologie* Rückzug des Meeres auf Grund von Landhebung oder Absinken des Meeresspiegels.
♦ in der *Statistik* ein in der Regel kausaler Zusammenhang zw. zwei oder mehr Zufallsvariablen.

regressiv [lat.], rückschrittlich, rückläufig; rückbildend (von biolog. Vorgängen gesagt).

regressive Färbung ↑ Färbung.

Regressus (Regreß) [lat.], in der Logik das Zurückgehen von der Wirkung zur Ursache, vom Bedingten zur Bedingung. Wenn diese selbst jeweils als Bedingtes auf eine Bedingung zurückgeht, spricht man vom *R. ad infinitum.*

Regula falsi [lat. „Regel des Falschen"], Methode zur näherungsweisen Berechnung der Nullstelle einer Funktion $f(x)$. Sind x_1 und x_2 zwei Näherungswerte für die Nullstelle und gilt $f(x_1) \cdot f(x_2) < 0$, so ist

$$x_3 = x_1 - \frac{x_2 - x_1}{f(x_2) - f(x_1)} f(x_1)$$

ein verbesserter Wert.

regulär [lat.], einer Regel gehorchend, regelrecht; ausnahmslos.

reguläre Funktion, in der Funktionentheorie: 1. eine Funktion $f(z)$ der komplexen Variablen z, die in einem Gebiet G der komplexen Zahlenebene überall eindeutig ist und endl. ist; 2. svw. ↑ holomorphe Funktion.

Regularkleriker (Clerici Regulares) [mittellat.], Mgl. kath. Ordensgemeinschaften, die im 16. Jh. im Zuge der kath. Erneuerung entstanden sind. Neben Theatinern, Barnabiten u. a. sind die Jesuiten die bekannteste R. gemeinschaft.

Regulation [lat.], in der *Biologie* die Fähigkeit eines Organismus, sein „Fließgleichgewicht auch gegen Störungen von außen aufrechtzuerhalten. Die R. eines Organismus umfaßt mehrere Regelkreise, z. B. die des Blutdrucks, des Wärmehaushalts und des Hormonhaushalts.

Regulationseier, im Ggs. zu den ↑ Mosaikeiern Eizellen (z. B. von Seeigeln, Amphibien, Säugern, auch des Menschen), deren Zytoplasma noch keine determinierten Bezirke aufweist. Die Determination der späteren Furchungszellen bzw. embryonaler Zellgruppen des Keims wird schrittweise vollzogen. Schädigungen kann in solcher **Regulationskeim** weitgehend ausgleichen, so daß sich noch ein vollständiger Organismus entwickeln kann.

regulativ [lat.], einer Regel folgend, sich aus ihr ergebend; bei Kant wird die Funktion der von der Vernunft gebildeten Ideen (Begriffe), wie Freiheit, Gott, Unsterblichkeit, r. genannt.

Regulator [lat.], Pendeluhr mit verstellbarem Pendelgewicht.
♦ bei Dampflokomotiven Fahrhebel, der den Dampfeinlaß in die Zylinder regelt.

regulieren [lat.], regeln, begradigen; [einen Schadensfall] abwickeln.

Regulus [lat.], Name für den hellsten Stern (α) im Sternbild Leo (Löwe).

Reh ↑ Rehe.

Rehabilitation (Rehabilitierung) [mittellat.], die Wiederherstellung des sozialen Ansehens einer Person, die Wiedereinsetzung einer Person in frühere [Ehren-]rechte; v. a. in sozialist. Ländern die (z. T. postume) R. von KP-Funktionären bzw. -Mgl., die wegen Abweichung u. ä. aus der Partei ausgestoßen, verurteilt oder hingerichtet worden waren.
♦ (Wiedereingliederung) Bez. für alle Maßnahmen (des [Sozial]staates oder privater Institutionen), mit denen Menschen, die infolge abweichenden Verhaltens oder von Krankheit aus dem gesellschaftl. Leben abgesondert wurden (z. B. Straffällige, Unfallgeschädigte, Kranke, körperl. oder geistig Behinderte, Drogenabhängige), zur sinnvollen Teilnahme am gesellschaftl. Leben befähigt werden, z. B. in **Rehabilitationszentren**, die als Anstalten zur Nach- und Weiterbehandlung von Kranken, körperl. und seel. Behinderten über Einrichtungen zur Umschulung bzw. zur berufl. Fortbildung verfügen.
In der *Sozialmedizin* umfaßt die R. Maßnahmen, die der Beseitigung möglichst aller Gebrechen bzw. der Wiederherstellung der Lebenstüchtigkeit (oder Erwerbsfähigkeit) eines Kranken dienen. Im Unterschied zu Körperbehinderten ist bei psychisch Kranken nicht so sehr eine Teilleistung, sondern häufig generell die Übernahme sozialer Rollen in normaler Umwelt auch nach der Therapie eingeschränkt und deshalb eine volle familiäre und berufl. Wiedereingliederung bes. erschwert. R. in der *Psychiatrie* ist nur theoret. von der Therapie selbst zu trennen und erlangte mit dem Aufkommen der Sozialpsychiatrie größere Aufmerksamkeit. Maßnahmen der

147

psych. R. sind u. a. (stationär und ambulant): Gruppen- und Verhaltenstherapie, Beschäftigungstherapie, gestufte Übergangseinrichtungen zw. Klinik und Normalumwelt (Tages- und Nachtkliniken, Patientenklubs usw.), Schaffung günstiger Umwelten, wenn eine volle Wiedereingliederung nicht mögl. ist (therapeut. Gemeinschaft, Wohnheime, beschützende Werkstätten usw.). Die wichtigsten darüber hinausgehenden strukturellen Maßnahmen sind: Vermeidung langfristiger rein bewahrender Hospitalisierung durch Schaffung gemeindenaher R.zentren und Sorge für Toleranz gegenüber den Behinderten durch verstärkte Öffentlichkeitsarbeit.

📖 *Chancengleichheit f. Behinderte.* Hg. v. *P. Runde* u. *R. G. Heinze.* Neuwied 1979. - *Petersen, K.: Die Eingliederungshilfe f. Behinderte. Stg.* ²1979. - *Hohm, H.: Berufl. R. v. psych. Kranken.* Weinheim 1977. - *Boll, W., u. a.: R. Praxis u. Forschung.* Bln. u. a. 1977.

◆ im *Strafrecht* die Beseitigung des ehrenrührigen Vorwurfs einer Straftat. Maßnahmen zur R. des Verurteilten sind u. a. die unter bestimmten Voraussetzungen erfolgende frühzeitige Wiederverleihung von bei der Verurteilung aberkannten Fähigkeiten und Rechten, die im Zuge der Strafrechtsreform erweiterten Möglichkeiten der Tilgung im Strafregister, die nach dem Jugendgerichtsgesetz vorgesehene Beseitigung des Strafmakels.

Rehbock (Bock) ↑ Rehe.

Rehburg-Loccum, Stadt westl. des Steinhuder Meeres, Nds., 40–130 m ü. d. M., 9 700 E. Ev. Akad. Loccum mit Pastoralkolleg und katechet. Amt. - Rehburg entstand um 1350; 1648 Stadtrecht. - In Loccum ehem. Zisterzienserabtei, ab 1592 luth., seitdem ev. Kloster und Predigerseminar; 1924 in die Ev.-luth. Landeskirche Hannovers eingegliedert, deren Bischof zugleich Abt von Loccum ist. - Spätrom.-frühgot. Kirche, Klostergebäude (im 19. Jh. verändert).

Rehe (Capreolus), Gatt. der Trughirsche mit der einzigen Art **Reh** (Capreolus capreolus; drei Unterarten) in Europa und Asien; etwa 100–140 cm körperlange, 60–90 cm schulterhohe Tiere, im Sommer leuchtend rotbraun, im Winter braungrau; Jungtiere mit weißgelber Tüpfelzeichnung (Tarntracht); in der Afterregion mit hellem ↑ Spiegel; ♂♂ mit bis dreiendigem Geweih; heute beim heim. Rehwild starke Einkreuzung osteurop. und asiat. R. mit stärkeren Geweihen; Brunst der heim. R. im Hochsommer; Tragzeit (wegen Keimruhe des Embryos) bis 9 Monate; meist zwei Jungtiere. - R. sind nacht- und tagaktive, oft wenig scheue Tiere. Sie leben in kleinen Gruppen („Sprüngen"), zeitweise auch einzeln, im Winter in größeren Rudeln. In der Jägersprache heißt das ♂ **Rehbock,** das ♀ **Ricke** oder **Geiß,** das Junge **Kitz** (♂ Bockkitz, ♀ Geiß- oder Rickenkitz).

Rehfisch, Hans José, Pseud. Georg Turner, René Kestner, * Berlin 10. April 1891, † Schuls (Graubünden) 9. Juni 1960, dt. Dramatiker. - Ab 1936 in der Emigration (v. a. in den USA), ab 1950 in der BR Deutschland. Schrieb v. a. Stücke mit polit.-aktueller Thematik und z. T. gesellschaftskrit. Tendenz wie „Die Affäre Dreyfus" (Dr., 1929; mit W. Herzog) und die Tragikomödie „Wer weint um Juckenack?" (1924); auch Drehbücher, Romane und Hörspiele.

Rehkrankheit ↑ Huf.

Rehling, svw. ↑ Pfifferling.

Rehm, Walther, * Erlangen 13. Nov. 1901, † Freiburg im Breisgau 6. Dez. 1963, dt. Literarhistoriker. - Seine literarhistor. und motivgeschichtl. Untersuchungen der dt.-antiken Kultur- und Literaturbeziehungen waren für die komparatist. Literaturwiss. und die dt. Renaissanceforschung von großer Bedeutung.

Rehmann, Ruth, eigtl. R. Schonauer, * Siegburg 1. Juni 1922, dt. Schriftstellerin. - Verf. gesellschaftsanalyt. Romane wie „Illusionen" (1959), „Die Leute im Tal" (1968), „Der Mann auf der Kanzel" (1979), „Abschied von der Meisterklasse" (1985) und Hörspiele („Schreibende Frauen", 1971; „Drei Gespräche über einen Mann", 1977).

Rehn, Jens, eigtl. Otto J. Luther, * Flensburg 18. Sept. 1918, † Berlin (West) 3. Jan. 1983, dt. Schriftsteller. - Schildert Extremsituationen bei weitgehendem Verzicht auf Handlung, z. B. in den Romanen „Feuer im Schnee" (1956), „Die Kinder des Saturn" (1959), „Morgen-Rot. Die Kehrseite des Affen" (1976), „Die weiße Sphinx" (1978).

R., Ludwig (Louis), * Allendorf (= Bad Sooden-Allendorf) 12. April 1849, † Frankfurt am Main 29. Mai 1930, dt. Arzt. - Führte 1896 die erste erfolgreiche Herznaht (bei einer Stichverletzung) aus, beschrieb 1895 erstmals den Blasenkrebs (bei Anilinarbeitern) und förderte die Chirurgie bei der Basedow-Krankheit (Resektion des Kropfes, 1884).

Rehovot [hebr. raˈxɔvɔt], Stadt in der Küstenebene von Israel, 61 000 E. Weizmann-Inst., landw. Fakultät; israel. Weininst.; Herstellung von Instrumenten, Arzneimitteln u. a. - 1890 gegründet.

Rehpinscher ↑ Zwergpinscher.

Reibach [jidd.], umgangssprachl. Bez. für großen Gewinn bei Geschäften.

Reibelaut (Frikativ[um], Konstriktiv; Spirans, Spirant), Laut, bei dessen Artikulation an den Lippen, im Mundraum, im Rachen oder an der Stimmritze eine Enge gebildet wird, an der die vorbeiströmende Luft ein Reibegeräusch erzeugt, z. B. [f, s, ç, h].

Reiberdruck, mit Hilfe eines mit Hand geführten Reibers gewonnener Abzug (Holzschnitt u. a.); erkennbar der an glatt geriebenen Rückseite und den z. T. ins Papier gedrückten Umrißlinien.

Reibräder (Friktionsräder), Räder mit glatten Oberflächen, die (im Ggs. zu Zahnrädern) ihre Drehbewegung bzw. ihr Drehmoment nur durch Reibung übertragen.

Reibtrommel (Brummtopf, Rummelpott), primitives Geräuschinstrument, bestehend aus einem Hohlgefäß (aus Metall, Ton, Schilf), das oben mit einer Membran verschlossen ist; diese ist mit einem Stäbchen durchbohrt und gerät in Schwingung, wenn das Stäbchen hin- und herbewegt oder mit nassen Fingern gestrichen wird *(Stab-R.).* Anstelle des Stäbchens können mehrere Fäden benutzt werden *(Faden-R.).* Der sog. **Waldteufel** wird an einem Faden in der Luft geschwungen *(Schwung-R.).*

Reibung (Reib[ungs]widerstand, Reib[ungs]kraft), Widerstand, der in der Berührungsfläche zweier aufliegender Körper (äußere R.) oder einzelner Teile eines Körpers (innere R.) bei ihrem relativen Bewegen gegeneinander auftritt. Die auf den ↑Molekularkräften beruhende *innere R.* tritt auf, wenn sich verschiedene Schichten einer Substanz gegeneinander bewegen, also v. a. in Flüssigkeiten und Gasen. Bei der v. a. auf Adhäsionskräften (↑Adhäsion) und Unebenheiten der Körperoberflächen beruhenden *äußeren R.* ist der Betrag des R.widerstandes F_R gemäß dem *Coulombschen R.gesetz* $F_R = \mu \cdot N$ nur vom Betrag der Normalkraft N, mit der die sich berührenden Flächen aufeinanderdrücken, und dem empir. ermittelbaren *R.koeffizienten (Reib[ungs]zahl, R.beiwert)* μ abhängig und stets der momentanen Bewegung des Körpers entgegengerichtet. Von der Größe der Berührungsfläche ist die R. praktisch unabhängig. Der R.koeffizient ist abhängig vom Werkstoff, vom Oberflächenzustand (Rauhigkeit, Schmierung) und von der Gleitgeschwindigkeit der aufeinander reibenden Körper. Solange noch keine Bewegung zwischen beiden Körpern auftritt, die Körper also noch aneinander haften *(Ruhe-R., Haft-R.),* ist die R.zahl größer als bei der (bei Eintritt eines Gleitens auftretenden) sog. *Gleitreibung.* Die beim Rollen eines Körpers (Walze, Rad) auf einer Unterlage auftretende R. wird als *Rollreibung* bezeichnet. Sie ist bei sonst gleichen Verhältnissen meist sehr viel kleiner als die Gleitreibung. Bei R.vorgängen wird stets mechan. Energie in Wärme *(R.wärme)* umgesetzt.

Reibungselektrisiermaschine ↑Elektrisiermaschine.

Reibungselektrizität, Bez. für die beim gegenseitigen Reiben auftretende entgegengesetzte elektrische Auflagung zweier verschiedener Isolatoren. Dabei dient die Reibung nur dazu, einen möglichst großen Teil der Körperoberflächen in enge Berührung zu bringen, so daß die ↑Kontaktelektrizität zum Entstehen einer Spannung durch Ladungstrennung führt. Bei explosionsgefährl. Anlagen kann das Aufladen bewegter Teile (Staub, Treibriemen) infolge R. eine Explosion durch Funkenbildung herbeiführen.

Rehburg-Loccum. Ehemalige Zisterzienserabtei Loccum

Reibungskupplung ↑Kupplung.
Reibungsschicht, svw. ↑Grenzschicht.
Reibungswinkel, derjenige Anstiegswinkel einer schiefen Ebene, bei dem ein darauf befindl. Körper von der Reibungskraft gerade noch gehindert wird, herabzurutschen.

Reich, Steve [engl. raɪk], * New York 3. Okt. 1936, amerikan. Komponist. - Bereist mit eigenen Ensembles Amerika und Europa; schuf, von außereurop. Musik beeinflußt, sog.

Reibung beim Bewegen eines Körpers längs einer ebenen Fläche (1) und beim Aufwärtsziehen auf einer geneigten Ebene (2). **F** Verschiebekraft, G Gewicht, **N** Normalkraft, S Körperschwerpunkt, W Reibungswiderstand

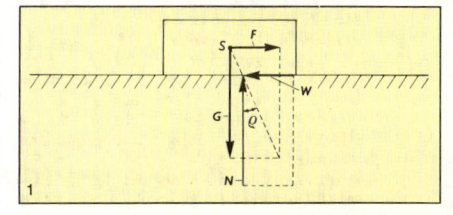

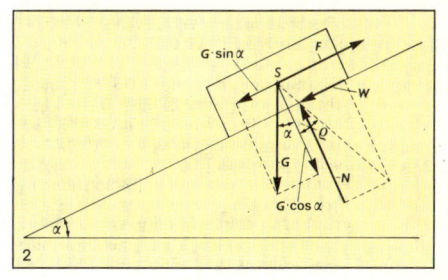

Reich

Minimal music, die auf der Grundlage unaufhörl. Wiederholung bei minimaler Variation einfachster Klänge und Rhythmen arbeitet.

R., Wilhelm, *Dobrzcynica (Galizien) 24. März 1897, † Lewisburg (Pa.) 3. Nov. 1957, östr. Psychoanalytiker. - Leitete in Wien 6 Jahre ein Seminar für psychoanalyt. Therapie. 1928-30 gründete er in verschiedenen Stadtteilen Wiens Sexualberatungszentren. Bis zu seiner Flucht nach Dänemark (1933) praktizierte er als Arzt in Berlin und lehrte am dortigen Psychoanalyt. Institut sowie an der Arbeiterhochschule. 1934 erfolgte sein Ausschluß sowohl aus der KP, der er seit 1928 angehörte und die seine Sexualtheorie als entpolitisierend kritisiert hatte, als auch aus der Internat. Psychoanalyt. Vereinigung. 1939 wurde er Prof. für medizin. Psychologie an der New Yorker New School for Social Research. 1950 verlagerte er seine Forschungsarbeit nach „Orgonon", einem Landsitz in Maine. R. litt in seinen letzten Lebensjahren an Paranoia. - R. wurde v.a. bekannt durch den Versuch, die Theorien von S. Freud und K. Marx miteinander zu kombinieren. In der theoret. Verbindung von Psychoanalyse und Sozialismus propagierte er die Aufhebung der (insbes. sexuellen) Unterdrückung des Menschen. R. plädierte für die Bejahung libidinöser Bedürfnisse und für die Überwindung gesellschaftl. Verhältnisse, in denen Mangel und Herrschaft künstl. aufrechterhalten werden. Freuds Libidotheorie baute er zu einer umfassenden Theorie der kosm. Lebensenergie (sog. Orgonenergie) aus, die er **Orgontheorie** nannte. - *Werke:* Der triebhafte Charakter (1925), Die Funktion des Orgasmus (1927), Charakteranalyse (1933), Massenpsychologie des Faschismus (1933), Die sexuelle Revolution (1945).
📖 *Boadella, D.: W. R. Ffm.* ²*1983. - Raknes, O.: W. R. u. die Orgonomie. Dt. Übers. Ffm. 1973.*

Reich (Regnum), (Imperium) Herrschaftsbereich meist eines Monarchen, i.d.R. mit großer Ausdehnung über mehrere Stämme oder Völker und häufig mit hegemonialer Tendenz.
♦ oberste systemat. Kategorie der Lebewesen: *Pflanzenreich* (Regnum phytale) und *Tierreich* (Regnum animale).

Reich, Das, dt. Wochenzeitung 1940-45; sollte das Dritte Reich nach außen repräsentieren.

Reicha (Rejcha), Anton (Antonín) ['raiça; tschech. 'rɛjxa], *Prag 26. Febr. 1770, † Paris 28. Mai 1836, frz. Musiktheoretiker und Komponist böhm. Herkunft. - Ab 1790 in Bonn (Freundschaft mit L. van Beethoven) im kurfürstl. Orchester, ab 1794 in Hamburg, Wien, Paris tätig (1818 Kompositionslehrer am Conservatoire). Mit Opern, Orchesterwerken und v.a. seiner Kammermusik steht R. zw. Klassik und Romantik. Bes. Bed. erlangte er als Lehrer (u.a. von F. Liszt, C. Gounod, H. Berlioz, C. Franck) und Musiktheoretiker („L'art du compositeur dramatique", 1833).

Reichardt, Johann Friedrich, *Königsberg (Pr) 25. Nov. 1752, † Giebichenstein (= Halle/Saale) 27. Juni 1814, dt. Komponist und Musikschriftsteller. - War 1775-94 königl. preuß. Hofkapellmeister in Potsdam, 1808 Hofkapellmeister von König Jérôme in Kassel; einer der Hauptmeister der Berliner Liederschule († Lied). Bed. erlangte er v. a. mit etwa 1 000 Solo- und Chorliedern (Vertonungen von Texten Goethes und Schillers), mit Singspielen und den von ihm geschaffenen Liederspielen. Daneben Opern, Orchesterwerke, u.a. 7 Sinfonien, 14 Klavierkonzerte, Kammermusik. Auch einer der bedeutendsten Musikkritiker und -schriftsteller des 18. Jh. (u.a. „Briefe eines aufmerksamen Reisenden, die Musik betreffend", 1774-76, „Musikal. Kunstmagazin", 1782-91).

Reichenau, Hermann von, † Hermann von Reichenau.

Reichenau, Insel im Bodensee, Bad.-Württ., 4 km², bis 45 m über Seehöhe, durch Damm mit dem Festland verbunden. Als Gem. (4900 E) umfaßt R. noch zwei Geb. auf dem Festland. Gemüseanbau (v. a. Frühgemüse), Fischzucht. - Das 724 gegr. Kloster R. (Benediktiner) entwickelte sich im 8. Jh. zur ersten Kulturstätte des Fränk. Reiches (berühmte Bibliothek und Schule), wurde 1535 dem Bistum Konstanz einverleibt; 1540 wurde dem Konstanzer Bischof die Abtswürde auf Dauer übertragen; 1757 aufgelöst; 1803 säkularisiert. - Frühroman. Stiftskirche Sankt Georg in Oberzell (9.Jh., im 10. und 11.Jh. erweitert), Münster in Mittelzell (heutiger Bau im wesentl. 988-1048), Stiftskirche Sankt Peter und Paul in Niederzell (11./12. Jh.; die östl. Teile vermutl. karoling.).

Reichenbach, Georg von (seit 1811), *Durlach (= Karlsruhe) 24. Aug. 1771, † München 21. Mai 1826, dt. Mechaniker und Ingenieur. - Mitbegr. eines mathemat.-mechan. Inst. in München sowie einer opt. Anstalt in Benediktbeuern (u.a. mit J. Fraunhofer); 1820 Direktor des bayr. Wasser- und Straßenbauwesens; konstruierte geodät., astronom. und physikal. Instrumente, machte sich bes. um den Bau der Soleleitungen Reichenhall-Rosenheim (1810) und Berchtesgaden-Reichenhall (1817) verdient.

R., Hans, *Hamburg 26. Sept. 1891, † Los Angeles 9. April 1953, dt. Philosoph und Wissenschaftstheoretiker. - Prof. an der TH Stuttgart, in Berlin, Istanbul und an der University of California in Los Angeles. Einer der Hauptvertreter des Neopositivismus. Seine betont antimetaphys. Wissenschaftstheorie lehnt jede aprior. Erkenntnis ab.

Reichenbach/Vogtl., Krst. am N-Rand des Vogtlandes, Bez. Karl-Marx-Stadt, DDR,

330–470 m ü. d. M., 24 700 E. Ingenieurschule für Textiltechnik; metallverarbeitende und Textilind. - Um 1240 gegr., 1274 Stadtrecht. - Barocke Pfarrkirche (Silbermann-Orgel).

Reichenberg (tschech. Liberec), Stadt an der Lausitzer Neiße, ČSSR, 340–413 m ü. d. M., 100 900 E. Hochschule für Maschinenbau und Textilind.; Freilichttheater, Nordböhm. Museum; botan. Garten, Zoo; jährl. Messe für Webstoffe, Glas, Porzellan und Schmuck; Textil-, Schuh-, Papierind., Maschinen- und Fahrzeugbau. - 1255–78 von dt. Kolonisten besiedelt. 1350 ist der Name erstmals belegt. - Barocke Heilig-Kreuz-Kirche (17. Jh.); Renaissanceschloß (16./17. Jh.); Rathaus im fläm. Renaissancestil (19. Jh.).

Reichenhall, Bad † Bad Reichenhall.

Reichensperger, August, * Koblenz 22. März 1808, † Köln 16. Juli 1895, dt. Jurist und Politiker. - In der Frankfurter Nat.versammlung 1848/49 und im Erfurter Unionsparlament 1850 Verfechter einer großdt. Lösung der Frage; 1851–85 mit Unterbrechungen Mgl. des preuß. Abg.hauses, 1867–84 MdR; 1852 Mitbegründer der Kath. Fraktion, 1870 des Zentrums.

R., Peter, * Koblenz 28. Mai 1810, † Berlin 31. Dez. 1892, dt. Jurist und Politiker. - Bruder von August R.; im Frankfurter Vorparlament und in der preuß. Nat.versammlung 1848 einer der Führer der Rechten; Mgl. des preuß. Abg.hauses 1858–92, MdR 1867–92; Mitbegründer der Kath. Fraktion 1852, des Zentrums 1870, zu dessen Führern er in der Zeit des Kulturkampfes gehörte.

Reichensteiner Gebirge, Teil des Glatzer Berglandes an der Grenze zw. der ČSSR und Polen▼, bis 902 m hoch.

Reichenweier (frz. Riquewihr), frz. Ort im Elsaß, Dep. Haut-Rhin, 10 km nnw. von Colmar, 1 000 E. Weinbau, Fremdenverkehr. - Im 12. Jh. erstmals bezeugt, 1320 als Stadt gen. - Planmäßig angelegt; klassizist. Rathaus (1809) mit Durchfahrt; ehem. Schloß (Renaissance, 15./16. Jh.); Fachwerkhäuser (16. und 17. Jh.); Obertor („Dolder", 1291 und 16. Jahrhundert).

Reichert, Willy, * Stuttgart 30. Aug. 1896, † Grassau (Landkr. Traunstein) 8. Dez. 1973, dt. Schauspieler, Kabarettist und Schriftsteller. - Bekannt durch Vortragsabende, Rundfunktätigkeit und zahlr. Fernsehrollen als Vertreter schwäb. Humors.

Reichgas, durch therm. Spaltung von Erdöl oder von Rückständen der Erdöldestillation in Gegenwart von Wasserdampf erhaltenes, aus niedermolekularen Kohlenwasserstoffen, Kohlenmonoxid, Kohlendioxid und Wasserstoff bestehendes, zu Synthese- und Heizzwecken verwendetes Gas.

Reich Gottes, Vorstellung der jüd. und christl. Eschatologie von der endzeitl., universalen Herrschaft Gottes. Das Judentum nahm zur erwarteten Nähe des R. G. verschiedene Haltungen ein: Die Zeloten wollten im Kampf gegen das Böse (v. a. gegen die Römer), die Pharisäer durch strikte Erfüllung des Gesetzes dem R. G. den Weg ebnen; dagegen entwarf die jüd. Apokalyptik einen Heilsplan und versuchte, den Anbruch des R. G. aus Zeichen zu deuten. An diese Vorstellung knüpfen die synopt. Evangelien an, in denen das R. G. („basileía toũ theoũ") der zentrale Inhalt der Verkündigung ist. Seit dem Ausbleiben der in der nachöster!. Zeit unmittelbar erwarteten Parusie (Wiederkunft Christi und mit ihr Verwirklichung des R. G.) bestimmt die Frage nach dem Verhältnis von R. G. zum Reich Christi und zur Kirche, aber auch zur Welt überhaupt die Geschichtstheologie des Christentums. Die bibl. eschatolog.-dynam. Spannung in diesem Verhältnis taucht bei Augustinus („Civitas Dei"), nachdem sie in der kosmolog. Deutung der frühen Theologen verblaßt war, wieder auf, um sich aber in der scholast. Auffassung von einer universalen christl. Kultur und Gesellschaft institutionell (Kirche = ird. R. G.) und bei den Reformatoren in einem Ordnungsdenken (Luther; die geistl. Ordnung der wahren Kirche ist Zeichen des R. G.) bzw. als mittelbare Theokratie (Calvin) erneut zu beruhigen. Lediglich chiliast. und Bewegungen der Täufer und Spiritualisten hielten den eschatolog. Gedanken (wenn auch z. T. verzerrt) wach, der dann erst im 20. Jh. in dem Bemühen um die Erforschung der im N.T. ausgesagten Spannung zw. Gegenwärtigkeit („schon") und Zukünftigkeit („noch nicht") des R. G. wieder theolog. zum Tragen kommt.

📖 *Simonis, W.:* Jesus v. Nazareth. Seine Botschaft vom R. G. Düss. 1985. - *Schürmann, H.:* Gottes Reich - Jesu Geschick. Freib. 1983. - *Nordsieck, R.:* R. G. - Hoffnung der Welt. Neukirchen-Vluyn 1980.

Reichle, Hans, * Schongau um 1570, † Brixen 1642, dt. Bildhauer. - R. gab der Entwicklung der süddt. Plastik wichtige Anstöße durch die Übermittlung des florentin. Manierismus (Giovanni da Bologna). - *Werke:* Terrakottastatuen (24 relativ kleine) im Schloßhof von Brixen (1596 ff.), Bronzegruppe des hl. Michael für die Zeughausfassade, Augsburg (1603–06), Kreuzigungsgruppe (1605) Augsburg, Sankt Ulrich und Afra).

Reich-Ranicki, Marcel [ra'nıtski], * Włocławek 2. Juni 1920, dt. Literaturkritiker poln. Herkunft. - 1938 aus Berlin nach Warschau deportiert; 1958 Übersiedlung in die BR Deutschland; Mgl. der Gruppe 47; seit 1973 Redakteur der „Frankfurter Allg. Zeitung". Versteht seine [oft „schulmeisterl." gen.] Kritik v. a. als Vermittlung zw. Literatur und Leben sowie zw. Tradition und Moderne, zielt auf rationale Durchleuchtung des Textes, wobei er oft gesellschaftskrit. und psycholog. Motive betont. Verfaßte u. a. „Dt. Literatur in Ost und West" (1963), „Lauter Verrisse"

Reichsabschied

(1970, „Entgegnung. Zur dt. Literatur der siebziger Jahre" (1979).
Reichsabschied ↑Abschied.
Reichsacht, im dt. MA vom Kaiser verhängte und verkündete, für das ganze Hl. Röm. Reich geltende ↑Acht.
Reichsadel, der reichsunmittelbare ↑Adel.
Reichsadler ↑Adler.
Reichsämter, die obersten, von Staatssekretären geleiteten Verwaltungsbehörden des Dt. Reichs 1871–1918, Vorläufer der Reichsministerien der Weimarer Republik. Als R. entstanden bis 1918 u. a. Auswärtiges Amt 1871, Reichsjustizamt 1877, Reichsamt des Innern 1879, Reichsmarineamt 1889, Reichskolonialamt 1907, Kriegsernährungsamt 1916, Reichswirtschaftsamt 1917, Reichsarbeitsamt 1918.
Reichsannalen (Fränk. R., lat. Annales regni Francorum), Hauptwerk der karoling. Annalistik, 741 einsetzend und bis 829 geführt. Die R. sind am Hofe geschrieben worden und haben den Charakter offizieller Geschichtsschreibung mit dem Vorzug, gut informierter Verfasser zu haben, und dem Nachteil tendenziöser Berichterstattung. Die Verfasserschaft Einhards für einzelne Teile der R. ist nicht zu belegen; auch die überlieferte inhaltl. und stilist. Überarbeitung des älteren Teiles (sog. *Annales qui dicuntur Einhardi*) ist ihm nicht zuzuweisen.
Reichsanwaltschaft ↑Reichsgericht.
Reichsapfel ↑Reichsinsignien.
Reichsarbeitsdienst ↑Arbeitsdienst.
Reichsarchiv, 1919 gegr. zentrales Archiv des Dt. Reiches in Potsdam (mit Zweigstellen in Stuttgart und Dresden); betreute die Archivalien der Reichsbehörden sowie des Heeres (1936/37 wurde das Heeresarchiv als selbständiges Archiv ausgegliedert); erlitt im 2. Weltkrieg erhebl. Verluste; Restbestände verteilen sich auf das Bundesarchiv (Sitz Koblenz) und das Zentrale Staatsarchiv (früher Dt. Zentralarchiv [Sitz Potsdam]).
Reichsarmee, von Fall zu Fall aufgebotenes Heer des Hl. Röm. Reiches, das sich aus den festgesetzten Kontingenten der Reichsstände (sog. *Kreistruppen*) zusammensetzte. Der militär. Wert der R. blieb gering.
Reichsbahn ↑Deutsche Reichsbahn.
Reichsbank (Deutsche R.), Zentralnotenbank des Dt. Reiches von 1876 bis 1945 (↑auch Deutsche Bundesbank, ↑Staatsbank der Deutschen Demokratischen Republik).
Reichsbanner Schwarz-Rot-Gold (Kurzname Reichsbanner), polit. Kampfverband der Linken, 1924 gegr.; formell überparteil., Mgl. (maximal rd. 3 Mill.) aber fast ausschließl. SPD-Anhänger; Mitbegr. der Eisernen Front 1931; setzte dem Preußenputsch F. von Papens und der nat.-soz. Machtergreifung keinen Widerstand entgegen; 1933 verboten.

Reichsbehörden, Bez. für die zentralen Ämter des Hl. Röm. Reiches; v. a. für die Behörden, die die Geschäfte des Dt. Reiches 1871–1945 führten: Oberste R. waren der Reichskanzler, die Reichsämter (bis 1919) bzw. (seitdem) die Reichsministerien sowie die keinem Ministerium unterstellten Behörden (Reichszentralbehörden, sog. Immediatbehörden, z. B. der Rechnungshof des Dt. Reiches), daneben gab es die diesen obersten R. bei- und nachgeordneten Stellen.
Reichsbischof, zur Zeit des NS leitender Amtsträger der von den ↑Deutschen Christen geforderten und durchgesetzten „Reichskirche luth. Prägung".
Reichsbruderrat, Leitungsgremium der ↑Bekennenden Kirche, bildete 1934 eine vorläufige Kirchenleitung.
Reichschaum ↑Blei.
Reichsdeputationshauptschluß, Beschluß der letzten außerordentl. Reichsdeputation vom 25. Febr. 1803 über die Entschädigung der durch die Abtretung des linken Rheinufers an Frankr. betroffenen weltl. Fürsten. 112 Reichsstände verschwanden, darunter fast alle geistl. Ft. (↑Säkularisation) und die Reichsstädte bis auf sechs. Preußen, Bayern, Baden und Württemberg erfuhren starke Gebietsvergrößerungen. So gewann Frankr. in den süddt. Staaten Verbündete, und die Position Preußens gegenüber Österreich wurde gestärkt. Der R. beseitigte die territoriale Zersplitterung des dt. Reichsgebietes, erschütterte aber durch die tiefgreifenden Änderungen der Reichsverfassung auch die Grundfesten des Reichs.
Reichsdeutsche, in der Zeit der Weimarer Republik und des Dritten Reichs Bez. für Inhaber der dt. Staatsangehörigkeit, die innerhalb der Grenzen des Dt. Reichs lebten, im Unterschied zu im Ausland lebenden dt. Staatsangehörigen (Auslandsdeutsche) und zu Deutschen fremder Staatsangehörigkeit (Volksdeutsche).
Reichsdruckerei, Vorläuferin der ↑Bundesdruckerei. 1879 entstanden durch Verschmelzung der Königl. Preuß. Staatsdruckerei (gegr. 1851) und der Königl. Geheimen Oberhofdruckerei, Sitz Berlin. Neben den amtl. Druckerzeugnissen entstanden in der R. bibliophile *Reichsdrucke,* graph. Sammelwerke oder (literar.) Prachtausgaben.
Reichserbämter (Erbämter), die seit dem 13. Jh. erbl., auf die 4 german. Hausämter zurückgehenden Hofämter im Hl. Röm. Reich (*Erbmarschall, Erbschenk, Erbkämmerer* oder *Erbschatzmeister, Erbtruchseß* oder *Erbseneschall*), deren (ministerial.) Inhaber anstelle der Inhaber der seit dem 12. Jh. erbl. und an bestimmte Territorien gebundenen ↑Erzämter (Kurfürsten) den tatsächl. Dienst am Hofe versahen, sich in neuerer Zeit aber durch Unterbeamte vertreten ließen.
Reichsexekution, 1. im Hl. Röm. Reich

durch die Reichsexekutionsordnung geregelte Durchführung von Urteilen des Reichskammergerichts, z. B. bei Landfriedensbruch durch das Aufgebot eines oder mehrerer Reichskreise; 2. nach Art. 19 der Reichsverfassung von 1871 Bez. für die vom Kaiser auf Beschluß des Bundesrats gegen ein Bundes-Mgl., das seine Bundespflichten verletzte, auszuführenden Zwangsmaßnahmen.

Reichsexekutionsordnung, reichsrechtl. Vorschriften über den Vollzug der Reichsexekution; insbes. für die Vollstreckung von Urteilen des Reichskammergerichts und von Maßnahmen zur Sicherung des Landfriedens.

Reichsfilmkammer ↑ Reichskulturkammer.

Reichsfreiherr, seit Mitte des 18. Jh. Titel der Reichsritter.

Reichsfürst ↑ Fürst, ↑ Adel.

Reichsfürstenrat (Fürstenrat, Fürstenbank), in Auseinandersetzung mit dem Kurfürstenkollegium im 15. Jh. entstandene Kurie des Reichstags, in der sich die ↑ Virilstimmen führenden Reichsfürsten sowie die ↑ Kuriatstimmen führenden Reichsgrafen, die reichsständ. Herren (in Grafenbänken) und die nicht gefürsteten Prälaten (in Prälatenbänken) zusammenschlossen. Der R. handelte die Reichsabschiede mit dem Kurfürstenkollegium aus.

Reichsfürstentum, seit dem 12. Jh. Bez. für das mit der herzogl. Amtsgewalt verbundene, als Fahn- oder Zepterlehen vergebene reichsunmittelbare Territorium eines Reichsfürsten (Fürstenlehen).

Reichsgaue, reichsunmittelbare Verwaltungsbezirke in den ab 1938 dem Dt. Reich gewaltsam angeschlossenen Gebieten: Alpen- und Donau-R. (Wien, Oberdonau, Niederdonau, Kärnten, Steiermark, Salzburg, Tirol-Vorarlberg), Sudetenland, Danzig-Westpreußen, Wartheland. Die R. deckten sich territorial mit den Gauen der NSDAP, der Reichsstatthalter war zugleich Gauleiter.

Reichsgeneralfeldmarschall ↑ Feldmarschall.

Reichsgericht, Bez. für Gerichte im Hl. Röm. Reich und im Dt. Reich, die als Gerichte auf Reichsebene für bestimmte Delikte oder als Appellationsinstanzen eingerichtet waren. - Im MA existierte als R. das Reichshofgericht. Es wurde dem 1495 eingerichteten Reichskammergericht und dem 1498/1527 gegr. Reichshofrat abgelöst. Diese R. existierten zus. mit den territorial in ihrer Zuständigkeit begrenzten sog. Reichsuntergerichten bis 1806.
Im Dt. Reich war die Justizhoheit fast ausschließl. Sache der Bundesstaaten. Doch wurde 1879 ein R. in Leipzig geschaffen, als Revisionsinstanz in Straf- und Zivilsachen zur Gewährleistung der Einheitlichkeit der Rechtsprechung im gesamten Dt. Reich, außerdem als Erst- und Letztinstanz für Hoch- und Landesverrat und ähnl. Delikte, wobei die **Reichsanwaltschaft** als Anklagebehörde fungierte. Das R. war ein reines Juristengericht. An der Spitze des R. stand der R.präs., der gemäß Gesetz vom 17. 12. 1932 im Falle einer Verhinderung den Reichspräsidenten zu vertreten hatte. 1920 wurde ein mit dem R. verbundener Staatsgerichtshof für das Dt. Reich eingerichtet, der insbes. für Streitigkeiten zw. Reich und Ländern zuständig war. Wohl im Anschluß an den Reichstagsbrandprozeß wurde dem R. durch Gesetz vom 24. 4. 1934 die erst- und letztinstanzl. Zuständigkeit für Hoch- und Landesverrat und ähnl. Delikte entzogen und auf den ↑ Volksgerichtshof, der nicht ausschließl. mit Juristen besetzt war, übertragen.

Reichsgesetzblatt ↑ Bundesgesetzblatt.

Reichsgraf, im Hl. Röm. Reich Angehöriger des hohen Adels; die R. bildeten mit den reichsständ. Herren im Reichsfürstenrat 4 R.bänke (wetterauische, schwäb., fränk., westfälische).

Reichsguldiner, die silbernen Guldengroschen der verschiedenen Reichsmünzordnungen von 1524 (= 1 Goldgulden = 21 Reichsgroschen), 1551 (= 1 Goldgulden = 72 Kreuzer) und 1559 (auch: **Guldentaler;** = 60 Kreuzer); seit 1566 zunehmend vom Reichstaler verdrängt.

Reichsgut, im Hl. Röm. Reich Grundbesitz des Reiches, der dem König zum Unterhalt des Hofes und für seine Reg.tätigkeit zur Verfügung stand; neben das unter unmittelbarer königl. Verfügungsgewalt verbleibende R. trat das ausgegebene: Reichslehensgut, Reichskirchengut.

Reichshaftpflichtgesetz (Abk. RHG), Kurzbez. für das Gesetz betreffend die Verbindlichkeit zum Schadenersatz für die bei dem Betriebe von Eisenbahnen, Bergwerken usw. herbeigeführten Tötungen und Körperverletzungen vom 7. 6. 1871, das in der Neufassung vom 4. 1. 1978 als HaftpflichtG wesentl. Teil des ↑ Eisenbahnrechts ist.

Reichshofkanzlei, die 1502 aus der Vereinigung der dem Erzbischof von Mainz als Reichserzkanzler unterstehenden Reichskanzlei und der Hofkanzlei der habsburg. Erblande hervorgegangene, bis 1620 bestehende Kanzlei.

Reichshofrat, 1498/1527 als Gegengewicht gegen das Reichskammergericht errichtetes oberstes kaiserl. Gericht für die habsburg. Erblande und das Hl. Röm. Reich, das sowohl der Beratung des Kaisers als auch der Ausübung seiner richterl. Gewalt dienen sollte; zuständig für Reichslehnssachen, Kriminalsachen von Reichsunmittelbaren und Streitigkeiten über kaiserl. Reservatrechte und Privilegien.

Reichsidee, die in einem Herrschaftsbereich bestehenden Vorstellungen, die diesen

Reichsinsignien

als übernat., universal, mit einer höheren Weihe versehen und in eine bestimmte Tradition gebunden begreifen und mit denen hegemoniale Ansprüche verbunden werden. Die antike R. war durch die Vorstellung von der Einheit der Kulturvölker bestimmt: Der röm. Erdkreis galt seinen Bewohnern als Erdkreis, als Kulturkreis schlechthin. Seit Konstantin d. Gr. verschmolzen röm. und christl. Reichsbewußtsein, das die Friedensordnung der Pax Romana als Voraussetzung eines Imperium Christianum mit einem den Frieden garantierenden Kaiser an der Spitze ansah, miteinander. Eingebettet in christl.-universale Vorstellungen, wurde die R. neu belebt mit der Erneuerung des Kaisertums im W durch Karl d. Gr. und durch den Übergang des Kaisertums auf die Deutschen (962, Otto d. Gr.). In otton.-sal. Zeit wurden die Begriffe Regnum und Imperium mehr und mehr identisch (dt. Sprachgebrauch: daz rîche). Die Betonung des Anspruchs der Deutschen auf das Imperium in der spät-ma. Publizistik (z. B. Alexander von Roes) erfolgte bereits aus einer Position der Verteidigung gegenüber den aufsteigenden Nat.staaten. Im Reich selbst erschienen als Träger der R. nur noch die Reichsstädte und die Reichsritterschaft. Die R. blieb über das Ende des Hl. Röm. Reiches dt. Nation (1806) hinaus eine geistige Kraft, die sich im großdt. Gedanken manifestierte und v. a. von der polit. Romantik wachgehalten wurde und sich in der Revolution von 1848 mit liberalen und demokrat. Tendenzen verband. Mit der Reichsgründung 1870/71 wurde die universale R. durch die Realität des kleindt. Nat.staats verdrängt, lebte jedoch latent fort. Sie gewann eine gewisse Aktualität bei den Versuchen, im Gefolge des 1. Weltkriegs den großdt. Gedanken zu verwirklichen. Im NS wurde die R. als Propagandainstrument für expansive Großraumpolitik und in Verbindung mit der Rassenideologie (Großgerman. Reich) diskreditiert.

Habsburg, O.: Die R. Wien 1986. - Beilner, H.: Von der ma. R. zum souveränen Staat. Mchn. 1976. - Dempf, A.: Sacrum Imperium. Geschichts- u. Staatsphilosophie des MA ... Mchn. ⁴1973. - Koch, G.: Auf dem Wege zum Sacrum Imperium. Wien u. a. 1972.

Reichsinsignien, Herrschaftszeichen der ma. dt. Könige und der Röm. Kaiser, deren Überreichung bei der Krönung einen wichtigen Teilakt im Gesamtvorgang der Thronerhebung darstellte. Zu den R. gehören die Insignien: Krone, Reichsapfel (den Erdkreis symbolisierend), Zepter, Schwert und die durch Heinrich I. erworbene Hl. Lanze (diese wurde nicht bei der Krönung überreicht); ferner die ↑Reichskleinodien.

Reichsitalien, Bez. für das alte langobard. Kgr., das seit dem 1. Italienzug Ottos I., d. Gr. (951/952), unter die Herrschaft des dt. Königs kam und zus. mit Deutschland und (seit 1033) Burgund das Imperium bildete. Nach dem Interregnum brach die Reichsherrschaft in Italien zusammen.

Reichskammer der bildenden Künste ↑Reichskulturkammer.

Reichskammergericht, 1495 im Zusammenhang mit der Verkündung des Ewigen Landfriedens von den Reichsständen unter Führung des Mainzer Kurfürsten Berthold von Henneberg durchgesetztes oberstes Gericht des Hl. Röm. Reiches. Es stand unter der Leitung eines vom Kaiser ernannten und dem hohen Reichsadel angehörigen *Kammerrichters;* die Geschäfte führten 2–4 Präs., bis zu 50 Beisitzer (Assessoren) und die der Reichskanzlei zugeordnete Kanzlei. Die oberste Entscheidung hatte der Reichstag. Das R. war zuständig für Landfriedensbruch, Mißachtung der Reichsacht, alle Fiskalsachen, Zivilklagen gegen Reichsunmittelbare und für Besitzstreitigkeiten unter diesen. Es war die oberste Berufungsinstanz für alle Gerichte aus den Territorien ohne Appellationsprivileg. Die Schwerfälligkeit des schriftl. geführten Prozesses und die häufige Unterbesetzung des R. ließen seine Bed. vom 17. Jh. an sinken.

Reichskanzlei, Reichsbehörde, 1878/79 aus dem Bundeskanzleramt des Norddt. Bundes und dem (ab 1871) Reichskanzleramt des Dt. Reichs entstanden; bestand bis 1945. Die R. gewann zunehmend an polit. Bed., die jedoch nach 1933, v. a. aber mit Beginn des 2. Weltkrieges wieder sank. Vorläufer des heutigen Bundeskanzleramts.

Reichskanzler, 1. im Dt. Reich 1871–1918 höchster, vom Kaiser ernannter Reichsbeamter. Über die Funktion als Gegenzeichnung der kaiserl. Reg.akte verantwortl. Alleinmin. des Reiches (gekoppelt mit dem Vorsitz im Bundesrat und - als preuß. Außenmin. - mit der Instruktion der preuß. Bundesratsstimmen, oft auch mit dem Amt des preuß. Min.präs. verbunden) hinaus wurde das Amt von seinem ersten Träger, Bismarck, zum polit. Brennpunkt der Reichspolitik gemacht. Unter Wilhelm II. verlagerte sich das Schwergewicht wieder auf den Monarchen.

2. in der Weimarer Republik der Leiter der Reichsreg.; die doppelte Abhängigkeit des R. auf Grund der Weimarer Reichsverfassung (Verantwortlichkeit gegenüber dem Reichstag und Ernennung sowie Entlassung durch den Reichspräs.) verhinderte die Herausbildung einer eigtl. Kanzlerverfassung und trug wesentl. zur Strukturkrise des Weimarer Parlamentarismus bei. Von 1930 ab stützten sich die R. zunehmend auf den Reichspräs. (Präsidialkabinette); mit der Berufung Hitlers zum R. 1933 ging das sog. Präsidialsystem in die Diktatur über. Die Selbsternennung Hitlers zum „Führer und R." 1934 brachte auch in der Amtsbezeichnung die Struktur des NS-Doppelstaates zum Ausdruck: Weiterexistenz

des Verwaltungsstaats, den die Führergewalt jedoch jederzeit ausschalten konnte.

Reichskirchensystem (otton.-sal. R.), die Gesamtheit der reichsunmittelbaren kirchl. Anstalten (**Reichskirche**) und ihre Stellung in der Verfassungsstruktur des Hl. Röm. Reiches. Ottonen und Salier bauten durch Schenkung von Grundbesitz (Reichskirchengut), Ausweitung der Immunität und Übertragung staatl. Hoheitsrechte die Reichskirche zu einem Gegengewicht gegen die Hzg. aus. Voraussetzung für das Funktionieren des Systems war die auf dem Sakralcharakter des Königtums beruhende, durch eigenkirchenrechtl. Vorstellungen verstärkte Kirchenhoheit des Königs, die sich in seiner entscheidenden Mitsprache bei der Bischofswahl und bei der Investitur äußerte. Die Reichskirche, die nicht einen bes. kirchenrechtl. organisierten Verband darstellte, wurde ihrerseits zu Leistungen herangezogen, die Hofkapelle war die eigtl. zentrale „Behörde" der Reichsverwaltung, aus der sich zugleich der Episkopat rekrutierte. Die Bed. des R. fand neben dem innenpolit. Nutzen seine Rechtfertigung in der durch das Miteinander von weltl. und geistl. Gewalt garantierten Verwirklichung von Frieden und Ordnung und wurde daher grundsätzl. bejaht. Der Investiturstreit stellte die Grundlagen des R. in Frage; Anfang des 13. Jh. wurden die verbliebenen königl. Rechte aufgegeben. Geistl. Fürstentümer blieben bis 1803 bestehen.

Reichskleinodien, die Reichsinsignien i. w. S.: Krönungsornat, Handschuhe und Heiltümer (z. B. Reliquiar mit einem Span von der Krippe Christi); Aufbewahrungsort der R. war Karlstein, seit 1805 in Wien.

Reichskommissar, im Dt. Reich 1871–1945 Beauftragter der Reichsreg. (in der Weimarer Republik auch des Reichspräs.) für die Erfüllung von zeitl. unbegrenzten oder befristeten bes. Verwaltungsaufgaben, die z. T. ausgeprägt polit. Charakter hatten. Nach 1933 wurden R. auch vorübergehend im Zuge der nat.-soz. Machtergreifung, weiterhin z. T. bei der Angliederung neuer Gebiete an das Reich und im Zusammenhang mit der Expansion des Dt. Reiches im 2. Weltkrieg eingesetzt.

Reichskonkordat, das Konkordat zw. dem Hl. Stuhl und dem Dt. Reich, am 20. Juli 1933 in der Vatikanstadt unterzeichnet, am 10. Sept. 1933 ratifiziert und in Kraft getreten; bedeutendstes Resultat der Konkordatsdiplomatie des Nuntius bzw. Kardinalstaatssekretärs Pacelli (des späteren Pius XII.); verschaffte dem Hitlerregime außenwie innenpolit. Prestigegewinn, schuf zugleich eine völkerrechtl. abgesicherte Defensivlinie für den dt. Katholizismus gegenüber dem Totalitätsanspruch des NS. Als Rahmenkonkordat garantierte das R. die bestehenden Länderkonkordate und regelte darüber hinaus generell Fragen der kirchl. Organisation und Ämterbesetzung, den Fortbestand der kath.-theolog. Fakultäten, das Recht auf die Gründung philosoph. und theolog. Lehranstalten zur Ausbildung des Klerus, die Erteilung des kath. Religionsunterrichts in den Schulen, die Beibehaltung und Neueinrichtung von Bekenntnisschulen, das Recht zur Erteilung der Missio canonica für die Lehrer, die Militärseelsorge, das eigene kirchl. Steuerrecht, den Fortbestand des kirchl. Vereinswesens u. a., während sein Entpolitisierungsartikel die kath. Geistlichen von parteipolit. Betätigung ausschloß. Tatsächl. hielt der NS-Staat das R. nicht ein, wogegen der Papst mit der Enzyklika „Mit brennender Sorge" (1937) protestierte. Es bewährte sich jedoch als Rechtsgrundlage im Kirchenkampf. - Zur Fortgeltung des R. nach 1945 ↑ Konkordat.

W *Volk, L.: Das R. vom 20. Juli 1933. Von den Ansätzen in der Weimarer Republik bis zur Ratifizierung am 10. Sept. 1933. Mainz 1972. - Staatl. Akten über die R.verhandlungen 1933. Hg. v. A. Kupper. Mainz 1969.*

Reichskreise, Bez. für die unter Kaiser Maximilian I. geschaffenen 10 Reichsbez. (1500: Bayr., Fränk., Schwäb., Oberrhein., [Niederrhein.-]Westfäl. u. Sächs. Kreis; ferner 1512: Kurrhein., Burgund., Ostr. R. und Aufspaltung des Sächs. in Ober- und Niedersächs. R.), von denen Böhmen, Mähren, Schlesien, die Lausitz und Preußen, ferner die Reichsdörfer und die Herrschaften der Reichsritter ausgeschlossen blieben. Aufgaben der R. waren u. a.: Wahrung des Landfriedens und Ausführung der Urteile des Reichskammergerichts, Aufsicht über das Münzwesen, Aufbringung von Reichssteuern, Aufstellung der *Kreistruppen;* letzteres oblag dem *Kreisoberst* (bis 1555: *Kreishauptmann*). Die *Kreisstände* wurden vom *kreisausschreibenden Fürsten* zum *Kreistag* einberufen, wo sie Bänke unterschiedl. Anzahl bildeten.

Reichskulturkammer, Abk. RKK, im Zuge der nat.-soz. Gleichschaltung eingeführte berufsständ. Zusammenfassung und Gliederung der in den kulturellen Bereichen Tätigen auf Grund des R.gesetzes vom 22. 9. 1933. Präs. der R. war J. Goebbels, der die Präs. der Einzelkammern (Reichsschrifttums-, Reichstheater-, Reichsfilm-, Reichsmusik-, Reichspressekammer, Reichskammer der bildenden Künste; bis 1939 auch Reichsrundfunkkammer) ernannte; bildete ein wichtiges Instrument für die Durchsetzung der Ziele des NS (Ausschaltung von Juden, Demokraten, NS-Gegnern; Propagierung nat.-soz. Gedankenguts), da die Mgl.schaft in der zuständigen Einzelkammer Grundlage einer Berufsausübung im jeweiligen Kulturbereich war.

Reichsland, 1. bis 1806 jedes zum Hl. Röm. Reich gehörende Gebiet; 2. 1871–1918 Bez. für das R. Elsaß-Lothringen.

Reichslandbund, 1921 aus dem Zusammenschluß des Bundes der Landwirte und

Reichsmarine

des Dt. Landbundes (gegr. 1919) hervorgegangene größte dt. landw., vorwiegend großagrar. orientierte Interessenorganisation (1928: über 5 Mill. Mgl.); schloß sich 1929 der Grünen Front an, wurde unter kontinuierl. Entwicklung nach rechts schließl. ein Wegbereiter des NS und ging 1933 im Reichsnährstand auf.

Reichsmarine, Bez. für die Kriegsmarine der Reichswehr.

Reichsmark, Abk. RM, die Währungseinheit des Dt. Reiches, eingeteilt in 100 Reichspfennige. Sie löste die ↑ Rentenmark ab und galt gleich der Goldmark, wurde jedoch als Münze nur in Silber und Nickel (1933–39) ausgeprägt. Ab 1936 führten die Finanz- und Wirtschaftspolitik des Reiches zunehmend zur Entwertung. 1945 war die RM-Währung so zerrüttet, daß sie 1948 durch die ↑ Deutsche Mark bzw. (in der SBZ) die Dt. Mark der Dt. Notenbank abgelöst werden mußte.

Reichsmarschall, höchster Offiziersdienstgrad in der dt. Wehrmacht, zu dem H. Göring 1940 befördert wurde.

Reichsministerialen ↑ Ministerialen.

Reichsministerien, 1. Bez. für die von der Frankfurter Nat.versammlung 1848/49 eingesetzten kurzlebigen Ministerien und für die Fachministerien als oberste Reichsbehörden 1919–45. Die R. in der Weimarer Republik bis 1933 waren: Auswärtiges, Inneres, Finanzen, Justiz, Reichswehr bzw. Krieg, Wirtschaft, Post, Verkehr, Ernährung und Landw., wirtsch. Demobilmachung (1919), Kolonien (1919), Schatz (1919–23), Wiederaufbau (1919–24), besetzte Gebiete (1923–30); im NS ab 1933 Vermehrung um 6 weitere R.: Volksaufklärung und Propaganda (ab 1933), Luftfahrt (1933), Wiss., Erziehung und Volksbildung (ab 1934), kirchl. Angelegenheiten (ab 1935), Bewaffnung und Munition (ab 1940), besetzte Ostgebiete (ab 1941). Mit der Übernahme des Oberbefehls über die Wehrmacht durch Hitler wurde das Reichskriegsministerium 1938 aufgehoben.
2. Bez. für die Ministerien in Österreich-Ungarn nach dem Ausgleich (1867) bis 1918, die ein für beide Reichshälften gemeinsames Ressort verwalteten: Äußeres, Krieg, Finanzen.

Reichsmusikkammer ↑ Reichskulturkammer.

Reichsnährstand, auf Grund eines Gesetzes vom 13. 9. 1933 im Zuge der Gleichschaltung errichtete öffentl.-rechtl. Gesamtkörperschaft, die alle auf dem Gebiet der Ernährungswirtschaft tätigen Personen und Betriebe einschl. aller freiwilligen Verbände und Landw.kammern zwangsweise erfaßte; in Landes-, Kreis- und Ortsbauernschaften weiter untergliedert; stellte 1945 die Tätigkeit ein; 1949 aufgehoben.

Reichspartei, Kurzbez. für Dt. Reichspartei († Freikonservative Partei).

Reichspartei des deutschen Mittelstandes (Wirtschaftspartei), ab 1925 Name der 1920 gegr. „Wirtschaftspartei des dt. Mittelstandes"; im wesentl. eine Interessenvertretung für Handwerk, Gewerbe und Hausbesitz; erreichte 1928 23 Mandate; zerfiel nach 1930 und löste sich im April 1933 auf.

Reichspräsident, Bez. für das Staatsoberhaupt des Dt. Reiches 1919–34. Der vom Volk direkt für 7 Jahre gewählte R. verfügte nicht nur über die übl. repräsentativen Funktionen eines Staatsoberhaupts (repräsentative Staatsspitze, Vertretung des Reiches nach außen, Ernennung und Entlassung der Beamten, Ausfertigung der Gesetze, Begnadigungsrecht), sondern war neben dem Reichstag und in Konkurrenz zu diesem nach der dualist. konzipierten Weimarer Reichsverfassung (WRV) in 2. höchstes, demokrat. legitimiertes Staatsorgan. Infolge des traditionellen obrigkeitl. Denkens und des vorwaltenden Mißtrauens gegenüber dem Pluralismus der Parteien in der Weimarer Republik verschoben sich die Machtverhältnisse zugunsten des R., der zum „Ersatzkaiser" wurde und dem in der Kombination seiner Rechte zur Auflösung des Reichstages, zur Ernennung und Entlassung des Reichskanzlers und zur Verhängung des Ausnahmezustands nach dem Diktaturparagraphen der WRV (Art. 48) umfassende Machtbefugnisse zur Verfügung standen, zumal er auch den Oberbefehl über die Reichswehr innehatte. Dagegen waren die Möglichkeiten des Reichstages, die Absetzung des R. durch Volksabstimmung zu betreiben oder ihn vor dem Staatsgerichtshof anzuklagen, bedeutungslos. Während der erste R., F. Ebert (1919–25) seine Kompetenzen nutzte, um die Republik zu stabilisieren, diente unter seinem Nachfolger Hindenburg (1925–34) die Machtfülle des R. der Errichtung der autoritären Präsidialkabinette und der nat.-soz. Machtergreifung. 1934 vereinigte Hitler die Ämter des R. und des Reichskanzlers auf sich und nannte sich Führer und Reichskanzler.

Reichspressekammer ↑ Reichskulturkammer.

Reichsprotektor ↑ Protektor.

Reichsrat, ständ. bzw. föderativ strukturiertes staatl. Vertretungs-, oft auch Gesetzgebungsorgan. - Im *Dt. Reich 1919–34* die Vertretung der Länder bei Gesetzgebung und Verwaltung des Reiches mit nur suspensivem Veto gegenüber vom Reichstag beschlossenen Gesetzen. Die Stimmen der Länder waren nach der Bev.zahl (auf Grund der letzten Volkszählung) festgesetzt: jedes Land hatte mindestens 1 Stimme, keines mehr als $^2/_5$ aller Stimmen; Preußen war mit 26 Stimmen am stärksten vertreten. Die Mgl. des R. (zuletzt insgesamt 66) waren Vertreter der Reg. ihrer Länder, in Preußen wurden sie jedoch zur Hälfte von den Provinzialverwaltungen

Reichsstände

bestellt. - In *Österreich* 1860/61 bzw. 1861–65 durch das Oktoberdiplom bzw. Februarpatent geschaffenes konstitutionelles Vertretungsorgan des *Kaisertums Österreich* mit Herren- und Abg.haus; 1867–1918 für Zisleithanien wieder eingeführt; Wahl des Abg.hauses ab 1907 nach allg. gleichem, direktem und geheimem Wahlrecht (für Männer). - Im zarist. *Rußland* svw. Reichsduma (↑ Duma).

Reichsreform, 1. im *Hl. Röm. Reich* zunächst auf den Reichstagen von 1434–38 unternommene und in der Publizistik diskutierte Bemühungen um eine Umgestaltung der Reichsverfassung, die den Reichsständen ein Mitregierungsrecht in Reichsangelegenheiten sichern sollte (**Reichsregiment**). Ein erstes R.gesetz scheiterte an den fehlenden organisator. Voraussetzungen. Kaiser Friedrich III. verhinderte in den folgenden Jahrzehnten weitere Reformversuche. Kaiser Maximilian I. sah sich dann gezwungen, auf den Reichstagen von Worms (1495) und Augsburg (1500) wesentl. Zugeständnisse zu machen: Ein Ewiger Landfriede sollte die Grundlage für die R. schaffen; als allg. Reichssteuer sollte der Gemeine Pfennig erhoben werden (1. Reichsregiment). Im ganzen scheiterte die zunächst mit der Wahlkapitulation Karls V. (2. Reichsregiment) fortgesetzte R. an den fehlenden organisator. Voraussetzungen, am Widerstand des Reichsoberhaupts und am Mißtrauen der auf die Wahrung ihrer Rechte bedachten Reichsfürsten.
2. die territoriale Reorganisation des *Dt. Reiches* nach 1919 sowie die Neuordnung des Verhältnisses zw. Reich und Ländern. Realisiert wurden nur 1920 der Anschluß Coburgs an Bayern und der Zusammenschluß der thüring. Staaten zum Land Thüringen, 1922 der Anschluß Pyrmonts und 1929 Waldecks an Preußen. Der Dualismus Preußen–Reich wurde durch Papen im Preußenputsch 1932 im Sinn einer autoritären R. beseitigt.

Reichsregierung, oberstes Exekutivorgan des Dt. Reichs 1919–45. Für die R., die aus den Reichskanzler und den Reichsministern bestand, galten Kollegialität, Mehrheitsprinzip und Richtlinienkompetenz des Reichskanzlers, der auch Vors. der R. war. Die R. war vom Vertrauen des Reichstages abhängig, zugleich in wachsendem Maße vom Reichspräs.; die parlamentsunabhängige Handhabung (ab 1930) der Befugnis des Reichspräs., die Mgl. der R. zu ernennen und zu entlassen, bedeutete den Übergang zum sog. Präsidialsystem. Ab Mitte 1933 kam es zur Auflösung der kollegialen R., deren letzte Sitzung Anfang 1938 stattfand. - Im Dt. Reich 1871–1918 wurden die Funktionen der R. („Reichsleitung") überwiegend vom Reichskanzler als dem Vorgesetzten der Leiter der Reichsämter und vom preuß. Staatsministerium ausgeübt.

Reichsregiment ↑ Reichsreform.

Reichsritterschaft, der v. a. aus den Ministerialen hervorgegangene niedere Adel in Schwaben, Franken und am Rhein, der sich den Territorien entziehen und eine reichsunmittelbare Stellung erreichen bzw. behaupten konnte und der sich im 14./15. Jh. zu Ritterbünden zusammengeschlossen hatte. Die R. gelangte nicht zur Reichsstandschaft und voller Landeshoheit. Sie gliederte sich in 3 Ritterkreise (Schwaben, Franken, Rheinstrom), die wiederum in 15 Orte (Kantone) unterteilt waren. Mit kaiserl. Hilfe suchte die R. ihre Selbständigkeit zu verteidigen und zählte so durchweg zu den treuesten Gefolgsleuten des Kaisers im Reich. Nach sich häufenden Übergriffen der größeren Landesherren erfolgte 1803/06 die Mediatisierung.

Reichsrundfunkkammer ↑ Reichskulturkammer.

Reichsschrifttumskammer ↑ Reichskulturkammer.

Reichssicherheitshauptamt, Abk. RSHA, interne Organisationsbez. für die mit der Zusammenfassung der Sicherheitspolizei und des Sicherheitsdienstes des Reichsführers SS 1939 geschaffene Konzentration im polit. Polizeiwesen in Deutschland. Als „Chef der Sicherheitspolizei und des SD" verfügte der Leiter des R. (bis 1942 R. Heydrich, 1943–45 E. Kaltenbrunner) über mehrere formal weiterbestehende staatl. Ämter (Geheimes Staatspolizeiamt, Reichskriminalpolizeiamt) und Parteiämter. In den im 2. Weltkrieg besetzten Gebieten setzte das R., dem Mitte 1941 auch die techn. Durchführung der „Gesamtlösung der Judenfrage im dt. Einflußgebiet in Europa" übertragen wurde, mobile Einsatzgruppen zur „Gegnerbekämpfung" ein.

Reichsstädte, im MA reichsunmittelbare, königl. Städte, auf Reichsgut oder Hausgut der Herrscher errichtet und ihm zu Diensten und Abgaben verpflichtet. Von diesen R. sind zu unterscheiden die **Reichsvogteistädte,** in denen der König zwar die Vogtei besaß, die Stadtherrschaft aber von der Kirche ausgeübt wurde, auf deren Grund die Stadt errichtet worden war, sowie die Freistädte (↑ freie Städte); freie und R. wurden später vielfach unter der Bez. „freie R." zusammengefaßt. Kennzeichen der R. war die Reichsstandschaft (seit 1489 im Reichstag als gemeinsame Kurie [schwäb. und rhein. Städtebank]). 1803–07 wurden alle R. außer Frankfurt am Main, Bremen, Hamburg und Lübeck mediatisiert (Frankfurt am Main ab 1866 preuß., Lübeck 1937 zu Preußen [Schleswig-Holstein]).

Reichsstände, im Hl. Röm. Reich die Reichsfürsten, Reichsgrafen, Reichsprälaten und Reichsstädte, die aus der Reichsunmittelbarkeit erwachsene Recht zur Führung einer Virilstimme oder zur Beteiligung an einer Kuriatstimme im Reichstag besaßen (**Reichsstandschaft**). Die R. repräsentierten damit neben dem Kaiser das Reich.

Reichsstatthalter, in der Anfangsphase der nat.-soz. Machtergreifung durch Gesetz vom 7. 4. 1933 geschaffenes Amt. Die für die dt. Länder vom Reichspräs., ab 1934 von Hitler zu R. ernannten Gauleiter der NSDAP (Ausnahme: der R. Ritter von Epp in Bayern) bildeten als ständige Vertreter des Reichskanzlers in ihrem Amtsbezirk Aufsichtsorgane über die Landesregierungen. In Preußen lagen die Rechte des R. in Hitlers Auftrag bei Min.präs. Göring. Zunächst ausschließl. Instrumente der Führergewalt; 1934 der Dienstaufsicht des Reichsinnenmin. unterstellt.

Reichstadt, Napoléon Hzg. von (als Kaiser der Franzosen Napoleon II.), eigtl. Napoléon François Bonaparte, *Paris 20. März 1811, †Schloß Schönbrunn in Wien 22. Juli 1832. - Einziger Sohn Napoleons I. aus dessen Ehe mit Marie Louise. Bei seiner Geburt zum „König von Rom" proklamiert; nach den wiederholten Abdankungen seines Vaters zu seinen Gunsten (1814/15) in Schönbrunn erzogen. 1817 seiner Erbansprüche beraubt, erhielt er 1818 die böhm. Herrschaft R.

Reichstag, allg. Bez. für verschiedene Repräsentativorgane mit Legislativfunktion (z. B. in Schweden, Finnland, Japan).
Im *Hl. Röm. Reich* war der R. die Vertretung der dt. Reichsstände gegenüber dem Kaiser (lat. Comitia imperii, Curia imperialis); entstand aus den Hoftagen, wurde im Zusammenhang mit den Bemühungen um die Reichsreform zur festen Institution; gliederte sich ab 1489 in: Kurfürstenkollegium, Reichsfürstenrat (mit Grafenbänken bzw. Grafenkurien), Reichsstädtekollegium. Hatte seit dem Spät-MA gewohnheitsrechtl. Kompetenzen betreffend Rechtspflege, Abschluß von Verträgen, Erhebung von Steuern, Veränderung der Reichsverfassung, Entscheidungen über Krieg und Frieden. Hatten sich die Kollegien in ihrer Gesamtheit auf ein Reichsgutachten (Consultum imperii) geeinigt, wurde dieses durch kaiserl. Sanktion zum Reichsabschied. Ab 1663 tagte der R. als Gesandtenkongreß permanent („Immerwährender R.") in Regensburg (vorübergehend auch in Augsburg und Frankfurt am Main); löste sich 1806 auf. Im *Norddt. Bund 1867–71*, im *Dt. Reich 1871–1945* (mit 3jähriger, ab 1888 5jähriger, ab 1919 4jähriger Legislaturperiode) war der R. die gewählte Volksvertretung sowie in der *Frankfurter Reichsverfassung von 1849* das vorgesehene Zweikammerparlament (Volkshaus und Staatenhaus). - Im Norddt. Bund und im Dt. Reich bis 1918 war der R. neben dem Bundesrat Legislativorgan, hatte das Recht der Gesetzesinitiative und zur Beschlußfassung, ohne daß er das Veto oder die Nichtbehandlung durch den Bundesrat überwinden konnte; er besaß kein Selbstversammlungsrecht und konnte vom Kaiser - in Übereinstimmung mit dem Bundesrat - aufgelöst werden. Obwohl der Reichskanzler bis Okt. 1918 dem R. formell nicht verantwortl. war, verfügte eine homogene R.mehrheit über erhebl. Möglichkeiten, die Reg.politik zu beeinflussen. - Der R. der Weimarer Republik 1919–33 hatte mehr Gesetzgebungskompetenzen und besaß als wirksame Kontrollinstanz gegenüber der Reichsreg. auch die Möglichkeit des Mißtrauensvotums (eingeschränkt durch die Rechte des Reichspräs., den R. aufzulösen und den Reichskanzler unabhängig vom R. zu ernennen und zu entlassen). Ab 1930 unfähig zur Bildung von Reg.koalitionen, wurde der R. durch die extensive Anwendung der Machtbefugnisse des Reichspräs. in Legislative und Reg.kontrolle weitgehend ausgeschaltet. Mit der Zustimmung zum Ermächtigungsgesetz verzichtete der R. 1933 auf seine Rechte; bestand ab Sommer 1933 als Einparteienparlament weiter, dessen Funktion in den wenigen Sitzungen bis 1942 (letzter Zusammentritt) in der Akklamation zu Reg.akten lag.
In *Ungarn* war der R. seit dem Spät-MA Verfassungsorgan mit dem Recht der Steuerbewilligung, der Wahl des Palatins und der Königswahl (bis 1687).
📖 Stürmer, M.: Regierung u. R. im Bismarckstaat 1871–1880. Düss. 1974. - Schubert, F. H.: Die dt. R. in der Staatslehre der frühen Neuzeit. Gött. 1966.

Reichstagsbrand, Bez. für den Brand des Reichstagsgebäudes in Berlin am Abend des 27. Febr. 1933; ist heute ein umstrittenes Thema von Kriminalistik und Geschichtswiss. Die nat.-soz. These eines Komplotts der KPD wurde mit dem Freispruch G. M. Dimitrows und E. Torglers im R.prozeß durch das Reichsgericht (Dez. 1933) prakt. widerlegt. Die v.a., doch nicht ausschließl. von kommunist. Seite propagierte These einer Brandstiftung durch die SA mit Wissen Görings ist nicht bewiesen. An der Alleintäterschaft des Niederländers Marinus van der Lubbe bestehen weiterhin Zweifel. Polit. bed. war der R. dadurch, daß er als Anlaß für die Notverordnung des Reichspräs. „zum Schutz von Volk und Staat" (R.notverordnung) vom 28. 2. 1933 diente, die v. a. die wichtigsten Grundrechte der Weimarer Reichsverfassung aufhob und eine Reihe von Straftaten die Todesstrafe einführte.
📖 Backes, U., u. a.: R. Mchn. 1986.

Reichstaler †Taler.

Reichstein, Tadeus, * Włocławek 20. Juli 1897, schweizer. Chemiker poln. Herkunft. - Prof. an der ETH in Zürich und in Basel. R. synthetisierte 1932 das Vitamin C und arbeitete über Digitalisglykoside und Glukokortikoide. Unabhängig von E. C. Kendall und P. S. Hench entdeckte er die therapeut.

Wirksamkeit des Kortisons und erhielt zus. mit diesen 1950 den Nobelpreis für Physiologie oder Medizin.

Reichstheaterkammer ↑ Reichskulturkammer.

Reichsunmittelbarkeit, im Hl. Röm. Reich allen natürl. und jurist. Personen zukommend, die nicht der Landeshoheit eines Fürsten (Landesherrn), sondern nur dem König unterstanden, d. h. Reichsstände und Immediatstände (Reichsritterschaft, Reichsdörfer und Reichsbeamte).

Reichsverfassung, Kurzbez. für die Verfassung des dt. Gesamtstaates von 1849, 1871 und 1919 (i. w. S. auch Bez. für die der histor. Entwicklung folgende Grundordnung des Hl. Röm. Reiches). - Alle 3 R. unterlagen den Prinzipien des Nat.staats, des allg. und gleichen Wahlrechts (bis 1919 nur für Männer), der parlamentar. Repräsentation, des Rechtsstaats, der Gewaltentrennung und des Föderalismus. Die entscheidenden Unterschiede zw. ihnen lagen in der Reg.verantwortlichkeit, im Sozialstaatsprinzip und in der Finanzverfassung.

1. Die **Frankfurter Reichsverfassung** vom 28. März 1849 als Kompromiß liberal-kleindt., monarch.-konservativer und demokrat.-kleinbürgerl. Kräfte in der Frankfurter Nationalversammlung sah für das Volkshaus des Reichstages die konfliktentscheidende Machtstellung gegenüber Staatenhaus, Reg. und Erbkaiser vor; sie schloß Österreich aus dem engeren staatsrechtl. Verband aus. Weitgreifende, die Sozialverfassung modernisierende Grundrechte standen in der Tradition der Menschen- und Bürgerrechte von 1789. Die Kaiserwürde war erbl. mit der Krone Preußens verbunden. Das Staatenhaus war zur Hälfte von den einzelstaatl. Reg. zu besetzen, zur Hälfte von den Landtagen. Die R. von 1849 scheiterte an der Ablehnung der Kaiserwürde durch den preuß. König Friedrich Wilhelm IV.

2. Die **Bismarcksche Reichsverfassung** vom 16. April 1871 fußte auf der Verfassung des Nordt. Bundes von 1867. Sie war das Resultat schöpfer. Gegenrevolution und siegreicher Kriege, geprägt vom Sieg der Krone im preuß. Verfassungskonflikt. Im Grunde blieb sie Organisationsstatut eines Bundesstaates, auch wenn die Kanzlerverantwortlichkeit die schließl. dominierende Stellung der Reichsbürokratie begünstigte. Der staatsrechtl. Adressat der Kanzlerverantwortlichkeit und auch die Sozialverfassung blieben ungeklärt. Konfliktentscheidend war nicht der Reichstag, sondern formal der Bundesrat („verbündete Regierungen"), real die preuß. Führungsspitze (Monarch und Staatsministerium). Obwohl konservativ-monarch. angelegt, hat die R. von 1871 den Wandel zum Staat der wirtsch.-sozialen Intervention nicht behindert und der 1918 eingetretenen Parlamentarisierung durch den Zwang zur Kooperation zw. Reg. und Reichstag vorgearbeitet.

3. Die **Weimarer Reichsverfassung** vom 11. Aug. 1919 stärkte die Zentralgewalt; ergänzend dazu machte 1919 die Erzbergersche Finanzreform das Reich von den Matrikularbeiträgen der Einzelstaaten finanziell unabhängig. Die Grundrechte galten allerdings nicht unmittelbar, sondern als Auftrag an den Gesetzgeber. Die R. von 1919 orientierte sich am Sozialstaatsprinzip, richtete als Vertretung der Länder den Reichsrat ein und machte einerseits den Reichstag, andererseits Volksentscheid und den vom Volk gewählten Reichspräs. zu konfliktentscheidenden Instanzen. Dieser Dualismus zw. repräsentativen und plebiszitären Komponenten trug seit Ende der 1920er Jahre zur Auflösung der Weimarer Republik bei. Die nat.-soz. Machtergreifung 1933 durchbrach mit Gewaltenkonzentration, Beseitigung des Rechtsstaats durch Maßnahmestaat und Führerprinzip die Fundamente der R. von 1919; zwar nicht förml. aufgehoben, war sie als politischer Gesamtrahmen ab 1933 außer Kraft gesetzt. - Abb. S. 160 f.

📖 *Kühne, J. D.: Die R. der Paulskirche. Ffm. 1985. -Huber, E. R.: Dt. Verfassungsgesch. seit 1789. 6 Bde. Stg.* [1-2] *1970-84.*

Reichsversicherungsordnung, Abk. RVO, grundlegendes dt. Sozialversicherungsgesetz vom 19. 7. 1911, das die bis dahin in zahlr. Einzelgesetzen enthaltenen Vorschriften zusammenfaßte. Die RVO wurde seither z. T. einschneidend geändert. Seit dem 1. 1. 1976 Teil des ↑ Sozialgesetzbuchs.

Reichsverweser (Reichsvikar), 1. im Hl. Röm. Reich ↑ Reichsvikariat; 2. der von der Frankfurter Nat.versammlung 1848 bis zur vorgesehenen Kaiserwahl bestellte Inhaber der Zentralgewalt (Erzhzg. Johann von Österreich).

Reichsvikariat, im Hl. Röm. Reich die Stellvertretung des Röm. Königs bei Thronvakanz bzw. während seiner Abwesenheit. Reichsvikare wurden für Reichsitalien und das Arelat, aber auch für dt. Gebiete bestellt. Zeitweise nahm der Papst das Recht der Ernennung oder auch das R. selbst für sich in Anspruch, v. a. für Italien (stand [nicht unbestritten] den Hzg. von Savoyen oder dem Hzg. von Mantua zu). Die Goldene Bulle (1356) überging den päpstl. Anspruch und traf für Deutschland die Regelung, daß im rhein.-schwäb. Bereich des fränk. Rechts der Pfalzgraf bei Rhein, im sächs. Rechtsgebiet der Kurfürst von Sachsen als Reichsvikare bei Thronvakanz fungierten. Zu den Kompetenzen der Reichsvikare (Reichsverweser) gehörte u. a.: Gerichtsbarkeit, Belehnungen (mit Ausnahme von Zepter- und Fahnlehen), Recht der Standeserhöhung.

Reichsvogt ↑ Vogt.

Reichsvogteistädte ↑ Reichsstädte.

Reichswehr

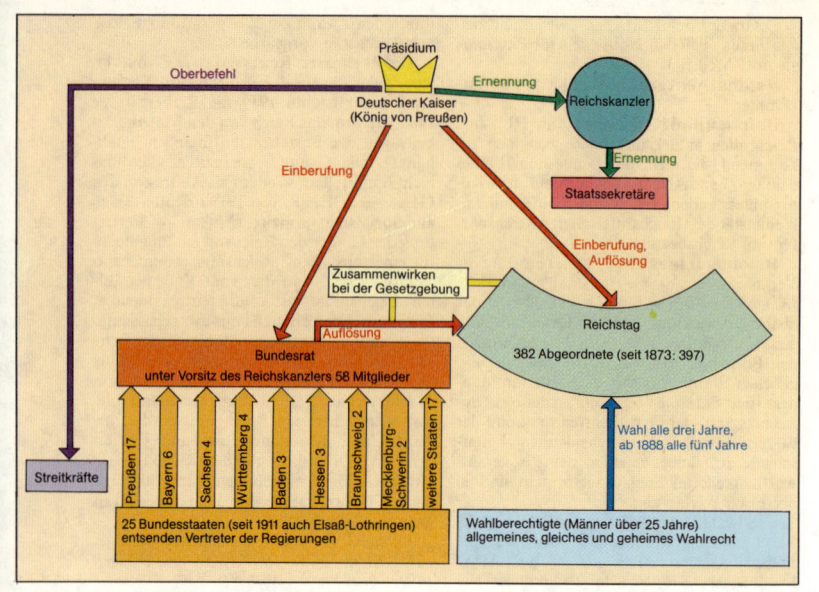

**Bismarcksche Reichsverfassung.
Vereinfachende Schemazeichnung**

Reichswehr, amtl. Bez. für die Streitkräfte des Dt. Reichs durch Gesetz vom 23. 3. 1921 (1918–21: Vorläufige R.) bis zur Einführung der allg. Wehrpflicht unter Hitler (16. 3. 1935). Gemäß Versailler Vertrag bestand die R. aus dem Reichsheer mit 100 000 Mann (einschl. 4 000 Offiziere) und der Reichsmarine mit 15 00 Mann. Luftstreitkräfte waren verboten. Den Oberbefehl über die R. hatte der Reichspräs., die Befehlsgewalt übte der R.min. aus. Als höchster Soldat vertrat der Chef der Heeresleitung den R.minister in Ausübung der Kommandogewalt. Die durch den Versailler Vertrag nach Art und Umfang begrenzte Bewaffnung und Ausrüstung versuchte die R.führung durch geheime Aufrüstung *(Schwarze R.)* zu verbessern. Der R. oblagen Grenzschutz und Aufrechterhaltung der inneren Ordnung. In dieser Funktion hielt sie Distanz zur parlament. Republik, war auf das abstrakte Staatsideal „Vaterland und Reich" ausgerichtet und verstand sich bes. unter General von Seeckt als selbständiger Machtfaktor im polit. Leben der Weimarer Republik, so daß sie zu einer Art Staat im Staate und zu einem der Faktoren des Zerfalls der Weimarer Republik wurde. Unter Hindenburg drängte die R.führung in direkte polit. Verantwortung (1932 wurde General von Schleicher Reichskanzler eines Präsidialkabinetts).

Reichswirtschaftskammer, mit dem Gesetz zur Vorbereitung des organ. Aufbaus der dt. Wirtschaft vom 27. 2. 1934 geschaffene, fachl. und regional gegliederte Zwangszusammenfassung der vorherigen Fachverbände und Organisationen der gewerbl. Wirtschaft im NS-Staat.

Reichtum, wirtsch. Situation einer Person oder Gruppe (z. B. Familie, aber auch ganzer Gesellschaften), in der die Summe verfügbarer Güter und Werte den zur Befriedigung ihrer Bedürfnisse notwendigen Bedarf wesentl. übersteigt. - Die objektive Bemessung von R. widerspricht oft der subjektiven Einschätzung und ist ebenso problemat. wie bei dem Phänomen ↑Armut, wobei die Kriterien, mit denen das Ausmaß an R. gemessen wird, je nach Kulturstufe und Gesellschaft unterschiedl. sind (z. B. Kinderreichtum, Besitz an Edelmetallen, Grundbesitz, Eigentum an Produktionsmitteln). In leistungsorientierten Gesellschaften wird R. als sichtbares Zeichen für wirtsch. oder allg. beruf. Erfolg angesehen und positiv bewertet, ist aber gleichzeitig über die mit ihm ermöglichte Verfügbarkeit über Produktionsmittel mit Macht und Einfluß verbunden, also für gesellschaftl. Ungleichheit verantwortlich. In hochentwickelten Ind.gesellschaften, in denen die Produktion einen mehr als notwendigen Versorgungsstand erreicht hat, so daß es zu ihrer Erweiterung stetig neuer Konsumanreize und Bedürfnisweckung bedarf (**Überflußgesellschaft**), stellt sich als gesellschaftl. Problem der Widerspruch zw. diesem **privaten Reichtum** (z. B. Massenkonsum an Kraftfahrzeu-

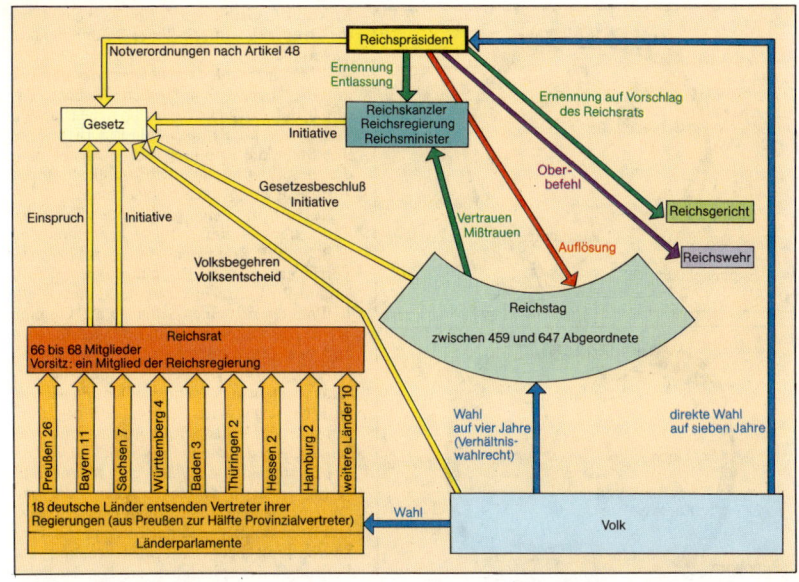

Weimarer Reichsverfassung. Vereinfachende Schemazeichnung

gen) und öffentl. **Armut** (z. B. Mangel an entsprechender Infrastruktur). - Heute hat sich die Diskussion über R. stärker vom innerstaatl. Bereich auf staatsübergreifende Vergleiche verlagert (↑ Nord-Süd-Konflikt; ↑ auch Entwicklungsländer); doch sagt die Einteilung in reiche und arme Länder nichts über die Verteilung von Armut und R. im einzelnen Land aus.

Reichwein, Adolf, * Bad Ems 3. Okt. 1898, † Berlin-Plötzensee 20. Okt. 1944 (hingerichtet), dt. Pädagoge und Kulturpolitiker. - Arbeitete in der Erwachsenenbildung; als religiöser Sozialist Mgl. der SPD; Prof. in Halle 1930–33; danach Volksschullehrer; als Mgl. des Kreisauer Kreises 1944 verhaftet und zum Tode verurteilt.

Reichweite, in der *Physik* die Strecke, die eine Strahlung beim Durchgang durch Materie zurücklegt, bis ihre Energie infolge Wechselwirkung (elast. und inelast. Stöße) mit der Materie aufgebraucht ist. Bei Alphastrahlen ist die R. bei gleichem Absorbermaterial, gleichen äußeren Bedingungen sowie gleicher Energie der Alphateilchen gleich groß. Für Betastrahlen, deren Teilchen keine einheitl. Energie besitzen, ist eine Reichweitendefinition im obigen Sinn nicht möglich. Anstelle der R. führt man den Begriff der *Grenzschichtdicke* ein. Darunter versteht man diejenige Dicke einer Absorberschicht, die mindestens 99 % der einfallenden Strahlung absorbiert. Die Intensität von Neutronen-, Gamma- und Röntgenstrahlen nimmt beim Durchgang durch Materie exponentiell ab. Man definiert hier als *mittlere R.* diejenige Strecke, die die Strahlung in der Materie zurücklegen muß, bis ihre Intensität auf den e-ten Teil ($1/e \approx 0{,}37$) ihrer Anfangsintensität abgesunken ist. ◆ in der *Funktechnik* die Entfernung, bis zu der ein Sender einwandfrei empfangen werden kann bzw. eine Funkortung noch mögl. ist. ◆ in der *Medienstatistik* Begriff für die Verbreitung einer einzelnen Einheit (z. B. der satir. Zeitschrift „Titanic") oder einer Gruppe von Massenmedien (z. B. Regionalprogramme der ARD-Anstalten) innerhalb eines bestimmten Gebietes oder einer bestimmten Bev.gruppe; von Interesse für die Medienwiss., aber auch für Werbetreibende.

Reidemeister, Kurt, * Braunschweig 13. Okt. 1893, † Göttingen 8. Juli 1971, dt. Mathematiker. - Prof. in Königsberg (Pr), Marburg und Göttingen; Arbeiten zu den Grundlagen der Geometrie, zur kombinator. Topologie und zur Philosophie der Mathematik.

Reiderland, ostfries. Marschlandschaft zw. unterer Ems und Dollart (BR Deutschland, Niederlande).

Reidy, Affonso Eduardo [brasilian. 'rrejdi], * Paris 26. Okt. 1909, † Rio de Janeiro 1964, brasilian. Architekt. - Seine bed. modernen Bauten, die er als Stadtarchitekt von Rio de Janeiro schuf, bestechen durch techn. Perfektion und baul. Funktionalität.

Reif, abgesetzter atmosphär. Niederschlag in Form von leichten schuppen-, feder-

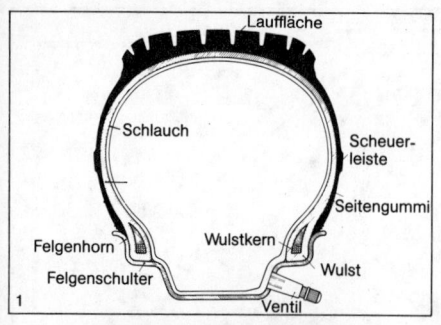

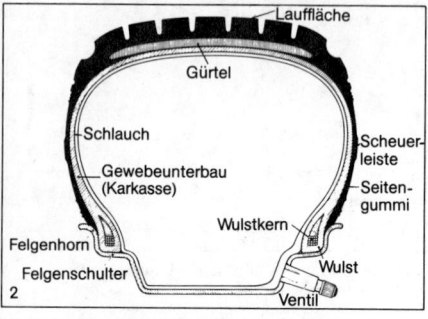

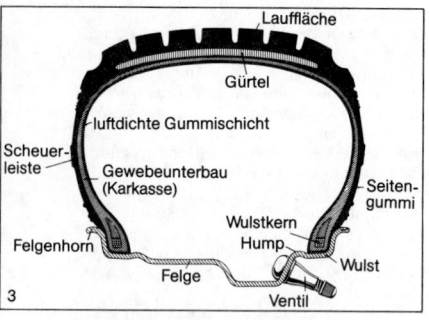

Reife

Milchreife, Gelb- und Vollreife, beim Obst die Genußreife, Pflück- (oder Baumreife) und Lagerreife.

◆ in der menschl. *Individualentwicklung* das mittlere Lebensalter; gekennzeichnet dadurch, daß die Suche nach allg. Lebensidealen und Zielen i. d. R. abgeschlossen ist und an ihre Stelle die Erfüllung einer Aufgabe bzw. die Bewältigung der Lebensanforderungen vorrangig wird (↑ auch Entwicklung).

Reifen, die Felge umgebender Teil eines Fahrzeugrades, zum Schutz gegen Abnutzung (z. B. Stahl-R. von Eisenbahnrädern) bzw. zur Verringerung von Erschütterungen (Vollgummi-R., Luftreifen). Der herkömml. *Luft-R.* (Pneu) besitzt einen Schlauch aus Gummi, der durch ein Ventil mit Luft gefüllt wird und von dem (ihn schützenden) eigentl. R. *(Decke)* umgeben ist. Sein Unterbau, die *Karkasse*, besteht aus mehreren Kordlagen, die im R.wulst um einen Stahlseilkern geschlungen sind; der Wulst wird vom Luftdruck des Schlauchs gegen die Felge gedrückt. Der Unterbau trägt die *Lauffläche (Protektor)* aus Natur- oder Synthesekautschuk, die mit Querprofilen zur Übertragung von Antriebs- und Bremskräften und mit Längsprofilen zur Spurhaltung bei Geradeausfahrt und zur Führung bei Kurvenfahrt versehen ist. Feine Profile mit scharfen Lamellen sind für glatte Straßen günstiger, da sie Wasser- oder Schmutzschichten besser durchstoßen und so die Rutschsicherheit erhöhen. Voraussetzung dafür ist eine genügend große Profiltiefe zur Aufnahme und Ableitung des Wassers von der Bodenauflage („Drainage"). Grobstollige Profile sind besser für Matsch und Schnee geeignet *(M-und-S-Reifen)*. Eine neuere Entwicklung stellen die sog. *Haft-R.* dar, deren Lauffläche aus bes. griffigen Gummimischungen gefertigt ist.

Nach der Art des R.unterbaus unterscheidet man Diagonal- und Radialreifen. Bei der Karkasse des (älteren) *Diagonal-R.* sind gummierte Kordgewebelagen so übereinandergelegt, daß die Kordfäden sich kreuzen. In der Karkasse des *Radial-R. (Gürtel-R.)* verlaufen dagegen die Fäden unter einem Winkel von 90° zur Fahrtrichtung. Zwischen diesem Unterbau und der Lauffläche liegt in Form eines fast undehnbaren Gürtels ein Festigkeitsträger, der die Lauffläche stabilisiert. Bei *Textilgürtel-R.* wird der Gürtel aus Textilfasern aufgebaut, bei *Stahlgürtel-R.* aus sehr feinen Stahlfäden, die miteinander zu dünnen Stahlseilen verdrillt sind, bzw. aus Stahlkord *(Stahlkordreifen)*. Daneben gibt es auch Gürtel, die aus speziellen Kunststoffen bestehen. Bei *schlauchlosen R.* befindet sich an der Innenseite eine luftdichte Gummischicht, die sog. Innenseele. Wülste und Ventil müssen luftdicht auf einer ebenfalls luftdichten Felge sitzen; diese R. sind unempfindlicher gegen kleine Verletzungen.

Reifen. Querschnitt eines Diagonalreifens (1), eines Radialreifens mit Schlauch (2) und eines schlauchlosen Radialreifens (3)

oder nadelförmigen Eiskristallen, der durch Sublimation von Wasserdampf entsteht, wenn die Temperatur der abgekühlten Erdoberfläche oder von Pflanzen und Gegenständen unter 0 °C liegt. - ↑ auch Rauhreif.

Reife, in der *Botanik* (bzw. im *Pflanzenbau*) Zustand genuß-, verwendungs- oder lagerungsfähiger Früchte und Samen von Kultur- und Wildpflanzen. Bei den einzelnen Kulturpflanzenarten unterscheidet man verschiedene Stadien der R., z. B. bei Getreide die

Reihengräber

Die *Kennzeichnung der R.* gibt die wichtigsten Eigenschaften und Abmessungen an. So kennzeichnet z. B. bei der in die Seitenfläche eingeprägten Angabe 5.60-15 4PR die Angabe 5.60 die Breite des R. (in Zoll); der Strich steht für die R.grenzgeschwindigkeit (hier 150 km/h); 15 beziffert den Durchmesser der Felge (R.größe in Zoll); 4 PR gibt mit der sog. *Ply-rating-Zahl* Aufschluß über die Karkassenfestigkeit und damit die Tragfähigkeit des Reifens. Die Größenbez. erfolgt auch in mm (Millimeter-R.), bes. bei Radial-R., oder gemischt in mm und Zoll; z.B.: 155 SR 15 oder 155-380, wobei mit 155 auf R.breite in mm, mit S auf die Geschwindigkeitsgrenze (hier 180 km/h), mit dem Zusatz R (= Radial) auf Gürtelbauweise und mit 15 bzw. 380 auf den Felgendurchmesser hingewiesen wird. Aus einer Mischbez., z. B. 6.15/155-13, ist ersichtlich, daß die Diagonal-R. 6.15-13 gegen die Gürtelreifengröße 155-13 austauschbar ist.

📖 *Reimpell, J. C./Sponagel, P.: Fahrwerktechnik. Reifen u. Räder ... Würzburg 1986.*

Reifensteiner Verband für haus- und landwirtschaftliche Frauenbildung e. V., 1897 von I. von Kortzfleisch gegr. Verband, Träger zahlr. Landfrauenschulen; Sitz Darmstadt.

Reifeperiode ↑Entwicklung (in der Biologie).

Reifeprüfung, frühere offizielle Bez. für ↑Abitur.

Reifeteilung (Reifungsteilung), beiden aufeinanderfolgenden Kernteilungen (erste und zweite R.), von denen eine eine mitotische ist, die andere dagegen eine Reduktionsteilung darstellt. Die R. führt zur Bildung von Geschlechtszellen oder Sporen (↑Meiose).

Reifpilz (Runzelschüppling, Zigeuner, Rozites caperata), auf sandigen Böden vorkommener Blätterpilz; der bis 12 cm breite, ockerfarbene Hut und der Stiel sind feinflokkig bereift; Lamellen lehmgelb; dicker Stiel mit weißl., häutigem Ring; Fleisch blaß holzfarben, fest und saftig; vorzügl., stellenweise häufiger Speisepilz.

Reifpunkt ↑Taupunkt.

Reifrock, Rock, dessen Unterrock durch mehrere - nach unten jeweils weitere - Reifen abgesteift war. Die Mode breitete sich von Spanien seit der Mitte des 16. Jh. über ganz Europa aus (Kegel-, Tonnen- und Glockenform), hielt sich in Spanien bis in die Mitte des 18. Jahrhunderts.

Reifung, unter dem Einfluß best. Temperaturen oder Enzyme bzw. Mikroorganismen stattfindende physikal. oder chem. Veränderungen in Chemikalien (z. B. Änderungen der Teilchengröße in photograph. Emulsionen) oder Lebensmitteln (z. B. die chem. Veränderungen während des Herstellungsprozesses von Käse).

Reifungsteilung, svw. ↑Reifeteilung.

Reifweide ↑Weide (Pflanzengatt.).

Reigen [zu altfrz. raie „Tanz"], von Gesang begleitete Reihentänze; eine größere Zahl von Tänzern folgt dabei einem Vortänzer und Vorsänger, schreitend, hüpfend oder springend.

Reihe, ein mathemat. Ausdruck der Form
$$\sum_{k=1}^{n} a_k = a_1 + a_2 + \cdots + a_n \quad (endliche\ R.)$$ oder
$$\sum_{k=1}^{\infty} a_k = a_1 + a_2 + \cdots + a_n + \cdots \quad (unendl.\ Reihe).$$
Die Theorie der unendl. R. läßt sich teilweise auf die Theorie der Folgen zurückführen, wenn man die einer R. zugehörigen *Partialsummen*
$$s_n = \sum_{k=1}^{n} a_k$$
einführt und die R. als Folge ihrer Partialsummen betrachtet. Man bezeichnet dann eine R. als *konvergente R.*, wenn die Folge ihrer Partialsummen konvergiert, sonst als *divergente Reihe*.

Die *geometr. R.* $\sum_{k=0}^{\infty} q^k$, bei der der Quotient zweier aufeinanderfolgender Glieder konstant ist, ist für beliebige $|q| < 1$ konvergent mit dem Grenzwert $1/(1-q)$. Die wesentl. Aussagen über R., bei denen die einzelnen Glieder reelle Zahlen sind *(numerische R.)*, lassen sich auch auf solche R. übertragen, deren Glieder Funktionen sind *(Funktionenreihen)*.

◆ in der *Zwölftontechnik* die für jede Komposition neu gewählte und in ihr stets beibehaltene Reihenfolge aller 12 Töne des temperierten Systems. Sie regelt die Tonqualitäten; Tonhöhe, Rhythmus und Klangfarbe sind dagegen frei wählbar und werden erst in der seriellen Musik in die vorher festgelegte Anordnung einbezogen; jede R. hat vier Erscheinungsformen: die Original- oder Grundgestalt (G[R]), deren Umkehrung (U), deren Krebs (K) und dessen Umkehrung (KU).

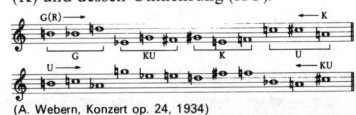

(A. Webern, Konzert op. 24, 1934)

Da jede Erscheinungsform auf 11 verschiedene Tonstufen transponiert werden kann, ergeben sich insgesamt 48 mögl. R.formen. Die R. sind bes. bei A. Schönberg und A. Webern in sich sinnfällig angelegt. So stehen die Dreitongruppen der oben abgebildeten Grundgestalt auch zueinander in den Verhältnissen von G (R), K, U, KU. Ein Sonderfall der R.bildung ist die symmetr.-krebsgleiche Allintervallreihe, in der alle 12 innerhalb der Oktave mögl. Intervalle vorkommen (z. B. in A. Bergs „Lyr. Suite", 1926).

Reihengräber, reihenweise Anordnung von Gräbern (meist Körper-, seltener Brandbestattungen) eines Friedhofs; seit dem Neoli-

Reihenhaus

thikum bekannt, bes. typ. für die Merowingerzeit („R.zivilisation").

Reihenhaus, Einfamilienhäuser in Zeilenbauweise; die Teilhäuser besitzen gemeinsame Zwischen- und Brandwände und sind mit fluchtenden oder leicht versetzten Fronten, die parallel oder quer zur Straße angeordnet sind, zu einem einzigen Hauskörper zusammengefaßt.

Reihenmeßkammer ↑Photogrammetrie.

Reihenmotor, Mehrzylinderverbrennungsmotor, dessen Zylinder in einer Ebene mit der Kurbelwellenachse oder parallel zu ihr angeordnet sind *(Einreihenmotor). Mehrreihenmotoren* werden meist als Boxermotoren oder V-Motoren gebaut.

Reihenschaltung, svw. ↑Hintereinanderschaltung.

Reihenschlußmaschine↑Gleichstrommaschinen.

Reihensiedlung, Ortsform, bei der die einzelnen Häuser entlang einer Leitlinie (u. a. Straße, Deich, Fluß, Talsohle) angelegt sind.

Reihenspannung, genormte Spannung, für die die Isolation eines elektr. Geräts oder Betriebsmittels bemessen ist (kann die Nennspannung übersteigen).

Reihenuntersuchung, ärztl. Untersuchung von Personengruppen zur allg. Vorbeugung oder zur Früherkennung bestimmter Krankheiten; z. B. als Röntgen-R. zur Feststellung von Lungenerkrankungen, v. a. Lungentuberkulose.

Reiher [zu althochdt. reigaro, eigtl. „Krächzer"] (Ardeidae), fast weltweit verbreitete Fam. etwa taubengroßer bis 1,4 m körperlanger Stelzvögel mit rd. 65 Arten an Süßgewässern (seltener Meeresküsten) und in Sümpfen; gut fliegende, z. T. auch segelnde Vögel mit relativ schlankem Körper, langem Hals, langem, spitzem Schnabel und langen Beinen. Die R. ernähren sich v. a. von Fischen, Lurchen, Insekten und Mäusen. Viele Arten brüten in großen Kolonien, vorwiegend im Schilf, aber auch auf Bäumen. - Hierher gehören u. a.: ↑Purpurreiher; ↑Kahnschnabel; **Fischreiher** (Graureiher, Ardea cinerea), etwa 90 cm groß, oberseits grau, unterseits weiß, an Süßgewässern großer Teile Eurasiens, mit weißem Kopf und Hals (letzterer vorn fein schwarz gezeichnet), langem, gelbem Schnabel, schwarzem Hinteraugenstreif und schwarzem Federschopf; Teilzieher, deren nördl. Populationen bis nach Afrika ziehen; **Seidenreiher** (Egretta garzetta), etwa 55 cm lang, weiß, an Süß- und Brackgewässern Afrikas, S-Europas (bes. Donaudelta und S-Spanien), S-Asiens und Australiens, mit schwärzl. Schnabel, dunklen Beinen und gelben Zehen; Teilzieher; **Silberreiher** (Edelreiher, Casmerodius albus), etwa 90 cm lang, weiß, in schilfreichen Landschaften der wärmeren alt- und neuweltl. Regionen (nördlichste europ. Brutgebiete: Neusiedler See, Donaudelta), Schnabel entweder schwarz mit gelber Basis (Sommer) oder einheitl. gelb (Winter); mit schwärzl. Beinen und Zehen.

Reiherschnabel (Erodium), Gatt. der Storchschnabelgewächse mit rd. 75 Arten in den gemäßigten Zonen Eurasiens und im Mittelmeergebiet; meist Kräuter, selten Halbsträucher, mit gezähnten, gelappten oder fiedriggeschlitzten Blättern und regelmäßigen Blüten. Die bekannteste Art ist der rotviolett oder rosa blühende **Schierlingsreiherschnabel** (Erodium cicutarium), ein häufig vorkommendes Unkraut an Wegen und auf Sandäckern.

Reil, Johann Christian, *Rhaude (= Rhauderfehn, Landkr. Leer) 28. Febr. 1759, †Halle/Saale 22. Nov. 1813, dt. Mediziner. - Prof. in Halle und Berlin; einer der Hauptvertreter des Vitalismus; bed. Arbeiten zur Physiologie und Anatomie (insbes. des Nervensystems).

Reim, Gleichklang von Wörtern, meist vom letzten betonten Vokal an (z. B. *singenklingen*). Eine schemat. Darstellung der R.folge einer Strophe oder eines Gedichts gibt [meist in Kleinbuchstaben] das **Reimschema.**

Reiher. Von links: Fischreiher, Seidenreiher, Silberreiher

Der R. findet sich als Stilmittel in vielen Sprachen; seine Funktion ist sowohl die Gliederung des Gedankenganges als auch Erinnerungshilfe beim Einprägen des Inhaltes. Die german. Dichtung kannte statt des später geläufig werdenden **Endreims** zunächst nur den **Stabreim**, bei dem die Stammsilben einer Zeile mit dem gleichen Laut beginnen. Umstritten ist die Herkunft des althochdt. R.: W. Grimm stellte ihn in die Tradition der heim. Reimdichtung und maß somit der jeweiligen Sprachstruktur entscheidende Bed. bei; W. Wackernagel sah in der lat. Hymnendichtung den Vorläufer für die volkssprachl. R.dichtungen.

In der dt. Dichtung war der R. jedoch nicht von Anfang an „rein". Anfangs genügte der Gleichklang von Endungssilben oder eine nur teilweise Übereinstimmung der Laute (Assonanz). Mit Heinrich von Veldeke in der Epik und Friedrich von Hausen in der Lyrik wurde dann der **reine Reim** (lautl. Übereinstimmung vom letzten betonten Vokal an, z. B. *mein: dein*) zur Regelform (Maß für die Qualität der Dichtung). Die geläufige Form der mittelhochdt. Versdichtung ist der **Reimpaarvers** mit der **Paarreim** als Bindung (aa bb cc). In Reimpaarversen sind auch die ma. Reimbibeln, Reimpredigten und -chroniken verfaßt. Dieser dort Endreim bestimmte Vers (**Reimvers**) blieb [im Knittelvers] bis heute erhalten. Die verskonstituierende Form des R. wurde erst im 18. Jh. in Frage gestellt, als antike Metren nachgebildet und der engl. Blankvers übernommen wurden. Für die volkstüml. Lyrik des 19. Jh. und für die meisten Volkslieder typ. ist der **Kreuzreim** (abab). Der **umarmende Reim** (abba) ist kennzeichnend für die Quartette in Sonetten. Beim **Anfangsreim** klingen in 2 Zeilen die ersten Wörter gleich. Der **Binnenreim** i. e. S. ist ein Reim innerhalb eines Verses; i. w. S. Sammelbez. für andere R.stellungen im Versinnern wie **Schlagreim** (Reimung zweier aufeinanderfolgender Wörter). Der **Doppelreim** wird aus 2 aufeinanderfolgenden, selbständig reimenden Wortpaaren gebildet; eine Sonderform ist der **Schüttelreim**, bei dem die Anfangskonsonanten der am R. beteiligten Wörter [oder auch Silben] ausgetauscht werden, so daß eine neue sinnvolle Wortfolge entsteht.

⌘ *Wagenknecht, C.: Dt. Metrik. Mchn. 1981. - Heusler, A.: Dt. Versgesch. Bln. ²1968. 3 Bde.*

Reimann, Aribert, * Berlin 4. März 1936, dt. Komponist und Pianist. - Orientierte sich zunächst am Spätwerk A. Weberns, auch an A. Berg und ind. Musik; gab um 1967 die serielle Kompositionsweise auf. Komponierte Opern („Ein Traumspiel", 1965, nach Strindberg; „Melusine", 1971, nach Y. Goll; „Lear", 1978 nach Shakespeare). Ballette („Die Vogelscheuchen", 1970, G. Graß), Orchester-, Kammer-, Klavier- und Orgel- sowie Vokalwerke (Requiem, 1982).

R., Brigitte, * Burg b. Magdeburg 21. Juli 1933, † Berlin (Ost) 20. Febr. 1973, dt. Schriftstellerin. - Lehrerin; in der Erzählung „Die Geschwister" (1963) behandelt sie Probleme, die sich aus der gegensätzl. gesellschaftl. Entwicklung in der DDR und der BR Deutschland ergeben. Unvollendet blieb der Frauenroman „Franziska Linkerhand" (hg. 1974).

R., Hans, * Leipzig 18. Nov. 1889, † Großhansdorf (Landkr. Stormarn) 13. Juni 1969, dt. Schriftsteller. - 1924–29 Hg. der satir. Zeitschrift „Das Stachelschwein", ab 1952 Verf. und Hg. des literaturkrit. Almanachs „Literazzia"; zeitweise Kabarettist; schrieb humorist. Romane, Grotesken, Satiren, Feuilletons und Gedichte; Verf. des Lustspiels „Die Feuerzangenbowle" (1936; mit H. Spoerl).

R., Max, * Elbing (= Elblag) 31. Okt. 1898, † Düsseldorf 18. Jan. 1977, dt. Politiker. - Ab 1919 Mgl. der KPD, nach 1933 illegal tätig; 1939 verhaftet, bis 1945 in KZ; ab 1948 Vors. der KPD (ab 1957 1. Sekretär); Mgl. des Parlamentar. Rats, MdB 1949–53; entzog sich 1954 einem Haftbefehl, indem er in die DDR ging; 1968 Rückkehr in die BR Deutschland, Mgl. (und Ehrenpräs.) der DKP (seit 1971), des Präsidiums der DKP (seit 1973).

Reimar (Raimar, Reimer, Raimer), männl. Vorname (zu german. ragina- „Rat, Beschluß" und althochdt. mar „groß, berühmt").

Reimarus, Hermann Samuel, * Hamburg 22. Dez. 1694, † ebd. 1. März 1768, dt. Philosoph. - Einflußreicher Vertreter deist. Positionen in Deutschland mit der Propagierung einer auf Vernunft gegr. natürl. Religion. Große Wirkung erlangte so insbes. die radikale Bibel- und Kirchenkritik der von G. E. Lessing 1774–77 u. d. T. „Fragmente eines Wolfenbüttelschen Ungenannten" veröffentlichten Teile von R.' Apologie oder Schutzschrift für die vernünftigen Verehrer Gottes", dem Ausgangspunkt jahrelanger Polemiken von seiten der prot. Orthodoxie. Mit der „Apologie" wurde R. Wegbereiter und Vorläufer der Bibelkritik und der histor.-krit. Leben-Jesu-Forschung († auch Wolfenbütteler Fragmente).

Reimer, Georg Andreas, * Greifswald 27. Aug. 1776, † Berlin 26. Aug. 1842, dt. Buchhändler. - Wichtigster Verleger der dt. Romantiker, u. a. J. G. Fichte, E. M. Arndt, F. Schleiermacher.

Reimpredigt, Gattung der ma. geistl. didakt. Dichtung, z. B. das „Memento mori" (11. Jahrhundert).

Reimprosa, 1. rhetor. Prosa oder Kunstprosa, die bes. rhetorische Figuren verwendet; 2. von W. Wackernagel geprägte Bez. für die unregelmäßig gefüllten Reimverse der frühmittelhochdt. geistl. Lehrdichtung; 3. mit Reimen durchsetzte Prosa oder Gedichte in rhythm. Prosa.

Reims [raims, frz. rɛ̃:s], frz. Stadt an der Vesle, Dep. Marne, 83 m ü. d. M., 177 200 E.

165

Kath. Erzbischofssitz; Univ. (gegr. 1969), Konservatorium, Kunsthochschule; Museen; Hauptort der Champagne; Maschinenbau, Herstellung von Autoteilen und Haushaltsgeräten, Flugzeug-, Textil-, Nahrungsmittelind., Champagnerkellereien. **Geschichte:** Durocortorum, Stadt der belg. Remer, nach denen R. seinen heutigen Namen hat, war Hauptstadt der röm. Prov. Belgica II; seit etwa 290 Bischofs-, später Erzbischofssitz; die Erzbischöfe waren ab etwa 940 Grafen von R. und zeitweise Erzkanzler der frz. Könige; sie hatten ab 1179 das ausschließl. Recht, die frz. Könige zu krönen. 1429 führte Jeanne d'Arc Karl VII. zur Krönung in das seit 1421 von den Engländern besetzte Reims. - Am 7. Mai 1945 wurde im Hauptquartier General Eisenhowers in R. von Generaloberst Jodl die Gesamtkapitulation der dt. Wehrmacht unterzeichnet. **Bauten:** Galloröm. Triumphbogen (2./3. Jh.), Reste des röm. Amphitheaters; hochgot. Kathedrale (1211 ff., um 1300 vollendet); ehem. Abteikirche Saint-Remi (um 1165 ff. umgestaltet), barockes Rathaus (um 1630). - Abb. Bd. 7, S. 218.

Reimschema ↑Reim.
Reimund, männl. Vorname, ↑Raimund.
Reimvers ↑Reim.
Rein, Hermann, * Mitwitz (Landkr. Kronach) 8. Febr. 1898, † Göttingen 14. Mai 1953, dt. Humanbiologe. - Prof. in Freiburg, Göttingen, ab 1952 auch Direktor des Heidelberger Max-Planck-Instituts für medizin. Forschung; Arbeiten bes. über Sinnesorgane, Blutkreislauf und Herz; Verfasser des Standardwerks „Einführung in die Physiologie des Menschen" (1936, ¹⁴1960; fortgeführt von M. Schneider u. a., ¹⁸1976).
R., Wilhelm, * Eisenach 10. Aug. 1847, † Jena 19. Febr. 1929, dt. Pädagoge. - Seit 1886 Prof.; bed. Vertreter des späten Herbartianismus, den er auf die Industriegesellschaft auszulegen versuchte; die Schule soll zur sittl. Persönlichkeit erziehen. R. unterstützte die Forderungen nach einer Einheitsschule von sechs Jahren.
Reinacher, Eduard, * Straßburg 5. April 1892, † Stuttgart 16. Dez. 1968, dt. Schriftsteller. - Redakteur, Dramaturg; „Der Narr mit der Hacke" (Erstsendung 1930) gilt als bahnbrechend für das literar. ambitionierte Hörspiel. Für das Drama „Der Bauernzorn" (1922) erhielt er 1929 den Kleist-Preis.
Reinaert [niederl. 'rɛjna:rt] (Van den vos Reinaerde), mittelniederl. Versepos, um 1250 nach frz. Quelle entstanden (↑Reineke Fuchs).
Reinald von Dassel ↑Rainald von Dassel.
Reinbek [...be:k], Stadt am östl. Stadtrand von Hamburg, Schl.-H., 40 m ü. d. M., 25 200 E. U. a. Maschinenbau, Papierverarbeitung, Verpackungsind., Verlag. - 1238 Bau eines Zisterzienserinnenklosters; 1534 zerstört; an seiner Stelle wurde um 1575 ein Renaissanceschloß (heute Forschungsinst.) erbaut; 1952 Stadtrecht.
Reinecke, Carl, * Altona (= Hamburg) 23. Juni 1824, † Leipzig 10. März 1910, dt. Komponist, Pianist und Dirigent. - 1860–95 Kapellmeister des Gewandhausorchesters in Leipzig. Als Komponist war er R. Schumann und F. Mendelssohn Bartholdy verpflichtet (u. a. Sinfonien, Instrumentalkonzerte, Kammermusik, Opern, Chorwerke, Lieder, v. a. beliebte Kinderlieder).
Reinecker, Herbert, * Hagen 24. Dez. 1914, dt. Schriftsteller. - Verf. des Nachkriegsromans „Kinder, Mütter und ein General" (1953); schrieb über 40 Filmdrehbücher; mit den Serien „Der Kommissar" und „Derrick" der erfolgreichste dt. Fernsehkrimi-Autor.
Reinecke-Salz [nach dem dt. Chemiker A. Reinecke], dunkelrote, kristalline chem. Verbindung $NH_4[Cr(NH_3)_2(SCN)_4]\cdot H_2O$ [Ammoniumtetrathiocyanatodiamminchromat(III)]. R.-S. bildet mit Kupfer(I)-, Quecksilber(II)- und Cadmiumionen sowie mit Aminosäuren und Alkaloiden schwerlösl. Fällungen und wird in der analyt. Chemie als Reagenz verwendet.
Reineclaude [rɛːnəˈkloːdə], svw. Reneklode (↑Pflaumenbaum).
Reineisenband ↑Tonband.
Reineke Fuchs, Tierepos, das sich im MA aus antiken Tierfabeln und -epen sowie heim. Tradition von der Erzählung zur Romanform entwickelte. Der altfrz. „Roman de Renart" (zw. 1175 und 1250) ist eine Parodie des höf. Lebensstils mit dem Fuchs als triumphierendem Helden; danach schuf Heinrich der Glichesaere den mittelhochdt. Versroman „Reinhart Fuchs"; früh fand der Stoff in die niederländ. Literatur Eingang und wurde dort als „Reinaert" vom 13.–15. Jh. mehrfach bearbeitet bzw. erweitert; die populärste Fassung ist „Reinke de Vos" (gedruckt 1498), die teils scharf, teils humorvoll ein iron. Bild der feudalen Gesellschaft zeichnet. Eine bleibende Form erhielt der Stoff durch Goethes Hexameterepos „Reineke Fuchs" (erschienen 1794).
reine Linien, Bez. für die durch geschlechtl. Vermehrung gewonnene reinerbige Nachkommenschaft von Selbstbefruchtern.
Reiner, Nebenform von ↑Rainer.
Reiner von Huy, Goldschmied und Bronzegießer der 1. Hälfte des 12. Jh. - Schuf zw. 1107 und 1118 - als einziges durch Quellen gesichertes Werk - das Taufbecken für Notre-Dame-aux-Fonts in Lüttich (heute in Saint-Barthélemy), ein Höhepunkt der Gelbgußarbeiten im Maasgebiet, charakterisiert durch eine stark antikisierende Tendenz.
reinerbig, svw. ↑homozygot.
reine Rechtslehre ↑Begriffsjurisprudenz, ↑Kelsen, Hans.
Reiners, Ludwig, * Ratibor 21. Jan. 1896, † München 10. Aug. 1957, dt. Schriftsteller. -

Verf. unterhaltsamer didakt. Schriften über Wirtschaft, Geschichte und Literatur; schrieb u. a. den Lyriksammelband „Der ewige Brunnen" (1955) und das Zitatenlexikon „Wer hat das nur gesagt" (1959).

Reinerz, Bad ↑Bad Reinerz.

reine Stimmung ↑Stimmung.

Reinfektion [re-ɪn...], Wiederansteckung, wiederholte Ansteckung des Organismus (nach Ausheilung) mit der gleichen krankheitserzeugenden Keimart.

Reinfrank, Arno, *Mannheim 9. Juli 1934, dt. Schriftsteller. - Lebt seit 1954 in Großbrit.; Verf. krit.-satir. Kurzprosa und Lyrik wie „Rauchrichtung" (1970), „Kopfstand der Pyramide" (1974), „Feuerbefragung" (1977), „Kernanalyse" (Ged., 1986).

Reingewicht (engl. net weight), Rohgewicht der Ware nach Abzug der Verpackung.

Reingewinn, Überschuß der Aktivposten über die Passivposten oder der Erträge über die Aufwendungen, nachdem Abschreibungen, Wertberichtigungen, Rückstellungen und Rücklagen vorgenommen sind.

Reinhard (Reinhart), männl. Vorname (zu german. ragina- „Rat, Beschluß" und althochdt. harti, herti „hart").

Reinhardswald, westl. der Weser zw. Münden und Bad Karlshafen gelegener, waldreicher Gebirgszug des Weserberglandes, bis 472 m hoch.

Reinhardt, Ad [engl. 'raɪnhɑːt], *Buffalo (N. Y.) 24. Dez. 1913, †New York 30. Aug. 1967, amerikan. Maler. - In seinen Kompositionen durchkreuzen sich für das Auge kaum wahrnehmbare Nuancen einer Farbe auf der Bildfläche in einer geometr. Positiv- und Negativform; zuletzt setzte er schwarze Flächen, die sich durch ihren Lichtabsorptionsgrad unterscheiden, nebeneinander.

R., Django [frz. rɛj'nart], eigtl. Jean Baptiste R., *Liverchies (Belgien) 23. Jan. 1910, †Fontainebleau 16. Mai 1953, frz. Jazzmusiker (Gitarrist). - Zigeuner, gründete 1934 zus. mit dem Violinisten Stéphane ↑Grappelly das „Quintette du Hot Club de France". 1946 spielte er bei Duke Ellington in den USA, wo er für die gesamte Entwicklung des Gitarrenspiels stilbildend wirkte. In seiner Melodik wurden Einflüsse der Zigeunermusik deutlich.

R., Karl ['- -], *Puderbach (Landkr. Neuwied) 12. Juli 1849, †Salem 4. Okt. 1923, dt. Pädagoge. - Begründer des „Frankfurter Plans" zur Reform des Gymnasiums, nach dem bis 1930 in zahlr. höheren Schulen ein einheitl. dreijähriger Unterbau geschaffen wurde (als Französisch als Fremdsprache); erst danach wurde - nach weiteren Sprachen - differenziert.

R., Max ['- -], eigtl. M. Goldmann, *Baden bei Wien 9. Sept. 1873, †New York 30. Okt. 1943, östr. Schauspieler und Regisseur. - 1894 von O. Brahm an das Dt. Theater in Berlin engagiert. 1901 Mitbegr. des literar. Kabaretts „Schall und Rauch". Sein Durchbruch als Regisseur gelang ihm nach den erfolgreichen Inszenierungen von „Nachtasyl" (Gorki, 1903) und Shakespeares „Sommernachtstraum" (1905). 1905 Übernahme des Dt. Theaters in Berlin, Aufführungen zeitgenöss. Dramatiker (u. a. Ibsen, Wedekind und Hofmannsthal), Neugestaltung des antiken Dramas, auch Operninszenierungen, zahlr. Gastspiele. 1924 Übernahme des Theaters in der Josefstadt in Wien (u. a. Goldonis „Diener zweier Herren") und Eröffnung der Komödie am Kurfürstendamm in Berlin. Verließ 1933 Deutschland, 1938 Emigration in die USA. - R. bediente sich neuartiger Inszenierungsmittel wie der Drehbühne, mit der er sich in schroffen Ggs. zu der engen Gegenständlichkeit der naturalist. Bühne stellte. Seine Freude am theatral. Experiment zeigte sich nicht nur in der Erneuerung und Wiederbelebung beispielsweise des Systems des Rundhorizonts, der Reliefbühne u. a. Formen, sondern bes. auch in der dominanten Regieführung, wobei er die Schauspieler zu Höchstleistungen herausforderte.

Reinhart, männl. Vorname, ↑Reinhard.

Reinhart, Johann Christian, *Hof 24. Jan. 1761, †Rom 9. Juni 1847, dt. Maler. - Stilbildende klassizist. Landschaften; auch seine klass.-heroischen Landschaften unter Einfluß von R. Koch in Rom (seit 1789) zeigen v. a. bis etwa 1810 die R. eigene Frische idyll. Stimmungen.

Reinheim, Ortschaft in der saarländ. Gemeinde Gersheim, Fundort eines reichen frühkelt. Fürstengrabes.

Reinheit, in der *Religionsgeschichte* urspr. kult. Voraussetzung für die Kontaktaufnahme mit dem Numinosen, für das Betreten des Tempels, insbes. des Allerheiligsten. Die stark dingl. Auffassung der Unreinheit bedingt, daß R. durch das rituelle Bad oder durch Teilwaschungen hergestellt werden kann. R. ist die Herstellung eines paradies. Zustandes durch Beseitigung der Unreinheit. Diese ist meist stark mit der sexuellen Sphäre verbunden; daher gilt asket. Leben als rein. Menstruation, Krankheiten und Tod gelten als „Befleckung". Die Symbolfarbe der R. ist meist weiß.

◆ (chemische R.) Bez. für die *Beschaffenheit von chem. Substanzen* bezügl. des Gehaltes an Fremdsubstanzen, der ihre Verwendungsmöglichkeiten stark beeinflußt. Man unterscheidet zw. verschiedenen *R.graden*: u. a. roh, techn. rein, chem. rein (analysenrein, pro analysi [Abk. p. a.]) und spektralrein. Zur Bestimmung der R. eines Stoffes dienen chem. und physikal. Prüfmethoden: Fällungsreaktionen, Bestimmung des Siede- und Schmelzpunkts, der Dichte und des Spektralanalyse, durch die Verunreinigungen bis $10^{-7}\%$ nachgewiesen werden können. Substanzen mit extrem niedrigem Gehalt an Fremdstoffen (bis unterhalb 10^{-8} %, das sind 10^{-4} ppm), die **Reinstoffe**, sind wichtig als Reaktorwerkstoffe (durch Entfernen neutroneneinfangender Stoffe) und in der Halbleitertechnologie, wo sie gezielt mit best. Fremdstoffen verunreinigt werden.

Reinheitsgebot, 1516 für Bayern erlassene, in der BR Deutschland im Biersteuergesetz enthaltene lebensmittelrechtliche Bestimmung, nach der untergäriges Bier nur aus Gerstenmalz, Hopfen, Hefe und Wasser hergestellt werden darf.

Reinhold, Nebenform von ↑ Reinold.

Reinhold, Karl Leonhard, * Wien 26. Okt. 1758, † Kiel 10. April 1823, dt. Philosoph. - Prof. in Jena und Kiel. Wegbereiter der Philosophie Kants; versuchte den Ausbau der krit. Philosophie in einer „Elementarphilosophie" (Ableitung von Vernunft und Sinnlichkeit aus dem Vorstellungsvermögen).

Reinholm, Gert, eigtl. Gerhard Schmidt, * Chemnitz (= Karl-Marx-Stadt) 20. Dez. 1923, dt. Tänzer und Choreograph. - Gründete 1955 mit T. Gsovsky das Berliner Ballett, wurde 1961 Ballettdirektor an der Dt. Oper Berlin, 1967 Leiter einer eigenen Tanzakademie und 1973 wieder Ballettdirektor der Dt. Oper Berlin. Als Tänzer und Choreograph v. a. dem klass. Repertoire verpflichtet.

Reinig, Christa, * Berlin 6. Aug. 1926, dt. Schriftstellerin. - 1957–63 wiss. Assistentin am Märk. Museum in Berlin (Ost); seit 1964 in der BR Deutschland. Themen ihrer oft balladesken, von Rilke beeinflußten Lyrik sind iron. Spannungen zw. Innerlichkeit und banaler Realität. Parodist. verwendete traditionelle Formelemente stellen den Konflikt von Ästhetik und Unmenschlichkeit dar; z. B. in „Die Steine von Finisterre" (1960), „Schwabinger Marterln" (1968). - *Weitere Werke:* Die himml. und die ird. Geometrie (R., 1975), Die ewige Schule (E., 1982).

Reiniger, Lotte, * Berlin 2. Juni 1899, † Dettenhausen bei Tübingen 19. Juni 1981, dt. Animationsfilmerin. - Fertigte 1920 ihre ersten „Silhouettenfilme" mit scherenschnittartigen Figuren und bewegl. Gliedern vor einem Scherenschnitthintergrund an; schuf u. a. „Die Abenteuer des Prinzen Achmed" (1926).

Reinigungscreme, meist auf Basis von Vaseline und Paraffinöl unter Zusatz von Emulgatoren hergestelltes kosmet. Präparat; schmilzt auf der Haut, beim Abnehmen werden Schmutzteilchen usw. mitentfernt.

Reinigungseid, im ma. Prozeß die als Beweismittel geltende und meist von ↑ Eideshelfern unterstützte eidl. Versicherung des Beklagten, daß er unschuldig sei.

Reinigungsmittel, Substanzgemische zur Oberflächenreinigung. Techn. R. *(Industriereiniger)* werden in der Metallindustrie zur Reinigung von Metalloberflächen, daneben auch in der Getränke- und Nahrungsmittelindustrie zur Reinigung von Gefäßen und Apparaturen (z. B. Abfüllmaschinen) verwendet. Diese R. enthalten meist stark bas. reagierende Substanzen (z. B. Natronlauge, Soda) sowie Polyphosphate zur Wasserenthärtung und Silicate zur Verbesserung des Schmutztragevermögens. Die R. für die Apparaturen enthalten zusätzl. waschaktive Substanzen (↑ auch Detergenzien) und Desinfektionsmittel (z. B. Chlorbleichlauge). Bei den *Haushalts-R.* unterscheidet man mechan. wirkende *Scheuermittel* aus feingemahlenem Quarzsand, Kreide, Kieselgur oder Bimsstein mit Zusätzen waschaktiver und desinfizierender Substanzen und die pulverförmigen oder flüssigen *Raum-R.* aus waschaktiven Substanzen, Alkalien (z. B. Salmiak) sowie Polyphosphaten und Zusätzen von Hautschutzmitteln, Farb- und Duftstoffen. Auch *Geschirrspülmittel* für manuelles Spülen enthalten v. a. waschaktive Substanzen (Fettalkoholsulfate, Alkylbenzolsulfonate, Äthylenoxidaddukte), ferner Harnstoff (für Klarlöslichkeit). Spülmittel für Geschirrspülmaschinen bestehen aus nur geringen Mengen waschaktiver Substanzen, aber v. a. aus Soda, Natriumsilicat, Natriumorthophosphat und Polyphosphaten. *Spezial-R.*, z. B. für Teppiche und Polstermöbel sowie Auto-R. enthalten auch pflegende Zusätze.

Reinkarnation [re-ın...] ↑ Seelenwanderung.

Reinken (Reincken), Johann Adam (Jan Adams), * Wildeshausen 26. April 1623, † Hamburg 24. Nov. 1722, dt. Organist und Komponist. - Ab 1663 Organist an Sankt Katharinen in Hamburg; gründete 1678 mit J. Theile die Oper am Gänsemarkt. R., der an die niederl. Tradition anknüpfte, war einer der bedeutendsten norddt. Organisten.

Reinkens, Joseph Hubert, * Burtscheid (= Aachen) 1. März 1821, † Bonn 4. Jan. 1896, dt. altkath. Theologe. - Prof. für Kirchengeschichte in Breslau; lehnte das Unfehlbarkeitsdogma ab, 1872 exkommuniziert und 1873 erster Bischof und Organisator der Altkatholiken.

Reinking, Wilhelm, * Aachen 18. Okt. 1896, † Berlin (West) 2. Juli 1985, dt. Bühnenbildner. - Nach Tätigkeit in Darmstadt, Berlin und Wien 1954–74 Ausstattungsleiter der Dt. Oper Berlin, auch z. B. bei den Salzburger Festspielen. Seine Bühnenkonzeption basiert auf einem Realismus im Brechtschen Sinne und vermeidet dekorative Effekte.

Reinkultur, (Reinanbau) in der *Landw.* der Anbau einer einzigen Nutzpflanzenart auf einer bestimmten Anbaufläche im Rahmen einer Fruchtfolge oder der Monokultur.
♦ in der *Mikrobiologie* eine auf oder in einem Nährboden gezüchtete Bakterienkultur oder Kultur von Pilzen, einzelligen Algen und Protozoen, die auf ein Individuum oder sehr wenige Individuen einer Art oder eines Stamms

zurückgeht. Die Einheitlichkeit der R. ist bed. für Forschungszwecke, z. B. in der Genetik oder Physiologie, und für die techn. Mikrobiologie (z. B. Herstellung von Antibiotika, Enzymen, Säuren und Vitaminen).

Reinl, Harald, * Bad Ischl 9. Juli 1908, † Puerto de la Cruz 9. Okt. 1986, östr. Filmregisseur. - Drehte in den 1950er Jahren zahlr. Heimat- sowie Karl-May- und Edgar-Wallace-Filme; später „Die Nibelungen" (2 Teile, 1966/67), „Botschaft der Götter" (1975), „Götz von Berlichingen" (1978), „Im Dschungel ist der Teufel los" (1982).

Reinleinen, Bez. für textile Gewebe, die aus reinen Leinengarnen (100%) bestehen.

Reinlichkeitserziehung (Sauberkeitserziehung), Anleitung eines Kindes zur selbständigen Kontrolle der Ausscheidungsfunktionen seines Körpers. Da dem Kind i. d. R. bei der R. erstmals ein größerer Aufschub von Bedürfnisbefriedigung abverlangt wird, sehen Psychoanalytiker und Pädagogen in der Art, wie die R. vor sich geht, eine krit. Phase der kindl. Charakterentwicklung. R. sollte nicht vor dem zweiten Lebensjahr und auch dann nur in kleinen Schritten begonnen werden. Neben dem Erkennen des Drangs zur Stuhl- oder Harnentleerung müssen Geschlossenhalten und Öffnen der zu betätigenden Schließmuskeln sowie die rechtzeitige Informierung der Betreuungsperson gelernt werden. Lob für kleine Fortschritte, gelegentl. Nachfragen beim Kind und die Möglichkeit einer Beobachtung und Nachahmung anderer erreichen meist mehr als Zwang und Strafe. - † auch Bettnässen.

Reinmar (Reimar) **der Alte** (R. von Hagenau), mittelhochdt. Minnesänger der 2. Hälfte des 12. Jh. - Vermutl. Hofsänger zu Wien; seine in mehreren Handschriften überlieferten rd. 80 kunstvollen Minnelieder (von denen die Forschung allerdings über die Hälfte für unecht erklärt hat) bilden den Höhepunkt des hohen Minnesangs. Verteidigte seine Minneidee in einer Dichterfehde gegen die neue Minnekonzeption Walthers von der Vogelweide.

Reinnährstoff, meist in % vom Gesamtgewicht angegebener Gehalt eines Düngemittels an Stickstoff, Phosphorpentoxid, Kaliumoxid, Calciumoxid, evtl. Magnesiumoxid u. a.

Reinold (Reinhold, Rainald, Reinald), männl. Vorname (zu german. ragina- „Rat, Beschluß" und althochdt. waltan „herrschen").

Reinshagen, Gerlind, * Königsberg (Pr) 4. Mai 1926, dt. Dramatikerin. - Hauptthema ihrer Stücke ist die Unmenschlichkeit in der Konkurrenz- und Erfolgsgesellschaft (z. B. „Doppelkopf", 1967); „Sonntagskinder" (Uraufführung 1976) schildert die dt. Kleinbürgerwirklichkeit 1939–45; eine Fortsetzung ist „Das Frühlingsfest" (Uraufführung 1980).

Reinstoffe † Reinheit.

Reinvermögen, die positive Differenz zwischen dem Vermögen eines Wirtschaftssubjekts und seinen Schulden.

Reinvermögenszugangstheorie † Einkommen.

Reinvestition [re-ın...] (Ersatzinvestition), Summe aller im Laufe einer Periode in einer Volkswirtschaft durchgeführten Investitionen, die der Instandhaltung und Erneuerung des im Produktionsprozeß eingesetzten Kapitals dienen.

Reinwollgehalt † Rendement.

reinwollige Schafe, Schafrassen, deren Vlies nur aus Unterhaar besteht (v. a. Merinoschafe).

Reinzeichnung, reproduktionsreife Zeichnung (Gebrauchsgraphik).

Reinzucht, in der prakt. Tierzüchtung seit Mitte des 19. Jh. übl. Zuchtmethode der Auslesezüchtung. I. w. S. versteht man unter R. die Paarung ausgelesener Tiere gleicher Rasse, i. e. S. die Paarung ausgelesener, von den gleichen Elterntieren abstammender Tiere der gleichen Rasse mit dem Ziele größerer Erbgleichheit und Leistung.
◆ in der *Genetik* die Paarung erbreiner und erbgleicher Individuen; nur in der Pflanzenzüchtung bei Selbstbefruchtern († reine Linien) möglich.

Reinzuchthefen, svw. † Kulturhefen.

Reis, Johann Philipp, * Gelnhausen 7. Jan. 1834, † Friedrichsdorf 14. Jan. 1874, dt. Physiker. - Autodidakt; Lehrer in Friedrichsdorf; konstruierte das erste Gerät zur Tonübertragung („Telephon") und führte es am 26. Okt. 1861 in Frankfurt am Main vor.

Reis [raıs, portugies. reɪʃ], Mrz. von † Real.

Reis [griech.-lat.] (Oryza), Gatt. der Süßgräser mit rd. 20 Arten in wärmeren Ländern. Die wirtsch. bedeutendste und bekannteste Art ist *Oryza sativa* (R. im engeren Sinne), eine bis 1,50 m hohe, einjährige Kurztagpflanze mit langen, breiten Blättern und bis 30 cm langer Rispe mit einblütigen Ährchen, letztere mit großen, kahnförmigen, harten Deckspelzen (**Reisschalen**); im Ggs. zu den meisten anderen Gräsern sind sechs Staubblätter vorhanden. Der R. ist ein Büschelwurzler, d. h., er hat keine Hauptwurzel, sondern ein ausgeprägtes Faserwurzelnetz. Weiterhin neigt er zur † Bestockung und bildet zahlr. Nebenhalme aus. Die Früchte sind † Karyopsen, deren miteinander verwachsene Frucht- und Samenschale zusammen mit der Aleuronschicht das weiß- bis violettgefärbte **Silberhäutchen** bilden. - Neben Mais und Sorghumhirse ist R. die wichtigste Getreidepflanze der Tropen und z. T. auch der Subtropen, denn für mehr als die Hälfte der Menschen ist er (obwohl nicht backfähig) das Hauptnahrungsmittel. Von den Formenkreisen des R. (bekannt sind rd. 5 000 Formen, von denen etwa 1 400 kultiviert werden) sind

Reisbranntwein

die wirtsch. wichtigsten der mit künstl. Bewässerung im Terrassenfeldbau oder mit natürl. Überstauung (Ausnutzung des Monsunregens) in den Niederungen angepflanzte **Sumpfreis** *(Wasser-R.)* sowie die anspruchslosen Sorten des **Bergreises** *(Trocken-R.)*, die bis in Höhen von 2 000 m angebaut werden und nur das Regenwasser benötigen. - Vom Einsetzen der Gelbreife an wird der R. von Hand oder maschinell geerntet. Zur weiteren Verarbeitung kommt der gedroschene R. in R.mühlen, wo er für den Handel entspelzt wird *(geschälter Reis)*. In den Verbrauchsländern wird der R. in Spezialmühlen geschliffen (Entfernen des Silberhäutchens), poliert oder gebürstet (geglättet). Die hierbei anfallenden äußeren Schichten sind als *R*.kleie ein nahrhaftes Futtermittel. Mit der Entfernung des Silberhäutchens verliert der R. Eiweiß und Fett sowie wichtige Vitamine, v. a. B_1. Eine einseitige Ernährung mit poliertem R. führt zu ↑ Beriberi. Aus R.abfällen (z. B. Bruch-R.) wird u. a. *R.*stärke gewonnen, die in der Lebensmittel-, Textil- und Kosmetikind. verarbeitet wird. Weiterhin werden aus R. alkohol. Getränke wie Arrak und Reiswein hergestellt. Das *R.*stroh wird in den Anbauländern als Viehfutter und Streu genutzt. Auch Körbe, Teppiche, Hüte und Stricke sowie Zigarettenpapier werden daraus hergestellt. - Die Welternte an R. betrug 1987 rd. 462 Mill. Tonnen.
Geschichte: Der vermutl. im trop. Südasien heim. R. wurde schon im 4. Jt. v. Chr. in Thailand und im 3. Jt. v. Chr. in S-China in Monokultur angebaut. Im frühen 1. Jt. v. Chr. gelangten Kenntnisse des R.anbaus von Indien über Persien zum Zweistromland, wo ihn die Griechen während des Alexanderzugs (4. Jh. v. Chr.) übernahmen. Die Araber verbreiteten den R.anbau im 8. Jh. von Syrien nach Ägypten, N-Afrika, Sizilien und Spanien, wo er im 16. Jh. in Italien und S-Frankr. bekannt wurde.

📖 Wilhelmy, H.: *R.anbau u. Nahrungsspielraum in Südostasien. Kiel 1975.* - Schormüller, J.: *Lehrb. der Lebensmittelchemie. Bln. u. a.* ²1974. - Schütt, P.: *Weltwirtschaftspflanzen. Bln. u. Hamb. 1972.*

Reisbranntwein ↑ Arrak.
Reisebericht, umfassende Bez. für die vielfältigen Darstellungen von Reisen und Reiseerlebnissen, die topograph., ethnolog., histor., wirtsch. und gesellschaftspolit. Fakten sowie persönl. Erfahrungen und Eindrücke vermitteln wollen. Wesentl. Kriterium der *wiss. Reisebeschreibungen* ist die gesicherte Information; eine exakte Berichterstattung setzte erst in der Neuzeit ein, oft in Form von Log- oder Tagebüchern (G. Forster, J. Cook). Neue naturwiss. Informationen brachten geograph. und ethnolog. Forschungsreisen, v. a. A. von Humboldts, und die Pionierfahrten von F. Nansen, R. F. Scott, D. Livingstone, H. M. Stanley, S. Hedin. In *literar. Reisebeschreibungen* werden Fakten subjektiv ausgestaltet; als erster R. dieser Art gilt „Il milione" (1298/99) von Marco Polo. Im 15. Jh. erschienen eine Reihe von Pilgerberichten (z. B. „Hans Schiltbergs Raisbuch", um 1420). Zahlr. literar. R. erschienen im bürgerl. geprägten 18. Jh.; nachhaltig wirkte Goethes „Italien. Reise" (1829). Neben der Beschreibung von Bildungsreisen entstand im 19. Jh. der *feuilletonist. R.* (Heine, Börne). Die stark gestiegenen Reisemöglichkeiten im 20. Jh. bewirkten eine Vielzahl literar. anspruchsvoller, teils analyt.-krit. oder nur werbepsycholog. orientierter Beiträge von Reiseschriftstellern.

Reisebuchhandel ↑ Buchhandel.
Reisebüro, Handelsunternehmen, das die Vermittlung zw. Reisenden und Verkehrsunternehmen im Fremdenverkehr durchführt. Die wichtigsten Dienstleistungen umfassen den Verkauf von Fahrkarten, Flugtikkets usw., die Buchung von Reisen (einschl. Unterkunft), Auskünfte u. a. über Reiseverbindungen.
Reisecharter ↑ Chartervertrag.
Reisegeschwindigkeit, im Kfz.- und Eisenbahnverkehr Bez. für die durchschnittl. Geschwindigkeit, die sich unter Einrechnung der Zwischenaufenthalte zw. Abfahrt und Ankunft ergibt; im Luftverkehr die im Durchschnitt übl. Fluggeschwindigkeit.
Reisegewerbe (ambulantes Gewerbe, Hausierhandel), ein Gewerbe, das außerhalb der Räume der gewerbl. Niederlassung eines Unternehmens oder ohne eine solche Niederlassung ausgeübt wird, wobei ohne vorherige Bestellung Waren oder gewerbl. Leistungen angeboten, Bestellungen hierauf aufgenommen, Waren angekauft oder Schaustellungen, Musikaufführungen u. ä. ohne höheres künstler. oder wiss. Interesse dargeboten werden. So wie die Ausübung eines anzeige- bzw. genehmigungspflichtigen stehenden Gewerbes die Erteilung eines *Gewerbescheins* voraussetzt, bedarf die Ausübung des R. einer Genehmigung, die in Form einer sog. *R.*karte erteilt wird.
Reisekönigtum (Reiseherrschaft), Herrschaftsform vornehml. des MA, bei der der König mit seinem Hof zum Zweck der Verpflegung und der unmittelbaren Herrschaftsausübung von einer Pfalz oder Bischofsstadt zur andern reiste; meist durch Hauptstadtbildung beendet.
Reisekrankheit, andere Bez. für ↑ Bewegungskrankheit.
Reiseroman, inhaltl., nicht gattungsbezogen bestimmte Bez. für die Darstellung von Reisen und Reiseerlebnissen innerhalb einer ep. Großform; zu unterscheiden sind: 1. Der *abenteuerl. R.*, der geprägt wird vom umherziehenden Helden und seinem vielfältigen Erlebnissen (Odyssee, ma. Spielmannsdichtung, Don Quichote, Grimmelshausen, Münchhausen); 2. der *phantast. R.* mit J. Verne als

Hauptvertreter im 19. Jh.; entspricht im 20. Jh. der Science-Fiction-Literatur; 3. der *satir.-utop. R.*, dessen Anfänge auf Lukian und Herodot zurückgehen, weist Verbindungen auf zum Staatsroman (J. Swift, „Gullivers. sämtl. Reisen", 1726); 4. der *empfindsame R.*, der sich im 18. Jh. nach dem Vorbild von L. Sternes „A sentimental journey" (1768) entwickelte, fand in J. K. A. Musäus und M. A. von Thümmel seine Hauptvertreter; hier löst die konkrete Erfahrung Reflexionen und Empfindungen aus.

Reisescheck (Travellerscheck), Zahlungsmittel im internat. und nat. Reiseverkehr. R. sind scheckähnl. Urkunden, die auf bestimmte runde Beträge lauten. Sie werden von den ausgebenden Banken direkt oder von ihren ausländ. Korrespondenzbanken kommissionsweise verkauft.

Reisetauben, svw. ↑ Brieftauben.

Reisevertragsgesetz, ein die Rechte und Pflichten der Parteien eines Reisevertrages regelndes Gesetz vom 4. Mai 1979, das in das BGB (§§ 651 a bis 651 k) eingefügt wurde und erhebl. Auswirkungen auf die allg. Reisebedingungen hat. Erbringt der Reiseveranstalter die von ihm angebotenen und zu einer Einheit verbundenen Leistungen nicht mit den im Reiseprospekt zugesicherten Eigenschaften, sondern eine mit Fehlern behaftete Reise, so kann der Reisende Abhilfe verlangen oder nach einer angemessenen Frist selbst Abhilfe schaffen und Ersatz der für die Beseitigung des Mangels erforderl. Aufwendungen verlangen. Für die Dauer des Mangels mindert sich der Reisepreis. Neben Minderung und Kündigung stehen dem Reisenden auch Schadenersatzansprüche zu, wenn das Reiseunternehmen die aufgetretenen Reisemängel zu verantworten hat. Jedoch kann die Haftung auf ein Höchstmaß beschränkt werden. Die Erklärung, Verträge nur mit den Personen vermitteln zu wollen, welche der vorgesehenen Reiseleistungen ausführen sollen, bleibt unberücksichtigt, wenn nach den sonstigen Umständen der Anschein begründet wird, daß der Erklärende vertragl. vorgesehene Reiseleistungen in eigener Verantwortung erbringt. Dies hat zur Folge, daß die Reiseveranstalter Ansprüche der Reisenden nicht mehr mit dem Hinweis auf die Haftung der vermittelten Leistungsträger abwehren können. Der Reisende kann vor Reisebeginn vom Reisevertrag zurücktreten, jedoch vom Reiseveranstalter auf Entschädigung in Anspruch genommen werden. Bis zu Beginn der Reise kann der Reisende verlangen, daß statt seiner ein Dritter an der Reise teilnimmt; dem kann der Reiseveranstalter nur widersprechen, wenn der Dritte bes. Reiseerfordernissen nicht genügt (z. B. Tropentauglichkeit) oder seiner Teilnahme gesetzl. Vorschriften oder behördl. Anordnungen entgegenstehen.

Reisezug, im Eisenbahnwesen Bez. für jeden Zug, der [vorwiegend] der Beförderung von Reisenden und deren Gepäck dient.

Reisezugwagen ↑ Eisenbahn.

Reisfink (Padda oryzivora), etwa 15 cm langer Singvogel (Fam. Prachtfinken); auf Java und Bali beheimatet, von dort nach S-Asien und O-Afrika eingebürgert; Oberseite und Brust perlgrau, Bauch gelblichbraun, Kopf schwarz mit weißen Wangen und rosafarbenem Schnabel; kann durch scharenweises Einfallen in Reisfeldern schädl. werden.

Reisig (Reiserholz, Reisholz), forstwirtsch. Bez. für bis höchstens 7 cm starke (Durchmesser) Zweige mit Rinde.

Reisige [zu mittelhochdt. reise „Feldzug"], im MA schwerbewaffnete Krieger.

Reisiger, Hans, * Breslau 22. Okt. 1884, † Garmisch-Partenkirchen 29. April 1968, dt. Schriftsteller und Übersetzer. - Gründungsmgl. der Dt. Akademie für Sprache und Dichtung; v. a. Übersetzer W. Whitmans. Verfaßte den Maria-Stuart-Roman „Ein Kind befreit die Königin" (1939) und die klass. Erzählung „Aeschylos bei Salamis" (1952).

Reiskäfer (Calandra oryzae), weltweit verschleppter, in den Tropen und Subtropen heim., 2,5–3,5 mm langer flugfähiger Rüsselkäfer; Körper mattbraun, mit wenig undeutl. roten Flecken auf den Flügeldecken; kann an Nahrungsvorräten (im Freien auch an Reis und Mais) schädlich werden.

Reismehlkäfer (Tribolium), Gatt. der Schwarzkäfer mit weltweit verschleppten, an Vorräten aller Art schädl. Arten; in M-Europa vier 3–5 mm große, schwarzbraune, braun- oder rostrote Arten.

Reismelde (Hirsemelde, Reisspinat, Quinoa, Chenopodium quinoa), in den Hochanden kultivierte Gänsefußgewächs, dessen gelbl. Samen zu Mehl verarbeitet werden; die Blätter werden als Gemüse und Salat gegessen.

Reisner, Larissa Michailowna [russ. 'rjejsnɪr], auch L. M. Reissner, * Lublin 13. Mai 1895, † Moskau 9. Febr. 1926, russ.-sowjet. Schriftstellerin. - 1917 aktive Revolutionärin; hohe Staatsstellungen. Schrieb Skizzen und Reportagen über den Bürgerkrieg („Die Front", 1924), den Hamburger Aufstand („Hamburg auf den Barrikaden", 1925), über reaktionäre Strömungen in Deutschland („Im Lande Hindenburgs", 1925) und über ihre Erfahrungen im diplomat. Dienst.

Reispapier (Chinapapier, Japanpapier), handgeschöpftes, seidenfeines, aber sehr festes und dauerhaftes Papier, das aus dem schneeweißen Mark des (v. a. in Ostasien kultivierten) Araliengewächses Tetrapanax papyrifer *(Araliamark)* hergestellt wird.

Reißbaumwolle, den aus Abfällen neuer und alter Baumwollstoffe hergestellter Reißspinnstoff, der v. a. in der Grobgarnspinnerei verarbeitet wird.

Reißbrett

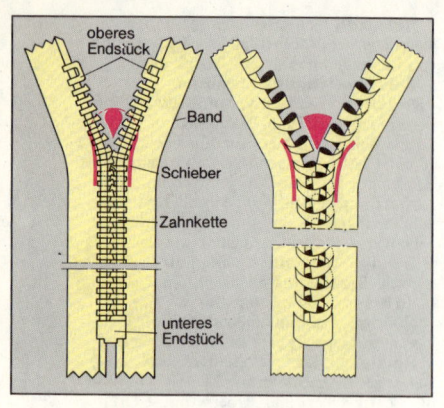

Reißverschluß mit Metall-
(links) und Kunststoffschließketten

Reißbrett [zu althochdt. rizan „reißen; schreiben"], exakt rechtwinkliges Brett, das als Unterlage zum Herstellen von [techn.] Zeichnungen dient. Parallele Liniensysteme werden mit Hilfe der *Reißschiene* gezeichnet, einem flachen Lineal mit Querleiste, die entlang der R.kanten gleiten kann.

Reißen, Übung des ↑Gewichthebens.
◆ wm. für: Fangen und Totbeißen von Wild oder Haustieren durch Raubwild oder Raubzeug.

Reißfeder, aus zwei in ihrem Abstand verstellbaren Stahlblättern mit geschliffener Spitze bestehendes Zeichengerät für Tuschelinien von 0,1–1 mm Strichstärke.

Reißfestigkeit, in der Textilind. bisher gebräuchl. Bez. für den Zugwiderstand von Textilgarnen; sie wird jetzt durch die Bez. *Reißkraft* ersetzt. Diese wird meist auf die Einheit Tex (↑Garnnumerierung) bezogen.

Reißfüllstoffe ↑Reißmaschine.

Reißiger, Karl Gottlieb, * Belzig 31. Jan. 1798, † Dresden 7. Nov. 1859, dt. Komponist. - 1828 als Nachfolger C. M. von Webers Hofkapellmeister in Dresden. Komponierte Opern, u. a. „Die Felsenmühle zu Estalières" (1831), Kammer- und Klaviermusik.

Reißkraft ↑Reißfestigkeit.

Reißlänge, bei der Prüfung von *Papier, Pappe* und *Kunststoff* diejenige Länge [in m] eines an einem Ende aufgehängten Streifens, bei der der Streifen infolge seines Eigengewichts an der Aufhängestelle abreißen würde.

Reißleine, Aufzieleine beim Fallschirm.
◆ ↑Ballon.

Reißmaschine (Reißwolf), Maschine zum Zerfasern von Textilabfällen, um aus ihnen wieder verspinnbare Fasern (*Reißspinnstoffe*) oder auch nicht mehr verspinnbare kurze Fasern, die u. a. als Polstermaterial verwendet werden (*Reißfüllstoffe*), zu gewinnen.

Die R. besteht im wesentl. aus einer mit vierkantigen Reißspitzen besetzten Reißtrommel (Tambour), die in rasche Umdrehung versetzt wird und die die über den Zuführtisch herangeführten [vorzerkleinerten] Lumpen in Einzelfasern auflöst.

Reißnadel, an der Spitze gehärtete Stahlnadel zum Einritzen („Anreißen") von Zeichen in Metall.

Reißnägel, svw. ↑Reißzwecken.

Reissner-Membran [nach dem dt. Anatomen E. Reissner, * 1824, † 1878] ↑Gehörorgan.

Reisspinat, svw. ↑Reismelde.

Reißschiene ↑Reißbrett.

Reißspinnstoffe ↑Reißmaschine.

Reißverschluß, Vorrichtung, die zum raschen Zusammenfügen und Trennen von Teilen aus Stoff, Leder und Kunststoffolien dient. Zwei Schließketten aus Metall- oder Kunststoffzähnen, die in der Höhe etwas gegeneinander versetzt sind, werden so aufeinander zugeführt, daß die gegenüber zwei übereinander liegenden Zähne ineinander greifen und sich verhaken können (*Zahnverschluß*). Bei anderen Ausführungsformen besteht die Schließkette aus Kunststoff- oder Metallschlaufen, die sich durch eine spiralige Wicklung ergeben (*Spiralverschluß*), oder aus langen, schienenartigen Kunststoffbändern, deren Rillen ineinander gedrückt werden (*Rillenverschluß, Gleitverschluß*). - Der Zahnverschluß geht im wesentl. auf den amerikan. Ingenieur (schwed. Herkunft) G. Sundback zurück (Patent 1917).

Reißwolf, svw. ↑Reißmaschine.

Reißwolle, Sammelbez. für die aus Wolltextilien gewonnenen Reißspinnstoffe. *Wollgestrickt* ist langfaserige, beim Zerfasern kaum beschädigte R. (aus handgestrickten Strümpfen, Pullovern usw. gerissen); *Golfers* ist langfaserige R. (aus maschinengestrickten Wollwaren); *Halbwollgolfers* enthält einen Anteil an pflanzlichem Materials.

Reißzähne (Dentes lacerantes), zw. den Lückenzähnen und den Höckerzähnen des Gebisses der Raubtiere stehende, durch ihre Größe und Scharfkantigkeit auffallende Zähne: im Oberkiefer jederseits der letzte Vorbackenzahn, im Unterkiefer jederseits der erste Backenzahn. Die R. haben Scherenwirkung.

Reißzeug, aus einem Satz von ↑Reißfedern und ↑Zirkeln bestehende Zusammenstellung von Zeichengeräten für techn. und geometr. Zeichnungen.

Reißzwecken (Reißnägel, Heftzwecken), kleine Nägel mit kurzem, spitzem Dorn und breitem, rundem, flachem Kopf.

Reistanreks (Oryzorictinae), Unterfam. etwa 4–13 cm körperlanger, spitzmausähnl. Borstenigel mit rd. 25 Arten, v. a. in feuchten Wäldern und in Sümpfen Madagaskars; Fell nicht borstig.

Reitsport

Reiswasserstuhl, wie Reiskochwasser aussehender Stuhl bei schwersten Durchfällen (bes. bei Cholera).

Reiswein (Sake), aus geschälten Reiskörnern unter Verwendung einer aus Schimmelpilzen gewonnenen Substanz vergorenes (12–17 Vol.-% Alkohol), sherryähnl. schmeckendes Getränk, das meist warm getrunken wird.

Reisz, Karel [tschech. rɛjs], * Mährisch-Ostrau (= Ostrau, tschech. Ostrava) 21. Juli 1926, brit. Regisseur tschech. Herkunft. - Kam 1939 nach Großbrit.; Filmkritiker und Dokumentarfilmer; 1956 einer der Mitbegr. des Free Cinema. Drehte u. a. „Samstagnacht bis Sonntagmorgen" (1960), „Der Griff aus dem Dunkel" (1963), „Isadora" (1969), „Der Spieler" (1974), „Dreckige Hunde" (1978), „Sweet dreams" (1985).

Reiterlein, dt. Name für den Stern ↑ Alkor.

Reiterstandbild, in Antike und seit der Renaissance wichtige Form des ↑ Denkmals, im MA dagegen ist das R. als Rechtsmal zu verstehen (Magdeburger Reiter, um 1240) oder es dient der Heiligenverehrung (hl. Georg, hl. Martin), in Italien (14. Jh.) auch als Grabplastik (Scaliger-Gräber in Verona).

Reitgras (Calamagrostis), Gatt. der Süßgräser mit rd. 200 Arten auf der Nordhalbkugel; Pflanzen mit zahlr. kurzen oder die Deckspelzen überragenden Haaren in den eine Ähre bildenden Blüten. In Deutschland kommen von den Alpen bis ins Tiefland neun Arten vor, und zwar meist in Wäldern, Gebüschen, an moorigen Stellen und Ufern.

Reit im Winkl, Luftkur- und Wintersportort in den Chiemgauer Alpen, Bayern, 695 m ü. d. M., 2 600 E.

Reitjagd (Jagdreiten), heute ein aus der Hetzjagd († auch Jagdarten) zu Pferde entwickeltes Sportreiten; beliebt ist es z. B. als Fuchsjagd, wobei dem verfolgten Reiter, der die Lockspur (Schleppe für die Meute) markiert, ein von der linken Schulter hängender Fuchsschwanz abzureißen ist. Eine R. ohne Hunde ist die **Schnitzeljagd,** bei der die Teilnehmer eine aus Papierschnitzeln bestehende Spur verfolgen.

Reitsch, Hanna, * Hirschberg i. Rsgb. (Riesengebirge) 29. März 1912, † Frankfurt am Main 24. Aug. 1979, dt. Fliegerin. - Pilotin im Segel- und Motorflug; stellte in beiden Disziplinen zahlr. Weltbestleistungen auf und wurde 1937 erster weibl. Flugkapitän. Gilt als Pionier des Hubschrauberflugs. Während des 2. Weltkriegs Testfliegerin bei der Luftwaffe. Nach 1945 Tätigkeit als Fluglehrerin.

Reitsport, umfaßt die Disziplinen Dressur-, Spring- (bzw. Jagd-) und Vielseitigkeitsreiten sowie Freizeitreiten, ergänzt durch Fahrsport; hinzu kommen als Teil des Pferdesports Galopp- und Trabrennsport sowie ↑Polo. Für den Turniersport gilt die Leistungsprüfungsordnung (LPO) der Dt. Reiterl. Vereinigung (FN). Die LPO kennt 3 Kategorien von Turnieren und Leistungsprüfungen sowie 5 Anforderungsklassen: Kategorie C (lokal): Klassen E = Eingangsstufe und A = Anfangsstufe; Kategorie B (regional): Klassen L = leicht und M = mittelschwer; Kategorie A (überregional); Klassen M und S = schwer.

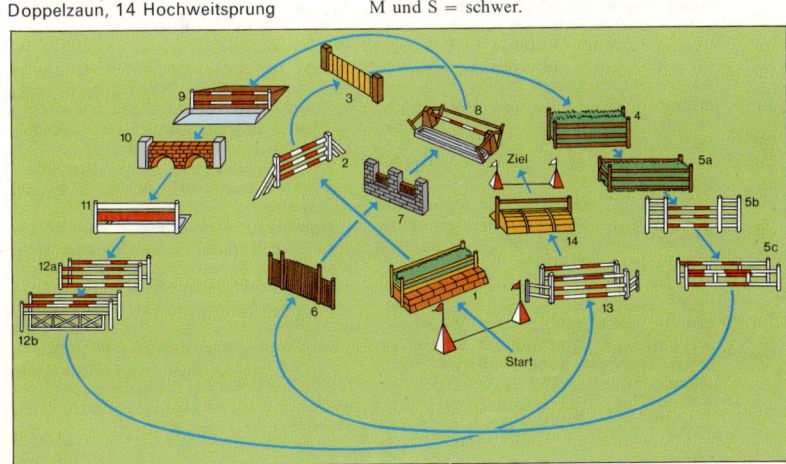

Reitsport. Parcour eines Springreitens: 1 niedrige Mauer mit Doppelstangen, 2 Palisade, 3 Gutstor, 4 Hecke mit Barriere, 5a Oxer, 5b Tivolibarrieren, 5c offener Oxer, 6 Rivierazaun, 7 Parkmauer, 8 Wassertrog mit Stangen, 9 Wassergraben, 10 isländische Gartenmauer, 11 Wassergraben mit Stationata, 12a Birkenstangen, 12b Birkengatter, 13 schwedischer Doppelzaun, 14 Hochweitsprung

Reitstock

Dressurreiten bildet die Grundlage für alle Disziplinen und zeigt sich vollendet in der Hohen Schule. Der Dressurplatz ist ein rechteckiges Viereck, 20 × 40 m oder 20 × 60 m groß. Beim **Springreiten** (auch **Jagdspringen**) haben die startenden Pferde auf einem vorgeschriebenen Kurs im Parcours je nach Schwierigkeitsklasse eine bestimmte Anzahl verschieden hoher und breiter Hindernisse innerhalb einer beschränkten Zeit zu überspringen († Hindernisrennen). Es wird in Einzel- und Mannschaftswertung von Damen und Herren (auch in Konkurrenz zueinander) geritten, wobei Springvermögen und Ausdauer der Pferde und das Können der Reiter geprüft werden. Sieger ist der Reiter oder die Nationenmannschaft mit den wenigsten Fehlerpunkten nach Springfehlern und Zeitüberschreitung. Das **Vielseitigkeitsreiten** umfaßt Dressur, Springen und Geländeritt († Military). Beim **Galopprennen** laufen insbes. Vollblutpferde; es wird unterteilt in Flachrennen, die je nach Distanz über Flieger- (1 000-1 400 m), Mittel- (1 600-2 000 m) oder Steherstrecken (bis 4 800 m) und Hindernisrennen, die entweder als Hürdenrennen über versetzbare Hindernisse oder als Jagdrennen über feste Hindernisse (Hochsprünge und Gräben) ausgeschrieben sind. Sieger ist das zuerst durch das Ziel galoppierende Pferd. Neben Zuchtrennen veranstalten die Rennvereine u. a. *Altersgewichtsrennen*, in denen die Pferde entsprechend ihrem Alter mit unterschiedl. Gewicht laufen; *Ausgleichsrennen*, in denen Pferde aller Leistungs- und Altersstufen mit unterschiedl. festgelegter Masse laufen und *Verkaufsrennen*, bei denen das Gewicht, das ein Pferd trägt, außer vom Alter, Geschlecht und von der Nationalität auch von der Höhe des vorher zu nennenden Verkaufspreises abhängt. **Trabrennen** werden mit speziell gezüchteten, im Trab laufenden Pferden veranstaltet, meist einspännig vor dem einachsigen, gummibereiften Sulky. Die Rennstrecke beträgt je nach Ausschreibung 1 100-4 200 m. **Freizeitreiten** als R. für breite Schichten der Bev. besteht aus Dressur, Springreiten, Ausreiten, Voltigieren. **Fahrsport** (auch **Fahren**) umfaßt Gebrauchsprüfung für Ein-, Zwei- und Mehrspänner, Dressurprüfungen und Hindernisfahren für Zwei-, Vier- und Mehrspänner.
📖 *Kiemann, H.: Neue Reitschule. Mchn. 1985. - Watson, M. G.: Das Reiterhandbuch. Mchn. 1984. - Pollay, H.: R. von A-Z. Mchn. ²1982.*

Reitstock † Drehbank.

Reitz, Edgar, * Morbach (Landkr. Bernkastel-Wittlich) 1. Nov. 1932, dt. Filmregisseur und Produzent. - Einer der Wegbereiter des „Jungen Dt. Films" v. a. mit „Mahlzeiten" (1967), „Geschichten vom Kübelkind" (1971). „Stunde Null" (1977) schildert den Bewußtseinszustand der Bewohner eines Dorfes in der kurzen Zeit zw. Kriegsende und sowjet. Besetzung. - *Weitere Filme:* Deutschland im Herbst (1978; Mitregisseur), Der Schneider von Ulm (1978), Geschichten aus den Hunsrückdörfern (1982), Heimat (1984).

Reitzenstein, Richard, * Breslau 2. April 1861, † Göttingen 23. März 1931, dt. klass. Philologe und Religionshistoriker. - Prof. in Rostock, Gießen, Straßburg, Freiburg im Breisgau und Göttingen. Verfaßte als bed. Vertreter der religionsgeschichtl. Schule Arbeiten zum antiken Synkretismus, zu den Mysterienkulten und zur Gnosis.

R., Sigismund Reichsfrhr. von, * Nemmersdorf (= Gem. Goldkronach, Landkr. Bayreuth) 3. Febr. 1766, † Karlsruhe 5. März 1847, bad. Politiker. - Reorganisator der Heidelberger Univ. nach ihrer Neugründung 1803. Als Staatsmin. (1809/10, 1813-18 und 1832-42) Initiator der bad. Verfassung (1818).

Reiz (Stimulus), jede Veränderung außerhalb *(Außen-R.)* oder innerhalb *(Organ-R.)* eines Organismus, die eine Erregung auslöst bzw. eine Empfindung verursacht oder eine Reaktion (z. B. einen Reflex) bewirkt. Unter den verschiedenen R.arten unterscheidet man: mechan., therm., chem., osmot., elektr., opt. und akust. Reize. Die Fähigkeit, auf R. zu reagieren, ist eine Grundeigenschaft lebender Systeme († Irritabilität). Die für ein Sinnesorgan gemäße Form des R. wird als † adäquater Reiz bezeichnet. Von einem *unterschwelligen R.* spricht man, wenn die R.energie zur Auslösung einer Erregung nicht ausreicht († Reizschwelle). Überschreitet die R. eine bestimmte Intensität, wird er als Schmerz empfunden († Schmerzschwelle).

Reizaufnahme, (Rezeption) bei Menschen und Tieren die Aufnahme der als Reiz wirkenden Energie durch die Rezeptoren der Sinneszellen bzw. anderer erregbarer Strukturen mit dem sich anschließenden Vorgang der Umwandlung in die Energieform einer Erregung.

◆ (Susreption) bei Pflanzen chem.-physikal. Zustandsänderungen in reizempfindl. Zellsystemen, die dem Erregungsprozeß mit seinen physiolog. Abläufen (Bewegungen u. a.) vorangehen; verursacht durch Einwirkung adäquater äußerer Energien oder Aktionsströme durch Ionenverlagerungen.

Reizbewegungen, Bewegungsreaktionen von Pflanzen oder Pflanzenteilen auf Außenreize und auf Innenreize.

Reizblase, Reizzustand der Harnblase mit häufigem Harndrang und anderen Symptomen einer Blasenentzündung, jedoch ohne entzündl. Schleimhautveränderungen und krankhaften Sedimentbefund; kommt im Klimakterium vor oder als Folge mechan. oder chem. Reizung, auch durch Verkühlung.

reizen, v. a. im † Skat durch gegenseitiges Bieten im Rahmen der durch die Handkarten gegebenen Möglichkeiten versuchen, einen Solospieler zu ermitteln.

Reklamation

Reizgase, v. a. auf die Atemwege reizend wirkende Gase wie Chlor, Brom, nitrose Gase, Phosgen, Schwefeldioxid und Ammoniak.

Reizker [slaw., eigtl. „der Rötliche"], svw. ↑ Milchlinge.

Reizklima, Klima, das starke Reize auf den Organismus ausübt (Ggs. Schonklima). Reizklimate werden insbes. im Hochgebirge, an den Küsten der Ozeane und ihrer Nebenmeere (z. B. Nordsee), im Innern großer Kontinente angetroffen. Sie zeichnen sich durch eine vermehrte Ultraviolettstrahlung, kräftigere Winde und größere Schwankungen der meteorolog. Elemente aus.

Reizkörperbehandlung (Reizkörpertherapie), Hervorrufung einer unspezif. [Immun]reaktion durch Injektion von Reizstoffen (z. B. Eigenblut, körpereigenes oder körperfremdes Eiweiß) oder einer spezif. [Herd]-reaktion durch Applikation von Vakzinen (Tuberkulin), Bienengift oder fieber- bzw. leukozytoseauslösenden Mitteln; bes. zur Behandlung chron. Entzündungen.

Reizleitung, unkorrekte Bez. für Erregungsleitung (im klin. Sprachgebrauch häufig im Sinne von Afferenz von der Peripherie zum Zentralnervensystem benutzt).

Reizleitungsstörung (Herzrhythmusstörungen) ↑ Herzkrankheiten.

Reizleitungssystem (Erregungsleitungssystem), die aus umgewandelten, bes. glykogenhaltigen Muskelfasern bestehende, für die Überleitung und Ausbreitung der Erregung zuständige Verbindung zw. dem vorderen Vorhof und den beiden Kammern des Herzens. Die normalerweise im Sinusknoten entstehende Erregung gelangt über die Vorhofmuskulatur zum Aschoff-Tawara-Knoten und von diesem über das His-Bündel, die beiden Kammerschenkel des R. *(Tawara-Schenkel)* und deren Ausläufer, die *Purkinje-Fasern,* zur Arbeitsmuskulatur der Herzkammern. Ist das R. geschädigt, kommt es zu Störungen der Erregungsleitung.

Reizschwelle, (absolute R.) derjenige Wert auf einem Reizkontinuum, unterhalb dessen kein Reiz mehr wahrgenommen wird oder keine Reaktion mehr erfolgt.
◆ (relative R., Unterschiedsschwelle) Wahrnehmungsschwelle, von der an zwei nur wenig verschieden starke Reize vom selben Sinnesorgan nicht mehr als gleich empfunden werden.

Reizstoffe, i. w. S. Bez. für alle in der Natur vorkommenden oder synthet. hergestellten chem. Verbindungen, die einen [physiolog. oder patholog.] Reiz auf einen Organismus ausüben; i. e. S. Bez. für die auf Haut und Schleimhaut entzündungserregend oder toxisch wirkenden Substanzen.

Reizstoffwaffen, Schußwaffen, aus denen Reizstoffe abgefeuert werden können (Sprühgeräte wie z. B. die chem. Keule sind keine R. im Sinne des Waffengesetzes), v. a.

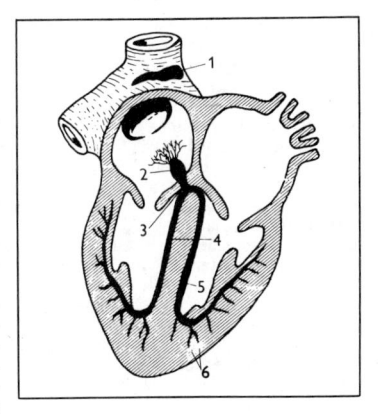

Reizleitungssystem im menschlichen Herzen.
1 Sinusknoten, 2 Aschoff-Tawara-Knoten, 3 His-Bündel, 4 und 5 rechter und linker Tawara-Schenkel, 6 Purkinje-Fasern

die **Gaspistole** zum Verschießen von Gasmunition; sie bedarf der Zulassung durch die Physikal.-Techn. Bundesanstalt; zugelassen i. d. R. für jedermann (über 18 Jahre); sie darf frei erworben und mit sich geführt werden (Schießen außerhalb von Schießstätten jedoch nur bei Vorliegen bes. Voraussetzungen zulässig, z. B. behördl. Erlaubnis, Notwehr oder Notstand).

Reizsummation, Anstieg der Reizwirkung durch wiederholte Reizung derselben Rezeptoren über einen bestimmten Zeitraum hinweg (v. a. wenn ein Einzelreiz nicht ausreicht, eine Reaktion oder einen Reflex auszulösen). Schlüsselreize können sich in ihrer Wirkung gegenseitig verstärken (sog. **Reizsummenphänomen**).

Reiztherapie, unspezif. Behandlung mit Mitteln, die auf den Organismus Reizwirkungen ausüben; z. B. Wärme, galvan. Strom, elektromagnet. Strahlung, Reizkörper, auch Massage, klimat. Einwirkungen.

Reizüberflutung, Bez. für die Überfülle an Eindrücken, die in einer hochindustrialisierten Gesellschaft auf den einzelnen, z. B. durch Massenkommunikationsmittel und die sonstige tägl. Erlebnisfülle, einwirken. Die R. kann den Menschen außerstande setzen, Anstöße, die Denken, Entscheiden und Handeln auslösen, selektiv wahrzunehmen und bewußt darauf zu reagieren, und kann dadurch Abstumpfung, soziale Distanzierung und Affektstörung bewirken.

rekapitulieren [lat.], (noch einmal) zusammenfassen, wiederholen.

Reklamante [lat.], ↑ Kustos.

Reklamation [zu lat. reclamatio „das

Gegengeschrei"], Beanstandung von Mängeln; (im Sport) Einspruch von Spielern gegen eine Schiedsrichterentscheidung.

Reklame [frz., zu lat. reclamare „laut rufen"], bis zum Anfang des 20. Jh. gebräuchl. Bez. für alle Werbemaßnahmen der Wirtschaft; dann durch den Begriff ↑ Werbung abgelöst. Als R. werden heute vorwiegend übertriebene, aufdringl. Werbeaussagen bezeichnet.

reklamieren [lat.-frz.], 1. zurückfordern, für sich beanspruchen; 2. wegen irgendwelcher Mängel beanstanden.

Reklusen [lat.], svw. ↑ Inklusen.

Rekombination, (Wiedervereinigung) in der *Physik* die Vereinigung von zuvor durch Energiezufuhr (z. B. durch Stoßionisation neutraler Atome) gebildeten, elektr. entgegengesetzt geladenen Teilchen zu einem neutralen Gebilde (Neutralteilchen), dessen Gesamtenergie geringer ist als die Energie der Einzelbestandteile vor der Wiedervereinigung; z. B. in ionisierten Gasen die Vereinigung eines positiven Ions und eines Elektrons zu einem neutralen Gasmolekül. Die bei der R. freiwerdende Energie wird entweder in kinet. Energie des sich bildenden Neutralteilchens umgewandelt und/oder zu seiner Anregung verwendet. Die bei Anregung aufgebrachte Anregungsenergie wird dann in Form von elektromagnet. Strahlung, der sog. *R.strahlung,* frei. Den sichtbaren Teil dieser R.strahlung bezeichnet man als *R.leuchten.*

◆ in der *Chemie* die Vereinigung von zuvor gebildeten Radikalen. - ↑ auch Kettenreaktion, ↑ Polymerisation.

◆ in der *Genetik* die Neukombination der Gene, wodurch bei einem Nachkommen verschiedene einzelne Eigenschaften der Eltern in einer neuen Konstellation in Erscheinung treten. Diese *genet. R.* ist ein bed. Evolutionsfaktor. Oft sind in einer Zelle mehrere R.mechanismen nebeneinander verwirklicht. - Der einfachste Vorgang einer R. ist die Zufallsverteilung ganzer Chromosomen bzw. Kopplungsgruppen von Genen während der Reduktionsteilung der Meiose. Die eigtl. genet. R. führt dagegen zu einem Genaustausch (Crossing-over, ↑ Faktorenaustausch) zw. den Chromosomen. Sie erfolgt meist, d. h. bei der *allg. R.,* zw. ausgedehnten Bereichen übereinstimmender DNS-Abschnitte, also zw. homologen DNS-Bereichen. Von der allg. R. besteht die Vorstellung, daß primär Einzelstrangbereiche zw. homologen DNS-Doppelstrangmolekülen ausgetauscht werden. Diese hybriden Doppelstrangbereiche können nichtkomplementär ungepaarte Basen (*Heteroduplexstrukturen*) enthalten, und zwar dort, wo sich in einem Gen die beiden Allele der Eltern-DNS-Moleküle voneinander unterscheiden. Diese Heteroduplexstrukturen werden dann von Reparaturenzymen der Zelle „erkannt" und aufgelöst, wobei aus einem der beiden DNS-Stränge ein Stück entfernt und anschließend nach der Matrize des anderen DNS-Stranges neu synthetisiert wird. Dabei kommt es zu einer Übertragung genet. Information von dem einen Strang auf den anderen (*Konversion*).

Rekonstruktion, allg. svw. Wiederherstellung, Nachbildung, Nachvollzug [eines Ablaufs]; auch Bez. für deren Ergebnis.

◆ Wiederherstellung des urspr. Zustandes einer Anlage oder eines Bauwerks auf Grund literar. Quellen, alter Pläne und Entwurfszeichnungen, archäolog. Ergebnissen sowie Stichen und gegebenenfalls Photographien.

◆ in der *Sprachgeschichte* das hauptsächl. Verfahren der histor.-vergleichenden Sprachwiss., durch das aus bezeugten Sprachen auf nichtüberlieferte Sprachzustände, z. B. eine Grundsprache, rückgeschlossen wird; wesentl. Hilfsmittel sind die Lautgesetze.

Rekonstruktionismus, svw. ↑ Reconstructionism.

Rekonvaleszent [lat.], Genesender, im Stadium der Rekonvaleszenz (Genesung) Befindlicher.

Rekonziliation [lat.], im kath. Kirchenrecht: 1. Versöhnung mit einer Kirchenstrafe Belegten; 2. Entsühnung einer geschändeten Kirche, Kapelle oder eines Friedhofs.

Rekord [engl., eigtl. „Aufzeichnung", zu lat. recordari „sich erinnern"], [anerkannte,] in Listen geführte sportl. Höchstleistung in Sportarten, die eine objektive Messung zulassen; Einteilung in Landes-, Welt- und olymp. Rekorde.

Rekreation [lat.], Erholung, Erfrischung.

Rekrete [lat.], in den pflanzl. Stoffwechsel nicht eingehende, sondern nach ihrer Aufnahme sofort unverändert (z. B. in Dauergeweben) abgelagerte Stoffe. Ballaststoffe (z. B. Silicium, das die Zellwand mineralisiert).

Rekristallisation, Umgestaltung (Neubildung) des kristallinen Gefüges, insbes. bei plast. deformierten Körpern. Das verformte Material ist energiereicher (infolge der von der Formung herrührenden Energie) als das unverformte und hat deshalb die Tendenz, in den energieärmeren Zustand, d. h. den Zustand vor der Verformung, zurückzukehren. Es genügt oft schon eine geringe therm. Aktivierung, damit es zur R. kommt.

Rekrut [frz.], Soldat in der ersten Phase der Ausbildung.

rektal [lat.], in der Medizin für: zum Mastdarm gehörend, den Mastdarm betreffend; durch den Mastdarm erfolgend (z. B. von einer Infusion oder von der Einführung eines Narkosemittels gesagt); im Mastdarm erfolgend (z. B. von der Temperaturmessung).

Rektalblase ↑ Rektum.

Rektaltemperatur, die im Mastdarm gemessene ↑ Körpertemperatur.

Rektaluntersuchung, Untersuchung

des Mastdarms, der Mastdarmwand und angrenzender Organe (Prostata, innere weibl. Genitalorgane) mit dem Rektoskop oder Zeigefinger.

rektangulär [lat.], rechteckig, rechtwinklig.

Rektapapiere [lat./dt.], svw. Namenspapiere (↑Wertpapiere).

Rektaszension [lat.] (gerade Aufsteigung), Abk. AR (lat. ascensio recta), eine der beiden Koordinaten im bewegten Äquatorsystem (↑astronomische Koordinatensysteme). Der Winkel wird gemessen vom Frühlingspunkt zum Schnittpunkt des Stundenkreises eines Gestirns mit dem Himmelsäquator; er wird in Stunden, Minuten und Sekunden angegeben (von 0 h bis 24 h).

Rektifikation [lat.], die Bestimmung der Bogenlänge einer Kurve. Als *R. des Kreises* bezeichnet man speziell die Konstruktion einer geradlinigen Strecke, deren Länge gleich dem Umfang des gegebenen Kreises ist. Wegen der Transzendenz von π ist diese Konstruktion unter alleiniger Verwendung von Zirkel und Lineal nicht durchführbar.

Rektifizieren [lat.] (Rektifikation), Trennen der Bestandteile von Flüssigkeitsgemischen durch wiederholte ↑Destillation in einem Gegenstromprozeß.

Rektion [lat.], Bestimmung, Festlegung des Kasus eines untergeordneten Wortes *(Rektum)* durch ein syntakt. übergeordnetes Wort *(Regens)*. Im Dt. können Verben, Präpositionen und Adjektive den Kasus eines anderen Wortes (Substantiv, Pronomen) „regieren", z. B. einen Apfel *essen* (Akkusativ); er ist mir *verdächtig* (Dativ); *abseits* des Dorfes (Genitiv).

Rektor [mittellat.], Leiter einer Grund-, Haupt-, Real- oder Sonderschule.

◆ (Rector magnificus) traditionell der oberste Repräsentant einer wiss. Hochschule; Vors. des bei der *Rektoratsverfassung* die akadem. Selbstverwaltung der Hochschule leitenden Kollegiums (Senat). Seit dem Hochschulrahmengesetz von 1976 nur noch bei kleineren Hochschulen möglich. - ↑auch Präsident.

Rektoskop [lat./griech.] ↑Endoskope.

Rektum [lat.], (Mastdarm) bei Wirbeltieren (einschließl. Mensch) ↑Darm.

◆ bei wirbellosen Tieren, v. a. den Insekten, der meist kurze Endabschnitt des (ektodermalen) Enddarms; ist meist zur *Rektalblase (Kloakenblase)* oder als unpaarer Blindsack *(Rektalampulle, Rektalsack)* ausgebildet.

◆ in der *Sprachwiss.* ↑Rektion.

Rekultivierung, wirtsch. Wiedererschließung und/oder landschaftl. Neugestaltung eines durch menschl. Eingriffe zerstörten oder zeitweise verschlechterten Geländes, bes. gut gelöst z. B. im Rhein. Braunkohlenrevier.

Rekuperativverfahren [lat./dt.], Verfahren zur Wärmerückgewinnung, bei dem

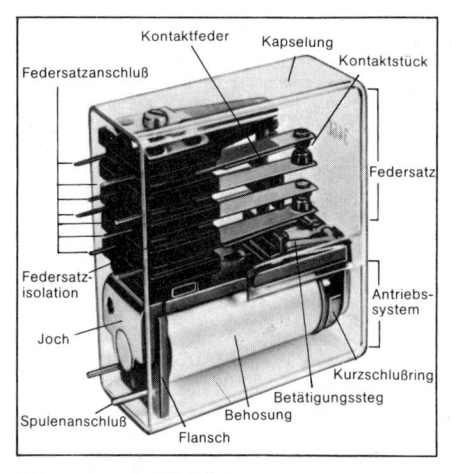

Elektromagnetisches Relais

die bei einem Wärmeprozeß anfallende Abwärme in Wärmetauschern (Rekuperatoren) an die für den Wärmeprozeß benötigten Frischprodukte abgegeben wird.

Rekurrenslähmung [lat./dt.], svw. ↑Kehlkopflähmung.

rekurrieren [lat.], auf etwas früher Gesagtes Bezug nehmen.

Rekursion [zu lat. „das Zurücklaufen"], die Zurückführung einer zu definierenden Größe oder Funktion auf eine (oder mehrere) bereits definierte.

Rekursionsformel, eine Formel zur Berechnung einer von einer natürl. Zahl n abhängigen Größe a_n durch Zurückführen auf Größen, die nur von $n-1$, $n-2$, ..., $n-r$ ($r \leq n$) abhängen.

rekursiv [lat.], in der Mathematik für: zurückgehend [bis zu bekannten Werten].

Relais [rəˈlɛː; frz., eigtl. „Umspannort" (für Postpferde)], elektr. gesteuertes Schaltorgan, bei dem eine Strom- oder Spannungsänderung (z. B. Ein- bzw. Ausschalten des Stroms) in einem primären Erregerteil (Steuerkreis) einen Schaltvorgang in einem sekundären Teil (z. B. in Schaltkontakten beim *Kontakt-R.*) bewirkt. I. w. S. umfaßt der Begriff R. sämtl. elektr. bzw. elektron. Bauelemente und Schaltungen, mit denen elektr. Leistungen beeinflußt werden. Das am weitesten verbreitete *elektromagnet. R.* nutzt elektromagnet. Wirkungen aus: Bei Fließen eines elektr. [Gleich]stroms in der Wicklung eines Elektromagneten wird durch das im Weicheisenkern erregte Magnetfeld ein Anker bewegt, der dabei ein oder mehrere Kontakte schließt oder öffnet. Bei *Thermo-R. (Bimetall-R.)* wird die Bewegung eines durch den Steuerstrom aufgeheizten und sich dehnenden Bimetallstreifens über ein Hebelsystem auf die Schaltkontakte übertragen. Eine v. a. in der Nachrichtentechnik weit verbreitete R.art ist das *Schutzkontakt-* oder *Reed-R.*, bei dem die Kontaktfedern in einem mit einem Schutzgas (gegen Korrosion) gefüllten Röhrchen eingeschmolzen sind und durch ein magnet. Feld direkt geschaltet werden.

Relaisstation [rəˈlɛː], Sendestation, die eine (ihr z. B. über Richtfunk zugestrahlte) Sendung aufnimmt und nach Verstärkung wieder ausstrahlt, um einen Empfang in vom Hauptsender schwer erreichbaren Gebieten (z. B. engen Tälern) zu ermöglichen.

Relaps [lat.], Rückfall, Wiederausbrechen einer Krankheit nach vermeintlicher Heilung.

Relation [zu lat. relatio „das Zurückbringen; Bericht; Beziehung"], allg. svw. Beziehung, Verhältnis, Zusammenhang; auch Zuordnung (von zwei Dingen).
♦ in der *Mathematik* jede Teilmenge eines kartes. Produkts von Mengen (↑ Mengenlehre). i. w. S. jede Beziehung zw. mathemat. Größen.
♦ in der *formalen Logik* versteht man unter R. jede Aussageform, die eine Beziehung zw. bestimmten Dingen, Sachverhalten u. a., den *Relata*, widerspiegelt. Je nach der Anzahl der in Beziehung zueinander stehenden Relata bzw. Variablen liegt eine zwei-, drei- oder mehrstellige R. vor. Bei einer *zweistelligen* oder *binären R.* steht ein Gegenstand *m* aus einer Menge M_1 in der Beziehung *R* zu einem Gegenstand *n* aus einer Menge M_2, wenn *R* ein (als **Relator** bezeichneter) zweistelliger ↑ Prädikator ist, der den durch *m* und *n* vertretenen Relata in bestimmter Reihenfolge zukommt, geschrieben *R(m, n)* oder *mRn* (z. B. die Beziehung „Vater von" in „Hans ist Vater von Philipp"). Beispiele für R. sind die ↑ Gleichheit, die ↑ Abbildung und die ↑ Funktion.

Relationalismus (Relationismus) [lat.], erkenntnistheoret. u. a. von Kant und der Marburger Schule des Neukantianismus vertretene Position, nach der es keine Erkenntnis der ↑ Dinge an sich gibt, sondern nur eine der Relationen (Beziehungen) der Dinge und Begriffe zueinander.

Relationenlogik ↑ Logik.

relativ [lat.], auf etwas bezogen, bezüglich, verhältnismäßig, im Ggs. zu absolut.

Relativ [lat.] (Gebilde), in der Mathematik Bez. für eine Menge, in der eine endl. Folge von ↑ Relationen gegeben ist.

Relativadverb (bezügliches Umstandswort), Adverb, das einen ↑ Relativsatz einleitet; im Dt. z. B. *wo, wann, wie, weswegen*.

Relativbewegung ↑ Bewegung.

relative Bahn ↑ Bahn.

relative Dispersion ↑ Abbesche Zahl.

relativer Brechungsindex ↑ Brechung.

relative Rechte ↑ absolute Rechte.

relativer Fehler, der Quotient aus dem wahren, durchschnittl., mittleren oder wahrscheinl. Fehler und dem gemessenen Näherungswert.

relativieren [lat.], etwas mit etwas anderem (Übergeordnetem) in Beziehung setzen (dadurch in seiner Gültigkeit einschränken).

Relativismus [lat.], erkenntnistheoret. Lehre, nach der nur die Beziehungen der Dinge zueinander, nicht aber diese selbst erkennbar sind, sowie die Anschauung, nach der jede Erkenntnis nur relativ (bedingt durch den jeweiligen Standpunkt des Erkennenden) richtig ist, jedoch niemals allg. gültig sein kann; *radikaler R.* führt zum Skeptizismus; der *eth. R.* leugnet allg. verbindl. Normen.

Relativität [lat.], Bedingtheit, Bezogenheit, durch die jeweiligen Verhältnisse bestimmter Standpunkt; Verhältnismäßigkeit.

Relativitätsprinzip, Postulat der Physik: Es wird gefordert, daß sich bei bestimmten Koordinatentransformationen die das physikal. Geschehen beschreibenden Größen wie die Koordinaten[differenzen] transformieren. Das sog. *Galileische R.*, das R. der klass. Mechanik, besagt, daß die Gesetze der Mechanik in gleichförmig gegeneinander bewegten Bezugssystemen gleich lauten; es wird dazu eine unendlich große Signalgeschwindigkeit vorausgesetzt. Als *allg. R.* wird die von A. Einstein 1913 formulierte Aussage bezeichnet, daß zur physikal. Beschreibung alle physikal. sinnvollen Bezugssysteme gleichberechtigt sind. Als *spezielles R.* bezeichnet man die von H. Poincaré 1904 und A. Einstein 1905 aufgestellte Grundforderung der speziellen Relativitätstheorie: Alle Gleichungen der Physik müssen gegenüber ↑ Lorentz-Transformationen invariant sein; die Lichtgeschwindigkeit besitzt in allen gleichförmig gegeneinander bewegten Bezugssystemen in allen Richtungen den gleichen Betrag.

Relativitätstheorie, die von A. Einstein begr. physikal. Theorie der Struktur von Raum und Zeit, die zu einer grundlegenden Veränderung der Anschauungen von Raum und Zeit führte und neben der Quantentheorie die bedeutendste der im 20. Jh. entwickelten physikal. Theorien ist. Man unterscheidet die *spezielle R.* und die *allgemeine R.*

Spezielle Relativitätstheorie
Physikal. Ereignisse werden in einem Bezugssystem beobachtet, d. h. bezügl. einer materiellen Basis, mit der realen Uhren und Maßstäben ausgerüstet ist. Die mathemat. Beschreibung dieser Vorgänge erfolgt mit Hilfe der auf das Bezugssystem bezogenen Ortskoordinaten x_1, x_2, x_3 (die kartes. Koordinaten x, y, z des euklid. Raumes) und der Zeit[koordinate] t. Bewegt sich ein kräftefreier Körper in einem Bezugssystem geradlinig und gleichförmig, so nennt man ein solches System ein *Inertialsystem.* Es gibt für jeden kräftefreien Körper ein Inertialsystem, in dem er als

Relativitätstheorie

ruhend erscheint; man bezeichnet es als *Ruhsystem*. Stellt man sich nun unendlich viele Beobachter in verschiedenen Inertialsystemen vor, so ergibt sich das Problem, eine mathemat. Beschreibung eines physikal. Ereignisses zu finden, die für alle Beobachter Gültigkeit besitzt. Einstein brach mit den herkömmlichen Vorstellungen, indem er forderte: 1. Es gibt kein ausgezeichnetes Inertialsystem. Alle Inertialsysteme sind gleichwertig. 2. In allen Inertialsystemen breitet sich das Licht geradlinig aus, die Lichtgeschwindigkeit im Vakuum hat in allen Systemen denselben Wert *(Konstanz der Lichtgeschwindigkeit)*. Als wichtigste Folgerung der speziellen R. ergaben sich: 1. Zwei in einem Inertialsystem gleichzeitige Ereignisse sind in einem anderen Inertialsystem nicht mehr gleichzeitig. 2. Kausal verbundene Ereignisse, die sich in den Zeitpunkten t_1 und t_2 an den durch die Ortsvektoren r_1 und r_2 im Raum festgelegten Punkte abspielen, können nur innerhalb des „Lichtkegels" liegen, in dem Raum- und Zeitkoordinate die Bedingung

$$c^2(t_2-t_1)^2 - (r_2-r_1)^2 \geq 0$$

erfüllen. Ein Signal kann sich demnach höchstens mit Lichtgeschwindigkeit c ausbreiten. 3. Ist τ die Periode einer Uhr im Ruhsystem, dann beobachtet ein mit der Geschwindigkeit v bewegter Beobachter die Periode dieser Uhr zu $\tau' = \tau/\sqrt{1-v^2/c^2}$, d.h., er stellt eine Vergrößerung der Periode fest. Die damit verbundene Zeitdehnung (Zeitverlangsamung) wird als *Zeitdilatation* bezeichnet. 4. Werden die Lagen zweier in einem bewegten System fester Punkte von einem Ruhsystem aus gleichzeitig gemessen, so verkürzt sich die Länge l ihres Abstandes im bewegten System auf

$$l' = l \cdot \sqrt{1-v^2/c^2},$$

gemessen im Ruhsystem. Diese Längenkürzung wird als *Längenkontraktion* bezeichnet. 5. Für die träge Masse m eines mit der Geschwindigkeit v bewegten Teilchens bzw. Körpers gilt die Beziehung $m = m_0/\sqrt{1-v^2/c^2}$, wobei m_0 die ↑ Ruhmasse des Teilchens ist. 6. Jeder Energie E entspricht eine Masse m und umgekehrt *(Energie-Masse-Äquivalenztheorem)*. Beide physikal. Größen sind durch die *Einstein-Gleichung* $E = mc^2$ miteinander verknüpft.

Allgemeine Relativitätstheorie

Grundlegend für die spezielle R. ist der Begriff des „kräftefreien" Körpers und der geradlinigen Ausbreitung eines Lichtstrahles. Nun erfahren aber Lichtstrahlen z.B. am Sonnenrand eine experimentell meßbare Ablenkung, Licht wird demnach von Gravitationsfeldern beeinflußt. Ebenso wird die Kräftefreiheit eines Massenpunktes fragwürdig, falls die Wirkung von Gravitationskräften berücksichtigt werden muß: Es gibt gar keinen Körper, der gegenüber der Gravitation neutral ist. An die Stelle von Inertialsystemen müssen nun also beschleunigte Bezugssysteme treten. Die Theorie beschleunigter Bezugssysteme zeigt, daß die Kraft, die infolge von Gravitation auf einen Körper einwirkt, als Trägheitskraft in einem beschleunigten Bezugssystem angesehen werden kann. Durch Koordinatentransformation kann deshalb erreicht werden, daß sich der Körper in diesem System geradlinig und gleichförmig bewegt. Einstein stellte daher neben das Prinzip von der Gleichheit der schweren und trägen Masse das *lokale Äquivalenzprinzip*: In jedem genügend kleinen Raum-Zeit-Gebiet kann durch Einführung neuer Koordinaten ein sog. *lokal inertiales Bezugssystem* angegeben werden, in dem sich ein nur der Gravitation unterworfener Massenpunkt gleichförmig und geradlinig bewegt (ein solches lokales Inertialsystem ist z.B. ein im Erdfeld frei fallender Fahrstuhl). Demnach sind Trägheitskräfte nicht von Gravitationskräften zu unterscheiden. Die allg. R. ist v.a. für die Vorstellung vom Aufbau des Universums von Bedeutung.

Geschichte: Die R. entstand aus den Bemühungen um die Formulierung einer Elektrodynamik der bewegten Körper und aus der Auseinandersetzung mit dem Problem des ruhenden ↑ Äthers: G. F. Fitzgerald (1885) und H. A. Lorentz (1892) hatten das negative Resultat des ↑ Michelson-Versuches durch eine Kontraktion bewegter Körper in der Bewegungsrichtung (↑ Lorentz-Kontraktion) erklärt; wenig später führte Lorentz (1898), unabhängig von J. Larmor, die nach ihm ben. ↑ Lorentz-Transformation der Raum- und Zeitkoordinaten ein. Die physikal. Deutung der Probleme fand A. Einstein 1905 mit der speziellen R. durch eine Revision der Raum- und Zeitbegriffe. H. Minkowski gab 1908–10 der speziellen R. die mathemat. Gestalt, Einstein leitete ab. für die allg. Energie-Masse-Äquivalenz ab. Ab 1907 bemühte sich A. Einstein um die Formulierung der allg. R. als einer Theorie beschleunigter Bezugssysteme und der Gravitation. Mit der Erweiterung des Relativitätsprinzips gelang Einstein 1915 die Aufstellung der Feldgleichungen der allg. R.; diese lieferte dann theoret. Werte für die Drehung des Merkur-Perihels und die Lichtablenkung im Schwerefeld der Sonne, die gut mit experimentell ermittelten Werten übereinstimmten.

📖 French, A. P.: Die spezielle R. Dt. Übers. Wsb. ²1986. - Einstein, A.: Über die spezielle u. allg. R. Nachdr. Wsb. 1985. - Epstein, L. C.: R. anschaul. dargestellt. Dt. Übers. Basel u. Stg. 1985. - Landau, L. D./Rumer, J. B.: Was ist Relativität? Nachdr. Weinheim 1985. - Einstein, A.: Grundzüge der R. Hg. v. H. J. Treder. Nachdr. Wsb. 1984. - Sexl, R. U./Urbantke, H. K.: Gravitation u. Kosmologie. Eine Einf. in die allg. R. Mhm. u.a. ²1983. - Sexl, R. U./

Relativpronomen

Urbantke, H. K.: Relativität, Gruppen, Teilchen. Bln. u. a. ²1982. - Russel, B.: Das ABC der R. Dt. Übers. Rbk. 1981. - Schmutzer, E.: R. - aktuell. Ffm. 1981. - Schröder, U. E.: Spezielle R. Ffm. 1981. Melcher, H.: R. in elementarer Darstellung. Köln ²1978.
Relativpronomen (bezügliches Fürwort) ↑ Pronomen.

Relativsatz, Nebensatz, der durch ein Relativpronomen oder Relativadverb eingeleitet wird und in der Rolle eines Attributs oder eines selbständigen Satzglieds steht.

Relator [lat.] ↑ Relation.

Relaxation [zu lat. relaxatio „das Nachlassen"], in der *Physik* das zeitl. Zurückbleiben einer Wirkung hinter der Ursache, insbes. das sich infolge von Reibung verzögerte Einstellen eines Gleichgewichtszustandes. Die Zeitspanne τ, die bis zur Einstellung des Gleichgewichtszustandes verstreicht, bezeichnet man als **Relaxationszeit,** den Kehrwert $1/\tau$ als **Relaxationskonstante** (Abklingungskonstante).

♦ in der *Chemie* die Wiederherstellung eines chem. Gleichgewichts nach vorausgegangener Störung (z. B. durch Druck- oder Temperaturänderung), die durch Leitfähigkeitsmessungen oder spektroskop. Methoden verfolgt werden kann und es ermöglicht, die Reaktionszeiten sehr schnell verlaufender Reaktionen zu bestimmen.

♦ Erschlaffung, Entspannung (insbes. der Muskulatur).

Relaxationsmethode, in der *Psychotherapie* Verfahren zur Erreichung eines stabilen seel. Gleichgewichts (insbes. bei psychosomat. Erkrankungen). Dazu zählen v. a. autogenes Training, Joga u. a. Methoden der Meditation, Psychopharmaka (insbes. Tranquilizer).

Relaxin [lat.], aus mehreren Polypeptiden zusammengesetztes, vom Gelbkörper gebildetes Peptidhormon, das vor einer Geburt den Gebärmutterhals erweitert und die Symphyse der Schambeins lockert.

Relay [engl. 'ri:lɛɪ], Name zweier aktiver amerikan. Nachrichtensatelliten; R. 1 (gestartet 1963) ermöglichte die erste nicht nur experimentelle Fernsehübertragung zw. den USA und Europa; R. 2 (gestartet 1964) schuf Telefonverbindungen zw. den USA und Europa und übertrug 1964 einen Teil der Bildberichterstattung von den Olymp. Spielen in Tokio.

Releaserfaktoren [rɪ'li:zər; engl./lat.] (R-Faktoren, Releasingfaktoren, Freisetzungsfaktoren, Freisetzungshormone), im Hypothalamus (↑ Gehirn) gebildete Neurosekrete (Peptidhormone), die über das Pfortadersystem der Hypophyse zum Hypophysenvorderlappen gelangen und dort die Produktion und Freigabe der Hypophysenvorderlappenhormone steuern. - ↑ auch Geschlechtshormone, ↑ Hormone.

Release – Vereinigung zur Bekämpfung der Rauschgiftgefahr e. V. [engl. rɪ'li:z „Befreiung"], Selbsthilfeorganisation von Drogenabhängigen für Drogenabhängige (vorwiegend Heroinsüchtige); seit 1970 auch in der BR Deutschland, zuerst in Hamburg und Heidelberg; nach Vorbildern in den USA, Großbrit., den Niederlanden seit den 1960er Jahren; arbeitet mit medizin. und psych. Entzug durch gemeinsames Wohnen und Leben sowie Arbeiten in eigenen Produktionsstätten bei kostenloser medizin., psychotherapeut. und rechtl. Beratung als Alternative zum staatl. Konzept der Reintegration der Süchtigen. Die meisten R.-Einrichtungen wurden in staatl. kontrollierte Einrichtungen integriert oder umgewandelt.

Relegation [lat.], früher die durch disziplinargerichtl. Urteil rechtskräftige Verweisung eines Studierenden von einer bestimmten Hochschule.

relevant [lat.-frz.], bedeutsam, wichtig. Ggs.: *irrelevant.*

Reliabilität [lat.-engl.], Bez. für die Zuverlässigkeit psychodiagnost. Meßverfahren, speziell bei Tests; wird v. a. durch Vergleich der Testergebnisse bei Testwiederholung (*Retestmethode*) und (meist gleichzeitiger) Durchführung von Paralleltests geprüft.

Relief [frz., zu lat. relevare „in die Höhe heben"], zusammenfassende Bez. für die Höhenverhältnisse der Erdoberfläche.

♦ Gatt. der Bildhauerkunst; an eine Hintergrundfläche gebundene plast. Darstellung; gearbeitet in Stein, Elfenbein, Metall und Holz. Je nach Höhe unterscheidet man Flach- oder Bas-R., Halb- und Hoch-R. Schon die alten Hochkulturen weisen eine hochentwickelte R.kunst auf. Charakterist. ist das ägypt. R. mit seinen flächig ausgebreiteten Figuren. An altoriental. Bauten reihen sich R. in dichter Fülle. Die griech. Tempelbaukunst dagegen bindet sie an bestimmte Stellen: an die Metopen (dor. Tempel) und an den Fries (ion. Tempel). Phidias gilt als Schöpfer des klass. griech. R. mit virtuos angewandter Verkürzung, Schrägstellung und Staffelung (Parthenon, um 440 v. Chr.), weitergeführt in der hellenist. Plastik (Pergamonaltar). In der röm. Kunst wurden Triumphbögen, Sarkophage und Säulen (Trajanssäule) mit - oft histor. - R. verziert, auch Elfenbeinarbeiten. Die frühchristl. Bildhauerkunst kennt fast ausschließl. R.darstellungen; sie schmücken nach röm. hellenist. Vorbild vornehml. Sarkophage und Elfenbeinarbeiten, dazu kommen im frühen MA Goldschmiedearbeiten, Bronzetüren (Bernwardin. Kunst) und Grabplatten (Anfänge im 11. Jh.). Seit dem 12. Jh. gewinnt das R. als Bauplastik an Tympanon (u. a. Vézelay, Chartres, Straßburg) und Kapitell Bedeutung. Chorschranken (Naumburger Lettner) und Kanzeln gehören seit dem 13. Jh. ebenfalls zu den wichtigen Trägern von R., u. a. sind A. und N. Pisano in Italien zu nennen, im

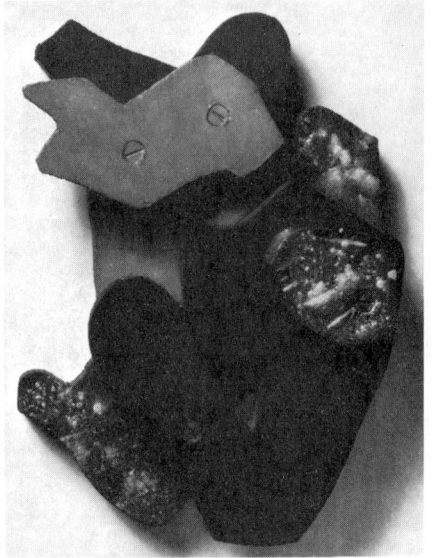

Religion

Relief. Links (von oben): Grabplatte einer ägyptischen Prinzessin (um 2680 v. Chr.). Sakkara, Archäologisches Museum; Verwundeter Löwe (assyrisch; 669 bis um 627). London, British Museum; Arnold Böcklin, Der Trunkene (um 1870). Berlin, neue Nationalgalerie; Hans Arp, Erstes Dada-Relief (1916). Privatbesitz

15. Jh. L. Ghiberti und Donatello, die das sog. maler. R. entwickeln, bei dem die Hintergrundfläche perspektiv. aufgelöst erscheint. Die maler. Tendenzen verstärken sich in der Barockzeit, das R. wird fast vollplast. ausgebildet (A. Schlüters Bauplastik; Triumphsäulen) und erfahren bei A. Rodin eine extreme Steigerung. In der Moderne haben zahlr. Bilder und Objekte (Materialmontagen, Assemblagen, Collagen mit Objekten) R.charakter.
⌑ *Mende, U.: Die Bronzetüren im MA. Mchn.* 1983. - *Pfuhl, E.: Die ostgriech. Grabreliefs. Mainz 1977. 4 Bde.* - *Hausmann, U.: Griech. Weihreliefs. Bln. 1960.*

Reliefkarte, Kartentyp, der die Geländeformen mittels Böschungs-, Schatten- und Farbenplastik hervorhebt.

Reliefumkehr, geomorpholog. Erscheinung, bei der tekton. Bau und Landschaftsbild nicht übereinstimmen: Geolog. Mulden und Gräben bilden Erhebungen, dagegen liegen geolog. Sättel und Horste im Verhältnis zur Umgebung tiefer.

Religion [lat.], zusammenfassende Bez. für eine Fülle histor. Erscheinungen, denen ein spezif. Bezug zw. dem überweltl., transzendenten Heiligen in personaler Gestalt einer oder mehrerer Gottheiten einerseits und den Menschen andererseits in einer deren Verhalten normativ bestimmenden Weise zugrunde liegt. Die verschiedenen Termini für R. lassen unterschiedl. Aspekte dieser komplexen Größe deutl. werden. „Religio" kann zweifach gedeutet werden: als sorgfältige Beachtung

Religionsedikt

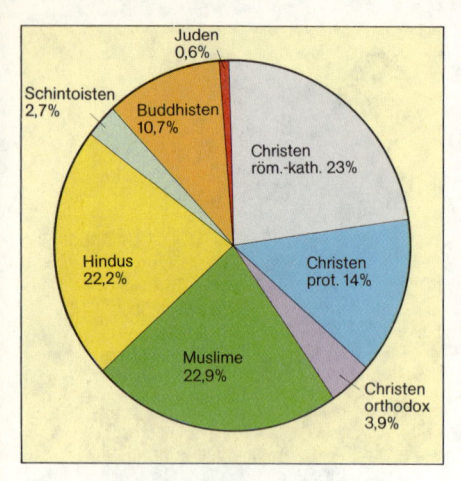

Religion. Geschätzter Anteil der religionsstatistisch erfaßten, zahlenmäßig größten Religionen beziehungsweise Denominationen der Welt

- Juden 0,6%
- Schintoisten 2,7%
- Buddhisten 10,7%
- Christen röm.-kath. 23%
- Christen prot. 14%
- Christen orthodox 3,9%
- Muslime 22,9%
- Hindus 22,2%

des Kults (zu lat. *religere* „sorgsam beachten") und als Verbindung des Menschen mit Gott (zu lat. *religare* „binden, wieder verbinden"). In den nicht vom Lat. beeinflußten Sprachen werden weitere Aspekte sichtbar: So bezeichnet im Griech. *eusébeia* Gottesfurcht und Frömmigkeit, *latreía* den Dienst für die Götter, *thrēskeía* das religiöse Gebot und *sébas* die hl. Scheu. Das arab. *dīn* betont den rechtl. Aspekt der R., das ind. *Dharma* das unerschütterl. Feststehende, chin. *chiao* und jap. *kyo* den Aspekt der Lehre. - Mit der Gottheit als Zentrum jeder R. verbindet sich das Offenbarungserlebnis des Stifters, dessen Wirken auch für R. angenommen werden muß, die in vor- bzw. frühgeschichtl. Zeit entstanden sind. Der Inhalt der neuen Offenbarung bezieht sich auf Gottesbild, Geschichtsschau, Jenseitsglauben und bes. auf den Aufweis eines neuen Heilsweges und die damit verbundenen eth. Forderungen und kult. Verpflichtungen. Diese Offenbarungsinhalte werden in sog. Buch-R. in hl. Texten festgehalten und können in Dogmen kodifiziert werden. Dabei sind innerhalb ein und derselben R. unterschiedl. Wertsetzungen mögl., die in den Begriffen der Gesetzes- und der Gefühls-R. ihren Ausdruck finden. Fast immer aber besteht eine Kluft zw. der offiziellen R. der Priester und volkstüml. Vorstellungen und Bräuchen. Jeder R. eignet eine die Gesellschaft strukturierende Kraft, die zur Organisation von Gemeinden, Kirchen oder Orden und bis zur Identifikation der R. mit dem Staat führen kann (Sakralkönigtum). Jede R. manifestiert sich in profanen Erscheinungsformen, die durch sie geheiligt werden: Hl. Stätten gelten als Orte der Offenbarung, des Wunders oder des Übergangs zw. Himmel und Erde; die Zeit wird geheiligt durch religiöse Feste und Feiern, die ein Ereignis des Mythos oder der hl. Geschichte kult. vergegenwärtigen. Die Existenzweise des religiösen Menschen zeigt sich in der Hingabe an die Gottheit, die v. a. in Gebet, Dank, Opfer und in der Heiligung der wichtigsten Einschnitte im Leben (Geburt, Hochzeit, Tod) zum Ausdruck kommt. R. schafft menschl. Ausdrucksformen in Sprache und Kunst. Drama, Tanz, Musik sind aus religiösen Handlungen hervorgegangen. Schließl. wirken Normen der R. rechtsbildend.

Religionsstatistik: Nur knapp 60% der Weltbev. sind religionsstatist. durch Schätzung zu erfassen. Zu den Nichterfaßbaren zählen nicht nur die R.losen und die große Zahl der kleinen R.gemeinschaften, sondern auch Angehörige der großen R., wenn sie in Ländern leben, in denen sie sich nicht organisieren können, oder die die Religionszugehörigkeit nicht registrieren oder nicht veröffentlichen (z. B. in einigen sozialist. Ländern). Hinzu kommt die Schwierigkeit, innerhalb der Dritten Welt in dem Schrumpfungsprozeß traditioneller R. zugunsten der großen Welt-R. und säkularer Ideologien Zugehörigkeiten zu ermitteln, und die Zugehörigkeit zu mehreren Religionen.
📖 *Whitehead, A. N.: Wie entsteht R.? Dt. Übers. Ffm. 1985. - Hdb. Weltreligionen. Hg. v. W. Metz. Graz 1983. - Heiler, F.: Die Religionen der Menschheit. Ditzingen* [4]*1982. - Meinhold, P.: Die Religionen der Gegenwart. Freib.* [2]*1980. - Otto, R.: Das Heilige. Mchn. 1979.*

Religionsedikt, staatl. Erlaß zur Regelung religiöser Angelegenheiten, insbes. zur Regelung der eingeschränkten oder freien Religionsausübung. Das bekannteste R. ist das Edikt von ↑Nantes.

Religionsfreiheit, das in zahlr. Verfassungen verankerte bürgerl. Recht auf Bekenntnis- und Kultusfreiheit. - ↑auch Glaubens- und Gewissensfreiheit.

Religionsfriede, Augsburger ↑Augsburger Religionsfriede.

Religionsgeschichte, i. w. S. der histor. Ablauf und die sich in ihm vollziehenden Wandlungen einzelner Religionen sowie der Gesamtheit aller Religionen, i. e. S. die wiss. Disziplin, die sich der Erforschung dieser Vorgänge widmet.

religionsgeschichtliche Schule, Sammelbez. für eine Gruppe von Exegeten des A. T. und N. T. Ende des 19. und Anfang des 20. Jh.; Ziele: Darstellung der Einflüsse der außerbibl. Religionen auf die Ausformung der religiösen Elemente und Glaubensformen, wie sie ihren Niederschlag in den Büchern der Bibel gefunden haben; Herausstellung des eigenständigen Beitrags der bibl. Religion,

Religionspädagogik

d. h. der Uminterpretation außerbibl. Elemente in der Bibel, und der Entwicklung der Religion, wie sie sich von den ältesten Büchern der Bibel bis zu den jüngsten darstellt, als eines religionsgeschichtl. Prozesses. Method. Grundlage für diese Ziele waren die Forschungsergebnisse der Literarkritik und der Formgeschichte, die Erkenntnisse der Quellenscheidung im Pentateuch und die Zweiquellentheorie für die Entstehung der Evangelien.

Religionsgesellschaften, Gemeinschaften, die sich der religiösen Anliegen ihrer Mgl. universell dergestalt annehmen, daß die Zugehörigkeit zu anderen R. ausgeschlossen ist. Zu unterscheiden ist zw. den Kirchen als traditionellen R., den R. mit öffentl.-rechtl. Körperschaftsrechten, die sich auf konkrete früher erteilte Privilegien berufen können (z. B. die Altlutheraner und die Mennonitengemeinden) und den auf Antrag als öffentl.-rechtl. Körperschaften vom Staat anerkannten R. (z. b. die Baptistengemeinschaften und die Methodistenkirche), für die der Status einer öffentl.-rechtl. Körperschaft im wesentl. verwaltungsrechtl. Vorzüge sowie das Recht beinhaltet, auf Grund der bürgerl. Steuerlisten nach Maßgabe der landesrechtl. Vorschriften Steuern zu erheben. Den R. ist die Freiheit der Gründung sowie die religionsgesellschaftl. Autonomie innerhalb der gesetzl. Schranken verfassungsrechtl. garantiert (Art. 140 GG in Verbindung mit Art. 137 Weimarer Verfassung).

Religionsgespräch, Bez. für eine dialog. Auseinandersetzung über religiöse Fragen, die in sehr unterschiedl. Formen stattfinden kann. Partner der R. können (z. B. im Mythos von hl. Texten) Götter mit Menschen sein (z. B. im R. mit dem Gott Krischna in der „Bhagawadgita"). Für R. zw. Vertretern verschiedener Religionen, denen missionar. Intentionen zugrunde liegen können, bietet das Gespräch der Franziskaner mit den Azteken im Jahre 1524 ein gutes Beispiel. Derartige R. sind bereits im MA geführt worden; in jüngster Zeit wurden sie neu belebt, bes. zw. Christen und Muslimen. Erste R. zw. Christen, Buddhisten und Taoisten haben 1975 in Taipeh (Taiwan) stattgefunden. Insbes. interkonfessionelle Disputationen werden als R. bezeichnet; sie haben v. a. in der Reformationszeit stattgefunden, so in Leipzig (1519), Baden im Aargau (1526), Bern (1529), auf dem Schloß zu Marburg (1529), in Worms (1540), Regensburg (1541) und später in Kassel (1661).

Religionskriege (Glaubenskriege), allg. alle aus religiösen Gründen geführten Kriege; i. e. S. die Konfessionskriege des 16. und 17. Jh. in Europa.

Religionskritik, die krit. Auseinandersetzung mit den Grundlagen und grundlegenden (dogmat.) Aussagen der Religion bzw. der Religionen, ihrem Wahrheitsanspruch und ihrer Funktion für den einzelnen, in Staat und Gesellschaft, bes. bei der Rechtfertigung von Macht und Gewalt und der Normen der Ethik und des Rechts. - *Religionsimmanente R.* ist ein Element der geschichtl. Entwicklung der Religionen und ihrer Auseinandersetzungen mit von außen kommenden religiösen, polit., philosoph. Einflüssen und Strömungen (z. B. die Propheten des A. T., Reformbewegungen, Reformation). Die Geschichte der *von außen kommenden R.* setzt ein in der griech. Philosophie mit der Kritik des Mythos durch die Sophisten, die schließl. zur Destruktion des griech. Götterglaubens führte. Die neuzeitl. vernunftorientierte R. hat ihren Ausgangspunkt in der Aufklärung und im engl. Deismus und erreicht unter dem Aspekt der „ewigen Vernunftwahrheiten" einen zunehmenden Abbau der Relevanz der Offenbarungsinhalte in der die Religion überhaupt negierenden († auch Atheismus) sozialkrit. orientierten R. des 19. Jahrhunderts. Bei Kant wurde die R. erkenntniskrit. Die Kritik der Gottesbeweise und metaphysikkrit. gewendet und bewirkte so einen Abbau der naiven Metaphysik. Sozial- und ideologiekrit. bestimmt ist die R., wenn sie (z. B. bei A. Comte, L. Feuerbach, K. Marx) die Religion als Ideologie und reaktionäre Rechtfertigung bestehender inhumaner gesellschaftl. und polit. Ordnungen kritisiert. Die R. des 20. Jh. steht im Zeichen dieser Ansätze; sie wird verschärft durch die radikale Metaphysikkritik M. Heideggers und des Neopositivismus. Die immanente R. wird durch die dialekt. Theologie, durch das Entmythologisierungsprogramm R. Bultmanns und die Gott-ist-tot-Theologie fortgeführt.

📖 *R. in der Neuzeit.* Hg. v. M. Weinrich Gütersloh 1985. - Gollwitzer, H.: Die marxist. R. u. der christl. Glaube. Gütersloh ⁷1981. - Hesse, B.: R. u. Ästhetik. Bern u. Ffm. 1981. - Bieger, E., u. a.: R. Mainz 1979.

Religionskunde † Religionsunterricht.

Religionslehrer, der den Religionsunterricht im Rahmen kirchl. Veranstaltungen oder an einer öffentl. Schule erteilende Geistliche oder fachl. qualifizierte *und* von seiner Kirche dazu befugte († Missio canonica [kath.]; † Vokation [ev.]) Laie.

Religionslosigkeit, svw. † Irreligiosität.

Religionsmündigkeit † Religionsunterricht.

Religionspädagogik, Bez. für die wiss. Reflexion der religiösen Erziehung und des Religionsunterrichts. Herkömml. ist die R. eine Teildisziplin der Theologie und wird an den theolog. Fachbereichen (Fakultäten) innerhalb der prakt. Theologie oft als *Katechetik* gelehrt. An pädagog. Hochschulen und erziehungswiss. Fachbereichen der Univ. gibt es auch eigene religionspädagog. Fachabteilungen. Neben das Verständ-

religionspädagogische Institute

nis einer reinen Anwendung der Theologie und des Glaubens im Bereich der Erziehung tritt die Auffassung der R. als einer Handlungswiss., die theolog. Gesichtspunkte mit human- und erziehungswiss. verbinden muß.

religionspädagogische Institute, seit 1965 gebräuchl. Bez. für Institutionen, die seit 1948 von allen größeren Gliedkirchen der EKD mit der Aufgabe der „Förderung der kirchl. Unterweisung" eingerichtet wurden. Heute sollen die r. I. „die Landeskirchen für die verschiedenen pädagog. Aufgabenbereiche kirchl. Arbeit beraten" und der Verbindung zw. Schule und Kirche dienen.

Religionsphänomenologie, Teildisziplin der Religionswiss., die sachl. verwandte religiöse Phänomene einander zuordnen soll. Zu ihren Gegenständen zählen alle Manifestationen des Heiligen in den Bereichen des Raumes, der Zeit, des Menschen und seiner Gemeinschaften, ferner Realisationen des Heiligen in bestimmten Handlungen, im Mythos und in den hl. Schriften. - Bahnbrechend für die Anerkennung der R. als eines selbständigen Zweigs der Religionswiss. war die „Phänomenologie der Religion" (1933) von G. van der Leeuw.

Religionsphilosophie, i. w. S. philosoph. Disziplin, deren Gegenstand die Begriffs- und Wesensbestimmung der Religion ist, i. e. S. die ausschließl. mit rationalen bzw. wiss. Methoden und Argumentationsverfahren operierende Reflexion der Bedingungen, Möglichkeiten und Grenzen von Aussagen der Religion[en] und über die Religion[en]. - Religionsphilosoph. sowie religionskrit. Ansätze und Aussagen finden sich in der philosoph.[-theolog.] Tradition seit der griech. Antike, in der christl. Tradition seit Origenes. Zur Ausbildung einer autonomen, method.-wiss. verfahrenden R. kommt es jedoch erst in der Neuzeit im Rationalismus durch B. Spinoza mit seiner religionsphilosoph. Kritik des A. T. sowie seinem streng rationalist. System. Die Weiterentwicklung während der Aufklärung steht im Zusammenhang mit dem sich herausbildenden neuzeitl. Subjektivismus und dem Streben nach Emanzipation, nach absoluter Autonomie der Vernunft, die v. a. in der Forderung artikuliert wird, daß die Grundwahrheiten der Religion[en] jedem einsichtig zu machen seien. Höhepunkt ist die mehr oder weniger radikale Umkehrung der traditionellen Frage nach der Vereinbarkeit von Offenbarung und Vernunft. Hegel versucht den sich zunehmend verschärfenden Konflikt zw. Vernunft und Offenbarung, Kultur auf Christentum dadurch aufzuheben, daß er die Religion in sein System der Vernunft dialekt. integriert und ihr zentrale Bed. zuerkennt. Für ihn ist Religion Wissen des göttl. Geistes von sich selbst durch Vermittlung des endl. Geistes. Diese Religion des Geistes, der Wahrheit und der Freiheit kommt zu sich selbst in der absoluten Religion des Geistes, dem Christentum. Neben Hegel gewinnt Schelling weitreichenden Einfluß auf die weitere Entwicklung der R., bes. auch auf die russ. (z. B. W. S. Solowjow). Allen diesen stets noch an christl. Traditionen orientierten Positionen steht die Religionskritik v. a. von L. Feuerbach und K. Marx gegenüber mit der Umkehr der R. zur Anthropologie und Soziologie. - Zu Beginn des 20. Jh. erfährt die R. eine Renaissance, v. a. im Zusammenhang mit der Wiederbelebung des dt. Idealismus. Mit seiner Bestimmung des Heiligen (Numinosen), das er scharf gegen die Ethik abgrenzt, prägt R. Otto die R. der ersten Hälfte des 20. Jh. mit. Zugleich vollzieht sich die Entwicklung unter den Einflüssen der Phänomenologie, der Lebensphilosophie, der Geschichtsphilosophie und Hermeneutik W. Diltheys und der Existenzphilosophie, v. a. in der kath. orientierten R. E. Przywaras, J. Maritains und G. Marcels. Im prot. Bereich wird von der dialekt. Theologie zwar jegl. R. wegen der Unmöglichkeit einer natürl. Religion abgelehnt, doch gibt es dort neue Ansätze, eine R. von der Theologie her zu entwerfen (z. B. bei E. Brunner, F. Gogarten, P. Tillich u. a.).

📖 *Rahner, K.: Hörer des Wortes. Zur Grundlegung einer R. Mchn. ³1985. - Schaeffler, R.: R. Freib. 1983. - Wuchterl, K.: Philosophie u. Religion. Bern 1982. - Hubbeling, H. G.: Einf. in die R. Gött. 1981. - R. Eine Einf. mit ausgew. Texten. Hg. v. H. G. Pöhlmann u. W. Brändle. Gütersloh 1981. - Welte, B.: R. Freib. ³1980. - Schrödter, H.: Analyt. R. Freib. 1979. -* ↑ *auch Religionskritik.*

Religionspsychologie, Teildisziplin der Religionswiss., deren Aufgabe es ist, das Seelische in und an der Religion zu verstehen. Angeregt wurde die resp. R. Anfang des 20. Jh. von der nordamerikan. Psychologie, die streng empir. arbeitete. Seitdem sind in der R. zwei grundsätzl. verschiedene Einstellungen vertreten. Einerseits wurde die Aufgabe der R. darin gesehen, das religiöse Erlebnis als *Reaktion* auf die Erfahrung des Heiligen (Numinosen) im Menschen (R. Otto) zu begreifen, andererseits führte eine Neigung, seel. Vorgänge rein immanent zu verstehen, zu Versuchen, Religion als *Produkt* individueller oder kollektiver seel. *Zustände* zu begreifen (v. a. bei C. G. Jung).

Religionssoziologie, der die gesellschaftl. Bedingungen religiöser Phänomene und die Wirkungen von Religion auf gesellschaftl. Strukturen (das Verhältnis von Gemeinschaft und Religion) erforschende Teilbereich der Soziologie; hervorgegangen aus der Religions- und Kleruskritik der frz. Aufklärung und aus den Forschungsergebnissen der Religionsethnologie und Kulturanthropologie. Dementsprechend geht R. heute noch von verschiedenen Grundhypothesen aus: ei-

religiös

nerseits von der Auffassung, daß religiöse Welt- und Lebensbedeutungssysteme die Funktion haben, [noch] unlösbare und damit für die Existenz des einzelnen oder der Gesellschaft gefährl. Probleme emotional erträgl. zu gestalten, andererseits (ideologiekrit.) von der apologet.-verschleiernden Funktion der Religion für gesellschaftl. Herrschaftsverhältnisse und von ihrer Verwendung als Legitimationsinstanz für bestehende Ordnungen und gültige Menschen- und Gesellschaftsbilder. Aktuelle Forschungen widmen sich insbes. den Problemen allg. gesellschaftl. Säkularisierung. Polit.-soziolog. Untersuchungen prüfen die Verbindung zw. den Zielsetzungen der Kirchen bzw. ihrer führenden Repräsentanten und ihren gesellschafts-, rechts- und staatspolit. Einflußnahmen. Die **Pastoralsoziologie** untersucht als bes. Zweig der R. kirchl. organisierte religiöse Erscheinungen (z. B. Gemeinden).

📖 *Gollwitzer, H.: Was ist Religion?* Mchn. ²1985. - *Neu, R.: R. als krit. Theorie.* Ffm. 1982. - *Weber, Max: Gesammelte Aufs. zur R.* Tüb. ⁶⁻⁷1976–78. 3Bde.

Religionsstifter, Typus religiöser Autorität, der auf Grund göttl. Offenbarung oder eigener Erleuchtung, verbunden mit einem Berufungserlebnis, entweder bewußt eine neue Religion begr. oder durch seine Person und Verkündigung einen Jüngerkreis zur Religionsbildung anregt.

Religionstheologie (Theologie der Religionen), die theolog. Reflexion über die Stellung der Theologie der christl. Kirchen zum religionsgeschichtl. Pluralismus, über die Frage nach der **Absolutheit der Religion.** Sie ist in der Geschichte des Christentums erstmals in der Auseinandersetzung der alten Kirche mit der heidn. Umwelt akut geworden und gewinnt in der gegenwärtigen Abschlußphase der Erschließung der Welt erneute Bed. durch die weltweite Begegnung und Konfrontation der Religionen. Die Wertung der nichtchristl. Religionen als Vorstufe des Christentums ist für die theolog. Beurteilung der Fremdreligionen bis heute vorherrschend geblieben. Schärfsten Einspruch erfuhr sie jedoch seitens der dialekt. Theologie, insbes. von K. Barth, der ihr eine Verwischung der Einmaligkeit des Christusereignisses vorwarf.

Religionsunterricht, i. w. S. jede planmäßige erzieher. Maßnahme zur Vermittlung von Glaubensinhalten, Verhaltensweisen, Norm- und Wertvorstellungen einer Religionsgemeinschaft (**religiöse Erziehung**), die in Familie, Kindergarten, Schule, Kirche und kirchl. Erwachsenenbildung stattfindet; i. e. S. ein Schulfach, in der BR Deutschland das einzige im Grundgesetz (Art. 7) als ordentl. Lehrfach an öffentl. Schulen (Ausnahme: bekenntnisfreie Schulen) rechtl. abgesicherte Unterrichtsfach. Für den Schüler besteht bis zu seiner **Religionsmündigkeit** (14. Lebensjahr) die Pflicht zur Teilnahme am R. seiner Religionsgemeinschaft. Für Schüler, die keiner Religionsgemeinschaft oder einer solchen angehören, die keinen R. erteilt (z. B. wegen zu geringer Schülerzahl; die Mindestzahl von 8 Schülern ist gesetzl. vorgeschrieben), ist in den meisten Ländern als Ersatz ein Ethik- bzw. Philosophieunterricht oder das Fach Religionskunde eingerichtet. Religionslehre kann als Prüfungsfach im Abitur gewählt werden. - *Ziele und Inhalte des christl. R.:* Der R. wird heute nicht mehr nur als Repräsentanz der Kirchen in der Schule, sondern als „freier" Beitrag der Kirchen zu einer (weltanschaul.) „freien Schule" gesehen. Dem entsprechen die Zielformulierungen der Kirchen für den R., wie sie auf *ev.* (Synode 1971), und *kath.* Seite (Synode 1974) ausgesprochen wurden: Der R. soll dem Schüler helfen, seinen Glauben denkend zu verantworten und durch Befassen mit den geschichtl. Formen christl. Glaubens Verständnis und Toleranz gegenüber der Entscheidung anderer zu entwickeln. Grundlegend hierfür ist der **biblische Unterricht**, d. h. ein über die reine Wissensvermittlung über die Bibel hinausgehender, in seiner Gesamtthematik bibl. orientierter und fundierter Religionsunterricht.

Religionsvergehen, Bez. für Straftaten, die sich gegen religiöse bzw. weltanschaul. Bekenntnisse richten, etwa dadurch, daß diese oder Einrichtungen oder Gebräuche im Inland bestehender Kirchen bzw. anderer Religionsgesellschaften oder Weltanschauungen in einer Weise beschimpft werden, die geeignet ist, den öffentl. Frieden zu stören. R. werden nach §§ 166 ff. StGB mit Freiheitsstrafe bis zu 3 Jahren oder mit Geldstrafe bestraft. Die **Gotteslästerung** ist seit 1969 kein Straftatbestand mehr, da Rechtsgut der heute geltenden §§ 166 ff. StGB im wesentl. der öffentl. Friede ist.

Religionswissenschaft, wiss. Disziplin (mit vielen Teilbereichen), deren Aufgabe die empir. und/oder histor.-philolog. Erforschung sämtl. Religionen in der Gesamtheit ihrer Erscheinungsformen und ihrer Beziehungen zu anderen Lebensbereichen ist. - Die *Geschichte der R.* kann auf erste Ansätze bei antiken Historikern und Philosophen zurückgeführt werden. Im MA verfolgte die Beschäftigung mit Fremdreligionen keine wiss., sondern ausschließl. apologet. Interessen. Erst seit der Aufklärung kann man von einer eigtl. R. sprechen. Ihre weltanschaul. Voraussetzung war die Idee einer natürl. Religion. - Als akadem. Fach ist R. heute an zahlr. Univ. vertreten. Die Fachvertreter der R. sind seit 1950 in der „International Association for the History of Religions" (Abk. IAHR) organisator. zusammengeschlossen, deren erster Präs. G. van der Leeuw war. Die IAHR veranstaltet regelmäßig internat. Kongresse.

religiös [lat.-frz.], die Religion[en] be-

religiöse Beteuerung

treffend; im Denken und Handeln vom Glauben an eine göttl. Macht geprägt.

religiöse Beteuerung ↑ Eid.

religiöse Erziehung ↑ Religionsunterricht.

Religiosen [lat.], Bez. des kath. Kirchenrechts für die Angehörigen des Ordensstandes (lat. status religiosus). Im dt. Sprachraum spricht man von Ordensleuten, Ordensmännern, -frauen. In anderen Sprachen ist der aus dem Lat. übernommene Begriff vertraut (z. B. frz. le religieux, la religieuse). - Wesentl. für die R. sind das Versprechen der Gelübde und die Bindung an eine Ordensgemeinschaft (lat. ordo, religio). - Gründung und Anerkennung einer Ordensgemeinschaft, ihr Verhältnis zu Bischof und Papst, Eintritt in eine Gemeinschaft, Austritt aus ihr usw. regelt das Kirchenrecht; die einzelne Ordensgemeinschaft schafft ihr eigenes Recht (niedergelegt in Regel, Konstitutionen oder Statuten). Oberste Kirchenbehörde für die Ordensleute ist die Kongregation für Ordensleute und Säkularinstitute in Rom (↑ Kurienkongregationen). Die jüngste Entwicklung der Ordensgeschichte hat die klass. Definition des Ordensstandes gesprengt. Es entstanden Gemeinschaften, die auf das gemeinsame Leben und auf die Ablegung der Gelübde verzichteten, die ↑ Säkularinstitute, die seit 1947 im Kirchenrecht den R. angeschlossen sind.

religiöser Sozialismus, Bez. für eine Bewegung innerhalb des Protestantismus des 20. Jh., deren Hauptanliegen die Vereinbarkeit von Christentum und Sozialismus war; initiiert von C. und J. C. Blumhardt. Ihr theolog. Ansatz ist ein neues Verständnis des Reiches Gottes, demzufolge der Sozialismus ein geschichtl. Ausdruck des Willens Gottes ist, ohne daß die endzeitl. Orientierung damit aufgegeben wäre. Die grundsätzl. Bejahung des Sozialismus konnte die Meinungsverschiedenheiten im Blick auf konkrete histor. Erscheinungen des Sozialismus, wie Sozialdemokratie und Kommunismus, nicht verdecken. So bewirkte 1948 die unterschiedl. Haltung gegenüber dem Kommunismus die Spaltung der Bewegung. Der r. S. entwickelte kein einheitl. Programm, das Meinungsspektrum war außerordentl. breit. Dabei blieben die Auswirkungen im polit. wie auch kircheninternen Bereich, wo das Hauptinteresse lag, sehr gering. Wesentl. beeinträchtigt wurde der r. S. v. a. durch die Kritik K. Barths.

religioso [reliˈdʒoːzo; italien.], musikal. Vortragsbez.: feierlich, andächtig.

Relikt [lat.], allg. svw. Überrest, Überbleibsel, Restbestand.

◆ bei der Metamorphose unverändert bleibende Minerale *(R.minerale)* oder Gefügemerkmale *(R.gefüge)* des Ausgangsgesteins.

Reliktböden, Böden, die unter anderen als den heutigen Klimaverhältnissen gebildet wurden und unter Erhaltung der dabei erworbenen stabilen Merkmale sich heute weiterentwickeln, im Ggs. zu **fossilen Böden,** die in ihrer Entwicklung unterbrochen worden sind, wobei ihre Merkmale konserviert wurden.

Reling [niederdt.], offenes Geländer am Rand eines Schiffsdecks.

Reliquiar [mittellat.], kostbarer Behälter für ↑ Reliquien; neben Medaillons, Kästchen, Kreuzen, Figuren, Büsten oder Köpfen ist als wichtigste Form der *Reliquienschrein* zu nennen, v. a. im 12. und 13. Jh. ein Zeugnis hochstehender Goldschmiedekunst (z. B. der ↑ Dreikönigenschrein von Nikolaus von Verdun). - Abb. Bd. 7, S. 71.

Reliquie [zu lat. reliquiae „Überrest, Überbleibsel"], in der Religionsgeschichte Gegenstand einer bes. Form der Heiligenverehrung. Die R. besteht aus Gebeinen oder der Asche religiöser Autoritäten, aus ihren Kleidern oder Gebrauchsgegenständen oder Teilen von Gegenständen, die für ihr Leben bedeutsam waren. Die R.verehrung gründet sich auf den Glauben, Überreste des Körpers oder des Besitzes hl. Menschen seien bes. machthaltig und ihre Verehrung durch Prozessionen, durch Berührung oder Kuß, selbst die Nähe ihrer Gegenwart bedeute eine Übertragung dieser Macht. Die Bed., die R. in vielen Religionen besitzen, hat gelegentl. zu R.handel sowie dazu geführt, daß neben echten auch zahlr. unechte R. existieren. - Der christl. R.kult begann in der alten Kirche mit der Verehrung der Gebeine der Märtyrer. Im W ist seit dem 5. Jh. kein Altar mehr ohne R. nachweisbar. Die Kritik an der R.verehrung setzte in der Reformation ein, insbes. durch Luther und Calvin. - Kunstgeschichtl. wurde die R. bedeutsam durch ma. R.hüllen, kostbare Stoffe zur Aufbewahrung der R., sowie durch ↑ Reliquiare.

Rellstab, Ludwig, Pseud. Freimund Zuschauer, * Berlin 13. April 1799, † ebd. 28. Nov. 1860, dt. Schriftsteller. - Librettist und einflußreicher Musikkritiker (u. a. der „Vossischen Zeitung") in Berlin; 1830–41 Hg. der Musikzeitschrift „Iris im Gebiete der Tonkunst". Schrieb einen Napoleon-Roman „1812" (1834) und Gedichte, die z. T. von F. Schubert vertont wurden (u. a. „Ständchen" [„Leise flehen meine Lieder"]).

Reluxation [lat.] ↑ Verrenkung.

Rem, Abk. für engl. = Roentgen equivalent man, Einheitenzeichen rem, Einheit der Äquivalentdosis radioaktiver Strahlen[gemische]; 1 rem hat die gleiche biolog. Wirkung wie 1 Röntgen; in der BR Deutschland seit 1978 bzw. 1986 amtl. durch die SI-Einheit J/kg bzw. Sievert (Sv) ersetzt; 1 rem = $^1/_{100}$ J/kg = $^1/_{100}$ Sv.

Remagen, Stadt am Mittelrhein, Rhld.-Pf., 52–280 m ü. d. M., 14 300 E. Heimatmuseum; Stahl- und Maschinenbau, Holz-, Leder-, Nahrungsmittelind. - Im 11. Jh. erstmals bezeugt; 1221 als Stadt bezeichnet. - Auf der

Rembrandt

einzigen damals noch intakten Rheinbrücke in R. überschritten amerikan. Truppen am 7. März 1945 den Rhein. - Reste eines röm. Kastells und der spätröm. Stadtmauer; kath. Pfarrkirche mit roman. Bauteilen (11. Jh.) und frühgot. Chor (1246); Wallfahrtskirche Sankt Apollinaris (1839–43) mit Wandmalereien; spätroman. Doppeltor mit Reliefschmuck (um 1200). Im Ortsteil **Rolandswerth** spätbarocke Klosterbauten und Kirche. Ehem. Bahnhof Rolandseck (1855/56; heute Künstlerhaus).

Remake [engl. 'ri:mɛɪk], Neuverfilmung eines erfolgreichen älteren Spielfilmstoffes.

remanent [lat.], [zurück]bleibend.

Remanenz [lat.], (magnet. R., Restmagnetisierung) derjenige Bruchteil der ↑Sättigungsmagnetisierung eines Ferromagneten, der als permanente Magnetisierung zurückbleibt, wenn man das erregende Magnetfeld abschaltet.

♦ (dielektr. R.) die beim Abschalten des elektr. Feldes in bestimmten dielektr. Substanzen (Elektrete, Ferroelektrika) zurückbleibende elektr. Polarisation.

♦ (thermomagnet. R., Thermo-R., thermoremanente Magnetisierung) ↑Paläomagnetismus.

Remarque, Erich Maria [rə'mark], eigtl. E. Paul Remark (nicht Kramer), * Osnabrück 22. Juni 1898, † Locarno 25. Sept. 1970, dt. Schriftsteller. - Welterfolg errang R. mit seinem Roman „Im Westen nichts Neues" (1929), einer desillusionierenden Darstellung des Krieges, mit der R. das Tabu vom Heldentod der Soldaten brach, da aufgezeigt wurde, daß Siege und Niederlagen der Völker den Toten gleichgültig sind. Emigrierte 1931 in die Schweiz (1933 wurden seine Bücher in Deutschland öffentl. verbrannt), 1939 in die USA (seit 1947 amerikan. Staatsbürger). - *Weitere Werke:* Der Weg zurück (R., 1931), Arc de Triomphe (R., 1946), Der schwarze Obelisk (R., 1956), Schatten im Paradies (R., hg. 1971).

Remboursgeschäft [rã'bu:r; frz./dt.], Abwicklung und Finanzierung von Warengeschäften im Überseehandel durch eine Bank.

Rembrandt, eigtl. R. Harmensz. van Rijn [niederl. 'rɛmbrant 'harmənsfɑn 'rɛin], * Leiden 15. Juli 1606, † Amsterdam 4. Okt. 1669, niederl. Maler, Zeichner und Radierer. - R. war der Sohn eines Müllers. Er besuchte die Lateinschule und kurze Zeit die Univ., ging in Leiden (1621–24?) und in Amsterdam bei P. Lastman in die Lehre. Seit 1624/25 Zusammenarbeit mit J. Lievens in Leiden, 1631 Übersiedlung nach Amsterdam. 1634 heiratete er Saskia van Uylenburch, 1639 Erwerb eines aufwendigen Hauses (heute Museum). Wohlstand und Selbstbewußtsein des erfolgreichen Künstlers dokumentieren seine Selbstbildnisse in phantast. oder mytholog. Überhöhung („Doppelbildnis mit Saskia", um 1636; Dresden, Gemäldegalerie; der Maler als „verlorener Sohn", „fürstl." Selbstbildnis, 1640; London, National Gallery). Im Jahr des Todes von Saskia (1642) vollendete R. die „Nachtwache" (Amsterdam, Rijksmuseum), die von den Auftraggebern abgelehnt wurde. Zunehmend konnte und wollte R. die eigenen künstler. Intentionen nicht mehr mit den Repräsentationswünschen des niederl. Bürgertums in Einklang bringen. Die Bildnisaufträge gingen zurück. Um 1649 war Hendrickje Stoffels als Magd ins Haus gekommen und lebte mit R. in Gemeinschaft. Nach R. Bankrott von 1656 betrieb sie zus. mit seinem Sohn Titus (* 1641, † 1668) seit 1660 einen Kunsthandel, doch blieb R. bis zu seinem Tod schuldenbelastet. R. lebte in zunehmender gesellschaftl. und künstler. Vereinsamung, 1661/62 wurde auch das Wandbild für das neue Amsterdamer Rathaus, „Die Verschwörung der Bataver unter Julius Civilis" (fragmentar. erhalten, Stockholm, Nationalmuseum), zurückgewiesen.

Der schon biograph. deutlich werdenden Dreigliederung entsprechen drei stilistisch abgrenzbare Hauptschaffensperioden: **Leidener Frühwerke** (1625–31): „Samson und Dalila" (1628; ebd.), „Christus in Emmaus" (1629; Paris, Musée Jacquemart), „Der Prophet Jeremias" (1630; Rijksmuseum). Die Bilder sind in Figurenaufbau, kalter Farbgebung, kleinem Format noch abhängig von P. Lastman und von der durch ihn vermittelten Caravaggio-Elsheimer-Tradition (Dramatik des Lichts und Pathos der Gebärden). Neu ist eine bisher ungekannte psycholog. Eindringlichkeit; das Licht wird handlungsführend und -deutend. Aus dem traditionell vielschichtigen Komplex der Historie hat den bibl. Bereich Vorrang. Grundthema ist Gottbezogenheit aller Kreatur.

Frühe Amsterdamer Zeit (mittlere Schaffensperiode, 1631–56): Neben dem bibl. Themenkreis steht als werkbestimmendes Thema das Bildnis. Zu seinen ersten Aufträgen gehört das große Gruppenbild „Die Anatomie des Dr. Tulp" (1632; Den Haag, Mauritshuis) und 5 Passionsbilder (1633–39; München, Alte Pinakothek). Mitte der 1630er Jahre wurden auch Landschaften zum eigenen Bildthema. Der Wettstreit mit Rubens führt zu hochbarocken, effektvoll gesteigerten Werken, wobei ein krasser Erzählstil überkommene Schönheitsvorstellungen durchbricht: „Der Triumph der Dalila" (1636; Frankfurt, Städel), „Danae" (um 1636; Leningrad, Eremitage). In den 1640er Jahren werden Stille des Ausdrucks, einfache Klarheit der formalen Anlage bildbestimmend: „Das Opfer des Manoah" (1641; Dresden, Gemäldegalerie). 1643 entsteht das Bildnis der „Saskia" (Berlin-Dahlem). Im Bild in Paris (Louvre) „Christus in Emmaus" (1648) erreicht das Licht die Dimension seel. Dynamik. In den 1650er Jahren

Remedellokultur

erhalten die Werke im neuerl. Rückgriff auf die italien. Hochrenaissance eine von innen leuchtende Monumentalität: „Der Mann mit dem Goldhelm" (um 1650; Berlin-Dahlem), „Bathseba" (1654; Louvre), „Der Segen Jakobs" (1656; Kassel, Staatl. Kunstsammlungen).

In den Werken der **späteren Amsterdamer Zeit** wird der visionäre Zug der Kunst R. unübersehbar; Mensch, Raum und Ding werden in einer „myst. Farbhülle" (W. Turner) zugleich verborgen und enthüllt. Es entstehen „Saul und David" (um 1658; Den Haag, Mauritshuis), „Christus und die Samariterin am Brunnen" (1659; Berlin-Dahlem), „Esthers Gastmahl" (1660; Moskau, Puschkin-Museum), „Verleugnung Petri" (1660; Rijksmuseum), „Staalmeesters" (1662 [?]; ebd.), die „Judenbraut" (nach 1665; ebd.), „Familienbild" (um 1668; Braunschweig, Herzog-Anton-Ulrich-Museum). R. über 100 Selbstbildnisse loten, insbes. im Spätwerk (Selbstbildnis als Apostel Paulus, 1661, Rijksmuseum; der sog. „Lachende", 1663, Köln, Wallraf-Richartz-Museum; der „Königliche" mit Barett, 1669, Den Haag, Mauritshuis), Fragwürdigkeit und Anspruch menschl. Daseins aus. In seinem letzten Lebensjahr entstehen außerdem „Simeon im Tempel" (unvollendet, Stockholm, Nationalmuseum) sowie „Die Rückkehr des verlorenen Sohns" (Eremitage).

Das gemalte Œuvre, früher mit 562 Werken angegeben, wird seit 1968 kritisch untersucht; viele Bilder, darunter „Der Mann mit dem Goldhelm", „Der barmherzige Samariter", „Johannes der Täufer" werden danach Schülern und anderen Werkstätten zugeschrieben. Zum Werk werden auch etwa 1 200 Zeichnungen und rd. 300 Radierungen gerechnet, u.a. „Selbstbildnis mit Saskia" (1636), „Die drei Kreuze" (1653), „Ecce homo" (1655), „Christus am Ölberg" (um 1675). - Abb. auch Bd. 3, S. 57.

  Vels Heijn, A.: R. Dt. Übers. Burgdorf ³1984. - *Betz, G.:* R. Stg. 1983. - *Bockemühl, M.:* R. Mchn. 1981.

Remedellokultur, nach einem Gräberfeld in der Gem. Remedello (37 km sö. von Brescia) ben. endneolith. Kulturgruppe Oberitaliens (2. Hälfte des 3. Jt.); gekennzeichnet u.a. durch Kupfergeräte.

Remedium [lat.], svw. Heilmittel.

Remigius von Reims, hl., * bei Laon um 436, † Reims 13. Jan. 533 (?), Bischof von Reims. - Stand in enger Verbindung mit König Chlodwig I., den er wahrscheinl. 498 taufte. Durch Diözensangründungen bed. Organisator der nordfrz. Kirche.

Remington [engl. 'rɛmɪŋtən], Eliphalet, * Suffield (Conn.) 28. Okt. 1793, † Ilion (N. Y.) 12. Aug. 1861, amerikan. Erfinder und Industrieller. - Vater von Philo R.; Hersteller von Handfeuerwaffen mit zahlr. Neuerungen. Die 1816 von ihm gegr. *R. Arms Company,*

Rembrandt. Die Rückkehr des verlorenen Sohns (undatiert; 1663?; oben). Leningrad, Eremitage; Selbstbildnis mit aufgestütztem Arm (1639). Erlangen, Graphische Sammlung der Universitätsbibliothek Erlangen-Nürnberg (unten)

heute in Bridgeport (Conn.), ist ein bed. Hersteller von Jagd- und Sportwaffen sowie von Munition.

R., Frederic, *Canton (N. Y.) 4. Okt. 1861, † Ridgefield (Conn.) 26. Dez. 1909, amerikan. Bildhauer. - Vertreter der amerikan. Western art, v. a. Pferdespezialist; auch Gemälde, Illustrationen.

R., Philo, *Litchfield (N. Y.) 31. Okt. 1816, † Silver Springs (Fla.) 4. April 1889, amerikan. Industrieller. - Sohn von Eliphalet R.; führte zahlr. Neuerungen bei Handfeuerwaffen ein; ab 1870 stellte er auch Nähmaschinen, ab 1873 Schreibmaschinen her. Aus diesen Unternehmungen ging 1925 die *R. Rand Company* hervor (Herstellung von Büro- und Rechenmaschinen sowie Datenverarbeitungsanlagen), 1955 in der *Sperry Rand Corporation* aufgegangen.

Reminiscere (Reminiszere), in den christl. Kirchen Name des zweiten Fastensonntags; nach dem ersten Wort des Introitus „reminiscere" („gedenke [Herr, deiner Barmherzigkeit]").

Reminiszenz [lat.], allg. svw. [sentimentale] Erinnerung, Anklang [an früher Erfahrenes].

♦ das Wiederauftreten von Gedächtnisinhalten ohne äußeren (z. B. assoziierter Reiz, Hinweis) oder inneren (z. B. willentl. Erinnern) Anlaß.

♦ das Eingehen von Gedächtnisinhalten in eine Handlung, ohne daß sich der Handelnde dessen bewußt wird.

♦ Bez. für die Erscheinung, daß man sich sofort nach Beendigung eines Lernvorgangs an weniger Lehrstoff erinnert als nach einer angefügten Pause.

Remiremont [frz. rəmir'mõ], frz. Stadt im Moseltal, Dep. Vosges, 400 m ü. d. M., 10 000 E. Museum; Textilind., Maschinen- und Gerätebau. - Um ein 620 gegr. Männerkloster und ein 910 in der Nähe gegr. Frauenkloster (Doppelkloster etwa im 11./12. Jh. in ein Stift umgewandelt, 1792 aufgehoben) entwickelte sich die Stadt, wurde im 11. Jh. lothring., 1766 frz. - Got. Kirche Saint-Pierre (14. Jh., barock verändert) mit roman. Krypta (10. Jh.); barockes ehem. Palais der Äbtissin (18. Jh., jetzt Rathaus), z. T. spätgot. Wohnhäuser mit Arkaden.

Remis [rə'miː; lat.-frz.], unentschiedener Ausgang [beim Schach].

Remise [lat.-frz.], Wagen-, Geräte-, auch Abstellschuppen.

Remisow, Alexei Michailowitsch [russ. 'rjemizɛf], *Moskau 6. Juli 1877, † Paris 26. Nov. 1957, russ. Schriftsteller. - Emigrierte 1921 nach Berlin, 1923 nach Paris. Einer der originellsten Stilisten der modernen russ. Literatur; vereinigte in seinem umfangreichen Werk Einflüsse von Gogol, Dostojewski und Leskow, dem er bes. durch die ausgiebige Verwendung folklorist. Traditionen nahesteht; schrieb dem Surrealismus nahestehende ornamentale Prosa („Im blauen Felde", E., 1922).

Remission [lat.], in der *Medizin* Rückgang oder vorübergehendes Nachlassen bzw. Abklingen von Krankheitserscheinungen (bes. des Fiebers).

Remittenden [zu lat. remittenda „die Zurückzuschickenden"], Bez. für die zum Einzelverkauf gelieferten, jedoch nicht abgesetzten (an den Verlag zurückgehenden) Exemplare einer Zeitung oder Zeitschrift bzw. für techn. fehlerhafte bzw. beschädigte Buchexemplare.

Remittent [lat.] (Wechselnehmer, Begünstigter), Bez. für diejenige Person, an die die Wechselsumme zu zahlen ist.

remittierendes Fieber [lat.] ↑Fieber.

Remmele, Hermann, *Ziegelhausen (= Heidelberg) 15. Nov. 1880, † in der UdSSR 1939 (?), dt. Politiker. - Ab 1897 Mgl. der SPD, 1917 Mitbegr. der USPD, trat 1920 mit dem linken Flügel der USPD zur KPD über; Mgl. der Zentrale bzw. des ZK der KPD 1920–33, später auch des Politbüros und des Sekretariats (bis 1932); Febr.–April 1924 Vors. der KPD; MdR 1920–33; ab 1926 Mgl. des Exekutivkomitees der Komintern; lebte ab 1932 in Moskau; verlor 1933 alle Funktionen; 1937 verhaftet; starb unter ungeklärten Umständen.

Remonstranten [lat.], svw. ↑Arminianer.

Remontanten [lat.-frz.], mehrmals im Jahr blühende Zierpflanzen.

Remontantnelke (Dianthus caryophyllus var. semperflorens), Bez. für eine wahrschein!. von der Gartennelke und der strauchigen Baumnelke (Dianthus suffruticosus) abstammende, mehrfach im Jahr blühende Sortengruppe der Gartennelke; erstmals in Frankr. um 1835 gezüchtet; heute weitgehend durch die Edelnelke verdrängt.

Remontantrosen, Bez. für eine im 19. Jh. züchter. entwickelte Rosenklasse. Von den rd. 4 000 in dieser Zeit entstandenen Sorten sind heute nur noch rd. 100 Sorten in Kultur.

Remonten [lat.-frz.], in der Tierzüchtung Bez. für die nach phänotyp. Merkmalen zur Weiterzucht ausgewählten Individuen einer Rasse; früher speziell die von Remontierungskommissionen zur Ergänzung des Pferdebestands des dt. Heeres aufgekauften jungen Pferde.

Remoulade [remu'laːdə; frz.], fertig zubereitete Mayonnaise mit Kräutern und Gewürzen.

REM-Phase [engl. rɛm; Abk. für: rapid eye movement „schnelle Augenbewegung"] ↑Schlaf.

Rems, rechter Nebenfluß des Neckars, entspringt am Trauf der Schwäb. Alb, mündet oberhalb von Ludwigsburg, 81 km lang.

Remscheid

Remscheid, Stadt im Berg. Land, NRW, 110–365 m ü. d. M., 121 000 E. Inst. für Werkzeugforschung, Versuchs- und Prüfanstalt für Werkzeuge, Akad. für mus. Bildung und Medienerziehung, Dt. Röntgen-Museum, Dt. Werkzeugmuseum, Heimatmuseum; Theater; Mittelpunkt der dt. Werkzeugind. - Das Mitte des 12. Jh. zuerst erwähnte **Lennep** erhielt vor 1276 Stadtrecht; der Kirchort R. wurde 1173 erstmals genannt. Später entwikkelte sich Lennep zu einer bed. Handelsstadt. R. erhielt 1808 Stadtrecht. 1929 wurde Lennep mit dem 1150 erstmals erwähnten **Lüttringhausen** (Stadt ab 1856) in R. eingemeindet.

Rems-Murr-Kreis, Landkr. in Bad.-Württemberg.

Remter [letztl. zu ↑Refektorium], Bez. für den Speisesaal (Refektorium) in den Ordensburgen der geistl. Ritterorden.

Remus, Zwillingsbruder des ↑Romulus.

Ren [rɛn, reːn; skand.] (Rentier, Rangifer tarandus), großer Trughirsch v. a. in den Tundren- und Waldgebieten N-Eurasiens und des nördl. N-Amerika (einschließl. Grönland); Körperlänge bis über 2 m, Schulterhöhe 1,0–1,2 m, Fell dicht und lang, dunkel- bis graubraun, auch (bes. bei gezähmten Tieren) hell oder gescheckt, im Winterkleid sehr viel heller als im Sommer; ♂ und ♀ mit starkem, zieml. unregelmäßig verzweigtem Geweih (beim ♀ schwächer als beim ♂), Enden oft schaufelförmig. Das R. tritt in großen Rudeln auf, die jahreszeitl. weite Wanderungen durchführen. Das **Nordeurop. Ren** (Rangifer tarandus tarandus) ist heute großenteils halbzahm und wird in großen Herden gehalten. Es dient den nord. Nomaden als Zug- und Tragtier, als Fleisch-, Milch-, Fell- und Lederlieferant. Im sö. Kanada lebt das **Karibu** (Rangifer tarandus caribou), mit bes. großer Schaufelbildung.

Geschichte: Während der Würmeiszeit drang das R. bis nach M-Europa vor. Es war Hauptjagdbeute der Eiszeitmenschen, denen es nicht nur Fleisch und Felle, sondern auch Geweihe für die Herstellung von Werkzeugen und Waffen lieferte. Aus dieser Zeit sind zahlr. Schnitzereien, Felsbilder und Wandmalereien erhalten. Mit dem Abschmelzen des Eises in M-Europa zog sich das R. auf sein heutiges Verbreitungsgebiet zurück. Erste Nachweise für eine Domestikation des R. als Zugtier stammen aus dem 3. Jt. v. Chr.

Ren (Mrz. Renes) [lat.], svw. ↑Niere.

Renaissance [frz. rənɛˈsãːs „Wiedergeburt"], 1. allg. geistige und künstler. Bewegungen, die bewußt an ältere Bildungs- oder Kunsttraditionen anknüpfen und sie weiterzuentwickeln versuchen; 2. i. e. S. das in der europ. Kulturgeschichte wiederholt auftretende Phänomen einer Rückbesinnung auf die Werte und Formen der griech.-röm. Antike in Literatur und Kunst, Philosophie und Wiss. (karoling. R.), z. T. die sog. „R. des 12. Jh." (bes. z. Z. Friedrichs II.; in der Kunst Teil der Proto-R.); 3. Epochenbegriff, der den seit dem 15. Jh. sich abzeichnenden allmähl. Übergang von ma. zu neuzeitl. Vorstellungs-, Denk- und Darstellungsformen betrifft, bei dem die Auseinandersetzung mit der Antike eine bes. Rolle spielte. - War das MA bis ins Hoch-MA hinein gekennzeichnet durch die Vorstellung der universalen Einheit von geistl. und weltl. Herrschaft, die das Individuum (theoret. und prakt.) in den Hintergrund drängte, und wurde jede Wiss. unter dem dogmat. Primat des christl. Glaubens betrieben, kündigten sich bereits in der Spätscholastik Tendenzen an, die den Blick stärker auf das Individuelle lenkten (z. B. bei Wilhelm von Ockham) und die Einheit von Glauben und Wissen zu beider Nutzen aufzulösen begannen (Nominalismus) und damit eine unbefangene Naturbeobachtung ermöglichten (Roger Bacon, Nikolaus von Kues). Diese Ansätze reiften in der R. zu einem dezidierten *Individualismus*, zu einem bewußt *profan-säkularist. Denken*, das in freiem, d. h. dogmat. nicht gebundenen Rückgriff die Auseinandersetzung mit der Antike führte und die Naturwiss. ausschließl. auf *Vernunft* und *Erfahrung* gründete. Damit legte die R. das Fundament für jede folgende Entwicklungsform der europ. Kultur. - Die *Philosophie* der R. wandte sich weitgehend von dem in der Scholastik „verchristlichten" Aristoteles ab und dem Platonismus, seiner Skepsis und Naturphilosophie, zu. Die Schriften Platons - bis dahin war fast nur sein „Timaios" bekannt - wurden vollständig herausgegeben und ins Lat. übersetzt (Bessarion, Platon. Akademie). In den *Naturwiss.* löste die quantitative (messende) Methode die qualitative Wesensbeschreibung der Natur ab (Kopernikus, Kepler, Galilei; anatom. Studien).

Am augenfälligsten jedoch äußerten sich die charakterist. Züge der R. in der bildenden Kunst. In der **Musikgeschichte** ist der Begriff *Renaissancemusik* problemat., da die antike Musik in prakt. Beispielen unbekannt war und somit keine „Wiedergeburt" erfahren konnte. Die führenden Komponisten der sog. R.musik, d. h. der Musik des 15./16. Jh., standen in der Tradition der niederl. Musik, die sie nach Italien verpflanzten (mit Ausstrahlung auch nach Deutschland) und deren Erbe die Meister der venezian. und der röm. Schule fortsetzten. Die bestimmenden Gatt. waren geistl. Natur (Messe, Motette); erst in der Frottola und in der italien. Madrigal des 16. Jh. kündigte sich der Beginn der musikal. Neuzeit an. Gleichwohl findet sich am Vorbild der Antike ausgerichtetes Denken bereits in der Musiktheorie seit der 1. Hälfte des 15. Jh., später J. Tinctoris, F. Gaffori, H. L. Glareanus, N. Vicentino, G. Zarlino, V. Galilei u. a., das schließl. den Boden für die Florentiner ↑Camerata bereitete.

Renaissance

In der **Kunstgeschichte** differenziert man: Früh-R. (etwa 1420–1500), Hoch-R. (etwa 1500–20) und Spät-R. (um 1520 beginnend, in der jüngeren Kunstwiss. als ↑ Manierismus bezeichnet).

Die Ursprünge der Renaissance in Italien: Bei G. Vasari war der moderne Begriff der R. bereits fest ausgebildet, jedoch auf die Wiedergeburt (italien. rinascita) der antiken Kunst bezogen. Dem steht schon im Italien des 14. Jh. eine ältere Tradition des Begriffs gegenüber, die v. a. die Wiederbelebung der antiken Sprachen und der Literatur wie der philolog. Wiss. einschloß (↑ auch Humanismus). Die bereits durch F. Petrarca vollzogene Rückwendung zur lat. Sprachkunst Ciceros und zur Moralphilosophie der Antike weckte zuerst in Italien ein wachsendes Interesse an der röm. Vergangenheit und schuf günstige Voraussetzungen für das bald darauf einsetzende neue Studium des Griechischen.

Die frühe Entwicklung in Florenz: In Florenz hatten seit 1375 mit C. Salutati, einem Schüler Petrarcas, L. Bruni u. a. mehr als ein Jh. hindurch Humanisten das Amt des Kanzlers inne. V. a. aber zeigte sich in der Florenz allg. Verehrung des röm. Altertums auf künstler. Gebiet. Durch die Lösung des Menschen aus der ma. Ordnung und ihren Lebensnormen entstand ein neues Selbstbewußtsein der individuellen Künstler, das sie zu neuartigen Leistungen gelangen ließ. - Das Studium des klass. Latein wurde im nördl. Italien schon im letzten Viertel des 14. Jh. betrieben; Florenz war hatte bereits 1397 den ersten Griechischlehrer in Italien seit fast 700 Jahren angestellt. In den 1420er Jahren bildete sich ein Kreis der angesehensten Bürger und Humanisten zur Pflege humanist. Studien, dem auch interessierte Bürger wie Cosimo de' Medici und sein Bruder Lorenzo angehörten. Sie legten nach dem Vorbild Petrarcas und Salutatis große Handschriftenbibliotheken an (v. a. die heute mit der Marciana verschmolzene Biblioteca Medicea Laurenziana). Die Griechischstudien nahmen nach dem Fall Konstantinopels 1453 durch den Zuzug der vertriebenen griech. Gelehrten einen bed. Aufschwung (1459 Gründung der neuen Platon. Akademie).

In nur kurzem zeitl. Abstand zu dieser Wiederbelebung der geistig-literar. Überlieferung der Antike vollzog sich in Florenz die Wiederentdeckung der antiken Architektur, überhaupt der antiken Kunst. Das ist v. a. auf die breite Wirkung der neuen bildenden Kunst zurückzuführen, doch ist der Beitrag der Humanisten hierbei keineswegs gering, was bes. für die Früh-R. gilt. So berieten die Florentiner Humanisten in der Früh-R. oft die Künstler in Fragen der antiken Wert- und Formvorstellungen. Der stark vom Humanismus beeinflußte Baumeister F. Brunelleschi soll, ausgehend von Euklids mathemat. Optik, die Gesetze der perspektiv. Zentralprojektion gefunden haben. Auch L. B. Alberti hat die neuere Kunst bes. durch theoret. Schriften beeinflußt (Theorie der Luftperspektive). - Wirkte die Ausstrahlung der Florentiner Früh-R. in der Baukunst am stärksten durch Brunelleschi, aber auch durch Alberti, so eröffneten in der Plastik und Malerei in Florenz L. Ghiberti und Donatello bzw. Masaccio diesen beiden Kunstgatt. neue Möglichkeiten. Während Donatello nach dem Vergleich antiker Statuen als erster den Schritt zur freistehenden Figur tat, übertrug Masaccio die von Brunelleschi entwickelten Regeln der zentralperspektiv. Projektion als erster auf die Malerei. Die Zeitgenossen waren sich eines Epochenwandels in der Kunst z. T. sehr wohl bewußt. Vorherrschende Auffassung war, daß es sich bei den Regeln der neuen Kunst um eine Wiss. handele, bei der das Studium der Perspektive und der menschl. Anatomie einen bes. breiten Raum einnehme.

Die Ausstrahlung der Florentiner Renaissance auf Italien: Die Verbindung von Humanismus und neuer Kunst war für das übrige Italien richtungweisend. Wohl kaum ein Künstler der Früh-R. im nördl. Italien ist außer durch das Vorbild florentin. Künstler (bes. Donatellos) von den klass. Bildungsbestrebungen und von der Begeisterung für die Antike so stark geprägt worden wie A. Mantegna, neben dem Venezianer G. Bellini, der Hauptvertreter der frühen R.malerei nördl. der Toskana war. Die Luftperspektive des Piero della Francesca bedeutete einen weiteren zukunftsweisenden Schritt für die Entfaltung der räuml. Tiefenillusion in der frühen R.malerei.

Die in der Früh-R. entwickelten Kunstauffassungen wurden in der Hoch-R. v. a. von Bramante, Leonardo da Vinci, Raffael und Michelangelo weiterentwickelt und in Rom zu höchster Blüte gebracht. Leonardos „Abendmahl" entstand 1495–97 (Mailand, Santa Maria delle Grazie), die „Pieta" von Michelangelo 1498–1500 (Rom, Sankt Peter), der Entwurf Bramantes für den Neubau der ↑Peterskirche 1506, die Fresken Raffaels in den Stanzen des Vatikans 1508–17 und die monumentale Deckengestaltung in der Sixtin. Kapelle durch Michelangelo 1508–12. Die Einfachheit und Klarheit dieser Werke werden im Spätstil Raffaels wie Michelangelos (das „Jüngste Gericht" auf der Altarwand der Sixtin. Kapelle, 1534–41) durch einen zunehmend schwierigeren Bildaufbau, eine kompliziertere Formensprache und Themenbezogung abgelöst. Als das eigtl. Ende der Hoch-R. kann man wohl das Jahr 1527 nennen (Eroberung Roms durch die Truppen Karls V.).

Polit. und gesellschaftl. Bedingungen der Renaissance in Italien: Seit dem Frieden von Lodi (1454) war ein gewisser Gleichgewichtszustand der inneritalien. Machtverhältnisse eingetreten. Dies war eine der Voraussetzun-

Renaissance

gen dafür, daß Kunst und Kultur der Früh-R. zur Blüte kommen und schnelle Verbreitung finden konnten. Obwohl sich die 5 Mächte des Friedens von Lodi (Hzgt. Mailand, Republiken Venedig und Florenz, Kirchenstaat und Kgr. Neapel) in ihrer polit. Verfassung sehr stark unterschieden, war es v. a. die Gemeinsamkeit eines hochentwickelten Stadtlebens, die den Aufschwung von Kultur und Künsten begünstigte. Dennoch wäre es verfehlt, Bildung und Kunst der R. als Ausdruck eines demokrat. Selbstbewußtseins im modernen Sinne zu interpretieren. Der „bürgerl. Humanismus" in Florenz als geistige Grundlage der R. war zwar einer relativ kleinen bürgerl. Oberschicht vorbehalten, deren Mäzenatentum auf einer eher oligarch. Verfassung beruhte. Dennoch ist es berechtigt und notwendig, das bürgerl.-republikan. Element in der florentin. Früh-R. von dem fürstl. Mäzenatentum zu unterscheiden.

In *Florenz* beteiligte sich v. a. das schon im 14. Jh. durch Tuchhandel und Bankgeschäfte zu Wohlstand gekommene bürgerl. Patriziat rege an der Förderung der humanist. Studien, an der Errichtung öffentl. Bauten und an ihrer Ausschmückung durch Maler und Bildhauer. Die Stärke des republikan. Geistes in der Stadt zwang die Medici trotz ihres fakt. Übergewichts immer wieder, auf die Verfassung des bürgerl. Freistaats oder zumindest auf seine Formen Rücksicht zu nehmen. Sowohl Cosimo als auch Lorenzo übernahmen wichtige Züge des „bürgerl. Humanismus", indem sie sich auch selbst intensiv mit den antiken Schriftstellern befaßten, klass. Autoren sammelten, Humanisten als Hauslehrer ihrer Kinder einstellten, Sammlungen antiker Kunstgegenstände anlegten und die Künstler ihrer Zeit mit großen Aufträgen unterstützten.

In *Mailand* nahmen die Visconti und ihre Nachfolger, die Sforza, Humanisten in ihre Dienste. Während der Blüte der Mailänder R. unter Hzg. Ludwig (⚭ 1494–99) arbeiteten hier Leonardo da Vinci und Bramante. Am Hof von Mailand, noch stärker in Ferrara und Mantua, trat die geistig anregende Rolle der Frau als Mäzenatin des künstler. und bes. des literar. Schaffens hervor. Die Blüte der R. in Mailand gegen Ende des 15. Jh. war neben Ludwig bes. seiner Gemahlin Beatrice d'Este von Ferrara (* 1475, † 1497) zu verdanken. Eine ähnl. Rolle spielte am Hof in Mantua die Gemahlin des Markgf. Francesco II. Gonzaga (⚭ 1484–1519), Isabella d'†Este, und in Ferrara Renata (* 1510, † 1575), die Tochter Ludwigs XII. von Frankr. und Gemahlin Ercoles II. (⚭ 1534–59).

Die literar. und künstler. Verfeinerung des Lebens an den italien. Höfen war neben der von Florenz ausgehenden Ausstrahlung bes. der Wirkung des Hofes von *Ferrara* zuzuschreiben. Der Hof der Este wurde seit der Reg. des Markgf. Leonello (⚭ 1441–50), seines Bruders, des Markgf. bzw. Hzg. Borso (⚭ 1450–71), und des Hzg. Ercole I. (⚭ 1471–1505) zu einem Glanzpunkt der Renaissance. Er gewann bes. durch seine literar. Interessen, v. a. durch die Wiederbelebung des Ritterromans bei L. Pulci, M. M. Boiardo und L. Ariosto, später auch durch T. Tasso eine weit über Italien hinausreichende Bedeutung. Die enge Verbindung der Este mit dem kunstliebenden Hof der Gonzaga in *Mantua* übertrug die Verfeinerung des höf. Lebens von diesen Residenzen bis nach Mailand und *Urbino*. Hzg. Federigo da Montefeltre (⚭ 1474–82), ein Schüler des Vittorino da Feltre begr. die Biblioteca Ducale (später Teil der Vatikan. Bibliothek) und hatte neben philolog.-literar. Neigungen Interesse am architekton. und maler. Schaffen (Alberti, L. Laurana, Piero della Francesca u. a.). Die geistig-sinnl. Verfeinerung dieses Hoflebens hat durch B. Graf Castiglione eine bleibende literar. Darstellung erfahren.

Die große Bed. des fürstl. Mäzenatentums zeigte sich wohl am deutlichsten im Kgr. *Neapel.* Alfons V., der Weise, von Aragonien sorgte durch die Berufung F. Filelfos (* 1398, † 1481), L. Vallas (* 1407, † 1457) und A. Beccadellis (* 1394, † 1471) für eine großzügige Förderung der humanist. Wiss.; nicht zuletzt aber unterstrich die Tätigkeit der von Beccadelli 1442 gegr. Accademia Pontaniana sowie die von G. Pontano und I. Sannazaro erneuerte volkssprachl. Dichtung die Bed. Neapels für die geistige Entfaltung der R. in Italien. In *Venedig* erreichten Humanismus und R. erst vergleichsweise spät eine breite Wirkung. Den Höhepunkt dieser Entwicklung bedeutete E. Barbaro, dessen Aristotelesübersetzungen und textkrit. Untersuchungen zur „Historia naturalis" des älteren Plinius vorbildl. Leistungen der R.philologie waren. Die 1493 gegr. Offizin des A. Manutius legte den Grund für die venezian. Drucker- und Verlegertradition, die ein wichtiger Bestandteil der italien. R. wurde, wobei auch die volkssprachl. Tradition eine zentrale Bed. erlangte. In der bildenden Kunst setzte sich die R. erst mit Giovanni Bellini durch. In der Folge blieben dann in den Werken Giorgiones, Tizians, Tintorettos und P. Veroneses die ästhet. Vorstellungen der R.malerei länger wirksam als im übrigen Italien. Das gleiche zeigt sich auch in den architekton. Werken des aus Florenz stammenden Sansovino und bei A. Palladio. In Venedig erreichte die R. erst Mitte des 16. Jh. ihren Höhepunkt.

Voraussetzung für die Verlagerung des Schwerpunkts der humanist. und künstler. Wirkens von Florenz nach *Rom* war die polit. Festigung des röm. Papsttums nach dem Ende des Abendländ. Schismas (1417) und die Stabilisierung der päpstl. Finanzen. Bereits mit Papst Nikolaus V. (1447–55) hatte der Humanismus in Rom eine bed. Stellung errin-

Renaissance

gen können (Gründung der Vatikan. Bibliothek). Pius II. (1458–64) trat selbst als Humanist, bes. mit geograph.-histor. Werken, hervor. Der Auftrag Sixtus' IV. (1471–84) zum Bau der nach ihm ben. päpstl. Kapelle war der Beginn einer großzügigen Förderung der Künste, die unter Julius II. (1503–13) ihren Höhepunkt fand. Bes. an ihm wird ein charakterist. Zug der R. deutl., der schon in der Früh-R. zum Ausdruck gekommen war: Die Kunst sollte der Verewigung des Ruhms hervorragender Persönlichkeiten dienen, und Julius II. verstand seine Großprojekte (Peterskirche, Sixtin. Kapelle, Grabmal) wohl auch so. Die Verwurzelung der Päpste im Geist der R. und ihr eifriger Einsatz in der Förderung der Künste ließ sie allerdings die eigtl., geistl. Aufgaben ihres Amtes weitgehend vergessen. Sie zeigten kaum Verständnis und Interesse für die religiös und kirchengeschichtl. folgenschweren Vorgänge in der Kirche, v. a. in Deutschland, so daß das **Renaissancepapsttum** als eine der Ursachen der Reformation anzusehen ist. Aber auch die Reformatoren (Luther, Calvin, Zwingli) selbst sind Repräsentanten der R.: Z. B. rezipierte Luther mit Augustinus auch dessen Platonismus und stand deutl. unter dem Einfluß von Nominalismus und Humanismus. Sein sog. „Heilsegoismus" („Wie bekomme *ich* einen gnädigen Gott?") ist typ. für den Individualismus der Renaissance. - Der in Rom kulminierende Höhepunkt der italien. R. wurde nicht zuletzt dank der „nat." Politik Julius' II. in Italien als ein patriot. Ereignis empfunden; die auch von analyt. Theoretikern der Politik wie N. Machiavelli und F. Guicciardini v. a. im Blick auf Julius II. als Wegbereiter einer nat. Wiedergeburt gehegten Erwartungen scheiterten jedoch. Gleichwohl gewann der von Machiavelli entwickelte Ansatz einer polit. Analyse (Idee der Staatsräson) nachhaltigen Einfluß auf das moderne Staatsdenken.

Die Ausstrahlung der Renaissance auf Europa:
Die Wirkung der italien. R. hat fast alle europ. Länder im 16. und 17. Jh. erfaßt. Es war übl., daß Humanisten und Künstler zunächst zum Studium nach Italien gingen. Das gilt bes. für *Deutschland* einschließl. der damaligen Reichsteile in den *Niederlanden*, für Frankr. und England, z. T. auch für Spanien. Mit R. Agricola, K. Peutinger und W. Pirckheimer kam es zu einer bes. engen Berührung des dt. und niederl. mit dem italien. Humanismus. Die Wirkung der dt. Humanisten wurde auch durch den von J. Gutenberg um 1450 erfundenen Buchdruck mit bewegl. Lettern begünstigt. Verglichen mit Italien war die Beziehung zw. Humanisten und Künstlern aber - von A. Dürer und Pirckheimer abgesehen - weniger eng. In der Baukunst der dt. R. wird der italien. Einfluß u. a. in der Fuggerschen Grabkapelle in Augsburg (1509–18) deutl. und im Bau der Landshuter Residenz (1536–43). Daneben zeigten sich in der sog. Weserrenaissance und im Ottheinrichsbau des Heidelberger Schlosses (1556 ff.) eigenständige Baubestrebungen. Die niederl. Malerei des 15. Jh. (R. Campin, Jan van Eyck, Rogier van der Weyden, Hugo van der Goes) hat auf die italien. R.malerei gewirkt. Umgekehrt haben niederl. Kupferstecher u. a. italien. Architekturbilder und Gemälde verbreitet, was im 16. Jh. zum Romanismus führte. Die souveräne Verarbeitung der italien. R. ist A. Dürer, der 1494/95 und 1505–07 in Italien war und sich bes. mit der mathemat. Perspektive und Optik befaßt hat, gelungen. Außerdem verarbeiteten v. a. H. Holbein d. J. und L. Cranach Elemente der italien. Hoch-R., während der Manierismus auf breiter Basis aufgenommen wurde.

Auch in *Frankr.* ging der künstler. R. der lat.-griech. Humanismus voraus. Der künstler. Einfluß der italien. R. kam seit dem Aufenthalt Leonardo da Vincis am frz. Königshof (1517) immer stärker zur Geltung und wurde durch den Architekten und Architekturtheoretiker P. Delorme durchgesetzt, der von der Antike und von Bramante ausgegangen war. In der Malerei war J. Fouquet von der italien. R. geprägt, v. a. war aber dann der manierist. italien. Einfluß wichtig (Schule von Fontainebleau). Die aus dem frz. Humanismus hervorgegangene Literatur (Margarete von Navarra, F. Rabelais, C. Marot, J. Du Bellay, P. de Ronsard u. a.) hingegen nahm bis hin zu M. E. de Montaigne eine eigenständigere Entwicklung.

Auch in *England* vollzog sich die Aufnahme der R. nach einer 1. Phase humanist. Studien. Der Einfluß italien. R.bauformen kam erst mit Sir John Thynnes († 1580) zu einer klaren Ausprägung. Die R.malerei setzte sich dagegen schon seit dem 1. Aufenthalt des Augsburgers Hans Holbein d. J. 1526 in England durch. Ihren besten Ausdruck fand die engl. R. allerdings in der Dichtung (E. Spenser, W. Raleigh). P. Sidney führte die von I. Sannazaro aus Italien herrührende neue Schäferdichtung in England ein, F. Bacon vervollkommnete die Form der wiss. Essays. Den Höhepunkt bildete aber das Drama C. Marlowes und W. Shakespeares, das durch die seit 1557 entstandenen neuen Theaterbauten des Landes den Zuspruch eines großen Publikums fand.

In *Spanien* bedeutete die Einrichtung der Inquisition 1478 zunächst eine Einschränkung der humanist. und künstler. Entfaltung. Das entstehende humanist. Interesse, das schon 1427/28 zu einer span. Übers. von Vergils „Äneis", der ersten vollständigen Übers. dieses Werkes in eine moderne Sprache, geführt hatte, gab den span. Bestrebungen ein bes. nat. Gepräge. Der spezif. Beitrag Spaniens zum europ. Humanismus war v. a. die von Kardinal F. Jiménez de Cisneros in Auftrag

193

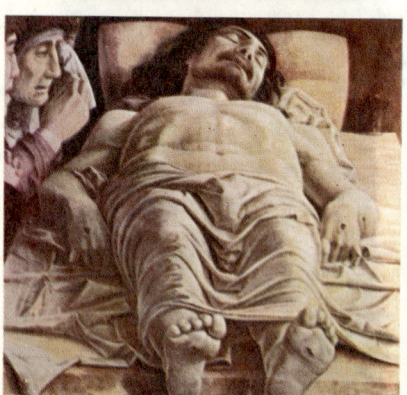

Renaissance

Renaissance. Links (von oben): Piero della Francesca, Federigo da Montefeltre (1465–75). Florenz, Uffizien; Andrea Mantegna, Der tote Christus (undatiert). Mailand, Pinacoteca di Brera; rechts: Leonardo da Vinci, Mona Lisa (um 1503). Paris, Louvre; unten: Michelangelo, Erschaffung Adams (1511). Rom, Sixtinische Kapelle

Renaissance

Renaissance.
Links (von oben): Michelangelo,
Moses (begonnen 1513).
Rom, San Pietro in Vincoli;
Leon Battista Alberti,
Palazzo Rucellai (1446 ff.).
Florenz; rechts (von oben):
Lorenzo Ghiberti, Jesus Christus
wandelt auf dem Wasser.
Relief am rechten Flügel der
Nordtür (1403–24) des Baptisteriums
in Florenz; il Sansovino,
Palazzo Corner (1537 ff.).
Venedig

gegebene Complutenser Polyglotte, die den Text des Pentateuchs in hebr., aram., griech. und lat. Sprache brachte, die übrigen Teile des A. T. auf Hebräisch, Griechisch und Latein und das N. T. in Griechisch und Latein enthielt. Das bedeutendste Zeugnis der R.baukunst in Spanien ist der 1527 begonnene Palast Karls V. auf der Alhambra in Granada. Die R.kunst nahm aber in Spanien eine Sonderentwicklung (plateresker Stil) und ging früh in die durch ihn z. T. vorbereiteten Formen des Manierismus bzw. Barocks über.

Heilmann, M.: Florenz u. die Medici. Köln 1985. - Gombrich, E.: Ideal u. Typus in der

italien. R.malerei. Wsb. 1983. - *Wundram, M.: Frührenaissance. Baden-Baden 1980.* - *Die R. Hg. v. D. Hay. Mchn. 1980.* - *Battisti, E.: Hoch-R. u. Manierismus. Baden-Baden 1979.* - *Stützer, H. A.: Malerei der Italien. R. Köln 1979.* - *Gesch. der bildenden Kunst. Bd. 4: Swoboda, K. M.: Die Früh-R. Wien; Mchn. 1978. Bd. 5: Swoboda, K. M.: Die R. Wien; Mchn. 1979.* - *Kristeller, P. O.: Humanismus u. R. Dt. Übers. Mchn. 1976–80. 2 Bde.* - *Burckhardt, J.: Die Kultur der R. in Italien. Stg.* [10] *1976.* - *Zu Begriff u. Problem der R. Herausgegeben von A. Buck. Darmst. 1969.* - *Jahn, J.: Dt. R. Architektur, Plastik, Malerei, Graphik, Kunsthandwerk. Wien u. Mchn. 1969.* - *Chastel, A.: Die Ausdrucksformen der Künste in der Zeit v. 1460 bis 1500. Dt. Übers. Mchn. 1966.* - *Rössler, H.: Europa im Zeitalter v. R., Reformation u. Gegenreformation, 1450–1650. Mchn. 1956.* - *Huizinga, J.: Das Problem der R. Tüb. 1953. Nachdr. Darmst. 1967.* - *Allen, J. W.: A history of political thought in the sixteenth century. Scranton (Pa.)* [3]*1951.*

renal [lat.], in der Medizin für: die Nieren betreffend, zu den Nieren gehörend; durch die Nieren bedingt oder verursacht.

renale Clearance [engl. 'klıərɛns] ↑Clearance.

Renan, Ernest [frz. rə'nã], * Tréguier (Côtes-du-Nord) 27. Febr. 1823, † Paris 2. Okt. 1892, frz. Orientalist, Religionshistoriker und Schriftsteller. - Verließ unter dem Einfluß der dt. krit. Theologie und Philosophie 1845 kurz vor der Subdiakonatsweihe das Seminar Saint-Sulpice in Paris; führte im Auftrag der frz. Reg. 1860/61 Ausgrabungen im Orient durch. Verfaßte unter dem Eindruck der palästinens. Landschaft sein umstrittenes Werk „Das Leben Jesu" (1863; 1. Bd. seiner „Histoire des origines du christianisme", 7 Bde., 1863–83), eine in glänzendem Stil geschriebene romanhaft-sentimentale Darstellung mit rationalist. Wunderdeutung und dem Versuch, die Vita Jesu als einen Weg zum Anarchismus zu beschreiben. R. wurde 1862 zum Prof. für semit. Sprachen am Collège de France ernannt, aber bereits 1863 unter dem Sturm der Entrüstung über sein Jesusbuch und auf Druck des frz. Episkopats amtsenthoben. 1871 wurde er rehabilitiert und 1878 zum Mgl. der Académie française gewählt.

Renard, Jules [frz. rə'naːr], * Châlons-du-Maine (Mayenne) 22. Febr. 1864, † Paris 22. Mai 1910, frz. Schriftsteller. - Verf. psycholog. vertiefter naturalist. Romane und Dramen, v. a. „Rotfuchs" (1894).

Renate (Renata), weibl. Vorname, eigtl. „die Wiedergeborene" (zu ↑Renatus).

Renatus, männl. Vorname lat. Ursprungs, eigtl. „der Wiedergeborene".

Renaud, Madeleine [frz. rə'no], * Paris 21. Febr. 1900, frz. Schauspielerin. - Übernahm v. a. Rollen in Stücken von Molière, Marivaux, P. Claudel; führende Darstellerin des Ensembles der Comédie-Française (1921–47); 1947 gründete sie mit ihrem Mann J. L. ↑Barrault eine eigene Theatertruppe; auch zahlr. Filmrollen.

Renault, Louis [frz. rə'no], * Autun 21. Mai 1843, † Barbizon 8. Febr. 1918, frz. Völkerrechtler. - Prof. in Dijon und Paris; Mgl. des Ständigen Schiedshofs in Den Haag; erhielt für seinen Beitrag zur internat. Rechtsordnung 1907 den Friedensnobelpreis.

Renault, Régie Nationale des Usines [frz. reʒinasjɔnaldezyzinrə'no], frz. Unternehmen der Automobilindustrie, Sitz Boulogne; gegr. 1899 von Louis Renault (* 1877, † 1944); 1945 verstaatlicht.

Rencontre [rãˈkõːtər; frz. „Begegnung"], Mannschaftskampf im Fechten.

Rendement [rãdəˈmã:; lat.-frz. „Ertrag"], Gehalt eines Rohstoffes an reinen Bestandteilen; insbes. Bez. für den Gehalt an reiner [Schaf]wolle in Rohwolle *(Reinwollgehalt).*

Rendezvous [rãdeˈvuː; frz., eigtl. „begebt Euch (dorthin)"], Verabredung; Zusammentreffen. In der *Raumfahrt* (auch *R.manöver*) Bez. für die gezielte Annäherung eines bemannten Raumfahrzeugs an ein anderes; gelang erstmals den amerikan. Raumflugkörpern Gemini 6 und 7 im Dez. 1965.

Rendite [lat.-italien.], jährl. Ertrag einer Kapitalanlage; i. e. S. die Verzinsung eines Wertpapiers ohne Berücksichtigung eines Gewinns oder Verlusts bei Verkauf oder Rückzahlung.

Rendsburg, Krst. zw. Eider und Nord-Ostsee-Kanal, Schl.-H., 10 m ü. d. M., 31 000 E. Verwaltungssitz des Landkr. R.-Eckernförde; Fachhochschule Kiel, Fachbereich Landbau, Hochschule für Berufstätige (Fernstudium); Heimatmuseum; Sitz des Schleswig-Holstein. Landestheaters und der Niederdt. Bühne; metallverarbeitende Ind., Werften, Düngemittel-, Elektro-, Baustoff-, Textilind.; Hafen am Nord-Ostsee-Kanal. - Entstand im Schutz einer Ende des 11. Jh. errichteten Burg; um 1150 Anlage der Reinholdsburg als Grenzfestung gegen die Dänen; die Siedlung erhielt (wahrscheinl. 1252/53) lüb. Stadtrecht. 16.–19. Jh. bed. Festung und Tagungsort wichtiger Landtage. - Got. Marienkirche (1287 ff.); barocke Christkirche (1695–1700); barockes Heilig-Geist-Hospital (1758); Bürgerhäuser (16.–18. Jh.). In R.-Neuwerk, der 1691 angelegten Festungsstadt, sind erhalten: Arsenal, Proviantshaus, Hauptwache und Bürgerhäuser.

R.-Eckernförde, Landkr. in Schleswig-Holstein.

Rendzinaböden [poln./dt.] ↑Bodenkunde.

René [frz. rə'ne], frz. Form von ↑Renatus.

René, France Albert [frz. rə'ne], * auf Mahé 16. Nov. 1935, Politiker der Seychellen. - Wurde 1975 Min. für öffentl. Arbeiten und wirtsch. Entwicklung, 1976 Min.präs., nach einem Staatsstreich im Juni 1977 Staatspräs. (übernahm zeitweilig zusätzl. verschiedene Min.posten).

Renegat [lat.], Abtrünniger, Abweichler.

Reneklode [frz., eigtl. Reine („Königin") Claude (nach der Gemahlin des frz. Königs Franz I.)] ↑Pflaumenbaum.

Renette (Reinette) [frz.], Sammelbez. für verschiedene hochwertige Apfelsorten (z. B. Champagnerrenette; ↑auch Äpfel [Übersicht]).

Renforcé [rãfɔrˈseː; frz.], mittelfeines Baumwollgewebe; verwendet u. a. als Kleider- und Wäschestoff.

Renger, Annemarie, * Leipzig 7. Okt. 1919, dt. Politikerin (SPD). - Seit 1953 MdB; 1961–73 Mgl. des SPD-Vorstands, 1969–73 des SPD-Präsidiums; 1972–76 Präs., seit 1976 Vizepräs. des Bundestags.

Renger-Patzsch, Albert, * Würzburg 22. Juni 1897, † Wamel (= zu Möhnesee) 27. Sept. 1966, dt. Photograph. - Einer der bedeutendsten dt. Photographen, der sich bes. für eine sachl., dokumentar. Sehweise einsetzte. Vertreter der Neuen Sachlichkeit in der Photographie.

Rengstorf, Karl Heinrich, * Jembke (Landkr. Gifhorn) 1. Okt. 1903, dt. ev. Theologe. - Seit 1948 Prof. für N. T. sowie Geschichte und Literatur des Judentums in Münster, Leiter des dortigen Institutum Judaicum Delitzschianum. - *Werke:* Die Auferstehung Jesu (1952), Hirbet Qumran und die Bibliothek vom Toten Meer (1960), Kirche und Synagoge. Handbuch zur Geschichte von Christen und Juden (1968–70; Hg. mit S. von Kortzfleisch).

Reni, Guido, * Bologna 4. Nov. 1575, † ebd. 18. Aug. 1642, italien. Maler. - Ausgebildet in Bologna; seit 1601 vorwiegend in Rom tätig, schuf Fresken im Vatikan (1608) und Quirinal (1610), in den Kirchen Santi Andrea e Gregorio al Monte Celio und Santa Maria Maggiore sowie im Casino Rospigliosi („Aurora", 1613/14). 1616 ließ R. sich endgültig in Bologna nieder. R. schuf auch zahlr. Altarwerke und Bilder mytholog. und bibl. Inhalts (u. a. „Der bethlehemit. Kindermord", 1611; Bologna, Pinacoteca Nazionale) sowie einige Porträts. Sein anfangs vom Helldunkel Caravaggios und der blühenden Farbgebung der Carracci geprägte Stil wurde später durch eine etwas klassizist. strenge Gestaltungsweise bei kühler, oft nahezu tonloser Hellfarbigkeit bestimmt. Auch bed. als Radierer. - Abb. Bd. 10, S. 353.

Renin [lat.], in bestimmten Zellen der Nierenrinde gebildetes eiweißspaltendes Enzym (Protease), das aus einer Eiweißfraktion des Blutplasmas das Hormon ↑Angiotensin freisetzt.

renitent [lat.-frz.], widerspenstig; **Renitenz,** widersetzliches Verhalten.

Renken, svw. ↑Felchen.

Renn, Ludwig, eigtl. Arnold Friedrich Vieth von Golßenau, * Dresden 22. April 1889, † Berlin (Ost) 21. Juli 1979, dt. Schriftsteller. - Aus sächs. Adel; trat 1928 der KPD bei; emigrierte 1936 in die Schweiz, Kommandeur einer internat. Brigade im Span. Bürgerkrieg; 1939–47 in Mexiko; 1947–52 Prof. für Anthropologie an der TH Dresden. Sein reportageartiger Roman „Krieg" (1928), in dem er das Geschehen aus der Sicht des einfachen Soldaten zeigt, wurde ein Welterfolg; in der Fortsetzung „Nachkrieg" (1930) schildert R. die innenpolit. Konflikte von 1919/20; auch zeitgeschichtl. Erlebnisberichte („Der span. Krieg", 1955), Autobiographisches („Adel im Untergang", R., 1944; „Ausweg", 1967) und Jugendbücher.

Renner, Karl, * Unter Tannowitz (= Dolní Dunajovice, Südmähr. Gebiet) 14. Dez. 1870, † Wien 31. Dez. 1950, östr. Politiker. - Okt. 1918–März 1919 als Leiter der Staatskanzlei, März 1919–Juni 1920 als Staatskanzler östr. Reg.chef; Juli 1919–Okt. 1920 Staatssekretär für Äußeres, dabei auch Leiter der östr. Friedensdelegation; 1920–34 Mgl. des Nationalrats, 1931–33 dessen 1. Präs.; 1934 vorübergehend verhaftet; sprach sich 1938 für den Anschluß an das Dt. Reich aus; als Staatskanzler einer provisor. Reg. (April–Dez. 1945) proklamierte er die Wiederherstellung der Republik Österreich; maßgebl. an der Wiedergründung der SPÖ beteiligt; Dez. 1945 bis zu seinem Tod Bundespräs.; zahlr. Veröffentlichungen.

Rennert, Günther, * Essen 1. April 1911, † Salzburg 31. Jan. 1978, dt. Regisseur. - War 1946–56 Intendant der Hamburg. Staatsoper, 1967–76 der Bayer. Staatsoper in München, auch internat. als gesuchter Gastregisseur tätig. Verwirklichte zeitgenöss. Musiktheater mit dem Ziel überhöht sinnbild. Glaubwürdigkeit der Darstellung unter Akzentuierung des dramat. Charakters der Musik.

Rennes [frz. rɛn], frz. Stadt in der östl. Bretagne, 30 m ü. d. M., 194 700 E. Hauptstadt der Region Bretagne, Verwaltungssitz des Dep. Ille-et-Vilaine; kath. Erzbischofssitz; zwei Univ., Fachhochschulen für Landw., Gesundheitswesen und Technik; Museen; Theater. Auto-, Elektro-, Papier-, chem., Textil-, Leder- und Nahrungsmittelind.; Erdölraffinerie. - Als **Condate** Hauptort der kelt. Redonen, nach ihnen seit der Römerzeit ben.; im 7. Jh. von den Bretonen erobert. Die Grafen von R. wurden Ende des 10. Jh. Herzöge der Bretagne. Bischofssitz seit Ende des 5. Jh. (Unterbrechung 1790–1801), seit 1859 Erzbischofssitz. - Klassizist. Kathedrale (1787–1844); got. ehem. Klosterkirche Notre-Dame (14. Jh.); barocke Allerheiligenkirche (17. Jh.); barokker Justizpalast (1618–55); Rathaus (um 1731).

Rennfeuerverfahren ↑Eisen.

Rennin

Rennin [engl.], svw. ↑Labferment.

Rennmäuse (Wüstenmäuse, Gerbillinae), Unterfam. etwa maus- bis rattengroßer, langschwänziger Nagetiere (Fam. Wühler) mit über 100 Arten, v. a. in wüstenartigen Trockenlandschaften Afrikas, Vorder- und Zentralasiens; vorwiegend nachtaktive, sich tagsüber in unterird. Baue verkriechende Tiere, die bei Verfolgung in weiten, känguruhartigen Sprüngen flüchten. Neben der wichtigsten Gatt. *Gerbillus* gehört hierher die knapp rattengroße **Ind. Rennmaus** (Tatera indica), die neben pflanzl. auch tier. Nahrung (z. B. Eier, Jungvögel, junge Nagetiere) vertilgt.

Rennstall, im Pferdesport Bez. für alle Pferde eines Besitzers, die an Rennen teilnehmen; im Radsport sowie im Automobilrennsport Bez. für eine Firmenmannschaft.

Rennsteig, 168 km langer Höhenweg (alter Grenzweg) über den Kamm des Thüringer Waldes.

Renntier, falsche Schreibung für Rentier (↑Ren).

Rennvögel (Wüstenläufer, Cursoriinae), Unterfam. der Regenpfeiferartigen mit zehn Arten in wüsten- und steppenartigen Landschaften der Alten Welt; bis 25 cm lange, schnell laufende Vögel, die sich v. a. von Insekten ernähren und die mit Ausnahme des ↑Krokodilwächters oberseits sandfarben bis braun, unterseits heller gefärbt sind.

Rennwagen ↑Motorsport.

Reno [engl. 'ri:nou], Stadt im westl. Nevada, USA, 1370 m ü. d. M., 112 000 E. Sitz eines kath. und eines anglikan. Bischofs; Univ. (gegr. 1874); Museum; Fremdenverkehr, „Heirats- und Scheidungsparadies"; Spielsalons, Wintersport; ⚒.

Renoir [frz. rə'nwa:r], Auguste, * Limoges 25. Febr. 1841, † Cagnes-sur-Mer 3. Dez. 1919, frz. Maler. - Angeregt durch C. Monet seit 1864 Studien vor der Natur (Fontainebleau). Sein Bildthema war die menschl. Figur im Freien oder im häusl. Interieur, bes. auch festl. Gruppen- und ländl. Genreszenen. Seine Aufmerksamkeit galt zunächst ausschließl. der Wiedergabe der Vibration des Lichts und dem sinnl. Reiz der Farben und Stoffe; die Eindrücke einer Italienreise (1880), v. a. das Werk Raffaels und die pompejan. Fresken, führten seit 1883 zur Zurückdrängung des Atmosphärischen zugunsten fester Konturen und Klarheit und Bewußtsein der Komposition. In den 1890er Jahren verbanden sich klass. gebaute Komposition und neu aufblühende Farben in Wärme und Gelöstheit; Mensch und Natur werden als harmon. Einheit erfaßt. Gegen Ende seines Lebens schuf R. auch einige Bronzebildwerke. *Werke:* Das Ehepaar Sisley (1868; Köln, Wallraf-Richartz-Museum), Die Loge (1874; London, Courtauld Institute Galleries), Le Moulin de la Galette (1876; Paris, Louvre), Akt in der Sonne (1876; Paris, Musée du Jeu de Paume), Frühstück im Freien (1879; Louvre), Badende (1884–86; Philadelphia, Museum of Art), Schlafende (1897; Winterthur, Sammlung Oskar Reinhart), Das Urteil des Paris (um 1914; Privatbesitz). - Abb. S. 200, ↑auch Abb. Bd. 10, S. 188.

📖 *Meier-Graefe, Julius: A. R. Ffm. 1985. - Betz, G.: A. R. Stg. 1982. - Pach, W.: A. R. Dt. Übers. Köln* ⁴*1979. - Pach, W.: A. R. Leben u. Werk. Köln 1976. - Renoir, J.: Mein Vater, A. R. Dt. Übers. Mchn. 1962.*

R., Jean, * Paris 15. Sept. 1894, † Beverly Hills (Calif.) 12. Febr. 1979, frz. Regisseur und Drehbuchautor. - Sohn von Auguste R.; seit 1924 beim Film. Mit „Nana" (1926) gelang ihm der künstler. Durchbruch. Stilbildend für den frz. Film waren der poet. Realismus und die Darstellung impressionist. Stimmungen, so in „Madame Bovary" (1934), „Nachtasyl" (1936), „Die Spielregel" (1939), „Das Frühstück im Grünen" (1959). - *Weitere Filme:* Der Mann aus dem Süden (1945), Das Tagebuch einer Kammerzofe (1946), Der König von Yvetot (1972).

R., Pierre, * Paris 21. März 1885, † ebd. 11. März 1952, frz. Schauspieler. - Sohn von Auguste R.; arbeitete ab 1927 unter der Regie von L. Jouvet, z. B. in der Titelrolle in „Siegfried" (Giraudoux, 1928); 1941–45 und seit 1951 leitete er das Théâtre de l'Athénée.

Renommee [frz.], Ansehen, [guter] Ruf; **renommieren,** angeben, prahlen; **renommiert,** berühmt, angesehen.

Renouveau catholique [rənuvokato-'lik; frz. „kath. Erneuerung"], um 1900 in Frankr. einsetzende Bewegung zur Erneuerung der Literatur aus dem Geiste eines essentiellen Katholizismus. Bed. Autoren: C. Péguy, P. Claudel, L. Bloy, J.-K. Huysmans, G. Bernanos, M. Jouhandeau, F. Mauriac, J. Rivière, J. Green, L. Estang, J. Cayrol und P. Emmanuel.

Renouvier, Charles [frz. rənu'vje], * Montpellier 1. Jan. 1815, † Prades (Pyrénées-Orientales) 1. Sept. 1903, frz. Philosoph. - Begründer des frz. Neukantianismus in Auseinandersetzung mit dem Positivismus A. Comtes; entwickelte einen antimetaphys. eth. Personalismus in Orientierung an Kants Postulaten der „prakt. Vernunft": Freiheit, Gott, Unsterblichkeit.

Renovatio [lat.], Erneuerungsbewegung; insbes. Bez. für die sog. karoling. und otton. Renaissance, die in Kunst, Kultur, Geistes-, Naturwiss. und Literatur v. a. unter Karl d. Gr. und Otto III. an die Spätantike anknüpft. Die **Renovatio imperii** („Erneuerung des Reiches") war die ma. Formel für die mit religiösen Vorstellungen verknüpfte Idee der Erneuerung der spätantik-röm. Reichstradition. Karl d. Gr. verstand sie nach seiner Kaiserkrönung in einem christl.-universalen Sinn. Für Otto III. verbanden sich die antike und die christl. Romidee (Rom als Haupt der Welt und als Stadt der Apostel) zum polit. Programm. Unter den Staufern bezog der Erneuerungsgedanke das röm. Recht ein.

renovieren [lat.], erneuern.

rentabel [lat.-frz.], einträglich, gewinnbringend.

Rentabilität [lat.-frz.], Verhältnis von Gewinn zu eingesetztem Kapital: 1. *Unternehmer-R.*: Gewinn im Verhältnis zum Eigenkapital; 2. *Unternehmens-R.*: Gewinn plus Fremdkapitalzinsen im Verhältnis zum Gesamtkapital.

Rentamt (Rentei), seit dem späteren MA Behörde der landesherrl. Finanzverwaltung (v. a. Einkünfte aus Domänen) unter einem *Rentmeister* (Rentamtmann), u. a. in Bayern.

Rente [lat.-frz., eigtl. „Ertrag, Gewinn"], allg. eine regelmäßig wiederkehrende Geldleistung, der keine Gegenleistung im gleichen Zeitraum gegenübersteht.

Rentenanleihen (ewige Anleihen), Anleihen, bei denen der Schuldner nur zur Zinszahlung, nicht aber zur Tilgung verpflichtet ist.

Rentenanpassung, die jährl. durch Gesetz vorgenommene Anpassung der allg. ↑Rentenbemessungsgrundlage an die Veränderungen der Bruttoarbeitsentgelte zum Ausgleich des Kaufkraftverlusts durch Preissteigerungen. Diese 1957 eingeführte sog. bruttolohnbezogene dynam. Rente wurde jedoch durch das 21. R.gesetz vom 25. 7. 1978 wegen der angespannten finanziellen Situation der gesetzl. Rentenversicherung für zunächst drei Jahre suspendiert. Statt dessen wurde für 1979 eine Erhöhung der Bemessungsgrundlage (und damit der einzelnen Renten) um 4,5 %, für 1980 und 1981 um je 4% festgelegt. Ab 1982 wurde wieder zur bruttobezogenen dynam. Rente zurückgekehrt, allerdings wurde die zum Jan. 1983 fällige R. um ein halbes Jahr hinausgeschoben und ein Krankenversicherungsbeitrag der Rentner eingeführt.

Rentenbanken, öffentl. Realkreditinstitute; im 19. Jh. (zuerst in Preußen) gegründet. Die R. gaben staatl. garantierte Schuldverschreibungen an die Grundherrn aus (Rentenbriefe), Zins und Tilgung trugen die Bau-

RENTENBERECHUNG

Durchschnittl. Bruttojahresarbeitsentgelte der Versicherten der Rentenversicherungen der Arbeiter und Angestellten

Jahr	Bruttojahres-arbeitsentgelt in RM/DM	Jahr	Bruttojahres-arbeitsengelt in RM/DM
1925	1 469	1955	4 548
1926	1 642	1956	4 844
1927	1 742	1957	5 043
1928	1 983	1958	5 330
1929	2 110	1959	5 602
1930	2 074	1960	6 101
1931	1 924	1961	6 723
1932	1 651	1962	7 328
1933	1 583	1963	7 775
1934	1 605	1964	8 467
1935	1 692	1965	9 229
1936	1 783	1966	9 893
1937	1 856	1967	10 219
1938	1 947	1968	10 842
1939	2 092	1969	11 839
1940	2 156	1970	13 343
1941	2 297	1971	14 931
1942	2 310	1972	16 335
1943	2 324	1973	18 295
1944	2 292	1974	20 381
1945	1 778	1975	21 808
1946	1 778	1976	23 335
1947	1 833	1977	24 945
1948	2 219	1978	26 242
1949	2 838	1979	27 685
1950	3 161	1980	29 485
1951	3 579	1981	30 900
1952	3 852	1982	32 198
1953	4 061	1983	33 293
1954	4 234	1984	34 292

Rentenbemessungsgrundlage

Auguste Renoir, Die Loge (1874). London, Courtauld Institute Galleries

Die Versicherungsjahre n umfassen neben Beitragszeiten auch Ersatzzeiten (z. B. Militärdienst) und Ausfallzeiten (z. B. Ausbildung). Der Steigerungssatz r beträgt 1 % für Berufsunfähigkeitsrenten, 1,5 % für Erwerbsunfähigkeitsrenten und Altersruhegelder. Damit ergibt sich z. B. für einen Versicherten nach 35 Versicherungsjahren bei einem Einkommen von durchschnittlich 10 % mehr als dem Durchschnittseinkommen aller Versicherten zum 31. Dez. 1986 als Jahresanspruch auf Altersruhegeld R (ohne Höherversicherung und Kinderzuschuß)

$1{,}5\% \times 35 \times 110\% \times 27885\,\text{DM}$
$= 0{,}015 \times 35 \times 1{,}1\% \times 27885\,\text{DM}$
$= 16103\,\text{DM}$ im Jahr ($=$ monatlich 1341,91 DM).

Jeder Versicherte, der das 55. Lebensjahr vollendet hat, kann, um z. B. die Frage eines Antrags auf vorgezogenes Altersruhegeld entscheiden zu können, eine Auskunft über seine Rentenanwartschaft beanspruchen. Darüber hinaus besteht im Sozialgesetzbuch festgelegte allg. Auskunfts- und Beratungspflicht der Versicherungsämter. - Tabelle S. 199.

Rentenmark, Abk. RM, Rechnungseinheit einer dt. Hilfs- oder Zwischenwährung zur Überwindung der Inflation, = 100 Rentenpfennige, eingeführt durch Gesetz vom 13. 10. 1923 anstelle der völlig entwerteten Papiermark im Verhältnis 1 : 1 Billion. Als Münzen wurden nur Werte von 50 bis 1 Rentenpfennig ausgeprägt (1923/24). Durch Gesetz vom 30. 8. 1924 wurde der Umlauf von RM-Zahlungsmitteln eingeschränkt; an ihre Stelle trat die Reichsmarkwährung.

Rentenschuld, bes. Form einer Grundschuld, bei der aus dem belasteten Grundstück keine feste Geldsumme, sondern eine Rente bezahlt wird.

Rentenversicherung, Teil der Sozialversicherung, der als Pflichtversicherung die Renten von Arbeitern und Angestellten regelt; ein bes. Zweig ist die ↑Altershilfe für Landwirte. Die nicht in der R. pflichtversicherten Selbständigen können - wie fast alle nicht versicherungspflichtigen Personen, die das 16. Lebensjahr vollendet haben - auf Antrag in die R. einbezogen werden; versicherungsfrei sind Beamte.
Die *Pflichtbeiträge,* deren Höhe bis zur jährl. neu festgelegten Beitragsbemessungsgrenze als bestimmter Prozentsatz des Bruttoeinkommens festliegt, werden bei Pflichtversicherten je zur Hälfte vom Arbeitgeber und Arbeitnehmer getragen, bei freiwillig und freiwillig höher Versicherten vom Versicherten allein.
Eine *Nachversicherung* durch Nachentrichtung von Sozialversicherungsbeiträgen ist seit 1980 nur noch in dem Jahr mögl., für das sie gelten sollen; in bestimmten Ausnahmefällen auch für die letzten 2 Jahre. Versicherungsfälle sind Berufs- und Erwerbsunfähig-

ern zur Ablösung von Natural- und Dienstleistungen, die aus der Bauernbefreiung verblieben waren. 1928 wurden die R. aufgelöst. Die Rechtsnachfolger der R., die Dt. Landesrentenbank und die Dt. Siedlungsbank, vereinigten sich 1965 zur Dt. Siedlungs- und Landesrentenbank.

Rentenbemessungsgrundlage, als *allg. R.* der jährl. festgelegte, am durchschnittl. Bruttolohn orientierte Wert, der den ↑ Rentenberechnungen zugrunde gelegt wird, als *persönl. R.* das in Prozent ausgedrückte durchschnittl. Verhältnis zw. eigenen Bruttojahresarbeitsentgelten und den durchschnittl. Bruttojahresarbeitsentgelten aller Versicherten multipliziert mit der allg. Rentenbemessungsgrundlage. Die R. ist Bestandteil der Rentenformel (↑Rentenberechnung).

Rentenberechnung, Ermittlung des Anspruches aus der gesetzl. Rentenversicherung nach der *Rentenformel* $R = r \cdot n \cdot p \cdot B$. Die allg. Bemessungsgrundlage B wird für jedes Jahr neu festgelegt (1986: 27 885 DM). Der durchschnittl. persönl. Prozentsatz p errechnet sich als Summe der in Prozent zum durchschnittl. Bruttojahresarbeitsverdienst aller Versicherten (vgl. Tabelle) ausgedrückten eigenen Bruttojahresarbeitsverdienste geteilt durch die Summe der Jahre und ergibt multipliziert mit B die persönl. Bemessungsgrundlage. Er kann 200 % nicht übersteigen.

keit, Erreichen der Altersgrenze und Tod. In allen Fällen ist Anspruchsvoraussetzung, daß eine bestimmte *Wartezeit* zurückgelegt wurde, d. h. eine bestimmte Zeit lang Beiträge gezahlt wurden. - **Berufsunfähigkeit** liegt vor bei Erwerbsminderung um mehr als die Hälfte, **Erwerbsunfähigkeit** bei einer Minderung der Erwerbsfähigkeit in einem Umfang, daß Erwerbstätigkeit in gewisser Regelmäßigkeit nicht mehr ausgeübt oder nur noch geringfügige Einkünfte erzielt werden können. Die Wartezeit umfaßt in beiden Fällen eine Versicherungszeit von 60 Kalendermonaten. Zur Wiederherstellung der Arbeitskraft können Rehabilitationsmaßnahmen ergriffen werden. - Die **Altersgrenze** wird im Normalfall mit der Vollendung des 65. Lebensjahres erreicht. Hiervon gibt es eine Reihe von Ausnahmen. Weibl. Versicherte erhalten, wenn sie über 60 Jahre alt sind, eine Wartezeit von 180 Kalendermonaten erfüllt und innerhalb der letzten 20 Jahre mindestens 121 Monate eine versicherungspflichtige Beschäftigung ausgeübt haben, auf Antrag ein vorgezogenes *Frauen-Altersruhegeld*; bei gleicher Altersgrenze und Wartezeit erhalten Arbeitslose, die innerhalb der letzten 18 Monate mindestens 52 Wochen arbeitslos waren, ein vorgezogenes *Arbeitslosen-Altersruhegeld*; für alle Versicherten gilt die *flexible Altersgrenze* von 63 Jahren, bei deren Erreichen, wenn eine Wartezeit von 35 Jahren mit mindestens 15 Jahren Beitrags- und Ersatzzeiten erfüllt ist, auf Antrag Altersruhegeld gewährt wird; für Schwerbehinderte sowie Berufs- und Erwerbsunfähigkeit verringert sich die Altersgrenze auf 60 Jahre. Wer schließlich über das 65. Lebensjahr hinaus, jedoch höchstens bis zur Vollendung des 67. Lebensjahres, keinen Antrag auf Altersruhegeld stellt, sondern weiterhin Beiträge entrichtet, erhält für jeden Kalendermonat dieser Zeit des Nichtbezugs einen Zuschlag von 0,6 % auf die Jahresrente. Frauen ab dem Geburtsjahrgang 1922 erhalten für jedes geborene Kind ein Jahr als Ersatzzeit angerechnet (sog. Babyjahr). - Beim **Tod** des Versicherten wird eine Rente an die Hinterbliebenen als Witwen-, Witweroder Waisenrente gezahlt, bei Ehescheidung vor dem 1. 7. 1977 auch als Hinterbliebenenrente an den geschiedenen Ehepartner. Die Witwen-, Witwer- und Hinterbliebenenrenten betragen 60 %, die Vollwaisenrente 20 % und die Halbwaisenrente 15 % der Versichertenrente. - Zur Geschichte der R. ↑ Sozialversicherung, zur allg. Höhe der Renten ↑ Rentenanpassung, zur Höhe des individuellen Anspruchs ↑ Rentenberechnung.
📖 *Döring, D.: Das System der gesetzl. R. Ffm. 1980.*

Rentier, svw. ↑ Ren.

Rentierflechte (Cladonia rangiferina), polsterbildende Art der ↑ Becherflechten auf trockenen Heide- und Waldböden; in nord. Ländern v. a. Nahrung für Rens im Winter.

Rentmeister ↑ Rentamt.

Rentner (Rentier) [lat.-frz.], 1. Person, die ihren Lebensunterhalt ganz oder überwiegend aus Einkommen bestreitet, die nicht als Gegenleistung für in derselben Zeit geleistete Arbeit bezogen werden, z. B. aus Kapital-, Boden- oder Pachtzins; 2. im allg. Sprachgebrauch Bezieher von Altersruhegeld.

Renz, Ernst Jakob, * Böckingen (= Heilbronn) 18. Mai 1815, † Berlin 3. April 1892, dt. Zirkusdirektor. - Begründer des gleichnamigen dt. Großzirkusunternehmens.

Reoviren [Reo, Abk. für engl.: respiratory enteric orphan], bei Säugetieren (einschl. Mensch) weit verbreitete RNS-Viren, die die Atemwege und das Darmsystem (im allg. symptomlos, möglicherweise mitunter milde Erkältungs- und Durchfallerkrankungen auslösend) besiedeln; ähnl. Viren findet man bei Wirbellosen und Pflanzen.

rep., Abk. für: ↑ repetatur.

Reparationen [lat.], seit dem 1. Weltkrieg geläufige Bez. für die (Geld-, Sach- oder Arbeits-)Leistungen, die einem besiegten Staat zur Behebung der Kriegsschäden (und -kosten) vom Siegerstaat bzw. von den Siegerstaaten meist im Rahmen eines Friedensvertrags auferlegt werden, meist nicht allein zur Wiedergutmachung, sondern auch zur Schwächung der Wirtschaftskraft und damit zugleich des militär. Potentials des besiegten Staates.

1. Weltkrieg: Auf Grund des sog. Kriegsschuldartikels 231 des Versailler Vertrags wurde das Dt. Reich (ähnl. die übrigen Mittelmächte) zu R. für die den Alliierten entstandenen Kriegsschäden und -kosten verpflichtet: Vorleistungen im Wert von 20 Mrd. Goldmark bis zur endgültigen Feststellung der Gesamtforderung, die auf der Ententekonferenz zu Paris im Jan. 1921 erstmals auf 226 Mrd. Goldmark festgelegt wurde; das dt. Gegenangebot wurde auf der 1. Londoner Konferenz 1921 abgelehnt, auf der 2. Londoner Konferenz 1921 (Londoner Ultimatum) aber die Höhe der R. auf 132 Mrd. Goldmark (in 37 Jahresraten) zuzügl. einer jährl. Abgabe von 26 % auf die dt. Ausfuhr festgelegt. Die durch die R. mitverursachte Inflation, die Ruhrbesetzung, eine wachsende Einsicht in verhängnisvolle wirtsch. Konsequenzen der R. und das ökonom. Engagement der USA führten 1924 zum Abschluß des Dawesplans mit Regelung der Annuitäten ohne Fixierung einer Gesamthöhe der R., die dann im Youngplan 1929 auf 34,9 Mrd. Goldmark in 59 Jahresraten festgelegt wurde. Das Hoover-Moratorium 1931 für alle R. und interalliierten Kriegsschulden leitete die Lösung der R.frage ein, deren Endregelung auf der Lausanner Konferenz 1932 (3 Mrd. RM Schlußzahlungen) nicht mehr vollzogen wurde.

2. Weltkrieg: Zur Leistung von R. wurden

reparativ

Deutschland, Bulgarien, Finnland, Italien, Japan, Rumänien und Ungarn verpflichtet. Die alliierten Siegermächte einigten sich im Potsdamer Abkommen 1945, ihre Reparationsforderungen hauptsächl. aus den eigenen dt. Besatzungszonen und aus dem dt. Auslandsvermögen zu befriedigen. Die Sowjetunion, die sich 1945 mit Polen über dessen Anteil an den R. verständigte, erhielt darüber hinaus den Anspruch auf 15 % der Demontagen in den westl. Besatzungszonen bei Gegenleistung und auf 10 % ohne Gegenleistung. Proteste gegen die Demontagen und der kalte Krieg führten seit 1947 zu einer vorübergehenden, 1950 zur endgültigen Einstellung der Demontagen. Das Londoner Schuldenabkommen 1953 bedeutete prakt. das Ende der dt. Reparationszahlungen an die westl. Alliierten (insgesamt erhebl. über 0,5 Mrd. Dollar; Geldwert von 1938). Die Sowjetunion verzichtete ab 1954 auf weitere Reparationsleistungen der DDR (die Höhe der an die Sowjetunion geleisteten dt. R. beträgt nach westdt. Berechnungen etwa 13 Mrd. Dollar).
📖 *Schiemann, J.: Die dt. Währung in der Weltwirtschaftskrise 1929–1933.* Bern 1980. - *Jerchow, F.: Deutschland in der Weltwirtschaft 1944–47. Alliierte Deutschland- und Reparationspolitik u. die Anfänge der westdt. Außenwirtschaft.* Düss. 1978. - *Krüger, P.: Deutschland u. die R. 1918/19.* Stg. 1972.

reparativ [lat.], in der Medizin für: wiederherstellend (im Sinne einer Erneuerung oder eines Ersatzes, v. a. in bezug auf Körpergewebe).

Reparatur [lat.], Wiederherstellung, Instandsetzung.

Reparaturenzyme (Repairenzyme), Enzyme, die die z. B. durch Strahlung oder Chemikalieneinwirkung hervorgerufenen Schäden in der Struktur des genet. Materials reparieren.

Repartierung [lat.-frz.] (Zuteilung), 1. im Börsenwesen die gleichmäßige Aufteilung oder Zuteilung von Wertpapieren, wenn Angebot und Nachfrage nicht über den Preis zum Ausgleich kommen; 2. im Emissionsgeschäft die Zuteilung von Wertpapieren, wenn eine Emission überzeichnet ist; 3. bei Devisenbewirtschaftung die Zuteilung von Devisen an Importeure, wenn durch ein Ausschreibungsverfahren Einfuhrdevisen freigegeben werden und die Nachfrage das Angebot übersteigt.

Repatriierung [lat.], die Rückführung von Kriegs-, Zivilgefangenen oder Flüchtlingen in den Heimatstaat durch den Aufenthaltsstaat bzw. die Wiedereinbürgerung durch den Heimatstaat.

Repellents [lat.-engl.], chem. Substanzen, die als Milben- und Insektenabwehrmittel in der Human- und Tierhygiene sowie im Materialschutz (z. B. beim Schutz von Holz gegen Termitenbefall) verwendet werden. Natürl. R. sind z. B. äther. Öle wie das Eukalyptusöl oder Kampfer; meist werden jedoch verschiedensten Stoffklassen angehörende, für den Menschen meist geruchlose, synthet. Substanzen verwendet.

Repercussio [lat.], 1. die bei einzelnen Neumen notwendige, dicht aufeinanderfolgende Tonwiederholung mit jeweils neuem Stimmstoß; 2. in der Fuge der einmalige Durchgang des Themas durch alle Stimmen.

Repertoire [repɛrto'aːr; frz., zu lat. repertorium „Verzeichnis"], Bez. für: 1. die Gesamtheit der Inszenierungen eines Theaters oder der Stücke eines Orchesters usw., die z. Zt. aufs Programm gesetzt werden können; 2. alle einstudierten Rollen eines Schauspielers, Solisten oder Artisten.

Repertorium [lat.], 1. Verzeichnis, ↑ Register; 2. Nachschlagewerk, systemat. Zusammenfassung bestimmter Sachgebiete.

repetatur [lat.], Abk. rep., auf ärztl. (auch zahnärztl. und tierärztl.) Rezepten die Anweisung für die wiederholte Abgabe eines Arzneimittels.

repetieren [lat.], wiederholen.

Repetiergewehr (Mehrfachlader) ↑ Gewehr.

Repetieruhr, Taschenuhr mit Schlagwerk.

Repetition [lat.], Wiederholung.
◆ bei den ↑ gemischten Stimmen der Orgel das Umschlagen der zusätzl. Tonreihen in eine tiefere Lage bei weiter ansteigenden Grundtönen.

Repetitor [lat.], Privatlehrer, der mit Studierenden v. a. jurist. Fachrichtung den Examensstoff einübt, von nicht selbst herausgebenen Skripten (**Repetitorien**).

Repgow, Eike von ↑ Eike von Repgow.

Repin, Ilja Jefimowitsch [russ. 'rjepin], * Tschugujew (Geb. Charkow) 5. Aug. 1844, † Kuokkala (= Repino, Geb. Leningrad) 29. Sept. 1930, russ. Maler. - Sein Bild der Wolgatreidler („Burlaken an der Wolga", 1870–73; Leningrad, Staatl. Russ. Museum) wurde von den ↑ Peredwischniki als Programmbild aufgefaßt, denen sich R. nach einem Parisaufenthalt (1873–76) auch anschloß. 1884–1907 lehrte er an der Kunstakad. in Petersburg. R. war die beherrschende Persönlichkeit der russ. Malerei im 19. Jh. Er verstand sich auf Zeichnung, Farb- und Lichtwiedergabe, die Komposition dramat. Szenen und eine psycholog. Charakteristik, die sowohl Genreszenen und Historienbilder wie seine Porträts auszeichnet. R. übte scharfe Sozialkritik. - *Hauptwerk*: Die Saporoger Kosaken schreiben an Sultan Mohammed IV. einen Brief (1891–96; Charkow, Staatl. Museum der Bildenden Künste).

Replica [italien.], in der Musik Bez. für die Wiederholung eines Stückes oder eines Teiles davon (z. B. im Menuett); **senza replica**, ohne Wiederholung.

Replik [lat.-frz.], allg. svw. Gegenrede, Erwiderung. Im Prozeßrecht die Erwiderung des Klägers durch rechtserhaltende Tatsachen auf das Vorbringen (Einwendungen und Einrede) des Beklagten. Gegen die R. ist eine ↑Duplik möglich.

♦ Wiederholung eines Kunstwerks durch seinen Schöpfer (im Unterschied zur Kopie von fremder Hand).

Replikation [lat.], svw. ↑Autoreduplikation (↑auch DNS-Replikation).

Replikon [lat.-engl.], Einheit der genet. Replikation. Ein R. ist ein DNS-Molekül (bei einigen Viren aus RNS), das zu seiner ident. Verdopplung über eine spezif. Start- und Endstelle verfügt.

reponibel [lat.], in die urspr. Lage zurückbringbar, wieder einrichtbar; z. B. von einem Eingeweidebruch gesagt, der in die Bauchhöhle zurückgeschoben werden kann.

Report [lat.-engl.], [Dokumentar]bericht, Mitteilung.

Report [lat.-frz.], im *Devisenterminhandel* der Unterschied zw. dem Kassakurs und dem Terminkurs einer Währung, wenn diese per Termin über Kassakurs gehandelt wird (Ggs. ↑Deport).

Reportage [rɛpɔrˈtaːʒə; lat.-frz. „Berichterstattung"], ein aus der unmittelbaren Situation gegebener, die Atmosphäre einbeziehender, meist kurzer Augenzeugenbericht eines Ereignisses. Als neue literar. Gattung ab Ende des 19. Jh. erreichte sie ihren ersten großen Höhepunkt bei E. E. Kisch. Während bei der Presse-R. und der Hörfunk-R. der Text im Vordergrund steht, ergänzen sich bei Illustrierten-, Film- und Fernseh-R. Text und Bild, wobei der Text oft nur das Bild kommentiert. - ↑auch Feature.

Reporter [lat.-engl.], svw. ↑Berichterstatter.

Repoussoir [repuˈsoaːr; frz., zu repousser „zurücktreiben"], Gegenstand im Vordergrund eines Bildes oder einer Photographie (zur Steigerung der räuml. Tiefenwirkung).

Reppe-Chemie (Acetylenchemie), von dem dt. Chemiker W. Reppe (* 1892, † 1969) und seinen Mitarbeitern entwickelte Umsetzungen mit Acetylen (Äthin): die *Äthinylierung* (Einführung der Äthinylgruppe, $HC\equiv C-$, in organ. Verbindungen) durch Umsetzen von Acetylen mit Aldehyden oder Ketonen, z. B. bei der Herstellung von Butadien, die *Vinylierung* (Einführung einer Vinylgruppe $H_2C=CH-$, in organ. Verbindungen) durch Umsetzen von Acetylen mit Verbindungen mit bewegl. Wasserstoffatom (z. B. Alkohole, Mercaptane, Carbonsäuren, Amine), z. B. bei der Herstellung von Vinylestern, und die *Carbonylierung* (Einlagerung von Kohlenmonoxid) durch Reaktion des Acetylens mit Kohlenmonoxid in Gegenwart von Verbindungen mit bewegl. Wasserstoffatom, z. B. zur Herstellung von Acrylsäure.

Repräsentant [lat.-frz.], [offizieller] Vertreter (einer Gruppe, Firma, Idee); Abgeordneter.

Repräsentantenhaus (engl. House of Representatives), Bez. für die dem brit. Unterhaus entsprechenden Abg.kammern in verschiedenen Staaten, z. B. in Australien, Neuseeland und v. a. in den USA, wo das R.

Ilja Jefimowitsch Repin, Die Saporoger Kosaken schreiben an Sultan Mohammed IV. einen Brief (Ausschnitt; 1891–96). Charkow, Staatliches Museum der Bildenden Künste

Repräsentation

mit dem Senat den Kongreß bildet. - ↑auch USA (politisches System).

Repräsentation [lat.-frz.], gesellschaftl. (konsumtiver) Aufwand für ein „standesgemäßes" Auftreten in der Öffentlichkeit sowohl von Privatpersonen als auch von Firmen, Organisationen und (staatl.) Institutionen.

◆ Bez. für eine Vertretung, z. B. von Wählern durch Abg. (↑Repräsentativsystem) oder von Verbänden durch Funktionäre.

Repräsentationsschluß (Rückschluß), [in der analyt. Statistik] bei Stichproben und Schätzungen angewandtes Schlußverfahren, bei dem nach den Regeln der Wahrscheinlichkeitsrechnung aus bekannten Stichprobenwerten (Schätzwerten) bzw. -merkmalen auf die entsprechenden Werte bzw. Merkmale in der Grundgesamtheit geschlossen wird.

repräsentativ [lat.-frz.], ansehnlich, eindrucksvoll; aufwendig.

◆ stellvertretend, eine Personengruppe nach deren Beschaffenheit und typ. Merkmalen vertretend.

Repräsentativerhebung ↑Stichprobe.

Repräsentativität [lat.-frz.] ↑Stichprobe.

Repräsentativsystem, Bez. für ein polit. System, in dem eine Teilnahme der Herrschaftsunterworfenen an allen wichtigen Entscheidungen durch eine Vertretungskörperschaft erfolgt, die aus Repräsentanten von Gruppen, Ständen, Regionen oder Körperschaften besteht, wobei diese Repräsentanten die Interessen der von ihnen Vertretenen wahrnehmen sollen. Heute überwiegend in der Form des Parlamentarismus mit dem Anspruch, ein System indirekter Demokratie zu sein, dem Prinzip der polit. *Identität* des Volkes mit der Staatsgewalt das Prinzip der polit. *Repräsentation* gegenüberstellend, wobei in modernen Demokratien häufig Formen beider Prinzipien gleichzeitig bestehen (z. B. Möglichkeiten des Plebiszits in parlamentar. Systemen).

Repressalie [mittellat.], allg. svw. Druckmittel, Vergeltungsmaßnahme. - Im *Völkerrecht* eine erlaubte Selbsthilfemaßnahme, die, an sich ein Völkerunrecht darstellend, ihren Unrechtscharakter dadurch verliert, daß sie als Reaktion auf erlittenes Völkerunrecht angekündigt und ergriffen wird (z. B. Besetzung fremden Staatsgebietes, Verhängung der Blockade über einen Küstenabschnitt, Beschlagnahme von Eigentum, das Angehörigen des zu benachteiligenden Staates gehört).

Repression [lat.], in der Psychoanalyse svw. ↑Verdrängung (↑auch Unterdrückung, ↑Abwehrmechanismen).

In der *Gesellschaftskritik* der krit. Theorie (insbes. von H. Marcuse) und der neuen Linken wurde der Begriff R. in den 1960er Jahren im Sinne einer allg. polit. Unterdrückung auf jede Einschränkung und Behinderung der Persönlichkeitsentfaltung sowie der Freiheit von Individuen oder Gruppen als Gegenbegriff zur Emanzipation angewandt. Dieser Annahme zufolge kann R. ganzer Bev.teile mit Hilfe gesellschaftl. oder staatl. Sanktionen (u. U. polizeil. oder militär. Gewalt) oder mittels Bewußtseinsmanipulation (u. a. über Massenmedien und Werbung) erfolgen, die die Beherrschten von ihren eigtl. Bedürfnissen ablenken und neue Wünsche und Sehnsüchte suggerieren.

Repressor [lat.], in der Genetik Bez. für ein von einem Regulatorgen transkribiertes Proteinmolekül, dessen Aufgabe in der (negativen) Regulation von Genaktivitäten besteht.

Reprint [ri...; engl.] ↑Nachdruck.

Reprise [lat.-frz., eigtl. „das Wiedernehmen"], in der *Musik* die Wiederkehr eines Satzteiles innerhalb einer Komposition (z. B. in Arie, Rondo, Marsch), urspr. Bez. für die ↑Wiederholungszeichen. Speziell im Sonatensatz der an die ↑Durchführung anschließende und die ↑Exposition wiederaufnehmende Abschnitt, der gegenüber dieser hinsichtl. der Tonartenverhältnisse verändert ist (gewöhnl. mit dem Seitensatz in der Grundtonart).

◆ Wiederaufnahme eines längere Zeit nicht gespielten Theaterstücks oder Films in den Spielplan; Neuauflage einer vergriffenen Schallplatte.

Repristination [lat.], Wiederherstellung, Wiederbelebung; jährl. Erneuerung und Darstellung (im Kult).

Reprivatisierung, Rückführung von öffentl. Vermögen in private Hände. 1959 erfolgte die R. der Preuß. Bergwerks- und Hütten-AG (↑Preussag AG), 1961 die der Volkswagen-GmbH (↑Volkswagenwerk AG). 1965 wurde die Vereinigte Elektrizitäts- und Bergwerks-AG (↑VEBA-Konzern) teilprivatisiert. Die Aktien der reprivatisierten Unternehmen werden als **Volksaktien** bezeichnet; sie sollen die Vermögensbildung niedriger Einkommensklassen fördern.

Reproaufnahme [lat./dt.], die auf photograph. Wege mit Hilfe einer Reprokamera gewonnene Halbton-, Raster- oder Strichaufnahme einer flächigen Vorlage (bei farbigen Vorlagen in Form eines Farbauszugs).

Reproduktion, allg. svw. Nachbildung, Wiedergabe.

◆ svw. ↑Fortpflanzung.

◆ in der *Psychologie* Bez. für das Wiederhervorbringen von Gedächtnisinhalten.

◆ mittels eines ↑Reproduktionsverfahrens hergestellte Vervielfältigung einer Vorlage.

◆ in der *polit. Ökonomie* Bez. für die ständige Wiederherstellung der Produktionsfaktoren und -bedingungen im gesellschaftl. Produktionsprozeß auf gleichem Niveau *(einfache R.)* oder in wachsendem Umfang *(erweiterte Reproduktion).*

Reproduktionsgeräte, Sammelbez. für: 1. die in der Reproduktionstechnik zur

Reptilien

Reprokamera. Brückenkamera

Reproduktion von Vorlagen verwendeten Geräte und Apparaturen; 2. die in der Bürotechnik verwendeten Kopier[- und Vervielfältigungs]geräte.

Reproduktionsgraphik, mittels eines ↑Reproduktionsverfahrens hergestellte Vervielfältigung einer Zeichnung oder eines Gemäldes.

Reproduktionsindex, Meßziffer der Bevölkerungsstatistik für den Umfang der Bestandserhaltung der Bevölkerung. Den effektiv werdenden Fortpflanzungserfolg gibt die **Nettoreproduktionsziffer** wieder. Sie bringt zum Ausdruck, wieviel lebendgeborene Mädchen eine Frau durchschnittl. während ihres ganzen Lebens zur Welt bringt. Eine Nettoreproduktionsziffer von 1 bedeutet, daß bei gegebener Sterblichkeit die Fruchtbarkeit gerade hinreicht, die Bevölkerungszahl [annähernd] zu erhalten. Ist die Kennzahl größer als 1, bedeutet das einen Bevölkerungszuwachs; ist sie kleiner als 1, weist sie auf eine Bevölkerungsabnahme hin.

Reproduktionsphotographie ↑Photographie.

Reproduktionstechnik (Reprotechnik), das Gesamtgebiet der Verfahren zur Herstellung von Druckformen für die Wiedergabe und Vervielfältigung beliebiger flächiger Vorlagen durch Drucken.

Reproduktionsverfahren (Reproverfahren), die Gesamtheit der Verfahren zur Wiedergabe von flächigen Vorlagen (Bilder, Zeichnungen, Schriften, Noten u. a.) im Druck, i. e. S. die Verfahren der Reproduktionstechnik zur Druckformenherstellung.

reproduktive Phase, zeitl. begrenzter Abschnitt im Lebenszyklus eines Lebewesens, der der (geschlechtl.) Fortpflanzung dient.

Reprofilm [lat./engl.] (phototechn. Film), photograph. Material für die Reproduktionsphotographie (↑Photographie).

Reprographie [lat./griech.], Gesamtheit der Kopierverfahren, mit denen von ebenen Vorlagen (Schriftstücke, Zeichnungen, Drukke u. a.) durch Einwirkung elektromagnet. Strahlung (v. a. Licht) auf strahlungsempfindl. Material Wiedergaben in bleibender Form und Vervielfältigungen hergestellt werden können. I. w. S. umfaßt die R. auch den Bürooffsetdruck.

Reprokamera (Reproduktionskamera), in der Reproduktionsphotographie verwendete große, meist horizontal angeordnete photograph. Kamera (für Aufnahmeformate 40 × 40 cm bis 150 × 150 cm) zur Herstellung von Halbton-, Raster- und Strichaufnahmen nach flächigen Vorlagen aller Art. Bei der **Horizontalkamera** befindet sich entweder die ganze Balgenkamera auf einem Laufwagen zus. mit dem Vorlagenhalter auf einem Stativ, oder nur die **Standarte** (Tragvorrichtung für das opt. System) ist bewegl. auf das Stativ gesetzt. Die **Brückenkamera** ist eine großformatige Horizontalkamera, die an Laufschienen an der Decke oder an einer bes. brückenartigen Haltevorrichtung aufgehängt ist. Bei der **Vertikalkamera** sind Kamera und Vorlagenhalter vertikal angeordnet.

Reptilien [lat.-frz.] (Kriechtiere, Reptilia), seit dem Oberkarbon bekannte, heute mit über 6000 Arten weltweit verbreitete Klasse 0,04–10 m langer Wirbeltiere; wechselwarme, lungenatmende Landbewohner,

Reptilienfonds

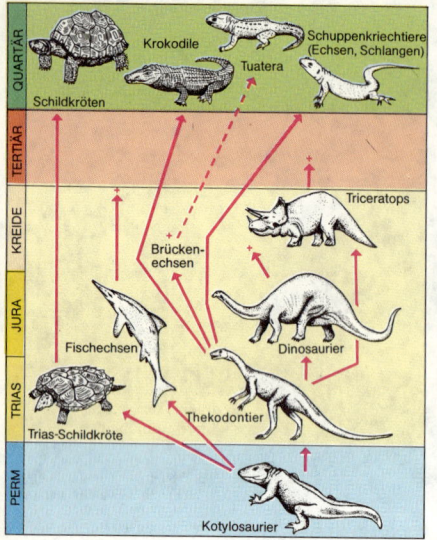

Reptilien. Stammbaum

die (im Unterschied zu den Lurchen) durch stark verhornte Körperschuppen und -schilder weitgehend vor Austrocknung geschützt und meist von Gewässern unabhängig sind (ausgenommen einige sekundär zum Wasserleben übergegangene Gruppen); Hauptvorkommen in den Tropen und Subtropen; Hinterhaupt mit nur einem Gelenkhöcker; Gliedmaßen voll ausgebildet oder (wie bei Schlangen) völlig rückgebildet; Entwicklung ohne Metamorphose (keine Larven); legen meist Eier mit pergamentartiger oder verkalkter Schale; z. T. auch lebendgebärend (z. B. Kreuzotter); wegen unvollständiger Trennung der Herzkammern im Blutkreislauf noch keine einwandfreie Trennung von arteriellem und venösem Blut; unter den Sinnesorganen sind Gesichts- und Geruchssinn (bei vielen Arten mit ↑ Jacobson-Organ) hoch entwickelt.

Die R. ernähren sich meist von tier., z. T. auch von pflanzl. Kost (z. B. Schildkröten). Ihre Hauptentfaltungszeit lag in der Trias und im Jura mit z. T. riesenhaften Formen (viele Saurier). In der Kreide starb ein großer Teil der R. aus. Die heute noch lebenden Arten stellen nur einen Rest dar, den man in vier Ordnungen aufteilt: Schildkröten, Brückenechsen, Krokodile und Schuppenkriechtiere (mit Echsen und Schlangen).

Reptilienfonds [...ß], oft abwertend gebrauchte Bez. für einen der öffentl. Kontrolle entzogenen Fonds, dessen Mittel zur Meinungsbeeinflussung im Interesse der über den Fonds Verfügenden eingesetzt werden. Die Bez. R. entstand, als O. von Bismarck in einer Rede 1869 die Agenten der entmachteten Fürsten von Hannover und von Kurhessen als „bösartige Reptilien" bezeichnet hatte, deren Aktivitäten mit dem (aus dem Welfenfonds finanzierten) R. bekämpft werden sollten; 1892 wurde dieser Fonds liquidiert.

Republican River [engl. rɪˈpʌblɪkən ˈrɪvə], linker Quellfluß des Kansas River, 679 km lang; zahlr. Stauwerke.

Republik [lat.-frz. (zu ↑ Res publica)], Staatsform, in der das Volk (Demokratie) oder ein Teil desselben (z. B. Aristokratie, Oligarchie, Plutokratie) die souveräne Macht besitzt und deren oberstes Staatsorgan nur auf Zeit bestellt bzw. gewählt wird. Seit der Frz. Revolution werden die Bez. R. oder **Freistaat** bzw. **(freier) Volksstaat** für eine sich von der Monarchie unterscheidende Staatsform gebraucht, die heute v. a. als *parlamentar.* R. (die Reg. ist abhängig vom Parlament), *Präsidentschafts-R.* (die Reg. ist abhängig vom Präs.) sowie als *sozialist.* R. (Räte- bzw. Volks-R.) ausgeprägt ist.

Republikanische Partei (Republican Party), 1854 gegr. amerikan. Partei; stellte 1861–1977 überwiegend die Präs. der USA (Ausnahmen: 1885–89, 1893–97, 1913–21, 1933–53, 1961–69, 1977–81). Eine erste, auf Jefferson zurückgehende R. P. fand ihre Forts. in der Demokrat. Partei. Entstand Mitte des 19. Jh. durch Zusammenschluß der Free-Soil-Party (1848) mit Gruppen von Demokraten und Resten der Whigs. Der Wahlsieg A. Lincolns (1860), der das Programm der R. P. (Stärkung der Union gegen die Einzelstaaten, Ablehnung der Sklaverei) durchzusetzen versuchte, löste den Sezessionskrieg aus. 1872 Abspaltung der Liberalrepublikaner, 1912 der Progressiven. Die R. P. wurde konservative Vertreterin des Interessen von Ind.- und Bankkapital und Verfechterin imperialist. Expansion um die Jh.wende, gab unter T. Roosevelt (1901–09) auch Ansätzen einer Reformpolitik im mittelständ. Sinn Raum. In den 1920er Jahren verstärkte sich der Charakter der Partei als Koalition divergierender wirtsch. Interessengruppen und rivalisierender polit. Führer (W. G. Harding, C. Coolidge, H. C. Hoover). Nach 20 Jahren gelang erst 1953 mit D. D. Eisenhower die Rückkehr ins Weiße Haus. 1960 erlitt Vizepräsident R. M. Nixon eine knappe, 1964 der ultrakonservative B. M. Goldwater eine hohe Niederlage bei den Präsidentschaftswahlen. Der Wahlsieg Nixons 1968 brachte wichtige außenpolit. Weichenstellungen, führte aber wegen polit. Korruption 1974 schließl. zur Amtsniederlegung Nixons. Sein Nachfolger G. R. Ford verlor 1976 die Präsidentschaftswahlen gegen den Demokraten J. E. Carter, gegen den 1980 der Republikaner R. W. Reagan jedoch mit 51 % der Stimmen erfolgreich war.

Republikanischer Schutzbund, 1923 (v. a. als Reaktion auf die Existenz der Heimwehren) gegr. Wehrverband der SPÖ zur Verteidigung der Republik; bestand, von Dollfuß im März 1933 aufgelöst, illegal bis zu den Februarunruhen 1934; mit maximal rd. 80 000 Mitgliedern.

Republikflucht, in der DDR früher übl. Bez. für das ohne behördl. Genehmigung erfolgte Verlassen der DDR. Das Strafgesetzbuch der DDR kennt im § 213 den Tatbestand des *ungesetzl. Grenzübertritts,* der mit Freiheitsstrafe bis zu 5 Jahren bedroht ist.

Republikschutzgesetz, nach der Ermordung W. Rathenaus durch Rechtsextremisten erlassenes Gesetz zum Schutz der Republik vom 21. 7. 1922, 1927 verlängert, 1930 neu gefaßt, 1932 außer Kraft gesetzt; enthielt v. a. Strafbestimmungen zum Schutz des Lebens und der Ehre von Reg.-Mgl., gegen die Verächtlichmachung der Verfassung und der Farben des Reichs; ermöglichte das Verbot extremist. Vereinigungen und Presseverbote; vorwiegend gegen die Linke angewandt.

Repunze [italien.], Beglaubigungsstempel für den Edelmetallgehalt einer Legierung (bei Goldwaren z. B. 333 = 8 Karat, 585 = 14 Karat, 750 = 18 Karat Goldgehalt).

Reputation [lat.-frz.], svw. Ruf, Ansehen; **reputiert,** berühmt.

Requiem [ˈreːkvi-ɛm; lat.], Bez. für die kath. Messe für Verstorbene (Seelenamt) nach dem Anfang des Introitus „Requiem aeternam dona eis, Domine ..." („gib ihnen die ewige Ruhe, Herr ..."). Das R. ist Bestandteil der ↑Exequien, es fehlen die übl. Meßtexte und -riten freudigen Charakters (z. B. das Alleluja, das Gloria und Kredo). Seit dem 11. Jh. schließt das „Agnus Dei" mit „dona eis requiem", im 13. Jh. wird die Sequenz „Dies irae" eingefügt. Erste mehrstimmige Kompositionen des R. datieren aus dem 15. Jh. (J. Ockeghem; verschollen die Werke von G. Dufay und Josquin Desprez). Kompositionstechn. sind die R.vertonungen dem jeweiligen Zeitstil verbunden, so etwa in den Werken von G. P. da Palestrina, O. di Lasso, F. Cavalli, J. K. von Kerll, M.-A. Charpentier, A. Scarlatti, J. A. Hasse, M. Haydn, W. A. Mozart (unvollendet), L. Cherubini, J. Eybler, H. Berlioz, G. Verdi, C. Saint-Saëns, A. Dvořák, I. Pizzetti. Auf einer eigenen Zusammenstellung von Bibeltexten beruhen die „Musical. Exequien" von H. Schütz und das „Dt. Requiem" von J. Brahms.

requiescat in pace! [lat. „er (sie) möge in Frieden ruhen"], Abk. R. I. P., Grabinschrift.

Requisiten [lat.], bei Theater, Film, Fernsehen jegl. Zubehör (Gebrauchsgegenstände und mobile Dekorationsstücke), das in einer Inszenierung verwendet wird; beim Film unterscheidet man zw. Außen- und Innenrequisiten.

Requisition [lat.], die Forderung von Sach- und Dienstleistungen durch die Besatzungsmacht in einem im Verlauf eines Krieges besetzten Gebiet; die (völkerrechtl. zulässige) R. muß im Verhältnis zu der Leistungsmöglichkeit der Bevölkerung stehen.

Rerum novarum [lat. „nach Neuerungen (begierig)"] ↑Sozialenzykliken.

Res [lat.], Sache, Ding, Gegenstand.

Reşadiye, Halbinsel [türk. rɛˈʃaːdijɛ], Halbinsel an der südwesttürk. Küste. 60 km lang, 2–10 km breit, bis 1 175 m hoch.

Resaijje [pers. rezɑiˈje] ↑Urmia.

Resa Pahlawi [pers. reˈzɑː pæhlæˈviː] (Reza Pahlavi), iran. Schahs:

R. P., urspr. Resa Khan, * Alascht (Masanderan) 16. März 1878, † Johannesburg 26. Juli 1944, Schah von Persien bzw. Iran (1925–41). - Stürzte als Kommandeur einer Kosakenbrigade 1921 die Reg. in Teheran; wurde 1921 Kriegsmin., 1923 Min.präs.; 1925, nach Absetzung von Ahmad Schah, von der Nat.-versammlung als R. P. zum neuen Schah ausgerufen; mußte 1941 - v. a. wegen seiner polit. Sympathien für die Achsenmächte - zugunsten seines Sohnes Mohammad Resa Pahlawi abdanken; starb in der Verbannung.

R. P., Mohammad, * Teheran 26. Okt. 1919, † Kairo 27. Juli 1980, Schah von Iran (1941–79). - Bestieg nach der Abdankung seines Vaters Resa Pahlawi den Thron; verließ im Konflikt mit dem Min.präs. M. Mossadegh 1953 für kurze Zeit Iran, nach erfolgreicher Aktion von Militärs zurückgerufen; setzte seine Reform- und Industrialisierungspolitik in autoritärem Stil fort; entging 1965 einem Attentat; in 3. Ehe seit 1959 ∞ mit Farah Diba; ließ sich 1967 krönen, mußte im Febr. 1979 Iran verlassen; Dez. 1979–März 1980 in Panama, danach bis zu seinem Tode in Ägypten; in Iran wurde er als abgesetzt erklärt und zum Tode verurteilt.

Reschenpaß ↑Alpenpässe (Übersicht).

Res cogitans [lat. „die denkende Substanz"], zus. mit **Res extensa** („ausgedehnte Substanz") Grundbegriff der Zweisubstanzenlehre Descartes', die zum erkenntnistheoret. Paradigma aller dualist. Systeme der Neuzeit wird.

Reseda [lat.] (Resede, Wau), größte Gatt. der R.gewächse mit rd. 50 Arten in Europa, N- und O-Afrika bis Indien; Kräuter, deren Blüten drei oder mehr Staubblätter aufweisen. Der oberständige Fruchtknoten ist oft an der Spitze offen. Bekannte Arten sind: **Gartenresede** (Reseda odorata), bis 60 cm hoch. Blüten grünlichgelb mit roten Staubbeuteln in lockeren oder dichten, endständigen Trauben, wohlriechend; **Färberwau** (Gelbkraut, Färberresede, Reseda luteola), bis etwa 1 m hoch, blaßgelbe, vierzählige Blüten in langen Trauben, schmale, ungeteilte Blätter; aus Färberwau wurde früher der gelbe Farbstoff *Luteolin* gewonnen.

Resedafalter

Resedafalter (Pontia daplidice), bis 4,5 cm spannender Tagschmetterling (Fam. ↑Weißlinge) in offenen Landschaften NW-Afrikas sowie der südl. und gemäßigten Regionen Eurasiens; Flügeloberseiten weiß. mit braunen Flecken (bes. an den Vorderflügelspitzen), Flügelunterseiten grün gefleckt; Raupen fressen an Reseda und verschiedenen Kreuzblütlern; in Deutschland nur an trockenen, sandigen, sonnigen Biotopen bodenständig, sonst nur vorübergehend, z. T. aus dem Süden einwandernd.

Resedagewächse (Resedengewächse, Resedaceae), Fam. der Zweikeimblättrigen in Afrika und im europ. Mittelmeergebiet; mit sechs Gatt. und rd. 70 Arten; meist Kräuter, selten Sträucher mit schraubig angeordneten, einfachen oder geteilten Blättern und kleinen, drüsenähnl. Nebenblättern sowie in Trauben oder Ähren stehenden zygomorphen Blüten; bekannteste Gatt. ↑ Reseda.

Resektion [lat.], operative Entfernung kranker oder defekter Teile eines Organs oder Körperteils.

Reserpin [Kw.], aus Rauvolfiaarten (v. a. Rauvolfia serpentina) gewonnenes Alkaloid mit beruhigender, blutdrucksenkender Wirkung.

Reservat (Reservation) [lat.], bestimmten Bev.gruppen vorbehaltenes Siedlungsgebiet, bes. in Nordamerika und in Australien.
♦ zur Überlebensregion bestimmtes, kleineres oder größeres geograph. Gebiet, in dem bestimmte Tier- und/oder Pflanzenarten vor der Ausrottung durch den Menschen geschützt sind.

Reservatum ecclesiasticum [lat.] ↑ Geistlicher Vorbehalt.

Reserve [lat.-frz.], Zurückhaltung, Verschlossenheit.
♦ Vorrat, Rücklage [für den Notfall].
♦ *militär.:* 1. Gesamtheit der **Reservisten**, d. h. der Wehrpflichtigen, die nicht im Wehrdienst stehen (ihn abgeleistet haben, oder, ohne gedient zu haben, gleichfalls der Wehrüberwachung unterstehen [Ersatzreservisten]); 2. Bez. für die Truppen oder Mittel, die einem Führer zur freien Verfügung stehen und erst eingesetzt werden, wenn es die Lage erfordert.

Reservestoffe, im pflanzl. und tier. Organismus in Zellen bzw. in bes. Speichergeweben oder -organen angereicherte, dem Stoffwechsel vorübergehend entzogene Substanzen, die vom Organismus bei Bedarf (steigender Energiebedarf, ungenügende Nährstoffzufuhr) wieder in den Stoffwechsel eingeschaltet werden können; z. B. Öle und Fette, Polysaccharide (Assimilationsstärke, Stärke, Inulin, Glykogen), seltener Eiweiße.

Reservewährungen, Währungen, die in Ergänzung zu den Goldreserven als Währungsreserven von den Zentralnotenbanken gehalten werden.

Reservist [lat.-frz.] ↑ Reserve.

Reservoir [rezɛrvo'aːr; lat.-frz.], Sammelbecken, Wasserspeicher. Behälter für Vorräte.
♦ Reservebestand, Reservefonds.

Res extensa ↑ Res cogitans.

Resident [frz., zu lat. residere „sich niederlassen"], veraltete Bez. für einen diplomat. Vertreter 3. Ranges (Geschäftsträger) und für den Vertreter einer Kolonialmacht bei einem einheim. Fürsten.

Residenz [mittellat.], Bez. für den Wohnsitz eines Staatsoberhaupts, eines Fürsten oder eines hohen Geistlichen, auch für die Hauptstadt eines Territoriums.

Residenzpflicht, die für Bundesbeamte (§ 74 BundesbeamtenG) und Richter im Bundesdienst (§ 46 Dt. RichterG) festgelegte Pflicht, die Wohnung so zu nehmen, daß eine ordnungsgemäße Wahrnehmung der Dienstgeschäfte (am Amtssitz) nicht beeinträchtigt ist. Notare haben ihre Geschäftsstelle und ihre Wohnung an ihrem Amtssitz zu halten bzw. zu nehmen (§ 10 Abs. 2 Bundesnotarordnung). - ↑ auch Rechtsanwalt.
♦ im *kath.* und *ev.* Kirchenrecht die Verpflichtung für Geistliche, v. a. für Gemeindepfarrer, in ihrer Pfarrstelle zu wohnen.

Residualeinkommen [lat./dt.] ↑ Einkommen.

Resignation [lat.], Schicksalsergebenheit (Sichfügen in das Unabwendbare) mit negativem Gefühls- bzw. Stimmungshintergrund; Verzicht (z. B. auf ein Amt).

Resinate [griech.-lat.], svw. ↑ Harzseifen.

Resinoide [griech.-lat.], konzentrierte Extrakte aus wohlriechenden Harzen (Benzoeharz, Ladanum, Myrrhe), die in der Parfümindustrie als Fixateure verwendet werden.

Résistance [frz. rezis'tãːs; zu lat. resistere „sich widersetzen"], frz. Widerstandsbewegung gegen die dt. Besatzungsmacht im 2. Weltkrieg und gegen die Zusammenarbeit (Kollaboration) des von Pétain geführten État Français mit Deutschland. Nach dem Zusammenbruch Frankreichs rief de Gaulle als „Chef aller freien Franzosen" mit Gründung der „Forces Françaises Libres" von London aus zur Fortsetzung des frz. Widerstands auf (Auslandsrésistance). Dt. Besatzungsmaßnahmen ließen schon 1940 in der besetzten N-Zone wie in der noch bis Nov. 1942 unbesetzten S-Zone Frankreichs Maquis (↑ Maquis)- und R.gruppen entstehen, die sich meist um illegale Zeitungen formierten. Nach Hitlers Angriff auf die Sowjetunion wurde die von Kommunisten gebildete „Front National" mit den „Francs-Tireurs et Partisans" zur bed. Einzelorganisation. 1943 gelang es, die R.gruppen im S in den „Mouvements Unis de la Résistance" mit der „Armée-Secrète" zusammenzufassen. De Gaulles Führung wurde 1943/44 im neu gegr. „Conseil National de la R." und in den „Forces Françaises de l'Intérieur

(FFI)" anerkannt. Die R. hatte im Kampf gegen dt. Truppen und auch durch SS-Vergeltungsaktionen (z. B. Oradour-sur-Glane) hohe Verluste (rd. 300 000 Mgl.). Die FFI unter General M. P. Koenig leisteten 1944/45 einen wesentl. Beitrag zur militär. Befreiung Frankr.; später bildeten sie den Kern der neuen frz. Armee.

Resistencia [span. rresis'tensja], Hauptstadt der argentin. Prov. Chaco, nahe dem Paraná, 52 m ü. d. M., 220 100 E. Kath. Bischofssitz; Handels- und Verarbeitungszentrum von Baumwolle.

Resistenz [lat.], (im Unterschied zur erworbenen ↑Immunität) die angeborene Widerstandsfähigkeit eines Organismus gegenüber schädl. äußeren Einwirkungen, wie z. B. extreme Witterungsverhältnisse oder Krankheitserreger bzw. Schädlinge und deren Gifte. Krankheitserreger und Schädlinge können selbst wiederum resistent gegen Arznei- bzw. Schädlingsbekämpfungsmittel sein. Bei der *passiven* R. verhindern mechan., chem. oder therm. Sperren das Eindringen oder Wirksamwerden eines Schadfaktors. Bei der *aktiven* R. werden entsprechende Abwehrmaßnahmen beim angegriffenen Organismus ausgelöst (z. B. über Phagozyten oder über die Bildung von Hemmstoffen). Die R. von Krankheitserregern und Schädlingen (z. B. gegenüber Antibiotika bzw. Insektiziden) beruht auf einem Selektionsvorgang, nicht auf einer Anpassung oder Gewöhnung des Parasiten an die Giftstoffe (↑Schädlingsbekämpfung). Bei der R. gegenüber Pflanzenschutzmitteln ist neben der *Verhaltens-R.* (der Schädling kommt auf Grund seines Verhaltens weniger intensiv mit dem Wirkstoff in Kontakt) und der *morpholog. bedingten* R. (z. B. durch stärkere Körperbehaarung, größere Undurchlässigkeit der Kutikula) am bedeutungsvollsten die *physiolog. bedingte* R. (z. B. verstärkte Ausscheidung, verstärkter enzymat. Abbau, verstärkte Inaktivierung durch Anlagerung des Wirkstoffs an Reservestoffe wie Lipide). - Da die R. vererbt wird, ist sie bes. in der Pflanzenzüchtung ein wichtiges Züchtungsziel.

Resistenza [lat.-italien.], die auf dem Antifaschismus aufbauende, nach der Besetzung Italiens durch dt. Truppen (Aug./Sept. 1943) gegen diese und gegen die republikan. Faschisten kämpfende italien. Widerstandsbewegung im 2. Weltkrieg; insgesamt rd. 340 000 Mann; zählte etwa 40 000 Tote.

Resistenzfaktoren (R-Faktoren), DNS-Partikel von Bakterien, die außerhalb des Bakterienchromosoms vorkommen können und ihren Trägern Resistenz gegen ein oder mehrere Antibiotika verleihen. Die R. wurden 1959 in Japan entdeckt, sind aber mittlerweile zu einem medizin. Problem geworden, da ihre Übertragung z. B. von harmlosen Darmbakterien auf virulente Keime möglich ist, die dadurch behandlungsresistent werden. Da die Entstehung und Verbreitung von R. durch Gabe von Antibiotika gefördert werden, kann eine unkrit. Antibiotikatherapie, insbes. aber die Verfütterung von Antibiotika an Schlachttiere, schwerwiegende Folgen haben.

Reşiţa [rumän. 'reʃitsa], rumän. Stadt im Banater Gebirge, 101 900 E. Verwaltungssitz des Verw.-Geb. Caraş-Severin; Theater, Museum; bed. Hüttenwerk. - Im 14. Jh. erstmals erwähnt.

Reskript [lat.], im röm. Recht kaiserl. Rechtsbescheide zu konkreten Rechtsfällen, die als gesetzesgleich angesehen wurden.

Resnais, Alain [frz. rɛ'nɛ], * Vannes 3. Juni 1922, frz. Filmregisseur. - Begann als Dokumentarfilmer (über van Gogh und Gauguin; auch polit. engagierte Dokumentationen (z. B. „Nacht und Nebel", 1956, über die nationalsozialist. Konzentrationslager). Der Spielfilm „Hiroshima mon amour" (1959) erregte als typ. Film der „Neuen Welle" Aufsehen bei Kritik und Publikum, da seine Filmdramaturgie den traditionellen Handlungsverlauf auflöste und die Reflexionen der Figuren in den Vordergrund stellte, z. B. in „Letztes Jahr in Marienbad" (1961), „Muriel oder die Zeit der Wiederkehr" (1963). - *Weitere Filme:* Der Krieg ist vorbei (1965), Fern von Vietnam (1967; Mitregisseur), Ich liebe Dich, ich liebe Dich (1968), Stavisky (1973), Providence (1977), Melo (1986).

Resnik, Regina, * New York 30. Aug. 1922, amerikan. Sängerin (Mezzosopran). - Zunächst Sopranistin, wandte sich 1955 dem Mezzosopranfach zu (u. a. Carmen); gastierte daneben an den führenden Opernhäusern der Welt; auch als Opernregisseurin erfolgreich.

resolut [lat.-frz.], beherzt, tatkräftig.

Resolution [lat.-frz.], im polit.-sozialen Bereich häufig verwendete Bez. für eine (auch von nicht verfaßten, oft spontan gebildeten Gruppen bzw. Versammlungen) nach Beratung gefaßte Entschließung zur Einflußnahme in bestimmten Sachfragen auf die öffentl. Meinung oder auf Entscheidungsgremien.

Resonanz [lat.], Mitschwingen eines schwingungsfähigen Systems (*Resonator;* z. B. ein Federpendel oder ein elektromagnet. Schwingkreis) bei Einwirkung von periodisch veränderl. Kräften (Feldern), deren Frequenz gleich oder nahezu gleich einer Eigenfrequenz (↑Eigenschwingung) des Systems ist; diese Frequenz wird als *R.frequenz* bezeichnet. Die Amplitude der solchermaßen erzwungenen Schwingung hängt wesentl. von den Dämpfungseigenschaften (z. B. Reibung, elektr. Widerstand) des Resonators und vom Frequenzunterschied zw. erregtem und erregendem System ab. Der größte Wert wird erreicht, wenn die erregende Frequenz gleich der R.frequenz des erregten Systems ist. In diesem Fall kann der Resonator so stark

Resonanzabsorption

schwingen, daß er sich in einer *Resonanzkatastrophe* zerstört. Die Phasenverschiebung zw. erregender und erzwungener Schwingung beträgt bei R. unabhängig von der Dämpfung $\pi/2$. Die Wirkungsweise vieler Musikinstrumente beruht auf der Resonanz. In der Nachrichtentechnik wird die R. elektr. Schwingkreise zur Erzeugung und Trennung von elektr. Schwingungen verwendet. Im Maschinenbau und in der Bautechnik ist die Untersuchung von Anlagen auf mögl. R. eine wichtige Aufgabe, um Zerstörungen infolge einer R.katastrophe zu verhindern.

◆ (Elementarteilchen-R., R.teilchen) in der *Elementarteilchen-* und *Hochenergiephysik* Bez. für sehr kurzlebige R.zustände von schweren Elementarteilchen (Hadronen), die bei hochenerget. Stoßprozessen dieser Teilchen infolge ihrer starken Wechselwirkungen auftreten und sich wie instabile Teilchen sehr kurzer Lebensdauer (etwa 10^{-22} bis 10^{-24} s) verhalten. Sie sind als quasigebundene Zwischenzustände mehrerer Hadronen oder als Anregungszustände eines Hadrons anzusehen. Außer einer in MeV ausgedrückten Masse kann man den R. wie den langlebigen Elementarteilchen einen Spin und einen Isospin sowie die übrigen für Hadronen charakterist. ladungsartigen Quantenzahlen zuordnen.

◆ übertragen gebraucht für: Anklang, Widerhall, Wirkung.

Resonanzabsorption, die Absorption einer Wellen- oder Teilchenstrahlung durch mikrophysikal. Systeme infolge von Resonanzerscheinungen in ihnen. Diese Systeme absorbieren vornehmlich elektromagnet. Strahlung solcher Frequenzen, die sie auch emittieren können. Durch R. werden die mikrophysikal. Systeme angeregt und emittieren anschließend eine Strahlung gleicher Frequenz, die sog. **Resonanzstrahlung.**

Resonanzboden, Bestandteil vieler Musikinstrumente, bes. von Saiteninstrumenten mit Tasten wie Klavier und Cembalo (Violine, Gitarre usw. haben einen ↑Resonanzkörper). Wegen der kleinen Oberfläche der Saite erzeugen die von ihr an die Luft abgegebenen Schwingungen nur einen schwachen Ton. Dieser wird verstärkt, wenn die Saiten mit einem R. gekoppelt werden, der die Schwingungen aufnimmt und flächig abstrahlt.

Resonanzkatastrophe ↑Resonanz.

Resonanzkörper, Bestandteil vieler Musik-, insbes. Saiteninstrumente ohne Tasten und Schlaginstrumente, ein Hohlkörper, in dem die Schwingungen des Tonerzeugers verstärkt werden. Da der Ton z. B. einer Violinsaite verhältnismäßig schwach ist, werden ihre Schwingungen über den Steg auf die Decke des R. übertragen und durch den Stimmstock zum Boden des R. weitergeleitet. Dadurch wird der Schall vom ganzen R. abgestrahlt und der Klang verstärkt.

Resonanzmethoden, in der *elektr. Meßtechnik* Bez. für Meßmethoden zur Kapazitäts- bzw. Induktivitätsbestimmung, bei denen im Prinzip für einen aus bekannter Induktivität bzw. Kapazität und dem Bauelement gebildeten Schwingkreis die Resonanzfrequenz bestimmt und aus dieser dann der Kapazitäts- bzw. Induktivitätswert errechnet wird.

◆ in der *Hochfrequenzspektroskopie* Sammelbez. für alle auf magnet. ↑Resonanzabsorption beruhenden Methoden, mit denen aus den erzwungenen Übergängen zw. den Energieniveaus der untersuchten mikrophysikal. Systeme Erkenntnisse über deren Aufbau gewonnen werden.

Resonanzsaiten, svw. ↑Aliquotsaiten.

Resonanzstrahlung ↑Resonanzabsorption.

Resonanzteilchen, svw. Elementarteilchenresonanz (↑Resonanz).

Resonator [lat.], akust., mechan. oder elektromagnet. schwingungsfähiges System, dessen einzelne Elemente auf eine gewünschte [Eigen]frequenz abgestimmt sind und das bei Anregung mit dieser Frequenz [verstärkt] zu schwingen beginnt. Akust. R. *(Helmholtz-R.)* bestehen aus dem federnden Luftvolumen eines einseitig offenen Hohlraums und der Masse der Luft in der rohrförmigen Öffnung, mechan. R. aus Federn, Massen und Reibungsgliedern, elektr. R. aus Kondensatoren (Kapazitäten), Spulen (Induktivitäten) und [ohmschen] Widerständen. Akustische R. dienen z. B. als Schallabsorber für auszufilternde Frequenzen.

Resopal ⓦ [Kw.], Handelsname für Kunststoffplatten, die aus einer Trägerschicht und einer Deckschicht bestehen, die bei hohem Druck zusammengepreßt wurden. R.platten sind leicht abwaschbar, unempfindl. gegen Säuren und Laugen sowie sehr widerstandsfähig gegenüber mechan. Beanspruchung.

resorbieren [lat.], aufsaugen, aufnehmen.

Resorcin [Kw.] (Resorzin, m-Dihydroxybenzol, 1,3-Dihydroxybenzol), mit ↑Hydrochinon und ↑Brenzcatechin isomeres, farb- und geruchlose Kristalle bildendes, zweiwertiges Phenol; Ausgangsstoff zur Herstellung von Farbstoffen und Phenolharzen.

Resorption [lat.], in der *Biologie* die Aufnahme flüssiger oder gelöster Substanzen in das Zellinnere. I. e. S. wird meist darunter die *enterale R.,* d. h. die Aufnahme der aufbereiteten und enzymat. in Bruchstücke zerlegten Nahrung aus dem Darm verstanden. *Parenterale R.* erfolgt durch die Haut und die inneren Oberflächen (außer Darm).

Resozialisierung, Rückgliederung in das soziale Gefüge, insbes. die Wiedereingliederung von Haftentlassenen in das gesellschaftl. Leben bzw. ihre (bereits vor der Ent-

Restaurierung

lassung begonnene) allmähl. Gewöhnung und Befähigung zu einem möglichst konfliktfreien Leben ohne soziale Distanz zu den übrigen Bürgern. Der Begriff R. ist umstritten, da er voraussetzt, daß die betreffenden Personen vor ihrer Straftat bzw. vor dem Strafvollzug bereits „sozialisiert", d. h. sinnvoll in die Gesellschaft integriert gewesen sind, was nicht immer zutreffend ist. R.maßnahmen sind: Unterbringung von schwer Persönlichkeitsgestörten, Triebtätern und frühkriminellen Hangtätern (bis zur Vollendung des 27. Lebensjahres) in einer sozialtherapeut. Anstalt; Arbeit und berufl. Ausbildung in der Vollzugsanstalt; bis zu 21 Tagen Urlaub im Jahr; Außenbeschäftigung des Häftlings bzw. Unterbringung in sog. offenen Anstalten; soziale Hilfe während des Vollzugs und bei der Entlassung. In verallgemeinernder Form wird neuerdings auch die soziale Wiedereingliederung der Mgl. gesellschaftl. Randgruppen als R. bezeichnet.

resp., Abk. für: ↑respektive.

Respekt [lat., zu respicere „zurückblicken"], Achtung, Ehrfurcht, Scheu.

respektive [lat.], Abk. resp., beziehungsweise, oder.

Respighi, Ottorino [italien. res'piːgi], *Bologna 9. Juli 1879, †Rom 18. April 1936, italien. Komponist. - Seit 1913 Kompositionslehrer am Conservatorio di Santa Cecilia in Rom. Gilt als führender Vertreter der italien. Instrumentalmusik des frühen 20. Jh., der in glänzend orchestrierten Werken die vielfältigen Mittel der zeitgenöss. Musik zu einer persönl. Tonsprache umschmolz. Bes. bekannt ist er durch seine sinfon. Dichtungen „Fontane di Roma" (1917), „Pini di Roma" (1924). Von seinen Opern seien genannt „Re Enzo" (1905), „Semiramа" (1910), „Belfagor" (1923), „La campana sommersa" (1927), „La fiamma" (1934); daneben Konzerte, Kammermusik und Kantaten.

Respiration [lat.], svw. äußere ↑Atmung.
Respirationsorgane ↑Atmungsorgane.
respiratorische Azidose [lat.] ↑Azidose.

respiratorischer Quotient [lat.] ↑Atmung.

Respirationstrakt, svw. ↑Luftwege.

Responsion [lat.], Sinn-, Motiv- oder Formentsprechungen zw. einzelnen Teilen (Akten, Abschnitten, Strophen, Sätzen) einer Dichtung, z. B. Reim-R. (= Lautentsprechung zwischen einzelnen Strophen).
♦ in der *Rhetorik* eine antithet. angelegte Antwort auf eine selbstgestellte Frage.

Responsorium [mittellat.], Abk. R (meist R), liturg. Wechselgesang mit Kehrvers, im Ggs. zur ↑Antiphon von einem die solist. Partien (Versus) ausführenden Sänger und dem respondierenden Chor vorgetragen. Das aus der Synagogalgesang übernommene R. gehört zu den frühesten Gesangsformen der christl. Kirche. Im „Psalmus responsorius" antwortete das Volk auf jeden Vers mit dem gleichbleibenden Refrain. In Messe und Stundengebet findet sich das R. v. a. im Anschluß an die Lesungen, in der Messe in den Formen von Graduale und Alleluja (bzw. Tractus), im Stundengebet bes. vertreten in der Nokturn.

Responsum [lat.], jüd. Literaturgattung, die seit der talmud. Zeit gepflegt wird: auf schriftl. Anfrage erstelltes Rechtsgutachten einer religionsgesetzl. Autorität. Ihrer Natur nach der konkreten Situation verpflichtet, aus der heraus die Anfrage erfolgt, enthalten die Responsen vielfach wichtiges Material zur polit. wie zur Wirtschafts-, Sozial- und Kulturgeschichte der Juden und sind somit von hohem histor. Quellenwert.

Res publica [lat. „öffentl. Sache"], nur der lat. Sprache und der röm. Staatsauffassung eigener Begriff, der den gemeinsamen Interessenkomplex des röm. Volkes oder Staates und die Summe dessen, was vom Staat mit Hilfe bestimmter Institutionen zu bewerkstelligen ist, sowie diese Institutionen selbst und die Staatsgewalt beinhaltet.

Ressentiment [rɛsɑ̃ti'mãː; rə...; frz.], Bez. für ein im Wiedererleben verstärktes negatives Gefühl (z. B. Haß nach Kränkung oder Zurücksetzung); heiml. Groll.

Ressort [rɛ'soːr; frz.], Geschäfts-, Amtsbereich; Arbeits-, Aufgabengebiet.

Ressource [rɛ'sʊrs(ə); frz.] (meist Mrz.), Hilfsmittel, Reserve, Geldmittel; natürl. Produktionsmittel (Rohstoff) für die Wirtschaft.

Rest [lat.-italien.], die bei Divisionsaufgaben der Form
$$a : b = q + r/b \text{ (mit } b \neq 0)$$
im Bereich der ganzen Zahlen durch die Bedingung $0 \leq r < b$ eindeutig bestimmte ganze Zahl r.
♦ in der *organ. Chemie* Bez. für einen bei der Spaltung eines Moleküls übrigbleibenden, aus mindestens zwei Atomen bestehenden Molekülbestandteil.

Restaurant [rɛsto'rãː; frz.], Speisegaststätte.

Restauration [lat.], im allg. Bez. für die Wiederherstellung vorrevolutionärer Verhältnisse; im bes. Bez. für die Periode von der Neuordnung Europas auf dem Wiener Kongreß 1814/15 bis zu den Revolutionen von 1830 und 1848. Inner- und zwischenstaatl. Grundprinzip der R. war die Rückkehr zur vorrevolutionären Legitimität, ohne daß allerdings die tiefgreifenden sozialen, rechtl. und territorialen Wandlungen, die die Frz. Revolution und die Napoleon. Neuordnung Europas hinterlassen hatten, in vollem Umfang rückgängig gemacht wurden (↑auch Metternich). - In der engl. Geschichte bezeichnet R. die Wiedereinsetzung der Stuarts (1660–88).

Restaurierung [lat.], Wiederherstellung

Restberg

Restaurierung. Wappentafel des Wilhelm von Effern (17. Jh.) am Treppenturm des ehemaligen Bischofshofes in Ladenburg. Zustand im Juli 1960 (oben) und im Juli 1976

von Werken der bildenden Kunst einschl. der Architektur und von kulturhistor. interessanten Gegenständen. Begriffl. ist R. von der **Konservierung** zu trennen, d. h. der rein materiellen Sicherung von Werken der Vergangenheit in einem bestimmten Zustand ihrer Existenz, während bei der R. die Wiederherstellung eines urspr. oder auch späteren - gewachsenen - Zustandes beabsichtigt ist. Die natürl. Alterung, insbes. durch die Einwirkung von Feuchtigkeit und Temperatur, v. a. bei schroffem Wechsel beider, sowie von Licht, Sauerstoff, Luftverunreinigungen, mechan. Belastungen u. a., führt zu charakterist. Veränderungen der chem. und physikal. Eigenschaften des Materials eines Kunstwerks. Zu diesen in vielen Fällen irreversiblen Zustandsänderungen treten die von Menschenhand verursachten sowie alle Arten von teilweiser Zerstörung. - R.maßnahmen sind seit der Antike bekannt. Zu Beginn des 19. Jh.s, als auch der Ausbau der Museen einsetzte, setzte sich die (purist.) Auffassung durch, daß auf jeden Fall der originale Zustand eines Kunstwerks wiederhergestellt werden sollte. Das bedeutete in vielen Fällen das Beseitigen späterer Zutaten (z. B. von Barockaltären aus ma. Kirchen). Seit dem ausgehenden 19. Jh., setzte sich die Vorstellung vom gewachsenen Kunstwerk und seiner Erhaltungswürdigkeit einschl. aller Veränderungen, seien es Zufügungen oder Folgen von Alterungsprozessen, durch, denn jede R. mit dem Ziel der Wiederherstellung

einer bestimmten (früheren) Phase ist ein Eingriff in den Zeitablauf und zugleich Interpretation. Am erstrebenswertesten ist es, die Alterungsvorgänge möglichst zu verzögern, um auf diese Weise die Überlieferung des materiellen Kunst- und Kulturgutes zu gewährleisten, was auf Grund genauerer Kenntnisse über den Wirkungsmechanismus der verschiedenen Faktoren in gewissem Maße möglich ist. Heute ergibt sich vielfach eine Mischung von Konservierung und R. im Bereich der Denkmalpflege wie der Museen und Sammlungen. - Die komplizierten Zusammenhänge erfordern eine Spezialausbildung der **Restauratoren** und **Konservatoren** für die Behandlung der verschiedenen Materialien und die Beschaffenheit der Gegenstände auch hinsichtl. ihres Aufstellungsortes. Weder Konservatoren noch Restauratoren können auf die Mitwirkung naturwiss. Disziplinen und ihrer Methoden verzichten, die in den Speziallabors der großen Museen, in Denkmalämtern, bei Materialprüfungsanstalten, an Univ. und in der Ind. entwickelt werden. Internat. Zusammenarbeit besteht u. a. im „Centre international d'études pour la conservation des biens culturels" in Rom (mit den zuständigen nat. Institutionen) sowie dem „International Council of Museums" und dem †„International Council of Monuments and Sites". Bes. Augenmerk wird auf genaue Dokumentation von Schadensbefunden, Untersuchungen, Konservierungs- und R.methoden gelegt. Zunehmend wird auch die Verwendung von Austauschmaterialien erprobt und geprüft.

📖 *R. moderner Malerei.* Hg. v. H. Althöfer. Mchn. 1985. - Kelly, F.: *R. v. Gemälden u. Drukken.* Dt. Übers. Mchn. ⁴1984. - Mühlethaler, B. *Kleines Hdb. der Konservierungstechnik.* Bern ²1973. - *Konservierung u. Denkmalpflege.* Bearb. v. R. E. Straub u. T. Brachert. Losebl. Zürich 1965.

Restberg (Fernling), isolierter Einzelberg, der eine Rumpffläche überragt.

Restebuchhandel, svw. modernes †Antiquariat.

Restharn (Residualharn), der bei Entleerungshindernissen oder funktionellen Entleerungsstörungen in der Harnblase nach der willkürl. Harnentleerung zurückbleibende Harnrest.

Restif de La Bretonne (Rétif de La B.), Nicolas [frz. retifdəlabrɔ'tɔn, restif...], * Sacy (Yonne) 23. Nov. 1734, † Paris 3. Febr. 1806, frz. Schriftsteller. - Bauernsohn; Buchdrucker; kam 1755 nach Paris. Popularisierte durch Vergröberung die Lehren J.-J. Rousseaus in zahlr. bekenntnishaften, sittengeschichtl. Romanen mit Schilderungen des ländl. Brauchtums und des Pariser Lebens; Vorläufer des realist. Romans, z. B. „Anti-Justine" (1798).

Restiogewächse [lat./dt.] (Restionaceae), Fam. der Einkeimblättrigen mit rd. 40 Arten in annähernd 30 Gatt. auf der S-Halbkugel, v. a. Australien und S-Afrika; meist ausdauernde, an trockenen Standorten rasig wachsende, grasähnl. Kräuter mit Rhizomen und meist eingeschlechtigen, mehrblütigen Ährchen in Rispen; größte Gatt. Seilgras.

Restitution [lat.], allg. svw. Wiederherstellung, Wiedererrichtung.
◆ im *Recht:* 1. die Wiederaufhebung einer Entscheidung, die einen unbilligen Rechtserfolg begründete (röm. Recht); 2. Wiedergutmachung oder Schadenersatzleistung für alle durch einen Staat einem anderen Staat widerrechtl. zugefügten Schäden (Völkerrecht).
◆ bei Lebewesen eine Form der Regeneration als natürl. Ersatz von meist im Jahreszyklus verlorengegangener Körpersubstanz (insbes. Federn, Haare, Geweih).
◆ in der *Genetik* die Wiederherstellung der vor Eintritt eines Chromosomen- oder Chromatidenbruchs bestandenen Struktur von Chromosomen bzw. Chromatiden durch Wiedervereinigung der freien Bruchflächen.

Restitutionsedikt, Erlaß Kaiser Ferdinands II. vom 6. März 1629, der die Rückführung aller von Protestanten beanspruchten Bistümer und Stifte zum kath. Kultus anordnete; nur die Lutherischen sollten den Schutz des Augsburger Religionsfriedens genießen, den kath. Reichsständen wurde gestattet, ihre Untertanen zu rekatholisieren. Das R. beeinflußte den Verlauf des Dreißigjährigen Krieges entscheidend, wurde aber durch die Festsetzung des Normaljahres (1648) bedeutungslos.

Restitutionsklage, Klage zur Wiederaufnahme rechtskräftig abgeschlossener Zivil-, Verwaltungs-, Finanz- oder Sozialprozesse; R. ist möglich, wenn das frühere Urteil auf einer unrichtigen Grundlage beruht.

Restluft ↑ Atmung.

Restmagnetisierung, svw. magnetische ↑ Remanenz.

Restriktion [lat.], allg. svw. Einschränkung.

Restriktionsenzyme, von Bakterien gebildete Enzyme (DNasen), die doppelsträngige DNS an spezif. Stellen zu spalten vermögen. R. dienen der Zerstörung fremder, in die Zellen eingedrungener DNS (z. B. von Viren). Wegen ihrer hohen Spaltungsspezifität sind sie wertvolle Hilfsmittel bei der Strukturaufklärung von Nukleinsäuren und werden häufig in genchirurg. Experimenten eingesetzt, bei denen Genneukombinationen z. B. DNS-Stücke aus zwei verschiedenen Organismen zusammengefügt werden.

restriktiv [lat.], einschränkend, einengend.

Reststickstoff, Bez. für die Menge der im Blutplasma nach Entfernung aller Eiweißstoffe verbleibenden Stickstoffverbindungen; liegt normal zw. 20 und 45 mg pro 100 cm^3 (Durchschnittswert rd. 30 mg pro 100 cm^3). Die R.fraktion besteht v. a. aus Harnstoff, auch Harnsäure, Aminosäuren, Ammoniak, Kreatinin und Kreatin. Der R. ist bes. beim Versagen der Nierenausscheidung erhöht.

Restsüße (Restzucker), die nach der Gärung im Wein zurückbleibende Zuckermenge (in Gramm pro Liter).

Restvolumen ↑ Atmung.

Restwert, der nach Abschreibung von den Anschaffungs- bzw. Herstellungskosten eines Anlagegegenstandes verbleibende Buchwert.

Resultante [lat.-frz.], svw. ↑ Resultierende.

Resultat [lat.-frz.], allg. svw. Ergebnis.

resultativ [lat.], svw. ↑ egressiv.

Resultierende (Resultante) [lat.-frz.], Summe zweier nach dem ↑ Kräfteparallelogramm addierter Kräfte; allgemeiner auch Summe zweier oder mehrerer Vektoren.

Resümee [lat.-frz.], abschließende Zusammenfassung [einer Rede u. ä.]; Schlußfolgerung.

Resurrektion [lat.], Auferstehung.

Retabel [span.-frz., zu lat. retro „rückwärts, hinter" und tabula „Brett, Gemälde(tafel)"], Altaraufsatz im MA auf der Mensa, in der Renaissance und im Barock auch hinter ihr auf einem Sockel stehend. Das roman. R. ist eine reliefierte oder bemalte Tafel aus Holz, Stein oder Metall. Die Gotik entwickelte den gemalten und/oder geschnitzten bewegl. ↑ Flügelaltar, außerhalb Deutschlands war auch das feststehende Polyptychon beliebt. Die in der italien. Renaissance ausgebildete Ädikulaform wurde die Grundform der monumentalen Altaraufbauten des Barock.

Retalhuleu [span. rɛtalu'leu], Dep. hauptstadt in SW-Guatemala, 239 m ü. d. M., 20 000 E. Handels- und Verarbeitungszentrum eines Agrargebiets.

Retardation (Retardierung) [lat.], allg. svw. Verzögerung, Verlangsamung. In der *Anthropologie* Bez. für die Hemmung oder Verlangsamung der körperl. und/oder geistigen Individualentwicklung, z. B. Verzögerung des Körperwachstums oder der Intelligenzentfaltung gegenüber Altersgenossen bei sog. Spätentwicklern. R. kann durch Gehirn-, Drüsen- oder Stoffwechselerkrankungen, Mangelernährung oder ungünstige Sozialverhältnisse bedingt sein. Darüber hinaus werden als R. auch die generelle Verzögerung der Entwicklung, insbes. die allmähl. Verschiebung der körperl., seel. und sozialen Reife des Menschen und die dadurch bedingten relativ langen Phasen von Kindheit und Jugend bezeichnet.

retardieren [lat.], verzögern, hemmen.

Retardierung [lat.], Verzögerung einer Einwirkung über den Raum hinweg infolge der endl. Ausbreitungsgeschwindigkeit der Wirkung. Die zeitl. Änderung z. B. von Quel-

Rete

len eines elektr. Feldes macht sich an einem entfernt liegenden Punkt erst nach Ablauf einer gewissen Zeitspanne bemerkbar.

Rete [lat. „Netz"], [Blut]gefäßgeflecht; bes. von einer Anhäufung netzartiger verzweigter Arterien oder Venen.

Retention [lat.], in der *Psychologie* allg. die Leistung des Gedächtnisses in bezug auf Lernen, Reproduzieren und Wiedererkennen.
♦ in der *Medizin:* 1. relative oder absolute Unfähigkeit zur Ausscheidung bestimmter Stoffe, Körperflüssigkeiten bzw. Exkremente (z. B. Harnverhaltung, Stuhlverhaltung); 2. Abflußbehinderung für eine seröse Flüssigkeit, die sich in einer Zyste angesammelt hat; 3. unvollständige oder fehlende Entwicklung eines Organs oder Körperteils aus seinem Ausgangsbereich heraus (z. B. der Zähne oder der Hoden).

Retentionsrecht, svw. ↑Zurückbehaltungsrecht.

Retezatgebirge, Teil der westl. Südkarpaten (Rumänien), bis 2 509 m hoch.

Rethel, Alfred, *Aachen 15. Mai 1816, †Düsseldorf 1. Dez. 1859, dt. Maler und Zeichner. - Um 1840 gewann sein Werk einen eigenen, kraftvollen, stark von der Zeichnung her bestimmten Stil (Karlsfresken im Rathaus von Aachen, 1847 ff.; vier der Fresken eigenhändig). Seine Totentanzfolge in Holzschnitten („Auch ein Totentanz", 1848 ff.] zählt zu den wichtigsten graph. Arbeiten des 19. Jh.

Rethimnon [neugriech. 'rɛθimnɔn], griech. Hafenstadt an der N-Küste Kretas, 17 700 E. Hauptort des Verw.-Geb. R.; orth. Bischofssitz; archäolog. Museum; Handelsplatz für Agrarprodukte. - In der Antike **Rhithymna;** nach 1204 durch Venedig befestigt (Befestigung im 16. Jh. erneuert und verstärkt); entwickelte sich zu einer bed. Handelsstadt; 1645-1898 beim Osman. Reich; fiel 1908/13 an Griechenland. - Festung (16. Jh.), sog. Loggia (17. Jh.); Moscheen.

Reticulum [lat.], (Netz) ↑Sternbilder (Übersicht).
♦ svw. Netzmagen (↑Magen).

Rétif de La Bretonne, Nicolas [frz. retifdəlabrə'tɔn] ↑Restif de La Bretonne, Nicolas.

Retikül ↑Ridikül.

retikuläres Bindegewebe [lat./dt.], das bindegewebige, innig mit Blut- und Lymphbahnen verbundene Grundgerüst lymphat. Organe (Milz, Lymphknoten, Thymus) und des Knochenmarks; es bildet auch die Bindegewebsschicht der Darmschleimhaut und begleitet Blutgefäße. Das r. B. ist ein schwammartiger Zellverband aus Retikulumzellen, der durch gitterartig angeordnete Retikulinfasern seine Festigkeit erhält.

Retikulation [lat.] ↑photographische Effekte.

retikuloendotheliales System [lat./ griech.] (retikulohistiozytäres System), Abk. RES, Bez. für eine Gruppe i. d. R. an bestimmten Stellen im menschl. und tier. Körper lokalisierter, funktionell zusammengehörender, mit Lymphe und zirkulierendem Blut in engem Kontakt stehender Zellen des Bindegewebes und des Endothels; auch innerhalb von Blutgefäßen. Diese Zellen haben die Fähigkeit zur Phagozytose und Speicherung geformter Substanzen (z. B. Bakterien, Zelltrümmer, Pigment) sowie zur Bildung von Immunkörpern. Das r. S. spielt daher eine wichtige Rolle bei der Abwehr von Schadstoffen und Endoparasiten, außerdem bei der Blutkörperchenbildung.

Retikulozyten [lat./griech.] (Proerythrozyten), fast reife rote Blutkörperchen im Knochenmark und (zu 1 %) im zirkulierenden menschl. Blut. In R. ist die Hämoglobinsynthese noch nicht ganz abgeschlossen. Eine Erhöhung der R.zahl im Blut bedeutet erhöhten Ausstoß unreifer Blutkörperchen als Antwort z. B. auf einen Blutverlust.

Retikulumzellen [lat.], sternförmig durch Fortsätze zu einem Raumgitter miteinander verbundene Zellen des retikulären Bindegewebes, die einem Netzwerk verzweigter, sie versteifender Retikulinfasern eng anliegen. Die R. können phagozytieren und Substanzen (v. a. Fette und Lipide) speichern und so z. B. zu Fettzellen werden.

Retina [lat.], svw. Netzhaut (↑Auge).
Retinal [lat.] ↑Rhodopsin.
Retinella [lat.] ↑Glanzschnecken.
Retinoide [lat.; griech.], synthet. hergestellte Verbindungen, die strukturell und in ihrer Wirkung dem Vitamin A_1 (Retinol) und der aus diesem beim Abbau entstehenden Vitamin-A_1-Carbonsäure (Retinsäure) nahestehen. R. werden zur Behandlung von Schuppenflechte, Ichthyose, Akne u. a. verwendet.

Retinol [lat.], svw. Vitamin A_1 (↑Vitamine).

Retirade [frz.], Rückzug; **retirieren,** sich zurückziehen; sich in Sicherheit bringen.

Retorsion [lat.], 1. im *Strafrecht* die sofortige Erwiderung einer Beleidigung oder einer Körperverletzung; das Gericht kann von einer Strafe absehen oder diese mildern; 2. im *Völkerrecht* die einer unfreundl. Maßnahme eines anderen Staates entsprechende Gegenmaßnahme.

Retorte [zu mittellat. retorta „die rückwärts Gedrehte"], rundl. Glasgefäß mit nach unten gebogenem, verjüngtem Hals, das früher im chem. Laboratorium v. a. zur Destillation verwendet wurde.
♦ (R.ofen) in der *chem. Industrie* Bez. für zylindr. oder flache, längliche (horizontal, schräg oder vertikal angeordnete) Reaktionsbehälter, die innen mit feuerfestem Material ausgekleidet sind und von außen beheizt werden; u. a. zur Gaserzeugung aus Kohle verwendet.

Retortenbaby [beːbi] ↑künstliche Samenübertragung.
Retortengraphit (Retortenkohle), graphitähnl. Produkt, das sich bei Zersetzung von Kohlenwasserstoffen an heißen Retortenwänden absetzt; wird u. a. zur Herstellung von Elektroden verwendet.
retour [reˈtuːr; frz.], zurück.
Retraktoren [lat.] (Zurückzieher, Rückzieher, Rückziehmuskeln, Musculi retractores), Muskeln, die vorgestreckte bzw. ausgestülpte Organe wieder zurückziehen.
Retribution [lat.], Rückgabe, Wiedererstattung.
Retrieval [engl. rɪˈtriːvəl], in der Datenverarbeitung übl. Bez. für das Wiederauffinden, die Rückgewinnung bestimmter Informationen aus einem Datenspeicher.
retro..., Retro... [lat.], Vorsilbe mit der Bed. „hinter, rückwärts".
Retrochor (engl. retro choir), in engl. Kathedralen die hinter dem eigentl. Chorraum befindl. Choranlage (mehrere Joche).
retrograd [lat.], rückläufig (bes. von scheinbaren Planetenbewegungen gesagt); zurückwirkend, in zurückliegende Situationen zurückreichend.
retrograde Bildung (Rückbildung), Wort (bes. Substantiv), das aus einem (meist abgeleiteten) Verb oder Adjektiv gebildet ist, aber den Eindruck erweckt, die Grundlage des betreffenden Verbs oder Adjektivs zu sein, z. B. *Kauf* aus *kaufen*.
Retrospektive [lat.], Rückblick; Ausstellung von früheren Werken eines Künstlers.
Retroviren [lat.], von einer zweiten Proteinhülle (Kapsid) umhüllte RNS-Viren, die eine reverse Transkriptase besitzen und damit an RNS-Matrizen DNS synthetisieren lassen. Man unterscheidet *Onkoviren*, zu denen die viel untersuchten RNS-Viren unter den Tumorviren gehören, *Spuma-* und *Lentiviren*. Beim Menschen ist 1980 die erste Gruppe von R. entdeckt worden, exemplifiziert durch das HTLV-Virus (human-T-cell leukemia virus).
Retsina [neugriech., zu griech. rhētínē „Harz"] (Rezina, Resinatwein), griech. Weißwein aus Attika, bekömml. Wein mit starkem harzigem Aroma, hergestellt aus der Savatianotraube.
Rettenpacher (Rettenbacher), Simon, * Aigen (= Salzburg), ≈ 17. Okt. 1634, † Kremsmünster 10. Mai 1706, östr. Dichter. - 1689–1705 Pfarrer in Fischlham. Einer der bed. Vertreter des barocken Benediktinerdramas; seine lat. Schuldramen und allegor. Festspiele mit eigener Bühnenmusik sind im Ggs. zum Jesuitendrama durch humanist. Heiterkeit und Milde gekennzeichnet.
Rettich [zu lat. radix „Wurzel"], (Hederich, Raphanus) Gatt. der Kreuzblütler mit rd. 10 Arten in Europa und im Mittelmeergebiet; einjährige oder ausdauernde Kräuter mit meist leierförmigen Grundblättern, rötl., gelben oder weißl. Blüten, ein- oder zweigliedrigen Schoten und spindelig dünner oder rübenförmig verdickter Wurzel; bekannte Arten sind Acker-R. († Hederich) und Garten-R. (R. im engeren Sinne).
◆ (Garten-R., Raphanus sativus) vermutl. aus Vorderasien stammende Kulturpflanze mit weißen oder rötl. Blüten, kurzen, ungegliederten, nicht aufspringenden Schoten und eßbarer Rübe. Häufig angebaute Unterarten sind: **Gewöhnl. Gartenrettich** (Speise-R., Radi, Raphanus sativus var. major, Raphanus sativus var. niger), mit großer, weißfleischiger, außen verschieden gefärbter (meist weißer, roter oder schwarzer) Rübe (als Sommer- oder Winter-R. angepflanzt); **Ölrettich** (Raphanus sativus var. oleiformis, Raphanus chinensis), mit verholzter, ungenießbarer Wurzel, wird wegen seiner ölergiebigen Samen als Ölpflanze v. a. in O- und SO-Asien sowie in S-Europa oder in Form von Hybriden mit bis 1,50 m langer Wurzel zur Bodenerschließung und Sicherung gegen Bodenerosion in Weinbergen ($^1/_4$ der schweizer. Rebfläche) angebaut; **Radieschen** (Monatsrettich, Raphanus sativus var. radicula), mit kleiner, rundl., rotgefärbter, eßbarer Hypokotylknolle. - Der scharfe Geschmack der R. ist auf die schwefelhaltigen äther. Öle zurückzuführen.
Rettichfliege (Große Kohlfliege, Hylemyia floralis, Chortophila floralis, Phorbia floralis), in Eurasien verbreitete, 6–8 mm lange, gelbgraue Fliege (Fam. Blumenfliegen), deren weiße Larven in den Wurzeln v. a. von Kohl- und Rübenpflanzen, Rettich und Radieschen minieren.
Rettin ↑Neustadt in Holstein.
Rettungsboot ↑Seenotrettung.
Rettungsfloß ↑Seenotrettung.
Rettungshaus, im 19. Jh. gebräuchl. Bez. für Erziehungsanstalt.
Rettungsinsel ↑Seenotrettung.
Rettungsmedaille, Ehrenzeichen für Rettung aus Lebensgefahr unter Einsatz des eigenen Lebens; verliehen durch die Min.präs. der Bundesländer.
Rettungsring ↑Seenotrettung.
Rettungsschwimmen ↑Schwimmen.
Rettungswesen, Gesamtheit der Maßnahmen und Einrichtungen zur Hilfeleistung bei Katastrophen, Krankheiten, Not- und Unglücksfällen. Das R. fällt in die Zuständigkeit der Bundesländer, die die Aufgaben und Trägerschaft des R. in Rettungsdienstgesetzen geregelt und ganz oder teilweise den kommunalen Körperschaften sowie privaten Hilfsorganisationen (z. B. Dt. Rotes Kreuz, Arbeiter-Samariter-Bund, Malteser-Hilfsdienst, Johanniter-Unfall-Hilfe, Dt. Lebens-Rettungs-Gesellschaft) übertragen haben. Im *Rettungsdienst* wirken die öffentl. (Feuerwehren, Techn. Hilfswerk, Bayer. Rotes Kreuz) und privaten Hilfsorganisationen zus. und bilden

eine „Rettungskette", die von der Bergung der Notfallpatienten bis zu deren endgültiger Versorgung reicht.
Einrichtungen: Die Effektivität des R. ist vom *Notrufsystem* abhängig. Dazu werden Notrufsäulen an den Bundesautobahnen durch die Autobahnmeistereien, an Bundesstraßen vorwiegend durch die Rettungsdienst-Stiftung-Björn-Steiger und in den Städten durch die lokalen Behörden errichtet; die Dt. Bundespost hat einen Teil ihrer öffentl. Münzfernsprecher mit kostenlosen Notrufabfrageeinrichtungen versehen (Kennzeichen: rot-weißroter, reflektierender Streifen unter dem Dach der Telefonzelle). Die Notrufleitungen enden i. d. R. bei den Notrufabfragestellen der Polizei, bzw. bei den Autobahnen bei den Autobahnmeistereien. Diese Stellen sind ständig besetzt und haben direkte Verbindungen zu den Feuerwehren und den *Rettungsleitstellen* als Einsatzzentralen des Rettungsdienstes. Die Rettungsleitstelle führt einen zentralen Krankenhausbettennachweis und koordiniert die Einsätze der ihr zugeordneten *Rettungswachen*, bei denen mobile Rettungsmittel, insbes. Rettungs- und Krankentransportwagen, sowie fachkundiges Personal *(Rettungssanitäter)* stationiert sind. Die räuml. Verteilung der Rettungswachen richtet sich u. a. nach Unfallschwerpunkten und Besiedlungsdichte und sieht nach Möglichkeit die Erreichbarkeit jedes Einsatzortes innerhalb von 10 Min. vor.
Die privaten Hilfsorganisationen haben an Haupt- und Durchgangsstraßen *Unfallhilfsstellen* eingerichtet; sie dienen als Depots für Verbands- und Sanitätsmaterial und bieten die Möglichkeit der Benutzung eines Tag und Nacht zugänglichen Fernsprechers. An den Tankstellen der Bundesautobahnen sind zusätzlich *Blutplasmadepots* durch die Automobilclubs eingerichtet worden. Dort werden Blutersatzlösungen mit dem notwendigen Infusionszubehör vorrätig gehalten.
Kreisfreie Städte und Landkreise richten in Zusammenarbeit mit Gesundheitsämtern, Ärztekammern und Krankenhäusern einen ärztl. Bereitschaftsdienst ein, der an Wochenenden, Feiertagen usw. an Stelle des Hausarztes bei akuten Erkrankungen aufgesucht bzw. gerufen werden kann.
Rettungsmittel: Die *Krankentransportwagen* (KTW) sind genormte Spezialfahrzeuge, deren Inneneinrichtung es erlaubt, eine oder mehrere Personen liegend und/oder sitzend zu transportieren; sie werden i. d. R. bei einfachen Krankentransporten eingesetzt. Zu ihrer Ausrüstung gehören neben einer Krankentrage u. a. Sauerstoffgerät und Infusionseinrichtung. Der *Rettungswagen* (RTW) verfügt über zusätzliche Geräte wie z. B. eine von 3 Seiten zugängliche, in der Höhe verstellbare Krankentrage, Medikamente, Notfall-Arztkoffer, Notfall-Arztkoffer für Frühgeborene und Kinder (Babynotfallkoffer), EKG-Sichtgerät, Defibrillator zur Wiederbelebung und Notamputationsbesteck. Fährt zusätzlich zu den 2 Rettungssanitätern ein Arzt im RTW mit, so wird dieser *Notarztwagen* genannt. An Krankenhäusern werden Notarztwagen (inzwischen vielfach nur noch Pkws als *Notarzt-Einsatzfahrzeuge* [Abkürzung: NEF]) und teilweise auch *Rettungshubschrauber* bereitgehalten. Sie werden zu bes. schweren Unglücksfällen gerufen und bieten die Möglichkeit einer ärztl. Versorgung vor Ort bzw. eines schonenderen und schnelleren Transports.
Besondere Zweige des Rettungswesens: Die *techn. Hilfe* im R. wird durch die Feuerwehr und das Techn. Hilfswerk geleistet. Ihre Hauptaufgabe liegt in der Befreiung und Bergung verletzter Personen z. B. aus eingestürzten Häusern oder verunglückten Kraftfahrzeugen. Den Feuerwehren obliegt darüber hinaus der Brandschutz. Die bei der *Grubenrettung* eingesetzte Rettungsbohrung dient zur Rettung eingeschlossener Bergleute; im Bohrloch wird eine sog. Rettungsbombe (Stahlkörper von rd. 2,50 m Länge) abgelassen, mit deren Hilfe Personen an die Erdoberfläche gezogen werden können. Die *Bergrettung* führt die Bergwacht des DRK durch; in ihr sind v. a. Bergführer tätig; sie sorgen für die Bergung in Bergnot geratener Personen und suchen mit Sonden oder Hunden nach Lawinenopfern. Die *Wasserrettung* obliegt bei den Binnengewässern der DLRG und der Wasserwacht des DRK, die Dt. Gesellschaft zur Rettung Schiffbrüchiger (DGzRS) nimmt die †Seenotrettung wahr.
📖 *Lippert, H.-D./Weissauer, W.: Das R. Hdbg. u. a. 1984.* - *Rettungsdienst. Konzepte - Kontroversen. Kölner Symposion v. 4. Dez. 1982. Hg. v. G. H. Engelhardt. Bln. 1983.* - *Hdb. des R. Hg. v. R. Lüttgen. Losebl. Hagen 1974. Stand: Mai 1986.*

Return [engl. rɪˈtəːn], im Tennis der Rückschlag bzw. der zurückgeschlagene Ball.

Retusche [frz., zu retoucher „wieder berühren, verbessern"], Sammelbez. für alle Methoden zur Ausbesserung und Überarbeitung bei photograph. Negativen und Positiven durch Ausflecken, Ausschaben, Lasieren, Abdecken usw., wobei der Bildcharakter meist im wesentl. gewahrt bleiben soll. Hat v. a. bei der Vorbereitung photograph. Bildvorlagen für die Druckformenherstellung Bedeutung.
◆ in der *Vorgeschichte* Bez. für die bei der Zurichtung von Steinwerkzeugen durch Schlag oder Druck (auch durch längere Nutzung) entstehende Oberflächen- und Kantengestaltung.

Reubeni, David [re-u-...], jüd. messian. Schwärmer in der 1. Hälfte des 16. Jh. - Angebl. aus Arabien stammend und als Prinz eines jüd. Staates in Rom bei Papst Klemens VII. auftretend, versuchte er einen jüd.

Kriegszug gegen die Türken vorzubereiten. Beim Versuch, Kaiser Karl V. auf dem Reichstag in Regensburg 1532 für seine Pläne zu gewinnen, wurde R. gefangengesetzt.

Reuchlin, Johannes, gräzisiert Kapnion, Capnio, * Pforzheim 22. Febr. 1455, † Stuttgart 30. Juni 1522, dt. Humanist. - Nach Anwaltstätigkeit in Stuttgart 1484 Beisitzer am Hofgericht, 1485 Doktor der Rechte in Tübingen. Geprägt durch die Freundschaften mit M. Ficino und G. Pico della Mirandola, wurde er zum wichtigsten Vertreter des Neuplatonismus in Deutschland. Mußte 1496 aus polit. Gründen nach Heidelberg fliehen. Nach seiner Rückkehr nach Stuttgart 1500 erschien 1506 „De rudimentis hebraicis libri tres". Mit dieser ersten hebr. Grammatik ist R. der Begründer der hebr. Sprachforschung und alttestamentl. Bibelwiss., deren Anfang er mit einem Kommentar zu den sieben Bußpsalmen (1512) setzte. Seine Beschäftigung mit der Kabbala (ab 1480) und der Einfluß der kath.-neuplaton. Mystik Pico della Mirandolas prägen seine Hauptwerke „De verbo mirifico" (1494) und „De arte cabbalistica" (1517). Urspr. judenmissionar. eingestellt, wurde R. zum Verteidiger der Rechte der Juden, als er 1510 um ein Gutachten zu der von J. Pfefferkorn betriebenen Beschlagnahme der außerbibl. Literatur der Juden ersucht wurde. 1513 eröffnete der Inquisitor J. van Hoogstraten den kirchl. Prozeß gegen R.: Nach dem zunächst für R. günstigen Schiedsspruch von Speyer (1514) endete er 1520 mit seiner Verurteilung durch den Papst. R. unterwarf sich und lehrte 1520/21 als Prof. für Griech. und Hebr. an der Univ. Ingolstadt, 1521/22 in Tübingen. Der Streit zog weitere Kreise: Die von R. selbst getroffene Auswahl seines Gelehrtenbriefwechsels, die er zu seiner Verteidigung 1514 und 1519 u. d. T. „Clarorum virorum epistolae" veröffentlichte, rief aus einem Kreis jüngerer Humanisten (v. a. U. von Hutten, Crotus Rubianus) die „Dunkelmännerbriefe" († „Epistolae obscurorum virorum") hervor, die - als Parteinahme für R. gedacht - über das eigtl. Anlaß hinaus die Vertreter der herkömml. scholast. Theologie an der Univ. Köln zu verspotten suchten und sich letztl. für R. negativ auswirkten.

Brod, M.: J. R. u. sein Kampf. Stg. u. a. 1965. - Secret, F.: Les kabbalistes chrétiens de la Renaissance. Paris 1964.

Reue, wichtigster Akt der Buße, enthält den Abscheu vor begangenen Sünden und den Vorsatz der sittl. Läuterung und Umkehr, setzt das Faktum der menschl. Freiheit voraus. Die R. ist Voraussetzung für die Erteilung der Absolution im Bußsakrament.

Reuegeld, Geldbetrag, der vereinbarungsgemäß beim Rücktritt von einem Vertrag zu zahlen ist.

Reunion [re-u...; lat.-frz.], (veraltet) Wiedervereinigung, Einverleibung.

Réunion [frz. rey'njõ], Insel der Maskarenen, frz. Überseedep. im Ind. Ozean, 780 km östl. von Madagaskar, 2 512 km², 543 000 E (1985), 216,2 E/km², Hauptstadt Saint-Denis. Den Kern der von Korallenriffen gesäumten Insel bilden die beiden Vulkane Piton des Neiges (3 069 m ü. d. M.) und der noch aktive Piton de la Fournaise (2 631 m), zw. denen sich ein Hochplateau in 900–1 200 m Höhe erstreckt. Das Klima ist trop.-sommerfeucht, Regenzeit von Dez.–März. Die natürl. Vegetation ist weitgehend zerstört. Sekundärwald und Buschwerk nehmen rd. 20 % der Oberfläche ein. Die v. a. in den schmalen Küstenebenen lebende, überwiegend kath. Bev. setzt sich zusammen aus Kreolen (über 45 %), Europäern (rd. 30 %), Indern (18 %) und Chinesen (4 %). Etwa 70 % der Anbaufläche sind den Exportkulturen vorbehalten (Zuckerrohr, Pelargonie, Vetivergras, Vanille, Tee, Tabak). An Industriebetrieben gibt es u. a. Zucker- und Rumfabriken, Betriebe zur Gewinnung von Essenzen aus Riechpflanzen. Haupthafen ist Le Port; internat. ✈ bei der Hauptstadt. **Geschichte:** 1513 entdeckt, 1638 von Frankr. in Besitz genommen, wenig später besiedelt und Île Bourbon gen.; erhielt 1793 den Namen R., unter Napoleon I. in Île Bonaparte geändert (bis 1848); 1810–15 brit. besetzt; seit 1946 frz. Überseedepartement.

Reunionen [re-u...], Annexionen von Gebieten des Hl. Röm. Reichs und der span. Niederlande auf [umstrittener] rechtl. Grundlage (ma. Lehnsvorstellungen) zw. 1679 und 1681 durch Frankr.; dabei wurde Anspruch auf alle Gebiete erhoben, die mit den v. a. 1648 an Frankr. gefallenen Territorien in Verbindung gestanden hatten. Mit der Durchführung des Verfahrens waren seit 1679 eigens gegr. Reunionskammern in Besançon, Breisach, Metz und Tournai beauftragt. Mömpelgard, das Elsaß sowie weite Teile pfälz. und rhein. Gebiete und Teile der südl. span. Niederlande kamen unter frz. Hoheit. Ohne Rechtsvorwand erfolgte 1681 die Unterwerfung der freien Reichsstadt Straßburg. Im Frieden von Rijswijk 1697 gab Ludwig XIV. alle R. bis auf das Elsaß und Straßburg zurück.

Reuse [eigtl. „aus Rohr Geflochtenes"]

Garnelenreusen

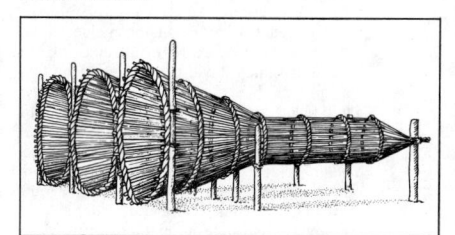

Reusenschnecken

(Fisch-R.), kasten- oder tonnenförmiges, nach hinten sich verengendes Fischfanggerät aus über Spreizringe gespanntem Netzwerk (meist Korb- oder Garngeflecht).

Reusenschnecken (Nassariidae), Fam. etwa 2–3 cm langer Schnecken (↑ Vorderkiemer) mit zahlr. Arten in allen Meeren mit dickwandiger, spitzkegelförmiger Schale. R. graben sich im Schlamm ein, so daß nur der Atemsipho herausragt, der der Wasserströmung entgegengehalten wird und mit dessen Hilfe die Tiere zu riechen vermögen. Hierher gehört u. a. die in europ. Meeren verbreitete **Netzreuse** (Hinia reticulata, Nassa reticulata), die sich vorwiegend von Würmern, Weichtieren und Aas ernährt.

Reusner (Reussner), Esaias, * Löwenberg i. Schles. 29. April 1636, † Berlin 1. Mai 1679, dt. Lautenist und Komponist. - Ab 1674 Kammerlautenist von Kurfürst Friedrich Wilhelm von Brandenburg in Berlin. Einer der hervorragendsten Lautenvirtuosen seiner Zeit; komponierte v. a. für sein Instrument sowie Orchestersuiten.

durchfließt den Vierwaldstättersee, mündet östl. von Brugg; 159 km lang.

reüssieren [frz., zu lat. ↑ re... und exire „hervorgehen"], Erfolg haben, Anerkennung finden; ein Ziel erreichen.

Reuter, Christian, ≈ Kütten bei Halle/Saale 9. Okt. 1665, † Berlin (?) nach 1712, dt. Dichter. - Bauernsohn; seine stets anonymen oder pseudonymen Werke umfassen nach dem Muster Molières und der Commedia dell'arte verfertigte Charakter- und Typenkomödien, mit denen R. die inhaltl. unausgefüllten Wertvorstellungen des Bürgertums ebenso wie die finanziell unabgesicherten Wertansprüche des verarmten Adels satir. anprangert; v. a. in „Schelmuffskys Warhafftig Curiöse und sehr gefährliche Reisebeschreibung zu Wasser und Lande" (1696/97) und dem Lustspiel „Graf Ehrenfried" (1700).

R., Ernst, * Apenrade 29. Juli 1889, † Berlin 29. Sept. 1953, dt. Politiker. - Früh Mgl. der SPD; baute nach 1918 die Berliner KPD-Organisation auf; 1921 Generalsekretär der KPD, 1922 Parteiausschluß und Rückkehr

Ernst Reuter (um 1950)

Fritz Reuter (um 1870)

Reuß, 2 ehem. Ft. und Bundesstaaten des Dt. Reiches im O Thüringens sowie deren - noch bestehendes - Adelsgeschlecht. Von den Herren und Vögten von Weida (erloschen 1531) spalteten sich 1244 die Linien Gera (erloschen 1550) und Plauen ab. Die ältere Linie Plauen erlosch 1572; die jüngere Linie Plauen geht auf Heinrich I. (Henricus Ruthenus; eingedeutscht: der Reuße [† 1292]), zurück. Sie teilte sich 1564 weiter in eine ältere, eine mittlere (erloschen 1616) und eine jüngere Linie. Die Linien R. wurden 1673 in den Grafenstand erhoben. Die Besitzungen der *älteren Linie* fielen an den 1778 gefürsteten Zweig *Obergreiz;* die Besitzungen der *jüngeren Linie* erbte der 1806 gefürstete Zweig *Gera* und *Schleiz*. Beide Ft. erloschen 1918; ihre Territorien gingen 1920 im Lande Thüringen auf.

Reuß, rechter Nebenfluß der Aare (Schweiz), entspringt in der Gotthardgruppe,

zur SPD. 1926–31 Verkehrsdezernent in Berlin, 1931–33 Oberbürgermeister von Magdeburg, 1932/33 MdR; 1933–35 2mal im KZ; 1935–46 Reg.berater und Prof. in der Türkei; ab 1946 erneut Verkehrsdezernent in Berlin, 1947 zum Oberbürgermeister gewählt, bis 1948 durch sowjet. Veto am Amtsantritt gehindert; 1950–53 Regierender Bürgermeister von Berlin; führte den Widerstand gegen die Berlin-Blockade 1948/49 und vertrat in der SPD eine prowestl. Bündnispolitik.

R., Fritz, * Stavenhagen 7. Nov. 1810, † Eisenach 12. Juli 1874, dt. Schriftsteller. - Als aktiver Burschenschafter 1833 verhaftet, 1836 wegen angebl. Majestätsbeleidigung und Hochverrat zum Tode verurteilt, zu 30 Jahren Festungshaft begnadigt; 1840 aus der Haft entlassen (Schilderung der Haftzeit in seinem Werk „Ut mine Festungstid", 1862). Gehört zu den krit. Realisten des 19. Jh.; seine Mundartdichtung zeigt volkstüml. humorist. Züge, doch überwiegt die Kritik an preuß. Militarismus, Adel und patriarchal. Gutsherrschaft. Die Versdichtung „Kein Hüsung" (1858) weist in der Gestaltung des Konfliktes zw. Tagelöhner und Gutsherrn sozialrevolutionäre Züge auf. „Ut mine Stromtid" (R., 1862–64) ist ein vielschichtiges Zeitgemälde Mecklenburgs in der 1. Hälfte des 19. Jh. mit einer Fülle realist. gezeichneter Gestalten.

R., Gabriele, * Alexandria (Ägypten) 8. Febr. 1859, † Weimar 14. Nov. 1941, dt. Schriftstellerin. - 1895–99 aktiv in der Frauenbewegung; behandelt in ihren Romanen die Stellung der Frau in der modernen Gesellschaft (u. a. „Das Tränenhaus", 1909).

Reuters Ltd. [engl. 'rɔɪtəz 'lɪmɪtɪd] † Nachrichtenagenturen (Übersicht).

Reuther, Walter Philip [engl. 'ruːθə], * Wheeling (Va.) 1. Sept. 1907, † bei Pellston (Mich.) 9. Mai 1970 (Flugzeugabsturz), amerikan. Gewerkschaftsführer. - Wurde 1942 Vizepräs., 1946 Präs. der United Automobile Workers Union (UAW), 1946 Vizepräs., 1952 Präs. des CIO; trat als Vizepräs. (ab 1955) der AFL/CIO 1967 zurück, schied 1968 mit der UAW aus der AFL/CIO aus und bildete mit anderen amerikan. Gewerkschaften die Alliance for Labor Action.

Reutlingen, Krst. am Austritt der Echaz aus der Schwäb. Alb, Bad.-Württ., 382–741 m ü. d. M., 96 600 E. Forschungsinst. für Textiltechnik; Fachhochschule R. (Textiltechnik, Chemie, Maschinenbau, Betriebswirtschaft), Ev. Fachhochschule für Sozialwesen, Westdt. Gerberschule, Predigerseminar; Museen, Friedrich-List-Archiv; Staatl. Prüfungsamt für Textilstoffe. U. a. Apparate- und Maschinenbau, Holzverarbeitung, Textil-, Bekleidungs-, Papier- und Lederind. - 1090 erstmals erwähnt, stauf. Gründung; im 12. Jh. in Rundform mit dreieckigem Marktplatz angelegt; erhielt durch Friedrich I. und Otto IV. Stadtrechte; wurde nach 1268 Reichsstadt; im 14. Jh. Mgl. des Schwäb. Städtebundes, 1531–47 Mgl. des Schmalkald. Bundes. - Ev. hochgot. Stadtkirche (13./14. Jh.) mit mächtigem W-Turm; moderne Kirche Sankt Peter und Paul (1959); Brunnen des 16. Jh.; Reste der spätma. Stadtbefestigung.

R., Landkr. in Baden-Württemberg.

Reutte, östr. Bez.hauptort in Tirol, am Lech, 854 m ü. d. M., 5 100 E. - Erste urkundl. Erwähnung 1278; erhielt 1393 Stadtrecht; 1489 zum Markt erhoben. - Zahlr. Häuser mit Fassadenmalereien (v. a. 18. Jh.), Annakirche (1490 und 1846); Ruine Ehrenberg (13.–18. Jh.).

Reutter, Georg, ≈ Wien 6. April 1708, † ebd. 11. März 1772, östr. Organist und Komponist. - War als Hofkomponist (ab 1731), Domkapellmeister von Sankt Stephan (ab 1738) und Hofkapellmeister (ab 1747) Inhaber aller wichtigen Ämter des Wiener Musiklebens. Zu seinen zahlr. Werken zählen rd. 40 Opern, Oratorien, 80 Messen und andere kirchl. Vokalwerke sowie Klaviermusik.

R., Hermann, * Stuttgart 17. Juni 1900, † ebd. 1. Jan. 1985, dt. Komponist. - Schüler W. Courvoisiers; bed. Pianist. Sein umfangreiches, überwiegend vokal bestimmtes Werk umfaßt Opern, u. a. „Doktor Johannes Faust" (1936), „Don Juan und Faust" (1950) und „Die Brücke von San Luis Rey" (1954), Ballette, Oratorien, Kantaten, Konzerte (v. a. für Klavier), Kammermusik und zahlr. Lieder.

R., Otto, eigtl. O. Pfützenreuter, * Gardelegen 24. April 1870, † Düsseldorf 3. März 1931, dt. Kabarettist. - Bekannt durch Auftritte im Berliner „Wintergarten" in den 1920er Jahren; witzige Couplets, z. B. „In fünfzig Jahren ist alles vorbei", „Der Überzieher".

Rev., Abk. für: **Reverend[us].**

Reval (estn. und russ. Tallin[n]), Hauptstadt der Estn. SSR, UdSSR, am Finn. Meerbusen, 464 000 E. Akad. der Wiss. der Estn. SSR, 4 Hochschulen, 12 Museen; 5 Theater, Philharmonie. Maschinenbau, Schiffsreparaturen, elektrotechn. Ind., Papier-, Baumwollkombinat, Möbel-, Konzertflügel-, Schuh-, Tuchfabrik, Bekleidungs-, pharmazeut., Nahrungsmittel- und Baustoffind. Hafen, Verkehrsknotenpunkt, ✈.

Geschichte: Erstmals als **Kolywani** als estn. Siedlung **Lindanise** seit dem 13. Jh. bekannt; 1219 von den Dänen erobert (Errichtung einer neuen Festung); 1346 mit Umgebung an den Dt. Orden verkauft; wurde um 1300 Hansestadt; kam 1561 an Schweden, nach dem 2. Nord. Krieg (1700–21) an Rußland (Verwaltungszentrum des Estländ. Gouvernements); ab 1918 Hauptstadt der Republik Estland, seit 1940 Hauptstadt der Estn. SSR.

Bauten: Der im 2. Weltkrieg stark zerstörte Stadtkern wurde im Stil des 18. Jh. wieder aufgebaut und steht unter Denkmalschutz. Hier befinden sich u. a. die Pfarrkirche Sankt Nikolaus (um 1280), die Heiligengeistkirche (14. Jh.), die Olaikirche (13.–19. Jh.), das Rathaus (Untergeschoß mit spitzbogigen Lauben, im Obergeschoß Bürgersaal und Ratsstube) mit der O-Fassade achteckiger Treppenturm), das Haus der Großen Gilde (1410). Beherrschend über der Stadt liegt der 43 m hohe Felsrücken des Dombergs mit einer Befestigung (13. Jh.) und dem Dom (13.–18. Jh.). Neubauten für die olymp. Segelwettbewerbe 1980.

Revanche [rə'vãːʃ(ə); frz.; zu lat. vindicare „strafen, rächen"], allg. svw. Vergeltung, Rache; im *Sport:* siegreiches Bestehen eines Wettkampfs nach vorausgegangener Niederlage gegen den gleichen Gegner; auch allg. für Rückspiel.

Revanchismus [revãˈʃɪsmʊs; frz.], Bez. für eine polit. Einstellung, deren Ziel die Vergeltung für polit. oder militär. Niederlagen und/oder die Rückgewinnung verlorener Staatsgebiete bzw. die Annullierung aufgezwungener Verträge ist; zuerst auf die außenpolit., auf Vergeltung gerichtete Haltung Frankr. gegenüber Preußen bzw. dem Dt. Reich nach dem Sieg Preußens bei Königgrätz („Rache für Sadowa") und nach dem Verlust Elsaß-Lothringens 1871 angewandt; in der Weimarer Republik Programm nationalist. Gruppierungen und der NSDAP; nach dem 2. Weltkrieg tendenziell eine Position (v. a. bei Teilen der Vertriebenenverbände) in der BR Deutschland mit dem Ziel der Wiedergewinnung der verlorenen Ostgebiete des Dt. Reiches sowie der Rückkehr der Vertriebenen in ihre ehem. Wohngebiete.

Revelation [lat.], Enthüllung, Offenbarung.

Reventlow ['re:vəntlo, dän. 're:'vəndlou̯], holstein. Adelsgeschlecht, urkundl. erstmals 1223 erwähnt, 1673/1767 in den dän. Lehnsgrafenstand erhoben. Bed. Vertreter:
R., Franziska Gräfin zu, eigtl. Fanny Gräfin zu R., * Husum 18. Mai 1871, † Muralto bei Locarno 27. Juni 1918, Schriftstellerin. - Schildert in der Erzählung „Herrn Dames Aufzeichnungen" (1913) treffend München und Persönlichkeiten des Münchner Künstler- und Gelehrtenkreise vor dem 1. Weltkrieg; auch Romane.
R., Friedrich Graf von, * Schleswig 16. Juli 1797, † Starzeddel (Landkr. Guben) 24. April 1874, Politiker. - 1846 Sprecher der schleswig-holstein. Ritterschaft; 1848 an der Erhebung der Elb-Hzgt. beteiligt; Mgl. der provisor. Reg.; 1849–51 von der Frankfurter Nat.versammlung zum Statthalter bestellt, danach des Landes verwiesen.

Reverdy, Pierre [frz. rəvɛr'di], * Narbonne 13. Sept. 1889, † bei Solesmes (Sarthe) 21. Juni 1960, frz. Dichter. - Bereitete als avantgardist. Lyriker und Theoretiker der Generation G. Apollinaires und B. Cendrars' den Surrealismus vor. In dt. Auswahl erschien u. a. „Quellen des Windes" (1970).

Reverend [engl. 'rɛvərənd; zu lat. reverendus „Verehrungswürdiger"], Abk. Rev., Titel und Anrede der Geistlichen in englischsprachigen Ländern.

Reverenz [lat.], Hochachtung einem Höhergestellten gegenüber; Verbeugung.

Revers [re'vɛrs, re'vɛːr; frz.; zu lat. revertere „umkehren"], Rück- oder Kehrseite einer Münze oder Medaille.
◆ [re'vɛːr] Aufschlag an Jacken und Mänteln sowie an Kleidern, der meist mit dem Kragen eine opt. Einheit bildet (steigendes und fallendes Revers).
◆ [re'vɛrs] im *Recht* Bez. für eine schriftl. Erklärung, durch die sich jemand zu einem bestimmten Tun oder Unterlassen verpflichtet; auch Bez. für den Verpflichtungsschein selbst.

reversibel [lat.], umkehrbar; gesagt von Prozessen (z. B. in der Thermodynamik, Mechanik), die sowohl in der einen wie in der anderen Richtung verlaufen können. Ein r. ablaufender Prozeß ermöglicht die Rückkehr zum Ausgangszustand ohne bleibende Veränderungen. - Ggs irreversibel.
◆ in der *klin. Medizin* svw. heilbar.

Reversibilität [lat.], Ausdruck der Wahrnehmungspsychologie für die Eigenschaft bestimmter Figuren, dem Betrachter auf zweierlei Weise erscheinen zu können. Hierbei werden entweder Vordergrund und Hintergrund einer dreidimensional gedachten Darstellung oder Figur und Grund († Figur-Grund-Verhältnis) einer zweidimensional aufgefaßten Darstellung ausgetauscht. - † auch Inversion.

Reversion [lat.], allg. svw. Umkehrung, Umdrehung.

Reversionsprisma, svw. † Amici-Prisma.

revidieren [lat.], 1. nachsehen, prüfen; 2. [seine Meinung] ändern.

Revier [frz.-niederl., zu lat. ripa „Ufer"], allg. svw. Bezirk (z. B. Polizei-R., Dienststelle eines Stadtbezirks; Gegend; Bereich.
◆ eine selbständige Abbauabteilung auf einer Bergwerksanlage; auch Bez. für den Bereich eines Bergbaubezirks (z. B. Ruhrrevier).
◆ ein begrenztes Gebiet (innerhalb des von der Natur vorgeschriebenen Lebensraumes), das Tiere als ihr eigenes Territorium betrachten und daher entsprechend markieren († Markierverhalten) und verteidigen. Die Anwesenheit eines R.besitzers schließt i. d. R. die Anwesenheit artgleicher (gelegentl. auch artfremder) Konkurrenten (insbes. gleichgeschlechtl. Artgenossen) aus.
◆ (Forstrevier) † Forstamt.
◆ *militär.:* früher Bez. für die Krankenstube eines Truppenteils, in der leichterkrankte Soldaten behandelt wurden.

Revierfahrt † Segelsport.

Revirement [revirə'mãː; frz.], Wechsel in der Besetzung von Ämtern.

Revision [mittellat., zu lat. revidere „noch einmal hinsehen"], ein auf Fehler in der Rechtsanwendung gestütztes Rechtsmittel. Die Einlegung der R. hemmt den Eintritt der Rechtskraft eines vorangegangenen Urteils († Berufung) und führt bei Zulässigkeit zu einer rein rechtl., nicht tatsächl. Nachprüfung desselben durch eine höhere (letzte) Instanz (*R.instanz, R.gericht*). In *Zivilsachen* kann R. grundsätzl. gegen die in der Berufungsinstanz von den Oberlandesgerichten erlassenen Endurteile eingelegt werden, wenn die erforderl. *(Revisions-)Beschwerdesumme* 40 000 DM übersteigt und die Rechtssache grundsätzl. Bedeutung hat oder das Oberlandesgericht die R. in dem Urteil zugelassen hat (eine Nichtzulassungsbeschwerde gibt es nicht) bzw. als Berufungsgericht die Berufung als unzulässig verworfen

Revolution

hat. In *Strafsachen* findet die R. statt gegen die Urteile der Strafkammern und der Schwurgerichte sowie gegen die erstinstanzl. Urteile der Oberlandesgerichte (↑ auch ordentliche Gerichtsbarkeit). In *Verwaltungsgerichtssachen* gegen die R. zulässig gegen die Urteile der Oberverwaltungsgerichte (bzw. Verwaltungsgerichtshöfe), in *Finanzsachen* gegen Endurteile der Finanzgerichte (↑ Finanzgerichtsbarkeit) und in *Sozialgerichtssachen* gegen Urteile der Landessozialgerichte. Für Arbeitsgerichtssachen ↑ Arbeitsgerichtsbarkeit. Die *Revisionsfrist*, d. h. die Frist, in der R. einzulegen ist, beträgt grundsätzl. einen Monat ab Zustellung des in vollständiger Form abgefaßten Urteils, in Strafsachen eine Woche ab Verkündung des Urteils. Die R. muß innerhalb eines Monats unter Angabe des R.antrags begründet werden (*R.begründungsfrist*), wobei bestimmte Rechtsverletzungen stets die R. begründen (*absolute R.gründe*, z. B. §§ 551 ZPO, 338 StPO). Eine bes. Art der R. ist die Sprungrevision (§§ 335 StPO, 566 a ZPO), die unter freiwilliger Aufgabe einer Tatsacheninstanz anstelle einer mögl. Berufung eingelegt wird.
♦ im *Druckwesen* Abzug eines umbrochenen Satzes zu Zwecken der Korrektur bzw. erste Korrektur eines Textes nach dem Umbruch (Bogenkorrektur).

Revisionismus, Bez. für eine auf Abänderung von Verfassungen oder völkerrechtl. Verträgen gerichtete Bestrebung. - ↑ auch Revanchismus.
♦ Bez. für Bestrebungen, den Marxismus einer (behaupteten) veränderten gesellschaftl. Wirklichkeit anzupassen, insbes. Bez. für die Lehre E. Bernsteins, der eine Theorie des R. entwickelte, die v. a. die theoret. Rechtfertigung für den Reformismus lieferte. Bernstein behauptete, daß die von Marx prognostizierte Verelendung des Proletariats und Vernichtung des Mittelstands ausgeblieben sei, daß sich die wirtschaftl. Krisen nicht verschärft hätten, das Kreditsystem und die Aktiengesellschaften sowie Kartelle die Anpassungsfähigkeit des Kapitalismus an neue Bedingungen zeigten, während die durch Druck der Arbeiterbewegung erreichten Sozialreformen zeigten, daß auch im Rahmen der bestehenden Gesellschaftsordnung Verbesserungen erreichbar seien, wenn sich die Arbeiterparteien und Gewerkschaften darauf konzentrierten, Wichtig sei, realist. auf die prakt. Tagesprobleme einzugehen. Zudem stelle die parlamentar. Demokratie optimale Bedingungen für die schrittweise Transformation der kapitalist. in eine sozialist. Gesellschaft. - ↑ auch Sozialdemokratie.

Revisor [mittellat.], vereidigter Buchprüfer; Wirtschaftsprüfer.

Revitalisierung [lat.], allg. Kräftigung, Erholung, Wiederherstellung der Vitalität nach einer Erkrankung.

Revival [engl. riˈvaɪvəl „Wiederbelebung"], die auch als „Dixieland R." oder „New-Orleans-Renaissance" bezeichnete Wiederbelebung des traditionellen Jazz während der 1940er Jahre. Das R. wurde initiiert durch Plattensammler und Jazzforscher, die gemeinsam mit der Schallplattenind. die Neuentdeckung und Reaktivierung zahlr. in Vergessenheit geratener New-Orleans-Jazz-Veteranen betrieben.

Revokation [lat.], svw. Widerruf.

Revolte [frz.], Aufstand, [bewaffneter] Aufruhr (einer kleineren Gruppe).

Revolution [lat.-frz.], allg. Bez. für eine tiefgreifende Änderung (z. B. industrielle R., aber auch R. der Wiss., der Kunst, der Mode usw.). Im *polit.-sozialen* Sinne Bez. für eine grundlegende Umgestaltung der gesellschaftl. Struktur, der polit. Organisation sowie der kulturellen Wertvorstellungen in einem bestimmten geograph. Bereich und damit Bez. für eine bes. Form des histor. Wandels. Nach Inhalten unterscheidet man *polit. R.*, *soziale R.* und ↑ *Kulturrevolution*, nach Trägern *Bauern-R.*, *bürgerl. R.* und *proletar. (soziale) R.*, nach geograph. Ausbreitung *nat. R.* und *Welt-R.*; die Versuche, eine begonnene oder bereits erfolgreich beendete R. rückgängig zu machen, werden *Konter-R.* gen.; im Sprachgebrauch wird als R. sowohl der plötzl. Machtwechsel als auch die diesem Wechsel folgende langfristige Umwälzungs- und Umschichtungsphase bezeichnet. Träger der R. sind i. d. R. benachteiligte Schichten, unterdrückte Klassen usw., auch wenn als Wortführer häufig Angehörige der Oberschicht fungieren. Als *R. von oben* wird eine von einer (legalen) Reg. „verordnete" totale Umwälzung der gesellschaftl. Verhältnisse bezeichnet. Obwohl fast alle Revolutionen bisher Elemente der Gewalt enthielten, ist das Moment widerrechtl. Gewalt für eine R. nicht konstitutiv. Formen des Umsturzes, die zu keiner tiefgreifenden, gesellschaftl. und polit. Strukturveränderung führen, gelten nicht als R. im eigtl. Sinne (z. B. Palast-R., ↑ Staatsstreich, ↑ Putsch). Im Ggs. zum Konzept der R. stehen die Konzepte der Evolution (allmähl. gesellschaftl. Veränderung im Rahmen der bestehenden Struktur) und der Reform.

Die verschiedenen *R.theorien* sind i. d. R. Verallgemeinerungen von wenigen histor. Beispielen, und zwar v. a. der Puritan. Revolution und der Glorious revolution in England im 17. Jh., der Revolutionen in Nordamerika (1776), in Frankr. (1789) und in Rußland (1917). Die ↑ Französische Revolution gab dem Begriff R. die endgültig die Bed. einer grundlegenden gesellschaftl. und polit. Umgestaltung und gilt für R.theoretiker aller Richtungen als beispielhaft. Auf Grund des unübersehbaren revolutionären Elans der Massen als Träger der Frz. R. wurde deutl., daß R. nicht nur ein objektives (wie eine Naturkata-

221

Revolution

strophe hereinbrechendes) Ereignis ist, sondern „subjektive Revolutionäre" (E. Rosenstock-Huessy) braucht, wobei zuerst der gesamte dritte Stand (95% der frz. Bev.) als Träger der Frz. R. gelten konnte, wenn auch sehr bald die Schicht reicher Bankiers, Kaufleute und Intellektueller, die seit langem den Widerspruch zw. ihrer kulturellen und ökonom. Position und der veralteten polit.-sozialen Ordnung empfunden hatten, die Führung übernahmen. Die Revolutionen in England, N-Amerika und Frankr. gelten als liberale oder bürgerl. Revolutionen; sie wurden v. a. von dem aufstrebenden, sich vom Feudalismus emanzipierenden Bürgertum getragen und setzten wie bereits einige Vorläufer (u. a. in Italien im 14. Jh., Bauernkrieg im Deutschland des 16. Jh.) eine Negierung des ma. Weltbildes von der unverrückbaren, gottgegebenen Ordnung voraus. Wichtigste Antriebskräfte waren die Aufklärung und die polit. Theorie des Liberalismus. Für Rousseau, der die Volkssouveränität ebenso wie die individuelle Freiheit als ein unverzichtbares Naturrecht proklamierte, war der Begriff der R. mit dem Drang nach einem allg. zivilisator. Fortschritt verbunden. Nach dem Willen der Träger der Frz. R. sollte der Widerspruch zw. den realen Herrschaftsverhältnissen im feudalen und absoluten Staat und den von der Vernunft als letzter Erkenntnisinstanz (im Sinne der Aufklärung) erkannten Naturrechten der Beherrschten aufgehoben werden. Noch entscheidender für das Zustandekommen einer R. als die geisteswissenschaftl. Vorbereitung galten vielen Theoretikern des 19. Jh. angesichts der Ereignisse in Frankr. jedoch die reale polit. und soziale Situation und die jeweilige Stabilität der Herrschaftsverhältnisse. A. de Tocqueville hat als erster beobachtet, daß Revolutionen oft in einer Periode der beginnenden - aber verspäteten - Reform ausbrechen. Voraussetzung ist allerdings - wie die Frz. R. deutl. machte - ein *revolutionäres Bewußtsein* der Träger der R., also der Wille zur Veränderung einer bestehenden Ordnung. Dabei muß jedoch das Ziel der R. nicht ausdrückl. die Errichtung gänzl. neuer Besitz-, Herrschafts- bzw. Partizipationsverhälnisse sein; vielmehr wurde auch die Wiederherstellung alter gleicher Rechte angestrebt, die durch Feudalismus und Absolutismus außer Kraft gesetzt worden waren. Für *bürgerl.-konservative R.gegner*, wie E. Burke, F. Gentz und A. H. Müller, war die Frz. R. kein histor. notwendiges Ereignis, sondern ein Aufstand unkultivierter Massen, die von egoist. Intellektuellen aufgeputscht und manipuliert worden waren. V. a. K. L. von Haller, aber auch Bismarck und Metternich vertraten die Verschwörungstheorie, nach der Geheimgesellschaften Revolutionen planen und in Gang setzen.

Marxismus und R.: Marx hat seine soziale R.theorie in der Kritik und Analyse der bürgerl.-liberalen R. und ihrer objektiven Widersprüche entwickelt. Für Marx und Engels besteht der objektive histor. Sinn jeder R. in einer qualitativen Umgestaltung der sozialen Struktur, die den jeweiligen histor. Bedingungen und dem Stand der Entwicklung der Produktivkräfte angemessen ist, d. h.: Mit der R. wird die Herrschaft einer Klasse beseitigt und durch die Herrschaft einer anderen Klasse ersetzt. Die bürgerl.-liberalen Revolutionen hatten nach dieser Theorie die Funktion, den Übergang vom Feudalismus zum Kapitalismus zu vollziehen. Ihr objektiver histor. Sinn lag nach Marx in der Durchsetzung neuer und besserer Entwicklungsbedingungen für die kapitalist. Produktionsweise. Zugleich stellte Marx jedoch fest, daß sich dieser objektive histor. Sinn keineswegs in den Motiven der bürgerl. Revolutionäre widerspiegelte, die von einem utop. Enthusiasmus geleitet wurden und von einem Reich weltweiter Brüderlichkeit und der Wiederherstellung der antiken Demokratie träumten. Dieser enthusiast. Überschwang der bürgerl. R. wurde enttäuscht und aufgegeben, als mit der erfolgreichen Beseitigung der Ständeordnung sofort eine neue, ökonom. strukturierte soziale Gliederung sichtbar wurde: Bürgerl. Unternehmer (Kapitalisten) standen nun besitzlosen Arbeitern (Proletariat) gegenüber. Erst der histor. unvermeidl. *soziale Welt-R.*, die die Herrschaft des Menschen über den Menschen endgültig beenden soll, kann - nach Marx und Engels - die Versprechungen der bürgerl. R. einlösen. Bedingungen für eine soziale R. sind bei Marx und Engels: 1. ein Träger der R. (das Proletariat), der auf Grund seiner ökonom. Interessenlage und zur Erreichung seiner materiellen Bedürfnisse ein revolutionäres Bewußtsein entwickelt; 2. der internat. Charakter der R., da das Kapital internat. verbunden ist; 3. die vorangegangene Überwindung von Feudalismus und Absolutismus, die Herrschaft im Staat durch die Bourgeoisie, ein fortgeschrittenes Stadium des kapitalist. Systems; 4. das Vorhandensein ökonom. Krisen, in denen die widersprüchl. Interessenlagen beider Klassen offenbar werden.

Für R. Luxemburg kann die soziale R. trotz ihrer Abhängigkeit von objektiven Kriterien nur als Massenbewegung erfolgreich sein, die ihrerseits durch polit. Generalstreiks ausgelöst werden soll. Damit stand R. Luxemburgs R.theorie im Ggs. zur R.strategie Lenins, nach der die †Oktoberrevolution 1917 erfolgreich durchgeführt wurde. Lenin verzichtete zur Durchführung der R. auf die Organisation einer Massenpartei zugunsten seiner bolschewist., aus „Berufsrevolutionären" bestehenden Kaderpartei. Im Widerspruch zur R.theorie von Marx und Engels leitete Lenin die soziale R. in Rußland ein, bevor sich der Kapitalismus dort vollständig entwickelt hatte. Der Beschränkung Stalins auf die „R. in einem Lande" setzte Trotzki das Konzept der *permanenten Revolution* entgegen, die als ständiger Prozeß den nat. Rahmen sprengen und zur Welt-R. werden müsse. Konsequenter als Lenin, der v. a. das wenig entwickelte Proletariat als Träger der sozialen R. ansah, aber auch die zahlenmäßig weit überlegene Bauernschaft zu mobilisieren versuchte, betonte Mao Tse-tung mit seiner Strategie der „Umzingelung der Städte durch das Land" die führende revolutionäre Rolle der chin. Bauernschaft unter Vernachlässigung des Ind.proletariats in den großen Städten, was die Verwendung der Guerillataktik im R.-krieg begünstigte. Mit ihrer Weiterentwicklung und Anpassung an die revolutionäre Praxis in den verschiedenen histor. Situationen hat sich die marxist. R.theorie immer weiter von Marx und Engels entfernt. So verweisen heute nichtdogmat. Marxisten darauf, daß die Arbeiterschaft ihr revolutionäres Bewußtsein verloren habe und statt dessen die nicht in den industriellen Wirtschaftsprozeß einbezogene krit. Intelligenz ein revolutionäres Bewußtsein entwickeln kann. Andere Theoretiker sind der Ansicht, daß sich der revolutionäre Prozeß von den Ind.staaten auf die Länder der Dritten Welt verlagert habe.

Trommelrevolver

⟐ *Deuchert, N.: Vom Hambacher Fest zur bad. R. Stg. 1983. - Revolutionary theory and political reality. Hg. v. N. K. O'Sullivan. Brighton (Sussex) 1983. - Claussen, D.: List der Gewalt. Soziale Revolutionen u. ihre Theorien. Ffm. 1982. - Eisner, W.: Solidarität u. dt. Misere. Erfahrungsmomente der frühen sozialen Bewegungen bis 1848. Ffm. 1982. - Fuchs, T.: Bewaffnete Aufstände. Von den Bauernkriegen bis Baader-Meinhof. Mchn. 1982. - Marcuse, H.: Vernunft u. R. Nw. ⁶1982. - Lenk, K.: Theorien der R. Mchn. ²1981. - Pelinka, A./Reinalter, H.: R. u. Gesellschaft. Innsb. 1980. - Theorie u. Praxis der R. Hg. v. W. W. Ernst. Köln u. Wien 1980. - Metzger, A.: Phänomenologie der R. Ffm. 1979. - Mandel, E. Revolutionäre Strategien im 20.Jh. Dt. Übers. 1978.*

Revolution, Pik, vergletscherter Berg im Pamir, Tadschik. SSR, 6 974 m hoch.

Revolutionsarchitektur, Bez. für eine avantgardist. Tendenz der frz. Baukunst der Vorrevolutionszeit und Aufklärung; die R. existiert prakt. nur im Entwurfsstadium, charakterist. ist die Reduzierung des Baukörpers auf einfache geometr. Formen wie Kugel, Pyramide, Zylinder und Würfel (Entwurf eines Grabmals für Newton in Form einer 150 m hohen Kugel von E.-L. Boullée). Auch Verwendung von Symbolformen (C. N. Ledoux).

Revolutionskalender ↑ Zeitrechnung.

Revolver [lat.-engl.], (Drehpistole) mehrschüssige Faustfeuerwaffe, bei der die Patronen in meist 6 Bohrungen (Kammern) einer hinter dem Lauf drehbar angeordneten Walze (Trommel) untergebracht sind (**Trommelrevolver**), wobei die durch manuelles Spannen des Hahns bzw. durch Betätigen des Abzugs selbsttätig erfolgende Drehung der Trommel jeweils die nächste Patronenkammer hinter den Lauf bringt. Vorläufer waren die Bündel-R. mit einem drehbaren Bündel von mehr zu ladender Läufe (bereits um 1600). Vorderlader-R. *(Perkussions-R.)* mit feststehendem Lauf, automat. beim Spannen des Hahns sich drehender Walze und einfacher Abzugsbewegung wurden ab 1836 hergestellt († Colt), 1850 die ersten *Hinterlader-R.*, 1867 der erste R. für (die heute allg. übl.) Zentralfeuerpatronen (mit Mittenfeldzündung).

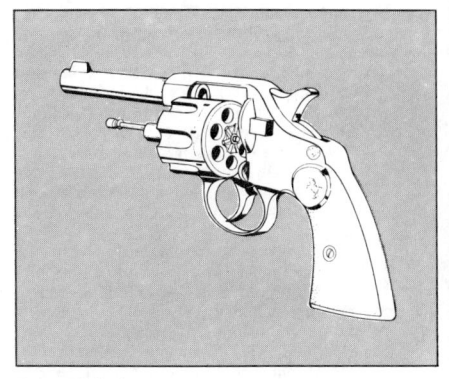

◆ drehbare Wechselvorrichtung (z. B. für Objektive, Okulare, Filter u. a. an Mikroskopen), bei der die auszuwechselnden Teile kreisförmig angeordnet sind.

Revolverdrehbank ↑ Drehbank.

Revolvinggeschäfte [engl. rɪ'vɔlvɪŋ „sich drehend, sich erneuernd"], Geschäfte eines Finanzmaklers oder eines Bankinstituts zur Finanzierung langfristiger Anlagen mit Hilfe revolvierender Kredite *(Revolving credit)*. Der Kreditnehmer erhält die Mittel für längere Perioden, die Kreditgeber können ihre Mittel kurzfristig zurückrufen, wobei jedoch neue Kredite an die Stelle der zurückgezogenen treten.

revozieren [lat.], widerrufen, zurücknehmen.

Revue [rə'vy:; frz. „Übersicht, Rundschau"], Titelbestandteil zahlr. v. a. frz.sprachiger Zeitschriften, zugleich im 19.Jh. Zeitschriftentyp mit themat. universaler Orientierung, z. T. kulturpolit. Zeitschriften.

◆ effektvoll aufgemachtes theatral. Unterhaltungsstück aus Sprech-, Gesangs- und Tanzszenen und artist. Einlagen, die nur lose und ohne dramat. Absicht durch eine oft satir. Rahmenidee zusammengehalten werden. Die R. entstand in Frankr. nach 1830 als zeitkrit. Parodie und erlebte ihre erste Blüte im 2.

Kaiserreich, wo sie sich als „R. à grand spectacle" mit großer Ausstattung in Häusern wie Moulin Rouge, Chat-Noir und Folies-Bergère etablierte. Im Berliner Metropoltheater wurden ab 1898 jährl. wechselnde R. aufgeführt, für die u. a. P. Lincke die Musik schrieb. Ab 1907 produzierte F. Ziegfeld (*1869, †1932) in New York seine aufwendigen „Ziegfeld Follies"; Songs zu den R. Ziegfelds und seiner vielen Nachahmer schrieben u. a. J. Kern, I. Berlin und G. Gershwin. - ↑auch Show.

Revue des Deux Mondes, La [frz. larvydedø'mõ:d], 1829 gegr. frz. kulturpolit. Zeitschrift; erschien 1940–44 in S-Frankr., nach der Befreiung 1944 u. d. T. „La Revue, littérature, histoire, arts, sciences des Deux Mondes"; 1956 zusammengelegt mit der Revue „Hommes et Mondes"; erscheint seit 1959 u. d. T. „La Nouvelle Revue des Deux Mondes".

Revueltas [span. rrɛ'βμɛltas], José, *Durango 20. Nov. 1914, †Mexiko 14. April 1976, mex. Schriftsteller. - Bruder von Silvestre R.; schrieb neben polit. und kulturkrit. Essays Theaterstücke, Erzählungen, Romane.

R., Silvestre, *Santiago Papasquiaro (Durango) 31. Dez. 1899, †Mexiko 5. Okt. 1940, mex. Komponist, Dirigent und Violinist. - Einer der bedeutendsten modernen mex. Komponisten; seine Ballette, Orchesterwerke, Kammermusik (u. a. 3 Streichquartette), Lieder und Filmmusiken sind vielfach von der mex. Folklore angeregt.

Rewe-Genossenschaften, Abk. RG., Einkaufsgenossenschaft, die in den 1920er Jahren als Zusammenschluß selbständiger Einzelhändler im westdt. Raum entstand und heute in der gesamten BR Deutschland verbreitet ist.

Rex christianissimus [lat.] ↑Allerchristlichster König.

Rex fidelissimus [lat.] ↑Allergläubigste Majestät.

Rexisten, Anhänger der **Rexbewegung** (des **Rexismus**), einer 1930 von L. Degrelle gegr. autoritär-antiparlamentar. Bewegung, die aus der (wallon.) kath. Bewegung (um das Verlagshaus Christus Rex) hervorging und nach faschist. und nat.-soz. Vorbild ein Ständesystem anstrebte; kollaborierten nach der Besetzung Belgiens 1940 mit der dt. Besatzungsmacht; führend beteiligt bei der Aufstellung der Wallon. Legion, die auf dt. Seite an der O-Front mitkämpfte; rexist. Symbol war das burgund. Kreuz.

Rex sacrorum [lat. „Opferkönig"], im antiken Rom höchstrangiger, wenn auch polit. bedeutungsloser Priester des Pontifikalkollegiums, der die urspr. vom König vollzogenen Opfer während der Zeit der Republik darbrachte.

Rey, Ernest [frz. rɛ], frz. Komponist und Musikkritiker, ↑Reyer, Ernest.

R., Fernando [span. 'rrɛi̯], eigtl. F. Casado Arambillet, *La Coruña 1917, span. Schauspieler. - Im Film bekannt als Darsteller soigniert-vornehmer Typen mit starken Anzeichen von Schwäche und Dekadenz; v. a. in „Viridiana" (1961), „Tristana" (1970), „Der diskrete Charme der Bourgeoisie" (1972), „Pasqualino Siebenschön" (1976).

R., Jean [frz. rɛ], *Lüttich 15. Juli 1902, †ebd. 19. Mai 1983, belg. liberaler Politiker. - 1949/50 Min. für Wiederaufbau, 1954–58 Wirtschaftsmin.; wesentl. beteiligt am Zustandekommen der Röm. Verträge, trug entscheidend zum Auf- und Ausbau der EG bei; 1967–70 Präs. der gemeinsamen Kommission der EG.

Reyer, Ernest [frz. rɛ'jɛːr], eigtl. E. Rey, *Marseille 1. Dez. 1823, †Le Lavandou bei Toulon 15. Jan. 1909, frz. Komponist und Musikkritiker. - Setzte sich für R. Wagner und G. Bizet ein. Komponierte v. a. Opern, u. a. „Sigurd" (1884), „Salammbô" (1890).

Reyes, Alfonso [span. 'rrɛjes], *Monterrey 17. Mai 1889, †Mexiko 27. Dez. 1959, mex. Schriftsteller. - 1941 Prof. für Philosophie; Kritiker und Anreger, der durch seine Arbeiten über die span. und lateinamerikan. Literatur einen wesentl. Einfluß auf die Erneuerung des geistigen Lebens Mexikos ausübte.

Reyes Basoalto, Neftalí Ricardo [span. 'rrɛjez βaso'alto], chilen. Lyriker, ↑Neruda, Pablo.

Reykjanes [isländ. 'rɛjkjanɛːs] ↑Faxabucht.

Reykjanesrücken [isländ. 'rɛjkjanɛːs], nördl. Abschnitt des Nordatlant. Rückens, bis 492 m u. d. M. aufragend.

Reykjavík ['raιkjaviːk, isländ. 'rɛjkjaviːk], Hauptstadt von Island, an der Faxabucht, 88 700 E. Verwaltungs-, Handels-, Wirtschafts- und Kulturzentrum des Landes; Sitz eines ev.-luth. und eines kath. Bischofs; Univ. (gegr. 1911), Technikum, Musikhochschule, Lehrerseminar; Inst. für Meeresforschung; Nationalmuseum, -bibliothek, -theater. Schiffbau, Kfz.-Montage, chem., Gerberei-, Textil-, Konfektions-, Elektro- und Nahrungsmittelind., Hafen, ⚓. - 877 von Normannen angelegt, erhielt 1786 das Privileg einer Handelsstadt; wurde 1903 Verwaltungssitz.

Reymont, Władysław Stanisław [poln. 'rɛjmɔnt], eigtl. W. S. Rejment, *Kobiele Wielkie (Woiwodschaft Piotrków) 7. Mai 1867, †Warschau 5. Dez. 1925, poln. Schriftsteller. - Aus armer Familie, Autodidakt; der Roman „Die poln. Bauern" (1904–09), für den R. 1924 den Nobelpreis erhielt, gibt ein nach den Jahreszeiten in 4 Teile gegliedertes, breites und kraftvolles Bild poln. Dorflebens.

Reynaud, Paul [frz. rɛ'no], *Barcelonette 15. Okt. 1878, †Paris 21. Sept. 1966, frz. Politiker. - Abg. 1919–24 (Bloc national) und 1928–1940 (Demokrat. Allianz); 1930 Finanz-,

1931/32 Kolonialmin., Febr.–Mai 1932 stellv. Min.präs. und Justizmin., April–Nov. 1938 erneut Justizmin.; leitete als Finanzmin. 1938–40 erfolgreich eine Sanierung der Finanzen ein; widersetzte sich der Appeasementpolitik; Min.präs. und Außenmin. ab März 1940, ab Mai zugleich Verteidigungsmin.; wich vor den dt. Truppen nach Bordeaux aus, trat schließl. am 16. Juni 1940 zurück; durch die frz. Reg. in Vichy 1940 verhaftet und 1942 nach Deutschland ausgeliefert (u. a. im KZ in Sachsenhausen und in Buchenwald); 1946–62 Abg. der Unabhängigen Republikaner, 1948 Finanzmin.; 1953/54 stellv. Min.präs.; 1958 Vors. des beratenden Verfassungskomitees, das die Verfassung der 5. Republik ausarbeitete; Gegner einer Direktwahl des Staatspräs., der Force de frappe und Kritiker der Europapolitik de Gaulles; zahlr. Schriften.

Reynolds [engl. rɛnldz], Burt, * Waycross (Georgia) 11. Febr. 1936, amerikan. Schauspieler. - Seit 1960 beim Film; wurde mit „Beim Sterben ist jeder der erste" (1971) Hollywoods prominentester Darsteller aggressiver Männlichkeit. - *Weitere Filme:* Straßen der Nacht (1974), Mein Name ist Gator (1975; auch Regie), Silent Movie (1976), Frauen waren sein Hobby (1984).

R., Sir (seit 1768) Joshua, * Plympton (Devonshire) 16. Juli 1723, † London 23. Febr. 1792, engl. Maler. - Unternahm zahlr. Studienreisen v. a. nach Italien (Rom) und Holland (Rembrandt, van Dyck und Rubens). R. war der bedeutendste Bildnismaler seiner Epoche in England. Er hinterließ etwa 2 000 Porträts in meist klassizist. Stil. Im Spätwerk gestaltet er die Porträtierten als allegor. und mytholog. Figuren; auch Kinderporträts. R. verleiht seinen Bildnissen warmgetönte Farbigkeit, u. a. „Nelly O'Brien" (1760–62; London, Wallace Collection).

R., Osborne, * Belfast 23. Aug. 1842, † Watchet (Somerset) 21. Febr. 1912, brit. Physiker und Ingenieur. - Prof. für Ingenieurwiss. in Manchester. Grundlegende Arbeiten insbes. zur Hydraulik, Hydrodynamik und Strömungslehre. R. führte bei der Untersuchung techn. Strömungsvorgänge die sog. ↑ Reynolds-Zahl als Ähnlichkeitsparameter ein und erkannte die Existenz einer krit. Geschwindigkeit beim Übergang vom laminaren zum turbulenten Strömungsverlauf. 1889 begründete er die Theorie der turbulenten Strömung.

Reynolds-Zahl [engl. rɛnldz; nach O. Reynolds], Formelzeichen *Re*, in der Strömungslehre bei Ähnlichkeitsbetrachtungen verwendete Kennzahl für Strömungsvorgänge, bei denen Trägheit und Reibung eine Rolle spielen, und zwar das Verhältnis der Trägheitskräfte zu den Reibungskräften. Die R.-Z. bestimmt wesentl. das Umschlagen von einer laminaren in eine turbulente Strömung.

Reyon [rɛˈjõː; frz.] (Rayon) ↑ Viskose.

Reza Pahlavi ↑ Resa Pahlawi.

Rezedenten [lat.], in der Ökologie Organismen, die in einer Tier- oder Pflanzengesellschaft zwar mit beträchtl. Individuenzahl vertreten sind, jedoch an der Gesamtmasse lebender Substanz (Biomasse) nur einen geringen Anteil haben.

Rezension [lat.], 1. in der Textkritik der Versuch, aus verschiedenen überlieferten Lesarten (Varianten) eines antiken oder ma. Textes durch Kontamination die Fassung herzustellen, die nach Meinung des Editors dem Original am nächsten kommt (Archetypus); 2. krit. Betrachtung und Wertung dichter. und wiss. Werke (Buchbesprechung), von Theater-, Film-, Fernsehaufführungen und Konzerten.

rezent (recent) [lat.], gegenwärtig [noch] lebend, auftretend oder sich bildend; gesagt von Lebewesen und Vorgängen. - Ggs.: fossil.

Rezept [lat.], schriftl. (mit Ort, Datum und Unterschrift versehene) ärztl., zahnärztl. oder tierärztl. Anweisung an eine Apotheke zur Abgabe (bzw. Herstellung und Abgabe) eines Arzneimittels.
♦ Angaben für die Zubereitung einer Speise oder eines Getränks.

Rezeption [lat.], allg. svw. Übernahme von fremdem Gedanken- oder Kulturgut, fremden Normen und Wertvorstellungen bzw. Verhaltensweisen.
♦ Aufnahmeraum, Empfangsbüro (in einem Hotel).
♦ in *Literatur-, Kunst-* und *Musikwiss.* (etwa seit der Mitte der 1960er Jahre) allg. Bez. für jede Art der kommunikativen Aneignung von Literatur, Kunst, Musik u. a. durch den ↑ Rezipienten.
♦ in der *Sinnesphysiologie* bzw. *Psychologie* svw. Reizaufnahme (durch Rezeptoren).

Rezeptionsorgane ↑ Sinnesorgane.

rezeptiv [lat.], [nur] aufnehmend; aufnahmefähig.

Rezeptor [lat.], die für den Empfang bestimmter Reize empfindl. Einrichtungen einer lebenden Zelle (oder eines Organs). Nach Art der adäquaten Reize unterscheidet man u. a. Chemo-, Osmo-, Thermo-, Mechano-, Photo-, Phono-R., nach der Lage im Organismus **Exterorezeptoren** (an der Körperperipherie; zur Aufnahme von Außenreizen) und **Enterorezeptoren** (im Körperinnern).

Rezeptur [lat.], in der *Pharmazie* die Zubereitung von Arzneimitteln nach Rezept; auch der Arbeitsraum in einer Apotheke zur Herstellung der Arzneimittel

Rezession [lat.], im Konjunkturzyklus (↑ Konjunktur) die Abschwungphase nach dem oberen Wendepunkt mit stagnierendem bzw. rückläufigem Investitionsumfang und sinkender Produktion, wodurch sich die Lohnsumme und damit die Nachfrage nach Konsumgütern u. a. verrringert, was insge-

Rezessivität

samt zu einer sinkenden Wachstumsrate bei absoluter Zunahme des Volkseinkommens führt; auch svw. schwächere ↑ Depression.

Rezessivität [lat.], in der Genetik das Vorkommen eines allelen Gens, das im heterozygoten Zustand nicht manifest wird, weil es vom anderen (dominanten) Allel (↑ Dominanz) unterdrückt wird; nur wenn (bei ↑ Homozygotie) zwei rezessive Allele zusammenkommen, wird die R. als Merkmal erkennbar - ↑ auch Mendel-Regeln.

Rezipient [lat.], von der *allg. Kommunikationsforschung* eingeführte und von der Sprach-, Literatur-, Kunst- und Musikwiss. sowie von der Publizistik übernommene Bez. für den Empfänger von mittels Signalen übermittelten Aussagen, der in der Lage ist, diese Signale so weit zu entschlüsseln, daß er den Sinn dieser Aussage versteht. - ↑ auch Kommunikation, ↑ Publikum.

rezipieren [lat.], fremdes Gedankenbzw. Kulturgut übernehmen; etwas (geistig oder mit den Sinnen) aufnehmen.

reziprok [lat.], wechselseitig, gegenseitig, aufeinander bezogen.

reziproke Kreuzung (reziproke Paarung, wechselseitige Kreuzung), bei genet. Kreuzungsversuchen und in der Kreuzungszüchtung die Paarung eines ♂ des einen mit dem ♀ des anderen Genotyps (z. B. zwei verschiedene Rassen bzw. Sorten, auch Arten) und umgekehrt, wobei **reziproke Bastarde** entstehen (z. B. Maulesel–Maultier).

reziproker Wert, svw. ↑ Kehrwert.

reziproke Zahlen, zwei Zahlen, deren Produkt 1 ergibt, z. B. $3/2$ und $2/3$, 5 und $1/5$, 0,25 und 4.

Reziprozität [lat.], allg. svw. Gegenseitigkeit, Wechselseitigkeit.

Reziprozitätsgesetz, annäherungsweise gültiges Gesetz, nach dem sich Intension (Inhalt) und Extension (Bedeutungsumfang) eines Begriffs umgekehrt proportional zueinander verhalten: Je größer die Intension eines Begriffs, desto kleiner die Extension und umgekehrt.

♦ in der *Genetik* svw. Uniformitätsgesetz (↑ Mendel-Regeln).

♦ (Helmholtzsches R.) ein von H. L. F. von Helmholtz aufgestellter Satz, der insbes. bei der Eichung von Schallempfängern verwendet wird; er besagt, daß in einem Raum unter bestimmten Umständen Schallquelle und Schallempfänger ihre Plätze miteinander tauschen können, ohne daß sich die Schallverhältnisse am Empfänger ändern. - Ein analoges Gesetz gilt für elektromagnet. Wellen.

Reziprozitätstheorem, Satz der statist. Mechanik: In einem im thermodynam. Gleichgewicht befindl. System wird jeder mikrophysikal. Elementarprozeß durch einen in genau umgekehrter Richtung verlaufenden Prozeß kompensiert *(detailliertes Gleichgewicht)*.

Rezitativ [italien., zu lat. recitare „vorlesen"], Bez. für den solist., instrumental begleiteten Sprechgesang, der die gesprochene Rede möglichst genau in die Musik zu übertragen sucht. Das R. entstand um 1600 als Spielart der ↑ Monodie. Die frühe Oper bestand aus einem einfachen, streng der Textdeklamation folgenden und vom Generalbaß in ausgehaltenen Akkorden begleiteten Sprechgesang, der nur gelegentl. von Choreinschüben oder Ariososätzen unterbrochen wurde. Mit der ab 1640 in Oper und Kantate sich durchsetzenden Zuordnung der betrachtenden Textpartien zur Arie und der handlungstragenden oder erzählenden Partien zum R. entwickelte letzteres einen metr., formal und harmon. freien Typus, das von einem oder mehreren Fundamentinstrumenten (z. B. dem Cembalo) begleitete *Recitativo secco*. Daneben gab es das *Recitativo accompagnato*, bei dem das Orchester begleitet und seine klangl. Mittel zur Darstellung der Affekte und Schilderung von Stimmungen einsetzt. In der frz. Tragédie lyrique entstand im 17. Jh. das *Récitatif*, das sich durch pathet. Deklamation, starke Affekthaltigkeit, häufigen Taktwechsel und häufiges Hinzuziehen des Orchesters auszeichnet. - Im 19. Jh. wurde das orchesterbegleitete R. bei gleichzeitiger Auflösung der geschlossenen Gesangsformen bes. bei R. Wagner zum alleinigen Träger des Handlungsverlaufs; das Secco-R. verschwand. Im Musiktheater des 20. Jh. bewegt sich der vokale Ausdruck in wechselnden Zwischenbereichen zw. Sprache und Gesang, für die die Bez. R. nicht mehr zutrifft.

rezitieren [lat.], Dichtungen, literar. Werke künstler. vortragen; **Rezitation,** künstler. Vortrag.

Rezniček, Emil Nikolaus Freiherr von ['rɛsnitʃɛk], * Wien 4. Mai 1860, † Berlin 2. Aug. 1945, östr. Komponist. - Komponierte spätromant. geprägte Werke, u. a. Opern (z. B. „Donna Diana", 1894), Schauspielmusik zu Strindbergs „Ein Traumspiel" (1916), Sinfonien und Kammermusik.

Rezzori, Gregor von, eigtl. G. von Rezzori d'Arezzo, * Czernowitz (= Tschernowzy, Ukrain. SSR) 13. Mai 1914, Schriftsteller. - Iron., witziger und stilist. versierter Erzähler, u. a. „Maghrebin. Geschichten" (En., 1953), „Oedipus siegt bei Stalingrad" (R., 1954), „Idiotenführer durch die dt. Gesellschaft" (1961–65), „Neue maghrebin. Geschichten" (1977), „Der Tod meines Bruders Abel" (R., 1976), „Die Marchesa" (1986).

Rf, chem. Symbol für das Element 104 (Rutherfordium), das heute meist ↑ Kurtschatovium genannt wird.

rf., Abk. für: ↑ rinforzando.

rfz., Abk. für: ↑ rinforzando.

R-Gespräch [R: Abk. für **R**ückfrage], Ferngespräch, bei dem die Gebühren, nach vorheriger Rückfrage durch die Post, vom

Angerufen übernommen werden. In der BR Deutschland sind R-G. innerhalb des europ. Auslandes seit 1. 5. 1981 nicht mehr möglich.
RGW, Abk. für: **R**at für **g**egenseitige **W**irtschaftshilfe († COMECON).
Rh, chem. Symbol für † Rhodium.
Rhabanus Maurus † Hrabanus Maurus.
Rhabarber [italien., zu mittellat. rheu barbarum, eigtl. „fremdländ. Wurzel"] (Rheum), Gatt. der Knöterichgewächse mit rd. 40 Arten in den gemäßigten Gebieten Asiens; ausdauernde Stauden mit dickem Rhizom und fleischigen Wurzeln, großen, ganzen oder gelappten Blättern mit starken Blattrippen und starken Blattstielen; Blattgrund als Scheide (Ochrea) zum Schutz des Blatts in der Knospe ausgebildet; bleibt nach der Blattentfaltung als tütenförmige Röhre an der Blattstielbasis zurück; Blüten weißl., rötl. oder gelblichgrün, in großen Rispen. Die Blattstiele der auch in M-Europa angepflanzten Arten *Rheum rhabarbarum* und *Rheum rhaponticum* werden (geschält, in Stücke geschnitten und mit Zucker gekocht) zu Kompott und Marmelade verarbeitet und auch zur Obstweinherstellung verwendet. Die einen hohen Oxalsäuregehalt aufweisenden Blätter sollten nicht verzehrt werden. Die Rhizome und Wurzeln einiger anderer Arten werden in Asien als Abführmittel sowie gegen Magen- und Darmkatarrh verwendet. Einige Arten (z. B. *Rheum alexandrae* und *Rheum nobile*) werden als Zierpflanzen kultiviert.
Geschichte: Griechen und Römern war *Rheum rhaponticum* bekannt; sie verwendeten diese R.art bei Leibschmerzen. In China war im 3. Jt. v. Chr. Rheum palmatum ein beliebtes Arzneimittel, das aber wahrscheinl. erst durch die Araber im 6. Jt. n. Chr. im Mittelmeergebiet bekannt wurde. Die Wurzeln beider Arten wurden auch im MA als Arznei verwendet.
Rhabdomer [griech.] † Facettenauge.
Rhabdoviren [griech./lat.], RNS-Viren mit lipidhaltiger Außenhülle und einsträngiger RNS. Zu den R. gehören rd. 30 Viren, u. a. der Tollwutvirus.
Rhadamé [rada'me:; nach der nordafrikan. Oase Rhadamès (= Ghudamis)], schwerer, glänzender Futterstoff mit starken Diagonalrippen in einer von fünf- bis achtbindigen Kettatlas abgeleiteten Bindung (*R.bindung*); wird v. a. aus Viskose oder Seide hergestellt.
Rhapsoden [griech.], wandernde Sänger des antiken Griechenland, in den Fürstenhalle, später bei Festen und Leichenfeiern, ep. Gedichte vortrugen. Bis ins 5. Jh. v. Chr. wichtigste Träger der ep. Überlieferung, wobei sie die Dichtungen teils wörtl. tradierten, teils auf der Basis einer im Jh. entwickelten Formelsprache schöpfer. weitergestalteten; schlossen sich als Rezitatoren fremder Dichtungen (bes. Homers und Hesiods) in *R.schulen* zusammen.

Rhapsodie [griech.], urspr. Bez. für die von den altgriech. Rhapsoden vorgetragene Dichtung, später auch für freirhythm. Werke der ekstat. Lyrik.
♦ seit Ende des 18. Jh. Bez. für ein vokales oder instrumentales Musikstück von stark improvisator. Ausdruck. Seit dem 19. Jh. dient die nun überwiegend instrumentale R. dem Darsteller folklorist. Züge (bes. aus der Zigeunermusik), so bei F. Liszt, J. Brahms, A. Dvořák, M. Ravel und G. Gershwin.
Rharb, El [frz. ɛl'rarb], intensiv landw. genutzte Küstenebene in Marokko, am Unterlauf des Oued Sebou.
Rhäticus, dt. Astronom, † Rheticus.
Rhau (Rhaw), Georg (Jörg), * Eisfeld 1488, † Wittenberg 6. Aug. 1548, dt. Drucker und Verleger. - Lebte seit 1523 in Wittenberg, wo er ab 1525 in einer eigenen Druckerei Luthers „Großen Katechismus" (1529), das „Augsburger Bekenntnis" (1531), Schul- und Volksbücher, frühprot. Kirchenmusik („Newe Deudsche Geistl. Gesenge", 1544) u. a. herausgab.
Rhazes, arab. Ar Rasi, Muhammad Ibn Sakarijja, Abu Bakr, * Rai (Persien) 28. Aug. 865, † ebd. 27. Okt. 925, pers. Arzt und Philosoph. - Wird als größter islam. Arzt angesehen; Autor zahlr. Monographien über verschiedene Krankheiten (u. a. über Pocken und Masern) und mehrer medizin. Handbücher. Viele seiner Werke wurden ins Lat. übersetzt.
Rhe!, svw. † Ree! (Seefahrt).
Rhea, Titanin der griech. Mythologie. Tochter des Uranos und der Gäa, Schwester und Gemahlin des Kronos, Mutter von Hestia, Demeter, Hera, Hades, Poseidon und Zeus.
Rhea [nach der gleichnamigen griech. Titanin], einer der Monde des Planeten Saturn; mittlere Entfernung 8,84 Saturnradien = 527 000 km; Durchmesser 1 530 km. 1672 von G. D. Cassini entdeckt.
Rhea Silvia (Ilia), Gestalt der röm. Mythologie, Mutter des † Romulus.
Rheda-Wiedenbrück, Stadt an der Ems, NRW, 70 m ü. d. M., 37 500 E. Textil-, Holz-, Möbelindustrie, Fahrzeugbau, Verlage. - 1970 durch Zusammenschluß der Städte Rheda (entwickelte sich im 13. Jh. bei der gleichnamigen Burg, erhielt 1355 Stadtrecht) und Wiedenbrück (952 Stadt- und Marktrechte) sowie 4 weiterer Gem. entstanden. - In Rheda: Schloß (ehem. Wasserburg; 13.-18. Jh.) und ev. Pfarrkirche (1611 ff. umgebaut). In Wiedenbrück: kath. got. Kirche Sankt Ägidius (13.-19. Jh.), spätgot. Wallfahrts- und Franziskanerkirche (15. Jh.); Fachwerkhäuser (16.-18. Jh.).
Rhee, Syngman [engl. ri:], * in der Prov. Hwanghae 26. April 1875, † Honolulu 19. Juli 1965, korean. Politiker. - 1919-41 Präs. der korean. Exilreg. In Schanghai; 1948-60 Staatspräs. von S-Korea; versuchte im Koreakrieg vergebl., den Waffenstillstand von

Rhegion

1953 zu verhindern; regierte autoritär mit den Mitteln des Polizeistaats; ging, wegen Wahlfälschungen 1960 zum Rücktritt gezwungen, ins Ausland.

Rhegion (Rhegium), antiker Name von ↑Reggio di Calabria.

Rhein (frz. Rhin, niederl. Rijn, rätoroman. Rein), einer der wichtigsten Flüsse Europas, längster Fluß Deutschlands, 1 320 km lang, Einzugsgebiet 252 000 km², schiffbar über 883 km. Entsteht bei Reichenau aus dem Zusammenfluß des 68 km langen **Vorderrheins**, der in der Gotthardgruppe entspringt, und des 57 km langen **Hinterrheins**, der aus Gletscherwasser des Adula gespeist wird. Der Abschnitt bis zum Bodensee wird **Alpenrhein** genannt. Ab Sargans bildet der Alpenrhein die schweizer. Grenze gegen Liechtenstein, später bis zum Bodensee die gegen Österreich. Bei seiner Einmündung in den Bodensee bildet er ein sich ständig vergrößerndes Delta. Der Abschnitt von Stein am Rhein (hier verläßt der Fluß den Bodensee) bis Basel ist der **Hochrhein**. Bei Schaffhausen fällt der Hochrhein in einer Breite von 150 m rd. 21 m tief über eine Jurakalkstufe. Der **Rheinfall** ist der größte Wasserfall Mitteleuropas. Bei Basel wendet sich der Fluß, nun **Oberrhein** gen., nach N, wobei er bis oberhalb von Karlsruhe die Grenze zw. der BR Deutschland und Frankr. bildet. Die Gefällsminderung im Oberrhein. Tiefland hatte starke Sedimentation, Mäander- und Altwässerbildung zur Folge sowie Überschwemmungen und Versumpfungen. Zw. 1817 und 1876 wurde der Oberrhein reguliert, um die Überschwemmungsgefahr zu bannen und das Kulturland auszudehnen. Durch den Bau von Staustufen nach dem 2. Weltkrieg (größte bei Iffezheim) wurde allerdings die Erosionstätigkeit belebt. In Mainz biegt der Oberrhein nach W ab. Unterhalb von Bingen durchbricht der nun **Mittelrhein** gen. Strom in einem Engtal das Rhein. Schiefergebirge mit z. T. gefährl. Felsriffen und -inseln. Die Talhänge erreichen etwa 300 m Höhe. An der Loreley treten die Talhänge bis auf 200 m aneinander heran, der R. wird auf 115 m eingeengt. Günstige klimat. Verhältnisse haben den Mittelrhein zu einem bed. Weinbaugebiet werden lassen. Unterhalb von Bonn strömt der jetzt **Niederrhein** gen. Fluß in nw. Richtung bis zur Nordsee. In einer Breite von 730 m erreicht er die Grenze zw. der BR Deutschland und den Niederlanden. Rd. 30 km jenseits der Grenze beginnt die Verzweigung zu einem Delta, in das auch der Unterlauf der Maas einbezogen ist (↑Rhein-Maas-Delta).

Als Folge klimat. Unterschiede der Einzugsgebiete treten im Oberlauf im Juni und Juli Wasserstandsmaxima auf. Der Oberrhein hat neben einem abgeschwächten Sommermaximum ein zweites Maximum im Frühjahr, das durch den Main noch verstärkt wird. Unterhalb der Moselmündung tritt bis zur Mündung in die Nordsee das Wintermaximum an die erste Stelle.

Der ab Rheinfelden schiffbare R. ist die Hauptachse eines ausgedehnten Wasserstraßennetzes in westl. Mitteleuropa. Neben den für die Schiffahrt ausgebauten Nebenflüssen Neckar, Main und Mosel bestehen zahlr. auf den R. orientierte Kanalsysteme. Sein Tal ist eine bed. Verkehrsleitlinie für Bahn und Straße. Wichtigster Hafen ist Duisburg-Ruhrort, an der Mündung hat Rotterdam überragende Bed. Die Verschmutzung des Rheinwassers, das v. a. im Unterlauf zu Trink- und Brauchwasser aufbereitet wird, hat mehrere Ursachen: Abwässer der chem. und Arzneimittelind. (Basel, Elsaß, Leverkusen), der Zellstoffwerke (Straßburg, Mannheim) sowie der anliegenden Gemeinden, Salzbelastung v. a. aus den Rückständen oberelsäss. Kaligruben. Hinzu kommt die Wärmebelastung durch Kraftwerke. Durch den Einsatz von v. a. biolog. Kläranlagen konnte die Wasserqualität verbessert werden, Unfälle in Industrieanlagen und Umweltvergehen führten jedoch immer wieder zu erhebl. Belastungen (u. a. mit Fischsterben). Die Belastung durch Schwermetalle ist rückläufig.

Geschichte: Als Handelsweg ist der R. seit vorröm. Zeit bezeugt. Von Andernach abwärts bildete er die röm. Reichsgrenze zum freien Germanien. In dieser Zeit war die Schiffahrt auf dem R. frei, es wurden ledigl. Schiffahrtsabgaben zur Unterhaltung des Strombetts und der Uferanlagen erhoben. Im MA wurde der R. zur wichtigsten dt. Verkehrsstraße. Seit dem Interregnum stieg die Zahl der Zollstellen rasch an (von 19 Ende des 12. Jh. auf über 60 im 14. Jh.). Anfang des 15. Jh. bemächtigten sich die Städte des Stromregals; weitere Einschränkungen der Schiffahrtsfreiheit bedeuteten die Stapel- und Umschlagsrechte der verschiedenen Städte. Der Beginn einer einheitl. Ausübung der Hoheitsrechte auf dem R. begann mit der Übernahme seiner Beaufsichtigung durch die 4 rhein. Kurfürsten. Die von diesen 1557 eingerichteten Konvente und Zollkapitel wurden die Vorbilder für die heutige R.schiffahrtsverwaltung bzw. für die Zentralkommission.

Völkerrecht: Die erste wesentl. völkerrechtl. Vereinbarung über die R.schiffahrt und die erneute Bestätigung der Schiffahrtsfreiheit erfolgte im Westfäl. Frieden von 1648, blieb jedoch weithin Theorie. 1804 wurde durch den Oktroivertrag an die Stelle der bisherigen Zölle ein Wegegeld (Oktroi) gesetzt und mit der Generaldirektion in Mainz erstmals ein internat. Organ für die Verwaltung des Stromes geschaffen. Die weitere Entwicklung des R.schiffahrtsrechts wurde v. a. durch den Pariser Friedensvertrag von 1814 und die Schlußakte des Wiener Kongresses von 1815 beeinflußt (völlige Schiffahrtsfreiheit, be-

Rheinfelden

schränkt auf die Uferstaaten), 1831 wurde die als Mainzer Rheinschiffahrtsakte bezeichnete „Übereinkunft unter den Uferstaaten des R. und auf die Schiffahrt dieses Flusses sich beziehende Ordnung" unterzeichnet; diese Akte wurde 1868 durch die Mannheimer Rheinschiffahrtsakte ersetzt, die, 1919 im Versailler Vertrag ergänzt (1936-45 vom Dt. Reich aufgekündigt), bis heute Rechtsgrundlage für die Schiffahrtsfreiheit auf dem R. geblieben ist. - Zur Verhinderung der steigenden Verschmutzung des R.wassers erfolgte 1976 der Abschluß des sog. R.salzvertrags zw. der BR Deutschland, Frankr., den Niederlanden, Luxemburg und der Schweiz, der jedoch von Frankr. noch nicht ratifiziert wurde. 1978 erfolgte die Ratifizierung eines internat. Chemieabkommens, durch das Giftstoffe vom R.wasser ferngehalten werden sollen. - Karte S. 232.
⚇ *Hübner, P.: Der R.: V. den Quellen bis zu den Mündungen. Ffm.* ²*1975. - Meißner, F.: Das Recht der Europ. Wirtschaftsgemeinschaft im Verhältnis zur R.schiffahrtsakte v. Mannheim. Bln. 1973. - Ernst, E., u.a.: Der R.: Eine europ. Stromlandschaft im Luftbild. Bühl 1972. - Juillard, É.: L'Europe rhénane. Paris 1968. - Schluckebier, U.: Internat. R.schiffahrtsrecht. Gött. 1965. - Dollfus, J.: L'homme et le Rhin. Paris 1960.*

Rheinau, Ort im schweizer. Kt. Zürich, 8 km südl. von Schaffhausen, 391 m ü.d.M., 1200 E. Psychiatr. Kliniken. - R. liegt innerhalb eines kelt. Oppidums. Entstand bei einem 778 gegr. Benediktinerkloster (1529-31 verlassen, 1799-1803 aufgehoben, 1862 säkularisiert), erhielt 1126 Markt- und Stadtrecht; 1803 zum Kt. Zürich. - Bed. barocke Kirche (1704-10).

Rheinberg, Stadt im Niederrhein. Tiefland, NRW, 25 m ü.d.M., 26 100 E. Chem. Ind., Spirituosenfabrik, Textil-, Stahl- und Kunststoffverarbeitung, Elektrogerätebau, Druck- und Baugewerbe. Häfen in den Ortsteilen Ossenberg und Orsoy. - 1003 erstmals erwähnt, 1232 Stadtrecht. - Kath. Pfarrkirche (12.-15. Jh.), Reste der Stadtbefestigung (13. Jh.) und gut erhaltene Festungsanlagen (16./17. Jh.).

Rheinberger, Joseph von (seit 1894), * Vaduz 17. März 1839, † München 25. Nov. 1901, dt. Komponist, Organist und Dirigent. - Ab 1859 Lehrer an der Königl. Musikschule in München, 1877 Hofkapellmeister. Außer seiner bed. Kirchenmusik und den Orgelwerken (u.a. 20 Sonaten) ist sein umfangreiches, streng konservatives kompositor. Schaffen nahezu vergessen (Bühnenwerke, Oratorien, Orchester- und Chorwerke u.a.).

Rheinbund, 2 Zusammenschlüsse v.a. westdt. und süddt. Staaten unter frz. Führung. Der *1. Rheinbund* (frz. Alliance du Rhin) wurde am 15. Aug. 1658 in Frankfurt am Main zw. dt. Fürsten (bis 1665 Mainz, Trier, Köln, Pfalz-Neuburg, Münster, Hessen-Kassel, Braunschweig-Lüneburg, Brandenburg u.a.), dem schwed. König (als Hzg. von Bremen und Verden) und Frankr. geschlossen; sah sich zur Anlehnung an Frankr. gezwungen und verstärkte den frz. Einfluß im Reich; aufgelöst am 15. Aug. 1668.
Der *2. Rheinbund* (frz. Confédération du Rhin) war eine Konföderation von zunächst 16 dt. Fürsten unter frz. Protektorat. Die zentrale Bestimmung der **Rheinbundsakte** (12. Juli 1806) war die Errichtung einer Offensiv- und Defensivallianz, die es Napoleon I. ermöglichte, für seine Feldzüge auf die Truppen der R.staaten zurückzugreifen, die ihrerseits von der Mediatisierung bisher unangetasteter Reichsstände profitierten; zahlr. Fürsten erhielten Standeserhöhungen. Die wichtigsten Mgl. waren der Mainzer Kurfürst Karl Theodor von Dalberg, Bayern und Württemberg (seit 1805 Kgr.), die neuerhobenen Großhzgt. Baden, Hessen-Darmstadt, Kleve, Berg und das zum Hzgt. erhöhte Nassau. Am 1. Aug. 1806 erklärten die R.staaten ihren Austritt aus dem Hl. Röm. Reich (6. Aug. Niederlegung der Röm. Kaiserwürde durch Franz II.). Bis 1808 traten zahlr. weitere Staaten dem R. bei, darunter das neugeschaffene Großhzgt. Würzburg, das zum Kgr. erhobene Sachsen und das neuentstandene Kgr. Westfalen. Innenpolit. Wirkungen des R. waren Zurückdrängung ständ., provinzialer, lokaler und feudaler Sonderrechte u.a. Reformen. Der R. löste sich im Okt. 1813 auf.

Rheine, Stadt an der Ems, NRW, 40 m ü.d.M., 70 600 E. Waffen- und Kunstsammlung; Tierpark; Bundeswehrstandort; Textilind., Maschinenbau, Nahrungsmittelwerke, heilkräftige Sole; Hafen am Dortmund-Ems-Kanal. - Entstand aus einem 838 erstmals erwähnten königl. Hof und einem um 1280 entstandenen Ortskern; 1327 zur Stadt erhoben. - Spätgot. Stadt- und Pfarrkirche Sankt Dionysius (15. Jh.), neuroman. Pfarrkirche Sankt Antonius von Padua (1900-05); Schloß Bentlage (15. und 17. Jh.); Falkenhof (15.-18. Jh.).

Rheineck, Bez.hauptort im schweizer. Kt. Sankt Gallen, 6 km östl. von Rorschach, 405 m ü.d.M., 3000 E. Metall- und Textilind. - Erhielt 1276 die Privilegien einer Reichsstadt; 1395 vom Haus Österreich erobert, fiel 1415 an das Hl. Röm. Reich; gehörte ab 1489 zu den eidgenöss. Schirmorten der Abtei Sankt Gallen. - Ruinen der Burg Alt-R. (vor 1300); barocke Kirche (1722) mit spätgot. Chor; Rathaus (16. Jh.); barocke Patrizierhäuser.

Rheinfall ↑ Rhein.

Rheinfelden, Bez.hauptort im schweizer. Kt. Aargau, am linken Ufer des Hochrheins, 280 m ü.d.M., 9600 E. Solbad; Metall-, Textil-, Salz-, Tabakind., Bierbrauerei; Hafen. - Entstand bei der vor 980 angelegten Burg

229

Rheinfelden (Baden)

„Stein" (auf einer Insel im Rhein), wurde im 12. Jh. Stadt, 1218 Reichsstadt; 1330–1415 in östr. Pfandbesitz; dann bis 1433/48 beim Reich, bis 1801 östr.; 1803 als Bez.hauptort dem Kt. Aargau angeschlossen. - Ma. Stadtbild mit Mauern und Türmen; Martinskirche (1407, 1769–71 barockisiert), spätgot. Johanniterkapelle (1456/57); Rathaus (1530).

Rheinfelden (Baden), Stadt am rechten Ufer des Hochrheins, Bad.-Württ., 283 m ü. d. M., 27 100 E. Hochrheinkraftwerk, Aluminiumhütte, chem. Werke, Beginn der Rheinschiffahrt. - Entstand 1863; nach Zusammenschluß mehrerer Gemeinden 1922 Stadtrecht; heutige Ausdehnung seit 1975.

Rheinfelder, Hans, * Regensburg 15. Febr. 1898, † München 11. Okt. 1971, dt. Romanist. - Prof. in München. Sein Interesse galt der Wortforschung und bes. dem Zusammenhang zwischen Kultur und Sprache; sein Hauptwerk „Kultsprache und Profansprache in den roman. Ländern" (1933) behandelt den Einfluß der lat. Liturgie auf die roman. Volkssprachen. Bed. Danteforscher.

Rheinfels, Burgruine über dem linken Rheinufer oberhalb von Sankt Goar, Rheinland-Pfalz. Von der riesigen Anlage ist etwa ein Drittel als Ruinen erhalten, u. a. der „Frauenbau" (14. Jh.), der sog. Darmstädter Bau (spätes 16. Jh.) sowie die Minengänge.

Rheinfranken, fränk. Teilstämme mit urspr. rechtsrhein. Stammesgebiet. 257/276 begann die fränk. Invasion auf das linke Ufer des Niederrheins. Vom Zentrum Köln aus erfolgte im 5. Jh. die Expansion in Richtung auf den Raum Trier, dann auf Mainz. Zu Beginn des 6. Jh. fielen die R. unter die Herrschaft der Merowinger, die im 8. Jh. mehrere Gaue um Köln zum Gebiet Ribuarien zusammenfaßten.

Rheinfränkisch, mitteldt. Mundartgruppe, ↑deutsche Mundart.

Rheingaugebirge, Bez. für den westl. Teil von Hoch- und Vordertaunus, in der Kalten Herberge 619 m hoch. Die Südabdachung wird **Rheingau** gen (bed. Weinbau).

Rheingau-Taunus-Kreis, Landkr. in Hessen.

Rheingauweine, der Rheingau (und im NW und O angrenzende Gebiete; Bereich Johannisberg) gehört zu den bed. dt. Weinbaugebieten (3 000 ha); die Lage- und Klimabedingungen sind bes. für den Riesling günstig, die Phyllite und Tonschieferböden um Assmannshausen für den Spätburgunder.

Rheingrafen, möglicherweise bis ins 10. Jh. zurückreichendes fränk. Adelsgeschlecht, das die Grafen im Rheingau stellte, mit Sitz auf Burg Rheinberg unterhalb von Lorch (Rheingaukreis). Um 1196 wurden die Herren von Stein ihre Nachfolger, die Besitz und Titel der R. übernahmen; gingen durch den Gewinn der Gft. Salm 1475 in den Linien des Hauses Salm auf.

Rhein-Herne-Kanal, Wasserstraße zw. dem Rhein bei Duisburg und dem Dortmund-Ems-Kanal südl. von Datteln, 38 km, mit dem Duisburger Hafenkanal 46 km lang; 7 Schleusen.

Rheinhessen, größtes (22 000 ha) dt. Weinbaugebiet in Rheinland-Pfalz mit den Bereichen Bingen, Nierstein und Wonnegau; angebaut werden v. a. Müller-Thurgau (35 %), Silvaner (26 %), Scheurebe (6 %), Riesling, Morio-Muskat (je 5 %) und Blauer Portugieser (4 %).

Rheinhessen-Pfalz, Reg.-Bez. in Rheinland-Pfalz.

Rheinhessisches Hügelland, Landschaft zw. dem Nordpfälzer Bergland im W, dem Rhein im N und O sowie der Pfrimm im S, von W nach O und von S nach N von etwa 300 m ü. d. M. auf etwa 130 m ü. d. M. abfallend.

Rhein-Hunsrück-Kreis, Landkr. in Rheinland-Pfalz.

Rheinischer Fächer.
Lautverschiebungslinien
einiger ausgewählter Wörter:

·········· sik/sich-Linie
- - - - - ik/ich-Linie (Ürdinger Linie)
——— maken/machen-Linie (Benrather Linie, Hauptgrenze der Lautverschiebung)
——— dorp/dorf-Linie
——— dat/das-Linie
——— appel/apfel-Linie (Speyerer Linie)
(======= Sprachgrenze)

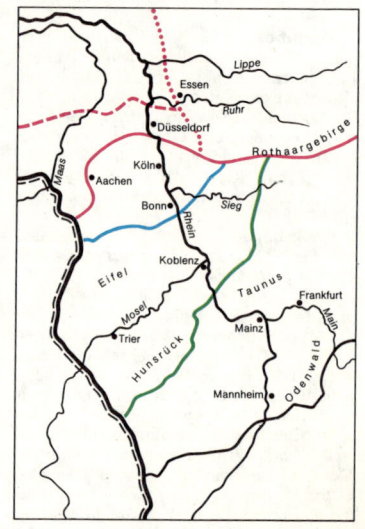

Rheinland

Rheinisch-Bergischer Kreis, Krs. in Nordrhein-Westfalen.

Rheinisch-Deutsches Kaltblut ↑ Belgier.

Rheinische Masse, das durch die kaledonische und v. a. die varisk. Faltungsära geprägte geolog. Massiv beiderseits des Rheins, das im Rhein. Schiefergebirge, Odenwald, Schwarzwald und in den Vogesen zutage tritt.

Rheinische Missionsgesellschaft, 1828 entstandene ev. Missionsgesellschaft nichtkonfessioneller Prägung, Sitz Wuppertal. 1970 Zusammenschluß mit der Bethel-Mission zur Vereinigten Ev. Mission.

Rheinische Republik, im Gefolge der militär. Niederlage Deutschlands 1918 im Juni 1919 in Wiesbaden und Mainz und erneut im Okt. 1923 in Aachen proklamierte separatist. Staatsgründung, die zeitweise von frz. Besatzungsorganen unterstützt wurde, ohne die Mehrheit der Bevölkerung gewinnen zu können. Die R. R. sollte unter frz. Protektorat eine Brückenfunktion zw. Frankreich und Deutschland ausüben; die Pläne scheiterten endgültig im Frühjahr 1924.

rheinischer Fächer, Bez. für das westmitteldt. Dialektgebiet (Rheinland), das nach dem Grad der Durchführung der hochdt. Lautverschiebung fächerförmig gestaffelt ist. Die Linien des Fächers laufen am Rothaargebirge zusammen. Das Rheinische wurde etwa seit 1000 n. Chr. auf Grund der polit. Situation und der Vorbildhaftigkeit des Oberdeutschen vom S her beeinflußt; die Bewegung kam in den einzelnen Phasen an verschiedenen natürl. Hindernissen (Hunsrück, Eifel, Erft) zu verschiedenen Zeiten (z. T. erst um 1500) zum Stillstand, wodurch sich verschiedene Dialektlandschaften ausbildeten (↑ deutsche Mundarten).

Rheinischer Krummstiel ↑ Äpfel (Übersicht).

Rheinischer Merkur, Titel dt. Zeitungen: Tageszeitung; 1814 von J. von Görres gegen Napoleon I. auf Anregung einer höheren preuß. Behörde gegr. und hg., aber nicht offiziös; 1816 endgültig verboten; Mitarbeiter waren u. a. die Brüder Grimm, A. von Arnim und der Frhr. vom Stein.

Rheinischer Merkur - Christ und Welt, dt. Wochenzeitung, ↑ Zeitungen (Übersicht).

Rheinischer Städtebund, zwei Zusammenschlüsse rhein. Städte im 13. und 14. Jh. - Der **1. R. St.,** der sich aus dem „ewigen Bündnis" zw. Mainz und Worms vom Febr. 1254 entwickelte, wurde am 13. Juli 1254 auf zehn Jahre gegen die Zollwillkür der Territorialherren als Landfriedensbund für die Aufrechterhaltung des Mainzer Reichslandfriedens von 1235 im Interregnum geschlossen. Er zählte 1256 bereits 75 Mitgliedsstädte zw. Zürich, Regensburg, Lübeck und Aachen; auch zahlreiche geistl. und weltl. Fürsten schlossen sich an. Er zerfiel 1257. Der **2. R. St.** vom 20. März 1381 war gegen die Ritterbünde gerichtet. Er wurde am 6. Nov. 1388 vom Pfalzgrafen Ruprecht II. entscheidend geschlagen.

Rheinisches Braunkohlenrevier, Teil der Niederrhein. Bucht im Raum Neuss, Jülich und Erftstadt, mit 2 500 km² größtes zusammenhängendes Braunkohlenvorkommen Europas. Die in riesigen Tagebauen geförderte Braunkohle dient u. a. der Stromerzeugung (6 Großkraftwerke), der Veredelung in der chem. Ind. und dem Hausbrand. Der Abbau erfordert bes. Maßnahmen der Siedlungsplanung und der Rekultivierung.

Rheinisches Schiefergebirge, westl. Teil der dt. Mittelgebirgsschwelle zw. dem Mainzer Becken und der Niederrhein. Bucht, erstreckt sich über 270 km in SW-NO-Richtung, wobei der Rhein das Gebirge in 2 Flügel teilt. Rechtsrhein. liegen Taunus, Westerwald, Siebengebirge, Bergisches Land, Sauerland und Rothaargebirge, linksrhein. Hunsrück, Eifel und Ardennen.

rheinische Tracht ↑ Volkstrachten.

Rheinische Zeitung, dt. radikaldemokrat. Tageszeitung; am 1. Jan. 1842 in Köln gegr. als Blatt des bürgerl. Liberalismus; leitender Redakteur war offiziell von Okt. 1842 bis 17. März 1843 K. Marx; zu den Mitarbeitern zählten u. a. M. Hess, F. Engels, J. Fröbel, G. Herwegh, K. Gutzkow, A. H. Hoffmann von Fallersleben, F. List, R. E. Prutz; am 31. März 1843 verboten, Nachfolgeorgan wurde 1848 die Neue Rhein. Zeitung.

Rheinisch-Westfälisches Elektrizitätswerk AG, dt. Unternehmen der Energiewirtschaft, gegr. 1898, Sitz Essen; größtes privatwirtschaftl. Elektrizitätsversorgungsunternehmen Europas; zahlr. Beteiligungen, u. a. im Braunkohlenbergbau und in Kernkraftwerken.

Rheinisch-Westfälisches Industriegebiet, industriereiches Kerngebiet von NRW, erstreckt sich zw. der Lippe im N und im Sieg im S, reicht im W etwa bis Mönchengladbach, im O bis Hamm und wird vom Niederrhein und der Ruhr durchzogen. - Schwerpunkte sind das Ruhrgebiet, das Siegerland, das Bergische Land, die Kölner Bucht, das Aachener Revier, das Geb. um Mönchengladbach und Krefeld sowie den Düsseldorfer Wirtschaftsbezirk.

Rheinkiesel, bei Schmucksteinen urspr. Bez. für abgerundete Stücke von Bergkristallen, die aus den Alpen stammen und sich in Flußgeröllen [des Rheins] finden; heute auch Handelsbez. für die in billigen Schmuckstücken verwendeten, aus geschliffenem, stark brechendem Glas bestehenden „Steine".

Rhein-Lahn-Kreis, Landkr. in Rheinland-Pfalz.

Rheinland, histor. Bez. für die Gebiete Deutschlands zu beiden Seiten des Mittel-

Rhein

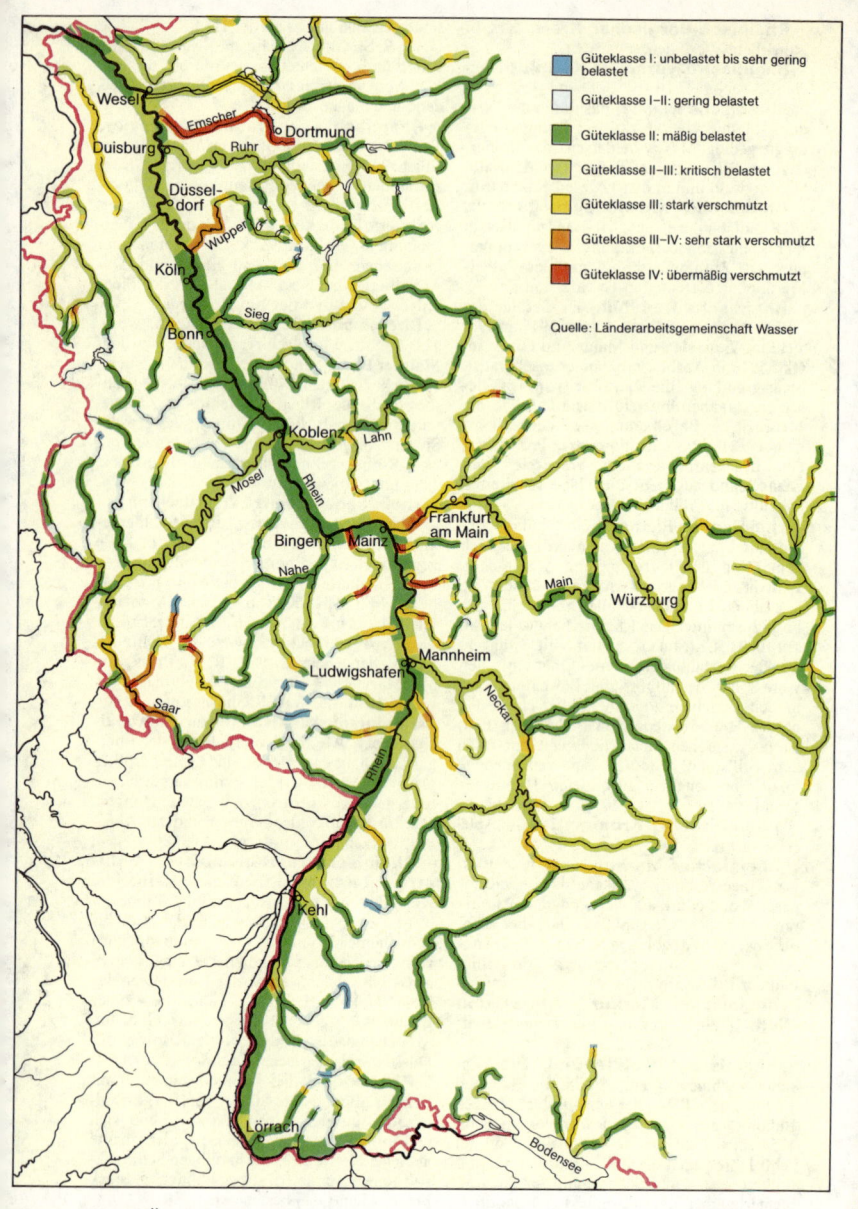

▨	Güteklasse I: unbelastet bis sehr gering belastet
▨	Güteklasse I–II: gering belastet
▨	Güteklasse II: mäßig belastet
▨	Güteklasse II–III: kritisch belastet
▨	Güteklasse III: stark verschmutzt
▨	Güteklasse III–IV: sehr stark verschmutzt
▨	Güteklasse IV: übermäßig verschmutzt

Quelle: Länderarbeitsgemeinschaft Wasser

Rhein. Überblick über die Wasserbeschaffenheit des Rheins und seiner Nebenflüsse vom Bodensee bis zur deutsch-niederländischen Grenze nach der Gewässergütekarte der Bundesrepublik Deutschland 1985

Rheinland-Pfalz

und Niederrheins; grenzt im W an die Benelux-Staaten, im SO an die ehem. Rheinpfalz, im NO an Westfalen. - Im MA entstanden im R. die Territorien Nassau, Jülich, Berg, Ravensberg, Kleve und Mark sowie die Kur-Ft. Mainz, Köln und Trier. Das nw. R. kam bald an die als Niederlande bezeichneten Gebiete. Ab 1614 fielen Teile des R., das seit dem 16. Jh. im Kurrhein. Reichskreis und im Niederrhein.-Westfäl. Reichskreis lose zusammengefaßt war, an Brandenburg bzw. Preußen, das 1815 die Rheinprovinz erhielt. 1945 wurde das R. auf Nordrhein-Westfalen und Rheinland-Pfalz aufgeteilt.

Rheinländer (Bayerische Polka), variantenreicher, der Polka und dem Schottisch verwandter Paartanz im $^2/_4$-Takt, hauptsächl. in offener Tanzhaltung getanzt.

Rheinland-Pfalz, Bundesland im mittleren W der BR Deutschland, 19 847 km², 3,62 Mill. E (1986), Landeshauptstadt Mainz.

Landesnatur: R.-P. hat Anteil an mehreren Landschaftsräumen: Rhein. Schiefergebirge, Saar-Nahe-Bergland, Pfälzer Wald und Oberrhein. Tiefland. Das Rhein. Schiefergebirge ist im Geb. von R.-P. durch Mittelrhein, Lahn und untere Mosel in Westerwald und nw. Hintertaunus rechts des Rheines, Eifel und Hunsrück links des Rheines gegliedert. Eine eigene Einheit stellt das Mittelrheintal dar, das sich unterhalb von Koblenz zum Mittelrhein. Becken erweitert. Das Saar-Nahe-Bergland bildet einen Teil der dem Rhein. Schiefergebirge südl. vorgelagerten Saar-Saale-Senke. Nach O ist ihm das Rheinhess. Hügelland vorgelagert, auf Grund der Lößbedeckung eines der wichtigsten Ackerbaugebiete des Landes. Die südl. Begrenzung des Saar-Nahe-Berglandes bildet das Pfälzer Gebrüch, an das sich das dichtbewaldete Mittelgebirge des Pfälzer Waldes anschließt. Das Klima ist durch erhebl. Unterschiede zw. den Becken- und den Gebirgslandschaften gekennzeichnet. Im Oberrhein. Tiefland erreichen die Niederschläge, wie auch im Mittelrheintal und im Mittelrhein. Becken, etwa 450–600 mm/Jahr, z. T. aber, wie in der Vorderpfalz und an der unteren Nahe, weniger als 300 mm. Niederschlagsreicher ist dagegen das Rhein. Schiefergebirge mit durchschnittl. 500 mm, im Hunsrück und in der W-Eifel z. T. über 1 100 mm/Jahr.

Bevölkerung: Die Bev. gehört im wesentl. zum Stamm der Franken (Rhein- und Moselfranken). Dünn besiedelt sind Eifel, Hunsrück, Pfälzer Wald, Taunus und Westerwald, im Ggs. zu den Ballungsräumen um Ludwigshafen am Rhein, Mainz, Koblenz und Kaiserslautern. In R.-P. ist die Zahl der kleineren Siedlungen im Vergleich mit den anderen Bundesländern sehr hoch, bedingt durch die histor. Entwicklung. Die Städte sind z. T. bereits röm. Gründungen wie Mainz, Koblenz und Trier, andere entwickelten sich auf Grund

Rheinland-Pfalz.
Flagge und Wappen

ihrer Funktion als Residenz- (wie Zweibrücken) oder Garnisonstadt (wie Pirmasens). R.-P. gehört zu den 4 Bundesländern mit überwiegend kath. Bev.; Landesteile mit höherem Anteil an ev. Bev. liegen v. a. im nördl. Teil der Pfalz, im anschließenden südl. Rheinhessen und im Raum Simmern-Birkenfeld-Bad Kreuznach. In R.-P. bestehen 3 Univ.; eine Sonderstellung nimmt die gemeinsam von Bund und Ländern getragene Hochschule für Verwaltungswiss. in Speyer ein. Die Lehrerausbildung erfolgt an der Erziehungswiss. Hochschule R.-P., die aus 4 Abteilungen besteht, die Fachhochschule R.-P. umfaßt 7 Abteilungen. Es gibt 2 kirchl. Hochschulen und eine private Wirtschaftshochschule.

Wirtschaft: Die landw. Nutzfläche nimmt rd. 45 % des Landesgeb. ein. Angebaut werden v. a. Getreide, Hackfrüchte, Futterpflanzen. Hauptanbaugebiete sind das Rheinhess. Hügelland und das Oberrhein. Tiefland, das Mittelrhein. Becken und der Westrich, während in den höheren Lagen der Gebirge neben dem Hackfruchtbau die Grünlandwirtschaft dominiert. R.-P. ist das größte Weinbauland der BR Deutschland. Erwerbsgartenbau findet sich v. a. im Raum Mainz-Bingen, Bad Dürkheim und Ludwigshafen am Rhein in der Nähe größerer Märkte. Im Vergleich zum Ackerbau gewinnt die Viehhaltung an Bed.; R.-P. ist waldreich (38 % der Fläche). Das größte zusammenhängende Waldgebiet der BR Deutschland ist der Pfälzer Wald. An Bodenschätzen finden sich v. a. Rohstoffe für die Bauind. (Steine, Bims, Kies, Sand) sowie die keram. Ind. (Kaolin, Ton). Erdöl wird bei Landau in der Pfalz gefördert. Wichtigster Wirtschaftszweig ist die Ind.; am bedeutendsten ist hier die chem. Ind., gefolgt von der Ind. der Steine und Erden, der eisenschaffenden und NE-Metall-Ind., der Mineralölverarbeitung. Wichtigste Ind.standorte sind Ludwigshafen am Rhein und der Raum Mainz-Bingen; Lastkraftwagen werden in Wörth in der Südpfalz gebaut, die Schuh-Ind. ist um Pirmasens konzentriert. Ein traditioneller Ind.zweig ist die Edelstein- und

Rhein-Maas-Delta

VERWALTUNGSGLIEDERUNG
(Stand 1985)

	Fläche (km²)	Einwohner (in 1000)		Fläche (km²)	Einwohner (in 1000)
Regierungsbezirk Koblenz			Pirmasens	61	46,8
Kreisfreie Stadt			Speyer	43	43,5
Koblenz	105	111,1	Worms	109	72,1
			Zweibrücken	71	33,1
Landkreise					
Ahrweiler	787	110,7	*Landkreise*		
Altenkirchen (Ww.)	642	121,0	Alzey-Worms	588	97,4
Bad Kreuznach	864	144,6	Bad Dürkheim	595	117,8
Birkenfeld	798	86,2	Donnersbergkreis	645	67,2
Cochem-Zell	719	59,7	Germersheim	463	101,7
Mayen-Koblenz	817	185,4	Kaiserslautern	640	94,7
Neuwied	627	155,0	Kusel	552	73,8
Rhein-Hunsrück-Kreis	963	90,3	Ludwigshafen	305	128,3
Rhein-Lahn-Kreis	782	117,1	Mainz-Bingen	606	161,0
Westerwaldkreis	989	170,0	Pirmasens	954	97,6
			Südliche Weinstraße	640	95,2
Regierungsbezirk Rheinhessen-Pfalz			**Regierungsbezirk Trier**		
Kreisfreie Städte			*Kreisfreie Stadt*		
Frankenthal (Pfalz)	44	43,9	Trier	117	93,7
Kaiserslautern	140	97,7	*Landkreise*		
Landau in der Pfalz	83	35,6	Bernkastel-Wittlich	1 177	106,7
Ludwigshafen am Rhein	78	154,5	Bitburg-Prüm	1 627	88,0
Mainz	98	188,2	Daun	911	56,1
Neustadt an der Weinstraße	117	48,5	Trier-Saarburg	1 093	124,9

Schmuckwaren-Ind. im Raum Idar-Oberstein. Daneben gibt es noch zahlr. holzverarbeitende Werke, Textil-, Nahrungs- und Genußmittelindustrie. Der Fremdenverkehr ist eine wichtige Einnahmequelle. Außer Erholungsorten verfügt das Land über 19 Heilbäder. R.-P. hat Anteil an einer der wichtigsten N-S-Verkehrsverbindungen Deutschlands, d. h. der am Mittelrhein verlaufenden Strecke Ruhrgebiet–Alpen, außerdem stellt das Pfälzer Gebrüch eine wichtige O-W-Verkehrsleitlinie dar (Frankfurt am Main–Paris). Neue Autobahnen haben die Infrastruktur wesentl. verbessert. Bed. für die Binnenschiffahrt sind Rhein und Mosel.

Geschichte: Das durch Verordnung der frz. Militärreg. vom 30. Aug. 1946 gebildete Land wurde aus der früher bayr. Pfalz, den ehem. preuß. Reg.-Bez. Koblenz und Trier, 4 Kreisen der ehem. preuß. Prov. Hessen-Nassau und dem linksrhein. Teil Hessens (Rheinhessen) gebildet. Die willkürl. Grenzziehung trennte histor. und wirtsch. zusammengehörende Gebiete, die Chance zur Neuordnung des Rhein-Neckar-Raumes mit Mannheim und Ludwigshafen am Rhein wurde nicht genutzt. Die CDU, seit 1947 stärkste Partei im Landtag, regiert seit 1971 allein und stellte mit P. Altmeier (1947–69), H. Kohl (1969–76), B. Vogel (1976–88) und C. L. Wagner (seit 1988) die Min.präs. Bei den Landtagswahlen 1987 erreichte die CDU 45,1%, die SPD 38,8%, die FDP 7,3%, die „Grünen" 5,9% der Stimmen. - Nachdem zunächst Koblenz Landeshauptstadt wurde, übernahm 1950 Mainz diese Funktion.

Verfassung: Nach der Verfassung vom 18. Mai 1947 obliegt die Gesetzgebung dem auf 4 Jahre gewählten Landtag; es besteht auch die Möglichkeit des Volksentscheids. Die vollziehende Gewalt wird durch die Landesreg. ausgeübt (Min.präs., von diesem ernannte Min.). Der Min.präs. bestimmt die Richtlinien der Politik. Verfassungsrechtl. Streitigkeiten entscheidet der Verfassungsgerichtshof.

 Fischer, Heinz: R.-P. u. Saarland. Regionalkunde. Mchn. 1981. - *Schmitt, Dieter, u. a.: Entwicklungstendenzen der Energiewirtschaft in R.-P.* Mchn. 1977. - *Köck, H.: Das zentralörtl. System v. R.-P.* Bonn-Bad Godesberg 1975. - *R.-P. Ursprung, Gestalt u. Werden eines Landes.* Hg. v. W. Götz. Mainz 1967. - *Hdb. der histor. Stätten Deutschlands.* Bd. 5: *R.-P. u. Saarland.* Hg. v. L. Petry. Stg. ²1965.

Rhein-Maas-Delta, gemeinsames Mündungsgebiet von Rhein und Maas in den Niederlanden, gliedert sich im oberen und mittleren Bereich in drei O–W gerichtete, annähernd parallele Hauptarme, die sich im Mündungsgebiet stark verzweigen und in den Seegatten in die Nordsee übergehen. Hauptmündungsarm ist die Waal mit 66 % der Gesamtwasserführung des Rheins; über Neder-Rijn/Lek fließen rd. 23 %, über die IJssel 11 % ab. Die Arme des Deltas haben als Binnenschiffahrtsstraßen große wirtsch. Bed.; fast alle sind für Binnenschiffe bis 2 000 t befahrbar, einige für Schubeinheiten bis 6 000 t. - ↑ auch Deltaplan.

Rhein-Main-Donau-Großschiffahrtsweg, im Ausbau befindl. europ. Binnenwasserstraße, die die Nordsee mit dem Schwarzen Meer verbinden wird. Das Kernstück umfaßt den kanalisierten Main von Aschaffenburg bis zur Regnitzmündung bei Bamberg (297 km, 27 Staustufen), den Main-Donau-Kanal (**Europakanal**, 171 km, 16 Schleusen) und die kanalisierte Donau zw. Kelheim und der Grenze der BR Deutschland bei Passau (209 km, 9 Staustufen).

Rhein-Main-Gebiet, Bez. für das Geb. der Untermainebene zw. Hanau und Mainz/Wiesbaden; Zentrum Frankfurt am Main.

Rhein-Marne-Kanal, Kanal in O-Frankr., verläuft von der Marne bei Vitry-le-François zum Rhein bei Straßburg, 315 km lang, 178 Schleusen, 5 Tunnel; erbaut 1838–53.

Rheinmücke (Augustmücke, Oligoneuriella rhenana), 9–15 mm lange, v. a. im Gebiet des Rheins und seiner Nebenflüsse häufige Eintagsfliege mit grauweiß getrübten Flügeln; Larven entwickeln sich in Gewässern; Imagines fliegen im August.

Rhein-Neckar-Kreis, Landkr. in Baden-Württemberg.

Rhein-Neckar-Raum, Wirtschaftsraum im Grenzbereich von Bad.-Württ., Rhld.-Pf. und Hessen mit dem Zentrum Mannheim/Ludwigshafen am Rhein.

Rheinpfalz (Pfalz), 1838–1945 Bez. für den an die Stelle des ehem. Bayr. Rheinkreises (1816–38) tretenden bayr. Reg.-Bez.; umfaßte die linksrhein. pfälz. Gebiete, die Bayern auf dem Wiener Kongreß erhalten hatte; Dez. 1918–Juli 1930 frz. besetzt; 1920 mußten Teile der Westpfalz an das neugebildete Saarland abgetreten werden; 1945 frz. besetzt, seit 30. Aug. 1946 Teil des heutigen Bundeslandes Rheinland-Pfalz. - ↑ auch Pfalz (Geschichte).

Rheinpfälzer Weine, mit rd. 21 000 ha Rebfläche ist die Rheinpfalz das zweitgrößte dt. Weinbaugebiet (Bereiche Mittelhaardt/Dt. Weinstraße und Südl. Weinstraße), liefert jährl. im Durchschnitt 2,3 Mill. hl körperreiche, aromat. Weine; angebaut werden Müller-Thurgau (24,5 %), Silvaner (22 %), Riesling (14 %), Portugieser (11 %), Morio-Muskat (7,5 %), Kerner (4,5 %), Scheurebe (3,6 %) und Ruländer (3 %) sowie Neuzüchtungen.

Rheinpfälzisch, mitteldt. Mundart, ↑ deutsche Mundarten.

Rhein-Rhone-Kanal, Kanal in O-Frankreich zw. dem Rheinseitenkanal bei Niffer und der Saône bei Saint-Symphorien-sur-Saône, 230 km lang, 112 Schleusen, ein Tunnel; erbaut 1784–1833; die bereits begonnene Modernisierung sieht eine Reduzierung auf 24 Schleusen vor (schiffbar für Euroschiffe).

Rheinsberg/Mark, Stadt am Austritt des Rhin aus dem Grinericksee, Bez. Potsdam, DDR, 50 m ü. d. M., 5 400 E. Steingutherstellung, elektrotechn. und chem. Ind., Kernkraftwerk; Fremdenverkehr. - Entstand bei einer Burg; 1291 erstmals erwähnt; 1368 Stadtrecht. - Nach Brand (1740) planmäßiger Wiederaufbau nach Plänen von G. W. Knobelsdorff, von dem v. a. auch das barocke Schloß (1734–39; heute Sanatorium) mit Schloßpark sowie das Kavaliershaus stammt.

Rheinschnaken, Bez. für einige Arten der Stechmücken, die in Auwäldern des Rheins (v. a. zw. Karlsruhe und Mannheim) in Massen auftreten und dem Menschen sehr lästig werden; vorherrschend sind *Aedes vexans* und *Aedes sticticus*, die ihre Eier an den Rändern von Tümpeln, überfluteten Wiesen und stehenden Altrheinarmen ablegen; Larven schlüpfen, wenn die schlüpfreifen Eier vom Hochwasser überflutet werden; erfolgreiche Bekämpfungsversuche durch Einsatz von Lipiden.

Rheinseitenkanal (frz. Grand Canal d'Alsace), Seitenkanal des Oberrheins im Elsaß zw. Kembs und Straßburg; gemäß dem Oberrheinvertrag von 1956 nur zw. Kembs und Neu-Breisach als Seitenkanal ausgebaut, unterhalb davon unter teilweiser Benutzung des alten Strombetts; rd. 112 km lang, 8 Staustufen mit Kraftwerken.

Rhein-Sieg-Kreis, Kreis in NRW.

Rheinstahl AG, dt. Unternehmen der Eisen- und Stahlindustrie, gegründet 1870 in Paris, 1872 Sitz nach Duisburg verlegt. 1926 Abgabe aller Hütten- und Stahlwerke an die Vereinigten Stahlwerke AG. Schwerpunkt danach im Kohlebergbau und in der Energieerzeugung. Die R. AG wurde 1973 von der August Thyssen-Hütte AG übernommen.

Rheinwald, Abschnitt des Hinterrheintals oberhalb der Roflaschlucht, Schweiz, etwa 30 km lang; Ausgangspunkt bed. Paßstraßen.

Rheinzabern, Gem. im Oberrhein. Tiefland, Rhld.-Pf., 3 500 E. - In röm. Zeit Legionslager **Tabernae** (**Tabernis, Tabernae Rhenanae**) im Gebiet der Nemeter; um 130 n. Chr. begründeten ostgall. Töpfer hier eine ausgedehnte Terra-Sigillata-Produktion. - Spätbarocke Pfarrkirche (1777).

Rhenate, Salze der vom ↑ Rhenium abgeleiteten Sauerstoffsäuren.

Rhenium [nach Rhenus, dem lat. Namen des Rheins], chem. Symbol Re; metall. Element aus der VII. Nebengruppe des Periodensystems der chem. Elemente, Ordnungszahl 75, relative Atommasse 186,2, Dichte 21,02 g/cm^3, Schmelzpunkt 3 180 °C, Siedepunkt etwa 5627 °C. R. ist ein weißglänzendes, sehr hartes und schwer verformbares Schwermetall, das chem. sehr resistent ist. In seinen meist farbigen Verbindungen kommt es in den Wertigkeitsstufen eins bis sieben vor. In der Erdkruste ist R. nur zu $1 \cdot 10^{-7}$ Gew.-% enthalten und steht in der Häufigkeit der chem. Elemente an 81. Stelle. Reine R.minerale sind nicht bekannt; R. kommt in kleinen Mengen in Molybdän-, Platin- und Kupfererzen vor und wird v. a. aus den beim Abrösten von Molybdänglanz anfallenden Flugstäuben und aus den Abfallprodukten der Kupferraffination gewonnen; Legierungsbestandteil für Schmuckmetalle und chem. bes. resistente Legierungen. 1925 von W. Noddack und I. Noddack-Tacke in einem Gadoliniummineral entdeckt.

Rhens, Stadt 9 km ssö. von Koblenz, Rhld.-Pf., 2700 E. Obstverwertung, Sauerbrunnen. - Früher **Rhense (Rense);** ab 1308 bevorzugter Versammlungsort der Kurfürsten (1338 Kurverein von Rhense); Ende 14. oder Anfang 15. Jh. bis ins 19. Jh. Stadtrechte. - Spätgot. Kirche Sankt Dionysius (16. Jh.) mit spätroman. Westturm und barocker Ausstattung; weitgehend erhaltene Stadtbefestigung (um 1400), „Königstuhl" (1380–96; 1804/05 zerstört, 1842 wiederhergestellt), auf dem die dt. Könige dem Volk vorgestellt wurden.

Rhenus, lat. Name des Rheins.

Rheobase [griech.], die minimale Intensität eines langdauernden elektr. Reizes (Gleichstrom), die gerade noch zur Reaktion einer biolog. Struktur (z. B. Nerv, Muskel) führt. Die R. hängt ebenso wie die ↑ Chronaxie vom physiolog. Zustand des betrachteten Objekts ab und ist wie diese ein Maß für die Erregbarkeit.

rheobiont (rheotypisch) [griech.], nur in strömenden [Süß]gewässern lebend; gesagt von Tieren (z. B. Bachforelle).

Rheologie [griech.], Teilgebiet der Physik, das sich mit den Erscheinungen befaßt, die bei der Deformation und beim Fließen flüssiger, kolloidaler (hochpolymerer) und fester Systeme unter Einwirkung äußerer Kräfte auftreten.

Rheotaxis [griech.], in Richtung einer Strömung orientierte aktive Bewegung bei Lebewesen; meist als *positive R.* (gegen die Strömung gerichtet; verhindert das Abgedriftetwerden in Fließgewässern), seltener als *negative R.* (mit der Strömung schwimmend) auftretend.

Rhesusaffe [nlat./dt.] ↑ Makaken.

Rhesusfaktor (Rh-Faktor) ↑ Blutgruppen.

Rheticus (Rhäticus), eigtl. Georg Joachim von Lauchen, * Feldkirch (Vorarlberg) 15. Febr. 1514, † Kaschau (= Košice) 4. Dez. 1576, dt. Astronom. - Prof. der Mathematik in Wittenberg; 1539–41 bei Kopernikus in Frauenburg, dessen Weltbild er durch Lehre und Schriften verbreitete und dessen Hauptwerk „De revolutionibus orbium coelestium libri VI" 1543 in Nürnberg erstmals drucken ließ. Er berechnete außerdem zehnstellige Tafeln der trigonometr. Funktionen.

Rhetor [griech.], urspr. svw. Redner, später svw. Lehrer der Rhetorik.

Rhetorik [zu griech. rhētoriké (téchnē) „Redekunst"], bezeichnet sowohl die Fähigkeit, durch öffentl. Rede einen Standpunkt überzeugend zu vertreten [und so Denken und Handeln anderer zu beeinflussen], als auch die Theorie bzw. Wiss. dieser Kunst. In der Antike wurden 3 Redesituationen unterschieden: die *Rede vor Gericht* (Lysias), die *Rede vor einem polit. Gremium* (Demosthenes) und die *Festrede auf eine Person* (Isokrates). Die R. stellt dem Redner ein Repertoire von Anweisungen und Regeln zur Verfügung, mit deren Hilfe er seinen Stoff formen kann; in der Vorbereitung der Rede werden 5 Phasen unterschieden: 1. In der „inventio" werden die zum Thema passenden Gedanken gesucht, wobei als Leitfaden die „loci" (↑ Locus) dienen; 2. in der „dispositio" wird aus diesen Gedanken eine Auswahl nach Redezweck und Situationsangemessenheit getroffen; die interne Gliederung erfolgt nach einem Dreierschema und leitet über zur 3. „elocutio", der Einkleidung der Gedanken in Wörter; wichtig sind hier Reinheit und Klarheit der Sprache sowie die Angemessenheit von Gedanken und Sprache; 4. in der „memoria" werden Lern- bzw. Erinnerungshilfen und 5. in der „pronuntio" der wirkungsvolle Vortrag der Rede behandelt.

Stilmittel zur Verdeutlichung, Veranschaulichung oder auch Ausschmückung der sprachl. Aussage sind die **rhetorischen Figuren,** die im Rahmen der antiken R. ausgebaut, klassifiziert und systematisiert wurden. Unterschieden werden *Wortfiguren* (z. B. Anapher, Epanalepse), *Sinn-Figuren* (z. B. Antithese, Chiasmus) sowie i. w. S. auch *grammat. Figuren* (z. B. Ellipse) und *Klangfiguren* (z. B. Klausel). Als eine der eindrucksvollsten systemat. wiss. Leistungen der Antike ist die R. nicht nur ein Inventar sprachl. Techniken und Kunstformen, sondern darüber hinaus eine heurist. Methode, eine „Technik des Problemdenkens", und gehörte zur antiken Allgemeinbildung.

📖 *Ijsseling, S.:* R. u. Philosophie. Stg. 1985. - *Ruhleder, R. H.:* R.-Fibel von A–Z. Bad Harzburg 1983. - R. Ein internat. Jahrbuch Hg. v. *J. Dyck* u. a. Stg. 1981 ff. - R. Krit. Positionen zum Stand der Forschung. Hg. v. *H. F. Plett.* Mchn. 1977. - *Dubois, J.,* u. a.: Allg. R. Dt. Übers. Mchn. 1974.

Rhetra [griech. „Rede, Vertrag"], Bez. für Erklärungen und Abmachungen von Gesetzeskraft in der archaischen griech. Welt. Am bekanntesten ist die *Große R.* (vermutl. Ende

8. Jh. oder Anfang 7. Jh. v. Chr.), eine delph. Weisung an den sagenhaften spartan. Gesetzgeber Lykurg zur inneren Gestaltung des spartan. Staatswesens.

Rheuma [griech.], volkstüml. Kurzbez. für ↑ Rheumatismus.

Rheumafaktor, durch Agglutinations- oder Flockungsreaktion nachweisbares Antigammaglobulin, das v. a. bei primär chron. Polyarthritis im Blutserum vorkommt.

rheumatisches Fieber (akuter Gelenkrheumatismus, akute Polyarthritis, Polyarthritis rheumatica acuta), vorwiegend bei Kindern und jugendl. Erwachsenen vorkommende Folgekrankheit nach einem Streptokokkeninfekt, die sich als immunolog. Allgemeinerkrankung u. a. in Form einer Entzündung zahlr. Gelenke (Polyarthritis), einer Herzentzündung (75 % aller Fälle), in Veitstanz (Chorea minor; 50 % aller Fälle), Erythemen und unter der Haut liegenden Rheumaknötchen äußert. Die Erkrankung beginnt mit einer Latenzzeit von ein bis drei Wochen nach der infektiösen Erstkrankheit (z. B. Mandelentzündung, fieberhafter Rachenkatarrh, Scharlach), oft mit hohem Fieber, Schwellung, Rötung und Schmerzhaftigkeit bes. der mittleren und großen Gelenke („wandernde Polyarthritis"). Die Behandlung besteht v. a. in strenger Bettruhe.

Rheumatismus [griech.] (rheumat. Erkrankungen, rheumat. Formenkreis), Sammelbez. für eine Gruppe sehr unterschiedl. definierter und schwer abgrenzbarer, in den Krankheitsbildern, jedoch nicht in den Krankheitsursachen zusammengehöriger schmerzhafter Krankheitszustände des Muskel- (Weichteil-R.) und des Skelettsystems (↑ Gelenkerkrankungen). Bezügl. der letzteren ist die Einteilung in infektiös-entzündl. (*Arthritiden*; z. B. rheumat. Fieber, primär chron. Polyarthritis) und nichtinfektiös-degenerative Formen (*Arthrosen, Spondylosen*) üblich. - **Weichteilrheumatismus** ist die zusammenfassende Bez. für mit Schmerzen einhergehende krankhafte Zustände der Weichteile (v. a. Muskeln, Bändern, Sehnen, Sehnenscheiden) des Bewegungsapparats. Am häufigsten ist der **Muskelrheumatismus** (Fibromyositis, intramuskuläre Fibrositis), der akut nach ungeschickten Bewegungen (bes. im Zusammenhang mit einer kurzfristigen Abkühlung), chron. bei ungünstigen Witterungsverhältnissen auftritt; Symptome: Verspanntheit, Druck- und Dehnungsschmerz, bes. frühmorgens auch Bewegungsschmerz, schmerzhafte Druckpunkte im Bereich der Muskelansätze; meist ist die stat. Hals-Rücken-Schulter-Muskulatur betroffen.

📖 *Bruker, M. O.: Rheuma. Ursache u. Heilbehandlung. Sankt Georgen im Schwarzwald* [10]*1986. - Mathies, H.: Rheuma. Stg.* [3]*1983. - Tobiasch, V./Günther, P.: Rheumafibel. Stg. 1981.*

rhexigen [griech.], durch Zerreißen von Zellen infolge ungleich verteilten Wachstums entstanden; z. B. die Markhöhlen vieler Pflanzen. - ↑ Interzellularen entstehen dagegen meist **lysigen** (durch Auflösung von Zellwänden).

Rheydt ↑ Mönchengladbach.

Rh-Faktor, svw. Rhesusfaktor (↑ Blutgruppen).

Rhin, rechter Nebenfluß der Havel, entfließt dem Haussee, fließt durch den Rheinsberger und Ruppiner See sowie das **Rhinluch,** einen von Flachmooren bedeckten Teil des Thorn-Eberswalder Urstromtals, mündet unterhalb des Gülper Sees, 105 km lang.

Rhinalgie [griech.], Schmerzen im Bereich der Nase.

Rhinanthus [griech.], svw. ↑ Klappertopf.

Rhine, Joseph Banks [engl. raın], * Waterloo (Pa.) 29. Sept. 1895, † Hillsborough (N. C.) 20. Febr. 1980, amerikan. Psychologe. - Prof. in Durham (N. C.). Forschungen v. a. zum Problem der außersinnl. Wahrnehmung, von ihm als *ESP* („Extra-sensory perception") bezeichnet, sowie zum Problem der Psychokinese. R. führte mit Medien große Versuchsserien durch, deren Zuverlässigkeit und Ergebnisse allerdings weithin für anfechtbar gehalten werden.

Rhinitis [griech.], svw. ↑ Schnupfen.

Rhinluch ↑ Rhin.

Rhinobatoidei [griech.], svw. ↑ Geigenrochen.

Rhinoceros [griech.], svw. Panzernashorn (↑ Nashörner).

Rhinocerotidae [griech.], svw. ↑ Nashörner.

rhinogen [griech.], in der Medizin: von der Nase ausgehend, durch die Nase eindringend (z. B. gesagt von Infektionen).

Rhinogradentia [griech./lat.] (Naslinge) ↑ Nasobem.

Rhinologe [griech.], Spezialist für Nasenerkrankungen (als Facharzt für Hals-, Nasen- und Ohrenerkrankungen).

Rhinoviren [griech./lat.], Bez. für die Schnupfenviren; säurelabile, humanpathogene, in Gewebekultur züchtbare RNS-Viren; Erreger harmloser Erkältungskrankheiten im Nasen-Rachen-Raum. Da eine Infektion keine nachhaltige Immunität hinterläßt, ist eine wirksame Impfung nicht möglich.

Rhinozerosse [griech.], svw. ↑ Nashörner.

Rhipidistier [griech.] ↑ Quastenflosser.

Rhizobium [griech.], bekannte Bakteriengatt. der Fam. Rhizobiaceae mit sechs Arten (u. a. die ↑ Knöllchenbakterien des Klees, der Lupine, der Bohne).

Rhizodermis [griech.] ↑ Exodermis.

Rhizom [griech.] (Wurzelstock, Erdsproß), unterird. oder dicht unter der Bodenoberfläche waagerecht oder senkrecht wachsende, Nährstoffe speichernde (jedoch nicht

zur Assimilation befähigte), ausdauernde Sproßachse vieler Stauden; mit sproßbürtigen Wurzeln, farblosen Niederblättern und Knospen; letztere dienen z. T. dem Weiterwachsen des R. selbst, z. T. der Ausbildung der meist einjährigen oberird. Laub- und Blütentriebe. R. wachsen (während mehrerer Vegetationsperioden) an der Spitze unbegrenzt weiter, die älteren Teile sterben allmähl. ab.
◆ in Anlehnung an den biolog. Begriff Bez. für eine eher irrational bestimmte „organ." Verzweigung von Aussagen, Gedanken und Argumenten, deren Abfolge die Regeln der klass. Logik (insbes. die Unterscheidung von Oberbegriff und Unterbegriff und streng kausale Begründungszusammenhänge) in vorgebl. befreiender Absicht negiert. Seit den 1980er Jahren von der frz. Philosophie ausgehend für eine prakt. Philosophie in speziell subkulturellen Zusammenhängen vertreten.

Rhizophyten [griech.], svw. ↑ Wurzelpflanzen.

Rhizopoda [griech.], svw. ↑ Wurzelfüßer.

Rhizopodien [griech.] (Retikulopodien, Myxopodien, Wurzelfüßchen, Netzfüßchen), dünne, wurzel- bis netzartig verästelte, stark veränderl. Scheinfüßchen (Pseudopodien), v. a. bei Foraminiferen, seltener bei Schalamöben; stehen überwiegend im Dienst der Nahrungsaufnahme.

Rhizopogon [griech.] (Barttrüffel, Wurzeltrüffel), Gatt. der Bauchpilze mit knolligen, meist mit von Myzelfasern umhüllten unterird. Fruchtkörpern. In sandigen Kiefernwäldern kommen die **Gelbl. Barttrüffel** (R. luteolus) und die **Rötende Barttrüffel** (R. rubescens) mit weißen, im Alter und bei Berührung ziegelbraunrot werdenden Fruchtkörpern vor; bis 5 cm Durchmesser; eßbar.

Rhizosphäre [griech.], die Wurzeln höherer Pflanzen unmittelbar umgebende Bodenzone; charakterisiert durch eine große Zahl sehr aktiver Mikroorganismen (v. a. Pilze, Bakterien).

Rho [griech.], 17. (urspr. 19.) Buchstabe des griech. Alphabets: P, ρ.

Rhodamine [Kw.] (Rhodaminfarbstoffe), durch Kondensation substituierter m-Aminophenole mit Phthalsäureanhydrid hergestellte rote, nicht lichtbeständige Xanthenfarbstoffe (↑Xanthen), die v. a. in der Mikroskopie und als Papierfarbstoffe verwendet werden.

Rhodanide [griech.], svw. ↑Thiocyanate.

rhodanische Phase [nach ↑Rhodanus] ↑Faltungsphasen (Übersicht).

Rhodanus, lat. Name der Rhone.

Rhode Island [engl. rouˈdailənd], Bundesstaat im NO der USA, 3 144 km², 968 000 E (1985), Hauptstadt Providence.

Landesnatur: Den O-Teil des kleinsten Staates der USA nimmt das flache, um die inselreiche Narragansett Bay gelegene Becken ein. Der W gehört zu den hügeligen New England Uplands. Die maritime Lage gestaltet das Klima mit milden Wintern und feuchten Sommern. Wald nimmt 67 % des Staatsgeb. ein (Eichen, Buchen, Ahorn, Birken, Kiefern u. a.; v. a. Erholungsfunktion).

Bevölkerung, Wirtschaft, Verkehr: Die Einwanderer kamen v. a. von den Brit. Inseln sowie aus Italien. 1970 wurden 1 400 Indianer gezählt; der Anteil der Schwarzen betrug 2,9 %, der der städt. Bev. 87,0 %. Die meisten E leben in der Metropolitan Area von Providence. Mehr als 50 % der E sind Katholiken. R. I. verfügt über 2 Univ. - Dominierender Wirtschaftszweig ist die Ind.; an erster Stelle steht die traditionelle Textilind., gefolgt vom Maschinen- und Werkzeugbau, der Herstellung von Metall- und Schmuckwaren (Edelsteine, Silber) und der Gummi- und Kunststoffproduktion. Die Landw. (Milchwirtschaft, Hühnerzucht, Gemüse- und Obstbau) verliert zunehmend an Bed., nicht zuletzt wegen der sandigen und sauren Böden. Die Fischerei ist auf den Fang und die Verarbeitung von Muscheln spezialisiert. - Das Eisenbahnnetz umfaßt 216 km, das Straßennetz 10 262 km; 6 öffentl. ⚓.

Geschichte: Vermutl. von Portugiesen Anfang 16. Jh. besucht; erste Siedlungsgründungen durch religiöse Flüchtlinge aus Massachusetts in den 1630er Jahren. Die Verfassung von 1663 sicherte der Kolonie eine eigene, unabhängige Selbstverwaltung zu. Im Unabhängigkeitskrieg war der Hafen Newport lange Zeit brit. besetzt. 1780/81 Standort der frz. Flotte. 1790 nahm R. I. als letzte der 13 Kolonien die Verfassung der USA an. 1843 wurde die (fast unveränderte) überalterte Verfassung von 1663 durch eine neue ersetzt, aber erst 1928 wurden die letzten Wahlrechtsbeschränkungen abgeschafft.

Rhodeländer (Rote Rhodeländer), Rasse bis 3,5 kg schwerer Haushühner aus den USA; wetterharte, rotbraun befiederte, sehr ruhige Tiere mit guter Winterlegeleistung; typ. Zwierasse.

Rhodes, Alexandre de [frz. rɔd], * Avignon 1591 oder 1593, † Isfahan 5. Nov. 1660, frz. Jesuit. - Wirkte erfolgreich als Missionar in Vietnam, begründete mit einem Wörterbuch und einem Katechismus (1651) die vietnames. Schriftsprache und schuf ihre bis heute gebräuchl. Umschrift.

R., Cecil [John] [engl. roudz], * Bishop's Stortford (Hertford) 5. Juli 1853, † Muizenberg (= Kapstadt) 26. März 1902, brit. Politiker. - Gewann durch den Erwerb von Diamantenfeldern in Südafrika polit. Einfluß und ein großes Vermögen, das er in den Dienst der brit. imperialen Idee v. a. in Afrika stellte. Über die von ihm begr. Firmen kontrollierte er die gesamte südafrikan. Diamantenproduktion. Ab 1881 Parlamentsabg. in der Kapkolonie; bewirkte 1885 die brit. Besetzung von Betschuanaland, dann den Erwerb des späteren Rhodesien (1889). Als Premiermin. der Kapkolonie (ab 1890) betrieb R. die Einkreisung der Burenrepublik Transvaal. Nach dem Scheitern des von ihm unterstützten Jameson Raid nach Transvaal trat R. 1896 als Premiermin. unter dem Druck der Öffentlichkeit zurück.

Rhodesgras [engl. roudz; nach C. Rhodes] ↑ Gilbgras.

Rhodesiamensch [nach Rhodesien], Gruppe fossiler Funde aus dem Pleistozän Afrikas, die gewisse Ähnlichkeiten mit dem europ. Neandertaler aufweisen. Der R. hat keine Bed. für die Stammesgeschichte des Menschen.

Rhodesien, 1964–April 1979 Name der brit. Kolonie Südrhodesien, die sich unter einer weißen Minderheitsreg. 1965 einseitig für unabhängig erklärte, unter einer schwarzen Mehrheitsreg. April–Dez. 1979 den Namen Simbabwe-Rhodesien führte und von Dez. 1979–April 1980 als R. nicht nur de jure, sondern auch de facto wieder brit. Kolonie war. - ↑ Simbabwe.

Rhodium [zu griech. rhódion „Rose" (nach der meist rosenroten Farbe seiner Verbindungen)], chem. Symbol Rh; metall. Element aus der VIII. Nebengruppe des Periodensystems der chem. Elemente, Ordnungszahl 45, relative Atommasse 102,905, Dichte 12,4 g/cm^3, Schmelzpunkt 1 966 °C, Siedepunkt etwa 3 727 °C. Das silberweiße R. gehört zu den Platinmetallen und wird in kompakter Form auch von Königswasser nicht angegriffen, reagiert aber bei höherer Temperatur mit Sauerstoff und Chlor. In seinen meist rot gefärbten Verbindungen tritt es meist dreiwertig auf. In der Liste der Häufigkeit der chem. Elemente steht R. an 80. Stelle. In der Natur kommt es gediegen, aber stets mit den übrigen Platinmetallen vergesellschaftet vor. Wegen seines Glanzes und chem. Beständigkeit wird R. galvan. in dünner Schicht auf Silberschmuck, Spiegel und Reflektoren aufgebracht (**rhodinieren**). Ferner dient es in Form von Platin-R.-Legierungen zur Herstellung spezieller Laborgeräte, Spinndüsen und Thermoelemente. R. wird auch als Katalysator verwendet. Es wurde 1803 von W. H. Wollaston als Begleitmetall des Platins entdeckt.

Rhodochrosit [griech.], svw. ↑ Manganspat.

Rhododendron [griech., eigtl. „Rosenbaum"] ↑ Alpenrose.

Rhodonit [griech.] (Mangankiesel), in derben, schaligen, körnigen oder dichten Aggregaten vorkommendes, rosenrotes bis rotgraues Mineral, chem. CaMn$_4$[Si$_5$O$_{15}$]. Mohshärte 5,5 bis 6,5; Dichte 3,4 bis 3,75 g/cm^3; wird v. a. zur Herstellung von kunstgewerbl. Gegenständen und Schmuckstücken verwendet. R.vorkommen finden sich v. a. im Ural, in Spanien, Brasilien und Schweden.

Rhodopen, Gebirge in Bulgarien und Griechenland, zw. der Maritzaniederung im N, der Mestasenke im W, der thrak. Küstenebene im S und der griech. Grenze im O. Westl. der Arda erreichen die R. Höhen von 2 000, nach O nehmen die Höhen auf 800 m ab. Die natürl. Waldgrenze in den relativ waldreichen R. liegt bei 1 850 m Höhe.

Rhodophyceae [griech.], svw. ↑ Rotalgen.

Rhodoplasten [griech.] ↑ Rotalgen.

Rhodopsin [griech.] (Sehpurpur, Erythropsin), lichtempfindl. roter Sehfarbstoff in den Stäbchen der Augen von landbewohnenden Wirbeltieren (einschl. des Menschen) und der Meeresfische (bei Süßwasserfischen tritt ein ähnl., als *Porphyrosin* bezeichneter Farbstoff auf); wichtig für das Dämmerungssehen. R. wird durch Licht zersetzt in das gelbe, dem Vitamin A nahe verwandte Karotinoid *Retinal* und das Protein *Opsin*; bei Dunkelheit findet ein Wiederaufbau zu R. statt, wobei das Vitamin A dem Blut entnommen wird (daher tritt bei Vitamin-A-Mangel Nachtblindheit auf).

Rhodos, griech. Stadt am NO-Ende der Insel R., 40 400 E. Hauptort der Insel und des Verw.-Geb. Dodekanes; orth. Erzbischofssitz; Museum, Observatorium; Fremdenverkehr; Hafen; Schiffsverbindungen mit Piräus, Kreta, den Inseln des Dodekanes und dem kleinasiat. Festland; ⚓. - 408 v. Chr. gegr.; die Geschichte der Stadt entspricht der Geschichte der gleichnamigen Insel. - In der von einem Mauerring mit Tortürmen und Basteien (15./16. Jh.) umschlossenen Altstadt finden sich Reste aus der Antike (u. a. Aphroditentempel; 3. Jh. v. Chr.) und dem MA. Mittelpunkt ist das Ritterviertel mit der wiederhergestellten Ritterstraße (15./16. Jh.). Der ehem. Großmeisterpalast ist in den modernen Gouverneurspalast integriert. Im Türkenviertel Moscheen, u. a. die Ibrahim-Pascha-Moschee (1531).

R., griech. Insel im Mittelländ. Meer vor der SW-Küste der Türkei, 1 398 km^2, 67 000 E, Hauptort Rhodos. Vorherrschend Hügel- und Mittelgebirgsland (200–600 m ü. d. M.), das von wenigen Bergstöcken (bis 1 215 m hoch) überragt wird.

Geschichte: Schon in myken. Zeit dicht besiedelt; um 1 000 v. Chr. von Doriern besetzt, die 3 Stadtstaaten gründeten: Lindos, Kamiros und Ialysos. Nach den Perserkriegen traten die rhod. Städte dem Att.-Del. Seebund bei (bis 411). 408 Gründung der Stadt R.; geriet nach zeitweiliger Mgl.schaft im Att. Seebund und erneutem Abfall im 4. Jh. unter pers. Herrschaft. 334 durch Alexander d. Gr. befreit, wurde R. Zentrum des Handels im östl. Mittelmeerraum. 305/304 vergebl. Belagerung der Stadt durch Demetrios I. Poliorketes (als Siegeszeichen wurde der „Koloß von Rhodos" des Chares von Lindos errichtet,

Rhombendach

eines der Sieben Weltwunder). Büßte 168 v. Chr. seine Stellung als Handelsvormacht ein, blieb bis Ende der röm. Kaiserzeit aber weiterhin als geistiges Zentrum und Studienort vornehmer Römer bed.; durch Perser, dann Araber, Genuesen und Venezianer erobert, 1308 durch den aus Palästina vertriebenen Johanniterorden, dessen Hauptsitz die Insel wurde; wurde 1523 osman.; 1912 von Italien besetzt, seit 1947 zu Griechenland.

Kunsthistor. Zentren sind außer der Stadt R. an der W-Küste die Ruinenstätte *Ialysos* mit Überresten einer myken.-achäischen Burgfeste und reicher myken. Nekropole, *Kamiros* (Keramikfunde des 7.–5. Jh.) und *Lindos* an der O-Küste mit hellenist. Burganlage, Resten des Tempels der Athena Lindia (nach 330 v. Chr.) und eines ehem. Johanniterkastells (Ende des 15. Jh.; später osman.).

📖 Currie, J.: *R. u. die Inseln des Dodekanes.* Stg. u. a. ²1979. - Nick, D.: *R.* Mchn. 1976. - Riemenschneider, M.: *R.* Wien u. Mchn. 1974.

Rhombendach ↑Dach.

Rhomboeder [griech.], von sechs kongruenten Rhomben begrenztes Parallelepiped.

Rhomboid [griech.], ungleichseitiges und schiefwinkliges Parallelogramm; auch Bez. für ein Drachenviereck, ein Viereck, bei dem eine der beiden Diagonalen Symmetrieachse ist.

Rhombus [griech.] (Raute), ein Parallelogramm mit vier gleich langen Seiten. Beide Diagonalen sind Symmetrieachsen des R.; sie stehen senkrecht aufeinander, halbieren einander im Mittelpunkt M des Inkreises und sind zugleich die Winkelhalbierenden.

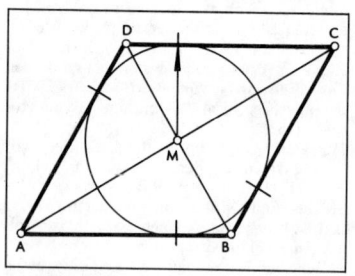

Rhombus

Rhön, Mittelgebirge in der BR Deutschland und der DDR, im N und O von der Werra, im S von Sinn und Fränk. Saale, im W von der Haune begrenzt, im SW bildet der Landrücken den Übergang zum Vogelsberg. Höchste Erhebung ist mit 950 m ü. d. M. die Wasserkuppe. Den Gebirgssockel bilden triass. Gesteine, über denen in den Hohen R. Basalt- und Phonolitdecken liegen, während in der Kuppen-R. Vulkanstotzen das Landschaftsbild prägen.

Rhondda [engl. 'rɔndə], walis. Stadt 27 km nw. von Cardiff, Gft. Mid Glamorgan, 81 700 E. Erstreckt sich über 19 km lang in zwei Tälern; Zentrum des östl. Südwales-Kohlenfeldes. - Entwickelte sich seit dem Beginn des Kohlenbergbaus (1807).

Rhone (frz. Rhône [frz. ro:n]), Fluß in der Schweiz und in Frankr., 812 km lang, Einzugsgebiet rd. 100 000 km², entsteht aus dem Rhonegletscher, durchfließt im Wallis, wendet sich unterhalb von Martigny scharf nach NW, fließt durch den Genfer See, durchbricht die Ausläufer des Jura, tritt unterhalb von Lyon in die R.-Saône-Senke ein, wobei sie sich in mehrere Arme aufspaltet. Ab Lyon biegt die R. nach S um. Die Engtalstrecken, die sich in den Ausläufern des Zentralmassivs mit Weitungen abwechseln, werden mit dem Ausbau der R. zum Großschiffahrtsweg seit 1934 durch Seitenkanäle umgangen; außerdem wurden zahlr. Staustufen angelegt, verbunden mit Kraftwerken. Das sich 10–50 cm/Jahr ins Mittelländ. Meer vorschiebende Delta beginnt oberhalb von Arles, heute teilt sich die R. hier nicht mehr in zahlr. Arme, sondern in die Grand Rhône im O (85 % des Abflusses) und die Petit Rhône im W, zw. beiden liegt die ↑Camargue. Durch den Ausbau wurde eine leistungsfähige Binnenschiffahrtsstraße geschaffen, die über die Saône und den Rhein-R.-Kanal das Mittelmeer mit der Nordsee verbindet.

📖 Delettrez, J.-M.: *Le Rhône de Genève à la Méditerranée.* Grenoble u. Paris 1974. - Ritter, J.: *Le Rhône.* Paris 1973.

Rhône [frz. ro:n], Dep. in Frankreich.

Rhône-Alpes [frz. ro'nalp], Region in Frankr., umfaßt die Dep. Ain, Ardèche, Drôme, Isère, Loire, Rhône, Savoie und Haute-Savoie, erstreckt sich damit vom O-Rand des Zentralmassivs bis zur italien. und schweizer. Grenze, 43 698 km², 5,09 Mill. E (1984), Hauptstadt Lyon.

Rhonegletscher ↑Dammagruppe.

Rhonekultur, entlang der Rhone (von der W-Schweiz bis zur Mündung) verbreitete frühbronzezeitl. Kulturgruppe (1800–1500 v. Chr.), durch dreieckige Dolchklingen (auch Vollgriffdolche), Randleistenbeile, getriebene Scheibenkopfnadeln, Henkeltassen charakterisiert.

Rhoneweine, am Rhonegraben zw. Vienne und Avignon auf rund 20 000 ha Rebfläche erzeugte Weine, vorwiegend rote Tisch- und Qualitätsweine (durchschnittl. jährl. 1,25 Mill. hl); berühmt ist der aus 13 Rebsorten bereitete Châteauneuf-du-Pape.

Rhön-Grabfeld, Landkr. in Bayern.

Rhönrad [nach der Rhön], 1925 entwickeltes Sportgerät aus 2 Stahlrohrreifen (von 1,60 bis 2,20 m Durchmesser), die in einem Abstand von 41–47 cm durch Querstangen verbunden sind; verwendet für akrobat. Turn- und Sprungübungen für Männer und Frauen.

Rhopalikos [griech.], svw. ↑Keulenvers.
Rhotazismus [nach dem griech. Buchstaben Rho], Bez. für den Lautwandel eines intervokal. stimmhaften [z] in [r]; insbes. bezeugt im Altlat. (z. B. genus, Gen. gener-is) und in den german. Sprachen außer dem Got. (z. B. dt. verlieren : Verlust). I. w. S. wird der Begriff R. für alle Lautwandel verwendet, deren Ergebnis [r] ist.
RHS, Abk. für: retikulohistiozytäres System (svw. ↑retikuloendotheliales System).
Rh-System, svw. Rhesussystem (↑Blutgruppen).
Rhynchocephalia (Rhynchozephalen) [griech.], svw. ↑Brückenechsen.
Rhyolith [griech.], svw. ↑Liparit.
Rhythm and Blues [engl. 'rıðəm ənd 'blu:z], Bez. für einen in den 1940er und 1950er Jahren entstandenen Stil der afroamerikan. Populärmusik, der sowohl an den Blues als auch an den Jazz, bes. an den Harlem Jump, anknüpft; musikal. gekennzeichnet durch stark akzentuierten Fundamentalrhythmus (Beat) und blueshafte Melodik. Wichtigster Vertreter ist Ray Charles.
Rhythmik [griech.], in der *Musik*: 1. die rhythm. Kunst oder Technik; 2. die Lehre vom ↑Rhythmus.
◆ ↑rhythmische Erziehung.
rhythmische Erziehung (Rhythmik), eine Form der Musik- und Bewegungserziehung, bei der Melodie, Rhythmus, Dynamik und Ausdruck von Musik in Bewegung umgesetzt werden, sie will über körperl. Formung zu eigenschöpfer. Tätigkeit anregen. Die r. E. fand ihren Anfang durch den schweizer. Musikpädagogen É. Jaques-Dalcroze, pädagog. Zielsetzungen entwickelte seine Schülerin E. Feudel (*1881, †1966). Durch Mimi Scheiblauer (*1891, †1968) wurde die r. E. für die Heilpädagogik entdeckt, um Anreize zur Körperbewegung und zur Übung der Feinmotorik zu geben. Eine weitere Form r. E. ist die Eurhythmie. In der Musikerziehung hat de von C. Orff im „Orff-Schulwerk" entwickelte musikal.-rhythm. Elementarerziehung weiteste Verbreitung gefunden.
Rhythm section [engl. 'rıðəm 'sɛkʃən], im Jazz Bez. für die Gruppe der Instrumente (im allg. Schlagzeug, Baß und Klavier) innerhalb des Ensembles, die den Grundrhythmus und z. T. gleichzeitig auch das harmon. Gerüst eines Stückes liefern.
Rhythmus [griech.], allg. svw. Gleichmaß, gleichmäßig gegliederte Bewegung; period. Wechsel, regelmäßige Wiederkehr natürl. Vorgänge (z. B. ein- und Ausatmen).
◆ Grundbegriff der *Musik* (ähnl. wie Harmonie und Melodie); er umfaßt die Ordnung, Gliederung und sinnfällige Gestaltung des zeitl. Verlaufs von Klangereignissen. Dies geschieht durch abgestufte Tondauern und Akzente, aber auch durch entsprechende melod. Bewegungen, wechselnde Klänge (Harmonien) und Klangfarben (Instrumente). Gewöhnl. ist der R. an eine mittlere, das Tempo maßgebende Zeiteinheit gebunden (Zähl-, Schlagzeit, Beat). Die unterschiedl. Zeitwerte lassen sich meist auf die Proportionen 1:2 und 1:3 zurückführen (↑auch Noten). - Der *additive* R. kennt keinen Takt, sondern nur einen geregelten Wechsel von Elementen, z. B. von zweizeitigen Längen und einzeitigen Kürzen im Altertum, von betonten und unbetonten Zeitteilen im 20. Jh. (Strawinski, Bartók). Auf einem *divisiven* R. beruht die Mehrstimmigkeit des MA: Die fortgesetzte dreifache und zweifache Unterteilung (Mensuralnotation) der urspr. dreizeitigen Formationen (Modalnotation) ging mit einer Differenzierung der Stimmen und der Satztechnik einher. Im neuzeitl. Takt-R., einem *divisiv-multiplikativen* R., der um 1600 in Verbindung mit der harmon. Tonalität und mit Tanzsymmetrien entstand, gewann die Gewichtsabstufung bis zur Wiener Klassik an Bed. (↑Metrum) und verlor sich danach wieder. Musikal. Prosa-R. und Preisgabe normativer Maße kennzeichnen die jüngere Entwicklung. - Den R. des Jazz bestimmen Beat, Off-Beat und Swing.
⟨⟩ Konrad, R.: *R. - Metrum - Form*. Ffm. 1979. - Bresgen, C.: *Im Anfang war der R.* Wilhelmshaven 1977. - Georgiades, T. G.: *Der griech. R.* Tutzing ²1977. - Seidel, W.: *R*. Darmst. 1976.
◆ in der *Literatur* werden unterschieden: Sprach-R., der zur Sprache als Schallform gehörende Wechsel betonter und unbetonter, langer und kurzer Silben, periodenöffnender und periodenschließender Satzmelodien usw., und Vers-R., eine Steigerung und Überhöhung der rhythm. Eigenschaften der Sprache.
◆ ↑Biorhythmus.
Rhythmusgerät (Rhythm-Box, elektron. Schlagzeug, Rhythmusautomat), elektron. Gerät, das in Verbindung mit einer Elektronenorgel gängige Rhythmen erzeugt. Die Rhythmen sind meist mit übl. Schlagzeugklängen, gelegentl. auch mit standardisierten Harmoniefolgen oder Baßläufen (u. a. Boogie-Woogie) versehen.
Rhytidom [griech.] ↑Borke.
Rhyton [griech.], trinkhornartiges kult. Spendegefäß; es hatte am schmalen, meist in Form eines Tierkopfes gebildeten unteren Ende eine zweite Öffnung, die mit dem Finger oder der Hand geschlossen gehalten werden mußte. Bes. aus dem skyth. wie dem pers. Bereich sind kostbare Rhyta erhalten, es trat dann im 5. Jh. v. Chr. in Griechenland sowie in Etrurien erneut auf.
Ria [span., zu lat. rivus „Fluß"], langgestreckte Meeresbucht, die durch Eindringen des Meeres in ein Flußtal und dessen Nebentälchen entstanden ist. **Ria(s)küsten** finden sich z. B. in NW-Spanien, S-Irland und in der Bretagne.
Riad, Ar ↑Rijad, Stadt in Saudi-Arabien.

Riade

Riade, nicht sicher zu lokalisierender Ort an der thüring.-sächs. Grenze (vermutl. an der Unstrut), an dem Heinrich I. 933 die Ungarn besiegte.

Rial [arab.-pers.], Abk. Rl., Währungseinheit in Iran; 1 Rl. = 100 Dinars (D.).

Rial Omani, Abk. R. O., Währungseinheit in Oman; 1 R. O. = 1 000 Baizas (Bz.).

Riạltobrücke, berühmte Brücke in Venedig.

RIAS Berlin ↑ Rundfunkanstalten (Übersicht).

Riauarchipel, indones. Inselgruppe im Südchin. Meer, am sö. Eingang zur Malakkastraße, Hauptort Tanjungpinang auf ↑ Bintan.

Riba Bracóns, Carles [katalan. 'rriβə βrə'kons], * Barcelona 23. Sept. 1893, † ebd. 12. Juli 1959, katalan. Schriftsteller. - Präs. des Inst. für katalan. Studien; Mitverf. eines katalan. Wörterbuches; schrieb empfindungsreiche Gedichte.

Ribalta, Francisco [span. rri'βalta], * Solsona (Prov. Lérida) 2. Juni 1565, † Valencia 13. Jan. 1628, span. Maler. - Zunächst beeinflußt vom italien. Manierismus und El Greco; seit etwa 1600 in Valencia tätig, zugleich stilist. Wandlung im Sinne des Frühbarock; Neigung zu kontrastreichem Helldunkel und naturalist. Wiedergabe.

Ribatejo [portugies. rriβɐ'tɐʒu], histor. Prov. in Portugal, am unteren Tejo, zw. dem Portugies. Scheidegebirge und dem Portugies. Scheiderücken im N und W sowie dem Alentejo im SO.

Ribbentrop, Joachim von, * Wesel 30. April 1893, † Nürnberg 16. Okt. 1946 (hingerichtet), dt. Diplomat und Politiker. - Trat 1932 der NSDAP, später auch der SS bei; um die Jahreswende 1932/33 fungierte er als Vermittler zw. Papen und Hitler; bildete nach der nat.-soz. Machtergreifung, 1934 zum Beauftragten der Reichsreg. für Abrüstungsfragen ernannt, die Dienststelle Ribbentrop und wurde bald von Hitler mit zahlr. diplomat. Missionen betraut; erzielte 1935 mit dem Abschluß des dt.-brit. Flottenabkommens seinen ersten bed. diplomat. Erfolg; Aug. 1936-Jan. 1938 Botschafter in London; 1938-45 Außenmin. als Nachfolger von Neuraths; urspr. Befürworter eines Ausgleichs mit Frankr. und Großbrit.; verfolgte, nachdem er spätestens 1937 die Unvereinbarkeit der dt. mit der brit. Politik erkannt hatte, eine antibrit. außenpolit. Konzeption, deren Höhepunkte der Dt.-Sowjet. Nichtangriffspakt 1939 und die Verbindung mit Japan waren; im Nürnberger Hauptkriegsverbrecherprozeß 1946 in allen Punkten für schuldig befunden und zum Tode verurteilt.

Ribeiro, Aquilino [portugies. rri'βɐjru], * Carregal da Tabosa bei Sernancelho 13. Sept. 1885, † Lissabon 27. Mai 1963, portugies. Schriftsteller. - Gegner der Monarchie und später Salazars; mehrfach im Gefängnis oder Exil; zuletzt Prof. an der Nationalbibliothek in Lissabon. Einer der hervorragendsten Erzähler der zeitgenöss. portugies. Literatur; schildert in seinen regionalist. und pikaresken Romanen und Novellen Land und Leute der heimatl. Beira ebenso meisterhaft wie das Milieu der Großstadt („Wenn die Wölfe heulen", R., 1954).

Ribemont [frz. rib'mõ], frz. Ort sö. von Saint-Quentin, Dep. Aisne, 2 100 E. - Im **Vertrag von Ribemont** (880) zw. dem ostfränk. König Ludwig III., d. J. (876-882), und den Söhnen des westfränk. Königs Ludwig II., des Stammlers (877-879), Ludwig III. (879-882) und Karlmann (879-884), wurde die Abtretung des westfränk. Teils von Lothringen an das Ostfrankenreich festgesetzt. Damit war die Grenze zw. Deutschland und Frankr. vorgegeben.

Ribera [span. rri'βera], Jusepe (José) de, * Játiva (Prov. Valencia) 17. Febr. 1591, † Neapel 2. Sept. 1652, span. Maler. - Nach der Ausbildung in der Werkstatt von F. Ribalta in Valencia ging R. nach Italien und wurde in Rom v. a. von Caravaggio künstler. nachhaltig beeinflußt. Lebte seit 1616 in Neapel. Seine vornehml. religiösen Gemälde heben i. d. R. das themat. Geschehen deutl. vom Bildhintergrund ab. Die wichtigsten Radierungen entstanden 1621-28. - **Werke:** Das Martyrium des hl. Bartholomäus (1630 ?; Madrid, Prado), 12 Propheten (1638-43; Neapel, Nationalmuseum San Martino), Jakobs Traum (1639; Prado), Der hl. Paulus als Einsiedler (1644; Stockholm, Nationalmuseum), Hl. Sebastian (1651; Neapel, Nationalmuseum), Junge mit Klumpfuß (1652; Paris, Louvre).

Jusepe de Ribera, Das Martyrium des heiligen Bartholomäus (1630 ?). Madrid, Prado

R., Pedro de, * Madrid 1681, † ebd. vermutl. 15. Okt. 1742, span. Baumeister. - Ein Hauptvertreter des span. Barock, baute v. a. in Madrid, u. a. die „Brücke von Toledo" (1719–31).

Ribes [arab.] ↑ Stachelbeere.

Ribisel [Bildung zu ↑Ribes], östr. Bez. für ↑Johannisbeere.

Ribnitz-Damgarten, Krst. am südl. Ende des Saaler Boddens, Bez. Rostock, DDR, 5 m ü. d. M., 17 700 E. Heimat- und Freilichtmuseum; Faserplattenwerk, Bernsteinverarbeitung. - Entstand 1950 aus den Städten **Ribnitz** (1210 erstmals bei einer slaw. Burg erwähnt, 1257 lüb. Recht) und **Damgarten** (1258 lüb. Recht). - In Ribnitz spätgot. Kirche (14. Jh.) des ehem. Klarissinnenklosters mit bed. Ausstattung (15.–18. Jh.); Rostocker Torturm (15. Jh.). In Damgarten spätgot. Pfarrkirche (15. Jh.) mit got. Chor.

Riboflavin [Kw.] (Ovoflavin, Lactoflavin, Laktoflavin, Vitamin B_2), intensiv gelb gefärbte Substanz mit Vitamincharakter, die als Bestandteil der Wirkgruppen (prosthet. Gruppen) wasserstoffübertragender Enzyme in der Zellatmung große Bed. hat; kommt in Hefe, pflanzl. Zellen, im Eigelb, in Leber und Niere sowie in der Milch vor. - ↑auch Vitamine.

Ribonukleasen [Kw.] ↑RNasen.

Ribonukleinsäure [Kw.] ↑RNS.

Ribose [Kw.] (D-Ribose), in der Natur weit verbreitet (z. B. in Nukleotiden, Nukleosiden und in der Nukleinsäure RNS) vorkommendes, zu den Pentosen gehörendes Monosaccharid; bildet farblose, wasserlösl. Kristalle.

ribosomale RNS [Kw.] ↑RNS.

Ribosomen [Kw.] (Palade-Körner, Palade-Granula), aus Nukleinsäuren und Proteinen bestehende Partikel, die in allen Zellen vorkommen und für die ↑Proteinbiosynthese verantwortl. sind. Die R. kommen einzeln oder zu Polysomen zusammengefaßt entweder frei im Plasma oder an Membranen des ↑endoplasmatischen Retikulums gebunden vor. Die R. der Prokaryonten (Bakterien, Blaualgen) haben einen Durchmesser von etwa 18 nm und eine Masse von $2{,}8 \cdot 10^6$ Dalton (1 Dalton = $1{,}6601 \cdot 10^{-27}$ kg). Die R. der Eukaryonten dagegen haben einen Durchmesser von etwa 20–22 nm und Massen bis $4 \cdot 10^6$ Dalton. Die R. aller Organismen bestehen aus zwei Untereinheiten, die man ihrem bei der Ultrazentrifugation gemessenen und in † Svedberg-Einheiten (S) angegebenen Sedimentationskoeffizienten bezeichnet. Aufgabe der R. ist es, nach Zusammentreten mit einer Messenger-RNS (m-RNS) die in dieser enthaltene Information zu entziffern (Translation) und dann die Proteinbiosynthese entsprechend vorzunehmen.

Ribot, Théodule [frz. ri'bo], * Guingamp (Côtes-du-Nord) 18. Dez. 1839, † Paris 9. Dez. 1916, frz. Psychologe. - Prof. am Collège de France in Paris; war der bedeutendste Vermittler der zeitgenöss. brit. Assoziationspsychologie und der dt. experimentellen Psychologie für den frz. Sprachraum; gilt als Begründer einer empir., metaphysikkrit. Psychologie in Frankr. - *Werke:* Die Vererbung (1873), Die Persönlichkeit (1885), Die Psychologie der Aufmerksamkeit (1888), Die Psychologie der Gefühle (1896), Die Schöpferkraft der Phantasie (1900), La vie inconsciente et les mouvements (1914).

Ribulose [Kw.], Monosaccharid (Pentose), das in Form des R.-1,5-diphosphats als Kohlendioxidakzeptor in der Photosynthese eine Rolle spielt.

Ricarda, weibl. Vorname, Nebenform von Richarda (↑Richard).

Ricardo, David [engl. rɪˈkɑːdoʊ], * London 18. (19.?) April 1772, † Gatcombe Park (Gloucestershire) 11. Sept. 1823, brit. Nationalökonom. - Erwarb sich ein Vermögen durch Börsenspekulationen; befaßte sich, angeregt durch A. Smith, mit der Nationalökonomie. Sein Hauptwerk „On the principles of political economy and taxation" erschien 1817. Ab 1819 gehörte er als radikaler Reformer dem Unterhaus an. - Im Ggs. zu A. Smith, in dessen Arbeiten die Frage nach den Ursachen der Reichtumsbildung im Mittelpunkt stand, war für R. das Problem der Einkommensverteilung das zentrale Anliegen. Grundlage seiner Verteilungstheorie bildet die *Werttheorie.* Wie Smith unterscheidet er Seltenheitsgüter und beliebig reproduzierbare Güter. Der Wert der ersteren hängt ausschließl. von der Nachfrage ab, der Wert der letzteren ist ident. mit ihrem natürl. Preis. Im Ggs. zum Marktpreis, der sich bei freier Konkurrenz durch Angebot und Nachfrage bildet, hängt der natürl. Preis eines Gutes allein von der zu seiner Erstellung benötigten relativen Arbeitsmenge ab. Der Marktpreis schwankt um den natürl. Preis.

Analog zur Preistheorie unterscheidet R. Marktpreis und natürl. Preis der *Arbeit.* Der erstere hängt ab vom Arbeitsangebot und der Nachfrage nach Arbeit, durch die Größe des Kapitals, das der Beschäftigung von Arbeitern dient, bestimmt wird (Lohnfondstheorie). Der natürl. Lohn entspricht den Reproduktionskosten der Arbeit, ist also genau so hoch, daß er es dem Arbeiter ermöglicht, sich zu erhalten. Der natürl. Lohn orientiert sich damit am Existenzminimum.

Während Smith die Entstehung des *Außenhandels* durch absolute Unterschiede bei den Produktionskosten erklärt, weist R. nach, daß Außenhandel auch dann vorteilhaft für ein Land ist, wenn es alle Güter billiger als das Ausland produzieren kann. Es ist dann sinnvoll, die relativ billigsten Güter zu exportieren und die relativ teuersten zu importieren (Theorie der komparativen Kosten).

Während alle Theorien von R. (die im 19. Jh.

häufig aufgenommen wurden, etwa von K. Marx) von der modernen Nationalökonomie zunehmend kritisiert wurden, hat seine Methode, Probleme in einem sehr abstrakten, jedoch einfachen Modell zu analysieren, viele Ökonomen stark beeinflußt.

📖 *Näslund, B./Sellstedt, B.: Neo-Ricardian theory. Bln. u.a. 1978. - Blaug, M.: Systemat. Theoriegesch. der Ökonomie. Dt. Übers. Bd. 1. Mchn. 1971.*

Ricci [italien. 'rittʃi], Marco, ≈ Belluno 5. Juni 1676, † Venedig 21. Jan. 1730, italien. Maler. - Neffe und Schüler von Sebastiano R.; mit Ruinenszenen und Phantasieveduten hat er die spätere venezian. Landschaftsmalerei wesentl. bestimmt.

R., Matteo, * Macerata 6. Okt. 1552, † Peking 11. Mai 1610, italien. Jesuit und Chinamissionar. - Mit gründl. Kenntnissen der chin. Sprache und Kultur ausgerüstet, erstrebte er, am Kaiserhof in Peking selbst wie ein Mandarin lebend, eine weitgehende Anpassung des Katholizismus an die chin. Tradition, v. a. an den Konfuzianismus. Seine Bemühungen fanden im ↑Ritenstreit jedoch nicht die päpstl. Billigung.

R., Michelangelo, * Rom 30. Jan. 1619, † ebd. 12. Mai 1682, italien. Mathematiker. - Kardinal (ab 1681); Schüler E. Torricellis; befaßte sich in seinen mathemat. Arbeiten bes. mit Tangenten- und Extremalproblemen.

R., Sebastiano, ≈ Belluno 1. Aug. 1659, † Venedig 15. Mai 1734, italien. Maler. - Onkel von Matteo R.; steht mit seinen großzügig komponierten, reichbewegten Werken in strahlender Farbigkeit am Beginn der venezian. Rokokomalerei.

Ricci-Curbastro, Gregorio [italien. 'rittʃikur'bastro], * Lugo (Prov. Ravenna) 12. Jan. 1853, † Bologna 7. Aug. 1925, italien. Mathematiker. - Prof. in Padua. In seinen grundlegenden Arbeiten zur Differentialgeometrie entwickelte R.-C. 1885–94 den später von A. Einstein in seiner allgemeinen Relativitätstheorie verwendeten absoluten Differentialkalkül.

Riccio [italien. 'rittʃo] (Rizzo), eigtl. Andrea Briosco, auch Andreas Crispus genannt, * Padua um 1470, † ebd. 1532, italien. Goldschmied und Bildhauer. - Sein Hauptwerk ist der mit Reliefs und Statuetten reich ausgestattete achtstöckige, fast 4 m hohe Osterleuchter in Sant'Antonio in Padua (1507–17) im Stil der Hochrenaissance.

Riccioli, Giovanni Battista [italien. rit-'tʃɔːli], * Ferrara 17. April 1598, † Bologna 25. Juni 1671, italien. Gelehrter. - Jesuit; Prof. in Parma und Bologna; versuchte in einem Kompendium („Almagestum novum", 1651) das gesamte damalige astronom. Wissen zusammenzufassen; wandte sich gegen das heliozentr. System des Kopernikus.

Riccione [italien. rit'tʃoːne], italien. Gem. am Adriat. Meer, in der Emilia-Romagna, 32 000 E. Seebad; Fischereihafen.

Rice, Elmer L. [engl. raɪs, riːs], eigtl. E. Reizenstein, * New York 28. Sept. 1892, † Southampton (Großbrit.) 8. Mai 1967, amerikan. Schriftsteller. - Seine Stücke sind v. a. durch vielfältige Ausdrucksmöglichkeiten gekennzeichnet: expressionist. Stilmittel in dem Drama „Die Rechenmaschine" (1923), naturalist. in seinen sozialkrit. Dramen; schrieb auch Romane wie „Menschen am Broadway" (1937).

Ricercar (Ricercare) [ritʃɛr'kaːr(e); italien. „suchen"], seit dem Beginn des 16. und bis ins 18. Jh. (J. S. Bach, „Musikal. Opfer") verwendete Form der Instrumentalmusik. Das R. wurde zunächst in der Lautenmusik als Intonationsstück nach den Stimmen des Instruments gebraucht. Spätestens 1523 (M. A. Cavazzoni) auf der Orgelmusik aufgegriffen, übernahm es zunehmend die Form der durchimitierenden Motette und wurde damit zu einer der Vorformen der Fuge. Im histor. Rückgriff fand das R. im 20. Jh. erneut Verwendung, so u. a. bei G. F. Malipiero, B. Martinů, I. Strawinski.

Rich, Buddy [engl. rɪtʃ], eigtl. Bernard R., * New York 30. Juni 1917, † Los Angeles 2. April 1987, amerikan. Jazzmusiker (Schlagzeuger, Orchesterleiter). - Spielte ab 1938 u. a. bei A. Shaw und T. Dorsey; gründete 1946 ein eigenes Orchester; galt als einer der größten Techniker unter den Schlagzeugern.

Richard, männl. Vorname (zu althochdt. rîhhi „Herrschaft, Reich" und harti „hart"); weibl. Form: Ric(h)arda.

Richard, Name von Herrschern:
Hl. Röm. Reich:
R. von Cornwall, * Winchester 5. Jan. 1209, † Berkhampstead Castle bei Berkhamsted (Hertfordshire) 2. April 1272, König (seit 1257). - Sohn des engl. Königs Johann I. ohne Land; als Gegenkandidat Alfons' X. von Kastilien und León wurde er am 13. Jan. 1257 von den Kurfürsten von Trier und von der Pfalz vor den Toren von Frankfurt am Main zum Röm. König gewählt und am 17. Mai 1257 in Aachen gekrönt; verbrachte nur knapp 4 Jahre im Reich und blieb weitgehend bedeutungslos.
England:
R. I. Löwenherz, * Oxford 8. Sept. 1157, † Châlus (Haute-Vienne) 6. April 1199, König (seit 1189). - 3. Sohn Heinrichs II.; als engl. König nahm er am 3. Kreuzzug teil, eroberte im Mai 1191 Zypern, maßgebl. an der Einnahme Akkos (12. Juli 1191) mitwirkte und am 2. Sept. 1192 mit dem Sultan Saladin einen Waffenstillstand schloß. Auf seiner Rückreise wurde er im Dez. 1192 von Hzg. Leopold V. von Österreich gefangengenommen und auf der Burg Dürnstein, nach seiner Auslieferung an Kaiser Heinrich VI. auf der Burg Trifels festgehalten. Erst gegen hohes Lösegeld und nach Leistung des Lehns-

eides am 4. Febr. 1194 freigelassen, mußte dann sein Königtum gegen seinen Bruder, den späteren König Johann I. ohne Land, und den engl. Festlandbesitz gegen den frz. König Philipp II. August verteidigen.

R. II., * Bordeaux 6. Jan. 1367, † Pontefract Castle (Yorkshire) 14. Febr. 1400, König (1377–99). - Jüngerer Sohn Eduards, des „Schwarzen Prinzen", aus dem Hause Plantagenet. Blieb auch als König bis 1386 unter der Vormundschaft seines Onkels John of Gaunt, Hzg. von Lancaster, und 1386–89 v. a. unter dem Einfluß von Thomas Woodstock, Hzg. von Gloucester (* 1355, † 1397). Erst am 3. Mai 1389 übernahm er selbst die Reg. und strebte eine Beendigung des Krieges mit Frankr. an. Infolge seiner Willkürherrschaft wurde er am 30. Sept. 1399 durch den späteren Heinrich IV. aus dem Hause Lancaster und durch das Parlament zur Abdankung gezwungen und als Gefangener vermutl. ermordet.

R. III., * Fotheringhay Castle (Northamptonshire) 2. Okt. 1452, ✗ bei Bosworth 22. Aug. 1485, König (seit 1483). - 4. Sohn Hzg. Richards von York (* 1411, † 1460); brachte nach dem Tode seines Bruders Eduard IV. (April 1483) dessen Sohn Eduard V., in seine Gewalt und ließ ihn und dessen Bruder Richard, Hzg. von York (* 1473), im Aug. 1483 im Tower ermorden. R. setzte am 26. Juni 1483 seine Erhebung zum König durch und versuchte, seine Stellung durch Kerkerhaft und v. a. Hinrichtung seiner Gegner zu behaupten. R. fiel in der Schlacht bei Bosworth im Kampf gegen den späteren Heinrich VII.

Richard, Cliff [engl. 'rɪtʃəd], eigtl. Harry Roger Webb, * Lucknow (Indien) 14. Okt. 1940, engl. Rocksänger und Gitarrist. - Gilt seit 1958 („Move it") als Englands erfolgreichster Rockstar („Congratulations", 1968; „Devil woman", 1976; „The only way out", 1982).

Richard von Sankt Viktor (R. de Saint-Victor), * in Schottland um 1110, † Paris 1173, schott. Theologe und Philosoph. - Augustiner-Chorherr; einer der Hauptvertreter der Schule von Sankt Viktor (seit 1162 Prior). Suchte eine Verbindung zw. Scholastik bzw. Dialektik und areopagit. Mystik. Zugleich trug er zu psycholog. Differenzierung myst. Erkenntnis bei.

Richards [engl. 'rɪtʃədz], Dickinson Woodruff, * Orange (N. J.) 30. Okt. 1895, † Lakeville (Conn.) 23. Febr. 1973, amerikan. Mediziner. - Prof. an der Columbia University in New York; Arbeiten über Herz-Lungen-Krankheiten und Herzkatheterismus; erhielt 1956 den Nobelpreis für Physiologie oder Medizin (zus. mit W. Forßmann und A. Cournand).

R., Theodore William, * Germantown (Pa.) 31. Jan. 1868, † Cambridge (Mass.) 2. April 1928, amerikan. Chemiker. - Prof. an der Harvard University; erhielt für seine exakte Bestimmung von Atomgewichten einer großen Zahl chem. Elemente 1914 den Nobelpreis für Chemie.

Richards Bay [engl. 'rɪtʃədz 'beɪ], Hafenstadt in NO-Natal, Republik Südafrika, an einer Bucht des Ind. Ozeans, 5 000 E.

Richardson [engl. 'rɪtʃədsn], Dorothy Miller, verh. Odle, * Abingdon (Berkshire) 17. Mai 1873, † Beckenham (= London) 17. Juni 1957, engl. Schriftstellerin. - Gilt als Vorläuferin von J. Joyce und V. Woolf; stellt in ihrem Hauptwerk, 12 zw. 1915 und 1938 verfaßten, unter dem Sammeltitel „Pilgrimage" bekanntgewordenen Romanen, das psych. Erleben einer jungen Lehrerin dar; Technik des inneren Monologs zur Darstellung von Bewußtseinsströmen.

R., Henry Handel, eigtl. Ethel Florence Lindesay R., verh. Robertson, * Melbourne 3. Jan. 1870, † Fairlight (Sussex) 20. März 1946, austral. Schriftstellerin. - Eine der bedeutendsten austral. Erzählerinnen; Hauptwerke sind der Künstlerroman „Maurice Guest" (1908) und die Romantrilogie „The fortunes of Richard Mahony" (1917–29).

R., Lewis Fry, * Newcastle upon Tyne 11. Okt. 1881, † Kilmun (Argyllshire) 30. Sept. 1953, brit. Physiker und Mathematiker. - Erarbeitete als erster mathemat. Theorien für Politik (bes. Außenpolitik und Kriegsangelegenheiten) und für Wettervorhersagen.

R., Sir (seit 1939) Owen Williams, * Dewsbury (Yorkshire) 26. April 1879, † Alton (Hampshire) 15. Febr. 1959, brit. Physiker. - Prof. in Princeton (N. J.) und London. War mit seinen Arbeiten zur Elektronenemission heißer Metalloberflächen († glühelektrischer Effekt) einer der Wegbereiter der Elektronik. Weitere Arbeiten betrafen den äußeren Photoeffekt sowie die Spektroskopie im UV-Bereich. Nobelpreis für Physik 1928.

R., Samuel, ≈ Mackworth (Derbyshire) 19. Aug. 1689, † London 4. Juli 1761, engl. Schriftsteller. - Buchdrucker; schuf mit „Geschichte der Pamela, oder der belohnte Tugend eines Frauenzimmers" (1740) und dem trag. Roman „Clarissa Harlowe" (1748) die Gattung des empfindsamen, psychologisierenden Briefromans.

R., Tony, * Shipley (Yorkshire) 5. Juni 1928, engl. Regisseur. - Zunächst Bühnenregisseur in London. Begründer der Woodfall-Filmproduktion (zus. mit J. Osborne); Vertreter des antiillusionist. *Free Cinema* (seit 1956); drehte zunächst sozialkrit. Filme [aus dem Arbeitermilieu] wie „Blick zurück im Zorn" (1959), „Der Komödiant" (1960), „Bitterer Honig" (1961). Später v. a. Literaturverfilmungen: „Tom Jones. Zw. Bett und Galgen" (1962; nach H. Fielding), „Die Einsamkeit des Langstreckenläufers" (1962; nach A. Sillitoe), „Hamlet" (1969), „Joseph Andrews" (1977; nach H. Fielding). - *Weitere Filme:* Grenzpatrouille (1982), Hotel New Hampshire (1984).

Richardson-Effekt [engl. ˈrɪtʃədsn; nach Sir O. W. Richardson], svw. ↑ glühelektrischer Effekt.

Richelieu [frz. riʃəˈljø], Armand Jean du Plessis, Hzg. von (seit 1631), * Paris 9. Sept. 1585, † ebd. 4. Dez. 1642, frz. Staatsmann und Kardinal (seit 1622). - 1606/07 Bischof von Luçon (Vendée), 1614 Sprecher des Klerus bei den Generalständen, 1616 von Maria von Medici als Staatssekretär für Kriegswesen und Außenpolitik in den königl. Rat berufen. Nach zeitweiliger Abwesenheit vom Hof konnte R. seine Stellung wieder stärken (1622 Kardinal, 1624 Erster Min.). Obwohl zeitlebens durch Krankheit geschwächt, verfolgte R. mit Energie 2 Ziele, die in seinem „Polit. Testament" (entstanden ab 1632) zum Ausdruck kommen: Festigung der königl. Autorität im Innern (Absolutismus) und Etablierung der frz. Vorherrschaft in Europa. In der *Innenpolitik* führte R. den Kampf gegen die polit. Macht der Hugenotten zu Ende (Fall von La Rochelle 1628, Krieg gegen die prot. Städte in S-Frankr. 1629). Er beließ diesen die religiöse Toleranzstellung des Edikts von Nantes, hob jedoch ihre militär. und polit. Privilegien auf („Gnadenedikt" von Alès, 1629). In den Auseinandersetzungen mit dem Hochadel behauptete sich R. gegen immer neue Verschwörungen, in denen die Königinmutter und u. a. Hzg. Gaston von Orléans eine führende Rolle spielten. Die „Journée des dupes" (1630, Verbannung der Königinmutter) markierte eine wesentl. Etappe auf dem Weg zur Durchsetzung absolutist. Macht. R. löste die wichtigsten Adelsämter auf (Admiralität 1626, Konnetablie 1627) und festigte die Institution der Intendanten als zentralist. Gegengewicht gegen die Parlamente. Die Generalstände blieben bis zur Frz. Revolution ausgeschaltet. In der *Wirtschafts-* und *Sozialpolitik* verfolgte R. anfängl. große Reformprojekte: Reduzierung der Kopfsteuer (frz. taille), Abschaffung der Salzsteuer (frz. gabelle) und der Ämterkäuflichkeit. Doch die kostspielige krieger. Außenpolitik machte die Pläne zunichte, was zu Bauernaufständen führte („Croquants" 1637, „Va-nu-pieds" 1639); sie wurden erbarmungslos unterdrückt. Im Sinne des Merkantilismus förderte R. die frz. Handelsschiffahrt. Kunst und Wiss. maß er bes. Bed. für das Prestige des Staates bei (Gründung der Académie française 1635, Bau des Palais Royal in Paris, Bau der Stadt Richelieu, 50 km sw. von Tours). - In der *Außenpolitik* suchte R. die Macht des Hauses Habsburg zu brechen, von dessen Besitz er Frankr. eingekreist sah. Im Bündnis mit den prot. Mächten stellte er die Staatsräson über konfessionelle Interessen. Mit der Besetzung des Veltlin 1626 und der Beteiligung am Mantuan. Erbfolgekrieg erlangte R. die Kontrolle wichtiger Verbindungslinien zw. Spanien, Italien und Österreich. Ab 1630 griff er zunächt indirekt in den Dreißigjährigen Krieg ein und erklärte am 19. Mai 1635 Spanien den Krieg. Trotz anfängl. Niederlagen gelang es R., den Weg zur frz. Hegemonialstellung zu ebnen, die Mazarin nach seinem Tode im Westfäl. Frieden durchsetzte.

⚇ *Erlanger, P.:* R. Dt. Übers. Bergisch Gladbach ²1980 - *Burckhardt, C. J.:* R. Mchn. ²⁻¹⁷1966–80. 4 Bde.

R., Louis François Armand de Vignerot du Plessis, Hzg. von, * Paris 13. März 1696, † ebd. 8. Aug. 1788, Marschall von Frankr. (seit 1748). - Großneffe des Kardinals R.; nahm 1712 am Span. Erbfolgekrieg teil; wegen seiner Intrigen mehrfach inhaftiert; 1725–29 Gesandter in Wien; seit 1738 Statthalter des Languedoc; setzte sich für eine Beendigung der Protestantenverfolgungen ein.

Richelieustickerei [frz. riʃəˈljø], Ausschnittstickerei, bei der die Ornamente mit Langettenstichen umfaßt, ausgeschnitten und durch Stege miteinander verbunden werden.

Richemont, Arthur Graf von (seit 1399) [frz. riʃˈmõ], * bei Sarzeau (Morbihan) 24. Aug. 1393, † Nantes 26. Dez. 1458, als Arthur III. Hzg. der Bretagne (seit 1457), Konnetabel von Frankr. (seit 1425). - Errang, zeitweise mit Jeanne d'Arc, im Hundertjährigen Krieg gegen England wichtige Erfolge; vertrieb im April 1436 die Engländer aus Paris, im April 1450 aus der Normandie und eroberte 1453 einen Teil Aquitaniens zurück.

Richenza [rɪˈçɛntsa], * 1086/87, † 10. Juni 1141, Röm. Kaiserin. - Seit 1100 ∞ mit dem späteren Kaiser Lothar III., dem sie als Erbtochter der Northeimer und Brunonen reichen Besitz mit Göttingen und Braunschweig brachte. Am 4. Juni 1133 im Lateran zur Kaiserin gekrönt, vertrat 1139–41 für ihren unmündigen Enkel Heinrich den Löwen die welf. Belange gegen die Staufer.

Richepin, Jean [frz. riʃˈpɛ̃], * Médéa (Algerien) 4. Febr. 1849, † Paris 12. Dez. 1926, frz. Dichter. - Verbindet als Romanschriftsteller („Miarka, das Bärenmädchen", 1883) und Lyriker („Der ewige Jude", 1884) ungebundene Romantik mit naturalist. Detail; Vertreter des romant. Versdramas. 1908 Mgl. der Académie française.

Richert, Hans, * Köslin 21. Dez. 1869, † Berlin 23. Sept. 1940, dt. Pädagoge und Schulreformer. - Gymnasialdirektor, ab 1923 Ministerialrat im preuß. Kultusministerium; gestaltete 1925 die entscheid. Reform des höheren Schulwesens unter Einfluß der Reformpädagogik.

Richet, Charles [frz. riˈʃɛ], * Paris 26. Aug. 1850, † ebd. 4. Dez. 1935, frz. Physiologe. - Prof. in Paris; arbeitete bes. über die Physiologie der Muskeln und Nerven; entdeckte die Anaphylaxie („Anaphylaxie", 1911); erhielt 1913 den Nobelpreis für Physiologie oder Medizin.

Richier, Germaine [frz. riˈʃje], * Grans

(Bouches-du-Rhône) 16. Sept. 1904, † Montpellier 31. Juli 1959, frz. Bildhauerin und Graphikerin. - Ihre Plastik zeigt den Menschen im Zustand der Auflösung und des Übergangs zum Anorganischen.

Richmond [engl. 'rɪtʃmənd], engl. Earls-, später Hzg.titel; 1452 den Tudors übertragen; 1485 in der Krone aufgegangen, wurde der Earlstitel 1525 Henry Fitzroy (* 1519, † 1536), dem unehel. Sohn Heinrichs VIII., verliehen. 1623-72 war der Hzg.titel an die schott. Hzg. von Lennox aus der Fam. Stuart vergeben und wurde 1675 Charles Lennox (* 1672, † 1723), dem unehel. Sohn Karls II., verliehen.

Richmond [engl. 'rɪtʃmənd], Hauptstadt des Bundesstaates Virginia, USA, 40 m ü. d. M., 219 200 E. Sitz eines anglikan., kath. und methodist. Bischofs; 3 Univ. (gegr. 1865, bzw. seit 1920 und 1968), histor., Kunstmuseum. Tabak-, Stahl-, Nahrungsmittel- und Textilind., Verlage, Druckereien, Endpunkt der Schiffahrt auf dem James River. - Entstand 1737 an der Stelle des 1645 errichteten Fort Charles; seit 1779 Hauptstadt des Bundesstaates Virginia, 1861-65 der Konföderierten Staaten von Amerika. - State Capitol (18. Jh.) nach dem Vorbild der Maison carrée in Nîmes.

Richtachsen (Euthynen), in der Anatomie bzw. Morphologie bestimmte gerade Linien, die als Haupt- und Nebenachsen derart durch den tier. (auch den menschl.) Körper gelegt werden, daß alle Teile des Körpers bestimmte regelmäßige Lagebeziehungen zu den Achsen haben und sich nach ihnen orientieren lassen. Wichtige R. sind: Längsachse, Querachse, Nabel-Rücken-Achse bzw. Dorsiventralachse.

Richtantenne, svw. Richtstrahler († Richtfunk).

Richtcharakteristik (Richtdiagramm), svw. ↑Strahlungscharakteristik.

Richten, in der *Fertigungstechnik* Sammelbez. für unterschiedl. Verfahren zur [Wieder]herstellung der angestrebten Form von Werkstücken, die während des Fertigungsprozesses, des Lagerns u. a. nicht erreicht werden konnte bzw. verlorenging.

◆ das Einstellen eines Geschützes auf das Ziel oder in die zum Schießen erforderl. Höhen- und Seitenrichtung durch sog. Richtwerke; *direktes R.* bei sichtbarem Ziel, *indirektes R.* nach Angaben der Leitstelle oder nach Karten oder sonstigem Aufklärungsmaterial.

Richter, Burton [engl. 'rɪktə], * New York 22. März 1931, amerikan. Physiker. - Prof. an der Stanford University; entdeckte unabhängig von S. C. C. Ting ein neuartiges, sehr schweres Elementarteilchen relativ großer Lebensdauer, das er als Psiteilchen bezeichnete. Für diese Entdeckung, die von großer Bedeutung für die Grundlagen der Elementarteilchenphysik von außerordentl. Bedeutung wurde, erhielten Ting und er 1976 den Nobelpreis für Physik.

R., Charles Francis [engl. 'rɪktə], * Hamilton (Ohio) 26. April 1900, † Pasadena (Calif). 30. Sept. 1985, amerikan. Seismologe. - Prof. am California Institute for Technology; Arbeiten über Erdbeben und den Aufbau der Erde; stellte 1935 die ↑ Richter-Skala auf.

R., Eugen ['--], * Düsseldorf 30. Juli 1838, † Berlin 10. März 1906, dt. Politiker. - Jurist und Nationalökonom; 1867-1906 MdR, einer der ersten Berufspolitiker. Der respektierte Haushaltsfachmann war gefürchteter Kritiker der Reg. und zugleich entschiedener Gegner der Sozialdemokratie. Als einer der Führer der Dt. Fortschrittspartei, ab 1884 der Freisinnigen Partei und ab 1893 der Freisinnigen Volkspartei verfocht R. einen Kurs, der von den Idealen von 1848 geprägt blieb.

R., Franz Xaver ['--], * Holleschau (= Holešov, Südmähr. Gebiet) (?) 1. Dez. 1709, † Straßburg 12. Sept. 1789, böhm. Komponist. - Wurde 1747 Mitglied der Mannheimer Hofkapelle; einer der bedeutendsten Vertreter der Mannheimer Schule; ab 1769 Kapellmeister am Straßburger Münster. Während seiner Mannheimer Zeit standen Instrumentalkompositionen im Vordergrund seines Schaffens, in Straßburg kirchenmusikal. Werke.

R., Gerhard ['--], * Dresden 19. Febr. 1932, dt. Maler. - Benutzt eigene sowie vorgefundene Photos aus Werbung und Illustriertenwelt oder von Amateuren als Vorlagen seiner bevorzugt in unbestimmtem Grau gehaltenen Bilder. - Abb. S. 248.

R., Hans ['--], * Raab (= Győr) 4. April 1843, † Bayreuth 5. Dez. 1916, dt. Dirigent. - 1875-1900 Kapellmeister der Hofoper, bis 1898 auch Dirigent der Philharmon. Konzerte in Wien. Leitete 1876 die Gesamtaufführung von R. Wagners „Ring des Nibelungen" in Bayreuth und war dann ständiger Dirigent der Festspiele; ab 1877 auch in Großbrit. als Konzert- und Operndirigent tätig (u. a. „R. Concerts" in London). Machte sich v. a. um die Werke von R. Wagner und J. Brahms verdient.

R., Hans ['--], * Berlin 6. April 1888, † Muralto bei Locarno 1. Febr. 1976, dt. Maler und Filmkünstler. - 1917 Mgl. des Dada in Zürich; schuf in Berlin in Zusammenarbeit mit V. Eggeling (* 1880, † 1925) Bildrollen (u. a. „Präludium", 1919) sowie abstrakte Filme („Rhythmus" 21, 23, 25 [1921, 1923, 1925]), die als musikal. Analogien konzipiert sind. Von seinen weiteren Arbeiten ist bes. der zus. mit M. Duchamp, M. Ernst und Man Ray in New York gedrehte surrealist. Film „Dreams that money can buy" (1944-47) zu nennen.

R., Hans Werner ['--], * Bansin 12. Nov. 1908, dt. Schriftsteller. - Urspr. Buchhändler; 1946/47 Hg. (zus. mit A. Andersch) der Zeitschrift „Der Ruf"; Initiator und Organisator der „Gruppe 47". Schrieb realist. Antikriegs-

Richter

Gerhard Richter, Emma (Akt auf der Treppe; 1966). Privatbesitz

Ludwig Richter, Genoveva in der Waldeinsamkeit (Ausschnitt; 1841). Hamburg, Kunsthalle

romane („Die Geschlagenen", 1949; „Sie fielen aus Gottes Hand", 1951), später satir.-gesellschaftskrit. Darstellungen der Nachkriegszeit („Linus Fleck oder Der Verlust der Würde", R., 1959).
Weitere Werke: Spuren im Sand (autobiograph. R., 1953), Du sollst nicht töten (R., 1955), Karl Marx in Samarkand (Reisebericht, 1967), Rose weiß, Rose rot (R., 1971), Briefe an einen jungen Sozialisten (Autobiogr., 1974), Das war die Gruppe 47 (Erinnerungen, 1979), Die Flucht nach Abanon (E., 1980), Ein Julitag (1982).

R., Horst-Eberhard ['--], *Berlin 28. April 1923, dt. Psychoanalytiker und Sozialpsychologe. - Prof. in Gießen; Direktor des dortigen Zentrums für Psychosomat. Medizin. In seinen kulturkrit., psychosomat. und psychiatr. Arbeiten bemüht sich R., die innerpsych. und soziale Seite menschl. Konflikte ganzheitl. zu analysieren. Therapeut. setzt er sich für die Anwendung der Psychoanalyse in der Familien- und Sozialtherapie ein. - *Werke:* Eltern, Kinder und Neurose (1963), Patient Familie (1970), Die Gruppe (1972), Lernziel Solidarität (1974), Flüchten oder Standhalten (1976), Der Gotteskomplex (1979), Zur Psychologie des Friedens (1982), Die hohe Kunst der Korruption (1989).

R., Johann Paul Friedrich ['--], dt. Dichter, ↑Jean Paul.

R., Julius ['--], *Groß-Ballerstedt (= Ballerstedt, Landkr. Osterburg) 19. Febr. 1862, †Berlin 28. März 1940, dt. ev. Theologe und Missionswissenschaftler. - Als Prof. für Missionswiss. in Berlin (ab 1914) sowie als Vorsitzender des Dt. ev. Missionsausschusses und anderer Missionsgremien eine der führenden Gestalten der dt. und internat. Mission.

R., Karl ['--], *Plauen 15. Okt. 1926, †München 15. Febr. 1981, dt. Organist und Dirigent. - Schüler von K. Straube und G. Ramin; wurde 1949 Organist an der Leipziger Thomaskirche, unterrichtete seit 1951 an der Staatl. Hochschule für Musik in München; auch Organist sowie Leiter des Münchner Bach-Chores und Bach-Orchesters.

R., Ludwig ['--], *Dresden 28. Sept. 1803, †ebd. 19. Juni 1884, dt. Maler, Zeichner und Illustrator. - 1823–26 in Italien, wo er v.a. von J. A. Koch beeinflußt wurde. Während er anfängl. vorwiegend Landschaftsgemälde schuf (u. a. „Überfahrt am Schreckenstein", 1837; Dresden, Gemäldegalerie), brachte 1838 die Bekanntschaft mit dem Verleger G. Wigand die entscheidende Hinwendung zur Zeichnung. In zahlr. oft aquarellierten Zeichnungen sowie Zeichnungen für Holzschnitte und Stiche schildert er volkstüml.-biedermeierl. das Kinder- und Familienleben. Illustrierte u. a. Ausgaben der Märchen von Musäus (1842), Andersen (1851) und Bechstein (1853).

R., Swjatoslaw ['rɪçtər; russ. 'rixtɪr], *Schitomir 20. März 1915, sowjet. Pianist. - Unternimmt seit 1960 als einer der gefeiertsten Klaviervirtuosen der Gegenwart weltweite Konzertreisen. Der Schwerpunkt seines Repertoirs liegt auf der neueren russ. Musik.

R., Willi ['--], *Frankfurt am Main 1. Okt. 1894, † ebd. 27. Nov. 1972, dt. Gewerkschaftsführer und Politiker (SPD). - Vor 1933 im ADGB aktiv; nach 1945 führend am Aufbau des hess. Gewerkschaftswesens beteiligt; 1947-49 Mgl. des Frankfurter Wirtschaftsrates; MdB 1949-57; 1950-62 Vorstands-Mgl., 1956-62 Vors. des DGB.

Richter, im A. T. 12 charismat. Führer, die Israel von seinen Feinden befreiten, nachdem es - von Jahwe „abgefallen" und deswegen bestraft - zu Jahwe um Errettung gefleht hatte. Von ihren Taten berichtet das **Richterbuch** (in der Vulgata „Liber Judicum"), das im Rahmen des deuteronomist. Geschichtswerks redigiert wurde.

Richter, ein zur Entscheidung von Rechtsstreitigkeiten berufenes staatl. Organ der Rechtspflege, dem nach Art. 92 GG die rechtsprechende Gewalt (Judikative), die durch die Gerichte ausgeübt wird, anvertraut ist. Für die Rechtsverhältnisse der Richter, die nicht Beamte im Sinne des Beamtengesetzes sind, gilt das Dt. RichterG. Es unterscheidet zw. Berufsrichtern und ehrenamtl. R. (frühere Bez. Laien-R.). *Berufsrichter* ist, wer die Befähigung zum Richteramt hat (bei der zweistufigen Ausbildung das Bestehen zweier jurist. Staatsprüfungen) und durch Ernennungsurkunde i.d. R. auf Lebenszeit in das R.verhältnis berufen worden ist. *Ehrenamtl.* R. ist, wer, ohne Berufs-R. zu sein, die rechtsprechende Gewalt ausübt (z. B. Schöffen). Dem gesetzl. R. darf gemäß Art. 101 GG niemand entzogen werden. Nach Art. 97, 98 GG sind R. persönl. und sachl. unabhängig, d.h. sie sind grundsätzl. unabsetzbar und unversetzbar sowie nur an Gesetz und Recht gebunden, mit der Folge, daß R. auch nur einer eingeschränkten Dienstaufsicht unterliegen.

In *Österreich* gilt weithin Entsprechendes.

In der *Schweiz* kann jeder Schweizer Bürger auf Zeit durch Wahl (Wiederwahl ist mögl.) zum R. ernannt werden, der in den Nationalrat wählbar ist. Eine jurist. Ausbildung ist kein rechtl., sondern praktisches Erfordernis.

Geschichte: Die Funktion des R. übte in frühester Zeit das Fam.oberhaupt (Sippenältester) aus. Die Sippenrechtspflege wurde jedoch im german. Recht zugunsten der Rechtsfindung durch die Volksversammlung zurückgedrängt. R. war anfängl. der König bzw. Stammesfürst, der aber nicht selbst urteilte, sondern das Urteil von der Volksversammlung oder von aus ihrer Mitte genommenen Urteilsfindern (Schöffen) erfragte und verkündete. In fränk. Zeit traten an die Stelle der vom Volk gewählten R. die vom König (als dem obersten R.) eingesetzten Grafen. Mit Aufkommen der Landesherrschaft wurde die Abhängigkeit der R. vom König durch die vom Territorialherrn ersetzt. Die Übernahme des röm. Rechts bewirkte darüber hinaus nahezu überall die Ablösung der Laien-R. durch gelehrte Juristen. Die ausgebildeten R. waren jetzt Beamte des Landesherrn und den landesherrl. Gesetzen und Weisungen verantwortl., Verwaltung und Rechtspflege verschmolzen. Zu Beginn des 19.Jh. setzten sich unter dem Einfluß der Aufklärung die Trennung von R.amt (Judikative) und Verwaltung (Exekutive), die richterl. Unabhängigkeit und die alleinige Bindung an das Gesetz durch.

💭 *Wassermann, R.:* Die richterl. Gewalt Hdbg. 1985. - *Ule, H. M.:* Der Rechtspfleger u. sein R. Köln 1983. - *Beradt, M.:* Der dt. R. Königstein im Taunus 1979. - *Wassermann, R.:* Der polit. R. Mchn. 1972. - *Wassermann, R., Reform, Gesellschaft.* Karlsruhe 1970. - *Die Unabhängigkeit des R.* Mit Beitr. v. W. Pötter u.a. Stg. 1969.

Richter-Haaser, Hans, * Dresden 6. Jan. 1912, † Braunschweig 13. Dez. 1980, dt. Pianist und Komponist. - War bes. als Interpret klass. und romant. Klaviermusik auf weltweiten Konzertreisen erfolgreich.

richterliche Aufklärungspflicht, dem Gericht obliegende Amtspflicht, den einem Rechtsstreit zugrunde liegenden Sachverhalt vollständig und richtig zu ermitteln. Der Umfang der r. A. ist unterschiedlich. In Verfahren mit Untersuchungsmaxime (z. B. im Straf- und im Verwaltungsprozeß) hat das Gericht den Sachverhalt in den Grenzen des Verfahrensgegenstandes von Amts wegen aufzuklären. Aber auch in Verfahren mit Verhandlungsmaxime (z. B. im Zivilprozeß) besteht die (eingeschränkte) r. A. im Rahmen der Prozeßleitung.

richterliches Ermessen ↑Ermessen.

Richterrecht, Bez. für vom Richter gefundene bzw. geschaffene Rechtsnormen. Nach dem institutionell-formalen Grundsatz der Gewaltentrennung sind die Gerichte zwar nur zur Anwendung der ihnen vorgegebenen Gesetze legitimiert; nach heute allg. Ansicht können Gesetze jedoch regelmäßig nicht derart lückenlose und bestimmte Regelungen enthalten, daß jede individuelle Fallentscheidung ermittelt werden könnte. Der Gesetzgeber arbeitet deshalb bewußt mit Generalklauseln und unbestimmten Rechtsbegriffen, die der Konkretisierung durch die Rechtsprechung bedürfen. Obwohl nach dem GG der Richter an Gesetz und Recht gebunden ist, stellt die Konkretisierung von Gesetz und Recht durch die Gerichte eine Entfaltung der Rechtsordnung selbst, also eine Rechtsfortbildung dar.

Richter-Skala ['rɪçtər; engl. 'rɪktə; nach C. F. Richter] (Magnitudenskala), eine nach oben unbegrenzte moderne Erdbebenskala auf instrumenteller Basis, die eine objektive

Richtfeuerbake

Beurteilung der Erdbebenstärke ermöglicht. Ihre Werte liegen für sehr schwache Beben bei 0, für stärkste Beben etwa bei 7,7–8,6; jeder Punkt auf der Skala bedeutet etwa eine Verzehnfachung der Stärke des Bebens.

Richtfeuerbake ↑ Bake.

Richtfunk, funktechn. Nachrichtenübermittlung mit Hilfe sog. Richtantennen, die die elektromagnet. Wellen bevorzugt in einer Richtung abstrahlen *(Richtstrahler)* bzw. aus ihr empfangen, z. B. Parabolantennen. I. e. S. werden als R. nur gerichtete Nachrichtenübermittlungen mit Trägerfrequenzen zwischen etwa 30 MHz und 15 GHz bezeichnet (UKW-, Dezimeter- und Zentimeterwellen-R.), wobei die Entfernung zwischen den einzelnen R.stellen gewöhnl. auf Sichtweite beschränkt ist. R.verbindungen dienen u. a. zur Übertragung von Ferngesprächen, Rundfunk- und Fernsehsendungen sowie zur digitalen Datenübermittlung.

Richtfunkfeuer ↑ Funkfeuer.

Richtgeschwindigkeit, Bez. für eine v. a. aus Gründen der Verkehrssicherheit auf Autobahnen und ähnl. Straßen empfohlene Geschwindigkeit (weiße Zahl auf blauem Grund), die auch bei günstigen Straßen-, Verkehrs-, Sicht- und Wetterverhältnissen nicht überschritten werden sollte.

Richthofen, Ferdinand Frhr. von, * Carlsruhe O. S. (bei Oppeln) 5. Mai 1833, † Berlin 6. Okt. 1905, dt. Geograph. - Prof. in Bonn, Leipzig und Berlin. Die auf seinen Chinareisen basierende, wegweisende Länderkunde („China, Ergebnisse eigener Reisen ...", 1877–1912) berücksichtigt neben Geologie und Geomorphologie auch das Wirken des Menschen.

R., Manfred Frhr. von, * Breslau 2. Mai 1892, ✕ Vaux-sur-Somme (Somme) 21. April 1918, dt. Offizier. - 1916–18 erfolgreichster dt. Jagdflieger; ab 1917 Kommandeur des Jagdgeschwaders 1; bei den Alliierten „der rote Baron" genannt.

Richthofengebirge ↑ Nanschan.

Richtholz, svw. ↑ Richtscheit.

Richtmaße, im Hochbau die theoret. Maße von Bauelementen, aus denen die tatsächl. Baumaße (Nennmaße) abgeleitet werden (z. B. durch Abzug der Fugenbreiten).

Richtpfennig, alte Gewichtseinheit, = $1/4$ Quentchen = $1/16$ Lot = $1/256$ Mark, entspricht etwa 0,9–1,1 g; seit dem 14. Jh. fortschreitend weiter unterteilt im Zuge der Verfeinerung der Waagentechnik.

Richtpreis, von Behörden oder Verbänden angesetzter angemessener Preis, der jedoch - im Unterschied zum ↑ Festpreis - nicht eingehalten zu werden braucht; im Sinne des Kartellrechts der empfohlene Preis.

Richtscheit (Richtholz, Setzlatte), gerades Lineal mit genau parallelen Flächen (oft mit eingebauter Wasserwaage) zur Erzielung ebener Flächen, gerader Kanten u. ä.; R. werden v. a. im Maurer- und Zimmermannshandwerk gebraucht.

Richtstrahler ↑ Richtfunk.

Richtungsfeld, die Menge der Zahlentripel (x, y, p), die eine gegebene Differentialgleichung erster Ordnung $F(x, y, y') = 0$ erfüllen. Behandelt man x und y als Koordinaten eines ebenen Koordinatensystems, so ist $p = y'$ die Steigung der durch den Punkt (x, y) gehenden Lösungskurve. Diese ist dann punktweise durch graph. Integration ermittelbar.

Richtungsfokussierung ↑ Fokussierung.

Richtungsgewerkschaften ↑ Gewerkschaften.

Richtungshören ↑ Gehörorgan.

Richtungskosinus, die Kosinuswerte jedes der drei Winkel α, β, γ zwischen einer Geraden und den drei Achsen eines Koordinatensystems; es gilt
$$\cos^2 \alpha + \cos^2 \beta + \cos^2 \gamma = 1.$$

Richtungssehen ↑ Auge.

Richtwaage, svw. ↑ Wasserwaage.

Ricinolsäure [lat./dt.] ↑ Rizinusöl.

Ricinus, svw. ↑ Rizinus.

Rick, im Reitsport ein Hindernis für einen Hochsprung bei Springprüfungen: senkrecht übereinander liegende Stangen.

Ricke ↑ Rehe.

Rickert, Heinrich, * Danzig 25. Mai 1863, † Heidelberg 30. Juli 1936, dt. Philosoph. - Prof. in Freiburg und Heidelberg. Mitbegr. der südwestdt. (bad.) Schule des Neukantianismus. Vertrat einen Kritizismus, in dem dem transzendentalen Subjekt eine primäre, erkenntnisbegründende Funktion zukommt. Die wiss. Philosophie hat nach R. durch für jedermann ausweisbare Begriffe eine Erkenntnis der Welt in ihrer Totalität zu leisten. Wirksam wurden v. a. seine methodolog. Untersuchungen zu den „Kulturwiss.". Einfluß auf E. Troeltsch, F. Meinecke und Max Weber. - *Werke:* Der Gegenstand der Erkenntnis (1892), Die Grenzen der naturwiss. Begriffsbildung (1896–1902), Kant als Philosoph der modernen Kultur (1924), Grundprobleme der Philosophie (1934).

Rickettsia ↑ Rickettsien.

Rickettsien, Bakterien der Ordnung *Rickettsiales;* eine heterogene Gruppe von meist intrazellulär parasitierenden Stäbchen und Kokken. Fam.: Rickettsiaceae, Bartonellen, Anaplasmataceae.

◆ Bakterien der Gatt. *Rickettsia* (und der nahe verwandten Gatt. Rochalimaea und Coxiella) mit 12 Arten; gramnegative, unbewegl. Stäbchen, rd. 800 nm groß; Zellparasiten, die im allg. nur in Gewebekultur oder im angebrüteten Hühnerei kultivierbar sind. Die R. leben in Warmblütlern und in Gliederfüßern und können Infektionskrankheiten (↑ Rickettsiosen) verursachen. - Benannt sind die R. nach dem amerikan. Pathologen H. T.

Ricketts (* 1871, † 1910), der sie 1909 entdeckte.

Rickettsiosen, von Rickettsien verursachte, durch Flöhe, Läuse, Milben oder Zecken auf den Menschen übertragene Infektionskrankheiten; z. B. Fleckfieber, Fünftagefieber.

Rickey, George [engl. 'rıkı], * South Bend (Ind.) 6. Juni 1907, amerikan. Bildhauer. - Ein Hauptvertreter der kinet. Kunst in den USA; baut Objekte dynam. Balance, die der Wind oder aufsteigende Wärme bewegen.

Ricœur, Paul [frz. ri'kœ:r], * Valence 27. Febr. 1913, frz. Philosoph. - 1948 Prof. in Straßburg, seit 1956 in Paris und Chicago. Setzte sich in seinen Arbeiten zunächst mit der (christl.) Existenzphilosophie K. Jaspers' und G. Marcels auseinander, befaßte sich später v. a. mit phänomenolog. Analysen des Willens und der Schuld sowie mit Problemen der Hermeneutik, bes. mit deren Verhältnis zur Psychoanalyse. - *Werke:* Phänomenologie der Schuld (1960), Der Konflikt der Interpretationen (1969).

Ricordi, Giovanni [italien. ri'kɔrdi], * Mailand 1785, † ebd. 15. März 1853, italien. Musikverleger. - Gründete 1808 in Mailand einen bed., heute noch bestehenden Musikverlag, in dem u. a. die Werke von G. A. Rossini, G. Donizetti, V. Bellini, G. Verdi, G. Puccini, B. Maderna u. a. erschienen.

Rida, Raschid Muhammad, * in Syrien 1865, † ebd. 1935, syr. muslim. Theologe. - Führender Vertreter der von Muhammad ↑Abduh begr. Reformtheologie; mit seiner Lehre von der Beseitigung der Schwächen der islam. Gesellschaft durch Rückkehr zu ihren urspr. Prinzipien übte er großen Einfluß auf das polit. Geschehen in Syrien und Ägypten aus.

Ridder, Alfons de, fläm. Schriftsteller, ↑Elsschot, Willem.

Ridderbusch, Karl, * Recklinghausen 29. Mai 1932, dt. Sänger (Baß). - Singt u. a. an den Opernhäusern in Düsseldorf-Duisburg, Wien, München, New York sowie bei Festspielen: v. a. bed. Wagner-Interpret.

Rideau Canal [engl. rı'dou: 'kænl] ↑Ottawa River.

Ridge and Valley Province [engl. 'rıdʒ ənd 'vælı 'prɔvıns] (Großes Appalachental), Teilraum des appalach. Gebirgssystems im O der USA, etwa 1 500 km lang, nach S von 30 km auf 100-175 km Breite zunehmend. Im O verläuft eine als Great Valley bezeichnete, stark verkarstete Ausraumzone.

ridikül [frz.] ↑lächerlich.

Ridikül (Retikül, Ridicule) [frz., zu lat. reticulum „kleines Netz"], kleine Beuteltasche, spätere Bez. ↑Pompadour.

Ridinger, Georg (G. Riedinger), * Straßburg 24. (?) Juli 1568, † vermutl. nach 1628, dt. Baumeister. - Mit dem Renaissanceschloß in Aschaffenburg (1605-14, nach Zerstörung im 2. Weltkrieg wiederhergestellt) schuf R. einen der frühesten dt. Vierflügelbauten.

R., Johann Elias, * Ulm 16. Febr. 1698, † Augsburg 10. April 1767, dt. Graphiker. - Schuf rund 1 600 Kupferstiche und Radierungen, v. a. Wild- und Jagdszenen (meist im eigenen Verlag erschienen). Auch Maler.

Ridley, Nicholas [engl. 'rıdlı], * Willimoteswick Castle bei Haltwhistle (Northumberland) um 1500, † Oxford 16. Okt. 1555, engl. anglikan. Theologe. - Als Vertrauter Erzbischof T. Cranmers und als Bischof von Rochester (1547) und London (1550) von großem Einfluß auf die Einführung der Reformation in England; zus. mit Cranmer 1555 verbrannt.

Riechepithel (Riechschleimhaut), flächige Anordnungen von Riechzellen sowie Stütz- und Drüsenzellen im ↑Geruchsorgan der Wirbeltiere.

Riechgruben, während der Keimesentwicklung der Wirbeltiere als paarige, grubenförmige Einsenkung im vordersten Bereich der Medullarrinne (↑Medullarrohr) entstehende erste Anlage der ↑Geruchsorgane.
◆ allg. Bez. für Riechzellen bzw. Geruchsorgane tragende Einsenkungen an der Körperoberfläche bei verschiedenen Wirbellosen.

Riechhaare (Sensilla trichodea), dünnwandige Sinneshaare als ↑Geruchsorgane der Gliederfüßer (bes. bei Insekten untersucht), deren Chitinoberfläche für das Eindringen der Duftmoleküle von zahlr. feinen Poren (Durchmesser etwa 10 nm) durchsetzt ist.

Riechhärchen ↑Geruchsorgane.
Riechkegel ↑Geruchsorgane.
Riechkolben (Bulbus olfactorius), vorderster Abschnitt des ↑Riechlappens bzw. Riechhirns des Gehirns der Wirbeltiere; kolbenartige Verdickung im Anschluß an die *Riechbahn* jeder Seite; steht über Nervenfäden mit dem Riechnerv und dem Riechepithel der Geruchsorgane in direkter Verbindung.

Riechlappen (Lobus olfactorius), das Riechhirn bzw. der Paläopalliumanteil des Vorderhirns (Endhirns) der höheren Säugetiere (einschl. Mensch) in Form eines (rudimentären) paarigen Hirnlappens, der die Riechbahn und den Riechkolben mit einschließt.

Riechmittel, stark riechende natürl. oder synthet. Substanzen, z. B. äther. Öle, Riechsalz, Riechwasser oder Kampfer, die durch Reizung des Geruchsorgans eine geringe zentralerregende Wirkung entfalten können; früher v. a. bei psychogenem oder orthostat. Kollaps angewandt.

Riechnerv ↑Gehirn.
Riechorgane, svw. ↑Geruchsorgane.
Riechplatte (Porenplatte, Sinnesplatte, Sensilla placodea), neben ↑Riechhaaren oder an derer Stelle bei Insekten (v. a. bei Haut- und Gleichflüglern sowie bei Käfern) vorkommendes, den Riechhaaren nach Rückbildung des Haarteils entsprechendes Geruchsorgan;

Riechsalz

besteht aus einer flachen oder gewölbten, runden oder ovalen, oft mit bes. Verdünnungszonen ausgestatteten, sklerotisierten oder membranösen Chitinplatte, die (bei einem Durchmesser von 12 μm) bis 4 000 Poren für das Eindringen der Duftmoleküle aufweisen kann.

Riechsalz, heute kaum noch gebrauchtes, in sog. Riechfläschchen aufbewahrtes ↑Riechmittel; meistens ein Gemisch aus Calciumhydroxid und Ammoniumchlorid, dem äther. Öle, Menthol und andere Riechstoffe zugesetzt sind; wirksam ist v. a. das sich bildende Ammoniak.

Riechschleimhaut, svw. ↑Riechepithel.
Riechsinn, svw. ↑Geruchssinn.
Riechstäbchen ↑Geruchsorgane.
Riechstoffe, svw. ↑Geruchsstoffe. - ↑auch Duftstoffe.

Ried, Bez. für ein mooriges Gebiet.

Ried von Piesting, Benedikt (Rieth, Ryed), * Piesting (Niederösterreich) (?) um 1454, † Prag 30. Okt. 1534, böhm. Baumeister. - Tätig in Böhmen, auch in Schlesien und Sachsen. Übernahm 1486–1511 den Umbau der Prager Burg und schuf insbes. den Wladislawsaal der Prager Burg mit großartigem spätgot. Netzgewölbe (1493–1502), im Außenbau ebenso wie der Kanzleitrakt (1500–10), die Reiterstiege (1501) und der Ludwigsflügel (1501–09) in Renaissanceformen, die R. wohl in Ungarn kennengelernt hatte.

Riedböcke (Wasserböcke, Reduncinae), Unterfam. reh- bis hirschgroßer Antilopen mit 8 Arten v. a. in Savannen und Wäldern Afrikas; nur die ♂ mit Hörnern. Hierher gehören u. a.: **Grays Wasserbock** (Weißnacken-Moorantilope, Abok, Kobus megaceros), Schulterhöhe etwa 80–100 cm, ♂ mit sehr langen (bis etwa 85 cm) weit ausladenden, S-förmig nach hinten oben geschwungenen Hörnern; ♂ dunkelbraun mit weißer Unterseite und weißem Streifen längs der Halskenmitte, der sich auf der Schulter zu einem großen, rundl. Fleck erweitert; ♀♀ rötlichbraun mit weißer Unterseite; Hufe relativ lang und weit spreizbar; v. a. in sumpfigen Gebieten des nördl. O-Afrika; **Hirschantilope** (Wasserbock, Kobus ellipsiprymnus), bis 2,2 m körperlang und bis 1,3 m schulterhoch, v. a. in Savannen und Wäldern (bes. in Wassernähe) Afrikas südl. der Sahara; Fell strähnig, meist braun, ♂ mit maximal 1 m langen, deutl. geringelten, nach hinten aufwärts gechwungenen Hörnern; **Litschiwasserbock** (Litschimoorantilope, Hydrotragus leche), etwa 1,3–1,8 m körperlang, oberseits rot- bis schwarzbraun, unterseits weiß; v. a. in wasserreichen und sumpfigen Landschaften S-Afrikas; ♂ mit langen, leierförmig geschwungenen Hörnern; **Moorantilope** (Schwarzfuß-M., Kobantilope, Adenota kob), etwa 1,2–1,8 m körperlang, oberseits goldockerfarben bis dunkelbraun, unterseits weißl.; v. a. in Step-

pen und Savannen W- und Z-Afrikas (bes. in Gewässernähe); mit weißer Augen- und Ohrenregion, schwärzl. Streifen auf der Vorderseite der Beine; **Großer Riedbock** (Redunca arundinum), Körperlänge etwa 1,2–1,6 m, Schulterhöhe 65–105 cm, Körper braun mit weißer Bauchseite, ♂ mit mäßig langen, geschwungenen, spitzen Hörnern; in S-Afrika; **Kleiner Riedbock** (Riedbock, Isabellantilope, Redunca redunca), Körperlänge 115–145 cm, Schulterhöhe 65–90 cm, Körper oberseits rötlich-braun, unterseits weiß, ♂ mit kurzen, kräftigen, hakenförmig nach vorn gebogenen Hörnern; im trop. Afrika.

Riedel, flacher, meist langgestreckter und schmaler, zw. zwei Tälern liegender Gelänederücken.

Riedgräser (Sauergräser, Rietgräser, Halbgräser, Cyperaceae), Fam. der Einkeimblättrigen mit rd. 3 700 Arten in etwa 70 Gatt. auf der ganzen Erde, v. a. aber in den gemäßigten Gebieten; grasartige Kräuter mit meist deutlich dreikantigen, selten durch Knoten gegliederten Stengeln; Blätter schmal, überwiegend mit geschlossenen Scheiden; in ährchenartigen Teilblütenständen stehende, zu traubigen, ährigen, kopfigen oder rispigen Blütenständen vereinte, kleine Blüten ohne Blütenhülle, die in den Achseln von Spelzen stehen; Frucht eine einsamige, freie oder von einem Fruchtschlauch umschlossene Nuß. Die wichtigsten der in Deutschland vorkommenden rund 150 Arten sind die Vertreter der Gatt. Wollgras, Segge, Schuppenried und Sumpfried.

Ried im Innkreis, oberösterr. Stadt, 60 km wsw. von Linz, 430 m ü.d. M., 11 000 E. Bez.-hauptort; Mittelpunkt eines Getreideanbau- und Viehzuchtgebietes, mit Landw.messe; Skifabrik, Bekleidungsind. - Wohl seit 1180 Marktsiedlung, 1857 Stadtrecht. - Der **Vertrag von Ried** (8. Okt. 1813) zw. Österreich und Bayern, der Bayern bei dem Austritt aus dem Rheinbund und die Beteiligung an den Befreiungskriegen volle Souveränität und Wahrung seines Besitzstandes zusicherte, leitete die Aufspaltung des Rheinbundes ein. - Barock sind die Stadtpfarrkirche und die Kapuzinerkirche.

Riedinger, Georg ↑Ridinger, Georg.

Riedl, Josef Anton, Pseud. Józef Mann, * München 11. Juni 1927, dt. Komponist. - Wandte sich ab etwa 1960 fast ausschließl. der elektron. Musik zu und kam, davon ausgehend, zu opt. und film. Medien, u. a. „Akust. und opt. Lautgedichte" für Bildprojektor und Tonband (1960), Klang-Licht-Duft-Environments, u. a. für die „Spielstraße" bei den Olymp. Spielen 1972 in München sowie „Klangleuchtlabyrinth" (1976).

Riefe [niederdt.], langgestreckte Vertiefung [in der Oberfläche eines Werkstücks].

Riefelung, Musterung aus flachgekehlten Streifen, meist S-förmig geschwungen, bes.

an röm. Steinsarkophagen *(Riefelsarkophag)*.

Riefenstahl, Leni, eigtl. Helene R., * Berlin 22. Aug. 1902, dt. Schauspielerin und Filmregisseurin. - 1925 für den Film entdeckt von A. Fanck, in dessen Filmen sie die Hauptrollen spielte. Führte erstmals Regie in „Das blaue Licht" (1932), ein opt. faszinierender, jedoch einem (für ihre späteren Werke typ.) seelenlosen Schönheitsideal verpflichteter Film über die Dolomiten. Ab 1933 im Auftrag Hitlers Propagandafilme mit Dokumentarcharakter, „Sieg des Glaubens" (1933) und „Triumph des Willens" (1934) über die Reichsparteitage in Nürnberg sowie den Film über die Olymp. Spiele 1936 in 2 Teilen: „Fest der Völker" und „Fest der Schönheit" (1936). Der Opernfilm „Tiefland" (entstanden 1940-44; uraufgeführt 1954) stieß weitgehend auf Ablehnung. Nach 1945 Karriere als Photographin („Die Nuba von Kau", 1976; „Korallengärten", 1978).

Riege [niederdt.], in einigen Sportarten Bez. für eine Mannschaft (v. a. beim Kunstturnen).

Riegel, schieberähnl. Schließvorrichtung für Tore, Türen und Fenster.

♦ beim Fachwerkbau ein waagerechter Verbindungsbalken zw. senkrechten Hölzern.

♦ in Trogtälern auftretende, das Talprofil einengende Felsbarriere (Schwelle oder Berg).

Riegelwuchs (Riegeltextur), bei glattem Schnitt durch Holz entstehende abwechselnde Helldunkelstreifung, die durch den welligen Verlauf der Holzfaserstränge, eine Wuchsanomalie (v. a. bei Bergahorn und Nußbaum), bedingt ist.

Rieger, František Ladislav Frhr. von (seit 1897), * Semily (Ostböhm. Gebiet) 10. Dez. 1818, † Prag 3. März 1903, tschech. Politiker. - Führte ab 1860 neben seinem Schwiegervater F. Palacký die tschech. Nat.partei, die er 1879-91 im Reichsrat vertrat. Als unumstrittener Führer der alttschech. Fraktion verfolgte er eine konservative, klerikalen Bestrebungen nachgebende, zunehmend regierungsfreundl. föderalist. Politik.

R., Fritz, * Oberaltstadt (= Horní Staré Město, Ostböhm. Gebiet) 28. Juni 1910, † Bonn 30. Sept. 1978, Dirigent. - 1949-66 künstler. Leiter der Münchner Philharmoniker und Generalmusikdirektor der Stadt München, 1972/73 Chefdirigent des Sinfonieorchesters Melbourne.

Riegersburg, östr. Marktgemeinde östl. von Graz, Steiermark, 2 600 E. Riesige Burganlage (bereits im 13. Jh. belegt), im 16./17. Jh. Ausbau der oberen Burg zum Schloß Kronegg.

Riegl, Alois, * Linz 14. Jan. 1858, † Wien 17. Juni 1905, östr. Kunsthistoriker. - Prof. in Wien; bahnbrechend v. a. als Methodiker, insbes. in seiner Wertung der Spätstile („Die spätröm. Kunst-Industrie nach den Funden in Österreich-Ungarn", 1901-23). - *Weitere Werke:* Stilfragen, Grundlegungen zu einer Geschichte der Ornamentik (1893), Gesammelte Aufsätze (hg. 1929).

Riehl, Alois, * Bozen 27. April 1844, † Neubabelsberg (= Potsdam) 21. Nov. 1924, östr. Philosoph. - Vertritt einen an Kants Kritizismus orientierten „krit. Realismus". Wissenschaftl. Philosophie ist im wesentl. Erkenntnistheorie und Methodologie der exakten Wiss., wobei R. eine für alle Wiss. einheitl. Methode annimmt. - *Werke:* Der philosoph. Kritizismus (1876-87), Zur Einführung in die Philosophie der Gegenwart (1903).

R., Wilhelm Heinrich von (seit 1883), * Biebrich (= Wiesbaden) 6. Mai 1823, † München 16. Nov. 1897, dt. Kulturhistoriker und Schriftsteller. - Trat v. a. nach der Revolution von 1848 als konservativer Publizist hervor; in München 1854-59 Prof. der Staatswiss., 1859-92 der Kulturgeschichte; ab 1885 Direktor des Bayer. Nat.museums; strebte nach wiss. Grundlegung der histor. Volkskunde und erweiterte das Forschungsgebiet der Kulturgeschichte durch kultursoziolog. Betrachtungen. In seinem Werk „Naturgeschichte des dt. Volkes als Grundlage einer dt. Sozialpolitik" (1851-69) versteht R. die Gesellschaft als aus histor. gewachsenen Ständen bestehend; in Familie und Genossenschaft sah er die Grundpfeiler einer von ihm angestrebten neuen Sozialordnung. Schrieb zahlr., von einer humorvoll-biedermänn. Erzählhaltung geprägte Novellen.

Riemann, Bernhard, * Breselenz (Gem. Jameln, Landkr. Lüchow-Dannenberg) 17. Sept. 1826, † Selasca (= Verbania) 20. Juli 1866, dt. Mathematiker. - Ab 1859 Prof. in Göttingen. Einer der bedeutendsten Mathematiker des 19. Jh.; bereits in seiner Dissertation entwickelte er die ↑Funktionentheorie. In seinem Habilitationsvortrag („Über die Hypothesen, welche der Geometrie zugrunde liegen", Erstdruck 1867) entwickelte er 1854 das begriffl. Fundament für das moderne mathemat. Verständnis der Struktur des Raumes, das dann bes. in der allg. ↑Relativitätstheorie Bed. erlangte. R. arbeitete außerdem u. a. über quadrat. Formen, algebraische Funktionen und ihre Integrale, über die analyt. Zahlentheorie und die Primzahlverteilung sowie über die Theorie der gewöhnl. und partiellen Differentialgleichungen, die er v. a. auf Probleme der theoret. Physik anwendete.

R., Hugo, * Großmehlra (= Obermehler, Bez. Erfurt) 18. Juli 1849, † Leipzig 10. Juli 1919, dt. Musikforscher und Musiktheoretiker. - Seit 1895 Universitätslehrer in Leipzig. Bed. gewann R. mit der von ihm entwickelten Funktionstheorie (System von Begriffen und Symbolen [Buchstaben und Zahlen], das den harmon. Zusammenhang von Klängen innerhalb der Musik des frühen 18. bis Ende des 19. Jh. beschreibt), neben die er Untersuchungen zu den Grundfragen der musikal. Rhyth-

Riemannsche Zahlenkugel

Tilman Riemenschneider, Apostel vom Marienaltar (um 1502–05) in der Herrgottskirche in Creglingen

mik und Metrik stellte. Ein Standardwerk wurde sein „Musik-Lexikon" (1882, Neuausg. 1883/84; ^{12}1959–75 in 5 Bden. sowie als „Brockhaus-R.-Musiklexikon", 2 Bde., 1978–1979). Weitere Veröffentlichungen sind u.a. „Geschichte der Musiktheorie im IX.–XIX. Jh." (1898), „Große Kompositionslehre" (1902–13), „System der musikal. Rhythmik und Metrik" (1903), „Handbuch der Musikgeschichte" (1904–13).

Riemannsche Zahlenkugel [nach B. Riemann], eine Kugel vom Radius $1/2$, die die ↑Gaußsche Zahlenebene im Punkt $z = 0$ berührt. Der Berührungspunkt wird als Südpol, der entgegengesetzte Punkt als Nordpol bezeichnet. Jeden Punkt $z = x + iy$ der Gaußschen Zahlenebene kann man darstellen als das Bild eines Punktes der Kugeloberfläche unter der Projektion vom Nordpol aus auf die Ebene.

Riemen, längeres, schmales Band aus Leder, Kunststoff, festem Textilgewebe u. ä., z. B. als ↑Treibriemen.

◆ mit Nut und Spund (Feder) versehene schmale Bretter, meist 8–10 cm breit, 30–80 cm lang, zur Herstellung von Fußböden (*Riemenböden*).

Riemen [zu lat. remus „Ruder"], seemänn. Bez. für das Ruder, mit dem ein Boot durch Pullen (R.rudern) oder ↑Wriggen vorwärtsbewegt wird. Der R. wird (im Ggs. zum leichteren Skull) mit beiden Händen bewegt.

Riemenscheibe, radförmiges Maschinenelement, das bei einem Riemenantrieb zur Kraftübertragung zwischen dem Riemen und der Welle dient.

Riemenschneider, Tilman (Till, Dill), *Heiligenstadt (?) um 1460, †Würzburg 7. Juli 1531, dt. Bildschnitzer und Bildhauer. - Entscheidenden Einfluß hatten seine Wanderjahre. Seit 1483 lebte er in Würzburg (1485 Bürger, 1504 Stadtrat, 1520/21 Bürgermeister). 1525 wegen Unterstützung der aufständ. Bauern gefangengenommen und gefoltert. Schulebildender Hauptmeister der dt. Spätgotik, im Ggs. zum zeitgenöss. naturalist. Erzählstil zeigt sein Werk eine vergeistigte, idealisierende und lyr. Auffassung. Seinen Stil kennzeichnen klarer Aufbau, schwingende Linienführung, Beachtung von Licht- und Schattenwirkungen, eine äußerst verfeinerte, nuancenreiche Oberflächenbehandlung (beließ seine Schnitzwerke ohne Fassung). Schuf zahlr. bed. Schnitzaltäre, berühmt der Creglinger Marienaltar (um 1502–05, vielleicht auch erst um 1505–10, Herrgottskirche) und der Rothenburger Heiligblutaltar (1501 [1499?]–1505, Jakobskirche). Die wichtigsten Werke in Stein: Adam und Eva (1491–93, Würzburg, Mainfränk. Museum); Grabmal Rudolfs von Scherenberg (1496–99, Würzburg, Dom); Tumbengrab für Kaiser Heinrich II. und Kunigunde (1499–1513, Bamberg, Dom). - ↑auch Abb. Bd. 5, S. 176.

📖 Muth, H./Schneiders, T.: T. R. u. seine Werke. Würzburg ^{2}1982. - Freeden, M. H. v.: T. R. Mchn. u. Bln. ^{5}1981.

Riementang (Himanthalia elongata), mehrjährige Braunalge aus der unteren Gezeitenzone der nordatlant. Felsküsten vom Nordkap bis Spanien. Aus dem 3–5 cm großen, trichterförmigen, festsitzenden, ausdauernden Basalteil entspringen zwei bis drei riemenförmige, gabelig verzweigte, bis 3 m lange Thallusbänder, an denen die zweihäusig verteilten Geschlechtsorgane sitzen.

Riemenzunge (Bocksorchis, Himantoglossum), Gatt. der Orchideen mit 6 Arten im Mittelmeergebiet und in M-Europa; in W- und SW-Deutschland nur die **Bocksriemenzunge** (Himantoglossum hircinum), 30–90 cm hohe Staude mit oft stark verlängertem, reichblütigem Blütenstand; Blüten mit weißem oder grünlichweißem, innen purpur oder grün gestreiftem Helm und dreilappiger Lippe, deren Mittellappen bis 5 cm lang wird und leicht gedreht ausgebildet ist.

Riemer, Friedrich Wilhelm, Pseud. Silvio Romano, *Glatz 19. April 1774, †Weimar 19. Dez. 1845, dt. Literarhistoriker und Schriftsteller. - Hauslehrer bei W. von Humboldt, den er nach Italien begleitete, und Hauslehrer von Goethes Sohn August. Gab u. a. den „Briefwechsel zw. Goethe und Zelter 1796–1832" (1833/34) heraus.

Riemerschmid, Richard, * München 20. Juni 1868, † ebd. 15. April 1957, dt. Architekt und Kunstgewerbler. - Bed. Vertreter des Münchner Jugendstils. - Durch Entwürfe für Möbel, Tapeten, Stoffe, Glas und den Innenausbau (1901) des Münchner Schauspielhauses (Kammerspiele) hatte R. bed. Einfluß auf die Entwicklung der dt. Wohnkultur; war Leiter der Münchner Kunstgewerbeschule (1912-24), des Dt. Werkbunds (1920-26) und der Kölner Werkschulen (1926-31). Plante die erste dt. Gartenstadt († Hellerau).

R., Werner, * Maria Enzersdorf am Gebirge (Niederösterreich) 16. Nov. 1895, † Wien 16. April 1967, öst. Schriftsteller. - Lyriker und Erzähler mit Neigung zum Visionären, zu Skeptizismus und Sarkasmus („Das Buch vom lieben Augustin", R., 1930).

rien ne va plus [frz. rjɛ̃nva'ply „nichts geht mehr"], beim Roulettespiel die Ansage des Croupiers, daß nicht mehr gesetzt werden kann.

Rienzo (Rienzi), Cola di, auch Niccolò Lorenzo, latinisiert Nicolaus Laurentii, * Rom 1313, † ebd. 8. Okt. 1354, italien. Sozialrevolutionär. - Notar; als Gesandter der röm. Volkspartei in Avignon (1343/44) von Papst Klemens VI. zum Notar der städt. Kammer in Rom ernannt. R. vertrieb am 20. Mai 1347 als „Volkstribun" die Häupter der Adelspartei aus der Stadt, verkündete die Wiedererrichtung der röm. Republik und begann ein großes munizipales Erneuerungsprogramm (Heeresorganisation, Strafjustiz, Finanzwesen); er verfocht den Souveränitätsanspruch des röm. Volkes gegenüber Kaiser und Papst und forderte die nat.staatl. Einigung Italiens, scheiterte aber am Widerstand und Bann Klemens' VI. Nach seiner Flucht aus Rom (15. Dez. 1347) lebte R. zunächst als Eremit in den Abruzzen, 1350 flüchtete er zu Karl IV. nach Prag, den er vergebl. für einen Romzug zu gewinnen suchte; er wurde inhaftiert, und 1352 nach Avignon ausgeliefert; Papst Innozenz VI. schickte R. 1354 als päpstl. Senator mit Kardinal Albornoz im Interesse seiner Politik erneut nach Rom, wo er jedoch nach kurzer Reg. in einem Volksaufstand erschlagen wurde. - Literarisierung v. a. als Drama, u. a. von E. Bulwer-Lytton, A. Asnyk, F. Engels (Entwurf), H. Franck; als Oper gestaltet u. a. von R. Wagner.

Rieple, Max, * Donaueschingen 13. Febr. 1902, † Donaueschingen 16. Jan. 1981, dt. Schriftsteller. - Verf. zahlr. Landschafts- und Reisebücher über Frankr., die Schweiz, Italien, Österreich und Süddeutschland.

Riepp, Karl (Charles), * Eldern (= Ottobeuren) 24. Jan. 1710, † Dijon 5. Mai 1775, frz. Orgelbauer dt. Herkunft. - Ließ sich 1735 in Dijon nieder; bed. Orgelbauer, der in seinen Werken oberschwäb. und frz. Klangstil verbindet, u. a. Dijon (Saint-Bénigne, 1743), Ottobeuren (Klosterkirche, Dreifaltigkeitsorgel und Heilig-Geist-Orgel, 1757-66).

Ries, Adam (A. Riese), * Staffelstein 1492(?), † Annaberg (= Annaberg-Buchholz) 30. März 1559, dt. Rechenmeister. - Wirkte als Rechenmeister und Hofarithmetikus u. a. in Zwickau, Erfurt und ab 1523 in Annaberg, wo er 1528 auch Bergbeamter wurde; verfaßte mehrere Lehrbücher des prakt. Rechnens, u. a. „Rechenung auff der linihen vnd federn" (1522) und „Rechenung nach der lenge ..." (1550), die lange Zeit erhebl. Einfluß auf den Unterricht an dt. Schulen hatten.

R., Ferdinand, * Bonn 28. Nov. 1784, † Frankfurt am Main 13. Jan. 1838, dt. Pianist und Komponist. - 1801-05 Klavierschüler L. van Beethovens in Wien, für dessen Werk er sich als Pianist und Dirigent einsetzte; schrieb „Biograph. Notizen über L. van Beethoven" (1838; mit F. G. Wegeler).

Ries, annähernd runde (Durchmesser 20-25 km) Beckenlandschaft zw. Schwäb. und Fränk. Alb, mittlere Höhe 430 m ü. d. M., mit einem bis über 600 m ü. d. M. aufragenden, waldbestandenen Wall. Das von der Wörnitz durchflossene Becken wird ackerbaul. genutzt. Der Nachweis von Hochdruckmineralen spricht eindeutig für eine Entstehung durch Meteoriteneinschlag und gegen die lange als gültig angesehene Entstehung durch eine Gasexplosion.

Das R. und seine Randhöhen gehörten zu

Karl Riepp, Heilig-Geist-Orgel (1757-66) in der Klosterkirche in Ottobeuren

den während aller prähistor. Perioden siedlungsgünstigsten Landschaften Süddeutschlands; die Funde reichen bis zum Mittelpaläolithikum zurück (Ofnethöhlen); weitere Fundplätze von überregionaler Bed.: v. a. der ↑Goldberg bei Goldburghausen, der Ipf bei Bopfingen im W, der Hesselberg im N, der Burgsberg bei Heroldingen im SO.

Ries [arab.-roman.], altes Zählmaß für Papier; 1 R. entsprach ursprüngl. 500 Bogen Druckpapier bzw. 400 Bogen Schreibpapier; seit 1877 entspricht 1 R. *(Neuries)* einer Menge von 1 000 Bogen.

Riesa, Krst. an der Elbe, Bez. Dresden, DDR, 110 m ü. d. M., 49 400 E. Ingenieurschule für Walzwerk- und Hüttentechnik; Stahl- und Walzwerk; chem. Betriebe, Baumwollspinnerei; Bahnknotenpunkt; Elbhafen. - Urspr. slaw. Siedlung; kurz vor 1119 Gründung eines Benediktinerklosters (um 1200 Kanonissenstift); 1623 Stadtrecht.. - Spätgot. Stadtpfarrkirche (15. Jh.) mit barockem W-Turm, Schloß (ehem. Klostergebäude).

Riese, Adam ↑Ries, Adam.

Rieselbewässerung, Form der Bewässerung in der Landw., v. a. auf hängigem Grünland, wobei das Wasser mit mäßiger Geschwindigkeit in 1–3 cm starker Schicht den Boden überrieselt.

Riesen, als übergroße Gestalten spielen die R. in Mythen und Sagen der Völker eine bed. Rolle, sowohl als rein mytholog. Personifikationen wie auch als phantast. Vorstellungen von Urgeschlechtern. Die griech. Mythologie kannte R. als Personifikationen der Naturkräfte in den Giganten, dem Ägäon, Antäus, den Aloaden und Zyklopen. In der german. Götterlehre bilden die R. den Ggs. zu den Göttern und Lichtwesen; sie sind urspr. die Personifikationen des Ungeheueren und Ungestümen, Finsteren und Feindseligen in der Natur. Bei den Skandinaviern erscheinen sie in spezieller Beziehung zu den Winterstürmen als Eis- und Frostriesen. Die dt. Volkssagen nennen die R. **Hünen.** In den Heldensage erscheinen Sigenot und Fasold als Riesen.

◆ (Riesensterne) ↑Stern.

Riesenalk (Pinguinus impennis), im 19. Jh. ausgerotteter, bis etwa 80 cm langer, flugunfähiger, oberseits schwarzer, unterseits weißer Alk auf Felseninseln des N-Atlantiks.

Riesenast ↑Hertzsprung-Russell-Diagramm.

Riesenbachling (Rivulus harti), bis 10 cm langer Eierlegender Zahnkarpfen in den Süßgewässern des nördl. S-Amerika; langgestreckt, Körper vorwiegend grünlichbraun mit roten Punkten an den Körperseiten.

Riesenbastkäfer (Dendroctonus micans), in Fichtenwäldern Europas bis Sibiriens verbreiteter, in Deutschland größter heim., 7–9 mm langer, schwarzbrauner, gelbl. behaarter Borkenkäfer.

Riesenbeutler (Diprotodontidae), ausgestorbene, seit dem Miozän bis zum Holozän Australiens bekannte Fam. der Beuteltiere; nashorngroße, plumpbeinige Pflanzenfresser mit verlängerten Schneidezähnen.

Riesenbofist (Lycoperdon giganteum), den Stäublingen zugeordneter Bofist mit dem größten bekannten Fruchtkörper: weißl., unregelmäßige Kugel (Durchmesser bis 50 cm, Gewicht bis 15 kg), bes. im Sept. auf stark stickstoffhaltigen, feuchten Böden vorkommend; jung eßbar.

Riesenbromelie (Puya raimondii), Charakterpflanze der Hochanden Perus (noch in 4 000 m Höhe) aus der Fam. der Ananasgewächse; stattl., bis 4 m hohe Schopfbäume mit langen, schmalen Blättern und bis 5 m langen, dicht mit grünlichweißen Blüten besetzten Blütenständen.

Riesenchromosomen, entstehen durch wiederholte Chromosomenverdopplung ohne nachfolgende Trennung der Tochterchromosomen. Nach höchstens 9 bis 10 Verdopplungsschritten liegen hundert bis tausend Chromatidenfäden gebündelt nebeneinander. Der Durchmesser wird dabei 10 000fach, die Länge 70- bis 110fach zu. R. bilden auch während der ↑Interphase gut sichtbare Strukturen. Nicht selten sind die Schwesterchromosomen gepaart, so daß nur ein haploider Chromosomensatz zu erkennen ist. R. kommen in den Zellkernen von Speicheldrüsen und anderen Organen von Zweiflüglern (u. a. Taufliege), in den großen Kernen der Ziliaten, in den Samenanlagen vieler Blütenpflanzen und sogar bei der Maus vor. Außer der Größe machen zwei auffallende Kennzeichen die R. für die Forschung interessant: Sie zeigen ein *Banden-* oder *Querscheibenmuster,* das durch die nebeneinanderliegenden Chromomeren entsteht. Da diese Chromosomenabschnitte gleichermaßen funktionelle Einheiten darstellen, können Daten der Genetik, z. B. über Chromosomenaberrationen, dem zytolog. Bild verglichen werden. Die andere Besonderheit ist die sichtbare *Entspiralisierung* einzelner Abschnitte des Riesenchromosoms. Diese Stellen erscheinen wie aufgebläht und werden als *Puffs* bezeichnet. An ihnen wird intensiv RNS synthetisiert.

Riesenechsen ↑Dinosaurier.

Rieseneishöhle ↑Dachsteinhöhlen.

Riesener, Jean Henri [frz. riz'nɛːr], * Gladbeck 1734, † Paris 6. Jan. 1806, frz. Ebenist dt. Herkunft. - Einer der bedeutendsten Möbelkünstler des 18. Jh.; Schüler von J. F. Oeben, für den er nahezu ausschließl. arbeitete. Unterschieden werden drei Stilphasen: schwere Prunkmöbel mit reichen Bronzebeschlägen und z. T. figürl. Marketerie, graziöse, feingliedrige Rokokomöbel (ab etwa 1775) und Möbelstücke in eleganter Einfachheit und strenger Form mit sparsamer Marketerie.

Riesenfaultiere (Gravigrada), Überfam. ausgestorbener, sehr großer, plumper, zottig behaarter Säugetiere, die vom oberen Paläozän bis zum Ende des Pleistozäns in S-Amerika und einigen Teilen N-Amerikas lebten; schwerfällige, bodenbewohnende Pflanzenfresser der Savannen und Steppen; mit starken Hinterbeinen, kräftigem Stützschwanz und zu Greif- und Graborganen umgebildeten Vorderbeinen. Hierher gehört u. a. das elefantengroße, bis 7 m lange **Megatherium**.

Riesenfelge ↑ Felge.

Riesenflorfliegen (Kalligramma), seit der unteren Trias bekannte, im oberen Jura (Malm) ausgestorbene Gattung bis 8 cm langer, schmetterlingsähnl. ↑ Netzflügler. Bes. gut erhaltene Exemplare wurden in den Solnhofer Plattenkalken gefunden, von denen *Kalligramma haeckeli* eine Spannweite von etwa 25 cm aufweist; ist neben der Riesenlibelle (↑ Libellen) eines der größten bis heute bekannten Insekten.

Riesenflugbeutler (Riesengleitbeutler, Schoinobates volans), großer Kletterbeutler im östl. Australien; Körperlänge knapp 50 cm, Schwanz etwa körperlang; Fell lang, dicht und wollig; Färbung stark variabel: schwarz bis braun oder weißl., Unterseite gelb bis weiß; mit großer, behaarter Flughaut; kann über 100 m weit gleiten; Baumbewohner; ernährt sich ausschließl. von Eukalyptusblättern und -knospen.

Riesengebirge, Teil der Westsudeten, an der Grenze zw. Polen˅ und der ČSSR, NW-SO-gerichtet, etwa 35 km lang, bis 20 km breit, in der Schneekoppe bis 1 602 m hoch.

Riesengleitbeutler, svw. ↑ Riesenflugbeutler.

Riesengleitflieger (Pelzflatterer. Hundskopfgleiter, Kaguan, Kolugo, Dermoptera), Ordnung nachtaktiver, baumbewohnender Säugetiere mit nur zwei rezenten Arten (Philippinengleitflieger und Temminckgleitflieger).

Riesengoldrute ↑ Goldrute.

♦ **Riesengürteltiere** ↑ Gürteltiere.

♦ (Glyptodonten, Glyptodontoidea) ausgestorbene Überfam. großer Säugetiere, die vom Eozän bis zum Pliozän in S- und N-Amerika lebten; Gesamtlänge bis über 4 m, Schädel wuchtig mit stumpfer Schnauze; Körper mit aus Knochenplatten bestehendem Panzer; Pflanzenfresser; am bekanntesten ist der bis 2,5 m lange **Glyptodon**.

Riesenhai (Cetorhinus maximus), bis 14 m langer und rd. 4 t schwerer Haifisch im nördl. Atlantik (einschließl. Nordsee), auch im westl. Mittelmeer; Körper schwarzgrau, mit kleinen, helleren Flecken. Der R. schwimmt sehr langsam und ernährt sich v. a. von kleineren Krebsen. Dem Menschen wird er nicht gefährlich.

Riesenhanf ↑ Faserhanf.

Riesenhuber, Heinz Friedrich Ruppert, * Frankfurt am Main 1. Dez. 1935, dt. Politiker (CDU). - Chemiker; seit 1968 Mgl. des Präsidiums der CDU in Hessen; seit 1976 MdB, seit Okt. 1982 B.min. für Forschung und Technik.

Riesenkaktus (Riesensäulenkaktus, Saguaro, Carnegiea), Gatt. der Kaktusgewächse mit der einzigen Art *Carnegiea gigantea* in Arizona, Kalifornien und Mexiko; Stämme bis 12 m hoch und bis 60 cm dick, kandelaberförmig verzweigt, mit 12 bis 14 stumpfen Rippen; Blüten langröhrig (10–12 cm), weiß, mit breitem Saum. Das getrocknete Fruchtfleisch wird von den Indianern als Nahrungsmittel verwendet.

Riesenkänguruhs (Macropus), Gatt. großer Känguruhs in Australien und Tasmanien; größte rezente Beuteltiere; hochspezialisierte Grasfresser; Bewohner offenen Geländes (rasche Springer, auf kurzen Strecken bis fast 90 km/Std., Sprungweite auf der Flucht bis über 10 m); Schwanz sehr muskulös, beim Springen als Steuer, beim Sitzen als Stütze dienend. Angegriffen können R. mit den Hinterbeinen wuchtige, sehr gefährl. Tritte austeilen. Man unterscheidet drei Arten: **Rotes Riesenkänguruh** (Macropus rufus), Körperlänge bis 1,6 m, ♀ meist grau, ♂ zimtfarben bis leuchtend braunrot, Bauch meist weiß, Schwanzlänge 65–100 cm; **Graues Riesenkänguruh** (Macropus giganteus), Körperlänge etwa 85 (♀) bis 140 cm (♂), graubraun bis rötlichgrau, Unterseite weißl., Schwanzlänge 75–100 cm; **Bergkänguruh** (Wallaruh, Macropus robustus), Körperlänge etwa 75 (♀) bis 140 cm (♂), Schwanzlänge

Gerrit Rietveld, Rot-blauer Lehnstuhl (1918). Amsterdam, Stedelijk-Museum

Riesenkraken

60–90 cm, Färbung schwarzgrau bis rotbraun (mit weißl. Unterseite).

Riesenkraken (Riesentintenfische, Riesenkalmare, Architeuthis), Gatt. der Kopffüßer (Unterordnung Kalmare) mit mehreren sehr großen, in einigen hundert Metern Tiefe den Meeresboden bewohnenden Arten; größte nachgewiesene Körperlänge 6,6 m bei 1,2 m Rumpfdurchmesser und rd. 10 m Armlänge; Augen bis knapp 40 cm im Durchmesser. R. werden vom Pottwal gejagt.

Riesenkratzer ↑ Kratzer.

Riesenkröte, (Südamerikan. R.) svw. ↑ Agakröte.

◆ (Kolumbian. R., Blombergs Kröte, Bufo blombergi) erst seit 1951 bekannte, maximal über 20 cm lange Kröte im nördl. S-Amerika; Körperseiten dunkelbraun gefärbt, Oberseite scharf abgesetzt, hellbraun.

Riesenkürbis ↑ Kürbis.

Riesenlibellen ↑ Libellen.

Riesenmammutbaum ↑ Mammutbaum.

Riesenmuscheln (Zackenmuscheln, Tridacnidae), Fam. 10–135 cm langer Muscheln (Ordnung Blattkiemer), v. a. in Flachwasserzonen des Ind. und Pazif. Ozeans; entweder im Sand eingegrabene oder an Korallenriffen lebende Tiere mit dicken, wellig gerippten Schalenklappen und einzelligen Algen (Zooxanthellen) im Mantel als Symbionten für zusätzl. Sauerstofferwerb; am bekanntesten die im Sand eingegrabene, bis 250 kg schwere, auch dem Menschen gefährl. werdende **Mördermuschel** (Tridacna gigas): Gerät man (z. B. mit einem Bein) zwischen die sich schließenden Schalenklappen, so kann man sich nur durch Zerschneiden des mächtigen Schließmuskels wieder befreien.

Riesennager (Capybaras, Wasserschweine, Hydrochoeridae), Fam. der Nagetiere (Überfam. Meerschweinchenartige) mit der einzigen Art *Capybara* (Hydrochoerus hydrochaeris); in großen Teilen S-Amerikas; Körperlänge 1–1,3 m, Schulterhöhe etwa 50 cm; Körper plump, mit kurzem Hals. Die R. leben gesellig in dichten Wäldern in Gewässernähe; ausgezeichnete Schwimmer und Taucher.

Riesenotter ↑ Otter.

Riesenpanda, svw. ↑ Bambusbär.

Riesenpassionsblume ↑ Passionsblume.

Riesenrafflesie (Rafflesia arnoldii), auf den Wurzeln einer Klimmerart schmarotzende Art der Gatt. Rafflesie auf Sumatra; Aasblume ohne Laubblätter; die tellerförmig ausgebreitete, fünfteilige, ziegelrot und weiß gescheckte, eingeschlechtige Blüte ist aufgeblüht bis fast 1 m groß und etwa 6 kg schwer; größte Einzelblüte auf der Erde.

Riesenregenwurm ↑ Regenwurm.

Riesensalamander (Cryptobranchidae), Fam. großer bis sehr großer Schwanzlurche in N-Amerika und O-Asien; erwachsen ohne Kiemen, aber zeitlebens mit anderen larvalen Merkmalen; Kopf sehr flach und breit, mit weiter Maulspalte und winzigen Augen, Körper breit und abgeflacht, Schwanz seitl. zusammengedrückt, Haut glatt und schleimig; ♂♂ treiben Brutpflege. Die R. leben in Bächen und Flüssen und verlassen nie das Wasser. - Man unterscheidet drei Arten: **Jap. Riesensalamander** (Andrias japonicus; im westl. Japan; in klaren, schnellfließenden Bächen; bis über 1,5 m lang, graubraun mit schwärzl. Fleckung; größte lebende Lurchart); **Chin. Riesensalamander** (Andrias davidianus; im westl. China; der vorigen Art sehr ähnlich); **Schlammteufel** (Hellbender, Cryptobranchus alleganiensis; im östl. N-Amerika, bis 70 cm lang, grau bis gelblichbraun oder schwarz).

Riesensäulenkaktus, svw. ↑ Riesenkaktus.

Riesensaurier, svw. ↑ Dinosaurier.

Riesenschildkröten (Elefantenschildkröten), Bezeichnung für zwei inselbewohnende Arten der Landschildkröten: **Galapagosriesenschildkröte** (Testudo elephantopus, mit etwa 10 Unterarten auf den Galápagosinseln; Panzerlänge bis 1,1 m, dunkelbraun bis schwarz, ohne Nackenschild; Öffnungen des Panzers sehr weit, bei einigen Unterarten vorn sattelförmig aufgewölbt (was den Tieren das Abweiden von Büschen und ähnl. ermöglicht), Weichteile können nur unvollständig im Panzer geborgen werden; kam früher in Massen auf den Inseln vor; starker Bestandsrückgang; heute unter strengem Schutz; **Seychellenriesenschildkröte** (Testudo gigantea), heute nur noch in drei Unterarten auf Mahé (in Gefangenschaft) und auf den Aldabra Islands (dort offensichtl. nicht unmittelbar von der Ausrottung bedroht); Panzerlänge bis über 1,2 m, der Galápagosriesenschildkröte sehr ähnlich, jedoch mit Nakkenschild; nachgewiesenes Höchstalter 180 Jahre (in Gefangenschaft).

Riesenschlangen (Boidae), in den Tropen und Subtropen weit verbreitete (in Europa im äußersten SO vorkommende) Fam. kleiner bis sehr großer (maximal rd. 10 m langer), ungiftiger Schlangen mit verschiedenen, eine relativ nahe Verwandtschaft mit den Echsen hindeutenden Merkmalen (z. B. paarige Lungen, Reste aller drei Beckenknochen, Reste der Hinterextremitäten als Sporne beiderseits der Kloakenöffnung); überwiegend Bodenbewohner, die ihre Beutetiere (bis zur Größe eines Wildschweins oder Rehs) durch Umschlingen und Erdrücken töten (werden dem Menschen allerdings selten gefährlich). Die meisten der rd. 65 Arten gehören den Boaschlangen und Pythonschlangen an.

Riesenschnauzer, in Deutschland gezüchtete Hunderasse; kräftige, dem Schnauzer ähnl., aber bis 70 cm schulterhohe Hunde;

Behaarung straff, dicht drahtig, meist schwarz oder in „Pfeffer und Salz"; Gebrauchshund.
Riesenscholle, svw. Heilbutt (↑ Schollen).
Riesenschuppentier ↑ Schuppentiere.
Riesenschwingel ↑ Schwingel.
Riesenslalom (Riesentorlauf) ↑ Skisport.
Riesensteingrab, svw. ↑ Megalithgrab.
Riesensterne ↑ Hertzsprung-Russell-Diagramm, ↑ Stern.
Riesentiefseeassel ↑ Asseln.
Riesentintenfische, svw. ↑ Riesenkraken.
Riesentorlauf, svw. Riesenslalom (↑ Skisport).
Riesentrappe ↑ Trappen.
Riesenträuschling ↑ Träuschling.
Riesentukan ↑ Pfefferfresser.
Riesenwaldschwein (Meinertzhagen-Waldschwein, Hylochoerus meinertzhageni), großes Schwein in Regenwaldgebieten Afrikas (verbreitet von Liberia bis O-Afrika); Körperlänge 1,5–1,8 m, Schulterhöhe bis 1,1 m; Färbung schiefergrau; mit langer, schwarzer, mehr oder minder spärl. Behaarung; jederseits eine große Gesichtswarze unter dem Auge; wurde erst 1904 entdeckt.
Riesenwanzen (Belostomatidae), Fam. bis über 10 cm langer Wanzen mit rd. 100 fast ausschließl. trop. und subtrop. Arten; Wasserbewohner; breiter, abgeflachter Körper; erstes Beinpaar zu Greifzangen entwickelt, zweites und drittes Beinpaar zu Schwimmbeinen umgewandelt. Die R. ernähren sich räuber. vorwiegend von Fischen und Lurchen.
Riesenwuchs, (Hypersomie; beim Menschen) abnormale Größe des Körpers oder einzelner Körperteile.
♦ (bei Tieren und Pflanzen) ↑ Gigasform.
Riesenzellen, bes. große Zellen, v. a. die Knochenmarks-R.; auch die großen, mehrkernigen Zellen, die bei Zellteilungsstörungen (z. B. durch Mitosegifte) entstehen.
Riesling, erstmals Anfang des 15. Jh. erwähnte Rebsorte; wahrscheinl. direkter Nachkömmling einer heim. Wildrebe. Beeren klein und kugelig, hellgelb. Wertvolle Rebsorte; ihre spritzigen Weine zeichnet eine feine Säure aus. R. ist frosthart, treibt spät aus, reift spät und bevorzugt Südlagen. Man unterscheidet in der BR Deutschland nach der Herkunft: Rhein-R., Mosel-R. und Rheingauer R.; der R.anbau ist über die ganze Welt verbreitet.
Riesman, David [engl. 'ri:smən], * Philadelphia (Pa.) 22. Sept. 1909, amerikan. Soziologe. - Ab 1949 Prof. in Chicago, seit 1958 an der Harvard University; verfaßte v. a. Arbeiten zum sozialen und kulturellen Wandel, die die europ. Analyse der modernen Ind.gesellschaft wesentl. bestimmten; beschrieb die soziostrukturelle Entwicklung des Ind.zeitalters als Übergang vom „traditions-" über den „innengeleiteten" zum (heute) vorwiegend „außengeleiteten" Menschen, der v. a. nach sozialer Anerkennung strebt und in seinem Konsum- und Verhaltensstil zum Konformismus neigt.
Riesser, Gabriel, * Hamburg 2. April 1806, † ebd. 22. April 1863, dt. Politiker, Jurist und Publizist. - Trat für die rechtl. Gleichstellung der Juden ein; 1848/49 Mgl. der Frankfurter Nat.versammlung; 1860 Richter am Obergericht in Hamburg. Die 1869/71 in Deutschland eingeführte Gleichstellung der Juden hat er maßgebl. vorbereitet.
Riesz [ungar. ri:s], Frigyes (Friedrich), * Raab 22. Jan. 1880, † Budapest 28. Febr. 1956, ungar. Mathematiker. - Prof. in Klausenburg, Szeged und Budapest; wurde durch seine Arbeiten über Funktionenräume und lineare Operatoren zum Mitbegr. der ↑ Funktionalanalysis.
R., Marcel, * Raab 16. Nov. 1886, † Lund (?) 4. Sept. 1969, ungar.-schwed. Mathematiker. - Bruder von Frigyes R.; ab 1926 Prof. in Lund; Arbeiten über Fourier-Reihen, zur Funktionentheorie und Maßtheorie.
Rietberg, Stadt sö. an Rheda-Wiedenbrück anschließend, NRW, 70–80 m ü. d. M., 23 500 E. Feuerverzinkerei, Möbel-, Maschinen-, Blechwaren-, Pflugfabrik, Orgelbau. - Entstand bei einer 1100 erstmals erwähnten Burg, 1374 Bestätigung des Lippstädter Stadtrechts. - Kreisförmig angelegte ma. Altstadt; barocke Franziskanerkirche St. Katharina (17., 18. und 19. Jh.); spätbarocke Johann-Nepomuk-Kapelle (1747/48), Fachwerkhäuser aus dem 16.–18. Jahrhundert.
Rietgräser, svw. ↑ Riedgräser.
Rieti, italien. Stadt im nördl. Latium, 406 m ü. d. M., 43 800 E. Hauptstadt der Prov. R.; kath. Bischofssitz; Zucker-, Kunstfaser-, Textil-, u. a. Ind. - In der Antike *Reate*, eine Sabinerstadt; seit 290 v. Chr. unter röm. Herrschaft; ab etwa 500 Bischofssitz; gehörte endgültig ab 1354 zum Kirchenstaat. - Roman. Dom (1109–1229), im Innern barock umgestaltet (17. Jh.); got. bischöfl. Palast (1283).
Rietschel, Ernst, * Pulsnitz 15. Dez. 1804, † Dresden 21. Febr. 1861, dt. Bildhauer. - Schuf vom Klassizismus Rauchs ausgehende Denkmäler mit zunehmend realist. Elementen.
Rietveld, Gerrit Thomas [niederl. 'ri:tfɛlt], * Utrecht 24. Juni 1888, † ebd. 26. Juni 1964, niederl. Architekt und Möbeldesigner. - 1918 entwarf er einen rot-blauen Stuhl aus normierten Holzstäben. Als Mitglied der „Stijlgruppe" (seit 1919) gelang R. mit seinem Haus Schröder in Utrecht (1924) eine enge Verbindung von Außen- und Innenraum (Eckfenster öffnen den Raum nach außen). Sein Pavillon für die Sonsbeek-Ausstellung in Arnheim (1954) wurde 1965 im Kröller-Müller-Museum wiederaufgebaut. - *Weitere Werke:* Pavillon für die Biennale in Venedig

(1954), „Museum Zonnehof" in Amersfoort (1958/59), Villa in Ilpendam (1959), Rijksmuseum Vincent van Gogh in Amsterdam (1969–73; Planung mit van Dillen und van Tricht). - Abb. S. 257.

Rietz, Julius, * Berlin 28. Dez. 1812, † Dresden 12. Sept. 1877, dt. Violoncellist, Dirigent und Komponist. - Leitete ab 1848 die Gewandhauskonzerte in Leipzig und wurde 1860 Hofkapellmeister in Dresden. Seine Kompositionen sind von F. Mendelssohn Bartholdy beeinflußt.

Rifaija, nach seinem Gründer Ahmad Rifai († 1183) ben. ↑ Derwischorden; wegen der in ihm gepflegten ständigen monotonen Ausrufung des Gottesnamens (Dhikr) „heulende Derwische" genannt.

Rifamycine, von dem Strahlenpilz Streptomyces mediterranei gebildete, strukturell nahe miteinander verwandte Antibiotika, die v. a. gegen grampositive Bakterien wirksam sind.

Rifatlas ↑ Atlas.

Rifbjerg, Klaus [dän. 'rifbjɐr], * Kopenhagen 15. Dez. 1931, dän. Schriftsteller. - Einer der erfolgreichsten zeitgenöss. dän. Schriftsteller, der durch seine Collagetechnik neue sprachl. Bilder und Effekte erreichte; u. a. „Unschuld" (R., 1958), „Reisende" (Prosa, 1969), „Adresse: Lena Jørgensen, Kopenhagen" (R., 1971).

Riff, meist längl., schmale Untiefe im Meer, an Flachküsten als Sandriff, sonst als Aufragung von Felsen vor der Küste; innerhalb der Tropen und Subtropen als Bauten riffbildender Meeresorganismen, bes. von Korallen.

Riff [engl.-amerikan.], im Jazz Bez. für eine sich ständig wiederholende, rhythm. prägnante Phrase, die melod. so angelegt ist, daß sie ohne erhebl. Änderungen über einen wechselnden harmon. Grund gelegt werden kann; R. werden v. a. von Big Bands oder bei ↑ Jam Sessions als Hintergrund für die improvisierenden Solisten eingesetzt und dienen der emotionalen Steigerung.

Riffbarsche, svw. ↑ Korallenbarsche.

Riffelbeere, svw. ↑ Preiselbeere.

Riffeln (Abriffeln), Abstreifen der Samenkapseln und Blätter von den Flachsstengeln; entweder von Hand mit einem eisernen *Riffelkamm* oder mit der *Riffelmaschine*.

Riffeln, svw. ↑ Kapillarwellen.

Riffkalk, von riffbildenden Meeresorganismen abgeschiedener, zu Kalkstein verfestigter Kalk.

Rifkabylen, Berberstämme im Rifatlas, Marokko.

Rifts [skand.-engl.] (Edelrifts, Riftbretter), Bez. für im Spiegelschnitt (Radialschnitt) gewonnene Bretter aus Nadel- bzw. Laubholz mit fast senkrecht stehenden Jahresringen.

Rift valley [engl. 'rɪft ˈvælɪ] ↑ Lineament, ↑ Ostafrikanisches Grabensystem.

Rig [skand.-engl., eigtl. „Takelage, Ausrüstung"], Bohrinsel für Off-shore-Bohrungen.

Riga, Hauptstadt der Lett. SSR, UdSSR, an der Düna, 833000 E. Kath. Erzbischofssitz (verwaist); Univ. (gegr. 1919), Hochschule für Flugzeugingenieure, polytechn., medizin., Sporthochschule, Kunstakad., Konservatorium, Akad. der Wiss. der Lett. SSR, Museen, Theater, Philharmonie; Film- und Fernsehstudio, Planetarium, botan. Garten, Zoo. Bau von Rundfunkgeräten, Telefonapparaten, Präzisionsmeßgeräten, Dieselmotoren, Waggons; Schiffsreparaturen; zweitgrößter sowjet. Ostseehafen, 2 ⚓.

Geschichte: 1201 von Bischof Albert I. auf dem Gelände einer balt. Siedlung gegr.; 1255 wurde der Bischofssitz zum Erzbischofssitz erhoben; trat 1282 der Hanse bei; unterstand 1330–66 dem Dt. Orden, dann bis zur Reformation wieder den Erzbischöfen; wurde 1561 freie Reichsstadt, geriet jedoch schon 1581 unter poln. Herrschaft; 1621–1709 zum schwed. Reich, dann zum Zarenreich; wurde 1796 Hauptstadt eines Gouvernements; 1919–40 Hauptstadt Lettlands, im Juni 1940 mit Lettland auf Grund des Dt.-Sowjet. Nichtangriffspakts der Sowjetunion einverleibt; im 2. Weltkrieg von Juli 1941–Okt. 1944 von dt. Truppen besetzt.

Bauten: Nach Zerstörung 1941 und 1944 Wiederaufbau. Die Altstadt steht unter Denkmalschutz. Bed. u. a. die Peterskirche (1209 ff.) mit 140 m hohem Turm (17. Jh.), das Schwarzhäupterhaus (14. Jh.; im 17. Jh. barockisiert), das Neue Gildenhaus (1854; eingebaut der alte zweischiffige Gildensaal aus dem 13. Jh.), das Rathaus (18./19. Jh.), der ehem. Dom (13. und 16. Jh.; jetzt Museum und Konzerthalle).

Rigaischer Meerbusen, Bucht der Ostsee im Bereich der Estn. und Lett. SSR, UdSSR, umschlossen von den estn. Inseln Ösel und Moon.

Rigaud (Rigault), Hyacinthe [frz. ri'go], eigtl. Jacinto Rigau y Ros, ≈ Perpignan 18. Juli 1659, † Paris 29. Dez. 1743, frz. Maler katalan. Herkunft. - Schuf repräsentative Bildnisse des europ. Adels, u. a. „Ludwig XIV." (1701; Paris, Louvre).

Rigaudon [frz. rigo'dõ] (Rigodon), frz. Tanz des 17./18. Jh., wohl provenzal. Ursprungs, im $^2/_4$- oder $^4/_4$-Takt mit Auftakt. Der R. fand Eingang in die Ballettmusik und in die Suite.

Rigel [arab. „(rechter) Fuß (des Orion)"], der hellste Stern im Sternbild Orion, der westliche der beiden Fußsterne.

Rigg (Rigging, Riggung) [skand.-engl.], Masten und Takelage eines Schiffes.

Riggenbach, Nikolaus, * Gebweiler (Elsaß) 21. Mai 1817, † Olten 25. Juli 1899, schweizer. Ingenieur. - Entwickelte das Konzept einer Zahnradbahn und erbaute 1868–71 als erste Zahnradbahn die Vitznau-Rigi-Bahn.

Righi, Augusto [italien. 'ri:gi], * Bologna 27. Aug. 1850, † ebd. 8. Juni 1920, italien. Physiker. - Prof. in Palermo, Padua und Bologna; entdeckte 1880 (etwa gleichzeitig mit E. Warburg) die magnet. Hysterese und wies (unabhängig von S. A. Leduc) die Änderung des Wärmeleitwiderstandes von elektr. Leitern im Magnetfeld nach († Righi-Leduc-Effekt). R. beschrieb auch unmitelbar nach W. Hallwachs den äußeren Photoeffekt. 1894 erzeugte er erstmals Mikrowellen (Wellenlänge 26 mm).

Righi-Leduc-Effekt [italien. 'ri:gi; frz. lə'dyk], von A. Righi und dem frz. Physiker S. A. Leduc (* 1856, † 1937) unabhängig voneinander 1887 entdeckter Effekt: In einem von einem Wärmestrom durchflossenen elektr. Leiter, der senkrecht zum Wärmestrom von einem Magnetfeld durchsetzt wird, tritt eine Temperaturdifferenz senkrecht zu beiden Richtungen auf. Der R.-L.-E. ist das Analogon zum † Hall-Effekt.

Rigi, Gebirgsstock zw. dem Vierwaldstätter und dem Zuger See, Schweiz, mit dem R.-Kulm (1 798 m) als höchstem Gipfel, und der R.-Hochfluh (1 699 m) als sö. Eckpfeiler. Von Vitznau aus führt die älteste, 1868–71 erbaute Zahnradbahn der Welt zum Hotel R.-Kulm.

rigid [lat.], steif, starr, streng.

Rigidität [lat.], in der *Persönlichkeits-* und *Lernpsychologie* Bez. für das unflexible Festhalten an früheren Einstellungen und Lösungsstrategien, obwohl geänderte Außenbedingungen (z. B. neuer Aufgabentyp im Experiment) anderes erfordern würden.

◆ in der *Biologie* svw. † Rigor.

Rigor [lat.] (Rigidität), durch einen gesteigerten Muskelgrundtonus (v. a. auf Grund von Erkrankungen des extrapyramidal-motor. Systems) verursachte Steifigkeit bzw. Starre der Skelettmuskeln in Form eines nicht federnden („teigigen", „wächsernen") Widerstandes, die diese den von außen durchgeführten (passiven) Bewegungen entgegensetzen, oft auch als „Zahnradphänomen" (rhythm. Sperrungen) auftretend.

Rigorismus [lat.], das Handeln bzw. die Beurteilung von Handlungen ausschließl. nach vorgegebenen Grundsätzen oder Normen[systemen], wobei schon ein geringfügiges Abweichen als unzulässig gilt. Für den *eth. R.* Kants ist kennzeichnend, daß eth. Handeln allein aus Pflicht, nicht aber aus Neigung oder Liebe zu den Menschen erfolgen kann.

rigoros [mittellat.], sehr streng, unerbittlich; rücksichtslos.

rigoroso [italien.], musikal. Vortragsbez.: genau, streng [im Takt].

Rigorosum [zu mittellat. (examen) rigorosum „strenge (Prüfung)"], mündl. Doktorprüfung, † Doktor.

Rigweda [Sanskrit „das aus Versen bestehende Wissen"], ältestes ind. Literaturdenkmal in Sanskrit; vermutl. um 1000 v. Chr. abgeschlossen. Bildet die erste der vier Samhitas (Sammlungen) des „Weda". Seine 1054 in Mandala („Kreise") eingeteilten Lieder werden verschiedenen Sehern zugeschrieben.

Rihani, Ar, Armin (Raihani, Ar), * Al Furaika 24. Nov. 1876, † ebd. 13. Sept. 1940, libanes. Schriftsteller und Journalist. - Einer der größten Verfechter der arab. Einheit und der Befreiung des Geistes von jeder religiösen und polit. Unterdrückung. Verf. zahlr. histor. Werke und Reisebeschreibungen in engl. und arab. Sprache.

Rihm, Wolfgang, * Karlsruhe 13. März 1952, dt. Komponist. - Schüler u. a. von K. Stockhausen; lehrt seit 1973 an der Musikhochschule Karlsruhe. Schrieb zahlreiche Orchesterwerke (u. a. 3 Sinfonien), Kammermusik und 2 Opern („Faust und Yorick", 1977; „Jakob Lenz", 1979).

Riis, Jacob August [engl. ri:s], * Ripen 3. Mai 1849, † Barre (Mass.) 26. Mai 1914, amerikan. Journalist und Photograph dän. Herkunft. - Emigrierte 1860 in die USA; 1878 Kriminalreporter bei der „New York Tribune". Seine sozialkrit. Bildberichte über die New Yorker Slums „How the other half lives" („Wie die andere Hälfte lebt"; 1890, Neudruck 1971) bewirkten zahlr. Reformprogramme.

Riisager, Knudåge [dän. 'risa:'ɣər], * Kunda (Estland) 6. März 1897, † Kopenhagen 26. Dez. 1974, dän. Komponist. - Ab 1956 Direktor der Königl. Musikakad. in Kopenhagen. Wurde v. a. als Ballettkomponist bekannt, u. a. „Quarrtsiluni" (1942), „Etude" (1948), „Månerenen" (1957), „Lady from the sea" (1960); daneben Opern, Orchester-, Kammer- und Klaviermusik, Vokalwerke.

Rijad, Mahmud [ri'ja:t], * Kairo 8. Jan. 1917, † Ljubljana 27. Sept. 1981, ägypt. Politiker. - 1955–58 Botschafter in Syrien; 1958–62 außenpolit. Berater Nassers; 1962–64 Delegierter bei den UN; 1964–72 Außenmin.; 1972–79 Generalsekretär der Arab. Liga.

Rijad, Ar (Ar Riad, Er-Riad), Hauptstadt von Saudi-Arabien und des Teilkgr. Nadschd, im Zentrum der Arab. Halbinsel, 667 000 E. Residenz des Königs; Univ. (gegr. 1957), Islam. Univ. (seit 1953), TH u. a. Hochschulen; Militärakad.; Ind.forschungs- und -entwicklungszentrum; Nationalbibliothek. Bed. Handelszentrum; Oasenwirtschaft; Zementfabrik, Werk für Kunststoffrohre, Erdölraffinerie; ✈. - Ar R. entstand als Nachfolgeort des 1818 zerstörten Wahhabitenortes Ad Darijja; seit 1902 Herrschersitz des Wahhabitenreiches. - Neben der Altstadt mit engen Gassen moderne Vororte; Moscheen.

Rijeka (italien. Fiume), Stadt an der jugoslaw. Adriaküste, 158 300 E. Kath. Erzbischofssitz; Univ. (gegr. 1973), Marinehochschule, Staatsarchiv, Kunst-, Marine- und naturwissenschaftl. Museum; Theater. Wichtigste Hafenstadt Jugoslawiens, Transitafen für Österreich, Ungarn, Bulgarien und die ČSSR. Bed. Ind.standort mit Werften, Erdölraffinerie, petrochem. u. a. Ind. - Geht auf röm. Ursprung (**Tarsatica**) zurück; das heutige R. wurde im 13. Jh. erstmals gen.; gehörte seit 1466 dem Haus Österreich; entwickelte sich nach Erneuerung des Stadtrechts 1530 zu einer bed. Hafenstadt (1719 Freihafen); kam 1779 an das Kgr. Ungarn, gehörte 1809–13 zu den frz. Illyr. Prov., ab 1814 zu Österreich, ab 1822 zu Ungarn, 1848–68/70 zu Kroatien, dann erneut zu Ungarn. Nach dem 1. Weltkrieg zw. Italien und Jugoslawien umstritten (Fiume-Frage), wurde 1920 Freistaat, kam 1924 an Italien, gehört seit 1947 zu Jugoslawien. - Der roman. Dom (12. Jh.) wurde im 17./18. Jh. barockisiert; barocke Veitskirche (17./18. Jh.); Stadthaus aus dem 16. Jh.; röm Triumphbogen (3. Jh. n. Chr.).

Rijksmuseum [niederl. 'rɛjks], bed. Museum in Amsterdam; enthält v. a. niederl. Kunst, Kunstgewerbe, asiat. Kunst. Seit 1885 befindet sich die aus dem Besitz der Oranier hervorgegangene Sammlung im heutigen Gebäude (erbaut 1876–85 von P. Cuypers).

Rijnland [niederl. 'rɛjnlɑnt], niederl. Landschaft zw. Haarlem–Amsterdam im N, Den Haag–Gouda im S, Gouwe–Aarkanaal–Amstel im O, im W an die Nordsee grenzend; Mittelpunkt ist Leiden.

Rijswijk [niederl. 'rɛjswɛjk], niederl. Gem. im sö. Vorortbereich von Den Haag, 48 900 E. Forschungsinst. für Chemie, Brandschutz, medizin. Biologie, Metallurgie u. a.; elektrotechn., Nahrungsmittel-, holzverarbeitende-, Flugzeug- u. a. Ind.; Erdölförderung. - Die **Friedensschlüsse von Rijswijk** beendeten 1697 den Pfälz. Erbfolgekrieg. Im Frieden Frankreichs mit England, den Niederlanden **und Spanien** (20. Sept.), dem das Hl. Röm. Reich und Kaiser Leopold I. beitraten (30. Sept.), gab Ludwig XIV. seine katalan. und niederl. Eroberungen und die rechtsrhein. Reunionen preis und erkannte Wilhelm III. als König von England an. Frankr. verzichtete auf Lothringen, Ansprüche in der Pfalz und auf die rechtsrhein. Brückenköpfe.

Rikkokuschi, Name der 6 offiziellen jap. Reichsannalen (720–901; insgesamt 190 Bde.); enthalten die Göttermythen, die Gründung des Reiches Jamato, Daten der 58 anerkannten Tennos, des Adels und die Regierungspolitik bis 887.

Rikscha (Jinrikischa, Jinrikischa) [jap., eigtl. „Mensch-Kraft-Fahrzeug"], ein in O- und S-Asien zur Beförderung von Personen dienendes zweirädriges Gefährt, das von einem Menschen, heute häufig mit Hilfe eines Fahrrads bzw. Motorrads, gezogen wird.

Riksmål ['riːksmoːl; norweg. „Reichssprache"], ältere Bez. für Bokmål (↑norwegische Sprache).

Rila, höchstes Gebirge der Balkanhalbinsel, Bulgarien, im Mussala 2 925 m hoch.

Rilakloster, Kloster in der westl. Rila, Bulgarien, 1 147 m ü. d. M., gegr. 1335 an Stelle einer Einsiedelei. Blütezeit im 14. und seit dem letzten Viertel des 15. Jh.; Symbol der bulgar. nat. Erneuerung. Kirche und Kloster nach mehreren Bränden am Anfang des 19. Jh. neu errichtet; Chreljoturm von 1335. - Abb. Bd. 4, S. 110.

Riley, Bridget [engl. 'raılı], * London 24. April 1931, brit. Malerin. - Vertreterin der Op-art. Der Betrachter nimmt ihre Arbeiten als aktives Form- und Farbkontinuum wahr.

Rilke, Rainer Maria, eigtl. René M. R., * Prag 4. Dez. 1875, † Val-Mont bei Montreux 29. Dez. 1926, östr. Dichter. - Einflußreichster deutschsprachiger Lyriker der 1. Hälfte des 20. Jh. Aus kleinbürgerl. Verhältnissen; 1897 Bekanntschaft mit L. ↑ Andreas-Salomé, zu der er eine lebenslange Beziehung hatte; entschloß sich zu Berufslosigkeit und „reinem Dichterdasein", das ihm jedoch nur durch finanzielle Unterstützung reicher Gönner mögl. wurde. 1900 in Worpswede; 1901/02 ∞ mit C. Westhoff; 1905/06 Privatsekretär von A. Rodin in Paris, danach mehrere Reisen (Nordafrika, Ägypten, Spanien, Italien). Nach 1918 v. a. in der Schweiz, wo sich R., ab 1921 im „Turm" des Schlosses Muzot (bei Siders im Wallis), in die totale Abgeschiedenheit zurückzog. Starb an Leukämie und wurde seinem Testament gemäß an der Bergkirche von Raron bestattet. Seine Jugendlyrik, die frühen Dramen und Prosaskizzen waren impressionist. Jugendstilcharakter und waren der naturalist. Zeitmode verpflichtet („Larenopfer", 1896). Seit der Worpsweder und bes. der Pariser Zeit erfolgte die Anwendung eines neuen plast.-sachl. und maler.-intensiven Stils in der Lyrik, z. B. „Das Stundenbuch" (1905), „Das Buch der Bilder" (1902 [erweitert 1906]), die als Dinggedichte eine entsprechende Bez. fanden. Bis heute von bes. Anziehungskraft und Breitenwirkung ist die zykl. Prosadichtung „Die Weise von Liebe und Tod des Cornetts Christoph Rilke" (1906). „Die Aufzeichnungen des Malte Laurids Brigge" (1910) ist der Roman eines jungen Dichters in Paris, ein faszinierender Spiegel eigener Existenzproblematik, Widerspiegelung Kierkegaardscher Angst und Verzweiflung. Die „Duineser Elegien" (1923) greifen zwar auf den antiken Elegienvers auf, der Inhalt aber ist das Antiidyll: Verzweiflung am Menschen und seiner Situation in der Welt, an seinem Ungenügen, seiner Gebrochenheit. Form- und ideengeschichtl. gleich wichtig ist die Herausbildung einer „neuen Mythologie" des „Engels", der „Liebenden, der jungen Toten. Meisterhafte Übersetzungen v. a. aus dem Französischen.
Weitere Werke: Auguste Rodin (Monogr., 1903), Die Sonette an Orpheus (1923).
⌑ *Olzien, O. H.: R. M. R. Stg. 1984. - Pagni, A.: R. um 1900. Nürnberg 1984. - Holthusen, H. E.: R. M. R. Rbk.* [20] *1982. - Goth, M.: R. u. Valéry.*

Rainer Maria Rilke

Stg. 1981. - Leppmann, W.: R. Sein Leben, seine Welt, sein Werk. Mchn. 1981.

Rilla, Paul, * Neunkirchen/Saar 26. Dez. 1896, † Berlin (Ost) 5. Nov. 1954, dt. Literarhistoriker. - Bed. Literaturkritiker der DDR; verteidigte in seinen methodolog. Streitschriften die geschichtl.-materialist. Literaturbetrachtung gegen pseudohistor. Verfälschungen.

Rillenspülung (Rinnenspülung), Abtragungsvorgang in den Trockengebieten der Erde, wo die starken, aber seltenen Niederschläge auf geneigten Flächen scharf eingerissene Spülrinnen verursachen.

Rimbaud, Arthur [frz. rɛ̃'bo], * Charleville (Ardennes) 20. Okt. 1854, † Marseille 10. Nov. 1891, frz. Dichter. - Wegbereiter des Symbolismus; wirkte bes. auf die Expressionisten und Surrealisten des 20. Jh. R. war der Sohn eines Berufsoffiziers; lebte 1871–73 mit Verlaine zus. in Paris; nach dem Bruch [des homophilen Verhältnisses] unstetes Wanderleben. Verzichtete ab 1874 auf jegl. literar. Aktivität. Seine Lyrik, Ausdruck der Auflehnung gegen Konventionen aller Art, wird der Dichtung der Dekadenz zugerechnet; esoter., seher.-dunkle Gedichte in assoziationsreicher Chiffrensprache gestalten ein weitgehend nihilist. Weltbild, das sich sprachl. in der Verbindung des scheinbar Unvereinbaren manifestiert („Das trunkene Schiff", 1883). Autobiograph. ist das rhythmisierende Prosagedicht „Aufenthalt in der Hölle" (1873), eine Absage an alle geistige Existenz; sie wird bekräftigt in den „Erleuchtungen" (1886).

Rimesse (Rimessa) [italien., zu lat. remittere „zurückschicken"], im Fechtsport Bez. für Stoß- bzw. Hiebwiederholung des Angreifers.

Rimet, Jules [frz. ri'mɛ], * Paris 24. Okt. 1873, † ebd. 15. Okt. 1956, frz. Fußballfunktionär. - 1921–54 Präs. des Internat. Fußballverbandes (FIFA). Initiator der 1930 zum 1. Mal ausgetragenen Fußballweltmeisterschaft; der Wanderpokal, um den bis 1970 dabei gespielt wurde, trug seinen Namen.

Rimini, italien. Stadt an der Adria, in der Emilia-Romagna, 7 m ü. d. M., 129 500 E. Kath. Bischofssitz; archäolog. Museum, Pinakothek; Seebad; Fischerei. - In der Antike **Ariminum,** eine von Umbrern gegr. Siedlung, wurde 268 v. Chr. Kolonie latin. Rechts, spätestens 88 v. Chr. Munizipium; im 3. Jh. wohl schon Bischofssitz; kam schließl. durch die Pippinsche Schenkung (754/756) an den Papst, 1509 unter direkte päpstl. Verwaltung, blieb bis 1860 beim Kirchenstaat (Unterbrechung 1797–1815). - Röm. Überreste sind der Augustusbogen (27 v. Chr.) und die Brücke Ponte Augusto (14–21 n. Chr. vollendet); Renaissancekirche (1446; unvollendet).

Rîmnicu Vîlcea [rumän. 'rɨmniku 'vɨltʃɛa], rumän. Stadt im südl. Karpatenvorland, 86 600 E. Verwaltungssitz des Verw.-Geb. Vîlcea; Operettentheater; chem., Leder-, Nahrungsmittelind., Holzverarbeitung. - 1388 erstmals erwähnt; im MA als Bischofssitz auch kulturell bed. - Wehrkirche (15. Jh.), Kirche der hl. Paraschiva (16. Jh. und 1788).

Rimske Toplice [slowen. tɔ'pli:tsɛ] (dt. Töplitz [Römerbad]), jugoslaw. Heilbad 20 km südl. von Celje, 280 m ü. d. M., 2 000 E. Radioaktive Thermen. - Reste röm. Bäder.

Rimski-Korsakow, Nikolai Andrejewitsch ['kɔrzakɔf], * Tichwin 18. März 1844, † Gut Ljubensk bei Luga (Geb. Leningrad) 21. Juni 1908, russ. Komponist. - Wurde 1871 Prof. am Petersburger Konservatorium und war daneben v. a. als Dirigent tätig. R.-K. trug wesentl. zur Ausbildung einer nat.-russ. Musik bei; stilist. nähert er sich dabei F. Liszt und H. Berlioz. Er ist ein Meister der Instrumentierung und der kolorist. Darstellung. Zu seinen bekanntesten Orchesterwerken gehören „Capriccio espagnol" (1887) und „Scheherazade" (1888). R.-K. richtete zahlr. Werke von M. P. Mussorgski neu ein und verhalf ihnen dadurch zu einer größeren Verbreitung. Er komponierte Opern, u. a. „Sadko" (1898), „Das Märchen vom Zaren Saltan" (1900), „Der goldene Hahn" (1909), Orchesterwerke, u. a. 3 Sinfonien, Ouvertüre über russ. Themen (1866, 1880), Klavierkonzert (1882), „Russ. Ostern" (1888), Kammer- und Klaviermusik, Chorwerke und Lieder.

Rímur ['ri:mʊr; altisländ. „Reimgedichte"] (Einz. Ríma), isländ. erzählende Dichtungen, von denen meist mehrere Einzelgedichte von je 30–80 Strophen zu Zyklen zusammengefaßt werden; entwickelte sich im 14. Jh.; die Stoffe dieser populärsten isländ. literar. Gatt. stammen meist aus [Ritter]sagen und Volkserzählungen.

Rinaldonekultur, nach dem Gräberfeld von Rinaldone (Gemeinde Montefiascone, Prov. Viterbo) ben., in M-Italien verbreitete endneolith.-frühbronzezeitl. (um 2000–1800 v. Chr.) Kulturgruppe mit Körperbestattungen in Gräbern und Felskammergräbern.

Rind ↑ Rinder.

Rindbox (Chromrindleder), chromgegerbtes Schuhoberleder aus Rindshäuten.

Rinde [zu althochdt. rinta, eigtl. „Abgerissenes"] (Kortex, Cortex), bei *Pflanzen* Sammelbez. für die äußeren Gewebeschichten von Sproßachse und Wurzel, bei letzterer durch die Endodermis gegen die inneren Gewebe abgegrenzt. Anatomisch sind zu unterscheiden: **primäre Rinde**: Gewebekomplex zw. äußerer Epidermis und den peripheren Leitbündeln, aus R.parenchym und darin eingelagertem Festigungsgewebe bestehend; **sekundäre Rinde** *(Bast)*: Die in Sproß und Wurzel nach Beginn des sekundären Dickenwachstums vom Kambium nach außen abgegebenen Gewebeschichten, bestehend aus den Phloemteilen der Leitbündel, zwischengeschaltetem Parenchym und Festigungsgeweben; Begrenzung nach außen durch tertiäres Abschlußgewebe (↑ Borke). - Abb. Bd. 10, S. 51.

◆ in der *Anatomie* die äußere, vom ↑ Mark sich unterscheidende Schicht bestimmter Organe, z. B. der Nieren *(Nieren-R.)*, des Gehirns *(Kleinhirn-, Großhirnrinde)*.

Rindenbrand, lokales Absterben der Rinde vieler Baumarten. Als Ursachen kommen u. a. in Betracht: Frost *(Frostbrand)*, Bakterien *(Bakterienbrand)*, übermäßige Erhitzung bei direkter Sonnenbestrahlung *(Sonnenbrand;* ausschließl. bei glatt- und dünnrindigen Baumarten; mit anschließendem Sichablösen der Rinde) und verschiedene, oft artspezif. wirkende Pilze *(parasitärer R.,* Rindenschorf, Rindennekrose).

Rindenkäfer (Colydiidae), mit rd. 1 600 Arten v. a. in warmen Ländern verbreitete Käferfam., davon in Deutschland rund 30 (1,5–7 mm lange) Arten; Körper langgestreckt, walzenförmig und dunkel oder bunt gefärbt; leben v. a. an und in alten, morschen Stämmen; Vorratsschädling.

Rindenkorallen (Hornkorallen, Gorgonaria), Ordnung der Korallen mit rd. 1 200 Arten; bilden große, manchmal bis 3 m lange Kolonien, die mehr oder minder verästelt peitschenförmig lang oder auch fächerartig ausgebildet sein können; das Stockinnere hat eine feste Skelettachse.

Rindenläuse (Staubläuse, Holzläuse, Flechtlinge, Psocoptera), mit über 1 000 Arten weltweit verbreitete Ordnung kleiner, etwa 1 mm bis wenige Millimeter (selten bis 1 cm) langer Insekten mit kauenden Mundwerkzeugen und langen, fadenförmigen Fühlern. Die beiden Flügelpaare überdecken in Ruhe den Körper dachförmig; oft (v. a. bei den ♀♀) sind die Flügel stark rückgebildet. Viele Arten haben Spinndrüsen. Die R. leben v. a. auf Blättern und Baumrinde, wo sie den Algen- und Pilzbewuchs abfressen, manche kommen auch in Gebäuden vor (z. B. die ↑ Bücherläuse).

Rindenparenchym, Grundgewebe im Bereich der pflanzl. Rinde; kann bei mächtiger Entwicklung Speicherfunktionen übernehmen, z. B. Nährstoffspeicherung in Rüben und Knollen, Wasserspeicherung bei Sukkulenten.

Rindenpilze, Ständerpilze der Gatt. *Corticium* mit einfacher, ungegliederter Fruchtschicht auf der Ober- und Unterseite des krustenförmigen, flachen Fruchtkörpers. Die R. wachsen auf Kernholz oder Rinde, seltener auf dem Boden. Bekannte häufige Arten sind der **Eichenrindenpilz** (Corticium quercinum) mit grauvioletten, warzigen Fruchtkörpern auf berindeten, toten Eichen- und anderen Laubgehölzzweigen sowie der **Rindensprenger** (Corticium comedens), unter der Rinde von toten Laubgehölzen wachsend; der Fruchtkörper tritt als dünne gelbgraue Kruste zw. der aufgeplatzten Rinde hervor.

Rindenwanzen (Aradidae), weltweit verbreitete, über 400 Arten umfassende Fam. v. a. unter der Rinde, in Holzspalten und Baumschwämmen lebender Landwanzen mit 22 einheim., 3–10 mm langen Arten; Körper meist schwarz bis braun, stark abgeplattet, mit verbreitertem Hinterleib und oft verkürzten Flügeln. Die R. saugen vorwiegend an Pflanzen und an Pilzfäden von morscher Rinde.

Rinder [zu althochdt. (h)rint, eigentlich „Horntier"] (Bovinae), Unterfam. etwa 1,6–3,5 m langer, 150–1 350 kg schwerer Paarhufer (Fam. Horntiere) mit 9 Arten, v. a. in Wäldern und Grassteppen Amerikas und der Alten Welt (nur in S-Amerika und Australien gab es urspr. keine Wild-R.); seit dem jüngeren Tertiär bekannte Wiederkäuer mit breitem Schädel, unbehaartem, feuchtem „Flotzmaul" und (im ♂ und ♀ Geschlecht) Hörnern (bei ♂♂ im allg. stärker entwickelt). Von den Sinnesorganen sind Geruchs- und Gehörsinn am besten ausgebildet, ihr Augensinn läßt sie Farben (Blau, Rot, Grün, Gelb) erkennen. Zu den R. gehören neben Büffeln, Bison, Wisent u. a. die **Stirnrinder** *(Bos)* mit Jak, Gaur und Auerochse. - ↑auch Hausrind.

Geschichte: Das Rind ist das wichtigste Haustier und das älteste Milch- und Arbeitstier für den Menschen. Die Rassen des Hausrinds stammen v. a. vom Auerochsen ab, der zus. mit dem Wisent seit der letzten Zwischeneiszeitphase in Europa verbreitet war; als wichtiges Jagdtier erscheint er auf vielen Felsbildern. Die Ausgrabungen von Çatal Hüyük lassen erkennen, daß die ältesten Domestikationsversuche um 6500 v. Chr. anzusetzen sind; um die gleiche Zeit sind Stierkulte und Fruchtbarkeitsriten entstanden. In der ägypt. Mythologie war der Stier Symbol der Kraft. Die Himmelsgöttin Hathor wurde in Gestalt einer Kuh oder einer Frau mit Kuhgehörn (wie zuweilen auch die Göttin Isis) dargestellt. Der Stier Apis wurde als Sinnbild des Mondes gesehen. Einen Höhepunkt des Stierkults stellt die minoische Kultur Kretas und Myke-

nes dar. - Durch Kolumbus kamen die R. in die Neue Welt. Sie breiteten sich hier rasch aus und kamen über die Antillen auch nach Mexiko, Brasilien und Argentinien. Im Jahre 1788 wurden die ersten R. aus Großbrit. nach Australien gebracht.
⌑ *Kräusslich, H./Claus, R., u. a.: Rinderzucht. Stg. °1981. - Das Rind. Hg. v. H. Bogner. Ffm. 1968.*

Rinderbandwurm (Taeniarhynchus saginatus), 4–10 m langer Bandwurm mit rd. 1 000–2 000 Proglottiden; Kopf ohne Hakenkranz; erwachsen im Darm des Menschen (Endwirt), Finnen (7–9 mm lang) in der Muskulatur des Rindes (Zwischenwirt); Infektion des Endwirts durch rohes bzw. nicht durchgebratenes Fleisch. - Abb. Bd. 3, S. 35.

Rinderbremsen (Tabanus), Gatt. bis 25 mm langer, maximal 5 cm spannender Fliegen (Fam. Bremsen) mit rd. 40 Arten in Eurasien; größte mitteleurop. Fliegen, zu denen neben der **Pferdebremse** (Tabanus sudeticus, bis 25 mm lang, mit großen kupferbraunen Augen und schwarzbraunem, weißl. gezeichnetem Hinterleib) v. a. die 10–24 mm lange **Gemeine Rinderbremse** (Tabanus bovinus, mit bunt schillernden Facettenaugen und braungrauen Flügeln am dunkel und gelbl. gezeichneten Körper) gehört.

Rinderbrucellose, svw. seuchenhaftes Verkalben (eine ↑Brucellose).

Rinderdasselfliegen (Rinderbiesfliegen), Bez. für zwei fast weltweit verschleppte Arten etwa 11–15 mm langer ↑Hautdasseln, die bes. an Rindern schädl. werden können (Abnahme der Milch- und Fleischproduktion, Hautschäden); hummelähnl. behaarte Insekten, von denen am bekanntesten die **Große Rinderdasselfliege** (Hypoderma bovis) ist, deren ♀♀ v. a. an den Hinterbeinen und am Bauch der Rinder ihre Eier ablegen. Die Larven bohren sich durch die Haut, wandern über den Blutkreislauf in 6–8 Monaten ins Unterhautbindegewebe, wo sie ↑Dasselbeulen erzeugen.

Rinderleukose, beim Hausrind auftretende Form der Leukämie. Die mit hoher Infektionsgefahr verbundene Krankheit verläuft langwierig und stets tödlich.

Rindermörder (Fächerlilie, Giftbol, Boophone toxicaria), in den Steppen des südl. Afrika weit verbreitete, mit der Hakenlilie nahe verwandte Art der Amaryllisgewächse; mit mächtiger, etwa 30 cm dicker Zwiebel; Blätter etwa 30 cm lang, kahl, blaugrün; die leuchtend roten, in Dolden stehenden Blüten entwickeln sich zu einem riesigen, kugeligen Fruchtstand (oft für Trockensträuße verwendet). Da die Zwiebeln zahlr. Alkaloide enthalten, dienen sie zur Bereitung von Pfeilgift.

Rinderpest (oriental. R.), aus Asien eingeschleppte, tödl. verlaufende anzeigepflichtige Viruskrankheit des Rindes (und anderer Wiederkäuer).

Rinderpocken, svw. ↑Kuhpocken.

Rindertuberkulose, tödl. verlaufende Infektionskrankheit des Rindes mit hoher Infektionsgefahr für den Menschen. Die R. wird seit Jahrzehnten planmäßig bekämpft, mit dem Ergebnis, daß heute in vielen Staaten die Rinderbestände als tuberkulosefrei anerkannt sind.

Rinderzecke (Boophilus bovis), 1–2 mm (bei ♀♀ 7 bis über 10 mm) große, graubraune, dunkel gezeichnete Zecke in N-Amerika und Mexiko; saugt Blut an Rindern, Pferden, Mauleseln, Ziegen und Schafen, zeitweilig auch am Menschen; Überträger des Texasfiebers.

Rindsauge ↑Ochsenauge.

rinforzando (rinforzato) [italien.], Abk. rf., rfz., rinf., musikal. Vortragsbez.: stärker werdend, verstärkt.

Ring, Ludger tom d. Ä., * Münster 1496, † ebd. 3. April 1547, dt. Maler. - Führender, niederl. beeinflußter westfäl. Künstler der Zeit nach 1500; Zyklus der Propheten und Sibyllen für den Dom (z. T. erhalten, Dom und Landesmuseum), Schauwand der astronom. Domuhr in Münster (1642). Seine Söhne *Ludger tom R. d. J.* (* 1522, † 1584) und *Hermann tom R.* (* 1521, † 1596) waren als Porträtisten tätig, letzterer erhielt auch zahlr. Aufträge für große Altarwerke.

Ring, ein aus unterschiedlichstem, oft metall. Material gefertigter, meist kreisförmiger Körper, bei dem die Querschnittsabmessungen des Materials klein gegen seinen Umfang sind; findet Verwendung als techn. Gegenstand (z. B. Dichtungs-R.) oder als Schmuckstück, auch als symbol. Zeichen.

Geschichte: Große R. erscheinen bei den frühen Kulturen des Orients als Herrschafts- und Würdezeichen in der Hand von Göttern, Königen und Regenten. Im kelt.-german. Umkreis ist der Hals-R. als sakrales Würdezeichen und herrscherl. Insignie bekannt (Torques). Als Halsschmuck, Armschmuck oder Ohrschmuck und als Fingerring vor der R. in vielen Kulturen verbreitet, bei Naturvölkern auch der Nasenring. Frühe **Fingerringe** sind aus dem 4. Jt. v. Chr. aus dem sumer. Ur und der Nakadakultur erhalten. Durch oriental. Einfluß (Rollsiegel) entwickelt sich im Mittelmeerbereich der *Siegel-R.* aus Gold (Kreta, Mitte des 2. Jt. v. Chr.). Als Herrschaftssymbol spielt der Finger-R. eine bed. Rolle: R. Krönungs-R. von Kaisern und Königen, Investitur-R. bei der Übernahme eines Amtes. *Standes-R.* trugen die röm. Senatoren, königl. Beamte, Ritter und Zunft-Mgl. Der ↑Fischerring und die Pontifikal-R. des Papstes und der Bischöfe, die R. der Kardinäle und Äbte sind Symbole geistl. oder weltl. Herrschaft. Große Bed. in der Geschichte des R. hatten die zauberabwehrenden *Amulett-R.* In Sage und Märchen spielt der *Zauber-R.* eine erhebl. Rolle (macht unsichtbar, ruft Geister,

Ring

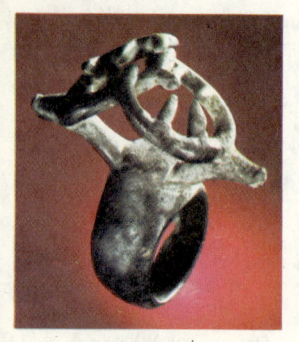

Ring. 1 Amulettring mit Hirschköpfen (8./7. Jh.; Luristanbronze); 2 Ring mit Skarabäus (4. Jh. v. Chr.; griechisch); 3 Augenamulettring (3. Jh. n. Chr.; römisch); 4 Ring mit kegelförmigem Aufbau (12. Jh.; italienisch); 5 Schmuckring (14. Jh.; englisch); 6 Liebesring (16. Jh.; deutsch); 7 Ring mit aufklappbarem Kästchen (16. Jh.; italienisch); 8 Schmuckring (18. Jh.; indisch); 9 Friedrich Becker, Schmuckring (1962). Pforzheim, Schmuckmuseum (1, 2, 3, 6, 9) und Mailand, Museo Poldi Pezzoli (4, 5, 7, 8)

vermehrt den Schatz). In röm. Zeit und im Früh-MA wurden *Verlobungs-R.* nur der Frau gegeben, Zeichen der Bindung, auch Empfangsbestätigung für die Mitgift. Aus ihm entwickelte sich der *Ehe-R.* v. a. unter frühchristl. Einfluß als Symbol der Treue. Der unverzierte Ehe-R. fand erst seit dem 16. Jh. Verwendung. *Freundschafts-* und *Liebes-R.* gibt es seit dem MA. Als *Schmuck-R.* verbreitet sich der Finger-R. bes. seit Kenntnis der Metallverarbeitung. Seltene Materialien und kunsthandwerkl. aufwendige Verarbeitung machen ihn zum Wertobjekt. Im 20. Jh. gibt es ihn auch als Modeschmuck.

📖 Ward, A., u. a.: *Der R. im Wandel der Zeit.* Dt. Übers. Mchn. 1981. - Fourlas, A. A.: *Der R. in der Antike u. im Christentum.* Münster 1971. - Battke, H.: *Gesch. des Ringes.* Baden-Baden 1953.

◆ (Box-R.) ↑ Boxen.

◆ im *Motorsport* Bez. für Rennstrecken, z. B. Nürburgring, Hockenheimring.

◆ in der *Mathematik* Bez. für eine algebraische Struktur R mit zwei als Addition und Multiplikation bezeichneten Verknüpfungen ihrer Elemente (Symbole: $+$ und $\cdot$), die die

Ringelwürmer

folgenden Gesetze erfüllt: 1. R ist bezügl. der Addition (+) eine abelsche ↑Gruppe; 2. für alle $a, b, c \in R$ gilt $a \cdot (b \cdot c) = (a \cdot b) \cdot c$ (Assoziativgesetz der Multiplikation); 3. für alle $a, b, c \in R$ gilt $a \cdot (b + c) = a \cdot b + a \cdot c$ und $(a + b) \cdot c = a \cdot c + b \cdot c$ (Distributivgesetze). Man nennt R einen *kommutativen R.*, wenn $a \cdot b = b \cdot a$ für alle $a, b \in R$ gilt. Gibt es ein Element $e \in R$ mit $a \cdot e = e \cdot a = a$ für alle $a \in R$, so nennt man R einen *Ring mit Einselement.* Die ganzen Zahlen bilden z. B. bezügl. der gewöhnl. Addition und Multiplikation einen kommutativen R. mit Einselement.

Ringanker, ein mit einer geschlossenen Wicklung versehener ringförmiger Eisenkern, der als Rotor in elektr. [Gleichstrom]maschinen verwendet wird (heute meist durch Trommelanker ersetzt).

Ringbeschleuniger, svw. Kreisbeschleuniger († Teilchenbeschleuniger).

Ringblitzgerät, Elektronenblitzgerät mit ringförmiger Entladungsröhre zur schattenfreien Beleuchtung in der Makrophotographie. Das R. wird bei der Aufnahme so angeordnet, daß sich das Objektiv im Zentrum der Ringröhre befindet.

Ring Christlich-Demokratischer Studenten, Abk. RCDS, 1951 gegr. polit. Studentenverband, der der CDU nahesteht; in 11 Landesverbänden 89 Hochschulgruppen mit etwa 7 000 Mitgliedern (1987).

Ringchromosomen, ringförmige DNS- oder RNS-Moleküle bei Bakterien oder Viren, die das Chromosom dieser Organismen darstellen.
♦ durch ein Crossing-over († Faktorenaustausch) innerhalb eines linearen Chromosoms entstandenes ringförmiges Chromosom, das an seiner Ringschlußstelle oft Teile verloren hat, also defekt ist (z. B. bei Einwirkung von Mutagenen).

Ring deutscher Pfadfinderverbände ↑ Pfadfinder.

Ringdrossel (Turdus torquatus), etwa amselgroße, (mit Ausnahme eines breiten, weißen Vorderbrustrings) schwarze (♂) oder bräunl. (♀) Drossel, v. a. in lichten Nadelwäldern und auf alpinen Matten der Hochgebirge Europas und Vorderasiens.

Ringe, Turngerät der Männer; besteht aus zwei 28 mm starken Holzringen von 18 cm Durchmesser, die an 2 Schwungseilen hängen, der Aufhängepunkt der Seile ist 5,50 m über dem Boden, die Seile sind stufenlos zw. 2,40 und 2,50 m verstellbar.

Ringelblume, (Gilke, Marienrose, Calendula) Gatt. der Korbblütler mit rd. 20 Arten, v. a. im Mittelmeergebiet und in Vorderasien; einjährige oder ausdauernde Kräuter mit wechselständigen Blättern und gelben Blütenkörbchen. Beliebte Zierpflanzen *(Gartenringelblume).*
♦ volkstüml. Bez. für den Löwenzahn.

Ringelgans ↑ Gänse.

Ringelnatter (Natrix natrix), rd. 1 m (♂) bis 1,5 m (♀) lange Wassernatter, v. a. an dicht bewachsenen Gewässerrändern Europas, NW-Afrikas und W-Asiens; Körper graugrün, einfarbig oder mit in Längsreihen angeordneten schwarzen Flecken; meist am Hinterkopf jederseits ein halbmondförmiger weißer bis gelber, schwarz gesäumter Fleck. Die R. schwimmt und taucht gut. Sie ernährt sich vorwiegend von Lurchen und Fischen. Sie beißt (auch angegriffen) nur selten zu, entleert jedoch als Abwehrreaktion ihre Stinkdrüsen. - Abb. S. 268.

Ringelnatz, Joachim, eigtl. Hans Bötticher, * Wurzen 7. Aug. 1883, † Berlin 17. Nov. 1934, dt. Schriftsteller und Maler. - Schiffsjunge; danach in vielen Berufen tätig; ab 1920 Kabarettautor in Berlin an der Kleinkunstbühne „Schall und Rauch". Von seiner skurrilen Lyrik (Moritaten, Songs, Grotesken) öffneten bes. die Nonsensverse der lyr. Zeitkritik und Satire durch die Erschließung des Trivialen neue Perspektiven. Antibürgerl. Protest und wehmütigen Sarkasmus zeigen bes. „Die Schnupftabaksdose" (Ged., 1912), „Turngedichte" (1920, erweitert 1923), „Kuttel Daddeldu" (Ged., 1920, erweitert 1923). Seine Autobiographie „Mein Leben bis zum Kriege" erschien 1971.

Ringelrobben (Pusa), Gatt. bis 1,4 m langer Robben mit drei Arten im Nordpolarmeer (südl. bis England, auch in der Ostsee) und in einigen osteurop. und asiat. Binnenseen; Färbung meist braun mit weißl. Ringflecken am Rücken *(Eismeerringelrobbe,* Pusa hispida) oder hellbraun mit dunkelbraunen Flecken *(Kaspirobbe* [Pusa caspica] im Kasp. Meer bzw. *Baikalrobbe* [Pusa sibirica] v. a. im Baikalsee). R. werden wegen ihres Fells stark verfolgt.

Ringelschleichen (Anniellidae), Fam. etwa 20 cm langer, oberseits dunkler, unterseits hellerer, lebendgebärender Schleichen mit zwei Arten in Kalifornien; leben v. a. von Kerbtierlarven.

Ringelspinner (Malacosoma neustria), paläarkt. verbreiteter, 30–35 mm spannender, dunkel- bis hellbrauner Nachtfalter (Fam. Glucken) mit zwei hellen Querbinden am Vorderflügel. Die Eier werden im Sommer spiralig um Zweige von Obst- und anderen Laubbäumen gelegt.

Ringeltaube ↑ Tauben.

Ringelwürmer (Gliederwürmer, Anneliden, Annelida), Tierstamm (Stammgruppe Gliedertiere) mit rd. 8 700, wenige Millimeter bis 3 m langen Arten im Meer, im Süßwasser oder im Boden, einige R. sind ektoparasitisch. Der Körper der meisten R. ist wurmförmig langgestreckt und aus vielen weitgehend gleichen Segmenten aufgebaut, die äußerl. als Ringe erkennbar sind. Die häufig zwittrigen R. haben eine sekundäre Leibeshöhle, ein geschlossenes Blutgefäßsystem und einen Haut-

267

Ringen

muskelschlauch. Man unterscheidet ↑ Vielborster, ↑ Wenigborster und ↑ Blutegel.

Ringen, nur von Männern ausgeübter sportlicher Zweikampf, bei dem durch bestimmte Griffe (für die bis zu drei Punkte vergeben werden) der Gegner auf die Schultern gezwungen werden soll. Eine Schulterniederlage ist gültig, wenn der Ringer von seinem Gegner mit beiden Schultern auf die Matte gedrückt wird. Man unterscheidet **Freistilringen** (Griffe vom Scheitel bis zur Sohle mit Einsatz der Beine) und **griechisch-römischen Stil** (Griffe vom Scheitel bis zur Hüfte, ohne Einsatz der Beine). Der Kampf wird auf einer 10 cm dicken Matte mit runder Kampffläche ausgetragen; Kampfdauer 2 × 3 Minuten mit je 1 Minute Pause. Das Kampfgericht bilden der Mattenpräs., der in Zweifelsfällen entscheidet, 1 Kampfleiter und 1 Punktrichter, der die Wertungen anzeigt. R. steht seit 1896 auf dem Programm der Olymp. Spiele.

Ringer-Lösung [nach dem brit. Arzt S. Ringer, * 1835, † 1910], in Konzentration und Mischung der Blutflüssigkeit entsprechende isoton. Salzlösung aus Natriumchlorid, Kaliumchlorid, Calciumchlorid und Natriumhydrogencarbonat; wurde früher als Plasmaersatz verwendet; heute noch in der zoolog. und botan. Präpariertechnik benutzt.

Ringfäule, svw. ↑ Bakterienringfäule.

Ringfläche, svw. ↑ Torus.

Ringflügelflugzeug, senkrecht startendes und landendes Flugzeug (↑ Coleopter).

Ringhalskobra (Ringhalsotter, Haemachatus haemachatus), 80–100 cm lange, lebendgebärende Giftnatter in S-Afrika; Oberseite schwärzl., mit helleren Flecken, Unterseite überwiegend schwarz, mit weißen Querbändern am Vorderkörper; Schuppen gekielt (im Ggs. zu allen anderen Kobras).

Ringelnatter

Ringkøbing [dän. 'reŋkø:'ben], Hauptstadt der dän. Amtskommune R. in W-Jütland, 16 800 E. Museum; Bootswerft, Buchdruckerei, Möbel-, Textil- und fischverarbeitende Ind.; Fremdenverkehr. - 1443 Stadtrecht. - Kirche (15. Jh.).

Ringkøbingfjord [dän. 'reŋkø:'ben-'fjo:'r], Haff an der westjütländ. Küste, Dänemark; 300 km², 2–5 m tief; von der Nordsee durch die Nehrung Holmsland Klit (40 km lang, bis zu 2 km breit, mit bis zu 24 m hohen Dünen) abgeschlossen, die bei Hvide Sande künstl. durchbrochen wurde. Im S des R. großes Vogelschutzgebiet.

Ringmodulator, in der Funktechnik eine Modulationsschaltung, die v. a. in der elektron. Musik breite Verwendung, insbes. in Verbindung mit einem ↑ Synthesizer, fand. Der R. hat zwei Eingänge und einen Ausgang. Liegen an den Eingängen zwei Sinusschwingungen der Frequenzen f_1 und f_2, so kann am Ausgang die Sinusschwingung mit der Frequenz $f_1 + f_2$ (seltener $f_2 - f_1$) abgegriffen werden. Mit dem Ringmodulator lassen sich Klangspektren erzeugen, die bei keinem natürlichen Instrument vorkommen, weil sie unharmonisch sind (Frequenzen der Teilschwingungen sind keine ganzzahligen Vielfachen der Grundschwingung). Werden durch den R. zwei beliebige Schwingungen geschickt, so wird das Klangergebnis noch komplexer. Aus zwei Tönen mit n und m Obertönen entsteht ein Tongemisch mit $n \times m$ Teiltönen. Die Klangcharaktere der durch den R. miteinander verbundenen Signale werden in einem neuen, unharmonisch-unheimlichen Klangbild aufgehoben. Da der R. nur dann ein Signal abgibt, wenn beide Eingänge besetzt sind, werden auch die rhythm. Strukturen der Eingangssignale miteinander verbunden. Die Verknüpfung eines gesprochenen Textes mit einem stationären Instrumentalklang führt zu einem sich im Sprachrhythmus bewegenden neuen Verfremdungsklang.

Ringmuskel (Sphinkter, Musculus sphincter), ringförmiger Muskel zur Verengung oder zum Verschluß röhrenförmiger Hohlorgane, v. a. im Bereich des Darmtrakts, z. B. am Magenpförtner und als Afterschließmuskel.

Ringnebel, svw. ↑ planetarische Nebel.

Ringofen, Brennofen, v. a. zum Brennen von Ziegeln und Keramik, mit meist ringförmigem rundem oder ovalem (auch rechteckigem oder zickzackförmigem) Brennkanal.

Ringrichter ↑ Boxen.

Ringspinnmaschine (Ringspinner, Drossel), Spinnmaschine zum Feinspinnen von Garnen aus Baumwolle, Zellwolle, Wolle und Chemiefasern. Das durch ein Streckwerk auf die gewünschte Feinheit und Gleichmäßigkeit verzogene Vorgarn wird bei der R. über eine (an einem Ring umlaufende) Führungsöse, den *Läufer,* zu einer rasch umlaufenden Spindel geführt und dort aufgespult.

Ringtail [engl. 'rɪŋteɪl], (Ringtailcat) Pelzware aus Fellen des Katzenfretts; mit langer, weicher, dichter Behaarung; kommt meist gefärbt (als Nerzimitation) in den Handel.
◆ (Ringtailopossum) Pelzware aus Fellen des Wanderringelschwanzkletterbeutlers; mit kurzer, feiner, dichter Behaarung; Färbung hell- bis dunkelgrau, auch graublau sowie rot- bis schwarzbraun; Bauchseite weißl. bis gelbl.

Ringtennis, in der Spielanlage dem Tennis ähnl., als Einzel und Doppel ausgetragenes Spiel, bei dem ein Gummiring (225 g schwer, Durchmesser 11,8 cm) mit einer Hand über ein quergespanntes Netz (1,52 m hoch) geworfen wird, der vom Gegner aufzufangen und wieder zurückzuwerfen ist.

Ringvassøy [norweg. ˌrɪŋvasœj], Insel in N-Norwegen, nördl. von Tromsø, 656 km², bis 1 051 m ü. d. M.

Ringverbindungen, svw. ↑cyclische Verbindungen.

Ringwaldt, Bartholomäus, * Frankfurt/Oder 28. Nov. 1532, † Langenfeld bei Zielenzig (Neumark) 9. Mai 1599, dt. Dichter. - Pfarrer; setzte die ev. Kirchenliedtradition mit meditativen Liedern („Herr Jesu Christ, du höchstes Gut") fort; schrieb v. a. vielgelesene zeitkrit. Lehrgedichte.

Ringwall, vor- und frühgeschichtl. Befestigungstyp mit umlaufendem Wall bzw. Wallsystem.

Rink [engl. „Eisbahn"], Bez. für die Spielfläche beim Eis- und Rollhockey sowie beim Curling.

Rinke, Klaus, * Wattenscheid (= Bochum) 29. April 1939, dt. Prozeß- und Objektkünstler. - Visualisiert in Aktionen gestalter. Prozesse.

Rinkhockey [hɔki] ↑Rollschuhsport.

Rinne, Friedrich, * Osterode am Harz 16. März 1863, † Freiburg im Breisgau 12. März 1933, dt. Mineraloge. - Prof. in Hannover, Königsberg, Kiel und Leipzig; arbeitete über Kalisalzlagerstätten und untersuchte den Feinbau kristallisierter Minerale, wobei er erstmals röntgenograph. Methoden anwandte („Kristallograph. Formenlehre", 1900; „Gesteinskunde", 1901).

Rinnenseen, langgestreckte Seen in ehem. vergletscherten Flachländern.

Rinnenspülung, svw. ↑Rillenspülung.

Rinnenziegel ↑Dachziegel.

Rinsai-Sekte, eine der großen Schulrichtungen des jap. Zen, die früh enge Bindungen zum jap. Ritterstand einging. Die R.-S. wurde von dem Chinesen Lin-chi († 867; jap. Rinsai) begründet.

Rinser, Luise, * Pitzling (= Landsberg a. Lech) 30. April 1911, dt. Schriftstellerin. - Lehrerin, 1940 Berufsverbot; 1944/45 wegen „Hochverrats und Wehrkraftzersetzung" inhaftiert („Gefängnis-Tagebuch", 1946); Journalistin; in 2. Ehe 1953–59 ∞ mit C. Orff. Gestaltet psycholog. differenziert in Romanen („Mitte des Lebens", 1950; „Daniela", 1953) und Erzählungen („Die gläsernen Ringe", 1941; „Ein Bündel weißer Narzissen", 1956) meist Mädchen- und Frauenschicksale; auch Hörspiele, Tagebücher sowie Essays über Südkorea: „Wenn die Wale kämpfen" (1976) und Iran: „Wohin führt Khomeini den Iran?"

Rio de Janeiro. Blick über die Bucht von Botafogo auf den Zuckerhut

(1979). - *Weitere Werke:* Ich bin Tobias (R., 1966), Grenzübergänge. Tagebuch-Notizen (1972), Der schwarze Esel (R., 1974), Geschichten aus der Löwengrube (En., 1986), Silberschuld (R., 1987).

Rintala, Paavo, * Oulu 20. Sept. 1930, finn. Schriftsteller. - Zeitkrit. Moralist und Typenschilderer, der u. a. Reportagetechniken als Ausdrucksmittel verwendet, u. a. in „Leningrads Schicksalssymphonie" (R., 1968).

Rintelen, Anton, * Graz 15. Nov. 1876, † ebd. 28. Jan. 1946, östr. Jurist und Politiker. - Prof. in Prag ab 1903, in Graz ab 1911; als Christlichsozialer MdL in Steiermark ab 1918 und Mgl. des Nationalrats; Landeshauptmann von Steiermark 1919–33; Unterrichtsmin. 1926 und 1932/33; Gesandter in Rom 1933/34; in den nat.-soz. Putsch 1934 gegen Dollfuß verwickelt, 1935 zu lebenslängl. Kerker verurteilt, 1938 amnestiert.

R., Fritz-Joachim von, * Stettin 16. Mai 1898, † Mainz 23. Febr. 1979, dt. Philosoph. - Prof. in Bonn, München (1941 von den Nationalsozialisten entlassen) und seit 1946 in Mainz; Gastprofessuren in Argentinien, den USA und Japan. In Auseinandersetzung mit Goethe und der histor. Entwicklung der Wertphilosophie sowie der Existenzphilosophie begr. R. einen modernen sog. Wertrealismus. - *Werke:* Der Wertgedanke in der europ. Geistesentwicklung (1932), Dämonie des Willens (1947), Von Dionysos zu Apollon (1948), J. W. Goethe. Sinnerfahrung und Daseinsdeutung (1968).

Rinteln, Stadt an der Weser, Nds., 50 m ü. d. M., 25 600 E. Heimatmuseum; Spirituosenfabrik, Maschinenbau, Textil-, Möbel-, papierverarbeitende Ind.; Flußhafen. - Erhielt 1239 Stadtrecht; 1665–71 zur Festung ausgebaut (1807 geschleift); 1621–1809 Sitz einer luth. Univ. - Marktkirche (13. und 14. Jh.), ehem. Rathaus im Stil der Weserrenaissance, zahlr. Fachwerkhäuser (16. und 17. Jh.), weitgehend erhaltene Wallanlage (17. Jh.).

Rinuccini, Ottavio [italien. rinut'tʃi:ni], * Florenz 20. Jan. 1562, † ebd. 28. März 1621, italien. Dichter. - Hofdichter in Florenz; mit „Dafne" (1594) und „Euridice" (1600) einer der ersten Opernlibrettisten.

Rio [portugies. und brasilian. 'rriu, zu lat. rivus „Fluß"], portugies. und brasilian. svw. Fluß.

Río [span. 'rrio, zu lat. rivus „Fluß"], span. svw. Fluß.

Riobamba [span. rrio'βamba], Hauptstadt der ecuadorian. Prov. Chimborazo, in einem innerandinen Becken, 2 754 m ü. d. M., 149 800 E. Kath. Bischofssitz; TH (gegr. 1969); Wollwebereien, Lederverarbeitung, Taguanußschnitzerei; Handelszentrum; an der Carretera Panamericana. - Gegr. um 1530.

Rio Branco [brasilian. 'rriu 'breŋku], Hauptstadt des brasilian. Bundesstaates Acre, am Rio Acre, 160 m ü. d. M., 117 100 E. Zentrum eines Geb. mit Sammelwirtschaft. ✥.

Riobuschinto [jap. „Schinto der zwei Abteilungen"], Bez. für eine Verschmelzung (seit dem 8. Jh.) von Buddhismus und Schintoismus, die durch Synkretismus sowie durch eine Symbiose beider Religionen an ihren Kultstätten gekennzeichnet war; 1871 verordnete ein kaiserl. Edikt die Trennung beider Religionen.

Rio de Janeiro ['ri:o de ʒa'ne:ro, brasilian. 'rriu di ʒe'nejru], Hauptstadt des gleichnamigen brasilian. Bundesstaates, an der Baía de Guanabara, 5,09 Mill. E. Kath. Erzbischofssitz, 4 Univ. (gegr. 1920, 1940, 1950, 1972), Ingenieurhochschule, Militärakad., Akad. der Schönen Künste, Musikhochschule, Brasilian. Akad. der Wiss., Akad. für Medizin und Pharmazie, agrarwiss. Forschungsinst., Kernforschungsinst., Lateinamerikan. Zentrum für sozialwiss. Forschungen, Brasilian. Inst. für Geographie und Statistik, meteorolog. Inst., Nationalobservatorium, Inst. für internat. Beziehungen, Goethe-Inst.; Nationalarchiv, National-Bibliothek, National-Museum, Theater, Opernhaus, weitere Museen. R. de J. ist das größte Handels- u. Bankenzentrum und die zweitgrößte Ind.stadt des Landes. Der Hafen ist der größte Importhafen Brasiliens; 2 ✥; Wahrzeichen der Stadt ist der 395 m hohe *Zuckerhut* (ein typ. ↑Glockenberg). Bed. Fremdenverkehr; Hauptanziehungspunkte sind die langen Badestrände, u. a. Copacabana, und der berühmte Straßenkarneval.

Geschichte: Vorläufer der heutigen Stadt war das 1565 auf dem flachen Sandstrand zw. Zuckerhut und Morro Cara de Cão gegr. São Sebastião do R. de J. 1567 wurde die Siedlung auf einen Ausläufer des Maciço da Tijuca, den Morro São Januário verlegt. Ab 1600 wurde das Gebiet um die heutige Rua Primeiro de Março, die mit dem nördl. Teil der heutigen Rua da Misericórdia zur Basis des Straßennetzes wurde, trockengelegt. 1763 wurde die Hauptstadt von Bahia (Salvador) nach R. de J. verlegt, 1808–21 war die Stadt Residenz der portugies. Prinzregenten und König Johanns VI. 1822–1960 Hauptstadt Brasiliens.

Stadtbild, Bauten: Der histor. Kern der Stadt wurde im 20. Jh. durch Sanierungen, Neubauten, Abtragungen, Straßendurchbrüche (Avenida Rio Branco; Avenida Presidente Vargas), Straßentunnel, U-Bahn, 13,8 km lange Autobahnbrücke über die Baía de Guanabara (1974) stark verändert. Im Stadtbild, das vom Zuckerhut und dem Corcovado beherrscht wird, treffen moderne Hochbauten und Elendsviertel (Favelas) unvermittelt aufeinander. R. besitzt bed. Zeugnisse der Kolonialarchitektur: Kirche des Klosters São Bento (Ausstattung 1693–1720), das Karmeliterkloster und das Franziskanerkloster Santo Antônio aus der 1. Hälfte des 17. Jh., aus der 2.

Hälfte Nossa Senhora da Gloria (1671), aus dem 18. Jh. Nossa Senhora de Candelária (1775–1811). In R. de J. entstand mit dem Erziehungsministerium (1936–43) der erste richtungweisende Bau der modernen Architektur in Brasilien, ausschlaggebend waren die Vorstellungen Le Corbusiers, beteiligt die namhaftesten brasilian. Architekten: L. Costa, O. Niemeyer, A. E. Reidy, von dem auch der Siedlungskomplex Pedregulho (1947–53) und das Museu de Arte Moderna (1958) stammen; Halle des Flughafens Santos Dumont (1944; M. Roberto u. a.), Wohnhäuser im E.-Guinle-Park von L. Costa (1948–54), Flamengo-Park (1955 ff., R. Burle-Marx und A. E. Reidy). - Abb. S. 269.
📖 *Botting, D.: Rio. Dt. Übers. Amsterdam 1977.*
R. de J., Bundesstaat in SO-Brasilien, 44 268 km², 12,8 Mill. E (1985), Hauptstadt Rio de Janeiro. Der Staat wird von der steil abfallenden Randstufe des Brasilian. Berglandes von SW nach NO durchzogen. Die jährl. Niederschläge erreichen an der Seeseite der Serra do Mar 2 000–4 500 mm (passat. Steigungsregen), im Regenschatten und im sommerfeuchten Paraíbagraben nur noch 1 000 mm. R. de J. ist trotz fortgeschrittener Industrialisierung noch überwiegend landw. ausgerichtet. Die Ind. konzentriert sich in der Hauptstadt, in Niterói, Campos und in Volta Redonda. - Erste Kolonisationsversuche gingen von der gleichnamigen Stadt aus. 1834 wurde die Stadt aus dem seit 1642 bestehenden Kapitanat R. de J. ausgegliedert, Niterói zur Hauptstadt erhoben. 1975 wurde der Bundesstaat Guanabara eingegliedert und R. de J. Hauptstadt.
Río Gallegos [span. 'rrio ɣa'jeɣɔs], Hauptstadt der argentin. Prov. Santa Cruz, am Ästuar des Río Gallegos, 43 000 E. Kath. Bischofssitz; Erdbebenwarte; Gefrierfleischfabrik, Wollwäscherei; Hafen.
Rio Grande, [brasilian. 'rriu 'grendi], brasilian. Stadt am Ausgang der Lagoa dos Patos in den Atlantik, 99 000 E. Univ. (gegr. 1969), ozeanograph. Museum. Handels- und Verarbeitungszentrum landw. Erzeugnisse; Hafen, Eisenbahnendpunkt. - Gegr. 1737.
R. G., [engl. 'ri:oʊ 'grændɪ] (mex. Río Bravo) Fluß in Nordamerika, entspringt im San Juan Mountains (USA), bildet über 2 000 km die Grenze zw. den USA und Mexiko, mündet mit einem Delta bei Brownsville in den Golf von Mexiko; etwa 3 030 km lang.
Rio Grande do Norte [brasilian. 'rriu 'grendi du 'nɔrti], Bundesstaat in NO-Brasilien, 53 015 km², 2,13 Mill. E (1985), Hauptstadt Natal. Das Geb. umfaßt den Anstieg von der Haffküste zur Randaufwölbung des Brasilian. Berglandes. Nur die Gebiete an der O-Küste liegen im Bereich des winterl. NO-Passats mit jährl. Niederschlägen von 1 200–1 700 mm. Die dominierende Landw. konzentriert sich an der O-Küste und in den Tälern der z. T. period. Flüsse; im Sertão Sammelwirtschaft und Viehhaltung. R. G. do N. ist der wichtigste Salzlieferant Brasiliens; Ind. v. a. um Natal. - Erste Siedlungen entstanden Ende des 16. Jh.; gehörte bis 1824 (seitdem eigene Prov.) zum Kapitanat Pernambuco, unterbrochen durch niederl. Besetzung 1630–54.
Rio Grande do Sul [brasilian. 'rriu 'grendi du 'sul], Bundesstaat in S-Brasilien, 282 184 km², 8,5 Mill. E (1985), Hauptstadt Pôrto Alegre. R. G. do S. liegt auf der S-Abdachung des Brasilian. Berglandes im subtrop. Klimabereich. In der Vegetation überwiegen Campos limpos, an den Steilstufen der Serra Geral und am oberen Uruguay subtrop. immergrüner Regenwald; auf den Hochflächen wechseln Araukarienwälder mit Campos limpos. Wichtigster Wirtschaftszweig ist die Landw.; Anbau von Reis, Weizen, Mais, Maniok, Sojabohnen, Tabak, Zwiebeln, Wein sowie Kartoffeln, Bataten und Bohnen; daneben Orangenkulturen. Bed. Viehwirtschaft (Rinder, Schweine, Schafe, Pferde, Esel, Maultiere); Fischerei. Die Ind. verarbeitet die landw. Erzeugnisse. Abgebaut werden Kohle, Kupfer, Halbedelsteine, Eisen-, Blei-, Wolfram- und Zinnerze. - Erste Siedlungen waren Anfang des 17. Jh. von Jesuiten angelegte (um 1640 wieder aufgegebene) Indianerreduktionen im NW und an der Küste erste Niederlassung 1737 bei Rio Grande. 1807 wurde R. G. do S. aus dem Kapitanat São Paulo als eigene Prov. mit der Hauptstadt Pôrto Alegre herausgelöst. Die Grenzen des heutigen Staates wurden nach Auseinandersetzungen mit Argentinien (1827) und Paraguay (1865–70) festgelegt.
Rio-Grande-Schwelle, untermeer. Rücken im sw. Atlantik, trennt das Brasilian. vom Argentin. Becken, bis 646 m u. d. M. aufragend.
Ríohacha [span. 'rrio'atʃa], Dep.hauptstadt in Kolumbien, am Karib. Meer, 75 600 E. Handelszentrum eines Agrargeb.; Hafen. - Gegr. 1545.
Rioja, La [span. la 'rrjɔxa], Hauptstadt der argentin. Prov. La Rioja (92 331 km², 164 200 E), am O-Fuß der Sierra de Velasco, 498 m ü. d. M., 67 000 E. Kath. Bischofssitz; ethnolog.-archäolog. Museum; Erdbebenwarte; Nahrungsmittelind. - Gegr. 1591.
R., La, Region im NO von Spanien, 5 034 km², 253 300 E (1981), Hauptstadt Logroño. Umfaßt das westl. Ebrobecken und die Sierra de la Demanda; bed. Weinbau (Zentrum ist Haro).
Riojaweine [span. 'rrjɔxa], die aus dem Weinbaugebiet im Quellgebiet des Ebro südl. der Pyrenäenabhänge stammenden überwiegend roten Weine (Traubensorten Garnacho, Tempranillo und Graciano) zählen zu den besten der Erde (Riojas Reservas mit fünf bis neun, Grande Reservas mit zehn und mehr Jahren Faßlagerung).

Riom [frz. rjõ], frz. Stadt am W-Rand der Limagne, Dep. Puy-de-Dôme, 337 m ü. d. M., 18 300 E. Volkskundemuseum der Auvergne. Gerberei-, Textil-, Elektroind. - Got. Kirche Notre-Dame-du-Marthuret (14. und 15. Jh.); im Justizpalast got. Sainte-Chapelle (14. Jh.), zahlr. Häuser des 16.–18. Jh. - In dem zur Diffamierung der 3. Republik gedachten Prozeß von R. (Febr.–April 1942) sollten u. a. É. Daladier, L. Blum, M. G. Gamelin als Verantwortliche für den Kriegsausbruch bzw. für die frz. Niederlage 1940 verurteilt werden. Das Gericht vertagte sich ohne Urteilsspruch, als der Prozeß Pétain und konservative Kreise zu belasten drohte und Hitler seine Unzufriedenheit mit dem Prozeßverlauf zu erkennen gab.

Río Muni [span. 'rrio], ehem. span. Überseeprov. an der afrikan. W-Küste; seit 1968 als **Mbini** Teil der Republik Äquatorialguinea.

Río Negro [span. 'rrio 'neɣro], Dep. in Uruguay, am Río Negro und Uruguay. 9 637 km^2, 50 100 E (1985), Hauptstadt Fray Bentos. Getreideanbau, Rinder- und Schafzucht. - 1881 gebildet.

R. N., argentin. Prov. in N-Patagonien, 203 013 km^2, 383 400 E (1980), Hauptstadt Viedma. Wirtschaftl. Grundlage ist die Bewässerungslandw. sowie die Schaf-, Rinder- und Ziegenhaltung.

Riopelle, Jean-Paul [frz. rjɔ'pɛl], * Montreal 7. Okt. 1923, frz. Maler kanad. Herkunft. - Lebt seit 1947 in Paris. Kommt vom amerikan. abstrakten Expressionismus her; charakterist. seine Spachteltechnik, trägt zahlr. bunte Farbstreifen dick auf.

Ríos, Los [span. lɔr 'rrios], Prov. im westl. Z-Ecuador, 6 370 km^2, 457 100 E (1982), Hauptstadt Babahoyo. Liegt im Küstentiefland und ist v. a. an den Flüssen landw. erschlossen.

Ríos Morales, Juan Antonio [span. 'rrioz mo'rales], * Cañete (Arauco) 10. Nov. 1888, † Santiago de Chile 27. Juni 1946, chilen. Politiker. - Abg. ab 1923 (Partido Radical), Senator 1929–42; als Kandidat der Volksfront Präs. 1942–46.

Río Tinto [span. 'rrio], Bergbaugebiet am oberen Tinto in Andalusien, bedeutendstes Kupfervorkommen Spaniens.

R. I. P., Abk. für: ↑requiescat in pace.

Ripen (dän. Ribe), Hauptstadt der dän. Amtskommune R. im sw. Jütland, 18 200 E. Luth. Bischofssitz; Lehrerseminar, Museen; eisenverarbeitende und Möbelind. - 855 erstmals gen., im MA einer der wichtigsten Handelsplätze Dänemarks mit bed. Hafen; erhielt 1269 Stadtrecht. Das 948 gegr. Bistum wurde 1536 reformiert. - Der **Vertrag von Ripen** (1460) begr. die Personalunion zw. Dänemark sowie Schleswig und Holstein. - Roman. Domkirche (12. Jh.; im 13. Jh. got. erweitert), Ruinen von Schloß Riberhus (12. Jh.).

Ripieno [italien. „voll"], Abk. R., rip., im 17./18. Jh. Bez. für das volle Orchester (Tutti) im Ggs. zum solist. ↑Concertino, bes. im ↑Concerto grosso.

ripikol [lat.], uferbewohnend; in der Ökologie von entsprechenden Organismen gesagt.

Ripley, George [engl. 'rɪplɪ], * Greenfield (Mass.) 3. Okt. 1802, † New York 4. Juli 1880, amerikan. Schriftsteller und Reformer. - 1826–41 Unitarierprediger in Boston; seit 1840 führend in der Bewegung des Transzendentalismus; 1849–80 einflußreicher literar. Kritiker der „New York Tribune".

Ripon [engl. 'rɪpn], engl. Stadt am Ure, Gft. North Yorkshire, 12 000 E; anglikan. Bischofssitz; chem., Textil- und Möbelind. - Benediktinerkloster (im 9. Jh. zerstört), Stadt seit 1604. - 5 km sw. die Ruinen der ehem. Zisterzienserabtei **Fountains Abbey** (gegr. 1132).

Riposte [italien.-frz.] (Nachhieb, Nachstoß), im Fechtsport Bez. für den Gegenangriff nach parierter Parade.

Rippe, in der *Biologie* ↑Rippen.
♦ in der *Technik* allg. Bez. für ein Bauteil, das zur Verstärkung (Querversteifung) flächiger Bauteile dient.
♦ (Ogive) in der *Baukunst* der ein Gewölbe oder eine Stahlbetondecke verstärkende oder tragende Konstruktionsteil (nicht immer sichtbar). Bed. architekton. Element z. B. in der roman. und got. Baukunst (↑auch Gewölbe). Verschiedene Profile (Band-, abgeschrägte, ausgekehlte, Rundstab-, Birnenstab-R.) werden ausgebildet; in der Spätgotik den Gewölben oft nur dekorativ unterlegt.

Rippeln [niederdt.] (Rippelmarken, Wellenfurchen), wellenartige Erhebungen an der Oberfläche von Feinsand, durch Wind oder strömendes Wasser entstanden. R. in Gesteinen sind ein wichtiges sedimentolog. Kennzeichen.

Rippen (Costae), knorpelige bis größtenteils knöcherne, spangenartige, paarige Skelettelemente des Brustkorbs, die seitl. an der Wirbelsäule anschließen. - Der menschl. Brustkorb besteht aus 12 paarigen R., von denen die sieben obersten direkt an das Brustbein gehen (*echte R., Brustbein-R.*), im Unterschied zu den restl. fünf (*falsche R.*). Von ihnen legen sich die vier Knorpel der 8. bis 10. R. jeweils an den Knorpel der vorhergehenden an und bilden den *Rippenbogen (Bogen-R.)*. Die beiden letzten R.paare enden frei (*freie Rippen*).

Rippenatmung ↑Atmung.

Rippenbruch (Rippenfraktur), u. a. mit Druckschmerz und Schmerzen beim Husten und tiefen Einatmen einhergehender Bruch einer oder mehrerer Rippen. Behandlung in einfachen Fällen durch Ruhigstellung mit einem Wickelverband und den unteren Teil des Brustkorbs in Ausatmungsstellung; bei Serienbruch gegebenenfalls Überdruckbeatmung.

Rippenfarn (Blechnum), Gatt. der Tüpfelfarngewächse mit rd. 200 Arten, v. a. in den Tropen und Subtropen der Südhalbkugel; terrestr. Farne mit meist kräftigem, kriechendem, zuweilen auch aufsteigendem, bis 1 m langem Rhizom und fast stets gefiederten Blättern. Einzige einheim. Art ist der in den gemäßigten Gebieten der Nordhalbkugel verbreitete **Gemeine Rippenfarn** (Blechnum spicant) mit überwinternden, tief fiederspaltigen, linealförmig gefiederten, aufrechten Wedeln; vorwiegend in feuchten, schattigen Fichten- und Eichen-Birken-Wäldern. - Einige Arten sind dekorative Zimmerpflanzen.

Rippenfell (Pleura costalis), das die Brustwand, das Zwerchfell und das Mittelfell überziehende Brustfell.

Rippenfellentzündung (Brustfellentzündung, Pleuritis), ohne Pleuraerguß *(trokkene R.*, Pleuritis sicca) oder, was häufiger vorkommt, mit Pleuraerguß *(feuchte R.*, Pleuritis exsudativa) einhergehende Entzündung des Brustfells (Rippenfells). Als Ursachen kommen eine Lungentuberkulose, andere bakterielle Infektionen, Kollagenosen und allerg. Reaktionen, ferner auch Karzinommetastasen in Betracht. Charakterist. Symptome einer R. sind u. a.: beim Atmen auftretende Rücken- und Seitenschmerzen, Reizhusten, zunehmende Atemnot ein Druck- und Beklemmungsgefühl in der Brust. Auskultator. ist bei der trockenen R. ein charakterist. Reibegeräusch feststellbar. Bei der feuchten R. liefert das Röntgenbild Befunde.

Rippenkrepp, svw. Crêpe Jersey (↑Crêpe).

Rippenquallen (Kammquallen, Ktenophoren, Ctenophora), Klasse der Hohltiere (Stamm Aknidarier) mit rd. 80 etwa 5 mm bis 1,5 m langen, rein marinen Arten; glasartig durchsichtig, bilateral-symmetr., zwittrig; ohne Nesselkapseln, mit Klebzellen an den Tentakeln zum Planktonfang. Zu den R. gehört u. a. die Gatt. **Venusgürtel** (Cestus).

Rippensame (Pleurospermum), Gatt. der Doldengewächse mit rd. 25 Arten zw. Amur und Kaukasus; in den Gebirgen Europas nur der bis über 1 m hohe **Österreichische Rippensame** (Pleurospermum austriacum): mit gefurchtem, röhrigem Stengel, dunkelgrünen, glänzenden, stark gefiederten Blättern und 12- bis 20strahligen Blütendolden.

Rippensamt ↑Kord.

Rippentang (Alaria), Gatt. der Braunalgen mit rd. 20 Arten im Nordpolarmeer und im Nordpazifik. Die bekannteste Art ist der **Eßbare Flügeltang** (R. i. e. S., Alaria esculenta), eine bis 7 m lange, festsitzende, bandförmige Braunalge mit den unteren Gezeitenbereichen der Felsküsten N- und W-Europas.

Rippoldsau, Bad ↑Bad Rippoldsau-Schapbach.

Ripsbindungen [zu engl. ribs „Rippen"], Ableitungen der Leinwandbindung, die zur Herstellung von Ripsen (Geweben mit Rippen) verwendet werden. Bei *Quer-* oder *Kettripsen* bilden sich Querrippen, bei denen auf beiden Seiten das Kettmaterial obenauf liegt und den Warencharakter bestimmt, bzw. bei den *Längs-* oder *Schußripsen* Längsrippen, bei denen auf der Oberfläche das Schußmaterial sichtbar ist. Sind die Rippen ungleich breit, so bezeichnet man die Gewebe als *gemischte Quer-* oder *Längsripse*.

Ripuarisch, mitteldeutsche Mundart, ↑deutsche Mundarten.

Risalit [zu italien. risalto „Vorsprung"], vorwiegend bei barocken Profanbauten vor den Hauptbaukörper tretender Gebäudeteil, z. T. mit eigenem Dach und Giebel (Mittel-, Eck- und Seitenrisalit).

Risaralda, Dep. in Kolumbien, beiderseits des Río Cauca, 4 140 km², 623 800 E (1985), Hauptstadt Pereira. R. erstreckt sich von der West- bis in die Zentralkordillere. Je nach Höhenlage Anbau von Maniok, Bananen, Zuckerrohr, Mais, Bohnen, Kartoffeln und Kaffee; Viehzucht; Gold- und Silberbergbau.

Rischi [Sanskrit „Seher"], in der ind. Religionsgeschichte und Mythologie hl. Seher der Vorzeit, die den ewigen ↑ „Weda" geschaut und den Menschen übermittelt haben.

Rishon Le Ziọn [hebr. ri'ʃɔn], Stadt an der israel. Mittelmeerküste, 83 800 E. Handelszentrum, Weinkellereien, Holzverarbeitung, Puppenwerkstatt. - 1882 (erste Siedlung jüd. Rückwanderer) als landw. Kolonie durch russ. Zionisten gegründet; seit 1950 Stadt.

Risiko [zu italien. ris(i)co, eigtl. „Klippe"], allg. Wagnis, Gefahr.

Risikofaktoren, anlage- und umweltbedingte Umstände, die ein bes. Gesundheitsrisiko darstellen. R. für die Entstehung einer Arteriosklerose sind Bluthochdruck, Diabetes mellitus, Fettstoffwechselstörungen, Gicht, Schilddrüsenunterfunktion, Überfunktion der Nebenschilddrüse und Nikotinmißbrauch.

riskant [italien.-frz.], gefährlich, gewagt; **riskieren**, aufs Spiel setzen, wagen.

Rîşnov [rumän. 'riʃnov] (dt. Rosenau), rumän. Stadt im Burzenland, 14 000 E. Chem. Ind., Werkzeugfabrik. - Entstand aus einer siebenbürg.-sächs. Siedlung des 13. Jh. - Ev. roman.-got. Kirche (14. Jh.); orth. Kirche (1384 urkundl. erwähnt). Nahebei Reste eines röm. Kastells.

Risø [dän. 'riːsøː], dän. Kernforschungszentrum bei Roskilde.

risoluto [italien.], musikal. Vortragsbez.: entschlossen, energisch.

Risorgimento [italien. risordʒi'mento „Wiedererstehung"], die auf die Rückgewinnung der einstmals hervorragenden kulturellen Position in Europa und auf die Herstellung der polit. Einheit Italiens gerichteten Bestrebungen im 18. und 19. Jh. (↑Italien, Geschichte). Als Epochenbegriff bezeichnet R.

die Zeit von 1815–70. Im Ringen um die zukünftige Gestalt Italiens war im entscheidenden Moment der Nationalstaatsbildung (1859/61) die von den Liberalkonservativen (C. Cavour) verfochtene monarch. Lösung unter Führung Sardiniens (Viktor Emanuel II.) gegenüber der linksliberalen republikan.-demokrat. Aktionspartei (G. Mazzini, G. Garibaldi) erfolgreich.

Risotto [italien., zu riso „Reis"], italien. Reisgericht mit Zwiebeln und geriebenem Käse.

Rispe ↑Blütenstand.

◆ (Wind-R.) ↑Dach (Abb. Dachkonstruktionen, Bd. 5, S. 53).

Rispelstrauch (Myricaria), Gatt. der Tamariskengewächse mit rd. 10 Arten in S-Europa, M-Asien, China und Sibirien; sommergrüne Sträucher oder Halbsträucher mit kleinen, schuppenartigen dachziegelartig anliegenden Blättern; in Deutschland an Flüssen der Alpen und des Alpenvorlandes nur der 1–2 m hohe (auch als Zierstrauch angepflanzte) **Deutsche Rispelstrauch** (*Dt. Tamariske*, Myricaria germanica) mit rutenförmigen, graubraunen Zweigen und blaßroten Blüten in Trauben.

Rispenfarn (Osmunda), Gattung der Königsfarngewächse mit 14 Arten in den gemäßigten und trop. Gebieten; Pflanzen mit kurzem, unterird. Stamm und ein- oder zweifach gefiederten Blättern in dichter Krone. Die bekannteste Art dieser dekorativen Freilandfarne ist der **Königsfarn** (Osmunda regalis) mit bis 2 m hohen Wedeln.

Rispengras, (Poa) Gatt. der Süßgräser mit rd. 300 Arten in den gemäßigten Zonen der Nord- und Südhalbkugel sowie in den Gebirgen der Tropen und Subtropen; einjährige oder ausdauernde Gräser mit zwei- bis sechsblütigen Ährchen, die in einer lockeren Rispe angeordnet sind. Neben einigen alpinen Arten sind mehrere einheim. Arten als Futterbzw. Rasenpflanzen wichtig, u. a. das **Wiesenrispengras** (Poa pratensis; mit grünen bis dunkelvioletten Ährchen) und das **Rauhe Rispengras** (Poa trivialis; mit bis 20 cm langer Rispe). Weitere häufig vorkommende einheim. Arten sind das **Hainrispengras** (Poa nemoralis; Blüten zu 1–5 in grünl. Ährchen an aufrechter Rispe) sowie das fast weltweit verbreitete, niedrige, fast ganzjährig blühende, in Unkraut- und Trittpflanzengesellschaften vorkommende **Einjährige Rispengras** (Poa annua).

◆ Sammelbez. für eine Gruppe der Gräser, deren Blütenstand eine Rispe darstellt, z. B. Knäuelgras, Perlgras.

Riß, rechter Nebenfluß der Donau, entspringt nw. von Waldsee, Bad.-Württ., mündet sw. von Ulm, 53 km lang.

Riß, das bei der Projektion eines Körpers, eines Gebäudes, einer Maschine u. a. auf eine Ebene entstehende Bild (z. B. als Grundriß).

Risscho Koseikai [jap. „Gesellschaft für Aufrichtung von Recht und mitmenschl. Beziehungen"], eine der neuen Religionen Japans, die 1938 begr. wurde. Die Lehre der R. K. geht davon aus, daß die jedem Menschen eigene Buddha-Natur durch die Pflege harmon. mitmenschl. Beziehungen zum vollen Bewußtsein gebracht werden könne. Die Betreuung der Anhänger erstreckt sich auch auf schul. Ausbildung und karitative Fürsorge; rd. 2 Mill. Mitglieder.

Risse, Heinz, * Düsseldorf 30. März 1898, dt. Schriftsteller. - Seine fesselnd geschriebenen, oft hintergründigen und kulturkrit. Romane („Dann kam der Tag", 1950), Novellen („Buchhalter Gottes", 1958) und Essays behandeln v. a. die geistig-weltanschaul. Problematik des heutigen Menschen. - *Weiteres Werk:* Fiscalia Curiosa (Glossen, 1986). - † 17. Juli 1989.

Rißeiszeit [nach der Riß], vorletzte Eiszeit des Quartärs im Bereich der Alpen.

Rißpilze (Inocybe), Gatt. der Lamellenpilze mit 80 bis 100, meist giftigen, schwer zu unterscheidenden Arten. Tödl. giftig ist der **Ziegelrote Rißpilz** (Ziegelroter Faserkopf, MairiBpilz, Inocybe patouillardii), der schon von Ende Mai be vorzugt auf kalkhaltigen Böden an Wald- und Straßenrändern und in Parkanlagen verbreitet ist; Hut längsfaserig, jung weißl., später ziegelbraunrötl., 3–9 cm im Durchmesser; Fleisch weißl., rötl. anlaufend. Sehr giftig ist ebenfalls der **Kegelige Rißpilz** (Inocybe fastigiata), in Laub- und Nadelwäldern, Juni bis Okt., mit gelbbräunl., kugelig-geschweiftem Hut und blaßgelben Lamellen.

Rist, Johann von (seit 1653), * Ottensen (= Hamburg) 8. März 1607, † Wedel (Holstein) 31. Aug. 1667, dt. Dichter. - Wichtigster Vertreter des Frühbarock in N-Deutschland. Ev. Pfarrer in Wedel, 1645 von Kaiser Ferdinand III. zum Dichter gekrönt. Mgl. des „Nürnberger Dichterkreises" und der „Fruchtbringenden Gesellschaft"; gründete 1658 den Dichterbund „Elbschwanenorden". Verf. geistl. („O Ewigkeit, du Donnerwort") sowie weltl. Lyrik sowie allegor. Dramen.

Rist, Fußrücken bzw. Oberseite der Handwurzel.

Ristenpart, Karl, * Kiel 26. Jan. 1900, † Lissabon 24. Dez. 1967, dt. Dirigent. - Ab 1953 Dirigent des Saarländ. Kammerorchesters und des Kammerorchesters beim Saarländ. Rundfunk in Saarbrücken.

Ristgriff, gebräuchlichste Griffart an Reck und Stufenbarren: Die Hände umfassen die Stange so, daß der Handrücken (Rist) nach oben zeigt und die Daumen einander zugewandt sind.

Ristić, Jovan [serbokroat. ˌriːstitɕ], * Kragujevac 13. Febr. 1831, † Belgrad 5. Sept. 1899, serb. Politiker und Historiker. - Serb. Gesandter in Konstantinopel ab 1861; erreichte 1867 den Abzug der osman. Truppen aus Serbien. 1868–72 und 1889–93 Regent; mehrfach Außenmin. und Ministerpräsident.

rit., Abk. für: ↑ritardando und ↑ritenuto.

Rita, aus dem Italien. übernommener weibl. Vorname, Kurzform von Margherita oder Maritta.

Rita [Sanskrit], zentraler Begriff der Religion des ↑„Weda", dessen Interpretation umstritten ist, früher als „Ordnung, Weltordnung", heute meist als „Wahrheit" verstanden, durch deren mag. Kraft der Kosmos geordnet und der Lauf der Welt geregelt wird.

ritardando [italien.], Abk. rit., ritard., musikal. Vortragsbez.: verzögernd, langsamer werdend.

rite [lat.], genügend; unterster Grad einer bestandenen Doktorprüfung (↑Doktor).

Ritenkongregation ↑Kurienkongregationen.

Ritenstreit (Akkomodationsstreit), Kontroverse in der kath. Kirche des 17. und 18. Jh. über Missionspraktiken des Jesuitenordens, die der äußeren Anpassung (Akkomodation) des Christentums an die Kulturen Indiens und Chinas dienen sollten. Gegenstand der Kontroverse waren in Indien die Riten der von R. de Nobili 1605 begonnenen Madurai-Mission, wie z. B. die Duldung von Kastentrennung, rituellen Waschungen sowie die Vermeidung der in Indien verpönten Speichelapplikation im Taufritus. In China waren es vornehml. die von M. Ricci eingeführte Duldung der Ahnen- und Konfuziusverehrung und die Übernahme chin. Gottesbezeichnungen. V. a. die Dominikaner setzten deren päpstl. Verbot (1742/44) durch. Dieses Verbot hat die kath. Mission erschwert, bis es 1935 bzw. 1940 von der Propagandakongregation aufgehoben wurde.

ritenuto [italien.], Abk. rit., riten., musikal. Vortragsbez.: zurückgehalten, zögernd.

Rites de passage [frz. ritdapaˈsaːʒ „Übergangsriten"], Bez. für zeremonielle Handlungen, die beim Eintritt in eine neue Gemeinschaft (Geheimbund, Mysterienvereine) vollzogen werden, bzw. Riten, die bes. bei Naturvölkern den Eintritt in einen neuen Lebensabschnitt begleiten (z. B. ↑Couvade). Der Abschluß dieser Riten wird häufig mit einem Fest begangen. Eine zweite Gruppe der R. de p. bilden die meist mit der Erlangung der Geschlechtsreife verbundenen Initiationsriten (↑Initiation), die Tod und Auferstehung symbolisieren. Sie gelten der Loslösung von der Kindheit und dem Eintritt in die Gemeinschaft der erwachsenen Männer (Initiationsriten für Mädchen sind schon viel seltener); meist mit schweren phys. und psych. Belastungen verbunden.

Ritornell [italien., zu ritorno „Wiederkehr"], italien. Gedichtform volkstüml. Ursprungs; besteht aus einer beliebigen Anzahl von Strophen zu 3 Zeilen, von denen jeweils 2 durch Reim oder Assonanz verbunden sind.
♦ in der *Musik* Bez. für einen meist mehrfach wiederkehrenden Abschnitt: 1. in Liedformen des 13. bis 15. Jh. (Ballade, Madrigal) der ↑Refrain; 2. in Vokalformen des 17. und 18. Jh. (Arie, Lied) die instrumentalen Rahmen- und Zwischenteile; 3. in der frühen Oper (z. B. bei C. Monteverdi) selbständige, wiederkehrende Instrumentalsätze; 4. im Instrumentalkonzert des 18. Jh. die Tuttiteile.

Ritschard, Willi, * Deitingen (Kt. Solothurn) 28. Sept. 1918, † Grenchen 16. Okt. 1983, schweizer. Gewerkschafter und sozialdemokrat. Politiker. - 1954–63 Präs. des Solothurner Gewerkschaftsverbandes; 1955–63 Nationalrat; 1964–73 Reg.rat des Kt. Solothurn; Bundesrat (seit 1974; Leiter des Eidgenöss. Verkehrs- und Energiewirtschaftsdepartements bzw. seit 1983 des Finanzdepartements); Bundespräsident 1978.

Ritschl, Albrecht [ˈrɪtʃəl], * Berlin 25. März 1822, † Göttingen 20. März 1889, dt. ev. Theologe. - Wandte sich der Tübinger Schule zu und setzte sich mit der Philosophie Hegels auseinander. Mit seiner ersten großen Arbeit, „Die Entstehung der altkath. Kirche" (1850) widmete sich R. verstärkt der Philosophie Kants. Für sein theolog. Denken ist die Verbindung von Religion und Sittlichkeit und die damit einhergehende Ablehnung jeder Metaphysik und Spekulation grundlegend. Das führt zu einer stark personalist. Theologie. In der Rechtfertigungslehre unterstreicht er die im Individuum sich vollziehende Aufhebung des Schuldbewußtseins. Seine Christologie geht vom ethisch. Vorbild Christi aus. Das Reich der Herrschaft Christi (Reich Gottes) wird realisiert in der sittl. Vervollkommnung des Menschen, deren Voraussetzung in der Rechtfertigung gegeben ist. Das Zentrum der Gotteslehre ist die Liebe Gottes, die auf die geschaffene Welt als die sittl. Einheit der Menschen gerichtet ist. Da R. metaphys. Aussagen ablehnt und sich auf Werturteile beschränkt, hat er die Möglichkeit des sinnvollen Nebeneinanders von Theologie (Religion) und Naturwiss. geschaffen (**Kulturprotestantismus**). Die R.sche Schule wurde erst von K. Barth und R. Bultmann überwunden.
📖 *Richmond, J.: A. R. Eine Neubewertung.* Gött. 1982.

Ritsos, Jannis, * Monemwasia (Lakonien) 1. Mai 1909, neugriech. Lyriker. - Einer der bedeutendsten griech. Lyriker der Gegenwart; Kommunist; 1948–52 in der Verbannung auf verschiedenen Inseln; 1967 erneut verhaftet, im Okt. 1968 wegen Krankheit und auf Grund internat. Proteste freigelassen, jedoch bis 1972 Zwangsaufenthalt auf Samos. Seine Lyrik ist stark von den Erlebnissen der Deportation geprägt; z. T. von M. Theodorakis vertont. In dt. Auswahl u. a. „Zeugenaussage" (1968), „Mit dem Maßstab der Freiheit" (1971), „Erotica" (1981).

Ritt, Martin, * New York 2. März 1920, amerikan. Regisseur. - Vielseitigkeit hinsichtl. des Genres (Abenteuer- und Spionagefilme, Western und Melodramen) sowie glänzende Schauspielerführung zeigen „Ein Mann besiegt die Angst" (1956), „Der Wildeste unter tausenden" (1962), „Man nannte ihn Hombre" (1966). Gesellschaftskrit. sind „Conrack" (1973 [über Rassismus in den Südstaaten]) und „Der Strohmann" (1976 [über den McCarthyismus]).

Rittberger [nach dem dt. Eiskunstläufer W. Rittberger, * 1891, † 1975], Sprung im Eis- und Rollkunstlauf: Beginn mit einem Bogen rückwärts-auswärts, Drehung in der Luft, Landung auf dem gleichen Bein, mit dem abgesprungen wurde, Auslauf rückwärts-auswärts. Wird einfach, doppelt oder dreifach gesprungen.

Rittelmeyer, Friedrich, * Dillingen a. d. Donau 5. Okt. 1872, † Hamburg 23. März 1938, dt. ev. Theologe und Anthroposoph. - 1903–16 Pfarrer in Nürnberg, 1916–22 in Berlin. Begründer der † Christengemeinschaft, die er ab 1922 als „Erzoberlenker" leitete.

Ritten, Hochfläche (bis 1 500 m) nö. von Bozen, Italien, im N beherrscht vom Rittnerhorn (2 260 m); bekannt für seine aus dem Moränenschutt ausgewaschenen Erdpyramiden; Fremdenverkehr.

Ritter, Carl, * Quedlinburg 7. Aug. 1779, † Berlin 28. Sept. 1859, dt. Geograph. - War u. a. Prof. in Berlin. Nach einer in der Tradition des 18. Jh. stehenden Staatenkunde und einer Serie von phys.-geograph. Karten von Europa begann R. mit einer länderkundl. Darstellung der Erde und wurde damit zu einem der Begründer der modernen Geographie.

R., Gerhard, * Sooden (= Bad Sooden-Allendorf) 6. April 1888, † Freiburg im Breisgau 1. Juli 1967, dt. Historiker. - Prof. in Hamburg (1924) und Freiburg im Breisgau (1925–56); gehörte im 3. Reich dem Widerstandskreis um C. F. Goerdeler an; 1944/45 inhaftiert; nach 1945 maßgebl. an der Wiederbelebung der dt. Geschichtswiss. beteiligt; bedeutendster Vertreter der klass. nat.staatl., propreuß.- prot. Tradition in der dt. Historiographie des 20. Jh.; schrieb u. a. „Luther" (1925), „Stein" (1931), „Friedrich d. Gr." (1936), „Staatskunst und Kriegshandwerk" (1954–68) „C. Goerdeler und die dt. Widerstandsbewegung" (1954), „Der Schlieffenplan" (1956).

R., Gerhard A[lbert], * Berlin 29. März 1929, dt. Historiker. - Ab 1962 Prof. in Berlin, ab 1965 in Münster, seit 1974 in München; verfaßte u. a. „Die Arbeiterbewegung im Wilhelmin. Reich" (1959), „Arbeiterbewegung, Parteien und Parlamentarismus" (1976).

R., Hellmut, * Hess. Lichtenau 27. Febr. 1892, † Oberursel (Taunus) 19. Mai 1971, dt. Orientalist. - Bruder von Gerhard R.; Prof. in Hamburg, Istanbul, ab 1949 in Frankfurt; hervorragender Kenner des Islams; erforschte bes. die islam. Frömmigkeit und die arab.-pers. Poetik.

R., Joachim, * Geesthacht 3. April 1903, † Münster 3. Aug. 1974, dt. Philosoph. - Prof. in Kiel, Münster und Istanbul. Trug in hohem Maße zur Erneuerung der prakt. Philosophie in der BR Deutschland bei. Hg. des „Histor. Wörterbuchs der Philosophie" (1971 ff.) - *Werke:* Hegel und die frz. Revolution (1957), Die Aufgabe der Geisteswiss. in der modernen Welt (1963), Metaphysik und Politik (1969), Subjektivität (1974).

R., Johann Wilhelm, * Samitz bei Haynau 16. Dez. 1776, † München 23. Jan. 1810, dt. Physiker und Chemiker. - Lehrte 1803/04 in Jena, ab 1805 in München; wies den Zusammenhang von galvan. und chem. Prozessen und die Gleichartigkeit von galvan. Elektrizität und Reibungselektrizität nach. 1801 entdeckte R. die ultraviolette Strahlung.

R., Moriz, * Bonn 16. Jan. 1840, † ebd. 28. Dez. 1923, dt. Historiker. - Letzter bed. Schüler L. von Rankes; 1873–1923 Prof. in Bonn; nat., aber antipreuß. eingestellt.

Ritter, der beritten und in der Regel gepanzert in den Kampf ziehende Krieger. Für das antike Rom † Equites. - Im MA der Angehörige des R.standes, der nicht nur durch die Gleichartigkeit der militär. Funktion seiner Mgl. bestimmt war, sondern mehr noch durch die Gemeinsamkeit der spezif. ritterl. Lebensform (Rittertum). Spätestens seit dem 11. Jh. leisteten neben den adligen Vasallen unfreie Ministerialen den als ehrend angesehenen Waffendienst zu Pferde; er bot ihnen eine Möglichkeit zum sozialen Aufstieg. Entscheidend wurde, daß es ihnen gelang, die Lehnsfähigkeit durchzusetzen und auf der Grundlage der erhaltenen Lehen Herrschaftsrechte auszuüben, in festen Häusern (Burgen) zu residieren und adelsähnl. Lebensformen zu entwickeln. Den Höhepunkt ihrer gesellschaftl. Geltung erlangten die R. in stauf. Zeit, in der sie Träger einer neuen Laienkultur wurden und das R.tum zum Inbegriff adligen Lebens wurde. Die Abschließung des R.standes erfolgte im 13. Jh.; in der Folge verengte sich der R.begriff auf den niederen Adel. Wirtsch. Not sowie der mit der Einführung der Feuerwaffen und mit Veränderungen in der Kriegstaktik verbundene Rückgang der militär. Bedeutung der R. führten im Spät-MA zum Unwesen der **Raubritter,** verarmten Angehörigen der Ritterschaft, die ihren sozialen Status durch Raub und Erpressung zu erhalten suchten. Zusammenschlüsse der R. in **Ritterbünden** im 14. Jh. wurden häufig zu einer Gefahr für die öffentl. Ordnung und deshalb von der Reichsgewalt verboten. In den Territorien gelang es der R.schaft in R.bänken der Landstände ihren polit. Einfluß über das MA hinaus geltend zu machen.

Ritterakademien, auf den feudalen

Rittersporn

Hofdienst ausgerichtete Bildungseinrichtungen für den Adel, gegr. Ende des 16. Jh. und erneut seit der 2. Hälfte des 17. Jh., einige erlangten Univ.rang: die 1680 gegr. R. in Halle (1694 Univ.) und die 1699 gegr. R. in Erlangen (1743 Univ.). Im Gefolge von Aufklärung und Neuhumanismus wurden die R. aufgehoben oder umgewandelt.

Ritterdichtung, ep. (höf. Epos) und lyr. (Minnesang) Dichtung des MA, in der die Ideale des ma. Rittertums besungen werden.

Ritterfalter (Ritter, Papilionidae), weltweit verbreitete Fam. bis 23 cm spannender Tagfalter mit rd. 600 v. a. in den Tropen beheimateten und oft sehr farbenprächtigen Arten (in M-Europa sechs Arten). Zu den R. gehören u. a. ↑Apollofalter, ↑Schwalbenschwanz, ↑Segelfalter.

Rittergut, im Hl. Röm. Reich vom Landesherrn den Ritterbürtigen gegen Verpflichtung zum Kriegsdienst überlassene Grundherrschaft, die privilegiert war, die Landstandschaft besaß und eine niedere Gerichtsbarkeit sowie die Strafgewalt über die ihr untertanen Bauern hatte. Namentl. im Siedlungsgebiet östl. der Elbe entwickelte sich die Gutswirtschaft.

Ritterheer ↑Rittertum.

Ritterkreuz des Eisernen Kreuzes ↑Eisernes Kreuz.

Ritterling (Tricholoma), Gatt. großer, dickfleischiger Lamellenpilze mit weißen Sporen und am Stiel ausgebuchteten Lamellen;

Ritter mit Fahne und kurzem Schwert (Miniatur aus dem 14. Jh.; links);
Ritter mit Schwert und Lanze (Zeichnung von Albrecht Dürer; 1498)

zahlr. Arten, darunter gute Speisepilze, z. B. ↑Grünling, ↑Mairitterling.

Ritterorden, Personenverbände, die sich im Zuge der Mönchs- und Kanonikerreform sowie der Kreuzzugsbewegung des 11./12. Jh. zusammenschlossen in dem Bestreben, als geistl. Kriegerstand die Glaubensfeinde zu bekämpfen. In Anlehnung an die Regeln der Zisterzienser und der Regularkanoniker entstanden als bedeutendste R. der Templerorden, der Johanniterorden (Malteser), der Dt. Orden und der Schwertbrüderorden.

Ritterroman, Romanform des 18. Jh., in dem sich das Identifikationsangebot einer Vorbildfigur, histor. Interesse, Fabulierfreude und das Element des Abenteuerlichen als Unterhaltungswert vereinen. Verarbeitet sind v. a. Motive der Volksbücher und zeitgenöss. Kenntnis des MA; bed. Vertreter: Vulpius.

Rittersporn (Delphinium), Gatt. der Hahnenfußgewächse mit rd. 400 Arten in der nördl. gemäßigten Zone, in Vorder- und M-Asien sowie in den Gebirgen des trop. Afrika; Stauden oder einjährige Pflanzen mit dreiteiligen bis handförmig gelappten Blättern und zygomorphen, gespornten Blüten mit blumenblattartig gefärbtem Kelch. Einheim. Arten sind der **Feldrittersporn** (Acker-R., Delphinium consolida), ein 20–40 cm hohes, weitverbreitetes Ackerunkraut mit azurblauen Blüten, sowie der seltene, in lichten Gebirgswäldern wachsende **Hohe Rittersporn** (Delphinium elatum) mit stahlblauen Blüten. Als Zierpflanzen bekannt sind die zahlr. Varietäten und Sorten des *Gartenrittersporns*, u. a. der 40–60 cm hohe **Einjährige Gartenrittersporn** mit blauviolett, rosafarbenen oder weiße Blüten in Trauben und der 1,2–1,8 m hohe **Stau-**

denrittersporn mit großen, oft halb gefüllten Blüten.

Ritterstern (Hippeastrum), Gatt. der Amaryllisgewächse mit 60–70 Arten in Savannen und period. trockenen Waldgebieten des subtrop. und trop. Amerika; Zwiebelpflanzen mit röhrigem Schaft und großen, trichterförmigen, gestielten Blüten in einer Dolde. Der R., die „Amaryllis" der Gärtner, ist in zahlr. Sorten als Topfpflanze weit verbreitet.

Rittertum (frz. chevalerie, engl. chivalry), die Gesamtheit der ritterl. Kultur und Lebensformen des hohen und späten MA, die in den volkssprachl. Dichtungen des Minnesangs und der höf. Epos ihren literar. Niederschlag fanden. Die das R. als eine gesamtabendländ. Erscheinung auszeichnenden Standesideale, die sich am Leitbild des harmon., der Ehre verpflichteten, tüchtigen und wohlerzogenen Menschen orientierten, wurden zuerst in Frankr. entwickelt und drangen von dort über Flandern und Burgund an die großen Höfe im Hl. Röm. Reich vor. Die ritterl. Tugendlehre vereinigte in sich Gedanken der antiken und christl. Ethik sowie german.-rechtl. Vorstellungen. Grundwerte des Standesethos waren „mâze" („Selbstbescheidung"), „stæte" („Beständigkeit") und „milte" (auf Rache verzichtende Milde als Herrschertugend). Bes. Bed. kommt der höf. Minne zu, die ein hohes Maß an „zuht" („Selbstzucht") erfordert und geeignet ist, Ansporn zu einem tugendhaften Leben zu sein. Entscheidenden Anteil an der Ausbildung der ritterl. Ideale hatte die kluniazens. Reform, die über die Erneuerung des monast. Lebens hinaus eine Humanisierung und Verchristlichung des Adels im Zeichen des Gottesfriedens anstrebte. Der Schutz der Kirche und der Schwachen wurde zur vornehmsten Pflicht des Ritters. Der Kreuzzug als Kampf gegen die „Heiden" wurde zum hl. Krieg, die Beteiligung am Kreuzzug zum Dienst am Glauben: der Ritter wurde zum „miles christianus". Als Folge der neuen Bewertung des Ritterdienstes trat neben das weltl.-höf. ein mönch.-asket. R., das in den Ritterorden des 11./12. Jh. seine Verkörperung fand. Die Erziehung des ritterbürtigen Knaben, die im wesentl. darauf abzielte, ihn durch Reit- und Waffenübungen auf die den *Ritterheeren* eigene Kampfesweise, den Zweikampf zu Pferde mit Schwert oder Lanze, vorzubereiten, dabei aber die geistige und mus. Bildung nicht vernachlässigte, endete mit der **Schwertleite**, der feierl. Bekundung der Mündigkeit und Waffenfähigkeit des adligen Jünglings. Im Zuge der Verfestigung des Ritterstandes wurde sie durch den **Ritterschlag** ersetzt und entwickelte sich zu einem festl. Aufnahmeakt in die Ritterschaft.

📖 *Winter, J. M. van: R. Ideal u. Wirklichkeit.* Mchn. 1979. - *Bumke, J.: Studien zum Ritterbegriff im 12. u. 13. Jh. Hdbg.* ²1977. - *Hansen, W.: Die Ritter.* Pfaffenhofen. 1976. - *Das R. im MA.* Hg. v. A. Borst. Darmst. 1976.

Ritterwanze (Spilosthetus equestris), in Europa und W-Asien verbreitete, etwa 11 mm lange, schlanke, lebhaft schwarz, rot und weiß gezeichnete Wanze (Fam. Langwanzen).

Ritterwanzen, svw. ↑ Langwanzen.

Rittlinger, Herbert, * Leipzig 26. Dez. 1909, † Oed am Rain b. Frasdorf (im Chiemgau) 12. Juni 1978, dt. Schriftsteller und Forschungsreisender. - Einer der bekanntesten dt. Reiseschriftsteller. Verfaßte u. a. „Ich kam die reißenden Flüsse herab" (1938), „Ich hatte Angst. Meine gefährlichsten Abenteuer" (1977); auch Romane wie „Keiner lebt für sich zu zweit" (1975).

Rittmann, Alfred, * Basel 23. März 1893, † Catania 19. Sept. 1980, schweizer. Vulkanologe. - Prof. in Alexandria und Kairo; später Direktor des Inst. für Vulkanologie am Ätna-Observatorium.

Rittmeister, urspr. Bez. für den Anführer der Reiterei, später für den Führer einer Reiterabteilung; im dt. Heer bis 1945 bei Kavallerie und Fahrtruppen Bez. für den Chef einer Eskadron bzw. Schwadron im Rang eines Hauptmanns.

Ritual [lat.], Vorgehen nach festgelegter Ordnung.

◆ svw. ↑ Ritus.

◆ in der *Soziologie* Bez. für eine bes. ausdrucksvolle und standardisierte individuelle oder kollektive Verhaltensweise; R. werden durch bestimmte Grundereignisse als spontane Reaktion der Handelnden ausgelöst und dienen in Angst- und Entscheidungsdrucksituationen oft der Verhaltensstabilisierung.

Diego Rivera, Blumenverkäufer (1935). San Francisco, Museum of Art

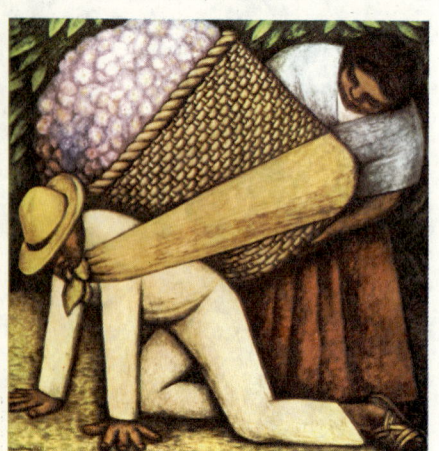

Rituale [lat.], liturg. Buch der röm.-kath. Kirche, das die Ordnungen und die Texte für Gottesdienste - außer der Messe - enthält; erste Zusammenstellung um 950. - Das seit 1918 verbindl. **Rituale Romanum** (1614 von Papst Paul V. hg.) erscheint seit 1969 als Rahmen-R. in Übersetzungen und Studienausgaben.

Ritualisierung ↑Auslöser.

Ritualmord, eine mit kult. oder mag. Zielsetzung vollzogene Tötung von Menschen, die sich vom sakralen Menschenopfer abhebt und dem Kannibalismus sehr verwandt sein kann. - Der Vorwurf des R., von den Römern gegen die Christen und im MA wie im modernen Antisemitismus gegen die Juden erhoben wurde, gehört in den Bereich der Legende.

Ritus [lat.] (Mrz. Riten), urspr. Bez für einen Handlungsablauf (Ritual), der mit religiöser Zielsetzung genau festgelegten Regeln folgt und deshalb als ident. wiederholbar erscheint.
◆ im kath. Kirchenrecht Bez. für eine teilkirchl. Gemeinschaft, die den gleichen liturg. R. befolgt.

Ritz, César, * Niederwald (Wallis) 23. Febr. 1850, † Küsnacht (ZH) 20. Okt. 1918, schweizer. Hotelier. - Ließ 1898 in Paris das bekannte Hotel Ritz bauen, dem weitere folgten (u. a. 1905 in London).

Ritzel, Antriebsrad eines untersetzenden Zahnradpaares.

Ritzhärte ↑Härteprüfverfahren.

Ritzzeichnung, durch Einritzen in Knochen, Horn, Elfenbein, auf Stein (Felsbilder) und Keramik entstandene Zeichnung; auch als Kratzputz († Sgraffito).

Riukiugraben, Tiefseegraben vor den Riukiuinseln, bis 7570 m tief.

Riukiuinseln, jap. Inselgruppe zw. Ostchin. Meer und Philippinensee, 98 Inseln, davon 47 bewohnt, rd. 4 600 km², Hauptort Naha (auf Okinawa). Die Inseln sind hügelig bis gebirgig; aktive Vulkane finden sich im N. Das Klima ist subtrop. und feucht. Fast 90% der Bev. leben auf Okinawa; für die Mrz. sind Landw. und Fischerei der Hauptwerb. Bed. haben Zucker-, Textil-, Ananas- und Fischkonservenind., Erdölraffinerien und eine Aluminiumhütte.

Geschichte: Seit dem 14. Jh. China tributpflichtig, im 15. Jh. unter einem König geeinigt; 15./16. Jh. Blütezeit der Riukiukultur; wurden 1609 gleichzeitig China und Japan tributpflichtig; 1879 von Japan annektiert. April-Juni 1945 war Okinawa Schauplatz heftiger Kämpfe, bei denen etwa 100 000 Zivilpersonen sowie 90 000 jap. und 12 000 amerikan. Soldaten umkamen. Im Vertrag von San Francisco 1951 unter amerikan. Verwaltung gestellt. Nachdem die nördl. R. schon 1953 an Japan zurückgegeben worden waren, wurde v. a. Okinawa in der Folge zur US-Militärbasis ausgebaut. 1972 mußten die USA auch die südl. R. an Japan zurückgeben.

Riva del Garda, italien. Stadt am N-Ende des Gardasees, Trentino-Südtirol, 70 m ü. d. M., 13 000 E. Museum; bed. Fremdenverkehr. - In röm. Zeit (**Ripa**) wichtiges Handelszentrum; genoß seit 1274 kommunale Autonomie, 1575 zur Stadt erhoben. - Barocke Kirche (1603); Wasserschloß der Skaliger (1124; im 19. Jh. erneuert), Palazzo Pretorio (1370 erbaut), Palazzo del Municipio (1842); gut erhaltene Stadtmauer.

Rivale [frz., zu lat. rivalis „(an der Nutzung eines Wasserlaufs mitberechtigter) Nachbar"], Mitbewerber, Konkurrent; Gegenspieler.

Rivarol, Antoine de, eigtl. Antoine Rivaroli, gen. „der Graf von R.", * Bagnols-sur-Cèze 26. Juni 1753, † Berlin 13. April 1801, frz. Schriftsteller italien. Abstammung. - Mußte als Monarchist nach Ausbruch der Revolution emigrieren; lebte ab 1800 in Berlin. Verf. geschliffener Polemiken, witziger Essays und geistreicher Aphorismen („Maximen und Gedanken", dt. 1938); verteidigte das Recht des Gefühls neben dem der Vernunft.

Rivas, Ángel de Saavedra, Herzog von [span. 'rriβas], * Córdoba 10. Mai 1791, † Madrid 22. Juni 1865, span. Dichter. - Als Liberaler verfolgt; 1823-34 im frz. und engl. Exil; danach Min., Botschafter u. Akad.mgl.; erster span. Romantiker von Rang (Romanzen und Dramen). „Don Álvaro ..." (Dr., 1835) gilt als bedeutendstes romant. Drama der span. Literatur.

Rivas [span. 'rriβas], Dep.hauptstadt in Nicaragua, nahe dem SW-Ufer des Nicaraguasees, 14 300 E. Nahrungsmittel- und Gummiind.; an der Carretera Interamericana.

Riva San Vitale, schweizer. Ort am S-Ufer des Luganer Sees, Kt. Tessin, 1 800 E. Bed. Baptisterium (Zentralbau um 500, im 9 Jh. und später erweitert und verändert); die Kirche Santa Croce (1588-94) steht im Übergang von Renaissance zum Barock.

Rivel, Charlie [span. rri'βεl], eigtl. José Andreo R., * Cubellas (Prov. Barcelona) 28. April 1896, † Barcelona 26. Juli 1983, span. Artist. - Durch seine Nummer „Akrobat schöön" einer der bekanntesten Clowns der dt. Sprachraums.

Rivera, Diego [span. rri'βera], * Guanajuato 8. Dez. 1886, † Mexiko 25. Nov. 1957, mex. Maler. - 1906-21 vorwiegend in Paris; gründete in Mexiko mit D. Alfaro Siqueiros eine „revolutionäre Werkgemeinschaft" und schuf zahlr. monumentale Fresken sowie Mosaiken mit Szenen aus der mex. Geschichte und Gegenwart im Sinne eines sozialen Engagements, u. a. am Palacio Nacional (1929 ff.).

Rivera [span. rri'βera], Hauptstadt des uruguay. Dep. R., an der Grenze gegen Brasilien, 202 m ü. d. M., 49 000 E. Handelszentrum eines Agrargebiets.

R., Dep. in NO-Uruguay, 9099 km², 82 000 E, Hauptstadt Rivera; Anbau von Getreide, Obst, Wein, Gemüse und Tabak; Rinder- und Schafzucht. - Besteht seit 1884.

Riverboatshuffle [engl. 'rɪvəboʊt‚ʃʌfl, eigtl. „Tanz auf einem Flußboot"], Tanzveranstaltung auf einem Binnenwasserschiff (häufig mit einer Jazzband).

Riverina [engl. rɪvə'raɪnə], Ebene in Neusüdwales, Australien, zw. Murray und Lachlan River, bed. Bewässerungsfeldbau.

Rivers, William Halse Rivers [engl. 'rɪvəz], * Luton (Kent) 12. März 1864, † Cambridge 4. Juni 1922, brit. Ethnologe und Psychologe. - Teilnehmer zahlr. ethnolog. Expeditionen. Durch die Entwicklung einer method. Konzeption zur Untersuchung der Verwandtschaftnomenklatur und ihres Zusammenhangs mit der sozialen Organisation eröffnete R. der „social anthropology" ein fruchtbares Forschungsfeld. Nach dem 1. Weltkrieg trug R. wesentl. zur Verbreitung der psychoanalyt. Theorie in Großbrit. bei. - *Werke:* The Todas (1906), The history of Melanesian society (2 Bde., 1914), Kinship and social organisation (1914), Instinct and the unconscious (1920), Psychology and ethnology (hg. 1926).

riverso [italien. „rückwärts"], in der Musik Anweisung für Krebsgang († Krebs).

Rivet, Paul [frz. ri'vɛ], * Wasigny (Ardennes) 7. Mai 1876, † Paris 21. März 1958, frz. Ethnologe. - Arzt, betrieb 1901-07 in Ecuador anthropolog. Forschungen, seit 1928 Prof. und Museumsdirektor in Paris, gründete dort 1937 das Musée de l'Homme.

Rivette, Jacques [frz. ri'vɛt], * Rouen 1. März 1928, frz. Filmregisseur. - Mit seinen überlangen Filmen, gekennzeichnet durch lange Kameraeinstellungen und Improvisationen der Schauspieler, einer der wichtigsten Vertreter der frz. Neuen Welle; „Paris gehört uns" (1961), „Die Nonne" (1966), „Céline und Julie fahren Boot" (1974), „Unsterbl. Duell" (1976), „Nordostwind" (1977).

Rivier [Afrikaans], in Südafrika gebräuchl. Bez. für einen nur episod. wasserführenden Fluß.

Riviera, schmale Küstenlandschaft am Mittelmeer, zw. Marseille und La Spezia, geteilt in die frz. Côte d'Azur und die Italien. Riviera westl. und östl. von Genua. Zahlr. Buchten, mildes sonnenreiches Klima, üppige mediterrane Vegetation; Fremdenverkehr, Blumenzucht, Fischerei.

Rivière, Jacques [frz. ri'vjɛːr], * Bordeaux 15. Juli 1886, † Paris 14. Febr. 1925, frz. Schriftsteller. - Mitbegr. und 1910-14 sowie 1919-25 Leiter der „Nouvelle Revue Française"; Verf. von Tagebüchern, psycholog. Romanen und krit. Essays, in denen er sich als einer der ersten für M. Proust und P. Claudel einsetzte.

Rivularia [lat.], Gatt. der Blaualgen mit rd. 20 mehrzelligen, fadenförmigen, z. T. verzweigten Arten im Meer- und Süßwasser.

Rivulus [lat.], svw. † Bachlinge.

Rixhöft, Landspitze zw. der pommerschen Ostseeküste und der Danziger Bucht, nördlichster Punkt Polens.

Riyal (arab. Rijal; Rial), arab. Bez. für größere Silbermünzen wie Taler, span. Piaster und Rubel, die im Handelsverkehr in arab. Länder eindrangen. - Heutige Währungseinheiten sind Katar-Riyal, Rial, Rial Omani, Saudi Riyal.

Rize [türk. 'rizɛ], Stadt an der türk. Schwarzmeerküste, 50 200 E. Hauptstadt des Verw.-Geb. R., dem Zentrum des türk. Teeanbaus.

Rizin (Ricin) [lat.], hochgiftiges, im Samen von Ricinus communis († Rizinus) enthaltenes Protein, das bei der Gewinnung des Rizinusöls im Preßrückstand zurückbleibt. R. bewirkt Agglutination der roten Blutkörperchen und Hämolyse, äußerl. Haut- und Schleimhautreizung.

Rizinus (Ricinus) [lat.], Gatt. der Wolfsmilchgewächse mit der formenreichen, nur in Kultur in allen wärmeren Gebieten bekannten Art **Christuspalme** (Wunderbaum, Ricinus communis); beheimatet im trop. Afrika oder in Indien; bis 3 m hohe, halbstrauchige, in den Tropen auch baumartige (über 10 m hoch) Pflanzen mit großen, gestielten, handförmigen, viellappigen Blättern und einhäusigen Blüten in bis 20 cm langen Blütenständen; Früchte walnußgroße Kapseln mit bohnengroßen, bunt gefleckten, giftigen Samen. Die Samen enthalten etwa 50 % † Rizinusöl sowie viel Eiweiß und † Rizin. Die heutigen Hauptanbaugebiete sind Brasilien, Indien und China, wo die Pflanzen etwa 3 bis 4 Jahre lang beerntet werden. - Bereits in den alten Hochkulturen angebaut.

Rizinusöl (Kastoröl), durch Pressen aus den Samen von Ricinus communis gewonnenes, wasserhelles bis gelbl. Öl, das v. a. aus dem Glycerinester der *Ricinolsäure,* einer ungesättigten Monohydroxycarbonsäure, besteht. R. wird in der Medizin als Abführmittel gebraucht; techn. wichtig ist R. zur Herstellung von Textilhilfsmitteln, transparenten Seifen und Spezialschmiermitteln.

Rizzo, Antonio, * Verona (?) zw. 1430/35, † Foligno 1499 oder 1500, italien. Bildhauer. - Steht am Beginn der venezian. Renaissanceplastik, u. a. vierstöckiges Wandgrab des Dogen N. Tron († 1473) in Santa Maria dei Frari, Adam und Eva (um 1485) für den Dogenpalast, dessen Erneuerung er seit 1483 leitete.

Rjasan [russ. rɪ'zanj], sowjet. Gebietshauptstadt in der RSFSR, an der Oka, 494 000 E. Vier Hochschulen, Museen, drei Theater; Maschinenbau, Radio-, Rechenmaschinen-, Heizgeräte-, Kunstfaser-, Leder-, Schuh- u. a. Ind., Erdölraffinerie. - 1095 erstmals urkundl. erwähnt als **Perejaslawl-Rjasanski**; ab Mitte des 14. Jh. Zentrum des gleichnamigen Ft.; 1521 dem Moskauer Staat angeschlossen; 1778 in R. umbenannt; ab 1796 Verwaltungssitz des Gouv. Rjasan. - Uspenski-Kathedrale im Kreml (17. Jh.).

RKK, Abk. für: ↑Reichskulturkammer.

RKW, Abk. für: ↑Rationalisierungskuratorium der Deutschen Wirtschaft.

rm (Rm), Einheitenzeichen für ↑Raummeter.

RM, Abk. für: ↑Rentenmark und ↑Reichsmark.

Rn, chem. Symbol für ↑Radon.

RNA [Abk. für engl.: ribonucleic acid], svw. ↑RNS.

RNasen (Abk. für: Ribonukleasen), die RNS hydrolyt. spaltende Enzyme (Hydrolasen) mit relativ kleiner Molekülmasse und großer Hitzestabilität. Eine RNase aus Rinderpankreas war das erste Enzym, dessen Aminosäurefrequenz aufgeklärt wurde.

RNS (RNA), Abk. für: Ribonukleinsäure (engl. ribonucleic acid); im Zellkern, den Ribosomen und im Zellplasma aller Lebewesen vorkommende Nukleinsäure. Im Ggs. zur ↑DNS liegt die RNS nicht in Form von Doppelsträngen vor (außer in Viren), unterscheidet sich von ihr aber auch durch den Zucker Ribose und anstatt der Pyrimidinbase Thymin Uracil. Man unterscheidet drei Arten von RNS: die **Messenger-RNS** (m-RNS) wird an der DNS synthetisiert und dient als Matrize bei der Proteinbiosynthese. Die in den Ribosomen lokalisierte **ribosomale RNS** (r-RNS), die den größten Teil der RNS darstellt, besteht entsprechend den beiden Untereinheiten eines Ribosoms aus zwei RNS-Arten mit unterschiedlicher Molekülmasse (400 000 und 1,7 Mill.) und Basensequenz. Die aus nur 80 Nukleotiden bestehende **Transfer-RNS** (t-RNS) dient bei der Proteinbiosynthese als Überträger für die Aminosäuren. Ihr (durch intramolekulare Basenpaarung) aufgefaltetes Molekül besitzt eine stets aus der Basensequenz Zytosin-Zytosin-Adenin bestehende Anheftungsstelle für die Aminosäure und ein bestimmtes Nukleotidtriplett (Anticodon), das zu einem Nukleotidtriplett der m-RNS (Codon) auf Grund der Basenpaarung komplementär ist. Bei einigen Viren ist eine ein- oder doppelsträngige RNS (virale RNS) anstelle der DNS Träger der genet. Information.

📖 *Saenger, W.: Principles of nucleic acid structure. Bln. u. a. 1983. - Guschlbauer, W.: Nucleic acid structure. Bln. u. a. 1976.*

RNS-Viren, Viren, deren genet. Information in einer RNS enthalten ist: Arbo-, Myxo-, Picorna-, Reo-, Rhabdoviren, einige Tumor- (die Leukoviren) und Insektenviren sowie sämtl. Pflanzenviren, einige Bakteriophagen.

Roa Bastos, Augusto [span. 'rroa 'βastos], * Asunción 1917, paraguay. Schriftsteller. - Gilt neben M. A. Asturias und A. Carpentier als bedeutendster Vertreter des „mag. Realismus". Seit 1947 im Exil in Argentinien. Hauptthema seiner Erzählungen („Die Nacht der treibenden Feuer", 1953; „Der Donner zw. den Blättern", 1969) u. Romane („Ich, der Allmächtige", 1974) ist die Gewalt, die über die konkrete Spiegelung der sozialen und polit. Verhältnisse Paraguays auf den universellen Zusammenhang einer bedrohten und schuldhaften Menschheit verweist.

Roach, Max[well] [engl. rout∫], * New York 10. Jan. 1925, amerikan. Jazzmusiker (Schlagzeuger, Komponist). - Wirkte in den 1940er Jahren in New York bei den Sessions mit, die zur Entstehung des Bebop führten, und war neben K. Clarke maßgebl. an der Ausprägung der für diesen Stil typ. Schlagzeugspielweisen beteiligt.

Roadster ['ro:tstər, engl. 'roudstə; zu road „Landstraße"], offener, zweisitziger Sportwagen.

Road Town [engl. 'roud 'taʊn], Hauptstadt der British Virgin Islands, Kleine Antillen, an der SO-Küste der Insel Tortola, 4 000 E. Botan. Garten; Marktort, Hafen.

Roaring forties [engl. 'rɔ:rɪŋ 'fɔ:tɪz], engl. für Brüllende Vierziger, ↑brave Westwinde.

Roastbeaf ['ro:stbi:f; engl.] (Rostbraten, Zwischenrippenstück, östr. Beiried), nicht durchgebratenes Rindfleisch (Rückenstück).

Robbe-Grillet, Alain [frz. rɔbgri'jɛ], * Brest 18. Aug. 1922, frz. Schriftsteller. - Anreger und einer der Hauptvertreter der literar. Richtung des ↑Nouveau roman, bes. mit „Ein Tag zuviel" (1953), „Der Augenzeuge" (1955). Schrieb auch literaturtheoret. Essays („Argumente für einen neuen Roman", dt. Auswahl 1965) sowie Filmszenarien („Letztes Jahr in Marienbad", 1961). Auch Regisseur der Filme „Im Garten Eden und danach" (1970), „Ein Tag zuviel" (1972). - *Weitere Werke:* Projekt für eine Revolution in New York (R., 1970), Ansichten einer Geisterstadt (R., 1976), Le miroir qui revient (R., 1984).

Robben [niederdt.] (Flossenfüßer, Pinnipedia), Ordnung etwa 1,4–6,5 m langer Säugetiere mit rd. 30 Arten in überwiegend kalten Meeren, selten in Binnenseen (v. a. Baikal- und Kaspirobbe, ↑Ringelrobben); ausgezeichnete Schwimmer und Taucher, überwiegend Fischfresser; Körper stromlinienförmig, mit dicker Speckschicht und kurzem, meist dicht anliegendem Haarkleid; Schwanz stummelförmig, Extremitäten flossenartig, Nasen- und Ohröffnungen verschließbar. Die R. leben meist gesellig. Das Wasser wird zur Paarung, zum Haarwechsel und oft auch zum Schlafen verlassen. Die Pelze zahlr. Arten (↑Seal) sind sehr gefragt, so daß durch starke Bejagung die Bestände einiger Arten bedroht sind. Zu den R. zählen ↑Seehunde, ↑Walroß und die 13 Arten umfassende Fam. **Ohrenrobben** (Otariidae) mit kleinen Ohrmuscheln und verlängerten, flossenförmigen Extremitäten, die es ihnen ermöglichen, sich an Land watschelnd fortzubewegen. Bei ihr unterscheidet man die Gruppen ↑Pelzrobben und ↑Seelöwen. Im Küstengebiet S-Amerikas kommt die meist dunkelbraune **Mähnenrobbe** (Patagon. Seelöwe, Otaria byronia) vor; ♂ sehr viel stärker und größer (bis 2,5 m lang) als ♀; ♂ mit mähnenähnl. verlängerten Nakkenhaaren. In antarkt. Gewässern lebt der **Seeleopard** (Hydrurga leptonyx); bis 4 m lang, oberseits grau mit schwarzen Flecken, unterseits heller; Kopf relativ lang, mit starkem Gebiß.

Robbins [engl. 'rɔbɪnz], Frederick Chapman, * Auburn (Ala.) 25. Aug. 1916, amerikan. Mediziner. - Prof. in Cleveland; bed. Forschungen über die Entstehung von Viruskrankheiten. Entwickelte Verfahren zur Züchtung des Poliomyelitisvirus in Gewebekulturen und schuf damit die Voraussetzung zur Herstellung eines wirksamen Impfstoffes gegen Kinderlähmung. Zus. mit J. F. Enders und T. H. Weller erhielt er 1954 den Nobelpreis für Physiologie oder Medizin.

R., Harold, eigtl. H. Rubin, * New York 21. Mai 1912 (1911?), amerikan. Schriftsteller. - Seine Romane spielen meist in Kreisen der amerikan. Wirtschafts- und Finanzwelt; u. a. „Die Unersättlichen" (R., 1961), „Die Bosse" (R., 1969), „Der Clan" (R., 1971), „Träume" (R., 1977), „The storyteller" (R., 1985).

R., Jerome, * New York 11. Okt. 1918, amerikan. Tänzer, Choreograph und Regisseur. - War 1949–63 Kodirektor des New York City Ballet und leitete 1958–61 die „Ballets U.S.A.". R. gilt als Begründer eines spezif. amerikan. Tanzstils. Von seinen Balletten wurden bes. „Fancy free" (1944), „Afternoon of a faun" (1953), „Dybbuk" (1974) bekannt. Breitere Wirkung erzielten seine Musicalproduktionen (auch verfilmt), „West side story" (1957), „Fiddler on the roof" (1964; dt. u. d. T. „Anatevka").

Robe [frz., urspr. „erbeutetes Kleid"], großes Abendkleid; urspr. Kleid bzw. Obergewand der höf. Tracht.
◆ Bez. für die Amtstracht der Geistlichen, Juristen u. a. Amtspersonen. - ↑auch Talar.

Röbel/Müritz, Krst. am W-Ufer der Müritz, Bez. Neubrandenburg, DDR, 70 m ü. d. M., 6 500 E. Maschinen-, Bootsbau, Nahrungsmittelind., Naherholungsgebiet. - Alt-Röbel entstand Anfang des 13. Jh. bei einer Burg, Neu-Röbel in der 2. Hälfte des 13. Jh. sö. davon (1261 Schweriner Recht). - Frühgot. Backsteinhallenkirchen Sankt Marien und Sankt Nikolai (beide 13. Jh. ff.); Reste der Stadtmauer (Mitte des 13. Jh.) erhalten.

R./M., Landkr. im Bez. Neubrandenburg, DDR.

Robert, männl. Vorname, Nebenform von Rupert (zu german. hroþ „Ruhm, Preis" und althochdt. beraht „glänzend"); engl. Kurzformen: Bob, Bobby.

Robert, Name von Herrschern:
Apulien:
R. Guiscard ['ɡɪskart, frz. ɡisˈkaːr „der Verschlagene"], * 1016, † auf Kefallinia 17. Juli 1085, Hzg. (seit 1059/60). - 6. Sohn des Normannen Tankred von Hauteville; beteiligte sich seit 1046 an der 1017 begonnenen Normanneninvasion Süditaliens. Leistete Papst Nikolaus II. den Lehnseid (23. Aug. 1059) und wurde von ihm als Hzg. von Apulien anerkannt. Seit 1080 bediente sich Papst Gregor VII. seiner Hilfe gegen den Röm. König Heinrich IV. und ließ sich im Mai 1084 von ihm aus der Engelsburg befreien (Plünderung Roms durch die Normannen). R. G. starb auf einem 1081 begonnenen Kriegszug gegen den byzantin. Kaiser Alexios I. Komnenos.

Normandie:
R. I., der Teufel (R. der Freisinnige, R. der Großartige), * um 1006, † Nizäa (= Iznik) 2. Juli 1035, Hzg. (seit 1027). - 2. Sohn Hzg. Richards II. († 1026); durch die Hilfe von R. konnte sich der frz. König Heinrich I., der sich zu ihm geflüchtet hatte, vor dem Sturz retten. R. starb auf einer Pilgerfahrt und wurde im 15. Jh. fälschl. mit dem frz. Sagenhelden Robert dem Teufel gleichgesetzt.

Schottland:
R. I. Bruce, * 11. Juli 1274, † Cardross (Strathclyde Region) 7. Juni 1329, König (seit 1306). - Sohn von Robert (VII.) Bruce, Earl of Carrick († 1304). Führer im schott. Unabhängigkeitskrieg gegen England (am 24. Juni 1314 Sieg bei Bannockburn); setzte im Frieden von Northampton (April 1328) die Unabhängigkeit Schottlands durch.

Robert de Boron [frz. rɔbɛrdəbɔˈrõ] (R. de Borron), * Montbéliard oder Boron bei Belfort, frz. Dichter des 12./13. Jh. - Verbindet in seinem dreiteiligen Gralsroman „Die Geschichte des Hl. Gral" die Gralslegende mit der Person Josephs von Arimathia.

Robert der Teufel, Gestalt der frz. Volkssage: Ein normann. Adliger, der vor seiner Geburt dem Teufel versprochen war, wird zum Mörder und Gewalttäter, büßt jedoch die Schuld und heiratet am Ende die Tochter des Kaisers. Grundlage für zahlr. Bearbeitungen in Volksbüchern war der Versroman „Robert le diable" (2. Hälfte des 13. Jh.).

Robert von Arbrissel [frz. arbriˈsɛl], * Arbrissel (Ille-et-Vilaine) zw. 1055 und 1060, † Orsan (Gard) 1117, frz. Ordensstifter. - Verband asket. Lebensführung mit Wanderpredigt und gründete 1101 mit dem Doppelkloster Fontevrault eine neue Kongregation (Pauperes Christi). Mit seinem Armutsideal gehört er zu den Anregern der ma. Armutsbewegung.

Robert, Hubert [frz. rɔˈbɛːr], genannt R. des Ruines, * Paris 22. Mai 1733, † ebd. 15. April 1808, frz. Maler. - Mit Landschafts-, Park- und Ruinenmotiven aus Rom und Tivo-

Robinie

li wichtiger Vorläufer der frz. (romant.) Landschaftsmalerei; bed. Zeichnungen.

Roberta (Roberte), weibl. Form von ↑ Robert.

Robert Bellarmin ↑ Bellarmino, Roberto.

Robert Bosch GmbH ↑ Bosch GmbH, Robert.

Robert Bosch Stiftung GmbH, 1921 gegr., seit 1962 gemeinnützige Gesellschaft, Sitz Stuttgart. Satzungsmäßige jährl. Leistungen rd. 15–18 Mill. DM; Stiftungsvermögen nominal 606 Mill. DM; Förderungsschwerpunkte: öffentl. Gesundheitspflege sowie Völkerverständigung, Wohlfahrtspflege, Bildung und Erziehung, Kunst und Kultur, Forschung und Lehre.

Robert Grosseteste [engl. 'rɔbət 'groʊstɛst] ↑ Grosseteste, Robert.

Roberti, Ercole de', * Ferrara um 1450, † ebd. 1496, italien. Maler. - Neben F. del Cossa und C. Tura einer der wichtigsten Vertreter der ferrares. Malerei. Schon in den Fresken „Juli, August, September" des Palazzo Schifanoia in Ferrara (etwa 1469) werden die dynam. Pinselführung und die scharf vom Licht konturierten Gestalten erkennbar. Altarbilder in Mailand (Brera), Berlin-Dahlem, Paris (Louvre), London (National Gallery) u. a. Museen erhalten.

Robertiner (Rupertiner), rheinfränk. Grafengeschlecht, aus dem die Dyn. der Kapetinger hervorging.

Robert-Koch-Institut, 1891 als Inst. für Infektionskrankheiten gegründetes und zuerst von R. Koch geleitetes Inst. in Berlin, das sich v. a. mit der Erforschung ansteckender Krankheiten bzw. deren Erreger sowie mit der Bekämpfung und Heilung dieser Krankheiten befaßt. Seit 1952 ist das R.-K.-I. Teil des Bundesgesundheitsamtes.

Roberts [engl. 'rɔbəts], Frederick Sleigh, Earl R. of Kandahar, Pretoria and Waterford (seit 1901), * Kanpur 30. Sept. 1832, † Saint-Omer 14. Nov. 1914, brit. Feldmarschall (seit 1895). - Befehlshaber im Krieg gegen Afghanistan (1878–1880); berühmt durch den Marsch von Kabul nach Kandahar und dessen Entsatz 1880. Oberbefehlshaber in Indien 1885–1895, in Irland 1895–99, im Burenkrieg 1899/1900; Oberbefehlshaber der brit. Armee 1901–04.

R., Kenneth Lewis, * Kennebunk (Maine) 8. Dez. 1885, † Kennebunkport (Maine) 21. Juli 1957, amerikan. Schriftsteller. - Schrieb nach genauen Quellenstudien histor. Romane über abenteuerl. Episoden der amerikan. Geschichte, z. B. „Nordwestpassage" (1937).

Robert-Schuman-Preis, von der Stiftung F. V. S. zu Hamburg 1965 zum Andenken an R. Schuman gestifteter und seit 1966 jährl. verliehener Preis (30 000 DM) für Verdienste um die europ. Einigung.

Robertson, Sir (seit 1919) Brian Hubert [engl. 'rɔbətsn], Baron of Oakridge (seit 1961), * Simla (Indien) 22. Juli 1896, † in Gloucestershire 29. April 1974, brit. General. - 1947–50 Oberbefehlshaber der brit. Truppen in Deutschland; 1949/50 Hoher Kommissar in der BR Deutschland; 1950–53 Oberbefehlshaber der brit. Streitkräfte im Nahen Osten.

Robeson, Paul [engl. roʊbsn], * Princeton (N. J.) 9. April 1898, † Philadelphia 23. Jan. 1976, amerikan. Sänger (Baß) und Schauspieler. - Unternahm als Interpret von Negro Spirituals und [sozialist.] Liedern Reisen durch N-Amerika und Europa; auch berühmter Othello-Darsteller.

Robespierre, Maximilien de [frz. rɔbɛs'pjɛːr], * Arras 6. Mai 1758, † Paris 28. Juli 1794 (hingerichtet), frz. Revolutionär. - 1781 Advokat in Arras; 1789 Deputierter des 3. Standes in den Generalstaaten; machte bald im Jakobinerklub durch seine von den Ideen J.-J. Rousseaus geprägten Reden auf sich aufmerksam und erwarb sich auf Grund seiner bescheidenen Lebensführung und seines Eintretens für das einfache Volk den Ruf des „Unbestechlichen". Seine demokrat. Orientierung und seine Verurteilung der Kriegserklärung an Preußen und Österreich (April 1792) brachten ihn zunehmend in Ggs. zu den Girondisten. Als Mgl. der Pariser Kommune (seit 10. Aug. 1792) und des Nat.-konvents (seit 20. Sept. 1792) wurde R. Führer der Bergpartei. Immer deutlicher neigte er dazu, seine Vorstellungen mit terrorist. Mitteln zu verwirklichen und dabei gleichzeitig seine persönl. Machtstellung auszubauen. Zum Sturz der Girondisten (31. Mai/2. Juni 1793) bediente er sich der Unterstützung der Sansculotten, deren radikale Führungsgruppen (Enragés, Hébertisten) er jedoch ausschaltete. Das Instrument zur Ausübung der Schreckensherrschaft wurde v. a. der von R. (seit 27. Juli 1793) beherrschte Wohlfahrtsausschuß. Mit dem Kult des „höchsten Wesens" versuchte er den Revolutionsreg. zusammenzuhalten, doch einigte die erneute Verschärfung des Terrors (10. Juni 1794) und die Unzufriedenheit des Sansculotten seine Gegner (Verhaftung am 27. Juli [= 9. Thermidor] 1794).

📖 Zierer, O.: R. oder die reine Ideologie. Mchn. 1980. - Sieburg, F.: R. Mchn. 1978.

Robin Hood [engl. 'rɔbɪn 'hʊd], engl. Volksheld, dessen angebl. Identität mit einem Earl of Huntingdon nicht erwiesen ist. Zahlr. Volksballaden aus dem 14./15. Jh. behandeln sein abenteuerl. Leben mit einer Schar von Getreuen im Wald von Sherwood, wo er reiche Adlige und Kleriker ausraubte und Arme beschenkte. Symbol des angelsächs. Widerstands gegen die Normannen. Viele Romanbearbeitungen, Dramatisierungen, Vertonungen und Verfilmungen.

Robinie [...i-ɛ; nach dem frz. Botaniker

Robinsohn

J. Robin, *1550, †1629], (Robinia) Gatt. der Schmetterlingsblütler mit rd. 20 Arten in N-Amerika einschließl. Mexiko; sommergrüne Bäume oder Sträucher mit wechselständigen, unpaarig gefiederten Blättern; Nebenblätter oft als kräftige Dornen ausgebildet; Blüten weiß bis lila oder purpurrosa, meist duftend, in dichten, hängenden Trauben; mehrere Arten als Zierbäume.

♦ (Falsche Akazie, Scheinakazie, Robinia pseudoacacia) gärtnerisch wichtigste R.art aus dem östl. und mittleren N-Amerika; in Europa vielfach verwildert bzw. eingebürgert; bis 25 m hoher Baum mit tief rissiger Borke, Dornen und duftenden, weißen Blüten in langen Trauben.

Robinsohn, Saul B[enjamin], *Berlin 25. Nov. 1916, †ebd. 9. April 1972, dt. Erziehungswissenschaftler. - Emigrierte 1933 nach Palästina, 1959 Direktor des UNESCO-Instituts für Pädagogik in Hamburg; 1968 Direktor des Max-Planck-Inst. für Bildungsforschung in Berlin, zugleich Prof. an der Freien Univ. Berlin; Arbeiten zur äußeren und inneren Reform des Bildungswesens.

Robinson [engl. ˈrɔbɪnsn], Edward G., eigtl. Emmanuel Goldenberg, *Bukarest 12. Dez. 1893, †Los Angeles-Hollywood 26. Jan. 1973, amerikan. Schauspieler rumän. Herkunft. - Psycholog. differenzierte Rollengestaltung v. a. in Gangster- und Kriminalfilmen wie „Little Caesar" (1930), „Das zweite Gesicht" (1943).

R., Edwin Arlington, *Head Tide (Maine) 22. Dez. 1869, †New York 6. April 1935, amerikan. Lyriker. - Bedeutendster amerikan. Dichter seiner Zeit neben R. L. Frost. Seine psycholog. Gedankenlyrik kreist um das Thema der trag. Verlassenheit des Menschen in einer chaot. Welt.

R., Henry Morton, *Boston 7. Sept. 1898, †New York 13. Jan. 1961, amerikan. Schriftsteller. - Sein Roman „Der Kardinal" (1950) gibt Einblick in die kath. Hierarchie und zeigt die Verflechtung von kirchl. und polit. Interessen auf.

R., John Arthur Thomas, *Canterbury 15. Juni 1919, †Yorkshire 5. Dez. 1983, engl. anglikan. Theologe. - 1959-69 Bischof von Woolwich, seit 1969 Assistenzbischof von Southwark. Bekannt durch sein Buch „Gott ist anders" (1963), mit dem er versuchte, die neuzeitl. Theologie v. a. den der kirchl. und theolog. Arbeit fernstehenden Laien zu vermitteln.

R., Sir (seit 1939) Robert, *Bufford bei Chesterfield 13. Sept. 1886, †Great Missenden bei London 8. Febr. 1975, brit. Chemiker. - Prof. u. a. in Sydney, Liverpool, London sowie in Oxford; erforschte biolog. wichtige Pflanzenstoffe, insbes. Alkaloide, wofür er 1947 den Nobelpreis für Chemie erhielt.

Robinsonaden, Form des Abenteuerromans, ben. nach D. Defoes Roman „Robinson Crusoe", bes. im 18. und 19. Jahrhundert.

Robinson Crusoe [ˈkruːzo, engl. ˈkruːsoʊ], Held des bedeutendsten Abenteuerromans von D. Defoe: Ein Schiffbrüchiger lebt 28 Jahre lang fern von aller Zivilisation auf einer Insel, wo er die kulturelle Entwicklung der Menschheit nachvollzieht. Er schließt Freundschaft mit einem Eingeborenen („Freitag") und wird zum Mittler europ. Kultur und Humanität. Er selbst erfährt zugleich eine religiös-sittl. Läuterung. Histor. Vorbild des R. C. war der Matrose A. Selkirk, der 1704–08 auf der Isla Robinson Crusoe, einer der Juan-Fernández-Inseln, lebte.

Roblès, Emmanuel [frz. rɔˈblɛs], *Oran 4. Mai 1914, frz. Schriftsteller. - Thema seiner handlungsreichen, vom Existentialismus beeinflußten Romane („Das Messer", 1956;

Roboter. Bahngesteuerter Industrieroboter mit fünf Achsen für Lichtbogenschweißen, Entgraten und Beschichten

„Der Vesuv", 1962) und Dramen („Die Wahrheit ist tot", 1952) ist die Rebellion gegen gesellschaftl. Verhältnisse. „Monserrat" (Dr., 1948) protestierte gegen die frz. Kolonialherrschaft in Algerien. - *Weitere Werke:* Die Kreuzfahrt (R., 1968), Ungestümer Sommer (R., 1974).

Roborans [lat.], Kräftigungsmittel.

Roboter [zu tschech. robota „Frondienst"], eine erstmals 1920 von K. Čapek verwendete Bez. für selbstbewegl. Automaten, deren äußere Form mehr oder weniger stark der menschl. Gestalt nachgebildet ist (Maschinenmensch, Android) und die gewisse manuelle Funktionen eines Menschen ausführen können. Als **Industrieroboter** werden heute alle elektron. von einem Kleinrechner bzw. Mikroprozessor gesteuerten, mit einer Anzahl von Bewegungsmöglichkeiten ausgestatteten Arbeitsgeräte bezeichnet, die mit Greifern, Werkzeugen u. a. ausgerüstet sind. Einfache Industrie-R. mit wenigen Bewegungsmöglichkeiten sind die *Einlegegeräte*, die nach festen Programmen arbeiten und meist nur mit Greifzangen zur Werkstückhandhabung ausgerüstet sind. Kompliziertere, mit Sensoren ausgestattete Industrie-R. werden zur Werkzeughandhabung eingesetzt, v. a. zum Schweißen, Entgraten und zur Montage von Großserienteilen. - Die ersten Industrie-R. wurden ab 1964 in den USA hergestellt, seit 1968 auch mit Sensoren und Objekterkennungssystemen, seit 1972 mit „Lernfähigkeiten". - In der BR Deutschland waren 1987 rd. 12 000 Industrie-R. im Einsatz.

Robson, Mount [engl. 'maʊnt 'rɔbsn], mit 3 954 m höchster Berg der kanad. Rocky Mountains, vergletschert.

Robur ↑ Basel.

Roca, Kap, Kap an der SW-Spitze der Halbinsel von Lissabon, westlichster Punkt des europ. Festlandes; Leuchtturm.

Rocaille [ro'ka:j; frz.] (Muschelwerk), in Frankr. aufgekommenes, um 1730 als R. bezeichnetes, meist asymmetr. rahmendes Ornament in ausschwingenden Muschelformen, das wichtigste Dekorationselement des Rokoko (Style rocaille).

Rocambole [frz.] ↑ Perlzwiebel.

Rocard, Michel, * Courbevois (Dep. Seine) 23. Aug. 1930, frz. Politiker (Parti Socialiste, PS). Mgl. der Nationalversammlung 1969-73 und 1978-81; 1981-83 Staatsmin., zuständig für Wirtschaftsplanung, 1983-85 Landwirtschaftsmin.; seit Mai 1988 Premierminister.

Roccella [rɔ'tʃɛla; italien.], Gatt. der Strauchflechten mit rd. 30 Arten auf Felsen der gemäßigten und wärmeren Meeresküsten; verschiedene Arten liefern (und lieferten schon im Altertum) wichtige Farbstoffe, z. B. Lackmus und Orseille.

Roc de Sers, Le [frz. lərɔkdə'sɛ:r], Fundort (2,5 km südl. der Gemeinde Sers [bei Angoulême, Frankr.]) jungpaläolith. Höhlen und Felsüberhänge; unterhalb der **Grotte du Roc** eine Feuerstelle mit Solutréengeräten, eine gravierte Kalksteinplatte und eine Dreifachbestattung; vor der **Grotte de la Vierge** eine 1,5 m tiefe Solutréenkulturschicht mit mehreren gravierten Kalksteinplatten; zw. beiden Höhlen ein Kultplatz, abgeschlossen durch einen Halbkreis aus z. T. bearbeiteten Steinblöcken.

Roch, sagenhafter Vogel, ↑ Rock.

Rocha, Gláuber [brasilian. 'rrɔʃa], * Vitória da Conquista (Bahia) 14. März 1938, † Rio de Janeiro 22. Aug. 1981, brasilian. Filmregisseur. - Vertreter des brasilian. „cinema nôvo"; untersuchte in seinen Filmen die kulturellen Wurzeln seines Landes, die Traditionen des Mystizismus und Primitivismus sowie deren Ambivalenz zur modernen technisierten Zivilisation, v. a. in „Barravento" (1962), „Gott und der Teufel im Lande der Sonne" (1964), „Land in Trance" (1967). 1969-76 in der Emigration in Europa. - *Weitere Filme:* Antônio das Mortes (1969), Claro (1975).

Rocha [span. 'rrɔtʃa], Hauptstadt des uruguay. Dep. R., nahe der Atlantikküste, 21 700 E. Handelszentrum eines Viehzuchtgebiets. - Festung Santa Teresa (um 1750; jetzt Museum).

R., Dep. in Uruguay, an der Atlantikküste, 10 551 km², 60 300 E, Hauptstadt Rocha.

Rochade [rɔ'ʃa:də, rɔ'xadə; frz.], beim Schach einzig mögl. Doppelzug von König und Turm.

Rochdale [engl. 'rɔtʃdeɪl], engl. Stadt in der Metropolitan County Greater Manchester, 92 700 E. Textilforschungsinst.; Museum, Kunstgalerie, Theater; bed. Textilind. - Marktrecht seit dem 13. Jh.; erhielt 1856/88 Stadtrecht.

Roche, Kevin [engl. roʊtʃ, rooʃ], * Dublin 14. Juni 1922, amerikan. Architekt ir. Herkunft. - 1950-61 Mitarbeiter von E. Saarinen, ab 1966 von J. Dinkeloo (* 1918); kühne Konstruktion zeichnen ihre [Hochhaus]bauten aus, u. a. Oakland-Museum (1964-68), Verwaltungskomplex der College Life Insurance Company in Indianapolis (1968-72), Fine Arts Center (1971-75) der Univ. von Massachusetts.

Rochefort [frz. rɔʃ'fɔ:r], Christiane, * Paris 17. Juli 1917, frz. Schriftstellerin. - Verf. vieldiskutierter Romane mit sozialkrit. Tendenz; „Das Ruhekissen" (1958) schildert einen Fall erot. Hörigkeit; „Kinder unserer Zeit" (1961) ist eine Satire auf das frz. Kindergeldsystem. - *Weitere Werke:* Mein Mann hat immer recht (1963), Eine Rose für Morrison (1966), Frühling für Anfänger (1969), Zum Glück geht's dem Sommer entgegen (1975), Die Welt ist wie zwei Pferde (1984).

R., Henri, eigtl. Victor H. Marquis de R.-Lucay, * Paris 31. Jan. 1830, † Aix-les-Bains 30. Juni 1913, frz. Publizist und Politiker. - Radikaler Kritiker des 2. Kaiserreichs, gehörte 1870 kurz der Reg. der nat. Verteidigung an und wurde wegen Sympathien für die Kommune verbannt. Er entwickelte sich zum Parteigänger G. Boulangers und im Zusammenhang mit der Dreyfusaffäre zum Anhänger des integralen Nationalismus.

Rochefoucauld, frz. Adelsgeschlecht, ↑ La Rochefoucauld.

Roche-Grenze [frz. rɔʃ], von dem frz. Astronomen É. Roche (* 1820, † 1883) hergeleitete untere Grenze für den Abstand eines um einen Zentralkörper umlaufenden Himmelskörpers, bei deren Unterschreiten er durch die vom Zentralkörper ausgeübten Gezeitenkräfte zerrissen würde, weil die eigene Schwerkraft ihn nicht mehr zusammenhalten kann.

Rochelle, La [frz. larɔ'ʃɛl], frz. Stadt am Golf von Biskaya, 75 800 E. Verwaltungssitz des Dep. Charente-Maritime; kath. Bischofssitz; Museen. Bed. Ind.- und Handelszentrum sowie wichtiger Hafen. - 1023 erstmals erwähnt; entwickelte sich ab 1152 unter engl. Herrschaft zu einer bed. Hafenstadt; 1226 wieder frz., 1360 erneut engl., 1372 endgültig frz.; ab 1534 breitete sich in La R. der Calvinismus aus; 1572 als eine der Hauptfestungen der Hugenotten belagert, 1628 von Richelieu unterworfen; seit 1648 Bischofssitz; 1690 bis ins 20. Jh. wichtiger frz. Auswandererhafen nach N-Amerika; 1940–45 dt. U-Boot-Stützpunkt. - Die ma. Befestigung der Hafeneinfahrt ist weitgehend, die Stadt z. T. erhalten (La Porte de la Grosse Horloge, 13. Jh. barock verändert; Donjon „Tour de la Lanterne", 15. Jh.); in der Altstadt Häuser z. T. mit Laubengängen v. a. aus der Renaissance.

Rochellesalz [frz. rɔ'ʃɛl; nach der frz. Stadt La Rochelle], svw. ↑ Seignettesalz.

Rochen [niederdt., eigtl. „der Rauhe"] (Rajiformes), Ordnung bis über 6 m langer, mit den stark verlängerten Brustflossen bis fast 7 m (im Durchmesser) großer Knorpelfische (Unterklasse Elasmobranchii) mit rd. 350 fast ausschließl. im Meer lebenden Arten; Körper scheibenförmig abgeflacht, mit schlankem, deutl. abgesetztem Schwanz (zuweilen mit einem Giftstachel); Mund, Nasenöffnungen sowie Kiemenspalten stets auf der Körperunterseite; Spritzlöcher hinter den Augen auf der Kopfoberseite. Viele R. legen von Hornkapseln umgebene und mit Haftfäden versehene Eier ab, andere R. sind lebendgebärend. - Zu den R. gehören neben den ↑ Zitterrochen noch ↑ Sägerochen, ↑ Geigenrochen, ↑ Adlerrochen, ↑ Teufelsrochen und die rd. 90 Arten umfassende Fam. **Stechrochen** (Stachel-R., Dasyatidae). Im Atlantik und Mittelmeer kommt der bis 2,5 m lange **Gewöhnl. Stechrochen** (Dasyatis pastinaca, volkstüml. Feuerflunder) vor; oberseits gelbl. bis grüngrau; Giftstachel auf der Schwanzmitte. Ferner die **Echten Rochen** (Rajidae), eine artenreiche, auf der Nordhalbkugel verbreitete Familie. Eierlegende Arten sind: **Glattrochen** (Raja batis), 1–1,5 m lang, an den europ. W-Küsten von N-Norwegen über Island bis Gibraltar sowie im westl. Mittelmeer, auch in der westl. Ostsee; Oberseite grünlichbraun mit dunkler Marmorierung, Dornen auf dem Schwanz; kommt als Seeforelle in den Handel. **Nagelrochen** (Keulen-R., Raja clavata), bis 1,1 m lang, oberseits braun, hell gefleckt, unterseits weiß; im N-Atlantik, Mittelmeer und Schwarzen Meer; mit 2 kleinen Rückenflossen kurz vor der Schwanzspitze und zahlr. großen Dornen auf der Körperoberfläche. Als **Sternrochen** bezeichnet man: 1. Raja radiata, etwa 60–100 cm lang, an den Küsten N-Europas und N-Amerikas; Oberseite dunkelbraun mit kleinen, hellen Flecken und (wie auch am Schwanz) kräftigen Dornen; 2. Raja asterias, bis etwa 1 m lang, im Mittelmeer; Oberseite gelblichgrau mit kleinen, braunen und weißen Flecken, 1–3 Stachelreihen an der Schwanzoberseite und (beim ♂) je einer Dornenreihe an den Seiten der Brustflossenansätze.

Rochester [engl. 'rɔtʃɪstə], westl. Nachbarstadt von Chatham, Gft. Kent, 52 500 E. Anglikan. Bischofssitz; King's School (gegr. 604), Museum, Zement-, Papierind., Bau landw. Maschinen, graph. Gewerbe; Hafen. - Entstand in der Römerzeit (**Durobrivae**); wurde 604 Bischofssitz (1559 anglikan.); erhielt 1066/87 Stadtrecht, wurde 1227 City. - Kathedrale (12.–14. Jh.) mit normann. W-Portal (1160). Guildhall (1687); Ruinen einer normann. Burg (11. Jh.); Reste der Stadtmauer (13. Jahrhundert).

R., Stadt in SO-Minnesota, USA, 300 m ü. d. M., 57 900 E. Mayo-Klinik; Metall- und Kunststoffverarbeitung, Nahrungsmittelind. - Gegr. 1854; seit 1858 City.

R., Stadt nahe dem S-Ufer des Ontariosees, Bundesstaat New York, USA, 150 m ü. d. M., 241 500 E. Sitz eines kath. und eines anglikan. Bischofs; Univ. (gegr. 1850), Rochester Institute of Technology (gegr. 1829), Colleges; Museen. Bed. Ind.zentrum, u. a. Photoind.; Pflanzen- und Baumschulen. - Gegr. 1812 an der Stelle einer 1789–92 bestehenden Siedlung; 1834 City; im 19. Jh. ein Zentrum der Antifreimaurerbewegung und der Abolitionisten.

Roche-sur-Yon, La [frz. larɔsy'rjɔ̃], frz. Stadt in der Vendée, 45 100 E. Verwaltungssitz des Dep. Vendée; Museum; Herstellung von Autozubehör und Waschmaschinen. - An der Stelle eines 1794 niedergebrannten Marktfleckens von Napoléon Bonaparte 1804 gegr.; hieß in der Zeit des Kaiserreichs **Napoléon-Vendée**, 1815–48 **Bourbon-Vendée**.

Rochet, Waldeck [frz. rɔ'ʃɛ], * Sainte-Croix (Dep. Saône-et-Loire) 5. April 1905, † Nanterre bei Paris 15. Febr. 1983, frz. Politiker. - Seit 1924 Mgl. der KPF; 1936–40 und 1945–72 Abg. der Nat.versammlung; seit 1945

Mgl. des Politbüros der KPF; ab 1959 Parteisekretär, 1964–72 Generalsekretär; dann Ehrenpräsident.

rochieren [rɔˈxiːrən, rɔˈʃiːrən; frz.], bei *Ballspielen* die Positionen wechseln (v. a. im Fußball).
◆ beim *Schach* die Rochade ausführen.

Röchling-Gruppe, dt. Unternehmensgruppe der Montanind.; durch F. Röchling (*1774, †1838) 1822 als Kohlenhandelsgeschäft gegr.; Verwaltungsgesellschaften der Röchlingschen Familiengemeinschaft sind die Röchling Ind. Verwaltung GmbH, Saarbrücken, und Gebr. Röchling, Mannheim.

Rochlitz, Friedrich, * Leipzig 12. Febr. 1769, † ebd. 16. Dez. 1842, dt. Schriftsteller und Musikkritiker. - Redigierte 1798–1819 die „Allg. Musikal. Zeitung" (Mitarbeiter bis 1835); daneben schriftstellerische Tätigkeit (u. a. Romane, Erzählungen, Lustspiele; Vertonungen u. a. von L. Spohr und C. M. von Weber), Aufsatzsammlungen.

Rochlitz, Krst. an der Zwickauer Mulde, Bez. Karl-Marx-Stadt, DDR, 170 m ü. d. M., 8000 E. Inst. für Lehrerbildung. U. a. Rundfunkgerätebau. - Wahrscheinl. im 12. Jh. in Anlehnung an eine gleichnamige Burg gegr.; vor 1360 Ratsverfassung. - Schloß (12. Jh.; spätgot. Umbauten); spätgot. Kunigundenkirche.

R., Landkr. im Bez. Karl-Marx-Stadt, DDR.

Rochus, männl. Vorname, latinisierte Form von althochdt. Roho, der Kurzform von Rochbert oder Rochold.

Rochus, hl., Pestpatron; histor. Nachrichten über sein Leben fehlen. R. wird dargestellt als Pilger mit Pestbeule, mit pflegendem Engel und kleinem Hund.

Rock (Ruck, Roch) [pers.-arab.], sagenhafter Riesenvogel in arab. Märchen.

Rock ↑ Kleidung.

Rock [engl.] (Rockmusik), eine v. a. angloamerikan. geprägte Art der ↑ Popmusik, die sich mit der Rock-'n'-Roll-Welle Anfang der 1950er und der Beatwelle der 1960er Jahre entfaltete. Der R. verbindet sich seinerseits mit anderen Musikarten und -stilen, etwa dem Jazz (Jazzrock), der angloamerikan. (Folk-R.) oder lateinamerikan. Folklore (Latin R., Reggae), außereurop. Musik (Raga-R.), Kunstmusik (Barockrock, Classic R.) usw. - Die histor. erste Erscheinungsform ist der **Rock 'n' Roll** (engl. „wiegen und rollen"). Er geht hauptsächl. von einer musikindustriellen Verwertung bereits kommerzialisierter afroamerikan. Populärmusik (↑ Rhythm and Blues) aus und wird getragen von schwarzen (Chuck Berry) u. weißen, oft vom Country and Western herkommenden Musikern (B. Haley, Little Richard, E. Presley). Seiner musikal. Herkunft, Ausprägung, Darbietungsweise und v. a. jugendl. Trägerschicht nach war der Rock 'n' Roll auch Protest gegen die verbreitete Populärmusik der USA bzw. gegen die dt. oder europ. Schlager und Chansons. - Neue Impulse brachte um 1960 der brit. **Beat**. Er entstand im proletar. Milieu v. a. von Liverpool und London unter Rückgriff auf Rock 'n' Roll, Rhythm and Blues und Blues. Den sog. Mersey-Beat entwickelten v. a. die „Beatles" rasch weiter.

In diesem Milieu entfalteten sich jene sozialpsycholog. und musikal. Merkmale sowie ökonom. Mechanismen, die sich (im Abgrenzung gegen stärker traditionelle Bereiche der zeitgenöss. Unterhaltungsmusik) etwa so umschreiben lassen: R. ist vorwiegend Musik von jungen Leuten und für Jugendliche. Ähnl. wie in der Folklore wird sie v. a. von Laien ohne akadem. Musikausbildung gemacht und (anfangs) weitgehend ohne Notation weitergegeben. Dazu gehört u. a. auch die Verwendung von „Volksinstrumenten" in einem Grundtyp der Besetzung, bestehend aus zwei Sänger-Gitarristen, Baßgitarre und Schlagzeug; die Kombination von Gesang und E-Gitarre bleibt auch für höchstentwickelte Formen meist Besetzungsgrundlage (J. Hendrix, E. Clapton). Weiter sind (trotz Beibehaltung des Starprinzips seit dem Beat) Bands bzw. Combos, nicht Solisten bestimmend. Die Texte sind i. d. R. (abgesehen von „psychedel.", „meditativen" Richtungen) realitäts- u. alltagsnäher, formal und inhaltl. vielfältiger als bei Schlagern. Die Darbietungsweise (Bühnenshow, Gesangsstil) ist ausdrucksbetont, ekstatisch. Die federnde, swingende Rhythmik afroamerikan. Vorbilder, im frühen Rock 'n' Roll noch spürbar, verwandelt sich weitgehend in hämmerndes Durchschlagen der Zählzeiten (oft mit gleichzeitigem Spiel der halben Zählzeit, also z. B. Viertelplus Achtelschläge), bes. einfallslos-gefällig im Disco-Sound, bewußt einfach, aber aggressiv im Punkrock. Seit dem Beat werden Melodik und v. a. Harmonik durch modale (kirchentonale) Elemente bereichert. Die Formen werden ausgedehnter, oft bis zur Durchkomposition ganzer Langspielplatten („Konzeptbum"); Improvisation ist häufig. Hervorstechende Verfahrensweise sind Collage und Montage, die Verarbeitung vielfältigsten musikal. Materials. Sie sind v. a. für die Zeit seit Ende der 1960er Jahre bestimmend, als R. und anderen Musikarten in den Vordergrund trat („Pink Floyd", „The Who", „Gentle Giant", „Yes", „Genesis"). Wesentl. ist schließl. die oft virtuose Verwendung elektroakust. Mittel und bei Live-Aufführungen, vom Verstärker über elektron. Instrumente bis zum Synthesizer. Für die Entwicklung des R. erscheint ein Nebeneinander verschiedener Richtungen bestimmend.

  📖 Roloff, B./Seeslen, G.: Lex. der Neuen R. musik. Ffm. 1984. - Kneif, T.: Einf. in die R. musik. Wilhelmshaven ²1981.

Rockefeller [engl. ˈrɔkɪfɛlə], John Davi-

Rockefeller Foundation

son, * Richford (N. Y.) 8. Juli 1839, † Ormond (Fla.) 23. Mai 1937, amerikan. Industrieller. - Mitbegründer einer Erdölraffinerie, aus der 1870 die Standard Oil Company of Ohio hervorging; errang mit Hilfe anrüchiger Geschäftsmethoden monopolartige Machtstellungen. In seinem Standard Oil Trust vereinigte er fast die gesamte amerikan. Erdölwirtschaft. Die Antimonopolkampagne T. Roosevelts führte zur Auflösung des Trusts. Daneben betätigte er sich als Förderer der Wiss. (u. a. Gründung der Univ. Chicago [1890], des R. Institute for Medical Research und der ↑ Rockefeller Foundation).

R., Nelson Aldrich, * Bar Harbor (Maine) 8. Juli 1908, † New York 26. Jan. 1979, amerikan. Politiker (Republikaner). - Enkel von John Davison R.; 1931–58 Tätigkeiten im Familien-Unternehmen, v. a. im „R. Center" in New York; 1954/55 außenpolit. Berater von Präs. Eisenhower; 1958–73 Gouverneur des Staates New York; 1974–77 Vizepräs. der USA.

Rockefeller Foundation [engl. 'rɔkɪfɛlə faʊn'deɪʃən], drittgrößte Stiftung der USA, verfolgt auf nat. und internat. Ebene humanitäre Ziele und fördert die Wiss.; 1913 von J. D. Rockefeller gegr.; arbeitet seit 1928 in 5 Abteilungen: Öffentl. Gesundheit, Medizin, Natur-, Sozial- und Geisteswiss.; jährl. Ausgaben rd. 45 Mill. $.

Rocken (Spinnrocken), der zum Spinnrad gehörende hölzerne Stab, auf den das Spinnmaterial gewickelt wird.

Rocker [engl.], Bez. für die Mgl. jugendl. Gruppen (z. T. Banden), die - meist mit kostspieligen Motorrädern und Lederkleidung ausgestattet - ihre Umwelt zu provozieren, teilweise sogar zu terrorisieren versuchen; meist ungelernte 15–20jährige Jungarbeiter aus nicht intakten Familien. Ihre teils noch zerstörer. zeigende Aggressivität und Hemmungslosigkeit wird von der Sozialpsychologie als Folge ihrer sozial unzulängl. sozialen Integration und der damit verbundenen sozialen Diskriminierung angesehen, die sie in „Straßengemeinschaften" Gleichaltriger zu überwinden suchen.

Rockhampton [engl. rɔk'hæmptən], austral. Stadt in O-Queensland, 56 500 E. Sitz eines anglikan. und eines kath. Bischofs; Inst. für Tiergenetik. Handelszentrum eines Landw.- u. Bergbaugebiets. - 1855 als **Gracemere Station** gegr.; seit 1856 heutiger Name; seit 1919 City.

Rockjazz [engl. 'rɔkdʒæz], Stilbereich des Jazz der 1970er Jahre mit Elementen des Rock und Jazz. Merkmale sind Rückkehr zu einfacheren harmon. und rhythm. Strukturen, Wiederentdeckung des klass. Blues, Einbeziehung elektroakust. Hilfsmittel.

Rock 'n' Roll (Rock and Roll) [engl. 'rɔkn'roʊl; amerikan., eigtl. „wiegen und rollen"] ↑ Rock.

Rockwell-C-Verfahren [engl. 'rɔkwəl; nach dem amerikan. Metallurgen S. P. Rockwell, 20. Jh.] ↑ Härteprüfverfahren.

Rocky Mountains [engl. 'rɔkɪ 'maʊntɪnz] (Felsengebirge), der östl. Teil der nordamerikan. Kordilleren, fällt im O steil zu den Great Plains ab, geht nach W meist ohne scharfe Grenze in die intermontanen Landschaften über, verläuft von der Brooks Range in Alaska bis New Mexico, etwa 4 300 km lang, im Mount Elbert 4 398 m hoch.

Rocky Mountain Trench [engl. 'rɔkɪ 'maʊntɪn 'trɛntʃ], 3–16 km breite, tekton. angelegte Senke zw. den kanad. Rocky Mountains im O und den Cassiar Mountains, Omineca Mountains und Columbia Mountains im W, fast 1 800 km lang.

Rodari, Gianni, * Omegna (Piemont) 23. Okt. 1920, † Rom 14. April 1980, italien. Kinderbuchautor. - Schrieb Märchen und Fabeln, Comics und Nonsensverse mit pazifist. Grundhaltung; erhielt 1970 den Internat. Jugendbuchpreis.

Roda Roda, Alexander, urspr. (bis 1908) A. Friedrich Roda, * Puszta Zdenci (Slawonien) 13. April 1872, † New York 20. Aug. 1945, öster. Schriftsteller. - Mitarbeiter des „Simplicissimus"; emigrierte 1938 über die Schweiz in die USA. Zeigte sich mit volkstüml. Skizzen, Anekdoten und Schwänken als Satiriker der Endzeit der Donaumonarchie und bes. der bürgerl.-feudalen Oberschicht. - *Werke:* Von Bienen, Drohnen und Baronen (En., 1908), Der Knabe mit den dreizehn Vätern (1927), Die Panduren (R., 1935), Die rote Weste (1945), Polo (E., hg. 1980).

Rodbertus, Johann Karl, * Greifswald 12. Aug. 1805, † Jagetzow (= Völschow, Bez. Neubrandenburg) 6. Dez. 1875, dt. Nationalökonom und Politiker. - 1848 als Mgl. der preuß. Nationalversammlung Führer des linken Zentrums; galt als einer der Hauptvertreter des Staatssozialismus.

Rødbyhavn [dän. røðby: 'hɑʊ'n] ↑ Lolland.

Rode, Pierre [frz. rɔd], * Bordeaux 16. Febr. 1774, † Château de Bourbon (Lot-et-Garonne) 25. Nov. 1830, frz. Violinist und Komponist. - Violinist an Theaterorchestern in Paris; unternahm Konzertreisen durch Europa und unterrichtete am Pariser Conservatoire. Schrieb 13 Violinkonzerte, Streichquartette und Unterrichtswerke für Violine Mithg. der „Méthode de violon" (1803).

Rodel, im Sport übl. Bez. für Schlitten; **Rodelsport** ist seit 1964 olymp. Disziplin. Die Wettbewerbe werden auf Natur- und Kunstbahnen ausgetragen. Der *Renn-R.* ist 1,25–1,50 m lang, etwa 15 cm hoch und 40–45 cm breit. Der Fahrer liegt flach mit dem Rücken auf dem R. und lenkt durch Zug am Gurt und durch Gewichtsverlagerung. Es werden Geschwindigkeiten bis zu 100 km/h erreicht.

Rodemaschine (Roder) ↑ Kartoffelerntemaschine.

roden [niederdt.], Bäume mit den Wurzeln aus dem Boden entfernen *(Baumrodung)* bzw. die beim Fällen zurückgebliebenen Wurzelstöcke ausheben oder ausgraben *(Stock-* oder *Stubbenrodung).*
◆ Knollen (Kartoffeln, Rüben) oder Wurzelfrüchte (z. B. Möhren) ernten.

Rodenbach, Georges [frz. rɔdɛ̃'bak, rɔdɛn'bak], *Tournai 16. Juli 1855, †Paris 25. Dez. 1898, belg. Dichter. - Schrieb unter dem Einfluß des frz. Symbolismus und der Parnassiens Gedichte; „Das tote Brügge" (1892), der einzige bed. symbolist. Roman, gibt ein düster-melanchol. Bild Belgiens und seiner Menschen.

Rodenberg, Julius, eigtl. J. Levy, *Rodenberg (Landkr. Schaumburg) 26. Juni 1831, †Berlin 11. Juli 1914, dt. Schriftsteller. - 1874 Hg. der von ihm begr. „Dt. Rundschau"; realist. Erzähler und Feuilletonist.

Rodenstock, Rolf, *München 1. Juli 1917, dt. Unternehmer. - Prof. in München (seit 1956); übernahm 1953 die Leitung der Opt. Werke G. Rodenstock; 1978-84 Präs. des Bundesverbandes der Dt. Industrie.

Rodentia [lat.], svw. ↑ Nagetiere.

Rodentizide [lat.], Mittel zur Bekämpfung schädl. Nagetiere (v. a. Ratten [*Rattengift*]). Als Fraßgifte in Form von Streupulvern oder Ködergiften dienen schnellwirkende *anorgan. R.* (meist Zinkphosphid oder Thalliumsulfat) und allmähl. wirkende *organ. R.* (meist Derivate des Kumarins). - *Bakterielle R.* sind in der BR Deutschland nicht zugelassen.

Rodenwaldt, Ernst, *Berlin 5. Aug. 1878, †Ruhpolding 4. Juni 1965, dt. Mediziner. - Prof. in Kiel und Heidelberg; bed. Arbeiten zur Tropenmedizin, Geomedizin, Epidemiologie und Bakteriologie; gab mit H. J. Jusatz u. a. einen „Weltseuchenatlas" (1952-61) heraus.

Rodeo ['ro:deo, ro'de:o; span.-amerikan.; zu span. rodear „umzingeln, (das Vieh) zusammentreiben"], Reiterwettkämpfe der Cowboys in den USA, bes. in Montana, Wyoming, Arizona und Texas. Die Cowboys versuchen, auf wilden Pferden oder Stieren zu reiten, wobei es darauf ankommt, möglichst lange im Sattel oder auf dem Rücken der Tiere zu bleiben.

Röder, Franz-Josef, *Merzig 22. Juli 1909, †Saarbrücken 26. Juni 1979, dt. Politiker. - Lehrer; seit 1955 MdL im Saarland für die CDU, 1957 MdB; 1957-65 Kultusmin., 1959-79 Min.präs. des Saarlandes; Landesvors. der CDU 1959-73 (danach Ehrenvorsitzender).

Roderich (span. Rodrigo), †bei Jerez de la Frontera (?) 711, letzter König der Westgoten (seit 710). - Sein Tod im Kampf gegen die Araber gab bald zu Sagenbildungen An-laß. Die „Cronica Gotorum" (Anfang des 11. Jh.) erklärt ihn durch Verrat des christl. Berberführers Julian (Olian) von Ceuta, der die Entehrung seiner Tochter rächen wollte. Weiterentwickelt wurde dieser Stoff v. a. in der Romanzendichtung des 15./16. Jh.

Rodez [frz. rɔ'dɛːz, rɔ'dɛs], frz. Stadt im südl. Zentralmassiv, 24 400 E. Verwaltungssitz des Dep. Aveyron; kath. Bischofssitz; Kunst- und archäolog. Museum; Marktstadt; feinmechan. und Nahrungsmittelind. - Als **Segodunum** eine Stadt der kelt. Rutener, nach ihnen später benannt; seit dem 4./5. Jh. Bischofssitz. Die Gft. R. kam 1590 zur frz. Krondomäne. - Kathedrale (13.-16. Jh.) mit 87 m hohem Turm; Bürger- und Patrizierhäuser v. a. der Gotik und Renaissance; barockes Bischofspalais (17. Jh.); Reste der ma. Stadtbefestigung.

Rodgau, hess. Stadt südl. von Hanau, an der Rodau, 36 800 E. Instrumentenbau, Lederwarenindustrie, Kalksteinabbau.

Rodgers, Richard [engl. 'rɔdʒəz], *New York 28. Juni 1902, †New York 31. Dez. 1979, amerikan. Komponist. - Komponierte u. a. in Zusammenarbeit mit O. Hammerstein (*1895, †1960) zahlr. Musicals, die teilweise zu Welterfolgen wurden, u. a. „Oklahoma!" (1943), „South Pacific" (1949), „The king and I" (1951), „The sound of music" (1959).

Rodin, Auguste [frz. rɔ'dɛ̃], *Paris 12. Nov. 1840, †Meudon 17. Nov. 1917, frz. Bildhauer. - Ausbildung in Paris; starke Eindrücke gingen von der Skulptur J.-B. Carpeaux', von der Kunst Michelangelos und der frz. Gotik auf sein Werk aus, mit dem er zum Begründer der modernen Plastik wurde. Charakterist. ist die unruhig bewegte Oberfläche, die Licht und Schatten maler. zur Wirkung kommen läßt. Immer ist die plast. Form Ausdruck seel. Erregung, häufig gesteigert durch das Belassen im Fragmentarischen. Auch bed. Bildhauerzeichnungen. - Die Gipsmodelle seiner Werke befinden sich v.a. in Meudon (Musée R.), Bronzeabgüsse sind fast immer mehrfach vorhanden, ein Exemplar meist im Pariser Musée Rodin. - *Werke:* Das eherne Zeitalter (1876/77), Höllentor (1880 ff., unvollendet; verselbständigte Details u. a. Eva [um 1881], Denker [1890-1900]), Die Bürger von Calais (1884-86), Der Kuß (Marmor, 1886), H. de Balzac (1893-97), V. Hugo (1896), Gehender Mann (um 1900). - Abb. Bd. 7, S. 219.

Rodó, José Enrique [span. rrɔ'ðo], *Montevideo 15. Juli 1871, †Palermo 1. Mai 1917, uruguay. Schriftsteller. - Einer der geistigen Führer der lateinamerikan. Länder, mit R. Darío Haupt des Modernismo. Entwickelte eine Theorie der Eigenwertigkeit des lateinamerikan. Menschen, wonach dieser ein kontemplativer, zur Erfassung von eth. und religiösen Werten fähiger Typ sei, der Nordamerikaner jedoch utilitarist.-materialist. ausgerichtet.

Rodoreda, Mercè [katalan. rruðu'rɛðə], * Barcelona 17. Okt. 1908, † Gerona 13. April 1983, katalan. Schriftstellerin. - Nach dem Span. Bürgerkrieg lange Jahre im Exil (u.a. Paris, Genf). Ihr Werk „Auf der Plaça del Diamant" (1962), der einfache Lebensbericht einer Frau aus dem Volke, gilt als bedeutendster zeitgenöss. katalan. Roman.

Rodrigo, König der Westgoten, ↑ Roderich.

Rodrigues [engl. rou'dri:gɛs] ↑ Mauritius.

Rodrigues Lobo, Francisco [portugies. rru'ðriɣɪʒ 'loβu], * Leiria um 1580, † 1622 (im Tejo ertrunken), portugies. Dichter. - Einer der bedeutendsten Dichter aus der Schule Camões'; führte die Kunstromanze ein, schrieb bukol. Pastorellen, Elegien, Sonette, Schäferromane.

Rodríguez, Andrés [span. rrɔ'ðriɣɛθ], * Borga 19. Juni 1923, Militär und Politiker in Paraguay. Seit 1970 im Generalsrang; nach einem Putsch im Febr. 1989 Interimspräs.; gewann als Kandidat der Colorados die Präsidentschaftswahl im Mai 1989.

R., Ventura, * Ciempozuelos (Madrid) 14. Juli 1717, † Madrid 26. Aug. 1785, span. Baumeister. - Seine Bauten sind wichtige Beispiele der span. Baukunst im Übergang vom Barock zum Klassizismus, u.a. die Kirche San Marcos in Madrid (1748-53) und die Capilla de Nuestra Señora del Pilar in der gleichnamigen Kirche in Zaragoza (vollendet 1753).

Rodríguez Álvarez, Alejandro [span. rrɔ'ðriɣeθ 'alβarɛθ], span. Dramatiker, ↑ Casona, Alejandro.

Rodríguez Larreta, Enrique [span. rrɔ'ðriɣeð la'rrɛta] ↑ Larreta, Enrique Rodríguez.

Rodtschenko, Alexandr Michailowitsch [russ. 'rɔttʃɪnkɐ], * Petersburg 5. Dez. 1891, † Moskau 3. Dez. 1956, sowjet. Maler, Bildhauer und Photograph. - Gehörte zum Kreis der russ. Konstruktivisten; bed. v.a. seine Raumkonstruktionen (1918-21) sowie in den 20er bis 40er Jahren seine Photozyklen und Dokumentarfilme; auch als Buch- und Plakatkünstler tätig.

Rodung, 1. die Beseitigung von Wald, einschließl. der Baumstümpfe, zur Gewinnung von landw. nutzbarem Land bzw. von Siedlungsfläche; 2. das v.a. vom 11.-Anfang des 13. Jh. aus gerodetem Waldgebiet hervorgegangene Agrar- und Siedlungsland, v.a. in den dt. Ostgebieten. Die **Rodungssiedler** (R.bauern) erhielten den zur Kultivierung bestimmten Boden vom König bzw. Landesherren zur freien Erbleihe und hatten nur geringe Abgaben zu zahlen. Auf diese Weise konnten auch Hörige zu freien Bauern werden (**Rodungsfreie**).

Rodzinski, Artur [ro'dzɪnski, engl. rə'dʒɪnskɪ], * Split 1. Jan. 1892, † Boston (Mass.) 27. Nov. 1958, amerikan. Dirigent poln. Abkunft. - Chefdirigent des Los Angeles Philharmonic Orchestra, des Cleveland Orchestra sowie des New York Symphony Orchestra; setzte sich bes. für neue Musik ein.

Roelants, Maurice [niederl. 'ru:lɑnts], * Gent 19. Dez. 1895, † Sint-Martens-Lennik 25. April 1966, fläm. Schriftsteller. - Begründer des psycholog. Romans in Flandern, v.a. mit „Kommen und Gehen" (1927). Schrieb auch Lyrik, Essays und Novellen („Der Jazzspieler u.a. Erzählungen", 1928).

Roemer, Olaf ↑ Rømer, Ole.

R., Theodor ['rø:mər], * Pfrondorf (= Tübingen) 20. Nov. 1883, † Halle/Saale 3. Sept. 1951, dt. Agronom. - Prof. und Direktor des Inst. für Acker- und Pflanzenbau in Halle; bed. Arbeiten über Bodenbearbeitung, Fruchtfolge und bes. über die [Neu]züchtung von Kulturpflanzen.

Roemheld-Syndrom ['rø:mhɛlt; nach dem dt. Internisten L. Roemheld, * 1871, † 1938], reflektor. ausgelöste Herzbeschwerden (Extrasystolie, Beklemmungsgefühl, Schmerzen, u. U. sogar Angina-pectoris-Anfälle) bei Magen-Darm-Erkrankungen mit Blähungen im Oberbauch, Zwerchfellhochstand und Verschiebung des Herzens.

Roentgen, David ['rœntgən], * Herrnhaag (= Büdingen) 11. Aug. 1743, † Wiesbaden 12. Febr. 1807, dt. Ebenist. - Übernahm 1772 die Kunstschreinerwerkstatt seines Vaters Abraham R. (* 1711, † 1793) in Neuwied, arbeitete u.a. für Katharina II. von Rußland und den frz. Hof (Niederlassung in Paris). Die frühen Möbelstücke gehören noch dem Rokoko an, die späteren klassizist. Stücke dem Louis-seize. Kostbare Intarsien gestaltete R. u.a. nach Entwürfen vom J. Zick u.a., seit 1780 durch Bronzebeschläge ersetzt.

Roermond [niederl. ru:r'mɔnt], niederl. Stadt an der Mündung der Rur in die Maas, 20 m ü.d. M., 38 300 E. Wirtsch. und kultureller Mittelpunkt des zentralen Limburg; kath. Bischofssitz; Museum; Großmarkt, Maashafen. - Als *Ruregemunde* Mitte des 12. Jh. erstmals erwähnt; um 1230 Stadt, später Hauptstadt des geldr. „Overkwartiers", 1441 Hansestadt; kam 1543 unter habsburg. Herrschaft und gehörte bis 1794 zu den erst span., dann östr. Niederlanden; schloß sich dem belg. Aufstand von 1830 an, fiel jedoch 1839 wieder an die Niederlande. - Kathedrale Sint Christoffel (15. Jh.); Rathaus (1700).

Rogaland [norweg. ˌru:galan], Verw.-Geb. in SW-Norwegen, 9 141 km^2, 320 200 E, Hauptstadt Stavanger. Der S weist eine wenig gegliederte Küstenlinie auf, nach N schließt sich das stark verzweigte System des Boknafjords an. R. ist ein führendes Agrargebiet des Landes, v.a. Schafhaltung und Gemüsebau in Gewächshäusern, außerdem Pelztierfarmen. Abgebaut werden Titaneisen und Kupferkies; Nahrungsmittelind., Elektrostahlwerke; Erdölindustrie.

Rogallo-Flügel ↑Paragleiter.
Rogate [lat. „bittet!"], in den ev. Kirchen Name des fünften Sonntags nach Ostern.
Rogen, Bez. für die Eier in den Eierstöcken der ♀ Fische *(Rogner)*. - ↑auch Kaviar.
Roger, männl. Vorname, Nebenform von Rüdiger.
Roger II., * 22. Dez. 1095, † Palermo 26. Febr. 1154, König von Sizilien (seit 1130). - Neffe von Robert Guiscard; begründete den sizil.-süditalien. Normannenstaat; kämpfte gegen Byzanz; wurde 1105 Graf von Sizilien und erlangte 1127 die Herrschaft über Kalabrien und Apulien. Am 22. Aug. 1128 wurde er von Papst Honorius II. als Hzg. über alle diese Gebiete anerkannt (1130 zum Kgr. erhoben). R. errichtete ein auf Erbfolge beruhendes, gottunmittelbares Königtum mit autokrat.-beamtenstaatl. Organisation, der die Assisen von Ariano (1140) zugrunde lagen.
Roger von Helmarshausen, dt. Goldschmied um 1100. - Benediktiner; starke byzantin. Einflüsse. Erhalten sind u. a. zwei roman. Tragaltäre in Paderborn (Franziskanerkirche, um 1100, und im Domschatz, urkundl. 1100 gestiftet). Sie zeigen seinen klar umrissenen, ausdrucksvollen Gravurstil, der sehr einflußreich war.
Roger [engl. 'rɔdʒə], im engl. Sprachbereich Buchstabierwort (bei Funk- und Fernsprechübermittlungen) für den Buchstaben r; im internat. Funksprechverkehr als Kurzwort im Sinne von „Nachricht erhalten (engl. received) und verstanden" verwendet.
Roger, Frère [frz. frɛːr rɔ'ʒɛː], schweizer. ev. Theologe, ↑Schutz, Roger.
Rogers [engl. 'rɔdʒəz], Carl Ransom, * Oak Park (Ill.) 8. Jan. 1902, amerikan. Psychologe und Psychotherapeut. - Prof. in Ohio, Chicago, Wisconsin und La Jolla (Calif.); Vertreter einer empir. Psychotherapieforschung. - *Werke:* Die nichtdirekte Beratung (1942), Die klientbezogene Gesprächstherapie (1951), Entwicklung der Persönlichkeit (1961), Lernen in Freiheit (1969), Partnerschule (1972). - † 4. Febr. 1987.
R., Richard, * Florenz 23. Juli 1933, brit. Architekt. - R. baute 1971-77 mit R. Piano das Centre Georges Pompidou (Paris), dann u. a. das Verw.gebäude für Lloyds (London), ebenfalls mit nach außen verlegten Konstruktions- und Versorgungssystemen.
R., William P[ierce], * Norfolk (N. Y.) 23. Juni 1913, amerikan. Jurist und Politiker (Republikan. Partei). - Staatsanwalt; 1953-75 stellv., 1957-61 Justizmin.; 1969-73 Außenmin., seitdem wieder Anwalt.
Roggen (Secale), Gatt. der Süßgräser mit fünf Arten im östl. Mittelmeergebiet und in den daran angrenzenden östl. Gebieten sowie in Südafrika. Die wichtigste, als Getreidepflanze angebaute Art ist *Secale cereale* (R. im engeren Sinn) mit Hauptanbaugebieten in N-Europa und Sibirien von 50° bis 65°

Roggen (Secale cereale)

n. Br. Der R. hat 65-200 cm lange Halme und eine 5-20 cm lange, vierkantige Ähre aus einzelnen, meist zweiblütigen Ährchen. Die 5-9 mm lange Körnerfrucht löst sich bei der Reife leicht aus den Spelzen. - Fast die Hälfte des R. wird als Viehfutter verwendet. Der als Grünfutter abgemähte R. sowie die als Viehfutter verwendeten Körner werden als *Futter-R.* bezeichnet. Angebaut wird v. a. *Winter-R.,* da er gegenüber dem *Sommer-R.* bessere Erträge bringt. Weitere wirtschaftl. Bed. hat der R. als Brotgetreide. Das Stroh dient teilweise zur Herstellung von Matten, Papier und Zellstoff. - Die *Welternte* an R. betrug 1984 31,2 Mill. t; davon entfielen auf die UdSSR 10,5 Mill. t, auf Polen 9,5 Mill. t, die DDR 2,5 Mill. t und die BR Deutschland 1,9 Mill. t.
Geschichte: Der R. stammt vom anatol. Wildroggen ab, der in der jüngeren Steinzeit als Unkraut nach W kam, wo er die Klimaverschlechterung der Nacheiszeit besser überstand als die Edelgetreide. Seit der Hallstattzeit wurde R. vermutl. in M-Europa angebaut. Den Germanen diente der R. als wichtiges Brotgetreide. Sowohl Slawen als auch Kelten übernahmen den R.anbau aus M-Europa.
Rogier van der Weyden [niederl. roːˈxiːr vɑn der ˈwɛjdə] ↑Weyden, Rogier van der.
Rogner ↑Rogen.
Rogowski, Walter, * Obrighoven (bei Wesel) 7. Mai 1881, † Aachen 10. März 1947, dt. Physiker. - 1919 Prof. in Jena, ab 1920 an der TH Aachen; Arbeiten bes. über Magnetismus und zur techn. Elektronik.
Roha ↑Lalibäla.
Rohan [frz. rɔˈã], frz. Adelsgeschlecht aus der Bretagne, ben. nach dem Ort R. (Dep. Morbihan); begr. von Alain I. aus dem Hause der Grafen von Porhoët, der um 1120 R.

Rohan

mit Umland als Vize-Gft. erhielt. Bed. Vertreter:

R., Henri I, Hzg. von (seit 1603), Fürst von Léon, *Blain (Loire-Atlantique) 21. Aug. 1579, †Königsfelden (= Brugg) 13. April 1638, Hugenottenführer. - Schwiegersohn des Hzg. von Sully; führte 1615/16 die Hugenotten gegen die Regentschaftsregierung Marias von Medici sowie 1621/22 und 1625-29 gegen Richelieu. 1631 als Oberbefehlshaber von Richelieu nach Graubünden entsandt; eroberte 1635 das Veltlin; 1637 von G. Jenatsch zum Abzug aus Graubünden gezwungen.

R., Louis René Édouard Fürst von, *Paris 25. Sept. 1734, †Ettenheim 17. Febr. 1803, Kardinal (seit 1778). - 1779 Fürstbischof von Straßburg. Als Zentralfigur in der †Halsbandaffäre (1785/86) vom Pariser Parlament freigesprochen; verließ Frankr. 1791.

Rohboden, unzusammenhängender, dürftig bewachsener, fast humusfreier A-Horizont (†Bodenkunde) über dem anstehenden Gestein im Anfangsstadium der Bodenbildung.

Rohbogen, in der Drucktechnik Bez. für bedruckte, ungefalzte und unbeschnittene Papierbogen.

Rohde, Helmut, *Hannover 9. Nov. 1925, dt. Politiker (SPD). - Journalist; seit 1957 MdB; 1969-74 parlamentar. Staatssekretär im Bundesministerium für Arbeit und Sozialordnung; 1974-78 Bundesmin. für Bildung und Wiss.; seit 1975 im SPD-Vorstand.

Rohdichte, die Dichte eines festen Stoffes (insbes. Holz) einschließl. des Porenraums.

Roheisen ↑Eisen.

Rohertrag, die um den Wareneinsatz gekürzte Gesamtleistung eines Unternehmens (im Handel: *Rohgewinn* [Bruttogewinn]).

Roherz, svw. ↑Rohhaufwerk.

Rohgewebe (Rohware), in der Weberei Bez. für unmittelbar vom Webstuhl kommende Gewebe, die noch nicht ausgerüstet oder veredelt sind.

Rohhaufwerk (Roherz), Bez. für das im Bergbau gewonnene, noch stark mit Begleitmineralen vermischte Erz, das vor der weiteren Verarbeitung einer ↑Aufbereitung zugeführt werden muß.

Rohkost, vitamin-, mineralstoff- und schlackenreiche, jedoch kalorien-, v. a. fettarme, i. d. R. auch eiweißarme Kost aus Obst, Gemüse und Getreide, die ohne Anwendung von Hitze hergestellt wird.

Rohleinen, grobfädiges, naturfarbenes, nicht appretiertes Leinengewebe, das als Einlage für Jacken und Mäntel verwendet wird.

Rohlfs, Christian, *Groß Niendorf (Kreis Segeberg) 22. Nov. 1849, †Hagen 8. Jan. 1938, dt. Maler. - Entwickelte nach 1900 eine eigenständige Form des Expressionismus, teilweise in Zusammenarbeit mit E. Nolde. Um 1919 erreichte R. seinen persönl. Stil mag. Vergegenwärtigung; die Farbe ist wichtigster Ausdrucksträger seiner Landschaften- und Blumenstilleben (v. a. Aquarelle). - *Werke:* Kirche in Soest (1918; Mannheim, Kunsthalle), Rote Tulpen (1919; Dortmund, Museum am Ostwall), Rotes Haus in Dinkelsbühl (um 1924; Hagen, Karl-Ernst-Osthaus-Museum), Großblühende Magnolie auf blauem Grund (1933; Paris, Louvre).

R., Gerhard, *Vegesack (= Bremen) 14. April 1831, †Rüngsdorf (= Bonn-Bad Godesberg) 2. Juni 1896, dt. Afrikaforscher. - Bereiste 1862 Marokko bis zum Atlas und durchquerte 1865-67 als erster Europäer Afrika vom N (Tripolis) über den Tschadsee und den Niger bis zum Golf von Guinea.

R., Gerhard, *Berlin 14. Juli 1892, †Tübingen 12. Sept. 1986, dt. Romanist. - Prof. in Tübingen und München. Bed. Vertreter der Sprachgeographie; Mitarbeiter am „Sprach- und Sachatlas Italiens und der Südschweiz" (1928-40). Führte den Nachweis des ununterbrochenen Fortlebens des Griech. in S-Italien. Grundlegend wurden u. a. sein „Dizionario dialettale delle tre Calabrie" (1932-39; Erg.-Bde. 1966/67), das „Vocabolario dei dialetti salentini" (1956-61) sowie die „Histor. Grammatik der italien. Sprache und ihrer Mundarten" (1949-54).

Rohling, ein [gegossenes oder geschmiedetes] Werkstück, das noch weiter bearbeitet werden muß.

Röhm, Ernst, *München 28. Nov. 1887, †ebd. 1. Juli 1934 (ermordet), dt. Offizier und Politiker. - Wurde 1917 Hauptmann; nach dem 1. Weltkrieg im Freikorps Epp (München); unterstützte als Stabschef des Münchner Stadtkommandanten die Errichtung nat. Einwohnerwehren, wurde Mgl. der Dt. Arbeiterpartei, später der NSDAP und förderte den Aufbau des paramilitär. „Kampfbundes" und der SA mit Reichswehrmitteln; verließ im Herbst 1923 die Reichswehr, nahm am Hitlerputsch teil und wurde zu Festungshaft verurteilt, jedoch freigelassen; 1924 MdR für die Nat.-Soz. Freiheitspartei, geriet beim Aufbau der SA-Ersatzorganisation „Frontbann" in Ggs. zu Hitler, trat 1925 zurück und ging 1928 als Militärberater nach Bolivien. Von Hitler 1930 zurückgerufen, wurde im Jan. 1931 „Stabschef der SA", im Dez. 1933 Reichsmin. ohne Geschäftsbereich; obwohl Duzfreund Hitlers, wurde er am 30. Juni 1934 unter dem Vorwand angebl. Putschpläne (**Röhmaffäre**; sog. ↑Röhm-Putsch) auf Befehl Hitlers verhaftet und erschossen.

Rohmer, Eric [frz. rɔ'mɛːr], eigtl. Maurice Scherer, *Nancy 4. April 1920, frz. Filmkritiker und Regisseur. - 1958-63 Leiter der „Cahiers du Cinéma". 1962-72 arbeitete R. an einem sechsteiligen Spielfilmzyklus „Moral. Geschichten": u. a. „Die Sammlerin" (1967), „Meine Nacht bei Maud" (1969), „Claires Knie" (1970), „Die Liebe am Nachmittag" (1972). Sensible Beschreibung von Seelenzu-

Röhm-Putsch

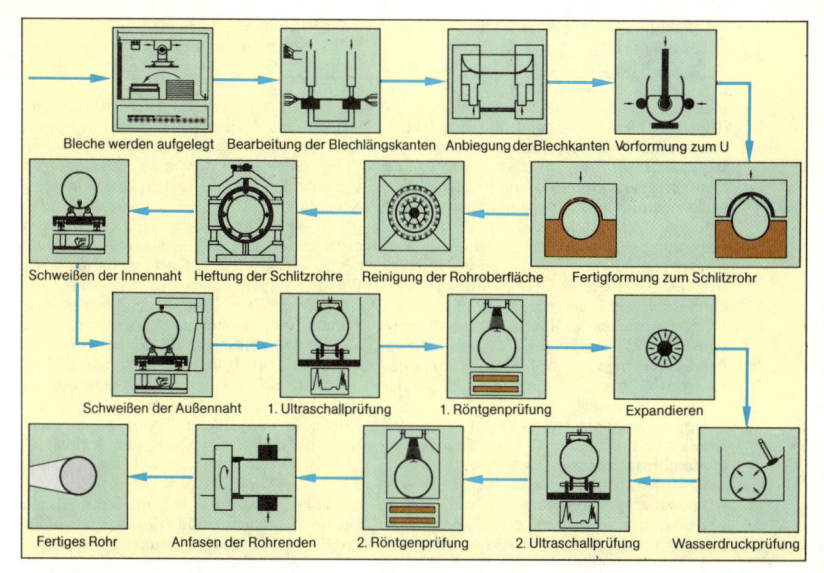

Rohre. Schema des Arbeitsflusses einer Großrohrschweißstraße

Bleche werden aufgelegt — Bearbeitung der Blechlängskanten — Anbiegung der Blechkanten — Vorformung zum U — Fertigformung zum Schlitzrohr — Reinigung der Rohroberfläche — Heftung der Schlitzrohre — Schweißen der Innennaht — Schweißen der Außennaht — 1. Ultraschallprüfung — 1. Röntgenprüfung — Expandieren — Wasserdruckprüfung — 2. Ultraschallprüfung — 2. Röntgenprüfung — Anfasen der Rohrenden — Fertiges Rohr

ständen kennzeichnet auch „Susannes Karriere" (1963), „Die Marquise von O" (1976; nach H. Kleist), „Le rayon vert" (1986).

Rohre. Schema der Herstellung nahtloser Rohre im kontinuierlichen Walzverfahren (Rohrkontistraße)

Röhm-Putsch, von der NS-Propaganda verbreitete Rechtfertigungsbezeichnung für den angebl. Anlaß der von Hitler befohlenen Mordaktion gegen die SA-Führung und polit. Gegner am 30. Juni 1934. An Stelle der falschen Behauptung vom sog. „Röhm-Putsch" war der Konflikt zw. E. Röhm und Hitler auf die Kontroverse über den militär. Charakter der SA und die Fortführung der „nat. Revolution" nach der NS-Machtübernahme

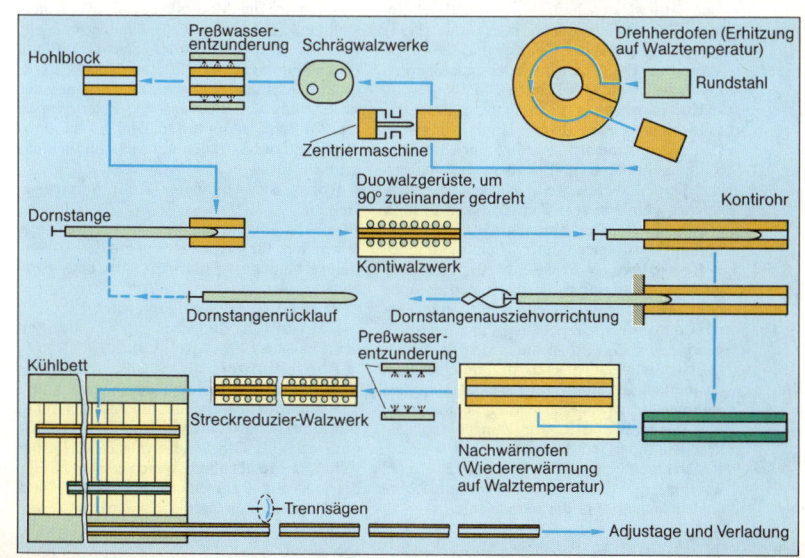

Rohöl

(„2. Revolution") zurückzuführen. Während Hitler um die Loyalität der Reichswehr warb, erstrebte Röhm deren Ausschaltung durch die SA im Rahmen eines revolutionären Milizheeres. Offiziere der Reichswehrführung (Blomberg, Reichenau) und führende Nationalsozialisten (Göring, Himmler, Heß) bestärkten Hitler zum Vorgehen gegen Röhm, dem Verrat und Homosexualität vorgeworfen wurden. Hitler nutzte die von der Reichswehr materiell unterstützten und von SS und Gestapo durchgeführten Aktionen gegen die SA-Führer vom 30. Juni 1934, um auch konservative Gegner und mißliebige Politiker (Schleicher, Bredow, G. Strasser, Kahr, Klausener, Jung) umbringen zu lassen. Durch Gesetz vom 3. 7. 1934 wurden die Mordtaten, denen rd. 200 Personen (offiziell 83) zum Opfer fielen, von der Reichsreg. nachträgl. als „Staatsnotwehr" legalisiert.

Rohöl, ungereinigtes und nicht raffiniertes Erdöl, nicht raffinierte Öle aus Braun- und Steinkohlenteer sowie Ölschiefer.

Rohphosphate, Bez. für die natürl. vorkommenden Phosphatminerale, z. B. Apatit.

Rohr, Bez. für verschiedene Pflanzen mit auffällig langen Halmen bzw. Sprossen (z. B. Rohrkolben, Schilfrohr).
◆ ↑Rohre.

Rohrabschneider (Rohrschneider), Werkzeug zum Schneiden von Metallrohren: eine Schraubspindel drückt auf ein oder mehrere scharfkantige Schneidrädchen, die mit Hilfe der hebelartigen Schraubspindel und einem als Widerlager dienenden Bügel um das Rohr herumgeführt werden.

Rohracher, Hubert, * Lienz 24. April 1903, östr. Psychologe. - Prof. in Wien; vertritt eine naturwissenschaftl. orientierte Psychologie. - *Werke:* Kleine Charakterkunde (1934), Die Arbeitsweise des Gehirns und die psych. Vorgänge (1953), Lehrbuch der experimentellen Psychologie (1963; mit R. Meili).

Rohrammer (Rohrspatz, Emberiza schoeniclus), etwa 15 cm langer Singvogel (Unterfam. Ammern), v. a. in Röhrichten und Sümpfen großer Teile Eurasiens; mit schwarzem Kopf und Hals, weißl. Nacken und ebensolcher Unterseite; Rücken und Flügel schwarz gefleckt auf braunem Grund; Bodennest in Grashorsten oder zw. Schilf und Gras.

Rohrblatt, Vorrichtung zur Tonerzeugung bei bestimmten Blasinstrumenten. Eine oder zwei Zungen aus Schilfrohr (Arundo donax), die am Instrument auf- oder zusammengebunden sind, werden durch den Blasstrom in Schwingungen versetzt. Man unterscheidet das einfache R. (die Zunge schlägt auf einen Rahmen auf, so bei Klarinette und Saxophon) und das doppelte R. (die Zungen schlagen gegeneinander, so bei Oboe und Fagott). R.instrumente werden von. Röhre (z. B. Oboe) überblasen in die Oktave, mit zylindr. Röhre (z. B. Klarinette) in die Duodezime.

Rohrbrunnen ↑Brunnen.

Rohrdommeln (Botaurus), fast weltweit verbreitete Gatt. bis etwa 80 cm langer, überwiegend braun gefärbter Reiher (Unterfam. Dommeln) mit 5 Arten an schilfreichen Gewässern. In M-Europa kommt die **Große Rohrdommel** (Botaurus stellaris) vor: etwa 80 cm lang, hellbraun mit dunkelbraunen Längsbinden, grünl. Beinen und schwarzer Kopfplatte.

Rohre (Röhren), lange Hohlzylinder von meist kreisförmigem Querschnitt und mit einer im Verhältnis zum Durchmesser geringen Wandstärke; sie dienen v. a. zum Fortleiten von Flüssigkeiten, Dämpfen und Gasen, zum Schutz (und leichteren Auswechseln) von Kabeln und Leitungen, als Konstruktionselemente im Gerüst- und Fahrzeugbau, als Geschütz-R. (↑Geschütz) u. a. *Rohrwerkstoffe* sind Stahl, Gußeisen, Nichteisenmetalle (v. a. Kupfer, Messing, Blei und Aluminium), Glas, Keramik und Beton sowie (für flexible R.) Gummi und Kunststoffe. *Stahl-R.* werden insbes. für den Stofftransport bei hohem Druck und hoher Temperatur in Dampfkraftanlagen und in der chem. Industrie, aber auch für Erdöl- und Erdgasfernleitungen verwendet; sie werden v. a. nahtlos durch Walzen hergestellt, direkt aus massiven Stahlblöcken in Lochwalzwerken oder durch ↑Rohrziehen von dickwandigen Rohrluppen, daneben jedoch auch durch Zusammenschweißen von blechförmigem Ausgangsmaterial. *Gußeisen-* und *Gußstahl-R.* werden meist im Schleuderguß hergestellt oder durch Gießen in Formen mit einem Kern, *Nichteisenmetall-R.* v. a. durch Strangguß (Bleirohre auch durch Strangpressen, nahtlose Kupfer- und Messing-R. nach den Methoden der Stahlrohrherstellung). *Beton-* und *Stahlbeton-R.* stellt man im Schleuder- oder Schwerkraftguß, durch Stampfen oder Rütteln her, *Keramik-R.* durch maschinelles Pressen und Brennen der grobkeram. Massen. *Kunststoff-R.* fertigt man meist durch Strangpressen, *Glas-R.* auf automat. Fertigungsstraßen mit Glasrohrziehmaschinen. - Abb. S. 293.

Röhre, svw. [dünneres] Rohr, rohrartiges Gebilde.
◆ svw. ↑Elektronenröhre.
◆ wm. Bez. für die den Kessel mit der Außenwelt verbindenden unterird. Gänge eines Erdbaus.

Rohren, svw. ↑Kehlkopfpfeifen.

Röhren (Orgeln, Schreien), wm. Bez. für den Paarungsruf des Rothirschs.

Röhrenblüten, die radiären, regelmäßig fünfzähligen Einzelblüten der ↑Korbblütler.

Röhrenglocken, im modernen Orchester verwendetes Schlaginstrument, zunächst (um 1885) als Glockenersatz gebaut. Es besteht aus Metallröhren verschiedener Länge, die in einem Rahmen aufgehängt sind und mit Hämmern angeschlagen werden.

294

Röhrenkassie ↑ Kassie.
Röhrenknochen ↑ Knochen.
Röhrenläuse (Aphididae), weltweit verbreitete, artenreichste Fam. der Blattläuse mit in M-Europa mehreren 100 Arten, die auf dem Rücken sehr lange, wachsausscheidende Drüsenröhren haben; meist mit Wirtspflanzen- und Generationswechsel. Viele Arten können entweder durch Saugen von Säften oder als Überträger pflanzl. Viruskrankheiten an Kulturpflanzen schädl. werden, z. B. die 2–3 mm große, grüne **Hopfenblattlaus** (Phorodon humuli) und die **Pflaumenblattläuse** (2–3 mm groß, meist hellgrün bis gelblich).
Röhrenmäuler (Solenostomidae), Fam. bis 15 cm langer Knochenfische (Unterordnung Büschelkiemer); mit 6 Arten in Seegraswiesen des trop. Indopazifiks; Körper sehr langgestreckt, seitl. zusammengedrückt, mit stark verlängerter, röhrenförmiger Schnauze, großen Knochenplatten, büschelförmigen Kiemen.
Röhrenpilze, svw. ↑ Röhrlinge.
Röhrenschaler, svw. ↑ Kahnfüßer.
Röhrenschildläuse (Ortheziidae), weltweit verbreitete Fam. etwa 1–4 mm langer Schildläuse mit rd. 50 Arten, davon 5 in M-Europa. Die ♀♀ tragen ihre Eier bis zum Schlüpfen in einem röhrenförmigen, aus Wachsplättchen bestehenden Eisack umher. In M-Europa verbreitet ist die **Gewächshaus-Röhrenschildlaus** (Orthezia insignis) mit drei schwarzgrünen Streifen zw. den weißen Wachsplättchenreihen des Körpers bei Larven und ♀♀.
Röhrenwürmer, svw. ↑ Sedentaria.
Röhrenzähner, (Tubulidentata) Ordnung der Säugetiere mit der einzigen rezenten Art ↑ Erdferkel.
♦ (Solenoglypha) die Vipern und Grubenottern umfassende Gruppe der Giftschlangen; Giftzähne mit röhrenförmigem, geschlossenem Giftkanal, in Ruhe nach unten geklappt, können beim Öffnen des Maules aufgerichtet werden.
Rohrer, Heinrich, * Buchs (SG) 6. Juni 1933, schweizer. Physiker. - Entwickelte zus. mit G. Binnig am IBM-Forschungslaboratorium in Rüschlikon das Raster-Tunnel-Mikroskop (Sichtbarmachung atomarer Oberflächenstrukturen); erhielt 1986 (mit G. Binnig und E. Ruska) den Nobelpreis für Physik.
Rohrfederzeichnung, Federzeichnung mit Federn aus schräg angeschnittenem Schilfrohr.
Rohrflöte, Orgelregister mit oben verschlossenen Labialpfeifen, deren Deckel von einem Röhrchen durchdrungen wird (teilgedeckte Pfeifen). Der Klang ist daher heller als bei ganz gedeckten Pfeifen.
Rohrglanzgras (Phalaris arundinacea), etwa 1–2 m hohe, ausdauernde Glanzgrasart in Europa, Asien und N-Amerika; mit kriechender Grundachse und bis fast 2 cm breiten Blättern. Verschiedene Gartenformen mit weiß, weißrot oder gelb gebänderten Blättern.

Rohrleitungen

Röhrich, Lutz, * Tübingen 9. Okt. 1922, dt. Volkskundler. - Prof. in Mainz, seit 1967 in Freiburg im Breisgau; Direktor des Dt. Volksliedarchivs; arbeitet v. a. auf den Gebieten der Erzähl-, Lied- und Sprichwortforschung.
Rohrkäfer (Donacia), Gatt. der Schilfkäfer mit rd. 20 einheim., 5–13 mm langen Arten; Körper abgeflacht, bockkäferähnl., metall. glänzend, mit braunrotem Halsschild und braungelben Flügeldecken; Imagines leben in der Nähe von Süßgewässern, Larven entwickeln sich an untergetauchten Wasserpflanzen.
Rohrkatze (Sumpfluchs, Felis chaus), etwa 60–75 cm lange (einschließl. Schwanz bis 1,10 m messende), hochbeinige Kleinkatze in dicht bewachsenen Landschaften Ägyptens, Vorderasiens und S-Asiens; Färbung gelbgrau bis rotbraun mit (bei älteren Tieren fast ganz verschwindender) dunkler Querstreifung und kurzen Haarpinseln an den Ohrspitzen.
Rohrkolben (Typha), einzige Gatt. der einkeimblättrigen Pflanzenfam. **Rohrkolbengewächse** (Typhaceae) mit rd. 15 fast weltweit verbreiteten Arten. Bekannte einheim. Arten sind der **Breitblättrige Rohrkolben** (Typha latifolia; mit 1–2,5 m hohem Sproß, 10–20 mm breiten Blättern, 2–3 cm dicken Kolben und dicht auf dem ♀ Blütenstand aufsitzendem ♂ Blütenstand) und der **Schmalblättrige Rohrkolben** (Typha angustifolia; 1–1,5 m hoch; ♀ Blütenstand deutl. von ♂ getrennt; Blätter bis 10 mm breit; Kolben rotbraun; oft bestandbildend in Sümpfen, Teichen und an Flußufern).
Rohrkrepierer, Bez. für ein Geschoß, das vor dem Verlassen des Geschützrohrs detoniert [und die Waffe zerstört].
Rohrleitungen, aus miteinander verbundenen Rohren bestehende Leitungen zum Transport gasförmiger, flüssiger oder fester Stoffe, z. B. zwischen Erzeuger und Verbraucher oder zwischen verschiedenen techn. Anlagen (↑ auch Pipeline). Die einzelnen Rohre werden fest durch Schweiß-, Niet- und Klebverbindungen, lösbar durch Flansch-, Gewinde-, Muffen- und Schnellverbindungen miteinander verbunden. Zum Ausgleich von Längenänderungen werden Dehnungsausgleicher, zur Sicherung und Überwachung Absperrorgane, Be- und Entlüftungsventile, Abscheider, Druck- und Temperaturmeßgeräte sowie Steuer- und Regeleinrichtungen eingebaut, zur verlustarmen Strömungsumlenkung dienen Krümmer, zur Trennung oder Vereinigung von Rohren Abzweig-, Hosen- und Kreuzstücke, zum Überbrücken von Querschnittsänderungen sog. Überstücke. Zur Kennzeichnung des Durchflußstoffes werden in der Industrie an den R. farbige

Röhrlinge

Ringe und/oder (mit spitzem Ende in Durchflußrichtung weisende) farbige Schilder angebracht; **Rohrleitungsfarben** sind: Grün (Wasser), Rot (Wasserdampf), Blau (Luft), Gelb (Gase), Braun (Flüssigkeiten, insbes. Öl), Orange (Säuren), Violett (Laugen), Weiß (feste Stoffe), Grau (Vakuumleitung).

Röhrlinge (Röhrenpilze, Boletaceae), Ständerpilze der Ordnung Lamellenpilze; mit 46 in Deutschland heim. Arten; meist große, dickfleischige Hutpilze, auf deren Hutunterseite sich eine leicht vom Hutfleisch ablösende Röhrenschicht (im Ggs. zu den Porlingen) mit der Fruchtschicht befindet. Die meisten R. sind gute Speisepilze (u. a. Butterpilz, Rotkappen, Steinpilz, Maronenröhrling), wenige sind ungenießbar (Gallenröhrling) oder giftig (Satanspilz). Charakterist. ist bei vielen R. die Blaufärbung des Fruchtfleisches nach Verletzung. - Früher wurden die R. wegen der Ähnlichkeit der röhrenförmigen Fruchtschicht zu den Porlingen gestellt.

Rohrluppe, durch Walzen hergestelltes Rohr verhältnismäßig geringer Länge und großer Wandstärke, das noch weiterbearbeitet werden muß.

Rohrpost, aus einem verzweigten Rohrleitungssystem bestehende, mit Druckluft arbeitende Förderanlage, in der büchsenartige Förderbehälter mit Druck- oder Saugluft durch meist kreisrunde Rohre (Durchmesser 2,5–12,5 cm; bei ovalen Rohren auch bis 45 cm) bewegt werden; die Fördergeschwindigkeit beträgt dabei etwa 5–20 m/s. Die zur Beförderung verwendeten R.büchsen sind mit mechan., elektr. oder magnet. Kennzeichen versehen, die je nach Empfänger durch sog. Zielringe eingestellt und in einer automat. Vermittlungsanlage elektr. abgetastet werden; es werden auch Zielsteuereinrichtungen angewendet, die der Absender durch Tasten einstellt. In beiden Fällen bahnt eine Relaiseinrichtung durch entsprechende Weichenstellung dem Weg zum Empfänger. - Die erste R.anlage wurde 1853 von L. Clark in London erbaut.

Rohrratten (Borstenferkel, Grasschneider, Thryonomyidae), Nagetierfam. mit mehreren Arten in Afrika, südl. der Sahara; Körper plump, etwa 35–60 cm lang, mit großem Kopf und kurzem, etwa 7–25 cm langem Schwanz; Fell bräunl., borstenartig, ohne Unterwolle; leben v. a. im Schilfgürtel längs der Flußläufe; werden gejagt, Fleisch schmackhaft.

Rohrreinigungsmittel, zur Beseitigung von Verstopfungen in Abwasserrohren verwendete stark alkal. (z. B. Natriumhydroxid) oder stark saure (z. B. Sulfaminsäure) Substanzen.

Rohrsänger (Acrocephalus), Gatt. bis etwa 20 cm langer, unauffällig gefärbter, geschickt kletternder Grasmücken mit 18 Arten in Schilfdickichten (auch in Getreidefeldern) Eurasiens, Afrikas, Australiens und Polynesiens; bauen häufig napfförmige Nester, die an Schilfhalmen befestigt werden; Zugvögel, die bis ins trop. Afrika ziehen. In M-Europa kommen vor: **Schilfrohrsänger** (Bruchweißkehlchen, Acrocephalus schoenobaenus), etwa 12 cm lang, oberseits bräunl., dunkel längsgestreift, unterseits gelblichweiß; mit weißem Überaugenstreif. **Drosselrohrsänger** (Acrocephalus arundinaceus), etwa 19 cm lang, Oberseite rötlichbraun mit hellem Überaugenstreif, Unterseite bräunlichweiß, **Teichrohrsänger** (Acrocephalus scirpaceus), etwa 13 cm lang, oberseits braun, unterseits weiß. **Seggenrohrsänger** (Acrocephalus paludicola), etwa 13 cm lang, auf unscheinbar grünlichbrauner Grundfärbung schwarz gezeichnet. **Sumpfrohrsänger** (Acrocephalus palustris), bis 13 cm lang, oberseits braun, unterseits gelblichweiß.

Rohrschelle (Rohrschappel), Vorrichtung zur Befestigung von Rohrleitungen an Wänden; besteht aus zwei halbrunden, das Rohr umgreifenden Bügeln, die gewöhnl. durch Schrauben zusammengehalten werden, und einem mit dem einen Bügel fest verbundenen Mauerhaken oder einer ähnl. Haltevorrichtung.

Rohrschwirl ↑Schwirle.
Rohrspatz, svw. ↑Rohrammer.
Rohrstrangguß ↑Gießverfahren.
Rohrstrangpressen ↑Strangpressen.
Rohrströmung, die durch einen Druckunterschied oder eine Volumenkraft (z. B. Schwerkraft) erzwungene Strömung einer Flüssigkeit oder eines Gases durch eine Rohrleitung.

Rohrweihe ↑Weihen.
Rohrwerk, die Gesamtheit der Zungenstimmen einer ↑Orgel.
Rohrziehen, Herstellung von Rohren durch Kaltformung aus dickeren Rohren mittels verschiedener Ziehverfahren. Beim einfachen Ziehen durch eine Düse wird das Rohr unter Wirkung des Längszugs und des in Umfangsrichtung auftretenden Drucks im Durchmesser vermindert, während die Wandstärke nahezu unverändert bleibt. Beim Aufweiten durch Ziehen über einen kon. Stopfen wird die Wandstärke in dem Maße verringert, wie sich der Rohrumfang vergrößert. Beim Ziehen mit laufender Dornstange oder feststehendem Stopfen wird die Wandstärke des Rohres entsprechend dem zwischen Düse und Dorn bzw. Stopfen vorhandenen Spalt verkleinert, während der innere Rohrdurchmesser nur geringfügig vermindert wird.

Rohrzucker, svw. ↑Saccharose.
Rohseide, vom Kokon abgehaspelte Seidenfäden, die noch mit Seidenleim behaftet und deshalb steif, strohig und matt sind. 3–8 solcher, parallel liegender Fäden, die nur vom Seidenleim zusammengehalten werden, werden als **Grège** bezeichnet.

◆ Bez. für leinwand- oder taftbindige Gewebe aus Grège oder Tussahseide.

Rohsprit ↑ Branntwein.

Rohstoff, Fertigungsmaterial, das die Grundsubstanz der Fertigerzeugnisse darstellt. Der R. geht direkt in das Produkt ein. - Da die R. einerseits überwiegende Einkommensquelle vieler Entwicklungsländer sind, andererseits angebotene Menge und Preis das Wirtschaftswachstum in den Industrieländern wesentlich beeinflussen, wurden sie in den 1970er Jahren Gegenstand zahlr. Versuche, ihre Förderung und ihren Absatz entsprechend den jeweiligen Interessen zu regeln. Während die Entwicklungsländer in diesem Zusammenhang eine neue Weltwirtschaftsordnung forderten und bes. Gewicht auf eine Stabilisierung ihrer Einkommen, z. B. durch entsprechende Preisgarantien der Industrieländer, legten, suchten die Industrieländer v. a. eine ihrem wirtsch. Wachstum entsprechende Belieferung sicherzustellen. Die Suche nach von beiden Seiten akzeptierten Kompromissen, wie z. B. in den ersten Abkommen

Voraussichtliche Erschöpfung von Rohstoffen in Jahren (Stand 1987)	
Aluminium 239	Mangan 105
Asbest 28	Molybdän 54
Blei 25	Nickel 56
Braunkohle 361	Phosphat 180
Chromit 109	Silber 18
Eisen 131	Steinkohle 167
Erdgas 56	Wolfram 56
Erdöl 34	Zink 21
Kupfer 40	Zinn 16

zw. den EG und den AKP-Staaten, erwies sich als äußerst schwierig. Es wurden immer wieder Befürchtungen laut, eine zunehmende R.knappheit könne das Wirtschaftswachstum in absehbarer Zeit zum Erliegen bringen. - Versuche von Entwicklungsländern, ein der ↑ OPEC vergleichbares Kartell auch für andere R. zu bilden, waren wenig erfolgreich.

Rohwolle, Bez. für frisch geschorene, noch nicht gereinigte Schafwolle.

Rohwurst ↑ Wurstwaren.

Roidis, Emmanuil [neugr. rɔˈiðis], * Ermupolis (Siros) 28. Juli 1836, † Athen 7. Jan. 1904, neugriech. Schriftsteller. - 1882–1902 Direktor der Nationalbibliothek; Begründer der neugriech. Erzählung. - Ein Skandalerfolg war sein satir. Geschichtsroman „Die Päpstin Johanna" (1865).

Roi Soleil [frz. rwasɔˈlɛj „Sonnenkönig"], Beiname des frz. Königs ↑ Ludwig XIV.

Roissy-en-France [frz. rwasiãˈfrãːs], frz. Ort im nö. Vorortbereich von Paris, Dep. Val-d'Oise, 1 400 E. Großflughafen Charles-de-Gaulle.

Rojas, Manuel [span. ˈrrɔxas], * Buenos Aires 8. Jan. 1896, † Santiago de Chile 11. März 1973, chilen. Schriftsteller. - Schildert in realist., sozialengagierten Romanen, Erzählungen und Gedichten das vielgestaltige Leben und die Landschaft Chiles, u. a. „Chilen. Beichte" (R., 1960).

Rojas Zorilla, Francisco de [span. ˈrrɔxas θoˈriʎa], * Toledo 4. Okt. 1607, † Madrid 23. Jan. 1648, span. Dramatiker. - Schrieb bühnenwirksame Charakterlustspiele mit Sinn für Situationskomik; „Außer meinem König - keiner!" (Dr., 1645) behandelt das für die höf. Literatur Spaniens zentrale Thema der Verteidigung beleidigter Ehre. Bed. Einfluß auf das frz. Drama.

Rök, Runenstein von, bedeutendstes wikingerzeitl. Runendenkmal Schwedens (datiert etwa 850) in Rök (Gem. Ödeshög; Östergötland); der beinahe 4 m hohe Granitstein trägt auf vier Längsflächen und der Oberseite über 800 Runenzeichen, die den sog. schwed.-norweg. Typus der wikingerzeitl. Runen verkörpern. - ↑ auch Runen.

Rokeah, David [roˈkeːax], * Lemberg 22. Juli 1916, † Duisburg 29. Mai 1985, israel. Lyriker. - Kam 1934 nach Palästina. Dt. erschienen u. a. „Kein anderer Tag" (1971) und „Wo Stachelrosen wachsen" (1976).

Rokha, Pablo de [span. ˈrrɔka], eigtl. Carlos Díaz Loyola, * Licantén 27. März 1894, † Santiago de Chile 10. Sept. 1968 (Selbstmord), chilen. Lyriker. - Vertreter einer sozialist.-agitator. Dichtung; die Vehemenz und Rohheit seiner Sprache und Bilder brachen mit jeder Art lyr. Konvention.

Rökk, Marika, * Kairo 3. Nov. 1913, dt. Tänzerin, Schauspielerin und Sängerin ungar. Herkunft. - Entwickelte sich seit 1936 zu einem Topstar der Ufa („Die Frau meiner Träume", 1944). Bes. erfolgreich in Revuefilmen unter der Regie ihres Mannes G. ↑ Jacoby. Nach 1945 Operettenfilme wie „Maske in Blau" (1952), auch Musicals wie „Hallo Dolly" (1968).

Rokoko [frz., zu ↑ Rocaille], in der **Kunst** die Stilphase zw. Barock und Klassizismus (etwa 1720–1780). Das Ursprungsland ist Frankr., wo in Reaktion auf das Pathos und die Monumentalität des Barock eine Hinwendung zum Intimen, Persönlichen stattfindet; die dynam. Formensprache des Barock wird in der Kunst in einen anmutigen, verspielten, kleinformigen Dekorationsstil umgeformt (Louis-quinze). Die künstler. Akzente verlagern sich vom Außenbau auf den Innenraum, der von einem lockeren Schmuckwerk übersponnen und in Bewegung gesetzt wird. Die Rocaille in ihren schlängelndem, wellenförmigen Bewegungen wird zum Grundmotiv der Dekoration. Durch die Stichwerke v. a. von J. A. Meissonier und F. de Cuvilliés d. Ä. wurde der Stil in ganz Europa verbreitet, Schwerpunkte bildeten die höf. und städt. Zentren wie Paris, München, Potsdam, Petersburg. - Dem intimen Charakter entspricht

Rokoko

Rokoko. Von oben: Sébastien Antoine und Paul Ambroise Slodtz, Pied de table (1739). Versailles, Musée National de Versailles et des Trianons; Teetischplatte (1767). Schleswig, Schleswig-Holsteinisches Landesmuseum; Fächer (um 1740/50). London, Victoria and Albert Museum

eine Blüte der Kleinkunst und des Kunstgewerbes. Eine verfeinerte Wohnkultur drückt sich in den Gegenständen des tägl. Gebrauchs, in den Möbeln und Tapeten aus, die ebenso von dem neuen Schmuckstil geprägt sind wie Gold- und Silbergeräte oder die Mode. Eine neue Gattung der Kleinkunst entsteht: die Porzellanplastik, die im R. gleichzeitig ihren Höhepunkt erlebt; sie spiegelt die Gesellschaft der Zeit, die sich in galanten Schäferspielen und gebildeter Weltläufigkeit gefällt (J. J. Kändler, F. A. Bustelli). Galante und pastorale Themen bestimmen auch die Malerei (Watteau, J. H. Fragonard, F. Boucher), Stilleben (J.-B. S. Chardin) und Porträtkunst werden gepflegt; die Pastellmalerei mit ihrer differenzierten Farbigkeit kommt in Mode (R. Carriera, M. Quentin de la Tour). Lichte Helligkeit charakterisiert auch die venezian. Malerei des 18. Jh., die mit den Veduten Canalettos und F. Guardis und den Fresken Tiepolos einen bed. Beitrag zum R. leistet. Wichtige Aufgaben der Bildhauer waren Figuren für Park- und Gartenanlagen (F. Dietz u. a.). - Während das Louisquinze in Frankr. eine aristokrat. Profankultur darstellt, findet das R. in Süddeutschland gerade im Kirchenbau höchste Vollendung. In ihm wird das R.ornament umfassend wirksam, sowohl im Grund- wie im Aufriß, und im Innenraum überspielen Stuck, Plastik und Malerei, Licht und Farbigkeit die räuml. Grenzen (D. Zimmermann, Wies; Brüder Asam, Abteikirche Weltenburg; J. M. Fischer, Rott am Inn, Plastik von I. Günther; Wallfahrtskirche Birnau, Plastik von J. A. Feuchtmayer).

Die **Literatur** des [dt.] R. (etwa zw. 1740 und 1780) übernimmt die Grundtendenzen der Aufklärung und Züge der Empfindsamkeit; oberstes Prinzip ist „Grazie" als das moral. Schöne; propagiert wird ein neues Lebensgefühl, eine heitere, weltimmanente Lebensfreude, verfeinerter Sinnengenuß, der in ästhet. Spiel und graziöser Form Leben und Kunst harmon. zu verbinden sucht. Die wichtigsten Themenkreise der Gesellschaftsdichtung des damaligen Bürgertums sind: Lieben, Trinken, Singen, Freundschaft, Geselligkeit, Natur. Bevorzugt werden Kurzformen (Lyrik, Verserzählung, Dramolett, Singspiel, Idylle). Hauptvertreter sind C. M. Wieland, der junge Goethe, der junge Lessing, F. von Hagedorn, J. W. L. Gleim, J. P. Uz, C. F. Weiße, C. F. Gellert, S. Geßner, H. W. von Gerstenberg. Die **Musik** des R. bildet als galanter Stil und empfindsamer Stil die Zeit des Übergangs vom Barock zur Wiener Klassik. Die allg. künstler. Tendenz der Zeit prägt sich auch musikal. aus in kleinen Formen, gesangl. Bildungen, empfindungsreicher Melodik und einfacher Harmonik, teilweise in reicher Verzierungstechnik bei einem insgesamt feinsinnigeren und differenzierteren Klangideal im Unterschied zum mehr großflächig ausgreifenden, jeden Affekt einheitl. präsentierenden Barockstil.

📖 *Niebelschütz, W. v.: Über Barock u. R. Ffm. 1981. - Bauer, H.: R.malerei. Mchn. 1980. - Blunt, A./Swaan, W.: Kunst u. Kultur des Barock u. R. Dt. Übers. Freib 1979. - Perels, C.: Studien zur Aufnahme u. Kritik der R.lyrik zw. 1740 u. 1760. Gött. 1974. - Anger, A.: Dt. R.-*

Rolandslied

Dichtung. Ein Forschungsbericht. Stg. ²1968.

Rokossowski, Konstantin Konstantinowitsch [russ. rʊkaˈsɔfskij], * Welikije Luki 21. Dez. 1896, † Moskau 3. Aug. 1968, Marschall der Sowjetunion (1944) und von Polen (1949). - Mgl. der KPdSU ab 1919; 1937–41 inhaftiert; führend an der Verteidigung Moskaus im Winter 1941 beteiligt; befehligte 1942–45 verschiedene Armeekorps; 1949 zum poln. Verteidigungsmin. und Oberbefehlshaber ernannt, ab 1950 Mgl. des Politbüros der Poln. Vereinigten Arbeiter-Partei, ab 1952 auch stellv. Vors. im Min.rat. Der von R. in Polen durchgesetzte stalinist. Kurs löste 1956 den Posener Aufstand und den Machtwechsel zugunsten W. Gomułkas aus. 1956 aus dem Politbüro und seinen Staatsämtern in Polen entlassen, kehrte R. in die Sowjetunion zurück und war bis 1962 stellv. Verteidigungsminister.

Roland, männl. Vorname, eigtl. Hrodland (urspr. Hrodnand, zu german. hroþ- „Ruhm, Preis" und nanþ- „gewagt, kühn").

Roland (Hruodlandus, italien. Orlando), ⚔ bei Roncesvalles 15. Aug. 778, Markgraf der Breton. Mark. - Nach Einhards „Vita Caroli magni" fiel R., als beim Rückzug Karls d. Gr. aus Spanien die Nachhut des Heeres in den Pyrenäen von den Basken aufgerieben wurde; in der Sage († auch Rolandslied) als dessen Neffe und einer der 12 Paladine verherrlicht.

Roland (Rolandsäule), Standbild in Gestalt eines oft überlebensgroßen barhäuptigen Ritters mit bloßem Schwert. Sinngehalt und Herkunft der Bez. der wohl schon im 13. (bis ins 18.) Jh. auf Markt- und Hauptplätzen vieler norddt. Städte aufgestellten Bildsäulen ist ungeklärt; sie werden der Rechtssphäre zugeordnet (Symbol der hohen Gerichtsbarkeit oder der städt. Rechte und Freiheiten, z. B. der Marktfreiheit). - Abb. Bd. 4, S. 34.

Roland Holst, Adriaan (Adrianus), * Amsterdam 23. Mai 1888, † Bergen (bei Alkmaar) 6. Aug. 1977, niederl. Schriftsteller. - 1929–34 Redakteur der Zeitschrift „De Gids", während des 2. Weltkriegs einer der bedeutendsten Schriftsteller der Widerstandsbewegung. Sucht in seiner myst.-visionären Lyrik die ird. Vollkommenheit in einer verlorenen Urzeit.

R. H., Henriëtte, geb. van der Schalk, * Noordwijk-Binnen 24. Dez. 1869, † Amsterdam 21. Nov. 1952, niederl. Schriftstellerin. - Nach 1918 Mgl. der KP; wandte sich Ende der 1920er Jahre einem Sozialismus religiösmyst. Prägung zu. Engagierte sich in Gedichten, Dramen und polit. Schriften für die Verbesserung der sozialen Stellung der Unterprivilegierten. Auch Biographien, z. B. über G. Garibaldi, R. Luxemburg, L. N. Tolstoi.

Rolandslied (Chanson de Roland), ältestes frz. Heldenepos; in Tiraden abgefaßt; gehört zu den liedhaften Chansons de geste

Rokoko. Von oben: François Boucher, Sylvia wird von einem verwundeten Wolf verfolgt (1756). Tours, Musée des Beaux-Arts; Francesco Guardi, Architektur-Capriccio (Ausschnitt; undatiert). Privatbesitz

und in den Sagenkreis um Karl d. Gr. Verfaßt wurde das R. vermutl. um 1080 von einem anonymen Verf. (die Autorenschaft des Klerikers Turoldus ist unsicher). Älteste u. bedeutendste Handschrift ist die frühanglonormann. Oxforder Handschrift aus dem 12. Jh. Zugrunde liegendes histor. Ereignis ist die Vernichtung der vom breton. Markgrafen Hruodlandus geführten Heeresnachhut Karls d. Gr. durch den Verrat Ganalons im Tal von Roncesvalles im Jahr 778. Roland, der

Roldán

Held des Epos, ist ein Neffe und einer der 12 Paladine Karls d. Gr. Der Kampf Rolands mit seinem Schwert Durendal und sein Tod - aus Stolz rief er nicht rechtzeitig mit seinem Horn Olifant um Hilfe - bilden den Höhepunkt der Handlung. Karl rächt Rolands Tod und schlägt die Sarazenen in die Flucht. Während im frz. Epos Roland aus nat. Motiven für Frankr. kämpft, wird er in den zahlr. Nachdichtungen zum religiösen, christl. Kämpfer gegen die Sarazenen: so etwa im 1170 verfaßten R. des Pfaffen Konrad oder in der Bearbeitung des Stricker im 13. Jh. Später wird der Stoff zu Romanzen, Balladen und Dramen geformt.

Roldán, Amadeo, * Paris 12. Juli 1900, † Havanna 2. März 1939, kuban. Komponist. - Einer der bedeutendsten Vertreter der kuban. Musik, bezog afrokuban. Rhythmik und folklorist. Schlaginstrumente in seine Kompositionen ein, u. a. „Rítmicas" für diverse Instrumente (1930).

Roldós Aguilera, Jaime [span. rol'dɔs agi'lera], * Guayaquil 5. Nov. 1940, † 24. Mai 1981 (Flugzeugabsturz), ecuadorian. Politiker. - Im April 1979 als Kandidat der gemäßigten Linkspartei CFP (Concentración de Fuerzas Populares) zum Staatspräs. gewählt (seit Aug. 1979 im Amt).

Rolf, männl. Vorname (von Rodolf, einer Nebenform von ↑Rudolf).

Rolland, Romain [frz. rɔ'lã], * Clamecy (Nièvre) 29. Jan. 1866, † Vézelay (Yonne) 30. Dez. 1944, frz. Schriftsteller. - 1903-12 Prof. für Musik- und Kunstgeschichte an der Sorbonne; bekämpfte während des 1. Weltkriegs von der Schweiz aus in zahlr. Schriften Krieg und Imperialismus der europ. Nationalstaaten. Erhielt 1915 den Nobelpreis für Literatur. Sah in der Oktoberrevolution die Möglichkeit einer Erneuerung Europas. - Verfaßte zunächst Dramenzyklen mit welthistor. Hintergrund und „Revolutionsdramen" („Die Wölfe", 1898; „Danton", 1900) sowie Biographien über Beethoven (1903), Michelangelo (1905), Händel (1910), Tolstoi (1911). Der 10bändige, z. T. autobiograph. Entwicklungsroman „Johann Christof" (1904-12) gibt eine treffende Synthese dt.-frz. Wesensart; „Clérambault" (R., 1920) ist eine wirkungsvolle Kampfansage gegen den Chauvinismus. Bed. Vorkämpfer für den Pazifismus und für eine übernat. Völkergemeinschaft.
Weitere Werke: Die Zeit wird kommen (Dr., 1903), Verzauberte Seele (R., 1922-34), Reise nach innen (Autobiogr., 1942).

Roll back [engl. 'roʊlbæk „zurückdrängen"], Bez. für ein von J. F. Dulles bereits 1950 unter Abkehr von der Politik des Containment entworfenes außenpolit. Konzept der USA mit dem Ziel, die kommunist. Machtübernahme in versch. Staaten Mittel- und Osteuropas teilweise rückgängig zu machen († auch kalter Krieg, ↑ nukleare Strategie).

Rollbahn (Rollweg, Taxiway), durch blaue R.befeuerung gekennzeichnete Bahn innerhalb eines Flughafengeländes für Bodenbewegungen (Rollen) von Flugzeugen; verbindet das Vorfeld mit den Hangars und der Start- und Landebahn (Piste).

Rollbatzen, Spitzname der ältesten Schweizer ↑Batzen; der Ursprung des Namens ist umstritten.

Rollbewegung (Abrollen, Abwälzen, Rollen), die sich aus einer fortschreitenden Bewegung (Translationsbewegung) und einer Drehbewegung zusammensetzende Bewegung eines runden Körpers (sog. *Rollkörper*, z. B. ein Rad, eine Walze oder eine Kugel) auf einer Unterlage. Soll dabei keine Gleitung auftreten, so muß für den Betrag der Winkelgeschwindigkeit ω der Drehbewegung in jedem Augenblick $\omega = v/r$ gelten, wobei v der Betrag der Geschwindigkeit der Translationsbewegung und r der Krümmungsradius der Oberfläche des rollenden Körpers im jeweiligen Auflagepunkt ist.

Rolle [frz. rɔl], Bez.hauptort im schweizer. Kt. Waadt, am Genfer See, 376 m ü. d. M., 3 400 E. Mittelpunkt des Weinbaugeb. „La Côte"; Fremdenverkehr. - Entstand um das von Savoyern im 13. Jh. erbaute Schloß.

Rolle, zu den einfachen Maschinen zählendes Bauelement, eine runde, um eine Achse drehbare Scheibe, die als *feste R.* der Richtungsänderung einer durch ein Seil u. ä. übertragenen Kraft, als *lose R.* (zus. mit einer festen) der Verkleinerung bzw. Vergrößerung einer Kraft dient (↑ Flaschenzug).
♦ svw. ↑ Buchrolle.
♦ im *Theater, Film, Fernsehen:* 1. von einem Schauspieler, Sänger, Tänzer darzustellende Gestalt eines [Bühnen]stückes; 2. der dem einzelnen Darsteller zugeteilte Text. Früher war der Schauspieler oft auf ein **Rollenfach** spezialisiert, z. B. jugendl. Held, Naive, Bonvivant, Salondame; die moderne Regie und Schauspielerausbildung sucht solche Festlegungen zu vermeiden. - In der Opernpraxis bestimmen neben der Stimmlage auch der Umfang und die Klangfarbe einer Stimme deren Eignung für ein Rollenfach.
♦ (soziale R.) zentrale Kategorie der *Soziologie*, die (in Analogie zur Sprache der Theaterdramaturgie) die Summe der gesellschaftl. Erwartungen an das Verhalten eines Inhabers einer sozialen Position bezeichnet. Dabei wird unter **sozialer Position** die Stellung eines Individuums im Gesellschaftsgefüge verstanden, die das Individuum bestimmten Verhaltenserwartungen aussetzt. Diese Verhaltenserwartungen stellen sich für jeden R.träger als ein Bündel von Verhaltensnormen dar, deren Verbindlichkeit unterschiedl. streng ist (man unterscheidet zw. Kann-, Soll- und Mußnormen). Die den einzelnen R. zugrundeliegenden Verhaltensmuster sind weder angeboren, noch können sie beliebig angenommen oder

Roller

abgelegt werden, sondern werden während der Sozialisation gelernt. Dies gilt bes. für die während der primären Sozialisation gelernten R. **(zugeschriebene** oder **Primärrollen),** in der dem Individuum auf Grund bestimmter Merkmale, denen es sich nicht entziehen kann, bestimmte R. zugeteilt werden (z. B. Alters-, Familien-, Geschlechts-, Schichtzugehörigkeits-R.); davon sind die **Sekundärrollen** (z. B. Berufs-R.) zu unterscheiden, die leichter austauschbar sind. Auf Grund der Vielzahl aller mögl. Positions-R. lernt das Individuum i. d. R. die R., in dem Milieu, in dem es aufwächst, übl. sind. Dabei erwerben Mgl. der Mittel- und Oberschicht (↑ auch Schichtung) die Fähigkeit, möglichst viele Sekundär-R. zu erwerben und nach Bedarf auszutauschen. - Die Unterscheidung zw. Primär- und Sekundär-R. ist jedoch insofern problemat., als ein Teil der Sekundär-R. (v. a. die Berufs-R.) nicht beliebig erworben werden kann, sondern eine entsprechende soziale Herkunft voraussetzt. Deshalb wird neuerdings meist zw. **fundamentalen Rollen** (z. B. Berufs-, Geschlechts-, Familien-R.) und **peripheren Rollen** (z. B. Freizeit-R.) unterschieden. Die unterschiedl. Erwartungen, die einem Individuum in einer R. entgegengebracht werden, werden **Rollenelemente** gen. Die in einer Gesellschaft oder in ihren Teilbereichen vorhandenen R.erwartungen sind niemals zueinander stimmig, sondern widersprüchl. angelegt. Der Widerspruch verschiedener R.erwartungen heißt **Rollenkonflikt.** Die starke Differenzierung in modernen Ind.gesellschaften hat die Anzahl der einzunehmenden R. und R.elemente so vermehrt, daß sich der einzelne R.träger mit keiner R. mehr gänzl. identifizieren kann. Der einzelne bedarf deshalb der Fähigkeit, sich selbst von einer eingenommenen R. distanzieren (**Rollendistanz**), sich in neue R. einfühlen und R.widersprüche verarbeiten zu können. Hilfen zu solcher Konfliktverarbeitung bietet die Psychotherapie in der Form des Psychodramas (↑ Gruppentherapie) an. - Durch spieler. Nachahmen von R. versuchen Kinder ab etwa dem fünften Lebensjahr soziale Interaktionen einzuüben (**Rollenspiel**).

Die **Rollentheorie** wurde in den 1930er Jahren in den USA von J. Moreno (* 1892, † 1974) und dem amerikan. Anthropologen R. Linton (* 1893, † 1953) entwickelt. R. Dahrendorf führte 1953 den Begriff der R. in die dt. Soziologie ein; für ihn schränken die von der Gesellschaft dem Individuum auferlegten R. dessen persönl. Freiheitsrealisierung ein. Für andere R.theoretiker (z. B. E. K. Scheuch) ist die R. ein analyt. Begriff, mit dem eine vermutete Realität möglichst aussagekräftig erfaßt werden soll. Vertreter der krit. Theorie (z. B. J. Habermas u. a.) sehen R.differenzierung und daraus resultierende Konflikte v. a. im Zusammenhang mit Arbeitsteilung und Entfremdung in der modernen Ind.gesellschaft.
📖 *Greenglass, E. R.: Geschlechterrolle als Schicksal. Stg. 1986. Dt. Übers. - Sofsky, W.: Die Ordnung sozialer Situationen. Wsb. 1983. - Kirchhoff-Hund, B.: R.begriff u. Interaktionsanalyse. Köln 1978. - Kassel, H.: R.theorie u. Symbol. Interaktionismus im Spannungsfeld v. Subjektivität u. Objektivität. Freib. 1978. - Joas, H.: Die gegenwärtige Lage der soziolog. R.theorie. Wsb. ³1978. - Dahrendorf R.: Homo sociologicus. Opladen ¹⁵1977. - Haug, F.: Kritik der Rollentheorie u. ihrer Anwendung ... Ffm. ⁴1977. - Popitz, H.: Der Begriff der sozialen R. als Element der soziolog. Theorie. Tüb. ⁴1975. - Claessens, D.: R. u. Macht. Mchn ³1974.*

◆ Figur im ↑ Kunstflug.

◆ Übung beim *Bodenturnen*, die vor- und rückwärts um die Breitenachse des Körpers oder seitwärts um die Längsachse ausgeführt wird.

Rollen, svw. ↑ Rollbewegung.

◆ svw. ↑ Schlingern.

Rollenbahn ↑ Fördermittel.

Rollendruck, Drucktechnik (z. B. für Zeitungen), bei der das Drucken nicht auf einzelne Papierbogen, sondern auf von großen Papierrollen abgewickelten Papierbahnen erfolgt.

Rollenfach ↑ Rolle.

Rollengeschirr ↑ Schleppnetz.

Rollenhagen, Georg, * Bernau bei Berlin 22. April 1542, † Magdeburg 20. Mai 1609, dt. Dichter. - Rektor in Halberstadt und Magdeburg; schrieb bürgerl.-moralist. Schuldramen mit bibl. Stoffen nach antiken Mustern, u. a. das Spiel „Vom reichen Manne und armen Lazaro" (1590); die reformator. Tendenz seiner Dramen ist auch in dem grotesksatir. Tierepos „Froschmeuseler" (1595) spürbar, eine allegor. Darstellung der Reformationszeit und ihrer Wirren nach dem Muster der ↑ „Batrachomyomachia".

Rollenlager, v. a. im Brückenbau verwendetes [Stütz]lager, das der Brücke mit Hilfe zylindr. Walzen (die die Kräfte auf die Pfeiler und Widerlager übertragen) eine gewisse Beweglichkeit zum Ausgleich von temperaturbedingten Längenänderungen, Durchbiegungen u. ä. ermöglicht.

◆ ↑ Wälzlager.

Rollenmeißel ↑ Bohren.

Rollenspiel ↑ Rolle.

Rollentabak (Rolltabak), aus entrippten Blättern zu Strängen gewundener, aufgerollter und zu Kautabak stark gesoßter Tabak. Trockener, geschnittener R. wird als Pfeifentabak verwendet.

Roller, Alfred, * Brünn 2. Okt. 1864, † Wien 21. Juli 1935, östr. Bühnenbildner. - Besorgte 1903-07 in Zusammenarbeit mit G. Mahler die Ausstattungen der Wiener Hofoper im Sinne von R. Wagners „Gesamtkunstwerk".

Roller, svw. Motorroller, ↑ Kraftrad.

301

Rollerbrett

◆ ein Kinderfahrzeug; besteht aus einem Trittbrett mit zwei Rädern, von denen eines mit Hilfe einer Lenkstange lenkbar ist. Antrieb durch Abstoßen mit einem Bein oder (beim *Tret-R.*) mit Hilfe eines [Zahnstangen]-hebelmechanismus.
◆ hohe brandende Dünungswelle an den Küsten sturmreicher Meeresgebiete, v. a. im Bereich der Roaring forties (↑brave Westwinde).

Rollerbrett (Rollbrett), svw. ↑Skateboard.

Rollfilm ↑Photographie.

Rollgeld ↑bahnamtlicher Rollfuhrdienst.

Rolli, Paolo, * Rom 13. Juni 1687, † Todi 20. März 1765, italien. Dichter. - Mgl. der Accademia dell'Arcadia; 1715–44 in England, Erzieher der Söhne Georgs II.; Verf. zahlr. Libretti, vielgestaltiger Gedichte und Kanzonetten; führte die Kantate in die italien. Lyrik ein.

Rolling Stones [engl. ˈroʊlɪŋ ˈstoʊnz], engl. Rockgruppe: **Michael P. („Mick") Jagger** (* 1943), Gesang, Mundharmonika; **Keith Richards** (* 1943), Gesang, Gitarre; **Brian Jones** (* 1942, † 1969), Gitarre, Mundharmonika, Klavier, Orgel, Sitar; nach dessen Tod: **Michael („Mick") Taylor** (* 1949), für ihn ab 1975 **Ron Wood** (* 1947), beide Gitarre; **Bill Wyman** (* 1941 [1936?]), Baßgitarre; **Charles („Charlie") Watts** (* 1941), Schlagzeug, **Jan Stewart** (* 1938, † 1985), Keyboard. - Die R. S. traten erstmals 1962 auf. In ihrer Musik verbinden sie Elemente des Rhythm and Blues, Rock 'n' Roll und Blues zu einem „harten", aggressiv vorgetragenen Rock, der sie als eine der umstrittensten, aber auch erfolgreichsten Rockgruppen erscheinen läßt.

Rollins, Sonny [engl. ˈrɔlɪnz], eigtl. Theodore Walter R., * New York 7. Sept. 1929, amerikan. Jazzmusiker (Tenorsaxophonist). - Gehört neben J. Coltrane zu den einflußreichsten Tenoristen des Hard-Bop. Charakterist. ist seine motiv.-themat. Improvisationsweise mit der Tendenz zur bewußten rhythm. Desorientierung.

Rollkrankheit, gefährl., weltweit verbreitete, durch Einrollen und Verfärbung der Blätter gekennzeichnete Pilzkrankheit der Weinrebe; führt zu frühzeitigem Laubfall und mindert Qualität und Quantität (bis zu 30%) der Ernte.

Rollkunstlauf ↑Rollschuhsport.

Rollkur, früher übl. Methode zur Behandlung von Magenschleimhautentzündung und Magengeschwür, bei der Patient nach Einnahme des verordneten Arzneimittels (auf nüchternen Magen) jeweils nach kürzeren Zeitabständen abwechselnd die Rücken-, Bauch- und Seitenlage einnimmt, um eine gleichmäßige Einwirkung des Medikaments auf die Magenschleimhaut zu gewährleisten.

Rollkurve, eine ebene Kurve, die von einem Punkt einer vorgegebenen Kurve (z. B. eines Kreises) erzeugt wird, wenn diese *Polkurve* auf einer als *Polbahn* oder *Basis* bezeichneten anderen Kurve (z. B. einer Geraden) abrollt. R. sind z. B. die ↑Zykloiden.

Rollmoment, das bei der Drehbewegung eines Flugzeugs um die Längsachse (Rollen) auftretende Drehmoment.

Rollmops, entgräteter, marinierter Hering, längsgeteilt, um eine Gurke (oder Zwiebeln) gewickelt.

Rollo, eindeutschende Bez. für ↑Rouleau.

Roll-on-roll-off-Schiff [engl. ˈroʊlɔnˈroʊlɔf] (Ro-ro-Schiff), Frachtschiff mit Heck-, Bug- und/oder Seitenpforten, deren Verschlüsse als Rampe ausgebildet sind, über die die rollenden Ladungseinheiten (Lkws, Container, Trailer und Stückgut auf Großpaletten) an und von Bord gelangen.

Rolling Stones. Von links:
Mick Taylor, Mick Jagger,
Charlie Watts, Keith Richard,
Bill Wyman

Rollreibung ↑ Reibung.
Rollschuhsport, wird in Hallen oder auf Freiluftanlagen betrieben. **Rollschnellauf** wird v.a. auf Bahnen, z.T. auch auf Straßen durchgeführt. Das Bahnoval muß mindestens 100 m lang, die Bahn 3 m breit sein. Wettkampfstrecken der Herren: 1 000, 5 000, 10 000, 20 000 m; der Damen: 500, 3 000 und 5 000 m (Weltmeisterschaften seit 1936). Ähnl. dem Eiskunstlauf ist der **Rollkunstlauf.** Die Wettkampfanlage mißt zw. 20 × 40 m und 30 × 60 m, die Lauffläche ist mit einem Belag aus Terrazzo, Hartbeton oder Kunststoff versehen. **Rollhockey (Rinkhockey)** ist mit Hokkey und Eishockey eng verwandt. Das Spielfeld ist zw. 18 × 36 m und 20 × 40 m groß und von einer mindestens 20 cm hohen Holzbande eingefaßt. Die Tore sind 1,05 m hoch und 1,55 m breit. Eine Mannschaft besteht aus 8 Spielern: 2 Stürmer, 2 Verteidiger, 1 Torwart und 3 Auswechselspieler. Spielzeit: 2 × 25 Minuten.

Rollschwanzaffen ↑ Kapuzineraffen.
Rollschweller ↑ Schwellwerk.
Rollsiegel ↑ Siegel.
Rollsprung, [veralteter] Sprungstil beim Hochsprung: Absprung mit dem der Latte zugewendeten Bein, das bis zur Brust angezogen wird, während das Schwungbein gestreckt bleibt. Beim Überqueren der Latte führt der Körper eine Drehung aus.

Rolls-Royce [engl. 'roʊlz 'rɔɪs], brit. Unternehmen der Motoren- und Automobilind.; gegr. 1906 von C. S. Rolls (* 1877, † 1910) und F. H. Royce (* 1863, † 1933). Nachdem das Unternehmen 1971 wegen Verlusten im Flugzeugturbinenbau Konkurs hatte anmelden müssen, wurde es mit staatl. Unterstützung saniert. Die Produktion von Strahltriebwerken für Flugzeuge erfolgt durch die (staatl.) R.-R. Ltd., der Motoren- und Automobilbau durch die (private) R.-R. Motors Holding Ltd.

Rollstuhlsport, sportl. Wettkämpfe wie Fechten, Leichtathletik, Basketball für Rollstuhlfahrer.

Rolltreppe ↑ Fördermittel.
Rolltrommel, svw. ↑ Rührtrommel.
Rollwerk, im 16. Jh. in der Schule von Fontainebleau enstandenes und v.a. in den Niederlanden (Florisstil) entwickeltes Ornament: eingerollte Bänder, u.a. an Kartuschen und Wappen.

Rollwespen (Tiphiidae), weltweit verbreitete Fam. meist einfarbig schwarzer, schlanker Wespen mit fast 100 Arten (davon in Deutschland vier); Imagines häufig auf Blüten, rollen sich bei Störungen zusammen.

Rollwiderstand ↑ Fahrwiderstand.
Roluos [kambodschan. rɔluəh], Ruinenstadt in Kambodscha, 20 km sö. von Angkor; ehem. Hauptstadt des Khmerreiches (9. Jh.); der Bakong (geweiht 881) ist der erste Tempelberg der kambodschan. Kunst; außerdem Prah-Ko-Tempelkomplex (879).

Rom (italien. Roma), Hauptstadt von Italien, am Unterlauf des Tiber, 13–138 m ü. d. M., 2,8 Mill. E. R. ist gegliedert in 22 innere, 35 äußere Stadtviertel und 6 Vorstädte. Polit., geistiges und kulturelles Zentrum Italiens, Sitz des Papstes (Vatikanstadt), des Staatspräs., des Parlaments, der italien. Reg., aller Ministerien, bed. Landesbehörden, von Botschaften und Konsulaten, der staatl. Rundfunk- und Fernsehanstalten. 2 Univ. (gegr. 1303 bzw. 1945), TH, Hochschulen für Medizin, Wirtschaft und Handel, Musik, bildende Künste und Leibeserziehung; zahlr. päpstl. Institutionen (Hochschulen, Inst., Akad.), Diplomaten-, Mode-, Hotelschulen. Nationalakad. für dramat. Kunst u. für Tanz, Zentralinst. für Restaurierungen, École Française, Dt. Archäolog. Inst.; in R. tagt der Nat. Forschungsrat; viele bed. internat. Behörden. Nationalbibliothek, Staatsarchiv, Zentralinst. für Statistik; bed. Bühnen und Theater, botan. Gärten, Zoo, Observatorium, Planetarium, modernes Sportstättenviertel um das Olympiastadion. Über 50 Museen und Gemäldegalerien, bed. Fremdenverkehr. Wichtige Ind.-zweige sind Maschinenbau, graph. Gewerbe, Erdölraffinerie, Filmateliers, Modezentrum; internat. Fachmessen. Der innerstädt. Verkehr erfolgt auf über 900 km langen Netz von Bus-, Untergrundbahn- und Vorortbahnlinien; Eisenbahnknotenpunkt, 2 ⚓, darunter der internat. ⚓ in Fiumicino.

Geschichte: Um 575 v. Chr. (nach der Legende am 21. April 753) unter etrusk. Herrschaft aus Einzelsiedlungen entstanden, nach der Zerstörung durch die Kelten (386) wiederaufgebaut und erstmals ummauert. Diese Servian. Mauer umschloß bereits die 7 Hügel (Aventin, Caelius mons, Esquilin. Hügel, Kapitol, Palatin, Quirinal, Viminal). Augustus teilte das erst als Hauptstadt des Röm. Reiches stark angewachsene R. (750 000–1,5 Mill. E) in 14 Regionen. Unter Nero brannte R. 64 n. Chr. fast völlig ab; Aurelian ließ es ab 271 zum zweitenmal ummauern (Aurelian. Mauer). Nach der Erhebung Konstantinopels zur Hauptstadt des Röm. Reiches 330 und der Verlegung der Residenz der weström. Kaiser nach Mailand und Ravenna verlor R. seine polit. Bed.; es wurde mehrfach erobert und geplündert (410 Westgoten unter Alarich, 455 Vandalen unter Geiserich, 546 Ostgoten unter Totila). Zur neuen Ordnungsmacht in R. erhob sich im Früh-MA das Papsttum, das freil. häufig nicht in der Lage war, es vor äußeren Feinden zu schützen (ab 739 Bedrohung durch die Langobarden, 846 Plünderung durch die Sarazenen, 1084 durch die Normannen). Mit der Pippinschen Schenkung 754/756 wurde der Papst weltl. Herrscher des Kirchenstaats mit R. als Hauptstadt. Ihr Schicksal wurde bis in die Neuzeit geprägt von der Kurie, von den in häufige Auseinandersetzun-

Rom

gen verwickelten röm. Adelsgeschlechtern (Tuskulaner, Crescentier, Orsini, Colonna, Frangipani, Savelli) und ab 800 vom westl. Kaisertum. Der Machtgewinn des Papsttums, die wachsende Bed. der Stadt als Wallfahrtsort (Sankt Peter und Sankt Paul) und als diplomat. Zentrum des Abendlandes begründeten den Wiederaufstieg. Ansätze zur Befreiung von der päpstl. Stadtherrschaft (Arnold von Brescia 1145, Cola di Rienzo 1347) scheiterten. Die Entwicklung der Stadt erlitt einen Rückschlag durch das Avignon. Exil (1305/09–76) und die Pestepidemie 1348/50 (Rückgang der Bev. auf weniger als 20000 E). Mit dem Pontifikat Martins V. (1417–31) begann die Zeit des Renaissancepapsttums, das R. die Ausweitung päpstl. Verwaltung, aber auch einen gewaltigen kulturellen Aufschwung brachte. Der wirtsch. Aufstieg (u. a. durch die Gebührenpolitik der Kurie) wurde 1527 nur kurzfristig von der 8tägigen Plünderung durch die Truppen Karls V. (Sacco di Roma) unterbrochen. - Nach der Napoleon. Zeit (1798 Röm. Republik, 1809 frz. Annexion) kehrte der Papst 1814 zurück. Pius IX. (1846–78) gewährte im März 1848 eine Verfassung, mußte jedoch im Nov. fliehen und kehrte 1850 mit Hilfe frz. Truppen zurück; die vorkonstitutionelle Ordnung wurde wiederhergestellt. Erst am 20. Sept. 1870 konnten italien. Truppen in R. einziehen. Der Papst blieb bis 1929 (Lateranverträge) als „Gefangener" im Vatikan. Als Hauptstadt des Kgr. Italien (seit 1871) wuchs R. schnell (500000 E vor dem 1. Weltkrieg, 1 Mill. E 1930). Unter Mussolini wurde es stark erweitert (erst jetzt Grenzen des antiken R. überschritten). Da R. im 2. Weltkrieg zur „offenen Stadt" erklärt worden war und die dt. Besatzungstruppen (seit 10. Sept. 1943) es kampflos den Alliierten überlassen hatten (4. Juni 1944), überstand das am 2. Juni 1946 zur Hauptstadt der Republik Italien erklärte R. den Krieg ohne große Schäden. In R. wurde am 25. März 1957 mit den Röm. Verträgen die EWG gegr. und 1962–65 das 2. Vatikan. Konzil abgehalten.

Bauten: Die heutige Innenstadt ist ein Werk der Päpste; bes. nachhaltig plante und wirkte Sixtus V. Eine stürm. baul. Entwicklung setzte nach 1870 ein. Zu Beginn des 20. Jh. wuchs R. über die Aurelian. Mauer hinaus. Leitlinien des städt. Wachstums waren die alten Ausfallstraßen. Nach dem 2. Weltkrieg wuchsen die Vorstädte mit schemat. gegliederten Hochhauswohnvierteln nach S, mit Villenvierteln und Gartenstädten nach N weit in die Röm. Campagna hinaus. Die Ind.ansiedlungen liegen zw. der Innenstadt und den Vorstädten. Bed. ist die Anzahl erhaltener *antiker Bauwerke* und Ruinen. Nahezu im Zentrum des antiken Stadtgebietes liegt das Ruinenfeld der Forum Romanum und die Überreste der anschließenden Baukomplexe des Veliahangs und der Kaiserforen († Forum); bes. gut erhalten die † Trajanssäule. Im W des Forum Romanum erhob sich das † Kapitol; die (originale) Reiterstatue des Mark Aurel hat erst Michelangelo auf dem heutigen, von ihm 1547 ff. gestalteten Kapitolsplatz aufstellen lassen. Gut erhalten ist auch das † Kolosseum, daneben der Ehrenbogen für Konstantin von 315, während vom † Circus maximus nur geringe Reste vorhanden sind. Das † Pantheon steht auf dem ehem. Marsfeld, nahebei auf der Piazza Colonna die Mark-Aurel-Säule. Jenseits des Tiber ließ Hadrian 135 ff. seinen Grabbau errichten (die heutige † Engelsburg). Zu den röm. Kolossalbauten zählen auch die Thermen (öffentl. Bäder) des Diokletian (begonnen 298; Hauptsaal heute Kirche Santa Maria degli Angeli, erbaut nach Plänen Michelangelos) und die † Caracallathermen.

Die *frühchristl.* Bauten tradieren den Typ der antiken Basilika (Rechteckgrundriß, 3 oder 5 Schiffe mit Halbkreisapsidenschluß): Alt-Sankt-Peter (nach 324 ff.), San Giovanni in Laterano (326 [?] ff.), Sant'Agnese fuori le mura (4. Jh.; 2. Hälfte des 7. Jh.), San Paolo fuori le mura (um 386 bis gegen 410), Santa Maria Maggiore (432 ff.) und Santa Sabina (vor 422–432). Daneben wird der Zentralbau oriental. Herkunft verwendet: Baptisterium von San Giovanni in Laterano (San Giovanni in Fonte, frühes 4. Jh.), Santa Costanza (um 340). In der Folgezeit verfielen weite Teile des antiken Rom, das Zentrum verlagert sich auf den Lateranbezirk. *Roman. Kirchen* sind die Oberkirche von San Clemente (1228 geweiht; Unterkirche 6. Jh.); Santa Maria in Trastevere (um 1140 umgebaut). Die einzige größere rein *got. Kirche* in R. ist Santa Maria sopra Minerva (um 1280 ff.). Unter Paul II. wurde der erste *Renaissancepalast* in R. errichtet, der Palazzo Venezia (1451–91). Bramante erbaute 1502 den Tempietto in San Pietro in Montorio, ein grundlegendes Werk der Hochrenaissance; auf ihn geht auch die Renaissancekonzeption für die † Peterskirche zurück. B. Peruzzi erbaute die Villa Farnesina (1508–11), da Sangallo d. J. den Palazzo Farnese (1517 ff., 1546–52 von Michelangelo weitergeführt). Mit der Kirche † Il Gesù von Vignola (1568 ff.) begann das Zeitalter des *Barock*. Bernini, wichtigster Vertreter des Barock in R., hat das Stadtbild entscheidend geprägt. Ein Hauptwerk sind die Kolonnaden des Petersplatzes (1656–67). Er schuf zahlr. Brunnenanlagen, u. a. den Vierströmebrunnen auf der Piazza Navona (1648–51).

Das wichtigste Bauwerk im 18. Jh. ist wohl die Span. Treppe (1723–25). Im 19. Jh. wurden große Straßen- und Platzanlagen geschaffen, alle mit historisierender Architektur. Unter Mussolini wurde ein pseudoimperialer Monumentalstil gepflegt. Nach dem Krieg entstanden bed. moderne Anlagen wie die Stazione Termini (vollendet 1950) und das Olympiagelände (1960).

Roman

📖 *Rizzo, F. P./Okamura, T.: R. Die Stadt der Päpste. Freib. 1983 . - Kraatz, B.: R. Köln 1982. - Citeroni, T./Schnieper, X.: R. Luzern 1980. - Coarelli, F.: R. Ein archäolog. Führer. Dt. Übers. Freib. ³1981. - Stützer, H. A.: Das antike R. Köln 1979. - Gregorovius, F.: Gesch. der Stadt R. im MA vom V. bis XVI. Jh. Hg. v. W. Kampf. Mchn. 1978. 6 Bde. - Sonntag, C.: Die ewige Stadt. Zug u. Kall ¹⁸1977. - Alföldi, A.: Röm. Frühgesch. Hdbg. 1976. - Hülsen, H./Rast, J.: R. Freib. ⁶1975.*

ROM, Abk. für: Read-only-memory, Read-only-Speicher (↑ Festspeicher).

Röm (dän. Rømø), südlichste der dän. Nordseeinseln, 145 km²; mit dem dän. Festland durch einen Damm verbunden; Autofähre von Havneby nach List auf Sylt.

Roma, Eigenbez. der Angehörigen einer weltweit (mit Ausnahme Südost- und Ostasiens), v. a. jedoch in Europa verbreiteten ethnischen Minderheit indischer Herkunft; im deutschen Sprachraum meist als ↑ Zigeuner bezeichnet.

Romadur [frz.], Weichkäse aus Schaf- oder Kuhmilch.

Romagna [italien. ro'maɲɲa], histor. Landschaft in N-Italien, heute Teil der Emilia Romagna.

Romains, Jules [frz. rɔ'mɛ̃], eigtl. Louis Farigoule, *Saint-Julien-Chapteuil (Haute-Loire) 26. Aug. 1885, † Paris 14. Aug. 1972, frz. Schriftsteller. - Hauptvertreter des Unanimismus. Sein Hauptwerk ist der 27bändige Romanzyklus „Les hommes de bonne volonté" (1932–46, Bd. 1–7 dt. 1935–38 u. d. T. „Die guten Willens sind", Bd. 2 und 16 1962 u. d. T. „Quinettes Verbrechen") über die Gruppenseele einer Epoche (1908–33); mosaikartig werden Bruchstücke aus verschiedenen Milieus zusammengefügt, weder durch einen wiederkehrenden Personenkreis (wie bei H. de Balzac) noch durch eine Familiengeschichte (wie bei É. Zola) zusammengehalten; simultane Ereignisse werden durch lange Einblendungen auseinandergerissen. Auch Theaterstücke wie die satir. Komödie „Dr. Knock oder Der Triumph der Medizin" (1923) und das Drama „Der Diktator" (1926); Lyrik und zahlr. polit. Schriften, in denen er am Glauben an den Internationalismus festhielt und die dt.-frz. Zusammenarbeit als Garanten der Zukunft sah. 1946 Mgl. der Académie française.

Roma locuta, causa finita [lat. „Rom (d. h. der Papst) hat gesprochen, damit ist die Sache erledigt"], sprichwörtl. Satz aus einer gegen die Jesuiten gerichteten Satire.

Roman (Romanus), männl. Vorname lat. Ursprungs, eigtl. „der Römer".

Roman, Johan Helmich [schwed. 'ru:man], *Stockholm 26. Okt. 1694, † Gut Haraldsmåla bei Kalmar 20. Nov. 1758, schwed. Komponist. - Kapellmeister am schwed. Hof. Gilt als der bedeutendste schwed. Komponist der ersten Hälfte des 18. Jh.; komponierte Instrumentalmusik, Kantaten und Kirchenmusik.

Roman, Großform der Erzählkunst in Prosa; durch die Prosa unterscheidet sich der R. schon äußerl. vom Epos und Versroman, durch Umfang und Vielschichtigkeit von Novelle und Kurzgeschichte. Das Wort R. geht auf die in Frankr. seit dem 12. Jh. geläufige Bez. „romanz" für volkssprachl. Schriften zurück, die nicht in der gelehrten „lingua latina" („lat. Sprache"), sondern in der „lingua romana", d. h. der roman. Volkssprache verfaßt waren. Die Erfindung des Buchdrucks trug entscheidend zur Verbreitung der Prosalektüre bei, wenngleich der Prosa-R. gemäß den damaligen Dichtungstheorien noch negativ bewertet wurde. Erst im 18. Jh. Anerkennung des R. in Theorie und Praxis, obwohl einheitl. Gattungsmerkmale noch fehlten; er war zunächst Medium zur Unterhaltung und Belehrung, später wurde er zur Kunstform. Je nach Inhalt und Zielgruppe lassen sich verschiedene Unterformen des R. benennen: Abenteuer-, Bildungs-, Künstler-, Kriminal-, Familienroman usw.

Geschichte: Indien, Persien, Japan und China kannten schon Prosa-R., die nicht ohne Einfluß auf die europ. Entwicklung waren; hier finden sich Vorstufen des R. in der Prosaliteratur der griech. Geschichtsschreiber (Herodot) und in den histor.-geograph. und phantast. Berichten des Ktesias. Grundlage zahlr. Versionen im vorderen Orient und in Europa wurde der Alexander-R. Der antike R. i. e. S. entfaltete sich vom 1. Jh. v. Chr. bis zum Ende des 3. Jh. n. Chr. Diese frühen, teils fragmentar. erhaltenen R. zeigen als typ. Merkmale exot., meist oriental. Schauplätze und stellen private Schicksale dar; sie deuten damit auf einen Rückzug aus der polit. Öffentlichkeit. Zahlr. R. erschienen im 2. Jh. n. Chr. Das Hauptwerk dieser Gattung in lat. Sprache sind die „Metamorphosen" des Apulejus. Schon hier zeigt sich der für die röm. Literatur typ. satir. Einschlag, der auch das im 1. Jh. n. Chr. erschienene „Satiricon" des Petronius prägte. Den griech. Hirtenroman „Daphnis und Chloe" des Longos aus dem 2. Jh. n. Chr. kennzeichnet ein bukol. Realismus. - Das europ. MA kannte keinen Prosa-R.; später wurden jedoch Heldenepen, Chansons de geste, Spielmannsdichtung, höf. Artus-R. und pseudohistor. Werke Quellen bzw. Vorlagen für zahlr. Prosatexte; ältester ist der aus dem Artuskreis abgeleitete mittelhochdt. Lanzelot-Stoff um 1230. Mit dem Buchdruck wurden dieses und andere Werke im 15. und 16. Jh. weit verbreitet, auch neue Versionen antiker und oriental. Stoffe; hinzu kamen Volksbuchfassungen verschiedener Sagenkreise: „Die schöne Magelone" (1474), „Fortunatus" (1509), die Werke Jörg Wickrams, das „Faustbuch" (1587), die Schwank-R. vom

305

„Eulenspiegel" (1515) und das „Lalebuch" (1597). Anspruchsvoller und gesellschaftskritischer sind F. Rabelais' „Gargantua und Pantagruel" (1532–64) und die „Geschichtklitterung" (1575) von J. Fischart. Auch die für ein aristokrat. Publikum bestimmte R.literatur formte Überliefertes um: So fand die antike bukol. Dichtung im *Schäfer-R.* der Renaissance und des Barock ihre neue Form. Der *Schelmen-R.* des Barock hingegen ist eine echte Neuschöpfung, die schon im „Lazarillo de Tormes" (1554) die herrschende Literatur aus der Sicht der Unterprivilegierten parodiert und dabei auch Religiös-Erbaul. einflicht. Zentrales Werk dieser Zeit ist der *Abenteuer-R.* „Don Quijote" (1605–15) von Cervantes Saavedra; der bedeutendste deutschsprachige R. war „Der Abentheurliche Simplicissimus Teutsch" (1669) von Grimmelshausen. Ebenfalls populär war der *Lügen-R.* „Schelmuffsky" (1696) von C. Reuter. Seit dem 18. Jh. wurde der R. immer mehr zum literar. Medium des Bürgertums. Das Schema des höf.-heroischen R. wird auf bürgerl. Lebensläufe übertragen und zunächst didakt. gewendet (C. Weise, J. Bunyan), später dann psycholog. oder philosoph. vertieft (P. C. Marivaux, A. F. Prévost). Bekannt wurden J. J. Rousseaus *Brief-R.* „Die neue Heloise, oder Briefe zweier Liebenden" (1761) und sein *Erziehungs-R.* „Emil, oder über die Erziehung" (1762). Neue Inhalte und Formen entstanden v. a. in England, bes. durch D. Defoe (Robinsonade), S. Richardson (empfindsamer Brief-R.), H. Fielding (kom.-realist. R.), L. Sterne (humorist. R.). Der dt. R. folgte zunächst dem engl. Vorbild des empfindsamen R., fand aber bald mit C. M. Wieland, Goethe, Jean Paul und insbes. den Romantikern L. Tieck, C. Brentano, Novalis, F. Schlegel, E. T. A. Hoffmann und J. von Eichendorff seine eigene Ausprägung (Freude am formalen Experiment, Verrätselung der Struktur, Mehrschichtigkeit des Dargestellten, vielfältige Handlungsverknüpfungen). Im 19. Jh. bildeten sich verschiedene Formen des R. aus: der *Bildungs-R.*, der *histor. R.*, der *krit. Gesellschafts-R.* und der durch die Entwicklung der Presse bedingte *Fortsetzungs-R.* Im 20. Jh. ist der R. wesentl. geprägt durch inhaltl. und formale Experimente (innerer Monolog, Stream of consciousness usw.), wie sie J. Joyce und V. Woolf praktizierten.

Romantheorien beggenen erst im 18. Jh., da die früheren Poetiken dem Prosa-R. keine Beachtung beimaßen. Erst mit der bürgerl. Kultur kam es zu Theorienbildungen wie etwa C. F. von Blankenburgs „Versuch über den Roman" (1774). In das 19. Jh. fällt C. F. Nicolais „Versuch einer Theorie des R." (1819). Im Zeichen des „poet. Realismus" und in psycholog. Ausrichtung steht die R.theorie O. Ludwigs, in ähnl. Weise auch die „Beiträge zur Theorie und Technik des Romans" (1883) F. Spielhagens. Die R.theorie von G. Lukács (1920) ist weitgehend an Hegel orientiert. E. Lämmert (*1924) befaßt sich mit „Bauformen des Erzählens" (1955). M. Greiner (*1928) hat mit dazu beigetragen, die Diskussion um den Trivial-R. in Gang zu setzen.
⍰ Stanzel, F. K.: *Theorie des Erzählens.* Gött. ³1985. - Lukács, G.: *Die Theorie des R. Ein geschichtsphilosoph. Versuch über die Formen der großen Epik.* Neuwied ⁹1984. - Koopmann, H.: *Der klassisch-moderne R. in Deutschland.* Stg. 1983. - *Hdb. des dt. R.* Hg. v. H. Koopmann. Düss. 1983. - Engler, W.: *Gesch. des frz. R. von den Anfängen bis M. Proust.* Stg. 1982. - *Die Entwicklung des R.* Hg. v. Z. Konstantinović. Innsb. 1982. - Weber, R. W.: *Der moderne R.* Bonn 1981. - *Texte zur R.theorie (1832–1780).* Hg. v. E. Weber. Mchn. 1981. - Stanzel, F. K.: *Typ. Formen des R.* Gött. ¹⁰1981. - Lämmert, E.: *Bauformen des Erzählens.* Stg. ⁷1980. - Theile, W.: *Immanente Poetik des R.* Darmst. 1980. - Durzak, M.: *Der dt. R. der Gegenwart.* Stg. ³1979. - Scheunemann, D.: *R.krise. Hdbg. 1978.* - *Der dt. R. u. seine histor. u. polit. Bedingungen.* Hg. v. W. Paulsen. Mchn. 1977. - Kimpel, D.: *Der R. der Aufklärung (1670–1774).* Stg. ²1977.

Roman de Renart [frz. rɔmɑ̃drəˈnaːr], zw. 1175 und 1250 entstandener Verszyklus altfrz. Tierfabeln (von Fuchs und Wolf) verschiedener Verfasser. Während die frühen Teile die Parodie auf die höf. Gesellschaft mit der Unzufriedenheit mit dem Klerus und dem Wunsch nach ausgleichender Gerechtigkeit verbinden, erheben die späteren bitteriron. Anklage gegen die menschl. Gesellschaft.

Romanen [lat.], Bez. für die Gesamtheit der Völker mit roman. Sprachen, wie Franzosen, Italiener, Spanier, Rumänen usw. Der aus der Sprachwiss. gewonnene Begriff „romanisch" beinhaltet keine ethn., kulturelle, histor. oder polit. Einheit; einzige Gemeinsamkeit der R. ist der lat. Ursprung ihrer Sprachen.

Romanesca [italien.], im 16. und 17. Jh. Name für instrumentale und vokale Stücke, denen ein der ↑Folia verwandtes musikal. Satzmodell (mit eine Folge von Quartschritten im Baß) zugrunde liegt.

Romanhefte, Bez. für period. (vorwiegend wöchentl.) unter Serientiteln in Heftchenform erscheinende Trivialliteratur; nach Gattungen untergliedert in Frauen- (u. a. Liebes-, Schicksals-, Heimat-, Arzt-), Kriminal-, Wildwest-, Zukunfts-, Grusel- und Horrorromanhefte; Jahresauflage der R. von 5 der größten R.verlage in der BR Deutschland: rd. 300 Mill. Exemplare.

Romani [ˈroːmani, roˈmaːni; zu zigeunersprachl. rom „Mann, Gatte, Zigeuner" (von Sanskrit doma „Mann der niederen Kaste, der von Gesang und Musizieren lebt")] ↑Zigeunersprache.

Romanik [lat.], Epoche der abendländ.

Romanismus

Kunst des frühen MA (um 950–1250), die auf die karoling. Kunst folgt und von der Gotik abgelöst wird. Zur Früh-R. rechnen die ↑ottonische Kunst und der ↑normannische Baustil; die Hoch-R. (in Frankr. 1000–1150, in Deutschland 1050–1150) wird in Deutschland auch als *salische Kunst* bezeichnet, die Spät-R. auch als *stauf. Kunst* (1150–1250) oder als „Übergangsstil" (die Kunst der Stauferzeit in Deutschland und Italien zeigt spätroman. und frühgot. Stilformen, während in Frankr. bereits die Frühgotik vorherrscht). **Baukunst:** Die Kirchenbauten der R. sind meist Basiliken; die einzelnen Teile, Schiffe, Vierung, Querhaus und Chorpartie, sind klar gegliedert; Doppelturmfassaden im Westen (Caen, Saint-Étienne, um 1065–1081) oder ein Westwerk (Sankt Pantaleon in Köln, 984 bis um 1000), Vierungstürme oder Türme am Ostabschluß (Dom in Speyer, um 1030 ff., und Worms, um 1140/50 ff.) sind bestimmend. Das Gesamtbild wirkt geschlossen und plast. durchgeformt („Gruppenbau"). Einführung der Wölbung seit dem späten 11. Jh.: Kreuzgrate (Dom in Speyer, um 1080–um 1106), später Kreuzrippen auf mächtigen Pfeilern und Säulen, in Frankr. auch Tonnen (Burgund, Poitou) oder Kuppeln (Aquitanien). Über den Arkaden meist ein Emporengeschoß oder ein Triforium. Im Außenbau trägt die Zwerggalerie zur Strukturierung des Mauerwerks bei. In Italien und S-Frankr. zeigt die R. stärkere Bindung an die Antike (Protorenaissance; San Miniato in Florenz; 1018–63) und byzantin. Einflüsse (San Marco in Venedig, 11. Jh.). Weniger gut erhalten ist die Profanarchitektur: stauf. Kaiserpfalzen (Gelnhausen, 1180; Castel del Monte, 1240 ff.), Burgen, Stadtanlagen mit zahlr. Türmen (als Teil des Verteidigungsringes oder als Wohntürme; Regensburg, San Gimignano).
Die **Plastik** steht in engem Zusammenhang mit der Sakralarchitektur. Im 11. Jh. tritt Großplastik, v. a. hölzerne Kultbilder, neben die steinerne Reliefplastik. In den Tympanonreliefs wird häufig das Jüngste Gericht dargestellt (Vézelay, Sainte-Madeleine, um 1130); in den oft sehr reich skulptierten Kapitellen erscheint neben erzählenden Szenen auch Phantastisches, ebenso beim Außenbau. Chorschranken und Taufsteine ergänzen die Aufgaben der Steinskulptur. Daneben stehen, v. a. im Rhein-Maas-Gebiet, bed. Werke der Goldschmiedekunst (u. a. Reliquienschreine) und Elfenbeinschnitzerei.
Malerei: Von den großen Zyklen roman. Wandmalerei ist nur wenig erhalten (u. a. Saint-Savin-sur-Gartempe, frühes 12. Jh.); in Italien tritt das aus der byzantin. Kunst übernommene Mosaik z. T. an ihre Stelle (Palermo, Capella Palatina, 1131–43). Tafelmalerei in Form von Retabeln und Antependien ist erst aus dem 12. Jh. erhalten. Die Buchmalerei hat einen ihrer Höhepunkte im 11./12. Jh.: ganzseitige Miniaturen in Evangeliaren, Heiligenviten, Bibelhandschriften, Psalterien. Von der sehr bed. Glasmalerei sind nur wenige Beispiele erhalten, u. a. die Prophetenfenster im Augsburger Dom (1. Hälfte des 12. Jh.). - Abb. S. 308.
📖 *Legner, A.: Dt. Kunst der R.* Mchn. 1982. - *Kottmann, A.: Das Geheimnis der roman. Bauten. Stg.* ²1981. - *Gesch. der bildenden Kunst.* Bd. 1: *Swoboda, K. M.: Die Epoche der R.* Wien; Mchn. 1976. - *Kubach, H. E./Verbeek, A.: Roman. Baukunst an Rhein u. Maas. Kat. der vorroman. u. roman. Denkmäler.* Bln 1976.

Romanino, il, eigtl. Girolamo Romani, * Brescia zw. 1484 und 1487, † ebd. nach 1559, italien. Maler. - In der venezian. Tradition (Tizian, Giorgione) ausgebildet, entwickelte er bald einen sehr eigenwilligen Stil; Neigung zu manierist. Verformungen und kühner Raumfüllung; arbeitete in Oberitalien (Fresken, Andachtsbilder und Porträts).

romanische Sprachen, zusammenfassende Bez. für die Sprachen, die sich auf dem Boden des Röm. Reiches (außer N-Afrika) aus dem gesprochenen Latein (Vulgärlatein) in kontinuierl. Entwicklung gebildet haben. Es lassen sich folgende Einzelsprachen unterscheiden (von O nach W): Rumänisch, Dalmatin., Rätoroman., Italien., Sard., Provenzal., Frankoprovenzal., Französ., Katalan., Span., Portugiesisch. Über die Gruppierung nach Verwandtschaftsgrad bestehen divergierende Meinungen. Dem heutigen wiss. Stand entspricht am besten die Scheidung von Frz. und Rumän. als völlig divergierende Sprachtypen, als Randsprachen, gegenüber den übrigen Sprachen, die den Zentraltyp verkörpern, der sich weit weniger als jene Randsprachen vom urspr. vulgärlat.-roman. Typus entfernt hat.
Verbreitung: Die heutige Grenze der r. S. in Europa ist seit dem 7. Jh. etwa die gleiche geblieben, mit kleinen Veränderungen im MA: das Frz. hat sich gegenüber dem Breton., Fläm.; Provenzal. ausgebreitet, das Rätoroman. ist zugunsten des Dt. zurückgegangen. Eine ungeheuere Ausweitung des Gebiets brachte die Zeit der Entdeckungen: Spanischsprachig wurde ganz M- und S-Amerika, mit Ausnahme Brasiliens, das portugies. wurde, das Frz. breitete sich in Louisiana und Kanada aus, hielt sich aber nur in der kanad. Provinz Québec. Außerdem entstanden in Afrika, Asien, auf den Antillen auf der Grundlage des Portugies., Span. und Frz. zahlr. Mischsprachen (Kreolsprachen).
📖 *Ganger, H.-M., u. a.: Einf. in die roman. Sprachwiss.* Darmst. 1981. - *Jud, J.: Roman. Sprachgesch. u. Sprachgeographie.* Freib. 1973.

Romanismus [lat.], kunstgeschichtl. Bez. für eine Strömung in der niederl. Kunst, v. a. der Malerei der 1. Hälfte des 16. Jh., die sich an italien. Vorbildern orientiert, in einer

307

Romanik

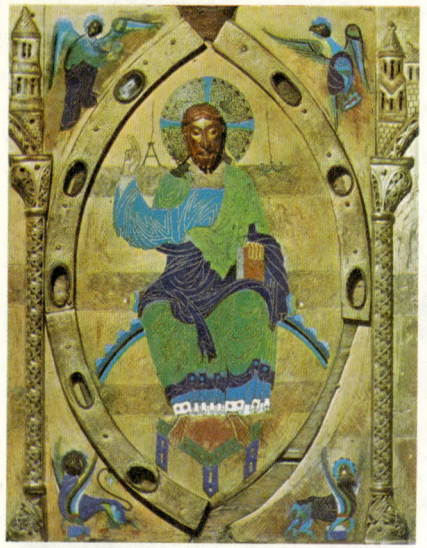

Romanik. Links (von oben): Majestas Domini (um 1150). Mittelfeld des Antependiums aus Santo Domingo de Silos. Burgos, Museo Arqueológico Provincial; Traum und Heimreise der Heiligen Drei Könige (um 1197). Karlsruhe, Badische Landesbibliothek; rechts (von oben): Sankt Pantaleon (984 bis um 1000). Köln; Westbau (um 1140–50) der ehemaligen Abteikirche in Maursmünster

ersten Phase an Leonardo da Vinci (B. van Orley), dann zunehmend an Michelangelo und Raffael und dem italien. Manierismus (J. Gossaert, gen. Mabuse, J. van Scorel, M. van Heemskerck, P. Pourbus, A. Mor, F. Floris).

Romanisten, Rechtswissenschaftler, †Germanisten und Romanisten.
◆ Vertreter des Romanismus.

Romanistik [lat.], die Wiss. von den roman. Sprachen, Literaturen und Kulturen. Die Zusammengehörigkeit der roman. Sprachen erkannte bereits Dante Alighieri, ohne jedoch das Verhältnis zum klass. Latein völlig zu durchschauen. Der wiss. Begründer der roman. Philologie wurde F. C. Diez, der die roman. Sprachen als Abkömmlinge des Lat. erkannte und die Methoden der von F. Bopp entwickelten vergleichenden Methode der indogerman. Sprachwiss. auf die roman. Sprachen anwandte. Diez begründete auch die roman. Literaturwiss. mit dem Werk „Die Poesie der Troubadours" (1826) und der Darstellung „Leben und Werke der Troubadours" (1829). In der 2. Hälfte des 19. Jh. erhielt die roman. Philologie neuen Antrieb von der Schule der Junggrammatiker; einer ihrer Hauptvertreter war W. Meyer-Lübke, dessen Hauptwerke „Grammatik der roman. Sprachen" (1890–1902) und „Roman. etymolog. Wörterbuch" (1911) noch heute Bed. haben. Bis Ende des 19. Jh. blieb die dt. R. führend, aber auch außerhalb Deutschlands wurde sie durch bed. Forscher vorangetrieben, in Italien durch G. I. Ascoli, in Frankr. durch die Hg. und Erforscher ma. Literatur P. Meyer (* 1840, † 1917) und G. Paris und den Sprachwissenschaftler M. Roques. Die Betrachtung der Sprache als ein zu einem bestimmten Zeitpunkt gegebenes Phänomen, die sog. synchron. Sprachwiss., wurde durch F. de Saussure begründet, der bes. im Rahmen der frz. Sprachwiss. revolutionär wirkte. An der Fortentwicklung der Lehren Saussures in der strukturellen und funktionellen Sprachwiss. der Zeit nach dem 2. Weltkrieg nahmen in der BR Deutschland H. Lausberg, H. Weinrich, E. Coseriu u. a. teil. - Seit Beginn des 20. Jh., bes. aber seit dem 1. Weltkrieg trat in Deutschland eine Verselbständigung der Literaturwiss. gegenüber der Sprachwiss. ein. Die Herausgabe alter Texte trat in den Hintergrund gegenüber der Beschäftigung mit der neueren und neuesten Literatur, der Darstellung literar. Epochen und von Monographien über einzelne Schriftsteller.
◆ die Wiss. vom röm. Recht.

Roman-Kosch [russ. ra'man], mit 1 545 m höchster Berg der Krim, im Jailagebirge.

Romano, Giulio, italien. Maler und Baumeister, †Giulio Romano.

Romanos I. Lekapenos, * Lekapa (Kappadokien) um 870, † auf Prote (= Knalı, Prinzeninseln) 15. Juni 948, byzantin. Mitkaiser (920–944). - Schwiegervater und Mitregent Konstantins VII., jedoch bald der eigtl. Herrscher. Traf 924 vor Konstantinopel mit Simeon I. von Bulgarien zus.; wehrte im O Armenier und Araber in Mesopotamien ab; 944 Friedensvertrag mit den Russen.

Romanow [russ. ra'manɐf], russ. Zarendyn. (1613–1730/62). Der Aufstieg der Fam. geht zurück auf die Heirat Zar Iwans IV. mit der Bojarentochter Anastasia Romanowna. Ihr Großneffe Michail Fjodorowitsch R. wurde 1613 am Ende der „Zeit der Wirren" zum Zaren gewählt. Ihm folgten Alexei Michailowitsch, Fjodor III. Alexejewitsch und Peter I., d. Gr. Nach dem frühen Tod Peters II. (1730) und Elisabeth Petrownas (1762), des älteren Enkels und der Tochter Peters d. Gr., blieb der Name R. in der Linie R.-Holstein-Gottorf durch Peter III. und seine Nachfahren aus der Ehe mit Katharina II. erhalten.

Romanshorn, Gem. im schweizer. Kt. Thurgau, am W-Ufer des Bodensees, 402 m ü. d. M., 8 700 E. Hafen; Werft, Maschinenbau, chem. und Textilind., Bahnknotenpunkt; Autofähre nach Friedrichshafen (BR Deutschland). - Got. Alte Kirche (11., 14.–16. Jahrhundert).

Romans-sur-Isère [frz. rɔmɑ̃syri'zɛːr], frz. Stadt an der unteren Isère, Dep. Drôme, 33 200 E. Regionalhistor. und Schuhmuseum; ein Zentrum der Schuhind. - Entstand im 9. Jh. um ein Kollegiatstift; erhielt 1160 Stadtrecht; wurde Zentrum der Dauphiné; 1349 zu Frankr. - Roman.-got. Kirche (im 18. Jh. stark restauriert), Wohnhäuser aus Spätgotik und Renaissance.

Romantik, bezeichnet im allg. Sinne ein von Gefühl und Phantasie geleitetes Verhalten ein stimmungsvolle Umgebung bzw. Situation; i. e. S. Epochenbegriff für die geistige, künstler., insbes. literar. Bewegung in Europa zw. 1790 und 1830. Das Wort stammt aus dem Altfrz. und bedeutete urspr.: übertrieben, zügellos, phantastisch, im Sprachgebrauch der R. selbst: nicht klassisch, modern, interessant. Die *romant. Bewegungen* in den einzelnen europ. Ländern wurden von der Auseinandersetzung mit klassizist. und nationalbewußten Tendenzen getragen, die je nach der Geschichte des Landes differieren. Neben der [dominierenden] Lyrik, jedoch auch in den erzählenden Formen wie Ballade, Romanze, Versepos, war in der R. der Roman von Bedeutung. Während sich die europ. R. bewußt an klass. Formen orientierte, sah die dt. R. gerade im Unvollendeten, im Fragment ihre spezif. Form. - Die *literar. R.* begann in Deutschland 1793, als W. H. Wakkenroder und L. Tieck die ma. Kunst und die Religion zum Leitbild für die Gegenwart deklarierten. Zum Kreis der Jenaer **Frühromantik** gehörten u. a. Novalis, A. W. und F. Schlegel, L. Tieck, F. D. E. Schleiermacher, die Philosophen J. G. Fichte und F. W. Schelling, sowie der Naturwissenschaftler J. W. Ritter. Ihr Publikationsorgan war die Zeitschrift „Athenäum" (1798–1800). Ein 2. Romantikerkreis bildete sich in Heidelberg (1805 und 1808/09) um A. von Arnim, C. Brentano, J. von Eichen-

Romantik

dorff, J. Görres, F. Creuzer, J. und W. Grimm. Sie publizierten ihre Ideen in der „Zeitschrift für Einsiedler" (1808/09). In Ablehnung der Aufklärung und des Klassizismus wandten sie sich der Sammlung und Bearbeitung volkstüml. Literatur zu („Des Knaben Wunderhorn", 1806/08; „Kinder- und Hausmärchen", 1812/15). Weitere literar. Zirkel bildeten sich in Dresden mit der Zeitschrift „Phöbus" und in Berlin mit dem Salon der R. Varnhagen von Ense, dem u. a. C. D. Grabbe und H. von Kleist angehörten. Zur südtt. oder schwäb. R. gehören v. a. L. Uhland, J. Kerner, G. Schwab und W. Hauff. Der nicht auflösbare Widerspruch zw. der Sehnsucht nach der harmonisierenden Poesie und dem prosaischen bürgerl. Alltag prägte noch einmal die nach 1820 gedichteten Werke J. von Eichendorffs, E. Mörikes, H. Heines und N. Lenaus (**Spätromantik**).

Die R. versuchte alle geistigen und literar. Strömungen aufzunehmen und sie im Sinne ihres Programmes umzuformen. So integrierte sie Philosophie und Religion zu einem neuen Ganzen, d. h. sie versuchte das Vernünftige, Rationale mit dem Unbewußten, dem Menschen nicht ohne weiteres zugängl. seel. Bereichen zu erschließen. V. a. im Märchen und im Mythos sah die R. die Einheit von Bewußtem und Unbewußtem verwirklicht. Die Poesie galt als alles einende und harmonisierende Kraft. „Die Christenheit oder Europa" (1799) von Novalis wurde zu einer zentralen Schrift der Romantik. Characterist. wird der Künstlerroman: „Franz Sternbalds Wanderungen" von L. Tieck (1798) bleiben dem MA verhaftet, Novalis' „Heinrich von Ofterdingen" (1802) entwirft die Weltveränderung märchenhaft-allegor.; die Künstlergestalten E. T. A. Hoffmanns sind unglückliche, in sich zerrissene Personen. J. v. Eichendorffs „Ahnung und Gegenwart" (1815) endet mit einem zeitkrit. gemeinten Rückzug in eine abgeschlossene christl. und poet. wiederhergestellte, harmon. Welt. Doch wird auch die Möglichkeit des Scheiterns thematisiert, d. h. der Mensch erfährt sich als isoliert und vereinsamt (z. B. „Die Nachtwachen des Bonaventura", 1804). Anspruch und Problematik der R. kommen auch in dem Programm der *romant. Ironie* (↑ Ironie) zum Ausdruck. Letztl. aber führte die Entwicklung der R. in Deutschland, die von der schöpferischen Kraft des Ich ausgegangen war, zur Unterordnung des Individuellen unter die sog. „organ. Ganzheiten" von „Volkstum": neben der Tradition gewann auch die Nation an Bedeutung. Als Übersetzer zahlr. literar. Werke aus anderen Sprachen traten insbes. L. Tieck und A. W. Schlegel hervor. Die romant. Bewegungen in den übrigen europ. Ländern, v. a. England, Frankr., Italien, Dänemark, Schweden, Norwegen und Rußland entstanden im Zusammentreffen eigener antiklassizist. und nationalbewußer Tendenzen mit fremden Anregungen. Die R. wirkte auf die gesamte literar. und geistige künstler. Produktion des 19. Jh.; so wurde z. B. die Forderung nach dem Gesamtkunstwerk von Wagner wieder aufgenommen. Den frz. Symbolismus sowie den Expressionismus und Surrealismus prägte die Ästhetik des Unvollkommenen, die Gestaltung des Unbewußten und die Tendenz zur Erweiterung der Sprachmöglichkeiten. Auch die moderne Verfremdungstechnik hat u. a. romant. Wurzeln. Die *schwarze R.* ist eine Strömung innerhalb der europ. R., die deren Themenkreise einseitig zum Irrationalen hin ausweitete und v. a. verborgene Ängste, Träume und Wahnvorstellungen, „dunkle" melanchol.-resignative Stimmungen (poet. Nihilismus), krankhafte und abseitige Neigungen (die „Nachtseiten" des menschl. Geistes), aber auch (v. a. im Trivialbereich) Phantast.-Gespenstisches und Groteskes gestaltet.

In der *Kunstgeschichte* ist R. Bez. für eine europ. Stilrichtung (etwa zw. 1790 und 1830), die sich v. a. in der Malerei dokumentiert und in enger Verbindung zur Literatur steht. Bes. die dt. Landschaftsmalerei drückt ein neues, sehr individuelles Naturgefühl aus, in dem Mensch und Natur eine innige Beziehung eingehen (P. O. Runge, C. D. Friedrich, J. A. Koch oder auch C. P. Fohr). Die unterschiedl. Stimmungswerte der Landschaft haben die engl. Romantiker wahrgenommen und dargestellt (W. Turner, J. Constable, R. P. Bonington). Daneben erfolgt in der romant. Malerei eine Wiederbelebung der ma. Geschichte, der Sagen- und Märchenwelt (M. von Schwind, L. Richter, J. Schnorr von Carolsfeld) und der religiösen Thematik (Nazarener, Präraffaeliten). In Frankr. zeigen sich unterschiedl. Auffassungen der romant. Gedanken- und Ideenwelt in der schwermütigen Haltung T. Rousseaus einerseits und in der farbig-revolutionären Konzeption E. Delacroix' andererseits. Zwar bleibt die romant. Haltung in der Malerei über 1830 hinaus noch lebendig, doch verflacht sie zunehmend in ihrem geistigen Anspruch. In der Architektur sind romant. Tendenzen durch das neu erwachte histor. Bewußtsein bestimmt (Neugotik). Es bildet auch die Grundlage der sich im 19. Jh. entwickelnden Denkmalpflege und die ersten großen Restaurierungen und kunsthistor.-topograph. Inventarisierungen des Denkmalbestandes.

In der *Musik* steht der Begriff R. für einen bes. langen Zeitraum (etwa 1820 bis 1910). Zw. der Spätklassik und den Anfängen der Neuen Musik entfaltet sich in dieser Epoche ein fast unübersehbarer Reichtum an musikal. Stilerscheinungen, der nach vier Komponistengenerationen zur annähernd untergliedert werden kann: 1. (Früh-R.) F. Schubert, C. M. von Weber; 2. (Hoch-R.) R. Schumann, F. Mendelssohn Bartholdy, F. Chopin, H.

Berlioz; 3. (Spät.-R.) F. Liszt, R. Wagner, A. Bruckner, J. Brahms; 4. (Nach-R.) G. Mahler, R. Strauss, H. Pfitzner, M. Reger. In der R. erlebt die abendländ. tonale Mehrstimmigkeit ihre höchste Blüte und ihr Ende. Alle musikal. Elemente, v.a. der Harmonik (verstärkte Leittönigkeit, Alteration), aber auch Melodik, Rhythmik, Dynamik und Klanglichkeit, werden zu äußerster Differenzierung getrieben, Form und Inhalt werden problemat., Konturen verwischen sich, außermusikal. Anregungen spielen eine tragende Rolle. Das Wort-Ton-Verhältnis wird neu und tiefer gefaßt (Kunstlied, Musikdrama). Musikal. Vergangenes (J. S. Bach, G. P. da Palestrina, Volkslied) wird erstmals gepflegt und beeinflußt die Komposition. Dies fällt zusammen mit dem Aufkommen des bürgerl. Konzertbetriebs. Mit den Ansprüchen des breiten Publikums entwickeln sich neue Formen. Hohe („ernste") und triviale („Unterhaltungs"-)Musik beginnen sich zu trennen. Die Musik als „Tonkunst" hat in der R. ihre bewegendsten und widersprüchlichsten Möglichkeiten entfaltet, so daß der totale Umschlag zur Neuen Musik des 20. Jh. als konsequente Folgerung aus der dem romant. Musik innewohnenden Tendenzen angesehen werden muß.

Jensen, J. C.: Malerei der R. in Deutschland. Köln 1985. - Baumgartner, A.: Musik der R. Salzburg 1983. - Dt. Dichter der R. Hg. v. B. v. Wiese. Bln. ²1983. - Busse, G.: Die R. Freib. 1982. - Dahlhaus, C.: Die Musik des 19. Jh. Wsb. 1980. - Klessmann, E.: Die dt. R. Köln 1979. - Hoffmeister, G.: Dt. u. Europ. R. Stg. 1978. - Heinrich, G.: Geschichtsphilosoph. Positionen der dt. Früh-R. Königstein/Ts. 1977. - Schanze, H.: R. u. Aufklärung. Nürnberg ²1976. - Arendt, D.: Der poet. Nihilismus in der R. Tüb. 1972. 2 Bde. - Begriffsbestimmungen der R. Hg. v. H. Prang. Darmst. ²1972.

Romantsch (Romontsch, Rumontsch, Rumantsch), rätoroman. Bez. für die im Bündner Oberland (Graubünden) gesprochenen Mundarten der ↑rätoromanischen Sprache.

Romanze [roman.], ep.-lyr. Gatt. der span. Literatur: kürzeres volkstüml. episod. Erzähllied, das Stoffe der altspan. Sage und Geschichte gestaltet. Die frühesten altspan. R. sind im 14./15. Jh. faßbar. Unter der Bez. **Romanzero** wurden R.sammlungen zunächst mündl. tradiert und seit dem 15. Jh. auf Druckblättern verbreitet. Es gab Sammlungen der einzelnen R.dichter oder auch zu bestimmten Themen und Helden. Bed. Vertreter waren L. de Góngora, F. de Quevedo y Villegas, Lope de Vega. In der modernen span. Dichtung wurde die R. v. a. von F. García Lorca und A. Machado wieder aufgegriffen. - In Deutschland wurden Bez. und Gatt. durch J. W. Gleim (1756) eingeführt und zunächst synonym für Kunstballade verwendet (Sturm und Drang, G. A. Bürger, Goethe,

Romantik. Moritz von Schwind, Der Traum des Gefangenen (Ausschnitt; undatiert). München, Schack-Galerie

Schiller). J. G. Herder wies durch kongeniale Übersetzungen, insbes. in dem R.zyklus „Cid" (1805), auf den volkstüml. Charakter hin und leitete eine Blüte der R.dichtung in der Romantik ein.
◆ in der *Musik* sind drei- bis vierstimmige R.vertonungen seit dem Ende des 15. Jh. überliefert, u. a. von J. del Encina und J. de Anchieta, aus dem 16. Jh. als Sologesang mit Lautenbegleitung und als reine Lautenstücke. Die R. des 17. Jh. wird zur Refrainform und nähert sich dem ↑Villancico. In Frankr. waren R. als volkstüml. Strophenlieder seit Ende des 18. Jh. beliebt (v. a. auch in der Oper), während die dt. R.vertonungen überwiegend der Gatt. ↑Lied zuzurechnen sind. - In der Instrumentalmusik fand die R. seit dem Ende des 18. Jh. als Satz in Orchesterwerken (F.-J. Gossec) sowie als Charakterstück für Klavier (R. Schumann) Eingang.

Rombach, Otto, * Heilbronn 22. Juli 1904, † Bietigheim-Bissingen 19. Mai 1984, dt. Schriftsteller. - Verf. von Gedichten, Novellen und Dramen mit z. T. sozialer und pazifist. Tendenz sowie von phantasievollen kulturhistor. und Bildungsromanen, u. a. „Adrian, der Tulpendieb" (1936), „Der gute König René" (1964), und Hörspielen.

Rome [engl. room], Stadt am Mohawk River, Bundesstaat New York, USA, 43 800 E. Bed. Zentrum der militär. Forschung sowie der Kupferverarbeitung. - Gegr. 1786 als **Lynchville** (ab 1819 R.) an der Stelle eines 1777 zerstörten Dorfes; seit 1870 City.

Romeo und Julia, Titelhelden von W. Shakespeares Tragödie „R. und J." (Erst-

Römer

ausgabe 1597, dt. von C. M. Wieland 1765): zwei Liebende aus den verfeindeten Veroneser Adelsfamilien Montague und Capulet müssen sich nach der heiml. Hochzeit trennen und scheiden nach einer Verkettung trag. Umstände aus dem Leben. Danach versöhnen sich die beiden Familien. - Erstmals um 1450 literarisiert, fand der Stoff auch außerhalb Italiens Verbreitung. Ein ländl. Milieu der Handlung wählte G. Keller in „R. und J. auf dem Dorfe" (Nov., 1856); auch zahlr. musikal. Bearbeitungen, u. a. Opern von V. Bellini (1830), C. Gounod (1867), H. Sutermeister (1940), B. Blacher (1950), Ballett von S. Prokofjew (1938), Ouvertüre von P. Tschaikowski (1869-80).

Römer [niederl., zu roemen „rühmen" (im Trinkspruch)], Trinkglas mit fast kugelförmiger Kuppa und ausladendem, grün oder braun getöntem Fuß (seit dem 16. Jh.).

Römer, Frankfurter Rathauskomplex, zusammengewachsen aus elf Bürgerhäusern (15.–19. Jh.). Die Fassaden wurden nach dem 2. Weltkrieg histor. getreu wiederaufgebaut.

Rømer, Ole (Olaus) [dän. 'rø:'mər], Olaf Roemer, * Århus 25. Sept. 1644, † Kopenhagen 19. Sept. 1710, dän. Astronom. - Prof. für Mathematik in Kopenhagen, zugleich Direktor der dortigen Sternwarte. R. erfand den Meridiankreis und errechnete 1675/76 erstmals die Lichtgeschwindigkeit.

Römerbrief (Abk. Röm.), Schrift des N. T., Paulin. Brief an die christl. Gemeinde in Rom; zentrales Werk des Paulus, obwohl wesentl. Bestandteile wie Christologie, Eschatologie, Abendmahlslehre in den Hintergrund treten. Im R. entfaltet Paulus die Wirkung des Evangeliums in der Rechtfertigung durch den Glauben als Heilstat Gottes und das in Christus geschenkte neue Leben. Der R. ist der älteste Beleg für die christl. Gemeinde in Rom. Seine Einheitlichkeit ist weitgehend unbestritten. Er wurde 55/56 in Korinth abgefaßt. Seine wohl bedeutendste theologie- und kirchengeschichtl. Auswirkung hatte der R. auf Luther und die Reformation.

Romero, José Rubén, * Cotija de la Paz (Michoacán) 25. Sept. 1890, † Mexiko 4. Juli 1952, mex. Schriftsteller. - Beteiligte sich 1911 an der Revolution; danach in verschiedenen Staatsämtern. Behandelt [v. a. in Romanen] insbes. die mex. Situation nach der Revolution und macht die Unvereinbarkeit sozialen Aufstiegs mit der Wahrung menschl. Integrität unter kapitalist. Bedingungen deutlich.

Römerschanze, volkstüml. Bez. für Reste vorgeschichtl. und röm. Befestigungsanlagen.

Römerstraßen, die Heer- und Handelsstraßen des Röm. Reiches; bed. sind:
Via **Aemilia** (Ämil. Straße; erbaut 187 v. Chr.): Ariminum (= Rimini)–Placentia (= Piacenza).
Via **Appia** (App. Straße; begonnen 312 v. Chr.): Rom–Capua (später –Brundisium [= Brindisi]).
Via **Aurelia** (Aurel. Straße; erbaut um 241 v. Chr.): Rom–Cosa (später –Pisa).
Via **Cassia** (Cass. Straße): Rom–Florentia (= Florenz).
Via **Claudia Augusta** (Claud. Straße; erbaut 47 n. Chr.): Altinum–Reschenpaß–Donau.
Via **Egnatia** (Egnat. Straße; erbaut Mitte 2. Jh. v. Chr.): Dyrrhachium (= Durrës) und Apollonia–Thessalonike (= Saloniki)– vermutl. Byzantion (= Istanbul).
Via **Flaminia** (Flamin. Straße; erbaut 220 v. Chr., wiederhergestellt unter Augustus): Ariminum (= Rimini)–Rom (Fortsetzung der Via Aemilia). - Karte S. 314.

Rominte, linker Nebenfluß der Pissa, Ostpreußen, durchfließt das Naturschutzgebiet **Rominter Heide,** mündet in Gumbinnen, 80 km lang.

Römische Campagna [kam'paɲa], mittelitalien. Landschaft, Hügelland beiderseits von unterem Tiber und Aniene. - In der Antike fruchtbares Land mit zahlr. Siedlungen, verödete nach dem Untergang des Weström. Reiches und den Einfällen von Goten, Vandalen, Langobarden, Normannen und Sarazenen; erst Ende des 19. Jh. rekultiviert.

Römische Frage, Bez. für den aus dem Ggs. zw. der weltl. Herrschaft des Papstes über den Restkirchenstaat und der italien. Einigungsbewegung seit der Mitte des 19. Jh. entstandenen Konflikt. Auslöser war die von den Päpsten nicht akzeptierte Besetzung Roms im Sept. 1870 durch Truppen des neuen italien. Einheitsstaates. In den Lateranverträgen 1929 wurde die R. F. beigelegt.

römische Geschichte, Anfänge und Königszeit (10. Jh. bis um 470): Das Gebiet der späteren Stadt Rom weist seit dem 10. Jh. v. Chr. auf dem Palatin und seit dem 9./8. Jh. auf dem Quirinal, dem Viminal und dem Esquilin. Hügel eine kontinuierl. Besiedlung auf. Ein röm. Staatswesen bestand zu dieser Zeit nicht, bestenfalls ein lockerer Kultverband der Latiner und Sabiner. Das Wirtschaftsleben war agrar. primitiv; in der Sozialstruktur scheinen von Anfang an die Geschlechter (Gentes) eine bed. Rolle gespielt zu haben. Trotz der z. T. recht unterschiedl. Anschauungen der modernen Forschung kommt der antiken Überlieferung von der Gründung Roms am 21. April 753 v. Chr. sowie der Zahl und der Geschichte der 7 röm. Könige kein histor. Wert zu.

Um 575 gerieten die röm. Hügelsiedlungen unter die Herrschaft etrusk. Könige, die die Einzelsiedlungen zu einem Gemeinwesen unter zentraler Leitung verbanden (Name nach dem etrusk. Geschlecht der Rumach) und damit Rom als Stadtstaat im Rechtssinne konstituierten. Die alten Sippenhäupter verschmolzen mit dem etrusk. Adel zu einer neu-

römische Geschichte

en Aristokratie, die allmähl. die Ratsfähigkeit in dem vom König berufenen Senat erhielt und sich zum Geburtsadel des Patriziats entwickelte. Die Patrizier wurden in 3 Tribus, 30 Kurien und 300 Geschlechter gegliedert. Außerhalb dieser genokrat. Ordnung standen die Plebejer. - Außenpolit. wurde der latin. Stammesbund unterworfen (Sage von der Zerstörung Alba Longas); Kämpfe mit Nachbarstädten führten um 470 (nach der Überlieferung 509) zur Beseitigung des Königtums und zur Aufrichtung der Adelsrepublik der Patrizier (Sage von Tarquinius Superbus und Porsenna).

Die röm. Republik (um 470 bis 27 v. Chr.): Nach der Überlieferung und der überwiegenden Anschauung der modernen Forschung wählten die Patrizier aus ihrer Mitte 2 Jahresbeamte (Prätoren, später Konsuln gen.). Die sakralen Befugnisse des Königs wurden dem Rex sacrorum und dem Pontifex maximus übertragen. Die von Rom abgefallenen Latiner (Bildung des Latin. Städtebundes) schlossen um 460 (nach der Überlieferung 493) mit Rom einen Bündnisvertrag (Foedus Cassianum) zur Zurückdrängung der Volsker und Äquer. Die Heranziehung vermögender Plebejer zum Heeresdienst, die zur Entstehung der Zenturiatkomitien führte (um 400), zog die Forderung nach polit. Gleichberechtigung nach sich; der **Ständekampf** brachte den Plebejern um 450 die Kodifikation des Rechts im Zwölftafelgesetz, 363 (nach der Überlieferung 367) den Zugang zum Konsulat, 300 zu den Priesterämtern und 287 die rechtl. Gleichstellung der Plebiszite mit den Leges († Lex). Parallellaufend waren vermutl. noch im 5. Jh. als neue Volksversammlung die patriz.-plebej. und seit 287 die rein plebej. Tributkomitien entstanden. Die plebej. Sonderbeamten der Volkstribunen verstanden sich als Vertreter des Gesamtvolkes; die grundbesitzenden Patrizier und die vermögenden Plebejer wuchsen zur Nobilität zusammen.

Trotz der Niederlage der Römer gegen Kelten aus der Poebene an der Allia (386; Besetzung Roms mit Ausnahme des Kapitols) setzte sich der Aufstieg Roms bald fort. 340-338 kam es zum Latinerkrieg, der mit der Auflösung des Latin. Städtebundes und der Verleihung des röm. Bürgerrechts an die meisten Latinerstädte endete. Das Bündnis Neapels mit Rom (327) führte zu den beiden Samnitenkriegen von 326-304 und 299-291, die nach anfängl. Niederlage Roms mit der Niederwerfung der von den Samniten zusammengebrachten Koalition mit Kelten, Etruskern, Umbrern und Marsern 295 bei Sentinum (= Sassoferrato) und 293 bei Aquilonia ihr Ende fanden. Im folgenden Keltenkrieg (285-283) fiel der Ager Gallicus (Küste Umbriens) an Rom. Verwicklungen mit Tarent (282) hatten den Krieg gegen Pyrrhus von Epirus zur Folge, den Rom mit der Einnahme Tarents (272) zum Abschluß brachte. Der Anschluß von Rhegion (= Reggio di Calabria) an Rom (270) und die Unterwerfung der Messapier (266) vollendeten die röm. Herrschaft in Italien südl. des Apennin. Die rechtl. verschiedenen Bindungen der unterworfenen oder zu Rom übergetretenen Völker und Städte durch Verträge, die Anlage von Kolonien und die Gründung von Munizipien machten die „röm.-italische Wehrgenossenschaft" aus.

Der röm. Expansion im Mittelmeerraum lag kein bewußter und zielgerichteter Eroberungsplan zugrunde, vielmehr waren es überwiegend unvorhergesehene Umstände und die röm. Vorstellung vom Krieg als Rechtsexekution zur Wiederherstellung des vom Gegner gebrochenen Rechts, die das **Römische Reich (Imperium Romanum)** Wirklichkeit werden ließen. Die erste Auseinandersetzung erfolgte mit Karthago im 1. Pun. Krieg (264-241), in dem Rom ganz Sizilien (228/227 Prov.) mit Ausnahme des verbündeten Kgr. Syrakus gewann. 237 wurden auch Sardinien und Korsika röm. (228/227 Prov.). Während die pun. Barkiden als Ausgleich für den Verlust 237-219 den größten Teil Spaniens eroberten, setzte sich Rom in den Besitz der kelt. Poebene. Durch 2 Illyr. Kriege (229/228, 219) gewann Rom Stützpunkte an der O-Küste des Adriat. Meeres. Im 2. Pun. Krieg (218-201) zog Hannibal über die Alpen nach Italien und brachte Rom an den Rand des Verderbens. Er wurde jedoch nach der Eroberung Spaniens durch Rom (206; 197 zwei röm. Prov.) in Afrika durch Publius Cornelius Scipio Africanus d. Ä. bei Zama (Zama Regia) 202 vernichtend geschlagen, worauf es 201 zum Frieden kam, der Karthago finanziell ruinierte und polit. völlig entmachtete. - Im 2. Makedon. Krieg (200-197) besiegte Rom Philipp V. von Makedonien 197 bei Kynoskephalai, machte Makedonien zum röm. Bundesgenossen und ließ 196 alle Griechen für frei erklären. In dieses machtpolit. Vakuum stieß 192 der Seleukidenkönig Antiochos III., dessen Reich jedoch nach dem Sieg Roms bei Magnesia am Sipylos (190) im Frieden von Apameia 188 als Großmacht beseitigt und wirtsch. vernichtet wurde. Roms Sieg im 3. Makedon. Krieg (172/171-168) endete mit der Zerschlagung Makedoniens in 4 Republiken (148 als Prov.). Karthago wurde trotz Unterwerfung unter Rom im 3. Pun. Krieg (149-146) restlos zerstört (Einrichtung der Prov. Africa), ebenso Korinth nach dem gleichzeitigen Krieg zw. Rom und dem Achäischen Bund. In Spanien hatten Brutalität und Treuebruch röm. Statthalter Kämpfe (154-133) ausgelöst, die mit der Zerstörung von Numantia (133) endeten. Rom war unumschränkter Herr im gesamten Mittelmeerraum.

Die rapide Ausweitung des röm. Herrschaftsgebietes hatte schwere ökonom. und soziale

römische Geschichte

RÖMERSTRASSEN

1 Via Appia
2 Via Latina
3 Via Salaria
4 Via Claudia Valeria
5 Via Domitiana
6 Via Flaminia
7 Via Cassia
8 Via Aurelia
9 Via Clodia
10 Via Aemilia Scauri
11 Via Aemilia
12 Via Annia
13 Via Postumia
14 Via Popilia
15 Via Iulia Augusta
16 Via Traiana
17 Via Valeria
18 Via Flavia

Strukturkrisen hervorgerufen. Der Dezimierung und dem Besitzverlust des mittleren Bauerntums, das den Hauptteil der Bürger- und Bundesgenossenheere gestellt hatte und aus dem sich jetzt das stadtröm. Proletariat rekrutierte, stand der wachsende Reichtum der der Nobilität angehörenden Feldherren gegenüber. Gewaltige Latifundien, die von den in großer Zahl importierten Sklaven bewirtschaftet wurden, mit Oliven- und Weinanbau sowie Weidewirtschaft entstanden. Den Angehörigen des Ritterstandes (Equites) gelang der Aufstieg als Steuerpächter der Prov., Bankiers und Geschäftsleute großen Stils. Gegen die Mißstände trat 133 der Volkstribun Tiberius Sempronius Gracchus gegen den Willen der Senatsmehrheit mit einem Ackergesetz hervor, das den Besitz an Staatsland (Ager publicus) beschränkte. Wie er scheiterte auch sein jüngerer Bruder Gajus Sempronius Gracchus, der 123/122 die Ackergesetzgebung mit der Forderung nach Verleihung des röm. Bürgerrechts an die italischen Bundesgenossen und der Besetzung der Geschworenengerichtshöfe gegen erpresser. Statthalter durch Ritter wieder aufnahm. In dieser Zeit kamen die Parteibez. Optimaten und Popularen auf. Die Schäden an Staat und Gesellschaft enthüllten der Jugurthin. Krieg (111–105) und die Kämpfe gegen die Kimbern, Teutonen, Ambronen u. a. (113–101), die der damals fähigste Heerführer Ga-

römische Geschichte

RÖMISCHE KAISER UND GEGENKAISER

Augustus	27 v. Chr.–14 n. Chr.
Tiberius	14–37
Caligula	37–41
Claudius	41–54
Nero	54–68
Galba	68/69
Otho	69
Vitellius	69
Vespasian	69–79
Titus	79–81
Domitian	81–96
Antonius Saturninus	89
Nerva	96–98
Trajan	98–117
Hadrian	117–138
Antoninus Pius	138–161
Mark Aurel zus. mit	161–180
Verus und	161–169
Commodus;	177–180
Avidius Cassius	175
Commodus	180–192
Pertinax	193
Didius Julianus	193
Pescennius Niger	193/194
Septimius Severus zus. mit	193–211
Caracalla und	198–211
Geta;	209–211
Clodius Albinus	195–197
Caracalla zus. mit	211–217
Geta	211/212
Macrinus zus. mit	217/218
Diadumenianus	218
Elagabal	218–222
Severus Alexander	222–235
Uranius Antoninus	vor 232
Maximinus Thrax	235–238
Gordian I. zus. mit	238
Gordian II.	238
Balbinus zus. mit	238
Pupienus	238
Gordian III.	238–244
Sabinianus	240
Philippus Arabs zus. mit	244–249
Philippus	247–249
Jotapianus	248
Pacatianus	248/249
Decius zus. mit	249–251
Herennius;	251
Licinianus	251
Trebonianus Gallus zus. mit	251–253
Hostilianus und	251
Volusianus	251–253
Aemilianus	253
Valerian zus. mit	253–259
Gallienus;	253–259
Uranius Antoninus	253/254
Ingenuus	258
Gallienus	259–268
Postumus	260–268
Regalianus	260
Aemilianus	261
Macrianus d. Ä.	260
Macrianus d. J.	260/261
Quietus	260/261
Aureolus	268
Claudius [II.] Gothicus	268–270
Victorinus	268–270
Quintillus	270
Aurelian	270–275
Tetricus	270–273
Zenobia	270/271–272
Vaballathus	270/271–272
Domitianus	271
Tacitus	275/276
Florianus	276
Probus	276–282
Saturninus	280 oder 281
Bonosus	280
Proculus	280–282
Carus	282/283
Carinus zus. mit	283–285
Numerian;	283/284
Julianus Sabinus	um 284
Diokletian zus. mit	284–305
Maximian;	286–305
Carausius	287–294
Allectus	294–296
Domitius Domitianus	296/297
Galerius zus. mit	305–311
Konstantius I. und	305/306
Severus und	306/307
Licinius;	308–324
Konstantin I., d. Gr.	306–324
Maxentius	306–312
Maximian	307/308, 310
Maximinus Daja	310–313
Konstantin I., d. Gr.	324–337
Konstantius II. zus. mit	337–361
Konstans I.	337–350
Konstantin II.;	337–340
Vetranio	350
Nepotianus	350
Magnentius	350–353
Silvanus	355
Julian	360(361)–363
Jovian	363/364
Valentinian I. zus. mit	364–375
Valens und	364–378
Gratian;	367–375
Prokop	365/366
Firmus	372–373/374
Gratian zus. mit	375–383
Valentinian II. und	375–383
Theodosius I., d. Gr.	379–383
Theodosius I., d. Gr. zus. mit	383–395
Valentinian II. und	383–392
Arcadius und	383–395
Honorius;	393–395
Magnus Maximus	383–388
Eugenius	392–394

römische Geschichte

RÖMISCHE KAISER UND GEGENKAISER (Forts.)

Reichsteilung 395	Avitus 455/456
(Kaiser des Oström. Reiches ↑Byzantinisches Reich, Bd. 4, S. 175)	Majorian 457–461
	Libius Severus 461–465
	Interregnum von 20 Monaten
Kaiser des Weström. Reiches	Anthemius 467–472
Honorius zus. mit 395–423	Olybrius 472
Konstantius III.; 421	Glycerius 473/474
Marcus 406/407	Julius Nepos 474–480
Konstantin III. 407–411	Romulus Augustulus 475/476
Maximus 409–411, 418–422	
Jovinus 411–413	Die Herrscher sind vom Zeitpunkt ihrer Ernennung zum Augustus an aufgenommen.
Heraclianus 413	
Johannes 423–425	
Valentinian III. 425–455	Mit- und Gegenkaiser sind nur in Auswahl aufgeführt (eingerückt).
Petronius Maximus 455	

jus Marius nur durch Rekrutierung aus der Staatskasse besoldeter Proletarier beenden konnte (Übergang zum stehenden Berufsheer), aber damit das Problem der Veteranenversorgung schuf. Der erneute Versuch des Volkstribunen Marcus Livius Drusus, den Bundesgenossen das Bürgerrecht zu verschaffen, führte zum Bundesgenossenkrieg (91–89 bzw. 82), dessen Ergebnis das Vollbürgerrecht für alle Bewohner südl. des Po war.
Während der von Mithridates VI. von Pontus begonnene 1. Mithridat. Krieg (89–84) von Lucius Cornelius Sulla siegreich abgeschlossen wurde, herrschte in Rom 87–84 ein Schreckensregiment der Popularen unter Lucius Cornelius Cinna, das Sulla, unterstützt von Gnaeus Pompejus Magnus, 83/82 beendete. Sulla wurde im Dez. 82 zum Diktator auf unbestimmte Zeit ernannt und gab nach umfangreichen Proskriptionen dem Staat eine Verfassung, in der der Senat die beherrschende Stellung einnahm. Nach dem Rücktritt Sullas (79) wurden 70 von Pompejus und Marcus Licinius Crassus Dives fast alle Gesetze Sullas wieder aufgehoben. Nach der Beendigung des 3. Mithridat. Kriegs (74–63) durch Pompejus, der das Mittelmeer vom Seeräuberwesen befreit hatte, wurden die Prov. Bithynien-Pontus und Syrien eingerichtet. Zur gleichen Zeit hatten 73–71 der Sklavenaufstand des Spartakus und 65 sowie 63 die Umtriebe des Lucius Sergius Catilina, der Cäsar zum Hintermann hatte, Italien erschüttert. Da Pompejus mit seinen Forderungen auf Anerkennung seiner Maßnahmen und Versorgung seiner Veteranen auf Ablehnung stieß, verband er sich mit Cäsar und Crassus 60 zum Privatbund des sog. **1. Triumvirats**. Dieses brachte Pompejus die Erfüllung seiner Forderungen, Cäsar das Konsulat für 59 und das auf 5 Jahre befristete Prokonsulat für Gallien, das er 58–52 unterwarf. Nach der Erneuerung des Triumvirats (56) näherte sich Pompejus bereits 54 den cäsarfeindl. Optimaten, während Crassus 53 bei Carrhae gegen die Parther fiel.
Die Frage der Bewerbung Cäsars um ein neues Amt in Abwesenheit von Rom und die Forderung nach Entlassung seines Heeres führten 49 zum Bürgerkrieg, der mit den Niederlagen der Pompejaner 48 bei Pharsalos, 46 bei Thapsus und 45 bei Munda (= Montilla) endete. Cäsar war damit als Diktator und Konsul alleiniger Herr von Rom, und sein gelegentl. unverhohlenes Streben nach der Königswürde dürfte der letzte Anstoß zu seiner Ermordung am 15. März 44 gewesen sein. Sein Großneffe und Adoptivsohn Gajus Octavius (Oktavian; ↑Augustus) wandte sich gegen den Konsul Marcus Antonius, verband sich aber dann mit diesem und dem Cäsarianer Marcus Aemilius Lepidus zum **2. Triumvirat** (gesetzl. Grundlage „Lex Titia" 27. Nov. 43; verlängert 37–33). Die Triumvirn erließen Proskriptionen, teilten das Reich unter sich auf und schlugen die Cäsarmörder 42 bei Philippi. Sextus Pompejus Magnus, der von Sizilien aus die See beherrschte, wurde 36 besiegt und Lepidus im Zusammenhang damit von Oktavian zur Abdankung gezwungen. Wegen der Beziehungen Antonius' zur ägypt. Königin Kleopatra VII. kam es 32 zum Krieg mit Oktavian, der ihn durch die Schlacht von Aktium (31) und die Einnahme Alexandrias (30) für sich entschied.
Die Kaiserzeit (27 v. Chr. bis 476 n. Chr.): Der Sieger Oktavian stand vor der Aufgabe, seine Stellung im Staat zu regeln. Durch die Staatsakte vom 13. und 16. Jan. 27 v. Chr. wurde die Republik formal wiederhergestellt; die tatsächl. Führung lag bei Augustus. Der **Prinzipat** wurde schrittweise vollendet. Rom entwickelte sich zur größten Finanz- und Handelsmetropole des Mittelmeerraumes. Der vom Prinzeps garantierte Friede (Pax Augusta) führte zur Konsolidierung des Reiches, zum Aufblühen von Kunst und Literatur unter Betonung des Lateinischen gegenüber

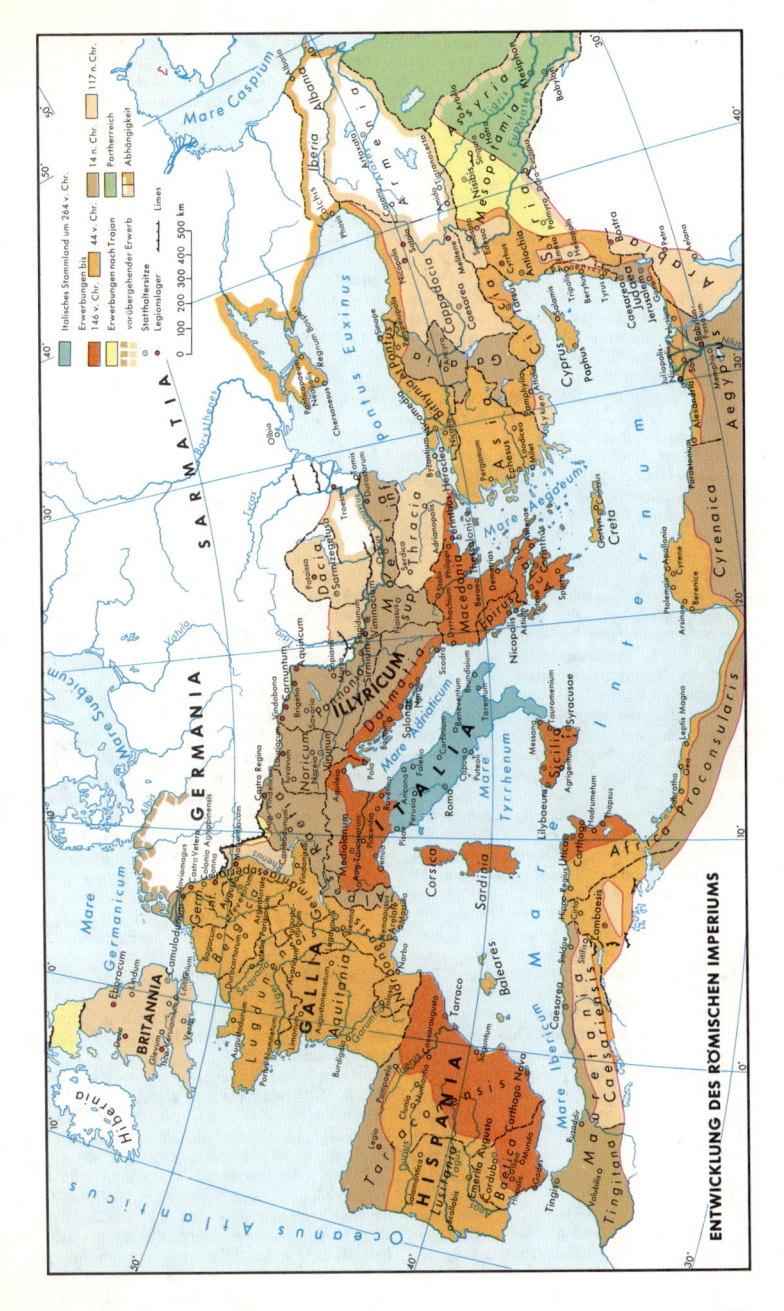

römische Geschichte

ENTWICKLUNG DES RÖMISCHEN IMPERIUMS

Legend:
- Italisches Stammland um 264 v. Chr.
- Erwerbungen bis 146 v. Chr.
- Erwerbungen bis 44 v. Chr.
- 14 n. Chr.
- 117 n. Chr.
- Erwerbungen nach Trajan
- vorübergehender Erwerb
- Statthaltersitze
- Legionslager
- Partherreich
- Abhängigkeit
- Limes

Scale: 0 100 200 300 400 500 km

römische Geschichte

dem Griechischen, zur Wiederbelebung der altröm. Religion und zur Erneuerung altröm. Sitten durch mehrere Gesetze. Die Nachfolger des Augustus im *jul.-claud. Haus* (14–68), Tiberius, Gajus (gen. Caligula), Claudius und Nero, führten die defensive Friedenspolitik des ersten Prinzeps außer in Germanien (14–16) und Britannien (43–47) fort. Im Innern begannen jedoch unter Tiberius die Majestätsprozesse; Caligula strebte als erster Kaiser nach Vergöttlichung; Claudius verfuhr großzügig mit der Verleihung des Bürgerrechtes, eröffnete Nichtitalikern den Zutritt zum Senat und organisierte den Ausbau der Hofämter durch Freigelassene, während sich Nero als Schauspieler und Rennfahrer im Zirkus produzierte. Zugleich gewannen, während der Einfluß des Senats zurückgedrängt und die Stellung des Kaisers gehoben wurden, die Prätorianerpräfekten (Sejan unter Tiberius und Tigellinus unter Nero) zunehmend an Bedeutung. Der Brand von Rom mit der dadurch veranlaßten Christenverfolgung (64) und die zahlr. Hinrichtungen im Gefolge der Pison. Verschwörung (65) führten zu Aufständen der Kommandanten der Grenzheere, die das Willkürregiment Neros beseitigten.

Aus den Wirren des folgenden Vierkaiserjahres 68/69 ging Vespasian (69–79) als Sieger hervor, der zum Begründer der *1. flav. Dyn.* (69–96) wurde. Vespasian mußte den jüd. Aufstand (66–70) durch den späteren Kaiser Titus niederwerfen lassen. Die Flavier veränderten die Zusammensetzung des Senats durch Aufnahme von Legionsoffizieren sowie Provinzialen und werteten Konsulat und Zensur auf, indem sie diese Ämter wiederholt bekleideten. Domitian, der 86 göttl. Ehren beanspruchte, sicherte die Rhein- und Donaugrenze durch Einrichtung der Prov. Ober- und Untergermanien (um 90), den Baubeginn des obergerman. und rät. Limes (etwa 83) sowie durch einen Krieg gegen die Daker (86–89). Nach Domitians Ermordung bestimmte der Senat aus seinen Reihen Nerva zum Prinzeps, der bei der Nachfolgeregelung das Adoptionsprinzip *(Adoptivkaiser)* einführte. Unter Trajan erreichte das Imperium 106–117 durch Einrichtung der Prov. Dakien, Arabien, Mesopotamien, Armenien und Assyrien seine größte Ausdehnung, während Hadrian diese Neuerwerbungen außer Dakien und Arabien wieder aufgab und eine defensive Politik betrieb, die auch Antoninus Pius und Mark Aurel beizubehalten suchten. Unter letzterem kam es durch innergerman. Unruhen (erste Anzeichen der Völkerwanderung) zu 2 großen Markomannenkriegen (167–175; 177/178–180). Unter den Adoptivkaisern verlor Italien polit., wirtsch. und kulturell seine Vorrangstellung. Die philosoph.-stoische Haltung der Kaiser ließ das Griechische und mit ihm oriental. Erlösungsreligionen nach W vordringen. Der Übergang zur lokalen Rekrutierung der Legionen und zur Aufstellung der Hilfstruppen der „numeri" führte zu zunehmender Barbarisierung des Heeres. Zugleich wurde in Heer und Zivilverwaltung der Ritterstand bevorzugt. Erschüttert wurde das Reich außer durch die Markomannenkriege durch den jüd. Aufstand des Bar Kochba (132–135) und den Partherkrieg 166 nach Italien eingeschleppte Bubonenpest, die 188 ein zweites Mal wütete. Mit dem leibl. Sohn Mark Aurels, Commodus, endete das humane Philosophenkaisertum, da dieser wieder in die Bahnen des Cäsarenwahnsinns abglitt und selbst Rom nach dem großen Brand von 191 als röm. Kolonie (Colonia Commodiana) konstituierte.

Septimius Severus, der als Sieger aus den auf die Ermordung des Commodus folgenden Wirren hervorging, war Afrikaner und ∞ mit der Syrerin Julia Domna. Er begründete die Dyn. der *Severer* (193–235), unter der die reine Militärdespotie an die Stelle des Prinzipats in der von Augustus geschaffenen Form trat und Italien prakt. zur Prov. wurde, unter der ferner der Senat, wenn auch in seinem Ansehen gehoben, durch Aufnahme von Puniern und Syrern orientalisiert und das Offizierskorps zunehmend von Illyrern beherrscht wurde, die in der Folgezeit die bedeutendsten Kaiser stellten. Der Sohn des Septimius Severus, Caracalla, verlieh durch die Constitutio Antoniniana von 212 allen freien Reichsangehörigen das röm. Bürgerrecht. Das röm. Recht wurde zum Reichsrecht; an der Spitze der Verwaltung und Rechtsprechung standen Prätorianerpräfekten, die keine Militärs, sondern Juristen waren (Papinianus, Ulpianus, Julius Paulus), die klass. röm. Jurisprudenz zum Abschluß brachten und den monarch. Absolutismus theoret. begründeten. Anderseits führten Militarisierung und höf. Luxus zur Zerrüttung der Staatsfinanzen, der mit Steuererhöhungen und Münzverschlechterungen seit 215 erfolglos begegnet wurde. Nivellierung der Reichsbev., steuerl. Druck, Erhöhung der Herrscher und ständige Bevorzugung des Soldatenstandes brachten eine totale soziale Umstrukturierung des Bürgertums des 2. Jh. zur amorphen, stark barbarisierten Untertanenschaft des 3. Jh. mit sich.

Nach dem Ende der Severerdyn. (235) begann mit der Erhebung des aus kleinbäuerl. Verhältnissen stammenden Thrakers Gajus Julius Verus Maximinus durch die Legionen die Epoche der Militäranarchie der rd. 40 stets vom Heer ausgerufenen Kaiser *(Soldatenkaiser)*, die in gegenseitigen Kämpfen um die Reichseinheit oder um die Bewahrung ihrer Teilgebiete das Imperium polit. und wirtsch. an den Rand des Abgrunds brachten. Unter Gallienus erfolgte die völlige staatl. Auflösung in ein im wesentl. auf Italien be-

römische Kunst

schränktes Kerngebiet sowie ein gall. und ein syr. Sonderreich, während an der Donau kurzfristig Regenten einander ablösten. Daß dadurch der Senat trotz vorübergehender Staatsleitung mit Hilfe eines 20-Männer-Kollegiums und der beiden Senatskaiser Pupienus und Balbinus (238) ganz ausgeschaltet und von Carus (282/283) nicht mehr um Bestätigung ersucht wurde, war ebenso selbstverständl. wie die ökonom. Verselbständigung der Teilgebiete und der allmähl. Übergang zur Naturalwirtschaft. Dabei stand das Reich vor dem Problem des Zweifrontenkrieges gegen die Germanen und gegen die neupers. Sassaniden. Die Kämpfe gegen Alemannen und Goten zwangen zur Aufgabe des Dekumatlandes (260) und der Prov. Dakien (271), während 277/278 die Rhein- und Donaugrenze gesichert werden konnten. Die Kämpfe mit den Sassaniden entbrannten 231–233 und setzten sich unter Gordian III. und Valerian fort (Gefangennahme Valerians). Die Reichsverteidigung im O mußte an die Fürsten Odaenathus und dessen Gattin Zenobia von Palmyra übertragen werden. Der stets drohende militär. Zusammenbruch führte zur allmähl. Bildung eines bewegl. Entsatzheeres in Oberitalien, zu den Christenverfolgungen (250 unter Decius und 257 unter Valerian), die die Glaubenseinheit im Kaiserkult herstellen sollten, und schließl. zur Beseitigung des gall. und des palmyren. Sonderreiches unter Aurelian.
Der Dalmatiner Diokletian schuf die Herrschafts- und Thronfolgeordnung der Tetrarchie, die jedoch 306 durch die Ausrufung Konstantins I., d. Gr., zum Augustus scheiterte. Zugleich formten Diokletian und Konstantin I. den Prinzipat vollends zum **Dominat** um (Ausgestaltung des Hofzeremoniells im hellenist.-oriental. Sinne, Ausbau des Beamtenapparats, Trennung von Zivil- und Militärverwaltung, Schaffung einer neuen Provinzial- und Steuerordnung). Die zunehmend ins Heer aufgenommenen Germanen stiegen im Laufe der Zeit bis zu den höchsten Befehlshaberstellen auf und betätigten sich im 5. Jh. als Kaisermacher. Das auf Zwang beruhende Verwaltungs- und Militärsystem wurde durch die Bindung der Bauern an die Scholle (Kolonat), den Innungszwang der Handwerker, die Verpflichtung zu öffentl. Dienstleistungen sowie durch die persönl. Haftung der Dekurionen für die Steuerabgaben ihrer Gemeinden ergänzt, so daß nur noch 2 Untertanengruppen in Gestalt der Beamten und Soldaten sowie der sie erhaltenden Steuerzahler existierten. Konstantin I., der 330 Konstantinopel als 2. Hauptstadt gründete und zum Schöpfer der *2. flav. Dyn.* wurde, tolerierte nach den Verfolgungen Diokletians das Christentum und entschied sich 325 auf dem Konzil von Nizäa für das Nizänum, das 380/381 unter Theodosius I., d. Gr., für alle Reichsangehörigen verbindl. wurde, während der Versuch der Wiederbelebung der vorchristl. röm. Religion unter Julian nicht durchdrang. 382 wurden die infolge des Hunnensturms von 375 und der Niederlage des Valens (364–378) bei Adrianopel (378) auf das Reichsgebiet übergetretenen Westgoten von Theodosius I. als Foederati zur Reichsverteidigung verpflichtet. 395 wurde das Reich unter die beiden Söhne des Theodosius, Honorius und Arcadius, in eine W- und eine O-Hälfte geteilt. Durch die Einfälle der Germanen, die 410 (Westgoten) und 455 (Vandalen) Rom plünderten und als Foederati eigene Staaten auf röm. Reichsboden gründeten, löste sich das Westreich unter schnell wechselnden Kaisern auf und endete mit der Entthronung des Romulus Augustulus durch Odoaker bzw. mit dem Tod des Julius Nepos (✝ 474–480); vom Ostrom. Reich (Byzantin. Reich) wurde jedoch weiterhin Anspruch auf die Westhälfte erhoben.

📖 *Grant, M. Das Röm. Reich am Wendepunkt. Die Zeit v. Mark Aurel bis Konstantin. Dt. Übers. Mchn. Neuaufl. 1984. - Dahlheim, W.: Gesch. der röm. Kaiserzeit. Mchn. 1983. - Der Aufbau des Röm. Reiches. Hg. v. P. Grimal. Ffm. ⁹1982. - Bengtson, H.: R. G. Republik u. Kaiserzeit bis 284 n. Chr. Mchn. ⁴1982. - Bleiken, J. Gesch. der Röm. Republik. Mchn. ²1982. - Bleicken, J.: Die Verfassung der Röm. Republik. Paderborn u. a. ³1982. - Der Hellenismus u. der Aufstieg Roms. Hg. v. P. Grimal. Ffm. ²1982. - Die Verwandlung des Mittelmeerwelt. Verfaßt u. hg. v. Franz G. Maier. Ffm. ⁷1982. - Volkmann, H.: Grundzüge der r. G. Darmst. ⁸1982. - Bleicken, J.: Verfassungs- u. Sozialgesch. des Röm. Kaiserreiches. Paderborn u. a. ²1981. 2 Bde. - Das Röm. Reich u. seine Nachbarn. Hg. v. F. Millar. Ffm. ⁸1981. - Sozial- u. Wirtschaftsgesch. der röm. Kaiserzeit. Hg. v. Helmuth Schneider. Darmst. 1981. - Christ, K.: R. G. Einf., Quellenkunde, Bibliogr. Darmst. ³1980. - Christ, K.: Das Röm. Weltreich. Mchn. Neuaufl. 1980. - Meier, Christian: Res publica amissa. Eine Studie zu Verfassung u. Gesch. der späten Republik. Ffm. Neuaufl. 1980. - Das Staatsdenken der Römer. Hg. v. R. Klein. Darmst. ³1980. - Alföldy, G.: Röm. Sozialgesch. Wsb. ²1979. - Christ, K.: Krise u. Untergang der röm. Republik. Darmst. 1979. - Vogt, J.: Die röm. Republik. Mchn. Neuaufl. 1979.*

Römische Kamille ↑ Hundskamille.
römische Kunst, die Römer deckten ihren Kunstbedarf in der Frühzeit v. a. durch Aufträge an etrusk. und italische, dann großgriech. Künstler, seit dem 3. Jh. v. Chr. auch durch groß angelegten staatl. Kunstraub, Aufkauf sowie durch nach Rom verpflanzte oder in das neue Machtzentrum strebende hellenist. Künstler. Seit dem 1. Jh. v. Chr. entstand die sog. röm. *Reichskunst*; sie diente privatem Luxus und bes. der polit. und staatl. Repräsentation. Eigenständige Leistungen lagen in

römische Kunst

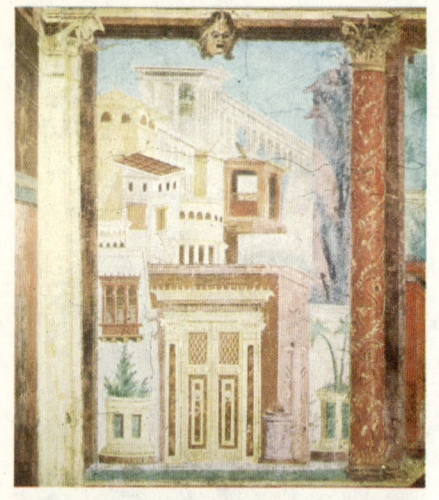

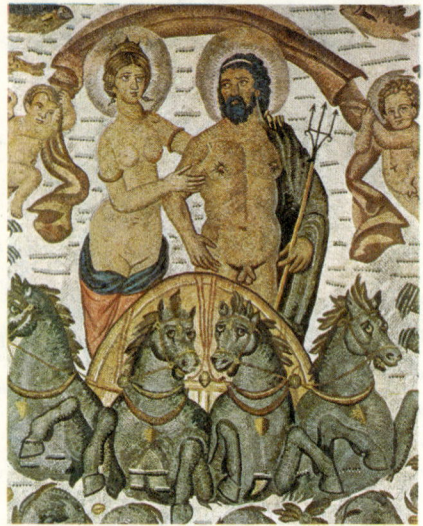

Römische Kunst. Architekturprospekt (um 40 v. Chr.). New York, Metropolitan Museum (oben); Triumph des Neptun und der Amphitrite (3. Jh. n. Chr.). Paris, Louvre (unten)

oft die *provinzialröm. Kunst* abgrenzt.

Die röm. **Baukunst** bereicherte den röm. Mittelmeerraum um zahlr. Bautypen. Es waren dies u. a. das geschlossene ↑ Forum, die ↑ Basilika, die ↑ Thermen, das ↑ Amphitheater, das röm. Theater mit halbrundem Zwischenteil und hohem Bühnenhaus, der Podiumtempel (↑ Tempel), der ↑ Triumphbogen, die Villa, ferner typ. Formen des Straßen-, Brücken- und Wasserleitungsbaus. Techn. bed. sind die Anwendung des Hausteinbogens für Konstruktionen sowie das im 2. Jh. v. Chr. eingeführte Gußmauerwerk. Es erschloß der antiken Baukunst neue Möglichkeiten nicht nur für Ingenieurbauten und mehrstöckige Hochbauten, sondern auch für Wandgliederungen, für weitgespannte Tonnengewölbe, Kuppeln u. Großräume ohne [Innen]stützen. Es ermöglichte die großartigen Raumkörper der Kaiserthermen, Paläste und Kuppelbauten (Pantheon). Charakterist. röm. ist weiter die Fähigkeit zur räuml. Organisation, die sich v. a. in axialer Ordnung ausdrückte: gleichermaßen im Podiumtempel, Terrassenheiligtum, Haus, den Foren wie im schnurgeraden System der Fernstraßen (z. B. Via Appia) und Aquädukte. Das urspr. streng geschlossene röm. Atriumhaus wurde seit dem 1. Jh. v. Chr. um griech. Peristyle, Exedren, Loggien u. a. erweitert und mit Plastiken, Brunnen, Steintischen, Wandmalerei, Nymphäen u. a. ausgestattet, es ergab sich eine Einheit, die hier erstmals in der Antike auftrat. Ein Streben nach Ausbildung einer künstl. Umwelt zeigen die ausgeklügelten Anlagen weitläufiger Paläste (↑ Hadriansvilla). Auch bei den Kaiserthermen (Trajans-, Caracallathermen in Rom) schafften überraschende Raumfolge, übergroße Dimensionen und Ausstattung eine prunkvolle Scheinwelt. In dieser Zeit entstanden auch das Pantheon in Rom, andererseits Zweckbauten (z. B. Mietskasernen) rationalster Planung. An den Diokletiansthermen und der Maxentiusbasilika in Rom verband sich die traditionelle Monumentalität bereits mit einem Pathos der Einfachheit; die Tendenz zu klaren räuml. Baukörpern prägte insbes. die frühchristl. Kirchen des 5. und 6. Jahrhunderts.

Die **Plastik** erreichte hohen Rang im Porträt des 1. Jh. v. Chr. (Büsten). Die fast verist. Schärfe erfuhr seit Augustus eine klassizist. Abklärung. Ein bed. Werk *augusteischer Kunst* ist die Ara Pacis Augustae (Friedensaltar) in Rom. Vom Ende des 1. Jh. an wurden im Porträt typ. Merkmale herausgearbeitet, dem verfeinerten Hofbildnis der 2. Hälfte des 2. Jh. (bes. bei den Antoninen) folgten mit dem beginnenden 3. Jh. Verzerrung nicht scheuende Charakterbildnisse (Caracalla). Das histor. Relief zeigt eine entsprechende Entwicklung; die Situationsschilderung am Titusbogen in Rom wurde seit dem 2. Jh. ins Bedeutungshafte übersetzt (Trajanssäule in Rom, Trajansbogen in Benevent; Mark-Au-

der Baukunst, Malerei, in der Porträtbüste und im histor. Relief, allerdings beherrschten Kopien nach griech. Meisterwerken den Markt. Die r. K. strahlte in alle Provinzen des Reiches aus, sie ging dort oft Verbindungen mit heim. Tendenzen ein, so daß man

römische Kunst

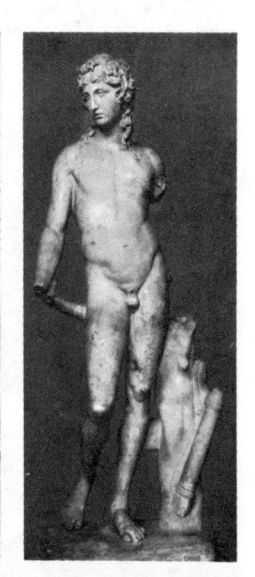

Römische Kunst. Oben (von links): Herculanische Tänzerin (um 30 v. Chr.). Neapel, Museo Nazionale; Mann und Kind. Ausschnitt aus dem Prozessionsrelief auf der Südseite der Außenmauer der Ara Pacis Augustae (13–9). Rom; Jugendlicher Gott (um 150 v. Chr.); rechts unten: sogenannte Portlandvase (1. Jh. v. Chr.). London, British Museum

rel-Säule und Septimius-Severus-Bogen in Rom; sever. Fries in Leptis Magna). Im Verlauf des 3. Jh. wurden Helldunkelkontraste wichtig, dicht gedrängt füllen Figuren die tief zerklüftete Reliefflächle, zuerst an Sarkophagen (Ludovis. Schlachtsarkophag, 251 n. Chr., Rom, Thermenmuseum), dann auch an den histor. Reliefs (Galeriusbogen in Thessaloniki [= Saloniki]). Zunehmende Erstarrung und Frontalität zeigen die oft überlebensgroßen Kaiserstatuen und -köpfe aus dem 4.–6. Jahrhundert.

Malerei: Die Porträtmalerei ist fast nur aus dem Seitenzweig des Mumienbildnisses aus Ägypten (1.–4. Jh.) bekannt, Tafel- und Leinwandbilder sind verloren. Reich aber ist der Bestand an Wandmalereien aus den vom Vesuv verschütteten Stätten (Pompeji, Herculaneum, Boscoreale, Stabiae, Oplontis [= Torre Annunziata]), die den Zeitraum vom frühen 1. Jh. v. Chr. bis 79 n. Chr. abdecken. Etwa 90–10 schmückten v. a. Scheinarchitekturen die Wände, die etwa 10 v.–40 n. Chr. durch raumlos-spieler. Rahmen- und Leistendekorationen ersetzt wurden. Bis zum Ende des 1. Jh. wurde die opt. erfaßbare räuml. Kontinuität im Landschaftsbild weiterverfolgt (Luftperspektive), Scheinarchitekturen

römische Kurie

traten erneut auf. - Das 4. Jh. bereitete mit neuer Intensität der Farbgebung spätantike bzw. frühchristl. Malerei und Mosaikkunst vor.

Das weit verbreitete röm. **Kunstgewerbe** hat u. a. schöne Silberarbeiten (Hildesheimer Silberfund), kostbare Gläser (z. B. Diatretglas), Tongeschirr (Terra sigillata), bed. Gemmen und Münzen geschaffen.

📖 *Andreae, B.: R. K. Dt. Übers. Freib. u. a. ⁴1982. - Kähler, H.: Der röm. Tempel. Ffm. u. a. 1982. - Hönle, A./Henze, A.: Röm. Amphitheater u. Stadien. Zürich u. Freib. 1981. - McKay, A. G.: Röm. Häuser, Villen u. Paläste. Dt. Übers. Freib. u. a. 1980.*

römische Kurie ↑ Kurie (römische Kurie).

römische Literatur, das Schrifttum in lat. Sprache (etwa 240 v. Chr. bis 240 n. Chr.), das seine Existenz und Bed. im wesentl. der polit. und kulturellen Machtfülle Roms verdankte.

Vorklassik (etwa 240–100): Übersetzungen und Bearbeitungen griech. Originale schufen v. a. Livius Andronicus, Naevius, Ennius, Cato d. Ä. Eigene Stoffe suchte man in histor. Epen und Geschichtswerken zu formen; Lucilius begründete die Satire. Die Ausformung einer spezif. röm. Komödie erfolgte durch Plautus und Terenz.

Klassik (etwa 100 v. Chr.–14 n. Chr.): Zwei sich überschneidende Phasen sind erkennbar: das Zeitalter der Bürgerkriege und die Ära des Augustus; in beiden war der röm. Staat, seine Auflösung, dann seine Erneuerung das vornehmste, zunächst pessimist. (Cicero, Sallust), dann mit verhaltenem Optimismus gestaltete Thema (Vergil, Horaz, Livius). Erhalten sind Repräsentanten aller wichtigen Gattungen: Epos (Vergil, Ovid), Lehrgedicht (Lukrez, Vergil), Lyrik (Catull, Horaz), Elegie (Properz, Tibull, Ovid), Satire (Horaz), Philosophie und öffentl. Rede (Cicero), Geschichtsschreibung (Sallust, Livius), grammat. und rhetor. Fachschriften (M. T. Varro, Cicero).

Nachklassik (14–etwa 240): Die Literaten der frühen Kaiserzeit orientierten sich v. a. an der eigenen Klassik, die sie durch Raffinement, Manier und Phantastik zu überbieten suchten. Ihr Weltbild tendierte zum Düsteren und Negativen; geschildert wurden die Laster der Menschen sowie Tücke und Brüchigkeit der Verhältnisse bes. in Epos (Lukan, Statius) und Tragödie (Seneca d. J.). Der „moderne" Stil der neron. Zeit wurde um 90 von einer klassizist. Phase, der Cicero, Sallust u. a. als Vorbilder dienten, abgelöst (Quintilian, Tacitus); ihr folgte eine auf die Anfänge der r. L. zurückgreifende archaist. Strömung. Mit dem Beginn der großen Reichskrise (Mitte des 3. Jh.) fand die literar. Produktion ihr Ende. Wichtigste literar. Neuerung war der Roman (Petronius, Apulejus). Ebenfalls bed. war die stilist. schlichte und prägnante jurist. Literatur.

📖 *Büchner, K.: R. L.gesch. Stg. ⁵1980. - Klingner, F.: Röm. Geisteswelt. Mchn. 1979.*

römische Musik, die Musik der Römer (etwa 470 v. Chr. bis 476 n. Chr.) zeigt v. a. griech., daneben etrusk. Einflüsse. Auf die Etrusker gehen Metallblasinstrumente (Tuba, Lituus, Cornu, Bucina) zurück, die v. a. im Heer gespielt wurden. Bedeutsam war die Tibia, ein dem griech. Aulos verwandtes Rohrblattinstrument, das bei pantomim. Spielen geblasen wurde. Seit 240 v. Chr. gelangten zunächst griech. Dramen in lat. Übers. und dann röm. Komödien nach griech. Vorbild (Dichter: T. M. Plautus) zur Aufführung; die Bühnenmusik oblag den Tibia spielenden Sklaven. Auch die solist. Gesangslyrik zur Kithara oder Lyra wurde durch die Römer übernommen (Catull, Horaz). Die zunehmende Zahl von Musikern aus den unterworfenen Ländern begründete ein hochstehendes Virtuosentum und eine reiche Pflege von Haus-, Tafel-, Tanz- und Theatermusik. Das Instrumentarium wurde v. a. um Schlaginstrumente erweitert (Tympanum, Kymbala, Krotala, Scabellum). Bei den großen Schauveranstaltungen in den Amphitheatern wurden Massenchöre und riesige Bläserorchester, daneben auch die ↑ Hydraulis, eingesetzt. Hochgestellte Personen betätigten sich musikalisch; so versuchte sich Kaiser Nero als Virtuose auf der Kithara. - Das spätantike lat. Musikschrifttum wurde vom Christentum übernommen und beeinflußte die Musik des abendländ. Mittelalters.

römische Philosophie, Sammelbez. für die philosoph. Bestrebungen im antiken Rom zur Rezeption, Propagierung und Fortentwicklung der ↑ griechischen Philosophie bzw. der hellenist. Philosophie. Wirkungsgeschichtl. haben diese Bestrebungen v. a. begriffs- und problemgeschichtl. Bed., da mit der Entwicklung einer an der griech.-hellenist. philosoph. Terminologie orientierten lat. philosoph. Terminologie auch die Grundlagen für die sich im Medium der lat. Sprache entwickelnde Philosophie und Theologie des MA geschaffen wurden.

Römische Protokolle, Bez. für den 1934 in Rom abgeschlossenen Vertrag zw. Ungarn, Österreich und Italien, mit dem letzteres seine zeitweilige Vorherrschaft im Donauraum gegen frz. und dt. Einfluß absicherte; 1936 erneuert, wurden durch den Anschluß Österreichs an das Dt. Reich 1938 gegenstandslos.

Römischer Ampfer (Röm. Spinat, Französ. Spinat, Schildampfer, Rumex scutatus), Ampferart in den Gebirgen N- und S-Europas, in Deutschland v. a. im Süden, an trockenen, meist kalkreichen Standorten; mit blaugrünen, meist rundlich-herzförmigen oder geigenförmigen Blättern; bes. in S-Europa als Blattgemüse kultiviert.

römische Religion, Religion der Römer der Antike. In der ältesten Zeit ist die r. R. eine bäuerl. Religion, deren Vegetationskulte vom Familienvater (Paterfamilias) vollzogen wurden und aus dörfl. Riten umgeformt wurden, als sie in der zweiten Epoche der röm. Religionsgeschichte von der offiziellen Religion des sich bildenden Stadtstaates übernommen wurden. Die dritte Epoche der r. R. war die Pontifikalreligion, die den Pontifex maximus und das ihm unterstellte Kollegium an die Spitze des röm. Sakralwesens brachte. Das letzte Jh. der Republik war, bedingt durch die Einwirkung der griech. Aufklärung, eine Zeit des Verfalls der alten Religion. Mit dem Prinzipat des Augustus begann die Vergöttlichung der Herrscher. Wie diese waren auch die meisten Mysterienkulte, die in der Zeit des Hellenismus Aufnahme in Rom fanden, oriental. Ursprungs. An der Spitze des Pantheons stand zunächst eine Götterdreiheit, zu der der Himmelsgott Jupiter gehörte, der Kriegsgott Mars und Quirinus, eine dem Mars sehr verwandte Gestalt, später von Jupiter, Juno und Minerva abgelöst, Gottheiten, die nun als oberste Schutzmacht des Staates galten und denen auf dem Kapitol ein Heiligtum errichtet wurde. Mit Jupiter, Juno, Minerva und Mars sind vier jener Gottheiten genannt, die später in einem Zwölfgöttersystem zusammengefaßt wurden, deren Mgl. oft griech. Einfluß erkennen lassen (Neptun - Poseidon, Venus - Aphrodite, die Jagdgöttin Diana - Artemis, Vulcanus - Hephäst, Mercurius - Hermes, Vesta - Hestia; Apollon übernahmen sie dagegen mit seinem griech. Namen und verehrten ihn als Gott der Weisheit. Ceres, die sie mit Demeter identifizierten, schützte den Ackerbau). Auch abstrakte Begriffe wurden von den Römern in den Rang von Gottheiten erhoben, z. B. Fortuna (glückl. Geschick), Victoria (Sieg), Spes (Hoffnung), Concordia (Eintracht), Fides (Treue), Mens (Verstand), Securitas (Sicherheit), Aeternitas (Ewigkeit). Kollektive Gottheiten waren die Penaten, die über die häusl. Vorratskammer wachten, und die Laren, die die Flur beschützen; zu ihnen standen die Manen, die Geister der Verstorbenen, in Beziehung. Wichtigste Kulthandlung war das Opfer von Getreide, Wein oder Tieren. Priesterl. Funktion im Interesse des gesamten Volkes nahm in der Monarchie der König wahr. Später wurde der Pontifex maximus zum ranghöchsten Priester. Bestimmte priesterl. Funktionen wurden von Priesterkollegien versehen. - Die röm. Ethik war durch den Begriff der Pietät (lat. pietas) geprägt und umfaßte die familiären Beziehungen, die Stellung zum Staat und das Verhalten gegenüber den Göttern.

📖 Stoll, H. W.: *Die Mythologie der Griechen u. Römer*. Essen 1984. - Latte, K.: *R. R.gesch.* Mchn. ²1967. - Altheim, F.: *R. R.gesch.* Bln. ²1956. 2 Bde.

römischer Kalender ↑Zeitrechnung.
Römischer Salat, ↑Lattich.
Römischer Spinat, svw. ↑Römischer Ampfer.
römische Schule, Bez. für einen wesentl. von Palestrina ausgehenden Komponistenkreis, der in der Nachfolge der späten Niederländer einen in Melodik und Harmonik bes. berücksichtigter Textverständlichkeit ausgeglichenen Kompositionsstil pflegte (u. a. G. M. Nanino, T. L. de Victoria, G. Allegri). Allg. a cappella, aber auch in vokalinstrumentaler Ausführung, bestimmte er die kath. Kirchenmusik bis ins 19. Jh. (u. a. A. M. Abbatini, G. Carissimi, E. Bernabei, G. O. Pitoni).

römisches Recht, i. e. S. das Recht des röm. Staates bis zum Untergang des Weström. Reiches; i. w. S. das von dem oström. Kaiser Justinian I. im Corpus Juris Civilis (CJC) kanonisierte r. R., das am Ausgang des MA in Europa rezipiert wurde und als Grundlage auch in der Neuzeit weltgeschichtl. Bed. erlangte. Quelle allen privaten und öffentl. Rechts war nach der Anschauung der Römer das Zwölftafelgesetz (um 450 v. Chr.). Die Fortbildung des r. R., v. a. des Privatrechts war das Werk der röm. Juristen. In der frühen Republik waren die Priester („pontifices") die Hüter des Rechts. Erst im Laufe des 3. Jh. v. Chr. entstand eine weltl. Rechtskunde, nachdem die im priesterl. Archiv aufbewahrten Geschäfts- und Prozeßformeln veröffentlicht worden waren. Die Juristen berieten die Parteien bei der Abfassung von Rechtsgeschäften (Kautelarjurisprudenz) und erteilten Rechtsgutachten auch für die Magistrate. Als Mgl. des Beirats (Konsilium), mit dem sich jeder röm. Magistrat umgab, waren sie maßgebend an der Entstehung des prätor. Amtsrechts („ius honorarium") beteiligt, das das alte Volksrecht („ius civile") ergänzte, korrigierte und verdrängte: Der röm. Prätor, in dessen Gerichtspraxis sich das Verfahren des Formularprozesses entwickelte, konnte als Gerichtsherr etwa seit der Mitte des 2. Jh. v. Chr. auch Klagen zulassen, für die es im „ius civile" keine Grundlage gab, und somit neues Recht schaffen. Er veröffentlichte jährl. zu Beginn seiner Amtsperiode ein Edikt („edictum perpetuum"), in dem er die Klagemöglichkeiten, Einreden und prozessualen Rechtsbehelfe publizierte, die er den Parteien zu gewähren versprach. Dieses Edikt wurde unter Kaiser Hadrian abschließend redigiert. Seit dem Prinzipat entstand eine neue Rechtsquelle im Kaiserrecht, zunächst noch in der republikan. verbrämten Form des Senatsbeschlusses, dann aber in der Gestalt von Edikten und Reskripten, die wie alle Konstitutionen schon im 2. Jh. als gesetzesgleich angesehen wurden. Auch an der Entstehung dieses Rechts waren die inzwischen zu hohen Reichsbeamten auf-

Römisches Reich

gestiegenen Juristen maßgebl. beteiligt. Die röm. Rechtswiss. gelangte im Prinzipat zu ihrer vollen Blüte. Das Entstehen einer jurist. Fachwiss. ist ein in der Antike einzigartiger Vorgang. Das Interesse der röm. Juristen galt dem Einzelfall, den sie wiss. analysierten, wobei sie aber kein geschlossenes System von aufeinander bezogenen generellen Regeln und Begriffen anstrebten. Das röm. Strafrecht war weit weniger durchgebildet als das Zivilrecht. Im Zwölftafelgesetz war es noch weitgehend vom Prinzip der Privatrache beherrscht. Die Ende des 2. Jh. v. Chr. gebildeten ständigen Gerichtshöfe, die für die Aburteilung bestimmter Straftaten (Hochverrat, Mord, Wahlbestechung u. a.) zuständig waren, wurden im Prinzipat allmähl. von der Strafgerichtsbarkeit des röm. Stadthauptmanns („praefectus urbi") verdrängt. Im spätantiken Zwangsstaat trat v. a. im W des Reiches ein weitgehender Verfall der Rechtskultur ein (Vulgarrecht). Dieses Vulgarrecht ging in westgot. Rechtsbücher ein und wurde dadurch an das frühe MA weitergegeben. Im O des Reiches kam es dagegen zu einer Wiederbelebung des klass. Rechts.
 Söllner, A.: Einf. in die r. R.gesch. Mchn. ³1985. - Kaser, M.: R. R.gesch. Gött. ²1982. - Mommsen, T.: Abriß des röm. Staatsrechts. Darmst. Nachdr. 1982. - Wiefels, J./Rosen-v. Hoewel, H. v.: R. R. Hdbg. 57.-59. Tsd. 1979.

Römisches Reich (lat. Imperium Romanum), in der Antike der Befehlsbereich des röm. Volkes; umfaßte v. a. Rom und Italien; erreichte unter Trajan (98–117) seine größte Ausdehnung. - ↑auch römische Geschichte.

Römische Verträge ↑Europäische Wirtschaftsgemeinschaft.

römische Ziffern, in der röm. Welt sowie in Westeuropa bis zum 15. Jh. allg. gebrauchtes Zahlensystem. Die r. Z. sind altitalischen Ursprungs und beruhen auf Zehner- (I, X, C, C|Ɔ) und Fünferstufen (V, L, D); erst im MA wurde C|Ɔ zu M (Mille) umgeformt. Beim Schreiben von Zahlen mit r. Z. ist grundsätzl. zu beachten, daß die Zeichen I, X, C, M bei Zahlenangaben wiederholt nebeneinandergesetzt werden können, die Zeichen V, L, D dagegen nicht. Stehen *gleiche* Zeichen nebeneinander, werden ihre Zahlenwerte zusammengezählt: II (= 1 + 1 = 2), XX (= 10 + 10 = 20), CCC (= 100 + 100 + 100 = 300), MM (= 1 000 + 1 000 = 2 000), im einzelnen gilt dabei folgendes: Die Zeichen I, X, C dürfen nicht mehr als dreimal nebeneinander gesetzt werden; die Zeichen V, L, D dürfen in einer Zahl nur einmal vorkommen; das Zeichen M darf beliebig oft vorkommen; Stehen *ungleiche* Zeichen nebeneinander, wird nach folgenden Regeln verfahren: Steht das Zeichen für eine kleinere Einheit rechts neben dem Zeichen einer größeren Einheit, wird die kleinere zur größeren hinzugezählt: VI (= 5 + 1 = 6), XII (= 10 + 1 + 1 = 12), XXXVII (= 10 + 10 + 10 + 5 + 1 + 1 = 37); steht das Zeichen für eine kleinere Einheit links neben dem Zeichen für eine größere Einheit, wird die kleinere von der größeren abgezogen: IV (= 5 – 1 = 4), IX (= 10 – 1 = 9), XXIX (= 10 + 10 + 10 – 1 = 29). Es dürfen aber nicht zwei oder mehrere kleinere Einheiten von der rechts stehenden großen Einheit abgezogen werden. - Von zwei mögl. Schreibungen wählt man heute meist die kürzere: IL (= 49, nicht: XLIX), VD (= 495, nicht: XDV), MCMIC oder MIM (= 1 999, nicht: MCMXCIX), MDCCVL (= 1 745, nicht: MDCCXLV).

Tabelle der römischen Ziffern

I	II	III	IV	V	VI	VII	VIII	IX
1	2	3	4	5	6	7	8	9
X	XX	XXX	XL	L	LX	LXX	LXXX	XC
10	20	30	40	50	60	70	80	90
C	CC	CCC	CD	D	DC	DCC	DCCC	CM
100	200	300	400	500	600	700	800	900
M								
1 000								

Römisch-Germanisches Museum ↑Museen (Übersicht).

Römisch-Germanisches Zentralmuseum ↑Museen (Übersicht).

römisch-katholisch, Abk. röm.-kath., zum Bekenntnis der kath. Kirche gehörig.

Römisch-Katholische Staatspartei (niederl. Roomsch-Katholieke Staatspartij), seit 1926 Name der 1896 gegr. kath. niederl. Partei; Vorläuferin der ↑Katholieke Volkspartij; 1918–40 fast ununterbrochen an der Reg. beteiligt.

Romm, Michail Iljitsch, * Irkutsk 24. Jan. 1901, † Moskau 1. Nov. 1971, sowjet. Filmregisseur. - „Fettklößchen" (1934, nach G. de Maupassant) war der letzte sowjet. Stummfilm; in den westl. Ländern bekannt wurden bes. „Lenin im Oktober" (1937), „Lenin 1918" (1939) und den Kompilationsfilm über den NS: „Der gewöhnl. Faschismus" (1966).

Rommé [rɔ'me:, 'rɔme; zu engl. rummy] (Rummy), um 1900 entwickeltes Kartenspiel (Baustein- bzw. Ablegespiel) für 3 bis 6 Mitspieler mit zweimal 52 frz. Karten, dazu 4 (bei Turnieren 6) Joker, die jede Karte vertreten können; es kommt darauf an, durch Ziehen neuer Karten vom verdeckten Talon bzw. durch Ablegen unbrauchbarer Karten möglichst schnell seine Karten zu bestimmten vollständigen Gruppen zu formieren und „R." zu melden.

Rommel, Erwin, * Heidenheim an der Brenz 15. Nov. 1891, † nahe Herrlingen (Gem. Blaustein) 14. Okt. 1944 (Selbstmord), dt. Generalfeldmarschall (seit 1942). - In der Sudetenkrise 1938 und 1939 Kommandant des Führerhauptquartiers; durchstieß als Chef einer Panzerdivision im Frankreichfeldzug 1940 die Ardennen; errang legendären Ruhm

("Wüstenfuchs") im Kommando des dt. Afrikakorps (General der Panzertruppen 1941, Generaloberst 1942), scheiterte aber bei Al Alamain; 1943 kurze Zeit Kommandeur der Heeresgruppe Tunis, danach der Heeresgruppe B in Italien, Dez. 1943–Juli 1944 (durch Fliegerangriff schwer verwundet) in Frankr.; schloß sich 1944 der Widerstandsbewegung an und wurde von Hitler nach dem 20. Juli vor die Alternative Volksgerichtshofsverfahren oder Selbstmord gestellt.

Romney Marsh [engl. 'rɔmnı 'mɑːʃ], Marschland in SO-England, sw. von Folkestone, mit der nach SO vorspringenden Halbinsel **Dungeness**.

Romont (FR) [frz. rɔˈmõ(friˈbuːr)], Bez.-hauptort im schweizer. Kt. Freiburg, 777 m ü. d. M., 3 700 E. Mittelpunkt eines Agrargeb. - 1240 Abtretung an Savoyen, Ausbau zur Festung; im Burgunderkrieg (1474–77) von Freiburg besetzt, dessen Schutz es sich 1536 freiwillig unterstellte; Landvogtei bis 1798. - Got. Pfarrkirche (13. und 15. Jh.) mit Glasmalereien; Schloß (13.–16. Jh.); ma. Ringmauern mit 2 Rundtürmen (13./14. Jh.).

Romontsch, svw. ↑ Romantsch.

Römpp, Hermann, * Weiden (= Dornhan, Kr. Rottweil) 18. Febr. 1901, † ebd. 24. April 1964, dt. Chemiker. - Lehrer; bekannt durch zahlr. populärwiss. Werke über Chemie und v. a. durch die Herausgabe (ab 1947) des „Chemie-Lexikons" (1975 u. d. T. „Römpps Chemie-Lexikon" in Neubearbeitung von O.-A. Neumüller; ⁹1989 ff.).

Romsdal [norweg. 'rumsdɑːl], von der Rauma durchflossene Talschaft in W-Norwegen.

Romsdalsfjord [norweg. 'rumsdɑːlsfjuːr], Fjordsystem im westl. Norwegen bei Molde.

Romsey [engl. 'rʌmzı], engl. Marktstadt am Test, Gft. Hampshire, 12 900 E. Museum; Teppichherstellung, Bootsbau. - Das 907 gegr. Kloster wurde 1539 aufgehoben; 1607 erhielt R. Stadtrecht. - Normann. Abteikirche (12. Jahrhundert).

Romuald (R. von Camaldoli), hl., * Ravenna um 952, † Val di Castro bei Fabriano 19. Juni 1027, italien. Ordensstifter. - Mönch in Ravenna; wirkte als Klosterreformer in Italien und gründete 1012 das Kloster Camaldoli (bei Arezzo), das zum Zentrum der ↑ Kamaldulenser wurde.

Romulus, Gestalt der röm. Mythologie, Gründer und erster König Roms. Zus. mit seinem Zwillingsbruder **Remus** von der Vestalin Rhea Silvia dem Mars geboren. Die Knaben werden von Tiber ausgesetzt, jedoch gerettet und von einer Wölfin gesäugt, bis sie der Hirte Faustulus an Sohnes Statt aufzieht. Als R. um die neugegr. Stadt, der er auf göttl. Bescheid den Namen geben soll, eine Mauer zieht, Remus aber, um den Bruder zu verspotten, vor seinen Augen über diese springt, kommt es zum Streit, in dessen Verlauf R. den Remus erschlägt. Um dem seine Neugründung gefährdenden Frauenmangel abzuhelfen, läßt R. durch eine Festveranstaltung Sabiner in die Stadt locken und ihnen die Frauen rauben. Ein erfolgreicher Rachefeldzug der Sabiner unter Titus Tatius endet mit einer Aussöhnung: R. und Titus Tatius regieren bis zum Tod des letzteren gemeinsam.

Romulus Augustulus, eigtl. R. Augustus, * um 459, röm. Kaiser (475/476). - Wohl am 31. Okt. 475 von seinem Vater zum Kaiser erhoben; am 4. Sept. 476 durch Odoaker abgesetzt und auf den Landsitz Lucullanum bei Neapel verbannt. Seine Absetzung bedeutete das Ende des Weström. Reiches.

Ronald ['roːnalt, engl. rɔnld], engl. männl. Vorname (zu altisländ. Rognvaldr).

Roncalli, Angelo Giuseppe [italien. roŋˈkalli] ↑ Johannes XXIII., Papst.

Roncesvalles ['rõːsəval, span. rrɔnθezˈβaʎes], span. Ort in den Pyrenäen, 52 E. Augustinerabtei mit Wallfahrtskirche (12./13. Jh.). Nördl. der Stadt der *Paß von R.* (1 057 m ü. d. M.), an dessen Fuß ↑ Roland 778 gefallen sein soll.

Ronchamp [frz. rõˈʃɑ̃], frz. Gem. in der Burgund. Pforte, Dep. Haute-Saône, 3 100 E. Nahebei die Wallfahrtskirche Notre-Dame-du-Haut von Le Corbusier (1952–55).

Ronconi, Luca [italien. roŋˈkoːni], * Tunis 8. März 1933, italien. Regisseur. - Arbeitete zunächst als Schauspieler im Ensemble V. Gassmans. Seit 1966 erfolgreich mit eigenen Inszenierungen am Teatro Stabile in Turin u. a. Bühnen; internat. bekannt durch poet. Inszenierungen wie der „Orestie" des Aischylos (1972) und „Weiterdichtungen" von Aristophanes („Die Vögel", 1975).

Ronda, span. Stadt auf einem vom Guadalevín mit tiefer Schlucht zerschnittenen Plateau, 750 m ü. d. M., 30 000 E. Sommerfrische; Handelsplatz; Möbelind. - In der Römerzeit **Arunda**, während der arab. Herrschaft (bis 1485) eine bed. Stadt; danach entstand die Neustadt Mercadillo als Sitz von Kaufleuten. - Kirche Santa María la Mayor (ehem. Moschee) mit spätgot. Inneren, Renaissancepalast Casa de Mondragón; Brücke (1784–); im alten arab. Stadtteil mächtige Befestigungsmauern (um 1194), Reste arab. Bäder und der Alcazaba; in dem 12 km entfernten R. la Vieja Ruinen eines röm. Amphitheaters.

Rondane, Gebirgsmassiv im östl. Norwegen nö. vom Gudbrandsdal, bis 2 114 m hoch.

Rondeau [rõˈdoː; lat.-frz.] (Rondel), ein vom 13.–15. Jh. verbreitetes frz. Reigenlied mit Refrain, das wahrscheinlich im Wechsel von Vorsänger und Chor gesungen wurde. Dabei wurden zwei Melodiezeilen teils abwechselnd, teils mehrmals nacheinander (im Normalfall) acht Textzeilen zugeordnet. Zunächst einstimmig, wurde das R. im 14. Jh.

eine wichtige Form der Mehrstimmigkeit (Guillaume de Machault, später G. Dufay und G. Binchois). Die dichter. Form lebte im 16. und 17. Jh. u. a. bei J. Fischart weiter und wurde im 19. Jh. von A. de Musset und S. Mallarmé wiederaufgegriffen.

Rondell [frz., zu lat. rotundus „rund"] (Rundell), mit Zierpflanzen besetztes, rundes Beet.

Rondellus [mittellat.], eine mehrstimmige, ma. 2- oder 3stimmige Komposition, bei der die Stimmen ihre Passagen abschnittsweise austauschen (z. B. ist der ↑ Pes des „Sommer-Kanons" als R. angelegt).

Rondo [lat.-italien.], eine zunächst in der frz. Clavecin- und Opernmusik des 17./18. Jh. (J.-B. Lully, L. und F. Couperin, J.-P. Rameau) entwickelte vokale und instrumentale Reihungsform mit urspr. unverändert wiederkehrendem Refrain und eingeschobenen Zwischenteilen (Couplets). Das R. der Wiener Klassik und F. Schuberts mit seinen meist drei Couplets bildet in der Sonatensatzform den heiteren Schlußsatz oder stellt eine selbständige Komposition, v. a. für Klavier, dar.

Rondônia, Bundesstaat im westl. Zentralbrasilien, 243 044 km^2, 731 000 E (1985), Hauptstadt Pôrto Velho. Der Staat liegt im südwestlichen Randgebiet des Amazonastieflandes und umfaßt Teile der W-Abdachung des Brasilian. Berglandes. Das Klima ist trop. mit ungleichmäßig über das Jahr verteilten Niederschlägen. Vorherrschend trop. Regenwald mit eingesprengten Palmsavannen, in den trockeneren Teilen Campos cerrados; überwiegend Sammelwirtschaft, Zinnsteinabbau; etwas Feldbau und Viehhaltung an den Flüssen; Holzeinschlag; durch den NW führt die Transamazônica. - 1943 aus Teilen der Bundesstaaten Amazonas und Mato Grosso als Förderungsgebiet gebildet; 1956 ben. nach dem brasilian. General und Forscher C. M. da Silva Rondon (* 1865, † 1958); bis 1981 Bundesterritorium.

Ronkalische Felder, Ebene in der Emilia-Romagna, ben. nach dem Ort Roncaglia (= Piacenza); im MA Heerlager der Röm. Könige und Kaiser auf ihren Romzügen, auf denen sie Heerschau, Gericht und Reichstage abhielten. Bed. v. a. der **Ronkalische Reichstag** vom Nov. 1158, abgehalten von Friedrich I. Barbarossa zur Neuorganisation der Reichsherrschaft in Italien.

Rønne [dän. 'rœnə], Hauptstadt der dän. Amtskommune Bornholm, an der W-Küste der Insel, 15 300 E. Museum, Garnison; Werft, Herstellung von Keramikwaren, Nahrungsmittelind.; Fremdenverkehr; Hafen; ⚓.

Ronsard, Pierre de [frz. rõ'sa:r], * Schloß Possonnière bei Coutoure-sur-Loir 11. Sept. 1524 oder 1525, † Saint-Cosme-en-l'Isle bei Tours 27. Dez. 1585, frz. Dichter. - 1536–41 Page am frz. und schott. Hof; 1560–74 Hofdichter; Haupt der ↑ Pléiade. Schrieb formvollendete Hymnen, Elegien, Oden, Eklogen und Sonette (Zyklus „Les amours de Cassandre", 1552); das Nationalepos „La Franciade" (1572) blieb unvollendet.

röntgen [nach W. C. Röntgen], jemanden oder etwas mit Röntgenstrahlen durchleuchten (↑ Röntgenuntersuchung).

Röntgen, Wilhelm Conrad, * Lennep (= Remscheid) 27. März 1845, † München 10. Febr. 1923, dt. Physiker. - Prof. in Hohenheim, Straßburg, Gießen, Würzburg und München; entdeckte 1895 bei Untersuchungen der Kathodenstrahlen die später nach ihm ben. ↑ Röntgenstrahlen (von ihm selbst als *X-Strahlen* bezeichnet), deren Eigenschaften er umfassend beschrieb und für deren Entdeckung er 1901 den ersten Nobelpreis für Physik erhielt.

Röntgen [nach W. C. Röntgen], Einheitenzeichen R (früher r), gesetzl. nicht mehr zulässige Einheit der Ionendosis einer ionisierenden Strahlung (Röntgenstrahlung u. a.): 1 R entspricht (in SI-Einheit) $2{,}58 \cdot 10^{-4}$ C/kg.

Röntgenastronomie [nach W. C. Röntgen], Teilgebiet der Astronomie, das sich mit der Erforschung der von den Gestirnen kommenden Röntgen- und Gammastrahlung befaßt. Die röntgenastronom. Untersuchungen sind nur mit Hilfe von Raketen, Satelliten und Raumsonden möglich, da diese elektromagnet. Strahlungen in der Erdatmosphäre absorbiert werden. Man unterscheidet nach der Photonenenergie der Strahlung häufig die R. i. e. S. (Photonenenergie bis 1 MeV) und die *Gamma[strahlen]astronomie* (Photoenergien oberhalb 1 MeV). Neben einer weichen Hintergrundröntgenstrahlung sind zahlr., z. T. veränderl. oder pulsierende *Röntgen-[punkt]quellen (Röntgensterne)* erfaßt worden, von denen einige mit opt. Objekten identifiziert werden konnten. Die Röntgenquellen des Milchstraßensystems häufen sich zum galakt. Äquator und auf diesen wiederum zum galakt. Zentrum hin; daneben sind auch extragalakt. Röntgenquellen beobachtet worden.

Röntgenaufnahme ↑ Röntgenbild, ↑ Röntgenuntersuchung.

Röntgenbild [nach W. C. Röntgen], durch Röntgenstrahlen entstandenes Abbild eines Objekts, insbes. eines Teils der menschl. Körpers, das entweder auf photograph. Weg auf Film, Papier oder Platte (*Röntgenaufnahme*) oder auf einem Leuchtschirm (*Röntgenschirmbild*), indirekt auch durch Röntgenschirmbildphotographie sichtbar gemacht wird. Der zur Erkennung von Feinstrukturen und Konturen erforderl. Kontrast kann bei organ. Geweben durch Einspritzung oder Einnahme von Kontrastmitteln hergestellt werden.

Röntgenbildwandler, ↑ Bildwandler für Röntgenstrahlen, durch dessen Verwendung die Strahlenbelastung bei der Röntgenuntersuchung herabgesetzt werden kann.

Röntgendurchleuchtung ↑Röntgenuntersuchung.

Röntgenfeinstrukturuntersuchung [nach W. C. Röntgen], mit Röntgenstrahlen arbeitende Verfahren zur Bestimmung der Kristallgitter und der Gitterkonstanten, zur Ermittlung von Texturen metall. Werkstoffe, zur Messung elast. Spannungen u. a. Die Verfahren und Geräte *(Röntgendiffraktometer)* der R. basieren auf der Beugung von monochromat. Röntgenstrahlen an Kristallgittern.

Röntgenfernsehen [nach W. C. Röntgen], fernsehmäßige Darstellung von Röntgendurchleuchtungen mit automat. Anpassung in Helligkeit und Kontrast an das Durchleuchtungsobjekt und geringerer Strahlenbelastung des Patienten infolge hoher Empfindlichkeit der einen Röntgenbildwandler enthaltenden Fernsehkamera.

Röntgenfilm [nach W. C. Röntgen], meist doppelseitig und relativ dick beschichteter photograph. Spezialfilm für Röntgenaufnahmen.

Röntgenfluoreszenzanalyse ↑Röntgenspektralanalyse.

Röntgengerät (Röntgenapparat) [nach W. C. Röntgen], allg. ein Gerät zur gezielten Anwendung von Röntgenstrahlen, die mit Hilfe einer ↑Röntgenröhre erzeugt werden und v. a. der medizin. Diagnose (↑Röntgenuntersuchung) und Therapie (↑Strahlentherapie) dienen. In beiden Fällen ist die Anordnung des Patienten gegenüber der Röntgenröhre von Bed., bei der Röntgenuntersuchung auch gegenüber dem Röntgenfilm (bei Röntgenaufnahme) bzw. dem Röntgenleuchtschirm, der Röntgenfernsehkamera oder dem Röntgenbildverstärker (bei Röntgendurchleuchtung). Die zum Betrieb einer Röntgenröhre benötigte Hochspannung liefert der Hochspannungstransformator *(Röntgengenerator;* je nach Verwendungszweck der Strahlen von einigen kV [Kilovolt] bis 300 kV). Für Aufnahmen von kleineren Körperteilen verwendet man die *Röntgenkugel,* bei der Röntgenröhre und Transformator im gleichen Behälter vereinigt sind.

Röntgengrobstrukturuntersuchung [nach W. C. Röntgen], Verfahren zur zerstörungsfreien Werkstoffprüfung, insbes. von metall. Prüfstücken, mit dem Poren, Lunker, Einschlüsse, Gasblasen u. a. Fehler festgestellt werden können. Das Prüfstück wird mit Röntgen- oder Gammastrahlen durchstrahlt. Weist es einen Fehler auf, so wird die Strahlungsintensität auf Grund des unterschiedl. Schwächungskoeffizienten von Metall und Fehler verändert. Die verschiedene Intensität macht sich in einer unterschiedl. Schwärzung des dem Werkstück anliegenden Röntgenfilms oder in einer unterschiedl. Leuchtdichte des Leuchtschirmbildes bemerkbar.

Röntgenkarzinom [nach W. C. Röntgen], Hautkrebs nach einer über lange Zeit durchgeführten Röntgenbestrahlung.

Röntgenkinematographie ↑Röntgenschirmbildphotographie.

Röntgenlinsen [nach W. C. Röntgen], Abbildungssysteme für Röntgenstrahlen mit einer ähnl. Wirkung wie opt. Linsen für Lichtstrahlen. Da die Brechungszahl aller Stoffe für Röntgenstrahlen nahezu den Wert 1 hat, ist eine Verwendung herkömml. Linsen nicht möglich. Man erhält R. durch Ausnutzung der selektiven Reflexion von Röntgenstrahlen an gekrümmten Kristalloberflächen. Es werden dazu ringförmige Rotationskörper verwendet, auf deren Innenseite dünne Kristallschichten aufgedampft oder entsprechend gebogene Kristallplatten aufgepreßt sind. Eine zweite Methode nutzt die bei streifendem Einfall auftretende Totalreflexion von Röntgenstrahlen in dünnen Metallschichten, die auf zylindr. Hohlspiegel aufgebracht sind.

Röntgenmikroskop [nach W. C. Röntgen], zur ↑Röntgenstrahlmikroskopie verwendetes Gerät.

Röntgenographie [nach W. C. Röntgen] ↑Radiographie.

Röntgenologie [nach W. C. Röntgen], allg. die Lehre von den Röntgenstrahlen und ihren Anwendungen, i. e. S. ihrer diagnost. und therapeut. Anwendung in der Medizin; Teilgebiet der ↑Radiologie.

Röntgenometrie, svw. ↑Röntgenstrukturanalyse.

Röntgengerät. Fernsteuerbares Röntgendiagnostikgerät

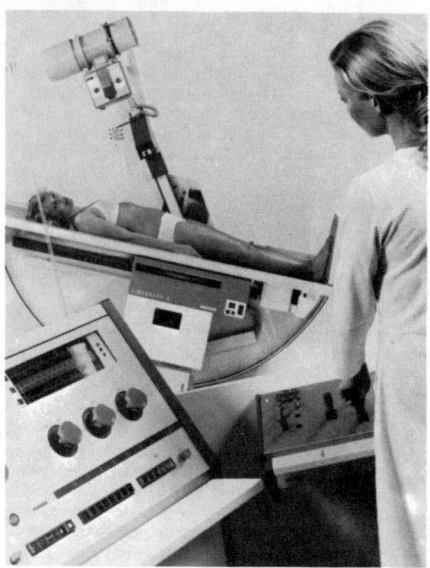

Röntgenoskopie

Röntgenoskopie [nach W. C. Röntgen], Röntgendurchleuchtung, Röntgenuntersuchung innerer Organe auf dem Bildschirm.

Röntgenprojektionsmikroskopie ↑ Röntgenstrahlmikroskopie.

Röntgenreihenuntersuchung [nach W. C. Röntgen], bei größeren Bevölkerungsgruppen in period. Zeitabständen durchgeführte Röntgenvorsorgeuntersuchung, v. a. zur Erkennung von Lungentuberkulose.

Röntgenröhre [nach W. C. Röntgen], zur Erzeugung von Röntgenstrahlen verwendete Hochvakuumelektronenröhre mit Wolframglühkathode (von W. D. Coolidge entwickelt; Coolidge-Röhre) und schräggestellter, als ↑ Antikathode dienender [zusätzl.] Anode. Durch die zw. Kathode und Anode liegende Hochspannung (5 bis 300 kV) werden die aus der Kathode austretenden Elektronen auf eine entsprechend hohe Energie beschleunigt und erzeugen beim Eindringen in das Antikathodenmaterial eine kontinuierl. Röntgenstrahlung in Form einer Bremsstrahlung. Da die meisten Elektronen aber ihre Energie in einer Vielzahl ionisierender Stöße im Antikathodenmaterial verlieren, die zu einer starken Erwärmung der Antikathode führen, muß diese wie auch die ganze R. gekühlt werden. Je nach „Härte" und Leistung der erzeugten Röntgenstrahlen unterscheiden sich R. in ihrer Bauweise.

Röntgenschattenmikroskopie ↑ Röntgenstrahlmikroskopie.

Röntgenschirmbild ↑ Röntgenbild.

Röntgenschirmbildphotographie (Röntgenschirmbildverfahren) [nach W. C. Röntgen], Aufnahmetechnik der Röntgendiagnose, bei der das von den Röntgenstrahlen entworfene Abbild eines Körper[teil]s vom Röntgenleuchtschirm über ein opt. System photograph. aufgenommen wird. Die *Röntgenkinematographie* arbeitet (v. a. zum Zweck der Dokumentation und der genaueren Diagnose) mit Röntgenbildwandlern, die auch bei bis zu 200 Aufnahmen/s die Dosisbelastung des Patienten klein zu halten gestatten.

Röntgenspektralanalyse [nach W. C. Röntgen], die Bestimmung der chem. Zusammensetzung von Stoffen durch spektrale Zerlegung der von ihnen emittierten oder nicht absorbierten Röntgenstrahlen. Bei der *Emissions-R.* werden z. B. die Atome eines Stoffes zur Emission der für jedes Element charakterist. Eigenstrahlung angeregt, entweder durch eingestrahlte Röntgenstrahlung (*Röntgenfluoreszenzanalyse*) oder durch Elektronenbeschuß (Röntgenmikroanalyse).

Röntgenspektroskopie [nach W. C. Röntgen], Teilgebiet der Spektroskopie, das sämtl. Verfahren zur spektralen Zerlegung, Beobachtung und Registrierung von Röntgenstrahlen umfaßt, wobei die exakte Ausmessung der in den Röntgenspektren der verschiedenen chem. Elemente auftretenden Spektrallinien (Röntgenlinien) nach Wellenlänge und Intensität der Aufgabenbereich der *Röntgenspektrometrie* ist. Die dazu verwendeten Geräte werden als *Röntgenspektrographen* bzw. *Röntgenspektrometer* bezeichnet. Bei Wellenlängen größer als 2 nm wird die spektrale Zerlegung durch nahezu streifenden Einfall auf mechan. hergestellte Strichgitter erreicht. Zur Zerlegung von Röntgenstrahlen mit Wellenlängen unter 2 nm nutzt man die selektive Reflexion an Einkristallen (sog. *Analysatorkristalle* aus Lithiumfluorid, Quarz, Gips, Kaliumhydrogenphthalat), wobei man die Wellenlängen mit Hilfe der ↑ Braggschen Gleichung erhält.

Röntgenstern ↑ Röntgenastronomie.

Röntgenstrahlen [nach W. C. Röntgen] (X-Strahlen), extrem kurzwellige, energiereiche elektromagnet. Strahlen. Ihre Wellenlänge liegt etwa zw. 10^{-8} m und 10^{-12} m, das entspricht einem Frequenzbereich von $3 \cdot 10^{16}$ Hz bis $3 \cdot 10^{20}$ Hz. Das Röntgenspektrum reicht daher vom kürzesten Ultraviolett bis in den Bereich der Gammastrahlen. Die Energie der Röntgenstrahlen liegt zw. 100 eV und 1 Mill. eV. Je nach Art der Entstehung unterscheidet man (Röntgen-)Bremsstrahlen und charakterist. Röntgenstrahlen. **Röntgenbremsstrahlung** entsteht bei der Abbremsung eines schnellen geladenen Teilchens (z. B. eines Elektrons), wenn dieses im elektr. Feld eines anderen geladenen Teilchens (z. B. Atomkern) abgelenkt wird. Bei dieser Abbremsung wird ein Photon ausgesandt, dessen Energie $h \cdot f$ (h Plancksches Wirkungsquantum, f Frequenz der Röntgenstrahlung) gerade so groß ist wie der Energieverlust ΔW des abgebremsten Teilchens. Da hierbei alle Energieverluste (von 0 bis zur Gesamtenergie) möglich sind, erhält man ein kontinuierl. Spektrum, das **Bremsspektrum**. Das schnelle geladene Teilchen kann maximal seine gesamte kinet. Energie verlieren, weshalb die Photonenenergie und daher die Frequenz der Bremsstrahlung eine obere und die Wellenlänge eine untere (kurzwellige) Grenze besitzt. - **Charakterist. Röntgenstrahlung** (**Eigenstrahlung, Röntgenlinienstrahlung**) entsteht bei Übergängen zw. den *kernnächsten* Quantenzuständen der Atome. Schlägt ein schnelles Elektron zum Beispiel ein Hüllenelektron aus der innersten Schale heraus, so „fällt" ein Elektron aus einer äußeren Schale in die freigewordene Lücke. Dabei wird ein Photon emittiert, dessen Energie der Energiedifferenz zw. den beiden Schalen entspricht. Bei diesen Übergängen sind nicht beliebige, sondern nur ganz bestimmte (diskrete) Energiedifferenzen möglich. Die Frequenz der charakterist. Röntgenstrahlung kann nur ganz bestimmte Werte annehmen, man erhält im Ggs. zur Bremsstrahlung kein zusammenhängendes (kontinuierl.) sondern ein getrenntes (diskretes)

Spektrum, das **Röntgenlinienspektrum**. Die Lage der scharf getrennten Spektrallinien ist charakterist. für das sie aussendende Atom und damit für das Material, auf das man schnelle Elektronen aufprallen läßt.

Der Erzeugung von R. dienen Röntgenröhren, in denen aus einer Glühkathode austretende Elektronen durch hohe elektr. Spannungen beschleunigt werden und auf eine Antikathode auftreffen; sie erzeugen dabei sowohl Bremsstrahlung als auch eine für das Antikathodenmaterial charakterist. Eigenstrahlung. Mit wachsender Röhrenspannung steigt die Durchdringungsfähigkeit oder Härte der Röntgenstrahlen. Je nach der angelegten Spannung unterscheidet man *überweiche R.* (5–20 kV), *weiche R.* (20–60 kV), *mittelharte R.* (60–120 kV), *harte R.* (120–250 kV) und *überharte R.* (über 250 kV).

R. haben ein hohes Ionisierungsvermögen und bewirken daher häufig starke chem. und biol. Veränderungen; sie erzeugen Fluoreszenz und zeigen auf Grund ihrer elektromagnet. Wellennatur Reflexion, Brechung, Beugung, Interferenz und Polarisation. Beim Durchdringen von Materie nimmt ihre Intensität auf Grund verschiedener Wechselwirkungsprozesse exponentiell mit der Dicke der durchsetzten Materieschichten ab. Als Maß für die Durchdringungsfähigkeit der R. gibt man die sog. Halbwertsdicke an, bei der die anfängl. Intensität auf die Hälfte zurückgegangen ist. Aus den vielfältigen Anwendungsmöglichkeiten von R. sind eigene Fachdisziplinen, die *Röntgentechnik* und die *Röntgenkunde (Röntgenologie)*, entstanden. Röntgentechn. Verfahren sind in der Medizin und Technik weit verbreitet. Die bekanntesten sind die *Röntgenaufnahme* und die *Röntgendurchleuchtung (Röntgenoskopie)* von Körpern, auf der die medizin. ↑Röntgenuntersuchung und die zerstörungsfreie Werkstoffprüfung mit R. (↑Röntgengrobstrukturuntersuchung) beruhen. Bei der *Röntgenbehandlung (Röntgentherapie)* nutzt man die auf der Absorption von R. im Gewebe beruhende biol. Wirkung aus (↑Strahlentherapie). Weitere Anwendungen sind ↑Röntgenfeinstrukturuntersuchung, ↑Röntgenstrukturanalyse, ↑Röntgenspektralanalyse, ↑Röntgenspektroskopie und ↑Röntgenstrahlmikroskopie. Untersuchungsobjekt sind die R. außerdem in der ↑Röntgenastronomie. Auf Grund ihrer starken biolog. Wirkungen unterliegt der Umgang mit R. den Vorschriften des Strahlenschutzes.
Geschichte: Die R. wurden am 8. Nov. 1895 von W. C. Röntgen im Physikal. Institut der Univ. Würzburg bei Experimenten mit Kathodenstrahlen durch ihre Fluoreszenzwirkung entdeckt; zuvor von W. Crookes und anderen beobachtete Effekte hatten keine Beachtung gefunden. Röntgen bezeichnete die „neue Art von Strahlen" als *X-Strahlen;* die Bez. R. führte 1896 A. von Kölliker ein.

Röntgenstrahlmikroskopie

📖 *Kramer, R./Zerlett, G.: Röntgenverordnung. Kommentar zur Verordnung über den Schutz vor Schäden durch R. Stg. 1983. - Petzold, W.: Strahlenphysik, Dosimetrie u. Strahlenschutz. Eine Einf. Stg. 1983. - Urlaub, J.: R. u. Detektoren. Bln. u. Mchn. 1974. - Dyson, N. A.: X-rays in atomic and nuclear physics. New York 1973. - Jaundrell-Thompson, F./Ashworth, W. J.: X-ray physics and equipment. Philadelphia (Pa.) ^{2}1970.*

Röntgenstrahlmikroskopie [nach W. C. Röntgen], Verfahren zur vergrößerten Abbildung von kleinen Objekten mit Hilfe von Röntgenstrahlen. Man unterscheidet die nach dem Prinzip der Zentralprojektion arbeitende, „Schattenbilder" liefernde *Röntgen-[strahl]projektions-* oder *Röntgenschattenmikroskopie* und die mit ↑Röntgenlinsen arbeitende Röntgenfokussierungsmikroskopie. Beide Arten, die eine 100- bis 1 000fache Vergrößerung ergeben, zeichnen sich gegenüber der Lichtmikroskopie bei vergleichbarem Auflösungsvermögen (bis etwa 0,1 μm) durch größeren Kontrastreichtum der Bilder aus. Bei einer neuartigen R.technik mit einem Auflösungsvermögen bis etwa 10 nm wird das Objekt auf eine Schicht aus Polymethylmethacrylat gelegt und von langwelliger Rönt-

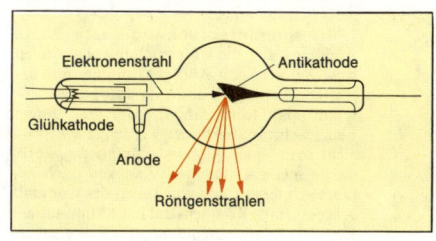

Röntgenröhre

Röntgenstrahlmikroskopie. Schematische Darstellung eines Röntgenprojektionsmikroskops (G Glühkathode, W Wehnelt-Zylinder, A Anode, K Kondensorlinse, E Elektronenstrahl, Ob Objektiv, T Target, O Objekt, R Röntgenstrahlung, P photographische Platte)

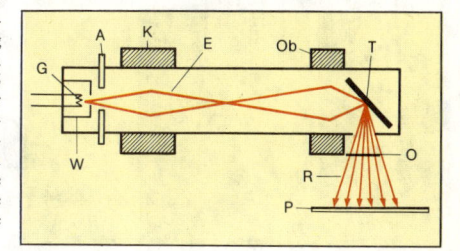

Röntgenstrukturanalyse

genstrahlung durchstrahlt; entsprechend der Absorption wird die Kunststoffschicht von der nicht absorbierten Röntgenstrahlung mehr oder weniger stark vernetzt und unlösl. gemacht. Setzt man die Schicht einem Lösungsmittel aus, so erhält man ein dreidimensionales *röntgentopograph. Absorptionsprofil* des Objekts; auf dieses wird ein dünner Metallfilm aufgedampft, so daß eine Betrachtung im Rasterelektronenmikroskop mögl. wird.

Röntgenstrukturanalyse (Röntgenometrie) [nach W. C. Röntgen], die Ermittlung der gesetzmäßigen Atomanordnung von Kristallen sowie ihrer Fehlordnungen bzw. Gitterbaufehler mit Hilfe von Röntgenstrahlen. Die Verfahren der R. beruhen auf der Streuung der Röntgenstrahlen an den Elektronenhüllen der Kristallatome. Die Auswertung der v. a. photograph. registrierten Beugungs- bzw. Interferenzmaxima ermöglicht die Bestimmung von Kristallsymmetrie, Gitterkonstanten, Atomabständen und Valenzwinkeln in Molekülen und liefert Einsichten in den Molekülbau auch bei kompliziert gebauten organ. Molekülen (z. B. Eiweiß- oder DNS-Molekülen). - ↑ auch Röntgenfeinstrukturuntersuchung, ↑Röntgengrobstrukturuntersuchung.

Röntgentherapie [nach W. C. Röntgen] ↑Strahlentherapie.

Röntgenuntersuchung [nach W. C. Röntgen], allg. die Untersuchung von Stoffen bzw. Körpern mit Röntgenstrahlen, mit denen sie durchstrahlt und auf photograph. Material (als ↑Röntgenbild) oder auf einem Leuchtschirm abgebildet werden. I. e. S. versteht man unter R. oder *Röntgendiagnostik* die zu medizin.-diagnost. Zwecken durchgeführte Untersuchung von Teilen des menschl. Körpers mit Röntgenstrahlen. Man unterscheidet: **Röntgenaufnahme**, das Erzeugen eines Röntgenbildes durch kurzzeitige Durchstrahlung eines Körpers und Belichtung von einem dahinter befindl. Röntgenfilm bzw. das fertige Röntgenbild (Negativbild), auf dem die unterschiedl. Röntgenstrahlabsorption von Knochen, Weichteilgeweben und lufthaltigen Organen sowie eingebrachte Kontrastmittel eine entsprechende Kontrastierung bewirkten. Um scharf gezeichnete Röntgenbilder zu bekommen, sind je nach Organ Röntgenstrahlen unterschiedl. Härte zu verwenden. Die *Weichstrahltechnik* (Röntgenröhrenspannung weniger als 40 kV) ist bes. geeignet zur ↑Mammographie. Die mit geringerer Strahlenbelastung arbeitende *Hartstrahltechnik* (Spannungen über 100 kV) dient v. a. zur R. der Lunge, da die überlagernden Knochen durchstrahlt und kontrastärmer dargestellt, dagegen Lungenweichteile und Lungenluft kontrastreich abgebildet werden. Bei der *Röntgenstereoaufnahme* (Röntgenstereographie) werden zwei gleich große Röntgenbilder bei unveränderter Film- und Patientenposition angefertigt, indem man die Röntgenröhre zw. den Aufnahmen um einen Augenabstand verschiebt. Die gleichzeitige Betrachtung beider Aufnahmen mit einem Stereobetrachter vermittelt einen räuml. Eindruck, der z. B. die Lokalisierung von schattengebenden [körperfremden] Objekten ermöglicht. Die *[Röntgen]schichtbildtechnik* (Röntgenschichtaufnahme, *Planigraphie, Tomographie*) liefert durch koordinierte gegensinnige Bewegung von Röntgenröhre und -film um einen Drehpunkt im ruhenden Körper ein scharfes Bild der in der Drehpunktebene gelegenen Körperschicht. Eine Weiterentwicklung ist die *Computertomographie* (Abk. CT), die eine direkte Darstellung von Weichteilstrukturen auf dem Fernsehbildschirm ermöglicht. Bei diesem mit einer relativ geringen Strahlenbelastung verbundenen Verfahren werden mit einem dünnen, fächerartigen Röntgenstrahlbündel die zu untersuchenden Körperregionen schichtweise aus allen Richtungen und in gegeneinander versetzten Schichten abgetastet, wobei die jeweilige Röntgenstrahlabsorption mit Strahlendetektoren gemessen wird. Die Meßdaten werden an einen ange-

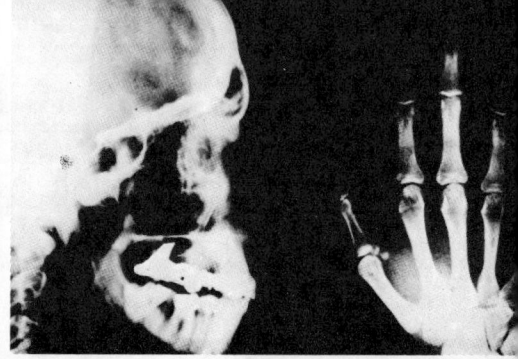

Röntgenuntersuchung. Vorgang der Röntgenaufnahme und das entsprechende Röntgenbild

schlossenen Computer weitergegeben, der daraus nach einigen Sekunden ein Fernsehbild aufbaut. Bei der Computertomographie des Gehirns lassen sich geringe Veränderungen [in der Dichte] des Gehirngewebes infolge Tumorbildungen u. a. erkennen und darstellen, während man bei der Computertomographie des Körpers v. a. Tumoren der Nieren, Oberbauchorgane sowie des Lymphsystems im Brustraum frühzeitig nachweisen kann. Die mit dieser Technik gewonnenen Schichtbilder sind auch für die Planung und Kontrolle einer Strahlentherapie von Tumoren wichtig. Bei der *[Röntgen]stratigraphie* werden Patient und Film bei fixierter Röntgenröhre koordiniert bewegt. Die *Röntgenkymographie* dient zur röntgenograph. Aufzeichnung von rhythm. Bewegungen (z. B. von Herz, Zwerchfell oder Magen).

Die **Röntgendurchleuchtung** liefert ein direkt beobachtbares Bild des Körpers auf einem Leuchtschirm und ermöglicht damit eine unmittelbare Erfassung von Organveränderungen und -bewegungen, die Gewinnung eines räuml. Eindrucks durch Drehen des Patienten, die Lokalisation von Fremdkörpern u. a. sowie die Verfolgung von Eingriffen am Patienten. Weitere Röntgendurchleuchtungsverfahren sind die ↑ Röntgenschirmbildphotographie und die Röntgenkinematographie.

⌑ *Thurn, P./Bücheler, E.: Einf. in die radiolog. Diagnostik. Stg.* [8]*1986.* - *Hoxter, E. A.: Röntgenaufnahmetechnik. Bln. u. Mchn.* [13]*1982.*

Rooming-in [engl. 'ruːmɪŋˌɪn], die Unterbringung eines Neugeborenen oder eines kranken Kindes (empfohlen bis zu einem Alter von etwa 6 Jahren) im Krankenhaus in einem Raum zusammen mit der Mutter. Durch den jederzeit mögl. Kontakt zwischen Kind und Mutter werden Hospitalisierungsschäden vermieden.

Roon, Albrecht Graf (seit 1871) von, *Pleushagen bei Kolberg 30. April 1803, † Berlin 23. Febr. 1879, preuß. Generalfeldmarschall (seit 1873) und Politiker. - 1859–73 Kriegs-, 1861–71 auch Marinemin.; führender militär. Kopf im preuß. Verfassungskonflikt seit 1860 und maßgebl. Förderer Bismarcks; von Jan.–Nov. 1873 preuß. Ministerpräsident.

Roosevelt ['roːzəvɛlt, engl. 'roʊz(ə)vɛlt], Eleanor, *New York 11. Okt. 1884, † ebd. 7. Nov. 1962, amerikan. Politikerin (Demokrat. Partei). – Nichte von Theodore R., ab 1905 ∞ mit Franklin D. R.; Lehrerin und Journalistin; in sozialen und Frauenorganisationen führend tätig. 1946–52 amerikan. Delegierte bei den UN; 1947–51 Vors. der UN-Menschenrechtskommission.

R., Franklin Delano, *Hyde Park (N. Y.) 30. Jan. 1882, † Warm Springs (Ga.) 12. April 1945, 32. Präs. der USA (1933–45). – Jurist; mit Theodore R. verwandt; 1910 als demokrat. Kandidat in den Senat von New York gewählt; Unterstaatssekretär für die Marine 1913–20; schied wegen Kinderlähmung 1921 für mehrere Jahre aus der Politik aus; 1928 zum Gouverneur von New York gewählt; siegte bei den Präsidentschaftswahlen 1932 den Amtsinhaber H. C. Hoover, 1936 bestätigt, 1940 und 1944 entgegen der amerikan. Tradition für eine 3. und 4. Amtszeit wiedergewählt. Leitete mit dem Reformprogramm des New Deal die Wende vom Laissez-faire-Liberalismus zum interventionist. Sozialstaat ein. Außenpolit. propagierte er eine Politik der guten Nachbarschaft gegenüber Lateinamerika. Die UdSSR wurde 1933 anerkannt. Ab 1937/38 von der Notwendigkeit eines krieger. Engagements der USA überzeugt, dehnte er nach 1939 die Unterstützung Großbrit. über die Grenzen der formell proklamierten Neutralität hinaus aus und verkündete im Aug. 1941 gemeinsam mit Churchill die Atlantikcharta. Nach dem jap. Angriff auf Pearl Harbor und der dt. Kriegserklärung wurden die USA zu einem entscheidenden Faktor für den Ausgang des 2. Weltkrieges. Suchte das Kriegsbündnis für die Nachkriegszeit als Kern einer neuen Weltordnung zu institutionalisieren, hatte Anteil an der Gründung der UN.

⌑ *Junker, D.: F. D. R. Gött.; Ffm. 1979.* - *F. D. R. and foreign affairs. Hg. v. E. B. Nixon. Cambridge (Mass.) 1969. 3 Bde.*

R., Theodore, *New York 27. Okt. 1858, † Sagamore Hill (N. Y.) 6. Jan. 1919, 26. Präs. der USA (1901–09). – Verfocht als einer der Hauptvertreter der amerikan. Expansionspolitik im Amt des Unterstaatssekretärs für die Marine (1897/98) den Krieg gegen Spanien; 1899/1900 Gouverneur von New York; wurde 1901 als Republikaner Vizepräs. unter McKinley, übernahm nach dessen Ermordung (1901) das Präs.amt, in das er 1904 wiedergewählt wurde; lehnte eine erneute Kandidatur 1908 ab. Vertrat im Zeichen des Imperialismus in Asien und Afrika eine Politik der offenen Tür und proklamierte für die USA Polizeifunktionen in Lateinamerika, die mehrmals in Interventionen wahrgenommen wurden. Erhielt nach der Vermittlung des russ.-jap. Friedensschlusses 1905 den Friedensnobelpreis für die Progressive Movement; setzte eine beschränkte Kontrolle der Großunternehmen, Reformen des Arbeitsschutzes und Maßnahmen des Naturschutzes und des Verbraucherschutzes durch; spaltete die Republikan. Partei durch die Gründung einer Progressive Party (1916) wieder preisgegeben).

Root, Elihu [engl. ruːt], *Clinton (N. Y.) 15. Febr. 1845, † New York 7. Febr. 1937, amerikan. Jurist und Politiker (Republikan. Partei). - 1899–1903 Kriegs-, 1905–09 Außenmin. (Politik der offenen Tür gegenüber China); 1909–15 Senator für New York; wurde 1910 erster Präs. der Carnegiestiftung für den internat. Frieden sowie Mgl. des Ständigen Schiedshofs in Den Haag; erhielt 1912 den Friedensnobelpreis.

Röpke, Wilhelm, *Schwarmstedt (Landkr. Soltau-Fallingbostel) 10. Okt. 1899, †Genf 12. Febr. 1966, dt. Nationalökonom und Soziologe. - Prof. in Jena, Graz und Marburg; 1933 emigrierte R. in die Türkei (Prof. in Istanbul), dann in die Schweiz (1937–66 Prof. in Genf). R., ein bed. Vertreter des ↑ Neoliberalismus, lieferte wichtige Arbeiten zur Wirtschaftstheorie und zu den soziokulturellen Grundlagen der wirtsch. Ordnung.

Rops, Félicien, *Namur 7. Juli 1833, †Corbeil-Essonnes 23. Aug. 1898, belg. Graphiker - Schuf Karikaturen für die von ihm hg. satir. Wochenzeitschrift „Uylenspiegel", Buchillustrationen (u. a. für S. Mallarmé und G. de Maupassant), Titelblätter und symbolist. erot. Radierfolgen.

Roquefort [rɔkˈfoːr, ˈrɔkfoːr; frz. rɔkˈfɔːr; nach dem frz. Ort Roquefort-sur-Soulzon, Dep. Aveyron], Edelpilzkäse aus Schafsmilch (mit bis zu 10 % Kuhmilch).

Roquepertuse [frz. rɔkpɛrˈtyːz], kelt.-ligur. Heiligtum in der Provence bei Velaux, mit Resten eines Tempelbezirks aus dem 3. Jh. v. Chr.; Torpfeiler mit Vertiefungen zur Aufnahme von Totenschädeln, Kalksteinstatuen.

Roraima, Bundesterritorium in N-Brasilien, 230 104 km², 104 000 E (1985), Hauptstadt Boa Vista. R. umfaßt den O- und SO-Abfall der Tafelgebirge Serra Parima und Serra Pacaraima, Teile des Berglands von Guayana und die Schwemmlandebenen des Rio Branco. Überwiegend von trop. Regenwald bedeckt; im O Campos cerrados und offene Campos. In den Savannengebieten Ackerbau und extensive Viehhaltung; Diamanten- und Goldlagerstätten.

Rorate [lat. „Tauet (ihr Himmel, von oben)"] (Roratemesse), in der kath. Kirche nach dem Anfangswort des Introitus ben. Marienmesse im Advent; v. a. in den Alpengebieten auch **Engelamt** genannt.

Rore, Cyprian de, *Mechelen (oder Machelen/Brabant?) 1516, †Parma 1565, fläm. Komponist. - Schüler von A. Willaert; 1547–58 Hofkapellmeister in Ferrara, 1561 und ab 1564 in Parma, 1563/64 Kapellmeister an San Marco in Venedig. Neben Messen, Motetten, Vesper- und Passionsmusiken schrieb er v. a. Madrigale.

Roritzer (Roriczer), Baumeister- und Bildhauerfam. des 15. und 16. Jh. in Regensburg. Bed. Vertreter:
R., Conrad, *zw. 1410–15, †Regensburg um 1475. - Sohn von Wenzel R. (†1419), der den Prager Parlerstil nach Regensburg vermittelte. Conrad R. war Regensburger Dombaumeister (Riß der Westfassade), leitete ab 1454 (?) den Bau der Lorenzkirche in Nürnberg; Gutachter für Sankt Stephan in Wien und die Frauenkirche in München. - Sein Sohn Matthäus R. (†zw. 1492–95) war sein Mitarbeiter und Baumeister am Regensburger Dom.

Røros [norweg. ˌrøːruːs], norweg. Stadt 100 km sö. von Drontheim, 650 m ü. d. M., 5400 E. Bergbaumuseum; alter Bergbauort; Kupfererzanreicherung, holzverarbeitende und Textilind.; zunehmender Fremdenverkehr. - Røroskirke (um 1780), das einzige Steingebäude im alten Teil der Stadt; zahlr. Holzhäuser (17. Jh.).

Ro-ro-Schiff ↑ Roll-on-roll-off-Schiff.

Rorschach, Hermann, *Zürich 8. Nov. 1884, †Herisau 2. April 1922, schweizer. Psychiater. - Arzt in der Heil- und Pflegestation Herisau; sein Hauptinteresse galt dem wahrnehmungsdiagnost. Experiment; entwickelte den nach ihm ben. **Rorschachtest** (Formdeutetest), ein Projektionstest, aus dem Rückschlüsse auf die Persönlichkeit (Intelligenz, Aktivität u. a.) gezogen werden.

Rorschach, Bez.hauptort im schweizer. Kt. Sankt Gallen, am S-Ufer des Bodensees, 405 m ü. d. M., 9900 E. Lehrerseminar, Konservenind., Kunststoff- und Aluminiumverarbeitung, Maschinenbau, Hafen. - 850 erstmals gen.; 947 Markt-, Münz- und Zollrecht. - Spätgot. Kreuzgang (1519) des ehem. Klosters, barocke Pfarrkirche Sankt Columban und Constantin (17. Jh.; später umgebaut); Kornhaus (1746–49).

Rosa, aus dem Italien. übernommener weibl. Vorname lat. Ursprungs, eigtl. „Rose".

Rosa von Lima (Taufname Isabella), hl., *Lima 20. April 1586, †ebd. 24. Aug. 1617, peruan. Dominikanertertiarin. - Mystikerin; Patronin Amerikas (insbes. Perus), auch angerufen bei Entbindungen und Familienstreit. - Fest: 23. August.

Rosa, Salvator[e], *Arenella bei Neapel 20. Juni oder 21. Juli 1615, †Rom 15. März 1673, italien. Maler und Dichter. - Schüler von A. Falcone. In Rom forderte er mit einer Satire gegen Bernini dessen Zorn heraus und folgte deshalb im Sommer 1640 einem Ruf an den Hof von Florenz. Als geschätzter Maler von Schlachtenbildern und Landschaften kehrte R. 1649 nach Rom zurück. Sein erfindungsreiches und frisches Temperament äußerte sich in Landschaften von pittoresker Wildheit, auch düster-makabre Szenen (Vanitasbilder, Hexenbilder). Verfaßte Satiren gegen den Marinismus, bildhafte Lyrik und Oden.

Rosalie, aus dem Italien. übernommener weibl. Vorname, Weiterbildung von Rosa.

Rosanilin [lat./arab.], svw. ↑ Fuchsin.

Rosapelikan ↑ Pelikane.

Rosario, argentin. Stadt am Paraná, 24 m ü. d. M., 935 500 E. Kath. Erzbischofssitz; Univ. (gegr. 1968); histor. Museum, Kunstmuseum. Eisen- und Stahlwerke, chem., Textil-, Nahrungsmittel- u. a. Ind.; der Hafen ist für Hochseeschiffe bis 9 m Tiefgang erreichbar; seit 1976 auch Freihafen für Bolivien; Eisenbahnlinien in das Hinterland; 2 ⚔. - 1725 gegr., seit 1852 Stadt.

Rosarium (Rosengarten), i. d. R. von Gehölzen umgebene und durchsetzte künstler. Anlage einer Sammlung von Rosensorten aus aller Welt. - Das älteste dt. R. wurde 1899 in Sangerhausen (DDR) gegr. und ist heute mit rd. 6 000 verschiedenen Sorten die bedeutendste Rosensammlung der Welt. Rosarien gibt es in der BR Deutschland u. a. in Frankfurt am Main, Hannover, Berlin, Stuttgart, Uetersen, Bad Kissingen, Zweibrücken und Dortmund.

Rosas, Juan Manuel de, * Buenos Aires 30. März 1793, † Swaythling bei Southampton 14. März 1877, argentin. Diktator. - 1829 Gouverneur von Buenos Aires; schuf ab 1835 den straffen argentin. Einheitsstaat; 1852 gestürzt und vertrieben.

Rosay, Françoise [frz. rɔˈzɛ], eigtl. F. Bandy de Nalèche, * Paris 19. April 1891, † ebd. 28. März 1974, frz. Schauspielerin. - Seit 1917 ∞ mit J. ↑Feyder, unter dessen Regie sie in zahlr. Filmen mitwirkte. Eine der führenden frz. Charakterdarstellerinnen, deren Filme wie „Die klugen Frauen" (1935), „Spiel der Erinnerung" (1937), „Fahrendes Volk" (1937), „Die Gans von Sedan" (1959) durch die Kombination von Charme, Witz und Würde gekennzeichnet sind.

Rosazeen [lat.], svw. ↑Rosengewächse.

Rosbach v. d. Höhe (R. vor der H.), hess. Stadt 20 km nördl. von Frankfurt am Main, 9 700 E. Wohngem., Limeskastell.

Rosbaud, Hans, * Graz 22. Juli 1895, † Lugano 29. Dez. 1962, östr. Dirigent. - 1945-48 Chefdirigent der Münchner Philharmoniker, ab 1948 des Sinfonieorchesters des Südwestfunks in Baden-Baden, zugleich ab 1949 Dirigent (ab 1957 musikal. Oberleiter) der Zürcher Tonhalle; v. a. Interpret zeitgenöss. Musik.

Roscelin von Compiègne [frz. rɔˈslɛ̃], latin. Roscelinus de Compondiis bzw. de Compendio, * Compiègne (?) um 1045, † Saint-Martin-de-Tours (?) nach 1120, frz. Philosoph und Theologe. - Vertrat im Universalienstreit des MA einen frühen Nominalismus, nach dem die Universalien nur Laute („flatus vocis") sind, wirkl. aber nur das individuelle Einzelding ist. Deshalb wird aus der Trinität als Einheit der drei Personen Gottes in einem Wesen Gottes ein Aggregat von drei Substanzen; von der Synode von Soissons (um 1092) verurteilt.

Rösch, Otto, * Wien 24. März 1917, östr. Politiker (SPÖ). - 1951-53 Mgl. des Bundesrats, 1953-59 Mgl. des steiermärk., 1959-66 des niederöstr. Landtags und gleichzeitig Staatssekretär im Verteidigungsministerium, wo er den sog. **Rösch-Plan** (Verkürzung der Wehrpflichtzeit von 9 bis 15 Monaten auf einen 6monatigen Grundwehrdienst) entwikkelte, der 1971 verwirklicht wurde; 1970-77 Innenmin., 1977-83 Verteidigungsminister.

Roschdestwenski, Gennadi Nikolajewitsch [russ. raʒˈdjestvɪnskij], * Moskau 4. Mai 1931, sowjet. Dirigent. - 1961-74 Chefdirigent des Großen Rundfunksinfonieorchesters der UdSSR, 1965-70 auch des Bolschoi-Theaters in Moskau. 1975 übernahm er die Leitung des Stockholmer Philharmon. Orchesters, 1978 des Londoner BBC Symphony Orchestra, 1982-84 leitete er die Wiener Symphoniker.

Roscher, Wilhelm, * Hannover 21. Okt. 1817, † Leipzig 4. Juni 1894, dt. Nationalökonom. - Begründer und bedeutendster Vertreter der älteren ↑historischen Schule [der Nationalökonomie].

Rosch Ha-Schana [hebr. „Beginn des Jahres"], jüd. Neujahrsfest, das am 1. und 2. Tischri (Sept./Okt.) gefeiert wird. Mit ihm beginnen die zehn Bußtage, die am 10. Tischri mit dem Versöhnungsfest ↑Jom Kippur enden. Im Mittelpunkt des Festes steht das Blasen mit dem Schofar, dessen Schall den Menschen zur Buße rufen soll.

Rose, Felicitas, eigtl. Rose Felicitas Moersberger, geb. Schliewen, * Arnsberg 31. Juli 1862, † Müden (Oertze) bei Celle 22. Juni 1938, dt. Schriftstellerin. - Verf. harmonisierender sentimentaler Heimatromane von den Halligen und der norddt. Heide, u. a. „Heideschulmeister Uwe Karsten" (1909), „Die Wengelohs" (1929).

Rose [lat.] (Rosa), Gatt. der Rosengewächse mit über 100 sehr formenreichen Arten und zahllosen, in den verschiedensten Farben blühenden, z. T. angenehm duftenden, teilweise stachellosen Gartenformen. Die Wildarten kommen v. a. in den gemäßigten und subtrop. Gebieten der Nordhalbkugel, in Afrika bis Äthiopien, in Asien bis zum Himalaja und zu den Philippinen vor. Es sind meist sommergrüne, aufrechte oder kletternde Sträucher mit meist stacheligen Zweigen und unpaarig gefiederten Blättern. Ihre Blüten sind weiß oder zeigen verschiedene Rotabstufungen. Sie stehen an den Enden kurzer Seitenzweige, einzeln oder in Blütenständen; der Stempel ist in der krugförmigen Blütenachse, die bei der Reife zu einer ↑Hagebutte wird, eingeschlossen. Zu den wichtigsten rd. 20 einheim. Wildarten gehören u. a.: ↑Apfelrose; **Feldrose** (Kriech-R., Rosa arvensis), in lichten Laubmischwäldern, an Waldrändern und in Hecken in Süddeutschland, S-Europa und der Türkei; kriechender oder kletternder Strauch mit langen, gebogenen Zweigen, die mit hakenförmigen Stacheln besetzt sind; Blüten weiß. **Heckenrose** (Rosa dumetorum), bis 2,5 m hohe, in Gebüschen wachsende Wild-R. Europas; Strauch mit kräftigen, gekrümmten Stacheln und unterseits schwach behaarten Blättern (im Ggs. zur ähnl. Hunds-R.); Blüten rosa bis weiß; Früchte (Hagebutten) orangerot, eiförmig, 15-20 mm lang.

rosé

Hundsrose (Rosa canina), in Hecken, Laubwäldern und an Wegrändern in Europa; bis 3 m hoher Strauch mit bogig überhängenden Zweigen und kräftigen, gekrümmten Stacheln; Blüten rosafarben bis weiß. **Samtrose** (Unbeachtete R., Rosa sherardii), in S.Frankr. und M-Europa; 0,5–2 m hohe, gedrungene, dickästige R. mit bläulichgrünen, unterseits wolligfilzig behaarten Blättern, leuchtend rosafarbenen Blüten und weichstacheligen Hagebutten. **Weinrose** (Rosa rubiginosa), bis 2 m hoher Strauch mit hakig gebogenen Stacheln, rundl., nach Äpfeln duftenden Fiederblättchen und rosafarbenen Blüten. **Zimtrose** (Mairose, Rosa majalis), in Auwäldern M-Europas; bis 1,5 m hoher Strauch mit rotbraunen Zweigen und kurzen, gebogenen Stacheln; Blüten leuchtend rot. Eine wichtige Stammart der heutigen Garten-R. ist die seit langem kultivierte **Essigrose** (Rosa gallica); wächst meist in Laubwäldern und auf trockenen Wiesen in M- und S-Europa sowie in W-Asien; bis 1,5 m hoher Strauch, dessen junge Triebe dicht mit Stacheln besetzt sind; Blüten einzeln, etwa 6 cm groß, hellrot bis purpurfarben; Früchte kugelig, ziegelrot, mit Drüsen und Borsten besetzt. Die **Zentifolie** (Provence-R., Rosa centifolia) ist ein bis 2 m hoher Strauch mit beiderseits behaarten, schlaffen Blättern und zu mehreren zusammenstehenden, gefüllten, nickenden, wohlriechenden Blüten in verschiedenen Rottönen oder in Weiß. Eine Zuchtform davon ist die **Moosrose** mit rosafarbenen Blüten; das moosartige Aussehen erhält sie durch die stark gefiederten Kelchblätter sowie die Stacheln und Öldrüsen. Ebenfalls eine Zuchtform ist die vermutl. aus Kleinasien stammende **Damaszenerrose** (Rosa damascena); bis 2 m hoch, mit kräftigen, gekrümmten Stacheln, unterseits behaarten Fiederblättchen, bestachelten Blattstielen und rosa bis roten, auch rot und weiß gestreiften, gefüllten Blüten. Im 18.Jh. waren zahlr. Sorten der Essig-R., der Zentifolie, der Damaszener-R. sowie der um 1780 eingeführten †Chinesischen Rose und der **Weißen Rose** (Rosa alba; bis 2 m hoher Strauch mit unterschiedl. großen, hakenförmigen Stacheln und meist gefüllten, duftenden, weißen Blüten) in Kultur. Zu Beginn des 19.Jh. nahm die R.züchtung durch Kreuzungen der Gartensorten großen Aufschwung. 1824 wurde die **Teerose** (Rosa odorata) von China nach Großbrit. eingeführt; immergrüne oder halbimmergrüne Kletter-R. mit langen Trieben und hakenförmigen Stacheln; Blüten einzeln oder zu wenigen, weiß, blaßrosafarben oder gelbl., halb gefüllt oder gefüllt, 5–8 cm im Durchmesser, mit starkem, teeartigem Duft. Die Tee-R. ist eine der Ausgangsformen der *Teehybriden*, die als Treib- und Schnittblumen große Bed. haben. Eine der bekanntesten Sorten ist *Gloria Dei* mit hellgelben, rosafarben überhauchten, leicht duftenden Blüten. Weiter entstanden die **Remontantrosen**, von deren urspr. 4 000 in Frankr. entstandenen Sorten noch rd. 100 in Kultur sind; meist von kräftigem Wuchs, mit meist vielen Stacheln und weißen, rosafarbenen oder roten, gefüllten, duftenden Blüten. Um 1810 dann die **Noisette-Kletterrosen** mit roten hakenförmigen Stacheln und gelben, weißen oder rosafarbenen Blüten. Bekannteste ist **Maréchal Niel** mit goldgelben, dichtgefüllten Blüten mit Teerosenduft. In der 2. Hälfte des 19.Jh. dann die **Polyantharosen** von meist niedrigem, buschigem Wuchs mit zahlr. kleineren Blüten. Kreuzungen der Polyantha-R. mit Teehybriden werden als **Floribunda-Rosen** (mit großen, edelrosenähnl. Blüten) bezeichnet. Weiterhin von gärtner. Bed. sind die **Strauchrosen** (2–3 m hohe, dichte Büsche bildende R.arten bzw. -sorten, a. der Zentifolie und der †Dünenrose) und **Kletterrosen**. Letztere beinhalten eine umfangreiche Gartenrosengruppe. Mit ihren langen Trieben sind sie zur Pflanzung an Spalieren und Pergolen gut geeignet. - Die Vermehrung aller Sorten und Formen erfolgt durch †Okulation. Als Unterlage wird meist die Zuchtform „Edel-Canina" der Hunds-R. verwendet. Häufig auftretende *Pilzkrankheiten* der R. sind: Echter Mehltau, Falscher Mehltau und Schwarzfleckigkeit. Durch Grauschimmel werden Schäden an Stengeln und Blüten verursacht. Saugende *tier. Schädlinge* sind z. B. Blattläuse, Spinnmilben und R.zikaden. Die Larven der Rosenblattwespe werden durch Blattfraß schädlich. Wurzelschädlinge sind v. a. die Larven der Dickmaulrüßler.

Geschichte: Die R. ist wahrscheinl. in Persien heim. und kam im 7. Jh. v. Chr. nach Griechenland und Italien. Den Germanen dagegen war nur die Wilde R. bekannt. Als Symbol der Liebe und als Sinnbild der Frau war die R. schon seit der Antike bekannt und fand daher in Kunst und Literatur weite Verbreitung. In M-Europa wird die R. zunächst als Heilpflanze angeführt. Seit dem 10. oder 11.Jh. ist sie auch als Gartenzierpflanze bekannt. R.wasser († Rosenöl) war im frühen MA eines der ersten Destillationsprodukte. R.extrakte wurden für Salben, Parfüms, Sirup und Zucker verwendet. Die Anzahl der Zuchtsorten stieg von vier im 13. Jh. auf rd. 5 000 Sorten am Ende des 19. Jh. an. - Zahlr. Adelsgeschlechter führen die R. als Wappenblume. 📖 *Krüssmann, G.:* Rosen, Rosen, Rosen. Bln. u. Hamb. ²1986. - *Jaehner, I.:* Die schönsten Rosen in Garten u. Haus. Mchn. 1980. - *Manz, I.:* Rosen. Arten, Pflanzung, Pflege. Niedernhausen 1978. - *Woessner, D.:* Gartenrosen. Stg. 1978. - *Genders, R.:* Die R. Zürich ²1977. - *Kordes, W.:* Das Rosenbuch. Karlsruhe ¹¹1977.

rosé [ro'ze:; lat.-frz.], zartrosa, rosig.

Rosé [ro'ze:; lat.-frz.] (Roséwein) †Wein.

Roseau [engl. rou'zou], Hauptstadt von Dominica, an der SW-Küste, 20 000 E. Kath.

Bischofssitz; Museum, botan. Garten; Exporthafen. - Gegr. um 1750.

Rosegger, Peter [ˈroːzɛgər, ˈrɔzɛgər], eigtl. P. Roßegger, Pseud. P. K. (= Petri Kettenfeier), *Alpl (Steiermark) 31. Juli 1843, †Krieglach 26. Juni 1918, östr. Schriftsteller. - Aus ärml. bäuerl. Verhältnissen; Autodidakt. Knüpft in seinen Romanen, u. a. „Die Schriften des Waldschulmeisters" (1875), „Der Gottsucher" (1883), an die Tradition der Dorfgeschichte an. Ohne sozialkrit. Einsicht basieren seine fortschrittsfeindl. Ansichten auf religiös-konservativer Heimat- und Stammensverbundenheit, Bewahrung alter Sitten, Entsagung in der „Waldheimat". Ahnherr der affirmativ-verharmlosenden Heimatkunst, wendet sich gegen „moderne Sittenlosigkeit" und krit. Fortschritt. - *Weitere Werke:* Jakob der Letzte (R., 1888), Als ich noch der Waldbauernbub war (autobiograph. En., 1902).

Rosei, Peter, *Wien 17. Juni 1946, östr. Schriftsteller. - Schreibt hintergründige Erzählungen („Landstriche", 1972; „Chronik der Versuche, ein Märchenerzähler zu werden", 1979) und Romane in oft nüchtern-monotoner Sprache, in denen sich in freier Assoziation Vergangenheit und Gegenwart, Erinnerung und Wirklichkeit verschränken, u. a. „Bei schwebendem Verfahren" (1973), „Wer war Edgar Allan ?" (1977), „Das schnelle Glück" (R., 1980), „Die Wolken" (R., 1986).

Rosemeyer, Bernd, *Lingen (Ems) 14. Okt. 1909, †bei Mörfelden-Walldorf 28. Jan. 1938, dt. Automobilrennfahrer. - ∞ mit E. Beinhorn; Werksfahrer bei Auto-Union; gewann die Europameisterschaft 1936 und 2 dt. Meistertitel; verunglückte bei einem Rekordversuch tödlich.

Rosen, Erwin, eigtl. E. Carlé, *Karlsruhe 7. Juni 1876, †Hamburg 21. Febr. 1923, dt. Schriftsteller. - Verf. zahlr. spannender Erzählungen und Memoiren, u. a. „In der Fremdenlegion" (1909), „Der König der Vagabunden" (En., 1910), „Der dt. Lausbub in Amerika" (1911–13).

Rosenapfel, svw. Danziger Kantapfel (↑ Äpfel [Übersicht]).

Rosenapfelbaum (Dillenie, Dillenia), Gatt. der Dilleniengewächse mit rd. 60 Arten im südl. Asien; Bäume, selten Sträucher, mit meist großen, parallel-fiedernervigen, lederartigen Blättern und fünfzähligen Blüten. Die bekannteste, als Blattpflanze in Warmhäusern beliebte Art ist der **Ind. Rosenapfelbaum** (Dillenia indica) mit großen, weißen Blüten und apfelgroßen, grünen, eßbaren Früchten.

Rosenberg, Alfred [ˈ---], *Reval 12. Jan. 1893, †Nürnberg 16. Okt. 1946 (hingerichtet), dt. Publizist und Politiker. - Wirkte ab 1919 in München als antisemit. Publizist; kam 1919 zur NSDAP; leitete deren Parteiorgan „Völk. Beobachter" 1923 und ab 1925 als Chefredakteur, ab 1938 als Hg.; agitierte in zahlr. Kampfschriften und mit seinem

Rosen. Gloria Dei

Kampfbund für dt. Kultur (1927 gegr.) gegen Judentum, Marxismus, Liberalismus und Demokratie in Politik und Kultur; MdR 1930–45 und Reichsleiter der NSDAP 1933–45; beanspruchte früh, als führender Theoretiker der NS-Weltanschauung und der Außenpolitik zu gelten. In seinem kirchenfeindl. Hauptwerk „Der Mythus des 20. Jh." (1930) werden Wahrheit und Recht dem Nutzen der „german. Rasse" untergeordnet und ein neuer, rassegemäßer Glauben gefordert; 1934 zum Beauftragten des Führers für die Überwachung der gesamten geistigen und weltanschaul. Schulung und Erziehung der NSDAP ernannt. Ab 1933 Leiter des Außenpolit. Amtes der NSDAP; als Leiter des Kulturraub-Kommandos „Einsatzstab Reichsleiter R." (1940–45) und als Reichsmin. für die besetzten Ostgebiete (1941–45) im Nürnberger Hauptkriegsverbrecherprozeß 1946 zum Tode verurteilt.

R., Arthur [ˈ---], *Berlin 19. Dez. 1889, †New York 7. Febr. 1943, dt. Historiker und Politiker. - 1930–33 Prof. in Berlin; 1918–20 Mgl. der USPD, 1920–27 der KPD, 1924/25 Mgl. der KPD-Zentrale, 1924–28 MdR. 1933 Emigration, ab 1938 Lehrauftrag in New York; schrieb u. a. „Entstehung und Geschichte der Weimarer Republik" (hg. 1955), „Demokratie und Sozialismus" (hg. 1962).

R., Hilding [schwed. ˌruːsənbærj], *Bosjökloster (Schonen) 21. Juni 1892, schwed. Komponist. - Einer der führenden Vertreter der modernen schwed. Musik; komponierte Opern, Ballette, Oratorien, u. a. das Oratorium „Josef och hans bröder" (1945–48, nach T. Mann), sieben Sinfonien, Konzerte, 12 Streichquartette, Klaviermusik, Kantaten, Motetten und Lieder. - †19. Mai 1985.

Rosenberg

R., Ludwig ['---], * Berlin 29. Juni 1903, † Düsseldorf 23. Okt. 1977, dt. Gewerkschaftsführer. - 1928–33 hauptamtl. Funktionär des Gewerkschaftsbundes der Angestellten (GdA); lebte 1933–46 in Großbrit.; 1948 Sekretär beim Gewerkschaftsrat der vereinigten Zonen, 1949–62 Mgl. des Bundesvorstandes, 1962–69 Vors. des DGB; beeinflußte die Wirtschaftspolitik des DGB wesentlich.

Rosenblattwespe (Rosenbürstenhornwespe, Nähfliege, Arge rosae), in Europa, Vorderasien und Sibirien verbreitetes, 7–10 mm langes, gelbl., blattwespenähnl. Insekt (Hautflügler). Die ♂♂ weisen bürstenartig behaarte Fühler auf. Die Eiablage erfolgt in die Spitzen von Rosenjungtrieben, die daraufhin verkümmern. Die Larven werden durch Blattfraß schädlich.

Rosenblut, Hans † Rosenplüt, Hans.

Rosenbürstenhornwespe, svw. ↑ Rosenblattwespe.

Rosendorfer, Herbert, * Bozen 19. Febr. 1934, dt. Schriftsteller. - Verf. skurril-humoriger Romane wie „Der Ruinenbaumeister" (1969), „Deutsche Suite" (1972), „Großes Solo für Anton" (1976); schrieb ferner u. a. „Traum des Intendanten" (Essay, 1984), Hör- und Fernsehspiele.

Roseneibisch, (Hibiscus syriacus) sommergrüne, bis 3 m hohe Eibischart in China und Indien; mit eiförmig-rhomb., 5–10 cm langen, dreilappigen Blättern und einzelnen, achselständigen, breitglockigen Blüten. Neben der violett blühenden Stammart sind zahlr. Gartenformen mit weißen, rosafarbenen, violetten oder tiefblauen, einfachen oder gefüllten Blüten als Ziersträucher bekannt.
◆ (Chinarose, Chin. R., Hibiscus rosa-sinensis) wahrscheinl. aus China stammende, heute in allen trop. und subtrop. Gebieten als Gartenpflanze kultivierte und teilweise verwilderte Eibischart; 2–5 m hoher Strauch oder kleiner Baum mit eirunden, lang zugespitzten Blättern, langen Blütenstielen und 10–15 cm breiten, rosaroten Blüten. - Abb. S. 338.

Roseneule † Eulenspinner.

Rosenfeld, Morris, eigtl. Moshe Jakob Alter, * Boksze (Polen) 28. Dez. 1862, † New York 22. Juni 1923, jidd. Dichter. - Kam 1886 nach New York; verarbeitet in seinen Gedichten Erfahrungen jüd. Arbeiter; vorherrschend sind sozialkrit. Züge, Klagen und Forderungen nach Befreiung, u. a. in „Lieder des Ghetto" (dt. Auswahl 1903).

Rosengallwespe (Gemeine R., Diplolepis rosae), in Europa und Amerika verbreitete, 3–4 mm große, überwiegend schwarze Gallwespe, die ihre Eier in Blattknospen bes. der Hundsrose ablegt; Larvenfraß bewirkt Entwicklung der Knospe zum ↑ Schlafapfel.

Rosengarten, Gebirgsstock in den Dolomiten, Südtirol, bis 3004 m ü. d. M.

Rosengarten (Der große R., Der R. zu Worms), anonymes, in Österreich Mitte des 13. Jh. entstandenes mittelhochdt. Heldenepos. Berichtet in Verbindung mit Dietrichepik und „Nibelungenlied" vom Sieg Dietrichs von Bern über Siegfried, der mit 12 Begleitern Kriemhilds R. bewacht. **Der kleine Rosengarten** ist eine andere Bez. für das Heldenepos ↑ „Laurin".

Rosengewächse (Rosazeen, Rosaceae), formenreiche zweikeimblättrige Pflanzenfam. mit rd. 3000 Arten in etwa 100 Gatt.; fast weltweite Verbreitung; in Deutschland heim. sind rd. 200 formenreiche Arten in etwa 25 Gatt.; meist Bäume, Sträucher oder Stauden, mit zusammengesetzten oder einfachen Blättern mit Nebenblättern; Blüten radiär, meist mit fünfzähliger Blütenhülle und zahlr. Staubblättern; zahlr. Kultur- und Zierpflanzen. - Die große Formenfülle der R. läßt sich u. a. nach der unterschied. Gestaltung der Früchte in die folgenden Unterfam. gliedern: 1. **Spiräengewächse:** meist mit vielsamigen Balgfrüchten, z. B. beim Spierstrauch und Geißbart; 2. **Rosoideae:** mit einsamigen Nüßchen oder Steinfrüchten, die oft zu Sammelfrüchten vereinigt sind; z. B. bei der Kerrie, bei der Gatt. Rubus mit Brombeere und Himbeere, bei der Erdbeere sowie bei der Rose; 3. **Apfelgewächse:** mit Scheinfrüchten wie beim Apfelbaum, Birnbaum, bei der Ebereshe, Quitte, Mispel und beim Weißdorn; 4. **Mandelgewächse:** mit einsamigen Steinfrüchten; z. B. bei der Gatt. Prunus mit Pflaumenbaum, Mandelbaum, Süßkirsche und Sauerkirsche.

Rosenheim, Stadt an der Mündung der Mangfall in den Inn, Bay., 446 m ü. d. M., 52300 E. Verwaltungssitz des Landkr.; Fachhochschule für Holztechnik, Kunststofftechnik, Betriebswirtschaft, Innenarchitektur, Wirtschaftsingenieurwesen, Kunstsammlung, Heimatmuseum; Metallverarbeitung, elektrotechn. u. a. Ind., Verkehrsknotenpunkt. - Entstand bei der gleichnamigen, 1234 erstmals gen. Burg und entwickelte sich dank Salzhandel, Salzstapel und Innschiffahrt; seit 1864 Stadtrecht. - Pfarrkirche (19. Jh.) mit spätgot. W-Turm; Wohnhäuser mit Laubengängen und Grabendächern (z. T. 15. und 16. Jh.); ein barock ausgebautes Tor der Stadtbefestigung ist erhalten.

R., Landkr. in Bayern.

Rosenholz ↑ Hölzer (Übersicht).

Rosenholzöl (Bois-de-rose-Öl), äther. Öl mit maiglöckchenartigem Geruch, das v. a. aus dem Holz der Lorbeergewächse Aniba rosaedora und Aniba duckei in Brasilien und Frz.-Guayana gewonnen wird; Verwendung in der Parfümerie.

Rosenkäfer (Cetoniinae), v. a. in wärmeren Ländern verbreitete Unterfam. der Skarabäiden (Gruppe Blatthornkäfer), 0,7–12 cm lange, häufig metall. glänzende Käfer; viele trop. Arten tragen auf dem Kopf Hörner und Gabeln. In Deutschland kommt u. a. der etwa

1,4–2 cm große **Gemeine Rosenkäfer** (Goldkäfer, Cetonia aurata) vor; oberseits metall. grün, unterseits kupferrot; schädl. durch Abfressen der Staubgefäße in Rosenkulturen.

Rosenkohl, Wuchsform des Gemüsekohls, bei dem die im Knospenstadium verbleibenden Achselknospen (Rosen) als Gemüse verwendet werden.

Rosenkranz (Rosarium), in der kath. Kirche ein außerliturg., betrachtendes Gebet zu Ehren Marias (Gebete symbol. als „Kranz geistl. Rosen" aufgefaßt); es besteht aus 15 Vaterunsern mit jeweils zehn Ave-Maria und 15 Ehre-sei-dem-Vater, denen 15 Ereignisse aus dem Leben Jesu und Marias, die sog. „Gesätze" (d. h. Geheimnisse), zur Betrachtung zugeordnet sind; nach dem Inhalt der Gesätze wird zw. dem *freudenreichen*, dem *schmerzhaften* und dem *glorreichen R.* unterschieden. Die einzelnen Gebete werden an einer aus sechs größeren (für das Vaterunser) und 53 kleineren (für das Ave-Maria) Perlen zusammengesetzten Schnur oder Kette (ebenfalls R. gen.), die in einem Kreuz endet, durchgezählt. Die Legende schreibt dem hl. Dominikus die Entstehung und Verbreitung des R. zu. Zur Erinnerung an den Seesieg über die Türken bei Lepanto am 7. Okt. 1571 wurde 1716 allg. das R.fest eingeführt; Papst Leo XIII. bestimmte den Oktober als R.monat.

Rosenkreuzer (Rosenkreutzer), nach dem legendären Christian Rosenkreuz (angebl. * 1378, † 1484) ben. Geheimbünde. Die R.bewegung trat erstmals an die Öffentlichkeit mit drei anonymen Schriften (1614–16), die wohl aus dem Freundeskreis um den Tübinger Theologen J. V. Andreä stammen, der mit einer „allg. Generalreform" eine pansoph. ausgerichtete Übereinstimmung von Theologie und Philosophie, basierend auf hermet.-kabbalist. und alchimist. Traditionen, forderte. Von 1777 bis etwa 1800 beherrschte der in neun Graden mit strenger Arkandisziplin organisierte und mit Alchimie arbeitende „Orden der Gold- und Rosenkreuzer" die dt. Freimaurerei und wurde zu einem polit. Machtinstrument am preuß. Hof. - Im 20. Jh. lebte die R.bewegung bei R. Steiner und in einigen organisierten R.orden wieder auf.

Rosenkriege, die Dynastenkriege 1455–85 zw. den beiden Plantagenet-Seitenlinien Lancaster (rote Rose im Wappen) und York (weiße Rose seit 1485) um die engl. Krone. Nach wechselhaften Kämpfen seit 1455 erlangte Eduard IV. aus dem Hause York am 4. März 1461 das Königtum. Mit Heinrich VII. setzte sich am 22. Aug. 1485 der Erbe des Hauses Lancaster gegen Richard III. durch; er vereinte 1486 durch die Heirat mit Elisabeth (* 1466, † 1503), der Tochter Eduards IV., die Ansprüche beider Häuser und begr. die Dyn. Tudor.

Rosenlorbeer ↑ Oleander.

Rosenmontag [von mitteldt. rosen „toben, ausgelassen sein"], um 1830 erstmals in Köln auftauchende rhein. Bez. für den Fastnachtsmontag.

Rosenmüller, Johann, * Oelsnitz 1619, † Wolfenbüttel 10. Sept. 1684, dt. Komponist. - Ab 1674 Hofkapellmeister in Wolfenbüttel; seine Suiten- und Sonatenkompositionen sind bed. Stufen in der Entwicklung dieser Formen; ebenfalls bedeutsam sind seine geistl. Chorwerke (Festtagsmusiken, Dialoge, lat. Konzerte).

Rosennoble [engl.] ↑ Noble.

Rosenöl (Oleum rosarum), aus den Blütenblättern der Damaszenerrose und deren Bastarden gewonnenes gelbes bis grünl. äther. Öl, das unterhalb 25 °C zu einer durchscheinenden Masse erstarrt. Da aus 10 kg Rosenblättern nur 2–3 g R. gewonnen werden, ist R. eines der teuersten Öle für die Parfümindustrie. Das bei der Destillation anfallende Wasser (**Rosenwasser**) wird ebenfalls in der Parfümerie und als Aromastoff, z. B. für Marzipan, verwendet. R. wird v. a. in Bulgarien, Marokko und in der Türkei hergestellt.

Rosenow, Emil [...no], * Köln 9. März 1871, † Schöneberg (= Berlin) 7. Febr. 1904, dt. Schriftsteller. - Schuhmachersohn; Journalist und Redakteur bei sozialdemokrat. Zeitungen; ab 1898 Reichstagsabg.; schrieb naturalist.-realist. Dramen, Erzählungen und antiklerikale Geschichtsdarstellungen, u. a. die satir. Kleinbürgerkomödie „Kater Lampe" (hg. 1906) und das Bergarbeiterdrama „Die im Schatten leben" (hg. 1912).

Rosenpaprika, 1. als Gemüse verwendete Kultursorte des Paprikas; 2. (relativ mildes) Gewürz, das aus den Früchten dieser Kultursorte gewonnen wird.

Rosenplüt (Rosenblut), Hans [...ply:t], gen. der Schnepperer, * Nürnberg (?) um 1400 und 1405, † ebd. nach 1460, spätmittelalterl. Dichter. - Ab 1444 Büchsenmacher in Nürnberg; einer der ersten stadtbürgerl. Handwerkerdichter. Verfaßte Reimgedichte, teils monolog. (Sprüche), teils dialog. Form (Fastnachtspiele).

Rosenquarz, trübe, lichtrosarote bis schwach violette, nur selten Kristallflächen bildende Varietät des Quarzes (Farbgebung durch Mangan, künstl. auch durch Eisenoxide), Schmuckstein.

Rosenquist, James [engl. 'rouzənkwɪst], * Grand Forks (North Dakota) 29. Nov. 1933, amerikan. Maler. - Einflüsse des abstrakten Expressionismus wurden von einer Hinwendung zur Pop-art zurückgedrängt. Seine teilweise zu Raumenvironments gesteigerten Bildtafeln reflektieren die amerikan. Konsum- und Reklamewelt sowie den modernen Vernichtungskrieg.

Rosenroman (Roman[z] de la Rose), altfrz. zweiteiliger Versroman des 13. Jh.; besteht aus 22 068 achtsilbigen Versen. Den 1. Teil (4 068 Verse) verfaßte zw. 1230 und 1240

Roseneibisch. Chinarose

Guillaume de Lorris (* zw. 1200/1210, † nach 1240), den 2. zw. 1275 und 1280 **Jean de Meung,** auch Jehan Clopinel (Chopinel) de Meun[g] (* um 1240, † um 1305). Der R. schildert in Anlehnung an die höf. Dichtung mit den ma. Stilmitteln der Traumallegorie die Suche nach einer Rose als Symbol für den Gegenstand der Liebe; während im 1. Teil das poet. Element überwiegt, finden sich im 2. Teil Gesellschaftskritik und skept. Satire von Jean de Meung, der seiner Zeit und den folgenden Jh. als einer der größten Dichter seit dem Altertum galt; über 200 Handschriften (gedruckt um 1480, dt. 1839 u. d. T. „Das Gedicht von der Rose").

Rosenstock-Huessy, Eugen [ˈhysi], * Berlin 6. Juli 1888, † Norwich (Va.) 23. Febr. 1973, dt. Kulturphilosoph, Rechtswissenschaftler und Soziologe. - 1921 Gründer und erster Leiter der Akad. der Arbeit, 1923–34 Prof. in Breslau; nach Emigration in die USA bis 1957 Lehrtätigkeit an amerikan. Univ.; v. a. mit Arbeiten zur Rechtsphilosophie, Betriebssoziologie und Erwachsenenbildung.

Rosental ↑Drau.
Rosenwasser ↑Rosenöl.
Rosenwurz ↑Fetthenne.
Rosenzweig, Franz, * Kassel 25. Dez. 1886, † Frankfurt am Main 10. Dez. 1929, dt. Religionsphilosoph und Pädagoge. - Gründete 1919 mit N. A. Nobel (* 1871, † 1922) das „Freie Jüd. Lehrhaus" in Frankfurt am Main. In seinem Hauptwerk „Stern der Erlösung" (1921) vertritt R. über die Verbindung von Theologie und Philosophie eine Rückkehr zur jüd. Tradition. Als Übersetzer trat R. v. a. durch seine mit M. Buber unternommene Übersetzung der alttestamentl. Bücher hervor.

Roseola [zu lat. roseus „rosenfarbig"], durch örtl. Gefäßerweiterung bedingte, kleinfleckige Rötung der Haut, u. a. bei Typhus.

Roses Metall [nach dem dt. Pharmazeuten V. Rose d. Ä., * 1736, † 1771], aus zwei Teilen Wismut, einem Teil Blei und einem Teil Zinn bestehende Legierung, die bei 98 °C schmilzt; wird zur Herstellung von Schmelzsicherungen und als Heizbadflüssigkeit im chem. Labor verwendet.

Rosette [roˈzɛta, roˈzɛt], ägypt. Hafenstadt im westl. Nildelta, 37 000 E. Handelszentrum; Reismühlen; Fischerei. - Im 9. Jh. an der Stelle des antiken **Bolbitine** gegr.; war bis gegen 1820 Haupthafen Ägyptens. - 1799 wurde nö. von R. der sog. **Stein von Rosette** gefunden (↑ägyptische Schrift).

Rosette [lat.-frz. „Röschen"], Blattanordnung der *Rosettenblätter;* an der Sproßbasis einer Pflanze meist dichtgedrängt stehende Blätter (grundständige Blätter).
◆ eines der ältesten Ziermotive der Kunst; eine stilisierte Blüte in Aufsicht von kreisrundem Umfang.
◆ die Verkleidung des Schallochs mit durchbrochenem Material im Resonanzboden bzw. in der Resonanzdecke v. a. älterer [besaiteter] Tasten- und Zupfinstrumente.

Rosettenpflanzen, Pflanzen mit unterdrückter Streckung der Internodien (↑Internodium) des Laubsprosses; die Blätter liegen dichtgedrängt dem Boden auf (Rosette).

Rosetti, Francesco Antonio ↑Rösler, Franz Anton.
Rose von Jericho, svw. ↑Jerichorose.
Roséwein [roˈzeː] (Rosé) ↑Wein.
Rosh Zohar [rɔʃzoˈhaːr] ↑Arad (Israel).
Rosi, Francesco, * Neapel 15. Nov. 1922, italien. Regisseur. - Setzt sich krit. mit den polit. und sozialen Verhältnissen Italiens auseinander, v. a. in den Filmen „Die Herausforderung" (1958), „Wer erschoß Salvatore G.?" (1961), „Hände über der Stadt" (1963), „Der Fall Mattei" (1971), „Lucky Luciano" (1973), „Die Macht und ihr Preis" (1975), „Christus kam nur bis Eboli" (1979), „Carmen" (1984).

Rosinen [lat.-altfrz.], getrocknete Weinbeeren hauptsächl. aus dem Mittelmeergebiet und aus Kalifornien; kernhaltig und rötlichbraun, häufig geschwefelt (kennzeichnungspflichtig). R. werden v. a. zum Backen verwendet. - ↑auch Korinthen, ↑Sultaninen.

Rosita, aus dem Span. übernommener weibl. Vorname, Koseform von Rosa.

Roskilde [dän. ˈrɔskilə], Hauptstadt der dän. Amtskommune R. im O der Insel Seeland, 49 100 E; luth. Bischofssitz; Univ. (gegr. 1970), Museen, u. a. 5 Wikingerschiffe (11. Jh.); Garnison; Maschinenbau, Papier-, Nahrungsmittel-, chem. Ind., Bahnknotenpunkt. Nahebei Kernforschungszentrum **Risø.** - 11.–15. Jh. Residenz der dän. Könige; erhielt 1268 Stadtrecht. 1022–1537 kath. Bischofssitz. - Im **Frieden von Roskilde** (26.

Febr. 1658) mußte Dänemark an Schweden in S-Schweden Schonen, Blekinge, Halland und Bohuslän, in Norwegen Drontheim sowie die Ostseeinsel Bornholm abtreten. - Roman.-got. Domkirche (Backstein; im wesentl. 13. Jh.; Grabmäler dän. Könige); ehem. königl. Palais (18. Jahrhundert). - Abb. Bd. 5, S. 74.

Roslagen [schwed. ˌruːslɑːgən], Landschaft im östl. Teil des mittelschwed. Tieflands.

Roslawez, Nikolai Andrejewitsch [russ. ˈrɔslɪvɪts], * Surai (Gouv. Tschernigow) 4. Jan. 1881, † Moskau 23. Aug. 1944, russ.-sowjet. Komponist. - In den 1920er Jahren einer der führenden modernen Komponisten, in dessen Werken bereits um 1915 Elemente der Zwölftontechnik ausgeprägt waren; ab 1925 in der Presse scharf kritisiert, ging in den 1930er Jahren nach Taschkent; komponierte v. a. Orchesterwerke und Kammermusik.

Rösler, Franz Anton (František Antonín), * in der Gegend von Leitmeritz (= Litoměřice) um 1750, † Schwerin 30. Juni 1792, böhm. Komponist. - Nannte sich Francesco Antonio Rosetti; vereinigt in seinen Kompositionen Stilmerkmale der Mannheimer und der Wiener Schule, u. a. Opern (u. a. „Das Winterfest der Hirten", 1789), Oratorien, drei Requiems, 90 Sinfonien, Konzerte, Kammer- (u. a. für Bläser) und Klaviermusik.

R., Jo Hanns, * Königstein im Taunus 7. April 1899, † München 25. Sept. 1966, dt. Schriftsteller. - Verf. unterhaltsamer Kurzgeschichten und Komödien; auch Filmdrehbücher („Maske in Blau", 1952).

Roslin, Alexander [schwed. rusˈliːn], * Malmö 15. Juli 1718, † Paris 5. Juli 1793, schwed. Maler. - Lebte seit 1747 in Italien, ab 1752 vorwiegend in Paris; bed. Porträtist des Rokoko, Öl-, Pastell- und Wachstechnik.

Rosmarin [zu lat. ros marinus, eigtl. „Meertau"], (Rosmarinus) Gatt. der Lippenblütler mit der einzigen Art *Echter Rosmarin* (Rosmarinus officinalis) im Mittelmeergebiet; Charakterpflanze der trockenen Macchie; immergrüner, 60–150 cm hoher Halbstrauch mit 2–3 cm langen, schmalen, am Rand umgerollten, ledrigen Blättern von würzigem Geruch; mit bläul. oder weißl. Blüten in kurzen, achselständigen Trauben. Die Blätter werden als Küchengewürz sowie zur Herstellung von Parfüm verwendet. - *Geschichte:* Der R. war bei den Griechen eine vielseitige Heilpflanze, bei den Römern wurde er für Räucherungen und religiöse Riten verwendet. Nördl. der Alpen erlangte er erst im späten MA größere Bed. als Heilmittel und zur Abwehr böser Geister. Um 1500 war das destillierte Öl in Apotheken erhältlich.

◆ (Wilder R.) svw. Sumpfporst († Porst).

Rosmarinheide (Lavendelheide, Gränke, Sumpfrosmarin, Andromeda), Gatt. der Heidekrautgewächse mit nur zwei Arten; in den Hoch- und Zwischenmooren von N-Deutschland und im Alpenvorland nur die **Polei-Rosmarinheide** (Echte R., Andromeda polifolia), ein 10–30 cm hoher Halbstrauch mit weit kriechenden Ausläufern, aufsteigenden Zweigen und immergrünen, unterseits blau- bis weißgrün bereiften, ledrigen, schmalen, am Rand umgerollten Blättern; Blüten nickend, in endständiger Doldentraube, mit hellrosafarbener Krone.

Rosmarinöl (Oleum rosmarini), farbloses bis gelbliches äther. Öl, das aus den getrockneten Blüten und Blättern des Echten ↑ Rosmarins gewonnen wird. Verwendung in der Parfüm- und Seifenindustrie, als Badezusatz und Einreibmittel.

Rosminianer (lat. Institutum Charitatis [I. C.]), kath. Ordenskongregation, von A. Graf von Rosmini-Serbati 1828 gegr. und 1839 päpstl. bestätigt; auf den Gebieten der Karitas, des Unterrichts und der Seelsorge tätig.

Rosmini-Serbati, Antonio Graf von, * Rovereto (Prov. Trient) 25. März 1797, † Stresa 1. Juli 1855, italien. kath. Theologe, Philosoph und polit. Schriftsteller. - Gründete die Kongregation der ↑ Rosminianer; versuchte in der italien. Einheitsbewegung (Risorgimento), das Streben nach nat. Einheit mit christl. Traditionen zu verbinden. R.-S. suchte in seinem von Kant angeregten philosoph. System nach einer Überwindung des Sensualismus und des Subjektivismus. 1887 wurden 40 willkürl. aus seinen Schriften ausgesuchte Sätze kirchl. verurteilt. Seine Bed. für die Ideengeschichte im Hinblick auf Recht, Staat und Gesellschaft wird in Italien in zunehmendem Maße erkannt.

Rosow, Wiktor Sergejewitsch [russ. ˈrɔzəf], * Jaroslawl 21. Aug. 1913, russ.-sowjet. Dramatiker. - Gestaltet in seinen Dramen v. a. die Konflikte und Probleme junger Menschen. Sein Schauspiel „Večno živye" (Die ewig Lebenden, 1956) liegt dem Film „Wenn die Kraniche ziehen" (1957) zugrunde.

Ross, Sir (seit 1843) James Clark, * London 15. April 1800, † Aylesbury (Buckinghamshire) 3. April 1862, brit. Admiral und Polarforscher. - Erforschte 1829–33 mit seinem Onkel Sir John Ross (* 1777, † 1856) Boothia Peninsula und King William Island und entdeckte am 1. Juli 1831 den nördl. Magnetpol; entdeckte als Leiter einer Südpolarexpedition (1839–43) die Victoria Island und den Mount Erebus.

R., Sir (seit 1911) Ronald, * Almora (Indien) 13. Mai 1857, † Putney (= London) 16. Sept. 1932, brit. Bakteriologe. - Ab 1881 Militärarzt in Indien, ab 1902 Prof. in Liverpool; arbeitete bes. über Malaria. Er wies den Kreislauf der Malariaplasmodien nach und erhielt hierfür 1902 den Nobelpreis für Physiologie oder Medizin.

Roßameisen (Riesenameisen, Campo-

Roßbreiten

notus), Gatt. 6–14 mm langer (Arbeiterinnen), als Geschlechtstiere über 20 mm messender Ameisen (Fam. Schuppenameisen) mit mehreren braun und schwarz gezeichneten Arten in Wäldern und an Waldrändern Amerikas, Afrikas und Eurasiens. In Eurasien kommen zwei Arten am häufigsten vor: **Holzzerstörende Roßameise** (Camponotus ligniperda; v. a. in Baumstrünken, Wurzeln und morschem Holz) und **Breitköpfige Roßameise** (Camponotus herculeanus; auch in gesundem Holz).

Roßbreiten, windschwache Zonen des subtrop. Hochdruckgürtels zw. etwa 25 und 35° n. B. und s. B., zu der auf der Nordhalbkugel das für das Wetter in Mitteleuropa wichtige Azorenhoch gehört.

Roßchevreau [ʃəˈvro:] ↑ Roßhaut.

Ross Dependency [engl. dɪˈpɛndənsɪ], von Neuseeland beanspruchter Sektor der Antarktis, von 60° s. Br. bis zum Südpol, zw. 160° ö. L. und 150° w. L.

Rosse, William Parsons, Viscount Oxmantown, Earl (seit 1841) of R. [engl. rɔs], * York (England) 17. Juni 1800, † Monkstown (Cork, Irland) 31. Okt. 1867, ir. Astronom. - Privatgelehrter; ab 1848 Mgl. der Royal Society; hatte 1845 ein 183-cm-Spiegelteleskop („Leviathan") fertiggestellt, mit dem er als erster die Struktur der Spiralnebel erkannte.

Rosse (Rossigkeit), die Brunstperiode der Stute.

Ross-Effekt ↑ photographische Effekte.

Rossellini, Roberto, * Rom 8. Mai 1906, † ebd. 3. Juni 1977, italien. Filmregisseur. - Einer der bedeutendsten Vertreter des Neorealismus, v. a. mit den Filmen „Rom – offene Stadt" (1945), „Stromboli" (1949), „Europa 51" (1952), „Liebe ist stärker" (1953), „Angst" (1954) mit seiner Frau I. Bergman (∞ 1950–58) als Hauptdarstellerin. Später vorwiegend histor. Fernsehfilme, z. B. „Die Machtergreifung Ludwigs XVI." (1956).

Rossellino, Antonio, * Florenz-Settignano 1427, † Florenz 1479 oder 1480, italien. Bildhauer. - In der Anmut seiner Figuren zeigt sich der Einfluß von Desiderio da Settignano. Setzt mit dem Wandnischengrab des Kardinals von Portugal (1461–66, Florenz, San Miniato al Monte) den von seinem Bruder Bernardo R. geschaffenen Typus fort; auch Bildnisbüsten, Madonnenreliefs.

R., Bernardo, * Florenz-Settignano 1409, † Florenz 23. Sept. 1464, italien. Baumeister und Bildhauer. - Baute nach Plänen von L. B. Alberti 1446ff. den Palazzo Rucellai in Florenz. Sein Domplatz von Pienza (1459–63) ist die erste Platzanlage der Renaissance. Als Bildhauer schuf R. mit dem Wandnischengrabmal für Leonardo Bruni (um 1445–50) in Santa Croce in Florenz einen neuen Grabmaltypus in Form einer antikisierenden Ädikula.

Rössener Kultur, nach dem Gräberfeld von Rössen (Ortsteil von Leuna, DDR) ben. mittelneolith. (spätes 4. Jt. v. Chr.) Kulturgruppe West- und Mitteldeutschlands, die sich aus späten Gruppen der bandkeram. Kultur entwickelte; kennzeichnend sind u. a. Kugeltöpfe, weitbauchige Schüsseln, Becher, ovale Wannen, Fußschalen und Bauchknickgefäße.

Rossetti, Christina Georgina, Pseud. Ellen Allayne, * London 5. Dez. 1830, † ebd. 29. Dez. 1894, engl. Lyrikerin italien. Herkunft. - Schwester von Dante Gabriel R.; Verf. zarter, gedankentiefer religiöser Lyrik und formvollendeter Sonette.

R., Dante Gabriel, eigtl. Gabriel Charles Dante R., * London 12. Mai 1828, † Birchington-on-Sea (Kent) 9. April 1882, engl. Dichter und Maler italien. Herkunft. - Mitbegr. der Präraffaeliten, zu denen er mit seinem maler. Werk bis 1860 rechnet. Schuf poet. Aquarelle und Zeichnungen (u. a. nach Dantes „Divina Commedia") und Gemälde („Paolo und Francesca", 1854, London, Tate Gallery). Seit 1860 v. a. Frauenhalbfigurenbilder. In enger Beziehung zu seiner ästhet. Malerei steht sein kunstkrit., v. a. sein poet. Werk: Übersetzungen aus dem Dantekreis, Sonette in reicher Bildersprache („Das Haus des Lebens", 1870).

Roßhaar, Mähnen- und Schweifhaare von Pferden. Sie werden wegen ihrer hohen Elastizität als Polstermaterial, Kissenfüllung, zum Versteifen von Einlagefutterstoffen sowie als Bezug für Geigenbögen verwendet.

Roßhaut, Bez. für die von Pferden gewonnene Haut; sie hat eine lockere Struktur. Lediglich an den Kruppen befinden sich Stücke mit dichter Struktur (sog. *[Roß]spiegel*), aus denen schweres Oberleder gewonnen wird. Aus den übrigen Teilen der R. gewinnt man weiches, chevreauähnl. Oberleder (*Roßchevreau*).

Rossi, Karl Iwanowitsch, eigtl. Carlo di Giovanni R., * Petersburg 29. Dez. 1775, † ebd. 18. April 1849, russ. Baumeister. - Seine klassizist. Bauten prägen maßgebl. den Charakter von Petersburg: Alexandertheater und -platz (1816–34), Generalstabsgebäude (1819–29), Neues Michaelspalais (1819–25; jetzt Russ. Museum), Gebäude für Senat und Synod (1829–34).

R., Luigi (latinisiert Aloysius de Rubeis), * Torremaggiore (Prov. Foggia) 1598, † Rom 19. Febr. 1653, italien. Komponist. - Hatte große Erfolge mit Opern, Oratorien und Kantaten, wurde daraufhin 1646/47 an den frz. Hof eingeladen (Oper „Orfeo"). R. hat wesentl. Anteil an der Entwicklung der neuen Formen von Arie und Kantate.

R., Mario, * Rom 29. März 1902, italien. Dirigent. - 1936–44 Dirigent des Orchesters des Maggio Musicale Fiorentino in Florenz, 1946–69 Chefdirigent des Rundfunk-Sinfonieorchesters Turin.

R., Salomone, * Mantua um 1570, † ebd. (?)

um 1630, italien. Komponist. - Jüd. Abstammung; war über 40 Jahre am Hofe der Gonzaga in Mantua tätig und komponierte, von Monteverdi beeinflußt, mehrstimmige Madrigale, bed. 3–8stimmige hebr. „Salmi e cantici" (1623). Mit seinen Sonaten zählt er zu den bed. Instrumentalkomponisten seiner Zeit.

Rossigkeit, svw. ↑ Rosse.

Rössing, Karl, * Gmunden 25. Sept. 1897, östr. Graphiker. - Graph. Blätter und Folgen (Holzstiche und Linolschnitte) in sorgfältiger Ausführung, Illustrationen. - † 19. Aug. 1987.

Rossini, Gioacchino, * Pesaro 29. Febr. 1792, † Paris 13. Nov. 1868, italien. Komponist. - In der Tradition N. Piccinnis, G. Paisiellos, D. Cimarosas und W. A. Mozarts komponierte er etwa 40 Opern mit ausgeprägtem Sinn für melod. Gestaltung und die musikal. Darstellung kom. Charaktere und Situationen. Mit dem „Barbier von Sevilla" (1816) schuf er einen der Höhepunkte der italien. Buffooper, während er mit seinem letzten Bühnenwerk „Wilhelm Tell" (1829) die Ära der frz. großen Oper einleitete. Weitere erfolgreiche Werke: „Tancredi" (1813), „Die Italienerin in Algier" (1813), „Otello" (1816), „Aschenbrödel" (1817), „Die dieb. Elster" (1817) und „Zelmira" (1822). Daneben entstanden Kirchenmusik (u. a. „Stabat mater", 1842), Orchester- und Chorwerke sowie Kammermusik.

Rossitten (russ. Rybatschi), Seebad auf der Kur. Nehrung, Ostpreußen, UdSSR▼. Vor dem 2. Weltkrieg bekannt für seine Vogelwarte und Segelfliegerschule. Heute gibt es in R. eine biolog. Station des Zoolog. Inst. der Akad. der Wiss. der UdSSR. - R. und die Burg des Dt. Ordens in R. wurden erstmals 1372 erwähnt.

Roßkäfer (Geotrupes), auf der Nordhalbkugel verbreitete Gatt. der Mistkäfer; mit sieben dunkel gefärbten Arten in M-Europa; bohren (im Unterschied zum ↑ Pillendreher) unter den Exkrementen von Pflanzenfressern bis 3 m tiefe, verzweigte Erdgänge, in die sie Exkremente als Larvennahrung eintragen. In Deutschland am häufigsten sind **Frühlingsroßkäfer** (Geotrupes vernalis) und der bis 24 mm lange, metall. blau und grün glänzende **Waldroßkäfer** (Geotrupes stercorarius).

Roßkartoffel ↑ Sonnenblume.

Roßkastanie (Aesculus), Gatt. der Roßkastaniengewächse mit rd. 25 Arten in N-Amerika, SO-Europa und O-Asien; sommergrüne Bäume oder Sträucher mit gegenständigen, handförmig geteilten Blättern und zygomorphen, zu vielen in aufrechten, endständigen Rispen („Kerzen") angeordneten Blüten; Frucht eine ledrige Kapsel mit einem bis drei großen Samen mit breitem Nabelfleck. Die wichtigsten Arten sind: **Pavie** (Rotblühende Kastanie, Aesculus pavia), Baum oder Strauch mit hellroten Blüten in lockeren Rispen und eirunden Früchten und **Weiße**

Roßkastanie (Gemeine R., Aesculus hippocastanum), bis 20 m hoher Baum mit weißen, rot und gelb gefleckten, in aufrechten Rispen stehenden Blüten und bestachelten Kapselfrüchten. Extrakte aus den Blättern werden medizin. bei Durchblutungstörungen verwendet.

Roßkastaniengewächse (Hippocastanaceae), zweikeimblättrige Pflanzenfam. mit rd. 30 Arten in zwei Gatt. in den gemäßigten Gebieten der Nordhalbkugel, in Amerika auch südl. des Äquators; meist sommergrüne Bäume und Sträucher mit fingerförmig geteilten Blättern und in Rispen oder Wickeltrauben stehenden, großen Blüten mit ungleichen Kronblättern; wichtigste Gatt. ↑ Roßkastanie.

Roßlau, Landkr. im Bez. Halle, DDR.

Roßlau/Elbe, Krst. an der Mündung der Rossel in die Elbe, Bez. Halle, DDR, 61–76 m ü. d. M., 14 500 E. Verwaltungssitz des Landkr. Roßlau. Schiffswerft, Motorenbau; Elbhafen. - Entstand bei der seit 1215 bezeugten gleichnamigen Burg; 1832 Stadtrecht.

Rößler, Hellmuth, * Dresden 26. Jan. 1910, † Maria Rain (Kärnten) 21. Aug. 1968, dt. Historiker. - Prof., zuletzt (ab 1955) in Darmstadt; verfaßte u. a. „Biograph. Wörterbuch zur dt. Geschichte" (1952; mit G. Franz), „Europa im Zeitalter von Renaissance, Reformation und Gegenreformation 1450–1650" (1956), „Sachwörterbuch zur dt. Geschichte" (1957; mit G. Franz).

Rossmeer, buchtartiges antarkt. Randmeer des Pazifik, vom Ross-Schelfeis bedeckt.

Rosso, Medardo, * Turin 20. Juni 1858, † Mailand 31. März 1928, italien. Bildhauer. - Ging 1886 nach Paris, wo er Rodin kennenlernte. Schuf impressionist. Arbeiten in Wachs, Terrakotta, Bronze.

Rosso, Regionshauptort am Senegal, Mauretanien, 16 500 E. Schulstadt; Teppichweberei; Sammelplatz für Gummiarabikum; Fähre über den Senegal.

Rosso di San Secondo, Pier Luigi Maria, eigtl. Pietro Maria Rosso, * Caltanisetta 30. Nov. 1887, † Camaiore-Lido di Camaiore e Fossa Abate 22. Nov. 1956, italien. Dichter. - Bed. Dramatiker in der Nachfolge Pirandellos, der seine Auflehnung gegen bürgerl. Konventionen und den Alltag iron.-bitter oder in grotesker Verzerrung der Wirklichkeit formulierte, z. B. in den Komödien „Marionetten, welche Leidenschaft!" (1918) und „Die Dorfhure" (1919).

Rosso Fiorentino, il [italien. ʃoren-'tiːno], eigtl. Giovanni Battista di Iacopo di Guasparre, * Florenz 8. März 1494, † Paris 14. Nov. 1540, italien. Maler. - Gehört zu den Hauptfiguren des Florentiner Manierismus, wurde, seit 1530 auf Einladung Franz' I. in Frankr., zum Begründer der Schule von Fontainebleau. Malte kompliziert-dramat. Figurenkompositionen in dissonanter Farbigkeit. Für Schloß Fontainebleau entwickelte er ein Dekorationssystem mit stark plast. stuckierten Kartuschen und perspektiv. Effekten.

Ross-Schelfeis, Schelfeistafel am Rand des antarkt. Kontinents, im Innern des Rossmeeres, 538 000 km². 1841 von Sir J. C. Ross entdeckt und später nach ihm benannt. Ausgangsgeb. vieler Antarktisexpeditionen, v. a. von den zum Südpol vorstoßenden R. ↑Amundsen und R. F. ↑Scott sowie von R. E. ↑Byrd. Seit 1977 internat. Bohrprogramm, um biolog., geophysikal. und geolog. Fragen klären zu können.

Roßtrappe, etwa 200 m über dem Bodetal gegenüber vom Hexentanzplatz gelegener Granitfelsen im Unterharz (DDR).

Rost, aus parallel angeordneten oder sich kreuzenden Drähten, Bohlen, Pfählen, Trägern u. a. bestehendes Bauteil oder Bauwerk.

Rost, rotbraune, bröckelige, aus wasserhaltigem Eisen(II)- und Eisen(III)-oxid bestehende Schicht, die sich auf Eisen- und Stahlteilen an feuchter Luft oder im Wasser bildet. Da das Rosten zu großen wirtsch. Schäden führt, versucht man durch passivierende (↑Passivierung) Metall- oder Nichtmetallüberzüge bzw. durch Schutzanstriche mit R.-schutzpigmenten (z. B. Mennige, Zinkoxid, Chromate) das Rosten zu verhindern *(Rostschutz).* - ↑auch Korrosion, ↑Oberflächenbehandlung.
♦ (Berostung, Fruchtberostung) im Obstbau die (z. B. durch physiolog. Bedingungen, Mehltaubefall, chem. oder mechan. Beschädigungen verursachten) in kleineren oder größeren rauhen Flecken auftretende, dunkel- bis zimtbraune Verfärbung der Fruchtschale; sorteneigentüml. für manche Apfel- und v. a. Birnensorten, z. B. Boskop, Madame Verté.
♦ ↑Rostkrankheiten.

Rostal, Max, * Teschen 7. Aug. 1905, engl. Violinist östr. Herkunft. - 1931 Prof. in Berlin, lebte nach 1933 in England, lehrte seit 1957 in Köln, seit 1958 auch in Bern; Interpret Beethovens und der Moderne; bed. Lehrer.

Rostand, Edmond [Eugène Alexis] [frz. rɔs'tã], * Marseille 1. April 1868, † Paris 2. Dez. 1918, frz. Dramatiker. - Verf. von neuromant. Versdramen wie „Cyrano von Bergerac" (1897) und „Der junge Aar" (1900); 1901 Mgl. der Académie française.

Rostbraten, svw. ↑Roastbeef.

Rösten, in der *Metallurgie* das Erhitzen von zerkleinerten Erzen oder Erzkonzentraten unter Luftzutritt zur Überführung von Metallsulfiden, -arseniden und -antimoniden in Metalloxide. Die flüchtigen Sauerstoffverbindungen des Schwefels, Arsens und Antimons gehen in die *Röstgase* über, die z. B. zur Herstellung von Schwefelsäure genutzt werden. Durch Regulierung der Luftzufuhr und Temperatur können auch wasserlösl. Sulfate entstehen, die durch Laugung entfernt werden *(sulfatisierendes R.).* Bei Zugabe von Chlorierungsmitteln werden Metallchloride erhalten, die sich herauslösen oder verflüchtigen lassen *(chlorierendes Rösten).*
♦ in der *Lebensmitteltechnik* das Erhitzen pflanzl. Lebensmittel (z. B. Kaffee- und Kakaobohnen, Getreidekörner, Malz) ohne Wasserzusatz auf etwa 300 °C, wobei sich dunkle, (je nach Röstgrad) kräftig bis bitter schmeckende Substanzen (**Röstbitter,** Assamar) bilden.
♦ svw. ↑Rotten.

Rostkrankheiten, durch ↑Rostpilze hervorgerufene Pflanzenkrankheiten (z. B. ↑Gelbrost), wobei die befallenen Pflanzenteile auffällige, meist rostfarbene, punkt-, strich- oder ringförmige Sporenlager aufweisen. Der Befall führt zum Kümmern und Absterben der Pflanzen.

Rostock, Hauptstadt des Bez. R., DDR, 12 km vor der Mündung der Warnow in die Ostsee, 244 400 E. Univ. (gegr. 1419), Ingenieurschule für Seefahrt; Institut für Meereskunde; Schiffahrts- und Schiffbaumuseum, Theater; Sitz der Deutschen Seereederei; Sport- und Kongreßzentren; Zoo. Großwerften, Bau von Schiffsmotoren, elektrotechn. Schiffsanlagen, Einrichtungen der Isolier- und Kältetechnik; Fischkombinat; Druckereien, Nahrungsmittel- und Bauind.; jährl. stattfindende Ostseewoche; Überseehafen in R.-Petersdorf, Containerumschlag. Der Stadtteil **Warnemünde** liegt an der Ostsee; Seebad, Fähre nach Gedser (Dänemark). **Geschichte:** Nach 1160 bei der gleichnamigen Burg gegr., erhielt 1218 lüb. Recht, seit 1229 Hauptort des mecklenburg. Ft. R.; fiel 1314 an das Ft. (später Hzgt.) Mecklenburg; erwarb sich als Hansestadt durch seinen umfangreichen Seehandel (v. a. mit Skandinavien) bed. wirtsch. Macht; 1419 Gründung der ersten Univ. Norddeutschlands.
Bauten: Nach Zerstörungen im 2. Weltkrieg wieder aufgebaut bzw. erhalten u. a. die got. Marienkirche (13. Jh.), die frühgot. Nikolaikirche (13. Jh.) mit spätgot. Chor (15. Jh.), das got. Rathaus (13. und 14. Jh.) mit barocker Fassade (1727). Von der Stadtbefestigung sind außer Mauerteilen 3 Stadttore erhalten.

R., Landkr. im Bez. R., DDR.

R., Bez. im N der DDR, 7 075 km², 901 700 E (1985), Hauptstadt Rostock.
Der Bez. umfaßt das von der Eiszeit geprägte Küstengebiet der DDR von der Travemündung im W bis zum Stettiner Haff im O sowie die Inseln Poel, Hiddensee, Rügen und Usedom. Die Grundmoränengebiete werden überwiegend ackerbaul. genutzt, die Endmoränen tragen meist Wald. Die feuchten Niederungen der Urstromtäler eignen sich für Grünlandwirtschaft. R. liegt im Einflußbereich des Ostseeklimas mit geringen Temperaturschwankungen und verhältnismäßig niedrigen Jahresniederschlägen. Neben Sand, Kies und Ton sind v. a. Kreide- und Erdölvor-

kommen von Bedeutung. In den Ballungsräumen der vier Hafenstädte Rostock, Stralsund, Wismar und Greifswald leben rd. 50% der Bevölkerung. In der Landw. werden Ölfrüchte, Kartoffeln, Getreide, Futterpflanzen, Zuckerrüben und Gemüse angebaut. Bed. ist die Rinder- und Geflügelhaltung. Neben den größeren Waldgebieten der R.-Gelbensander Heide und der Darß tragen nur die Nehrungen auf Rügen und der Küstensaum Usedoms zusammenhängende Waldungen, die forstwirtsch. genutzt werden. Nach 1945 wandelte sich die Wirtschaftsstruktur vom fast rein ackerbaulichen zum Ind.-Agrar-Gebiet. Wichtig sind v. a. der Schiffbau und seine Zulieferind., insbes. die elektron. Ind., sowie der Fischfang und die Fischverarbeitung (Hochsee- und Küstenfischerei), außerdem die Energiegewinnung (Kernkraftwerk bei Greifswald). Da der Bez. mehr als 200 km Sandstrand besitzt, spielt er eine große Rolle als Erholungsgebiet, sowohl für die Naherholung als auch für Urlaubs- und Kuraufenthalt. Von Warnemünde und Saßnitz aus internat. [Eisenbahn]fährverbindungen nach Dänemark bzw. Schweden. Eisenbahn und Fernstraßen verbinden die Hafenstädte untereinander und führen weiter in die BR Deutschland, außerdem N-S-Verbindungen Richtung Berlin, die durch die neue Autobahn Rostock–Berlin z. T. entlastet wurden. Der größte Seehafen der DDR wurde in R.-Petersdorf nach 1957 erbaut.

Rostow, Walt Whitman [engl. ˈrɔstəf], *New York 7. Okt. 1916, amerikan. Nationalökonom und Politiker. - Außenpolit. Berater (1961–66) und Sonderberater (1966–69) des amerikan. Präsidenten für Fragen der nat. Sicherheit; entwickelte eine Theorie der ↑Wirtschaftsstufen.

Rostow [russ. rasˈtɔf], sowjet. Stadt am W-Ufer des Nerosees, RSFSR, 31 000 E. Orth. Bischofssitz, Landw.technikum; Textil-, Bekleidungs-, Nahrungsmittelind. - Eine der ältesten Städte Rußlands, 862 erstmals erwähnt; im 11. Jh. Hauptstadt des Ft. Rostow-Susdal; 1474 dem Moskauer Staat angegliedert; im 16./17. Jh. Metropolitenresidenz, im 18./19. Jh. bed. Handelszentrum. - Uspenski-Kathedrale (im 15. und 16. Jh. Umbauten). Im 17. Jh. wurde ein großer, mit Ziegelsteinmauer und 11 Türmen befestigter Kreml errichtet, in dem 6 Kirchen sowie der sog. Weiße Palast und der Rote Palast des Metropoliten gebaut wurden.

Rostow am Don [russ. rasˈtɔf], sowjet. Geb.hauptstadt in der RSFSR, am Don, 48 m ü. d. M., 986 000 E. Univ. (gegr. 1917), 8 Hochschulen, Kunst-, Heimatmuseum; Theater; botan. Garten, Zoo. Landmaschinenbau, Schiffsreparaturen, Sektkellerei; Hafen. - Entstand 1750 im regelmäßigen Schachbrettplan; war bis zur Entstehung der Hafenstädte am Schwarzen Meer wichtigster Handelsmittelpunkt in S Rußlands; 1761 Festung; im Nov. 1941 sowie Juli 1942–Febr. 1943 in dt. Hand; schwere Zerstörungen.

Rostpilze (Uredinales), weltweit verbreitete Ordnung der Ständerpilze mit mehr als 5000 ausschließl. auf Pflanzen parasit. lebenden Arten; Erreger der ↑Rostkrankheiten. Viele R. besitzen in ihrem Entwicklungsgang mit Kernphasen- und Generationswechsel einen obligaten Wirtswechsel zw. der haploiden und der Paarkernphase: Haploide *Basidiosporen* infizieren im Frühjahr die Blätter der ersten Wirtspflanze und bilden Pyknidien (pustelartiger oder krugförmiger Myzelkörper unter der Epidermis der Blattoberfläche) die Pyknosporen abgliedern. Letztere gelangen auf die Empfängnishyphen eines verschiedengeschlechtl. Pyknidiums, wobei es zur Fusion der Kerne kommt (Beginn der Paarkernphase). Das paarkernige Myzel bildet auf der Blattunterseite in den bereits vorhandenen Äzidienanlagen (becherförmige Sporenlager) paarkernige Äzidiosporen, die, durch Wind verbreitet, den zweiten Wirt über die Spaltöffnungen infizieren. Hier entstehen die einkernigen Sommersporen *(Uredosporen),* die die weitere Ausbreitung des R. bewirken. Gegen Ende der pflanzl. Vegetationsperiode werden in bes. Lagern zweizellige, dickwandige Wintersporen *(Teleutosporen)* gebildet, aus denen sich nach der Winterruhe unter Reduktionsteilung zweimal vier *Basidiosporen* entwickeln.

Rostra [lat., eigtl. „Schiffsschnäbel"], seit 338 v. Chr. Name der Rednertribüne vor dem Sitzungssaal des Senats in Rom (Name nach den erbeuteten und an ihr zum Schmuck aufgestellten Schiffsschnäbeln).

Rostropowitsch, Mstislaw Leopoldowitsch [russ. restraˈpovitʃ], * Baku 27. März 1927, sowjet. Violoncellist und Dirigent. - R., einer der führenden Cellisten der Welt, tritt auch als Pianist und Klavierbegleiter seiner Frau, der Sängerin G. Wischnewskaja, als Dirigent (Oper, Konzert) und Komponist hervor. Er unterrichtete an den Konservatorien in Moskau und Leningrad, bis er die UdSSR verließ (1974); seit 1977 Chefdirigent des National Symphony Orchestra in Washington (D.C.). Kehrte im Febr. 1990 in seine Heimat zurück.

Rostrum [lat. „Schnabel"], in der Anatomie und Morphologie Bez. für schnabelartige bzw. spitz zulaufende Fortsätze an Organen oder Körperabschnitten; auch Bez. für den Schnabel der Vögel.

Rostumwandler, Bez. für chem. Substanzen, die mit Rost reagieren, wobei sich Verbindungen bilden, die eine weitere Korrosion verhindern und eine porenfreie Oberfläche schaffen. R. bestehen meist aus freier Phosphorsäure oder sauren Phosphaten oder auch aus Tannin.

Rosvænge, Helge [dän. ˈrɔsvɛŋə], H. Rosvaenge, eigtl. H. Rosenringe Hansen, * Kopenhagen 29. Aug. 1897, † München zw. dem 16. und 19. Juni 1972, dän.-dt. Sänger (Tenor). - Sang als einer der gefeiertsten Tenöre v. a. an den Staatsopern in Berlin (ab 1929) und Wien (ab 1930) sowie bei Festspielen. Erinnerungen u. a. „Lache Bajazzo" (1945).

Roswita von Gandersheim ↑ Hrotsvit von Gandersheim.

Roswitha (älter auch Hroswitha), weibl. Vorname (zur erschlossenen german. Form hroþ- „Ruhm, Preis" und zu altsächs. swith[i] „stark").

Rot, Diter ↑ Roth, Dieter.

Rot, Bez. für jede vom Gesichtssinn vermittelte Farbempfindung, die durch Licht einer Wellenlänge n. etwa 600 nm und dem langwelligen Ende des sichtbaren Spektrums bei 780 nm *(rotes Licht)* hervorgerufen wird. - ↑ auch Farbensymbolik.

Rota [lat. „Rad"] (offiziell Sacra Romana Rota), in der kath. *Kirche* Bez. des Berufungsgerichts der Kurie zur Entscheidung kirchl. Rechtsstreitigkeiten; seit 1331 mit fester Organisation. Seit dem 15. Jh. wurden vor der R. auch bürgerl. Rechtsfälle aus dem Kirchenstaat verhandelt. Die R. fungierte bis zur Aufhebung des Kirchenstaates nur noch als oberstes Berufungsgericht. 1908 erfolgte die Wiedereinsetzung als Berufungsgericht durch Pius X, 1934 eine Neuregelung der Verfassung und des Verfahrens.

Rota [lat. „Rad"], in der ma. *Musiktheorie* gebrauchte Bez. für eine Komposition in Kanontechnik (z. B. im engl. „Sommer-Kanon", um 1300).

Rotalgen (Rhodophyceae), Klasse der Algen mit rund 4 000 überwiegend marinen Arten (nur etwa 180 Arten im Süßwasser) in tieferen Lagen in allen wärmeren Meeren. Die Zellen der R. sind durch das in den Rhodoplasten enthaltene Phykoerythrin rot bis violett gefärbt. Der Thallus ist fast immer vielzellig und sitzt mit einer Haftscheibe oder mit Haftfäden am Untergrund fest. Die ungeschlechtl. Vermehrung erfolgt durch unbewegl. Sporen, die geschlechtl. durch Oogamie. Von den 2 Unterklassen der R. sind nur die Florideen wichtig, da einige Arten industriell genutzt werden. Sie werden zur Herstellung von Agar-Agar verwendet oder dienen (v. a. in O-Asien) als Nahrungsmittel. Einige Arten (z. B. Irländ. Moos) liefern Drogen.

Rotang [malai.], svw. ↑ Peddigrohr.

Rotangpalmen (Calamus), Gatt. der Palmen mit rd. 200 Arten v. a. im ind.-malaiischen Florengebiet; mit dünnem, manchmal bis 100 m langem Stamm und großen Fiederblättern, deren Spindel oft in einem peitschenförmigen Strang mit gekrümmten Haken ausläuft. Mehrere Arten, v. a. die in Indien wachsende **Echte Rotangpalme** (Calamus rotang) sowie die auch kultivierte Art *Calamus caesius,* sind wichtige Nutzpflanzen. Ihre Stämme liefern ↑ Peddigrohr. Die glänzende Außenschicht der Stämme wird als Flechtmaterial für Stühle, Körbe und Matten verwendet.

Rotary Club [engl. ˈroʊtərɪ ˈklʌb], internat. Vereinigung führender Persönlichkeiten unter dem Gedanken des „Dienstes"; organisiert in örtl. Klubs, in denen von jedem Beruf nur jeweils 1 Vertreter aufgenommen wird. Der erste R. C. wurde 1905 in Chicago gegr.; Dachorganisation: **Rotary International.**

Rotaryverfahren [engl. ˈroʊtərɪ] ↑ Erdöl.

Rotation [lat.], svw. ↑ Drehung. - ↑ auch Bewegung.
◆ die Drehung der Polarisationsebene des Lichtes um einen festen Winkel bei opt. aktiven Stoffen.
◆ svw. ↑ Fruchtfolge.

Rotationsachse, svw. Drehachse (↑ Drehung).

Rotationsdispersion (Drehungsdispersion), die Abhängigkeit des opt. Drehvermögens (↑ Polarisation) eines Stoffes von der Wellenlänge des Lichtes. Eine *normale R.* liegt vor, wenn der Drehwinkel α mit abnehmender Wellenlänge steigt; der umgekehrte Fall (sog. *anomale R.*) tritt in der Nähe von Resonanzstellen auf.

Rotationsdruck ↑ Drucken.

Rotationsfläche (Drehfläche), eine Fläche, die bei stetiger Drehung einer ebenen Kurve, der *Erzeugenden* der R., um eine in ihrer Ebene liegende feste Achse, die *Rotations-* oder *Drehachse*, entsteht. Zu den R. zählen u. a. Kreiszylinder, Kreiskegel und Kugel. Ein Körper, dessen Oberfläche eine R. ist, wird als *Rotationskörper* bezeichnet.

Rotationskolbenmotor, ein Verbrennungsmotor, der im Ggs. zum übl. Otto- oder Dieselmotor mit einem sich drehenden „Kolben" arbeitet, also keine sich hin- und her bewegenden Teile besitzt. Von mehreren, im einzelnen unterschiedl. R. (Kreiskolben-, Drehkolben-, Umlaufkolbenmotor) hat sich in der Praxis nur der von dem dt. Ingenieur F. Wankel entwickelte **Wankelmotor** bewährt. Der Kolben dieses R. hat im Querschnitt die Form eines Dreiecks mit konvexen Seiten; er läuft in einem Gehäuse um, wobei er sich um seinen Mittelpunkt dreht und gleichzeitig eine Kreisbewegung ausführt. Durch die spezielle Form des Gehäuses entstehen drei durch die Kanten des Kolbens mit ihren Dichtleisten gasdicht voneinander getrennte, sich beim Kolbenumlauf in ihrer Größe ständig verändernde Räume, in denen sich der nach dem Viertaktverfahren ablaufende Arbeitsprozeß des Motors abspielt. Die Ein- und Auslaßöffnungen werden dabei im richtigen Zeitpunkt vom Kolben selbst geöffnet bzw. geschlossen.

Rotationskörper (Drehkörper), ein Körper, dessen Oberfläche durch Drehung eines ebenen Flächenstücks um eine in der Ebene liegende Achse erzeugt wird.

Rotationsprinzip, in der BR Deutschland von der Partei „Die Grünen" angewandtes Verfahren, nach dem alle Parteiämter in regelmäßigem Turnus neu besetzt werden; soll auch auf Landtags- und Bundestagsmandate ausgeweitet werden (Rücktritt der Abg. nach 2 Jahren, Nachrücken der auf den Landeslisten Nächstplazierten; verfassungsrechtlich umstritten).

Rotationspumpe ↑ Pumpen.

Rotator [lat.], ein mechan. System aus einem um ein Zentrum in einer Ebene kreisenden (R. mit raumfester Achse) oder sich auf einer Kugelschale bewegenden Massenpunkt bzw. Körper.

Rotauge, svw. ↑ Plötze.

Rotbarsch (Großer R., Goldbarsch, Sebastes marinus), bis 1 m langer, lebendgebärender Knochenfisch (Fam. Drachenköpfe) im N-Atlantik; Körper leuchtend zinnoberrot, Bauchseite heller; Speisefisch.

Rotbart, Kaiser ↑ Friedrich I. Barbarossa.

Rotbauchunke (Tieflandunke, Bombina bombina), etwa 4,5 cm großer Froschlurch (Gatt. Feuerkröten) in O- und im nördl. M-Europa; Oberseite schwarzgrau bis graubraun mit dunklerer Fleckung, Bauchseite blauschwarz mit sehr unregelmäßigen ziegelroten bis orangegelben Flecken und zahllosen kleinen, weißen Punkten.

Rotbleierz (Krokoit), monoklines, meist in Nadeln oder langen Prismen auftretendes, gelbrotes, durchscheinendes Mineral, chem. PbCrO$_4$. Mohshärte 2,5 bis 3,0; Dichte 5,9 bis 6,0 g/cm^3.

Rotbrasse (Pagellus erythrinus), bis 60 cm langer Knochenfisch (Fam. Brassen) im Atlantik, Mittelmeer und Schwarzen Meer; Rücken lachs- bis ziegelrot, ebenso wie die silberglänzenden Körperseiten mit blauen Punkten; über dem Auge ein blauer Fleck; Speisefisch.

Rotbuch ↑ Farbbücher.

Rotbuche (Fagus sylvatica), einzige in M-Europa heim. Buchenart; bis 30 m hoher, bis 1,5 m stammdicker Baum mit glatter, grauer Rinde; Blätter spitz-eiförmig, oberseits glänzend dunkelgrün, unterseits hellgrün, im Herbst rötlichbraun; ♂ Blüten zu kugeligen, hängenden Kätzchen, ♀ Blüten zu zweien in aufrechten Köpfchen; Blütenstände erscheinen zus. mit den Blättern; Früchte ↑ Buchekkern.

Rotdorn (Blutdorn), Kulturform des Zweigriffligen Weißdorns; mittelhoher Strauch oder kleiner Baum mit leuchtend karmesinroten, gefüllten Blüten; oft als Alleebaum gepflanzt.

Röte (Rubia), Gatt. der R.gewächse mit

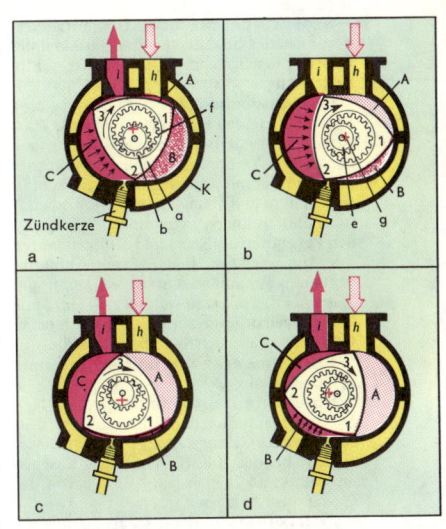

Rotationskolbenmotor. Taktfolge eines Wankelmotors: a Ansaugen des Kraftstoff-Luft-Gemischs durch die Einlaßöffnung h in Kammer A (1. Takt), b Verdichten des Gemischs durch Verkleinerung des Raums in Kammer B (2. Takt), c Zünden des Gemischs mit nachfolgender Arbeitsverrichtung und Raumvergrößerung in Kammer B (3. Takt), d Ausstoßen der Abgase aus Kammer C durch die Auslaßöffnung i (4. Takt)

rd. 40 Arten im Mittelmeergebiet, in Asien, Afrika, M- und S-Amerika; ausdauernde Kräuter mit kreuzgegenständigen Blättern und gelblichgrünen Blüten in rispenähnl. Blütenständen. Die bekanntesten, früher zur Farbstoffgewinnung angebauten Arten sind der **Ostind. Krapp** (Rubia cordifolia) und die bis 80 cm hohe **Färberröte** (Krapp, Rubia tinctorum), aus der früher ↑ Alizarin hergestellt wurde.

Rote Armee, Armee der UdSSR, 1918 als Rote Arbeiter- und Bauernarmee aufgestellt; jetzt Sowjetarmee. - ↑ auch Sowjetunion (politisches System).

Rote Armee Fraktion ↑ Terrorismus, ↑ Baader-Meinhof-Prozesse.

Rote Bete, svw. ↑ Rote Rübe.

rote Blutkörperchen ↑ Blut.

rote Fahne, Kampfsymbol der sozialist. und später auch der kommunist. Arbeiterbewegung.

Rote Fahne, Die, dt. kommunist. Tageszeitung; gegr. 1918, Zentralorgan des Spartakusbundes bzw. der KPD; 1933 verboten; erschien illegal bis 1941.

Rote Garde

Rote Garde, Bez. für die Hauptorganisationsform des bewaffneten Proletariats unter Führung der Bolschewiki in der russ. Oktoberrevolution. - ↑auch Rotgardisten.

Rötegewächse (Rubiaceae, Rubiazeen), zweikeimblättrige Pflanzenfam. mit rd. 7 000 Arten in etwa 500 Gatt. mit weltweiter, bes. aber trop. Verbreitung; Bäume, Sträucher oder Kräuter mit gegenständigen, ganzrandigen Blättern und oft in großen, verschiedenartigen Blütenständen angeordneten Blüten. Zu den R. gehören als Nutz- und Kulturpflanzen u. a. Kaffeepflanze, Brechwurzel, Chinarindenbaum, Yohimbinbaum sowie Gambir und Röte. Als Zierpflanzen werden z. B. Gardenie und Porzellansternchen kultiviert. Einheim. Gatt. sind u. a. Ackerröte und Labkraut.

Rote Gewerkschaftsinternationale ↑Gewerkschaften.

Rote Hilfe Deutschlands, Abk. RHD, Massenorganisation der KPD zur Unterstützung polit. Gefangener, 1924 gegr.; v. a. 1933/34 bei der Hilfe für Opfer des Faschismus aktiv; ab 1933 illegal, 1935/36 von der Gestapo zerschlagen.

Roteisenstein (Roteisenerz, Roteisen), Varietät des ↑Hämatits.

Rote Johannisbeere ↑Johannisbeere.

Rote Kapelle, von der Gestapo geprägte Bez. für verschiedene Gruppen der antifaschist. Widerstandsbewegung in Deutschland und W-Europa, die in unterschiedl. Intensität Spionagedienste für die Sowjetunion leisteten; ihre Mgl. rekrutierten sich aus allen gesellschaftl. Schichten; organisierten antifaschist. Aktionen, gaben illegale Schriften heraus und unterhielten Verbindungen zu Kriegsgefangenen und ausländ. Zwangsarbeitern; die Gruppen der R. K. in den besetzten Westgebieten wurden zw. Juli/Dez. 1941, die beiden in Berlin arbeitenden Gruppen Ende Aug. 1942 zerschlagen; 46 Mgl. wurden hingerichtet.

Rote Khmer, kommunist. orientierte kambodschan. Bewegung, die sich polit. und militär. gegen die Khmer-Republik richtete (↑Kambodscha, Geschichte).

Rötel (Rotstein, Rotocker, Eisenrot), aus Gemischen von feinschuppigem Roteisenstein (↑Hämatit) mit Ton oder Kreide bestehender, weicher und gut abfärbender [Pigment]farbstoff von bräunlich-roter Farbe. Als Farbstoff schon in der Steinzeit verwendet; wird zu Stangen oder Minen gepreßt und in Form von R.stiften zum Zeichnen benutzt. **Rötelzeichnungen** waren v. a. Ende des 15. Jh. in Italien beliebt, bes. auch im frz. Rokoko.

Rote Liste, in der Pharmazie ein Verzeichnis der Arzneimittelspezialitäten.

♦ im Naturschutz ein Verzeichnis der gefährdeten Tier- und Pflanzenarten mit Angabe des Gefährdungsgrades.

Röteln (Rubeolen, Rubeola, Rubella), durch Viren (↑Rötelnvirus) verursachte, im allg. durch Tröpfchen übertragene Infektionskrankheit. Die R. verlaufen wie schwache ↑Masern. Das Fieber hält meist zwei bis vier Tage an und übersteigt selten 39°C. Der Rötelausschlag (vergleichsweise deutl. umschriebene, leicht erhabene, rundl., hellrosarote Flecken) beginnt am Kopf und wandert innerhalb von 24 Stunden abwärts. Er verschwindet sehr rasch und schuppt kaum. Das wichtigste Erkennungsmerkmal der R. sind Lymphdrüsenschwellungen im Nacken und hinter den Ohren, die einige Wochen anhalten können. Außer Bettruhe (während des Fiebers) ist bei R. gewöhnl. keine bes. Behandlung notwendig. - Erkranken Frauen während der ersten drei Schwangerschaftsmonate an R., kann es zu Fruchtschäden an der Augenlinse, am Innenohr oder zu angeborenen Herzfehlern kommen. - R. erzeugen eine lebenslange Immunität.

Rötelnvirus (Rubellavirus), Erreger der ↑Röteln; kugeliges Virus von 50-85 nm Durchmesser mit Außenhülle und einsträngiger RNS. Es kann in menschl. und tier. Gewebekulturen gezüchtet und durch aktive Immunisierung bekämpft werden.

Rötelzeichnung ↑Rötel.

Rotenburg a. d. Fulda, hess. Stadt im mittleren Fuldatal, 180-550 m ü. d. M., 14 500 E. Hess. Finanzschule; Metallverarbeitung, Textil- und Möbelind.; Luftkurort. - Um 1200 bei der etwa 1150 erbauten Burg Rotenburg gegr., 1248 als Stadt erwähnt; 1640-1835 Residenz der hess. Nebenlinie Hessen-Rotenburg. - Got. ev. Pfarrkirche (14.-16. Jh.); ehem. Schloß (1570-1607, z. T. umgebaut bzw. abgebrochen); Teile der Stadtbefestigung (1290) mit Türmen; Fachwerkbauten (14.-18. Jh.), darunter das Rathaus (1598).

Rotenburg (Wümme), Krst. östl. von Bremen, Nds., 22 m ü. d. M., 19 700 E. Predigerseminar der Ev.-luth. Landeskirche Hannovers; Heimatmuseum; Betonwerke, [Werkzeug]maschinenbau, Strick- und Wirkwarenherstellung. - Entstand bei der 1195 errichteten Burg Rotenburg; besitzt seit 1929 Stadtrecht; hieß bis 1969 Rotenburg (Hannover). **R. (W.),** Landkr. in Niedersachsen.

Rötender Schirmling (Safranschirmling, Lepiota rhacodes), dem Parasolpilz sehr ähnl. Blätterpilz, v. a. an den Rändern von Nadelwäldern; Hut in jungem Stadium kaum geschuppt; charakterist. safrangelbe bis ziegelrote Verfärbung bei Anschnitt oder Bruch; jung guter Speisepilz.

Rotenoide ↑Rotenon.

Rotenon [jap.], in den Wurzeln verschiedener Schmetterlingsblütler, z. B. von Arten der Gatt. Derris, Lonchocarpus und Tephrosia (neben zahlr. anderen ähnl. wirkenden Substanzen, den sog. *Rotenoiden*, u. a. Sumatrol, Deguelin, Tephrosin) vorkommender Giftstoff, der als Atmungsfermentgift wirkt.

Rotes Kreuz

R. wurde früher v. a. als Insektizid und Fischgift sowie als Pfeilgift verwendet; dient heute noch in der Veterinärmedizin zur Bekämpfung von Ektoparasiten (v. a. von Dasselfliegen).

Roter Brenner, verbreitete Pilzkrankheit der Weinrebe mit gelbbraunen (Weißweinsorten) bzw. purpurroten (Rotweinsorten), eckigen (von den Blattnerven umgrenzten) Blattflecken und mit Absterben der Blätter. Bekämpfung mit Kupferkalkbrühe.

Roter Davidstern ↑ Rotes Kreuz.

Roterde ↑ Bodenkunde.

Roter Fleck (Großer Roter Fleck) ↑ Jupiter.

Roter Fluß, Fluß in China und Vietnam, entspringt in Yünnan, mündet mit einem großen Delta in den Golf von Tonkin, 1 183 km lang, bis Viet Tri schiffbar. Reisanbau im Delta (zahlr. Deiche).

Roter Frontkämpferbund, Abk. RFB, 1924 gegr. Schutz- und Wehrorganisation der KPD; Vors. E. Thälmann; der RFB zählte 1927 über 110 000 Mgl., die größtenteils nicht der KPD angehörten; 1929 verboten, setzte seine Arbeit illegal fort; nach 1933 endgültig zerschlagen.

Roter Halbmond ↑ Rotes Kreuz.

Roter Hartriegel (Blutweide, Cornus sanguinea), 1 bis 5 m hohe, strauchige Hartriegelart an Waldrändern und in Laubmischwäldern im gemäßigten Europa; einjährige Zweige im Herbst und Winter blut- oder braunrot; Blätter breit-ellipt. oder eiförmig, im Herbst rot; Blüten weiß, streng duftend; Steinfrüchte blauschwarz.

rote Riesen (rote Riesensterne) ↑ Hertzsprung-Russell-Diagramm.

Roter Main, linker Quellfluß des ↑ Mains.

Roter Neon (Cheirodon axelrodi), etwa 3–4 cm langer Salmler (Gatt. Neonfische) aus dem Rio Negro; Rücken grünlichbraun, von der durchgehend leuchtend roten Bauchseite durch ein grünlichblaues Längsband getrennt; beliebter Warmwasseraquarienfisch.

roter Tiefseeton, rd. 35% des gesamten Meeresbodens bedeckender, nur in Tiefen von mehr als 5000 m vorkommender, rotbrauner und sehr kalkarmer Ton.

Rote Rübe (Rahne, Rote Bete, Salatbete, Salatrübe), in zahlr. Sorten angebaute Varietät der Gemeinen Runkelrübe mit verschieden gestalteter (u. a. kegelförmig oder abgeplattet), locker dem Erdboden aufliegender, fleischiger, weicher, durch Anthozyane dunkelrot gefärbter Rübe. Die R. R. ist eine zweijährige Pflanze, die im ersten Jahr die fleischige Wurzel und eine Blattrosette, im zweiten Jahr dann einen bis mehr als 1 m hohen, rispig verzweigten Blütenstand ausbildet. - Etwa seit dem 13. Jh. ist die R. R. in Europa als Küchenpflanze bekannt. Sie wird meist (gekocht, in Würfel oder Scheiben geschnitten) als Salat verwendet und zu Saft verarbeitet.

Rötelzeichnung. Antoine Watteau, Studien zu einem Dromedar (undatiert). Privatbesitz

Roter von Rio (Hyphessobrycon flammeus), gut 4 cm langer, vorwiegend einfarbig roter Süßwasserfisch (Fam. Salmler) in Gewässern der Umgebung Rio de Janeiros; Bauchflossen und Afterflosse schwarz gesäumt, hinter den Kiemendeckeln je zwei parallele schwarze Querbinden; beliebter Warmwasseraquarienfisch.

Rotes Kreuz, 1. das unter Umkehrung des Schweizer Wappens entstandene Zeichen „rotes Kreuz auf weißem Grund", das als Schutzzeichen im Rahmen der Genfer Rotkreuzabkommen (↑ Genfer Konventionen) sowie als Kennzeichen der meisten nat. Rotkreuzgesellschaften verwendet wird; 2. der Gesamtbereich des humanitären Völkerrechts, der Schutzvorschriften für die Opfer von Konflikten enthält; 3. die internat. und nat. Institutionen, die an den Prinzipien Menschlichkeit, Unparteilichkeit, Neutralität, Freiwilligkeit, Einheit und Universalität beruhen.

Das **Internationale Rote Kreuz (IRK)** ist die Gesamtheit aller Rotkreuzverbände, zu denen das Internat. Komitee vom Roten Kreuz (IKRK), die Liga der Rotkreuzgesellschaften, die nat. Gesellschaften einschließl. der islam. Organisationen *Roter Halbmond* (Türkei) und *Roter Löwe mit der Roten Sonne* (Iran) gehören. Organe des IRK sind: 1. die alle 4 Jahre zusammentretende Internat. Rotkreuzkonferenz; 2. der Delegiertenrat aus Vertretern der nat. Gesellschaften, des IKRK und der Liga (ohne Reg.vertreter); soll v. a. im Rotkreuzbereich Übereinstimmung in grundsätzl. Fragen finden, bevor Reg. mitwirken; 3. die Ständige Kommission; stellt zw. den Konferenzen die Verbindung zw. den 3 Trägern des IRK dar.

Das **Internationale Komitee vom Roten Kreuz (IKRK)** besteht aus 15–25 schweizer. Bürgern und ist nach schweizer. Recht eine jurist. Person. Durch die ihm auf Grund der Genfer Rotkreuzabkommen zufallenden Aufgaben

Rotes Meer

wird es häufig als Völkerrechtssubjekt betrachtet. Seine Aufgaben liegen v. a. auf dem Gebiet des Schutzes und der Hilfe in internat. und innerstaatl. Konflikten.

Die 1919 gegründete **Liga der Rotkreuzgesellschaften** ist der Weltbund der nat. Rotkreuzgesellschaften, ihm gehören z. Z. 126 Gesellschaften an. Die israel. Organisation *Roter Davidstern* ist kein Mgl. der Liga, Sitz der internat. Organisationen des R. K. ist Genf.

Die *nat.* Gesellschaft in der BR Deutschland ist das **Deutsche Rote Kreuz (DRK)**. Es ist ein föderativ gegliederter Verein mit 14 Landesverbänden, die rd. 4,1 Mill. Mgl. (1985) vertreten; im *Jugendrotkreuz (JRK)* sind rd. 90 000 Mgl. organisiert, sie sollen v. a. an die Aufgaben des DRK herangeführt werden. - Das DRK ist gleichzeitig nat. Rotkreuzgesellschaft im Sinne des Genfer Rotkreuzabkommens und Spitzenverband der freien Wohlfahrtspflege. *Aufgaben* sind der Suchdienst, die Mitwirkung bei Familienzusammenführung und die Tätigkeit als amtl. Auskunftsbüro nach dem Rotkreuzabkommen. In diesen Bereichen hat das DRK bis 1986 rd. 1,88 Mill. Suchanträge (einschließl. Kindersuchdienst) klären können. Im Rahmen der Familienzusammenführung kamen 1985 insgesamt 38 894 Deutsche in die BR Deutschland. Im *Rettungswesen* und im *Katastrophenschutz* wirkt das DRK an der Straßen-, Wasser- und Bergrettung sowie in der Krankenpflege mit. Es unterhält 51 Krankenhäuser mit zus. 8 442 Betten (1985), im Krankentransport wurden 1985 rd. 3,1 Mill. Personen transportiert. Im *Blutspendedienst* wurden in den 19 Blutspendezentralen ein Aufkommen von rd. 2,4 Mill. Spenden erreicht. Als Katastrophenschutzorganisation verfügt das DRK über einen Hilfszug, der bei Naturkatastrophen, techn. Katastrophen und internat. Konflikten eingesetzt wird.

Als Spitzenverband der freien Wohlfahrtspflege betreibt das DRK *Sozialarbeit* mit den Schwerpunkten Beratung und soziale sowie pfleger. Dienste; sie erfaßt Kinder, Jugendliche, Erwachsene, Fam. und besondere Gruppen wie alte Menschen und Behinderte (Behindertentransport in Städten). Es unterhält dazu u. a. Kindergärten und -tagesstätten, 13 Kinderheime, 258 Altenheime, 14 Wohnheime für Behinderte, 37 Kur- und Erholungsheime, sowie 2 005 Einrichtungen ambulanter Dienste.

Geschichte: 1863 wurde auf Grund einer Empfehlung H. Dunants, freiwillige Hilfsorganisationen zur Unterstützung im militär. Sanitätsabteilungen zu schaffen, das „Internat. Komitee zur Unterstützung der Verwundeten" gegründet, das sich 1876 in Internat. Komitee vom R. K. umbenannte. Die zw. 1863 (Württemberg) und 1866 (Baden) gegründeten R.-K.-Gesellschaften schlossen sich 1869 zur Gesamtorganisation der Dt. Vereine zur Pflege im Felde verwundeter u. erkrankter Krieger zusammen und gründeten 1921 das DRK. Nachdem zw. 1867 und 1912 bereits mehrere internat. R.-K.-Konferenzen stattgefunden hatten, wurde 1919 in Paris die Liga der R.-K.-Gesellschaften als Zusammenschluß der nat. R.-K.-Gesellschaften gegründet. - Flagge Bd. 7, S. 117.

📖 *Heudtlass, W.: J. Henry Dunant. Gründer des R. K. Urheber der Genfer Konvention. Stg.* [4]*1985. - Freymond, J.: Guerres, révolutions, Croix-Rouge. Genf 1976. - Bargatzky, W.: Das R. K. im Kampf gegen den Krieg. Bonn 1969. - Haug, H.: R. K. Werden, Gestalt, Wirken. Bern u. Stg. 1966.*

Rotes Meer, Nebenmeer des Ind. Ozeans, geolog. ein Teil des Ostafrikan. Grabensystems, trennt Asien von Afrika. Das R. M. erstreckt sich von der Meerenge Bab Al Mandab, über die es mit dem Golf von Aden verbunden ist, nach NNW bis zur S-Spitze der Halbinsel Sinai. Hier spaltet es sich auf in die Golfe von Akaba und Sues. Von der Insel Perim bis Sues beträgt die Gesamtlänge 2 240 km, im N ist das R. M. 180 km, im S etwa 360 km breit; die größte Tiefe beträgt 2 604 m. Neben Inseln finden sich Korallenriffe und Muschelbänke. Der Wasserverlust durch die starke Verdunstung, die große Salzgehalte bewirkt, wird durch Einströmen von Wasser aus dem Ind. Ozean in Oberflächennähe ausgeglichen, während Bodenwasser ausströmt, im Ind. Ozean absinkt und sich nach S bis in die Nähe von Madagaskar ausbreitet. Für den Gesamtwasseraustausch ist die Verbindung über den Sueskanal mit dem Mittelmeer bedeutungslos. Der maximale Tidenhub der Gezeiten beträgt im S und N etwa 2 m, im mittleren Teil ist er geringer. Das R. M. spielt für den Frachtverkehr eine große, für die Fischerei eine geringe Rolle. Durch Forschungsschiffe wurden in den letzten Jahren große Vorkommen von bis zu 30 m mächtigen Erzschlämmen nachgewiesen, u. a. westl. von Dschidda. Sie enthalten durchschnittl. 29 % Eisen, 3,5 % Zink, 1 % Kupfer sowie Blei, Silber, Gold, Cadmium, Kobalt und Molybdän.

📖 *Grasshoff, K.: Zur Chemie des R. M. u. des Inneren Golfs v. Aden nach Beobachtungen v. F. S. „Meteor" während der Ind. Ozean Expedition 1964/65. Bln. 1969.*

Rotes Ordensband ↑ Eulenfalter.

Rote Spinne, Bez. für mehrere zeitweise rote Spinnmilben, die durch Massenauftreten im Garten-, Wein- und Obstbau schädl. werden; z. B. **Gemeine Spinnmilbe** (Bohnenspinnmilbe, Tetranychus urticae) an Weinreben und vielen Gemüsearten.

Rotes Sandelholz ↑ Sandelholz.

Rotfäule ↑ Kernfäule.

Rotfeuerfische, Bez. für die Gatt. *Pterois* und *Dendrochirus* der Knochenfische (Fam. Drachenköpfe), v. a. an Korallenriffen des Ind. und westl. Pazif. Ozeans; am bekanntesten der **Eigentl. Rotfeuerfisch** (Pterois volitans): 20–30 cm lang, zinnoberrot, mit rotbrauner und weißl. Querbänderung, auffallend großen, flügelartig verbreitertern Brustflossen und Giftdrüsen am Grund jedes Rückenflossenstrahls; Seewasseraquarienfisch.

rotfiguriger Stil, Maltechnik der griech. ↑Vasenmalerei.

Rotfilter, photograph. ↑Filter.

Rotflossensalmler (Aphyocharax rubripinnis), bis etwa 5 cm langer, gestreckter Salmler, v. a. im Flußgebiet des Paraná und des Río de la Plata (Argentinien); gelb- bis graugrüner Schwarmfisch mit starkem Silberglanz und größtenteils blutroten Flossen; Warmwasseraquarienfisch.

Rotforelle, svw. ↑Wandersaibling.

Rotfuchs ↑Füchse.

Rotfußfalke (Abendfalke, Falco vespertinus), bis 30 cm langer geselliger Falke, v. a. in offenen Landschaften des Balkans sowie der gemäßigten Regionen O-Europas und Asiens; ♂ einfarbig schwärzlichgrau, mit orangeroten Beinen, ♀ unterseits bräunl., oberseits grau gebändert.

Rotgardisten (Rote Garden), von der Roten Garde der russ. Oktoberrevolution übernommene Bez. für die maoist. Kampfverbände (1966/67) von Oberschülern und Studenten in der chin. Kulturrevolution, die zum bedeutendsten organisator. Werkzeug des Angriffs der Fraktion um Mao Tse-tung und Lin Piao gegen den zivilen Parteiapparat wurden.

Rotgüldigerz (Rotgültigerz), svw. ↑Pyrargyrit.

Roth (Rot), Dieter (Diter), * Hannover 21. April 1930, schweizer. Maler, Graphiker und Objektkünstler. - Seine bevorzugten Objekte sind Bücher, Zeitschriften, Kataloge, Schallplatten, Formulare; macht auch Videoaufzeichnungen, Filme u. a.

R., Eugen, * München 24. Jan. 1895, †ebd. 28. April 1976, dt. Schriftsteller. - Bis 1933 Redakteur, danach freier Schriftsteller in München. Seine sprachl. virtuosen Gedichte, u. a. „Ein Mensch" (1935), „Mensch und Unmensch" (1948), „Der letzte Mensch" (1964), karikieren mit melanchol. Witz und iron.-skept. Distanz menschl. Unzulänglichkeiten; auch Essays, Erzählungen („Erinnerungen eines Vergeßlichen", 1972; „Alltag und Abenteuer", 1974) und Kinderbücher.

R., Friederike, * Sindelfingen 6. April 1948, dt. Schriftstellerin. - Schreibt Gedichte, Erzählungen, Hörspiele und Stücke. - *Werke:* Ordnungsträume (E., 1979), Ritt auf die Wartburg (Stück, 1981), Das Buch des Lebens. Ein Plagiat. Erste Folge: Liebe und Wald (1983), Zweite Folge: Erben und Sterben (1985), Das ganze ein Stück (Stück, 1986).

R., Gerhard, * Graz 24. Juni 1942, östr. Schriftsteller. - Zuerst experimentelle, tradierte literar. Muster auflösende, z. T. auch parodierende Prosawerke („die autobiographie des albert einstein", R., 1972). - *Weitere Werke:* Der große Horizont (1974), Ein neuer Morgen (1976), Sehnsucht (1977), Dämmerung (1978), Winterreise (1978), Der stille Ozean (1980), Am Abgrund (1986).

R., Heinrich, * Gerstetten (Landkr. Heidenheim) 1. März 1906, † Göttingen 7. Juli 1983, dt. Pädagoge und Psychologe. - Lehrte 1956 an der Hochschule für Internat. Pädag. Forschung in Frankfurt am Main, ab 1961 an der Univ. Göttingen. Arbeitete seit 1952 auf den Gebieten der Lerntheorie (i. w. S. der pädagog. Psychologie) und der pädagog. Anthropologie. R. war Mgl. der Bildungskommission des Dt. Bildungsrates; Hg. von „Begabung und Lernen" (1969; Bd. 4 der „Gutachten und Studien der Bildungskommission").

R., Joseph * Brody (Gebiet Lemberg) 2. Sept. 1894, † Paris 27. Mai 1939, östr. Schriftsteller. - Emigrierte 1933; lebte zuletzt in Paris, wo er in einem Armenhospital starb. Beeinflußt von jüd. Legenden sowie von frz. und russ. Realisten, steht R. in der Tradition des östr. [krit.] Gesellschaftsromans. Die Tragik des Judentums und des untergehenden k. u. k. Donaumonarchie bestimmen themat. seine zw. Groteske, Trauer, Sentimentalität und Skepsis angesiedelten Werke, v. a. die Romane „Radetzkymarsch" (1932), „Die Kapuzinergruft" (1938). - *Weitere Werke:* Der Leviathan (E., hg. 1940), Perlegter (R.-Fragment, hg. 1978).

Roth, Krst. an der Rednitz, Bay., 340 m ü. d. M., 23 300 E. Fachschule für Tabak- und Hopfenbau; Heimatmuseum; Kabelwerk, Drahtfabrik, Herstellung von Spielwaren, Christbaumschmuck, Stanniolwaren und Filz; bed. Hopfenbau. - 1075/75 erstmals gen.; Stadtrecht vor 1340; seit 1972 Krst.; hieß bis 1973 amtl. Roth b. Nürnberg. - Ehem. markgräfl. Renaissanceschloß Ratibor (16. Jh.), ev. Pfarrkirche (1510ff. und 1732ff.).

R., Landkr. in Bayern.

Rotha, Paul [engl. 'rəθə], * London 3. Juni 1907, † Wallingford 7. März 1984, brit. Filmregisseur und -produzent. - Bed. Vertreter des modernen Dokumentarfilms. Verf. filmhistor. und filmtheoret. Werke.

Rothaargebirge, höchster Teil des Rhein. Schiefergebirges, Teil der Wasserscheide zw. Rhein und Weser, erstreckt sich vom Quellgebiet von Lenne, Ruhr und Diemel im N nach SW und erreicht im Willinger Bergland (Langenberg 843 m) die größte Höhe. Zu fast 90% mit Wald bestanden; Erholungs- und Wintersportgebiet.

Rothaarigkeit ↑Rutilismus.

Rothacker, Erich, * Pforzheim 12. März 1888, † Bonn 11. Aug. 1965, dt. Philosoph. - Seit 1928 Prof. in Bonn; versuchte in einer philosoph. Theorie der Kultur, in der u. a. die philosoph. Voraussetzungen der histor.

Rothalsbock

Schule explizert werden sollen, zu einer umfassenden Kulturanthropologie zu gelangen. In ihr werden Kulturen als öffentl. Lebensstile verstanden, die durch verantwortungsvolle Entscheidungen im geschichtl. Prozeß ausgebildet werden. Alle geisteswiss. Theorien sind stets auf weltanschaul. Voraussetzungen bezogen, ohne daß dies als Mangel geisteswiss. Theoriebildung gelten muß. - *Werke:* Logik und Systematik der Geisteswiss. (1926), Geschichtsphilosophie (1934), Probleme der Kulturanthropologie (1942), Mensch und Geschichte (1944), Philosoph. Anthropologie (1964).

Rothalsbock (Schwanzbock, Schmalbock, Leptura rubra), 12–18 mm langer Bockkäfer in Europa; mit beim ♂ schwarzem Halsschild und gelbbraunen Flügeldecken (beim ♀ sind beide hellrot).

Rothalsgans ↑ Gänse.

Rothalstaucher ↑ Lappentaucher.

Rothäute, wegen der weit verbreiteten roten Körperbemalung verwendete Bez. für die Indianer N-Amerikas.

Rothe, Hans, * Meißen 14. Aug. 1894, † Trespiano (= Florenz) 1. Jan. 1978, dt. Schriftsteller. - Emigrierte 1934; 1947–54 Prof. für Theaterwiss. in den USA. Schrieb Hörspiele, Dramen, Romane, Essays und Kunstbücher. Bes. bekannt durch seine umstrittenen bühnenwirksamen Übertragungen der Dramen Shakespeares.

R., Richard, * Posen 28. Jan. 1799, † Heidelberg 20. Aug. 1867, dt. ev. Theologe. - Prof. für systemat. Theologie in Heidelberg. Bed. Vertreter der Vermittlungstheologie; seine theolog. Systematik knüpft an Schleiermacher an und versucht, mit Hilfe der Spekulation Glauben und Wissen, Religion (Christentum) und Kultur zu verbinden. Von großer Bed. war seine These, die Kirche verschwinde allmähl. beim Übergang zu einem christl. Staat, der auf dem Weg zur Vollendung des Reiches Gottes liegt, ohne daß diese Vollendung jedoch innerhalb der Geschichte erreicht werden könne.

Rothenberger, Anneliese, * Mannheim 19. Juni 1924 (?), dt. Sängerin (Sopran). - Sang außer an dt.sprachigen Opernbühnen (Hamburg, Düsseldorf, Wien) u.a. in New York und bei Festspielen v.a. lyr. Partien von Mozart und R. Strauss und tritt in eigenen Fernsehshows auf; auch Liedersängerin; Autobiographie „Melodie meines Lebens" (1972).

Rothenburg ob der Tauber, Stadt im westl. Vorland der Frankenhöhe, Bay., 425 m ü.d.M., 11 400 E. Goethe-Inst., Sammlung ma. Rechtspflege. Einer der bekanntesten Fremdenverkehrsorte der BR Deutschland; Herstellung von Elektrohaushaltsgeräten, Textilien, Sportartikeln u.a. – 1144 erstmals als Besitz der Staufer gen., die den Ort um ihre Burg als Stadt anlegten und um 1200 ummauerten (vor 1281 Stadtrecht, 1274–1803 Reichsstadt). - Ma. Stadtbild, nach Kriegszerstörungen wieder aufgebaut, mit Stadtmauer, Wehrgang, Türmen und Toren, Wohnhäusern der Gotik und Renaissance. Got. ev. Pfarrkirche Sankt Jakob (14. und 15. Jh.) mit einem Altar von T. Riemenschneider; frühgot. ehem. Franziskanerkirche (13. und 14. Jh.); Rathaus (13., v.a. 16. Jh.) mit Laubengang; Topplerschlößchen (1388). Unterhalb der Stadt liegt das Dorf **Dettwang**; in der roman. Kirche ein Kreuzaltar von T. Riemenschneider (um 1510–13).

Rothermere, Harold Sidney Harmsworth, Viscount (seit 1919) [engl. 'rɔðəmɪə], * Hampstead (= London) 26. April 1868, † Hamilton (Bermudainseln) 26. Nov. 1940, brit. Verleger. - Wirtschaftl. Mitarbeiter seines Bruders A. C. W. H. Viscount Northcliffe; leitete 1922–38 den gemeinsam begr. Pressekonzern; erfolglose Versuche polit. Einflußnahme in Großbrit.; bed. Mäzen.

Rothfels, Hans, * Kassel 12. April 1891, † Tübingen 22. Juni 1976, dt. Historiker. - 1926–34 Prof. in Königsberg (Pr), aus rass. Gründen zwangsentlassen; emigrierte 1938, 1939/40 Research fellow in Oxford, 1940–45 Prof. in Providence (R. I.), 1945–56 in Chicago, ab 1951 in Tübingen; arbeitete v.a. über Bismarck (u.a. „Otto von Bismarck und der Staat", 1925), Nationalitätenprobleme und über den Widerstand gegen Hitler (u.a. „Die dt. Opposition gegen Hitler", 1948); Gründer und Mithg. der „Vierteljahrshefte für Zeitgeschichte".

Rothirsch (Edelhirsch, Cervus elaphus),

Rothenburg ob der Tauber. Markusturm mit Röderbogen

Rotkehlchen

in Europa, einem kleinen Rückzugsgebiet im westl. N-Afrika, in Asien und N-Amerika weitverbreitete Hirschart von etwa 165–265 cm Länge und rd. 75–150 cm Schulterhöhe; ♂ mit vielendigem, oft mächtigem Geweih und fast stets deutl. Halsmähne; rd. 25 Unterarten, darunter die als **Marale** bezeichneten 2 Unterarten *Kaukasushirsch* (Geweih wenig verzweigt; im Kaukasus, Kleinasien, N-Iran) und *Altaimaral* (Geweih stark verzweigt; in M-Sibirien). Beide sind sehr groß, im Sommer kräftig rotbraun, im Winter dunkel schiefergrau; Geweih stark entwickelt, Spiegel gelb. In der Mandschurei bis zum Amurgebiet kommt der **Isubra** vor; mit hellem Spiegel, ♂ mit weit ausladendem Geweih. Etwa 120–130 cm Schulterhöhe hat der in Kaschmir lebende **Hangul**; Fell im Winter dunkelbraun, im Sommer heller; mit breit ausladendem Geweih. Als **Wapiti** (Elk) werden mehrere (insbes. die nordamerikan.) Unterarten bezeichnet; im S sehr klein, im N ungewöhnl. groß, ♂♂ bis rd. 300 cm lang; mit langen Enden am großen Geweih. Der Mitteleurop. **Rothirsch** (*Cervus elaphus hippelaphus*) ist etwa 180–250 cm lang und hat eine Schulterhöhe von etwa 100–150 cm; Geweih meist stark entwickelt, bis über 1 m ausladend, selten mit mehr als 16 Enden; Winterfell graubraun, Sommerfell rötlichbraun; Jungtiere rotbraun mit weißl. Flecken. Der Mitteleurop. R. lebt in Rudeln, außerhalb der Paarungszeit nach Geschlechtern getrennt (mit Ausnahme der die ♀♀ begleitenden Jungtiere). Zur Brunstzeit (Ende Sept. bis Anfang Okt.) erkämpfen sich die starken ♂♂ („Platzhirsche") einen Harem aus mehreren ♀♀. Die Wurfzeit liegt Ende Mai bis Anfang Juni (im allg. ein Junges). - Abb. S. 352.

Rothko, Mark [engl. ˈrɔθkə], * Dünaburg 25. Sept. 1903, † New York 25. Febr. 1970, amerikan. Maler lett. Herkunft. - Vertreter der Farbfeldmalerei; seine Kompositionen aus großen, subtil differenzierten Farbflächen laden zu meditativer Versenkung ein. Tafeln u. a. in der R.-Gedächtniskapelle (London, Tate Gallery; Zyklus [9 Tafeln] von 1958), Ökumen. Kapelle in Houston (14 Tafeln, geweiht 1971).

Rothörnchen (*Tamiasciurini*), Gattungsgruppe der Hörnchen mit fünf Arten in O-Asien und N-Amerika, darunter das **Hudsonhörnchen** (Chickaree, *Tamiasciurus hudsonicus*) v. a. in Nadelwäldern N-Amerikas; bis 20 cm lang; mit fast ebenso langem, buschigem Schwanz; Fell rotbraun (im Winter blasser), weiße Bauchseite im Sommer durch schwarzes Band abgesetzt.

Rothschild [ˈroːtʃɪlt, frz. rɔtˈʃild, engl. ˈrɔθtʃaɪld], jüd. Bankiersfamilie dt. Herkunft. Der Name leitet sich von einem roten Schild ab, das am Haus der Familie im Ghetto in Frankfurt am Main angebracht war. Bed. Vertreter:

R., James Mayer, * Frankfurt am Main 15. Mai 1792, † Paris 15. Nov. 1868. - Sohn von Mayer Amschel R.; Begründer des frz. Zweiges des Bankhauses R., entwickelte während der Restauration der Bourbonen und unter Louis Philippe ein System von Staatsanleihen, das die Exekutive relativ unabhängig von Steuerbewilligungen der parlamentar. Körperschaft machte.

R., Mayer Amschel, * Frankfurt am Main 23. Febr. 1743, † ebd. 19. Sept. 1812. - Gründete 1766 in Frankfurt am Main das Bankhaus R., das an Finanzoperationen der europ. Fürstenhäuser beteiligt war und seinen Aufschwung durch die Finanzierung der Kriege gegen Napoleon I. nahm.

R., Nathan Mayer, * Frankfurt am Main 16. Sept. 1777, † London 28. Juli 1836. - Sohn von Mayer Amschel R.; gründete 1800 in Manchester den brit. Zweig des Hauses R., festigte Vermögen und Einfluß des Hauses durch Finanzoperationen in den Kriegen gegen Napoleon I. und durch erfolgreiche Börsenspekulationen.

Rothuhn ↑ Feldhühner.

Rothunde (*Cuon*), Gatt. der Hundeartigen mit der einzigen Art **Rothund** (Asiat. Wildhund, *Cuon alpinus*); weit verbreitet v. a. in den Wäldern Sibiriens, Chinas, Vorder- und Hinterindiens, Sumatras und Javas; Gestalt schäferhundähnl.; Länge 85–110 cm, Schulterhöhe 40–50 cm, Schwanz etwa 40–50 cm lang, zieml. buschig; Färbung je nach Unterart rostrot, gelblichbraun bis gelblichgrau, Brust und Bauchseite weiß; verfolgt seine Beute (v. a. Huftiere) in kleinen oder größeren Gruppen mit mäßiger Geschwindigkeit, aber ungewöhnl. ausdauernd; von der Ausrottung bedroht.

Roti, indones. Insel vor der SW-Spitze Timors, 1 200 km², Hauptort Baa.

Rotisserie [frz.], Grillrestaurant; **Rotisseur,** Braten- bzw. Grillkoch.

Rotkappen (*Leccinum*), derbe, festfleischige und wohlschmeckende, bis 25 cm große Röhrlinge mit 7–20 cm breitem, trockenem, dickfleischigem Hut; Huthaut den Rand weit überragend, lappig; Stiel weißl., mit dunkleren Schuppen, Warzen und Streifen; Vorkommen Juni bis Oktober. Man unterscheidet **Dunkle Rotkappe** (*Leccinum testaceoscabrum*), meist unter Birken; mit orangegelbem bis gelbbraunem Hut, leicht grauen Röhren, schwärzl. beschupptem Stiel und blau bis grünl. sich verfärbendem Fleisch; **Espenrotkappe** (*Leccinum aurantiacum*) mit dunkelrotem bis fuchsig-orangebraunem Hut, grauweißl. Röhren, rotbraun beschupptem Stiel und lila bis schwarz sich verfärbendem Fleisch; **Heiderotkappe** (*Leccinum rufescens*) mit im Vergleich zur Espen-R. hellerer Hutfarbe und dunkleren bis olivfarbenen Röhren und schwärzl. beschupptem Stiel.

Rotkehlchen (*Erithacus rubecula*), etwa

Rotklee

15 cm langer, oberseits brauner Singvogel (Fam. Drosseln) in unterholzreichen Wäldern, Parkanlagen und Gärten NW-Afrikas und Eurasiens (bis W-Sibirien); mit orangeroter Kehle und Brust sowie weißl. Bauch; brütet in gut verstecktem Bodennest; Teilzieher.

Rotklee, svw. Wiesenklee († Klee).
Rotkohl, svw. † Blaukraut.
Rotkopfwürger † Würger.
Rotkraut, svw. † Blaukraut.
Rotkupfererz, svw. † Cuprit.
Rotlauf (Schweinerotlauf, Erysipeloid), durch das Rotlaufbakterium Erysipelothrix insidiosa verursachte Infektionskrankheit des Schweins; beginnend mit Freßunlust, Mattigkeit und hohem Fieber; gutartig *(Backsteinblattern)* mit über den ganzen Körper verteilten, roten bis blauroten Flecken, in bösartiger Form (ohne vorbeugende Schutzimpfung tödl.) mit roter bis blauroter Hautverfärbung (v. a. an Bauch, Ohren und Rüssel) und chron. v. a. als (unheilbarer) Herzklappen-R. mit Wucherungen an den Herzklappen.

Rotlicht, durch Vorschaltung eines Rotfilters aus Glühlampenlicht herausgefilterte langwellige Strahlung mit hohem Infrarotanteil; zur örtl. Behandlung von Nervenschmerzen, Nervenentzündung u. ä.; R. dringt tiefer in [Körper]gewebe als Licht kürzerer Wellenlänge und führt zu örtl. Erwärmung.

Rotliegendes, untere Abteilung des Perms, † Geologie, Formationstabelle.

Rötling (Rhodophyllus), artenreiche Gatt. der Lamellenpilze mit rötl. bis lachsfarbenen Lamellen und eckigen Sporen; viele giftige Arten, z. B. der gruppenweise in Fichtenwäldern wachsende **Frühlingsgiftrötling** (Dunkler Gift-R., Rhodophyllus vernus), ein dunkelbrauner Pilz mit kegeligem, 5 cm breitem Hut, graurötl. Lamellen und dünnem Stiel.

Rotluchs † Luchse.

Mitteleuropäischer Rothirsch

Rotnickelkies (Arsennickelkies, Nickelin, Kupfernickel [† Nickel]), hexagonales, meist in derben oder nierigen Massen vorkommendes, kupferrotes Mineral, chem. NiAs. Mohshärte 5,5; Dichte 7,8 g/cm³.

Rotocker, svw. † Rötel.
Rotor [lat.-engl.], allg. ein rotierendes Objekt.

◆ im *Maschinenbau* svw. † Läufer (insbes. einer elektr. Maschine).

◆ im *Schiffbau* svw. Flettner-Rotor († Flettner, Anton).

◆ im *Flugzeugbau* der rotierende Flügel eines † Hubschraubers.

◆ in der *Meterologie* Bez. für einen sich auf der Leeseite von Gebirgen ausbildenden ortsfesten Luftwirbel mit horizontaler Drehachse. Die parallel zur Gebirgskette verlaufenden R. stellen Gebiete außergewöhnl. heftiger † Turbulenz dar und sind daher für Luftfahrzeuge eine Gefahrenzone.

Rotraud (Rotraut), weibl. Vorname (von althochdt. Hrothrud, zu hroþ „Ruhm, Preis" und trud „Kraft, Stärke").

Rotreußen (poln. Ruś Czerwona), Bez. für das Gebiet der heutigen Westukraine, bis 1772 eine Woiwodschaft im Kgr. Polen, bestehend aus den Gebieten um Lemberg, Przemyśl, Sanok, Galitsch, Chełm sowie Teilen von Wolynien und Podolien; nach der 1. Poln. Teilung als O-Galizien dem Habsburgerreich und als Teil des Gouvernements Lublin dem Russ. Reich zugehörend.

Rotrou, Jean de [frz. rɔ'tru], * Dreux 21. (?) Aug. 1609, † ebd. 28. Juni 1650, frz. Dramatiker. - Einer der erfolgreichsten frz. Dramatiker seiner Zeit und als Konkurrent von P. Corneille einer der Begründer des klassizist. Dramas.

Rotrückenfasan † Fasanen.
Rotrückenwürger, svw. † Neuntöter.
Rotschenkel † Wasserläufer.
Rotschwänze (Rotschwänzchen, Phoenicurus), Gatt. der Drosseln mit vielen Arten, die durch rostroten Schwanz gekennzeichnet sind; in M-Europa kommen vor: **Gartenrotschwanz** (Phoenicurus phoenicurus), etwa 14 cm lang, v. a. in lichten Wäldern, Parkanlagen und Gärten Europas, Vorderasiens und der gemäßigten Region Asiens; ♂ und ♀ mit rostrotem Bürzel und ebensolchem Schwanz; ♂ mit orangeroter Brust, grauem Oberkopf und Rücken, schwarzer Kehle und weißer Stirn; ♀ oberseits graubraun, unterseits gelblichbraun; zieht im Herbst nach Afrika. **Hausrotschwanz** (Phoenicurus ochruros), in Europa, Vorder- bis Z-Asien; ♂♂ grauschwarz mit weißem Flügelspiegel, ♀♀ graubraun, seitl. mit rostrotem Schwanz und Bürzel; Teilzieher.

Rotschwingel † Schwingel.
Rotse, Bantuvolk am oberen Sambesi, Sambia; treiben intensive Agrarwirtschaft in der period. überschwemmten Flußniederung

des Sambesi und auf den anschließenden Hochufern. - Vom 17.-20. Jh. bestand ein Kgr., das 1964 (Unabhängigkeit Sambias) unter dem Namen **Barotseland** eine Provinz Sambias wurde.

Rotsehen, svw. ↑Erythropsie.

Rotspießglanz (Antimonblende, Kermesit), monoklines, in nadligen, haarförmigen oder radialstrahligen Kristallen vorkommendes, rot durchscheinendes Mineral, chem. Sb_2S_2O; durch Umwandlung von Antimonit entstanden. Mohshärte 1 bis 1,5; Dichte 4,7 g/cm^3.

Rotstein, svw. ↑Rötel.

Rotta [kelt.-mittellat.], ma. dreieckige Zither mit ein- oder beidseitigem Saitenbezug und bis 30 Saiten. Das Instrument wurde beim Spiel senkrecht gehalten wie die Harfe. Die R. ist bereits im 8. Jh. bildlich belegt. Wahrscheinl. wurden im MA auch Zupf- oder Streichleiern als R. bezeichnet.

Rottach-Egern, Gem. am S-Ufer des Tegernsees, Bay., 731 m ü. d. M., 5 300 E. Heilklimat. Kurort.

Rott a. Inn, Gem. 14 km nördl. von Rosenheim, Bay., 481 m ü. d. M., 3 000 E. - Bed. barocke Kirche des ehem. Benediktinerklosters (18. Jh.).

Rottal-Inn, Landkr. in Bayern.

Rottanne ↑Fichte.

Rotte, im *Militärwesen:* 1. früher Bez. für eine Reihe hintereinanderstehender Soldaten bei gliedweiser Aufstellung; 2. in Luftwaffe und Marine Bez. für 2 zur Durchführung eines gemeinsamen Auftrags eingesetzte Flugzeuge bzw. für 2 gemeinsam operierende Seefahrzeuge gleichen Typs.
♦ wm. Bez. für Herde.

Rotte, Abbau organ. Materialien durch Bakterien bzw. Pilze; z. B. bei der Hanf- und Flachsgewinnung (↑Rotten), ferner bei der Kompost- und Mistbereitung.

Rotteck, Karl Wenzeslaus Rodecker von, * Freiburg im Breisgau 18. Juli 1775, † ebd. 26. Nov. 1840, dt. Historiker und Politiker. - Ab 1798 Prof. in Freiburg im Breisgau, 1832 wegen seines Eintretens für die Prinzipien der Julirevolution entlassen. Mgl. der bad. 1. Kammer (1819-23) und der 2. Kammer (ab 1831). Gab u. a. das „Staatslexikon" (15 Bde., 1834-44; 4 Supplement-Bde., 1846-49; zus. mit K. T. Welcker) heraus.

Rötteln ↑Lörrach.

Rotten, Elisabeth, * Berlin 15. Febr. 1882, † London 2. Mai 1964, schweizer. Reformpädagogin dt. Herkunft. - U. a. Schülerin von P. Natorp. Mitbegr. des Weltbunds für die Erneuerung der Erziehung und des Internat. Erziehungsbüros in Genf; lehrte ab 1929 an der Wohlfahrtsschule Hellerau. Emigrierte 1934 in die Schweiz, wo sie die internat. Föderation der Kinderdörfer mitbegründete; schrieb u. a. „Wahrhaftigkeit, Gerechtigkeit und Frieden" (1963).

Rotten [niederdt.] (Rösten), Bez. für den bei der Gewinnung von Flachs- oder Hanffasern erforderl. Arbeitsgang, bei dem der Pflanzenleim (Pektin), der den Bast mit der Rinden- und Holzschicht verklebt, durch Pilze bzw. Bakterien oder durch den Einfluß von Wasser abgebaut wird. Früher wurden die Flachs- oder Hanfstengel 4-6 Wochen der Einwirkung von Tau, Regen und Luft ausgesetzt (*Tau-* oder *Lufttrotte*) oder büschelweise 2-4 Wochen in Wasser getaucht (*Kaltwasserrotte*). Heute verwendet man entweder die *Warmwasserrotte*, bei der man die Stengel etwa 5 Tage in Wasser von 28 bis 30 °C legt, oder den sog. *Aufschluß*, bei dem man die Stengel 1-2 Tage mit Wasser oder Dampf behandelt.

Rottenburg am Neckar, Stadt am oberen Neckar, Bad.-Württ., 349 m ü. d. M., 32 800 E. Kath. Bischofssitz; Fachhochschule für Forstwirtschaft, Priesterseminar, religionspädagog. Inst., Diözesanmuseum. Marktstadt mit Textilmaschinen- und Schuhfabrik, Trikotagen- und Strumpfherstellung, Brauerei. Im Stadtteil *Bad Niedernau* Kurbetrieb (Magen-, Nieren- und Leberleiden). - Ende des 1. Jh. n. Chr. wurde an der Stelle einer kelt. Siedlung der röm. Stützpunkt **Sumelocenna** gegr., bis etwa 260 ein wichtiger Ort zw. Rhein und oberer Donau; um 1125 erstmals als **Rotenburc** erwähnt; etwa 1280 neu gegr., im gleichen Jahr Stadtrecht. - Dom (Chor 1424, Langhaus 17. Jh.); ehem. Jesuitenkolleg (1650; heute bischöfl. Palais).

Rottenburg-Stuttgart, Bistum, seit Jan. 1978 Name des 1812 gegr. und 1821 als Suffragan von Freiburg im Breisgau errichteten Bistums Rottenburg. - ↑ auch katholische Kirche (Übersicht).

Rottenmanner Tauern, Gruppe der ↑Niederen Tauern, in der Steiermark, Österreich, südl. der Stadt **Rottenmann** (5 500 E), im Großen Bösenstein 2 449 m hoch.

Rotterdam, niederl. Hafenstadt beiderseits der Neuen Maas, 28 km von der Küste entfernt, 571 400 E, städt. Agglomeration 1,03 Mill. E. Kath. Bischofssitz; Univ. (seit 1973), PH, Akad. der bildenden Künste, internat. Akad. für Geschichte der Pharmazie, Akad. für Architektur, Konservatorium; zahlr. Forschungsinst.; bed. Museen; Stadtarchiv, Gemäldegalerien; Theater und Konzerthaus, modernes Kongreßzentrum; Zoo. Hafenstadt mit umfangreichem Transithandel, Börse, Großbanken, Versicherungsanstalten, Großmärkten, Zentralstelle der Rheinschiffahrt. Verkehrs- und wirtschaftsgeograph. günstige Lage im Rhein-Maas-Delta, wobei R. für die Stadt ein weites kontinentales Hinterland erschließt; Zugang zur Nordsee. Größtes europ. Binnenschiffahrtszentrum. Im Hafen werden v. a. Mineralöl, Erze, Kohle und Getreide umgeschlagen; bed. Container- und Lash-Verkehr. Pipelines führen von R. nach Amster-

dam, Antwerpen und in den Raum Frankfurt am Main. Fährverkehr besteht von Hoek van Holland nach Großbrit. und Norwegen.
R. ist Mittelpunkt einer Ind.zone, die von Dordrecht im O bis zur Nordsee reicht. Größtes Erdölverarbeitungszentrum der Erde, petrochem. und chem. Werke, außerdem Schiffbau und -reparaturen, Bau von Bohrinseln, Maschinen-, Motoren-, Apparate- und Fahrzeugbau, metallurg., Elektroind., Kran-, Reaktorbau, Holz-, Papier-, Textil-, Nahrungs- und Genußmittel-, phototechn. Ind. und graph. Gewerbe. Eine U-Bahn verbindet die nördl. und südl. der Neuen Maas gelegenen Stadtteile; R. und die Nachbarstadt Schiedam werden von einer 41 km langen Autobahn umfahren; internat. ✈.

Geschichte: Eine unbed. Niederlassung an der Rotte bestand schon im frühen MA; um 1240 Bau eines Dammes, der die Rotte vom Rhein-Maas-Delta (Neue Maas) abschloß und auf dem die Siedlung **Roterodamum** entstand; erhielt 1299 erstmals, endgültig 1340 Stadtrecht. Wasserverbindung nach Delft, Den Haag und Leiden durch den Bau eines Kanals zum Kanal Delftsche Schie. 1572 plünderten span. Truppen die Stadt, die sich danach den niederl. Aufstand gegen die span. Herrschaft anschloß. Als Seehafen hatte R. Mitte des 16. Jh. Dordrecht überflügelt; von R. aus wurden insbes. die West- und Englandfahrt (1635–56 war R. Handelshof der Merchant Adventurers) sowie die einträgl. Heringsfischerei betrieben, später traten Beziehungen zu Amerika und Indonesien hinzu. 1866 begannen die Arbeiten am Nieuwe Waterweg, an dessen Mündung ins Meer die Stadt **Hoek van Holland** als Exklave der Gemeinde R. entstand. Im Gefolge der Industrialisierung des Ruhrgebiets stieg R. im 19. Jh. zum größten niederl. Rhein- und Seehafen auf.

Bauten: Von den histor. Baudenkmälern wurden nach starken Zerstörungen im 2. Weltkrieg wiederhergestellt: die got. Sint-Laurenskerk (1412), die Sint-Rosaliakerk (18. Jh.) und das Schielandshuis (1662–65; jetzt histor. Museum). Unbeschädigt blieb das Bronzestandbild des Humanisten Erasmus von Rotterdam (1622). Im Zuge des Wiederaufbaus entstanden u. a. breite Geschäftsstraßen, das Bouwcentrum (internat. Auskunfts- und Beratungsstelle für das Bauwesen), das Kaufhaus Bijenkorf, der Hauptbahnhof sowie Monumentalplastiken, u. a. das Mahnmal für die zerstörte Stadt (1953 von O. Zadkine). Wahrzeichen des Hafens ist der 185 m hohe Euromast.

📖 *Gast, K. de/Regt, W. de: Welthafen R. Dt. Übers. Amsterdam 1970. - Laspeyres, R.: R. u. das Ruhrgebiet. Marburg 1969. - R. Der Neubau einer Stadt. Hg. v. C. von Traa. Dt. Übers. Rotterdam 1958. - Reinhardt, H.: The story of R., the city of today and tomorrow. Rotterdam 1955.*

Rottmann, Carl, * Handschuhsheim (= Heidelberg) 11. Jan. 1797, † München 7. Juli 1850, dt. Landschaftsmaler. - Im wesentl. Autodidakt; Reisen nach Italien (1826/27, 1828/29) und Griechenland (1834/35). Seit 1841 Hofmaler in München. Spätromant. weiträumige röm. Landschaften; streng komponierter Bildbau, genaue Naturbeobachtung. Schuf Fresken in den Arkaden des Hofgartens in München (1830–33; seit 1966 in der Münchner Residenz).

Rottmayr, Johann Michael, ≈ Laufen 11. Dez. 1654, † Wien 25. Okt. 1730, dt. Maler. - 1675–88 in Venedig, zog dann über Salzburg nach Wien (1696). Sein Werk (Tafel-, v. a. bed. Freskomalerei, Zeichnung und Ölskizzen) ist stilist. zw. Barock und Rokoko einzuordnen. Die Zusammenarbeit mit J. B. Fischer von Erlach (Wien, Karlskirche, 1725–30), J. Prandtauer (Stift Melk, 1716–22) und J. L. von Hildebrandt (Schloß Pommersfelden, 1716–18, und Salzburg, 1711) weist auf den künstler. Rang von R., der als einer der ersten dt. Künstler Freskomalerei und Architektur zum Gesamtkunstwerk verband.

Rottweil, Krst. am oberen Neckar, Bad.-Württ., 552 m ü. d. M., 23 300 E. Museum, Kunstsammlung; traditionelle Fastnachtsbräuche; Kunststoffherstellung, elektrotechn. und Leichtmetallind. - Liegt auf dem Gebiet des röm. Stützpunktes **Arae Flaviae,** um 73 n. Chr. angelegt (3 Militärlager aus flav. Zeit). Die im 2. Jh. entstandene Zivilsiedlung gewann rasch städt. Charakter. 887 erscheint die fränk. Königspfalz R. erstmals als **Rotumvila.** Wohl um 1140 entstand beim alten Ort eine neue Stadt, die sich ohne formelle Verleihung des Stadtrechts vom 14. Jh. an zur Reichsstadt entwickelte. 1463/1519–1803 zugewandter Ort der Eidgenossenschaft. Sitz eines kaiserl. Hofgerichts vom 14. Jh. bis 1784, das, seit Rudolf von Habsburg privilegiert, seinen Gerichtsbezirk über ganz Schwaben und Teile Frankens erweiterte. - Kath. Kirche Hl. Kreuz (sog. Münster; 1840ff. neugot. restauriert), ev. Pfarrkirche (1753 barock umgebaut), kath. sog. Kapellenkirche (1727 barock umgebaut) mit got. Turm; spätgot. Rathaus mit Renaissancetreppenhaus; Wohnhäuser bes. des 16. bis 18. Jh.; Reste der Stadtbefestigung.
R., Landkr. in Baden-Württemberg.

Rottweiler [nach der Stadt Rottweil], in Deutschland gezüchtete Hunderasse; kräftige, stämmige, bis über 60 cm schulterhohe Hunde; breiter Kopf mit kurzer Schnauze und kleinen Hängeohren; kupierte Rute oder angeborene Stummelrute; derbes, dichtes Stockhaar in Schwarz mit braunroten Abzeichen; Schutz- und Wachhund.

Rotulus [mittellat.], in der Spätantike und im MA Bez. für die † Buchrolle.

Rotuma [engl. roo'tu:mə], Vulkaninsel im sw. Pazifik, gehört zu Fidschi, 47 km², bis 256 m ü. d. M.; Verwaltungssitz Ahau.

Rotunda [lat.-italien.] (rundgot. Schrift), in Norditalien übl. spätgot. Schrift, die im Vergleich zur got. Minuskel abgerundete Formen zeigt. Die R. ist im 13./14. Jh. entstanden und fand auch in Spanien Verbreitung.

Rotunde [lat.], kleinerer Rundbau oder runder Raum.

Rötung, durch Gefäßerweiterung bedingte Farbänderung der Haut und Schleimhäute; ein Hauptsymptom der Entzündung.

Rotverschiebung, die Verschiebung der Spektrallinien im Spektrum eines kosm. Objekts zu größeren Wellenlängen (Rot) hin. Ursache sind der ↑Doppler-Effekt und ein Energieverlust der Lichtquanten beim Verlassen sehr starker Gravitationsfelder *(relativist. R.).* Die R. kann zur Bestimmung der ↑Radialgeschwindigkeit eines Sterns und der Umlaufsgeschwindigkeit von Doppelsternen herangezogen werden. Die Deutung der bei außerhalb der Milchstraße liegenden Sternsystemen beobachtbaren R. als Doppler-Effekt führt zu der Folgerung, daß sich der z. Z. überblickbare Teil des Weltalls in ständiger Ausdehnung befindet (↑Hubble-Effekt).

Rotwein ↑Wein.

Rotwelsch (Jenisch, Kochemer Loschen), Sondersprache der Nichtseßhaften und Gauner im dt. Sprachraum. Der Name, seit 1250 bekannt, bedeutet wohl „unechtes Welsch", künstl. verfremdete, unverständl. Sprache. Die gewollte Veränderung des Wortschatzes entspricht dem Bedürfnis dieser sozialen Gruppen nach einer Geheimsprache. Das R. steht im Austausch mit ähnl. Gruppensprachen der Nachbarländer und enthält Lehngut aus dem Jiddischen und der Zigeunersprache sowie aus dem Span., das auf Soldaten Karls V. zurückgeht. Der Wortschatz beschränkt sich auf Sachbereiche des tägl. Bedarfs; es gibt zwar fremde Wortwurzeln, doch nur dt. Ableitungssilben. Aus dem R. sind viele Wörter in die Umgangssprache übernommen worden, z. B. Henkelmann, mies, schmusen.

Rotwild (Edelwild), wm. Bez. für ↑Rothirsche.

Rotwolf, Unterart des ↑Wolfs.

Rotwurm (Luftröhrenwurm, Roter Luftröhrenwurm, Syngamus tracheae), in der Luftröhre von Hühnervögeln parasitierender (blutsaugender) Fadenwurm. Die Larven entwickeln sich bes. in Regenwürmern oder Schnecken. Werden diese von den Vögeln gefressen, gelangen die Jungwürmer durch Einbohren über Blutkapillaren in die Lunge und Luftröhre der Vögel.

Rotz, (Wurm, Malleus farciminosus) durch Rotzbakterien (Pseudomonas mallei) hervorgerufene ansteckende, meist tödl. verlaufende Krankheit v. a. der Einhufer (aber auch vieler Katzenarten); heute auf SO-Europa und den Mittleren und Fernen Osten begrenzt; käsig-fibröse Knötchen in der Lunge, in den oberen Atemwegen (mit hohem Fieber und Nasenausfluß) oder auf der Haut; auf den Menschen übertragbar, dort v. a. als geschwüriger Hautrotz auftretend.

♦ im *Pflanzenbau* Bez. für mehrere durch verschiedene Erreger hervorgerufene Erkrankungen.

Rotzahnspitzmäuse (Soricinae), Unterfam. der Spitzmäuse mit mehr als 80 Arten in Eurasien, in N-, M- und im nördl. S-Amerika; Zähne mit dunkelrostroten bis rötlichgelben Spitzen. Zu den R. gehören u. a. **Waldspitzmaus** (Sorex araneus; Körperlänge 6–9 cm; Schwanzlänge 3–6 cm; Färbung variabel, oberseits dunkel- bis schwarzbraun, Bauchseite grauweiß), **Wasserspitzmaus** (Neomys fodiens; an und in stehenden Süßgewässern, Körperlänge etwa 10 cm, Schwanzlänge 5–8 cm, Oberseite dunkel schiefergrau, Unterseite meist weiß!) und **Zwergspitzmaus** (Sorex minutus; Körperlänge 5–7 cm, Höchstgewicht 7 g; dunkelgraubraun mit hellgrauer Bauchseite).

Rotzbarsch, svw. ↑Kaulbarsch.

Rotzinkerz, svw. ↑Zinkit.

Rotzunge, (Hundzunge, Glyptocephalus cynoglossus) etwa 30–50 cm großer, langgestreckter Plattfisch im nördl. Atlantik; Oberseite rötl. bis graubraun; Speisefisch.

♦ (**Echte R.**, Limande, Microstomus kitt) etwa 50–60 cm langer Plattfisch im europ. N-Atlantik bis zur westl. Ostsee; Oberseite gelbbraun bis rot, mit dunkler Marmorierung; Speisefisch.

Rouault, Georges [frz. rwo], * Paris 27. Mai 1871, † ebd. 13. Febr. 1958, frz. Maler und Graphiker. - Nach Ausbildung zum Glasmaler Schüler von G. Moreau. Seine expressive Malweise lehnt sich in ihrer intensiven, von markanten Konturlinien akzentuierten Farbigkeit an die Glasmalerei an. Im Mittelpunkt seines Schaffens stehen religiöse Themen, v. a. die Passion Christi. Neben der pastosen Ölmalerei schuf R. auch Gouachen und Aquarelle sowie Radierfolgen („Guerre et Miséréré", 1917–27, „Passion", 1934/35) sowie Glasfenster in Assy (1948).

Roubaix [frz. ru'bɛ], frz. Industriestadt 5 km nö. von Lille, Dep. Nord, 101 600 E. Fachhochschule für Textilkunst, techn. Inst., Textil-, Kunstmuseum. Teil des Ind.ballungsraumes Lille-R.-Tourcoing. - Entstand im 9. Jh.; im 19. Jh. Metropole der Textilind.

Rouch, Jean [frz. ruʃ], * Paris 31. Mai 1917, frz. Filmregisseur. - Verf. zahlr. ethnolog.-soziolog. Schriften und Dokumentarfilme über afrikan. Bev.gruppen. Mitbegründer und führender Vertreter des *Cinéma-verité*; v. a. die Filme „Ich, ein Schwarzer" (1958), „Chronik eines Sommers" (1961), „Petit à petit" (1971), „Babatu" (1976) sind durch Realität und Fiktion sowie Konfrontation von Afrikanern mit Europäern bestimmt. Drehte auch „Dionysos" (1984).

Rouen

Rouen [frz. rwã], frz. Stadt am Unterlauf der Seine, 101 900 E. Hauptstadt der Region Haute-Normandie sowie des Dep. Seine-Maritime, kath. Erzbischofssitz; Univ. (gegr. 1966), Museen; wichtigster Hafen an der Seine, Hauptfunktion als Vorhafen von Paris; Textil-, Bekleidungs- und Maschinenbauind., petrochem., metallurg., Kfz.- u. a. Ind. - In der Antike **Rotomagus;** seit dem 3. Jh. Bischofs-, seit dem 4. Jh. Erzbischofssitz; wurde im 10. Jh. einer der Hauptorte des Hzgt. Normandie und eine der bedeutendsten Städte Europas; kam 1204 an die frz. Krondomäne; 1418/19 engl.; blieb bis zum Ende des 17. Jh. einer der reichsten Häfen Frankr. - 1431 wurde in R. Jeanne d'Arc verurteilt und verbrannt. - Got. Kathedrale (13.–16. Jh.) mit Resten des roman. Vorgängerbaus, got. ehem. Benediktinerabteikirche Saint-Ouen (1318 ff.), spätgot. Kirche Saint-Maclou (15. und 16. Jh.). Got. Uhrturm (14. Jh.) mit Renaissanceanbauten; Justizpalast (16. und 19. Jh.); Wohnbauten der Renaissance (16. Jh.).

Rouffach [frz. ru'fak], frz. Stadt im Elsaß, ↑ Rufach.

Rouffignac, Grotte de [frz. grɔdrufi-'ŋak], 10 km lange Höhle 28 km sö. von Périgueux, zahlr. jungpaläolith. Wandmalereien.

Rouge [frz. ruːʒ „rot", zu lat. rubeus mit gleicher Bed.], Wangen-, Lippenrot; rot getönte Schminke.

Rouge et Noir [frz. ruʒeˈnwaːr „rot und schwarz"], Glücksspiel zw. mindestens 3 Spielern mit zwei bis sechsmal 52 frz. Karten.

Rougemont, Denis de [frz. ruʒˈmõ], * Neuenburg 8. Sept. 1906, † Genf 6. Dez. 1985, schweizer. Schriftsteller. - Führender Vertreter des Gedankens eines „vereinten Europas"; Gründer und Leiter des „Centre européen de la culture" in Genf. - *Werke:* Tagebuch eines arbeitslosen Intellektuellen (1937), Die Liebe und das Abendland (1939), Der Anteil des Teufels (1942), Über die Atombombe (1946), Die Zukunft ist unsere Sache (1977).

Rouget de Lisle, Claude Joseph [frz. ruʒɛˈdlil], Pseud. Auguste Hix, * Lons-le-Saunier 10. Mai 1760, † Choisy-le-Roi 26. Juni 1836, frz. Dichter. - Dichtete und komponierte 1792 aus Anlaß des frz.-östr. Krieges den „Chant de guerre pour l'armée du Rhin", der zur frz. Nationalhymne wurde (↑„Marseillaise"); verfaßte Gedichte und Opernlibretti.

Roulade [ruˈlaːdə; frz.], gewürzte und gefüllte (u. a. mit Gurke, Zwiebeln, Speck) Rolle aus Fleisch (z. B. Rinds-R.) oder aus Blättern (z. B. Kohlroulade).

Rouleau [ruˈloː; frz.] (Rollo), aufrollbarer Vorhang.

Roulett (Roulette) [ruˈlɛt; frz.], Glücksspiel chin. Ursprungs; eine Kugel auf drehbarer Scheibe mit roten und schwarzen (0 und 1 bis 36) Fächern bestimmt den Gewinner, der meist Chips auf Nummern oder Nummernkombinationen gegen die Bank setzt, die von dem Bankhalter gehalten wird. Der Spielplan enthält außer den Zahlen u. a. die Abteilungen: *Rouge* (Rot), *Noir* (Schwarz), *Pair* (gerade Zahlen), *Impair* (ungerade Zahlen), *Manque* (1–18; Klein), *Passe* (19–36; Groß). Je nach Konstellation ist der 1–35fache Einsatz zu gewinnen.

Round [engl. raʊnd, zu lat. rotundus „rund"], im 16./17. Jh. gebrauchte Bez. für einen in England beliebten, schlichten Rundgesang in Form eines Zirkelkanons.

Round-table-Konferenz [engl. 'raʊnd-'tɛɪbl „Konferenz am runden Tisch"], Konferenz, bei der die Teilnehmer gleichberechtigt sind, was durch die Sitzordnung an einem runden Tisch symbolisiert wird.

Rourkela [ˈrʊəkəla], ind. Stadt am Zusammenfluß von Sankh und Koel, Bundesstaat Orissa, 309 300 E. R. besitzt das größte Eisen- und Stahlwerk Indiens, das seit 1956 mit dt. Wirtschaftshilfe aufgebaut wurde. Angeschlossen sind Warm- und Kaltwalzstraßen, eine Koksaufbereitungsanlage, Gießerei, Grobblech- und Breitbandstraße, ein Röhren-, Spiralröhren-, Düngemittel- und ein Chemiewerk.

Rous, Francis Peyton [engl. raʊs], * Baltimore (Md.) 5. Okt. 1879, † New York 16. Febr. 1970, amerikan. Pathologe. - Prof. am Rockefeller Institute for Medical Research in New York; Forschungen über die Entstehung von Krebsgeschwülsten durch bestimmte Virusarten (*R.-Sarkom*); erhielt 1966 (zus.

Henri Rousseau, Selbstbildnis (1890). Prag, Národni Galerie

mit C. B. Huggins) den Nobelpreis für Physiologie oder Medizin.

Rousseau [frz. ru'so], Henri, genannt „le douanier" („der Zöllner"), * Laval 20. Mai 1844, † Paris 4. Spt. 1910, frz. Maler. - War Beamter beim Pariser Stadtzoll; um 1880 begann er ohne Vorbildung zu malen; 1885 ließ er sich pensionieren; stellte seit 1896 im „Salon des indépendants" aus. Seine Bilder sind in verschiedene räuml. Ebenen gestuft; vielfach zeigt sich eine lyr.-poet. Grundhaltung bei kraftvoller, farbl. und formal sicherer Gestaltung. Es sind v. a. Landschaften, Porträts, Volksszenen und exot. Traumbilder. Man sieht in R. den Begründer der europ. naiven Kunst; die hohe Intellektualität seiner Werke und die Freiheit im Umgang mit der Wirklichkeit und der „Surrealität" der Meisterwerke haben erhebl. Einfluß auf die moderne Malerei ausgeübt. - *Werke:* Der Krieg (1894; Paris, Louvre), Schlafende Zigeunerin (1897; New York, Museum of Modern Art), Schlangenbeschwörerin (1907; Louvre), Der Traum (1910; New York, Museum of Modern Art), Der Schriftsteller Pierre Loti (um 1910; Zürich, Kunsthaus). - Abb. auch Bd. 15, S. 137.

R., Jean-Baptiste, * Paris 6. April 1670, † Grenette bei Brüssel 17. März 1741, frz. Dichter. - Mußte wegen satir. Gedichte 1712 Frankr. verlassen; lebte 1714–17 in Wien bei Prinz Eugen. Schrieb Oden, Kantaten, Epigramme und Episteln; galt als größter zeitgenöss. Lyriker.

R., Jean-Jacques, * Genf 28. Juni 1712, † Ermenonville (Oise) 2. Juli 1778, frz. Moralphilosoph, Schriftsteller, Komponist und Musiktheoretiker schweizer. Herkunft. - Aus kalvinist. Genfer Bürgerfamilie, Halbwaise, erlebte eine unglückl. Jugend, blieb ohne systemat. Ausbildung. 1728 Übertritt zur röm.-kath. Kirche, den er später rückgängig machte. Lakai in adligen Häusern. - Seit 1741 mit Unterbrechung in Paris; wegen einer mit einem Haftbefehl verbundenen Verurteilung seiner Schriften durch das Parlament und den Erzbischof von Paris 1765 in der Schweiz und 1767–70 (auf Einladung D. Humes) in England. R. unterhielt enge freundschaftl. Beziehungen zu den Enzyklopädisten, v. a. d'Alembert, Diderot, Condillac (später jedoch getrübt), für deren „Encyclopédie" er musiktheoret. Beiträge schrieb. - In seiner polit. *Philosophie* forderte R. gleiche Rechte für alle Bürger unter einem demokrat. Modell sozialer Kontrolle. Die Prinzipien seiner Gesellschaftstheorie erörtert R. in seinem klass. Werk „Du contrat social ou principes du droit politique" (1762; „Der gesellschaftl. Vertrag, oder die Grundregeln des allg. Staatsrechts"). Der Staat ist eine polit. Organisation, die auf einem „Gesellschaftsvertrag" (**Contrat social**) beruht, den seine Bürger eingegangen sind kraft ihrer angeborenen und unveräußerl. Rechte auf Freiheit und Gleichheit und kraft ihres Vermögens zur Selbstbestimmung. Da die Zivilisation die Schuld daran trägt, daß es in Wirklichkeit nicht so ist, muß - im Ggs. zu jedem Fortschritts- und Wissenschaftsoptimismus - im Rückgriff auf die Einfachheit der Natur die natürlichste Form des Staates gefunden werden. R. benutzt die „hypothet. Geschichte" als Prinzip, nicht als tatsächl. Menschheitsentwicklung, um seine These vom Widerspruch zw. dem Zustand entwickelter Gesellschaften und der Natur zu begründen. Für R. ist der Mensch des Naturzustands - jenseits von Gut und Böse - kaum mehr als ein Tier, von diesem unterschieden durch die Tatsache, daß er wegen fehlender Instinktgebundenheit in seinem Wesen unbestimmt ist. Damit legt R. die Zukunft in die Verantwortung des Menschen. - Die Übereinstimmung des individuellen Willens mit dem allg. Willen ist für R. „Tugend". In diesem moral. Begriff ist seine Staatstheorie mit seiner *Erziehungstheorie,* dargelegt in „Émile ou De l'éducation" (1762; „Emil, oder über die Erziehung"), verzahnt. Die erste, negative Phase der Erziehung lehrt das Kind, durch Versuche und Irrtum sich selbst (von jedem gesellschaftl. Einfluß isoliert) in den Bedingtheiten seiner unmittelbaren phys. Existenz kennenzulernen. In der positiven, zweiten Phase erlebt sich das Kind in seinen Beziehungen zu anderen Menschen. Sie zielt auf die künftige soziale Rolle des Kindes in der Gesellschaft. Das Problem für R. ist, eine Form des Zusammenlebens zu finden, die den einzelnen, der sich mit allen anderen verbindet, dennoch so frei läßt wie zuvor. Der sittl., freie Wille, der sich im Staat selbst bestimmt, ist der Gemeinwille, der als moral. Prinzip unteilbar, unveräußerl., unzerstörbar und unfehlbar sein muß, auch wenn ihm der empir. Wille aller nicht entspricht. - R. beeinflußte mit seiner Erziehungstheorie die Nachwelt (u. a. J. B. Basedow, Pestalozzi, F. Fröbel) ebenso nachhaltig wie durch seine polit. Gedanken (Kant, Schiller, Goethe, Herder u. a.; Deklaration der Menschenrechte).

Als *Schriftsteller* übte R. v. a. durch „Die neue Heloise, oder Briefe zweier Liebenden" (R., 1761–64) eine große Wirkung auf das Romanschaffen seiner Zeit aus; die darin gefühlvollpathet. geschilderte Leidenschaft und deren Läuterung durch Verzicht, die intensive Darstellung eines neuen Naturgefühls, eines idyll. Landlebens und Familienglücks als Rückkehr zum natürl. und einfachen Leben bedeuteten eine Abkehr vom höf.-galanten Roman und eine Zuwendung zur philosoph. vertieften Schilderung bürgerl. Lebensläufe.

Weitere Werke: Über Kunst und Wiss. (1750), Der Dorfwahrsager (1752; Singspiel), Über den Ursprung der Ungleichheit unter den Menschen (1754), Bekenntnisse (1764–70).

📖 *Schmid, Bruno: Sittl. Existenz in Entfremdung. Düss. 1983. - Alt, E.: Zum Entfremdungs-*

begriff. Der theoret. Ansatz bei R. Bern u. Ffm. 1982. - Fetscher, I.: *Rousseaus polit. Philosophie.* Ffm. 9. Tsd. 1981. - Spaemann, R.: *R.* Mchn. 1980.

R., Théodore, * Paris 15. April 1812, † Barbizon 22. Dez. 1867, frz. Maler. - Einer der ersten Freilichtmaler, orientierte sich an der niederl. und engl. Landschaftsmalerei. Arbeitete u. a. in der Vendée, Fontainebleau und Barbizon, wo er sich 1855 niederließ (Hauptvertreter der Schule von Barbizon). Stellt die jeweils charakterist. Landschaft meist in fahler und düsterer Beleuchtung und intensivem Kolorit dar. - *Werke:* Die Kastanienallee (1837; Paris, Louvre), Gewitterstimmung in der Ebene von Montmartre (1845-48; ebd.), Waldweg bei Fontainebleau in Gewitterstimmung (um 1860-65; ebd.).

Roussel [frz. ruˈsɛl], Albert, * Tourcoing 5. April 1869, † Royan 23. April 1937, frz. Komponist. - Vom Impressionismus ausgehend, komponierte er in einer rhythm. eigenwilligen, harmon. herben, formal klaren, polyphonen Schreibweise, oft beeinflußt von exot. Musik und frz. Folklore, u. a. Opern, Ballette (u. a. „Bacchus et Ariane", 1930; „Aeneas", 1935), Bühnenmusiken, Sinfonien, Kammer- und Klaviermusik, Chorwerke und Lieder.

R., Ker-Xavier, * Lorry-lès-Metz 10. Dez. 1867, † L'étang-la-Ville (Yvelines) 5. Juni 1944, frz. Maler. - 1889 Mitglied der Nabis; v. a. mytholog. Motive in einer paradies. Natur, spät- und nachimpressionist. Bilder. 1913 mit Vuillard Ausstattung des Théâtre de la Comédie des Champs-Élysées in Paris, 1936 Wandmalereien im Völkerbundpalast in Genf; auch Graphik.

Roussillon [frz. rusiˈjɔ̃], histor. Geb. in Frankr., umfaßt den östlichsten Teil der Pyrenäen; Hauptort Perpignan. Sommertrockenes Klima und mediterrane Vegetation; bed. Bewässerungsfeldbau, Weinbau; Fremdenverkehr an der Küste. - Wurde 121 v. Chr. röm.; gehörte ab Anfang des 5. Jh. zum Westgotenreich, Anfang des 8. Jh. von den Sarazenen erobert, Mitte des 8. Jh. von Pippin III. dem Fränk. Reich eingegliedert; unterstand seitdem einheim. Grafen; fiel 1172 an Aragonien; nach Eroberung von Perpignan 1642 durch Ludwig XIII. kam das R. endgültig an Frankreich.

Roussin, André [frz. ruˈsɛ̃], * Marseille 22. Jan. 1911, frz. Dramatiker. - Seine Boulevardkomödien kennzeichnen hervorragende Dialoge und virtuose Beherrschung bühnenwirksamer Mittel, u. a. „Eine unmögl. Frau" (1949), „Die Lokomotive" (1967); 1973 Mgl. der Académie française. - † 3. Nov. 1987.

Route [ˈruːtə; frz., zu vulgärlat. (via) rupta „gebrochener (= gebahnter) Weg"], [vorgeschriebener oder geplanter] Reiseweg, Wegstrecke; [Marsch]richtung.

Routine [ruˈtiːnə; frz. (zu ↑Route)], Gewandtheit, Übung, Erfahrung, Fertigkeit; **Routinier** [rutiniˈeː], erfahrener Praktiker; **routiniert,** erfahren, sachverständig, gewitzt.

Roux [frz. ru], Emile, * Confolens (Charente) 17. Dez. 1853, † Paris 17. Dez. 1933, frz. Bakteriologe. - Mitarbeiter, später Direktor des Inst. Pasteur in Paris; bed. Arbeiten zur Immunisierung durch Serumtherapie, bes. bei Diphtherie (mit A. Yersin).

R., Wilhelm, * Jena 9. Juni 1850, † Halle/Saale 15. Sept. 1924, dt. Anatom. - Direktor des Inst. für Entwicklungsgeschichte und Entwicklungsmechanik in Breslau; arbeitete v. a. über die Kausalfaktoren in der Morphologie und begründete die (von ihm Entwicklungsmechanik genannte) Entwicklungsphysiologie.

Rouyn [engl. ˈruːɪn] ↑Noranda.

Rovaniemi [finn. ˈrɔvaniɛmi], Hauptstadt der Verw.-Geb. Lappland in N-Finnland, 31 900 E. Handels- und Schulstadt; Fremdenverkehr. - Seit 1929 Markt; 1944 völlig zerstört, 1945-52 nach Plänen von A. Aalto neu aufgebaut; seit 1960 Stadt.

Roveredo (GR), Bez.hauptort im schweizer. Kt. Graubünden, im unteren Misox, 295 m ü. d. M., 2 000 E. - Pfarrkirche San Giulio mit roman. Turm; barocke Wallfahrtskirche.

Rovigo, italien. Stadt in Venetien, 7 m ü. d. M., 52 600 E. Hauptstadt der Prov. R.; kath. Bischofssitz; PH, Priesterseminar; Gemäldesammlung, Staatsarchiv; Markt- und Handelsplatz. - Erstmals 838 erwähnt. - Barokker Dom (1696 ff.), Renaissancepaläste.

Rovings [engl. ˈroʊvɪŋz] ↑GFK-Technik.

Rovinj [italien. Rovigno], jugoslaw. Seebad an der Westküste Istriens, 8 900 E. Inst. für Meeresbiologie; Handels- und Fischereihafen.

Rovuma, Fluß in O-Afrika, entspringt östl. des Njassasees in Tansania, bildet im Mittel- und Unterlauf auf 730 km Länge die Grenze zw. Moçambique und Tansania, 1 100 km lang; mündet in den Ind. Ozean.

Rowicki, Witold [poln. rɔˈvitski], * Taganrog 26. Febr. 1914, poln. Dirigent. - 1950-55 Leiter der Warschauer Philharmonie, 1958-77 deren künstler. Direktor und Chefdirigent, 1983-85 Chefdirigent der Bamberger Symphoniker; auch Gastdirigent bed. ausländ. Orchester. Interpret moderner poln. Musik. - † 2. Okt. 1989.

Rowland, Henry Augustus [engl. ˈroʊlənd], * Honesdale (Pa.) 27. Nov. 1848, † Baltimore (Md.) 16. April 1901, amerikan. Physiker. - Prof. in Baltimore; Arbeiten zur Spektroskopie und Spektralanalyse; wies 1875 nach, daß bewegte Ladungen ein magnet. Feld erzeugen *(R.-Effekt).* Begründer der American Physical Society.

Rowohlt, Ernst, * Bremen 23. Juni 1887, † Hamburg 1. Dez. 1960, dt. Verleger. - Gründete 1908 in Leipzig einen Verlag, der 1913 von K. Wolff übernommen wurde. Neugründung 1919 in Berlin; Sitz der *R. Verlag GmbH* war seit 1950 Hamburg, seit 1960 ist es Reinbek. Verlegte mit großer persönl. Initiative moderne Belletristik (K. Tucholsky, H. Fallada, R. Musil, E. Hemingway, T. Wolfe, V. Nabokov, J.-P. Sartre, A. Camus u. a.). Zu den bekanntesten Publikationen zählen die im Rotationsdruck (seit 1950) hergestellten Taschenbuchreihen. Der Verlag wurde 1983 an die G. von Holtzbrinck GmbH verkauft.

Roxas [span. 'rrɔxas], philippin. Hafenstadt an der N-Küste der Insel Panay, 69 000 E. Verwaltungssitz einer Prov.; Handelszentrum, Eisenbahnendpunkt, ✈.

Roxolanen (lat. Roxolani), Stamm der iran. Sarmaten; siedelte im 2. Jh. v. Chr. zw. Don und Dnjepr und drang im 1. Jh. v. Chr. ins Gebiet der unteren Donau vor; zog im 3. Jh. n. Chr. westwärts und vereinigte sich mit den Jazygen in der ungar. Tiefebene.

Roxy Music [engl. 'rɒksɪ 'mjuːzɪk], 1970 gegr. brit. Rockmusikgruppe um den Sänger, Keyboardspieler, Komponisten und Texter B. Ferry (* 1945), den Saxophonisten und Oboisten A. Mackay (* 1946) und (bis 1973) den Elektrosound-Spezialisten B. Eno (* 1948); sind unter Rückgriff auf die Rockmusik der 1960er Jahre mit einer Mischung aus Rock'n Roll, Jazz, klass. Musik und Tanzmusik sowie mit ihren Bühnenshows (zunächst Transvestitenshows) erfolgreich.

Roy [frz. rwa], Gabrielle, * Saint Boniface 22. März 1909, † Quebec 14. Juli 1983, kanad. Schriftstellerin. - Ihre Romane („Die Straße nach Altamont", 1966) und Erzählungen geben psycholog. eindringl. Darstellungen der armen und ländl. Bevölkerung Kanadas.

R., Jules, * Rovigo (= Bouguera; bei Algier) 22. Okt. 1907, frz. Schriftsteller. - Bis 1953 Luftwaffenoffizier; setzt sich in Gedichten, Essays, Dramen und Romanen v. a. mit Gedanken über soldat. Pflichterfüllung, mit Gewissenskonflikten zw. Pflicht und Menschlichkeit sowie mit der Angst und Einsamkeit des auf sich allein angewiesenen Fliegers auseinander. Schrieb auch: „Guynemer" (1986).

royal [roa'jaːl; lat.-frz.], königlich, königstreu.

Royal Air Force [engl. 'rɔɪəl 'ɛə 'fɔːs], Abk. RAF, Name der königl. brit. Luftwaffe; 1918 entstanden durch Zusammenschluß der 1912 formierten Royal Flying Corps (RFC) und des 1914 von diesem separierten Royal Naval Air Service (RNAS).

Royal-Arch [engl. 'rɔɪəl 'ɑːtʃ], freimaurer. Grad, in den angelsächs. Ländern Schlußstein der blauen symbol. Maurerei. Er dient symbol. dem Bau eines Idealtempels zur Ehre des Allmächtigen Baumeisters aller Welten; in Deutschland und der Schweiz zu den Hochgraden gerechnet.

Royal Ballet, The [engl. ðə 'rɔɪəl 'bæleɪ], Name der Londoner Covent Garden Opera angeschlossenen Ballettkompanie und -schule, der 1956 durch königl. Dekret dem Sadler's Wells Ballet, dem Sadler's Wells Theatre Ballet und der Sadler's Wells School verliehen wurde.

Royal Dutch/Shell-Gruppe [engl. 'rɔɪəl 'dʌtʃ 'ʃɛl], niederl.-brit. Unternehmen der Erdölindustrie, größtes Industrieunternehmen W-Europas; Sitz Den Haag und London; entstanden 1907 durch Fusion von N. V. Koninklijke Nederlandsche Petroleum Maatschappij (gegr. 1890) und The „Shell" Transport & Trading Company Ltd. (gegr. 1897).

Royal Horseguards [engl. 'rɔɪəl 'hɔːsˌgɑːdz], seit 1819 Bez. der berittenen königl. Garde in Großbrit.; gingen mit den beiden Regimentern der Leibgarde, mit denen sie 1922 verschmolzen, 1788 aus einer Neuorganisation der Gardekavallerie hervor.

Royal Philharmonic Orchestra [engl. 'rɔɪəl fɪləˈmɒnɪk 'ɔːkɪstrə], 1946 von Sir Thomas Beecham in London gegründetes brit. Sinfonieorchester, das seinen Ruf durch glänzende Interpretationen spätromant. sinfon. Werke begründete. Nach Beecham (1946–61) übernahm R. Kempe die Leitung des Orchesters, 1974 A. Dorati, 1980 W. Weller.

Royal Society, The [engl. ðə 'rɔɪəl sə'saɪətɪ] ↑ Akademien (Übersicht).

Royce, Josiah [engl. rɔɪs], * Grass Valley (Calif.) 20. Nov. 1855, † Cambridge (Mass.) 14. Sept. 1916, amerikan. Philosoph. - Prof. an der Harvard University. Entwickelte - ausgehend von Kant und Hegel, beeinflußt durch den Pragmatismus von W. James und C. Peirce - einen monist., absolut idealist. Pragmatismus mit starken voluntarist. und personalist. Elementen, der sozialphilosoph. ergänzt wird.

ROZ, Abk. für: **R**esearch-**O**ktanzahl (↑ Oktanzahl).

Różewicz, Tadeusz [poln. ru'ʒɛvitʃ], * Radomsko 9. Okt. 1921, poln. Schriftsteller. - Bed. Dichter der poln. Nachkriegsgeneration. Seine avantgardist. Lyrik, u. a. „Gesichter und Masken" (dt. Auswahl 1969), befaßt sich mit Themen aus der jüngsten Vergangenheit und Gegenwartsproblemen seines Landes; als Dramatiker u. a. von S. Beckett und E. Ionesco beeinflußt: „Die weiße Ehe" (Stück, 1980).

Różycki, Ludomir [poln. ru'ʒitski], * Warschau 6. Nov. 1884, † Kattowitz 1. Jan. 1953, poln. Komponist. - Komponierte Opern (u. a. „Eros und Psyche", 1917), Ballette (u. a. „Pan Twardowski", 1921), Schauspielmusiken, Orchesterwerke, Kammer- und Klaviermusik, Chorwerke und Lieder.

Rp., Abk. für: ↑ recipe.

RR-Lyrae-Sterne (kurzperiodische Cepheiden), pulsierende Veränderliche, deren Mechanismus des Lichtwechsels in einer Änderung des Strahlungsstroms auf Grund einer Pulsation der äußeren Schichten des Sterns besteht. Bei den streng period. verlaufenden

Pulsationen, in Perioden von 0,05 bis 1,2 Tagen, verändern sich der Sternradius und gleichzeitig die Temperatur, der Spektraltyp und die Helligkeit. Die RR-L.-S. sind Riesensterne der Spektralklasse A, seltener der Spektralklasse F.

r-RNS, Abk. für: ribosomale **RNS** (↑RNS).

RSFSR (Abk. für: **R**ussische **S**ozialistische **F**öderative **S**owjet**r**epublik), größte Unionsrepublik der UdSSR, umfaßt $^4/_5$ des europ. Teils der Sowjetunion sowie Sibirien (mit Ausnahme eines geringen Teils des Westsibir. Tieflands) mit dem Fernen Osten der UdSSR (der Zeitunterschied zw. dem westlichsten und östlichsten Punkt beträgt 10 Std.), 17 075 400 km², 143,08 Mill. E (1985), Hauptstadt Moskau.

Landesnatur: Der überwiegende Teil des europ. Bereichs der RSFSR wird von der Osteurop. Ebene eingenommen, die im N mit Moränen, im S mit Löß bedeckt ist. Die Gebiete nördl. der Osteurop. Ebene gehören zum Balt. Schild; südl. von ihr liegt der bis 5 633 m hohe Große Kaukasus, an ihrem O-Rand der sich von N nach S erstreckende Ural (Grenze zw. Europa und Asien). Im Bereich der Sibir. Tafel liegen das Westsibir. Tiefland und das Mittelsibir. Bergland. Letzteres fällt mit einer Bruchstufe zum Nordsibir. Tiefland ab, dem das Byrrangagebirge vorgelagert ist. Ihrem Bau nach uneinheitl. sind die etwa 2 000–3 000 m hohen Gebirge und Hochländer NO-Sibiriens. Die pazif. Küstenzone mit der Halbinsel Kamtschatka, die Insel Sachalin und die Kurilen sind durch aktive vulkan. Tätigkeit gekennzeichnet. Im S ihres asiat. Teils hat die RSFSR Anteil am Altai, außerdem erstrecken sich hier der Westl. und Östl. Sajan, die Gebirgsketten um den Baikalsee und Transbaikaliens sowie der Sichote-Alin. - Das Klima der riesigen Landmasse der RSFSR ist, abgesehen von der subtrop. Schwarzmeerküste und dem unter Monsuneinfluß stehenden südl. Teil des Fernen Ostens, ausgesprochen kontinental. Die Januartemperaturen liegen im Mittel im W bei $-8\,°C$, in Ostsibirien bei $-40\,°C$, in NO-Sibirien bei $-50\,°C$. Auf die arkt. Kältewüste im N folgt die Tundrenzone, die sich in einem (im W) 50–300 km (im O) breiten Streifen durch die ganze RSFSR erstreckt. Nach S schließt sich in einem rd. 1 000 km breiten Streifen die Taiga an, wobei Nadelwälder vorherrschen. Innerhalb der Waldzone sind Moore weit verbreitet. Nach S folgt als schmale Übergangszone die Waldsteppe. Am unteren Don, in Ziskaukasien und im Vorland des Südl. Ural hat die RSFSR Anteil am Gürtel der waldfreien Wiesensteppe.

Bevölkerung, Wirtschaft, Verkehr: Russen stellen rd. 83 % der Bev. der RSFSR, sie leben v. a. im europ. Teil, im Mittleren und Südl. Ural, im südl. Sibirien sowie im Amurland und im pazif. Küstengebiet. Die übrigen Räume sind von zahlr. Volksgruppen besiedelt (z. T. in autonomen Republiken, nat. Kreisen und autonomen Gebieten). 67 % der Bev. leben in Städten. Die RSFSR verfügt über mehr als 500 Hochschulen.

Von der riesigen Fläche werden nur 2,2 Mill. km² landw. genutzt, v. a. im mittleren und südl. Teil der europ. RSFSR. In Sibirien beschränkt sich die Landw. auf einen nach O schmaler werdenden Streifen entlang der S-Grenze bis in den Raum Nowossibirsk-Tomsk, weiter östl. betreibt man Anbau nur noch inselhaft. Die Ernten werden häufig beeinträchtigt, im N durch Fröste und zu große Sommerniederschläge, im S durch Trockenheit, insbes. durch die aus den Sommermonaten auftretenden heißen Winde. In Kolchosen und Sowchosen werden Getreide, Kartoffeln, Zuckerrüben, Gemüse, Sonnenblumen, Flachs u. a. angebaut. Die Viehhaltung umfaßt Rinder, Schweine, Schafe, Ziegen und Rens. In der RSFSR befinden sich über 90 % der Holzvorräte der UdSSR. Fischfang wird an den Küsten, in den großen Seen und Flüssen betrieben. Die RSFSR ist reich an Kohle, Erdöl, Eisenerzen, Kalisalz, daneben kommen Erdgas, Nickelerze, Bauxit, Apatit u. a. vor. In Mittel- und Ostsibirien sowie im Fernen Osten werden z. Z. nur seltenere oder leicht abzubauende Erzvorkommen genutzt. Bereits im 19. Jh. entwickelten sich die Ind.räume im Moskau, Leningrad und im Ural. Nach 1917 entstanden neue Ind.zentren und Großstädte im Kusbass, im südl. Sibirien, vereinzelt auch im Fernen Osten und in N-Sibirien. Zu einem wichtigen Ind.raum wurde das Zweite Baku. Von großer wirtsch. Bed. sind Eisen- und Stahlind., Maschinenbau, chem. und Textilind. - Wichtigstes Verkehrsmittel ist die Eisenbahn (rd. 84 000 km Schienenlänge). Netzförmig ausgebaut ist sie jedoch nur westl. der Wolga; zw. Wolga und Ural beschränkt sich der Bahnverkehr auf wenige Linien, im asiat. Teil nur noch auf die Transsib, von der Stichbahnen zu den Rohstoff- und Industriegebieten abzweigen sowie auf die 1984 fertiggestellte Baikal-Amur-Magistrale. Für die Flußschiffahrt ist v. a. die Wolga mit ihrem ausgebaute Kanalsystem von Bed.; wichtigste Seehäfen sind Leningrad, Murmansk, Archangelsk, Noworossisk, Nachodka und Wladiwostok. 487 700 km Straßen haben eine feste Decke. Unbefestigte Straßen sind im Frühjahr und Herbst nicht befahrbar infolge Schlammbildung. Zentrum des Luftverkehrs ist Moskau. Zur Verwaltungsgliederung und Geschichte ↑Sowjetunion.

RSHA, Abk. für: ↑**R**eichs**s**icherheits**h**aupt**a**mt.

Rtanj [serbokroat. 'r:tanj], höchstes Gebirge im östl. Serbien, Jugoslawien, bis 1 560 m hoch.